Gustav René Hocke

Europäische TAGEBÜCHER aus vier Jahrhunderten

Motive und Anthologie

Limes

3. Auflage (8.–12. Tausend) 1986

Umschlagentwurf: Klaus Neumann, Wiesbaden
Repro und Druck: Jos. C. Huber KG, Dießen
Binden: Thomas Buchbinderei, Augsburg

ISBN 3-8090-2134-2
Printed in Germany

Für Traudl

Nos autem cui mundus est
patria velut piscibus aequor.
Dante

Nec metuit solus esse,
dum secum est.
Petrarca

Erstes Buch

Grundmotive europäischer Tagebücher

Beiträge

zur vergleichenden Literaturgeschichte

VORHABEN UND METHODE

Schon bei den ersten Vorarbeiten zu diesem Buch bin ich mir bewußt geworden, daß eine auch nur einigermaßen vollständige Geschichte des europäischen Tagebuchs von der Antike bis heute, wollte man jedem Autor und jeder Epoche gerecht werden, von einem einzelnen kaum geleistet werden kann. Auch eine enzyklopädische Darstellung im lexikalischen Sinne würde mehrere Verfasser voraussetzen, wollte man eben diese Vollständigkeit und dabei auch wissenschaftliche Genauigkeit beanspruchen. Georg Misch hat uns eine vorbildliche Geschichte der Autobiographie geschenkt. Veröffentlicht wurden bisher – nach einer Arbeit von Jahrzehnten – die Darstellungen von der Antike bis zum Spätmittelalter. Angeregt wurde ich ohnehin gleich am Anfang dieses Vorhabens, wie bei meinen Manierismus-Studien, stärker von motivkundlichen Forschungszielen als von Arbeitsprinzipien des Darstellers und Deuters von Geistes-*Geschichte.* Mehr noch wurde ich in diesem Falle, also bei der Lektüre von Tagebüchern von der Renaissance bis zu unserer Gegenwart von der überwältigenden Menschlichkeit ergriffen, die in diesen oft nur beiläufigen Kalendernotizen geborgen liegt, von ihrer nicht selten unmittelbaren Eindringlichkeit und häufig auch ganz und gar unliterarischen Aufrichtigkeit. Ein konkretes Problem der menschlichen *Existenz* fügte sich ans andere. Alles und jedes Humane zwischen Geist und Stoff, zwischen Ich und Umwelt gliederte sich im Laufe einer solchen aufmerksamen Lektüre bald von selbst, und zwar nicht im Sinne der Geschichtschreibung, sondern im Sinne der noch jungen existentiellen Menschenkunde nach Motiven bestimmter Daseinserfahrungen. Gedacht sind diese Studien ferner als Beiträge zur vergleichenden Literaturwissenschaft im Anschluß an meine Darstellungen über Manierismus in der Literatur, zur Geschichte des europäischen Subjektivismus.

Die „Einteilung" ergab sich also zwangsläufig. Die vielfältigen Selbstaussagen, Beschreibungen, Szenen, Berichte wiederholten sich immer wieder. Sie machten bald ganz bestimmte „Zeichen" für Grunderfahrungen der menschlichen

Existenz deutlich. Diese Zeichen wiesen auf die Möglichkeit einer Struktur, die Zeichen nämlich von: Angst und Glück; Wahrheit und Irrtum; Menschen und Mitmenschen; Gesellschaften und einem darin oft verzweifelt einsamen „Ich"; Frömmigkeit und Laster; Freiheitssehnsucht und Versklavung; Größenwahn und Demutskult; Liebessehnsucht und Liebesohnmacht; Frivolität und Caritas; Wahrheitsforderung und Selbstbetrug; künstlerische Besessenheit und Scheitern; Aufsässigkeit und mystische Wendung zum „Absoluten". Selbstverständlich wurde bei der motivkundlichen Disposition dieses Stoffes nicht darauf verzichtet, Hinweise auf einzelne eigengeartete historische Situationen zu geben, und insbesondere nicht auf die Hervorhebung unverwechselbar individueller Merkmale einzelner Autoren. Im Gegenteil. Auch durch zahlreiche Zitate wurde den Abstraktionstendenzen einer verallgemeinernden, einseitig verstandenen Literatur-„Wissenschaft" entgegengewirkt. Wenn die Geschichte nach Augustinus die Geschichte *eines* Menschen ist, so bleibt jedes menschliche Motiv dennoch an eine konkrete Individualität und an eine bestimmte historische *Situation* gebunden. Die Grundfiguration des Humanen kann nur in der Vielfalt seiner Träger und in der Mannigfaltigkeit ihrer Entwicklungen zum Ausdruck kommen.

Viele Tagebücher Europas haben im besten Falle einen nur dokumentarischen Wert. Andere, bedeutendere, vor allem persönlichere Tagebücher enthalten, wir deuteten es schon an, Massen toten Stoffs. Überzeitliche, überpersönliche Werte findet man meist nur in Tagebuchpartien, die über besonders schicksalhafte Situationen, über dramatische seelische Erfahrungen berichten. Durch die Disposition, die ich gewählt habe und die der aufmerksame Leser im Inhaltsverzeichnis des darstellenden Teils nachschlagen kann, bevor er mit der Lektüre beginnt, konnte ich mich auf diese Wesens-Zeichen und Wesens-Situationen konzentrieren, es also vermeiden, gewissermaßen nur Scharen wert- und unterschiedsloser Bleisoldaten aufmarschieren zu lassen. Und selbstverständlich ist es, daß ich es nur aufgrund dieses Einteilungsprinzips wagen konnte, mit dieser mehrjährigen Arbeit zu beginnen.

*

Aus manchen Einzelstudien zur Diaristik in den verschiedenen europäischen Ländern habe ich wertvolle Anregungen empfangen. Allerdings war ich darüber erstaunt, daß die Ausgangspunkte zu einer Darstellung und Wertung vor allem „intimer" Tagebücher nicht immer richtig gewählt waren und daß sich nur sehr wenige namhafte Forscher mit diesem Problem in einem europäisch umfassenden Sinne intensiv und systematisch auseinandergesetzt haben. Entweder versuchte man, aus der Fülle echter, nicht für die Öffentlichkeit bestimmter Tagebücher eine sozusagen künstlerisch geprägte Form von „literarischen" Tagebüchern auszusondern, wobei man Tagebücher allein dann als geistesgeschichtlich relevant ansah, wenn sie literarischen Kunstwerken glichen; oder man benutzte Tagebücher aller Art zu systematischen psychologischen Studien, und zwar nur nach ganz bestimmten Kategorien eben dieser speziellen Erkenntnismethode. Dabei sind, wie ich meine, gerade die unliterarischen, das heißt wenigstens im vorhinein – wie Benjamin Constant einmal schrieb – *nicht* „für das Publikum" bestimmten Tagebücher, eben weil sie dann „echt", wenn auch nicht immer ganz und gar „aufrichtig" sind, für eine Untersuchung dieser Mitteilungsform wichtiger als das literarische Pseudo-Tagebuch oder das fingierte Tagebuch. Selbstverständlich gibt es auch Tagebücher von echtem diaristischem Charakter, so zum Beispiel das von André Gide, die von vornherein zur Veröffentlichung bestimmt waren oder sogar schon zu Lebzeiten des Verfassers im Druck erschienen sind. Auf diese konnte nicht verzichtet werden, und ich werde zur gegebenen Zeit erklären, warum. Autoren hingegen, die die diaristische Form *nur* als Kunstmittel benutzen, werden mit ihren Titeln lediglich erwähnt. Reisetagebücher werden also nur dann beachtet, wenn sie einen persönlichen Bekenntnischarakter haben oder der diaristischen Frühzeit entstammen. Die herkömmliche und spätere Reisetagebuch-Literatur habe ich ganz ausgeschlossen. Über die Sekundärliteratur berichte ich vor allem in den beiden ersten Kapiteln, die einleitenden Charakter haben. Nähere Hinweise findet man in den Anmerkungen und im bibliographischen Teil.

*

Wer „intime" Tagebücher liest, muß für „Verwirrungen" Verständnis haben. Ausgehen muß er stets davon, daß dem Menschen nichts Menschliches fremd sein sollte, vor allem dann, wenn in jeglicher Gefahr nach einem Rettenden gesucht wird, sei es in einem immanent-ethischen oder in einem transzendent-religiösen Sinn. Eine moderne, eine untheoretische existentielle Menschenkunde, die von der philosophischen Anthropologie ausgeht und diese in einzelnen Teilen ergänzen kann, muß zwangsläufig die verschiedensten menschlichen Erfahrungen, auch solche extremer Natur, beachten und darstellen. Nur so nähert man sich wenigstens der Möglichkeit, eine Motivsammlung zu vervollständigen: Zur Seelen- und Schicksalsgeschichte Europas. Eine solche Geschichte ist multiform und nicht monoton; spannungsvoll und nicht schematisch; dynamisch-komplex und nicht mechanisch-dialektisch. Stets sollte sie bestimmt bleiben von einem *echten* „realen" Humanismus, der in ältester mythischer oder moral-psychologischer Form zu den besten Grundlagen des europäischen Geistes gehört.

*

Valery Larbaud war es, glaube ich, der einmal von einem „hassenswerten Vorwort" schrieb. Er dachte dabei gewiß an das „Moi haïsable", an das „hassenswerte Ich" von Pascal. Hier und jetzt hatte ich also ein „hassenswertes" Vorwort zu dem diaristischen Drama des „hassenswerten Ichs" in Europa zu schreiben. Es läßt sich nicht vermeiden, will man den kritischen Leser, der zunächst einmal eine spannungsvolle und vielfältige Landschaft aus der Ferne klar überblicken will, bevor er sie durchwandern soll, vom Wert eines sinnvollen Unternehmens überzeugen. Deswegen bitte ich gerade diesen Leser, bevor er mit der Lektüre beginnt, die Vorbemerkung zum anthologischen Teil im zweiten Buch nachzulesen. Darin wird er die Ergänzungen zu diesem „Panorama" finden, aber auch die Mittel für die Vorbereitung zu einer Reise, die, wie ich hoffe, für ihn genauso beglückend und niederdrückend, genauso erregend wie beschwichtigend, genauso lehrreich und wohl auch hoffnungsreich in bezug auf das hintergründige Gesicht des Homo europeus zu werden vermag, wie für mich, als ich die vielen Stationen dieses diaristischen Wegs hinter mich brachte. Daß auch der heutige Europäer eine weltgeschichtliche Aufgabe zu erfüllen hat, das fand ich am Ende meiner Reise doch mit einiger Sicherheit bestätigt. Das alte „Abendland" mag schon fast untergegangen sein. Wir sollten ihm nicht allzu sehr nachtrauern. Aus der Asche dieses sicherlich imposanten, aber keineswegs immer vollkommenen Phönix kann das neue, härtere, klarere, illusionslosere, moderne Europa auferstehen: im Zeitalter eines ganz neuen Ausgleichs.

*

Dieser Band wurde in zwei Bücher geteilt. Das erste umfaßt Darstellungen und Analyse des Stoffs im motivkundlichen Sinne; das zweite eine Anthologie von entsprechenden Textbeispielen. (Vgl. dazu die Vorbemerkung am Anfang des zweiten Buchs.) Am Ende dieser Sammlung findet man auch eine erste ausführliche Bibliographie europäischer Tagebücher. Sie enthält auch ergänzende bibliographische Angaben, auf die in den Anmerkungen aus Raumgründen verzichtet werden mußte. Die nicht immer einfache Beschaffung von Literatur wurde mir durch Dr. Michael Freiherrn Marschall von Bieberstein und Fräulein Ursula Engel von der Deutschen Bibliothek in Rom, sowie von Prof. Dr. Walther Holtzmann, dem ehemaligen Direktor des Deutschen Historischen Instituts in Rom, erleichtert. Auch Edoardo und Vera Cacciatore vom Keats-Institut, ebenfalls in Rom, standen mir mit der Bibliothek dieses Hauses zur Seite. Anderen internationalen Instituten verdanke ich bibliographische Hinweise, für die ich hier erneut danke, so den holländischen, schwedischen, dänischen, ungarischen Kulturinstituten in Rom, sowie dem „Istituto Siciliano di Studi bizantini e neoellenici" in Palermo. Auch Frau Dr. Gertrud Reitz von der Nassauischen Landesbibliothek Wiesbaden bin ich für bibliographische Ratschläge dankbar. Für Korrekturlesen und für die Zusammenstellung des Autorenregisters, in vorbildlicher Einheit von Sorgfalt und Geduld, sowie ebenfalls für Literaturbeschaffung habe ich besonders Frau Marguerite Schlüter vom Limes Verlag und Herrn Gert Quenzer zu danken. Gefördert wurde diese Arbeit vom Kulturkreis im Bundesverband der deutschen Industrie, vor allem dank dem verständnisvollen Interesse von Herrn Prof. Gustav Stein und Herrn Dr. R. De le Roi. Sie ermöglichten das Studium in verstreuten Bibliotheken.

Rom 1963

Gustav René Hocke

KAPITEL I

Strukturen und Antriebe

1. Vielfältigkeit der Formen

Der europäische Geist hat eine seiner spannungsvollsten Ausdrucksformen im funkelnden Jahrtausend-Geflecht seiner Literatur gefunden. Worte konnten Konflikte erzeugen und beenden; Taten konnten durch Worte in Frage gestellt oder verherrlicht werden. Individuen und Nationen fanden stilisierte Bilder und Symbole ihrer Existenz in Gedichten und Epen, in Tragödien und Romanen, den Sinnbildern ihrer Träume von Angst und Schönheit. Wie kein anderer Erdteil verfügt Europa über einen Reichtum literarischer Sprachdenkmäler, der seit Hesiods „Werken und Tagen" charakterisiert wird durch folgerichtige Entwicklung und intensiven geistigen Austausch. Zeiten und Räume verbinden sich in diesen Dokumenten des Wortes; das gilt auch für die avantgardistischen Palastrevolutionen jeder Art. Der literarische Blutkreislauf Europas konnte stocken, vor allem durch politische Torheit; zum Erliegen kam er nie.

Es ist nicht lange her, daß man eine kontrastreiche Harmonie, eine Concordia discors anstatt einer „organischen" Einheit in der Literatur Europas zu entdecken begann. Die zusammenklingende Vielfalt des klassischen und antiklassischen Schönheitsideals hat gerade in Europa die Literatur zum rhythmisch bewegten Atmungszentrum einer Kultur von eigener Art gemacht. Dies ist aus manchen sprachlichen, stilistischen und gattungsgeschichtlichen Merkmalen erschlossen worden. Auch ein Überblick über die Grundmotive europäischer Tagebücher macht die gegensatzschwere Harmonie durch sprachliche Erzeugnisse sichtbar, die jedoch weniger als planvoll gestaltete literarische „Denkmäler", denn als unmittelbar, sozusagen vorliterarische menschliche Selbstzeugnisse der Europäer gelten können.

Die Aussicht auf eine erlebnisreiche Begegnung ist groß, denn auch die *verborgene* Menschlichkeit eines Erdteils muß in ihrer noch nicht literarisch verarbeiteten Problematik zur Geltung kommen. Den Themata einer europäischen Geistes- und Literaturgeschichte werden Motive einer europäischen Seelen- und Schicksalsgeschichte hinzugefügt. Die unmittelbare Einsicht in das „Menschliche", das heißt in das Drama des Menschen selbst, löst nicht nur Erschütterung aus, die durch den Anblick solcher Konflikte entsteht; sie enthüllt vielmehr eine typisch europäische Menschen-Landschaft, eine in sich zusammenhängende Grundsituation von spezifisch europäischen Sorgen und Verwirrungen, von Verdrängen und Verbergen, aber auch von Freiheit, Klarheit und Überwindung . . . meist im Selbsterkennen und Selbstbekennen.

Diese Voraussetzungen machen deutlich, warum hier vor allem „echte" Tagebücher aufgeschlagen werden sollen, nicht literarisch-geformte oder nur fingierte. Man wird sich zunächst einen kurzen Einblick in die Vielfältigkeit der Art und Weise, ein Tagebuch zu führen, verschaffen müssen.

Tagebuchartiges Aufzeichnen war in den frühesten geistig-gesellschaftlichen Gruppen Europas, in den ältesten Mittelmeerkulturen, so gebräuchlich wie die ersten Formen anderer schriftlicher Mitteilung[1]. Tagesberichte über die Taten der Götter und Könige tauchten ebenso früh auf wie Logbücher der Schiffahrt. In chronologischer Form wurden Tag um Tag äußere Begebenheiten aufgezeichnet: solche, die den Götterhimmel oder ein irdisches Staatswesen betrafen, also von allgemeinem Interesse waren, und solche, die nur für einen kleinen Kreis bedeutsam erschienen: für die Mannschaft eines Schiffes oder die Überwacher eines Hofzeremoniells, für die Priester eines Tempels oder die Mönche eines Klosters. Die Notiz der „Chronik" herrschte vor. Doch kam es schon im Hellenismus vereinzelt zu subjektiven Wertungen und eigenen Betrachtungen. Am Ausgang der Antike erfolgte dann der erste breite Durchbruch der Subjektivität. Im Mittelalter mehrten sich „Seelengeschichten" und „Konfessionen", und seit der Renaissance wurden Ephemerides, Diaria, Journals, Diaries, Dnevniki, Tagebücher zu immer genaueren Spiegelungen der intimen, unteilbaren, souveränen Individualität.

[1] Historische Hinweise werden im Zusammenhang mit dem jeweils behandelten Grundmotiv in den einzelnen Kapiteln gegeben werden.

Von den ältesten tagebuchartigen Chroniken, archaischen Formen der Geschichtschreibung, von den dokumentarischen Erinnerungsbüchern über die „Journaux intimes" der psychologischen und moralischen Selbstenthüllung aus pietistischer und romantischer Zeit bis zum hyperindividualistischen und zugleich zeitkritischen Tagebuch der „Moderne" führt ein weiter Weg. Seine wichtigsten Stationen sollen im Verlauf dieser Darstellung gekennzeichnet werden.

Zunächst die äußere Form! Wie sehen Tagebücher aus? Der Bogen ist weit gespannt. Es gibt einfache Notiz-Tagebücher, die Erinnernswertes in Stichworten festhalten. Sie gleichen einer mehr oder weniger systematischen Tage-Buchführung über Ausgaben, Krankheiten, Besuche, Gespräche, Verpflichtungen, Vorhaben, Wettererscheinungen, Naturkatastrophen, Wunderbarkeiten, wirksame Arzneien und lockende Küchenrezepte. Sie dienen vor allem dem Gedächtnis, der Organisierung äußerer Lebensverhältnisse. Diese älteste Form des Tagebuchs, das Memorandum über geschehene und zu geschehende Dinge, über Acta und Agenda, ist bis heute erhalten geblieben. Früh schon weiten sich manche Diarien zu Sammlungen von Entwürfen für Briefe und dichterische Werke, zu Kommentaren über Lektüre und Gespräch, über religiöse und politische Ereignisse; kritische Betrachtungen über Herrscher und Kriege, Volkstribunen und Aufstände kommen hinzu. Der Kritik an der Außenwelt folgt in zunehmender Weise die Beobachtung des eigenen Ichs.

Die Selbstbeobachtung dient der Selbsterkenntnis, und beide vermögen die Selbsterziehung zu fördern. Die Begegnungen mit der Umwelt und mit sich selbst kommen in Tagebüchern im Laufe der Zeit, wie wir schon sagten, zu sehr verschiedenartigen Mitteilungsformen. Neben Notiz-Tagebüchern stehen seit der Renaissance berichtende und allmählich auch in einem differenzierteren Sinne erzählende Tagebücher. Schon im 16. und 17. Jahrhundert stößt man auf stilisierende Tendenzen. Nach der Mitte des 18. Jahrhunderts (1762–1763, doch erst 1950 gedruckt) schreibt James Boswell das erste moderne „Konfessions"-Tagebuch Europas, als Reinschrift anhand zahlloser Notizen auf Zetteln aller Art. Sein auf diese Weise zustande gekommenes „Londoner Tagebuch" ist echt, doch folgt er vorausgehenden Neigungen, Berichte über Ereignisse verschiedenster Art in der Form fingierter Tagebücher niederzuschreiben, wie es vor ihm schon Daniel Defoe (1659–1731) mit seiner „Pest zu London" getan hatte. Damit entsteht das „literarische" Tagebuch, das seinen unmittelbaren, improvisierten und persönlichen Charakter überhöht und als Kunstwerk eigener Art neben Roman und Erzählung bestehen will[1].

[1] Das Reisetagebuch, meist nur Tag um Tag datierter Reisebericht, bleibt, sofern nicht „echte", d. h. subjektiv-diaristische Elemente darin zu finden sind, von dieser Betrachtung logischerweise gleichfalls ausgeschlossen. Fingierte oder literarische Tagebücher werden in unserer Untersuchung nicht berücksichtigt und auch nicht in die Bibliographie aufgenommen. Deshab sollen hier beispielgebend wenigstens einige Titel genannt werden. Daniel Defoe: Die Pest zu London (A Journal of the plague year. 1722); Jonathan Swift: Journal to Stella (1710–1713, zuerst in Bd. 10 und Bd. 12 der Werke, 1766 und 1768); J. W. v. Goethe: Die Leiden des jungen Werthers (1774), Die Wahlverwandtschaften (1809); Ludwig Tieck: Poetisches Journal. Jg. 1 (mehr nicht erschienen. 1800); Clemens Brentano: Godwi oder Das steinerne Bild der Mutter (1801/02); Ernst Schulze: Poetisches Tagebuch (1813–1817, 1. Druck 1818, zusammen mit der „Bezauberten Rose"); Friedrich Rückert: Poetisches Tagebuch (1850–1866, aus dem Nachlaß herausgegeben 1888); Edmond und Jules de Goncourt: Charles Demailly (1860); Gogol: Tagebuch eines Wahnsinnigen (1835); Paul Heyse: Merlin (1892); Marc Twain: Adams Tagebuch (Extracts from Adam's diary. 1904, Eve's Diary. 1906); Arthur Schnitzler: Das Tagebuch der Redegonda (1909); Valery Larbaud: Tagebuch eines Milliardärs (Journal d'A. O. Barnabooth. 1913); Paul Gauguin: Marquesisches Tagebuch (1920); Gustav Meyrink: Der Weiße Dominikaner. Aus dem Tagebuch eines Unsichtbaren (1921); Hans Carossa: Rumänisches Tagebuch (1924); André Gide: Tagebuch Edouards, in den „Falschmünzern" (Les Faux-Monnayeurs. 1926); Sacha Guitry: Roman eines Schwindlers (Mémoires d'un tricheur. 1935); Heinz Waterboer: Das Tagebuch des Dr. Sarraut (1935); Georges Bernanos: Tagebuch eines Landpfarrers (Journal d'un curé de campagne. 1936); Jean-Paul Sartre: Tagebuch des Roquentin, im „Ekel" (La Nausée. 1938); Jean Genet: Tagebuch eines Diebes (Journal du voleur. 1949); Jean Cocteau: Tagebuch eines Unbekannten (Journal d'un inconnu. 1952); Ludwig Friedrich Barthel: Runkula. Tagebuch eines Karnickels (1954); Monika Mann: Der Start. Ein Tagebuch (1960); Pierre Daninos: Le Carnet du Bon Dieu (1962).

Dieser Abart werden wir noch begegnen. Doch wird es seit der Renaissance für die besten und wichtigsten Tagebücher Europas charakteristisch, daß sie *alle* diaristischen Eintragungsformen umschließen, daß sie also bloße Notiz und systematische Betrachtung, flüchtiges Erinnern und behagliches Berichten, erregtes Ausrufen und sorgfältiges Denken enthalten können. So entstehen im 16. Jahrhundert das Notizen-Tagebuch, das in der Nationalbibliothek Florenz aufbewahrte „Diario" des florentinischen Malers Jacopo da Pontormo (1494 bis 1556) und die betrachtenden „Ephemerides" des scharfsinnigen Humanisten Casaubonus (1559–1614)[1]. Fast gleichzeitig mit Goethes dürrem Memorandum-Tagebuch, das er von 1775 bis zu seinem Tode führte, wird eines der subjektivsten Tagebücher Europas, die „Journaux intimes" von Benjamin Constant (1767–1830), geschrieben[2], doch findet man auch darin ganze Seiten, die lediglich Notizen enthalten. Diese *Mischform*, die Mannigfaltigkeit der Ausdrucksweise, gehört zu den wichtigsten Merkmalen des echten, nicht literarischen Tagebuchs, wenngleich auch in fingierten Tagebüchern diese Kontraste als Stilmittel oft benutzt werden. Unsere Darstellung behandelt jedoch vorwiegend Tagebücher, die *nicht* oder zumindest nicht primär eine künstlerische Formung anstreben und die einen deutlich persönlich-bekennerischen Charakter haben. Ein weiteres wichtiges Kriterium ist im Verlaufe dieser Darstellung zu beachten: War dieses oder jenes Tagebuch im vorhinein zur Veröffentlichung gedacht? Aussage und Stil werden meist von einer Intention oder von einem Verzicht dieser Art bestimmt. Im allgemeinen mag gelten, daß Tagebücher, deren Publizierung nicht beabsichtigt war, einen höheren Grad von Aufrichtigkeit, jedenfalls von Unmittelbarkeit haben werden. André Gide hat solche Gefahr einer möglichen Beeinflussung von der Absicht her in seinen stets sehr „offenen", trotzdem zugleich stark stilisierten Diarien klar erkannt. Am 30. März 1932 notiert er: „Die Aussicht auf eine wenn auch nur teilweise Veröffentlichung meines Tagebuchs . . . hat seinen Sinn

[1] Die Ephemerides wurden erstmals 1850 in Oxford gedruckt.
[2] Erste Ausgabe 1895.

entstellt[1]." Das gilt nicht nur hinsichtlich eines möglicherweise Allesaussagens über sich selbst, sondern ebenso in bezug auf eine absolute Offenheit im Urteil über Zeitgenossen. Aber auch hier sind die Übergänge fließend, denn keineswegs verhält es sich so, daß Tagebücher, die das Licht der Welt nie erblicken sollten, stets „aufrichtiger" sind als jene, die von Anfang an zur Veröffentlichung bestimmt waren. Man würde die meist *komplizierte* Natur der echten Tagebuchschreiber zu sehr vereinfachen, wenn man eine solche Behauptung aufstellen wollte. Die mögliche Verhaltensweise eines Menschen läßt sich nicht aus festen Regeln ableiten. Mancher wird sich geradezu ein Vergnügen daraus machen, die Öffentlichkeit durch die Preisgabe von Intimitäten zu schockieren; andere werden sich scheuen, einer seelischen Regung überhaupt schriftlichen Ausdruck zu geben. In „Notabene 45. Ein Tagebuch" schreibt Erich Kästner: „Ich bin auch der Versuchung nicht erlegen, mein Journal mit einem Kunstkalender zu verwechseln. Je mehr ein Tagebuch ein Kunstwerk sein möchte, um so weniger bleibt es ein Tagebuch. Kunstgriffe wären verbotene Eingriffe." – „Tagebücher präsentieren gewesenes Präsens. Nicht als Bestandaufnahme, sondern als Momentaufnahmen. Nicht im Überblick, sondern durch Einblicke. Tagebücher enthalten Anschauungsmaterial, Amateurfotos in Notizformat, Szenen, die der Zufall arrangierte, Schnappschüsse aus der Vergangenheit, als sie noch Gegenwart hieß[2]." Die Frage nach dem Grad der Aufrichtigkeit eines Tagebuches läßt sich durch theoretische Erwägungen allein nicht beantworten. Andere Zeugnisse müssen damit verglichen und – wenn möglich – andere Aussagen geprüft werden. Innere Widersprüche vermögen Aufschlüsse zu geben. Ferner kann aus dem diaristischen „Grundton", aus dem Bild der gesamten Persönlichkeit und aus dem Vergleich mit anderen Werken ein Annäherungswert an den Wahrheitsgehalt erreicht werden. Einzelne Beispiele sollen dies später belegen.

Den „reinsten" Tagebüchern der letzten fünfhundert Jahre ist

[1] André Gide, Journal, 1889–1939. Paris 1939, u. ö.; dt. Ausg. in 3 Bdn., Stuttgart 1950–54, Bd. 3 S. 430.

[2] Zürich u. Berlin 1961, S. 10 u. 13.

eins gemeinsam: die Unmittelbarkeit, der Verzicht auf Stilisierung, das Nebeneinander von Persönlichem und Sachlichem, im Fragmentarischen die Mischung von Staccato und Legato[1]. Der gute Brief hat ähnliche Eigenschaften, doch unterscheidet ihn, daß er sich an ein Du richtet; auch er kann Intimes enthalten – soweit man es diesem anderen Menschen mitteilen will. Das reine Tagebuch hat nicht die Tendenz, sich aus dem eigenen „Zimmer als Weltgeschichte" (Kafka) zu entfernen.

Kleist hat dem Gespräch nachgerühmt, daß es anregend auf die Inspiration wirke. Für die „allmähliche Verfertigung des Gedankens", um die stockende Eingebung wieder in Fluß zu bringen, schien ihm Reden das beste Mittel. Vor allem das späteuropäische Tagebuchschreiben kann man häufig als eine Technik bezeichnen, durch ungehemmte Aussprache mit sich selbst in die Tiefe des eigenen Wollens und Empfindens zu gelangen. Ein derartiger Gewinn an Selbsterkenntnis rückt manche Tagebücher in die Nähe von Produkten des „automatischen Schreibens", das als vorzügliches Steigrohr des Unterbewußtseins gelobt wird. Vielfach wurden Ergebnisse solcher Methode sogar als Dichtung ausgegeben. Das echte Tagebuch zeichnet sich durch eine ähnliche Zweckfreiheit aus, durch das Fehlen der Aufmerksamkeit auf berechnete Wirkung. Es soll weder belehrt oder erbaut, noch getröstet oder gar divertiert werden; es gibt keine Fabel, keinen kausal konstruierten Handlungsablauf und keine prädisponierte logische Einheit . . .

In seinen Tagebüchern notiert Robert Musil einmal: „Tagebücher? Ein Zeichen der Zeit. So viele Tagebücher werden veröffentlicht. Es ist die bequemste, zuchtloseste Form. Gut. Vielleicht wird man überhaupt nur noch Tagebücher schreiben, da man alles andere unerträglich findet. Übrigens wozu verallgemeinern. Es ist die Analyse selbst; – nicht mehr und nicht

[1] „Beabsichtigte Fragmente als bewußte literarische Form zeigen die Unendlichkeit eines Stoffes oder Themas, der in konkreter Ausgestaltung nur verengt dargelegt werden konnte." In Gero v. Wilperts Sachwörterbuch der Literatur, 2. Aufl. Stuttgart 1959, S. 187. Vgl. auch Hansgeorg Maier: Anmerkungen zum Wesen des Fragments (Die Literatur Jg. 38, 1935/36, S. 555–557).

weniger. Es ist nicht Kunst[1]." Gerade Musil war sich der Krise des überlieferten Romanstils bewußtgeworden, der Schwierigkeiten, in einem nur noch konventionell-rationalen Sinne zu „erzählen". James Joyce (und vor ihm Paul Desjardins) hatten daraus schon die Konsequenz gezogen. Die Technik des syntaktisch aufgelösten „inneren Monologs" sollte alle Strukturen des klassischen Berichts sprengen; es entstand – im „Ulysses" – ein Minuten-Stundenbuch des Unbewußten. Wahrheit und Wahrheiten werden darin offenbar, weil nichts mit Rücksicht auf gesellschaftliche Tabus verkleidet wird. Soziale Scheuklappen fallen. Vernachlässigung alles Pragmatischen läßt der Intuition – wenn auch nicht den Formkräften – breiteren Raum.

Doch ergibt sich auf diese Weise allein noch kein „interessantes" menschliches Tagebuch-Dokument. Damit ein „wertvolles" Diarium entsteht, muß – bei solcher Methode des „Automatismus" ein selbstkritischer Geist oder eine vitale, phantasievolle Persönlichkeit schreiben. Fehlt es an diesen fundamentalen Eigenschaften, so dienen gerade beabsichtigte, ganz und gar strukturlose Tagesberichte meist modischen Exerzitien, banalen Eitelkeiten und schwachen Selbstbetrügereien.

2. *Verschiedenartigkeit der Beweggründe*

Damit taucht die zweite Frage auf: *Warum* schreibt man Tagebuch[2]? Oscar Wilde hat diese Frage in „Bunbury", seiner trivialen Komödie für ernsthafte Leute, von Cecily beantworten lassen. Dort sagt Miß Prism: „Ich sehe nicht ein, warum Sie überhaupt ein Tagebuch führen!" Cecily antwortet: „Ich führe ein Tagebuch, um die wunderbaren Geheimnisse meines Lebens einzutragen. Wenn ich sie nicht niederschriebe, würde ich vermutlich alles vergessen." Darauf entgegnet Miß Prism: „Meine liebe Cecily, das Gedächtnis ist das Tagebuch, das wir alle mit uns führen." Cecily beendet das Thema: „Ja, aber es

[1] ROBERT MUSIL, Tagebücher, Aphorismen, Essays und Reden. Hrsg. von ADOLF FRISÉ. Hamburg 1955, S. 31.

[2] Vgl. GUSTAV RENÉ HOCKE, Über das Tagebuchschreiben (Der Bücherwurm Jg. 24, 1938/39, S. 129–135).

verzeichnet meistens die Dinge, die sich nie ereignet haben und sich gar nicht haben ereignen können. Ich glaube, das Gedächtnis ist für beinah alle dreibändigen Leihbibliotheks-Romane verantwortlich[1]." Nach Oscar Wilde schreibt man also Tagebuch, um die Erinnerung unverfälscht zu erhalten. Vom Stoff her gesehen, ist dies das Merkmal der meisten Tagebücher, die keine literarischen Phantasiegebilde sind. Alles kann und muß darin seinen Platz finden: ein alltäglicher Besuch und eine Verdauungsstörung, die erste Idee zu einer geistigen Arbeit, das Mischen eines Schlaftrunks für die Nacht, eine Taufe genauso wie ein Diebstahl, ein Todesfall ebenso wie ein Spaziergang.

Gedächtnisstütze das ist *ein* Antrieb, und sicherlich der älteste[2]. Der Schweizer Henri-Frédéric Amiel, der eins der umfangreichsten Tagebücher Europas geschrieben hat, vierzehntausend Seiten, will alle seine „acta", „cogitata" und „sentita", also alle Begebenheiten in seinem Leben, alle seine Handlungen, Gedanken und Gefühle, durch sein Diarium „ der Vergangenheit entreißen". Diesem riesigen inneren Monolog wollte er, nach einiger Zeit (1840), eine innere Ordnung geben. Er dachte

[1] Vgl. Oscar Wilde, Werke. Berlin 1930, Bd. 2 S. 418 f.

[2] In einer systematischen Untersuchung über die *Psychologie* der Tagebuchschreiber hat Michèle Leleu eine diaristische Typologie vorgeschlagen. „Historische Tagebücher" enthalten danach überwiegend „acta"; „dokumentarische Tagebücher" vor allem „cogitata"; „persönliche Tagebücher" in der Hauptsache „sentita". Sie macht jedoch selbst die Einschränkung: „Nur in den seltensten Fällen anwendbar." (Les Journaux Intimes. Paris 1952, S. 7.) Ruprecht Heinrich Kurzrock schlägt in seiner Dissertation über das „Tagebuch als literarische Form" (behandelt vor allem Kafka) eine andere Dreiteilung vor: „Das Notiz-Tagebuch", das „Reflexions-Tagebuch" und das „Existentielle Tagebuch"; aber auch Kurzrock ist sich bewußt, daß dies dem Versuch gleichkäme, ein Meer in einem Sieb auffangen zu wollen. (Masch. schriftl. Diss. Berlin 1955.) Zum stilisierten Tagebuch vgl. außerdem die Dissertation von Albert Gräser, Das literarische Tagebuch. Studien über Elemente des Tagebuchs als Kunstform (behandelt werden Kierkegaard, Tolstoi, Kafka, Gide und Ernst Jünger), Saarbrücken 1955, und einen Aufsatz von Wilhelm Grenzmann, Das Tagebuch als literarische Form (Wirkendes Wort Jg. 9, 1959, S. 84–93).

an fünf Rubriken: „Moralisches, Geistiges, Körperliches, interessante äußere Begebenheiten, Projekte (Pläne)" (30. Oktober). Doch gab er den Versuch bald auf; denn selbst ein *einzelnes* Diarium läßt sich nicht typisierend aufgliedern. Die fünf „Rubriken" Amiels sind jedoch interessant: sie weisen uns auf die Grunderlebnisse hin, die aufbewahrt und dem Vergessenwerden entrissen werden sollen. Aber bleiben wir bei den Antrieben! An einer anderen Stelle, am 20. September 1864, legt Amiel, gewissermaßen vor sich selbst, die Gründe dar, die dafür sprechen, daß er sein Tagebuch fortsetzen solle: zunächst: „weil ich allein bin." Sein Tagebuch sei „sein *Zwiegespräch*, seine *Gesellschaft*, sein *Gefährte*, sein *Vertrauter*. Es sei auch sein *Trost*, sein *Gedächtnis*, sein *schmerzstillendes Mittel*, sein *Echo*, der *Behälter seiner intimen Erfahrungen*, sein *psychologischer Wegweiser*, sein *Schutz gegen das Rosten der Gedanken*, sein *Vorwand zu leben*, fast das einzig Nützliche, das er hinterlassen könne[1-2]."
Damit haben wir eine ganze Reihe wichtiger Beweggründe für das Tagebuchschreiben. In der Einsamkeit kann der Drang zu einem *fixierten* Selbstgespräch unüberwindlich werden, weil das Tagebuch das andere Ich vertritt. Tatsächlich sagt Amiel nach beendeten Eintragungen sich selbst „Gute Nacht"; auch Robert Musil beendet eine Betrachtung mit den Worten: „Gute Nacht Herr Musil"; und das andere Ich antwortet: „Gute Nacht Herr Musil." „Tagebuch führe ich", schreibt der deutsche Schriftsteller und Publizist Jochen Klepper, „weil ich fasziniert bin von der Handlung, die ein anderer ‚mit meinem Blute' schreibt[3]."
Das Selbstgespräch regt zu Selbstauslegung, Selbstplanung

[1] Henri-Frédéric Amiel, Fragments d'un journal intime. Bd. 1 u. 2, Paris 1883/84. Journal intime. Ed. nouv. par Léon Bopp. Bd. 1 ff., Genf 1948 ff., S. 58, 20 u. 25.

[2] August Graf von Platen schreibt, er wolle in seinen Tagebüchern eine „fortlaufende Geschichte seiner Empfindungen" geben. „Wenn je etwas Ersprießliches aus meiner Feder floß oder fließen wird, so sind's diese Diarien" (Tagebücher, 2 Bde., Stuttgart 1896–1900, Bd. 1 S. VII, Vorw. d. Hrsg., u. 537).

[3] Jochen Klepper, Unter dem Schatten deiner Flügel (1932–1942). Stuttgart 1956, S. 83. Vgl. Textteil.

und Selbstermunterung an. Daraus ergeben sich immer weitere Teil-Antriebe. Die Selbstauslegung führt zur intimsten Ich-Analyse, die Selbstplanung zu Entwürfen aller Art, die Selbstermunterung zur Selbst-Diskussion über Lebensaufgaben und Lebensziele, über Irrtümer und Vorbilder. Benjamin Constant schreibt, daß er sein Tagebuch *wie sein Leben* behandle[1], und daß sein Hauptantrieb die Angst vor der Langeweile sei. Dieser große Europäer, der nicht nur eines der geistvollsten, sondern auch eines der echtesten Tagebücher Europas schrieb, ermahnte sich selbst: „Soyons de bonne foi et n'écrivons pas pour nous comme pour le public." Constants Journal war als echtes Tagebuch *nicht* für die Öffentlichkeit bestimmt; es wurde erst fünfundsechzig Jahre nach seinem Tode aus dem Nachlaß veröffentlicht[2]. Constant hütete es wie ein großes und liebes Geheimnis. Er nannte es einen „diskreten Zuhörer" und schrieb sein elegantes Französisch manchmal in griechischen Buchstaben, aus Angst vor der politischen Polizei, aber auch aus anderen Gründen. Denn über seinen „Liebeswahn" zu Madame de Staël vertraute er seinen Heften so viel Indiskretionen an, daß er sie und sich zu kompromittieren fürchten mußte. Deswegen bezeichnete er sein Journal gelegentlich als „ein Lagerhaus von Torheiten[3]".

Einen weiteren wichtigen Antrieb bildet die Selbstrechtfertigung und Selbstverteidigung im Kampf mit der Umwelt. In der Heimlichkeit des Nur-für-sich-Schreibens kann man ungestraft gegen Feinde und Kritiker toben und wettern. Baudelaires, Tolstois und Gides Tagebücher, um nur auf diese hinzuweisen, enthalten hierfür genügend Beispiele. Baudelaire wollte sich an ganz Frankreich rächen, der alte Tolstoi belastete für alle Ehekonflikte seine Frau mit oft furchtbaren Anklagen[4]. André Gide hat vor allem mit seinen literarischen

[1] Benjamin Constant, Oeuvres. Hrsg. von Alfred Roulin. Paris 1957. Diese Ausg. enth. u. a. die Journaux intimes. Die folgenden Zitate auf den Seiten 391, 225, 248, 1477 u. 761.

[2] Journal intime. Paris 1895. Constant starb 1830.

[3] Auch E. T. A. Hoffmann schrieb in seinem Tagebuch gelegentlich deutsche Sätze in griechischen Buchstaben. (Ausgewählte Werke, Bd. 1.)

[4] In ihrem Tagebuch hat Sophia Tolstoi (Sofija Andreevna Tol-

Zeitgenossen in vielfach ebenso indiskreter wie ironischer Weise „abgerechnet"[1].

Heimlichkeit und Einsamkeit! Es versteht sich, daß die zahllosen Tagebücher, die in Kasernen, Krankenhäusern und Gefängnissen oder in Verstecken während Kriegen und Revolutionen, unter Diktaturen oder in der Emigration geschrieben wurden, Ausbrüche unterdrückter Kritik und Meinungsfreiheit sind. In dieser Hinsicht wird vor allem das echte Tagebuch in *Krisenzeiten* zur Manifestation eines immanenten Ausdruckszwanges, ähnlich wie kritische Epochen in Dichtung, Kunst und Musik irreguläre, subjektiv-manieristische Ausdrucksformen erzeugen. Weil vorwiegend *problematische* Menschen subjektive, ich-analytische Tagebücher führen, veranlassen besonders Krisenzeiten den Problematiker zur diaristischen Auseinandersetzung mit sich und der Umwelt. Die spannungsvollsten Tagebücher Europas sind deshalb, wie wir noch sehen werden, diejenigen, in denen eine individuelle Krise ebenso zum diaristischen Antrieb wird wie eine krisenhafte Umwelt[2]. Starre Machtsysteme, tyrannische Staatsformen machen den Geist „einsam", zwingen also den diaristischen inneren Monolog geradezu auf. Ernst Jünger erinnert in den „Strahlungen", in diesem allerdings hochstilisierten Konzentrat mehrerer in den

staja) darauf geantwortet. Russ. Ausg. (Dnevniki) in 4 Bdn., die Jahre 1860–1910 umfassend, Moskau 1928–36. Franz. Ausg. für die Jahre 1862–1897 in 2 Bdn., Paris 1930/31. Engl. Ausg.: The diary 1860–1891, London 1928; the later diary 1891–1897, ebd. 1929.

[1] Sainte-Beuve nennt seine „Cahiers intimes", die schärfste Kritiken an literarischen Zeitgenossen enthalten, „Mes poisons" und bezeichnet sie als ein „arsenal des vengeances". Ausg. Paris 1926, S. 2–3.

[2] Vgl. auch Gräser a.a.O. S. 99 ff. Betont stark die neuzeitliche religiöse Krise. Protestanten (Fehlen der Beichte) schrieben viel häufiger Tagebuch als Katholiken. Das ist eine richtige Beobachtung, wenn sie auch „statistisch" schwer zu belegen ist. Jedenfalls wurden in England und in Deutschland z. B. viel mehr Tagebücher veröffentlicht als etwa in Spanien. Und doch schrieb Ignatius von Loyola das erste religiös-subjektive Tagebuch der Neuzeit (Monumenta historica Societatis Jesu: Constitutiones I. S. 86–138. Rom 1934. Dt. Ausg. von Alfred Feder, Regensburg 1922). Darüber an anderer Stelle weitere Hinweise.

Jahren des Zweiten Weltkriegs entstandener Tagebücher, an das Tagebuch von sieben Matrosen, die im Jahre 1633 auf einer kleinen Insel im nördlichen Eismeer überwintern sollten und dort starben. „Ihr Tagebuch ist neue Literatur", schreibt Jünger, „als deren Merkmal man ganz allgemein die Absetzung des Geistes vom Gegenstande, des Autors von der Welt bezeichnen kann." – „Zu diesen Werken gehört die immer sorgfältigere Beobachtung, das starke Bewußtsein, die Einsamkeit und endlich auch der Schmerz." Im totalen Staat könne das Tagebuch das „letzte mögliche Gespräch bleiben"[1].

Damit sind schon einige der wichtigsten Antriebe genannt, doch bleiben für die historische Entwicklung der europäischen Diaristik zwei geradezu elementare Anregungen, die ihren Ursprung aus der europäischen Bewußtseinsbildung herleiten, von besonderer Bedeutung: die Personsetzung im Sinne einer personalen Selbsterhöhung und die Selbsterkenntnis als Sinngebung der Selbstbeobachtung und Selbstauslegung. Das Problem der Ich-Steigerung seit der Entdeckung des Individuums in sokratischer Zeit, wie es sichtbar wird im person-steigernden Tagebuch, das wir das *pharaonische Tagebuch* nennen möchten, werden wir an anderer Stelle dieser Darlegung erörtern[2]. Auch das Grundproblem, das sich aus der delphischen Forderung des „Erkenne dich selbst" ergibt, soll in anderen Zusammenhängen dargestellt werden. Doch sei in bezug auf Selbsterkenntnis als Antrieb schon hier auf ein geradezu klassisches Beispiel hingewiesen, das aus der Frühzeit echter „moderner" Tagebücher stammt, auf das bereits genannte „Londoner Tagebuch" von James Boswell[3].

[1] Ernst Jünger, Strahlungen. Tübingen 1949, S. 8f. Dazu auch Gräser a.a.O. S. 88ff. In anderen Kriegs- und Revolutionstagebüchern der Neuzeit kommen speziell menschlichere Probleme in oft unverhüllterer Weise ans Licht. Genannt seien hier vorerst Cyril Connolly (Pseud.: Palinurus), Anne Frank, Petter Moen, Jochen Klepper, Hans Graf von Lehndorff, Knut Hamsun, Bernard Berenson u. v. a. m. Näheres darüber in einem anderen Abschnitt (vgl. auch Bibliographie).

[2] Auch als „Cäsaren-Komplex" bekannt. Vgl. Jean Dutourd, Le Complexe de César. Paris 1946.

[3] Boswell's London Journal 1762–1763. London 1950. Dt. Ausg.

Wie so mancher Diarist beginnt Boswell im Stile alter Epen-Proömien mit einer grundsätzlichen „Einleitung". Von allen Kenntnissen, meint er, sei die Selbsterkenntnis wohl am wichtigsten. Wenn jemand verfolge, was ihn innerlich bewegt und wie er sich nach außen hin verhält, könne er erfahren, „wie er gestaltet ist[1]". So wolle er denn sein „wechselndes Empfinden und Verhalten aufzeichnen". Das werde außerdem seine „Federfertigkeit befördern". Sollte er aber doch einmal auf Abwege geraten, so werde das Tagebuch ihm helfen, sich eines Besseren zu besinnen. Einfälle, Launen und Phantasien wolle er festhalten, auch Anekdoten, Gespräche und Erlebnisse aller Art. Ein solches Beginnen freilich sei nicht ungefährlich, und wenn er auch stets mit der Wahrheit umgehen wolle, so werde er sich doch hüten aufzuzeichnen, was ihm zum Schaden gereichen könne. Nun, das Tagebuch von Boswell ist vor allem in seiner Vorliebe für „skandalöse" Berichte von amourösen Affären wirklich sehr ungeschminkt. Der ebenso lebenslustige wie erkenntnishungrige junge Literat ist in dieser Hinsicht mit Bekenntnissen wenig zurückhaltend. Eine genau beschriebene „venerische" Ansteckung etwa schildert er mit rücksichtslosem Realismus, macht sich dann aber klar, wie sehr er sich bessern und wie sehr er durch größere Frömmigkeit sich befleißigen müsse, ein wirklich bedeutender Mann zu werden[2]. Das Streben nach Selbsterkenntnis ist bei Boswell, dem Schotten und heimlichen Katholiken, mit einem diaristischen Beichten verbunden. Durch das Bedürfnis nach seelischer Erleichterung wird der Beicht-Charakter, das mehr oder weniger moralisierende Sündenbekenntnis so vieler Diarien erklärt. Dieses Sich-selbst-Beichten, meist mit dem Wunsch nach Selbsterkenntnis zusammengehend, bildet einen der stärksten Antriebe für das „echte" Tagebuchschreiben. Es wird, wie wir noch sehen werden, in der europäischen Geistesgeschichte durch Überlieferungen angeregt, die speziell für die gesamte diaristische Literatur dieser Art einen bis heute ungebrochenen Einfluß behalten haben.

Zürich 1953 (Boswell: 1740–1795). Die folgenden Zitate auf S. 49 u. 50.

1 Nach Jakobus 1, 24.

2 Vgl. Textteil.

In diesen einleitenden Bemerkungen müssen weitere Antriebe zumindest schon erwähnt werden: die Mode, die Lektüre, die persönliche Anregung durch Freunde. Im aufklärerischen England war das Führen kritischer, „ehrlicher" Tagebücher schon früh üblich geworden, so wie im Italien und im Frankreich des 16. und 17. Jahrhunderts das Schreiben von chronistischen Diarien. Boswell berichtet, daß *Johnson* ihm empfohlen habe, „ein Tagebuch zu führen, ehrlich und ungeschminkt; es sei eine gute Übung und werde mir später unendlich lieb sein, wenn einmal die näheren Umstände aus dem Gedächtnis entschwunden seien". Doch riet er, es geheimzuhalten und bei seinem Tode verbrennen zu lassen. Stolz konnte Boswell ihm entgegnen, daß er bereits regelmäßig und fleißig an seinem Tagebuch schreibe[1]; denn schon 1758 hatte ihn der Schau-

[1] S. 332. SAMUEL JOHNSON (1709–1784), Lyriker, Dramatiker, Literat, Verfasser des 1755 fertiggestellten Dictionary of the English Language, das bis zum Erscheinen des Oxford English Dictionary ab 1888 maßgebend blieb. BOSWELL wurde mit ihm befreundet und schrieb später seine Biographie, Life of Johnson, die 1791 erschien; auch ins Deutsche übers. – JOHNSON führte übrigens ebenfalls ein Tagebuch. Darin vor allem Gebete, gute Vorsätze, Berichte über Lektüre, Reisen, Krankheiten, Besuche. Ausg.: S. JOHNSON, Diaries, Prayers, and Annals. New Haven 1958. (Beispiel im Textteil.)

Durch solche persönlichen Anregungen, wie sie JOHNSON dem jüngeren BOSWELL gab, sind vermutlich Tausende und Abertausende nie veröffentlichter Tagebücher entstanden: von Schülern, höheren Töchtern, jungen und alten Literaten, Diplomaten, Gefangenen, Soldaten usw. usf. –

Die Verschiedenheit von *Autobiographie und Tagebuch* bedarf kaum näherer Erklärungen. Die Autobiographie kann man als die „Synthese", das Tagebuch als die „Analyse" eines individuellen Lebens ansehen. (GEORG MISCH, Geschichte der Autobiographie. 3. Aufl. Frankfurt 1949 ff.) Nach FRIEDRICH ALTHAUS erwecken Tagebücher hervorragender Persönlichkeiten ein biographisches und ein allgemeines Interesse und „gleichen den Selbstbiographien, nur daß sie vor diesen die größere Unbefangenheit und Unmittelbarkeit voraus haben" (Im Vorwort zu den römischen Tagebüchern von FERDINAND GREGOROVIUS, Stuttgart 1892). WILHELM GRENZMANN schreibt (a.a.O. S. 85): „In der Autobiographie sieht sich der Mensch historisch, als Tagebuchschreiber begreift er sich aus dem Augenblick." „Sieht die Autobiographie in die Ferne, so das Tagebuch in die Nähe." „Die

spieler Love dazu angeregt. Dem Bericht seiner Unterredung mit Johnson läßt er den Satz folgen: „Und nun, mein Tagebuch, bist du nicht zu hoher Würde gelangt? Wirst du dich nun nicht doppelt und dreifach entfalten?"

Die *persönliche* Anregung! James Boswell war mit Jean-Jacques Rousseau, den er 1764 kennengelernt hatte, befreundet. James begleitet im Februar 1766 die Geliebte und spätere Frau Rousseaus, Thérèse Levasseur, nach London, wohin Rousseau bereits vorausgefahren war. Schon in Paris wie später in England mag Boswell Rousseau dazu angeregt haben, seiner seit 1759 geplanten Autobiographie den Charakter von „Bekenntnissen" zu geben. Tatsache ist, daß Rousseau in England die ersten Entwürfe zu seinen „Confessions" schrieb, die fast alle Diaristen Europas von Rang beeinflußt haben[1]. So etwa E.T.A. Hoffmann, der in seinen Tagebüchern berichtet, daß er dieses epochemachende Werk, das 1781 erschienen war, mindestens dreißigmal gelesen habe[2].

Zwischen den großen Diaristen Europas gibt es geheime Beziehungen; manches Tagebuch schult sich an einem anderen oder grenzt sich von diesem ab, um einen eigenen Stil zu gewinnen. Oft sind die Urteile kritisch, aus dem Geist des Widerspruchs entstanden. In seinem Tagebuch befaßt sich Franz Kafka[3] –außer mit den Diarien Kierkegaards – mit den mehr referierenden als reflektierenden Tagebüchern von Goethe[4]. Am 19. Dezember 1910 notierte er in einem ersten

Autobiographie ist beruhigt, das Tagebuch erregt"; usw. Entscheidend für die Autobiographie sind u. a.: Schärfere Disposition, planvolle Komposition, einheitlicher berichtender oder erzählender Stil, elastischere Chronologie.

[1] ROUSSEAU kannte die „Confessiones" des AUGUSTINUS. Literarisch wurde er zu seiner Autobiographie von PLUTARCH und zu seinen Ich-Bekenntnissen von MONTAIGNES immer wieder in die Selbstanalyse mündenden Essais (1580 u. ö.) inspiriert. Zur Chronologie später mehr.

[2] E. T. A. HOFFMANN, Tagebücher. Ausgewählte Werke, Zürich 1946, Bd. 1 S. 210 (vgl. Textteil).

[3] Tagebücher 1910–1923. Frankfurt/M. 1951 (Lizenzausg. der Ausg. New York 1948/49).

[4] In der Weimarer Ausgabe umfassen sie dreizehn Bände. Eine gute Auswahl von HERBERT NETTE: Goethe. Tagebücher. Düsseldorf-Köln

Anflug von Entzücken: „Ein wenig Goethes Tagebücher gelesen. Die Ferne hält dieses Leben schon beruhigt fest, diese Tagebücher legen Feuer dran. Die Klarheit aller Vorgänge macht sie geheimnisvoll, so wie ein Parkgitter dem Auge Ruhe gibt, bei Betrachtung weiter Rasenflächen, und uns doch in unebenbürtigen Respekt setzt." An dieser Stelle wurde Kafka durch den Besuch seiner Schwester unterbrochen. Am folgenden Tage korrigierte er seine Beurteilung, so eilig, wie man es sich fast nur in Tagebüchern erlauben kann: „Womit entschuldige ich die gestrige Bemerkung über Goethe (die fast so unwahr ist wie das von ihr beschriebene Gefühl, denn das wirkliche ist von meiner Schwester vertrieben worden)? Mit nichts."

Was sagt nun ein so intensiver, neuartiger und eigenartiger Tagebuchschreiber wie Kafka über das Tagebuchführen? In einer Aufzeichnung vom 23. Dezember 1911 wird der darin liegende *Vorteil* erläutert, nämlich „daß man sich mit beruhigender Klarheit der *Wandlungen* bewußt wird, denen man unaufhörlich unterliegt, die man im allgemeinen natürlich glaubt, ahnt und zugesteht, die man aber unbewußt leugnet auch, wenn es darauf ankommt, sich aus einem solchen Zugeständnis Hoffnung oder Ruhe zu holen". Von besonderer Eindringlichkeit ist die sorgfältige Stilisierung, die auch für das Tagebuch Kafkas charakteristisch ist: „Im Tagebuch findet man Beweise dafür, daß man selbst in Zuständen, die heute unerträglich scheinen, gelebt, herumgeschaut und Beobachtungen aufgeschrieben hat, daß also diese Rechte sich bewegt hat wie heute, wo wir zwar durch die Möglichkeit des Überblickes über den damaligen Zustand klüger sind, darum aber desto mehr die Unerschrockenheit unseres damaligen, in lauter Unwissenheit sich dennoch erhaltenden Strebens anerkennen müssen." Am 15. Oktober 1914 schreibt er in einer verzweifelt-depressiven Situation: „Das Tagebuch ein wenig durchgeblättert. Eine Art Ahnung der Organisation eines solchen

1957. GOETHES Diarien waren nicht für die Öffentlichkeit bestimmt. Trotz allen „Ödstrecken" „nüchterner Registratur" findet man darin aus der ersten Weimarer Zeit und aus der Zeit von 1830 bis zu seinem Tode manche „intime" Eintragung über Stimmungen, Selbstvorwürfe und Vorsätze.

Lebens bekommen." Schon zwei Jahre vorher, am 25. Februar 1912, hatte er diese Möglichkeit einer Selbstbewahrung plötzlich erkannt: „Das Tagebuch von heute an festhalten! Regelmäßig schreiben! Sich nicht aufgeben! Wenn auch keine Erlösung kommt, so will ich doch jeden Augenblick ihrer würdig sein."
Tatsächlich spiegelt ein echtes Tagebuch, selbst ein derart literarisch-stilisiertes wie dasjenige Kafkas, vor allem die „innere" Organisation eines Lebens. Kafka spricht vom Leben eines Verzweifelten, der alles opfern wollte und mußte, um schreiben zu können. „Ich bin ja wie aus Stein", so versucht er seinen Zustand zu beschreiben, „wie mein eigenes Grabdenkmal bin ich, da ist keine Lücke für Zweifel oder für Glauben, für Liebe oder Widerwillen, für Mut oder Angst im besonderen oder allgemeinen, nur eine vage Hoffnung lebt, aber nicht besser als die Inschriften auf den Grabdenkmälern" (15. Dezember 1910).
Kafka sucht im Tagebuch-Vorhaben alles das, was *nicht* schützt, alles das also, was die existentielle Daseinsangst mehr verstärkt als abschwächt. Die Schmerzerfahrung wird ihrer dasein-erschließenden Potenz wegen forciert. Geradezu gespenstische Doppel-Ich-Erfahrungen ergeben sich. Am 16. November 1911 liest Kafka in einem eigenen „alten Notizbuch": „Jetzt abend, nachdem ich von sechs Uhr früh an gelernt habe, bemerkte ich, wie meine linke Hand die rechte schon ein Weilchen lang aus Mitleid bei den Fingern umfaßt hielt." Oder – im Entsetzen des „Ennui": „Jetzt abends vor Langeweile dreimal im Badezimmer hintereinander mir die Hände gewaschen." (23. Mai 1912.) Furcht, Sorge, Angst erlebt er vor allem in Träumen und notiert diese mit unheimlicher Präzision; so am 13. Dezember 1911: „Aus Müdigkeit nicht geschrieben und abwechselnd auf dem Kanapee im warmen und im kalten Zimmer gelegen, mit kranken Beinen und ekelhaften Träumen. Ein Hund lag mir auf dem Leib, eine Pfote nahe beim Gesicht, ich erwachte davon, aber hatte noch ein Weilchen Furcht, die Augen aufzumachen und ihn anzusehn." Vielfach wird sein Tagebuch, wie etwa auch das von Georg Heym, ein Träumebuch.
Doch setzt sich Kafka nicht nur beständig dem Dasein aus; er

„entwirft" sich auch immer wieder in bezug auf sein persönliches Leben wie auf sein entstehendes Werk. Das Schreiben sei die ergiebigste Richtung seines Wesens, die alle anderen Fähigkeiten leerstehn lasse, schreibt er am 3. Januar 1912 und fügt hinzu: „Ich habe also nur die Büroarbeit aus dieser Gemeinschaft hinauszuwerfen, um, da meine Entwicklung nun vollzogen ist und ich, soweit ich sehen kann, nichts mehr aufzuopfern habe, mein wirkliches Leben anzufangen, in welchem mein Gesicht endlich mit dem Fortschreiten meiner Arbeiten in natürlicher Weise wird altern können." Allmählich entdeckt er im diaristischen Sich-Selbstversuchen sein Schicksal in der Literatur. „Der Sinn für die Darstellung meines *traumhaften* innern Lebens hat alles andere ins Nebensächliche gerückt" (6. August 1914). Der Antrieb zum Tagebuch wird hier von einem *existentiellen* Bedürfnis nach Selbstkommentar geweckt, der in keinem Augenblick der schmerzhaftesten Daseinserfahrung ausweicht. Im Gegenteil: mit stets „offener Seele" und stets „offenem Leibe" nimmt er sie wie einen Traum auf, den man zugleich *körperlich* fühlt. Das Tagebuch erhält auf diese Weise wieder eine alte magisch-mediale Bedeutung. Es wird zu einem Instrument gnostischer Technik[1].

3. Zur Psychologie des Diaristen

Wer schreibt Tagebuch? Gibt es Menschen, die hierfür eine spezifische Veranlagung haben? Die Antwort darauf wird nur lauten können: auf einen bestimmten Charakter kommt es nicht an, doch sind die Tagebücher ebenso unterschiedlich wie die Charaktertypen, introvertierte oder extrovertierte, subjek-

[1] Der Neuplatoniker SYNESIUS VON KYRENE schrieb um 406 n. Chr. eine autobiographische Schrift „Dio oder vom eigenen Bios". Darin empfiehlt er Traumdeutung als Mittel zur Seelenkunde. Die individuelle Verfassung einer Seele präge sich in Träumen aus. Daher solle jeder in „Nacht- und Tagebüchern" seine Traumerfahrungen sammeln, „sich selbst zum Objekt der Kunstübung machen". Außer den Ephemeriden solle man „Epinyktiden" führen, „dann hat jeder Hypomnemata über seine Art zu sein in dem einen und in dem andern Leben". Vgl. MISCH a.a.O. Bd. I, 2 S. 559.

tiv oder objektiv denkende Menschen, exaltierte oder nüchterne Naturen. Kühl prüfende Mathematiker oder taktisch abwägende Heerführer schreiben anders als sensible Poeten oder sogar in der Selbstbeobachtung noch logisch und analytisch verfahrende Philosophen. Doch lassen sich dafür keine festen Regeln aufstellen. Goethe und Eichendorff haben „sachliche" Notiz-Tagebücher und Philosophen wie Maine de Biran und Amiel ausgesprochen subjektive, „intime" Tagebücher geschrieben; seit der Renaissance gibt es zu allen Zeiten dokumentarisch-sachliche neben ich-bezogen-subjektiven Tagebüchern.

Trotzdem wird es einleuchten, daß der introvertierte, problematische Charaktertypus eher ein um das eigene Ich kreisendes Tagebuch führen wird als der extrovertierte Tatmensch. Nach der alten Charakterologie des Theophrast, die für die menschenkundlichen Erkenntnisse vieler moralpsychologischer Diaristen so wichtig gewesen ist, wird also der Melancholiker als „Introvertierter" und „Sentimentaler" ein ich-bezogenes Tagebuch der intimen Selbstbeobachtung führen, der Phlegmatiker ein kühles Memorandum pflegen, der Sanguiniker ein Taten- und Aktionsverzeichnis anlegen und der Choleriker einen mehr oder weniger „verdrängten", kritisch-polemischen Skandalkalender der Indiskretionen, Enthüllungen und persönlichen Angriffe verfassen. Da es nun Typen dieser alten wie Typen neuerer Charakterologien kaum in reiner Form gibt, kann es ebensowenig „feste" Typen unter den Diaristen geben wie ausschließlich gruppenmäßig determinierte Romanciers oder auch Generale.

Eine Typisierung stößt also wie alle psychologischen Systematisierungen auf unüberwindliche Schwierigkeiten. Für geistesgeschichtliche Darstellungen und Wertungen sind solche Normierungsversuche bekanntlich von geringem Wert. Anders steht es mit der Charakterisierung einzelner Tagebuchschreiber aufgrund einer psychologischen Analyse ihrer Niederschriften. Dieser Versuch ist von der französischen Psychologin Michèle Leleu unternommen worden, und die Ergebnisse sind auch für die Literaturwissenschaft interessant. Hinsichtlich unserer Untersuchungen hat die Fortsetzung von acht Typengruppen: von „Nervösen, Sentimentalen, Cholerikern, Leidenschaftlichen, Sanguinikern, Phlegmatikern, Amorphen, Apathischen", allerdings keinen wesentlichen Erkenntniswert, auch wenn Michèle Leleu ihr Schema auflockert[1].

So fragwürdig eine Typologie von Tagebuchschreibern auch ist, so wenig selbst eine aufgegliederte Charakterologie von Diaristen zu speziellen psychologischen Erkenntnissen führt, soll doch auf die Beachtung bestimmter Charakter-*Eigenschaften,* die Tagebücher dieser oder jener Art erkennen lassen, nicht verzichtet werden. Die allgemeine Veranlagung des Egozentrikers oder des Allozentrikers, des Introvertierten oder des Extrovertierten, des Zyklothymen oder des Schizothymen wird natürlich die Eigenart eines Tagebuchs, seinen Inhalt wie seinen Stil bestimmen. Gehemmte oder ungehemmte, verletzbare oder widerstandsfähige Menschen, expansive oder kontaktarme, schüchterne oder weltgewandte Naturen, leidenschaftliche oder temperamentlose, verinnerlichte oder überwiegend nach außen gerichtete Charaktere werden sich selbstverständlich *auch* in ihren Diarien verschiedenartig manifestieren. Doch braucht es dazu keine Systematisierung. Die einzelnen Tagebücher als konkreter Ausdruck jeweils bestimmter Einzelmenschen mit jeweils so oder so zusammengesetzten Charaktereigenschaften sind Gegenstand unserer Untersuchung.

Ausdruck Europas

Weniger werden sich einzelne Formeln ergeben als lebendige Vielfältigkeiten eines in der Verborgenheit des Tagebuchs existierenden europäischen Menschentums. In einem weiteren historischen Sinne wird sich *jeder einzelne Beitrag* zu dem stofflich und gedanklich reichen europäischen Tagebuch als Ausdruck einer typisch europäischen Situation darstellen, als Ausdruck von Menschen, die eine subjektive Problematik erleben in einer Kultur, die schon nach ihrem ersten Höhepunkt im Griechenland des Perikles als problematisch empfunden wurde – bis sich allmählich geradezu eine Kultur des Problematischen, des In-Fragestellens, der reflektierenden Selbst- und

[1] A.a.O. S. 20.

Weltbeobachtung entwickelte. Fast gleichzeitig schrieben Novalis und Wilhelm von Humboldt ihre Tagebücher. Novalis stellte als Mystiker ständig sein „empirisches" Ich in Frage, Humboldt als Wissenschaftler die „naive" Welterfahrung. Novalis schrieb ein „subjektives", Humboldt ein „objektives" Tagebuch. Beide aber sind Europäer, die Innen wie Außen, Ich wie Umwelt, Subjekt wie Objekt ins Licht des forschenden Geistes stellen. Beide erlitten ihr spezifisches Leid, die schmerzliche Erfahrung des Ungenügens, und beide suchten daher stets nach dem Umfassenden, dem Widerspruchslosen, dem Einheitlichen, dem Absoluten: der eine in dem Phänomen seines Über-Ichs, der andere in den Erscheinungen der Welt, der Natur wie des Geistes. Die individuelle Eigenart einzelner Tagebücher wird durch solche Gemeinsamkeiten nicht eingeschränkt; zahllose Autoren mit unverwechselbar eigenem Charakter haben gemeinsam an dem Schicksalstagebuch Europas geschrieben. Novalis träumte von einem diaristischen Universal-Buch, Herder von einer „Bibliothek der Schriftsteller über sich selbst" als „Beitrag zur Geschichte der Menschheit". Wir wollen uns an dem europäischen Kapitel dieses universalen Tagebuches oder dieser „Bibliothek" versuchen. *Wer* schreibt Tagebuch? Wir sagten es schon: alle Charaktertypen. Aber jeder einzelne schreibt sein ganz *persönliches* Tagebuch. Für uns sollen weniger die psychologischen Typen der Schreibenden interessant sein als – von der Vielfalt im Zusammenklang der europäischen Tagebücher ausgehend – das Herausarbeiten der *Konstante,* des spezifisch *europäischen Charakters* in den wesentlichen, von Europäern geschriebenen Tagebüchern. Sie haben geschrieben unter dem Zwange dessen, was ihnen an Eigenem gegeben war, und in der Freiheit, ihr Leben an die Zukunft weiterzugeben oder darauf in endgültigem Scheitern zu verzichten.

KAPITEL II

Selbst- und Weltbeobachtung

1. Ursprünge und Entwicklungen der Selbsterkenntnis

Zwei religiös-ethische Forderungen der nachhomerischen griechischen Antike haben das Bewußtsein der für sich bestehenden, in sich seienden und unteilbaren Persönlichkeit geweckt: das „Erkenne dich selbst" und „Werde, der du bist". Sokrates, Platon und Aristoteles schufen die immer wieder neu interpretierten Prologe für die so mannigfaltige Literatur der Selbsterkenntnis und Selbstbeobachtung in Europa. In seiner „Geschichte der Autobiographie" hat Georg Misch, eine Fülle fast vergessener hellenistischer und mittelalterlicher Literatur durchdringend, dargelegt, daß der geschichtliche Vorgang, den Jacob Burckhardt „die Entwicklung des Individuums[1]" nannte, sich in drei großen historischen Räumen vorbereitete: im nachhomerischen Griechenland, in den Schriften der Propheten Israels und in der Renaissance[2]. Über Mischs Dreiteilung hinausgehend, möchten wir von fünf historischen Räumen sprechen, indem wir den Hellenismus, vor allem der Spätantike (200–500 n. Chr.), sowie das Hochmittelalter miteinbeziehen. Von Heraklits Wort, es sei der Charakter das Schicksal des Menschen, bis zur seelengeschichtlichen Darstellung der Diotima im „Symposion" Platons bildet sich immer mehr die Vorstellung aus, daß eine Persönlichkeit sich im Verlaufe des Lebens *entwickelt*, und daß die Selbsterkenntnis zumindest Selbstüberwindung ermöglicht. Doch *entsteht* ein subjektives *Ich-Bewußtsein* – parallel zur Entfaltung manieristischer Kunstformen – erst im westlichen und östlichen *Hellenismus*. In Ciceros Briefen, in Senecas moralpsychologischen Episteln und Traktaten und in Marc Aurels Selbstbetrachtungen bereiten sich Selbstgespräche vor, kombinierte Selbst- und Weltbeobachtung vor allem. Diese

[1] Die Kultur der Renaissance in Italien, Abschn. 2.
[2] A.a.O. Bd. I, 1 S. 73.

Namen werden in bedeutenden Tagebüchern von der Spätantike bis zur Gegenwart immer wieder genannt. Sie bilden die großen orientierenden Sternbilder gerade in den Diarien, die Ich-Analyse mit Weltdeutung verbinden.

Marc Aurels „Selbstbetrachtungen" gehen aus von der platonischen Ansicht, es sei das Denken ein Gespräch der Seele mit sich selbst[1]. Sie wurden zu einem Vorbild für die tägliche *Gewissensprüfung*, zu einem Muster für *systematische Reflexion* und berührten sich darin mit ähnlichen christlichen Forderungen. Die kaiserlichen Meditationen sind schon früh als tagebuchähnliche Aufzeichnungen angesprochen worden, und zwar als solche von bereits subjektivem Charakter. In der Tat sind sie Ausdruck einer sich selbst spiegelnden Persönlichkeit, ihres Leidens an der Widersprüchlichkeit des menschlichen Lebens. Daher das Schwanken zwischen Skeptizismus und Religiosität, zwischen Pessimismus und Optimismus. Doch ist der Zeit und dem Stoiker Marc Aurel die *subjektivistische* Selbstüberschätzung noch ebenso fremd wie die minuziöse Schilderung eigener seelischer Erlebnisse und körperlicher Zustände im Stile der Empfindsamkeit, dieses gleichsam säkularisierten Abkömmlings des Pietismus, im Stile Rousseaus, der Romantiker, des Fin de siècle und der zeitgenössischen Existentialisten. Selbst- und Weltbeobachtung gehen mehr auf die Erkenntnis der Natur *der* Menschen aus als auf die systematische Anatomie des eigenen Ichs[2]. Marc Aurel fragt nach dem Eigentümlichen der vernünftigen Seele. „Sie sieht sich selbst, zergliedert sich selbst, formt sich selbst, wie sie will; die Frucht, die sie trägt, erntet sie selbst . . . Außerdem umwandelt sie die ganze Welt und das Leere um diese herum und dehnt sich aus in die Unendlichkeit der Ewigkeit und umfaßt und umdenkt die periodische Wiedergeburt des Alls . . .[3]"

Doch zeigt sich ein Bruch mit dem noch „kosmisch" gebun-

[1] Der griechische Titel lautet εἰς ἑαυτόν, der lateinische De se ipso seu vita sua libri XII. Nach seinem Tode im Jahr 180 der Öffentlichkeit übergeben. Erstdruck Zürich 1559; im 17. Jhdt. schon in ganz Europa übersetzt.

[2] Die folgenden Zitate nach der Ausg. u. Übers. von Willy Theiler, Zürich 1951.

[3] Buch 11, 1.

denen, dem noch „mythischen" Menschen der Vorzeit, und damit wird der Vorstoß zur Personsetzung in stoischem, zugleich aber individuellem Geist gewagt. Die Abgrenzung vom *reinen* Tatmenschen ist eindeutig. „Alexander und Caesar und Pompejus, was sind sie gegen *Diogenes, Heraklit* und *Sokrates?* Denn die einen durchschauen die Dinge und die Ursachen und die Stoffe, und ihr Leitvermögen war selbstgenügsam. Dort aber Vermutung über was für Dinge und Versklavung an wie viele Dinge[1]!" Insofern kann man Marc Aurel als eine der ersten „modernen" Persönlichkeiten bezeichnen, wenn auch im Sinne einer entschlossenen stoischen Person-*Eingrenzung* mit klaren Selbstentwürfen: *Beherrschung* des Ichs und Hilfe für den anderen.

Auch Seneca, Mentor des Kaisers Nero und zeitweiliger Verwalter des römischen Reichs, hat mit seinen „Briefen an Lucilius", die ein fast vollständiges Lehrbuch der Moral darstellen, einen bis heute fortdauernden Einfluß auf die Tagebuchschreiber Europas ausgeübt. – Vielen galten Senecas Schriften als Vorbilder für *Selbsterziehung* im Sinne einer bewußten *Bildung* des Charakters. Neben der Selbstüberwindung wird hier eine noble Lehre der Selbstabgrenzung vom Leben der Polis und der Gesellschaft gegeben. Sie wird, wie wir in späteren Abschnitten sehen werden, mit den Leitfiguren des „Solitarius" und des „Occupatus" in den besten europäischen Diarien immer wieder aufgenommen, verarbeitet, neu gedeutet und – wie ein Universalschlüssel – auf immer neue psychische und soziale Situationen angewendet[2]. Wir wollen uns

[1] Buch 8, 3.

[2] SENECA: 4 v. Chr. – 65 n. Chr. Die „Moralischen Briefe" wurden von 62–65 geschrieben, nachdem er sich aus dem politischen Leben zurückgezogen hatte. Desgleichen gehört EPIKTET (um 60–138), dessen Unterredungen (Dissertationes) von seinem Schüler ARRIAN nachgeschrieben wurden, zu den Lieblingsautoren moralpsychologischer Essayisten wie MONTAIGNE und der Diaristen vor allem des 17. u. 18. Jhdts. Auch Gedichte selbstdarstellenden Charakters, u. a. von HORAZ, PROPERZ und OVID, haben nicht nur diaristische Aufzeichnungen angeregt, sondern auch Anlaß zu zahlreichen fingierten Tagebüchern in Versen gegeben, und zwar schon im frühen Mittelalter. Zu fingierten Tagebüchern vgl. Kapitel I.

daher hier mit nur einem Beispiel aus diesen Episteln Senecas begnügen. Über den ethischen Sinn der Selbstbeobachtung schreibt er den für Diaristen der späteren romanischen, germanischen und slawischen Kulturbereiche Europas geradezu klassischen Leitsatz: „Du selbst zieh dich, so gründlich du kannst, vor Gericht, leite eine Untersuchung gegen dich ein; zuerst übernimm die Rolle des Anklägers, dann des Richters, endlich zuletzt die des Fürsprechers[1]."

Tagebuchartige Aufzeichnungen, wir deuteten es schon an und werden es noch genauer darstellen, gehören zu den ältesten Sprachdenkmälern Europas. Nach dem ersten, allmählich Gestalt gewinnenden Eindringen in die noch wechselnden, unsicher tastenden Erfahrungen des Ichs entstanden Lebensbeschreibungen persönlicheren Charakters, in dem Maße, in dem der Mensch zu unbefangenerem und zugleich kritischem Erleben befähigt wurde. Georg Misch gebührt das Verdienst, innerhalb dieser historischen Entwicklung auf die „Heiligen Reden" des Rhetors Aelius Aristides von Smyrna (niedergeschrieben etwa 170–179 n. Chr.) hingewiesen zu haben[2]. In diesem Buch berichtet Aristides über seine Krankheiten und über Träume, in denen Asklepios ihm den Weg zur Genesung zeigt. Es finden sich darin verschwärmte Bekenntnisse – rund zweihundert Jahre vor den „Confessiones" des Augustinus! Doch halten wir vor allem fest, daß Aristides über seine Träume *Tagebuch* führte. Er schätzte den Umfang dieses Traum-Tagebuchs, das ihm verlorenging, auf über dreißigtausend Zeilen. Das Neue daran war, daß er „den Schwerpunkt aus der Verherrlichung Gottes . . . fortrückte in die empfindsame Darbietung des eigenen Ichs[3]".

Autobiographische Schriften werden von dieser Zeit an immer

[1] Briefe an Lucilius. 28,7 u. 68,5: „Urteile über dich bei dir selbst ungünstig, und du wirst dich gewöhnen, die Wahrheit sowohl zu sagen, als zu hören." Auch ROUSSEAU z. B. hat SENECA fleißig gelesen und einzelne seiner Schriften übersetzt.

[2] Über die Einflüsse der orientalischen und afrikanischen Mittelmeerkulturen auf das Entstehen des europäischen Subjektivismus vgl. auch GUSTAV RENÉ HOCKE, Manierismus in der Literatur. Hamburg 1959.

[3] MISCH a.a.O. Bd. I, 2 S. 508.

häufiger. Lebensberichte treten jedoch mehr in der Form von Bildungs- und Bekehrungsgeschichten, von Heiligen- und Märtyrerbeschreibungen auf denn als Selbstdarstellungen. Die Bibel bietet in zunehmender Weise Anlaß zu Kommentaren und Betrachtungen[1]. Der Übergang von den „heidnischen" Philosophen zum Christentum bildet ein zentrales Thema bis zu den „Confessiones" des Augustinus. Zu nennen sind für die griechische Kirche Hilarius, Bischof von Poitiers (um 350: „De trinitate"); der Theologe Ephraim aus Nisibis († 373: „Konfession oder Selbstanklage"); der Rhetor Libanios (374: „Bios oder von der eigenen Psyche" von 374); der Kirchenvater Gregor von Nazianz (c. 329 – c. 389: εἰς ἑαυτόν, Carmine de se ipso); der Bischof Synesios von Kyrene mit seinem Werk: „Dio oder vom eigenen Bios" (um 406) und für das lateinische Christentum etwa die „Confessio" des Apostels von Irland, Patrick (um 389–461); Paulinus aus Pella mit seiner Schrift: „Eucharisticos Deo sub ephemeridis meae textu", Dankgedicht an Gott nach dem Text meines Tagebuchs, 459). Boethius mit seinem „Trost der Philosophie" und schließlich, von höchstem Rang, die 397–398 geschriebenen „Confessiones" des Augustinus, deren Einfluß auf die gesamte abendländische „Beichtliteratur" kaum hoch genug eingeschätzt werden kann.

Echte Tagebücher wird man in diesen Selbstdarstellungen, die um die Mitte des Jahrtausends sehr verbreitet und bis ins Hochmittelalter populär waren, nicht finden, doch ist ein Hinweis auf diese Literatur unerläßlich, weil sie für spätere echte, subjektive Reflexionstagebücher von entscheidender Bedeutung wurde. Sie lehrte Technik, Zweck und Sinn der Selbstbeobachtung, der Gewissensprüfung, sowie der nun auch *literarischen* Beichte. Hier fanden, wie wir noch sehen werden, die Diaristen der Renaissance, die Anregung, die einfachen Tages-Memoranden oder Register zu Tageschroniken nunmehr mit Betrachtungen über sich selbst, über das eigene Seelenleben und über das Gedeihen oder Versagen des eigenen Körpers zu

[1] „Zu den Darstellungsmitteln der Offenbarungs- und Erbauungsliteratur gehört die *Ich-Form.*" Misch a.a.O. I, 2 S. 530. Darin Nachwirkungen der hellenistischen Mystik. Vgl. unser Kapitel X.

füllen. Bemerkenswert ist außerdem, daß schon in der Spätantike in einzelnen Fällen Tagebücher als *Vorlagen* für *Selbstbiographien* benutzt wurden; anläßlich der „Heiligen Reden" des Aristides von Smyrna wie des „Dankgedichtes" Paulinus' von Pella haben wir darauf hingewiesen. Synesios, der Bischof von Kyrene, stellte „die Forderung der täglichen Selbstbeobachtung schon im Interesse der Wahrsagekunst . . . die die menschlichen Charaktere unterscheiden muß" und infolgedessen „an der Individualisierung mitgewirkt hat". Weil „frei von den Einflüssen der Außenwelt die individuelle Verfassung einer Seele sich in den Träumen" ausprägt, wird die regelmäßige Aufzeichnung der eigenen Träume wichtig. Deshalb regt er zur Abfassung sogenannter Epinyktiden, Nachtbücher, an, die die Ephemeriden, Tag(e)bücher, vervollständigen sollen und in denen man sich in der Kunst des Erzählens üben und zugleich mit allen seinen Freuden und Leiden bei der Nachwelt fortleben könne. „Sinn und Ausdruck für das Geheimnisvolle . . . lösen sich jetzt von der ausschließlichen Beziehung auf göttliche Dinge und nicht nur die Neuplatoniker und Augustin . . . reden gern von den ‚recondita cordis'", den Geheimnissen des Herzens[1]. Zu erinnern ist ferner daran, daß dieses konsequente Achten auf eigene Träume, Tag um Tag, genauso wie die subjektiv erschütterte Lebensbeichte des Augustinus neu entsteht, während eine alte Welt untergeht. Diese Hinwendung zum Subjektivismus fällt mit dem Ende der Antike zusammen, mit der Zeit einer der schwersten politischen, wirtschaftlichen, sozialen und geistigen Krisen Europas. Der spätantike *Subjektivismus* wird ausgelöst durch ein verändertes Weltgefühl, das in zunehmendem Maß von der *Problematik* der menschlichen Existenz bestimmt ist.

2. *Entwicklungen der Selbstbeobachtung*

Das Mittelalter vermochte durch einen neuen politischen und theologischen Ordo-Gedanken diese erste Rückwendung auf eine personale Autonomie, als auf ein Rettendes in der Gefahr,

[1] Zitate nach MISCH a.a.O. S. 558 ff.

noch einmal aufzuhalten, historisch gesehen noch einmal zu hemmen, nachdem die alte Kultur des Imperiums zusammengebrochen war[1]. Erst langsam entstanden neue Mittelpunkte geistigen Lebens: die Klöster, die Höfe, die Universitäten. Kaum aber hatte sich eine geistig homogene Gesellschaft neu gebildet, als nicht nur der theologische Zweifel wieder erwachte, sondern zugleich auch das *auf den einzelnen bezogene* kritische Nachdenken in schicksalhaften persönlichen und politischen Situationen, das Abgrenzen der eigenen Person vom „falschen" Leben der andern, die individuelle Selbsterziehung innerhalb einer erneut als fragwürdig empfundenen Umwelt. Die Motive der Lebens-*Problematik* werden, bedeutsam für die Weiterentwicklung der Selbstbeobachtung in der späteren subjektiven Diaristik, im 14. Jahrhundert vor allem von *Petrarca* aufgegriffen.

Petrarcas biographische und moralpsychologische Prosaschriften gewinnen, wie wir später im einzelnen nachweisen wollen, für die Durchführung eines der wichtigsten Themata europäischer Tagebuchliteratur geradezu kanonischen Wert. So haben wir nach Sokrates und Epiktet, Seneca und Marc Aurel, Aristides und Synesios, Libanius und Augustinus einen weiteren Ahnherrn der diaristischen Selbst- und Weltbeobachtung, und es ist für die Kontinuität der Leitmotive europäischer Seelen- und Schicksalsdarstellungen bezeichnend, daß Petrarca in seinen moralpsychologischen Traktaten, Dialogen und Episteln von manchen der hier hervorgehobenen antiken Autoren ausgeht, vor allem von Sokrates, Seneca und Augustinus[2].

[1] Ist so die Tatsache zu erklären, daß es im Mittelalter keine „echten", subjektiven, ja nicht einmal konsequent durchgeführte chronistische Tagebücher gibt? Dem Ordo-Gedanken entspricht ein „absolutes" Zeitgefühl, also eine Geringschätzung der „relativen", „messbaren" Zeit. Zum sogenannten „Tagebuch eines Mönchs" (Froumund, um 960–1009), das mehr als ein „Formelbuch" oder „Briefsteller" zu gelten hat, vgl. GEORG MISCH a.a.O. Bd. III, 2 S. 1093 f. – Zum Problem „absolute" und „relative" Zeit vgl. die Auswertungen am Ende dieses darstellenden Teils.

[2] In seiner Schrift „Secretum" beichtet Petrarca vor Augustinus „de secreto conflictu curarum mearum". Geschrieben 1342–1343. Vgl. F. PETRARCA, Prose. Mailand 1955, S. 22 ff.

In dieser Hinsicht hat man wie schon Marc Aurel so auch Petrarca als den ersten „modernen" Menschen bezeichnet, als einen der Vorläufer der Renaissance, die dann Tagebücher von immer subjektiverem Charakter hervorbringt. Wie spätere Denker der Renaissance empfindet sich schon Petrarca als einen Schriftsteller, der unter dem Zwang *persönlicher* Erwähltheit schreibt und *vorbildlich* lehrt: als Magister Europas. Er stellt sein Leben nicht nur dar, indem er sich selbst beobachtet, er wird sich auch des progressiven zeitlichen Ablaufes seines Schicksals bewußt, das er als sein ganz persönliches auffaßt. Außerdem wird er einer wohl religiös begnadeten, zugleich aber individuell geprägten Sonderstellung inne durch seine Fähigkeit, kosmische Ur-Hieroglyphen *und* eigene Seelenregungen erkennen und beschreiben zu können. In der Hierarchie alles Seienden nimmt dieses Persönlich-Sein bewußt einen Sonderrang ein. Um ein mystisches Selbstbewußtsein handelt es sich, um das Gefühl der Einzigartigkeit, dic ihn befähigt, in der Schöpfung die „uranischen Örter", die Zeichen des Absoluten begreifen und doch auch im eigenen Herzen lesen zu können[1].

In *diesem* subjektiven Machtgefühl unterscheidet sich Petrarca noch wenig von Leonardo da Vinci, doch schon sehr stark von Montaigne oder gar von Rousseau, diesen anderen, nun bereits neuzeitlichen, sozusagen weltlichen Propheten und laizistischen Kirchenlehrern der europäischen Diaristik. Bei Montaigne wird die *Skepsis* zu einem heuristischen Prinzip menschenkundlicher Essayistik. Für Rousseau wird die eigene Person unter dem durchdringenden Zauber der Selbstbeobachtung und im angeblich natürlichen, vielfach jedoch fast exhibitionistischen Selbstbekennen eine Realität wie die Natur, wie die Kirche, wie der Staat[2].

[1] Vgl. Gustav René Hocke, Die Welt als Labyrinth. Hamburg 1957, S. 37 f.

[2] Näheres am Ende dieses Kapitels.

3. Chronistische Ereignis-Register

Bevor wir diesen Weg in unserem einleitenden Querschnitt weiterverfolgen, müssen wir nun auch einen Blick auf Entstehen und Entwicklung dessen werfen, was man das spezifische *Gefäß* der Selbstbeobachtung nennen könnte: auf das Tagebuch, die tagtägliche Aufzeichnung als eine Sonderart und Abart der „Gattung" Prosa. Das diaristische Erinnern als eine besondere Technik des Aufzeichnens entwickelte sich zunächst als chronologische Sammlung, als datiertes Register, als diaristisches Taten- und Ereignis-Album – Gefäß und Aufbewahrungsmittel für beachtetes Welt- und Zeitgeschehen. Wir müssen nun in einem kurzen *Längsschnitt* den Weg beschreiben, den das Tagebuch als schriftliche Mitteilungs- und Aufbewahrungsform genommen hat, um hinreichende Fundamente zu gewinnen. Dann erst wird sich nachweisen lassen, wie die fortschreitende Entwicklung der Tagebuch-Chronik und die stetige Progression analytischer Psychographie zwei Strömen gleich an einem historischen Ort zusammenfließen: in der Renaissance. Im Anschluß wird deutlich werden, wie aus diesem Zusammenfluß ein neuer Ausgangspunkt entsteht, von dem aus sich die Hochformen der egozentrischen Ich-Analyse entwikkeln, vom Pietismus und der Romantik bis zur Gegenwart Dann erst werden wir auch den Weg frei haben für unsere eigentliche Aufgabe: die Darstellung von Grundmotiven in bedeutenden Tagebüchern Europas.

In Altrom fanden die Tatenberichte der Kaiser, ihre politischen Denkwürdigkeiten oder Memoiren eine besonders ausgeprägte Form. Gerade diese politischen Autobiographien der Augustus, Tiberius, Claudius, Hadrian, Septimius Severus, einer Agrippina sind charakteristisch für die römische Kultur, so wenig im einzelnen davon überliefert ist. Doch hat das antike Rom monumentale Tatenberichte und politische Autobiographien von älteren Mittelmeerkulturen übernommen. Das Ägypten der Pharaonen kannte im Totenkult „Bild-Tagebücher", die Begebenheiten im Haushalt, im Gewerbeleben, in der Amtsführung, im Hofdienst, im Ackerbau als stellvertretende Wirklichkeit für vergangenes Leben festhielten. Etwa seit 3000 vor Christus gab es biographische Inschriften in ägyptischen Grabbauten, von denen manche, wie etwa die Lebensbeschreibung des Gouverneurs Una aus der 6. Dynastie, in Ich-Form abgefaßt waren. So sehr jedoch die bildende Kunst, die Skulptur, individualisiert, die Biographie selbst bleibt vollkommen unpersönlich. Doch hat gerade diese ägyptische Grabbiographie nicht in ungebrochener Tradition auf die Römer eingewirkt; vielmehr zeigt sich eine Entwicklungslinie, die ihren uns bekannten Anfang im babylonischen Reich nimmt, in den Aufzeichnungen und Tatenberichten seiner Herrscher[1].

Doch hat Altrom in seiner Architektur altägyptische, pharaonische Verewigungsstile wie assyrische Kolossalvorstellungen übernommen. Es vereinen sich verschiedene Kolossalitäts-Ideale im römischen Cäsarismus, und wir werden sehen, wie derartige Vorbilder in *persönlichen*, subjektiven Tagebüchern Europas – von der Romantik bis heute – immer aufs neue in individuellen Träumen von Größe und Unsterblichkeit wiederkehren.

Für die imperiale Hof-Diaristik Altroms als einen der vielen historischen Antriebe aus älteren Mittelmeer-Kulturen wurden Herrschertaten-Berichte aus Persien und später auch die Darstellungen in Ich-Form aus der Bibel zum Vorbild. Unmittelbare Anregungen erhielt die kaiserliche Diaristik von den königlichen „Ephemerides" oder „Hypomnemata", von den königlichen Berichten über das Leben am Hofe Alexanders des Großen[2]. Den ersten altrömischen Kaiserbericht hat Cäsar Augustus geschrieben, und mit diesem Beispiel aus den imperialen „res gestae" müssen wir uns hier begnügen. Augustus verfaßte seinen Tatenbericht in seinem Todesjahr, 14 nach Christus, als die politische „Summe" einer fünfzigjährigen Herrschaft, im sakralen Stil eines Pontifex maximus wie in der knappen Redeweise des Kaisers als Heerführer[3]. Pathos und

[1] Vgl. Misch a.a.O. Bd. I, 1 S. 37 f.

[2] Der griech. Ausdruck Hypomnema, in diesen Zusammenhängen öfter gebraucht, dem das lat. *Commentarii* entspricht, bedeutet, daß etwas lediglich als Stütze für das Gedächtnis aufgezeichnet wird, noch ohne jede literarische Formgebung; über den Inhalt wird damit zunächst noch nichts ausgesagt.

[3] Abschriften wurden alsbald in vielen Augustus-und-Roma-Tempeln der Provinz angebracht; eine von diesen ist das fast vollständig

Nüchternheit, Selbstverherrlichung und Selbstrechtfertigung mischen sich in diesem Dokument, das als Wort-Monument aere perennius gedacht war, ursprünglich im Tempel der Vestalinnen aufbewahrt und nach letztwilliger Verfügung auf zwei vor dem Grabmal aufgestellte Bronzepilaster graviert wurde. Ähnlich wie in so manchen Tagebüchern fehlt es auch darin nicht an Unrichtigkeiten, ja Korrekturen der Wahrheit, auch wenn gerade dieser kaiserliche Tatenbericht weitaus weniger Fälschungen enthält als so mancher spätere.

Von Tiberius stammt die Überschrift: „Die Taten des *Gottes* Augustus, durch die er die *Welt* dem Imperium des römischen Volkes unterworfen hat, und seine Aufwendungen für Staat und Volk der Römer[1]." Das Dokument beginnt mit den Worten: „Neunzehn Jahre alt habe ich auf eigenen Ratschluß und aus eigenen Mitteln ein Heer geworben und dem Staat, der unter die Herrschaft einer Partei gekommen war, die Freiheit wiedergebracht." Diese Befreiung des Staates ist das Grundthema einer auf Unsterblichkeit in der Erinnerung der Menschen hinzielenden Ich-Pyramide! „Durch neue Gesetze habe ich mehrfach Vorbilder der Vorfahren, die in unserer Übung nicht mehr Kraft hatten, wieder eingeführt und selbst für viele Dinge ein Vorbild zur Nachahmung der Nachwelt überliefert." Rechenschaft wird also abgelegt im Angesicht der Ewigkeit, doch im Sinne einer immensen Selbststeigerung. Das imperiale Monumental-Diarium hat vor allem den Charakter einer Selbstruhm-Schrift, und es versteht sich: legitimiert durch po-

erhaltene sogen. Monumentum Ancyranum, benannt nach dem Fundort Ancyra, der antiken Stadt im nördlichen Kleinasien, heute Angora. Res gestae divi Augusti. Hrsg. v. Theod. Mommsen. 2. Aufl. Berlin 1883. Vgl. auch MOMMSEN, Der Rechenschaftsbericht des Augustus. Sybels Hist. Zeitschrift. Neue Folge 21, 1887, S. 385 ff. Mommsen nimmt allerdings an, daß die Res gestae schon zu einem früheren Zeitpunkt aufgezeichnet und von anderer Hand auf das spätere Datum umgeschrieben wurden.

[1] Dieser Titel schon für spätere megalomanische Herrscher ein schlechtes Vorbild. (Vgl. das Tagebuch LUDWIGS II. von Bayern. Beispiele im Textteil.) Über das europäische Verhängnis der Rom-Idee vgl. Lord TWEEDSMUIR (d. i. John Buchan), Augustus. Berlin 1939.

litische, wenn auch nicht immer durch moralische Größe[1]. Weit weniger bedeutende Herrscher haben in späteren Jahrhunderten ebenfalls mehr oder minder fleißig Tagebücher geführt, die nun auch intimeren Charakter annahmen, wie zum Beispiel das „skandalös"-autistische Diarium Ludwigs II. von Bayern. Diarien schrieben auch unter andern Kaiser Friedrich III., König Eduard VI., Ludwig XVI., Viktoria von England, Friedrich II. (von Preußen), Nikolaus II. von Rußland (meist über das Wetter), sowie einige Päpste[2].

Die *chronistischen* Tagebücher erfahren ihre erste Wandlung in der Renaissance, und zwar zunächst in der *italienischen*, wo aus einer erneuten Hinwendung zur *römischen* Antike ein neues, alle Lebensbereiche umfassendes Weltgefühl entsteht. Das Beispiel der kaiserlichen Diarien, zusammen mit dem wachsenden Individualbewußtsein, regte nun auch andere,

[1] Über Kaisertagebücher berichtete schon ausführlich und zusammenfassend AGOSTINO MASCARDI (1590–1640) in „Dell'Arte historica", Rom 1636. Einen Hinweis auf die kaiserlichen Tatenberichte im Zusammenhang mit der Tagebuchliteratur findet man auch in einem kurzen Essay von RICHARD M. MEYER, Zur Entwicklungsgeschichte des Tagebuchs. In: Gestalten und Probleme. Berlin 1905, S. 281–298.
Als Beispiele für Tagebücher von Herrschern seien die folgenden genannt: Journal of KING EDWARD's (VI.) Reign. Edinburgh 1882; Journal de LOUIS XVI. Paris 1900; Tagebuch-Aufzeichnungen von LUDWIG II. König von Bayern. Schaan-Liechtenstein 1925; Kaiser FRIEDRICH III., Tagebücher von 1848–1866. Leipzig 1929; KAISER FRIEDRICHS Tagebücher über die Kriege 1866 und 1870/71 sowie über seine Reisen nach dem Morgenlande und nach Spanien. Berlin 1901; (KÖNIGIN VIKTORIA) Letters. A selection from Her Majesty's correspondence and journal. 9 Bde. London 1907–1932. Das Tagebuch des letzten Zaren (NIKOLAUS II.) von 1890 bis zum Fall. Berlin 1923. Vgl. auch Bibliographie.

[2] Für nähere Angaben vgl. Bibliographie. Zu Papst-Tagebüchern: PIUS XII. soll angeblich regelmäßig Tagebuch geführt haben. JOHANNES XXIII. erklärte am 3. Juli 1962 dem italienischen Staatspräsidenten Antonio Segni, daß er Tagebuch führe. Auch frühere Päpste haben Aufzeichnungen gemacht. Allesamt blieben sie jedoch bisher unveröffentlicht. Lediglich einige Aufzeichnungen Johannes' XXIII. wurden vom Osservatore Romano publiziert (5. 6. 1963). Vgl. Textteil.

weniger herrscherliche Persönlichkeiten – Stadtschreiber, Notare, Beamte, Hof-Mercurii aller Art – dazu an, für sich, für ihr im Schatten der Weltereignisse lebendes Ich *private* Taten- und Ereignis-Verzeichnisse diaristischer Art statt politisch-offizieller anzulegen.

Gerade im Renaissance-Rom entstehen im Zuge des so mannigfaltigen Neuerfassens der Antike die ersten chronistischen Tagebücher Europas. Ferdinand Gregorovius hat sie für seine historischen Forschungen fleißig benutzt. Durch sie wurde er zu seinen eigenen „Römischen Tagebüchern" angeregt.

Die Tatenberichte der römischen Kaiser, Staatstagebücher eines gottähnlichen, souveränen, in diesen Ereignis-Aufzeichnungen jedoch völlig unpersönlichen Über-Ichs, wurden allmählich Vorbilder für die chronistischen Tagebücher solcher *Untertanen*, die als Advokaten, Gelehrte, Dolmetscher, Senatsschreiber, Nachrichten-Verfasser und so weiter an mehr oder weniger exponierter Stelle nur noch *Zeugen*, nicht Urheber von Ereignissen waren. Statt pathetischer kaiserlicher Monument-Journale werden immer nüchternere *Privat-Diarien, Privat-„Zeitungen"* abgefaßt. Die Welt, in der man sich bewegt, wird nicht mehr von oben, sondern von unten und vor allem von allen möglichen Seiten- und Nebentüren her beobachtet. Und dann kommen Verschmitztheit und Indiskretion allmählich zur Geltung. Diese Tagebuch-Chronisten begreifen seit der zweiten Jahrtausendhälfte immer mehr, daß man *persönlich* die Ereignisse, deren Zeuge man ist, auch anders sehen und werten kann, als es in feierlichen Staatsbotschaften geschieht. Im Zuge des wachsenden „privaten" Person-Gefühls werden so auch die rein chronistischen Tagebücher – das heißt die Diarien, die nicht über die eigene Person Betrachtungen anstellen, sondern nur äußere Begebenheiten „melden" – immer subjektiver, zumindest im Grundton des Berichts. Die anekdotische Kleinmalerei verdrängt das pathetische Fresko. Die Vorliebe für menschliche Eigenarten, Liebenswürdigkeiten und Schwächen, für den „human background", wird immer auffallender: Kaiser und Päpste sieht man weniger auf ihren Thronen als in häuslichen Pantoffeln; Sprüche der Macht nimmt man nicht mehr gläubig auf wie religiöse Dogmen. Insofern sind diese Chronik-Diarien, auch wo sie nur über Ereignisse und Begebenheiten der Außenwelt berichten, zugleich Zeugnisse einer sehr persönlichen Weltbeobachtung.

In der Renaissance fließen die Traditionen der überwiegend chronistischen Taten-Berichte vor allem Altroms und die überlieferten hellenistischen Ansätze zu subjektiver Selbstbeobachtung *allmählich zusammen*. Die persönlichen sowohl wie die chronistischen Tagebücher werden in der Renaissance immer zahlreicher. Zugleich gewinnen auch die Chronik-Diarien eine immer persönlichere, *kritische* Färbung. Daneben entstehen – geistesgeschichtlich entscheidend – die ersten autobiographischen, fast „egozentrischen" Tagebücher. Einzelne – wie etwa diejenigen eines Pontormo, Casaubonus und John Dee[1] – leiten in der Vereinigung von Selbst- und Weltbeobachtung die diaristische Neuzeit ein, auch wenn sie zumeist erst viel später veröffentlicht wurden, also auf die weitere Entwicklung nicht unmittelbar einwirken konnten. Diese wenigen erhaltenen Dokumente lassen erkennen, daß die subjektive Diaristik bereits in der Renaissance *entstanden* ist[2]. Außerdem ist anzunehmen, daß viele Schriften dieser Art vernichtet wurden oder noch heute in irgendwelchen Archiven und Bibliotheken einen Dornröschenschlaf halten[3].

Die ältesten bisher bekannten italienischen Chronik-Tagebücher neuerer Art gehen auf das 14. und den Anfang des 15. Jahrhunderts zurück, so das „Diario di Anonimo Fiorentino"

[1] Darüber Näheres in diesem Kapitel.

[2] Es ist also irrig, zu behaupten, das „subjektive" Tagebuch sei erst zur Zeit des Pietismus entstanden. So RICHARD M. MEYER a.a.O.

[3] Alte und älteste Tagebücher werden immer wieder in verstaubten Archiven oder unerforschten Privatbibliotheken entdeckt. So bildete in den letzten Jahren die Entdeckung des schon genannten „Londoner Tagebuchs" von JAMES BOSWELL eine literarische „Sensation" ersten Ranges. Das gleiche gilt für die Tagebücher von SAMUEL PEPYS, von SAMUEL JOHNSON, von BENJAMIN CONSTANT und für die Diarien so vieler anderer Autoren. Deswegen muß man bei Datierungen über das Nachleben einzelner bedeutender Tagebücher besonders vorsichtig sein. Doch bleibt die *Zeit*, in der sie *entstanden* sind, natürlich immer zur Bestimmung von Einflüssen und auch „Moden" aufschlußreich und wichtig.

(1358–1389) und das „Diario Ferrarese" (1409–1502)[1]. Die Künstler-Tagebücher der Maso di Bartolomeo und Luca di Landucci umfassen die Zeit von 1447–1453, beziehungsweise 1480–1518[2]. Das „Diario" Jacopo da Pontormos wurde zwischen 1554 und 1556 geschrieben, „als er den Chor von San Lorenzo ausmalte"[3]. Eins der ersten umfangreichen chronistischen „Zeitungs"-Tagebücher ist das „Diario della città di Roma" von Stefano Infessura (1436–1500). Es umfaßt die Jahre 1303–1494. Die „res romanae" werden wie im Altertum als Welt-Ereignisse empfunden, und Infessura ist stolz, ihr Zeuge zu sein[4]. Ein anderes Rom-Tagebuch von Rang, als Quelle für die Geschichte der Ewigen Stadt um 1500 häufig benutzt, ist das „Diarium" des Straßburger Geistlichen und späteren Zeremonienmeisters am Hofe Papst Alexanders VI. Johann Burckard (um 1445–1506)[5]. In dieser „Notaten"-Sammlung ist die Anekdote schon ein häufig gebrauchtes Stilmittel zur Charakterisierung von Menschen und zur Farbgebung bei der Schilderung von Ereignissen, die sich vor allem am päpstlichen Hofe abspielen. Als eine Monstre-Chronik ohne jeden persönlichen Zug stellt sich das wohl umfangreichste Diarium Europas dar, das Ereignis-Register des venezianischen geheimen Notarstadtschreibers Marin Sanudo (1466–1536): achtundfünfzig Quartbände mit vierzigtausend Seiten; ein getreuer,

[1] Diario ferrarese dall' anno 1409 fino al 1502 di autori inediti. Bologna 1928–37.
Vgl. auch Bibliographie u. spätere Hinweise. Beispiele aus diesen ältesten Tagebüchern im Textteil.

[2] Vgl. die ital. Neuausg. in der Letteratura Artistica, Florenz–Wien 1956, S. 120 ff. Darin auch weitere Hinweise. Zu Landucci vgl. Textteil.

[3] Erläuterungen in späteren Abschnitten. Erste deutsche Übersetzung im Textteil.

[4] Ital. Ausg. im Archivio della R. Società romana di storia ... XI, 1888 ff. Dt. Übers. v. Hermann Hefele. Jena 1913. Vgl. Textteil.

[5] Geschrieben zwischen 1483 und 1506. Leibniz gab u. d. T. „Historia arcana sive de vita Alexandri VI." im Jahre 1696 in Hannover Auszüge dieses Tagebuches heraus. Neuausg. bei Muratori: Rerum Italicarum Scriptores 32, 1. Burckartus: Liber notarum ab anno 1483 usque ad anno 1506. Vol 1. Bologna 1906.

wenn auch glanzloser Spiegel aller Ereignisse im Umkreis der Serenissima von 1496 bis Ende Juni 1533[1].
Die Aufzeichnungen Leonardo da Vincis (1452–1519) zur Mechanik, Optik, Physik, Medizin und Kunst wird man im strengeren Sinne nicht als Tagebücher bezeichnen können, da sie meist diskursiven Charakter haben und nicht datiert sind. Seine philosophischen Eintragungen haben oft aphoristische Form, doch nur selten einen auf das Leben des Uomo universale bezogenen chronologisch geordneten Inhalt oder eine Ich-Form. Seine zum Teil hermetischen Schriften wird man nur als Spiegelbilder (in Spiegelschrift) der Organisation des *Geistes*, also nicht des Lebens oder der *persönlichen* Lebensprobleme des Forschers und Künstlers ansehen dürfen[2].
Aus Italien sei hier noch das spätere echte Tagebuch von Giacinto Gigli genannt (1574–1671), das reich ist an bunten Fresken aus dem damaligen Florenz[3].
Über Chronik-Tagebuchschreiber, diese „Journalisten" der Früh- bis Spätrenaissance und späterer Zeiten, schrieb Ferdinand Gregorovius in seinen „Römischen Tagebüchern", nachdem er aus Burckard und Sanudo fleißig Auszüge gemacht hatte: „Ich lese gern die alte Sprache der Chroniken, sie gleicht der Sprache der Bilder von Giotto, Lippi, Ghirlandaio[4]."

[1] Ausg. Venedig 1879–1903. Das umfangreichste „intime" Tagebuch schrieb, wie bereits angedeutet, FRÉDÉRIC AMIEL mit 16000 Seiten. Doch werden Sanudo und Amiel übertroffen von dem noch nicht veröffentlichten Tagebuch des gegenwärtigen Direktors des Kriegs- u. Waffenmuseums in Triest, Prof. DIEGO V. HENRIQUEZ. Es umfaßt alles, was sich auf Angriff und Abwehr bezieht, von den Mikroorganismen bis zu den Menschen; es enthält auch einen parapsychologischen Teil. Bisher mehr als 50000 Seiten in 300 Bänden, dazu eine Kartothek mit 1 Million Zettel.

[2] Neuerdings wurden Teile dieser Aufzeichnungen u. d. T. Philosophische Tagebücher in ital. u. dt. Sprache veröffentlicht (Rowohlt-Klassiker, Hamburg 1958). LEONARDO bezeichnete diese Texte selber als „Sammlung ohne Anordnung". Eine dt. Ausg. erschien 1952 bei List in München u. d. T. Tagebücher und Aufzeichnungen.

[3] Memorie di GIACINTO GIGLI di alcune cose giornalmente accadute al suo tempo. In großen Teilen noch nicht hrsg. Vgl. AGOSTINO ADEMOLLO, Giacinto Gigli ed i suoi diarii del secolo XVII. Florenz 1877. Vgl. Textteil.

[4] FERDINAND GREGOROVIUS, Römische Tagebücher (1852–1874). Stutt-

Ein frühes, anonymes Chronik-Tagebuch stammt aus dem *Frankreich* Karls VI. und Karls VII.: „Journal d'un Bourgeois de Paris" von 1405–1449. Tag um Tag zeichnet dieser namenlose „Clerc" anhand vieler oft makabrer Einzelheiten die sozialen Wandlungen des französischen Staates gegen Ende des Hundertjährigen Krieges auf. Der begabte Schilderer, ein Diarist im burgundischen Holzschnittstil, bekundet ein dramatisches Zeitgefühl und ein bereits starkes *subjektives* Empfinden für den Wandel aller Dinge in einer vergehenden Kultur, im „Herbst des Mittelalters"[1]. Dieses Journal wurde zwar erst 1653 in Paris veröffentlicht, doch kann man es als Vorläufer der vielen politischen Chronik-Tagebücher ansehen, die Frankreich später hervorbrachte, vom „Journal" Jean Barrilons[2] und dem „Journal de la Cour de Louis XIV" aus der Feder des nüchternen Militärs Philippe de Courcillon, Marquis de Dangeau (1638–1720)[3], über die Tagebücher napoleonischer Generale, und die Historiker-Journale von Jules Michelet und Jacques Bainville bis zu der fast unabsehbaren Fülle von Zeu-

gart 1892, S. 38, 394, 408. Über Gregorovius und diese Diaristen später weitere Einzelheiten.

[1] Journal d'un bourgeois de Paris 1405–1449. Erster Druck als Anhang zur 2. Aufl. von JUVÉNAL DES URSINS, Archevêque de Reims, Histoire de Charles VI, Roy de France. 2. éd. Paris 1653. Zuletzt u. d. T. Journal d'un bourgeois de Paris sous Charles VI et Charles VII (1405–1449). Paris 1929.

[2] Journal de JEAN BARRILLON, secrétaire du CHANCELIER DUPRAT, 1515–1521. 2 Bde. Paris 1897–1899.
Andere Chronik-Journale Frankreichs aus dem 16 Jh.: NICOLAS VERSORIS, Livre de raison 1519–1530; PIERRE DRIART, Cronique parisienne 1522–1535; und ein anderes Journal d'un bourgeois de Paris sous le règne de François premier (1515–1536). Paris 1854. Nouv. éd. Paris 1910. Vgl. Textteil u. Bibliographie.

[3] PHILIPPE DE COURCILLON, Marquis de Dangeau, Mémoires, écrits par lui-même, contenant beaucoup de particularités et d'anecdotes sur Louis XIV, sa cour . . . 3 Bde. Paris u. London 1817, und Journal du Marquis DE DANGEAU (1684–1715). 19 Bde. Paris 1854–1860. (Als Hoftagebuch im altrömischen Sinne gedacht, vorwiegend dem Lobpreis des Sonnenkönigs dienend.)

gen- und Zeugnis-Tagebüchern aus den Kriegen, Revolutionen und Restaurationszeiten des 19. und 20. Jahrhunderts[1].

Es ist kein Zufall, daß eins der ersten Tagebücher der Neuzeit in *England* von einem König geschrieben wurde, von Edward VI. (1547–1553), der kaum sechzehn Jahre alt das Zeitliche segnete. Dieses Diary in cäsarischer Ich-Form notiert vorzugsweise politische Begebenheiten, doch hat es durchaus schon persönliche Färbung[2]. Dann führten Unternehmer wie Henry Machyn (1498?–1563?)[3], ein Politiker wie Francis Walsingham (1530?–1590)[4] und ein Heerführer wie Thomas Coningsby (gest. 1625)[5] ganz und gar unpersönliche Memorandum-Tagebücher im Stile der ältesten italienischen Chronik-Diaria. Das interessanteste, wenn auch noch keineswegs introspektive, so doch schon viel *individuellere* Tagebuch des 16. Jahrhunderts hinterließ in England der esoterische Philosoph, Mathematiker und Astrologe Dr. John Dee (1527–1608), dem Shakespeare angeblich manches „magische" Wissen verdankte und den die Königin Elisabeth zu ihrem astrologischen Berater machte[6]. Am auffallendsten in diesem typischen Astrologen-Tagebuch sind die minuziösen Zeiteintragungen, die für das neue *Zeitgefühl* (als neuer Ansporn zur Diaristik) so bezeichnend sind, wie wir später noch erörtern werden. Der Tagesablauf wird jetzt auch Stunde um Stunde, ja Minute um

[1] Vlg. Bibliographie und Kap. V. Jules Michelet, Mon Journal 1820–1823. Paris 1888; Jacques Bainville, Journal (1901–1935). 3 Bde. Paris 1948–1950 und Journal inédit (1914). Paris 1953.

[2] The Journal of King Edward's Reign, written with his own hand. Edinburgh 1882 (Clarendon Historical Society's Reprints. New series no. 1).

[3] The Diary of H(enry) Machyn, 1550–1563. London 1848 (Publications of the Camden Society, no. 42).

[4] Journal of Sir Francis Walsingham, 1570–1583. London 1870 (The Camden Miscellany, vol. 6,3).

[5] Sir Thomas Coningsby, Journal of the Siege of Rouen 1591. London 1847 (Camden Miscellany, vol. 1).

[6] The private diary of Dr. John Dee. London 1842 (Publications of the Camden Society, no. 19). Umfaßt die Jahre von 1577–1600.
Zur Entwicklung des subjektiven Manierismus in England, zu John Dee und Shakespeare vgl. G. R. Hocke, Manierismus in der Literatur, S. 127 f. und Ponsonby a.a.O., S. 61–66.

Minute registriert. Der Sterndeuter, der die neuen astrologischen „Ephemeriden" zu konsultieren gewohnt ist, trägt beispielsweise nach hohem Kunden-Besuch ein: „1560. Juli 8. Margaret Russel, Gräfin von Cumberland hora 2 min 9 Exonioe mane." Doch, und das ist für diese Zeit ebenso auffallend, werden auch *eigene* Erlebnisse aufgezeichnet, und zwar ebenso magisch-mysteriöse Alltagserfahrungen wie reale Traumvisionen, wohlgemerkt in *Ich-Form*, rund tausend Jahre nach Synesius und etwa dreihundert Jahre vor Kafka. „Es war am 8. Tag, einem Mittwoch, hora noctis 10, 11, als ich in meinem Zimmer ein eigenartiges Klopfgeräusch hörte; ein Laut wiederholte sich zehnmal, wie der Schrei einer Eule klang er; doch länger gezogen, sanfter, als wenn es im Zimmer selbst gewesen wäre. Die ganze Nacht hindurch klopfte und polterte es in meinem Zimmer." – „Traum nackt zu sein; meine Haut war wie mit tuft mockado[1] bedeckt, in einer Mischfarbe von Blau und Rot; und auf meinem linken Arm las ich in Kranzform die Worte: ‚sine me nihil potestis facere.'" – „Samstag nacht träumte mir, ich sei tot und meine Eingeweide würden ausgenommen. Doch ging ich und sprach mit verschiedenen Leuten, so unter anderem auch mit dem Schatzkanzler, der zu mir ins Haus gekommen war, um nach meinem Tode meine Bücher zu verbrennen; mir war es, als sehe er mich erbittert an." Handelt es sich hier um die Aufnahme der Anregung von Synesius, man solle auch Traum-Tagebücher schreiben? Man muß annehmen, daß ein Esoteriker wie John Dee zumindest im hellenistisch-neuplatonischen Traumbücherschrifttum bewandert war. Doch schlägt hier schon ein ganz anderer subjektiver Ton durch, im Zusammenhang mit dem Registrieren von realem Tagesgeschehen, allerdings schon oder wieder von Krankheiten und persönlichen Gebrechen wie in den uns bereits bekannten Traum- und Heilbüchern aus späthellenistischer Zeit und der italienischen Spätrenaissance (Pontormo). Texte dieser Art haben nicht nur historischen und philologischen Wert. In der Geschichte der europäischen Selbst- und Weltbeobachtung können sie in einem ästhetischen Sinne verzaubern wie alte seltene Münzen[2].

[1] Stoff mit Wollfransen, im 16. u. 17. Jhdt. im Gebrauch.

[2] Für *Holland* sei aus dem 16. Jhdt. genannt das „Dagboek" von

In den deutschsprechenden Ländern des Heiligen Römischen Reiches Deutscher Nation verbreitete sich das Tagebuchschreiben schon seit dem frühen 16. Jahrhundert. Die Anregung ging von den Humanisten aus. So schrieben Martinus Crusius[1] in Tübingen und Isaak Casaubonus[2] aus Genf in Paris, dann in Oxford selbst Tagebuch. Die in den kaiserlichen Kanzleien verfaßten Berichte wurden nun immer genauer datiert; die klösterlichen Tagesregister gewannen an Lebendigkeit, indem sie zunehmend auch Ereignisse verzeichneten, die sich außerhalb der Klostermauern abspielten, insbesondere die Wirren und Schrecken der Kriege, der Glaubensspaltung und der sozialen Kämpfe. Nicht ohne Einfluß blieben die in vielen Fällen datierten mystischen Meditationen des Mittelalters[3]. Doch entsprach es vor allem dem neuen *bürgerlichen* Standesbewußtsein und einer wachsenden individuellen Selbstsicherheit, wenn nun immer häufiger Privatchroniken entstanden, wie sie für Italien schon aus dem 14. und 15. Jahrhundert bekannt sind. Gerade Kaufherren und reiche Handelsleute machten ihre

Broeder Wouter Jacobsz (Gualtherus Jacobi Masius), des Priors von Stein. Groningen 1950. Vgl. auch Gerrit Kalff jr. Het Dietsche dagboek. Groningen 1935.

[1] Martin Crusius (1526–1607), Professor des Griechischen und Lateinischen in Tübingen, hat sein neun Quartbände umfassendes Diarium 1573 begonnen und – mit einer Unterbrechung vom 19. 9.–26. 11. 1604 – bis zum 30. 6. 1605 fortgeführt. Ausg. in 3 Bdn. für die Jahre 1596–1605. Tübingen 1927, 1931 u. 1958. Vgl. Bibliographie.

[2] Ephemerides Isaaci Casauboni cum praefatione et notis edente Johanne Russell. 2 Bde. Oxford 1850.

[3] Vgl. Ferdinand Wilhelm Emil Roth, Die Visionen der heiligen Elisabeth. 2. Aufl. Brünn 1886.

Vgl. ferner die Autobiographie von Heinrich Seuse (um 1295–1366). Gültige mhdt. Textausg. Stuttgart 1907. Seuses „Leben" bildet den ersten Teil eines unter dem alten Titel „Exemplar" bekannten Sammelwerkes, das außerdem das „Büchlein der ewigen Weisheit", das „Büchlein der Wahrheit" und das „Briefbüchlein" enthält. Das „Büchlein der ewigen Weisheit" ein Traktat der praktischen Mystik, dessen spätere, von Seuse selbst vorgenommene lateinische freie Bearbeitung den Titel „Horologium sapientiae" trägt, befruchtete die „Laien"-Moraltheologie breiter Kreise.

Kavaliersreisen nach Italien, und sie berichteten darüber in Reisetagebüchern[1].
Magdalena Buchholz behandelt in ihrer Untersuchung über die Anfänge der deutschen Tagebuchschreibung rund siebzig Tagebücher, eine auf das Wesentliche beschränkte Auswahl des bekannten Materials. Auf die Zeit bis zur Wende des 15. zum 16. Jahrhundert entfallen sieben Diarien oder tagebuchartige Chroniken; für das 16. Jahrhundert finden wir siebenundzwanzig und für die Zeit von 1600–1700 schon zweiundvierzig[2].
Doch steht die historische Erforschung gerade der ältesten Diarien, anders als diejenige von Autobiographien, noch in den Anfängen; es fehlt insbesondere an kritischen Sammelausgaben der verstreuten Texte. Wenn auch chronistische Tagebücher aus Rostock und Passau, aus Koblenz und Regensburg, ja selbst aus Nürnberg und Wien geistesgeschichtlich nicht so interessant sind wie die zeitlich entsprechenden aus Rom, Florenz und Venedig, so fesseln sie doch in vielfacher Hinsicht: als Spiegel des religiösen, politischen, wirtschaftlichen und des privaten Lebens. Wichtig sind sie als Vorstufen der subjektiven deutschen Tagebuchliteratur, die in ihrer typischen Prägung erst Mitte des 18. Jahrhunderts mit dem Pietis-

[1] So u. v. a. PHILIPP ORTH, Kaufherr aus Heilbronn, der im Jahre 1574 zusammen mit Clemens Imlin eine „Spazierreise nach Rom" unternahm; SAMUEL KIECHEL (1585–1589). Auch die meisten Pilgerfahrten ins Heilige Land führten über Italien, so etwa diejenige des HANS LOCHNER; HANS TUCHER (1479–1480); FELIX FABRI, er unternahm zwei Pilgerfahrten, 1480 und 1483–1484; WOLF VON ZÜLNHART (1495–1496); Auszüge in: Deutsche Pilgerreisen nach dem Heiligen Lande. Berlin 1880. In solchen Pilger- und Reisetagebüchern findet man ein reges Interesse für die römische Antike, noch nicht aber für die Kunst der italienischen Renaissance. Für Einzelheiten vgl. MAGDALENA BUCHHOLZ, Die Anfänge der deutschen Tagebuchschreibung, masch. Diss. Königsberg 1942. Ferner THEODOR KLAIBER, Die deutsche Selbstbiographie. Stuttgart 1921; MARIANNE BEYER-FRÖHLICH, Die Entwicklung der deutschen Selbstzeugnisse (Deutsche Literatur, Reihe 25, Bd. 1, Leipzig 1930); WERNER MAHRHOLZ, Deutsche Selbstbekenntnisse. Berlin 1919; GEORG MISCH a.a.O. und unsere Bibliographie.

[2] Vgl. BUCHHOLZ a.a.O.

mus einsetzt. Damals schon wurde Deutschland ein tagebuchführendes Land par excellence. Ursache sind unter anderm die vielen Kriege, sozialen Revolutionen und Glaubenskämpfe, die den Einzelmenschen auf sich selbst verwiesen und seine Neigung verstärkten, als Zeuge über die erschütternden Erlebnisse der Reformationszeit und des alles in Frage stellenden Dreißigjährigen Krieges zu berichten, zunächst einmal für sich selbst, dann auch für die eigenen Nachkommen wie für die Nachwelt überhaupt. Wir werden das später näher erörtern.

Deutsche Tagebücher dieser Zeit künden also eher von verstärktem Beobachtungssinn als von einsetzender Reflexion, mehr von wachsendem Gefühl für das Private als von Selbstanalyse. Sie wurden jedoch, wie in Italien, Frankreich und England, zu einer wichtigen *formalen* Voraussetzung für die spätere „intime" Diaristik, auch wenn sie meist nicht viel mehr waren als oft ebenso bunte wie düstere, lebensfrohe wie eingeschüchterte Notaten-Journale[1]. Einen Höhepunkt von Lebensfreude und Wissensstolz der Renaissance findet man in dem Diarium des Tübinger Altphilologen Martinus Crusius, geschrieben in Lateinisch, Griechisch und Deutsch[2]. Diese Aufzeichnungen sind für die deutsche Bildungsgeschichte des 16. Jahrhunderts ebenso wichtig wie Infessuras Diarium für die Geschichte der Stadt Rom im 15. Jahrhundert. Bezeichnend ist das Proömium des trinkfreudigen großen Gelehrten: „Mar-

[1] Genannt seien hier nur die wichtigsten deutschsprachigen Tagebücher oder tagebuchartigen Aufzeichnungen vorwiegend des 16. Jahrhunderts (Einige Beispiele im Textteil; vgl. auch Bibliographie): HILDEBRAND SUDERMANN, Aufzeichnungen. 1489–1504; URSULA VON FRAUEN-CHIEMSEE (1503–1505), Relation der Äbtissin von Frauen-Chiemsee über den pfälzisch-bayerischen Erbfolgekrieg; ECHTER VON MESPELBRUNN, Gedenkblätter 1511–1655; SIGMUND VON HERBERSTEIN, Selbstbiographie (1486–1553); DIETRICH VAN LOHE, Chronik (1529–1583); EWALD KREUTZMACHER, Diarium über den Reichstag zu Augsburg 1547–1548; MEISTER FRANNTZN SCHMIDTS Nachrichters inn Nürnberg all sein Richten. Leipzig 1913; KURFÜRST FRIEDRICH IV. VON DER PFALZ, Das Tagebuch und Ausgabenbuch. 1596–1599; JAKOB RÖDER (1598–1618), Kalendereinträge; und ausnahmsweise ein Reisetagebuch: ALBRECHT DÜRER, Tagebuch über meine niederländische Reise. 1520–1521. Krit. Ausg. Berlin 1956.

[2] Vgl. S. 56 Anm. 1.

tino Crusio, Tybingensi Professore, annotata *quotidie:* de rebus Germanicis, Graecis, et aliarum gentium, et de *rebus privatis*[1]."

Besser kann man das Pathos altrömischer Tatenberichte und chronistischer Historiker nicht wiederholen ... wobei nun das eigene, das *private* Leben miteinbezogen wird.

Bevor wir diesen kurzen Überblick beenden, noch ein Hinweis auf die deutsche Diaristik des 17. Jahrhunderts. Sie wird beherrscht von dem Grauenerlebnis des Dreißigjährigen Krieges und von seinen verheerenden Folgen. Dieser Einbruch chaotischer Kräfte lähmt offenbar alles, was sich an *persönlichem* Ausgleichs- und Bildungsstreben im Rahmen der europäischen Überlieferungen noch bis 1618 dem Adel wie dem Bürgertum angeboten hatte. Das Gefühl einer ersten individuellen Souveränität, im Zusammenhang mit einem im übrigen Europa gültigen Begriff der geistigen wie gesellschaftlichen Weltläufigkeit, wird verdrängt von Not und Elend, von Trostlosigkeit und Tod; bald auch von einem Streben nach Verinnerlichung, gewiß, aber auch von der Neigung zu kleinbürgerlicher Rechthaberei und Weltfremdheit, zu sektiererhaft-weltanschaulicher Selbstgefälligkeit und ebenso trockener wie eitler Gelehrtenpedanterie. Nur in der religiösen Mystik, in der katholischen wie protestantischen Frömmigkeit und Dichtung bleibt das damalige Deutschland den *lebendigen* geistigen Kraftströmen Europas verbunden, ähnlich wie in den noch grausigeren Verfallszeiten des inneren und äußeren zwanzigjährigen Krieges und seiner Nachwirkungen von 1933 bis zur Gegenwart. Doch hat auch so das rasche Versengen des deutschen frühhumanistischen Kulturtraums in den Flammen des Dreißigjährigen Krieges sicher die spätere „Verinnerlichung" – als Folge eines ebenso physischen wie psychischen Kollektiv-Erlebens neu angeregt und vertieft, jene „Innerlichkeit" nämlich, die dann im Pietismus, im klassischen Humanitätsideal und im „bewußten" Weltschmerz der Romantiker Deutschland zum ersten Male zu einem der geistigen Mittelpunkte Europas machte[2].

[1] A.a.O. S. 1. Beispiel im Textteil.

[2] Dazu andere Hinweise in unserer späteren Darstellung. Ferner Beispiele im Textteil, so u. a. der Hymnus auf die „Bildung" der

Dieses Werden einer neuen Innerlichkeit hat damals rund hundert Jahre gedauert, von 1650–1750. Das Hitlerreich brach 1945 zusammen. Seitdem sind noch keine zwanzig Jahre vergangen. In bezug auf eine neue Möglichkeit, Europa von seiner humanen Tiefe überzeugen zu können, steht Deutschland heute vergleichsweise in einer ähnlichen Situation wie die deutschen Länder im Jahre 1668. Manche ausländische Beobachter meinen, daß Deutschland sein diesbezügliches Soll noch nicht erreicht habe, während es in handfesteren Bezügen zu einer beängstigenden Exemplarität gelangt sei. In dieser Hinsicht wird Deutschland also immer wieder herausgefordert! Wird die deutsche Jugend diesen „challenge" begreifen, diejenige weltoffene neue deutsche Jugend, auf die nicht nur Europa, sondern die ganze Welt so viel Hoffnung setzt? Gerade manche deutsche Tagebücher aus der Zeit von 1933 bis 1945 – wie diejenigen von Eugen Gottlob Winkler, Luise Rinser, Gerhart Nebel, Felix Hartlaub, Jochen Klepper, Theodor Haecker, Erich Kästner und anderen – enthalten starke Symptome für eine kritische, nüchterne, aber überzeugte Rückkehr zu den besten Überlieferungen der deutschen „Humanitas" von den Mystikern des Mittelalters bis zu den Träumen von Reinheit bei Novalis und Hölderlin und von Wahrheit bei Scheler und Wittgenstein[1].

„deutschen Humanität" von Weimar im Tagebuch des französischen Dichters Maurice de Guérin.

[1] Wichtigste deutschsprachige Tagebuchverfasser aus der Zeit des Dreißigjährigen Krieges sind: Joachim Garcaeus, Tägliche Aufzeichnungen 1617–1632. Brandenburg a. H. 1894; Christoph v. Bismarck (1625–1640); Oberst Vitzthum von Eckstädt (1635 u. 1636); Zacharias Bandhauer, Die Katastrophe von Magdeburg 1631. Freiburg i. Br. 1874; Friedrich Flade (1642–1650); Johann Martin Rauscher (1592–1655). Seit 1613 führte er bis fast zu seinem Tod ein Tagebuch, das anscheinend nur im Auszug erhalten ist, und zwar in den Papieren von Johann Ulrich Pregizer, Staatsarchiv Stuttgart; Friedrich Flade, Tagebuch des feindlichen Einfalls der Schweden in das Markgrafentum Mähren. Andere bemerkenswerte deutsche oder deutschsprachige Tagebücher des 17. Jahrhunderts: Adam Walradt Volkershoven (1680–1681); Christian der Jüngere (II.), Fürst zu Anhalt, Tagebuch. Leipzig 1858; Graf Ferdinand Bonaventura von Harrach (1637–1706), Mémoires et négociations secrètes contenant ce qui s'est passé de plus secret et de plus remarquable ...

Wir haben uns eine Abschweifung erlaubt – wie so manche Tagebuchschreiber, die über sich und über ihre Umwelt schreiben. Und was erscheint ihnen – in einem anthropologisch-philosophischen Sinne – schon seit der Renaissance wichtig? Wir können es jetzt in neuer Weise sagen: das Erfassen der eigenen Menschlichkeit, das Begreifen auch des schwachen, fehlenden Mensch-Seins, wird zu einem Erlebnis der Selbstbescheidung. Auch in dieser Hinsicht bieten gerade Selbstdarstellungen von Humanisten des 16. und 17. Jahrhunderts Beispiele einer Verbindung von antiker Weisheit und christlicher Tugendlehre. Unter den Tagebüchern jener Epoche nehmen die „Ephemerides" von Isaak Casaubonus (1559–1614) den höchsten Rang ein. Sie gehören zu den persönlichsten ihrer Zeit und leiten, mit den tagebuchartigen Lebenserinnerungen des Baseler Medizinstudenten Felix Platter[1] (1536–1614), die so reiche und vielfältige Schweizer Diaristik ein, die von Haller und Lavater über Amiel und Keller weiterführt bis zu Ramuz und Frisch. Das Tagebuch von Casaubonus hat auch einen eminenten kulturhistorischen Wert, ähnlich wie das „Bordbuch" von Christoph Kolumbus (1451–1506)[2], wie das Visions-Diario von Ignatius von Loyola[3] und die Aufzeichnungen des florentinischen Malers Jacopo da Pontormo[4]. Der Genfer Altphilologe und Philosoph begann sein Tagebuch am 18. Februar 1597, im Alter von achtunddreißig Jahren; er

2 Bde. La Haye 1720 und 1735; Bonaventura Brulig, Belagerung der kayserlichen Stadt Wien 1683; Gangolf Hartung (1607–1666), Chronikalische Aufzeichnungen. Fulda 1910; Enderlin Liesch (1561–1635). Rudolf Wegeli, Gedenkbüchlein des F. L. in Malans; Justus Eberhard Passer, Diarium und Berichte 1680–1683. Von G. Hartung Beispiel im Textteil. Für Einzelheiten und Literatur vgl. Bibliographie u. Buchholz a.a.O.

[1] Vgl. Thomas und Felix Platter, zwei Lebensbilder aus der Zeit der Reformation und Renaissance, von ihnen selbst entworfen. Bd. 1: Thomas Platters Selbstbiographie; Bd. 2: Felix Platters „Erinnerungsblätter". Aus dem Schweizerdeutschen übertr. von J. K. Rudolf Heman. Gütersloh 1882. Vgl. Textteil.

[2] Cristoforo Colombo: Giornali di bordo ‹1492–1493›. Dt. Übers. u. d. T.: Bordbuch. Zürich u. Leipzig 1941. Beispiel im Textteil.

[3] A.a.O. Vgl. ferner Kap. X. Beispiel im Textteil.

[4] Vgl. Kap. VIII und die Übersetzung im Textteil.

führte es siebzehn Jahre lang, bis kurz vor seinem Tode. Durch seine vielseitigen Lektüreberichte wird dieses Tagebuch, ähnlich wie das von Martinus Crusius, zu einem wichtigen Spiegel der Bildungsgeschichte seiner Zeit[1].
Einem Rufe Jakobs I. folgend, übersiedelte der strenggläubige Hugenott Casaubonus 1610 nach England, nachdem Heinrich IV. ermordet worden war, dessen Bibliothek er seit 1598 in Paris geleitet hatte. In Oxford bildete er mit Scaliger und Salmasius das berühmte sogenannte philologische Triumvirat. Er stand also im Mittelpunkt des Humanismus, aber auch der Glaubenskämpfe seiner Zeit. Die „Ephemerides" sind jedoch nicht nur als zeitgeschichtliches Dokument interessant; sie haben einen stets auf das eigene, ganz persönliche Menschsein bezogenen Sinn und erscheinen daher mehr psychologisch und ethisch bedeutsam als wissenssoziologisch oder historisch. Sie bezeugen oft eine ganz individuelle menschliche Not und eine für den Verfasser charakteristische geistige Energie zu deren Überwindung. Casaubonus liest Chrysostomos, Polybios und Tertullian, vor allem aber Seneca. Die Lebensweisheit von Neros Staatsverwalter sagt ihm besonders zu. Wie manche Tagebuchschreiber sich selbst anreden, so spricht Casaubonus am 11. April 1597 seinen Lieblingsautor an: „Könnte nur jeder täglich vor dem Einschlafen mit dem Frieden eines guten Gewissens sagen: ich habe gelebt, ich habe gelebt! Doch braucht er dazu nicht aus deiner Schule hervorgegangen zu sein, mein lieber Seneca; vielmehr aus der Schule Dessen, der allein die Seelen seiner Schüler lehren, verwandeln und formen kann nach seinem Willen."
Von Senecas „Occupatus" angeregt wie Petrarca, tadelt auch Casaubonus die Toren, die ständig umherirren und dauernd ihre Pläne ändern. Der gelehrte Humanist trifft sogar eine Lebensentscheidung in seinem Tagebuch: Wieder im Sinne Senecas verschließt er sich dem Wunsch seiner Freunde, im vorgerückten Alter noch Rechtswissenschaft zu lehren. Senecas Bild des „Occupatus" rettet ihn. „Ich werde also deinem Rate folgen, verehrter Weiser, und mich nicht in die Gefahr begeben, daß man sagen könnte, ich hätte mein Leben durch

[1] Vgl. Kap. VII.

Unbeständigkeit gekürzt." So am 12. April 1597. Und dann noch: „Du weißt, o mein Gott, welche Studien mir am meisten am Herzen liegen. Seit langem hat mich der brennende Wunsch getrieben, mich ganz der Literatur[1] hinzugeben, denn nur in ihr sind alle Wahrheiten enthalten. Nur diese machen unsterblich. Nur diese vereinen mit Gott." Hat er außerdem nicht Grund, auf diese Weise Gott zu danken? „Heute brachte, gegen fünf Uhr, meine liebe Frau ein weiteres Kind auf die Welt; unsere Familie wurde um ein kleines Mädchen vermehrt." Trotz zarter Gesundheit und unermüdlichen Studien pflegte Casaubonus ein intensives Familienleben: er hatte zwanzig Kinder. Die große Familie erschwert ihm die Lektüre, lenkt ihn vom Studium ab. Hier wird dem frommen, aber auch sehr reizbaren Gelehrten das Tagebuch zur Klagemauer, wie es für die Gattung – wir wissen es schon – so typisch ist. Doch sucht Casaubonus auch immer wieder Glück und Harmonie durch einsame Gewissenserforschung und schriftlich-diaristisches Beten[2].

In Tagebüchern sind Eintragungen am Ende oder am Anfang eines Jahres besonders bemerkenswert: Epiloge oder Prologe ephemerider Tragödien und Seligkeiten. Am 1. Januar 1611 schreibt Casaubonus: „Mit dem Lesen allein ist es ja nicht getan; man muß auch verstehen, und nicht nur das: man muß auch dem Wort entsprechend handeln. Das allein öffnet die Himmel." Dann klagt er über Zweifel und Unsicherheiten. Seine Neujahrseintragung wird zum Gebet. Er bittet, sicher „in der Barke" des Herrn geborgen bleiben zu dürfen. Gott ist

[1] D. h. im Sinne PETRARCAS: der bildenden Geistes-„Wissenschaft", der „Bildung", der moralphilosophischen Weisheitsdeutung und Wissensvermittlung, antike und christliche Traditionen verbindend.

[2] GOETHE schrieb als Student von 1770–1771 in Frankfurt und in Straßburg ein Tagebuch, das er „Ephemerides" nannte. Meist enthält es Bemerkungen über Lektüre oder Abschriften und Auszüge aus Büchern. Doch werden auch eigene Einfälle und Entwürfe notiert. Goethe hat auch „Tag- und Jahreshefte" geschrieben (1749–1822), meist Zusammenfassungen von Tagebüchern. Goethes „Ephemerides" erinnern mehr an LICHTENBERGS „Sudelhefte" denn an die „Ephemerides" des CASAUBONUS. Zu den „Sudelheften" LICHTENBERGS vgl. MAX RYCHNER, Georg Christoph Lichtenberg, in der Essaysammlung Welt im Wort. Zürich 1949.

ja der allerhöchste Leser. Er liest auch „in den Herzen der Menschen". Bildung wird also als seelische Hygiene empfunden. Doch ohne göttlich-ärztliche Anweisung birgt sie Gefahren. Zum Lesen muß sich das Beten gesellen. Ohne Heiligung wird der Gelehrte kein Weiser[1].

4. *Egozentrische Ich-Analyse, Ich-Kult und Ich-Sein in der Existenz*

„Ich selbst bin der Gegenstand meines Buches", schrieb im Jahre 1580 Michel de Montaigne in einem Vorwort zu seinen „Essais". Seine Fehler würden deutlich zutage treten, und die Aussageform werde so unmittelbar sein, wie die Rücksicht auf die Öffentlichkeit es erlaube. Wenn er innerhalb der Völker leben würde, von denen man sage, daß sie noch unter der süßen Freiheit der ersten Naturgesetze lebten, so würde er, versichert Montaigne, sich gerne ganz und gar, das heißt „ganz nackt", dargestellt haben. Jedenfalls bilde er selbst die „Materie" seines Buches – das er schließlich Gott widmet wie Rousseau seine „Confessions" und Hebbel sein Tagebuch[2]. Selbsterkenntnis durch Selbstdarstellung wird damit zu einem literarischen Programm, und Seneca wie Plutarch[3] gehören zu den Lieblingsbüchern des Humanisten, der essayistisch sein Ich entfaltet und seine Erfahrungen mit antiker Weisheit „konfrontiert"[4]. Noch wird man in den Essay-Büchern Montaignes nur wenig „Intimes" im Sinne einer Vivisektion des Ichs finden; eher kann man von einer Intimität der Ich-*Mitteilung* sprechen. So konnte Rousseau erklären, daß zwar Montaigne „unser aller Lehrer" sei, sich aber wenngleich na-

[1] A.a.O. Zum Tagebuch des Casaubonus: Charles Augustin Sainte-Beuve in den „Causeries du Lundi". 3. Aufl. Bd. 14, Paris um 1871, S. 385 ff. Daraus obige Beispiele. Weitere Stücke im Textteil.

[2] Michel de Montaigne, Essais. Paris 1950, S. 25.

[3] Vgl. Kap. VI.

[4] Vgl. Percy Mansell Jones, French Introspectives from Montaigne to André Gide. Cambridge 1937, und Georges Gusdorf, La Découverte de Soi. Paris 1948. Zum französischen Essay: Gustav René Hocke, Der französische Geist. Dessau 1938.

turgetreu, so doch nur „im Profil" dargestellt habe. Er bekenne zwar seine Fehler, jedoch nur die liebenswerten[1]. Schließlich aber habe Montaigne seine Essays für andere verfaßt, während er, Rousseau, seine (tagebuchartigen) „Träumereien des einsamen Wanderers" nur für sich geschrieben habe[2]. Immerhin verstärkten die in Europa schon früh berühmten Essays von Montaigne die Tendenz der Diaristen, ihre chronikartigen Aufzeichnungen zunächst mit Registrierungen über das eigene Ich und schließlich auch mit Ich-Analysen, vorerst mehr moralischen Charakters, zu ergänzen. Montaignes Essays, die bekanntlich auch Shakespeare schätzte, wurden zuerst in England von John Florio 1603 übersetzt[3]. In England aber wurden zwischen 1650 und 1750 die ersten „persönlichen" Tagebücher und die meisten chronistischen Diarien des damaligen Europas geschrieben, Tagebücher also mit vital-ehrlichen Selbstdarstellungen, wenngleich ohne analytische Introspektion. So vor allem das „Geheimtagebuch" von Samuel Pepys (1633–1703), Generalsekretär der britischen Admiralität[4] und das uns schon bekannte „Londoner Tagebuch" von James Boswell, dem Freunde Rousseaus. In *diesen* englischen Tagebüchern mischen sich anti-puritanische Lebensfreude, etwas scheinheilige Religiosität und eine gewisse dämonische Freude am Skandalösen,

[1] Fragments Philosophiques. Ausg. Oeuvres complètes. Paris 1959, S. 1150. Vgl. auch „Confessions" a.a.O. S. 516 f.

[2] Les Rêveries du promeneur solitaire. A.a.O. S. 1001.

[3] In Italien im Jahre 1633 von Marco Ginammi; in Deutschland Ausg. in 3 Bdn. 1753/54; eine weitere in 7 Bdn., durch I. I. C. Bode, 1793–1799.

[4] Es umfaßt die Jahre 1660–1669. Erstausg. London 1825. Dt. Übers. im Auszug München 1931. Beispiele im Textteil. Andere bekanntere englische Tagebücher des 17. Jhdts. u. a. von Sir Henry Slingsby (1602–1658) 1. Ausg. London 1836; John Evelyn (1620–1706) 1. Ausg. in 2 Bdn. London 1818, vollst. Ausg. in 6 Bdn. Oxford 1955; Adam Eyre (* 1614), Henry Newcombe (1627–1695) Ausg. 1849; Oliver Heywood (1630–1702) Abdruck in der vierbändigen Ausg. seiner Schriften. Brighouse 1881–1885; Thomas Cartwright (1634–1689) London 1843 (vgl. Ponsonby a.a.O. und unsere Bibliographie). In Frankreich überwiegt im 17. Jhdt. die Brief- und Memoiren-Literatur, in Spanien und in Italien (wie wir später ausführen werden) das Traktat, die Abhandlung usw.

an der Indiskretion, an der kühnen Attacke des phantastischen Einhorns gegen den würdevollen Löwen im englischen Wappen[1]. Der verwegenste Dragoner unter der britischen Krone ist sicherlich Samuel Pepys, dessen Tagebuch die Engländer heute mit Recht als „klassisch" innerhalb der „echten" englischen Diaristik bezeichnen.

Man hat den Eindruck, daß diese Super-Individualisten unter den vielen Tagebuchschreibern Englands auch die Vorfahren der ebenso intimen wie skandalösen Formen des späteren englischen Populär-Journalismus sein könnten: breite Entfaltung von „Intimacy", vorsichtig dosierte Skepsis, farbenfreudiger Realismus und Verzicht auf Konfrontierung der so zahlreichen verführten und entgleisten Personen mit allzu abstrakten philosophischen Problemen. Typisch für die Diaristen Englands im 17. und 18. Jahrhundert bleibt die ungehemmte Darstellung des Privaten und die schrankenlose Indiskretion in der Enthüllung der eigenen Umwelt. Man pfeift offenbar auf alte „idola fori". Man zeigt sich ganz und gar untheoretisch frei: vor sich selbst und gegenüber andern. Vor-Aufklärung und demokratische Rebellion kündigen sich in diesen Diarien mit der kraftvollen individuellen Souveränität an, die für die elisabethanische Renaissance so bezeichnend war. Sie wirkt im 17. Jahrhundert nach. So steht Samuel Pepys zwischen dem vitalen Individualismus der Renaissance und dem moralistischen Bürger-Ideal der ebenso pathetischen wie skeptischen Aufklärung. Sein Tagebuch ist nicht nur für sein Jahrhundert einzigartig; es stellt sich zugleich als die großartigste historische „Brücke" dar: von objektiv-privaten Diarien der Renaissance zu den subjektiv-privaten Tagebüchern der Gegenwart.

[1] Vgl. G. R. Hocke, Die Welt als Labyrinth, S. 191 ff. – Und es gilt auch dies gegen die These des ehrwürdigen A. Ponsonby in seinem Buch „English Diaries", in dem er behauptet, daß die Engländer viel zu „reserviert" seien, um in Tagebüchern ihr Ich zu enthüllen. Er kannte das Tagebuch Boswells noch nicht, Katherine Mansfield galt ihm, weil in Neuseeland geboren, nicht der Erwähnung wert. Tatsächlich behandelt Ponsonby nur *englische*, also nicht einmal schottische oder irische Diaristen. Doch Haydon und Barbellion bezeichnet er – weil „Introspektive" – als britische „Ausnahmen". Diese Ausnahmeliste müßte für England sehr erweitert werden.

Realismus in bezug auf das eigene Ich verbindet sich hier mit einer zumindest ästhetischen Empfindsamkeit. Eine Verbindung, in der man den Beginn subjektiver Verschwärmtheit sehen kann, die vor allem in Deutschland die Tagebuchschreiber des Pietismus und der Vorromantik beeinflußt. Sie setzen die Tradition der Selbstdarstellung in einem *neuen* radikalen Sinne fort. Die jetzt allmählich systematisch werdende Ich-Analytik bleibt zwar vorerst noch religiös gebunden, leitet aber eindeutig über zur bereits immanenten Ich-Mystik der Romantik, die sich fortsetzt im egozentrischen Ich-Kult des Fin de siècle und vorläufig endet mit der existentialistischen Inthronisierung eines ausschließlich im So-Sein des „Man", des „wesenden" seinerfahrenden und seinerschließenden absoluten Ichs. Insofern hat Deutschland im letzten Jahrzehnt des 18. Jahrhunderts auch durch seinen politischen Partikularismus zu extremindividualistischen Erlebnis- und Denkweisen angeregt[1].

Die Französische Revolution hatte krisenhaft alle Konventionen erschüttert. Mit zunehmender Subjektivierung der Glaubenformen innerhalb der evangelischen Konfession wurden die „politisch Heimatlosen" auch im Religiösen gleichsam zur Introversion gezwungen. So ergaben sich gerade in den deutschen Kleinstaaten die Voraussetzungen zum „modernen", analytischen Dialog mit sich selbst, zur immer bewußteren Ich-Analyse. Die Ideale der Humanität und die Ästhetik der Romantik, die das gesamte gebildete Europa beeinflußten[2], wurden jedoch bald zu ich-bezogenen Privatphilosophien reduziert. Die zweite Welle der Romantik hat die sentimentale und sentimentalistische Krankheit am Ich, der „Krankheit zum Tode" entstehen lassen. Der erste große Diarist Frankreichs, Benjamin Constant, verkehrte in geistig führenden Kreisen Deutschlands. Amiel, der dem Ich-Kult bis zum Persönlichkeitsschwund verfiel, und Kierkegaard, der die romantisch-ästhetische „Verführung" geißelte, hörten romantische Philosophie in Berlin.

[1] Vgl. Wolfgang Schmeisser, Studien über das vorromantische und romantische Tagebuch. Masch. Diss. Freiburg i. Br. 1952, und R. M. Meyer a. a. O.

[2] Vgl. René Wellek, Geschichte der Literaturkritik. Bd. 1 (1750–1830). Darmstadt usw. 1959, S. 261 ff.

Doch hat ein schmales deutsches Buch, das 1774, fast zur gleichen Zeit also wie die Tagebücher des Pietisten Lavater[1], erschien und bald weltberühmt wurde, speziell die sentimentale *Ich-Analyse* in Tagebüchern stärker angeregt als die damals bekannte diaristische Literatur: Goethes „Leiden des jungen Werthers". Werther schreibt zwar vorzugsweise *Briefe*, erhält aber darauf keine Antwort. Der Adressat „Wilhelm" ist imaginär. Doch gibt es im Werther auch fingierte Tagebuch-Eintragungen mit entsprechender Datierung. Kennzeichnend wird nun die *melancholische*, fast lyrische Einkehr in das eigene Ich, der Zerfall mit der Welt, der Protest gegen eine stumpfsinnige Umgebung, die schmerzliche und doch beglükkende Einsamkeit. „*Ich kehre in mich selbst zurück, und finde eine Welt*[2]." Dieser Satz könnte als Motto für das romantische und nachromantische diaristische Zeitalter bis hin zur Gegenwart gelten.

Werthers Liebe, „die Irrung und Finsternis der Seele[3]", erschütterte, wie Goethe bald erlebte, die Leser in aller Welt. Das Tagebuch wird für Werther wohl zu einem guten Spiegel,

[1] GELLERTS „Tagebuch aus dem Jahre 1761" wurde erst 1862 veröffentlicht, Fragmente aus HALLERS Tagebüchern 1787. HAMANNS „Tagebuch eines Christen" wurde 1758 in London niedergeschrieben; die erste kritische Ausgabe erschien 1949 in Wien. Auszüge wurden schon 1813 bekannt. Hamann regte die Fürstin GALLITZIN an, ebenfalls Tagebuch zu schreiben. Ihre Diarien erschienen erst 1874 und 1876. HERDERS „Journal meiner Reise im Jahre 1769" wurde zum erstenmal 1878 in der Gesamtausgabe seiner Werke von B. Suphan abgedruckt, doch waren schon vorher Bruchstücke erschienen. LAVATERS „Geheimtagebuch. Von einem Beobachter Seiner Selbst" wurde 1771–1773 herausgegeben. Vgl. Bibliographie. Beispiele aus allen diesen Tagebüchern im Textteil. Die Tagebücher der PEPYS, BOSWELL usw. erschienen, wie wir uns erinnern, erst im 20. Jhdt. Doch waren zumindest Stücke daraus Zeitgenossen bekannt, weil man in Freundeskreisen gerne aus dem eigenen Tagebuch vorlas. Boswell schrieb seine Aufzeichnungen geradezu für einen Freund ins reine. SWIFTS „Journal to Stella" ist, wir wiederholen es, aus „verbrieften" Tagebuch-Notizen zusammengesetzt.

[2] GOETHES Werke. Vollst. Ausg. letzter Hand. Stuttgart und Tübingen 1828, Bd. 16.

[3] A.a.O. S. 55

aber doch zu einem vergeblichen Warner. „Mein Tagebuch, das ich seit einiger Zeit vernachlässiget, fiel mir heut wieder in die Hände, und ich bin erstaunt, wie ich so wissentlich in das alles, Schritt vor Schritt, hinein gegangen bin! Wie ich über meinen Zustand immer so klar gesehen, und doch gehandelt habe, wie ein Kind; jetzt noch so klar sehe, und es noch keinen Anschein zur Besserung hat[1]." Werther wird von „Leidenschaft" und „Wahnsinn" ergriffen, und „beides reut ihn (à la Pepys) nicht[2]." Doch wird die Ich-Analyse in einem anderen Sinne immer ungehemmter. Das Ich, das sich selbst darstellt, stellt sich jetzt immer mehr in Frage. Das Ich erfährt sich in einer neuen, einer sich brechenden Perspektive, analog den Anamorphismus-Experimenten der intellektuellen Avantgardisten des 17. Jahrhunderts[3]. Das Rein-Sinnliche, das Nur-Erscheinende wird zu einer Täuschung: Von jedem einzelnen Standort aus kann man sich und die Welt anders sehen. Die *vitale* Zuversicht (wie etwa noch im starken Duktus von Pepys) schwindet. Das Ich im Spiegel verleitet zur Auslöschung dieses nur „sinnlichen" Bildes. Das diaristische Thema der „Moderne" klingt auf: das Sich-selbst-Auslöschen[4]. Ein „trauriger" Charakter wie Goethes Werther erfährt immer mehr, wie die „Harmonie seines Geistes völlig zerstört" wird[5]. Der Entschluß, die „Welt zu verlassen" verstärkt sich[6]. Bald bereitet er sich zur fast logischgewordenen *Ich-Vernichtung* vor. Er verbrennt seine Papiere, „kleine Aufsätze" und „abgerissene Gedanken"[7]. Der Schuß fällt. „Kein Geistlicher hat ihn begleitet[8]."

[1] A.a.O. S. 62. Des Dichters frühestes erhaltenes Tagebuch sind die „Ephemerides" (vgl. S. 63 Anm. 2); es finden sich darin schon Hinweise auf manches spätere Werk, auf den Werther hingegen nicht. Zuerst 1846 abgedruckt, wurde die Ausg. in den Deutschen Literaturdenkmalen des 18. und 19. Jhdts. Bd. 14, 1883, maßgebend. Für den Werther hat Goethe vermutlich frühere Tagebuchaufzeichnungen benutzt, die er später wie so manches unerwünschte „Papier" dem Feuer anvertraute.

[2] A.a.O. S. 67.

[3] Vgl. G. R. Hocke, Die Welt als Labyrinth. S. 124 ff., 132 f., 216.

[4] A.a.O. S. 108.

[5] Ebd. S. 143.

[6] Ebd. S. 154.

[7] Ebd. S. 187.

[8] Ebd. S. 192.

Die empfindsame Literatur Englands hatte dem jungen Goethe eine wissende Sensibilität vermittelt, der andere literarhistorische Einfluß geht von Rousseaus „Neuer Héloise" (1761) aus. Damit wird nicht nur ein Autor, sondern eine ganze geistige Bewegung genannt: der Rousseauismus. Als egozentrischer Ich-Kult und als Naturschwärmerei hat er die moderne introspektive Diaristik in noch stärkerem Maße ausgelöst, die Spiegelung des nun als *problematisch* empfundenen *Ich-Menschen.* Die Bewegung wird durch populäre Intensität und politische Aufsässigkeit bestimmt und muß überdies als kritische Reaktion gegen die rationalistische Aufklärung verstanden werden.

Rousseaus „Confessions" erschienen ebenso wie die „Rêveries du promeneur solitaire" im Jahr 1782. Die „Bekenntnisse" haben den Charakter einer erzählten Autobiographie, die „Promenades" die Form eines Berichts über sich selbst mit tagebuchartigen Stellen. Auch Rousseau bezeichnet Seneca, Plutarch und Montaigne als seine Ahnherrn. Doch will er der ehrlichste und rücksichtsloseste Selbstdarsteller von Menschenzeit, Menschengröße und Menschenjammer sein, den die Weltgeschichte bis zu ihm hin gekannt habe[1]. Wie Montaigne schreibt er zu seinen „Confessions" ein Vorwort. Der Unterschied fällt jedoch sofort in die Augen. Rousseaus „Ich" ist absolut geworden. Es steht nur noch vor Gott. Er schreibt: „Ich beginne mit einem Unternehmen, für das es niemals ein Vorbild gab und dessen Ausführung niemals einen Nachahmer haben wird. Ich will den Menschen meinesgleichen, einen Menschen in der ganzen Wahrheit der Natur zeigen; und dieser Mensch, das werde Ich sein. – Ich allein. Ich kenne mein Herz, und ich kenne die Menschen. Ich bin von allen, denen ich je begegnet bin, verschieden. Ich wage zu glauben, nicht so be-

[1] PASCALS „Pensées" und DESCARTES' „Discours" in der Geistesgeschichte der Tagebücher werden in späteren Abschnitten behandelt. Wie ROUSSEAU MONTAIGNE übertreffen wollte, so BAUDELAIRE wiederum ROUSSEAU. Von seinem Tagebuch „Mon coeur mis à nu" schrieb BAUDELAIRE: „Ah, wenn dieses Buch jemals das Licht der Welt erblickt, so werden die ‚Bekenntnisse' Jean Jacques' farblos daneben erscheinen." Mein entblößtes Herz. Die beiden Tagebücher – übers. u. eingel. von FRIEDHELM KEMP. München 1946, S. 88.

schaffen zu sein, wie irgendein anderer Lebender. Wenn ich nicht mehr wert bin, so bin ich zumindest eben ein anderer[1]." Und dann läßt er die Posaunen des Jüngsten Gerichts ertönen und erklärt, daß er mit diesem Buch vor Gott treten werde, um ihm laut zu sagen, was er gewesen sei, getan und gedacht habe. Gutes und Böses habe er mit gleicher Offenheit gesagt, vom Bösen nichts verschwiegen, dem Guten nichts hinzugefügt. Enthüllt habe er sein Innerstes – so wie Gott selbst es gesehen habe. Nun solle jemand auf Erden noch sagen, daß er besser gewesen sei als dieser Mensch[2]. Der Prolog wurde Ende 1764 in Montmorency geschrieben; dann führte Rousseau sein Bekenntnisbuch in Wootton in England fort, also rund ein Dutzend Jahre, nachdem sein Freund James Boswell sein in bezug auf Selbstbekenntnisse ebenfalls nicht gerade prüdes „Londoner Tagebuch" beendet hatte.

Wir nähern uns damit dem Abschluß dieser Einführung. In späteren Abschnitten wird noch Gelegenheit sein, nicht nur auf die Entwicklung der europäischen Introspektion und des diaristischen Ich-Kults zurückzugreifen, sondern dazu auch kritisch Stellung zu nehmen. Doch müssen, vor letzten Hinweisen in diesem Abschnitt, Rousseaus „Träumereien des einsamen Wanderers" noch kurz charakterisiert werden, da dieses tagebuchartige Werk mindestens ebensosehr wie die „Bekenntnisse" den sentimentalen Solipsismus der Romantik ausgelöst hat, den Kierkegaard in seinen Tagebüchern so heftig kritisierte. Die „Rêveries" bezeichnet Rousseau selbst als „formloses Journal seiner Träume". Es unterliege keiner Methode. Wie ein Physiker habe er täglich das „Wetter" studiert, das heißt ein „Barometer an seine Seele" angesetzt. Auf diese Weise habe er die vergangene Zeit wiedererstehen lassen und durch das treue *Register* seiner Wanderungen seine Existenz verdoppelt. Alle „Nahrung" finde er dabei „in sich selbst". Durch die „habitude de rentrer en moi-même" habe er bald alle Schmerzen vergessen. „Die Quelle des reinen Geistes fließt in uns selbst[3]."

[1] Politisch und soziologisch drückt sich hier nicht nur die Autonomie und Souveränität der Person, sondern auch des Volkes aus.

[2] Oeuvres complètes. Paris 1959, S. 5.

[3] Oeuvres complètes. S. 1000 ff. Der junge Rousseau schrieb ein

Am Vorabend der Französischen Revolution, der ersten politischen, sozialen und existentiellen Daseinskrise Alteuropas, vereinen sich also Rousseauismus, Empfindsamkeit und Pietismus zu einem zweiten breiten Strom – um bei diesem im Zusammenhang mit der Renaissance von uns gebrauchten Bild zu bleiben; einem Strom echter Verinnerlichung mit Nebenflüssen gefahrvoller, die Einheit der Persönlichkeit bedrohender Introversion.

Ich-analytische Tagebücher werden mit dieser geistigen Grundlagenkrise Europas immer häufiger. Die pietistischen Tagebücher der Gellert, Haller, Lavater, Gallitzin und Baader[1] sind Ausdruck echter, verinnerlichter Reaktionen auf Krisenerlebnisse: man kann sie ebensowenig als lediglich „fromme Krankenjournale[2]" bezeichnen, wie man in der gegenstandlosen Kunst unseres Jahrhunderts nur Manifestationen dissoziativer Persönlichkeiten sehen darf. Im Gegenteil! Das Erfahren von Person-Sein wird durch Schmerz (Krankheit) wie durch *bewußtes* Krisen-Erleben verstärkt, sofern es durch objektive Weltbezogenheit gesteuert bleibt[3]. Im September 1894 schreibt

Theaterstück „Narcisse, ou l'Amant de lui-même" (1734); Aufführung im Théâtre Français zu Paris erst am 18. Dezember 1752. Über das „absolute Ich" und über das „Leiden des unverstandenen Ich" – anläßlich Rousseaus – in der späteren europäischen Dichtung; über die „lyrische Intensität, mit der Rousseau sich der inneren Zeit hingibt"; über das Recht der schöpferischen Phantasie, „aus der Verfügungsgewalt des Subjekts das Nichtexistierende zu schaffen"; über „Einzigartigkeit" aufgrund der „Absonderung", „dies ist ein Schema der Selbstdeutung, das man als ‚planmäßiges Schema' der Romantiker-Generationen unschwer bei den Dichtern des folgenden Jahrhunderts wiedererkennt", vgl. Hugo Friedrich, Die Struktur der modernen Lyrik. Hamburg 1956, S. 16 f.

[1] Franz von Baader, Seele und Welt. Jugendtagebücher 1786–1792. Berlin 1928.

[2] Vgl. R. M. Meyer a.a.O. S. 286. Diese pietistischen „Stationen" werden von uns in späteren Darstellungen noch berücksichtigt. Beispiele im Textteil. Für die Epoche vgl. vor allem die bereits zitierte Diss. von Schmeisser.

[3] Tagebuch-„Epochen" stimmen, wir können es jetzt mit weiteren Argumenten wiederholen, mit manieristischen Epochen in Kunst und Literatur überein: Hellenismus, Spätmittelalter, Spätrenaissance

der junge André Gide in sein Journal: „Ich habe aus Deutschland einen kleinen Band von Lavater kommen lassen. Warum ist er nicht bekannter, dieser so zärtliche, so glühende Geist, von dem Goethe sagte, er sei ‚unersetzlich', und den der kranke Novalis in seinen letzten Jahren las?" Und er zitiert wörtlich: „Über mich selber nachdenken ist das Leben des Lebens[1]." Goethe, Lavater, Novalis, Gide: wieder eine geistige Konstellation in europäischen Tagebüchern. Wir werden noch anderen begegnen.

Auch die Romantik hat die „Interiorità", die „Vie intérieure", die „Verinnerlichung" Europas im besten Sinne bereichert und das Bewußtsein der Europäer differenziert; man weiß, daß die Diagnose Goethes, das Romantische sei das Kranke, einer persönlichen Abwehrreaktion entsprang[2]. Wir werden sehen, daß die Tagebücher der Romantiker ebenfalls, wenn auch kritische Einschränkungen sich von selbst ergeben, geradezu als Aufstand des geistigen Europas gegen das Europa der bloßen Täter, der absolutistischen und der diktatorischen Staatsideen, der bedenkenlosen Technisierung und Vermassung gewertet werden können, ob es sich um die Diarien der Novalis, Waiblinger, Platen, Hoffmann handelt; der Guérin und De Biran; der Leopardi und Cavour; der Byron und Haydon. Oder um die – unter vielen anderen – „sezierenden" Tagebücher der Amiel, Gide und Green; der Tommaseo, Alvaro und Pavese; der Barbellion und Mansfield; der Heym und Kafka[3]. Alle

bis Frühbarock, Pietismus und Romantik, Krise der Restauration, Erschütterung des Hochkapitalismus, Weltkrise der Gegenwart. Vgl. auch Goethes Bemerkung zu Eckermann (29. 1. 1826): „Alle im Rückschreiten und in der Auflösung begriffenen Epochen sind subjektiv, dagegen aber haben alle vorschreitenden Epochen eine objektive Richtung."

[1] A.a.O. S. 56.

[2] Spätere „idealistische" oder „rationalistische" Kritiker der Introspektionsliteratur Europas nach Hegel haben ebenfalls zu *einseitig* auf diese tatsächlichen Gefahren einer geradezu systematischen Schizothymie hingewiesen, so z. B. Leon Brunschvicg in seinem Buch „De la Connaissance de Soi", Paris 1931, und nach ihm, doch in überzeugenderen metaphysischen Kategorien, Georges Gusdorf a.a.O. Darüber mehr im nächsten Kapitel.

[3] Vgl. Bibliographie und Textteil.

sind voneinander verschieden, wie „Individualisten" voneinander verschieden sein können. Und doch bringen sie alle ein Grundgesetz des europäischen Geistes zum Ausdruck: der Einzelne will fortschreitend nicht nur Teil einer religiösen Gemeinschaft, eines Volkes, einer Nation, einer Partei, einer Gesellschaft, einer Familie sein, sondern ein ganzes Ich- und Er-Selbst vor Gott, vor irgendeiner anderen mehr oder weniger abstrakten „Wahrheit", auch sogar vor dem eigenen Leer-Sein und schließlich vor dem Nichts, wobei dieses „Nichts" meist als „Acker" für eine eigene rasche Ich-„Renaissance" gedacht wird.

Bei aller Kritik am *subjektiven* Geltendmachen der eigenen Zeitbildung hat Hegel die stets wiederkehrende Romantik als „fühlende" Ausgleichskraft gegen das nur „wallende" Verhalten, als subjektiv-„manieristisches" Ausdrucksstreben gegen das objektiv-„klassische" Bilden im Sinne eines immer „moderneren" Ausgleichs von „vita activa" und „vita contemplativa" richtig erkannt, wenn er sie als das Grundprinzip einer „Erhebung des Geistes zu sich" bezeichnete[1]. Der „Geist als Geist" sei immer Subjektivität, inneres Wesen seiner selbst, „*Ich*". Doch tadelte Hegel das *Sich-Verlieren* in der „abstrakten Besonderheit der Neigung", in der Willkür und Zufälligkeit der Empfindungen und Triebe. Diese Art von gleichsam einbeiniger Subjektivität stehe damit als eine „bloß *endliche* Subjektivität" der bloßen Geistigkeit gegenüber. Das „partikuläre Ich" überdecke dann den wesentlichen Inhalt des Bewußtseins. Es sei daher ein Unterschied, ob der Mensch sich mit seinem Ich in diesen Inhalt „unzerschieden" einsenke oder in der steten Bezogenheit auf seine eigene subjektive Persönlichkeit lebe. Halte das Subjekt nur an sich selber fest, so gerate es, außer in die „Leerheit der Einbildungen und Selbstbespiegelung" weiterhin nur in die „Häßlichkeit der Leidenschaften und des Charakters, in Lasterhaftigkeit und Sünde, in Tücke, Bosheit, Grausamkeit, Trotz, Neid, Hochmut, Hoffart und alle die anderen Kehrseiten der menschlichen Natur mit deren gehaltloser Endlichkeit[2]". Fehlt es hingegen *nicht*

[1] HEGEL, Ästhetik. Berlin 1955, S. 496, 116.
[2] A.a.O. S. 657 f.

an einem Gleichgewicht von Ich und Welt oder – wie wir aufgrund auch diaristischer Erkenntnisse ergänzen müssen – an einer Brücke zwischen Ich und Gott, so führt das Prinzip der inneren Subjektivität zur *„geistigen Schönheit des an und für sich Innern als der in sich unendlichen geistigen Subjektivität*[1]*"*. –

Der europäische Geist steht in einem Entwicklungsprozeß von *Ideal*-Faktoren, der bis heute ebensowenig sein Ziel erreicht hat wie die politischen, wirtschaftlichen und sozialen Harmonisierungs-Aufgaben. Beide Vollendungszwänge stehen in einem dialektischen Verhältnis zueinander[2]. Europa eroberte jahrhundertelang gleichzeitig und abwechselnd Felder der Außenwelt und der Innenwelt. Zeitweise verlor es sich in seinem voluntaristischen, zeitweise in seinem sentimentalen Imperialismus. Das Streben nach Harmonisierung dieser beiden Tendenzen nach außen und nach innen kommt als das eigengeartete Menschheitsdrama eines Erdteils in besten europäischen Tagebüchern bestürzend und beglückend zu „Tage". Damit können wir den Vorhang öffnen und endlich diaristisches Geschehen dieser oder jener Art zeigen, Szenenbilder eben dieses partikulären Menschheitskonflikts in einem Guckkasten, den man selbst als eine Art von intimer kalendarischer Bühne Europas ansehen könnte.

[1] A.a.O. S. 496.

[2] *Ideal- und Realfaktoren.* Diese Terminologie stammt von Max Scheler. Wir verwenden sie, weil wir davon überzeugt sind, daß sie die nur „idealistischen" wie nur „materialistischen" dialektischen Geschichtsdeutungen auf nicht nur philosophisch überzeugende Art und Weise für Europa überwunden hat. Leider wird Scheler heute viel weniger gelesen als die Sonntagsreden der Politiker in West und Ost, oder als die ideologische Wochenblatt-Literatur literarischer Hof-Manager beider Welt-Hemisphären.

KAPITEL III

Steigerung und Auflösung der Person

1. *Unsterblichkeit und Melancholie*

Hebbel (1813–1863) nannte sein Tagebuch ein „Notenbuch des Herzens". In den einleitenden Bemerkungen zu den Beweggründen des Tagebuchschreibens meint Hebbel sehr selbstgewiß über seinen dichterischen Ruhm: „Ich fange dieses Heft nicht allein meinem künftigen Biographen zu Gefallen an, obwohl ich bei meinen Aussichten auf die Unsterblichkeit gewiß sein kann, daß ich einen erhalten werde[1]." Nach dieser Tagebucheröffnung schreibt der so hoffnungsvolle zweiundzwanzigjährige Hebbel fünf Tage später, am 28. März 1835, unter dem Titel „Tagebuch des Teufels": „Und nun möchte ich dieses Buch nehmen und es tragen vor des Ewigen Thron und sagen: ‚Vater, lies es! Sage mir, hat er die Macht – –'[2]." Hier werden wir an den Anfang von Montaignes „Essais" oder Rousseaus „Confessions" erinnert. Der Dichter verkündet seinen eigenen Ruhm sub specie aeternitatis. Voraus geht dem jedoch, daß er sich selbst zum wichtigsten dichterischen Objekt macht: „Reflexionen über Welt, Leben und Bücher, hauptsächlich aber über mich selbst[3]", betitelt Hebbel sein Tagebuch. Und dieser Ankündigung gemäß spiegeln seine Aufzeichnungen Seelenzustände wider, die uns fast allgemeingültig erscheinen: das Mißtrauen gegenüber Staat, Gesellschaft und Familie; das Gefühl der Vereinsamung und das Leiden an ihr; das Verzweifeln vor dem Werk im Entstehen, dem das ganze Ich geopfert wird; das Gefühl der Unzulänglichkeit zwischen Demut und Hybris, zwischen Vorhaben und Können, zwischen Scheitern und begrenztem Erfüllen, zwischen Tod und Ewigkeit. Gedanken aus einem solchen Tagebuch wirken, wir sagten es schon, wie Bausteine für eine Pyramide des Ichs, das ewige

[1] Friedrich Hebbel, Sämtliche Werke. Histor.-krit. Ausg. bes. v. R. M. Werner. Tagebücher in 4 Bdn., Bd. 1. Berlin 1903, S. 2.
[2] A.a.O. S. 5. [3] Ebd. S. 1.

Dauer anstrebt. In einem immer stärker werdenden Individuationstrieb sucht der Einzelne mit seinem persönlichen seelischen und geistigen Eigentum *Ewigkeit* zumal gegen den wachsenden Andrang der Vermassung und Technisierung des Industriezeitalters. Besonders das Tagebuch Hebbels zeigt pharaonische Züge, die uns allerdings heute durch pathetischen Idealismus verzerrt erscheinen. Zwischen Zerknirschung und Selbsterhöhung sucht der im wolkenschweren Schleswig-Holstein geborene Dramatiker das Einzigartige, Unwandelbare seines eigenen So-Seins. Der Problematiker sehnt sich nach der Unzerstörbarkeit des „Tempels seiner Seele". Dabei entstehen Mißtöne einer geradezu schwarzen Messe der Selbstüberschätzung. So schreibt Hebbel: „Und wenn der Himmel seinen Blitz nach dir wirft, um dich zu zerschmettern? – Dann reck' ich die Hand aus, als ob ich es ihm selbst geböte, und der Todesstrahl umkleidet mich mit düsterer Majestät[1]!" Auch in seinen Sckwächen wird das Ich ein Superlativ. „Oh, wie oft fleh' ich aus tiefster Seele: o Gott, warum bin ich, wie ich bin. Das Entsetzlichste[2]" Die manische Kaiser-Proklamierung wird zunehmend religiös verbrämt: „Alles Dichten ist *Offenbarung*, in der Brust des Dichters hält die ganze Menschheit mit all ihrem Wohl und Weh ihren Reigen, und *jede*s seiner Gedichte ist ein *Evangelium*, worin sich *irgendein* Tiefstes, was eine Existenz oder einen ihrer Zustände bedingt, ausspricht[3]." Weiter heißt es in literarisch-säkularisierter Diktion der Cäsaren: „Der wahrhaft bedeutende Geist kann in keine Zeit fallen, die es ihm unmöglich machte, seine großen Kräfte spielen zu lassen; fällt er in ein mattes, entkräftetes, leeres Jahrhundert, so – ist ja eben das Jahrhundert seine Aufgabe[4]." Allerdings handelt es sich bei diesen Eintragungen um eine Deklamation des jungen Schriftstellers[5]. Später, im Jahre 1853, schreibt er: ... „Im allgemei-

[1] Eine gute Auswahl der Tagebücher Hebbels u. d. T.: Der Mensch und die Mächte. Leipzig 1936. Die folgenden Zitate nach dieser Ausg. – S. XI.

[2] A.a.O. S. 23.

[3] Ebd. S. 24 (Hervorhebungen vom Verf.).

[4] Ebd. S. 26.

[5] Zum Problem der Pubertäts-Psychologie in Tagebüchern jugendlicher Menschen vgl. Michèle Leleu a.a.O.

nen haben meine Tagebücher sehr geringen Wert: Zustände und Dinge kommen kaum darin vor, nur Gedankengänge, und auch diese nur, soweit sie unreif sind. Es ist, als ob eine Schlange ihre Häute sammeln wollte, statt sie den Elementen zurückzugeben. Aber man sieht doch einigermaßen, wie man war, und das ist sehr notwendig, wenn man erfahren will, wie man ist. Das ganze Leben ist ein verunglückter Versuch des Individuums, Form zu erlangen; man springt beständig von der einen in die andere hinein und findet jede zu eng oder zu weit, bis man des Experimentierens müde wird und sich von der letzten ersticken oder auseinanderreißen läßt. Ein Tagebuch zeichnet den Weg. Also fortgefahren[1]!"

In späteren Jahren wird das Tagebuch Hebbels einfacher und reifer. Man findet Eintragungen, die von einer in der deutschen Tagebuchliteratur seltenen Ursprünglichkeit und hellhörigen Menschlichkeit künden. Schrieb er noch 1835, seine Aufzeichnungen seien ein „Notenbuch" seines „Herzens", so meint er 1856: „Nicht sein Herz zu entblößen, ist die Keuschheit des Mannes[2]."

Hebbels Tagebücher enthüllen vieles von dem Ich, das zwischen „Natur" und „Geist", zwischen „Gesellschaft" und „Einsamkeit" beständig hin und her gerissen wird: Zerstörungsinstinkte und Machtgier, Eitelkeit und gesellschaftliches Geltungsstreben, Lust an Selbstzerstörung und brutalen Egoismus, nicht immer wahrhafte Todesmelancholie und sentimentale Künstlerheuchelei, Unfähigkeit zur Hingabe und egoistische Pseudogloriole eines Talmi-Märtyrerkranzes. Im fortschreitenden Alter jedoch kommen dann Gestaltungsprinzipien wie Form, Kühle, Ironie hinzu. Ohne eine solche intellektuelle Distanz bleiben Extreme dieser Art nur eine in die Bezirke des Dramatischen hineinreichende Pseudodialektik. Vergebens wird dann versucht, das zielbewußte mäeutische Verfahren des Sokrates mit der ungewissen beschwörenden Gebärde des Pantheisten zu verbinden. Nichts anderes ergibt sich dann, in einer angeblich vorurteilslosen Analyse des eigenen Wesens, als der

[1] A.a.O. S. 250.

[2] Ebd. S. 377. Zu Hebbels Tagebüchern vgl. Agnes Rosenbusch, Die Tagebücher Friedrich Hebbels. Ein Versuch ihrer Deutung. Weimar 1935.

rhetorisch-idealistische Rechtfertigungsversuch – neben dem Rechenschaftsbericht, der niemals an eine religiöse Beichte heranreicht. Wer derartige Tagebücher einer literarischen Selbst-Sinngebung schreibt, wird sich – auch gegen den eigenen Willen – in seinen Aufzeichnungen stets vor sich selbst verstekken wollen. Er maskiert seine Fehler und Laster, indem er sie ausspricht; er erhöht sich, indem er sich erniedrigt, und erniedrigt sich zwangsläufig, indem er sich im scheinbaren Bekennen selbst erhöht. Die wirkliche Beichte setzt etwas anderes voraus als das papierne Sprechen mit sich selbst, nämlich das anonyme Ohr des Beichtvaters, das namenlose und schweigende menschliche Du, die Zeugenschaft und mit ihr die Möglichkeit, durch Fragen subjektive Rechtfertigungstendenzen zu unterbrechen, um in den Grenzsituationen den wahren Kern des Fragwürdigen freizulegen[1]. Deswegen sind gewisse „beichtende" Tagebücher, so auch weite Strecken im Werk Henry Millers und seiner Epigonen, in ihrer nun ganz *entfesselten* Subjektivität Ausdruck einer fortschreitenden Auflösung der Person, eines gleichsam verzweifelten Um-sich-Schlagens des Ichs in einer „Zeit", die, im Gegensatz zu Antike und Renaissance, das Persönlichkeitsideal in den Nihilismus und ad absurdum führt – von der entsprechenden Reduzierung aller religiösen Ich-Bindungen ganz zu schweigen.

Wir werden sehen, wie Kierkegaard in seinen Tagebüchern die Ich-Hypostasierung der nur romantischen oder nur idealistischen Introspektion in Frage stellt, und zwar nicht in kirchlich-dogmatischer, sondern in religiös-radikaler Weise. Doch wollen wir erst weitere Tagebücher der Neuzeit aufschlagen, um diese Texte selbst unmittelbar dem Leser zu erschließen, unserer Überzeugung folgend, daß Textinterpretationen und Textbeispiele gerade diesem Thema mehr dienen als literaturwissenschaftliche Abstraktionen.

Giacomo *Leopardi* (1798–1837) gehört nach Dante zu den bedeutendsten Dichtern Italiens. Seine Tagebücher, der „Zibaldone", ein „Sammelsurium" verschiedenartigster Aufzeichnungen, entstanden in den Jahren von 1817–1832[2]. Manche der

[1] Über die Problematik des „Beichtens" in Tagebüchern in einem späteren Abschnitt.

[2] G. Leopardi, Memorie della mia vita. Mailand 1942. (Enth. das

viereinhalbtausend Seiten sind den Grundtexten Europas zuzuzählen, die über ihr Herkunftsland hinaus noch immer nicht genügend bekannt sind. Unter den Aphorismen und essayartigen Eintragungen über Urmotive des Lebens und der Dichtung findet man, aus der vom späten Hebbel gepriesenen Keuschheit des Herzens, Reflexionen über den Menschen. Sie bekunden die Würde antiker Moralistik von Lukrez bis Seneca, darüber hinaus jedoch das spezifische Angst- und Grauenerlebnis der „Moderne". Im literarischen Sinne sind sie allerdings stark stilisiert.

Am 23. April 1822 trägt Leopardi in seine Hefte ein: „Niemals mit dem eigenen Unglück prunken." „Niemals war jemand angesehener, weil er unglücklicher war als die anderen[1]." Dabei bleibt die Melancholie, das Gefühl des Ennui, einer teils schöpferischen, teils lähmenden Trauer auch bei ihm ein Grunderlebnis, das diese Reduzierungen des Seinsgefühls wiederum Anlaß zur Freude werden läßt. „Ich war und bin glücklich über meine ständige Melancholie und Meditation. Ich fühle mich erhaben; losgelöst von weltlichen Dingen und Meinungen; das Herz wird mir weicher und poetischer[2]." Einmal spricht er von seinem „caro dolore[3]". Er beobachtet diesen „lieben Schmerz" und analysiert minuziös wie ein Arzt jede Seelenregung für eine philosophische Analyse der psychischen Veränderungen. Hier werden wir wieder an Pontormos Tagebuch als Urtypus des Tagebuchs eines melancholisch-„saturnischen" Künstlers erinnert. Christliche Substanz bleibt – bei allem Rousseauismus – wirksam: das Leiden ist Voraussetzung jeder schöpferischen Manifestation. Die Eroberung einer hochgespannten und gleichzeitig ausgewogenen Innerlichkeit ist in diesen Tagebüchern selten. Diese behutsame Bewußtseinserweiterung hat lateinisches, mittelmeerisches Gepräge. Die Verwundung wird bereits als Heilung empfunden. Der „Schrei", das „Um-sich-Toben" verletzt den Gerechtigkeits-Nimbus der Gottheit. Der Schmerz eines sehr unglücklichen Lebens, wie dasjenige Leopardis es war, wirkt nach innen: er verhilft der

hier berücksichtigte „Diario Segreto".) – Gesamtausg.: Pensieri di varia filosofia e di bella letteratura. 7 Bde. Florenz 1898–1900.

[1] A.a.O. S. 190. [2] Ebd. S. 37. [3] Ebd. S. 38.

Seele zur Reife wie die Sonne der Frucht. In der Sondierung seiner „passione del cuore", seiner unerfüllten Liebessehnsüchte, sind manche seiner Tagebuchseiten dem tagebuchartigen Romanwerk Marcel Prousts vergleichbar, wenn ihm auch die Sensibilität, die äußerst wache Sinnlichkeit des Dichters der „Verlorenen Zeit" fehlt. „Wie weh tut es mir, abends spät den Gesang von verspäteten Bauern zu hören. Unendliche Vergangenheit, die mir in diesem Augenblick wieder bewußt wurde ...[1]" Und dann: „Oh, unendliche Eitelkeit des Wahren[2]!" „Armer! Vergebens ist auch mein Schmerz. Einmal wird er aufhören, verfallen, und er wird mich in einem universalen Nichts zurücklassen, in einer furchtbaren Unempfindlichkeit, die mich daran hindern wird, auch nur zu klagen." Leopardi benutzt den Superlativ „malinconichissimo[3]". Doch kennt Leopardi auch das Glück, das einem selbst aus kleinstem Anlaß wieder die völlige Übereinstimmung mit der Welt schenkt[4]. Eines Tages, erzählt er, habe er einen besonders schlimmen Lebensekel empfunden. Über den Brunnen im häuslichen Garten gebeugt, mit einem Schaudern das tiefe Wasser ansehend, habe er gedacht: „Sollte ich jetzt hineinspringen, so würde ich, kaum wieder aufgetaucht, bis zum Brunnenrand hochklettern und mich bemühen, wieder hinauszukommen. Dabei würde ich noch Todesangst empfinden und gleichzeitig das Glück, gerettet zu sein. Das vorher so verachtete Leben würde ich lieben; es erschiene mir mit einem Male lebenswert[5]. So, aus dieser Fähigkeit, den Todestrieb der Melancholie, der Schwester Saturns, zu überwinden, entstehe moderne Dichtung. „Die Alten waren also weniger unglücklich als die Modernen[6]." Leopardi wie Amiel verehren Rousseau als den „artisan des ses malheurs"[7].

[1] A.a.O. S. 60 f. [2] Ebd. S. 70. [3] Ebd. S. 96.

[4] A.a.O. S. 102. [5] Ebd. S. 105.

[6] Ebd. 210. Ähnlich schrieb AMIEL in seinem pharaonischen und tief melancholischen Tagebuch über den Unterschied von moderner und antiker Dichtung. Noch fehle den Alten der Sinn für die Unendlichkeit, für die Liebe. „Leur homme n'est plus le nôtre." – „Leur ... homme ... est incomplet, il n'est qu'une partie de l'homme moderne." A.a.O. Bd. 2 S. 114 f. – Zu „Selbststeigerung" vgl. Bd. 1 S. 174 f.; zu Melancholie und „Ennui" Bd. 2 S. 104 f.

[7] AMIEL ebd. Bd. 2 S. 82.

Leopardi lebt in einer romantischen Epoche, doch bleibt er dem Gleichgewichtsstreben griechischer und lateinischer Moralistik und christlicher Tugendlehre treu. Er gehört zu den Übergangsfiguren innerhalb der spezifischen Romantik in den Mittelmeerländern. Sein behutsamer, furchtsamer „Ich-Kult" hat noch magisch-religiöse Ursprünge, auch wenn er selber im Religiösen nur noch wenig Trost findet. Er freut sich – wegen seiner dichterischen Vorhaben – über die melancholische Nachtseite seines „Ichs", doch macht er es nicht zum Götzen.

2. *Herz unter dem Mikroskop und Anarchie*

Den puren rationalistischen Egotismus in einem noch konservativen Denken findet man in einem ganz anderen Tagebuch, in einem der ebenfalls „klassischen" Tagebücher Europas, in den „Bekenntnissen eines Ichmenschen" von *Henry Beyle, dit Stendhal* (1783–1842), die von *1821–1826* geschrieben wurden, also in der Zeit der „Reaktion" nach dem Tode Napoleons (1821), und noch das ganze Begriffs-Instrumentarium der klassischen Clarté enthalten.

„Nicht aus Eitelkeit lügen", so lautet der Grundsatz seines „ehrlichen Egotismus". Nur so kann man „das menschliche Herz schildern, in dessen Erkenntnis wir seit Montesquieu Riesenfortschritte gemacht haben". Es „belustigt" ihn, „alle Schwächen des Tieres schonungslos aufzudecken, ohne sich Selbsttäuschungen hinzugeben[1]". Auch das eigene Herz muß „à nu" studiert werden[2]. Stendhal ließ sich, wie so mancher zeitgenössische Schriftsteller, von der restaurativen Idee leiten, er müsse J. J. Rousseaus Meinung ad absurdum führen, der zufolge der Mensch von Natur aus gut sei. Unter der psychologi-

[1] H. Beyle dit Stendhal, Gesammelte Werke in 10 Bdn. 7. Souvenirs d'égotisme. Bekenntnisse eines Ichmenschen. Selbstbiographien, Tagebücher, Nekrologe. Hrsg. u. übers. v. F. v. Oppeln-Bronikowski. Berlin 1923. Vorw. S. XVIII. Entsprechend „kritische" Introspektion in dem autobiographischen Roman „Vie de Henri Brulard" (Erstausg. Paris 1880) für die Jahre 1786–1800.

[2] Baudelaire nannte eins seiner Tagebücher: „Mon Coeur mis à nu." Vgl. Kap. 4.

schen Tagebuch-Lupe Stendhals tritt unter allem Kultur-Firnis „die ursprüngliche Bestie im Menschen" hervor. Er will – als Vorfahre unserer europäisch-amerikanischen Alles-Enthüller – jenseits von Gut und Böse stehen. Sein „Egotismus" dient nicht in erster Linie dazu, seinem Ich zu schmeicheln, es zur Geltung zu bringen oder es durch empfindsames Tugend-„Geschwätz" zu verklären, wie Rousseau es in seinen „Confessions", nicht selten einem verschmitzten Variété-Magier ähnlich, zu tun versucht hatte. Und deswegen gehört Stendhal für Nietzsche, den Entdecker Stendhals, dem „Orden der heiligen Tollkühnheit" an.

Stendhal erweist sich in seinen Tagebüchern als einer der scharfsinnig–amüsanten frühen Exponenten eines typisch europäischen literarisch-theoretischen Anarchismus, der meist auf mehr oder weniger elegante Weise, im Frack oder Rollkragenpullover, in artifizieller, in dandyhafter Isolierung, mit einem für sich selbst sehr gesetzesfrohen Hedonismus verbunden wird. Sein Zynismus ist Bestandteil einer klugen epikuräischen Lebenskunst, sein Amoralismus eine säkularisierte Rechtfertigungslehre für seinen „mailändischen" Kult der Passion im Dienste des *genießenden* Ichs. All dies schillert von blendender Intelligenz, von empirischem, selbsterrungenem psychologischem Wissen. Doch bleibt es im elementar-theologischen Sinn virtuoser anthropologischer Dilettantismus. Stendhals Tagebuch ist eins der blendendsten Zeugnisse für die *existentielle* Skepsis des französischen Geistes. Goethe schrieb über ihn: „Er zieht an, stößt ab, interessiert und ärgert, und so kann man ihn nicht los werden[1]."

Für Stendhals ebenso skeptischen wie auch oft pharisäischen Hedonismus, der auf seine Weise die spannungsvollere Einheit der antiken und christlichen Persönlichkeit auflöst, sind auch die ersten Sätze seines „Tagebuchs aus Braunschweig" *(1807–1808)* bezeichnend: „Ich beginne dieses Heft mit der ganzen Demut, die ein guter Christ verlangen kann. Das Abenteuer mit M(inette) ist eine verlorene Schlacht; das wird mich lehren, den Wert der Zeit zu schätzen." Wenn Stendhal sein „Herz unters Mikroskop" legt, so erscheint es stets in

[1] Zitiert von Oppeln Bronikowski a.a.O. S. XX.

frivolen Farben. Am 9. November 1807 schreibt er in Braunschweig: „Es wäre nützlich, die Annalen seiner Begierden, seiner Seele zu schreiben, dadurch lernte man sie verbessern, aber vielleicht hätte das auch den Nachteil, kleinlich zu werden[1]." Auf Selbstkorrektur verzichtete Stendhal in seinen Aufzeichnungen immer mehr. Dafür schrieb er in seinen Pariser und Mailänder Tagebüchern die entzückendsten Miniaturen, die es in leichtherzigen Selbstbekenntnissen der europäischen Diaristik gibt. Sie bleiben immer echte, das heißt unmittelbare Tagebuch-Notizen. Gerade deswegen kommt ihnen literarischer Rang zu. So einer Eintragung über Mailand: „Ich fühle es durch alle Poren, dies Land ist Heimat der Künste. Sie nehmen, glaube ich, im Herzen dieses Volkes den gleichen Platz ein wie bei uns die Eitelkeit[2]." Über einen enttäuschenden Flirt vermerkt er: „Nachher fuhr ich auf den Korso; mein Glück flaute ab, wie das Glück mancher Ehrgeizigen, die in einer Klasse der Rangordnung die Ersten waren und die Letzten in der nächsthöheren werden[3]." Oder: „Wer nur aufzeichnet, was er empfunden hat, ist sehr beschränkt. Er kann nur Geist haben; der andere besitzt Wissen[4]."

Zur Schulung der ingeniösen Gesellschaftskritik eines „unabhängigen Geistes" gehören, nach Stendhal, „Machiavellismus" und „Vorurteilslosigkeit". Dafür sind ihm die Italiener vorbildlich. „Hätte ich die Italiener gut gekannt, so stünden gesunder Menschenverstand und Scharfsinn bei mir in hohen Ehren und wären mir nicht Wechselbegriffe von Kälte und Gefühlsschwäche[5]." „Ich merke so oft, daß reines Gefühl keine Erinnerung hinterläßt[6]." „Ich schreibe, wie ich denke. Vielleicht gibt es in *Europa acht bis zehn Gleichgesinnte.* Ich liebe sie, ohne sie zu kennen. Ich fühle, daß sie mir lebhafte Genüsse bereiten könnten. Für die andern habe ich in künstlerischer Hinsicht eine ausgesprochene Verachtung und wünsche nur, sie zu vergessen ...[7]"

Doch schwankt Stendhal stets zwischen dem Bestreben, durch einen hellwachen Verstand niemals „dupe" zu sein, und einer

[1] A.a.O. S. 282. [2] Ebd. S. 351. [3] Ebd. S. 354.
[4] Ebd. S. 358. [5] Ebd. S. 365. [6] Ebd.
[7] Ebd. S. 372.

manchmal ganz naiven und nicht selten sentimentalen Begeisterungsfähigkeit. Intelligenz und Enthusiasmus erscheinen ihm zeitweise sogar als die Dioskurenzeichen aller „höheren Menschen". Italien, Cimarosa und Mozart sind seine Götter. Die besten humanen Strukturen liest er an hochentwickelten Italienern ab. Sie könnten kalt und gleichzeitig leidenschaftlich sein. Sie seien Realisten und Vitalisten zugleich. Sie handelten nie „ohne Grund". Romantische Verschwärmtheit sei ihnen fremd. Auffallend ist, was Stendhal über Rom schreibt, denn in diesen Sätzen *vereinen sich Skepsis und Enthusiasmus:* „Ich verließ Rom auf der Straße, die am Kolosseum vorbeiführt. Dies halb in Trümmern liegende Amphitheater ist das einzige Bauwerk, das mich je ergriffen hat. Es rührte mich zu Tränen, während Sankt Peter mich kalt ließ. Welche Männer, diese Römer! Immer nur das Nützliche! Nie etwas ohne Grund! Als ich allein inmitten des Kolosseums stand und in den Büschen, die auf den letzten Bogenstellungen wuchern, die Vögel singen hörte, konnte ich meine Tränen nicht zurückhalten. Von dort fuhr ich auf der Appischen Straße. Ich war tief gerührt[1]."

Max Brod schrieb im Nachwort zu Kafkas Tagebuch von einem „Gesetz", demzufolge in Tagebüchern nur die Tiefpunkte des Lebens festgehalten werden[2]. Das ist sicher richtig, doch gibt es zahlreiche Ausnahmen. So hat Stendhal durchaus auch über *glückliche Erlebnisse* in seinem Leben berichtet, auch wenn sie immer umwittert bleiben von *Selbstmordgedanken* und depressiven Gefühlen einer lähmenden Unzulänglichkeit. Doch erkennt auch er: „In dem Maße, wie meine Reise schön wird (nach Mailand im Oktober 1811) verschlechtert sich mein Tagebuch. Das Glück beschreiben ist für mich oft, es verringern. Es ist eine zu zarte Pflanze, die man nicht anrühren darf[3]." Hier treten Widerstände auf, wie beim Romancier. Balzac hat einmal geschrieben, nur das Unholde, das Böse sei in einem epischen Bericht leicht und wirksam; das Zugeneigte und Gütige sei viel schwerer zu schildern. Wie viel schwieriger muß es in einem Tagebuch sein, wo man naturgemäß in der Heimlichkeit einer Aussprache mit sich selbst eher das Dunkle zu mei-

[1] Ebd. S. 377. [2] FRANZ KAFKA, a.a.O. S. 723.
[3] A.a.O. S. 383.

stern versucht, als dem Lichten, das sich selbst erfüllt, zu danken. Insofern bleibt der Kampf mit den „bösen Geistern" ein Urthema aller wesentlichen Tagebücher.

Doch gibt es Aufzeichnungen dieser Art, die wie Blumen *im* Bösen auch die seltenen Augenblicke wahren Glücks sichtbar werden lassen. Gerade sie wird man als *relativ* vollkommene Abbilder des Menschen, des europäischen Menschen, besonders hoch werten müssen. Die Unterschlagung des Glücks ist eine Manie geworden, zu der der neuzeitliche Subjektivismus in seiner gefährlichen Tendenz zur fanatischen Individuation offenbar gezwungen wird. Von wem? Von den gleichen Dämonen, mit denen er sich in seinen Niederschriften nur monologisch auseinandersetzt. Darüber später mehr. Hier noch ein Wort Stendhals dazu: „Gestern, am 28., war ein glücklicher Tag. Ich ertappte mich dabei, wie ich zu mir sagte: ‚Mein Gott, wie bin ich glücklich'[1]." Auch wenn es sich nur darum handelte, daß ihm ein Nachurlaub bewilligt wurde und er dafür das notwendige Geld hatte. Ein weiteres Thema so vieler Tagebücher: Das Unerfülltsein im Zwang der beruflichen Tätigkeit, die Freiheitsberaubung durch Beruf, geldliche Schwierigkeiten und immer wiederkehrende Alltagssorgen[2]!

Stendhals Tagebücher gehören zur brillantesten Prosa, auch was politische Kritik angeht, doch fehlt ihr das, was Leonardo da Vinci sogar in seinen kältesten Berechnungen über die materiellen Kräfte des Universums auszeichnete, der Sinn für das Mysterium, für alles das, was „hinter" den vielen Phänomenen stecken mochte, mit denen er sich so geistreich auseinandersetzte. An intellektueller Prophetie, einem weiteren Merkmal aller großen Tagebücher, besteht allerdings in den Diarien Stendhals kein Mangel[3]. So schreibt er: „Um 1900 wird Europa nur ein Gegenmittel für die ungeheuere Volkszahl und

[1] 29. Okt. 1811. A.a.O. S. 389.

[2] Zum Glück-Erlebnis in Tagebüchern vgl. u. a.: Amiel a.a.O. Bd. 2 S. 85; Ferner Amalie v. Gallitzin, Gottfried Keller, Tolstoi, H. Hesse und sogar Tagebücher von Gefangenen und Versteckten – z. B. von Anne Frank und Henri Perrin. Vgl. Bibliographie.

[3] Schon erwähnte Einflüsse der Bibelpropheten und der Ich-Form der Psalmen, auch und gerade bei Autoren, die diese Texte nur aus Jugenderinnerungen kennen.

tiefe Vernunft Amerikas haben, nämlich seine Zivilisation auf Kleinasien, Griechenland und Dalmatien auszudehnen (Entwicklungsländer!), das heißt ihnen die gleiche Stufe der Freiheit zu geben, die in Pennsylvanien herrscht[1]." Dann noch: „Der Geist der Poesie ist tot, doch der Geist des Mißtrauens ist in die Welt gedrungen. Ich bin fest überzeugt, das einzige Mittel, um dem Leser *die ewigen Ichs* erträglich zu machen, ist *völlige Aufrichtigkeit*[2]."

3. *Das Erlebnis der Tiefe im Scheitern*

Die „ewigen Ichs", Glanz und Elend des Ichs! Aus dieser Dialektik kann – in der Verzweiflung – alles in Nichts verwanwandelt werden. Das Problem der romantischen Existenz behandelte Kierkegaard in seinen Tagebüchern, als die „Krankheit zum Tode", als „Gefahr des im labyrinthischen Bereich der Möglichkeit sich verirrenden und nie sich findenden Selbst[3]". Bevor wir darauf eingehen, einige Einblicke in eins der umstrittensten englischen Tagebücher des 20. Jahrhunderts, in das „Journal of a Disappointed Man" von *Barbellion* (1889–1919), einem naturkundlichen Museumsassistenten[4], der jedoch seinen Beruf bald wegen seiner Erkrankung an multipler Sklerose aufgeben mußte. Er starb ein halbes Jahr nach der Publikation seines Tagebuchs[5]. Diskutiert wurde dies subjektive Diarium – „a selfportrait in the nude" nannte es Barbellion – in England vor allem, weil es noch zu Lebzeiten des Verfassers veröffentlicht wurde, weil es also absichtlich – wie man heute sagen würde – seelischen „Striptease" machte und weil es sich

[1] A.a.O. S. 436.

[2] Ebd. S. 446 (Hervorhebung vom Verfasser). Vgl. auch das Ende von Kap. IV.

[3] Vgl. Walter Rehm, Kierkegaard und der Verführer. München 1949, S. 21.

[4] W. N. P. Barbellion (Ps. f. Bruce Frederic Cummings), Journal of a Disappointed Man. London 1919. Vgl. Textteil.

[5] Postum erschienen noch Enjoying Life and Other Literary Remains, 1919, und A Last Diary, 1920. Vgl. auch Ponsonby a.a.O. S. 432–443.

der Sensation wegen systematischer Indiskretionen befleißigte. Selbstanalyse und Selbst-Entkleidung seien demzufolge gesucht, posiert gewesen. Das ist richtig, doch für uns in anderer Weise interessant: der Ich-Kult führt zur Ich-Pose, das heißt nicht zum Selbstporträt einer konstruierten Persönlichkeit, sondern zum Gebrauch einer *artifiziellen* Person-Maske des Versagens, zu einem Pharaonismus ex negativo. Barbellion schrieb ein Tagebuch der Enttäuschung. Diese entsteht, wird sie nicht durch Zuversicht wieder aufgefangen, als ein Vorgefühl des Scheiterns, des Scheiterns *im und durch das Tagebuch*[1]. Barbellion fällt stets in sein Tagebuch zurück. Er sagt es selbst: „Wie ein armer Alkoholiker immer wieder zur Flasche greift"[2]. *Ohne* Tagebuch werde sein Selbst sterben, sagt der junge Naturwissenschaftler; er werde dann wahrscheinlich Selbstmord begehen müssen. Sein Egotismus fasziniert ihn. Er erlebt ihn als eine „extreme Intensivierung seines Selbstbewußtseins". Doch empfindet er dabei die allmähliche Zerstörung seiner Persönlichkeit, die nicht zuletzt durch seine Krankheit, durch die fortschreitende Lähmung bedingt wird. Er beginnt sich selbst zu hassen, weil er nur über sich selbst spricht und schreibt, „als wenn es keine andere Welt darüber hinaus gebe"[3]. In diesem Tagebuch findet man hin und wieder scharfumrissene Porträts und lyrische Naturschilderungen – wie in den Konfessionen Rousseaus –, doch überwiegen immer mehr Todesahnung, Todesangst und Todesgewißheit. Ironisch-zynisch sucht er das so bedeutungslos werdende Ich von sich zu distanzieren: „Ich fühle mich wie ein unentwickeltes Negativ, oder eine aufgespießte Qualle oder eine schlüpfrige Kaulquappe oder ein Rüsselkäfer in einer Nuß . . . Mit anderen Worten – krank." Allerdings findet Barbellion es hart, „nicht einmal im Tode jemand zu sein"[4]. Der hochbegabte Ich-Süchtige macht sich mit dem Ausgelöscht-Sein immer vertrauter. „Heute morgen, auf dem

[1] Ein Grundproblem für das Monumental-Diarium Amiels.

[2] Vgl. Ponsonby a.a.O. S. 435.

[3] Barbellion war stark vom exaltierten „Journal intime" der egozentrisch eitlen, kindlich-pharaonischen Malerin Marie Bashkirtseff (darüber später) beeinflußt. „Her journal is my journal." Ponsonby a.a.O. S. 438.

[4] Ebd. S. 441–442.

Hügel, wurde ich erschüttert durch die Nachricht meines eigenen Todes. – Ich meinte die Worte zu hören: ‚Wissen Sie schon das Neue über B.?' Zweite Stimme: ‚Nein, was?' – ‚Er ist tot!' Schweigen." Und er fügt hinzu: „Als ein Künstler im Leben sollte ich sterben. Es ist das einzige kunstvolle Ende[1]."

Die Dissoziation der Persönlichkeit, der europäische Märtyrerpreis für Verinnerlichung und für den Protest gegen Konvention und Vermassung, aber auch die Folge der Erkenntnis, daß das früher vergötterte, nun jedoch ohne „oben" und ohne „unten" „quallig" gewordene Ich nicht mehr *allein* standhalten kann, führt in rein introspektiven Tagebüchern dieser späteuropäischen Art zu folgerichtigen „modernen" Werther-Katastrophen. „In Qualen wird das Europäertum errungen", schrieb Hofmannsthal anläßlich einer Amiel-Lektüre[2]. Charakteristisch für eine der späteren Etappen des Seins-Verlustes in der Ich-Steigerung und des Lebensopfers im Verinnerlichungsstreben ist *Cesare Pavese* (1908–1950)[3]. Die diaristische Selbstauflösung dieses italienischen Romanciers gehört zu den erregendsten Tagebuch-Dramen der Moderne.

Wenn abendländische Menschen, die sich gegen die nur noch realistische, „geschlossene" Moral ihrer Umwelt wehren und dabei verzweifelt stets nach dem einzigen greifen, was ihnen als Möglichkeit einer „Offenen Moral[4]" erscheint, nämlich nach dem eigenen Ich; wenn auch dieses ihnen, bei einem von „oben" oder von „unten" nicht genügend gestützten Zugriff zerrinnt; wenn alles, mit den Worten Kierkegaards, zu einer unendlichen Brechung, zu einer zerbrochenen Perspektive wird,

[1] Ebd. S. 422.

[2] „In Qualen wird das ‚gute Europäertum', die vaterlandslose Klarheit von morgen errungen." Aus dem Aufsatz: Das Tagebuch eines Willenskranken. Abgedr. in: Loris. Die Prosa des jungen Hofmannsthal. Berlin 1930, S. 36 ff. Zit. in: H. F. Amiel, Blätter aus dem Tagebuch. Ausgew., übers. u. eingel. von Ernst Merian-Genast. Zürich 1944, S. 22.

[3] Il Mestiere di vivere (Diario 1935–1950). Turin 1952; dt. Ausg.: Das Handwerk des Lebens. Hamburg 1956. (Zitate nach der ital. Ausg.)

[4] Henri Bergson, Les deux Sources de la Morale et de la Religion. Paris 1932.

dann muß sich eine neue Situation auch für das Tagebuch ergeben. Typisch für diese veränderte Situation, ein „glänzendes Elend" (Kierkegaard), ist Paveses „Diario", eines der symbolreichsten Tagebücher unserer Zeit. Sein Verfasser gehört zu den wenigen Tagebuchschreibern, die aus der fortschreitenden Einsicht in das eigene Scheitern, aus mythischer Entfremdung, aus metaphysischer Paralyse und aus Kontaktarmut vor allem in der Liebe diesen Kampf des Ichs gegen alles und jedes unerbittlich analysieren – schon *von Anfang* an wissend, daß sie selbst Opfer sein und im Selbstmord enden werden. Grad um Grad beobachtet Pavese sein Scheitern – unter einem viel feineren Mikroskop, als dasjenige Stendhals gewesen war. Pavese verwendet bereits ein Elektronen-Mikroskop.

In einer Glanzzeit literarischen Ruhms und auch materieller Erfülltheit (als Lektor-„Diktator" eines großen Verlages) genügte für Pavese am Tiefpunkt dieses Scheiterns ein unglückliches Liebeserlebnis, um den Selbsttod dann auch wirklich zu wählen. Ein Tagebuch zum Tode also, ein Tagebuch, das die Ich-Krankheit zum Tode zu ihrem Ziele bringt! Die letzten Sätze, eine Eintragung von 18. August 1950, lauten, an Werthers Abschiedsworte erinnernd: „Alles ist ekelhaft. Keine Worte. Eine Geste. Ich werde nicht mehr schreiben[1]." Am 27. August endete Cesare Pavese, eine der stärksten Begabungen der mittleren Generation Italiens, sein Leben.

Es wäre jedoch verfehlt, in diesen so lebensvollen Blättern nichts anderes zu suchen als einen Beitrag zur Psychologie des Selbstmörders. Hier handelt es sich um mehr als nur um ein psychopathologisches Problem! Das Selbstmordthema, das in der Intimität so vieler Tagebücher wie das nächtliche Schwirren eines Todesvogels aufklingt, gewinnt in diesem Diarium eine nahezu mythische Bedeutung – als vorgelebtes und vorgestorbenes „Bild" derjenigen seelischen Energien Europas, die gegen jede Art von Erstarrungstendenzen die Tiefe des Daseins retten wollen, auch im tödlichen Scheitern. Nicht selten begegnet es ja, daß sich das monologisierende Ich im Tagebuch mit der Vorstellung des Selbstmordes vertraut macht, aus welchen Gründen auch immer. Der Tod wird dann oft zu einem un-

1 A.a.O. S. 407.

sichtbaren Dialog-Partner, der eines Tages den Schlüssel bereithalten könnte, um eine Tür zu öffnen, hinter der man für immer verschwinden kann, hinter sich lassend vor allem das stets gequälte, verzweifelte „Ich". Pavese dialogisiert nicht in dieser Weise mit dem „Ende". Er findet im Tod auch keinen Trost, und er bittet Gott nicht um Verzeihung, bevor er selbst endgültig über sich verfügt, wie es noch der englische Maler Haydon (1786–1846) am Ende seines Tagebuches kurz vor seinem Selbstmord getan hatte[1] – hundertfünfzig Jahre vor Paveses: „non scriverò più". Der *Spiegel* ist das letzte Mittel des Außer-sich-Seins. Pavese berichtet, daß er einen einsamen Abend vor dem Spiegel verbracht habe, um sich selbst Gesellschaft zu leisten[2]. Doch nicht allein, weil er allein sein mußte, sondern weil er allein sein *wollte*. Der deutsche Dichter und Diarist Eugen Gottlob Winkler, wie Pavese ein Anti-Literat par excellence, ein in der Introspektion konsequenter europäischer Ich-Mystiker, beobachtete im Spiegel das Walten des Todes in seinem Gesicht, nachdem er Gift genommen hatte[3].
Wir müssen dem Weg Paveses noch weiter nachgehen, wenn wir Grundstrukturen der „modernen" europäischen Seelen- und Schicksals-Geschichte besser begreifen wollen. Dieser aphoristische Lebensbericht hat nicht seinesgleichen, auch nicht als Übersicht über die Etappen einer ständigen Dialektik zwischen dem Gefühl des Scheiterns und der Gewißheit, fortschreitend sich einem Absoluten zu nähern, und zwar mitten in der Diskussion über die Wahrheit des Alten oder des Modernen, einer mythischen oder veristischen Poesie.
Pavese beginnt seine Aufzeichnungen in spätromantischer Ich-Bezogenheit. Darauf folgt bald das Bewußtsein eines ersten Scheiterns: die Ich-Stütze wird morsch und gibt nach. Aus intensiver Lektüre der griechischen Tragiker stößt der junge

[1] BENJAMIN ROBERT HAYDON, Diary. Bd. 1 (1808–1815); Bd. 2 (1816 bis 1824). Cambridge (Mass.) u. London 1960, Bd. 2 S. 494 f.

[2] A.a.O. S. 140. Über die Bedeutung des Spiegels im europäischen Subjektivismus vgl. G. R. HOCKE, Die Welt als Labyrinth, S. 7 ff.

[3] „Dort aber lebe ich jetzt allein: auf dem Feld der Zerstörungen, in der gräßlichen Hilflosigkeit: – ich kann nicht mehr . . ." Worte Winklers, zit. im Geleitwort der „Dichterischen Arbeiten" (Gesammelte Schriften, Bd. 2). Leipzig 1937, S. 24.

Dichter auf das Mythische, auf eine Urverbindung von Ich und Kosmos im urtümlichen poetischen Bild. Starke Glücksgefühle beschwingen ihn. Sehr subjektiv ist seine Auffassung der Antike, doch erkennt er sofort die Taubheit der technisierten Massengesellschaft für das Mythische, sofern es nicht ein politischer Mythos ist, also die Taubheit für Mythen *im religiösen Sinne.* Neue Erkenntnis, am Ende zu sein! Neue Versuche auf höherer Ebene! Verachtung für die zynische, alles reduzierende, mythenlose „Avantgarde"! Verachtung des Erfolges! Neues Glücksgefühl. Neue schöpferische Versuche gelingen. Immer wieder werden sie an den großen „noch mythischen" Dichtern der europäischen Neuzeit gemessen: an Dante, Shakespeare, Dostojewskij. Darauf folgt die *letzte* Gewißheit des *geistigen* Scheiterns. Hinzu kommt eine Kette trauriger *amouröser* Affären, die Angst vor dem Wagnis der Ehe, die Hoffnungslosigkeit der vielen Enttäuschungen, eine letzte „höchste" Liebe und auch in dieser das Scheitern.

„Ich weiß, daß ich für immer dazu verurteilt bin, vor jeder Schwierigkeit und vor jedem Schmerz an Selbstmord zu denken." So heißt es zu Beginn seines Tagebuchs. Doch taucht gleichzeitig ein Widerspruch auf, den er *sich selbst* darlegt. Zwar müsse man die Lust der Selbst-*Zerstörung* gekannt haben, doch handle es sich nicht um Selbst-*Mord.* „Menschen – wie wir –, die das Leben lieben, das Unerwartete, die Lust, es zu erzählen, können nur aus Unvorsichtigkeit zum Selbstmord gelangen." „Der Selbstzerstörer ist ein Komödiant und ein Herr über sich selbst." Doch kann Pavese „die Einsamkeit nicht vertragen". Er lebt „in einer ständigen Gefahr". Sollte ihn ein Wahn des Aufbaus, des Aufrichtens, der moralischen Verpflichtungen erfassen, so wird er unaufhaltsam leiden müssen. Dann könnte er sich auch das Leben nehmen[1].

Der Konflikt zwischen Selbstzerstörung und Sinngebung ist also, wie in der griechischen Tragödie, in den ersten Sätzen angelegt. Dann geht es unaufhaltsam weiter. „Das schlimmste Unrecht des Selbstmörders liegt darin, daß er sich *nicht* umbringt, daß er daran denkt und es nicht tut. Das führt zu einer

[1] A.a.O. S. 45.

moralischen Auflösung." Dazu das unbewältigte Leben! Ein echter Raté ist nicht der, der im Großen, sondern wer im Kleinen versagt. Keine Familie gründen, keinen Freund behalten, keine Frau befriedigen, sein Leben nicht wie jedermann verdienen können: das ist der traurigste Raté[1]. Kann man auch vor dem Tode scheitern, indem man auf Selbstmord verzichtet? Ja, denn eines Tages kommt der natürliche Tod. „Dann haben wir die große Gelegenheit verloren, *aus einem guten Grund* den wichtigsten Akt des ganzen Lebens vollzogen zu haben[2]."
Der Dichter und Schriftsteller Pavese begreift zwischen zwei Weltkriegen, daß er kein selbstsicherer „Olympier" ist und niemals einer werden kann[3]. Er ist zur Vereinsamung verurteilt. „Einsamkeit ist Schmerz, Paarung ist Schmerz, Vermassung ist Schmerz . . . der Tod ist das Ende von allem[4]." „Warum die dumpfe und tiefe fundamentale *Freude*, die Herz und Hirn dessen erfüllt, der beschlossen hat, sich zu töten? *Vor* dem Tod dauert nur das elende Wissen an, daß wir noch leben[5]." „Nichts ist gerettet . . . Das Bewußtsein ist gespalten. Der Charakter gebeugt . . . Die Illusion des Scharfsinns ist verblaßt . . . Die Festigkeit des normalen Mannes ist erschüttert: mit dreißig Jahren habe ich keinen Beruf[6]." „Lebenskunst! Sie besteht darin, daß man, um zu leben, andere quälen muß (siehe sexuelles Leben, Geschäft, jede andere Tätigkeit), daß man sich daran gewöhnen muß, jede Schweinerei zu begehen, ohne unsere innere Ordnung zu beschmutzen. Zu jeder Schweinerei bereit zu sein, das ist das beste Gepäck des Menschen[7]."
Zeitweise rettet Pavese doch eins: die Literatur, die Dichtung. Er liest alle Klassiker und neue Autoren. Während er immer tiefer in sich hinabsteigt, um seine profundeste „vita interiore" zu finden, entwirft er unermüdliche Methoden für „ein besseres Schreiben" und für „das Leben als Handwerk". Immer weiter entfernt er sich – literarisch – von zeitgebundenen literarischen Moden und Attitüden. „Die Literatur ist eine Verteidigung gegen die Beleidigungen des Lebens[8]." Dadurch gewinnt er allmählich geistige Breite und Weite. Die Epoche des *Dilet-*

[1] Ebd. S. 62. [2] Ebd. S. 72. [3] Ebd. S. 87.
[4] Ebd. S. 91. [5] Ebd. S. 97. [6] Ebd. S. 103.
[7] Ebd. S. 117. [8] Ebd. S. 142.

tantismus ist vorbei. Gleichzeitig ergeben sich seltene Augenblicke des *Glücks*. Die stärksten dialektischen Spannungsfelder des Tagebuchs werden sichtbar. Ende 1939 – der Zweite Weltkrieg ist ausgebrochen – beginnt er sich vom romantischen „Autobiographismus" zu distanzieren[1]. Die Lektüre von Kierkegaard und von Büchern über ihn hat ihm dazu verholfen. Wie ist der Gegensatz von Kunst und Leben zu erklären? Er beginnt das „Geheimnis" zu wittern. Es könnte sein: „das in der Analyse nicht Reduzierbare[2]".

Das bloße „kalte Spielen" mit dem „irrationalen Mysterium", in dem sich so manche gefallen, irritiert ihn zunehmend. Es erscheint ihm „obszön"[3]. Echte Künstler und Dichter werden für ihn bald: „Mönche des bürgerlichen Zeitalters". Er sehnt ein Leben des Normalmenschen im Kontakt „mit der Ewigkeit[4]" herbei. Doch die Ordnung des Mönchtums, das wirkende, wenn auch „isolierte" Zusammenleben, bleibt ihm fremd. „Es gibt nur eine heroische Regel", schreibt er am 15. Oktober 1940, „ allein sein; allein, allein[5]."

Wie Kierkegaard für sich in „neuer" Weise das Christentum „fand", so entdeckte zeitweise Pavese für sich – wir deuteten es schon an – die Welt der antiken Mythen und die Tragödien der Griechen. Das Jahr 1943 ist ein Höhepunkt. Er scheint ein Gleichgewicht gefunden zu haben. Das Schreiben des „Ichs" wird mit der Erfahrung des „Seins" konfrontiert. Im Mythos wird alles zu einer Hierarchie (der Werte). In jedem Schriftsteller gibt es eine zentrale Vorstellungskraft, die man als mythisch bezeichnen kann[6]. Doch schwankt er immer wieder. Die Konfrontierung der realistisch-zynischen und gleichzeitig pseudo-ironischen Dichtung seiner Spätzeit beflügelt und lähmt ihn zugleich. Er fühlt sich erhaben und erniedrigt. Immerhin bleibt zunächst der Gewinn an Erweiterung des Bewußtseins, des Gefühls, der Selbstkritik. „Konstruktion" anstatt „Zerstörung", das erscheint ihm noch einmal als Lebensaufgabe. Dazu denkt er sich eine Technik für Roman und Erzählung aus: „Die unglaublichen Dinge so erzählen, als seien sie wirklich –

[1] Ebd. S. 170. [2] Ebd. S. 172. [3] Ebd. S. 173.
[4] Ebd. S. 203. [5] Ebd. S. 213. [6] Ebd. S. 263.

altes System; die wirklichen Dinge erzählen, als seien sie unglaublich – modern[1]."
Ein Jahr darauf überschreitet er sogar die Schwelle des Nur-Mythischen. Er nähert sich dem Religiösen, dem Logos. „Das Quellen des Göttlichen, man fühlt es, wenn der Schmerz einen in die Knie zwingt. So stark, daß schon die erste Vorwarnung des Schmerzes einem Freude schenkt, zu Dankbarkeit veranlaßt, zur Erwartung zwingt. So kommt es, daß man sich den Schmerz herbeiwünscht[2]." An diesen Stellen spricht sich Pavese, wie die meisten introspektiven Tagebuchschreiber in entscheidenden Lebensphasen, selbst an. Er sagt *„Du"*. „Deine Modernität liegt ganz im Sinne des Irrationalen." Mysterium und Sakrament bedeuten auch Symbol. Hier zeigt sich der Weg zur Konzeption des Symbols, das magisch und charismatisch wirksam ist. „Hier die gemeinsame Wurzel von Poesie und Religion." „Bevor Bewunderung ästhetisch ist, ist sie religiös[3]." „Die Völker, die eine reiche Mythologie gehabt haben, sind die Völker, die am eindringlichsten philosophiert haben: Inder, Griechen, Germanen[4]." „In der griechischen Tragödie ist alles heilig ... das heißt vorhergesehen, von Gott gewollt[5]." „Die große Aufgabe des Lebens ist das Sich-Rechtfertigen. *Sich rechtfertigen heißt einen Ritus zelebrieren. Immer*[6]."
Cesare Pavese war auch unter dem Faschismus das, was man „linksliberal" nennt. Nach dem Zweiten Weltkrieg bekannte er sich (auch in seinem Tagebuch) – wie nicht wenige europäische Intellektuelle – zum Kommunismus. Aber man sagte ihm bald, er werde „weder den Bürgern noch den Proletariern gefallen[7]". Was ihn vom Liberalismus trennte, war die Auffassung, daß die Liberalen, als die Freiheit wiederhergestellt war, „nichts mehr damit anzufangen wußten[8]". War Pavese überzeugter Kommunist, und wäre er es geblieben? Man kann beides verneinen. Der Kommunismus erschien ihm, nach dem katastrophalen Zwischenreich des Faschismus, wie eine Hoffnung. Doch leuchtete ihm kurz nach dem Kriege alles in einem

[1] Ebd. S. 275. [2] Ebd. S. 278. [3] Ebd. S. 280.
[4] Ebd. S. 285. [5] Ebd. S. 293. [6] Ebd. S. 295.
[7] Ebd. S. 366. [8] Ebd. S. 325.

neuen Licht der Verheißung. „In der Widerstandszeit war *alles* Hoffnung; jetzt sieht alles nach Katastrophe aus", so schrieb er schon am 5. April 1947[1]. Auch die politische Ernüchterung warf ihn, wie alle anderen Enttäuschungen in der Liebe, Familie, Gesellschaft, Partei, Nation, wieder auf das eigene Ich zurück. Doch hatte er jetzt dem alten „romantischen" oder „zynisch-veristischen" Ich ein Gegen-Ich gegeben, einen „mythischen" Gott, der allerdings religiös gleichsam *gegenstandslos* bleibt. Diese nur halbradikale Wendung im religiösen Glauben mußte die Katastrophe beschleunigen.

Die Nemesis im Tagebuch schreitet fort. Im Jahre 1946, vier Jahre vor seinem Tod, stellt sich Pavese die Frage, ob er fähig sei, all dies zu vereinen: den Skeptizismus der Krisenzeit mit der Hoffnungsgläubigkeit des Kommunismus; den psychologischen Realismus mit dem mythischen Irrationalismus; die Vereinsamung mit einer sozialen Aufgabe; den ständigen Rekurs auf sich selbst mit breiter Seins-Zuversicht. Wie also kann ein Ich den ganzen *Kreis* bewältigen, den Kreis, der Ich *und* Sein umfaßt. Wie kann dies Ich sich selbst und die Welt erfüllen? Die gleiche Frage hatte sich Pavese, wenn er verliebt war, auch in bezug auf sein sexuelles Vermögen gestellt[2]. Das Gefühl der Unzulänglichkeit erfaßte ihn stets neu und immer unerbittlicher. Eines Tages ist die Gewißheit da: das Versagen ist endgültig. „Ich weiß, daß ich darüber hinaus nicht mehr gehen kann. Jetzt ist alles gesagt. Noch schlimmeres Scheitern, da ich auf diese Weise einige Ergebnisse erzielt habe und weil ich mich nicht zu einem völligen Zusammenbruch hingleiten lassen kann – – – Doch: der Bruch ist da. Hell[3]." So sieht er bald ein: „Ich beginne zu dichten, wenn die Partie verloren ist. Noch niemals geschah es, daß Dichtung den Dingen einen anderen Lauf gab[4]." – „Ein Werk löst nichts, wie die Arbeit einer ganzen Generation nichts löst[5]." Vor dem Abschluß steht außerdem die Gewißheit einer trostlosen inneren wie äußeren Vereinsamung. Niemand wartet auf ihn. „Deswegen also ist der Gläubige gesund, auch fleischlich – er weiß, daß jemand auf ihn wartet, sein Gott. Du bist Junggeselle – Du glaubst nicht

[1] Ebd. S. 339. [2] Vgl. Kap. IV. [3] A.a.O. S. 318.
[4] Ebd. S. 323. [5] Ebd. S. 344.

an Gott." Solche Zynismen leistet sich Pavese selten, wenn es sich nicht um Frauen handelt[1]. Doch ist es wahr, daß er an Gott als poetische Fiktion zu glauben *meint*, aber sicher nicht als an ein zur Demut verpflichtendes Tremendum.
Wie er das „Dionysische" in der Frau niemals „befriedigen" zu können glaubt, so wird ihm, auch nach der Überwindung einer nur sentimentalen Egozentrik, bewußt, daß er sein Ideal einer Größe, wie es die von ihm verehrten Platon, Dante, Shakespeare, Dostojewskij erfüllten, also eine *echte* Unsterblichkeit, niemals erreichen wird. Nicht zuletzt wird diese Selbsteinschätzung Paveses durch die Erkenntnis seiner geistig dekadenten Zeit hervorgerufen. Also: Wozu noch leben? Wozu noch schreiben? Peripetie! Der Abstieg folgt rasch. Trotz allen äußeren Erfolgen. Ein solcher Spiegel-Kundiger macht sich nichts vor. Zwei, drei Jahre lang hofft er noch, „in der Annahme der Welt Gottes[2]", in „normalisierten" Beziehungen zum Mitmenschen, besonders zur Frau, weitergehen zu können. Die *Angst vor Selbstbetrug* wirft ihn immer wieder zurück. Er *will* sich und die Welt, sein Ich und die Umwelt klar sehen, ohne Selbsttäuschung. „Nach Christus und nach dem Logos hat sich die Natur von den mystischen Quellen der Kraft und des Lebens gelöst[3]." Die Lebensbasis wird immer dünner. Eine allerletzte Hoffnung keimt auf: eine neue Verliebtheit. Diesmal ist es eine Amerikanerin. Am 6. März 1950 spricht er von einem „epochalen Wendepunkt", wobei er dieses deutsche Substantiv gebraucht. Doch fragt er sich schon bei der ersten Notiz über dieses Erlebnis: „Und wenn es ein Mißverständnis wäre[4]?" – „Infinito sospirare." Die Verliebtheit überwältigt ihn. Vertrauen fühlt er, und „unglaubliche, ruhige Hoffnung" erfaßt ihn[5]. Doch wird die Angst, seine neue Geliebte zu verlieren, bald zur Panik. Vorahnungen bedrücken ihn. „Man tötet sich nicht für *eine* Frau. Man tötet sich, weil eine Liebe, jede Art Liebe, uns unsere Nacktheit offenbart, unser Elend, unsere Hilflosigkeit, das Nichts[6]." Der Abschied kommt. Die Geliebte muß nach Amerika reisen. Sie will zurückkehren, doch kommt für ihn bald die Gewißheit: auch diese Liebe ist ge-

[1] Vgl. Kap. IV. [2] A.a.O. S. 365. [3] Ebd. S. 374.
[4] Ebd. S. 397. [5] Ebd. S. 398. [6] Ebd. S. 298.

scheitert. „Hinter aller Schein-Zufriedenheit stand nichts anderes als Ohnmacht und meine Weigerung, mich zu binden. Jetzt habe ich, auf meine Weise, das Antlitz der Gorgo gesehen: ich betrachte meine Ohnmacht; ich fühle sie in den Knochen; ich habe mir politische Verpflichtungen auferlegt, die mich niederschmettern. Es gibt nur eine Antwort: Selbstmord." So schreibt er am 27. Mai 1950. Seine letzte Tagebucheintragung kennen wir schon: „Alles ekelt an. Keine Worte. Eine Geste. Ich werde nicht mehr schreiben[1]."

4. Narzißtische Selbst-Auslöschung und europäische Selbst-Bewahrung

Verirrung? Verwirrung? Sicher alles das, und doch nicht ein rein klinischer „Fall Pavese", über den man nur psychologische oder nur „psychoanalytische" Abhandlungen schreiben könnte. Alle großen introspektiven Tagebücher Europas, Goethes „Werther", Rousseaus „Konfessionen" und „Träumereien" eingeschlossen, kann man vor allem als seelengeschichtliche Barometer ansehen. Sie zeigen die Gefahren europäischer „Tiefs" an, die Gefahren einer fortschreitenden Überlagerung mit dumpfer Verstofflichung. Sie reagieren höchst empfindlich auf ein so oder so geartetes „Hoch", doch schnellen sie unweigerlich zurück, wenn nur trostspendende, sozusagen ideologische Wetterfrösche am Rande trüber politischer Teiche von Hoffnung, Serenität und Zuversicht quaken. In seinem angeblichen „Krankenjournal" zeigt jeder „intime" Diarist, wie auch immer er charakterologisch beschaffen sein mag, gerade in seiner radikalen Selbstenthüllung und in seinem erbarmungslosen Zu-Ende-Denken die seelischen *Paralysen* seiner Zeit auf. Es sind Paralysen, durch die sich Europa seit seiner menschlich unbewältigten Technisierung in einem ganz anderen kranken, in einem ganz neuen selbstmörderischen Sinne, nämlich durch einen kollektiv-destruktiven Vernichtungstrieb, von der Erdoberfläche zu beseitigen trachtet. Die intime Prophetie in Tagebüchern, die mehr oder weniger bewußt das Scheitern eines

[1] Ebd. S. 407.

einst geistig geprägten Erdteils in sich und für sich wiederholen, hat in diesem Sinne aggressivste neo-pietistische Züge. Merkmale eines ins Zeitgenössische transponierten biblischen Realismus – der nun abstrakt-destruktiven und konkret-konstruktiven Jeremiade. Immer, so könnte man meinen, steht das Buch der Bücher, offen aufgeschlagen, irgendwo in der Nähe des Diaristen, wenn er, in todesgewisser Ich-Apokalyptik, schreibt: „Non scriverò più."

Außerdem aber kann man dieses Wissen und Erleben des Scheiterns durch eine nicht zur Synthese gelangende Ich-These und Welt-Antithese auch als eine spezifische Form späteuropäischer Mystik ansehen, nun allerdings als eine mystische Faszination durch das Nicht-Sein, also ein Streben nach Übereinstimmung nicht mit dem Sein Gottes, wie die klassische europäische Mystik es anstrebte[1], sondern als einen unbewußten Drang, in sich das nur noch gesichtslose Nichts der apokalyptischen Endzeit-Katastrophe *vorwegzunehmen*, nach der es keine Auferstehung gibt.

Es handelt sich auch um eine unbewältigte *Zukunft*, und nicht nur um ein (erkennendes) Scheitern in der Gegenwart. Man kann hier durchaus von einer Übereinstimmung mit der sogenannt monochromen, gegenstandlosen Kunst sprechen oder von einer Verwandtschaft mit der „totalen Destruktion" im Tachismus, etwa in Vedovas Bilder-„Tagebüchern". Künstlerische Äußerungen dieser Art bedrängen uns noch aus zu großer Nähe, um darüber ein schon historisch-kritisches Urteil fällen zu können. Wir müssen uns hier damit begnügen, die *positiven* Merkmale einer spezifisch modernen Introspektion anzudeuten.

Die *Gefahren* der nur *narzißtischen* „Mystik" eines Sichselbst-Auslöschens, weil man das ständige Nur-sich-selbst-Spiegeln nicht mehr ertragen kann, weil man der ständigen Selbstbefriedigung[2] überdrüssig wird, offenbaren sich – geradezu kanonisch – in dem „Journal intime" von Amiel. Der Genfer Philosophieprofessor beging allerdings nicht Selbst-

[1] In rein religiösen Tagebüchern Europas bleibt diese Tradition allerdings erhalten. Vgl. Kap. IX.

[2] Vgl. Kap. IV.

mord wie Werther und Pavese. Doch entschloß er sich, und gerade in seinen besten Tagebuch-Stunden, zu einer nicht europäischen, sondern indischen, buddhistischen Selbst-Auslöschung: er wischte sein eigenes Spiegelbild aus, um endlich einmal allein, das heißt *nichts* zu sein. Er genießt es, sich einmal „namenlos" zu fühlen, „unpersönlich" zu sein, den „Geist weit und unbestimmt" zu haben: „wie das Nichts oder das Absolute". – „Ich bin in der Schwebe, ich bin, als wäre ich nicht." Das Verdächtige daran ist allerdings, daß Amiel ein Selbst-Auslöschen dieser Art gleich literarisch dokumentiert, beziehungsweise legitimiert. Er weist im gleichen Atemzug einer „mystischen" Entrückung auf ähnliche Erfahrungen der „Druiden, Brahmanen, Neuplatoniker und Mysteriendiener" hin[1]. Der narzißtische Ich-Extremismus berührt also einen Ich-Null-„Punkt", der sich mit einem Nicht-Sein-Plus-„Punkt" unmittelbar berührt, um nicht zu sagen – narzißtisch – begattet. Doch steht, um sogar eine „Ehe" dieser Art zu verhindern, ein Berg von Literatur dazwischen, so beispielsweise in den Reisetagebüchern des Grafen Hermann Keyserling oder in Romanen von Hermann Hesse; eben jener Berg von fernöstlicher Literatur aus zweiter Hand, der den einen daran hinderte, ein wirklich bedeutender Philosoph, wie den andern, trotz sprachlicher Meisterschaft, ein großer deutsch-*europäischer* Schriftsteller zu werden. Damit verlieren wir unsere engere Aufgabe keineswegs aus den Augen! Im Gegenteil. Wir erinnern uns, daß sich der englische Diarist Barbellion im Überdruß autistischer Bespiegelung einmal als eine „aufgespießte Qualle" bezeichnete. Zu den glanzvollsten Merkmalen des europäischen Geistes gehört es gewiß, in alle Weltkulturen

[1] Blätter aus dem Tagebuch, S. 74 f. Vgl. auch Beispiele im Textteil. Die oft nur recht unkritische Aufnahme außereuropäischer Nirwana-Vorstellungen findet man in manchen anderen Tagebüchern, so z. B. in R. Wagners Tagebuchblättern und Briefentwürfen (1851–1873) an Mathilde Wesendonk, aufgrund der Einflüsse von Arthur Schopenhauer. Den besten Essay über Amiel schrieb Max Rychner in: Welt im Wort. Literarische Aufsätze. Zürich 1949. Zum Problem der Ich-Auflösung bei Amiel, sowie bei Maurice de Guérin und Tolstoi (auch im Zusammenhang mit einer „indischen Wahlheimat") vgl. auch Gusdorf a.a.O. S. 57 ff.

forschend einzudringen, sich, um einen paradoxen europäischen Nationalismus zu vermeiden, *nicht nur mit dem Europäischen zu begnügen.* Doch bieten gewisse Dokumente einer verunglückten Introspektion, einer narzißtischen Diaristik, in einem auch geistesgeschichtlichen Sinne manche Begegnungen mit „aufgespießten Quallen". Im Seinsverlust durch nur noch autistische Selbstanalyse verlieren diese Tagebuchschreiber den Willen, die Willenskraft, in die Tiefen der *eigenen* geistigen Herkunft einzudringen. Der Pseudo-Alexandrinismus einer gewissen „Zeitschriften"-Literatur ist – in Europa – eine Begleiterscheinung auch der *dilettantischen* Introspektion, einer rückgratlosen Introversion. Hier wird aus Schwäche wie aus Unwissenheit vor einer Kraft Europas kapituliert, die diesen Erdteil schöpferisch auszeichnet: vor der *rationalistischen* Überzeugung, daß Ich und Sein, Person und Umwelt, Glauben und Wissen einmal vereint werden *könnten.*

Das echte, das intime Tagebuch Europas erschließt, wie auch immer wir werten und urteilen mögen, Menschliches – allzu Menschliches, Lebenserfahrungen, die sich auch aus sehr verschiedenartigen Triebkräften und Widerständen ergeben: aus dem Streben nach Macht und aus dem Gefühl der eigenen Nichtigkeit; aus dem Wunsch nach Liebeserfüllung und aus der Einsicht in die Fragwürdigkeit eines nur sinnlichen Glückes; aus dem Drang nach Selbsterfüllung und aus dem Widerstandserlebnis reduzierender Umwelten; aus dem Selbst-sein-Wollen und aus dem nicht einmal Ich-sein-Können; aus der Sehnsucht nach einer Vereinigung mit der Gottheit und aus der „Er"-Kenntnis, daß die „Recherche de l'Absolu" den nur um sich Kreisenden in taube Engpässe führt. Doch stellen sich letzthin fast alle diaristischen Lebenserfahrungen dieser Art als Grenzsituation des Schicksals dar, dessen also, was an bestimmten Lebens-„Tagen" als Geschick, als Geschicktes empfunden wird und mit dem das „Ich" in einem Gespräch mit anderen ebensowenig fertig wird wie in bloßem Nachdenken über sich und über neue Lebenswendungen. Gerade dewegen „vertraut" man sich dem Dialog mit dem „Tagebuch" an, das im Laufe der Zeit viel unentbehrlicher wird als die allernächsten Familienangehörigen oder die besten Freunde. Nur Tagebücher, die eine derartige „intime" Flora, eine Art submariner Flora der

Seele enthalten, die diesen Blumen des Bösen wie des Guten zu einem vollen Sich-Öffnen gleichsam die Erlaubnis geben, nur solche Tagebücher erringen den zumindest *menschlich* höchsten Rang; und gerade die europäische Tagebuchliteratur ist so reich, weil sie so viele Schatzkammern blühender Menschlichkeit dieser Art enthält. In ihnen wird die Grenzlage des Menschen zwischen Natur und Geist, zwischen Trieb und Vernunft, zwischen Stoff und Idee, zwischen dem Relativen und dem Absoluten zwar nicht immer ganz genau erkannt, doch meist als durchaus rätselhafte Erschütterung empfunden.

In der *„Intimität"* offenbart sich somit das *„Problematische"*, und im Problematischen meldet sich das zumindest unter Umständen existentielle Erfahren des Absoluten an. „Intim" (vom lat. intimus) heißt etwas, was am tiefsten, am innerlichsten, am geheimsten vertraut ist. Doch gehört es zum Wesen des problematischen Menschen der Moderne, daß er sein naives Vertrauen zu diesem Intimen verliert, daß es ihm fremd, ihm nicht ohne weiteres mehr annehmbar wird. So erscheint ihm gerade das Intime als „Problem" (vom griech. „problema" = Vorwurf, Vorgelegtes, Zugeschicktes), als eine Möglichkeit, die ständig zur Frage zwingt. Das Wort „problematisch" (aus grch. = mlat. problematicus) wird im Deutschen bezeichnenderweise erst vom 17. Jahrhundert an benutzt, und es benennt etwas, was fragwürdig ist und sich in einer „Krise" befindet. „Problematische Naturen" sind für Goethe Menschen, „die keiner Lage gewachsen sind, in der sie sich befinden, und denen keine genug tut. Daraus entsteht der ungeheure Widerstreit, der das Leben ohne Genuß verzehrt." Die „Heautognosie" der „modernen Hypochondristen, Humoristen und Heautontimorumenen" lehnt Goethe ab[1].

Das ist schon olympisch gedacht, denn „problematisch" war *Goethe* ja *vor* seiner Italienreise, wie man es nur sein kann, auch wenn das in seinem Tagebuch nur zeitweise (eben bis zur Zeit *nach* der Italienreise) und auch dann nur sehr abgeschirmt zum Ausdruck kommt. Doch erscheint der „dunkle, zerrissene Tag" und das „Leiden und Träumen" auch in diesen

[1] Einzelheiten. Maximen u. Reflexionen. Werke. Vollst. Ausg. letzter Hand Bd. 49, Stuttgart u. Tübingen 1833, S. 49, 79.

so nüchternen Aufzeichnungen[1]. „Ich bin nicht zu dieser Welt gemacht, wie man aus seinem Haus tritt, geht man auf lauter Koth, und weil ich mich nicht um Lumperey kümmre, nicht klatsche und solche Rapporteurs nicht halte, handle ich oft dum(m). – Viel Arbeit *in mir selbst*, zu viel Sinnens, daß Abends *mein ganzes Wesen zwischen den Augenknochen sich zusammen zu drängen scheint. Hoffnung auf Leichtigkeit* durch Gewohnheit" (Dezember 1778)[2]. „Ich muß den Zirkel, der sich in mir umdreht, *von guten und bösen Tagen* näher bemerken, *Leidenschaften, Anhänglichkeit, Trieb* dies oder jenes zu thun. Erfindung, Ausführung, Ordnung alles wechselt, und hält einen regelmäßigen Kreis, Heiterkeit, Trübe, Stärke, Elastizität, Schwäche, Gelassenheit, Begier eben so. Da ich sehr diät lebe wird der Gang nicht gestört und ich muß noch herauskriegen in welcher Zeit und Ordnung *ich mich um mich selbst bewege*" (26. März 1780)[3]. Aus dem sonst kargen Tagebuch Goethes genügen solche Stellen, um zu beweisen, wie sehr auch er ein „Problematiker" war, aber schon sehr früh in allem nach „Ordnung" strebte. Er will „über alles Herr" werden. Dazu noch die überaus bezeichnende Bemerkung zu einem allmählichen Übergang von dem „ungeheuren Widerstreit" in die *ordnende Bändigung*. „Es offenbaren sich mir neue Geheimnisse. Es wird mit mir noch bunt gehn. Ich übe mich und bereite das möglichste. In meinem iezzigen Kreis hab ich wenig, fast gar keine Hinderung außer mir. In mir noch viele. Die Menschlichen Gebrechen sind rechte Bandwürmer, man reist wohl einmal ein Stück los und der Stock bleibt immer sizzen. Ich will doch herr werden. Niemand als wer sich ganz verläugnet ist werth zu herrschen, und kan herrschen ... Das beste ist die tiefe Stille in der ich gegen die Welt lebe und wachse, und gwinne was sie mir mit Feuer und Schwert nicht nehmen können" (13. 5. 1780)[4].

[1] Sophien-Ausgabe, Goethes Tagebücher Bd. 1. Weimar 1887, S. 40.
[2] A.a.O. S. 74. (Hervorhebungen vom Verf.)
[3] Ebd. S. 112 (Hervorhebungen vom Verf.). Zu diesem Passus Näheres in den Auswertungen.
[4] Ebd. S. 117 ff. – Studien zu Goethes Tagebüchern: GERTRUD HAGER Grundform und Eigenart von Goethes Tagebüchern. Deutsche Vier-

André Gide hat in seinen Tagebüchern einmal gesagt, es habe ihn nur eine einzige Dichter-Persönlichkeit beeinflußt: Goethe. In Gides Tagebüchern findet man ein ähnliches Grundstreben, wie es in Goethes Tagesberichten, im Gegensatz zu seinen späteren *Werken*, allerdings nur angedeutet ist: eine geradezu tollkühne Hingabe an das Problematische und ein oft mystisch-religiöses Streben, es durch höhere Ordnungs-Hierarchien zu überwinden. Als Gide 1920 Notizen aus seiner Jugendzeit liest, empfindet er eine tiefe Abneigung. „Alles würde ich zerreißen, wenn ich bei dieser Lektüre nicht eine heilsame Demütigung erführe[1]." Doch bleiben ihm die Eintragungshefte bis kurz vor seinem Tode unentbehrlich, „um immer mehr" von sich „verlangen zu können[2]", um sich vor allem seiner besonders „komplizierten[3]" intimen Probleme bewußt zu werden. Gide erklärt, er habe die Gewohnheit angenommen, mit seinem Tagebuchheft zu „causieren[4]". Er weiß, daß alles wiederholte Stammeln über Unzulänglichkeiten jeder Art in diesen Blättern, sollten sie später einmal gelesen werden, ihm nur Verachtung und Feindschaft einbringen wird. Doch klammert er sich „verzweifelt" daran. Sie bilden „einen Teil seiner Geduld"; sie hindern ihn daran, „ganz zu versinken"[5]. Für einen derartigen Problematiker muß *sogar das Tagebuch* – als letzte Zuflucht – *problematisch werden.* 1920 schreibt er: „Mir scheint es, als ob dieser Spiegel mir heute mehr hinderlich als dienlich ist[6]." – „Sollte man später mein Tagebuch veröffentlichen, so fürchte ich, daß man sich daraus über mich eine ziemlich falsche Vorstellung machen wird[7]. Ich habe es während langer Jahre des Gleichgewichts, der Gesundheit, des Glückes nicht geführt; wohl aber während Zeiten der Depression; dann hatte ich es gewiß nötig, um mich wieder aufzufangen, d. h. wenn ich schmerzerfüllt erscheine, wehklagend, jämmerlich. Sobald die Sonne wieder scheint, verliere ich mich aus den Augen; ganz beschäftigen mich dann nur das Leben

teljahresschrift für Literaturwissenschaft und Geistesgeschichte, 25, 1951, S. 351–371.

[1] André Gide, Journal. Bd. 1 (1889–1939). Paris 1955, S. 684.
[2] A.a.O. S. 696. [3] Ebd. S. 36. [4] Ebd. S. 830.
[5] Ebd. S. 537. [6] Ebd. S. 681. [7] Vgl. auch Kap. I.

und die Arbeit. Mein Tagebuch spiegelt alles das gar nicht wider, sondern nur die Epochen der Verzweiflung[1]."

Hier taucht erneut das Problem der *Selbst-Deformation* durch übertriebene Selbst-Analyse auf, der übertriebenen Ehrlichkeit und der mehr oder weniger bewußten Verfälschung von Selbstporträts und Bekenntnissen in Tagebüchern. Außer Selbst-Rechtfertigung gibt es nicht nur Selbst-Beschönigung, sondern auch eine Art von masochistischer Selbst-Verschlechterung, die nicht nur bei Gide zu erkennen ist. In seinen brillant-nüchternen, ebenso aggressiven wie intelligenten Tagebüchern (Log-Books), ganz im Stile der Pepys und Boswell, schreibt *Lord Byron* am 6. Dezember 1813: „I fear one lies more to one's self than to anyone else[2]." Fünfundfünfzig Jahre später faßt der junge *Nietzsche*, Student in Leipzig, unter dem Thema

„Selbstbeobachtung"

einige Aphorismen zusammen:

„Sie betrügt.

Erkenne Dich Selbst.

Durch Handeln, nicht durch Betrachten.

Die sich an einem Ideale messen, lernen sich nicht kennen außer in ihren Schwächen. Aber auch deren Grade sind ihnen unbekannt.

Das Beobachten hemmt die Energie: es zersetzt und zerbröckelt.

Der *Instinkt* ist das Beste.

Die Selbstbeobacht. eine Waffe gegen fremde Einflüsse.

Die Selbstbe. Als Entwicklungskrankheit.

Unsere Taten müssen unbewußt geschehen[3]."

[1] A.a.O. S. 782.

[2] The Letters and Journals of Lord Byron with notices of his life. By Thomas Moore. In 6 vol. New ed. London 1854, Bd. 2 S. 294. Vgl. Textteil. Doch schafft das „Journalisieren" (Byron benutzt das Verbum „journalise") stets „Erleichterung".

[3] Friedrich Nietzsche, Philologisches und Philosophisches (Frühjahr – Herbst 1868). Werke und Briefe, histor.-krit. Gesamtausg. Werke Bd. 4. Hrsg. von H. J. Mette u. K. Schlechta. München 1937, S. 126. (Hervorhebung vom Verf.) Zweifellos unter dem Einfluß Hegels, doch schon unter dem neuen Aspekt: nicht des „Gei-

Zurück zu André Gide! Auch sein Tagebuch spiegelt keineswegs nur „Epochen der Verzweiflung" wider! Es gleicht in seinem wesentlichen Duktus alle Lebensstimmungen und alle Ich-Erfahrungen aus. Insofern „lügt" Gide auch, wenn er sein eigenes Tagebuch so pessimistisch beurteilt. Doch lügt er vor allem deswegen, weil er immer wieder erkennen mußte – en relisant son journal –, daß in der Selbstdarstellung und in der Selbstreflexion alles stimmen und gleichwohl nichts stimmen kann. Gerade damit wird ein Ausgleich von Objekt und Subjekt erreicht, oder doch fast erreicht. Trotz grauenhaften Zwiespältigkeiten erscheint das Tagebuch Gides als das in einem tieferen Sinne stets ausgleichende Diarium eines *modernen* Europäers von höchstem Rang. Es ist das echte Tagebuch eines *rationalistischen* Problematikers und problematischen *Irrationalisten,* ein Register von sorgfältig dosierten Berichten über teilweise abstoßende „Intimitäten" und muß, wenn das Streben nach *Ausgleich* aller Ich-Bezüge und Seins-Verhältnisse noch als europäisch bezeichnet werden kann, als das wohl vollkommenste Diarium eines herausfordernd zeitgenössischen Humanisten angesehen werden[1].

Was vereint es nicht alles! Die Verzweiflung im Laster, im

stes", sondern des „*Instinkts*". Hier sei nochmals an Hegels „Ästhetik" (a.a.O.) erinnert. Hegels Kritik an der „bloß subjektiven Auffassung" von Kunst kann auf die extreme Selbstanalyse bezogen werden, wenn es heißt: „Die bloß subjektive Auffassung geht in ihrer extremen Einseitigkeit bis dahin fort, die objektive Gestalt der Vergangenheit ganz aufzuheben und die Erscheinungsweise der Gegenwart allein an die Stelle zu setzen" (S. 277). Zugleich eine geniale Vorwegnahme gültiger Kritik an der „Nouvelle Vague" im französischen Film und Roman nach 1955 und entsprechenden Derivaten nach 1960 scheint die Ausführung Hegels zu der „dritten Weise der Subjektivität" zu sein. In dieser Kunstauffassung nämlich wird „dem Publikum nur dessen eigene zufällige Subjektivität, wie sie geht und steht, in ihrem gewöhnlichen gegenwärtigen Tun und Treiben vorgeführt. Diese Subjektivität heißt alsdann nichts anderes als die eigentümliche Weise des alltäglichen Bewußtseins im prosaischen Leben" (S. 279).

[1] Vgl. Max Scheler, Der Mensch im Weltalter des Ausgleichs. Politische Wissenschaften, H. 8, Berlin 1929, S. 31–63, sowie das Ende von Kap. IV und die Auswertungen.

Wahn; die Bedenken über die Verführung des „amoralischen" Satanismus; die Süße der Todessehnsucht und einen brutalen Lebenswillen; die Verliebtheit in sich und den Haß für sich; die Verachtung des Nächsten und die Hilfsbereitschaft für alles, was Menschenantlitz trägt; das Verlangen nach Gott und den häufigen Mangel an Durst nach ihm; das Streben nach Gerechtigkeit und das Schaudern vor dem eigenen Geiz; die Gier nach sinnlichem Genuß und den Traum von asketischer Spiritualität; das Baden unter der Luxus-Sonne eines glühenden Dandy-Ichs und die Verachtung der eigenen Eitelkeit; den Wunsch nach politischer Freiheit und das Lob der kommunistischen Diktatur – mit baldiger Konversion in die humanistische und christliche Liberalität Europas; das bewußte und seltsam sorgfältige Hin und Her, das stets von einem sich selbst prüfenden Intellekt beherrscht wird . . .

Alles das findet man in den diaristischen Spannungsfeldern dieses französischen Protestanten. Es brauchte eine gewisse Zeit, bis man begriff, daß diese kalt-glühenden Enthüllungen von einem ebenso heiß-kühlen Wunsch nach höchster *Reinheit* angeregt waren. Außerdem liegt der Reichtum des Gideschen „Journals" darin, wie wir schon andeuteten, daß er im Sinne der zitierten Hegel-Worte *nicht nur* „in der steten Bezogenheit auf seine eigene subjektive Persönlichkeit" gelebt hat. Er verfiel daher nicht der „Leerheit bloßer Einbildungen". Er nahm ständig auch Welt, Außenwelt, auf und stellte so das Gleichgewicht von Ich und Welt wieder her, wenn auch sicherlich nur ein problematisches Equilibrium, einen Ausgleich ohne wirklich feste Stützpunkte in der Erde und ohne sichere Haltepunkte im Überirdischen. Dennoch suchte der amoralische Chaotiker stets einen moralischen Kosmos[1].

[1] Darstellungen über Gides Tagebücher überwiegen allmählich die Sekundärliteratur über sein dichterisches Werk. Analysen und Schilderungen bewegen sich meist zwischen bloßem Lobpreis und bloßer Ablehnung. Genannt seien hier, außer Michèle Leleu a.a.O.: Maria Alabardo, André Gide et son Journal. Diss. Groningen, 1942; Klaus Mann, André Gides Journal (1889–1939), in: Maß und Wert, Jg. 3, H. 2, Zürich 1940, S. 255–264; Hans Henneckes Besprechung der Tagebücher von Kafka, Musil, Gide, Connolly in: Kritik. Ges. Essays zur modernen Literatur. Gütersloh 1958, S. 202–230. Ferner die

André Gide hat den *menschlichen* Ausgleich von Ich und Welt in der Selbstbeobachtung angestrebt. Ein Größerer als er, ein echter Homo religiosus, hat in seinen, allerdings fast ebenso widerspruchsvollen, Tagebüchern den Ausgleich von Ich und Gott in einer ganz anderen Art von Selbst-Reflexion gesucht: *Sören Kierkegaard!* Damit lenken wir den Blick auf andere Hintergründe der introspektiven Diaristik[2].

Diss. von A. Gräser a.a.O., G. Gusdorf a.a.O. und P. Mansell Jones a.a.O.

[2] Auf Kierkegaards religiöse und philosophische Bedeutung in bezug auf seine Tagebücher wird in späteren Kapiteln immer wieder hingewiesen werden. Vgl. auch Textteil.

KAPITEL IV

Liebe, Erotik, Sexualität

1. Ideal, Angst und Versagen

Das fiktive „Tagebuch des Verführers" von Kierkegaard könnte man geradezu als eine Abhandlung über die „Stadien des Mittelbar-Erotischen oder des Dichterisch-Erotischen" ansehen. Große „erotische Gestalten", wie Faust und Don Juan, tauchen auch in seinen echten Tagebüchern immer wieder auf. Sie erscheinen ihm als „Repräsentanten des Lebens außerhalb der Religion". Sie sind „negative Heilige". Insofern sind Kierkegaards Tagebücher bis heute die reichste Quelle geblieben für die Grundprobleme der „Liebe" in allen ihren Schattierungen, Verkleidungen und Verfälschungen im Vorhof des Religiösen. Sein „Tagebuch des Verführers" steht als „eine ästhetisch-moralische Teufelei sublimster Art" zwischen den „Liaisons dangereuses", dem „Lovell", den „Elixieren des Teufels", den „Fleurs du Mal" und dem „Dorian Gray"[1]. Hier bilden Romantik und Satanismus in den Hintergründen der intimsten Seelen- und Lebensregungen eine Einheit. Bei Kierkegaard jedoch wird dieses satanische „Stadium" in einer „Religion der Tat" überwunden, die dann das Zentralthema seiner anderen Werke und vor allem seines „echten" Tagebuchs ist[2]. „Das verborgene Leben der Liebe ist im Innersten unergründlich und in einem unergründlichen Zusammenhang mit dem ganzen Dasein. Wie der stille See tief in den verborgenen Quellen seinen Grund hat, die kein Auge sah, so hat die Liebe des Menschen ihren noch tieferen Grund in Gottes Liebe. Wenn in der Tiefe keine Quelle wäre, wenn Gott nicht die Liebe wäre, dann wäre weder der kleine See noch die Liebe des Menschen. Wie

[1] Rehm a.a.O. S. 117.

[2] Zu anderen Motiven in den Tagebüchern Kierkegaards später mehr. Ausgaben der Tagebücher Kierkegaards: Die Tagebücher, 2 Bde., ausgew. und übers. von Theodor Haecker. Innsbruck 1923, 4. Aufl. München 1953. Christentum und Christenheit – aus K.s Tagebüchern ausgew. und übers. von Eva Schlechta. München 1957.

der stille See seinen dunkeln Grund in der tiefen Quelle hat, so hat die Liebe eines Menschen ihren rätselhaften Grund in Gottes Liebe[1]."

Das „verborgene Leben der Liebe" aber, die Spannungen zwischen Erotik und Sexualität, gehören schon früh, seit der Bekenntnisliteratur vor Augustin, zu den stets wiederkehrenden Urmotiven europäischer Diarien. Wir wollen diesmal jedoch vom 20. Jahrhundert auf entsprechende Konflikte der Vergangenheit zurückführen und eines der eindringlichsten Diarien unserer Zeit erneut aufschlagen: das Tagebuch von Franz Kafka. Auf diese Weise werden wir auch weitere Beispiele für den Dialog von Tagebuchschreibern untereinander gewinnen, geradezu Beweise für die geistige Kommunikation Europas in seiner Diaristik von Rang.

In Kafkas Tagebuch findet man eine angespannte Auseinandersetzung mit Kierkegaard. Lasterhafte Vorstellungen quälen auch Kafka, doch bleibt für ihn ebenfalls die „Askese" das höchste Ziel. Sie erlaubt ihm die Flucht vor dem „Konkreten". Dabei sind seine erotischen, besser seine sexuellen Träume voll von breughelhaften Fratzen und Landschaften. Am 9. Oktober 1911 zeichnet Kafka einen Bordell-Traum auf: „Ich hatte hauptsächlich mit der Dirne zu tun, deren Kopf hinabhing, Max mit der links neben ihr liegenden. Ich betastete ihre Beine und blieb dann dabei, ihre Oberschenkel regelmässig zu drükken. Mein Vergnügen dabei war so groß, daß ich mich wunderte, daß man für diese Unterhaltung, welche doch gerade die schönste war, noch nichts zahlen müsse. Ich war überzeugt, daß ich (und ich allein) die Welt betrüge. Dann erhob die Dirne bei ruhenden Beinen ihren Oberleib und wandte mir den Rücken zu, der zu meinem Schrecken mit großen siegellackroten Kreisen mit erblassenden Rändern und dazwischen versprengten roten Spritzern bedeckt war. Jetzt bemerkte ich, daß ihr ganzer Körper davon voll war, daß ich meinen Daumen auf ihren Schenkeln in solchen Flecken hielt und daß auch auf meinen Fingern diese roten Partikelchen wie von einem zerschlagenen Siegel lagen[2]."

[1] Religion der Tat – sein Werk in Auswahl. Hrsg. v. EDUARD GEISMAR. Leipzig 1930, S. 160.

[2] Tagebücher, S. 91 f.

Später, am 19. November 1913, scheint er diesen Traum verwirklichen zu wollen: „Ich gehe absichtlich durch die Gassen, wo Dirnen sind. Das Vorübergehen an ihnen reizt mich, diese ferne, aber immerhin bestehende Möglichkeit, mit einer zu gehn. Ist das Gemeinheit? Ich weiß aber nichts Besseres und das Ausführen dessen scheint mir im Grunde unschuldig und macht mir fast keine Reue. Ich will nur die dicken älteren, mit veralteten, aber gewissermaßen durch verschiedene Behänge üppigen Kleidern. Eine Frau kennt mich wahrscheinlich schon. Ich traf sie heute nachmittag, sie war noch nicht in Berufskleidung, die Haare lagen noch am Kopf an, sie hatte keinen Hut, eine Arbeitsbluse wie Köchinnen, und trug irgendeinen Ballen, vielleicht zur Wäscherin. Kein Mensch hätte etwas Reizendes an ihr gefunden, nur ich. Wir sahen einander flüchtig an. Jetzt abends, es ist inzwischen kalt geworden, sah ich sie in einem anliegenden, gelblich braunen Mantel auf der anderen Seite der engen, von der Zeltnergasse abzweigenden Gasse, wo sie ihre Promenade hat. Ich sah zweimal nach ihr zurück, sie faßte auch den Blick, aber dann lief ich ihr eigentlich davon[1]."
Doch meint Kafka ein paar Monate vorher, am 14. August 1913, aus sicherer Gewißheit, daß die „Verwirklichung" der Liebe ihn nicht erfüllen kann: „Ich habe sie lieb, soweit ich dessen fähig bin, *aber die Liebe liegt zum Ersticken begraben unter Angst und Selbstvorwürfen.*" – „Der Coitus als *Bestrafung des Glückes* des Beisammenseins. Möglichst asketisch leben, asketischer als ein Junggeselle, das ist die einzige Möglichkeit für mich, die Ehe zu ertragen. Aber sie[2]?"
Zu Beziehungen von Tagebüchern zu Tagebüchern, im Hinblick auf unser Thema und auf Kafka, nun ein Beispiel aus einem anderen Tagebuch unserer Zeit, aus dem „Diario Romano" des italienischen Romanciers und Verfassers des Romans „Bell-Antonio", Vitaliano Brancati[3]. Im Juni 1953 no-

[1] A.a.O. S. 330.
[2] Ebd. S. 315. Zu beachten ist die Ähnlichkeit des Konflikts von Kierkegaard in bezug auf seine Braut, Regina Olsen. Zum Askese-Ideal des introvertierten Tagebuchschreibers vgl. auch Beispiele aus Amiel im Textteil. Zu Novalis im übernächsten Abschnitt dieses Kapitels.
[3] Mailand 1961.

tiert er: „Ich lese das Tagebuch von Kafka, in einer französischen Übersetzung. Eine Eintragung vom 29. September 1911 fällt mir auf: Goethes Tagebücher. – Ein Mensch, der kein Tagebuch hat, ist einem Tagebuch gegenüber in einer falschen Position. Wenn er z. B. in Goethes Tagebüchern liest: ‚11. 1. 1797. Den ganzen Tag zu Hause mit verschiedenen Anordnungen beschäftigt', so scheint es ihm, er selbst hätte noch niemals an einem Tag so wenig gemacht." Dann vergleicht Brancati Tagebucheintragungen von Kafka mit solchen Stendhals. „Was das Bett für Kafka und was es hingegen für Stendhal bedeutet hat, kann man erkennen, wenn man folgende beide Tage konfrontiert, die hundert Jahre auseinander liegen:

1. Kafka (am 2. 10. 1911):
„Eine schreckliche Erscheinung war heute in der Nacht ein blindes Kind, scheinbar die Tochter meiner Leitmeritzer Tante . . ."

2. Stendhal (am 20. März 1811):
„Ich lag mit Angelina im Bett. Die Kanonen weckten sie um zehn. Es war der dritte Abschuß. Wir zählten mit Freuden zweiundzwanzig . . . Man kündete die Geburt des Königs von Rom an . . .[1]"

Am 18. Dezember 1922 schreibt Kafka auf: „Die ganze Zeit über im Bett. Gestern ‚Entweder-Oder'[2]."

Auch Cesare Pavese zeigt sich, wie wir schon ausführten, in seinem Tagebuch mit Kierkegaard vertraut. Doch kann er – im Gegensatz zu Kierkegaard oder Kafka – weder „verzichten", noch „sublimieren". Er verharrt in einem lähmenden Grenzbezirk zwischen „freier" Sexualität und „idealer" Liebe; auf höherer Ebene zwischen Eros und Agape; auf literarischer Ebene zwischen Stendhal und Kafka. Pavese versagt in der Säkularisierung und in der Sublimierung des Eros. Im neuen Realismus „fortgeschrittener Schulen" findet er dafür Gründe, die er nicht verschweigen kann und nicht unterschlagen will. Am 27. September 1937 schreibt Pavese: „Warum sind die Frauen immer bitter gewesen wie der Tod, lasterhaft und falsch (Dalila usw.)?" „In Wahrheit nur aus einem Grunde: Der

[1] A.a.O. S. 372. [2] Tagebücher, S. 584.

Mann ejakuliert immer – wenn er kein Eunuch ist – mit jeder beliebigen Frau, während Frauen selten zum befreienden Genuß gelangen und nicht mit allen und oft nicht einmal mit dem Angebeteten – eben weil er angebetet wird –; aber wenn sie ihn (den Genuß) einmal erlangen, so denken sie nur noch daran. Für diese legitime Sucht sind sie bereit, jede Schändlichkeit zu begehen. Sie *müssen* sie begehen. Das gehört zu den tragischen Grundlagen des Lebens. Ein Mann, der zu rasch ejakuliert, sollte lieber nicht geboren sein. *Das ist ein Fehler,* der gewichtig genug ist, um sich das Leben zu nehmen[1]."
Damit legt Pavese in einem Tagebuch, das erotische Probleme auch im Sinne von sexuellen Realitäten nimmt, seine Achillesferse bloß: seine Unfähigkeit (nicht Impotenz) zu einem „normalen", beglückenden erotisch-sexuellen Genuß. Hier ist eine Ursache für Paveses Kontaktarmut, für seinen Lebensekel und sein Versagen im „Handwerk des Lebens" zu finden. Zum Scheitern im Geiste kommt das Versagen in physiologicis. „Die großen Dichter sind selten wie die großen Liebenden. Es genügen weder Wunsch, Wildheit, noch Traum; es braucht Besseres: harte Hoden. Was man auch den olympischen Blick nennt[2]."

„In der Liebe zählt nur eins: die Frau im Bett und zu Hause haben: alles andere sind Mätzchen, schmutzige Mätzchen[3]." Für Pavese gibt es einen Beweis dafür, daß das Leben ein Kampf ums Dasein ist: die sexuellen Beziehungen zwischen Mann und Frau. Trotz allen Ritter-Idealen, trotz allen sonstigen gesellschaftlichen Konformismen bleibt es, seiner Meinung nach, „sakrosankt", daß man denjenigen ablehnt, der das erwünschte und befreiende Vergnügen nicht geben kann. Der Liebesakt stellt sich als die „zentrale Aktivität des Lebens" dar. In diesem Lebensbereich gibt es keine „Nächstenliebe" mehr. Selbst wenn wir Heilige sind, verletzt und ekelt uns das Wissen, daß andere „schlüsseln"[4]. „Wenn das ‚chiavare' nicht das Wichtigste im Leben wäre, würde nicht schon die Genesis

[1] A.a.O. S. 61. [2] Ebd. S. 64.

[3] Ebd. S. 69. („Mätzchen" im ursprünglichen Sinne, d. h. als Abkürzung für Mathias-Martin, dann für einen dummen oder weibischen Mann.)

[4] Ebd. S. 76.

davon anfangen[1]." Für einen durchaus normal potenten, aber in seiner Ars amandi unfähigen Menschen von der Sensibilität Paveses muß eine derartige Verwechslung von vitalistischer Liebe (Sexus), beziehungsweise sogar von „zärtlicher" Liebe (Eros), und geistiger, persongebundener Liebe (Agape) verhängnisvolle Folgen haben[2]. Weiberhaß und Selbstzerstörungssucht sind die Folgen, auch wenn rein intellektuell alle Erlösungsmöglichkeiten erkannt werden. Es ergibt sich eine gespaltene Manie des Vollkommenheitsstrebens: im Geistigen und im Körperlichen. „Zwei Dinge interessieren dich: die Technik der Liebe und die Technik der Kunst[3]." So eingeschränkt muß *jedes* Bemühen zur Verzweiflung führen: „Die Einsamkeit ist Schmerz – die Paarung ist Schmerz – die Vermassung ist Schmerz – der Tod ist das Ende von allem[4]."

Vor dem letzten Scheitern werden jedoch in dieser ebenso elementaren wie dramatischen Auseinandersetzung mit einer physischen und psychischen Unzulänglichkeit immer wieder Auswege gesucht, um in diesem nur noch sexuellen „Kampf ums Dasein" bestehen zu können: „Warum haben fast alle an einer Liebesenttäuschung gelitten? Weil die Liebe, in die sie sich mit solchem Ungestüm stürzten, sie verraten mußte – dem Gesetze zufolge, daß man nur das erhält, was man mit Gleichgültigkeit fordert[5]." Tage später, am 23. Februar 1938, führt Pavese das Thema weiter: „Um tragische Liebe zu erlangen, braucht man Schläue. Indes sind es gerade die der Schlauheit Unfähigen, die nach tragischer Liebe dürsten[6]". Und doch ist hin und wieder ein Ausweg offen. Am 27. Oktober 1938 notiert Pavese den einen Satz nur: „Es ist möglich, nicht an die Frau zu denken, wie man nicht an den Tod denkt[7]." Meist ist Pavese dazu nicht fähig[8]. Wenn er liebt, denkt er an den Tod, und wenn er Todes-

[1] Ebd. S. 79.

[2] Zum Gegensatz Eros und Agape vgl. ERICH PRZYWARA, Demut, Geduld, Liebe – die drei christlichen Tugenden. Düsseldorf 1960, und LASZLO GRÜNHUT, Eros und Agape. Leipzig 1931.

[3] Ebd. S. 83. [4] Ebd. S. 91. [5] Ebd. S. 101.

[6] Ebd. [7] Ebd. S. 134.

[8] Nach der Hochzeitsnacht mit Marie-Antoinette trägt der jahrelang impotente König Ludwig XVI. am 16. Mai 1770 in sein Tagebuch ein: „Rien." Vgl. Bibliographie.

angst hat, quälen ihn Vorstellungen über die Liebe. Schließlich erscheint ihm, wie wir wissen, der Tod begehrenswerter als die Liebe, so wie er sie verstand und so wie er sie, trotz allem theoretischen Wissen über die Liebe, offenbar nicht anders verstehen konnte. „Das Spiel des Fleisches kann der Lüge nicht entbehren[1]." Man darf keine Illusionen haben. „Mangiare und chiavare sind im Grunde das gleiche[2]." Am Ende indes doch noch einmal das große neue und letzte Liebes-„Zittern" im Frühjahr 1950. Der „epochale Wendepunkt", die „unglaublich ruhige Hoffnung"[3]. Die erste Liebesnacht am 16. März: „Der Schritt war schrecklich, aber er ist geschehen. Ihre unglaubliche Süßigkeit, Worte der Hoffnung. Darling, Lächeln, ihre lange und wiederholte Freude, bei mir zu sein. Die Nächte in Turin, die Nächte in Cervinia. Ein Mädchen ist sie, ein normales Mädchen. Und doch ist sie – schrecklich. Aus der Tiefe des Herzens gesagt: so viel habe ich nicht verdient." Dann reist die Geliebte ab und kehrt nicht mehr zurück. Das Ende in diesem Tagebuch der Liebe zum Tode ist uns bekannt[4]. Goethe ließ den Werther *für sich* scheiden. Lord Byron aber schreibt in seinem Tagebuch, er sei ein „ennuyé", und es sei die „Gesellschaft" nicht lebenswert, jedoch – „I am too lazy to shoot myself[5]."

[1] Ebd. S. 324. [2] Ebd. S. 386. [3] Ebd. S. 398.
[4] Ebd. S. 298.
[5] Zur Psychologie der Liebes-„Störungen" vgl. Ernst Speer, Die Liebesfähigkeit (Kontaktpsychologie). München 1935. Zu tiefenpsychologischen, pädagogischen und philosophischen Problemen: Hermann Nohl, Charakter und Schicksal – eine pädagogische Menschenkunde. Frankfurt 1938. Zur psychoanalytischen Darstellung des Narzißmus: Sigmund Freud, Zur Einführung des Narzißmus (Gesammelte Werke in 18 Bdn., London 1955, 3. Aufl. Bd. 10); Die Libidotheorie und der Narzißmus (Bd. 11). Ebenfalls aufschlußreich für diesen Zusammenhang: Freud, Das Unbehagen in der

In Zeiten eines allzu theoretischen Idealismus oder eines moralistisch engen Puritanismus werden vor allem jugendliche Tagebuchschreiber zu einer Rebellion gegen Familie und Gesellschaft veranlaßt. Meist handelt es sich um ganz normale Triebbekundungen, die durch Tabus der Umwelt gehemmt werden. Die Anklagen richten sich dann natürlich auch gegen das eigene Ich, denn gerade in späteren pubertativen Phasen möchte der junge Mensch auch vor sich selbst nicht zu den „Schweinen in der Herde des Epikur" gezählt werden. Der Pharaonismus der Ich-Steigerung kann sich dann mit dem Titanismus der Widerstandsüberwindung und mit dem Satanismus einer amoralischen, nihilistischen Lebenslehre verbinden. Dafür bieten vor allem die Tagebücher von Wilhelm Waiblinger (1804–1830), von Charles Baudelaire (1821–1867) und von Georg Heym (1887–1912) erschütternde Beispiele[1].

Das Tagebuch des Dichters Waiblinger umfaßt die Zeit von *1821–1826*. Es ist wohl das hemmungsloseste Jugendtagebuch der deutschen Sprache[2], ähnlich selbstbewußt aufbegehrend wie die Jugendbriefe Goethes. Leiden von Kindheit an und früher Tod bestimmen das Leben dieses ebenso hektisch-tollen wie selbstkritisch-verbissenen Stürmers und Drängers. Ob es sich bei seinen eloquenten Verurteilungen des eigenen Ichs um echte Anwandlungen der Reue (contritio) handelt oder mehr um Provokation, um „satanische" Selbsterhöhung im Sich-selbst-

Kultur (Ges. Werke Bd. 14); GEORG GRODDECK, Das Buch vom Es. Wiesbaden 1961; Festschrift zum 60. Geburtstag von C. G. JUNG, Die kulturelle Bedeutung der komplexen Psychologie. Berlin 1935. Zur Psychologie der verschiedenen Tagebuch-„Typen": MICHÈLE LELEU a.a.O.

[1] Ähnliche Züge haben stellenweise auch die schon genannten Tagebücher von TOMMASEO und BARBELLION. – Zum pädagogischen Problem der Pubertät vgl. H. NOHL a.a.O. Zur „Morphologie der Kulturpubertät" vgl. HANS HEINRICH MUCHOW, Jugend und Zeitgeist. Hamburg 1962.

[2] WILHELM WAIBLINGER, Die Tagebücher (1821–1826). In Zsarbt. mit E. BREITMEYER hrsg. v. HERBERT MEYER (Veröff. d. Dt. Schillergesellschaft, 22). Stutgart 1956.

Verdammen, das bleibt hier wie bei den meisten Tagebüchern dieser Art ein Problem. Jede Art von Widerstand gibt diesem genialischen Sohn eines Kammersekretärs aus Heilbronn Anlaß zu zornigem Protest. Doch muß man das Toben Waiblingers gegen die Hindernisse in bezug auf seine sexuelle Freiheit als Protestkundgebung gegen eigene Hemmungen wie gegen äußere Pharisäismen ansehen. Leiden am Ich, an seiner Familie und seiner Erziehung, an seinen Freunden, seiner literarischen Unzulänglichkeit, an jeder Art von Ordnung, ob Gesellschaft, Staat oder Religion, kurz, das Leiden an seiner Umwelt, die ihn an der *normalen*, freien Glückserfüllung hindert, lassen im Tagebuch Waiblingers ein enges Geflecht von aufbäumendem Zorn und Revolte entstehen. Schwarzer Hymnus des Sturm und Drangs! Man wird ihn richtig nur mit dem Maß des *literarischen* Titanismus messen können. Im Drang nach Freiheit in eroticis wird eine pseudo-schöpferische Hybris entfesselt. Alle Widerstände, insbesondere moralische Vorschriften, werden als *unberechtigt* aufgerichtete Hindernisse empfunden. „Mein Ausspruch", so schreibt Waiblinger: „Whatever is, is right; ich bin Fatalist; . . . Ich habe mich in ein bestimmtes Verhältnis zu der Welt gesetzt; es gilt, entweder ich, oder sie, entweder Sieg oder Sclaverey – Kein Mittel soll mir mehr zu klein seyn, meine Zwecke zu erreichen . . . Ich glaube, eine eigene Poesie errungen zu haben, sie ist in einer düsteren schwarzen Schule erzogen, im Feuer geboren, oder eigentlich in der Hölle, und wird doch vielleicht ein Kind des Himmels. All mein Wesen strengt sich zu diesem Werke an; es wird mein litterarisches Leben entscheiden. Dieses schrieb ich d. 18. Nov. 1825, mög ich es in spätern Jahren noch wahr finden[1]!"

In jenen Jahren raste Waiblingers „trunkene" Feder in besonders heftiger Weise über seine Tagebuchseiten – fast im Stile der späteren zornigen jungen Männer Europas: „Die Kritik der reinen Vernunft geht darauf hinaus, zu beweisen, daß synthetische Sätze a priori möglich seyen. Ach! Ein Mädchen an Lippen und Busen wäre mir lieber, als Analytik und Dialectik, lieber als Universität und Vikariat und Pfarramt. Da würd ich erwarmen, die Bücher lassen mich kalt. Da würd ich kräftig

[1] A.a.O. S. 315 f.

und stark werden und Lebensfülle saugen aus ihrem Kusse, aus ihrem wallenden Busen, aus ihrem Wollustschooße[1]." „Mich treibts oft furchtbar-gewaltsam, alle Verhältnisse zu brechen! Da wär ich frey! wär ich thätig! Wär ich rege[2]." „Durch einen Gewaltstreich, durch eine wilde Tat der Verzweiflung muß ich dem dumpfen Streben, dem verglühenden Sehnen ein Ende machen. Ich muß frisch werden, mich toben lassen. Tübingen und die Universität eckelt mich an. Das stillt nicht, das befriedigt nicht! O könnt ich hinausziehen durch alle Länder und Meere, das Wesen zu suchen, das mich liebt, das mein ist, das ich will! Es ist nicht mehr die Person in diesem zarten Mädchen, die ich liebe, *es ist die Liebe selbst*[3]." „Heute früh (26. März 1822) verließ ich Stuttgart. Von Matthisson, Haug, Weisser, Schwab hatt ich gar nicht Abschied genommen. Uhland, Boisseree hatt ich nicht einmal besucht. Wilde ausschweifende Plane zur Befreyung aus dem beschränkenden Studium der Theologie, Fantasien, rasender Drang in die weite Welt, zerreißender Schmerz meines Verlustes, meines Glühens, meines Sehnens, o was stürmte nicht betäubend durch meinen wogenden Busen! Die warme Sonne erfreute mich noch. Überall, wohin ich kam, ward ich angestarrt, wie ein Ungeheuer. Meine Haare waren zu wilden langen Locken angewachsen, hiengen flatternd über den Rücken. In Urach blieb ich nur wenige Stunden! Um 8 Uhr gieng ich noch bis Münsingen. Der Mond hieng, wie ein Auge, über den hellen weißen Riesenstirnen der titanischen Felsen; rauschende Bäche wälzten sich tobend durch gähnende Schluchten, fürchterliche Schatten lagen über dem engen felsumragten Thale. Da ward mir recht wohl wieder, ich fühlte mich ruhiger werden. Die Natur, die Riesin, hatte mich aufgenommen[4]."
Waiblinger fand seine Erlösung weder in der Natur noch im Traum-Griechenland Byrons und Hölderlins. Im Jahre 1826 reiste er nach Rom. Er verkehrte dort mit Bunsen, mit Thorwaldsen, J. A. Koch und Platen, doch waren es Hunger- und Trinkerjahre, in denen er rasch verfiel. Mit der Römerin Nina Carlenzo lebte er in freier Ehe. Sein Witz, sein Geist, seine Trinkfestigkeit waren in der deutschen Kolonie Roms berühmt.

[1] Ebd. S. 263. [2] Ebd. S. 271. [3] Ebd. S. 272.
[4] Ebd. S. 273. Weitere Beispiele im Textteil.

Schon 1830 starb er, durch Ausschweifungen geschwächt, an den Folgen einer Lungenentzündung am 17. Januar in Rom: fünfundzwanzig Jahre alt. Begraben wurde er – wie Keats – auf dem „akatholischen" Friedhof an der Cestius-Pyramide. In der Ewigen Stadt erinnert noch eine Gedenktafel an seinen Namen.

Charles Baudelaire (1821–1867) hat den Naturmythos Rousseaus und den Griechentraum Byrons ebenfalls rasch „überwunden". Vor allem in seinen Tagebüchern „Fusées" und „Mon Coeur mis à nu" *(1855–1866)* kündet er von der freien Liebe im Bösen, von der schöpferischen Verdammnis der satanischen Liebe[1]. Zorn und Empörung gegen die Welt sind die Folgen, wie bei dem von ihm verehrten Marquis de Sade[2]. Baudelaires „schrecklichstes Merkmal seiner Originalität" ist sein Haß gegen das Leben. Wenn die Liebe „satanisch" wird, so muß dieser Haß auf das Leben zu einem Liebeshaß gegen das Weib werden, das sich für Baudelaire, um Leben zu schenken, stets „prostituiert"[3]. Der Protest aus der Verabsolutierung des Erotischen, ja der perversen, weil erst dann angeblich freien, nicht naturgebundenen, allein zweckgerichteten Sexualität, wird zu einem Aufstand gegen die Welt und gegen Gott. Dabei bleibt aber das Religiöse, besser *Gott in seiner Rätselhaftigkeit*, stets ein Mysterium, um das sich Baudelaire bis zu seinem Tod bemüht hat[4]. Das muß, um Mißverständnisse zu

[1] Oeuvres Complètes. Paris 1958. Dt. Übers. der Tagebücher „Raketen" und „Mein entblößtes Herz" von Friedhelm Kemp. München 1946. Daraus wird nachfolgend zitiert.

[2] Vgl. Geoffrey Gorer, Marquis de Sade. Schicksal und Gedanke. Wiesbaden 1959. Sades vierbändiges „Portefeuille d'un Homme de Lettres" hat tagebuchartigen Charakter, doch die „Form einer Korrespondenz zwischen einem Pariser und zwei jungen Damen der Provinz". Ein Tagebuch von Sade aus den Jahren 1777–1790 ist noch verschollen. „Fände man es, hätte man vermutlich eins der außergewöhnlichsten Dokumente menschlichen Daseins überhaupt." Gorer S. 81–82. Über die Problematik des erotischen Satanismus ebd. S. 212 f.

[3] Kemp a.a.O. S. XXX.

[4] Er starb in einem Brüsseler Krankenhaus an einer schweren Geschlechtskrankheit.

vermeiden, stark unterstrichen werden, wie es Friedhelm Kemp in seinem Vorwort zur deutschen Ausgabe der explosiven Tagebücher Baudelaires in so vorbildlicher Weise getan hat. Baudelaire, ja selbst Sade, stehen noch in einem unmittelbaren Verhältnis zu den Mysterien. Mit der theologischen oder mythosophischen Insuffizienz der meisten zeitgenössischen Zorn-Literatur haben sie also nicht das mindeste zu tun. Sogar Gottfried Benn, den ebenso wie Baudelaire heute so viele Epigonen des „Fin-de-siècle"-Satanismus nachahmen (meist aus kommerziellen Gründen) blieb, selbst in seinen radikalen Reduzierungen auch des Erotischen, dem Numinosen in steter Auseinandersetzung leidenschaftlich verbunden[1].

Über das Tagebuch „Mein entblößtes Herz" schrieb Baudelaire am 5. Juni 1863 an seine Mutter: „Dieses Buch, von dem ich immer träume, wird ein Buch des Grolles und der Rachsucht sein. Ich will meine wirkliche Begabung zur Unverschämtheit gegen das ganze Frankreich kehren. Ich habe ein Bedürfnis nach Rache wie ein ermüdeter Mensch nach einem Bade." Kurz vor seinem plötzlichen Zusammenbruch (im März 1866), der ihn halbseitig lähmte und fast völlig der Sprache beraubte, schrieb er noch einmal von seinem Wunsch, seinem Haß Ausdruck geben zu können. Es ist ein Brief vom 23. Dezember 1865: „Ich werde meinem Zorn in entsetzlichen Büchern Luft machen. Ich möchte das ganze menschliche Geschlecht gegen mich aufbringen. Dies würde mir einen Genuß bereiten, der mich über alles trösten könnte[2]." Doch bis zu seinem Tod am

[1] Unsere Bemerkung über die heutige Literatur des Zorns soll keineswegs die Berechtigung dieser Proteste leugnen. Sie deutet nur an, daß diese „Explosionen" mehr an die Benzinflaschen- und Plastikbomben-Attentate der „Zornigen" des politischen Irrationalismus erinnern.

[2] Kemp a.a.O. XLIII f. Kemp erinnert an dieser Stelle an einen Brief Dostojewskijs vom November 1880, drei Monate vor seinem Tode, um „den ganzen Abstand zu ermessen, der diese (Baudelaires) ins Heil- und Ausweglose geratene Existenz von der eines Menschen trennt, den immer ein Hauch der göttlichen Gnade umweht: ‚Ich gestehe Ihnen als Freund, daß ich, da ich beabsichtige, im kommenden Jahr mein Tagebuch zu veröffentlichen, oft und lange inständig auf meinen Knien Gott gebeten habe, mir ein reines Herz zu schenken, ohne Sünde, ohne Neid, das *niemanden erzürnen* möge.'"

31.August 1867 ließ ein schreckliches Dahinsiechen kein Aufbegehren mehr zu.

Wie unerfüllte Erotik, beziehungensweise das Erlebnis der sexuellen Unzulänglichkeit (mit der offensichtlich unergründlichen Mulattin Jeanne Duval), anstatt zum Selbstmordverlangen zu einem sadistischen Welt-Zerstörungstrieb werden kann, zeigen die ekstatischen Eintragungen in Baudelaires beiden Tagebüchern. Im biblischen Stil und in satanischer Umkehrung biblischer Apodiktik heißt es in den „Fusées": „Ich aber sage: die einzige und höchste Wollust der Liebe liegt in der Gewißheit, das *Böse* zu tun. Und Mann und Weib wissen von Geburt an, daß das Böse alle Wollust enthält[1]." Baudelaire erklärt den tieferen Sinn seiner „Journaux Intimes" selber: „Ein Zeugnis meines Zornes (meiner Traurigkeit)[2]."

Enthält es, bei diesem Dichter von Rang, tatsächlich nicht mehr Trauer als Zorn? Ist sein Zorn nicht Trauer auch über seine eigene Unzulänglichkeit? In abgründiger, satanischer Sexualität, in Selbstanalyse, in Zorn und Tristesse begreift man bald nichts mehr. Doch gibt es noch immer eine rettende Verkleidung: das elegante Kostüm des Dandys vor dem Spiegel: „Der Dandy muß sein ganzes Streben darauf richten, ohne Unterbrechung erhaben zu sein; er muß leben und schlafen vor einem Spiegel[3]." Doch Baudelaire stirbt dann ohne Spiegel, getötet von den „satanischen" Giftstoffen des Eros ohne Agape.

Erotischer Frenesie und der Lust, die Welt in die Luft zu sprengen, weil Eros mit Sexualität verwechselt wird, weil sich die „ideale" Agape-Partnerin nicht findet und weil die „Gesellschaft" in „falscher Liebe" befangen bleibt, begegnet man auch in einem der rauschhaftesten Tagebücher des ohnehin nicht gerade kühlen deutschen Expressionismus, im Tagebuch von *Georg Heym*[4], der fast genauso jung gestorben ist wie Waib-

[1] Ebd. S. 7. [2] Ebd. S. 31.

[3] Ebd. S. 41. Zum Spiegel-Motiv im manieristischen Dandytum vgl. auch G. R. Hocke. Die Welt als Labyrinth, S. 7 f.: Zauber des Spiegels. Aus Baudelaires Tagebüchern in späteren Abschnitten mehr. Vgl. auch Textteil.

[4] Tagebücher, Träume, Briefe (Dichtungen u. Schriften, Ges.ausg.,

linger[1]. „Ohne ein Mädchen, das ich liebe, kann ich nicht sein[2]", und der Reigen der in unruhig-stolzer Männlichkeit „eroberten" jungen Damen wird in diesem aufgeregten Diarium bald zu einem Register von abgekürzten Namen: Walpurga T., die kleine W . . ., die L . . ., die Nelli oder H . . . und so weiter und so fort. Viele Versuche gelingen, doch bleibt Heym meist das höchste, das zugleich geistige Liebesglück versagt. „Es ist zum Lachen, daß ich das alles noch jetzt aufschreibe. Ich habe in diesen Tagen viel gelitten, fast zu viel[3]." „Wie würden nun in mir alle jene Kräfte, die in mir schlummern, wach werden, fände ich jene große Liebe?" „Werde ich nun noch je zu reinem Genießen, das heißt für mich zu reinem Schaffen kommen[4]?" „Ach, ich brauche so sehr die Liebe, um groß zu werden." „Ach ob mir nun Eros gnädig sein wird[5]?" „Fast ist es so, als sollte ich noch verschenken, was ich irgend besitze, damit mein Tod mich nicht unvorbereitet trifft. Ich glaube, ich sterbe bald[6]." „Wahrhaftig, der Zwiespalt wird zu groß." „Aber ich habe mich ja schon bereit erklärt, auf das Mitleid der Götter zu verzichten[7]."

Heym will sich, weil er in *jeder* Hinsicht nach dem Absoluten strebt und stets Enttäuschungen erfährt, „systematisch mit dem Selbstmordgedanken vertraut machen[8]." Aus Melancholie und Todessehnsucht wird allmählich jedoch Aggression. Die vielen „leichten" Mädchen und sogar seine Diotima-„Goldelse" verblassen bald. Zorn brennt auf. „Wenn ich einmal ein Mann werden sollte, was ich ja nicht glaube und hoffe", schreibt Heym am 12. Januar 1907, also mit neunzehn Jahren, „dann werde ich wohl gegen diese Mörder meiner Jugend auftreten, daß sie stürzen und ich Rache, Rache habe[9]." Dann nimmt er „vom Leibe" einer Ella „Besitz", „eher als von ihrem Geist". „Nun heißt es das schleunigst nachholen, damit das Verhältnis

hrsg. v. Karl Ludwig Schneider, Bd. 3). Hamburg und München 1960.

[1] 30. 10. 1887 – 16. 1. 1912. [2] A.a.O. S. 13.

[3] Ebd. S. 24.

[4] Ebd. S. 47. Vgl. Waiblinger- und Pavese-Zitate.

[5] Ebd. S. 52.

[6] Ebd. S. 62. Auch zu „Prophetie" im Tagebuch.

[7] Ebd. S. 64. [8] Ebd. S. 71. [9] Ebd. S. 79.

harmonisch wird, nicht bald wieder in die Brüche geht, denn Sinnlichkeit allein kann es nicht halten. Hoffentlich finde ich bei ihr etwas[1]." Offenbar findet er – nichts. Vierzehn Tage später schreibt er: „FREI". Es war „nur eine Leidenschaft der Sinne"[2]. Er tanzt den Mädchenreigen weiter: „Casanova ist ein Waisenknabe gegen mich." Doch: „Ich glaube beinah, die Frau ist vollständiger Ideale gar nicht fähig; sie versteht garnicht, was wir Männer in ihr suchen[3]." „Alles" wird bald „grau in grau". Er liebt jetzt eine Stenzi, sehnt sich aber noch immer nach Goldelse, und trotzdem: „Aber alles macht mir keine Freude[4]." „Wollust" bleibt „ein schmerzliches Surrogat[5]". Er „tastet" verzweifelt herum. Dazu die für Jugendtagebücher nicht seltene Tageseinteilung:

„Man sehe: Fr. 11. Hertha R.
6 Nelli P. . . .
Sbd 11 Ch.?
1/2 6 Hertha R.[6]"

Es folgt ein „Jahr der Liebe" mit Hedi W. und darüber ein elegisch-schöner Bericht. Erneut jedoch dreihundertfünfundsechzig Tage ohne echte Erfüllung. Welche Erfüllung? Heym weiß es selbst nicht genau. Doch verliert er immer mehr die Geduld – auch sich selbst gegenüber. Er sehnt sich nach Ruhm und Beifall, aber auch nach Zerstörung, nach Revolution und Krieg, doch resignierend fügt er hinzu: „Ja, ich werde von alle dem nichts sehen[7]." Er liest eine Biographie über Lord Byron und haßt sein nüchternes Studium. Kleist, Büchner und Grabbe werden ihm Vorbilder[8]. Er glaubt bald beweisen zu können, daß „kein Gott, wenigstens kein guter Gott existiert[9]".

Genie erscheint ihm als „eine Art Degeneration". Er zählt die Krankheiten seiner Familie auf, seine eigenen „nervösen Hemmungen", die Epilepsie der Schwester, den „religiösen Wahnsinn" des Vaters, „der an einem Versündigungswahn leidet". In ihnen sieht er eine Voraussetzung für Genialität: „Daß geniale Veranlagung irgendwo und irgendwie mit Krankheit concurriert, beweist mir meine Familie[10]."

[1] Ebd. S. 82. [2] Ebd. S. 83. [3] Ebd. S. 86.
[4] Ebd. S. 89. [5] Ebd. S. 104. [6] Ebd. S. 106.
[7] Ebd. S. 128. [8] Ebd. S. 130. [9] Ebd. S. 136.
[10] Ebd. S. 140.

Er sucht jetzt nach Vollendung in dieser „Genialität" ebenso wie nach Vollendung in der Liebe. Doch erkennt er bald – wie Pavese –, „daß die Dichter in ihrer Liebe meist unterliegen werden, weil sie gleichviel zu innig und leidenschaftlich vorgehen, und jede Taktik vergessen. Möchte ich doch mal etwas Lebensklugheit bekommen[1]." Mestiere di vivere! Keine Hoffnung!
Bald möchte Georg Heym daher „Kürassierleutnant" oder „Terrorist" werden; eine „solche Mischung" wie er sei „sicher noch nirgends dagewesen". Allmählich befindet er sich „im Vorhof des großen Tempels der Hysterie[2]". Die weltzerstörerische Selbstapotheose folgt sogleich: „Ich sehe mich in meinen wachen Phantasien immer als einen Danton, oder einen Mann auf der Barrikade; *ohne meine Jakobinermütze kann ich mich eigentlich garnicht denken. Ich hoffe jetzt wenigstens auf einen Krieg.* Auch das ist nichts[3]."
Das schrieb Heym am 15. 9. 1911. Der Erste Weltkrieg brach rund drei Jahre später aus. Heym erlebte das titanische Weltzerstörungsglück allerdings nicht mehr. Vier Monate nach diesem Tagebucheintrag brach er beim Schlittschuhlaufen auf der Havel ein und ertrank mit seinem Freund Ernst Balcke.
Herostratische Vernichtungswollust statt Selbstauslöschung! Auch diesen Sadismus des „Zorns" in sensiblen Europäern sollte man nicht auf den seelischen Leichentischen der psychologischen Laboratorien sezieren wollen. Georg Heym gehörte zu den stärksten dichterischen Begabungen Deutschlands am Anfang des 20. Jahrhunderts. Er erstickte seelisch vor allem an seiner Umwelt, am Talmiglanz der Selbstgefälligkeiten im wilhelminischen Berlin. Den Stolz auf seine „Eroberungen" überwiegen die Verachtung der offenbar allzu bereitwilligen „Hingabe" so vieler Mädchen auch aus „guten" Kreisen und das Leiden an ihrem Unverständnis für den Jüngling, der von ihnen mehr wollte als das, was Dragoneroffiziere von ihnen erwarteten, nämlich nicht nur das „wollüstige Fleisch" der vielen Hilde, Grete, Lotti, Hedy und Leni. Wie Waiblinger

[1] Ebd. S. 146. (Auch zum diaristischen Gefühl der pharaonischen Einzigartigkeit.)
[2] Ebd. S. 154. [3] Ebd. S. 164.

wollte und suchte er die „höchste und letzte Liebe", das Verstehen und den Einklang auch im Gespräch, im Wort, in der Zärtlichkeit. Wenn also jemand auf die psychologischen oder psycho-analytischen Anatomietische gehört, so sind es diese „Mädchen" und die Gesellschaft, die sie erzeugte. Insofern haben Titanismus und Satanismus, Masochismus gegen das eigene Ich und Sadismus gegen die Welt in geistig und seelisch legitimen, bedeutenden Tagebüchern *auch* in dieser Hinsicht den Wert einer kompensatorischen Kraft gegen Lebensformen und Gesellschaftskonventionen Europas, die nur das anbeten, was die Bibel das „Goldene Kalb" nannte. Georg Heym war alles andere als ein Heiliger oder ein Prophet[1], doch gehört er immerhin zu den Prä-Zornigen Europas, die aus wissender Sehnsucht nach Gott das Antlitz des bildhaft Numinosen zerkratzten. Aus *unerfüllter* Liebe!

Andere Diaristen haben es in eroticis leichter, und wir erinnern uns an Brancatis Eintragung über das „Bett" bei Kafka und bei Stendhal. Doch fehlt, schon bald nach den Erschütterungen der Französischen Revolution, auch in Tagebüchern durchaus „normaler", aber doch zunehmend problematischer Persönlichkeiten, die vitale Unmittelbarkeit der Pepys und Boswell, sowie die zwar „preziöse", doch noch wenig reflektierte Genußfreude des verspielten Rokokos. So zum Beispiel das erotische Gebaren Samuel Pepys': seine ständigen, fast verspielten Ehebrüche werden zwar mit einer gewissen Schamhaftigkeit notiert, doch spürt man in diesen „geheimschriftlichen" Eintragungen immer wieder die beinahe gewissenlos zu nennende Freude an schönen Frauen, an ihren verborgenen Reizen, an ihrer ungezierten Hingabebereitschaft, das selbstbewußte Genießen ihres Schmuckes, ihrer Kleider und das unproblematische Vergnügen an kapriziösen Theaterstücken, die – halb Revue, halb Kabarett – besser beurteilt werden als selbst Shakespeare. Die Reaktion auf den strengen Moralpolitiker Oliver Cromwell (gest. 1658) war unter den Stuarts heftig: Lebensgier, Genußsucht, Mätressenwirtschaft und Günstlingswesen. Liebe zum Prunk und Freude am Bestechungsgold waren vor allem am Hofe Karls II., des „Lusti-

[1] Aus HEYMS Tagebuch im Textteil mehr.

gen", so auffallend geworden, daß Samuel Pepys, der hohe und durchaus fleißige Beamte der britischen Admiralität, sie verwirft. Und doch fasziniert ihn der bacchantische Reigen am Hofe. Er verfällt ihm – in seinem *Privat*-Leben. „Der Musik und den Weibern", so schrieb er in London am 9. März 1666, „kann ich nun einmal nicht widerstehen[1]."

Pepys, kein Adeliger, sondern Sohn eines ehrbaren Schneidermeisters, imitiert den Hof auf seine Art und ganz für sich allein; so wie Renaissance-Diaristen kaiserliche Tatenberichte der Antike nachahmten. Pest und Brand von London steigern sogar das „lustige" Sündigen unter den Stuarts eher, als daß sie es verminderten. Noch hundert Jahre später bekundet auch James Boswell in seinem, uns schon bekannten, Londoner Tagebuch die ebenso naive wie raffinierte Unbekümmertheit, die gleiche leicht pharisäische Frivolität. Man kritisiert die Gesellschaft, aber man bemüht sich mehr um eine Imitatio Caesari als um eine „Imitatio Christi". Immerhin bleibt die Frivolität, selbst bei einem schottischen Miniatur-Casanova wie Boswell, der zeitweise auch der Geliebte von Rousseaus Freundin war, noch in den religiösen und bürgerlichen Grenzen der Konvention. Man „leidet" hin und wieder an Regungen des christlichen Gewissens, wenn man sich „Dirnen" kauft oder die Gattinnen der Freunde verführt, doch jammert man mehr über eine Geschlechtskrankheit als über seelische Konflikte[2].

Schon während der Französischen Revolution, also rund fünfundzwanzig Jahre nach Boswells Londoner Tagebuch, erfährt die vitale europäische *Frivolität* ihre ersten intellektuell-roman-

[1] Kontext und weitere Beispiele im Textteil.

[2] Diesbezügliche und andere Beispiele aus dem Tagebuch von Boswell im Textteil. Boswell steht mit seinem „Journal" zwischen Pepys und Rousseau. Bei Boswell fehlt noch der Ego-Zentrismus, der für Rousseaus „Bekenntnisse" wie für „romantische" und „moderne" Diarien so bezeichnend ist. Bei Boswell überwiegen Selbstliebe und Sorge für sich, also nicht der Drang Rousseaus, über sich die letzte Wahrheit zu finden und sich dann zu rechtfertigen. Boswell ist eher „witzig" (in der englischen Wortbedeutung) als dramatisch, mehr skeptisch als verzweifelt, mehr „aristokratisch" als „bürgerlich".

tischen Spaltungen. Die Frivolität vereint nun Weltschmerz und Kalkül, Langeweile (ennui) und Eitelkeit, Eroberungsfreude und Spielsucht und dann wieder Realismus und Skepsis. Hierfür bieten die Tagebücher von Constant, von Delacroix, sogar von Stendhal und schließlich die „modernen" Diarien von Paul Klee und Robert Musil vielfältige Beispiele. Für die intellektuelle Liebesromantik vom Empire bis zur Restauration sind *Benjamin Constants* (1767–1830) „Journaux intimes" ein besonders getreuer Spiegel. Natürlich sind sie vor allem Ausdruck dieses unruhigen, ehrgeizigen, stets unzufriedenen und geistvollen Literaten und Politikers, Weltmanns und Gelehrten selbst. Doch beherrscht diese romantisch-intellektuelle Frivolität viele der besten Geister der Zeit, auch außerhalb Frankreichs. Werther-Kult, Rousseauismus und Byronismus erhalten in Paris das Raffinement des *bewußten* Ennui und des *bewußten* Erotismus. Das Ich in den Tagebüchern Constants wird zum „Adolphe" in seinem gleichnamigen Roman, und dieser Adolphe-Typ entspricht dem Child Harold von Byron, dem Obermann von Sénancour, dem René von Chateaubriand. Sie sind alle verschwärmt, melancholisch, aber im Grunde doch berechnend, schon machiavellistische Vorläufer des erotischen Satanismus von Baudelaire[1]. Ihr romantischer Idyllismus wird mit romantischem Mätressen-Kult, Naturanbetung mit Salonflirt verbunden, und auch in dieser Hinsicht bilden Constant und Mme. de Staël ein typisches Liebespaar aus dieser Zeit: beide untreu und eifersüchtig; beide stets verliebt und stets unglücklich; beide beflügelt von noblen Menschheitsideen und getrieben von eben dieser intellektuell-romantischen Frivolität, die derb-realistisch sein kann wie bei Delacroix und Klee oder preziös-realistisch wie bei Stendhal und Musil.

Frivolität? Die Nationen Europas haben die Überlieferungen aus der Antike in verschiedenartiger Weise aufgenommen, und es wirkt sich dies auch in ihren erotischen Freiheiten oder Unfreiheiten aus. Die lateinischen Völker haben ein anderes Verhältnis zur Erotik und zum Sexus als die germanischen. Die

[1] Vgl. Mario Praz, La Carne, la Morte e il Diavolo – nella letteratura romantica. Mailand u. Rom 1930.

praktische Psychoanalyse hat in den romanischen Ländern wenig Erfolg gehabt, weil es dort, außer nachwirkenden ältesten psychologisch-moralischen Weisheitslehren, die Ohrenbeichte gibt. „Man weiß" also – in der Romania – aus vital gebliebenen physischen und psychischen Erbmassen „Bescheid"; und wenn man Gewissenskonflikte hat, vertraut man sie eher dem Beichtvater als dem Psychoanalytiker an. Wichtig erscheint dem Durchschnittsromanen das Maß des Glücks, eine weise Abstimmung von Natur und Geist: eine natürliche Vergeistigung des Triebs und eine ebenso natürliche Vitalisierung des Geistes. Das eigentlich „Humane" liegt also zwischen Sexus und Geist und erfüllt sich hier in einer Erotik, die zwar „frivol" erscheinen kann, es aber neben dem oberflächlichen auch in einem tieferen Sinne ist. Dieses französische Adjektiv beruht auf dem lateinischen Wort frivolus = zerbrechlich, wertlos. Im Französischen bedeutet es heute – wie in anderen europäischen Sprachen – leichtfertig, vermessen, schlüpfrig. Das lateinische Adjektiv geht zurück auf friare = zerbröckeln, zerreiben. Frivol bedeutet im Erotischen vor allem Kurzlebigkeit und Leichtigkeit der Liebesbeziehungen, eine Glückserfahrung der Haut, der Sinne, einen physiologischen „Égoisme à deux". Doch gibt es in der Frivolität – wie in allen Egoismen oder Egotismen – Gradunterschiede. Wenn ein kluger und ausgleichender Epikureismus die geschulten Sinne lenkt, wenn er die Erotik, als eine Einheit von Trieb und Geist, zu einem abgewogenen Bestandteil einer höheren Lebenskunst macht, dann verliert das Wort frivol seinen pejorativen Sinn. Dann bezeichnet es ein zwar zerbrechliches, wohl auch vermessenes, sicher aber unkompliziertes sinnliches Glück; in diesem engeren Umkreis vielleicht das höchste erotische Glück, das ein Mann einer Frau, beziehungsweise die Frau dem Mann geben kann, ohne den Dämonen des Sexus, den Zweifelsüchten des Verstandes oder allzugroßer Gefühlsseligkeit zu verfallen.
Benjamin Constant, wir sagten es schon, läßt in seinem Geheimtagebuch die mehr intellektuelle Frivolität erkennen[1]. Sei-

[1] Wie schon erwähnt, war sein Tagebuch nicht für die Öffentlichkeit bestimmt. Constant führte es in größter Heimlichkeit. Die Erstausgabe erschien erst fünfundsechzig Jahre nach seinem Tod. Zitate nach der vollst. Neuausg. in: Oeuvres. Paris 1957.

ne psychologischen Analysen haben etwas von diabolischer Grausamkeit. Heimlich analysiert er seine Frau, Wilhelmine von Cramm, ebenso wie nach der Scheidung seine Geliebten[1]. Er überlegt beständig, ob diese oder jene Frau ihm gesellschaftlich und politisch mehr nutzen könne. Auf jeden Fall braucht er, „aus politischen Gründen", so reflektiert er nach seiner Scheidung, unbedingt eine „Frau". Er rechnet und rechnet, indem er die Eigenschaften der in engerer Wahl Stehenden unerbittlich zergliedert[2]. Was ihn dazu treibt, ist zunächst intellektuelle Liebesunfähigkeit und Angst vor der Entscheidung. Sein Tagebuch wird zu einem Kontobuch über Passiva und Aktiva in seinen „Liaisons". Dabei spielen jedoch meist sein „Ich" und seine „Zukunft" eine Rolle, wenn es gilt, eine gute Aktivbilanz im voraus zu berechnen. Für die Zwischenzeit wünscht er sich eine „Mätresse", die „sein Leben nicht allzusehr stört[3]". Schließlich beginnt die „geheime Liebschaft" mit Mme. de Staël (1766–1817), die er in seinem Tagebuch als „Biondina" oder „Minette" bezeichnet. Das Glück bleibt unvollkommen. Die „Teufelin" ist einmal zu eitel, zu selbstsüchtig, zu männlich; dann überaus süß, hingebungsvoll und zärtlich. Die Passion eines introspektiven Intellektuellen für eine extrovertierte Schriftstellerin mit maskulinen Charakterzügen erweist sich als unglücklich. Constant kann die unkompliziertere Anna Lindsay (1764–1820), irischer Herkunft, Tochter eines Wirts aus Calais und kurze Zeit mit einem Engländer verheiratet, nicht vergessen. Sie war lange seine Geliebte gewesen, die „das Leben nicht stört". Am 9. Thermidor 1804 schreibt er in seinem Journal: „Ihr verdanke ich es, in einer Frau das ganze Delirium der körperlichen und seelischen Liebe kennengelernt zu haben[4]."

Immer wieder will er sich hingegen von der „satanischen" Minette trennen. Er ist zu schwach, und sie zu herrschsüchtig und habgierig. Mit dem ihm eigenen frivolen Machiavellismus entwirft er, von anderen Frauen angezogen und abgestoßen, immer neue erotische Existenzpläne. Doch Minette entzückt ihn, wenn sie einmal „aimable" ist. Alle seine „Trennungs-Pläne"

[1] Heirat 1789, Scheidung 1795.
[2] A.a.O. S. 245 ff. [3] Ebd. S. 319. [4] Ebd. S. 344.

werden zunichte gemacht durch den „charme", den er an ihr immer wieder entdeckt. „Was soll ich wetten, daß ich genau das Gegenteil noch vor Ablauf von drei Tagen schreiben werde[1]?" Auch er denkt manchmal an Selbstmord, doch er *spielt* nur mit diesem Gedanken[2], wie er im Grunde mit Minette, mit so vielen anderen Frauen und mit sich selbst spielt. So entwickelt er sich in seinem Tagebuch allmählich zu einem erotisch-frivolen Glücks- und Unglücksspieler[3]. Kein ergreifendes, aber ein erschütterndes Bild, weil Constant vor sich selbst immer ehrlich ist. Doch bleibt auch diese etwas romantische Gewissensstrenge gegen sich selbst – sie war Pepys und Boswell in diesem Sinne ganz unbekannt – nur wie eine *Spielregel* wirksam. Sie gehört damit also zum Spiel selbst. Ohne dieses Wissen um Spielregeln würde die *erotische Selbstanalyse,* wie wir sie in dieser Art nur in Constants Tagebuch finden, ebenso formlos werden wie ein Spiel ohne Vorschriften und Gesetze. Besonders genießt Constant dabei, daß niemand um sein Geheimnis weiß, um die auch nach seiner zweiten Ehe (1809)[4] noch andauernde „liaison dangereuse" mit Mme. de Staël, die unterdessen in den Literatursalons Europas, vor allem im Weimar-Deutschland, Furore macht[5]. In diesem Spiel immer im Hintergrund bleibend, hat er doch Anteil an ihrem Ruhm, genießt ebenso sein Schattendasein, das ihn lange an dem Entschluß zu einer neuen Ehe hinderte, wie auch die Zweifel und Rückschläge in seinen erotischen Existenzentwürfen.
Einen raffinierteren erotischen Selbstgenuß – im Positiven wie im Negativen –, in einer heimlichen Liebschaft, die nur im Tagebuch „indiskret" wird[6], kann man sich in den oft so vieldeutigen Heimlichkeiten erotischer Diarien kaum vorstellen. Diese Art von intellektueller Frivolität hat autistische Züge.

[1] Ebd. S. 351. [2] Ebd. S. 759.
[3] Glücksspieler im eigentlichen Sinne war CONSTANT auch beim Hasard.
[4] A.a.O. S. 357.
[5] 1810 war MME. DE STAËL zum dritten Mal wegen ihrer freien Geisteshaltung von Napoleon verbannt worden. 1802 hatte auch CONSTANT als ihr Gesinnungsgenosse außer Landes gehen müssen.
[6] Zu „Indiskretionen" in und außerhalb der Ehe vgl. Beispiele aus dem „Diary" von SAMUEL PEPYS im Textteil.

Es ist aber ein Autismus in einem Zimmer mit vielen Spiegeln, in dem man allein sein kann mit seinen vielen Zufallsgeliebten und den großen Schatten von Erinnerungen. Und dann das Sterben dieser großen Liebe zu Minette oder Biondetta de Staël, und zwar in ihm selbst! Er wehrt sich dagegen. Er will sie immer lieben, doch *kann* er sie nicht mehr lieben. Sein Tagebuch wird bald, wie er selbst schreibt, eine „Sammlung von Klageliedern[1]". Der Bruch erfolgt in Lausanne am 9. Mai 1811. Vor dem „Hotel de la Couronne" trennen sich Benjamin Constant und Mme. de Staël als Liebespaar, von dem angeblich „niemand" etwas wußte. Doch konnte sich Constant, der ehrgeizige Liebhaber und frivole Spieler mit der Melancholie der Liebe und den Intrigen der Politik, mit einem ruhigeren Glück nicht begnügen. Er verliebt sich bald – so unglücklich wie mancher andere Große seiner Zeit – in die romantische Salongöttin Juliette Récamier. Constant, der sich in seinem Tagebuch „constant" (beständig) zur Lebensdevise gemacht hatte, treibt das Gesellschaftsspiel der unglücklichen Ideal-Liebe und der glücklichen Real-Liebe fast bis zum Tode weiter. Er gehört offenbar zum Typus der Männer, die stets eine „Ehe zu dritt" führen müssen, mit einer realen und mit einer idealen Partnerin, mit einer Kalypso und mit einer Diotima, mit einer Martha und Maria, mit einem Gretchen und mit einer Circe. Wenn sie aber merken, daß beide, beziehungsweise alle Partnerinnen in den Realitäten der physischen Liebe und in der „Tristitia" nach ihrer Erfüllung, ja selbst in den Eifersuchtskämpfen weniger voneinander verschieden sind als im Gespräch, dann fliehen sie in sich selbst zurück, in die Einsamkeit des nur sich selbst liebenden Solitarius. Constants Tagebuch erweist sich als das nuancenreichste „Journal intime" über eine unglückliche Liebschaft, so wie Tolstois Geheimtagebuch als das erschütterndste Zeugnis einer unglücklichen Ehe angesehen werden kann[2].
Die „ultima dolcezza", die Liebe, wird auch von Stendhal als ein besonders kostbarer Kernraum im Labyrinth des eigenen

[1] A.a.O. S. 369.
[2] Vgl. Beispiele im Textteil. Ein knappes, aber treffendes Porträt von Constant im Tagebuch Alfred de Vignys ebenfalls im Textteil.

Ichs empfunden. Jedoch ist Stendhal, sechzehn Jahre jünger als Constant, schon kein Romantiker mehr, wenngleich noch weniger ein „Naturalist", dessen Typ erst Zola schuf. Casanova hat von dieser in Europa wie in allen Erdteilen gepriesenen „letzten Süße" des Lebens gewußt, doch in dem verwegen-rauhen Sinne einer weitgehend unproblematischen Jägerfreude. Stendhal hat die „ultima dolcezza" immerhin tiefer verstanden, aber es fehlte ihm, dem Pseudo-Mailänder, da er ebenso häßlich zu sein glaubte wie Casanova sich für schön hielt, die selbstbewußte Aggressivität des Ur-Venezianers. Dennoch hat Stendhal in seinen Tagebüchern aus seinem epikureischen Herzen nie eine moralische Mördergrube gemacht. Er steht in einer beinahe gesund zu nennenden Mitte zwischen vitaler und intellektueller, naiver und romantisch-ironischer Frivolität. Viel weniger zergrübelt als Constant, registriert er auch glückliche erotische Ereignisse. So schreibt er am 31. Oktober 1811 in seinem „Tagebuch der Reise nach Italien": „Angelina hat anderthalb Stunden bei mir in dem Zimmer der Contrada dei due Muri verbracht. Sie schien befriedigt." Das erinnert an den Lakonismus von Renaissance-Diarien. Gleich darauf notiert er: „Um halb drei ging ich aus und besuchte die Brera. Ich fand Interesse an einem Gemälde von Giotto und an einem Bild von Mantegna[1]."

Am 2. November desselben Jahres schreibt er im Albergo della Città von Mailand über dieselbe Geliebte: „Ich weiß nicht, aus welchem Grunde sie mir mit jener Natürlichkeit, die sie auszeichnet, und ohne Eitelkeit sagte, einige ihrer Freunde hätten ihr gesagt, daß sie Furcht einflöße. Das stimmt. Sie war heute abend leidenschaftlich. Anscheinend liebt sie mich. Yesterday and today, she has had pleasure. Wir tranken zusammen Kaffee in dem einsamen Hinterzimmer des Cafés! Ihre Augen glänzten. Ihr Gesicht war im Halbdunkel von süßer Harmonie, und doch war ihre übernatürliche Schönheit schrecklich[2]." Aber er erlag dieser „herrlichen Sibylle" nicht für immer. Am 4. Juli 1814 notiert er (wieder) in Paris: „Seit acht Tagen schlafe ich bei meiner alten Liebe. Da sie der Natur näher steht, sagt sie mir mehr zu als alles, was ich hier verlasse[3]."

[1] A.a.O. S. 392. [2] Ebd. S. 393. [3] Ebd. S. 424.

Enttäuschungen werden mit der gleichen Entschiedenheit, mit der gleichen Wortkargheit abgefertigt: „Heute vormittag ging ich zur Gräfin Simonetta (in Padua). I have had her, aber sie sprach etwas von unseren Verabredungen. Die Illusion von gestern morgen war dahin. Ich hatte kein Vergnügen dabei. Bei mir tötet die Politik die Wollust, offenbar, weil sie alle Nervenkraft in das Gehirn zieht" (27. Juli 1815)[1]. Doch kann auch Stendhal „enttäuschen", und das trägt er ebenso offen ein, auch wenn er, in einer Boccaccio-Bordellszene, den Clown machen muß. So entsteht dann eine diaristische Goldoni-Miniatur:

„‚Nun kommen Sie dran, Beyle! Ehre dem Ankömmling!', rief man. Ich fand Alexandrine etwas ermüdet auf einem Bett liegend, fast im Naturkostüm und in der Haltung der Tizianischen Herzogin.

‚Wir wollen erst ein Weilchen plaudern', sagte sie klug. ‚Ich bin etwas müde; bald werde ich mein Jugendfeuer wiederfinden.'

Sie war wundervoll; ich habe wohl nie etwas so Schönes gesehen. Es war nichts Ausschweifendes in ihr, außer in den Blicken, die nach und nach wieder trunken und sozusagen leidenschaftlich wurden.

Ich machte völlig Fiasko. Sie schien betroffen; ich sagte ihr ein paar nette Worte und ging hinaus. Kaum war Lolot mir nachgefolgt, so hörte ich schallendes Gelächter durch drei Zimmer hindurch. Mit einemmal entließ Frau Petit die beiden anderen Mädchen, und Lolot erschien mit Alexandrine ohne ein anderes Kleid als ihre Schönheit.

‚Bei meiner Bewunderung für Beyle', sagte er, laut auflachend, ‚werde ich es noch ebenso machen wie er. Ich komme, um mich mit Sekt zu stärken.'

Das Gelächter währte zwei Minuten; Poitevin wälzte sich auf dem Teppich. Alexandrines maßloses Staunen war unbezahlbar; so etwas war ihr noch nie passiert. Die Herren wollten mir weismachen, ich stürbe vor Scham und wäre tief unglücklich. Ich war aber nur erstaunt. Ich weiß nicht, warum der Gedanke an Mathilde mich beim Betreten des Zimmers befiel,

[1] Ebd. S. 433.

in dem Alexandrine im Schmuck ihrer Reize lag. Kurz, ich bin zehn Jahre lang nicht dreimal zu einer käuflichen Schönheit gegangen, und zwar das nächste Mal erst im Oktober oder November 1827 und nur aus Verzweiflung.
Ich sah Alexandrine wohl zehnmal in dem schönen Wagen, den sie einen Monat darauf hatte, und jedesmal warf sie mir einen Blick zu. Seit jener Zeit galt ich für impotent bei meinen drei zufälligen Lebensgefährten[1]."
An seinem „Lebensabend" stellt Stendhal im Jahre 1838 rückblickend fest, daß er oft töricht, viel öfter glücklich gewesen sei. „Solange man imstande ist, ein Weib, das heißt ein durchaus dummes oder heimtückisch verstelltes Geschöpf wegen seines bezaubernden Geistes und seiner Harmlosigkeit zu lieben, solange man eine ganz und gar törichte Illusion hegen kann, so lange kann man lieben. *Und das Glück liegt weit mehr im Lieben als im Geliebtwerden*[2]." Keine Opfer, keine Scheiterhaufen also, sondern vor allem Glück, Glück, immer wieder Glück – auch wenn man dafür mit Illusionen zahlen muß, deren Opfer man ja ursprünglich auf keinen Fall sein wollte. So schließt der „Ich-Mensch" seinen zerbrechlich-„frivolen" Lebenskreis mit einem Widerspruch, den auch viel „erhabenere" Liebhaber in ihren Tagebüchern nicht lösen konnten.
Und nun, in bezug auf erotische „Indiskretionen", zwei Maler-Tagebücher, eins am Anfang der „Moderne" und eins an einem ihrer Höhepunkte im 20. Jahrhundert, das eine von *Eugène Delacroix* (1798–1863), das andere von Paul Klee (1879–1940). Der junge Delacroix kann das Leben nur schwer meistern – eine Unzulänglichkeit, an der beispielsweise auch Maurice de Guérin und Alfred de Vigny litten, wie uns wiederum ihre Tagebücher zeigen. Aber im Gegensatz zu ihnen hilft Delacroix eine bei bildenden Künstlern häufige somnambule Sicherheit, alles Erotische gleichsam als farbig-natürliches Phänomen im grauen Alltag anzusehen. Die „Liebe" bleibt für Delacroix zunächst eine frivol-schöne Erscheinung des Lebens. Vor allem gilt das „Werk", dem er viel

[1] Ebd. S. 460 f.
[2] Ebd. S. 538 (Hervorhebung vom Verf.).

mehr Eintragungen widmet als der „ultima dolcezza". Über seine privat-erotischen Erlebnisse berichtet auch er wie Renaissance-Diaristen über das Wetter. „Letzten Dienstag sah ich Sidonie. (Ein Modell.) Es gab einige entzückende Augenblicke. Wie gut sie war, nackt und im Bett. Vor allem Küsse und reizende Annäherungen[1]." Von einem anderen, noch flüchtigeren Liebeserlebnis berichtet er: „Es ist keine Liebe ... ein eigenartiger Nervenkitzel treibt mich." Manchmal glaubt er, doch einer „gewitterhaften Leidenschaft" zu verfallen, aber er sagt sich, daß man noch immer „fliehen" kann[2]. Dann „stürzt" er sich in die auch für ihn frivole Pariser Gesellschaft: „Am letzten Samstag, bei Perpignon (einem Maler und Atelierfreund), Thé à l'anglaise, punch, glaces, etc., jolies femmes etc.[3]" Dies zweite „etc." ist beredt. In Tagebüchern finden sich erotische Hyperbeln und erotische Lakonismen. Zwischen diesen Polen gibt es viele Nuancen, je nach Temperament und Aufrichtigkeit des Schreibers. Der junge Delacroix „macht" Kunst, und nebenbei, nicht immer sehr glücklich, aber meist befriedigt, „macht" er auch die Liebe. Gerne „macht" er demzufolge nach dem Akt-Malen auch den „Akt", und er nennt das, mit einem italienischen Ausdruck, den man in guter Gesellschaft nicht sagen kann und den, wie wir wissen, auch Pavese gebrauchte, „chiavare". So schreibt er am 24. Januar 1824 von einer „chiavatura colla mia carina Emilia[4]". In diesem Fall dient der Ausdruck „chiavare" einer bequemen Verschlüsselung vor sich selber; denn sicher dachte Delacroix beim Schreiben dieser Stelle nicht an einen späteren Leser, der das verschlüsselte obszöne Wort selbst ohne große Kenntnis des Italienischen verstehen muß.

Wieder ein Rest von Scheu, von Scham! Er zwingt den Tagebuchschreiber, wie wir noch zeigen werden, auch vor sich selbst eine Fremdsprache zu benutzen, wenn es um allzu intime Aufzeichnungen geht. Auch das ist ein Gesetz. Beim jungen Delacroix allerdings stößt man unter den naiv-frivolen Verschlüsselungen nicht selten auf überraschende Nuancen des Ausdrucks. So schreibt er am 26. Januar 1824: „Ho fatto

[1] Journal. Nouv. éd. publ. p. A. Joubin. 3 Bde. Paris 1950, Bd. 1 S. 27.
[2] A.a.O. S. 31. [3] Ebd. S. 39. [4] Ebd. S. 46.

una chiavata graziosissima." Und gleich danach in hinreißender vitaler Unschuld: „Ich finde durchaus in Mme. de Staël die Entwicklung meiner Idee über die Malerei. Diese Kunst steht – wie die Musik – unterhalb der Reflexion; daher ihr Vorteil gegenüber der Literatur – durch das Unbestimmte[1]."
Wirklich glücklich fühlt sich auch Delacroix nur in der Einsamkeit. Er klagt darüber, daß seine besten Stunden durch „Zerstreuungen" in Anspruch genommen werden, die ihn im Grunde nur langweilen[2]. Die erotische „Sphäre" wird zugunsten der Arbeit immer mehr versachlicht. Am 28. Mai 1824 notiert er, wie ein Verwaltungsbeamter seines eigenen erotischen Haushalts: „Morgens kam Laure (ein Modell). Sie und die chiavatura 5 frs. – Ieri anche un altra con la nera." Und gleich danach: „Nichts Besonderes in den letzten Tagen[3]." Arbeit! Arbeit! Das ist das Grundthema. Bilder! „Machen", „Farben", „Handwerk". Er kann es gar nicht abwarten, bis eine Geliebte ihn verläßt, um „das Haar", die „Hand", den „Fuß" irgendeiner Figur auf einem Bild beenden zu können. Menschen machen ihn melancholisch, die Arbeit macht ihn glücklich. Doch leidet er stets unter seinem „isolement", unter seiner Vereinsamung. Wieder das Urthema aller bedeutenden Tagebücher Europas! Der Zwiespalt zwischen „Occupatus" und „Solitarius" auch im erotischen Sinne[4]. Delacroix will als Künstler ein „Solitarius" sein und durch Erotik nicht allzu sehr beschäftigt, das heißt zum „Occupatus" gemacht werden. Der Künstleregoismus reduziert die „Liebe" zu einem nun ganz und gar unreflektierten Ultima-Dolce-Dessert. Vergessen darf man schließlich nicht, daß Delacroix – wie Stendhal – Junggeselle blieb. Sein Journal ist also – wie dasjenige Stendhals – als ein Junggesellen-Tagebuch anzusehen. Daher die Tendenz, in ihm eine „Schmetterlings-Sammlung" anzulegen, und daher sicherlich auch, besonders bei Delacroix, die frivole Sachlichkeit der erotischen Berichte und die burschikose Ausdrucksweise.
In einem der geistvollsten Tagebücher der Gegenwart, in *Paul Klees* Aufzeichnungen aus der Jugendzeit, begegnet man ebenfalls sozusagen frivolen Speisezettel-Notizen. Doch entsprin-

[1] Ebd. S. 50. [2] Ebd. S. 67. [3] Ebd. S. 105.
[4] Zur Interpretation dieser Seneca-Typen Textstellen im 2. Buch.

gen sie einer ganz anderen Gliederung des Seinsgefühls. Paul Klee ist von früher Jugend an davon besessen, den Formgeheimnissen der Schöpfung auf die Spur zu kommen. Diesem mystischen Erjagen des Absoluten dient sein sinnlicher Organismus. In der ersten Lebensepoche, vor einer vorbildlich glücklichen Ehe, wird der sexuelle Trieb noch als unkomplizierter Appetit empfunden – das, was rein physiologisch notwendig ist und „gut tut" wie ein nahrhaftes und wohlschmekkendes Essen. Erst später sucht er nach einer Einheit von „Kunst und Eros".

In München (1899/1900) schrieb er: „Rückschau. Inspektion meiner selbst, ganz vor mir, der Literatur, der Musik Valet gesagt. Meine Bestrebungen, eine verfeinerte Sexualerfahrung zu gewinnen, in jenem einen Fall aufgegeben[1]." In Rom schreibt er am 7. April 1902, kühl abwägend, im Stile Delacroix': „Man wird oft nach den schönen Römerinnen gefragt, und keine Frage ist müßiger. Man will doch keine solche heiraten. Und es ist hier wohl schwerer als irgendwo, mit einem Weibe etwas Leichtsinniges anzufangen. Ich habe in fünf Monaten im vollen Sinne kein Weib berührt. Es war nicht mein Wille allein, und es wäre auch nicht leicht gewesen. Von der Prostitution spreche ich nicht, sie kam und kommt nicht in Frage für mich. Gegen ein kleines Verhältnis ohne Aufregung und Gefahr hätte ich mich vielleicht nicht mit vollem Erfolg gesträubt, man ist Mensch, man ißt ja auch und trinkt[2]." Doch bleibt für ihn ein Jugenderlebnis maßgebend: „Weiblicher Eindruck verbunden mit Sehnsucht nach künstlerischer Form[3]." Eros und Kunst werden allmählich echte, vitale Paare. In der Jugend ist man allerdings zunächst einmal polygam. „Die erotische Energie in mir als polygam erkannt. Mit der Opernsoubrette wechselt der Schwarm[4]." Etwas später: „Viele Paradoxa, Nietzsche in der Luft. Verherrlichung des Selbst und der Triebe. Sexualtrieb ohne Schranken. Neu-Ethik." – „Kraft verlangt Kraftausdruck. Zoten als Ausdruck der Fülle und

[1] Paul Klee, Tagebücher (1898–1918). Hrsg. u. eingel. v. Felix Klee. Köln 1957, S. 38.

[2] A.a.O. S. 112. [3] Ebd. S. 24. [4] Ebd. S. 25.

Fruchtbarkeit[1].“ „Ich wollte nur das Mysterium kennenlernen. Die Persönlichkeit des Weibes war innerhalb gewisser Grenzen unwesentlich[2].“ Und dann, das Thema allmählich untergrabend: „Ein kleines Leporelloregister all der Geliebten[3], die ich nie besaß, macht ironisch an die (!) große sexuelle Frage. Die Reihe des Registers beschließt der Anfangsbuchstabe des Wortes ‚Lilly‘ mit der Bemerkung abwarten. – Diese Dame, meine spätere Frau, lernte ich im Herbst 1899 musizierenderweise kennen[4].“

Oft enden „intime“ Eintragungen in Tagebüchern mit der Ehe, oder sie werden dann derartig umschrieben, daß es selbst für Schriftexperten der Nachwelt schwierig ist, sie zu entziffern. So war es, wie wir wissen, mit dem Tagebuch von Samuel Pepys. Tagebücher von Verheirateten offenbaren allerdings auch zuweilen die endlosen Dramen tiefunglücklicher Ehen, wie es in den weltbekannten Tagebüchern von Graf Tolstoi und seiner Frau der Fall ist. Eine gewisse Ausnahme bildet das Tagebuch von *Robert Musil*, in dem Eintragungen über eigene Erlebnisse und solche zu schriftstellerischen Entwürfen sich vielfach nicht genau unterscheiden lassen. Es ist einleuchtend, daß gerade ein Schriftsteller, in einem „Brouillon“ zu einem Roman etwa, viel Intimes umschreiben kann, doch gibt es in Musils Tagebüchern genügend „offene“ Stellen. Sie sind besonders interessant, weil sie von einer weiteren Form erotischer Frivolität künden, von einer preziösen Frivolität, die immer mit der beobachtenden Neugier im psychologischen Laboratorium des essayistischen Romanciers verbunden und hierin beispielhaft für die modern-intellektuelle Frivolität ist. Solche Aufzeichnungen dienen aber auch der Selbsterkenntnis in eroticis, allerdings ebenso der Erfassung des eigenen Ichs wie der besseren Einsicht in delikate psychologische Probleme.

Als Vierzigjähriger schrieb Musil (1880–1942): „Ich habe mir manchmal schon vorgenommen, mein Leben aufzuschreiben,

[1] Ebd. S. 31. [2] Ebd. S. 35.
[3] Vgl. die Mädchen-Register im Tagebuch von Heym.
[4] Ebd. S. 38.

heute, nachdem ich den zweiten Band von Gorkis Selbstbiographie gelesen habe, beginne ich es. Ich müßte es eigentlich gerade danach unterlassen, denn mein Leben enthält im Vergleich mit diesem wunderbaren Leben fast nichts, was bemerkenswert wäre. Die eigentliche Triebkraft ist, *mich zu rechtfertigen und mir selbst zu erklären*[1]." Um 1898, jung noch, notiert er: „Die blonde Grete. Oder der Duft der blonden Grete. – Das Destillat der blonden Grete! – Ich kann nichts dafür, daß sie das erste ist, denn man hat unwillkürlich, wenn man aus einem heißen, von der Sonne beschienenen Garten kommt, den Duft der stärksten Blumen an sich. Und Frauen sind ein Parfum, das sich in unseren Nerven festnistet[2]." Etwas später, über einen „Sommer im Gebirge": „Und während Du neben mir sitzest, ganz katzenhaft weich, als ob deine Sinnlichkeit sich über ungeheuren und verborgenen Schneeflächen dehnen würde, wird meine Seele nachdenklich, traurig, begehrlich, eintäglich und zittert wie ein zu langer, zu nervös festgehaltener Ton – und trotzdem ich in meinem Begehren neben dir so klein, gepeitscht und elend bin, kann es mir zeitweilig scheinen, als stünde ich neben dem Mond am Abfall der weißen Wolkengletscher und schaute gleich ihm in großer, gedankenloser Trauer in das schwarze Wasser der Himmelsseen[3]." Ein Hofmannsthalscher Kontrapunkt! Dekadenzstimmungen: *„Eine Hauptquelle pöbelhafter Art ist unsere Sinnlichkeit.* Sie schämt sich sogar noch zeitweilig, wenn sie nicht leutnantsmäßig schneidig und zugreifend auftritt – z. B. ich und die beiden Wienerinnen –. Ebensosehr wie sie noch das Orgiastische goutiert. – Sie muß blaß, vornehm, wählerisch werden. *Herbstzeitlosfarbige* Sinnlichkeiten! Mit einer sehrsehr fein gezogenen Grenzlinie gegen – das *Dekadente* wollte ich sagen, doch diese Unterscheidungen sind ja wertlos[4]." „Eine Deutsche sagt im Koitus: ‚Gib mir einen Kuß!' Da liegen für Österreicher alle Grenzen der Welt[5]!" – „Das Edle ist langweilig, es ist unbewegt, so anerkennenswert es ist, so wenig

[1] Tagebücher. S. 176. (Hervorhebung vom Verf.)
[2] Ebd. S. 26. [3] Ebd. S. 40 f.
[4] Ebd. S. 41 f. (Hervorhebung vom Verf.)
[5] Ebd. S. 196.

ist es für die Kunst geeignet. Dennoch kann eine ausgereifte Kunst nur nach ihm streben[1]."

Musil ist ein Meister in der Schilderung von Grenzsituationen. Ende Oktober 1919 wird er, als unfreiwilliger „écouteur" in einem Pensionszimmer Zeuge eines „unsichtbaren" Vorgangs, den er mit einer Neugier und mit einem Widerwillen schildert, die für seine schon fast mandarinhafte Frivolität bezeichnend sind: „Ich höre die Schnallen der Kofferriemen, den Schlüssel, das Klappern von Zahnbürste und Seife, die sie auf den Waschtisch legen. Ich kenne das Zimmer, weiß, wo jedes Stück steht. Seidenpapier raschelt, Gegenstände werden ausgewickelt und hingelegt. Sie sind heiter dabei, lachen. Worüber lachen diese fremden Menschen? Wie heiter sie sind. Ich erkenne mit Anstrengung, daß sie Französisch sprechen. Ich verstehe einzelne Worte und vergesse sie. Sie ziehen die Schuhe aus. Die Türe wird abgesperrt. Sie waschen sich. Ich verstehe aus den Geräuschen, daß sie viel Wasser genommen haben und es in breiten Schwällen sehr oft hintereinander über das Gesicht spülen. Sie seifen die Hände lange ein, bürsten sie mit Wasser, spülen sie, bürsten den Schaum noch einmal auf, spülen. Ich unterscheide aus den Geräuschen, daß sie das Hemd anbehalten haben, aber vielleicht weit geöffnet, bis zu den Schultern, denn wenn man den Hals mit dem Brustansatz wäscht, klingt es anders. Sie treiben sich wiederholt das Wasser in die Nase, wegen des Reisestaubs, und prusten es aus. Die Frau hat etwas Schnupfen, sie schneuzt sich heftig, lang, ungeniert: sie sind schon länger verheiratet.

Währenddessen sagt er etwas leiser zu ihr, sie kichert mit einer Altstimme; etwas daran läßt mich sofort erraten. Es wird nach einer Weile leise, ich höre Küsse; acht, neun; drei, vier davon rasch hintereinander. (Sie tun stumm ihr Werk.) Leises Anschlagen des Eisenbetts gegen die Wand. Dann in der Dauer einer halben Sekunde der Weibeslaut, halb Vokal, halb Hauch. Und danach absolute Stille."

„Am nächsten Tag: es sind große, fleischige Menschen. Nach einigen Tagen Widerwillen, ihnen zuzuhören[2]."

Dennoch dachte Musil, wie Klee und wie alle Ordo-Verliebten,

[1] Ebd. S. 113. [2] Ebd. S. 160 f.

auch im extremen psychologischen Aufdröseln aller Geflechte der Liebe und der Ehe fast wie ein scharfsinniger Kirchenvater. Musil wird zu einem Apologeten der Treue! Am 15. Juni 1915 schreibt er: „Wer wird sich zur Untreue verleiten lassen und die Ewigkeit für eine Viertelstunde opfern. Das kann nur geschehen, wenn man irdisch rechnet. Die Liebe weltmännisch betrachtet.
Keine Frage, wo die größere Glückskraft liegt. Die Stete. Der Mut in der Schlacht.
Man kann überhaupt nur lieben, wenn man religiös ist.
Untreue bringt um die himmlische Seligkeit; ist ein Sakramentsbruch[1]."
Eheprobleme findet man in vielen Tagebüchern – seit Casaubons „Ephemerides" im 16. Jahrhundert[2]. Meist wird die Ehe gelobt, wenn sie auch zugleich als schwierig, lästig oder „zeitraubend" empfunden wird, wie von dem ehrwürdigen Graecisten Casaubon mit seinen allerdings zwanzig Kindern. Doch gibt es, soweit wir übersehen konnten, kein Tagebuch, das die dämonischen gegenseitigen Zerstörungstendenzen, den Liebeshaß in einer Ehe so bloßlegt wie das späte Tagebuch und dann das Geheimtagebuch *Tolstois*. Schon in seinen früheren Tagebüchern hatte Tolstoi die rein „sexuelle" Ehe grimmig verurteilt und ein Ideal der Askese gepredigt. Am 14. Oktober 1897 notiert er sich aus seinem „Notizbüchlein" in sein Tagebuch: „Alles Unheil, das durch die Beziehungen der Geschlechter zueinander, durch Verliebtheit usw. entsteht, beruht darauf, daß wir die Fleischeslust mit geistigem Leben, mit – schrecklich, es zu sagen – Liebe verwechseln, daß wir unsere Vernunft nicht dazu gebrauchen, um diese Leidenschaft zu verurteilen und zu unterscheiden, sondern dazu, um sie mit den Pfauenfedern der Geistigkeit herauszuputzen[3]". Er entwirft regelrechte „Rezepte" gegen die Leidenschaft[4]. „Die Hauptursache der unglücklichen Ehen", schreibt er am 13. Oktober 1899, „ist die Erziehung in dem Gedanken, daß die Ehe dazu

[1] Ebd. S. 172. [2] Vgl. Kap. II.
[3] Leo N. Tolstoi, Tagebuch. Bd. 1 (1895–1899); Bd. 2 (1900–1903). Jena 1923, Bd. 1 S. 89.
[4] Vgl. Textteil.

angetan sei, glücklich zu machen." – „Die Ehe ist aber nicht nur kein Glück, sondern stets ein Leiden, durch welches der Mensch für die Befriedigung seines Geschlechtstriebs büßt[1]."
Im letzten Tagebuch, im Geheimtagebuch, schlägt der offene Haß gegen seine Frau, Sophia Andrejewna, in Verfolgungswahn um. Er schreibt – am 28. August 1910 – von ihrem „schrecklichen Egoismus" als von einem „Wahnsinn", doch plagen auch ihn Selbstvorwürfe und Reuegefühle, weil er merkt, daß er selbst immer liebloser wird und auch immer unfähiger, ihren Ansprüchen zu genügen. Er fürchtet bald, seine Frau wolle ihn als Schwachsinnigen hinstellen, um sein Testament für ungültig erklären zu lassen. Am meisten leidet er unter der Vorstellung, seine Frau habe ihm ein „kleines Tagebuch" weggenommen, um festzustellen, ob er sie etwa teilweise enterben wolle. Am 26. Oktober 1910 schreibt er: „Mehr und mehr wird mir dieses Leben zur Last." Am 28. Oktober verläßt er heimlich seine Familie. Auf dem Bahnhof von Astapowo muß er seine Flucht vor der Ehe und vor sich selbst unterbrechen, weil sein Gesundheitszustand sich verschlimmert. Dort hörte sein unruhiges Herz zu schlagen auf – zehn Tage nach seinem nächtlichen Weggang, am 7. November, ohne daß er Sophia Andrejewna noch einmal zu sich gelassen hatte[2].
Tolstois Lebensprobleme haben außer seiner Frau[3] zahlreiche seiner Freunde und Bekannten dazu veranlaßt, ebenfalls Tagebücher über Begegnungen, Erlebnisse und Gespräche zu führen; allein in Rußland wurden Dutzende von Tagebüchern dieser Art veröffentlicht. Auch die Lebens- und Eheprobleme Dostojewskijs spiegeln sich in Tagebüchern wider, in denen seiner Frau Anna und – unter andern – seiner Geliebten Pauline Ssuslova. Wir erinnern bei dieser Gelegenheit daran, daß die Russen zu den tagebuchfreudigsten Völkern Europas ge-

[1] A.a.O. Bd. 1 S. 166–167. Kontext vgl. Textteil.
[2] Das „Tagebuch für mich allein", wie Tolstoi sein Geheimtagebuch überschrieben hatte, wurde in deutscher Übersetzung veröffentlicht in: ALEXANDER GOLDENWEISER, Leo Tolstoi – Gedanken und Erinnerungen. Bern 1943. Die Zitate S. 348 ff. Kontext im Textteil.
[3] Vgl. Kap. I.

hören. Gerade die individualistische und auch introspektive Diaristik entspricht ihrer Neigung zur Grübelei und zur Analyse aller seelischen Regungen, aber auch einer *heimlichen* Aussprache mit sich selbst über „verbotene" Ideen und Weltprobleme. Das Klima, die langen Winterabende in kleinen Städten und auf dem Lande dürften dabei eine Rolle spielen, sowie die Tendenz des einzelnen Russen, sich aus uraltem Druck aller möglichen Kollektivbindungen zu befreien und gegenüber allen immer wieder *recht zu haben*: nach endlosen Gesprächen und Erörterungen. Ein bekannter russischer Kritiker der Gegenwart sagte einmal: „In allen Kriegstagebüchern der Sowjetunion, und es gibt deren zahllose, hat jeder einzelne russische Soldat den Zweiten Weltkrieg auf seine Weise geführt und gewonnen[1]."

Der Einblick in das katastrophale Ende der Ehe Tolstois soll dazu dienen, die moralischen Spannungen sichtbar zu machen, denen dieser bittere, unerbittliche Diarist unterworfen war, auch wenn seine ethischen Vorstellungen immer abstrakter wurden, wenn sie, gleichsam in einem luftleeren Raum, jenseits des Guten und Bösen *außerhalb seiner selbst* zu wuchern begannen. Immerhin war es gerade seine „Verzweiflung über den Wahnsinn und das Elend des Lebens", die ihn stets aufs neue nach „Rettung" suchen ließ, „in der Hinneigung zu Gott und im Bewußtsein der Gotteskindschaft". „Anerkenntnis der Gotteskindschaft ist Anerkenntnis der Menschenbruderschaft", wenn auch gerade diese unvermeidlich dazu führt, daß man

[1] Eine neuere Geschichte der Sowjetliteratur verzeichnet für diese Zeit nur einige Kriegstagebücher aus dem II. Weltkrieg: Gleb Struve, Geschichte der Sowjetliteratur. München 1957, S. 375–378. Doch handelt es sich nur um kurze Hinweise. In ihren historischen Zusammenhängen ist die russische Diaristik in Westeuropa noch nicht dargestellt worden. Zur Unterdrückung der Meinungsfreiheit, zum „Subjektivismus" auch innerhalb der Aufklärung, zur Hyde-Park-Funktion der Literatur im zaristischen Rußland vgl. die vorzügliche Arbeit von Dmitrij Tschižewskij, Russische Geistesgeschichte. Bd. 1: Das heilige Rußland: 10.–17. Jhdt. Hamburg 1959; Bd. 2: Zwischen Ost und West: 18.–20. Jhdt. Hamburg 1961.
Zur Tagebuchliteratur in den Vereinigten Staaten vgl. William Matthews, American Diaries. Berkeley 1945.

„sich oder die ganze Welt für wahnsinnig erklären muß[1]". Widerspruchsvolle philosophische Betrachtungen dieser Art dominieren in den Tagebüchern seiner späteren Lebenszeit[2]. Doch wußte Tolstoi, dessen Egozentrismus *und* Altruismus keine echte Selbstauslöschung möglich machten, daß jeder einzelne in diesen „Qualen" seinen eigenen Weg finden muß. Einen sogenannten Tolstojanismus lehnte er in seinen Tagebüchern entschieden ab. Am 2. Dezember 1897 notiert er: „Die Leute, die sich einem Führer unterwerfen, ihm glauben, ihm gehorchen, irren mit ihm zusammen in der Dunkelheit umher[3]." Tolstoi meinte einen „irdischen" Führer, und der wollte er auf keinen Fall sein, weil er sich in dem Circulus vitiosus seines Bloß-Menschseins hoffnungslos gefangen und verfangen fühlte. Darin liegt trotz vielen Irrungen und Verwirrungen seine *menschliche* Größe.

3. Narzißtische Verirrung

In Aufzeichnungen „normaler" Diaristen werden erotische Begebenheiten oder Probleme für sich selbst meist ohne Scheu niedergeschrieben, nicht selten aber auch aus Scham durch kryptographische Kunststücke innerhalb des Diariums verborgen[4]. Dies gilt auch für „Normale" mit nur *zeitweiser* erotischer „Lasterhaftigkeit" (Autismus), wie Novalis, Amiel, Kraus, und für „Anormale" mit ständiger Anlage zur Erotik „contra naturam" (Homoerotik), so Platen und Gide, oder mit wechselnden Neigungen dieser Art wie Katherine Mansfield. An diesen Tagebüchern sind nicht so sehr die einzelnen „Erinnerungen" des Diaristen bemerkenswert wie die *schöpferischen Spannungen*, die vielfach durch sie erzeugt werden. Außerdem haben natürlich auch ihre Fakten Gewicht für eine psychologisch-modern, also nicht psychologistisch-antiquiert konzipierte Sittengeschichte Europas. Sigmund Freud und seine *besten* Schüler haben die ebenso vitale wie geistige Bedeutung des „Obszönen" erkannt, aber sie haben diese „Kran-

[1] A.a.O. Bd. 1 S. 66. Vgl. auch Textteil.
[2] Vgl. Kap. X. [3] A.a.O. Bd. 1 S. 103. [4] Darüber in Kap. V.

ken"-Symbole in ein allzu rationalistisches System hineingepreßt, ähnlich wie extremistische Theoretiker der jesuitischen Kasuistik sie im 17. Jahrhundert als „teuflische" Erlebnisse in einem ingeniösen System katalogisiert hatten[1]. Das „moderne Problem" der Obszönität in der Literatur als Folge einer „Eroberung der Freiheit der Wörter" hat der weltbekannte Künder und Deuter archäologischer Leistungen, Kurt W. Marek, in seinen tagebuchartigen „Provokatorischen Notizen" in aphoristischer Form gestellt. Und es ist kein Zufall, daß ein Schriftsteller, der an Archäologie Gefallen findet, auf die tiefenschichtige Bedeutung dieses verdrängten Wort-„Schatzes" weist. Doch schleudert Marek bei dieser Gelegenheit etwas zu ungeduldig das Christentum in den Orkus. Noch sind tatsächlich die katholischen wie protestantischen Moraltheologien Europas „obszön"-verkleideten Urmächten des menschlichen Daseins gegenüber aus tradiertem uraltem Erfahrungswissen heraus viel aufgeschlossener als nichtchristliche „Kulturen" *innerhalb* Europas. In Asien und Afrika ist die „Obszönität" als geistiges Problem durch eine erotische Poesie spirituellen Ranges überwunden worden. Kaum jemand wird es als einen Fortschritt ansehen, sich „in absehbarer Zeit mit selbstverständlichem Gebrauch von Wörtern, die heute noch für obszön gelten, auf einer Party mit weitläufig Bekannten über den letzten Koitus unterhalten (zu können)[2]". Man kann nicht daran zweifeln, daß man es schon bald als langweilig empfinden würde, mit der Gattin des Gesandtschaftsrates X oder mit der Tochter des Industriellen Y auf diese Weise – als spräche man über das Wetter – in obszöner Diktion Intimitäten auszutauschen. Ein katholischer Theologe, der lange Jahre Beichtvater war, sagte uns einmal: „Manche Leute meinen, die erotischen Bekenntnisse im Beichtstuhl würden uns sexuell erregen. Das ist nur bei Psychopathen der Fall. Und die gibt es selbstverständlich auch unter Geistlichen. Doch ahnen Sie nicht, wie langweilig auf die Dauer gerade Bekenntnisse über Verletzungen des Sechsten Gebots sind. Wie alles sich immer

[1] Vgl. G. R. Hocke, Manierismus in der Literatur, S. 245 ff. u. S. 253 ff.

[2] Kurt W. Marek, Provokatorische Notizen. Hamburg 1960, S. 143 f.

wiederholt! Wie gattungshaft das alles ist. Wie unpersönlich! Und vollends problemlos wird es, wenn die Scham sich selbst erstickt – unter einer Flut von Selbstenthüllungen im vulgär-unzüchtigen, obszönen Stil[1]." Deswegen meinen wir, daß Mareks Bemerkungen über eine neue Art von „obszöner" Konversation auf Cocktail-Parties der Zukunft wirklich nur provokatorisch sind, Ausdruck einer barocken Freude an der Hyperbel, eines gewollten „challenge", wie in so vielen Tagebüchern und tagebuchartigen Aufzeichnungen.

Wir werden uns jedenfalls, in diesem letzten Abschnitt über erotisch-sexuelle Probleme in Tagebüchern, eine Grenze ziehen und nur auf Tagebücher hinweisen, die *nicht* der Gattung nur *physiologisch* anregender Pornographie zugehören. Die meisten *veröffentlichten* und bedeutenden Tagebücher Europas haben im übrigen diese Grenze *nicht* überschritten, weil sie aus echten Spannungen zum Person-Erlebnis geschrieben sind. Was sonst an „obszönen" pornographischen Manuskripten in Europa zirkulieren mag, was in geheimgehaltenen Teilen bereits verlegter Diarien in *nur* pornographischer Hinsicht noch enthalten sein mag, scheint uns, selbst in elementar anthropologischer Hinsicht, uninteressant. Diarien dieser Art, die krankhaft erotisierte Paare austauschen oder die in Kreisen betrunkener Kumpane vorgelesen werden, sind nichts mehr als Reizmittel. Sie gehören im besten Falle in Kuriositätensammlungen, in die Archive psychologischer oder psychiatrischer Institute[2]. Wir werden nur ein geistesgeschichtlich seltenes Beispiel anführen, das „autistische" Tagebuch König Ludwigs II. von Bayern, als Beispiel einer bestimmten *Form* von Aufzeichnungen eines *Geisteskranken*.

Die „Confessiones" des *Augustinus* bleiben, was Hinweise auf „Sünden" gegen das Sechste Gebot angeht, noch in einer ge-

[1] Den scharfsinnigsten Essay zu diesem Thema schrieb MAX SCHELER: Über Scham und Schamgefühl. Zur Ethik und Erkenntnislehre. Schriften aus dem Nachlaß. Bd. 1. Berlin 1933.

[2] Die größte Sammlung von „Abnormitäten" dieser Art dürfte sich in dem bereits genannten und noch nicht veröffentlichten Riesendiarium (50000 Seiten) von Prof. DIEGO HENRIQUEZ in Rom befinden. Darin obszöne „Kalender" mit pornographischen Zeichnungen aus Latrinen ganz Europas.

wissermaßen rhetorischen Vieldeutigkeit stecken, und sie offenbaren, außer einigen Andeutungen über Jünglingsfreundschaften, nur „normale" Beziehungen zu Frauen. „Lieben und geliebt zu werden war mir weit süßere Lust (als Hunger nach Gott), wenn ich auch den Leib der Geliebten genoß. So trübte ich den reinen Quell der Freundschaft durch den unreinen Schlamm der Sinnengier und verdunkelte ihren lichten Glanz mit dem Höllenbrodem ausschweifender Lust[1]." Soweit wir sehen, geben erst die „Confessions" von Jean-Jacques Rousseau „anormale" Regungen preis, aber auch diese nur als Libido-Verirrungen einer erotisch noch nicht fixierten Jugendzeit[2]. Erst mit der Romantik, also mit der immer autonomer werdenden Introspektion, begegnen wir auch in Diarien einer unbefangeneren Darstellung des anormal „Privaten". Dafür zunächst ein Beispiel: der knabenhaft-naive und gleichzeitig so seltsam idealistisch-verklärte Autismus von *Novalis.*

Der Erotismus kann bei einem entschieden idealistischen Selbstentwurf zu einer rein geistigen Existenzweise „pervertiert" werden und damit eine Art Bewußtseinsspaltung hervorrufen, die zum Dualismus von der „Idee" der Geliebten und dem isolierten „physischen Trieb" wird. Das führt unvermeidlich zu einem „Verhimmeln", zur Verklärung der Angebeteten wie zu einem heimlichen, verquälten „physischen Autismus[3]". Auf die Dauer sind Surrogate dieser Art nicht zu ertragen, weder von der jeweiligen Beatrice oder Laura, noch von dem, der diese „ferne" Geliebte auf mystisch-literarische Altäre stellt. Eines der ehrlichsten Beispiele für diesen Zwiespalt ist die mystisch-idealisierte Liebe von Novalis zu seiner Braut, zu der er jedoch „Religion – nicht Liebe" hat. Ihr früher Tod begünstigt diese Verklärung, läßt sie extrem werden. Als ob für ihn ein zweites Leben anfinge, datiert Novalis seine

[1] Des heiligen AUGUSTINUS Bekenntnisse (Confessiones, dt.), übertr. u. eingel. von HUBERT SCHIEL. 5. Aufl. Freiburg 1956, S. 42.

[2] Homoerotik a.a.O. S. 67; Autismus S. 88 f., 109, 1282 f.; physiologische Unfähigkeit (zu Pavese) S. 197, 322.

[3] Zur psychoanalytischen Problematik vgl. GUSTAV BALLY, Einführung in die Psychoanalyse Sigmund Freuds. Mit Originaltexten Freuds. Hamburg 1961.

Eintragungen nach den Tagen, die seit dem Tod der „Geliebten" vergangen sind.
Am 18. April 1797 – am 31. Tag nach dem Tod Sophies[1] – beginnt Novalis sein Tagebuch: „Früh sinnliche Regungen. Mancherlei Gedanken über sie und über mich[2]." Drei Tage später: „Früh sinnliche Phantasien. Dann ziemlich philosophisch[3]." „Ich muß nur immer noch mehr in ihr leben. Nur in ihrem Andenken ist mir wahrhaft wohl[4]." „Meine Phantasie war zwar zuweilen ein wenig lüstern, doch war ich heute ziemlich gut ... Meine Liebe zu Sophie erschien mir in einem neuen Licht[5]." Ständig pendelt die Ausdrucksweise zwischen der naiven Emphase der Idealisierung der toten Geliebten und der nüchternen Registrierung des Autismus: „Den ganzen Tag war ich ganz ihrem Andenken heilig[6]." „Die Lüsternheit war von früh bis nachmittags rege[7]." „Beide Tage stand ich sehr früh auf. Getan hab ich sonst nichts. Viel Lüsternheit[8]." „Heute war ich, mehr als gewöhnlich, ängstlich beim Gedanken an Sophie – den ganzen Tag sehr warm – und schläfrig ... Meine Hauptaufgabe sollte sein, alles in Beziehung auf ihre Idee zu bringen.[9]" „Früh etwas aus Fichte extrahiert – ein wenig weit die Lüsternheit getrieben[10]." Bei der Lektüre des Philosophen also, der die Existenz des Ichs als ein *„Sicherzeugen"* bezeichnet hatte!
Demnach produziert das „Ich" die vorgestellte Welt, ein fremdes „Nicht-Ich"! Die *doppelten* Ekstasen des genialen jungen Novalis, das Entzücken an der „idealen" Vision des „absoluten" Ichs und der Selbstgenuß des „empirischen" Ichs, haben hier geradezu logische Folgerichtigkeit. Solche Erfahrungen sind nicht vereinzelt. Doch kommen bald die grellen Blitze, die das eigene, so gespaltene Sein beleuchten: „Je mehr der sinnliche Schmerz nachläßt, desto mehr wächst die geistige Trauer,

[1] Sophie von Kühn (1782–1797) starb zwei Tage nach ihrem fünfzehnten Geburtstag am 19. März; Novalis (1782–1801) erlag vier Jahre danach, am 15. März, der Schwindsucht.
[2] Novalis, Schriften. Hrsg. v. J. Minor. Bd. 2, Jena 1907, S. 74.
[3] A.a.O. S. 74. [4] Ebd. S. 76. [5] Ebd. S. 76.
[6] Ebd. S. 77 f. [7] Ebd. S. 81. [8] Ebd. S. 82.
[9] Edb. S. 84. [10] Ebd. S. 85.

desto höher steigt eine Art von ruhiger Verzweiflung. Die Welt wird immer fremder. Die Dinge um mich her immer gleichgültiger. Desto *heller* wird es jetzt um mich und in mir[1]." Das dauert in einer solchen Angespanntheit zwischen dem „fernen Ich-Ideal" und der eigenen „Ich-Nähe" des Körpers wiederum nicht lange an. Kurz danach „bekennt" der an Kindheitsbeichten gewöhnte Katholik und Pietist: „Der Tag war ungemein schön wieder. Nachmittags las ich in Asmus, wo mir manches gefiel – ging träg spazieren, schlief zu Hause, – *überließ mich gänzlich der Lüsternheit* – schrieb Briefe ohne Geist und befand mich in einem Zustand von Unzufriedenheit und Zweifelsucht[2]." Todesahnungen müssen auch in diesem Fall die Folge sein: „Auch hab ich bemerkt, daß es offenbar meine Bestimmung ist – ich soll hier nichts erreichen – ich soll mich in der Blüte von allem trennen[3]." Zwischen dem physiologischen Ich und dem metaphysischen Ich liegen entsetzliche „Fernen". „Ich habe heute einigemal an sie gedacht – aber von weitem – nicht wie gewöhnlich[4]." Zweifel quälen auch ihn. Sie werden schlimmer: durch seinen Narzißmus aus Treue. „Die Zweifel dauerten fort – ich tat sehr wenig – war sehr begehrlich[5]." „Ohne meine Sophie bin ich gar nichts, mit ihr alles[6]." „Die lüsterne Phantasie des Morgens veranlaßte nachmittags eine Explosion[7]." Längst ist aus der idealisierten Geliebten ein „Idol" geworden. Nach Tagen völliger Apathie wird die nihilistisch-melancholische Todessehnsucht zur religiösen Nachfolgeschaft: *„Sie ist gestorben, so sterb ich auch; die Welt ist öde.* Selbst meine philosophischen Studien sollen mich nicht mehr stören[8]." Doch dann muß er sich wieder ermahnen, sich nicht an das Leben zu verlieren: „Habe Söfchen stets vor Augen – vergiß nicht die Kürze von drei Monaten – übernimm dich nicht – sei mäßig – und überlaß dich nicht zu sehr deinem Hange zu vexieren und zu belustigen. Jetzt schickt es sich doch

[1] Ebd. S. 86. (Hervorhebung von NOVALIS).
[2] Ebd. S. 87 f. (Hervorhebung von NOVALIS).
[3] Ebd. S. 88. [4] Ebd. S. 89. [5] Ebd. S. 92.
[6] Ebd. [7] Ebd. S. 93.
[8] Ebd. S. 94. (Hervorhebung von NOVALIS).

nicht mehr recht für dich, – wenigstens sehr mit Maß. Christus und Sophie[1]."

Ende Juli 1800 stellt er in einer seiner häufigen „männlichen" Ordnungsabsichten fest: „Die Zukunft ist nicht für den Kranken – nur der Blick der Gesunden kann sich dreist in ihre wunderlichen Wogen verlieren. Unglück ist der Beruf zu Gott. Heilig kann man nur durch Unglück werden, daher sich auch die alten Heiligen selbst ins Unglück stürzten[2]." „Die Zukunft ist nicht für den Kranken." Die Lebenskräfte versagten früh. Mit Novalis starb einer der reinsten, klarsten Vertreter der europäischen Frühromantik; der geniale und tiefsinnige Vorläufer aller späteren „romantischen" Tagebuchschreiber, die ihren schmerzlich-pathetischen Kampf leisteten zwischen „absolutem Ich" und „empirischem Ich"; verzweifelnd an der Welt des „Nicht-Ich", erst nur für sich und vor sich selbst, dann immer mehr – mit literarischem Exhibitionismus – auch vor anderen und für andere[3].

Die Angst vor der vermeintlich „unersättlichen Animalität" der Frau bildet ähnlich wie bei Pavese ein, allerdings meist idealistisch verbrämtes, Grundmotiv im endlosen „Journal intime" von Amiel. Doch liegt die Ursache für diese Sorge eines nun ganz „systematischen" Junggesellen in völlig anderen psychologischen Strukturen. Amiel wollte zwar oft heiraten, hatte aber dazu niemals die elementarste männliche Courage, weil er auf seine vielen persönlichen Gewohnheiten nicht verzichten wollte. Pavese versuchte wenigstens, das absolute Glück in immer erneuten erotischen Experimenten zu finden. Amiel dagegen hat vermutlich ein einziges Mal eine Frau besessen, und das genügte ihm als Enttäuschung offenbar fürs ganze Leben. Außerdem konstruierte er sich ein typisches Mixtum compositum als Ideal. In Berlin schreibt er am 31. Mai 1848: „L'égoisme à deux me fait peur." Ein „Vamp" ist nicht nach seinem Geschmack. Er sehnt sich nach einer Liebe, die dem „reinen und unsterblichen Glanz eines Sternes" gleicht, nicht dem „Ausbruch eines Vulkans". Und er wünscht sich eine gesunde „Blonde" mit starkem Busen, doch ohne Leidenschaft,

[1] Ebd. S. 97 f. [2] Ebd. S. 102.
[3] NOVALIS-Kontexte im Textteil.

dafür mit Charakter und lebhaftem Sinn; „eine Protestantin mit katholischem Blut, geboren im Norden, doch von italienischer, spanischer oder griechischer Mutter“; eine Bürgerstochter, wohlhabend, aber nicht zu reich[1]. Das ist die Abwehr-Vision eines Mannes, der die Fixierung auf narzißtische Selbstliebe nie überwinden konnte, es sei denn im fortschreitenden Alter. Während seiner Jugend hat Amiel, mit medizinischen Kuren, die heute geradezu abenteuerlich erscheinen, gegen das Laster der Selbstbefriedigung angekämpft und (im Original-Tagebuch) häufig über seine „Rückfälle“ berichtet. Doch muß er die ersehnte „Ruhe“ in dieser Hinsicht bald gefunden haben. Sein Temperament war ohnehin nicht leidenschaftlich. Seine Schüler klagten über die Kälte seiner Vortragsweise, über die Schwunglosigkeit seiner Vorlesungen. Das sagt selbstverständlich nichts aus über den Wert, ja über die seelische Kraft dieser – was introspektive Intensität angeht – einzigartigen diaristischen Persönlichkeit Europas. Doch erscheinen physischer Narzißmus und extreme Selbstanalyse, Auto-Sexualismus und egotistische Introspektion in den „intimsten“ Tagebüchern Europas eng verbunden. Der Psychiater Krafft-Ebing berichtet in seiner „Psychopathia Sexualis“, daß der Autosexualismus als „sexuelle Rückzugslinie“ bei Kindern oft angeregt wird durch „Selbstbespiegelung“ das heißt durch den Anblick des eigenen Körpers im *Spiegel*[2]. Dabei ist für solche Diaristen meist auch eine hochempfindliche Schamhaftigkeit bezeichnend, im Gegensatz etwa zu den erotischen Aufzeichnungen robusterer „Junggesellen“ wie Stendhal und Delacroix. Da es diaristische Querverbindungen auch in den vielfach so maskierten Aufzeichnungen über eigene Erotika gibt, muß man sicherlich das Tagebuch Kafkas mit seinem von obszönen Dämonen umwitterten erotischen Askese-Ideal eher den Diarien der Novalis und Amiel zuordnen als denen der Waiblinger, Stendhal, Delacroix und Baudelaire. Wenn Geist und Trieb in jedem Menschen Spannungen erzeugen, die schöpferisch oder zerstörerisch werden können, so kommt es auch darauf an, die *Stärke* und

[1] Journal intime. Bd. 1 S. 116 ff.

[2] RICHARD V. KRAFFT-EBING, Psychopathia Sexualis. Zürich 1937, S. 93 f.

die *Auswirkungen* dieser Spannungen zu kennzeichnen. Aufrichtige Tagebuchschreiber Europas können uns dazu verhelfen, auch ohne einer Metaphysik des Obszönen zu verfallen, Einsichten für eine nüchterne, sachliche, philosophische, weniger psychologisierende Anthropologie der Gegenwart zu gewinnen, deren Grundelemente Max Scheler mit einer empirischen Metanthropologie und Arnold Gehlen in seiner Anthropobiologie gelegt haben[1].

Das Wort Pädagogik ist heute ebensowenig „modern" wie das Wort Tugend. Das sind die vielleicht *negativsten* Merkmale unseres, wenn diese Tautologie erlaubt ist, neueren und neuesten europäischen *Nihilismus.* Wir müssen uns mit einem Hindeuten auf diese Gefahrenzonen begnügen, die sich heute schon weit in den Illustriertenjournalismus, das Filmwesen und die übrigen publizistischen Bereiche unserer allmählich mehr kleinbürgerlichen als proletarischen Massen-„Zivilisation" ausgedehnt haben. In Europa hat sich nach 1950 ein pseudo-paganer Kult des Eros ausgebreitet, ein sozusagen säkularisierter Erotismus. Er zeigt alle Merkmale einer oberflächlichen Enthemmung, weder den Charakter einer elementaren Triebkraft noch einer zielsicheren Sublimierung. Dieser Erotismus der Dolce Vita hat Kennzeichen, die Schelsky künstliche Stimulierung verflachter „Konsumbedürfnisse" nennt. Das, was Schelsky als die „Sexualisierung des modernen Menschen von *außen*" bezeichnet, die ständige Erweckung sexueller Impulse „ohne eigentlichen Triebdruck vom Individuum her", hat zu einer standardisierten Massenerotik geführt und damit zu einer reduzierten Hemmungs- und Sublimierungsfähigkeit bei fortschreitendem Persönlichkeitsverlust[2].

Widerstände! In diesen allmählich auch trieb-mechanischen Unterwelten erfahren die einzelnen Herren, Signori, Señores, Mister oder Messieurs sowie ihre weiblichen Partner also keine *Widerstände* mehr. Das Widerstandserlebnis aber bildet,

[1] Vgl. Kap. VI. – Zu Arnold Gehlen vgl. Der Mensch. Seine Natur und seine Stellung in der Welt. Bonn 1950.

[2] Vgl. Helmut Schelsky, Soziologie der Sexualität. Hamburg 1955. Zu historischen Beziehungen: G. R. Hocke, Die Welt als Labyrinth. S. 179 ff.

wie Dilthey uns gelehrt hat, eine wichtige Voraussetzung für „metaphysische" Gestimmtheit. Religiös gesprochen: immer schwächer wird die Widerstandsidee der Askese als Impuls für das immer konkretere Erlebnis des Über-Ichs[1].

Wir möchten diese zum Problem der „Selbstbespiegelung" unentbehrlichen Hinweise auf autistische „Indiskretionen" in Tagebüchern beenden, indem wir eins der erbarmungswürdigsten Diarien wenigstens rasch aufschlagen, eines europäischen Königs, eines kranken Megalomanen und „Auto-Erotikers", das Tagebuch *Ludwigs II. von Bayern*. Es erscheint uns aus zwei Gründen ebenso wichtig wie das Tagebuch des Kronprinzen und späteren Kaisers Friedrich III. von Preußen[2]. Man erinnere sich an die tagebuchartigen Tatenberichte altrömischer Kaiser! Das gleiche „Gefäß" der Aussage über sich selbst wird von einem europäischen Herrscher zur Zeit der dritten Romantik wieder benutzt. Aber wie hat sich sein Inhalt verändert! „Private Indiskretionen" überwiegen, und zwar über autistische und homoerotische „Taten". Doch fühlt sich der megalomane „Souverän" nicht nur als Alleinherrscher über sein Volk; er will in diesem Tagebuch vor allem *sich selbst* beherrschen, das heißt seine „Laster". Er bedient sich dazu pathetischer königlicher *Widerstands*-Dekrete, und je mehr der Wahnsinn fortschreitet, desto heftiger, ungeduldiger werden diese Verfügungen gegen seine Schwäche, „vom Thronhimmel des königlichen Bettes" und oft im Namen der Könige Ludwig XIV. und XV. von Frankreich. „Kalte Waschungen" erscheinen ihm nutzlos. Er zieht, im Widerstand gegen physische Selbstliebe, bald das „Weihwasser" vor. „Mit Gottes und Königs Kraft" will er sich „das Ganze" abgewöhnen. Selbstbewußt schreibt er am 29. Juni 1871 zu solchen Schwüren und Gelöbnissen: „Bald bin ich ein Geist geworden, reiner Äther mich umwallt ..." Doch sechs Jahre später befiehlt er sich verzweiflungsvoll „gänzliche Enthaltsamkeit, selbst des Küssens ... in aeternum" – was seinen Stallmeister Richard angeht. Er gelobt und schwört, er tobt und rast gegen

[1] Vgl. dazu in den Tagebüchern von Kierkegaard die Verteidigung der katholischen Mönchsorden in scharfer Polemik gegen Luther.
[2] Vgl. das nächste Kap.

sich selbst, und dabei träumt er immer wieder von den Schönheiten der Natur, von den Anregungen der Literatur und Kunst, von anmutig-edlen französischen Büchern und natürlich auch von seinen Schlössern[1].

In seinem Tagebuch stellt Kronprinz Friedrich von Preußen fest, wie sehr sich der König von Bayern allmählich verwandelt hat[2].

„Ich finde ihn auffallend verändert; seine Schönheit hat sehr abgenommen, er hat die Vorderzähne verloren, sieht bleich aus und hat etwas Nervös-unruhiges in seiner Art zu sprechen, so daß er die Antwort auf seine Frage nicht abwartet, sondern während des Sprechens des Antwortenden bereits neue, andere Dinge betreffende Fragen stellt[3]."

Die erotischen Indiskretionen im Tagebuch Ludwigs II. und die politischen Enthüllungen im Tagebuch Friedrichs III. haben in Deutschland und darüber hinaus heftige Auseinandersetzungen ausgelöst. Beide Diarien haben, gerade wegen dieser nun so *privaten* „Tatenberichte", wegen ihrer Annäherung an die „indiskrete" Alltags-Diaristik der Renaissance-Chronik-Journale und der romantischen Selbstenthüllungs-Tagebücher, das dynastische Prinzip und das Legitimitätsdenken in Europa erschüttert[4]. Die „Journale" der Pharaonen und Imperatoren der Antike liegen jetzt weit hinter uns: wir befinden uns mitten in der europäischen Décadence aller Lebensprinzipien. Doch bildet auch sie die Voraussetzung für eine schöpferische „Umwertung aller Werte".

[1] LUDWIG II. VON BAYERN, Tagebuch-Aufzeichnungen. 1869–1886. Lichtenstein 1925, S. 9–15, 39, 69, 79. Kontexte im Textteil.

[2] KAISER FRIEDRICH III., Das Kriegstagebuch von 1870/71. Berlin u. Leipzig 1926, S. 252.

[3] A.a.O. S. 10.

[4] Über die Gründe und Auswirkungen der Diskussionen anläßlich der Veröffentlichung des Tagebuches von FRIEDRICH III. vgl. EDUARD ENGEL, Kaiser Friedrichs Tagebuch. Halle 1919, u. Kap. VI.

4. Androgyne Verwirrung

Die antike pagane Auseinandersetzung mit den Lastern „contra naturam" geht von einem politischen Tugendbegriff aus, wie sehr auch die Götter und Göttinnen des Maßes beschworen werden. Das tiefere Widerstandserlebnis aus der Opposition des christlichen Gewissens, das, seit den „Confessiones" des Augustinus, gerade in individuellen moralischen Selbst-Erforschungen den europäischen Geist immer wieder dazu veranlaßte, sich zu fragen, ob man seinen „Idealen" entsprechend *handelt,* wird auch in solchen Tagebüchern der Romantik Ereignis, die sich mit anderen erotischen „Verirrungen" auseinandersetzen. Wir finden dieses Widerstandserlebnis des Gewissens vor allem in einem Tagebuch nicht mehr nur der Introvertiertheit, sondern der homoerotischen Inversion, im Tagebuch des Grafen *August von Platen.* Der junge Dichter kann sich von seinem Laster, von seiner ständigen Verliebtheit in Epheben, nicht befreien; er leidet darunter, aber keineswegs nur deswegen, weil so mancher dieser schönen Jünglinge, denen er wie ein Minnesänger den Hof macht, sich ihm versagt, ja ihn auslacht oder sogar öffentlich angreift. Vom Jahre 1819 an findet man verzweifelte Eintragungen über die Herzenskälte der schmucken Offiziere, denen er sich mit sokratischen Vergeistigungstendenzen (im „Reiche der Poesie"), mit so vielen töricht-idealistischen Tricks nähert[1]. Platen verfällt „Gestalten des Wahns". Er ist sich seiner Gefährdung bewußt, auch wenn er seinen „Irrsinn" weniger auf Zeiten „animalischer", neronischer Lasterhaftigkeit als auf die der „spirituellen" platonischen Ephebenkulte zurückführt. Er kämpft, er widersteht mit der wirklichen Noblesse eines späten Ritters Neigungen, die ihn in einen hoffnungslosen Widerspruch zur Welt setzen. Diesen Kampf gegen Introversion und Inversion führt er in allen möglichen europäischen Sprachen; weniger für die Nachwelt verbergend als aus Schamhaftigkeit vor sich selbst, denn es läßt sich französisch offenbar leichter schreiben: „J'éprouve que mon inclination pour ... s'augmente de jour en jour,

[1] Einer von ihnen, Eduard, wurde GIDES Vorbild für den Edouard in seinem Roman Die Falschmünzer.

d'heure en heure; je sens qu'elle est devenue une passion triste et inquiétante, comme celle que j'ai éprouvé pour Fédérigo, maintenant presqu'oublié pour son beau rival[1]." Also: traurige und beunruhigende Passion, die „von Tag zu Tag und Stunde um Stunde" aufgezeichnet wird. Ein anderes Thema zu „tristes jours" in europäischen Diarien, doch bei aller oft unerträglichen Rührseligkeit gegenüber sich selbst getragen vom Kontrapunkt eines stets wachen, wenn auch selten folgerichtigen Gewissens. Dieses Tagebuch birgt sein eigenes „Geheimnis", das „secret" Platens und seines Freundes Eduard-Edouard: „Aucun autre que l'impossibilité d'aimer les femmes et l'inclination invincible pour son propre sexe[2]."

Widerstände! *André Gide*, der herausfordernde Prediger des „Amoralisme", ist, selbst in bezug auf seine „Inversion", in seinem christlichen „Protestanten"-Gewissen viel gehemmter, als seine Gegner es so lange wahrhaben wollten; auch wenn er in seinem „Journal" einmal schrieb (am 11. August 1934), die Tagebücher von Platen hätten zwar eine ziemlich reizvolle sprachliche Qualität, aber: „Was soll ich mit dem Jammernden anfangen[3]." Er selbst, dieser typische verheiratete homoerotische Junggeselle, jammert ununterbrochen in seinen Tagebüchern, durchaus ähnlich wie Platen, über das „Irritierende" seiner Neigung, über die Herzenskälte von Epheben, in die er sich verliebt hatte, immer wieder und meist unglücklich. Dabei versucht Gide, nun ganz anders als Platen, sein Schicksal als „péderaste", „zu denen ich gehöre", *rationalistisch* zu rechtfertigen. Er unterscheidet „Päderasten", „Sodomiten" und „Invertierte". Ein Päderast ist demzufolge ein Mann, der Knaben, ein Sodomit ein Mann, der erwachsene Männer liebt. Ein Invertierter hingegen ist ein Mann, der, „in der Komödie der Liebe", die Rolle einer Frau spielen will und als solche „beses-

[1] Tagebücher Bd. 1 S. 432. Vgl. ferner Bd. 2 S. 178 ff. Beispiele im Textteil.

[2] A.a.O. Bd. 2 S. 310. Es soll hier hervorgehoben werden, daß Platens vielschichtiges Tagebuch nicht nur von diesem „secret" kündet. Für die Bildungs- und Lektüregeschichte seiner Zeit z. B . ist es – wie Constants „Journal" – ein literarisches „Speculum mundi".

[3] A.a.O. Bd. 1 S. 1215.

sen" sein möchte. Alle diese Homosexuellen seien allerdings nicht ganz scharf voneinander zu unterscheiden. Päderasten wie er seien eher selten; Sodomiten viel zahlreicher; Invertierte häufiger zu finden. Doch schreibt Gide, er wisse über solche Weib-Männer nur wenig. Es scheint ihm, als seien nur in bezug auf sie die Vorwürfe einer „moralischen und geistigen *Deformation*" berechtigt[1]. Genau wie Platen also lehnt André Gide die „deformierende" Inversion, das Androgynentum, ab. Die Schilderungen des Lasters in der europäischen Literatur hat der italienische Anglist Mario Praz in seinem schon erwähnten Buch in vorbildlicher Weise gesammelt und analysiert, und zwar von Tasso über die Vor-Romantiker und Romantiker bis zur „Dekadenz"-Zeit der Jahrhundertwende[2]. Darin spricht er von einem Typus des „schwarzen Romans" mit seinen Helden des „Gesetzlosen", mit seinen „fatalen" Heroen, mit seinen „Belles Dames sans Merci", mit seinen Vorstellungen von Glück in Laster und Verbrechen. Ganze Panoramen der Nachtwelt des Erotischen werden erhellt: die „Schönheit" der Meduse, des Schreckens, der Trauer, des Grauens, der Grausamkeit, der Tortur, des Vampirs, des Teufels und des Todes. Zeugnisse für die modische Apotheose des Lasters findet man in den Tagebüchern der Gebrüder Goncourt, wenn auch *in distanziert berichtender Form*. Für diese Zeit erregten vor allem die Darstellungen „über das englische Laster" Aufsehen, die „Algolagnie", für die – wie für alle Formen der Kombination von Schmerz und Wollust, von Grausamkeit und Erotik – der Dichter Swinburne Modell wurde, der sich aus masochistischen Regungen von Frauen auspeitschen ließ. Das Wort Algolagnie ist gebildet aus dem griechischen „Algos" = der Schmerz, und „Lagneia" = die Wollust. Demzufolge wäre der Masochismus als passive Algolagnie anzusehen[3]. Passive Hingabe an den Schmerz der Ich-Vernichtung im Geiste und an die Ich-Zerstörung in nur noch sexueller Dämonie – damit haben wir auch ein neues Merkmal für introspektive Tagebücher besonders extremer Art. Vor allem Amiel wird uns dadurch ver-

[1] Ebd. S. 671 f.
[2] La Carne, la Morte e il Diavolo.
[3] Vgl. KRAFFT-EBING a.a.O. S. 231 f.

ständlicher, als einer der grenzenlosesten Ich-Analytiker, der sein Ich diaristisch unaufhörlich auszupeitschen scheint bis zu dem Augenblick, wo die Erfahrung des Nichtmehr-ich-Seins, der völligen Ich-Zerstörung, offenbar als höchste Lust empfunden wird.

Dieses Streben nach Einheit von Schmerz und Lust, auch im Sinne einer Ich-Auslöschung, eines Zurücksinkens in die angeblich gesetzlose „Natur", findet man auch im „Journal" von *Katherine Mansfield*[1], das in seinem ersten Teil als ein „journal noir" anzusehen ist, allerdings von merkwürdig poetischer Reinheit in diesem Sich-Verlieren. In den Blättern der Mansfield wird außerdem ein anderes Mode-Laster der erotischen Literatur des 19. Jahrhunderts Ereignis, das Androgynentum, die Doppelgeschlechtigkeit, hier die Verehrung der Frau, die höchstes erotisches Glück nur in der gleichzeitigen Liebe zum Manne und zum Weibe findet, weil sie selbst beides zu sein glaubt: Mann und Weib in einem Körper. Als Achtzehnjährige schildert Katherine Mansfield eine Liebesnacht mit einer Freundin und schreibt über die Geliebte: „Alle diese sogenannten Liebestriebe finde ich viel stärker bei ihr als bei irgendeinem Mann." Doch sie selbst fühlt sich, neben der Geliebten liegend, als „ein Kind, eine Frau und mehr als ein halber Mann[2]". Später berichtet sie über ein Liebeserlebnis mit einem Mann. „Wie lasterhaft ich aussah", ruft sie aus – „wir liebten einander wie zwei wilde Tiere." – „Ich war toll vor Leidenschaft – ich hätte morden können[3]." Doch ist Katherine Mansfield viel zu sensibel, allein schon durch ihre ständige Kränklichkeit, um sich mit dem weiblichen oder mit dem männlichen Teil ihres Androgynentums begnügen zu können. Ihr wahres Idealreich ist die Dichtung, und sie selbst, als neue Einheit, *Ich-Königin* darin. So schreibt sie einmal: „Ich danke dem Himmel, daß ich im Augenblick, obwohl es verdammenswert ist, in niemanden *außer in mich selbst verliebt bin*[4]."

[1] Katherine Mansfield = Pseud. f. Kathleen Beauchamp verh. Murry (14. 10. 1888 – 9. 1. 1923).

[2] Katherine Mansfield, Journal. Ed. by I. M. Murry. Definitive Ed. London 1954, S. 12 f.

[3] A.a.O. S. 45–47.

[4] Ebd. S. 22. Vgl. auch Textteil.

Für die Apologie der lesbischen Liebe trat auch der französische Literaturkritiker Ch. A. Sainte-Beuve ein, der selbst manche „Poisons" erforscht und „Cahiers intimes" geschrieben hatte; er bezeichnete ihre Literatur als „heilige Schriften" der Romantik und der Dekadenz. Zum androgynen „Ideal" dichtete Gautier:

„Est-ce un jeune homme? Est-ce une femme,
Une déesse ou bien un dieu?
L'Amour, ayant peur d'être infâme,
Hésite et suspend son aveu . . .

Pour faire sa beauté maudite,
Chaque sexe apporta son don[1]."

Schwere Krankheit und Vereinsamung bewirkten in Katherine Mansfield bald einen Wandel. Eine Sehnsucht nach Klarheit und Wahrheit, schließlich nach Reinheit und nach Gott, führte zu dem Wunsch, sich zu „verlieren", um „noch tiefer zu lieben". Damit wird ihr auch die Ehe zu einem „höheren Gut". Die Selbstkritik verstärkt sich. Daß Leiden zu Liebe werden müsse, das ist ihre letzte Erkenntnis, ihr letztes Geheimnis. „Ich muß von persönlichem Lieben zu *größerer* Liebe gelangen." Katherine Mansfield starb, vierunddreißig Jahre alt, an einem Blutsturz. Aus den Bezirken des „amour damné" hatte sie sich schon vorher befreit[2].

Greifen wir noch einmal zum Tagebuch von André Gide zurück, um Bekenntnisse dieser Art nicht nur im geistesgeschichtlichen Sinne zu werten. Auch in seinem Journal werden immer wieder *moralische* Spannungen sichtbar. Gide will „Platoniker" bleiben, ein ästhetischer Liebhaber von Ideal-Knaben, die er jedoch alles andere als nur „geistig" liebt. Alles das ist von

[1] In: Émaux et Camées. Zitiert nach M. PRAZ a.a.O. S. 333. Vgl. zu „Hermaphroditen" im Manierismus G. R. HOCKE, Die Welt als Labyrinth, S. 201 f.

[2] Über die spätere Lebensphase von K. MANSFIELD und ihr Tagebuch vgl. INA SEIDEL in: Welt der Frau, Jg. 2, H. 4, 1947, S. 9–11 u. LIESEL SCHWINN im Hochland, 33. Jg., 1960/61, S. 333–342.

einem moraltheologischen Standpunkt aus sicherlich mit vielen Fragezeichen zu versehen. Doch gebührt André Gide das Verdienst, in seinen Tagebüchern das Problem der Homoerotik, die in allen Epochen nicht nur der europäischen Sittengeschichte eine Rolle gespielt hat, vor sich selbst couragiert dargestellt zu haben. Nicht zuletzt liegt das Verdienst auch darin, daß diese zugleich rationalen wie religiösen Analysen, die ursprünglich nur zum Teil für eine Leserschaft bestimmt waren, von Gide selbst mit dem gleichen Bekennermut ohne Kürzungen „ad usum Delphini" der Öffentlichkeit preisgegeben wurden. Wenn auch persönliche Rechtfertigungstendenzen zu überwiegen scheinen, so sind in diesen Teilen seines „Journal intime" doch viele Elemente enthalten, die einer objektiveren, psychologischen Diagnose dieser „Veranlagung" dienen können. Auch aus einem anderen Grunde: der erotische Ephebenkult spielt in unserer Epoche, da man ihn seelenkundlich nicht mit den richtigen Kriterien einzuschätzen und damit in einem keineswegs nur moralischen Sinne nicht richtig einzuschränken versteht, in den kulturellen Clans der Homosexuellen europäischer Großstädte eine Rolle. Auffallende Bezirke der Geschmacks-„Kultur" des 20. Jahrhunderts, Theater, Film, Mode, aber auch Kunst, Literatur und Musik, werden von temperamentvoll-melancholischen Homoerotikern stark beeinflußt. Ihre positive Rolle zur Differenzierung der „normalen" Aktivitäten in „gesunden" Kreisen unseres Erdteils ist nicht zu übersehen. Doch bleibt sie aus dem nur paralysierenden Erlebnis des Widerstands einer meist ganz und gar verständnislosen Umwelt heraus in einem „metaphysischen" Sinne schöpferisch eingeengt. Wieder hat ein Tagebuch Europas, dasjenige Gides, in der Herausforderung der Wahrheit im engsten Für-sich-Sein ein jahrtausendaltes Problem „skandalös"-offen gestellt. Priester, Gesetzgeber und Ärzte sollten es lesen, sofern in der so verbrämt „idealistischen" oder so verlogen „materialistischen" Kultur beider Hemisphären derartige „Krankenjournale" überhaupt noch *vor*-urteilslos gelesen werden oder – von Zensoren nicht schon vorher *ver*-urteilt – gelesen werden dürfen. Herausforderung der Menschlichkeit – und auch der Kritik, das ist, wir sagten es schon, der noble, rationale Sinn der Tagebücher Gides[1]. Insofern gehört dieses Diarium, auch in bezug auf „Intimstes" in Europa seit Platons Zeiten, zu denjenigen Modi des „challenge", der Herausforderung, die Toynbee als für die Entwicklung der Geschichte entscheidend bezeichnete. Auch solche verzweifelt hingeworfenen Fehdehandschuhe brauchen ihre Antwort, ihre humane Entgegnung, um so mehr, als ja die Herausforderung fast unmenschlich-übermenschlich war: durch ein diaristisches Alles-Sagen – ohne Obszönität – für die Öffentlichkeit.

[1] Vgl. Ende von Kap. III.

KAPITEL V

Angst vor dem Nächsten und Kritik an der Umwelt

1. *Verbergen im Tagebuch und Verstecken des Tagebuchs*

In Tagebüchern, die „alles sagen", wird das „letzte" Intime oft auf mehr oder weniger erfindungsreiche Art *verborgen*. Oder es wird das Privatissimum vorsorglich *versteckt*. Das gilt indes keineswegs nur für erotische Bekenntnisse. Auch „geheime" Mitteilungen und Urteile über *staatliche Machthaber* und *politische Zustände* werden in der diaristischen Aufzeichnung verborgen, oder das gefährliche Heft wird auf oft abenteuerliche Art versteckt. Einmal verbirgt oder versteckt der Diarist also vor der Familie, vor allem vor der Frau (und umgekehrt die Frau vor dem Mann), oder er verbirgt oder versteckt vor „Schnüfflern", vor der Polizei, vor falschen Freunden, vor Spitzeln aller Art.

Das Verbergen in und das Verstecken von Tagebüchern gibt einem Teil der europäischen Diarien eine kriminalistische Dramatik. Man will zwar wahrhaftig und aufrichtig sein, bemüht sich aber gleichzeitig, „Intimes" zu verbergen und zu verstecken wie Diebe ihre Beute oder Mörder ihre Spuren. Das „Ich" will sich in „allem" festhalten, drängt aber das Unsagbare oder das Nur-schwer-Sagbare in vielfältigste Verliese einer typisch diaristisch-kryptographischen Unterwelt zurück: vor allem aus Angst vor Indiskretion oder Denunziation.

Nicht alle Tagebücher haben diese Neigung, mit dem Ich eine Geheimgesellschaft zu bilden. Man findet solche Verbergungstechniken, um zunächst noch einmal von Erotika zu sprechen, in Tagebüchern von jungen, unverheirateten Menschen wie von Eheleuten. Auffallend ist es allerdings, daß die meisten *älteren* Diaristen unter den schöpferischen Gestalten Europas, erotisch Intimes – nach mehr oder weniger glücklicher Verheiratung – meist nur noch selten aufzeichnen. Das hat nicht so sehr mit Senilität als mit Sublimierung zu tun. Aus einer bestimmten Grenzsituation des Lebens wird das erotisch Problematische in das „Werk" oder in eine „Aktion" transponiert. Eine gewisse Erlöstheit wird also erreicht, was Rückfälligkeit in „lussuria" nicht ausschließt; doch wird sie, wenn ein Lebensentwurf allmählich Wirklichkeit gewinnt, nicht mehr zum „Problem", jedenfalls nicht mehr zum Ich-Problem. Die Ego-Manie weicht einer Tendenz zur objektiven Konkretisierung der Ich-„Krankheit". Dieses Ereignis der Reife und Heilung gehört, wie man weiß, zu einem der entscheidenden Abläufe auch in Autobiographien und Entwicklungsromanen Europas. Überhaupt ist der Versuch, ins „objektive" Werk oder in die überlegene Aktion „Privat"-Erlebnisse dieser Art zu *transponieren*, eines der auffallendsten Motive der europäischen Literatur von der Antike bis zur Gegenwart. Durch „Schöpfung" oder „Tat" will man Herr werden: seiner Gefühle, seines Geistes, seines Leidens und seiner Triebe. Das vielleicht höchste Glück des schöpferischen Menschen jeder Art liegt also offenbar darin, durch „Werk" oder „Tat" über sich souverän zu werden und sich von sich selbst distanzieren zu können. Dabei braucht man keineswegs mit den Umweltverhältnissen übereinzustimmen. Im Gegenteil! Nur werden dann die Spannungen auf einem höhergelagerten Magnetfeld wirksam. Der Protest gegen staatliche Verkirchlichungen, gegen kirchliche Verstaatlichungen, gegen jede Art von zweckbestimmter „idealistischer", „materialistischer" oder „nihilistischer" Philosophie bleibt also bestehen. Vorbild für die Konstituierung eines solchen Spannungsfeldes supraegozentristischer Art ist noch immer einer der größten Humanisten Europas, der ebenso ich-kritische wie sach-kritische Erasmus von Rotterdam. In der weisen Kombination von Konservatismus und Geistesfreiheit gehört er zu den vorbildlichsten Europäern, über Petrarca, ja sogar über Goethe hinaus. Er stand über allen Parteien und Cliquen. Ein „Souverän" – ein „Souverän" Europas im Geiste, ein echter literarischer „Pharao" ohne Spiegel. Er kämpfte für Vorurteilslosigkeit und einen Rechtsschutz, den er durch ganz bestimmte individuelle Freiheiten zu verwirklichen suchte: durch Toleranz als entscheidendes Prinzip der Humanität und durch uneingeschränkte Meinungsfreiheit – vor allem auch im theologischen Sinne eines verantwortungsbewußten Alles-sagen-

Könnens in bezug auf Glaubensentscheidungen. So trat er für eine Sicherung vor Willkür der staatlichen Gewalten ein und für die Unantastbarkeit „privater" Belange – auch im erotischen Bereich. Nicht zuletzt – als Mitverfasser der „Utopia" von Morus – ging es ihm um „soziale" Gerechtigkeit, weil ohne sie jeder „Kultur"-Traum nur eine fragwürdige Sublimierung kollektiv-egozentrischer Schichten bleibt.

Unmittelbare Bekundungen dieses europäischen Strebens, das noch immer für den ganzen Erdkreis vorbildlich geblieben ist, findet man in den besten Tagebüchern, also in dem, was wir schon wiederholt als den schicksals- und seelengeschichtlichen Spiegel Europas bezeichnet haben; auch wenn all dies häufig sozusagen im eigenen Wort verborgen werden mußte, oder wenn man, wie es nur zu oft nötig war, solche Protestkalender vor den Schergen der Macht zu verstecken hatte. Verbergen und Verstecken! Erinnern wir uns an die Zweigleisigkeit unseres Themas: in eroticis und in politicis also, und zwar meist aus den gleichen Gründen: aus den Erfahrungen von Unfreiheit innerhalb des *Privaten* wie des *Öffentlichen.* Aus diesen Gründen tritt neben der Selbstanalyse immer mehr die umweltbezogene Kritik in den Vordergrund. Nach den „kritischen" Diarien seit der Renaissance entstanden mit dem Beginn der Französischen Revolution, also seit der Romantik, die „Protest"-Journale, deren „Protest" jedoch meist nicht an die Öffentlichkeit drang, sondern in sorgender Verborgenheit geschrieben und in ängstlichem Versteck gehalten wurde. Hierfür einige „technische" Beispiele.

Samuel Pepys schrieb, wie wir schon wissen, seine sich selbst wie der politischen Umwelt gegenüber höchst indiskreten „Diaries" in einer eigenen Kurzschrift, die allerdings von Skeltons „Tachygraphy" angeregt war. Außerdem stellte er, besonders in erotischen Passagen, Buchstaben in bestimmten Wörtern derart um, daß selbst Experten für die erste Textausgabe größte Mühe hatten, die Kryptogramme dieses umfangreichen „Skandal"-Diariums zu entziffern. Auch James Boswell benutzte eine „geheime", persönliche Kurzschrift[1]. Seit der Shakespeare-Zeit und seit Francis Bacons Geheim-

[1] London Journal. Zürich 1953, S. 65.

schriftexperimenten war die mystifizierende Sinn-Verbergung allerdings zu einer literarischen Mode geworden, die bis tief ins 18. Jahrhundert hinein nachwirkte, in den „symbolistischen Ideogrammen" der Literatur und Kunst seit 1870 wieder auftauchte und in der Mitte des 20. Jahrhunderts zu den magisch-esoterischen Verbergungstechniken des Surrealismus und der Gegenstandlosigkeit in Bild und Wort führte[1]. Goethe begnügte sich in seinem nur selten „intimen" Tagebuch mit einfachen astrologischen Symbolen, wenn er ihm nahestehende Persönlichkeiten bezeichnen wollte. So heißt ☉ Sonne: Frau von Stein; ☽ Mond: Herzogin Anna Amalia; ♃ Jupiter: Herzog Karl August; ♐ Schütze: Prinz Konstantin; ♀ Venus: Gräfin Luise von Werthern[2]. Dementsprechend liest man in kryptographischen Nachrichten von Oktober bis Dezember 1781: „Täglich mehr Ordnung, Bestimmtheit und Konsequenz in allem. Glück durch ☉." ... „Ruhe und Ordnung zu Hause. Sorge wegen ♃ allzu kostspieligen Ausschweifungen. Mit ☉ stille und vergnügt gelebt[3]." – Auch *Waiblinger* liebt astrologische Zeichen. Am 14. Juli 1824 schreibt er: „Verzweiflung und Thränen in ♃ blutendem Innern, zwey Liebende, die sich zu Todt lieben ..." oder am 15. Juli: „Kornblume, ♃ im Wagen, Handdruck[4]." Doch am 29. Juli schon: „♂ ♂ ♂ Der unglücklichste Tag meines Lebens[5]." Und am 9. August: „Geist, was wählst Du – – ♃ – – ♂ – –?" Harmonie und Glück: Jupiter, oder Kampf und Leid: Mars, hauptsächlich Stimmungen also, die durch solche Symbole ausgedrückt werden! Aber wie Goethe verschlüsselt Waiblinger mit ihnen ebenso Personen, denn er setzt zum Beispiel das Zeichen Jupiter auch für seine Freundin Julie Michaelis[6].

Andere verwendeten Abkürzungen, deren Deutung den Herausgebern vielfach große Schwierigkeiten bereiteten. Dafür nur ein Beispiel. *Eichendorff* schrieb in seinem Tagebuch

[1] Die Zusammenhänge von ich-analytischer Subjektivität und Kunst bzw. Dichtung haben wir schon in unserem Buch „Manierismus in der Literatur" dargestellt (vgl. insbesondere ebd. S. 123 ff.).

[2] Sophien-Ausgabe, Goethes Tagebücher Bd. 1 (1775–1787). Weimar 1887, S. 346.

[3] A.a.O. S. 132 f [4] A.a.O. S. 302. [5] Ebd. S. 303.

[6] Ebd. S. 337.

am 18. Dezember 1803: „A.d.T. b.i.d.S. wieder v. de G. u.w.s.a.V. – R – n.d.P.St.w. fort." Das soll heißen: „An diesem Tage bekam ich den Schlüssel wieder von Günthern, und wir setzten also verstohlen die Privatstunden wieder fort[1]." Verwickelter wird die Bilderschrift bei *E.T.A. Hoffmann*, und häufig enthält sie geradezu grotesk-komische Verschlüsselungen. Er fürchtete vor allem die Eifersucht seiner Frau. Wenn er über gewisse erotische Eskapaden recht realer Art berichtete, zeichnete er ein Vögelchen, während er einen Schmetterling malte, wenn es sich nur um „erotische Neigungen" handelte. Die Verliebtheit des sechsunddreißigjährigen Musiklehrers in das vierzehnjährige Julchen Marc (im Tagebuch Kätchen, Kth oder Ktch) zwingt ihn zu besonderer Vorsicht. In dem Zustande, den er selbst als „Exaltiertheit" bezeichnet, verwendet er Abkürzungen, italienische, französische, lateinische Ausdrücke oder Rätselworte, deren Bedeutung nur er kannte. In seinem „Wahn" wird er leichtsinnig, die Wahrheit entschlüpft ihm, so am 18. März 1811: „Enthusiasmo mit Ktch beinahe den höchsten Gr. erreicht. Abends Pipicampu und geistiger Ehebruch[2]." Kein Wunder, daß er bald darauf über „Eifersuchtsszene mit der Frau" berichten muß (18. Mai 1811)[3]. Zeitweise tröstet er sich in der „Rose" mit ⧗, und wenn es mehrere sind, zeichnet er weitere Pokale hin. Doch kommen bald Rückfälle, und die „rasende" Verliebtheit wird immer ärger. Was er über sein Kth Kth Kth! meint, notiert er dann in deutscher Sprache, aber in griechischen Buchstaben, so zum Beispiel am 20. Januar 1812: „Ktch σιε ωεισ αλλεσ οδεϱ υιελμεϱ ανδετ[4]." Man hat bisweilen den Eindruck, daß E.T.A. Hoffmann seine Notizen unter der Einwirkung von manchem ⧗ niederschreibt. Aber als echter Romantiker *spielt* er auch die verbergende Groteske. Am 29. April ruft er aus – offenbar einmal nüchtern: „Göttliche *Ironie*! – herrlichstes Mittel, Verrücktheiten zu

1 Jos. Frhr. v. Eichendorff, Tagebücher (Sämtliche Werke, Bd. 11). Regensburg 1908, S. 56. (Auflösung der Stelle in einer Anmerkung Eichendorffs.)

2 A.a.O. Bd. 1 S. 226. Vgl. auch Textteil.

3 Ebd. S. 333.

4 Ebd. S. 339. Vgl. auch Textteil.

bemänteln und zu vertreiben, stehe mir bei[1]!!" Er wird manchmal aber auch zornig unter diesem ständigen Zwang, alles auf naive wie auf ironische Weise „verrätseln" zu müssen. Heimlich schlägt er am 3. Mai 1812 mit der Faust auf seinen nächtlichen Diaristen-Schreibtisch und schreibt: „Wenn ich mich selbst fantasmatisiere, so hat niemand drein zu reden –. Am 3. Mai war ich von 4 Uhr abends an ein großer Hasenfuß – Quod deus bene vertat in saecula saeculorum amen !!!!!!!" Sieben Ausrufungszeichen! Armer E.T.A.H.! Er hatte sich an diesem 3. Mai, an einem Sonntagnachmittag „ganz besonders inamorato (!) nella Donna Kunziwowa". Kurz darauf stellt er fest, daß seine Verliebtheit in Julchen „im Abnehmen ist", und er fügt hinzu: „Gott seis gedankt[2]."

Der sprachgeniale Graf *August von Platen* verbirgt sich und seinen Ephebenkult, wir sagten es schon, in mehreren Sprachen[3]. Im gebührt unter den Diaristen Europas der höchste polyglotte Orden! Neben den vielen Tagebuchschreibern, die willkürlich mit Grammatik und Syntax verfahren, die im nur Für-sich-Schreiben alle Gesetze der Sprache verachten, übt sich dieser Lyriker – der wahrscheinlich zuviel von fremden Sprachen wußte, um ein großer deutschsprachiger Dichter zu werden – in vielsprachiger eleganter Diktion. Homoerotischer, philologischer Dandyismus: auch ein Leitmotiv europäischer Subtilitäten, nicht nur in Tagebüchern! Jede Art von „Esperanto" wie von privater „Basic Language" hätte Platen sicher verachtet. Auch in dieser Hinsicht war er ein vorbildlicher Europäer – ähnlich wie der diaristisch ebenfalls polyglotte Charles Du Bos –, weil er davon überzeugt war, daß ein guter, „normal"-gebildeter Europäer, wie der Durchschnitts-Schweizer von heute, mindestens drei europäische Sprachen in ihren elementaren Grundzügen beherrschen müsse. Psychologen mögen herausfinden, warum Platen so „naiv" war, anzunehmen, niemand außer ihm sei zum Beispiel des Portugiesischen mächtig, wie er es zu tun scheint, wenn er in dieser Sprache „Intimes" bekennt. Wir meinen, es handle sich mehr um

[1] Ebd. S. 358. Hervorhebung vom Verf.

[2] Ebd. S. 359. Die Formel „Quod deus" usw. findet man oft auch im Tagebuch von B. CONSTANT, in französischer Version.

[3] Vgl. Kap. IV und Textteil.

Scham vor sich selbst als vor anderen und schließlich um ein unbewußtes Bedürfnis, das „Heimliche" doch kundzugeben, wenngleich nur einer „wissenden" Elite.
Wir nähern uns einem Wendepunkt! Wir begegnen nun der *doppelten* Tendenz des Verbergens: aus erotischen *und* aus politischen Gründen. *Benjamin Constant* verwandte in seinen Tagebüchern mancherlei Chiffrierungen aus dieser zweifachen Sorge. Zeitweise benutzte er einen für seine Zwecke entworfenen Ziffernkodex, den er, wohl in der Befürchtung, den Schlüssel zu vergessen, in einer Eintragung vom 12. April 1808 festhielt. Später schrieb er über einen längeren Zeitraum (vom 15. 5. 1811 – 26. 9. 1816) seine französischen Eintragungen in griechischen Buchstaben und nannte dies Diarium selbst sein „Journal grec". Doch schien ihm auch diese Verhüllung nicht genügend Schutz vor den Schnüffeleien der Polizei Ludwigs XVIII. zu bieten, der den gefährlichen „Aufklärer" überwachen ließ. Darum vertraute er die politisch recht kompromittierenden Blätter vor seiner Rückkehr nach Paris 1816 einem Brüsseler Bankier an. (Damit war allerdings das Journal so gründlich versteckt, daß selbst Constant, da er den Namen des Bankiers vergaß, es zu seinen Lebzeiten nicht mehr aufzufinden vermochte. Erst als die Nachricht von Constants Tod durch die Presse ging, meldete sich der Brüsseler Bankier und übergab Constants Witwe die Blätter, die er fünfzehn Jahre gehütet hatte[1].)
Greifen wir auf Stendhals Tagebücher zurück.
Auch sie bezeugen, wie sehr die Polizeispitzel ihn, der alles sagen wollte, in seinen heimlichen Niederschriften – oft mehr aus illusorischer Sorge als aus wirklichem Anlaß – hemmten, ihn zu einem nun auch literarischen Versteckspiel zwangen. Wie herausfordernd ehrlich, aufreizend nihilistisch diese Tagesmitteilungen seinen Zeitgenossen auch erschienen; wenn sie auch nur für die „happy few" der revolutionären, dann der reaktionären und schließlich wieder der liberalen politischen Denk-„Moden" Europas geschrieben sein mochten, ihr Verfasser traute keiner dieser sich allzu schnell ablösenden Mächte ganz: er mystifizierte sie alle. In diesem Fall handelt es sich geradezu um eine

[1] Oeuvres S. 1478 f.

schöpferische Verfolgungsangst des Schriftstellers, der, wenn er schon sein Ich als problematisch empfindet, erst recht sein Nicht-Ich, die in jeder Hinsicht fragwürdige Umwelt, in Frage stellen muß. Deshalb vergräbt er Menschen, Ereignisse, Zustände, Ortschaften, mit denen er es zu tun hat, in diaristische Kryptogramme, und zwar wieder mit manieristischer Wortalchimie. So schreibt er zum Beispiel für „Religion" „gionreli"; für „prêtre" „repret"; für „Rom" „Omar"; für „Milan" (Mailand) „1000 ans". Sein eigenes Lebensalter maskiert er mit naiven Rechenaufgaben, so etwa $25 \times \sqrt{4} + 3$ oder $5^2 \times 2 + \sqrt{9}$[1].

Oft dominiert bei Stendhal noch das bloß „erotische" Geheimnis; tragische Akzente fehlen. Das romantische *Spiel* bleibt konsequent – und kokett, auch im manchmal etwas zimperlich-jungfräulichen Verbergen.

Ganz andere Schwer- und Triebkräfte offenbaren sich in dem grausam-harten Versteckspiel, zu dem der alte Graf Tolstoi sich gegenüber seiner Frau gezwungen fühlte, und zwar in bezug auf sein letztes, sein „Geheimes Tagebuch", das wir bereits erwähnt haben[2]. Dieses Tagebuch, das er während der letzten drei Monate seiner Lebenszeit führte, von Ende Juli bis Ende Oktober 1910, enthält furchtbare Anklagen gegen seine Frau. In diesem nun „versteckten" Geheimtagebuch berichtet Tolstoi, seine Frau habe seine früheren Tagebücher heimlich gelesen, weil sie fürchtete, von ihm enterbt zu werden. Außerdem habe sie sich daraus alles abgeschrieben, wessen er sie „beschuldigt" habe. In ihrem eigenen Tagebuch notiert im übrigen Sophia Tolstoi selbst, wie sie in den Aufzeichnungen ihres Mannes schnüffelt. Auch sie klagt über ihren Mann, immer zorniger, dann wieder mit Neigungen zur Selbstanklage. Sie gibt zu, daß sie aus bloßem „Egoismus" handelt[3]. Dieses komplizierte Tagebuch-Duell wird immer schärfer. Tolstoi weiß kaum noch, wie er seine Aufzeichnungen verstecken soll. Schließlich schreibt er seine Klagen und Anklagen auf kleine Zettel und versteckt dieses Miniatur-Diarium – er nannte es „Tagebuch für mich allein" – in seinem Stiefel[4].

[1] A.a.O. S. XXV. [2] Vgl. Kap. IV. [3] Vgl. Leleu a.a.O. S. 251.
[4] Vgl. Beispiele im Textteil.

Dieses einzigartige diaristische Drama mußte die literarische Gestaltung anregen. Jacques Chardonne schrieb einen Roman „Eva ou le Journal interrompu", in dem er schidert, wie eine Frau heimlich im Tagebuch ihres Mannes liest, und welch verhängnisvolle Folgen sich daraus ergeben[1]. Ein Meisterwerk aber über ein monströses Tagebuch-Versteck-Schach-Spiel zwischen Eheleuten schrieb, vermutlich ebenfalls angeregt vom diaristischen Konflikt Leo und Sophia Tolstoi, der Japaner Junichiro Tanizaki mit seinem Roman „Der Schlüssel", der wohl entsetzlichsten Ehetragödie der Weltliteratur[2].
Wie konkret auch die Gründe für den Konflikt zwischen dem alten Tolstoi und seiner Frau gewesen sein mögen, es wirken bei beiden sicherlich auch hysterische Störungen mit. Man könnte geradezu von Symptomen einer hysterischen Romantik sprechen, von krankhafter Seelenanalyse *und* Mystifizierung, von Selbstzergliederung *und* Geheimnistuerei[3]. Damit werden wir auf ganz andere Ursprünge des Verbergens und Versteckens in Tagebüchern gelenkt, auf die Neigung der Romantik, aus einer „einzigartigen" Persönlichkeit ein unergründliches Mysterium zu machen. Auf höherer geistiger Ebene ergibt sich symbolistisches Verbergen und ironisierendes Verstecken, poetisches Maskieren und psychologisches Mystifizieren. Dafür bieten die Tagebücher des großen Homo religiosus Dänemarks, die „Dagboger" *Sören Kierkegaards,* Beispiele von dichterischer Tiefe und Glanz. Schon in den Analysen des

[1] Oeuvres complètes. Bd. 3. Paris 1952.
[2] Erstausgabe 1956. Dt. Übers. Hamburg 1961.
[3] In seinem „Journal", das Waslaw Nijinskij mehr in Form einer erzählenden Autobiographie schrieb, berichtet der unter Anfällen von fortschreitender Schizophrenie leidende Tänzer kurz vor seiner endgültigen Umnachtung, er habe entdeckt, daß seine Frau beabsichtige, sein Tagebuch dem Arzt auszuliefern ... „Seitdem traue ich ihr nicht mehr." – „Ich habe" (diese Hefte) „versteckt; und dieses hier will ich bei mir tragen; so werden meine Notizen in Sicherheit sein, den Blicken derer verborgen, die es nicht wagen, der Wahrheit ins Auge zu sehen." Vgl. Journal de Nijinskij. Paris 1953, S. 39. Beispiel im Textteil. Lange Zeit galt Nijinskijs Tagebuch als verschollen. Schließlich fand sich das Heft in einem Koffer, zwischen den Schulbüchern seiner Tochter Kyra versteckt.

„Intimen" will Kierkegaard ein „Inkognito" bleiben. Sich selbst verhüllt er durch viele Pseudonyme. Auch die Verleumdungen einer meist nur *neugierigen* Umwelt machen ihm Sorge. Walter Rehm zeigt deutlich, daß Kierkegaard in seiner Geheimnistuerei, in der verwirrenden Verschachtelung seiner Pseudonyme, immer zugleich der Genießende ist, und er weist dabei auf den Satz des so unheimlich brillierenden Diaristen hin: „Nichts ist so reizvoll, wie an einem Geheimnis spinnen, nichts so verführerisch, wie ein Geheimnis genießen[1]." Die Verbergungskünste in diesen Tagebüchern sind nach Rehm auch Ausdruck für die Tatsache, das Kierkegaard seinem dichterischen Vermögen nur im engsten Zusammenhang mit seinen religiösen Idealen Entfaltung gewährt; es stand „gleichsam unter der *Polizeiaufsicht des Religiösen*". Seines dichterischen Ehrgeizes wegen habe er stets ein schlechtes Gewissen gehabt; durch die Dazwischenkunft des Religiösen sei er stets gehemmt worden[2]. So müssen wir speziell Kierkegaards Versteckspielen im Tagebuch verstehen, in dem er schreibt: „Inkognito ist mein Element, und darin ist auch die begeisternde Inkommensurabilität, in der ich mich rühren kann[3]." So wandert er aus dem eigenen, unheimlich gewordenen Ich, „um sich in andere, fremde, aber geheimnisvoll verwandte Personen" zu begeben, in ihnen „sein Selbst zu verstecken und zu verdoppeln oder mit ihnen monologische Zwiesprache zu halten"[4]. Ein Doppelgängertum ergibt sich also. Das „intime" Ich wird vom „öffentlichen" Ich abgespalten und in die verbergende Anonymität oder versteckende Pseudonymität verdrängt. Dieser Vorgang breitet sich um so stärker aus, je autonomer das Ich-Bewußtsein wird, je mehr die Kritik an religiösen, politischen und gesellschaftlichen Verhältnissen wächst: ausgelöst durch ein entsprechendes Freiheitsgefühl auch im *Richten*. Kierkegaard bezeichnete sein Tagebuch als ein Buch der Richter und des Richtens[5].

Allerdings reagieren die staatlichen Mächte schärfer denn je auf die Ich-„Souveräne", die es wagen, so etwas wie einen

[1] REHM a.a.O. S. 54. [2] Ebd. S. 50 ff.
[3] Ebd. S. 57. (Hervorhebung vom Verf.)
[4] Ebd. S. 55. [5] Vgl. Kap. VIII und Textteil.

Ich-Staat im Staate zu bilden und mit so neuartigen Argumenten ihre Nicht-Ich-Welt zu kritisieren. Revolutionsherrschaften, dämonische Formen der Kollektiv-Tyrannis, die Ich-auslöschende „Gemeinschafts"-Prinzipien mit brutaler Gewalt durchsetzen wollen, werden schließlich den modernen, das heißt auch den religiösen Individualismus als angeblich zersetzendes Unwesen systematisch bekämpfen. In solchen Staaten wird das souverän-kritische Tagebuchschreiben lebensgefährlich, und doch breitete es sich – in einem neuen Privat-Untergrund – gerade während der Revolutionen und Kriege des 20. Jahrhunderts als elementare Reaktion aus wie in keiner Epoche vorher. Gegen die Diktatur technisierter Massen tritt das verbergende oder versteckte Tagebuch nun wie eine Naturkraft auf. Das einzelne Ich, das in Europa die Freiheit gekannt hat, will sie nicht mehr preisgeben. Das eingeschränkte, gebändigte, beleidigte und verletzte Ich bäumt sich mit zäher, verzweifelter Kraft gegen den Todesgriff des Nur-Wir auf. Europa erreichte die Tiefpunkte seiner Seelen- und Schicksalsgeschichte, als es unter der Herrschaft solcher Machtsysteme vergaß, daß die Befreiung der Ich-Person ein historischer Vorgang ist, der nicht mehr rückgängig zu machen ist. Nach wie vor gehört es zur weltgeschichtlichen Aufgabe Europas – das heutige Rußland eingeschlossen –, so belehren uns gerade die vielen intim-politischen Tagebücher des 20. Jahrhunderts, die Dialektik zwischen Ich und Wir nicht durch rein politische Synthesen zu lösen. Diese führen meist zur Vorherrschaft einer gewaltsamen Exekutive. Die Aufgabe des Ausgleichs bleibt gestellt: von Persönlichkeit und Staat, von Ich-Person und von wie immer gearteter Gemeinschaft.

Wenn wir Albert Camus folgen, so befindet sich die „Revolte für das Humane" auf einem ersten Höhepunkt. Sollte sie scheitern, so könnte George Orwell recht behalten, der für das Ende des 20. Jahrhunderts ein gänzlich totalitäres mechanisiertes und entpersönlichtes Europa voraussieht[1].

[1] Zum Tagebuchschreiben in tyrannischen Epochen vgl. den Hinweis auf Ernst Jünger in Kap. I und den entsprechenden Passus von Jünger im Textteil. Zu diesem Motiv ebenfalls im Textteil weitere Beispiele aus den Tagebüchern von Antoine de Saint-Exupery,

2. *Diaristik in gewaltsamen Ordnungssystemen*

In gewaltsamen Ordnungssystemen *müssen* Diaristen, die das „Individuelle", das absolut Unteilbare, also erst recht nicht „Kollektivierbare" verteidigen, und zwar aufgrund eigener Denkprozesse und Erlebnisse, wir sagen *müssen* Diaristen ihre Selbst- und Weltkritik *verstecken*. Hier begegnet man einem Prüfstein für den Wert oder Unwert der jeweiligen Staatsmacht. Wenn Diaristen, die in ihren Tagebüchern einen hohen Annäherungswert idealer und realer Wahrheit behandeln, ihre Aufzeichnungen wie Diebe ihr Diebesgut verstecken müssen, so kann man sicher sein, daß ein solches Ordnungssystem nicht nur falsch oder morsch ist. Man kann daraus bereits seine Todesstunde ablesen. Für Relationen dieser Art ist die Geschichte von Diaristen in Europa zur Zeit der nationalsozialistischen Herrschaft aufschlußreich. Dies gilt sicherlich auch für die kommunistische Diktatur, vor allem unter Stalin, doch wissen wir in dieser Beziehung aus der stalinistischen Epoche noch zu wenig, trotz den „Auflockerungen" unter Chruschtschow[1]. Für diaristische Schicksale unter der Tyrannis des biologischen Materialismus hingegen gibt es bereits eine ganze Reihe historischer Versteck-Dokumente.

Die „Tag- und Nachtbücher" *Theodor Haeckers* (1879–1945), des meisterhaften Übersetzers der Tagebücher von Kierkegaard, gehören zu den recht seltenen literarischen Dokumenten Deutschlands, in denen die Kritik am eigenen Volk von

WITOLD GOMBROWICZ u. a. Zum Problem des Ausgleichs in unserer Epoche vgl. Kapitel X. Zur „Revolte für das Humane" vgl. ALBERT CAMUS, Der Mensch in der Revolte. Hamburg 1953, und seine Tagebücher (Carnets), Paris 1962. Zur Stellung des Menschen und zu den Krisen des „Ichs" seit Beginn der industriellen Revolution vgl. den Essay von ALDOUS HUXLEY über MAINE DE BIRAN und sein Tagebuch in: Themen und Variationen. München 1952.

[1] „Intimere" diaristische Einzelheiten aus der Stalinzeit findet man in dem „Roman eines Romans. Moskauer Tagebuch" von ERVIN SINKÓ (Köln 1962). Dramatische Aufzeichnungen aus der Zeit der stalinistischen Schauprozesse und der allgemeinen Denunziationswut enthält das Tagebuch der Schülerin NINA KOSTERINA, die selbst Stalinanhängerin war und im II. Weltkrieg fiel. Ital. Ausg. u. d. T.: Diario 1936–41. Rom 1963.

einer geradezu religiösen Unerbittlichkeit zeugt[1]. Man kann sie in dieser Hinsicht vielleicht nur mit Hölderlins Hyperion oder mit entsprechenden Bemerkungen Goethes und Nietzsches vergleichen, vor allem was den ethischen Rang angeht. Dieses Diarium, geschrieben unter der Diktatur während des Krieges, lag tagsüber stets in einer Mappe bereit, damit es jederzeit aus dem Hause gebracht und versteckt werden konnte. Lassen wir uns vom Herausgeber erzählen, was in einer Krisenstunde des Regimes dann geschah[2]. „Als nach der Münchener Studentenrevolte im Jahre 1943 Beamte der Gestapo zu einer Haussuchung in Haeckers Wohnung kamen, in der er gerade allein war, lag die Mappe auf dem Sofa. Während die Beamten Schränke und Schubladen durchwühlten und Haecker in jedem Augenblick mit dem Entsetzlichen rechnen mußte, daß der Inhalt der Mappe untersucht würde, kam plötzlich, ohne bestimmten Grund, von einer ihr selbst unerklärlichen Angst gejagt, Haeckers Tochter nach Hause, stürzte auf ein leise gesprochenes Stichwort ihres Vaters ins Zimmer, ergriff die Mappe und verließ unter dem von Schrekken und Furcht eingegebenen Vorwand, eiligst in die Klavierstunde zu müssen, die Wohnung. Die Beamten ließen sie passieren. Im nahegelegenen Pfarrhaus vertauschte sie den Inhalt der Mappe mit Notenheften und ging, von der Sorge um den Vater getrieben, zu ihm zurück. Die Klavierlehrerin sei nicht dagewesen, sagte sie, als einer der Beamten bereits nach der Mappe, die sie noch in der Hand hielt, griff und fragte, was sie enthalte. Die Untersuchung erwies die Richtigkeit der Auskunft: ‚Noten!'"

Was stand auf den Blättern in dieser Mappe geschrieben? Am dritten Adventssonntag 1939: „Wem vor diesem Menschen (Hitler) nicht graut, in dem ist weder etwas vom Geist Gottes, noch etwas vom Geiste des Teufels[3]." Am 31. März 1940: „Wie erschrak ich, als die ausgestorbenste Stimme des Reiches (Goebbels) seine Rede endete: ‚Gelobt sei . . .' Er machte sogar eine Pause, – sollte er sich vergessen haben, in Kindererinne-

[1] Tag- und Nachtbücher 1939–1945. Mit einem Vorwort herausgegeben von H. Wild. München 1947.

[2] A.a.O. S. 10. [3] Ebd. S. 33.

rungen gefallen sein? Aber er fuhr fort: ‚Was hart macht'. Ja, das ist wieder in der Reihe. Die Religion des deutschen Herrgotts ist die Religion des steinernen Herzens. Sie werden zerschlagen werden, sie werden zermalmt werden zu Staub, und dann werden sie wieder ein fleischernes Herz haben wollen[1]."
Die Tyrannen fürchten sich nicht nur vor denjenigen, die sie durchschauen. Angst haben sie vor allem vor ihren Prophezeiungen. Versteckte Prophetie! Ein diaristisches Schicksal! Theodor Haecker konnte kurz vor seinem Tode noch das Ende der steinernen Herzen erleben, doch sich selbst nicht mehr in die Freiheit hinüberretten. Er starb in tiefer Einsamkeit auf dem Lande, nachdem seine Wohnung durch Bomben zerstört worden war, am 9. April 1945[2].
Eines der unheimlichsten und spannendsten deutschen Tagebücher aus dem Zweiten Weltkrieg schrieb der junge deutsche Dichter *Felix Hartlaub* (1913–1945) zeitweise mitten im „Führer"-Hauptquartier, wo er als Obergefreiter und Historiker an den Akten des Kriegstagebuches des „Dritten Reichs" beschäftigt war. Damit haben wir einen einzigartigen diaristischen Hofbericht aus der Neuzeit, ein verbergendes und verstecktes Tagebuch von eigenwillig-dunkler Schwermut[3]. Im April 1945 wurde Hartlaub an die Front abkommandiert. Kurz danach wurde er als „vermißt" gemeldet. Auch er konnte sich nicht mehr in die Freiheit hinüberretten. Merkwürdige und beunruhigende Beispiele aus den Aufzeichnungen dieses „doppelten" Tagebuchführers findet der Leser in unserer Anthologie. Wir bleiben hier bei unserem Thema: Verbergen und Verstecken. In Kriegszeiten heißt es jetzt „Tarnung und

[1] Ebd. S. 55.
[2] Vgl. Textteil.
[3] Wohlgemerkt, während Hartlaub am offiziellen Kriegstagebuch des „Dritten Reichs" mitarbeitete. Vgl.: Kriegstagebuch des Oberkommandos der Wehrmacht 1940–1945. Hrsg. v. Percy Ernst Schramm. Frankfurt/M. 1961 f. (Erschienen ist bisher der in zwei Halbbände aufgeteilte vierte Band, der vom 1. 1. 1944 bis zum 22. 5. 1945 reicht.) Als Reserveoffizier zum Wehmachtführungsstab „kommandiert", hatte Schramm vom März 1943 bis zur Kapitulation das „Kriegstagebuch" leitend zu „führen". In seinem Vorwort bezeichnet er sich selbst als „amtlich bestellten Registrator der deutschen Niederlage".

Chiffrierung". Dabei „fehlen persönliche Gedanken und Kommentare"[1]. Das un-heimliche Un-Private an diesem Tagebuch besteht darin, daß das bloße Schildern äußerer Gegebenheiten lebensgefährlich wird, natürlich nur wenn man Augen hat, die die Wahrheit zu sehen vermögen, in letzter, intimer Freiheit. Geno Hartlaub schreibt vom „Schicksals-Stil" des „negativen Helden", das meint, wir wollen uns dessen erinnern, den Stil des „wahren" Helden, des Helden, der das Menschliche bewahrt, auch im Sinne Marc Aurels[2].

Dieser „negative" Held eines antihumanen Ordnungssystems muß zwangsläufig in einem *menschlichen* Koordinatensystem als „positiver" Held erscheinen, und so sieht Europa heute den wahrscheinlich begabtesten deutschen Dichter und Diaristen nach Georg Heym. Die „Passivität" seiner diaristischen Schlüsselfigur, die zwischen „ich" und „er" wechselt, wird von dem Bestreben bestimmt, sich als urteilende und wertende Person-Einheit *unsichtbar zu machen*. Die rein diaristische Schilderung einer bestimmten, ganz und gar verruchten Welt wird als ausreichend betrachtet, um diese Welt in ihrem Unter-Null-Punkt-Wert sichtbar und verwerflich zu machen. Gerade dieses „Tarnungs"-Prinzip, ganz abgesehen von irreführenden Angaben, falschen Namen und verwirrenden Beschreibungen[3], steht in engster geistiger Beziehung zur „informellen", *scheinbar* gegenstandslosen Kunst derjenigen Vertreter dieses intellektuell kontrollierten, dramatischen Manierismus, die sich ähnlich echten Konflikt- und Maskierungs-Situationen gegenüber sehen oder solche in unvergeßlicher Weise erlebt

[1] Vgl. das beziehungsreiche Vorwort von GENO HARTLAUB zur Ausgabe FELIX HARTLAUB, Das Gesamtwerk. Frankfurt 1955, S. 5 ff. Die Ausg. enth. die Berliner Tagebuchblätter und das Tagebuch aus dem Kriege. Beispiele im Textteil.

[2] Vgl. Kap. II.

[3] In den Tagebüchern OSKAR LOERKES (1884–1941) findet man interessante Transpositionen ins Allgemeine, aus Gründen der Vorsicht. So notiert er am 14. Februar 1933 (in seinem Tagebuch „Jahre des Unheils): „Viel Entsetzliches hat sich ereignet." Später geändert in: „Viel Entscheidendes". Tagebücher 1903–1939. Hrsg. von H. KASACK. Heidelberg, Darmstadt 1955, S. 10. Hinweis KASACKS im Vorwort. Vgl. Textteil.

haben. Das spätere „Informelle" nährt sich, wie die meisten akademischen Nachahmer dieser und anderer Notlagen, vom „Eigentum" solcher „Einzigen", die jedoch nicht so nachahmbar sind wie die sogenannte Natur. Und noch weniger lassen sich die ursprünglich verborgenen und versteckten Zeichen der Verzweiflung als Vorlagen für post-protestierende Dekorations-Arabesken verwenden. Es liegt also ein wesentlicher Unterschied darin, ob man Spätprodukte eines artifiziellen Versteckens und Verbergens mit guten Gewinnchancen in den Galerien des Wirtschaftswunder-Europas ausstellen kann, oder ob man echte existentielle Chiffren der Not verstecken muß, im Keller von Freunden, im Speicher von Verwandten, im Brustbeutel eines entflohenen Kriegsgefangenen[1] oder in der Entlüftungsanlage einer Zelle im Gestapogefängnis[2]. Die Industrialisierung von Kryptogrammen steht in den meist so dekadenten Nachkriegsepochen Europas auf der gleichen Stufe wie der Devotionalienkitsch der Kirche in Zeiten der Glaubensschwäche.

Bekanntlich läßt sich in einer Wohnung schwer etwas gut verstecken: erst recht nicht ein Tagebuch, das mit den einander überstürzenden Ereignissen einer verendenden Diktatur ebenso gefährlich anschwillt wie das Ungute, das es kritisch verzeichnet. Erich Kästner berichtet, daß er kurz vor Ende des Krieges seine Berliner Tagebuchaufzeichnungen, sein „Notabene 45"[3], in seiner Hausbücherei versteckt hatte, und zwar als Buchmuster, das heißt als sogenannten „Blindband". In Stichworten führte er es so, als seien es „Einfälle für zukünftige Romane"; in Wirklichkeit war es ein „Notizbuch für verfängliche Dinge", ein erschütterter Augenzeugenbericht über die letzten Kriegsmonate, das Zeugen-Dokument eines Menschen, der alles andere in der Brust hatte als ein steinernes

[1] Hans Habe schildert in seinem weltbekannten Roman „Ob tausend fallen", wie sein Ich-Held im Krieg nach dem Zusammenbruch der französischen Armee, bevor er als entflohener Kriegsgefangener schwimmend den Doubs überquert, seine kritischen Aufzeichnungen in einen Brustbeutel einnäht und sie so in die Freiheit hinüberrettet. (Stuttgart, Hamburg 1947, S. 399.)

[2] So Petter Moen. Vgl. nächste Abschnitte.

[3] 7. 2. – 2. 8. 1945. Berlin 1961, S. 7 ff.

Herz. Der sinnlose Tod! Die fragwürdige Tendenz einer Rechtfertigung des sinnlosen Menschen-Todes mit vorgeblich historischer Notwendigkeit ist eines der Hauptthemen dieses Tagebuchs, ein Thema, das schon so viele seiner Vorläufer in immer entschiedener „individualistischen" Zeiten fasziniert hatte[1].
Damit möchten wir überleiten zu Schicksalen von Diaristen unter dieser Diktatur (sie mag stellvertretend für alle andern stehn), die von einem doppelten saturnischen Gewicht bedrückt und unterdrückt wurden, auf die Tagebuchschreiber, die im Gefängnis und im „Lager" „versteckt" oder in „Verstecken" schreiben mußten. Die deutsche Schriftstellerin Luise Rinser schrieb in einem Gestapogefängnis auf Rändern von Zeitungspapier ihren Kerker-Kalender[2]. Im Osloer Gestapokerker stach der norwegische Versicherungsmathematiker und

[1] Genannt, bzw. wiederholt seien hier als Überblick von:
I. deutschen Tagebuchschreibern zwischen 1933 und 1945, die von der Bewahrung der humanistischen Substanz Europas künden: Eugen Gottlob Winkler, Oskar Loerke, René Schickele, Ulrich v. Hassell, Harry Graf Kessler, Jochen Klepper, Alexander Hohenstein, Dietrich Bonhoeffer, Luise Rinser, Hans Graf v. Lehndorff, Ernst Jünger, Erasmus v. Jakimow, Werner Körte, Gerhard Nebel, Carl Oscar Jatho, Emmanuel v. Bodmann, Günther Weisenborn, Anne Frank.
II. französischen Diaristen über diese Zeit: Saint-Exupéry, Simone Weil, Julien Benda, André Gide, Georges Bernanos, Henri de Montherlant, Julien Green, Jules Perrin, Jean Guéhenno, Pierre-André Guastalla, Jean Guitton, Paul Levy, Jean Malaquais, André Maurois, René Mouchotte, Emmanuel Mounier, Denis de Rougemont, Claude Roy, Simone Saint-Clair, Jean Zay.
III. englischen Autoren: Alan England Brooke, Cyril Connolly, William Somerset Maugham, Cyril Anthony Strauss, Virginia Woolf, Barbara Hamilton Cartland.
IV. italienischen Autoren: Corrado Alvaro, Cesare Pavese, Vitaliano Brancati, Bernard Berenson (als „Wahlitaliener").
V. russischen Autoren: Konstantin Simonow, Jewgeni Petrow, Alexander Fadejew, Ervin Sinkó.
VI. skandinavischen Autoren: Petter Moen, Odd Nansen, Ralph Oppenhejm, Kim Malthe-Bruun.
Für nähere Angaben vgl. Bibliographie. Einzelne Beispiele im Textteil.
[2] Gefängnistagebuch. München 1946.

Widerstandskämpfer Petter Moen seine Notizen in großen Buchstaben mit einem Drahtstift in Toilettenpapier ein, und zwar meist im Dunkeln. „Je fünf Blätter rollte er zusammen und umgab sie mit einem sechsten als Schutzhülle, die er sorgfältig numerierte[1]." Über dieses Dokument, das, was die Weise seines Entstehens angeht, nur mit dem listigen Erfindungsreichtum verglichen werden kann, den Casanova in den Bleikammern von Venedig für schriftliche Mitteilungen aufzubringen vermochte, berichtet der Herausgeber dieses Tagebuchs ausführlich. Die „punktierten" Rollen beförderte Moen durch das Gitterwerk einer Ventilationsklappe seiner Gefängniszelle ins – Nichts. Er wußte nicht, wo sie hingeraten mochten. An seinen Nieder-„Stichen" vermochte er nichts mehr zu feilen. So blieb ihm nur eine ungewisse Zuversicht, daß „Gott", an den er nicht glaubte, aber auf den er vorerst hoffte, diese einzigartige Kryptographie retten werde[2].
Als Petter Moen am 6. September 1944 mit einer Gruppe anderer Häftlinge auf dem Dampfer „Westfalen" nach Deutschland deportiert wurde, erzählte er einem seiner Kameraden von diesem Versteck.
Das Schiff lief auf eine Mine. Moen kam mit den meisten „Passagieren" ums Leben. Der Vertrauensmann überlebte die Katastrophe. Nach der Befreiung Norwegens informierte er die Osloer Polizei. Das „beschriftete" Toilettenpapier wurde im Luftschacht des Gefängnisses fast unversehrt gefunden und schließlich mit größter Mühe entziffert[3].

[1] Der einsame Mensch. Petter Moens Tagebuch hrsg. u. übers. von EDZARD SCHAPER. Zürich 1950, S. 6.

[2] In dem Brieftagebuch-Roman „Die Leiden des jungen Werthers" schreibt Goethe die nicht nur für seinen einsamen Helden und dessen verzweifelte Situation zutreffenden Worte: „Was ist der Mensch, der gepriesene Halbgott! Ermangeln ihm nicht eben da die Kräfte, wo er sie am nötigsten braucht? Und wenn er in Freude sich aufschwingt, oder im Leiden versinkt, wird er nicht in beiden eben da aufgehalten, eben da zu dem stumpfen, kalten Bewußtsein wieder zurückgebracht, da er sich in der Fülle des Unendlichen zu verlieren sehnte?" (Goethes Werke. Vollst. Ausg. letzter Hand. Bd. 16. Stuttgart und Tübingen 1828, S. 141.)

[3] Über Tagebuchaufzeichnungen von Gefangenen, auch Kriegsge-

Als Material zur Anklage gegen einen SS-Sbirren, den kaufmännischen Angestellten Willy Dusenschön, einst Kommandant des berüchtigten Konzentrationslagers Fuhlsbüttel bei Hamburg und später Bataillonskommandeur in der SS-Panzerdivision „Das Reich", konnte ein genial verstecktes Miniaturtagebuch dienen. Der Lübecker Journalist deutsch-jüdischer Herkunft Fritz Solmitz war im September 1933 nach grausamen körperlichen Mißhandlungen und Drohungen in diesem KZ angeblich durch Selbstmord umgekommen. Es ergab sich die Frage, ob er nicht zu Tode gequält worden sei. Kurz nach dem Tode des Journalisten wurden der Witwe, Caroline Solmitz, die letzten Habseligkeiten ihres Mannes ausgehändigt; darunter eine Uhr. Durch einen Zufall entdeckte sie unter dem Uhrdeckel fünfundzwanzig winzige, engbeschriebene Tagebuchblätter – Notizen auf Zigarettenpapier. Aus der Emigration zurückgekehrt, legte sie im Jahre 1959 der Zentralstelle für die Aufklärung von Naziverbrechen in Ludwigsburg diese Aufzeichnungen vor. Gerade durch sie konnte die Anklage gegen Willy Dusenschön erhoben werden. Der Prozeß fand 1962 in Hamburg statt, also rund dreißig Jahre nachdem das diaristische „Belastungsmaterial" versteckt wurde[1].

Im politischen Versteck schrieb ein auch vor der Familie verborgen gehaltenes Tagebuch *Anne Frank*, die Tochter eines nach Holland emigrierten deutschen Juden[2]. Die Verfasserin dieses inzwischen weltberühmten Tagebuchs wurde am 12. Juni

fangenen und Konzentrationslagerhäftlingen, könnte man allein ein umfangreiches Buch schreiben, auch über schaurige Künste des Verbergens, Versteckens und Vermittelns. (Blut, Kot, Urin als Schreibmittel usw.) Vgl. zu Dokumenten aus der Haft auch die Anthologien „Du hast mich heimgesucht bei Nacht. Abschiedsbriefe und Aufzeichnungen des Widerstands 1933–1945." München 1954; „Und die Flamme soll euch nicht versengen. Letzte Briefe zum Tode Verurteilter aus dem europäischen Widerstand." Zürich 1955; und „Die Stimme des Menschen. Briefe und Aufzeichnungen aus der ganzen Welt 1939–1945." München 1961.

[1] Laut Berichten im Weser-Kurier, Bremen, September/Oktober 1962.

[2] Das Tagebuch der ANNE FRANK. 14. Juni 1942 – 1. August 1944. Heidelberg 1950.

1929 in Frankfurt am Main geboren; sie starb im März 1945 im Konzentrationslager Bergen-Belsen. Dieses Tagebuch ist nicht nur in der Angst vor den als Handlanger des staatlichen Machtapparats fungierenden Verfolgern geschrieben worden. Auch die Sorge vor der in allen gewaltsamen Ordnungssystemen weitverbreiteten Denunziationssucht ist dauernd zu spüren, die Furcht also auch vor *Nachbarn*, vor *angeblichen* Freunden. In dieser Hinsicht werden Diaristen unter jedweder Diktatur immer vom gleichen Terror beunruhigt, vom Terror derjenigen, die eine individuelle Lebens- und Denkweise nicht ausstehen können, weil ihr eigenes „Innenleben" leer ist oder weil sie im „äußeren" Leben sich nur im Schatten der Mächtigeren wohl fühlen. Die Versteckten und die Nicht-Versteckten haben, sobald sie von der Despotie und von deren denunzierenden Lemuren bedroht sind, ein ähnliches Schicksal. Entweder schreiben sie im auferzwungenen Versteck heimlich Tagebuch, oder sie schreiben, wenn ihnen so etwas wie „Öffentlichkeit" noch erlaubt und möglich ist, an zuverlässige Freunde Briefe, in denen sie vor sich selbst und vor einem andern wahr sein wollen. Man lese dazu die vielfach tagebuchartigen Briefe *Wolfgang Borcherts* (1921–1947)[1]. Borchert wagte dabei gelegentlich Tollkühnheiten. So schrieb er im Jahre 1940, als er in einer Kaserne Dienst tat, auf offener Postkarte: „Aus einem der schönsten Zuchthäuser des Dritten Reiches sende ich Dir die besten Grüße[2]." In einem Brief an Aline Bussmann heißt es im gleichen Jahr: „Diese Zeit wird mich nicht niederzwingen. Meine Seele entflieht in die Reiche meiner Phantasie – und da ist Liebe, Größe, Kunst und Schönheit. Angst habe ich nur vor der müden Melancholie und der hamletischen Resignation, die mich ja doch befallen wird. Die *Freiheit ist tot*. Alle Freiheit – wohl haben wir unser inneres Reich – aber woran sollen wir noch glauben[3]?"
Dazu auch einmal ein Lemuren-Tagebuch, das Tagebuch eines geradezu existentiellen Denunzianten–Typus: Josef Goebbels', gespiegelt im Urteil eines freiheitlichen Diaristen. Dabei be-

[1] Wolfgang Borchert in Selbstzeugnissen und Bilddokumenten. Dargestellt von PETER RÜHMKORF. Hamburg 1961.
[2] A.a.O. S. 52. [3] Ebd. Hervorhebung vom Verf.

tonen wir erneut, daß in erster Linie nur derjenige, der Tagebuch „führt", die echten und falschen Töne des Tagebuchschreibens kennt oder zumindest ahnt, daß vor allem er um die Ver-Führung wissen muß, die im Tagebuchführen liegt. So schreibt ein so vorzüglicher Diarist wie René Schickele über das Tagebuch von Josef Goebbels, Hitlers pseudo-intellektuellen Publicity-Manager, über einen Gegenstand also, der seinen „Geruchssinn beleidigt": „Im Tagebuch, dem *Ursprünglichsten,* was es geben sollte, fehlt jede Ursprünglichkeit, jeder Schwung und aller Witz. Er verschweigt so viel, daß er farblos und langweilig wird. Alle paar Zeilen streckt die Lüge das Spitzohr hervor. Zeitungsdeutsch und professionell geläufige Verdrehungen in einem Tagebuch – wie gräßlich! Auf jeder Seite wird der Führer angehimmelt. Die Lobeserhebungen klingen womöglich noch unglaubwürdiger als alles andere. Ja, nirgends scheppert der ‚falsche Ton' so hörbar als gerade hier. Und es riecht schlecht. Fast in jeder Eintragung meldet sich so ein Byzantinismus, wird abgeschüttelt wie ein Furz. Merkwürdig" (5. Juli 1934)[1].
Allerdings bieten keineswegs alle anti-tyrannischen Tagebücher, besonders nicht diejenigen von Literaten, edle Beiträge für zukünftige Hagiographien. Die Menschheitsgeschichte wäre nur ein Feld öden Stumpfsinns, wenn auf der einen Seite jeweils *nur* „Teufel", auf der anderen aber *nur* „Engel" gestanden hätten. Diese „schrecklichen Vereinfachungen" sind nicht nur a-europäisch; sie sind geradezu anti-europäisch. Sie beleidigen den christlichen Liebessinn ebenso wie das humanistische Ideal einer antithetischen Harmonie und den gesunden Skeptizismus des aufgeklärten Denkens. Sie widersprechen Grunderkenntnissen unserer zeitgenössischen Psychologie und Psychoanalyse von Nietzsche über Dostojewskij bis zu Hamsun und Freud. Im rätselhaften Spannungsfeld der menschlichen „Seele" haben nicht nur „Lügen kurze Beine"; ja zuweilen besitzt die „Wahrheit" überhaupt keine. Das wird in Tagebüchern meist dann zum traurigen Ereignis, wenn ein

[1] René Schickele, Tagebücher. (Werke in drei Bänden. Hrsg. von Hermann Kesten, Bd. 3). Köln, Berlin 1959, S. 1123. Hervorhebung vom Verf. Beispiele im Textteil.

Mensch nur in Ideologien denkt; wenn er – in einem rein parteipolitischen Sinne – *nur* noch etwas Geteiltes sein will, und zwar aus materiellen Gründen oder auch auf der Flucht vor der eigenen inneren Existenz, so zum Beispiel ein integraler Kirchenmann, ein patentierter Aufklärer, ein völkischer Nazi oder etatistischer Faschist, ein strammer Kommunist, ein ideologischer Sozialist, ein skeptischer Existentialist und ähnliches. Parteiische Tagebücher dieser Art zeigen schon auf den ersten Seiten die Symptome einer geistigen Ohn-Macht. Ihre Verfasser „erhöhen" sich an nicht-persönlichen Kräften, im Falle von Diktaturen an Mächten, die nur Selbsterniedrigung möglich machen. Vom „Ich" ist in solchen Machwerken ständig die Rede. Doch *wer und was dieses Ich* nun eigentlich sei, erfährt man nie, weil nur über andere und anderes geschwätzt wird. Solche Wiederkäuerdiaristen träumen entweder von Heldendenkmälern der Diktatur (für sich) oder von Märtyrerstatuen (für sich), errichtet im Namen derer, die, anstatt gegen eine Diktatur zu schreiben, im Kampf gegen sie starben. Diese Tagebuchvielschreiberei unter *ausschließlich* ideologischer Fahne muß, im Sinne elementarer geistiger Harmonielehren, zu einem *Identitätsverlust* führen. Fraglos ein fortgeschrittener Krebsschaden für den Tagebuchschreiber. Denn was ist ein Tagebuch, in dem kein Mensch als „Persönlichkeit" oder auch nur als „Person" mehr spricht, sondern nur mehr eine Maske; eine Brunnenfigur, aus der endlose Wortkaskaden *irgendeiner* Ideologie herausfließen, endlos fließen – ohne jede Möglichkeit einer Überraschung in der Flut dieses diaristischen Gewäschs? Man weiß schon nach den ersten zwei Seiten, wie es weitergeht – so wie man es bei allzu vielen nur „ideologischen" Leitartiklern von West und Ost nach zwei Zeilen weiß.

Aus all diesen Gründen wird ein Tagebuch wie das der Anne Frank, dessen Authentizität vergeblich bezweifelt worden ist, auch in diesem Zusammenhang zu einem besonderen Ereignis[1]. Einem Kind gelang das Wunder, inmitten einer Maskenparade zumeist nur noch in Ideologien lebender und handeln-

[1] Zur Geschichte und Authentizität dieses Tagebuchs vgl. Ernst Schnabel, Anne Frank. Spur eines Kindes. Frankfurt 1958.

der Menschenlemuren ein Menschen*kind* zu bleiben, das sich selbst und seinen Idealen immer mehr mißtraute, dafür aber allmählich beten lernte – für alle. Wenn man fünfjährigen Knaben widerspruchslos konzedierte, daß sie Symphonien dirigieren, und siebendreiviertel Jahre alten Mädchen, daß sie Gedichte schreiben könnten, die denjenigen eines Rimbaud, Keats oder Hölderlin nicht ganz unähnlich seien, die Echtheit des Tagebuchs einer Zwölf- bis Vierzehnjährigen hingegen anzweifelte, so gehört auch das zu den Paradoxien unserer Zeit: auf der einen Seite gläubiger Starkult, auf der anderen stumpfsinniger Skeptizismus. Daß der siebenjährige Mozart aufführungsreife Kompositionen schuf, wird heute so selbstverständlich hingenommen wie die Tatsache, daß der siebzigjährige Goethe noch glutvolle Liebesgedichte schrieb. Wenn aber die kleine Anne Frank manchmal schreibt wie ein fünfundzwanzigjähriger Doktor der Philosophie, so wird das als „unnatürlich" und „unmöglich" empfunden. Wer so argumentiert, begreift nicht, daß hier zumindest etwas ebenso Rätselhaftes geschah wie beim jungen Mozart und beim alten Goethe, jedoch aus anderem Grunde. In Lebensangst und Todesgrauen wurde ein verhindertes erwachsenes Leben gleichsam vorweggenommen in eine geistig intensivere Jugend. Vielleicht regte sich ein unbewußtes Wissen darum, daß man später in einem „normalen", „großen" Leben weniger erfahren, erleben und „sein" könnte als in einer derart gefährdeten kleinen und doch – durch so menschliche Reaktionen – unermeßlich großen Jugend[1]. So wurde aus einem der vielen Jungmädchentagebücher ein symbolisches Diarium für die Möglichkeit des Ich- und Selbst-Seins, sogar in langmonatigem, verstecktem Unbehaustsein und in der oft entsetzlichen kreatürlichen Angst vor dem erbarmungslosen Zugriff gewaltsamer Ordnungssysteme[2].

[1] Vgl. auch „Das Tagebuch des David Rubinowicz", Frankfurt 1960. (Geschrieben in der Zeit von März 1940 bis Juni 1942 von dem zwölfjährigen D. R.)

[2] Über den ersten Antrieb zur Tagebuchführung bei Anne Frank vgl. a.a.O. S. 4: „Ich habe keine Freundin!" Kein „Vertrauen". „Darum das Tagebuch." Das Tagebuch wird ihr zur Freundin, „und diese Freundin heißt: ‚Kitty'!" Ähnlich der als Briefempfänger fungierende „Wilhelm" in Goethes „Werther". Die Mischgattung Brieftagebuch,

3. Enthüllen im Versteck und Zeitflucht

Schon während der Französischen Revolution wird das subjektive Tagebuch zum politisch-kritischen Kalender in Zeiten entfesselter ideologisch-amoralischer Barbarei, wenn es das eigene Ich und gleichzeitig die in jeder Hinsicht unzutrauliche Umwelt analysiert. Das bedrohte Ich muß sich nicht nur mit dunklen Kräften im eigenen Ich auseinandersetzen, sondern auch mit einer zunehmend dämonischen Umwelt, mit einer autoritären, angeblich brüderlichen, in Wirklichkeit erstickenden Gemeinschaft. Bevor wir, im nächsten Kapitel unserer Darstellung, auf diese Zusammenhänge näher eingehen, wollen wir noch weitere Beispiele von Diaristik in Polizeistaaten anführen – einige wenige aus einer großen Fülle; müssen doch Menschen, die für sich sind, unerschöpflich sein im Erfinden von Möglichkeiten des Versteckens vor Menschen, die außer sich sind, unerschöpflich wie die Anpassungsfähigkeit von Mikroorganismen.

Der lange Jahre in Italien lebende Kunsthändler und Kunsthistoriker *Bernard Berenson*, aus jüdisch-litauischer Familie stammend, in Amerika aufgewachsen und in Italien heimisch geworden, schrieb während des Zweiten Weltkrieges seine ebenso mutigen wie geistvollen Greisentagebücher gänzlich *unchiffriert*, zwar in einem sicheren Versteck, doch im Vertrauen auf das Wohlwollen des damaligen deutschen Konsuls in Florenz, Gerhard Wolf, auf seine eigene Autorität und auch auf

bzw. Tagebuchbrief wird auch als Erleichterung in bezug auf ein mehr oder weniger fiktives „Du" offensichtlich. Vgl. auch SWIFTS „Journal to Stella", BOSWELLS Tagebuch-„Briefe" an seinen Freund usw. Es handelt sich also um die Einblendung eines Pseudo-„DU", um das schwierigere Gespräch mit dem absoluten „Ich" zu vermeiden. Je dramatischer die Lebensereignisse werden, desto mehr wird Anne Franks Tagebuch zu einem „Memoirenbuch" (ebd. S. 128). Dementsprechend kommt es zur Vorstellung, daß ihr Tagebuch einmal veröffentlicht werden könnte. „Natürlich zielten alle gleich auf mein Tagebuch." (Als Minister Bolkestein am Oranjesender darüber sprach, daß man Briefe und Tagebücher aus dieser Kriegszeit später veröffentlichen werde. Ebd. S. 193.)

die Würde seines hohen Alters[1]. In seiner unfreiwilligen Vereinsamung war Berenson auf Nachrichten angewiesen, die er durch Zeitungs- und Radioberichte, manchmal aber auch durch Gespräche mit Augenzeugen erhielt. Meist dringen jedoch „Gerüchte" (rumours) auf ihn ein, und um diese bewegen sich die „Reflexionen". Auf einer ganz anderen Ebene hat man es hier mit einer ähnlichen Schicksalslage wie derjenigen der Anne Frank zu tun. Die „Reflexionen" allerdings greifen tief ein in die moralische, kulturelle, aber auch politische und religiöse Problematik nicht nur dieser Zeit, sondern auch der Menschheitsgeschichte. Die Abneigung gegen die nationalsozialistischen Schergen, die auch in Italien jüdische Menschen zu deportieren und ihrer Habe zu berauben begannen, ist nur allzu natürlich, doch bleibt das Urteil des siebzigjährigen Goetheverehrers stets nüchtern und objektiv. Die Verachtung macht ihn zornig, doch verblendet ihn nie der Haß. An drei Krankheiten leidet für ihn das Europa des 20. Jahrhunderts: am Fanatismus, an der Diktatur einseitiger Ideologien und an der Mechanisierung. Der Humanist des 16. Jahrhunderts, der deutsche Forschertypus des 19. Jahrhunderts, der skeptische Realist der Mittelmeerkulturen bleiben Berensons Ideale. Die „bürgerliche" Kultur der Neuzeit hat seiner Ansicht nach ebenso versagt wie die Überbleibsel der alten Adelsgeschlechter. Dabei begnügt sich Berenson nie mit der bloßen Analyse der schaurigen Gegenwart, die ihn umgibt und gefährdet; die Zukunft wird ihm zum größeren Anliegen. An solchen Stellen wird auch sein Tagebuch prophetisch. Schon am 3. Februar 1942 schreibt er: „Sollte ein russischer Sieg mit der völligen Besetzung Deutschlands enden, so ergäbe sich damit vielleicht das einzige Mittel, die Deutschen zu überzeugen, daß sie alles Interesse daran haben, sich mit Frankreich und England zu verständigen. Gleichzeitig würde dies dazu dienen, Frankreich und England erkennen zu lassen, daß es nicht nur für Mitteleuropa, sondern auch für sie selbst und für den ganzen Westen lebenswichtig ist, eine europäische Herrschaft Rußlands über

[1] Rumour and Reflection. 1941–1944. London 1952. Die italienische Übers. erschien zwei Jahre früher: Echi e Riflessioni. Diario 1941–1944. Mailand 1950. (Zitate nach der italienischen Ausgabe.)

ganz Europa zu verhindern. Sollten die Deutschen es endlich begreifen, daß sie in Zukunft nie mehr versuchen dürfen, den Rest der Welt unter ihren Absätzen zu zertreten und daß sie besser daran täten, sich mit Frankreich, England und Amerika zu verbinden, um den Westen gegen den Osten zu verteidigen, so wäre dieser Krieg nicht umsonst geführt worden[1]."

Für Berenson war die nationalsozialistische „Bewegung" ein Versuch, Europa zu „asiatisieren", das heißt es seiner *mittelmeerischen* Tradition zu berauben. Deswegen erklärte sich Berenson, der sich immer als einen „Aufgeklärten" angesehen hatte und zum Antiklerikalismus neigte, mit dem Liberalen Benedetto Croce einig, als dieser in seiner kleinen Schrift „Warum wir uns nicht als Nicht-Christen bezeichnen können" entschied, daß man als Europäer gar nicht umhin könne, Christ zu sein, wie frei auch immer man jeweils für sich eine derart schicksalhafte Zugehörigkeit interpretieren möge. Berenson war vor dem Krieg und noch später mit Deutschen in Florenz befreundet, so mit dem Direktor des dortigen Deutschen Kunsthistorischen Instituts, Professor Kriegbaum, der bei einem Bombenangriff in Wien ums Leben kam, sowie mit dem schon genannten damaligen Generalkonsul Gerhard Wolf[2]. Beide haben ihm geholfen. Beide haben mit dazu beigetragen, daß die „Villa Tatti" Berensons bei Florenz, diese Gesprächsoase der Italien- und Kunstliebhaber aller Welt mit ihrer reichhaltigen Bibliothek und ihren erlesenen Kunstschätzen im wesentlichen unversehrt blieb. Das hat Berenson selbst anerkannt, und diese unbestechliche Objektivität, diese Fähigkeit, auch in der schlimmsten Existenzbedrohung differenzieren zu können, macht dieses Tagebuchdokument zu einem der „tugendhaftesten" im antiken wie im christlichen Sinne.

Enthüllen im Versteck – dafür ist Berensons Diarium ein typisches Beispiel. Es gibt aber noch eine andere Form des Verbergens und Versteckens unter Despotien, nämlich die Flucht in ein geistiges Überreich der Bildung und der Schönheit. Sehr sensible, in einem ursprünglichen Sinne politisch

[1] A.a.O. S. 132.
[2] Zu Kriegbaum vgl. ebd. S. 152, 156; zu Wolf S. 157 f., 162, 463.

fast völlig gleichgültige junge Menschen, die in gewaltsamen Ordnungssystemen leben, ignorieren zuweilen ihre gesamte Umwelt und schaffen sich in ihrem Tagebuch ein Traumreich von „culture pure", in dem sie sich bewegen, als sei dies das *wahre* Tausendjährige Reich. Dafür gibt es in der deutschen Literatur ein Beispiel von Rang, das „Pisaner Tagebuch" des jungen Gelehrten *Karl Eugen Gass* (1912–1944)[1]. Dieses Tagebuch und andere Aufzeichnungen des letzten Lieblingsschülers von Ernst Robert Curtius kann man als die in ihrer Art folgerichtigsten diaristischen Texte ansehen, die im Zwischenreich des biologischen Materialismus von einem Deutschen geschrieben worden sind. Eugen Gass liebte den Geist wie die Natur, die Kunst wie den Menschen, die Wahrheit wie die Dichtung. Ohne je ein Frömmler gewesen zu sein, wertet er alles, was er liebt und mit kühler Beschwingtheit beobachtet, stets nur als Geschenk des energisch *verpflichtenden* Sohnes Gottes. Doch vermißt man in den gesamten nachgelassenen Schriften dieses „Frühvollendeten" jeden auch nur „getarnten" Hinweis auf die sogenannte Politik, das heißt zu seiner Zeit auf ein politisches Chaos, das die Existenz eines jeden Menschen in Frage stellte. „Keines der erregenden politischen Ereignisse, die sich in Deutschland während der Studentenzeit von Gass abspielten, hat ihn tiefer berührt: weder der 30. Januar 1933 noch der 30. Juni 1934 haben im Tagebuch oder in sonstigen Äußerungen einen Niederschlag gefunden. 1937 bei Verwandten in Düsseldorf zu Besuch, notiert Gass: ‚Nirgends so stark gefühlt, wie fern meine Welt von allen realen Beziehungen liegt'[2]." Es bestand also gar keine Notwendigkeit, in diesem Tagebuch irgend etwas zu verstecken! Die „Politik", das Grauen einer „totalitären" Politik wird in einem solchen Tagebuch gleichsam ausgeklammert oder nur noch abstrakt angedeutet. „Wie enthüllen sich hier splendeur et misère des Geistes in einer spezifisch deutschen Ausprägung[3]!" Doch wird man diesen Mangel auch als Ausdruck für

[1] Pisaner Tagebuch. Aufzeichnungen, Briefe. Aus dem Nachlaß eines Frühvollendeten. Hrsg. von Paul Egon Hübinger. Heidelberg, Darmstadt 1961.

[2] Paul Egon Hübinger im Nachwort. A.a.O. S. 393.

[3] Hübinger ebd. S. 394.

ein mehr oder weniger bewußtes diaristisches Sich-Verstecken, für eine Flucht ins „Absolute" ansehen müssen[1]. Die Verdrängung des Politischen, beziehungsweise die Verdrängung der ethischen Mitverantwortlichkeit für alles Kreatürliche, erscheint einmal als Symptom für eine etwas geizige Ökonomie der Kräfte, vor allem aber als Folge eines geradezu physischen Abscheus gegen jede Art von Unreinlichkeit und Unredlichkeit. Natürlich konnte ein solcher unbewußt-bewußter Verzicht im geistigen Haushalt eines Mannes von der Sensibilität eines Gass nur durch periodisch auftretende *Todesahnungen* ausgeglichen werden. Am 26. Februar 1934 hatte er „ganz unvermittelt" in sein Tagebuch geschrieben: „Es ist sehr wahrscheinlich, daß ich in einem Kriege sterben werde[2]." Er fiel bei seinem ersten Gefecht, ein winziges Rädchen in der sich auflösenden Hitlerarmee, am 18. September 1944 bei Best, nördlich von Eindhoven[3].

In *jedem* Fall also wird der Mensch als Ich-Person in Epochen eines aufgezwungenen „Gemeinschaftssinns", einer rein ideologischen Gemeinschaftsvorstellung, die den konkreten sozialen Forderungen im Zeitalter der Industrialisierung ausweicht oder sie – wie der Kommunismus – verabsolutiert, in seiner Persönlichkeitskraft reduziert und zu einem *„versteck-*

[1] Eine ähnliche politische „Gegenstandslosigkeit" bekunden die Tagebücher aus dem Zweiten Weltkrieg von Ernst Jünger, über den sich Gass in seinen Merkbüchern und Aufzeichnungen häufig bewundernd aussprach.

[2] A.a.O. S. 402.

[3] Prophezeiungen in europäischen Tagebüchern haben wir wiederholt erwähnt. Dafür nur ein weiteres Beispiel. In seinem Tagebuch schrieb Alfred Bock am 26. Juni 1922: „Mordbuben haben den Minister Rathenau in Berlin umgebracht. Ich kann nichts anderes denken, sehe immer den von Handgranaten und Kugeln zerfetzten Leichnam, der der jammernden alten Mutter gebracht wird. Soweit haben es die Deutschvölkischen und Hakenkreuzler gebracht! Wenn die Regierung nicht die Kraft und die Mittel findet, das deutsche Volk von diesem Gesindel zu befreien, treiben wir dem Bürgerkrieg und völliger Auflösung zu." Alfred Bock, Tagebücher. Heidelberg, Darmstadt 1959, S. 66.
Zum Tagebuch von Gass vgl. Werner Ross, Selbstporträt des deutschen Jünglings, im Merkur, H. 4, Stuttgart 1962, S. 390–392.

ten" Eigenleben gezwungen. Politiker, die auf die Herausforderungen der heutigen Industriegesellschaft falsch, das heißt mit artifiziellen Gruppen-Idealen, antworten, ver-nichten sich in ähnlicher Weise auch als politische Persönlichkeiten. Sie werden zu recht- und gesetzlosen Exekutivkräften, zu stumpfsinnigen Knechten des Leviathans, des vergöttlichten Staates. Und das Allerschlimmste: die Grenze zwischen Recht und Unrecht beginnt bald in allen Lagern zu verwischen, also auch in den Lagern, die moralisch zunächst einmal „recht" hatten, als sie die Reduzierung der Macht auf die reine Exekutive zu bekämpfen begannen[1]. Das Dämonische greift bald über – wie eine Seuche, doch schlimmer als alle Epidemien, die den Körper des Menschen vergiften. In einem in Amerika geschriebenen Tagebuch erklärt der emigrierte Klaus Mann, am 15. Juli 1940, es ängstige ihn die Frage, ob es in diesem Krieg wirklich „um eine moralische Entscheidung" gehe. Die Tatsache, daß der Krieg unvermeidlich werden könne, bedeute „vielleicht an sich schon ein schmähliches Fiasko für beide Parteien[2]". Und weiter: „Was würde der Sieg über das Nazi-Regime nützen, wenn die Sieger sich vom Nazi-Geist infizieren ließen." – „ Gefahr der Ansteckung! Seien wir auf der Hut[3]!" Offenbar haben gerade diese sensiblen Naturen, die Tagebücher „zum Tode schreiben", ein Ahnungsvermögen für die entsetzlichen Giftwirkungen des Unrechts[4]! An einem Höhepunkt der dämonischen Ekstase tobt sich das Unrecht im moralischen wie im unmorali-

[1] Montesquieus Dreiteilung der Gewalten geht von der Vorstellung entsprechend aufgegliederter Menschen-Personen aus. Deshalb erscheint jede Perfektions-Demokratie, die sich streng an die Dreiteilung der „Gewalten" hält und dazu diesem nur macht-zertrümmernden Aufgliedern einen humanen und religiösen Sinn gibt, zumindest als die beste Entsprechung introspektiver Erfahrungen der Einzelperson: sie erfährt sich nie als „Einheit", sondern als „Pluralität" von Vorstellung, Wille und Trieb.

[2] Vgl. Ende dieses Kapitels und Passus in extenso im Textteil.

[3] Dieser zweite Eintrag vom 21. 4. 1942.

[4] Vgl. die Darstellung von Paveses „Diario" in Kap. III, sowie die frühe Kritik an der Besatzungspolitik vor allem der Engländer im Tagebuch von Benedetto Croce, Quando l'Italia era tagliata in due. Bari 1948, S. 73 und 79 f.

schen Bezirk aus. Auf ähnliche Art wird bald jedem „Ich" die Gurgel zugepreßt, auch wenn es nur irrte. Dazu ein Beispiel: Am 26. Mai 1945 wurde *Knut Hamsun* und seiner Frau Hausarrest auferlegt. Der Romancier, den Thomas Mann einmal als den größten seiner Zeit bezeichnete, galt als Quisling-Anhänger und gar als Hitlerverehrer, obwohl er manchen seiner Landsleute in der Verfolgungszeit geholfen hatte. Immerhin hatte er von einem „germanischen" Staatenbund geträumt, in dem Norwegen eine neue bedeutende Rolle spielen sollte. In seinem Altersstarrsinn wurde aus diesem mythischen Traum eine fixe Idee. Nach der Befreiung Norwegens mußte er sich dafür in einem Prozeß verantworten. Erst steckte man den Greis in ein Krankenhaus, dann in ein Altersheim und schließlich in eine Irrenanstalt. In dieser Zeit hat Knut Hamsun sein Tagebuch geschrieben. Geschlagen wurde er von seinen Wächtern und Wärtern nie – im Gegensatz zu Petter Moen –, aber es war auch für ihn in diesen Anstalten alles andere als gemütlich. „Es wird etwas einsam", schreibt er, „aber ich bin Einsamkeit gewöhnt; auch zu Hause sprechen sie nicht zu mir, weil ich so taub und lästig bin. – Ich habe mir nichts zu lesen mitnehmen dürfen, und meine Zeitungen sind nicht gekommen." Dabei findet er das alles „merkwürdig", denn er habe „niemals, in keinem Lande, etwas mit der Polizei zu tun gehabt[1]". Und es wiederholen sich Szenen, die manchmal sogar an das Schicksal von Petter Moen erinnern, wenn auch in viel milderer Form. „Kassiber" zum Beispiel kann auch Hamsun nicht hinausschmuggeln, nicht einmal eine Postkarte, um neue Schuhe zu bekommen, und wieder ist es ein Landsmann, der nein sagt[2]. Kommentar dazu: „Wir haben jetzt den politischen Gefangenen in Norwegen. Vor unserer Zeit war der politische Gefangene für uns nur eine Art Märchen in russischen Büchern ...[3]" Später, im Altersheim, leiht ihm der Bibliothekar keine Bücher aus, „obwohl ich vielleicht selbst einige davon geschrieben habe[4]". In der Irrenanstalt geht es ihm noch schlechter. Er klagt über Schikanen, über über-

[1] KNUT HAMSUN, Auf überwachsenen Pfaden. Ein Tagebuch. München 1950, S. 7.

[2] A.a.O. S. 14. [3] Ebd. S. 15. [4] Ebd. S. 36.

flüssige Untersuchungen und stellt fest, daß man ihn nicht als „geisteskrank" habe bezeichnen können. Doch habe man geglaubt, daß seine seelischen Fähigkeiten nachhaltig geschwächt seien. Kommentar: „Ja leider. Und gerade während meines Aufenthalts in der Psychiatrischen Klinik waren sie stark geschwächt worden[1]." Das nun nicht mehr Versteckt-Sein, sondern Versenkt-Sein in einer „Psychiatrischen" Klinik, das ist das letzte „politische" Schicksal eines genialen Epikers, dessen Werk man offenbar weniger ernst nahm als seine senilen politischen Phantastereien. Und er kann, unter den Argusaugen beflissener Wärter, nicht einmal einen „Kassiber" hinausschmuggeln! Zur Energie und Ingeniosität eines Petter Moen war er in seinem hohen Alter nicht mehr fähig. Das ändert nichts daran, daß auch er geopfert wurde: auf den schwarzen Altären jener Götter, die auf vernichtenden Haß nur mit rächendem Haß antworten können.

Wir haben auf die Verbergungstechniken von Diaristen in gewaltsamen Ordnungssystemen hingewiesen. Damit nähern wir uns neuen Perspektiven! Wie sieht es mit dem vorwiegend *politischen* Tagebuch aus? Wie entwickelte es sich vom chronistischen zum protestierenden Zeugenbericht? Bevor wir dieses neue Kapitel beginnen, sei hier abschließend noch eine bezeichnende „geheime" Korrespondenz in Tagebüchern zum Problem der übernationalen Schuldfrage hervorgehoben, die unter anderen Klaus Mann vor seinem Selbstmord so beschäftigte. Im „Bloc-Notes" von François Mauriac findet man in der Eintragung vom 3. August 1957 eine Bemerkung über die Pariser Tagebücher (1942–1943) von Ernst Jünger. „Die Nazis", so schreibt Mauriac, „mußten diesen Schriftsteller hassen, da er sie so kannte. Vierzehn Jahre später hassen sie noch immer jeden Schriftsteller, der sie kennt – denn die Nazis sind immer da. – Am 18. Oktober 1944 notiert Jünger, daß *‚Kniébolo'* (so nennt er Hitler) *ein europäisches Phänomen ist*[2]." Und Mauriac fügt hinzu, Kniébolos Erscheinen, Aufstieg und

[1] Ebd. S. 73.
[2] François Mauriac, Bloc-Notes (1952–1957). Paris 1958, S. 345. Hervorhebung von Mauriac. Kontext im Textteil.

Triumph hätten *allenthalben* gleichzeitig ein wildes Tier entfesselt. Unter den Betontrümmern der Reichskanzlei sei es keineswegs begraben. Frei bewege dieses Monstrum sich jetzt in den Ruinenlandschaften der Parteien und Ideologien[1].
Doch hatte „Kniébolo" im Erleben politisch-„intimer" Diaristen Europas auch Vorläufer. Nicht alle Tagebuch-Zeugen politischen Geschehens erkannten die zunehmende Dekadenz europäischer Ordnungssysteme. Wer sie indes begriff, wurde schon relativ früh zu einem anderen Vorläufer, zum mehr oder weniger heimlich protestierenden Zeugen gegen verlogene „Gemeinschafts"-Kulte, gegen die politischen Unholde, die die Einzelmacht der Ich-Person durch die Übermacht eines berauschten nur noch Wir-Seins immer systematischer unterdrückten und schließlich immer methodischer vernichteten. Dazu die nächsten Seiten.

[1] Und über die Bemerkung in JÜNGERS Tagebuch, daß auch zahlreiche Franzosen Judendeportationen gebilligt hätten, schreibt MAURIAC dann weiter: „Ein hartes Wort, und wie es ertragen? Doch erweist sich seine Wahrheit seit vierzehn Jahren, Tag für Tag . . ." (Gemeint ist hier Frankreichs Algerienproblem.) A.a.O. S. 346.

KAPITEL VI

Zeugenberichte und Zeitkritik

1. *Das politische Tagebuch*

Das vorzugsweise *politische* Tagebuch, das heißt das Tagebuch, das ohne Introspektion mit lediglich gedämpften persönlichen Betrachtungen politische Ereignisse verzeichnet oder politische Persönlichkeiten schildert, wird man nur in ganz bestimmten Fällen der Kategorie der echten Diarien zuordnen können. Als echtes Tagebuch, das mehr sein will als kalendarische Chronik, muß auch das politische Tagebuch mehr „enthüllen", als bloß beschreiben. Oft bewahrt es eine erzwungene, weil auferlegte Diskretion, die jedoch durch persönliche Wahrheitsliebe zur *privaten Indiskretion* wird, um schließlich – meist nach dem Tode des Verfassers – „publik" gemacht, also ver-„öffentlicht" zu werden. Deskriptive Tagebücher bleiben, als Ereignisregister, nur Quellen-„Material". In ihrer psychologischen Neutralität und in ihrer gleichsam postumen Verbeugung vor diplomatischer Verhüllung erscheinen sie uns anonym, auch wenn es sich bei ihren Verfassern um bedeutende Namen handelt.

Der Mut zur Preisgabe des *gesamten* eigenen Wissens entspringt einer elementaren Rücksichtslosigkeit und kennzeichnet das *wahre* politische Tagebuch. So erscheinen uns ja auch introspektive Tagebücher nur dann als *echt*, wenn sie das „Ich" schonungslos enthüllen. Dabei ist es zunächst gleichgültig, welche Gründe in *wahren* politischen Tagebüchern zu ungehemmter Indiskretion veranlassen mögen: Zorn, Haß, Eifersucht, Neid oder ethische Vorstellungen. Eine einzige *methodische* Qualität ist entscheidend, wenn ein politisches Tagebuch historischen Rang erhalten soll: *die Unerschrockenheit der Bloßlegung.* Wir können demnach manche Tagebuch-Friedhöfe unberührt lassen. Asche der politischen Feigheit, des menschlichen Durchschnitts, des triebhaften Sich-Verkriechens hinter die pompösen Rockschöße meist bejammernswürdiger Obrigkeiten bleibt dort versunken, bloßes Ge-

schwätz dieser zahllosen anonymen Stützen der Gesellschaft und politischen Ordnungssysteme jeder Art. In diesen Grüften, die wir nicht aufreißen wollen, liegen die tausendfältigen „Revisoren" Gogols für die Ewigkeit im Schutt ihrer eigenen Charakterlosigkeit eingebettet, da sie – selbst als Revisoren – nie den Mut hatten, gegen die „hohe" Macht auch nur zu räuspern, während sie gegen die Ohnmacht spuckten, wo immer sie konnten. Diese Tagebuch-Unterwelt bleibe verhüllt, da sie nichts ent-hüllt, selbst im heimlichen Für-sich-Schreiben nicht. Und da liegt das Erschreckende, denn *Mangel* an Helden- oder Märtyrertum ist noch kein moralischer Fehler. Unwahrhaftigkeit bei politischen Umweltschilderungen jedoch, in der Intimität des Tagebuchschreibens, vor allem dann, wenn man von Polizeispitzeln *nicht* bedroht ist, dürfte als ein Tiefpunkt auf diaristischen Wertetafeln angesehen werden. Zu erwarten ist zumindest ein distanziertes oder kritisches Verhältnis zur Polis. *Dabei ist vorauszusetzen, daß der „kritische" Geist die „humane" Macht nie abgelehnt hat.* Im Gegenteil. In den seltenen harmonischen Konstellationen Europas zwischen Geist und Macht kam es stets auch *zu einer Eintracht von verantwortungsbewußt-demütigem Geist und nur schützender Macht.*
In den Landschaften *wahrer* politischer Tagebücher Europas überwiegt demnach die „Offenheit" über Personen und Persönlichkeiten, denen man als Beobachter der politischen Zeitumstände in mehr oder weniger „hoher" Stellung begegnete. Das politische Tagebuch von Rang ist demzufolge nur dann wahr, wenn in ihm Geschichte ent-ideologisiert wird, wenn „diplomatische" Geheimnisse entfremdet werden (Diplom aus griechisch diploma = ursprünglich „gefaltetes" Schreiben). Politische Tagebücher dieser Art müssen also das diplomatisch „Gefaltete" im Verantwortungsbewußtsein echter *Zeugenschaft* wahrheitsgemäß „entfalten": zumindest vor der Nachwelt, vor der Geschichte und vor Gott. Ereignisse dürfen nicht mehr Geheimnisse bleiben. Demnach wird die Offenlegung des objektiv „Intimen" in wahren politischen Tagebüchern zu einem Parallelgesetz in bezug auf die Preisgabe des subjektiv Intimen in echten introspektiven Diarien. Die Tonwerte der Aussage können dabei durchaus wechseln. Sie be-

wegen sich zwischen den Graden eisiger Nüchternheit und hitzigem Enthusiasmus. Wichtig und entscheidend bleibt immer wieder: die Mit-Besitzerschaft von Unbekanntem, das „Wahr"-Nehmen, das Entbergen eines Verborgenen durch ein skrupelhaftes Zeuge-Sein. Und dazu kommt die Genugtuung, dabeigewesen zu sein, gesehen und gehört zu haben, etwas – Minute um Minute, Stunde um Stunde, Tag um Tag – der Geschichte abgelauscht und damit abgerungen, geraubt zu haben: *für die übergeschichtliche Wahrheit*.

In historischer und soziologischer Perspektive wird das Führen derartiger Tagebücher jedoch nicht nur zum Sinnbild des neuzeitlichen Individualitätsbewußtseins und des Strebens nach Bewußtseinserweiterung. Im „indiskreten" politischen Tagebuch kommt, wie wir schon andeuteten, das Selbstbewußtsein neuer „Stände" zutage, erst des bürgerlichen und dann des „proletarischen". Gegen Hierarchien überlieferter Macht-Stände wird das Persönliche eines eigenen Sorgen-Stands, immer wieder aus sozialer Distanz differenzierend, in mehr oder weniger polemischer Art zur Geltung gebracht. Vom 16. Jahrhundert an entwickelt sich das Tagebuchschreiben allmählich zu einer Prosa-Abart, die Ich- und Umweltkritik auch *vereinen* kann. In solchen Tagebüchern wird offenbar, daß der Geist nie nur von gesellschaftlich-ökonomischen Verhältnissen abhängig ist, wie der Marxismus des 19. Jahrhunderts meinte. Im Gegenteil. Das *kritische* Bewußtsein verändert auch die materiellen Triebkräfte der Zeit. Dafür findet man in diesen Tagebüchern allerdings den gebührenden Abstand zu jenen politisch propagierten Ideen-Welten, die ihrerseits nur Entsprechungen eines „konstruierten" gesellschaftlich-ökonomischen „Unterbaus" sind. Mehr noch: man findet darin Abscheu, besonders in Diarien des 20. Jahrhunderts, gegen reines Klassen-, Partei- und Nationdenken. Gerade das wahre politische Tagebuch läßt daher, nach einem Begriff von Henri Bergson, eine „offene", auf die Zukunft weisende „Moral" wirksam werden, während in den Schriften der Ideologen eine „geschlossene", das heißt eine rein machtpolitisch zweckhafte Moral gepredigt wird. Insofern können Erinnertes und Erlebtes immer wieder zu einer visionären Vorwegnahme von Zukünftigem führen. Außerdem entsteht auf diese

Weise auch ein Ausgleich zwischen *allgemein* gültigen Ordnungsnormen und individueller Selbstbestimmung. „Die Idee der individuellen Bestimmung", schreibt Max Scheler, „schließt also die gegenseitige Solidarität der Verantwortlichkeit in Schuld und Verdienst seitens der moralischen Subjekte nicht etwa aus, sondern in sich ein[1]."

Vor seinen weißen Blättern fühlt sich der Tagebuchschreiber unabhängig, auch wenn er Angst haben mag vor seinen wölfischen Mitmenschen. Seine Eigenmacht an Kritik wird bald zu einem vitalen Ereignis. So entsteht, kaum daß der metaphysische Ordo-Gedanke des Mittelalters fragwürdig wurde, die Selbst-Herrlichkeit des Individuums, die Ich-Vernunft des Einzelnen, eine neue Art der Persönlichkeitsverehrung[2]. Der Mensch entdeckt sich von Petrarca bis Leonardo da Vinci als autonomes Subjekt nicht nur in Philosophie, Kunst und Dichtung. „Er", der sich im Mittelalter meist im „Wir" mehr oder weniger behütet fühlte, wird sich als „Ich" allmählich auch in Politik und Gesellschaft bewußt, wenn das Wortspiel erlaubt ist, mehr als Ich-eignis denn als Er-eignis. Demzufolge gewinnen in der Renaissance berühmte Menschen-„Leben" menschliche Persönlichkeitsbilder, wie unter anderen die „Vitae"-Berichte Plutarchs und die „Charaktere" des Theophrast neue Geltung, wenn auch, wie gesagt, anfänglich mehr in den Formen typisierender Verallgemeinerung[3]. Hinzu kommen die „Kommentare", das heißt die tagebuchartigen Urteile über „Taten" der Politiker, über Staatskrisen, Kriege, Hofintrigen, Standeskämpfe und so weiter[4]. Im 16. Jahrhundert erhalten auch die Frauen als nun „reale" Wesen (im Gegensatz zu den Idealisierungen der Minnesänger und der Petrarca-Schule) eine zunächst fast anrüchige Konkretheit, so vor allem

[1] Ordo Amoris. Schriften aus dem Nachlaß, Bd. 1. Berlin 1933, S. 233.

[2] Vgl. Kap. II und VII. [3] Vgl. Kap. VII.

[4] Vgl. allein für Frankreich u. a. die „Commentaires" von Blaise de Monluc und die „Mémoires" der Brüder Martin und Guillaume du Bellay, François de la Noue, Michel de Castelnau, Marguerite de Valois, François Vieilleville im 16. Jahrhundert, sowie die Memoirenliteratur des 17. und 18. Jahrhunderts.

in den Porträts der „Dames Galantes" von Pierre de Bourdeille, Seigneur de Brantôme (1540–1614)[1].

Mit der *Gegenreformation* tritt das Streben nach individueller Ich- und Umwelt-Analyse zurück. Der „Einzelne" und sein geistig noch ziemlich schmales individuelles Eigentum wird zugunsten eines neuen, allerdings allzu forcierten und allzu artifiziellen, eben „barocken" Ordo-Gedankens verdrängt. Das „Ich" wird – wie im Mittelalter (nach dem ersten Gewinn subjektiver Freiheiten des Spät-Hellenismus[2]) – nach den militanten Beschlüssen des Konzils von Trient im goldschimmernden Netz der neuen hoch-eloquenten Fischer Christi gleichsam wieder eingefangen. Unmittelbar nach der heute noch immer so rätselhaften Blüte des manieristischen Subjektivismus[3] wirkt sich eine der großartigsten Anti-Ich-Aktionen Europas ebenso staatserhaltend wie seelisch retardierend aus: es wuchern jetzt neue Wir-Systeme wie tropische Lianen kreuz und quer über Europa. Mehr als „echte" oder „wahre" Tagebücher findet man in den pompösen Folianten der Gegenreformatoren wie in den erregten Streitschriften der Reformer: moralische Wochenbetrachtungen, diskursive Abhandlungen mit scholastischen Perücken, genialische Tischreden, verzwickte „Emblemata", allzu gebildete Gesprächsspiele, schwerfällige „Acta", pedantische Mythoskopien, geistliche Blumengärtlein, Wettstreite der Tugend, labyrinthische Essays, akademische „Aesthetica", schwerfällige „Vademekums", ingeniöse Anatomien des Witzes, der Melancholie et cetera; Annalen unter staubschwerem Brokat; kleinbürgerlich beflissene Apologien der Fürsten, der Kirche und Christi; eloquente „Picturae" der Welt und Schlüssel (claves) jeder Art. Dazu auch Theomachien, Konjekturen! Sturzfluten von bloßen Wörtern überschwemmen Europa! Wir wollen sie nicht

[1] Um 1600 geschrieben. Erstmals, als „skandalöses" Buch, 1665 in Leyden veröffentlicht. Lieblingsautoren von Brantôme: Plutarch, Machiavell, Montaigne. Über die Entstehung des realistischen Porträts in der französischen Kunst dieser Zeit vgl. Kap. VII.

[2] Vgl. Kap. II.

[3] Vgl. Europäische Allegorie. Prado Nr. 1940, ein Meisterwerk des Manierismus. München 1961.

unterschätzen. Sie haben nicht nur einen literarischen Reiz. Sie zeigen uns, wie sehr das damalige Europa nach „Ordnung" strebte, nach einer neuen Übereinstimmung von Ich und Wir unter dröhnendem Orgelklang. Recht unscheinbar gegenüber diesem pompösen Aufwand wirkten die wenigen Verfasser idyllischer „Flores solitudinis" aus dieser Zeit, die *skeptischen* Schilderer von „Charakteren", die Porträtisten, die ahnten, wie sehr hinter diesem Aufwand aller Himmel und Erden entsetzliche Paradoxien verborgenlagen[1].

Wie die nach „Ewigkeits"-Prinzipien ordnende Gegenreformation das „Tage"-Buch verdrängt, so auch das abstrakte Vernunft- und Fortschrittsdenken der *Aufklärung*. In dieser Beziehung stellt sich die europäische Aufklärungsliteratur als ein säkularisiertes Barock-Denken dar. Sie schwärmt für eine neue „Ordnung", für eine „progressive" Ordnung, und der Einzelmensch muß sich erneut vor systematischen Auspeitschungen aller Dämonen in sich hüten. Das „Freidenken" von gestern kann heute schon gefährlich werden. Der „Allzu-frei-Denker", ja der auch nur gewissenhaft Zeugnis Ablegende kann es seit der Französischen Revolution, dem ersten Vorbild für alle späteren säkularisierten Ordnungssysteme, erleben, daß er im Namen der Freiheit geköpft wird. Revolutionäre schreiben, wir sagten es schon, meist nur im Exil Tagebücher. Gegen Diaristen haben sie ein ganz natürliches Mißtrauen. Die Aufklärung zieht enzyklopädische Sach-Analysen vor, satirische Umwelt-Reduzierungen, systematische Polemiken und intellektuell-raffinierte Einwirkungen auf den noch unerleuchteten Mitmenschen, vor allem in *Brief*-Form. Dafür sind Montesquieus „Lettres Persanes" (1721) ein Beispiel von überzeitlichem Rang geworden. Solche „Lettres", persönlich-politisch-tendenziöse Briefe, beherrschen die Epoche der „Lumières". Vauvenargues, Voltaire und der Prince de Ligne sind darin Meister. Den Verstand aufmunternden Erfolg ha-

[1] Vgl. das schon zitierte Werk „Europäische Allegorie". Vielleicht dienen unsere Bemerkungen über diese großartigste „Symphonie" des Manierismus, wenn auch nicht zur Identifizierung des Künstlers, so doch dem Verständnis für seine in vieler Hinsicht „wahnsinnigen" Anliegen.

ben ferner fingierte Wörterbücher, Reiseberichte bis auf den Mond hinauf, fingierte Novellen, Romane, Komödien und sogar Tragödien. In einer derart fortschrittsfreudigen Zeit, in dieser Faszination von säkularisierten Werten, in solch noblen, doch menschenkundlich einseitigen Zukunftsvisionen mußte das so zwiespältige „einfache" Menschenkind des psychologischen und sozialen Alltags vernachlässigt werden. Deswegen verspottete Voltaire den jungen – psychologisch so „indiskreten" – Rousseau. Und von Rousseau wird man in bezug auf „wahre", „offene", nicht ideologisch-aktivistische Zeugenberichte ausgehen müssen. In den „Confessions" wird *auch* die politische Umwelt, was immer sie ist und will „enthüllt", und man kann sogar dann noch von „Enthüllen" sprechen, wenn man zugibt, daß der eher dionysische als apollinische Rousseau auf alles, was er erlebte, emotional und oft geradezu infantil reagierte.

Eine Ausnahme in dieser so vordergründigen Dialektik zwischen „Ich" und „Wir" bildet immer wieder *England*, das André Gide deswegen wohl als das vollkommenste „Literatur"-land Europas bezeichnete. England wurde durch sein vorwiegend empirisches Denken schon früh auf das Menschlich-allzu-Menschliche in der Lebensentwicklung des Individuums wie der Polis hingewiesen. Das Tagebuch von Samuel Pepys enthält, wie wir wissen, nicht nur eine Fülle von Indiskretionen über das „Ich" des angesehenen Beamten; es legt ebenso kühn das Intimste seiner politischen Umwelt bloß. Und genauso verhielt sich auch der junge Boswell[1].

In *Frankreich* ringt sich ebenso wie in den deutschen und italienischen Ländern die unbefangene und kritische diaristische Darstellung politischer Umwelten erst später durch, nachdem sie im weltbeherrschenden Spanien, dem tagebuchärmsten Lande Europas, durch kardinalrote Barock-Dämme aufgehalten wurde. Die Tagebücher des Marquis de Dangeau (1638–1720) über das Leben am Hofe Ludwigs XIV. haben

[1] Vgl. Beispiele im Textteil. – Doch nicht im Sinne einer *systematischen* „Zeitkritik" ebenso moralistischen wie juristischen Charakters, die sich schon früher und dann in mustergültig aggressiver Form in Italien entwickelte.

noch chronistischen Charakter, auch wenn in ihnen – wie in Diarien der Renaissance – schon persönliche Urteile gewagt werden. Der Sonnenkönig bleibt noch tabu. Als „wahres", wenngleich noch schüchternes politisches Tagebuch kann man im damaligen Kontinentaleuropa, soweit wir sehen, das Tagebuch des Marquis d'Argenson (1694–1757) ansehen. Jedenfalls nahm er die „vérité pure et entière" für sich in Anspruch[1]. Ansonsten gehörte am Hofe Ludwigs XIV., wie unter Alexander dem Großen, die Diaristik zum Hofkult. Bei d'Argenson aber wird wenigstens eine wachsende Distanzierung vom Sonnenkönig spürbar und wirksam. In seinem Tagebuch kann man fast optisch erleben, wie der Glanz des barocken Absolutismus immer stärkere Schatten wirft[2].

Nun erst können wir deutlichmachen, warum die terroristische Spätphase der Französischen Revolution und der neue diktatorische Spätimperialismus *Napoleons* die Voraussetzungen für diaristische Zeugenberichte *kritisch* politischer Natur bildeten. Das „Individuum" wird sich seiner in einer neuen historischen Phase bewußt. Es lehnt sich jetzt immer mehr gegen die Restauration historisch nachhinkender „Wir"-Absolutismen auf. Nach dem Zusammenbruch des klassischen Absolutismus konnten die wachsten Geister Europas die Freiheitsideen Europas nicht mehr vergessen. Die Europäer hatten einen neuen Impuls erhalten, eine neue geistige Anregung zu höherer Umbildung des Humanen. Alle nachfolgenden Versuche, in Europa ein restauratives „Wir" gegen das neue kon-

[1] Vgl. SAINTE-BEUVE, Causeries du Lundi Bd. 14.

[2] Vgl. PHILIPPE DE COURCILLON, Marquis de Dangeau, Journal du Marquis de Dangeau, 19 Bde. Paris 1854–1860. (SAINT-SIMON wurde zu seinen „Mémoires" durch die Lektüre dieses Tagebuchs angeregt.) – MARC-RENÉ D'ARGENSON, Journal et Mémoires du Marquis d'Argenson. Paris 1859–1867. – VOLTAIRE verfaßte seinen „Siècle de Louis XIV" aufgrund dieser Quellen und las dazu 200 schon damals gedruckte Memoirenwerke. Vgl. GUSTAVE LANSON, Histoire de la Littérature Française. Paris 1894, S. 702. Interessant auch ein Ärztetagebuch über Ludwig XIV.: Journal de la Santé du roi Louis XIV de l'année 1647 à l'année 1711, écrit par A. VALLOT, A. D'AQUIN, G. C. FAGON. Paris 1862.

struktive „Ich" zu setzen, vermochten die Selbstentfaltung des Ich-Seins nicht mehr aufzuhalten. „Geist" wird bald mit „Freiheit" gleichgesetzt[1].

„Durch seine Unfähigkeit, den *Geist*, das heißt die vollkommene *Freiheit* wahrzunehmen, hat der Mensch selbst Gutes und Böses erzeugt", schrieb am 30. Mai 1939 der englische Abgeordnete Ronald Cartland in seinem Tagebuch. Und er fügt hinzu: „Physisches Leiden, sogar alles Leid, ist ein Weg zur Erlösung, ein Weg zur Erlangung des Geistes. Im Leiden liegt ein Sinn. Es ist der Sinn des Leidens, daß wir versuchen sollten, durch Leid uns selbst zu vergeistigen. Leiden ist ein Teil der Freiheit des Lebens[2]."

Nach dem Zusammenbruch des „klassischen" Absolutismus, während der Terror-Zeit der Französischen Revolution und unter dem napoleonischen „Empire", einer der giftig-buntesten manieristischen Imperiums-Kopien Europas, reagiert also der sich selbst erfahrende Einzelmensch zum erstenmal gegen ideologisches Machtdenken und gegen Neo-Absolutismen säkularisierter Ordnungssysteme. Der *kritische* Sinn der Aufklärung geht *nun erst* in Diarien ein. Er erzeugt aber auch den *romantischen* Skeptiker, den stets kritischen, doch unentschiedenen oder sehr wandelbaren Umweltdeuter. Der Politiker und Publizist *Friedrich von Gentz* (1764–1832), zuerst Anhänger der Revolution, dann „die Feder Europas" – des restaurativen Metternich-Europas –, ist ein Beispiel für diesen Zwiespalt in der politischen Diaristik. Gentz war Protokollführer (wie so mancher Renaissance-Diarist) für politische Geheimbesprechungen und Versammlungen, so vor allem beim Wiener Kongreß. In seinen schriftstellerisch glanzvollen Tagebüchern wimmelt es von menschlichen Indiskretionen, auch über sich selbst; vor allem, wenn seine offensichtlich starke Eitelkeit verletzt oder sein Geltungsstreben gehemmt wurde. Auch ein Zeugen-Tagebuch, doch geprägt

[1] Dieses *„konkrete"* Freiheitsproblem in den Schriften der philosophischen „Klassiker" dieser Zeit, so in den Tagebüchern von MAINE DE BIRAN, FICHTE u.a., ist bisher noch nicht genügend erfaßt worden. Vgl. dazu Kap. VIII.

[2] In: Die Stimme des Menschen. Briefe und Aufzeichnungen aus der ganzen Welt. München 1961, S. 25.

von geradezu zynischer Betrachtungsweise und elegantem Skeptizismus[1].

Selbst *Benjamin Constant*, dessen Spät-Tagebuch, wie wir schon sagten, auch als *politisches* Tagebuch anzusehen ist, schwankte lange in einem hochpersönlichen Machiavellismus zwischen alten Legitimitätsvorstellungen und neuen liberalen, kritischen Denkformen. Doch wird er später zu einem Verfechter des europäischen Freiheitsdenkens. Große Teile seiner „Journaux intimes" enthalten geheime Zeugenberichte über die letzte Zeit Napoleons, über die Hundert Tage, dann über die Reaktion und ihre erste Überwindung. Die Indiskretionen nehmen zeitweise dramatischen Charakter an. Auch Constant kann zynisch sein. Für seine konstitutionellen Ideen setzt er sich jedoch oft unter Lebensgefahr ein. So müssen seine „Journaux intimes" als das erste bedeutende *wahre* und auch *protestierende* politische Tagebuch Europas angesehen werden, als ein diaristisch fixiertes Mißverhältnis von Ich-Wünschen und politisch-gesellschaftlichen Kräften, die sich einer freien Entfaltung des Ichs wie der Gemeinschaft entgegenstellen. Außerdem vereint es Introspektion und politische Analyse[2]. Bezeichnend für Constant sind Eintragungen der folgenden Art: „Einen Artikel für die (Zeitung) Débats geschrieben. Wenn er siegt und mich festnimmt, bin ich verloren. Was macht es schon aus! Versuchen wir uns daran zu erinnern, daß das Leben langweilig ist" (18. März 1815)[3]. „Unterredung mit dem Kaiser. Lange Aussprache. Er ist ein erstaunlicher Mann. Morgen bringe ich ihm meine Vorschläge für eine Verfassung. Sollte es mir endlich gelingen?" (14.April 1815)[4]. „Zweite Besprechung. Meine Vorschläge hatten wenig

[1] Tagebücher. 4 Bände. Aus dem Nachlaß Varnhagens von Ense. Leipzig 1873–1874. Vgl. auch die Tagebücher Joseph von Eichendorffs (Sämtliche Werke, Bd. 11). Regensburg 1908. Darin reizvolle Beschreibungen des Gesellschaftslebens von 1802–1812. Zum „Ancien Régime" vgl. K. A. Varnhagen von Ense, Tagebücher. 14 Bde. Leipzig 1861–70.

[2] Die Tagebücher aus der Umgebung Napoleons haben den Charakter von Hof-Chroniken, so z.B. die „Cahiers de Sainte-Hélène" von Général Bertrand (Paris 1949) und „Le Mémorial de Sainte-Hélène" v. Las Cases (Paris 1956). [3] A.a.O. S. 777. [4] Ebd. S. 779.

Erfolg. Offenbar ist es nicht gerade die Freiheit, die man will" (15. April 1815)[1]. Am 19. April jedoch sind viele seiner verfassungsrechtlichen Ideen angenommen worden. Er soll Staatsrat werden. Dazu ist er bereit. Er will sich „ganz hineinstürzen", doch keinem Prinzip abschwören[2]. Am 13. Mai unterhält er sich wieder lange mit dem Kaiser. Und nun hat sich offenbar etwas geändert: „Il entend très bien la liberté[3]." Doch für Napoleon ist es nun zu spät, wie man weiß. Constant trägt am 21. Juni 1815 ein: „Das Ende naht. Vollständiger Zusammenbruch. Keine Armee mehr, keine Kanonen, keine Widerstandsmöglichkeit. Sitzung der Abgeordneten. Lafayette. Die Kammer ist kalt. Sie wird sich weder durch Unterwerfung noch durch Unabhängigkeit retten können. So werden wir das Gegenstück zum 20. März haben. Bei Juliette (Récamier) gegessen. Der Kaiser ließ mich rufen. Er ist noch immer ruhig und geistvoll. Er wird morgen abdanken, denke ich. Die Elenden! Als er die Freiheit unterdrückte, haben sie ihm begeistert gedient. Sie verlassen ihn, da er sie einführen will[4]." Seine letzte Tagebucheintragung (vom 26. September 1816) lautet: „Morgen reisen wir ab." (Er und seine Frau zurück nach Paris.) Nach endlosen Ungewißheiten ... Mein Buch über Politik nehme ich mit. Es ist kühn[5]." Im Vorwort zu seinen „Mélanges de la Littérature et de Politique" schreibt Constant: „Vierzig Jahre lang habe ich dasselbe Prinzip verteidigt: Freiheit in allem, in der Religion, Philosophie, Literatur, Industrie und Politik. Und unter Frei-

[1] Ebd. S. 780. [2] Ebd. [3] Ebd. S. 783.

[4] Ebd. S. 786. Über Napoleons Ende schrieb LÉON BLOY in seinem Tagebuch: „Von höchster Warte aus betrachtet ist Napoleon der erhabene Versager, der übermenschlich Schwache!" – Und aus einer Lektüre über Napoleon einige Gedanken zusammenfassend, fährt er fort: „Von einem bestimmten Tage an bricht ihm alles unter tosendem Krachen unter den Füßen zusammen, und er ist nicht mehr der Vollbringer menschlicher Taten, sondern das wunderbare Werkzeug des ‚Vorformers künftiger Dinge'." LÉON BLOY, Vier Jahre Gefangenschaft in Cochons-sur-Marne. Tagebücher des Verfassers 1900–1904. Nürnberg 1951, S. 202.

[5] A.a.O. S. 823.

heit verstehe ich den Triumph der Individualität, und zwar ebenso über eine Autorität, die despotisch regiert, wie über die Massen, die für sich das Recht in Anspruch nehmen, eine Minderheit durch eine Mehrheit zu unterjochen. Der Despotismus hat überhaupt keine Rechte[1]."

Der Politiker und Philosoph *Maine de Biran* (1766–1824) schrieb etwa in der gleichen Zeit wie Benjamin Constant ein inzwischen wegen seines philosophischen Gehalts berühmt gewordenes „Journal intime". Als politisches Tagebuch hat es weniger Wert als die Diarien Constants, obwohl Maine de Biran zeitweise Kammerquästor und Staatssekretär war. Seine legitimistische Denkweise und seine philosophisch-spekulative Introspektion hinderten ihn daran, in unbefangener Weise zu erkennen, daß sich seit 1789 auch ein neues technisches und wirtschaftliches Zeitalter anbahnte. Den „Terror" hat er aufs schärfste verurteilt. Er schien ihm tausendmal grausamer als die schlimmsten politischen Verbrechen der Antike, so schrieb er im April 1795[2]. Napoleon hat er verdammt. Am 8. Mai 1814 begleitet er den Sturz des „modernen Attila" mit energischen Invektiven gegen den „größten Schuldigen, den es je gegeben hat". Die alliierten Großmächte begrüßt er als die Befreier Frankreichs[3]. Und er stellt fest: „Keine Einrichtung kann dauern, wenn sie sich nicht auf die allgemeine Moral stützt[4]." Dabei stand Maine de Biran keineswegs ganz auf Seiten der Restauration[5]. Man könnte ihn als einen Vorläufer der national-liberalen Bewegung in Europa bezeichnen, wenn sein politisches Denken überhaupt eine feste Richtung gehabt hätte. Dennoch sind die Eintragungen im „Journal" Maine de Birans als Zeugenberichte eines vorwiegend ethisch und philosophisch denkenden Politikers wichtig, weil sie nämlich auch mit Protesten gegen die Vermassung der neuen Volkstribunen-Diktaturen verbunden sind, auch wenn dieser so subtile Diarist die Vorzeichen des neuen Maschinenzeitalters

[1] Ebd. S. 835.

[2] Maine de Biran (eigtl.: François Pierre Gonthier de Biran), Journal Intime. 1792–1817. Paris 1927, S. 53.

[3] A.a.O. S. 80. [4] Ebd. S. 81.

[5] Ebd. Zum philosophischen Inhalt dieses Tagebuchs vgl. Kap. IX.

noch nicht zu erkennen vermochte[1]. Außerdem findet man im „Journal" Maine de Birans vielfach politische Eintragungen prophetischer Natur. Den Ausbruch weiterer Revolutionen, die Epochen der Anarchie und der Militärdiktaturen hat dieser Landedelmann, der mehr „metaphysische" Wahrheit durch seine Seelenanalyse suchte als politische und soziale Wahrheit durch Zeitanalysen, klar und eindeutig vorausgesagt[2].

Die Ausbreitung des national-liberalen Denkens in Europa wird – gleichsam unterhalb der „offiziellen" Ereignisse – nun immer häufiger in kritisch-politischen und politisch-indiskreten Tagebüchern reflektiert. *Camillo Benso di Cavour* (1810–1861) schrieb ab 1833 ein Tagebuch in französischer Sprache, das er bis 1838 führte und 1842–1843 ergänzte. Nach der Juli-Monarchie war der spätere Schöpfer der Einheit des italienischen Staates davon überzeugt, daß für Europa eine welthistorische Wende gekommen sei: die Völker sollten nun selbst über ihr Schicksal entscheiden, doch mit moralischen Vorzeichen. Während die damaligen Hofkanzler das Rad der Geschichte zurückzudrehen versuchten, erkannte der scharfsinnige Piemontese Cavour in seinen Tagebüchern, daß die Zukunft den Politikern und Schriftstellern gehörte, die an nationale Unabhängigkeit und individuelle Freiheit glaubten. Das wahre Glück des Menschenlebens liege, so schreibt er, in der Freiheit des Einzelnen und des Volkes[3]. Seine liberalen Ideen hatten dem einundzwanzigjährigen Offizier schon derartige politische Schwierigkeiten gebracht, daß er seine Laufbahn als Ingenieuroffizier aufgeben mußte. Reizvoll ist sein Tagebuch vor allem wegen der Schilderungen der restaurativen Gesellschaft, in der er von seinem zwanzigsten bis zum dreißigsten Lebensjahr in Italien und Frankreich lebte, sowie wegen der Art und Weise, in der er auf sie reagierte. In dieser Hinsicht wenigstens werden auch im „Diario" Cavours die ersten Umrisse eines „modernen" Europas sichtbar. Au-

[1] Karl Marx begann 20 Jahre nach dem Tode Maine de Birans mit seinen aggressiven Analysen der kapitalistischen Wirtschaft.

[2] A.a.O. S. 126. Vgl. auch Ende dieses Kapitels.

[3] Camillo Benso Conte di Cavour, Diario (1833–1843). Mailand 1941, S. 10 ff.

ßerdem erfährt man manches über den Selbständigkeits- und Tätigkeitsdrang des jungen Mannes, dessen seelische Struktur alles andere als robust war.
Auch in Cavours Tagebuch taucht der Gedanke an Selbstmord auf. Die Angst, nur ein „figlio di famiglia" zu bleiben, nichts zu leisten und in Melancholie zu versinken, veranlaßt ihn am 3. Februar 1834, den Selbstmord ernsthaft zu erwägen. Doch sieht er ihn schließlich als ein Übel an und beschließt, Gott zu bitten, daß er ihm eine „gute Lungenentzündung" schicke, die ihn „in die andere Welt befördert". Vielleicht werde man sich später hin und wieder seiner erinnern, schreibt er, um andere Familiennachkommen vor den Gefahren einer zu „führeifen Intelligenz, einer zu starken Unabhängigkeitsliebe und einer übertriebenen Eitelkeit" zu warnen[1]. Wir erwähnen dies hier aus zwei Gründen: um erneut das Selbstmord-Motiv selbst in Tagebüchern von „Tat"menschen sichtbar zu machen, und um zu beweisen, wie eine spätere echte Lebenserfüllung durch formende Aktivität auch „hamletischen" Naturen (als eine solche bezeichnete sich Cavour) dazu verhilft, den Todeswunsch zu überwinden. Cavour hat später nicht nur die Ideale des „Risorgimento" in die Tat umgesetzt und die Einheit Italiens verwirklicht; er hat auch die Voraussetzung für neue Beziehungen zum Papsttum („freie Kirche im freien Staat") geschaffen. In einem übernationalen Sinne wirkte er als Vorbild für die Vorkämpfer freier Einrichtungen in ganz Europa.
Auch die Königin *Viktoria von England* (1819–1901) schrieb Tagebücher. Wie weit entfernt sind sie von den pathetischen Tatenberichten altrömischer Kaiser in den besten Zeiten des Imperiums, das Tiber, Seine, Donau und Rhein, die Themse wie den Nil in seiner Machtgeographie als eine Einheit sah! Die Tochter des Herzogs Eduard von Kent und der Prinzessin Marie Luise Viktoria von Sachsen-Coburg-Gotha bleibt allerdings alten, konservativen politischen Kalendern treu. Trotzig reagiert sie – manchmal wie ein ewiger Backfisch –, wenn die Menge gar zu „fortschrittlich" wird. In jungen Jahren *genoß* sie vor allem, wie aus ihren recht bunten Diarien her-

[1] A.a.O. S. 123. Vgl. auch Textteil.

vorgeht, die oft rauschhafte Begeisterung der Massen für konservative Einzelherrschaft. So berichtet sie lebensfreudig, gescheit, nur selten von den schweren Schatten aufkommender gesellschaftlicher und politischer Probleme bedrückt, wenn auch hin und wieder in der Erinnerung an die „blutigen Spuren" vergangener Zeiten melancholisch gestimmt, über den Staatsbesuch Napoleons III. und der Kaiserin Eugenie in Windsor im April 1855 und über die glanzvollen Empfänge, die ihr in Paris gegeben wurden, als sie mit ihrem Gemahl im selben Jahr als Gast des französischen Kaiserpaares dort zehn unvergeßliche Tage verbrachte[1].

Diese Tagebücher haben allein schon deswegen einen dokumentarischen Wert, weil diese Besuche die Voraussetzung für die „entente cordiale" bildeten. Dieses „herzliche Einverständnis" wurde später zwar oft gestört, blieb aber doch stark genug, um England immer enger an Frankreich zu binden, nachdem Wilhelm II. die dringenden Empfehlungen Friedrichs III.[2], einen englandfreundlichen Kurs einzuschlagen, leichtfertig überhört hatte. Gewiß, man spürt, daß Königin Viktoria, bei aller Bewunderung, die sie für einige menschliche Züge des französischen Kaisers hegte, den ehrgeizigen Napoleoniden für einen unzuverlässigen Verbündeten hielt. Doch hatte gerade der Pariser Staatsbesuch gegenseitige Sympathien im französischen und englischen Volk geweckt und in den herrschenden Schichten das Bewußtsein eines gemeinsamen Geschmacks in kultureller und gesellschaftlicher Hinsicht verstärkt. Die Königin selbst erlebt es wie einen Traum, daß eine jahrhundertealte Erbfeindschaft zu Ende geht.

[1] Leaves from a Journal. London 1961 (Erstveröffentlichung). Geschrieben April bis August 1855. Zum ersten Mal für einen kleinen Familienkreis ungekürzt gedruckt im Jahre 1880. 1868 veröffentlichte die Königin „Leaves from the Journal of Our Life in the Highlands" aus den Jahren 1848–1861. Ein weiterer Band erschien u.d.T.: „More leaves from a Journal . . . from 1862 to 1882", London 1884. Auf einen dritten Band verzichtete sie, weil ihr Hausgeistlicher davon abriet. Ihre Tagebücher wurden aufgrund zahlloser kleiner Zettelaufzeichnungen von ihr „ins reine" geschrieben.

[2] Vgl. seine Tagebücher im nächsten Abschnitt dieses Kapitels.

Überwältigt von einer Wundermacht der Geschichte steht sie am Grabe Napoleons I. „Da stand ich also", trägt sie am 24. August ein, „am Arm Napoleons III., seines Neffen, vor dem Grabe unseres erbittertsten Feindes; ich, die Enkelin des Königs, der ihn am meisten haßte und sich ihm so kräftig widersetzte; und dieser echte Neffe, der seinen Namen trägt, der ist jetzt mein nächster und liebster Verbündeter[1]." Am 27. August 1855 schreibt sie mit der gleichen Emphase: „Die zwei Herrscher, der eine Neffe des ersten Napoleon, der andere die Enkelin Georgs III., seines schlimmsten Feindes, diese beiden Herrscher sind jetzt verbunden durch das engste Bündnis, das wohl je zwischen zwei großen unabhängigen Nationen bestanden hat. Möge es immer dauern und Gottes Segen erhalten[2]!" Doppelt stark empfindet sie die Möglichkeit einer fortdauernden „Entente", wenn sie in Paris vor den Denkmälern und Bauten der von der Revolution aufgelösten Monarchie steht. Sie findet zwar auch Anlaß zu „traurigen Reflexionen[3]". Am Arc de Triomphe aber stößt sie, die stolze Enkelin des großen Kaiserfeindes, im neuen Napoleonkult Frankreichs auf gute Zeichen „für veränderte Gefühle im Lande[4]". Mit anderen Worten: der Kult, den die Bonapartisten mit dem englandfeindlichen Korsen treiben, erscheint ihr als eine Gewähr dafür, daß es nun mit der „seltsamen" revolutionären Unruhe der Franzosen zu Ende sein könnte, daß alles also wieder so herrlich und schön bleiben könnte wie im Ancien Régime. Paradoxien im politischen Empfinden! Die Königin denkt aber dynastisch, sie sonnt sich in der Macht, sie genießt die absolute Sonderstellung der königlichen Legimität. Von den Vorzeichen neuer Gefahren will sie nichts wissen. Den Vetter Napoleons III., Prinz Napoleon, findet sie böse und unerträglich, weil er ihr gelegentlich, in seiner etwas zynischen und groben Art, von der Arbeiterfrage spricht. Am 22. August schreibt sie: „Wie immer widersprach er wieder und redete von den ‚ouvriers', die er dauernd auf-

[1] Leaves from a Journal, S. 116. Dieses Tagebuch diente nur den Aufzeichnungen über die beiden Staatsbesuche im April und August 1855. [2] A.a.O. S. 147. [3] Ebd. S. 100. [4] Ebd. S. 142.

zutischen versucht[1]." Die Tragik der Vergangenheit mit ihrem „bloody ground" bedrückt sie. Die ersten Risse in den gesellschaftlichen Fundamenten der Gegenwart übersieht sie. Mehr als für die „ouvriers", die Napoleon III. bald stürzen werden, interessiert sie sich für die wirtschaftliche Lage der Orléans, deren Güter der Kaiser hatte konfiszieren lassen, weil sie angeblich gegen ihn intrigierten. Für diese „Armen" setzt sie sich bei ihrem neuen Verbündeten ein. Vergeblich. Manchmal ahnt sie, mitten unter dem Prunk, den der französische Kaiser und seine Gemahlin Eugénie für sie und für den Prinzgemahl Albert entfalten, doch, daß der spät-cäsarische Augenschein der schwachen kaiserlichen Restauration auch trügen könnte. Am 23. August sitzt sie allein in ihren märchenhaft ausgestatteten Wohnräumen von St. Cloud. Irgendwo spielt eine Musikkapelle. Traurig schreibt sie: „Die Musik machte mich ‚wehmütig' und melancholisch. Alles ist so fröhlich, das Volk huldigte dem Kaiser, als er im kleinen Garten hin- und herging –; und doch, wie kurze Zeit nur ist es her, daß Blut floß und daß eine Dynastie hinweggefegt wurde. Wie unsicher ist noch immer alles[2]!"
Solche Anwandlungen sind jedoch selten. Die Königin, sechsunddreißig Jahre alt und Mutter von acht Kindern, genießt vor allem Paris unter den Kristall-Leuchtern der bildfrohen letzten „Kaiser"-Zeit Frankreichs, Arm in Arm mit dem kränklichen „dearest" Albert, der sechs Jahre später starb. Die prächtigen Toiletten, die eigenen, aber besonders diejenigen der strahlenden, doch oft merkwürdig melancholischen Eugénie di Montijo beschreibt sie genau, immer erfüllt, immer heiter-beglückt. Sie hat einen sehr englischen Sinn für „details" und „facts". Ihre Aufzeichnungen über die äußeren Vorgänge während der Staatsbesuche in Windsor und in der Ville Lumière könnte man geradezu als Glanzstücke eines mondänen Journalismus bezeichnen, als Produkte eines „gossipwriters" von Rang, wenngleich alles einzigartig ist. In Frankreich dreht sich ja ganz Paris um sie. Es geschieht alles für sie. So etwa ein „magical" Hofball im Spiegelsaal von Ver-

[1] Ebd. S. 99.
[2] Ebd. S. 108. Das Wort „wehmütig" so im englischen Text.

sailles, der erste nach 1789; oder die gewaltige lebende „Image d'Épinal" einer Parade von 40000 zum Teil farbenübermütig kostümierten Soldaten. Es ist gleichsam die verkörperte Historie selbst, die sich hier schildert, und darin liegt der größte Reiz dieses Diariums. Und dann noch – eine Königin schreibt eine prachtvolle Reportage über sich selbst. Eine Frau vor allem, denn diese Königin, später so lange Symbol der alten Aristokratie wie des im Zuge der Industrialisierung zu Reichtum gelangten Großbürgertums, verfügt über die Gaben vieler weiblicher Diaristen: sie erfaßt zunächst das, was dem Auge Freude machen soll. Blitzschnell urteilt sie über die Qualität köstlicher Spitzen an einer Damenrobe, über die Uniformen hoher Offiziere, über Möbel, Schmuck, Frisuren, Pferde, Hunde, Kammerzofen, Essen, Geschirr, Besteck, Vasen und Kristalle, über Hunderte von kleinen Zügen in diesem Tausend-und-eine-Nacht-Fest jener kurzen zehn Jubeltage im Paris der Jahrhundertmitte. Sie ist auch hellhörig für Bosheiten aller Art; sie wittert Intrigen eher als ihre besten Geheimspitzel; sie kann auch über ihre eigenen Stimmungen schreiben, so über die Seligkeit, die sie empfindet, wenn die Menge ihr begeisterten Beifall spendet, aber auch über ihren Ärger, wenn die glotzenden Massen ihr zu nahe auf den Leib rücken. Gelegentlich klagt sie über Kopfschmerzen, über Schlaflosigkeit, Hitze und Nervosität. Sie tut es in charmanter und dezenter Weise. Auf diese Art schafft sie in diesem diaristischen Bilderbogen von Geschichte eine intime, aber diskrete Atmosphäre. Über sehr persönliche Dinge schweigt sie sich aus. Doch sind gerade die sinnenhaften Einzelzüge bezaubernd, so zum Beispiel die Bekundung ihrer Freude, als der französische Kaiser ihrem geliebten Albert deutsches Bier schenkt, oder wenn Napoleon III. und Albert gemeinsam deutsche Lieder singen. In derartiger Eintracht meinte sie, Kaiser Napoleon sei sehr verliebt in Deutschland! Und sogar dies: „In seinem Charakter ist viel Deutsches[1]."
Zur fraulichen Diaristik gehört auch die Fähigkeit, Miniatur-Porträts zu schreiben, und zwar im polyglotten Hofstil, sowie brillante, anekdotische Miniaturszenen zu schildern. Die Kai-

[1] Ebd. S. 96. Napoleon III. hatte zeitweise in Bayern studiert.

serin Eugenie bezeichnet sie einmal als „a fairylike Erscheinung, unlike anyone I ever saw[1]." Und dann wird ihr ausgerechnet im Spiegelsaal von Versailles, anläßlich des ersten spät-absolutistischen Hofballs in Paris nach der großen Revolution, unter den Augen des französischen Kaisers Fürst Bismarck vorgestellt. Wie konnte gerade sie ahnen, was knapp fünfzehn Jahre später an dieser erlauchten Stelle geschehen würde! Sie notiert am 25. August 1855: „Vorgestellt wurde Fürst Bismarck, preußischer Gesandter in Frankfurt und sehr russisch und Kreuzzeitung. Als ich bemerkte, wie schön Paris sei, sagte er: ‚*Sogar schöner wie Petersburg*[2].'" Wir können begreifen, daß der Romancier und Politiker Disraeli, später der klügste Berater der schlauen Königin, wenn über Bücher gesprochen wurde, die verwitwete Majestät stets so anredete: „We authors, Ma'am[3]."

Von Bismarck werden wir bald aus anderen Tagebüchern hören! Betonen müssen wir erneut, daß politisch-*wahre* Tagebücher nur dann historischen Wert haben, wenn sie mehr geben als Umweltschilderungen und Stimmungsberichte, von seltenen Ausnahmen wie dem Tagebuch Viktorias von England abgesehen[4]. Wie wir bereits dargestellt haben, überzeugt in politischen Diarien vor allem das Schmerz-Erlebnis, das durch veraltete oder falsche Ordnungsformen der Polis ausgelöst wird. Politische Tagebücher als „erschütterndste" Zeu-

[1] Ebd. S. 143.

[2] Ebd. S. 125 f. Die Antwort Bismarcks im englischen Text in deutscher Sprache. Zur „Kreuzzeitung" schreibt der Herausgeber von Viktorias Tagebuch: „Anspielung auf die preußische Junkerpartei, die sich nach der *Kreuzzeitung* nannte, die ihre Politik unterstützte." Bekanntlich hat Viktoria von England Bismarck und die „Kreuzzeitung" später nie sonderlich schätzen können. Seit sie in Paris war, gehörte ihr Herz offenbar ganz dem „Westen", trotz allen späteren Enttäuschungen mit ihrem in Paris so verehrten Kaiser. Ganz allgemein und politisch weiterwirkend blieb in England die Abneigung gegen das „russische" Preußen bestehen, und die englische Bildungswelt orientierte sich zunehmend an Frankreich, i.b. zu der Zeit vor 1850.

[3] Ebd. S. 11.

[4] Zur Sonder- und Eigenart von Frauentagebüchern vgl. einen nächsten Abschnitt in diesem Kapitel.

genberichte! Ein politisch „wahres" Tagebuch von hohem historischem Zeugnis-Rang schrieb, und damit knüpfen wir an die Bismarck-Zeit an, *Friedrich III. von Preußen.* Ein „modernes" Kaiser-Tagebuch also! Als dieses Diarium veröffentlicht wurde, löste es einen *Skandal* aus, der in ganz Europa Aufsehen erregte und Bismarck zu einer Stellungnahme veranlaßte, die ihm vermutlich mehr schadete als irgendein anderer der so häufigen Zornesausbrüche in seinem Leben[1].

Nach dem Erscheinen einiger Teile dieses Kriegstagebuchs im Oktoberheft der Deutschen Rundschau des Jahres 1888[2], rund hundert Tage nach dem Tode des Kaisers, schrieb Otto Arendt, Mitglied des Preußischen Abgeordnetenhauses, dieses Tagebuch gebe „einen Blick in die geheimsten Vorgänge, welche dem äußeren Gange der Geschichte zugrunde lagen[3]". Ein besseres Beispiel für ein politisches Tagebuch als „indiskreten" Zeugenbericht aus der Feder eines Fürsten, eines Kronprinzen, der dann Kaiser wurde, einer historischen Figur also, die bei der Gründung eines neuen „Reichs" Zeuge der „intimsten" politischen Vorgänge war, kann man sich, zunächst einmal in einem rein formalen Sinne, nicht denken. Schleier über einigen geheimen Vorgängen bei der Gründung des „neuen" Deutschen Reichs wurden gelüftet. Im Herbst 1888 fand man die Enthüllungen im Tagebuch des jungen „freisinnigen" Friedrich[4] aufs höchste erregend. Uns heutigen erscheinen manche Stellen daraus wie Szenen eines fast surrealistischen Dramas.

Fassen wir zunächst zusammen, was Friedrich in seinem Tagebuch so indiskret „eröffnete": die starke Abneigung der meisten deutschen Fürsten gegen die neue Reichseinheit und

[1] Über diese Folgen im letzten Abschnitt dieses Kapitels.

[2] U.d.T.: Aus Kaiser Friedrichs Tagebuch. 1870–1871.

[3] Vgl. EDUARD ENGEL, Kaiser Friedrichs Tagebuch, S. 2.

[4] Der Historiker HANS DELBRÜCK, selbst an den Ereignissen von 1870/71 als Berater des preußischen Königshofs unmittelbar beteiligt, urteilte über dies Tagebuch: „Eine der kostbarsten Fundgruben für seine (des Historikers) Arbeit sind ihm solche Tagebücher; sie sind recht eigentlich sein, seine Domäne, sein Erbteil." (Zitiert nach ENGEL a.a.O. S. 5.) Vgl. auch FERDINAND GREGOROVIUS über italienische Renaissancetagebücher in Kap. VIII.

das neue Kaisertum; seine Ideen über „freisinnige", „friedliche" und sogar „soziale" Entwicklungen in der künftigen Politik des Reichs; seine vergeblichen Warnungen gegen Gegner einer höheren Selbständigkeit vor allem der süddeutschen Staaten und seine Sorge, daß man die Preußen als lästige „Eindringlinge" aus dem Norden ansehen könne; die schweren Fehler gegenüber England, das heißt, um Friedrichs eigene Worte zu zitieren, der Verzicht darauf, eine „Kette" zu „schmieden" zwischen beiden so „ganz aufeinander angewiesenen Ländern". Bismarck selbst hat in einem Immediat-Bericht an den königlichen Justizminister vom 23. September 1888 – mit der Aufforderung, gegen die Deutsche Rundschau wegen der Veröffentlichung eines angeblich gefälschten Textes Klage zu erheben –, folgende Punkte in diesem Tagebuch als „gefährlich", als *unwahr* hervorgehoben: Er, Bismarck, habe, dem Tagebuch zufolge, noch am 13. Juli 1870 den Frieden für gesichert gehalten. Es sei, nach Bismarck, ferner nicht möglich gewesen, daß Friedrich mit dem Deutsch-Französischen Kriege einen „Ruhepunkt im Kriegführen" vorausgesehen habe; Friedrich habe vielmehr „die allgemeine Überzeugung" geteilt, daß dieser Krieg „ein kriegerisches Jahrhundert" einleiten werde. Unwahr sei auch ein Passus, dem zufolge er, Bismarck, den Unfehlbarkeitsanspruch des Papstes notfalls auch gewaltsam bekämpfen wolle und so weiter[1].

Vergessend, daß es sich doch um eine Fälschung handeln soll, wirft Bismarck dem Herausgeber des Tagebuchs dann plötzlich vor, er habe „Staatsgeheimnisse" *verraten*. Tatsächlich war Bismarck von der Echtheit dieses Diariums eines Fürsten überzeugt, der aufgrund seiner auch ehelich bestimmten Neigung zu England der Meinung war, man könne dem unter Preußen geeinten Deutschland nach dem Sieg über Frankreich eine *echte* konstitutionell-monarchische Verfassung geben, die Vielfalt der deutschen Landeseigentümlichkeiten erhalten und – durch ein enges Bündnis mit England – den europäischen Frieden für lange Zeit sichern.

Wir wollen auf die historischen Einzelheiten dieses Zeugen-

[1] Engel a.a.O. S. 9 ff.

berichts nicht näher eingehen[1]. Was die Mehrzahl der heutigen Leser an diesen „Indiskretionen" interessieren wird, dürfte etwas ganz anderes sein. Und dabei erscheint auch Friedrich III. nicht in dem so „freisinnig" verklärenden Licht, in das er sich, aus seiner Abneigung gegen Bismarck oder verschmitzten Ratgebern folgend, offenbar selbst zu stellen wünschte. Friedrich schreibt zwar, am 4. Januar 1871, von seiner „Abneigung gegen die Blutarbeit", und er freut sich darüber, daß diese „bekannt" sei[2]. Aber auch er sonnt sich, schon vor der Kaiserproklamation seines Vaters im Spiegelsaal zu Versailles, im Glanze des Titels einer kaiserlichen Hoheit. Während ganze Familien in Paris noch hungern, zahllose Verwundete noch leiden und sterben, gibt es Streit darüber, ob der neue Imperator „Kaiser von Deutschland" oder nur „Deutscher Kaiser" heißen soll; und darüber, wer bei offiziellen Gelegenheiten den Vortritt haben werde: der deutsche Kaiser oder etwa der Zar aller Reußen. Auch Friedrich ärgerte sich darüber, daß Bismarck „nur" den Titel „Deutscher Kaiser" empfohlen hatte. König Wilhelm I. brach, dem Tagebuch Friedrichs zufolge, in die Worte aus, man mute ihm zu, nur ein „Scheinkaisertum" zu übernehmen, einen bloßen „Präsidenten"-Titel. Friedrich schreibt, sein Vater habe gesagt, „er müßte sich mit einem Major vergleichen", dem der „Charakter als Oberstleutnant verliehen" worden sei. Wie bezeichnend sind gerade derartige „intime" „Indiskretionen"[3]!

Man fragt sich also, ob Bismarcks kluge Tendenzen, den noch so junkerlich-wackeren Cäsarenkult Wilhelms I. und seines Sohnes etwas zu reduzieren, nicht selbst Friedrich mehr verärgert haben als die rauhe Art, mit der der Kanzler gewissen politischen „Träumereien" des Kronprinzen entgegentrat. Dann wurde – noch vor Friedensschluß – über so wichtige Fragen wie Reichsfarben, Kokarden, Titel für Heer und Marine und dergleichen gesprochen. Bismarck muß es, angesichts

[1] Vgl. Kap. IV. Für die nähere Untersuchung dieses Diariums als historisches Quellenmaterial zur Bismarckzeit vgl. E. ENGEL a.a.O. S. 7 ff.

[2] Vgl. a.a.O. S. 133.

[3] Vgl. ebd. S. 134 ff. und KAISER FRIEDRICH III., Das Kriegstagebuch von 1870/71 (vollst. Ausg. von O. MEISNER), S. 333 ff.

der pharaonischen Ich-Visionen dieser „Spät"-Preußen, nicht gerade wohl gewesen sein. Hat er damals schon geahnt, was ihm später unter Wilhelm II. widerfahren sollte? Friedrich schreibt in seiner Eintragung vom 17. Januar 1871, daß Bismarck, als er nun auch den Titel „Reichs"-Kanzler erhalten sollte, ausgerufen habe, „er käme dadurch in eine zu schlechte Gesellschaft[1]".

Politischer Pharisäismus und egozentrische Machteitelkeit sind im Tagebuch des freisinnig-romantischen Kronprinzen von Preußen nicht zu übersehen. Damit tritt uns eines der schwierigsten Probleme in Tagebüchern *jeder* Art entgegen, das Problem der *Aufrichtigkeit* gegenüber sich selbst, der Objektivität gegenüber Ereignissen, über die man als Handelnder[2] oder als Zeuge berichtet. Im introspektiven wie im nur registrierenden Tagebuch kann das Verbergen und Verstekken in einem ganz anderen Sinne Ereignis werden. Das „Ich" kann ebenso, verbergend und versteckend, verfälscht werden wie der reine Zeugenbericht[3]. Was die subjektive Entstellung von Zeugenberichten, selbst und gerade im scheinbar Offensein, im scheinbar wahrhaft Enthüllenden angeht, so muß das Tagebuch Friedrichs III., wie wir bereits angedeutet haben, in einem ähnlichen Sinne wie das Tagebuch Ludwigs II. von Bayern als das überzeugendste diaristische Beispiel für die Dekadenz der europäischen Cäsaren-Idee angesehen werden, das wir seit den spätkaiserlichen Tatenberichten der römischen Antike kennen. „Es begann", nach 1870, so schreibt Harry Graf Kessler in seinen Lebenserinnerungen, „das Auseinanderbrechen der europäischen Oberschicht, das dem endgültigen Auseinanderbrechen Europas präludierte[4-6]."

[1] Ebd. S. 336. Vgl. auch Beispiele im Textteil.

[2] Über Deformationen der Wahrheit im Tatenbericht von Kaiser Augustus vgl. Kap. II.

[3] Weitere Hinweise über Selbstverfälschung und Aufrichtigkeit im Tagebuch am Ende dieses Kapitels.

[4] Harry Graf Kessler, Gesichter und Zeiten. Erinnerungen. Frankfurt 1962, S. 81. Über Bismarcks Versagen an dieser Zeitenwende vgl. ebd. S. 267.

[5] Andere Tagebücher über die Zeit 1870–1914: Adolf Friedrich Graf von Schack, Ein halbes Jahrhundert. Erinnerungen und Auf-

Diese fortschreitende „Dekadenz" von Staat und Gesellschaft und die Kämpfe der Jahre 1871–1914 um eine parlamentarisch-demokratische Staatsform spiegeln sich in einem vorwiegend politischen, zwar „privaten", aber nicht „intimen" Frauentagebuch wider, das in dieser Beziehung heute schon klassischen Wert haben dürfte: in dem ebenso gescheiten wie farbigen Diarium der Baronin *Spitzemberg*[1]. Es enthält eine Fülle von Einzelheiten über Personen, über politische, gesellschaftliche und auch kulturelle Ereignisse aus der Zeit Bismarcks und Wilhelms II. In seiner Einleitung hebt Rudolf Vierhaus hervor, aus solchen Aufzeichnungen spreche „oft ein epochales Bewußtsein, das sich zum ausdrücklichen Krisenbewußtsein steigern" könne, „wenn die Schreibenden unter dem Eindruck stehen, daß alle staatliche und gesellschaftliche Ordnung unsicher, alle bisherigen Werte erschüttert sind, und ihnen die Verlaufsgeschwindigkeit der Geschichte gleichsam unübersehbar und wahnwitzig beschleunigt erscheint[2]". Baronin Spitzemberg, eine – übrigens nicht unkritische – Ver-

zeichnungen; MORITZ BUSCH, Tagebuchblätter; PAUL BRONSART V. SCHELLENDORF, Geheimes Kriegstagebuch. 1870–1871; FERDINAND GREGOROVIUS, Römische Tagebücher; FRIEDRICH V. HOLSTEIN, Tagebuchblätter; DOMENICO FARINI, Diario di fine secolo; RANUCCIO BIANCHI-BANDINELLI, Diario di un borghese; AUGUSTE ANGELLIER, Carnets; MAURICE BARRÈS, Mes Cahiers. 1896–1922; LÉON BLOY, Journaux; ANATOLE FRANCE, Cahiers intimes; MAURICE PALÉOLOGUE, Journal; ARNOLD BENNETT, The Journals. Vgl. Bibliographie.

[6] Auch die „Tagebücher" von F. M. DOSTOJEWSKIJ sind für die Zeit nach 1871 aufschlußreich. (So etwa Kritik an BISMARCK wegen der Verfolgung des „ultramontanen" Katholizismus usw.) Doch sind sie, wie schon erwähnt, alles andere als „echte" Diarien, sondern eine Sammlung von Zeitschriftenartikeln.

[1] Das Tagebuch der Baronin Spitzemberg (Deutsche Geschichtsquellen des 19. und 20. Jahrhunderts, Bd. 43, Göttingen 1960). Die Tagebücher von HILDEGARD FREIFRAU HUGO VON SPITZEMBERG, geb. Varnbüler (1843–1914) umfassen die Jahre 1859–1914. Der vorliegende Text bietet eine vorzügliche Auswahl. Bemerkenswert ist, daß das Tagebuch über sechs Jahrzehnte hin regelmäßig geführt wurde, und zwar von Woche zu Woche datiert. Für eine Veröffentlichung hatte die Verfasserin ihre Diarien nicht bestimmt.

[2] A.a.O. S. 8.

ehrerin und Freundin Bismarcks, empfindet schon von den ersten Tagen der neuen Reichsgründung an diese sogenannte „große" Zeit als fragwürdig. Die Spitzemberg, stets konservativ und dem „Modernen" in fast komischer Weise abhold, Hofdame durch und durch, meist in Berlin lebend, doch als Schwäbin mit einem skeptischen Urteilsvermögen begabt, verteidigte „sozusagen die nationalen und konservativen Kräfte der Zeit Bismarcks gegen ihre Vergröberung und Verengung ... Und sie konnte sich, obwohl gar nicht schwarzseherisch, nicht mit naivem Vertrauen auf deutsche Stärke und ungebrochene monarchische Gesinnung im Volke über die Schwierigkeiten der Situation hinwegtäuschen[1]".

Die Brüchigkeit dieser Zeit erkennt Hildegard von Spitzemberg vor allem aufgrund ihrer Erfahrungen in der damaligen Berliner „Hofgesellschaft". Alle maßgebenden Persönlichkeiten dieser exklusiven Machtgruppe werden porträtiert, meist mit knappen Formeln; dann durch Zitate, sowie durch eine Fülle von Indiskretionen und Anekdoten. Dabei bekundet die Baronin auch viel Sinn für die zwielichtige Atmosphäre dieser Zeit, für wechselnde Modeströmungen, für die Wandlungen der Gebräuche und Ansichten. Nicht nur durch die Enthüllungen über die vielen Einzelpersonen, zu denen sie sich – nach außen sehr diskret – nur in ihrem Tagebuch entschloß, sondern mehr noch dadurch, daß sie „die Gesellschaft abbildet", „gewinnen ihre Aufzeichnungen den Wert einer Quelle für ein Zeitalter[2]". So nimmt sie oft auch in sehr kritischer Weise Stellung. Sie urteilt nicht nur. Sie verurteilt auch: den zunehmenden Dilettantismus und Amoralismus der Machtausübung, die materielle Profitgier und politische Selbstgerechtigkeit der aristokratischen Gesellschaft der Gründerzeit, den Byzantinismus in der Umgebung Wilhelms II. Dabei legt Hildegard von Spitzemberg, bei einigem Interesse für Thea-

[1] Vierhaus in der Einleitung, ebd. S. 31. Vorher bemerkt er dazu: „Die Monarchen und vor allem der preußische König und deutsche Kaiser ... wurden selber Partei (in dem Ringen um die Teilnahme an der Macht) und verloren damit in den Augen großer Teile des deutschen Volkes ihren über allen Meinungs- und Machtkampf im Staate hinausgehobene Stellung." Ebd. S. 12.

[2] Peter Rassow in seinem Vorwort. Ebd. (unpaginiert).

ter und Kunst nicht gerade eine Tochter der Musen, auf literarische Form keinen Wert. Auch aus diesem Grunde haben wir es mit einem ebenso „echten" Diarium wie mit einem „wahren" politischen Tagebuch zu tun. Einen besonderen Wert erhält es dadurch, daß Hildegard von Spitzemberg für ihre Informationen nicht auf das Couloir-Geflüster am Hofe angewiesen war. Sie verkehrte bei Bismarck und seinen Nachfolgern. Kaiser Wilhelm I. kam zu ihr ins Haus. Die wichtigsten Beamten des Reichs, hohe Militärs, deutsche und ausländische Diplomaten hatten zu ihr ein eigenartiges Vertrauen. Man hat das Gefühl, daß manche es liebten, sich bei ihr ganz einfach einmal auszusprechen, und sich nicht scheuten, sie auch um Rat zu fragen, vor allem in ihren letzten Lebensjahren. Die „Berliner grande dame" des Fin de siècle schämte sich ihrerseits nicht, den Lieblingsmasseur des Hofes, einen gewissen Schultz, als Informator zu benutzen[1]. Daß sie so genau Tagebuch führte, wußten wohl nur ihre nächsten Angehörigen. So füllte sie sechs Jahrzehnte lang achtundsechzig Schreibhefte in Quart von je rund zweihundertfünfzig Seiten mit eigenen Beobachtungen und Meinungen, mit Berichten über Begebenheiten und vor allem über „Hintergrund"-Geschehnisse. Eine heimliche diaristische Sibylle in Berlin, eine verborgene Diagnostikerin, die die abfallenden Kurven der „Dekadenz"-Epoche (nach der Bismarckzeit einer ihrer Lieblingsausdrücke) aufzeichnete wie ein Arzt die Fieberkurven eines Kranken[2].

[1] Am 6. Januar 1913 schreibt die Baronin: „Schultz, der fast sämtliche Minister und Generale massiert, hört da sehr vieles und vielerlei; heute erzählte er, Admiral Hollmann habe ihm gesagt, der Kaiser habe Tirpitz in aller Form Kiderlens Posten angeboten, dieser abgelehnt und anderen gesagt, lieber hänge er sich auf! Aber es ist erschütternd zu denken, daß S. M. so allen Urteils bar und so unter der Suggestion dieses Mannes stehend sein konnte, solchen Schritt zu tun. Tirpitz, der nie etwas anderes war als Marinemann, dessen Ernennung morgen Krieg mit England bedeuten würde und den Abschied Bethmanns als nächste Folge – der Verstand steht einem still." A.a.O. S. 553 f.

[2] Zu „Skandal"-Geschichten in diesem Tagebuch vgl. den nächsten Abschnitt dieses Kapitels.

Dabei sind die Urteile Hildegards von Spitzemberg – wie der Herausgeber richtig hervorhebt – „sehr weibliche, im Positiven wie im Negativen". Sie kommen „ganz aus der Liebe und Verehrung – und deshalb manchmal auch aus der Enttäuschung –, ganz aus einem starken Gemüt[1]". Doch zeichnet sich dies so „weibliche" Diarium gerade durch seinen Sinn für das Menschlich-Allzumenschliche aus, sowie durch ein aristokratisches Rechtsempfinden mit matriarchalischen Zügen. Dazu müssen wir uns wieder eine Abschweifung erlauben.

Frauentagebücher! Künstlerisch ehrgeizige Tagebücher, wie die von Marie Bashkirtseff und Katherine Mansfield[2]. Politische Tagebücher, wie das der Königin Viktoria oder der Baronin Spitzemberg! Zwar hielt beispielsweise Tolstoi nicht eben viel von weiblichen Selbstbetrachtungen[3]. Doch ist dies höchst ungerecht, denn gerade Mädchen und Frauen haben Tagebücher geschrieben, die manchmal ein besonders enthüllendes Licht auf private „politische" wie auf intime „seelische" Situationen werfen[4]. Die Neigung zum Klatschen, zum Bavardage, zum Gossip, zum Pettegolezzo, zum politischen und psychologischen Voyeurtum mag manches in einzelnen Frauentagebüchern als Verzerrung erscheinen lassen; vor allem dann, wenn sie nur aus der Schlüssellochperspektive geschrieben werden. Dennoch bezeugen auch solche Diarien zuwei-

[1] A.a.O. S. 25.

[2] Vgl. frühere Hinweise und Bibliographie. Beispiele im Textteil. Wiederholt sei hier, daß gerade das Tagebuch der BASHKIRTSEFF zahllose Mädchen und Frauen zu diaristischen Übungen anregte, so u.a. KATHERINE MANSFIELD. Beispiele im Textteil. Dazu auch Kap. VII.

[3] „Es gibt viele Leute, namentlich Europäer und vor allem Frauenzimmer, die etwas quasi Kluges nicht bloß zu sagen, sondern sogar zu schreiben wissen, wie ja auch die Stummen sprechen." Tagebücher Bd. 1 S. 42.

[4] BERENSON urteilt z.B. recht positiv über das Tagebuch der MARIE BASHKIRTSEFF. Was ihm auffällt, ist die ungewöhnliche Frühreife. MARIE B. habe mit 12 Jahren bereits wie eine „Erwachsene" geschrieben, doch ohne jemals anzudeuten, was „sich unter dem Gürtel" befindet (Tagebücher, S. 355 ff.). Zur Frühreife vgl. auch ANNE FRANK, doch ist dieses „Backfisch"-Tagebuch durch frühes Leid viel reifer; auch Pubertätsprobleme werden darin viel aufrichtiger erörtert. Vgl. Kap. V.

len eine kundige Feder und ein ungewöhnliches Beobachtungsvermögen. Sie geben der diaristischen Literatur Europas einen anregenden, ja bisweilen erregenden Farbton. Das „Klatschen[1]" kann einen im positiven Sinne reduzierenden Wert haben, wenn es nicht nur von der Atmosphäre der Portiersloge bestimmt ist. Es verringert die falsche Würde, den falschen Machtanspruch. Es drängt dazu, hinter Masken des Erhabenen „Wahrheiten" zu finden, wenngleich dabei oft nur banale psychologische und physiologische Enthüllungen von „Geheimnissen" herauskommen, die zum rein empirischen Charakter der Menschheit gehören. Eine Sonderform fraulicher Tagebücher allerdings übertrifft die meisten Diarien politisch-memorierender und indiskreter Art: die religiös-kontemplativen Tagebücher über einen „geheim"-mystischen Dialog mit Gott. Sie können eine ungewöhnliche Tiefe religiöser Innerlichkeit erreichen. Es ist auffallend, daß viele religiöse Tagebücher gerade von Mädchen und Frauen geschrieben worden sind[2-4].

[1] „Klatschen" ist ein schallnachahmendes Wort und seit 1640 belegt (bei Fleming). Es bezeichnet ein „knallendes" Schwatzen. Auch die Baronin Spitzemberg verzichtete nicht auf „Ansichten des Klatsches" (A.a.O. S. 324). Das Klatschen ist auch ein manieristisches Kunstmittel, so etwa bei Pirandello und Beckett.

[2] Die Geschichte der frühen deutschen Mystik verzeichnet mehr als ein Dutzend von Frauen geschriebene Autobiographien religiösen Inhalts. Vgl. WERNER MAHRHOLZ, Deutsche Selbstbekenntnisse. (Vorwiegend Autobiographien.) Berlin 1919, S. 246. Über Frauenmystik in Selbstdarstellungen auch Hinweise bei MARIANNE BEYER-FRÖHLICH, Die Entwicklung der deutschen Selbstzeugnisse. Leipzig 1930, S. 32 f.

[3] Religiöse oder vorwiegend religiöse Tagebücher schrieben u.a. die Fürstin GALLITZIN, ELISABETH LESEUR, ELISABETH CATEZ, MIREILLE DUPOUEZ, MARIE ANTOINETTE DE GEUSER, LUCIE CHRISTINE, IDA FRIEDERIKE GÖRRES, ARLETTE MARBEAU, CAROLINA MARIA DE JESUS. Vgl. Kap. X. Nähere Angaben in unserer Bibliographie. Einzelne Beispiele im Textteil.

[4] Nachfolgend Namen weiterer bekannter Tagebuchschreiberinnen: BETTINA VON ARNIM, FRANCES BURNEY, ANGELA BÖCKLIN, GABRIELLE SIDONIE COLETTE, MARIE CURIE, ANNE CLIFFORD, MARIE V. EBNER-ESCHENBACH, LOUISE V. HOMPESCH, FRANCESCA KRASINSKA, ILSE LANGNER, SELMA LAGERLÖF, MARIE LENÉRU, FANNY LEWALD, GRÄFIN

Dazu hier wenigstens ein kurzes Beispiel, da wir in einem letzten Kapitel auch solche religiösen Tagebücher berücksichtigen werden: zwei Abschnitte aus dem inzwischen berühmten „mystischen" Tagebuch einer Dame der französischen Gesellschaft, geschrieben in der Zeit von 1870–1908, also in der für Europa so verhängnisvollen Zeit vor den beiden Weltkriegen, aus dem Tagebuch der frommen Gattin und Mutter von fünf Kindern: *Lucie Christine* (1844–1908). Offenbar ging diese visionäre Katholikin davon aus, daß die Menschen ihrer Zeit sich gegenseitig meist nur „weh tun", daß in allem, was sie erfahren und erleben, also auch im höchsten Glück, Enttäuschung und Schmerz doch überwiegen. Lucie Christine findet Heilung in einer mystischen Begegnung mit Christus. Im Oktober 1881 schreibt sie: „Um die gleiche Zeit wurde ich von mancherlei Beschwerden geplagt. Als der Herr bei der heiligen Kommunion in meine Seele kam, sprach er zu mir die Worte: ‚Tun die Menschen dir weh?' Im selben Augenblick ward meine Seele so tief vom Gefühl der göttlichen Größe durchdrungen, daß alles übrige davor verflog[1]."

Durch das Erlebnis des Mitgefühls des Gottessohns überwindet sie die irdischen Sorgen, die Königinnen wie Künstlerinnen und Hofdamen bedrücken und verzagen lassen. Die Welt der Lüge, des Betrugs, des Machtrauschs, den selbst die allerhöchst Beteiligten nicht ohne melancholische Anwandlungen genießend erfahren, tritt zurück zugunsten eines Hochzeitsbildes von süßer Eintracht aller Gegensätze. Weit entfernt sind wir jetzt von der besorgten Selbstzufriedenheit der jungen Königin Viktoria. Hinter uns liegen auch die hektische Megalomanie der unglücklichen Malerin Marie Bashkirtseff und die alarmierten politischen Darstellungen der Hofdame Hildegard von Spitzemberg. Am 1. September 1885, also dreißig Jahre nach dem Pariser Staatsempfang für Königin Vik-

von der Leyen, Fanny Mendelssohn-Bartholdy, Paula Modersohn-Becker, Ottilie v. Pogwisch, verh. Goethe, Olga Rachmanowa (mehr fingiert), Gräfin Franziska zu Reventlow, George Sand, Adele Schopenhauer, Sophie Tolstoi, Simone Weil, Virginia Woolf u.a. Nähere Angaben in unserer Bibliographie. Einzelne Beispiele im Textteil.

[1] Geistliches Tagebuch (1870–1908). Mainz 1952, S. 42.

toria und rund dreißig Jahre vor dem Ausbruch des Ersten Weltkriegs, schreibt Lucie Christine in ihrem „Geistlichen Tagebuch": „Heilige Kommunion. – Meine Seele ward in den Anblick meines geliebten gekreuzigten Herrn entrückt ... Der Bräutigam ist voll Schönheit bis in die Schrecken der Marter und des Todes. Meine Seele lag in seinen Armen, trotz all seiner Wunden und Schmerzen ganz hingerissen in Liebe. Ich fühlte wohl, wie die Nägel und Dornen meine Seele durchbohrten, wie das rieselnde Blut seiner heiligen Wunden das Blut aus dem tiefsten Grund meines Herzens emporzog und hervorspringen ließ; und doch war die Umarmung unaussprechlich. Die Vereinigung war leuchtend, glühend und voll Süßigkeit[1]."

Gegensätze der europäischen Diaristik! Echte Gegensätze oder Versuche, auf sehr verschiedenen und oft auch fragwürdigen Wegen zu einem absoluteren, reineren, echten Menschsein zu gelangen? Gerade Frauentagebücher beweisen trotz aller sinnenhaften Gegenständlichkeit eine vorwaltende Daseinssorge und eine Sehnsucht nach absoluter Humanität[2].

Kehren wir zurück zum Tagebuch Hildegard von Spitzembergs, von dem wir jetzt sagen möchten, daß es von heute aus gesehen nicht nur das hat, was man einen „typisch fraulichen Charakter" nennt. Schon in ihren mittleren Lebensjahren erweist sich die schwäbische Baronin, was politischen Flair und politische Urteilsfähigkeit angeht, manchen ihrer männlichen Zeitgenossen überlegen. Allmählich beginnt sie sogar europäisch zu denken, vor allem ab 1910, als durch die engstirnigen machtpolitischen Vorstellungen des Admirals von Tirpitz das Verhältnis zu England endgültig vergiftet wird und sie – nun schon alte Bismarck-Schülerin – die Gefahr der „Einkreisung" erkennt; ein Ergebnis, wie sie wiederholt schreibt, der „psychopathischen" Selbstgerechtigkeit Wilhelms II., der immer mehr vorherrschenden Militärkaste und der mangelhaften Zivilcourage im Auswärtigen Amt der „Wilhelmsstraße". Sie nähert sich, in ihren Tagebüchern, offenbar ohne es selbst zu wissen oder ohne es sich selbst eingestehen

[1] A.a.O. S. 199.

[2] Weitere Schritte in unserer Interpretation von Grundmotiven der europäischen Diaristik in den Kap. VII u. X.

zu wollen, dem englandfreundlichen Kurs, den Kaiser Friedrich III. (in seinen Tagebüchern) als notwendig und richtig bezeichnet hatte. Natürlich ist sie noch ein Kind ihrer Zeit! Nationalistische Ressentiments sind ihr nicht fremd, und im damaligen Europa waren offenbar die meisten Großmächte bestrebt, sich durch immer heftigeres nationalistisches Prestigegerede gegenseitig zu verärgern; und dazu spendeten die breiten Massen in stumpfsinniger Kritiklosigkeit allzu willig Beifall. Immerhin kann man sagen, daß es zum wichtigsten Charakteristikum dieser in so vieler Beziehung einzigartigen politischen Diaristin dieser europäischen Zeitenwende gehört, daß sie immer mehr erkennt, wie nicht nur das damalige Deutschland, sondern das gesamte Europa der „Décadence" eher durch rhetorische und ideologische Rivalitäten nationalistischer Art unterzugehen droht als durch unlösbare politische, wirtschaftliche und soziale Konflikte. Immer wieder hat man den Eindruck, daß diese ebenso nüchterne wie empfindsame Frau fassungslos *irrationalen* Faktoren der Politik begegnet. Sie liest die besten Historiker ihrer Zeit. Die Oppositionspresse ignoriert sie nicht. Doch findet sie auf die dämonischen Kräfte, die sich im technisierten Massenzeitalter regen, keine begrifflich zulängliche Antwort. Dafür fehlt ihr das philosophische und soziologische Rüstzeug, die tiefere, universelle Bildung. Doch läßt sie sich nie vom falschen Glanz der Gründerzeit täuschen. Sie hat das Witterungsvermögen einer – Mutter. „Leider ist es ja nicht zu leugnen", schreibt sie am 10. März 1890, „daß seit Jahren im Innern ein furchtbarer Marasmus eingerissen war[1]." – „Oh, wo ist Wahrheit?!! Wo Klarheit[2]?!!" Mit Behagen zitiert sie einen Satz von Bismarck (bei einem „Gabelfrühstück" in Friedrichsruh am 5. März 1891) gegen den Berliner Hofklüngel unter dem „neuen jungen Herrn": „All' diesen Leuten gegenüber habe ich nur das Gefühl des Götz von Berlichingen am Fenster in Möckmühl; selbst den Kaiser nehme ich nicht aus bei solcher Wertschätzung[3]." Eine der typischen „Indiskretionen" in politischen Tagebüchern! Erneut beweist sie uns, wie sehr politische Diarien sozusagen menschlich „unmittelbar" sind, wäh-

[1] A.a.O. S. 271. [2] Ebd. S. 273. [3] Ebd. S. 287.

rend die Hofhistoriographen die Labyrinthik der sogenannten Großen Politik und der militärischen Auseinandersetzungen meist für wichtiger und sogar für interessanter halten. In politisch „wahren" Diarien dieses Ranges erfährt man, wie die angeblich „hohen" politischen Ratschlüsse mancher, vor allem autokratischer politischer Machthaber, oft aus psychischen, um nicht zu sagen physiologischen Niederungen angeregt werden. Hildegard von Spitzemberg lehrt uns, den späteuropäischen Machtgedanken zu ent-mythologisieren.

Sie regt uns dazu an, die Menschen, die Macht ausüben, niemals für „Götter" zu halten, auch wenn sie ihr höchstes Amt angeblich von „Gottes Gnaden" ausüben[1]. Einmal zitiert die Baronin Nietzsche, den erbarmungslosen Kritiker dieser Zeit, doch in Beziehung auf seine Schwester, die sie mit Graf Kessler und anderen bei einem Frühstück kennenlernte. Dazu schreibt sie: „Es ist aber peinlich, in eine solche ‚Gemeinde' zu geraten, wenn man von ihrem Abgott so wenig weiß[2]." Man darf also sagen, daß die schwäbische Edelfrau nicht nur auf eigene Art und Weise das Menschlich-Allzumenschliche der Gründerzeit ent-deckt hat[3]. Sie hat diese Epoche in einem konkreten, „weiblichen" und in einem kritischen, „männlichen" Sinne dargestellt. Eine Lektüre des Tagebuchs der Spitzemberg und der entsprechenden „Aphorismen" Nietzsches zu dieser zwielichtigen Epoche eines spät-pharaonischen Europas bildet sicherlich eine reizvolle Kombination.

Wir haben aus diesem beziehungsreichen *politischen* Tagebuch im Deutschland des 19. Jahrhunderts einige Beispiele gegeben, um auch von der Schreibweise der Baronin einen Eindruck zu vermitteln. Wir können – allein schon aus Raumgründen – auf weitere Einzelheiten dieses Meisterstücks seltener politisch-kritischer Diaristik im deutschen 19. Jahrhundert nicht eingehen[4]. Wir möchten nur noch einmal daran er-

[1] Über H. von Spitzemberg und den „mythischen" Kaiserwahn Wilhelms II. Näheres im nächsten Abschnitt dieses Kapitels.

[2] A.a.O. S. 406.

[3] Maximilian Harden, Emil Ludwig u. a. kritische Publizisten der Epoche hat sie fleißig gelesen. Sie fand sie nicht gerade angenehm.

[4] Weitere Beispiele in den nächsten Abschnitten dieses Kapitels und im Textteil.

innern, daß diese Frau um 1900 ziemlich klar wußte, daß ihre Zeit zu Ende war, und daß Europa – wie sie vermutete – vor „entsetzlich" unbekannten neuen „Größen" stand. Das neue Jahrhundert nimmt sie ziemlich gelassen hin, doch nicht ohne Vorbehalte. Zuviel „Trara", meint sie; „zu wenig Ernst". „Um 12 Uhr der erste Knicks!" Ein neues Jahrhundert sagt ihr „nichts Besonderes". „Gottes Gnade brauchen wir allzeit[1]." Das kluge „Higachen", so nannte sie Bismarck, erlebte den Ausbruch des Ersten Weltkriegs nicht mehr, vor dem sie eine so berechtigte Angst hatte. Ihre Tagebucheintragungen enden mit dem 22. Januar 1914. Den Zusammenbruch von 1918–1923 hat sie geahnt. Von seinem Ausmaß hat sie allerdings – als „konservative" Sibylle – nicht die geringste Vorstellung gehabt. Und das Chaos von 1933–1945? Für sie gewiß noch weniger fühlbar oder aus-denkbar! Merkwürdig bleibt, daß aus ihren diaristischen Voraussagen, das heißt aus ihrer auch „vorwegnehmenden" politisch „fixierten" Lebenszeit, der Untergang Alteuropas fast mit mathematischer Sicherheit eruiert werden kann. Oft schrieb sie, daß die Menschen nicht mehr über „echte Maßstäbe" verfügten. Die neue „Behandlung" von „Menschen" und „Geschäften" betrübt sie immer mehr[2]. Im leuchtendsten Glanz des Berliner Hofs begegnen ihr immer mehr Schatten des Todes, und gerade die *Skandale* der Zeit sind es, die solche düsteren Vorzeichen des Endes schicken, den Menschen, die in ihrer Verstiegenheit vom Wesen des Menschen nichts mehr wissen[3]. Was schrieb Sueton über Caligula, der als „bester und größter Cäsar" bezeichnet wurde? „So gab er den Auftrag, alle durch ihren besonderen religiösen und künstlerischen Wert hervorragenden Götterbilder, unter anderen den olympischen Ju-

[1] A.a.O. S. 392. [2] Ebd. S. 316.

[3] Am 18. November 1896 schreibt die Baronin über Wilhelm II.: „Ihn treibt die Unruhe, der Mangel an Takt zu Zu- und Aufdringlichkeiten, die den andern, je nach der Stellung zu ihm, Unbehagen und Zurückhaltung oder solche direkten Abweisungen aufnötigen und sie alle in verzwickte, schiefe Lagen versetzen, aus denen ein Groll gegen den sich entwickelt, der sie herbeiführt – sehr traurig, weil sehr folgenschwer. ‚Kein Augenmaß!' sagte Bismarck." (S. 348.) – Zum Skandal der BISMARCK-Entlassung vgl. Textteil.

piter, aus Griechenland nach Rom zu bringen und ihre Köpfe gegen den seinen auszutauschen[1-2]."

2. Aufstand gegen die Polis und Zeitkritik

Wir kennen kein europäisches Tagebuch von Rang, das an der Jahrhundertwende mit dem Jahrmarktrummel der französischen Weltausstellung die Katastrophe des 20. Jahrhunderts schärfer vorausgesagt hat, als das bereits genannte Tagebuch aus „Cochons-sur-Marne" des alttestamentarisch-zornigen

[1] Aus SUETONS Caligula-Darstellung, Leben der Cäsaren. Übers. u.m.e. Essay „Zum Verständnis des Werkes" hrsg. von ANDRÉ LAMBERT. Hamburg 1960, S. 166. Dazu eine Anekdote aus den Tagebüchern der SPITZEMBERG. Kaiser Wilhelm II. hatte Lord Lonsdale seine Marmorbüste geschenkt. Ein Vertrauensmann des Kaisers, ein früherer Marinemann namens Eisendecher, erhielt den Auftrag, die Büste im Schlosse der Lonsdales rasch aufzustellen, um den Lord freudig zu überraschen. Es fehlte jedoch ein Sockel. „Eisendecher ließ in der Galerie des Schlosses die Büste eines römischen Kaisers herabnehmen und auf den Sockel die des Kaisers Wilhelm einstweilen stellen. Als er auf des Kaisers Frage, woher er denn so rasch einen Sockel bekommen habe, ihm berichtete, was er getan, lachte S. M. und sagte: ‚Ach so! Das war gewiß Caligula . . .'" (S. 386.) Keine Erfindung. Wurde so von Eisendecher berichtet. S. M. kannte also Sueton! Und dennoch! Am 6. 5. 1898 hatte S. M. eine Rede gehalten, in der er sagte, jeder möge jederzeit bereit sein, vor seinen Gott und seinen alten Kaiser zu treten. Dazu schreibt die SPITZEMBERG „Die Stellung des Kaisers im Jenseits ähnelte allzu sehr der vierten Person in der Dreifaltigkeit." (S. 368.)

[2] Auch nach dem II. Weltkrieg ist der „Cäsarismus" nicht ausgestorben. Beim Staatsbesuch Konrad Adenauers in Paris (am 3. Juli 1962) sagte der französische Staatschef, General Charles de Gaulle, als er die vielen deutsch-französischen Kriege gleichsam als „kontinuierliche Versuche" zur Einigung Europas bezeichnete: „Ja, selbst in den Leidenschaften, die ein Regime verbrecherischer Tyrannei während des letzten Weltkriegs im deutschen Volk wachrief, fehlten nicht die grandiosen Erinnerungen an die Cäsaren, an das Christentum und an Karl den Großen." Vgl. Süddeutsche Zeitung, 5. Juli 1962.

katholischen Juden *Léon Bloy*[1]. Im Fortissimo des Protests ist es nur mit Kierkegaard vergleichbar. Seine Aufzeichnungen polemisieren in Protest-Dissonanzen, die jede Rücksicht auf menschliche Empfindsamkeit verachten. Das 20. Jahrhundert leitet Bloy mit apokalyptischen Paukenschlägen ein. Er nennt sein Diarium selbst ein Tagebuch des „Grauens", doch kann ihm der Rückblickende heute kaum verargen, daß er seiner schweren Artillerie gegen die „Belle Époque" ein so eigenwillig-brutales „Feuer" befahl. So gut wie alle Prophezeiungen dieses „Bettlers Gottes" sind eingetroffen, und auf die letzten wartet man in offensichtlich unbehaglicher geistiger Ohnmacht – im Westen wie im Osten. In Tagebüchern dieser Art wird das Maskiert-Unwahre einer Epoche erbarmungsloser enthüllt als in Diarien, die „Politisches" mehr oder weniger distanziert bezeugen. Leon Bloys Tagebuch, das man als eine Vorwegnahme der elektronischen Geräuschmusik auf diaristischer Ebene bezeichnen könnte, gehört gattungsmäßig eher zu den ersten Bekundungen der die disparaten Zeitverhältnisse begleitenden kakophonischen Zeitkritik[2]. Doch wollen wir schon an dieser Stelle wenigstens einige Sentenzen Bloys zu dieser verhängnisvollen Jahrhundertwende zitieren, soweit sie vorwiegend den Charakter *politischer* Zeugnisse haben und insofern jetzt aus christlichem Gerechtigkeitsgefühl nicht nur kritisiert und protestiert, sondern allmählich auch *revoltiert* wird. Zentral sind die Sätze, die Léon Bloy im Oktober 1900 über das neue Jahrhundert in sein „Tagebuch des Grauens" einträgt: „Der abschließende und endgültige Abrutsch in Schande und Schmach einer scheinheiligen christlichen Gesellschaft, deren Niederbruch so vollkommen sein

[1] Vgl. unsere Hinweise auf „Zorn"-Tagebücher von Wilhelm Waiblinger über Charles Baudelaire und Léon Bloy u. a. bis auf Georg Heym und Cesare Pavese. In anderer Hinsicht sind auch weitere, nicht nur politische Tagebücher zur Zielverlorenheit der politischen Verhältnisse in Europa vor und kurz nach der Jahrhundertwende zu beachten, so u.a. Franz Xaver Kraus, Anatole France, René Bazin, Maurice Paléologue, Maurice Barrès, René Tardieu Boylesve, Enoch Arnold Bennett, André Gide, Charles Du Bos, François Mauriac, W. N. P. Barbellion (Ps.). Vgl. Bibliographie.
[2] Zu „Zeitkritik" vgl. den nächsten Abschnitt in diesem Kapitel.

sollte, daß sie auf allen Vieren in den stinkenden Kotmassen städtischer Kloaken und den Kotzlachen der Hunde auf den Straßen herumrutschten, um nach ihren verlorenen Schätzen zu stochern. Weiter gar nichts[1]." Im Zeitalter der Atombombe kann man diese neuen Savonarola-Worte schon nicht mehr als bloße Hyperbeln eines leidenschaftlich unduldsamen Querulanten bezeichnen. Sie richten sich nicht nur gegen die „christliche Gesellschaft", sondern gegen alle damaligen und heutigen ideologischen Herrschaftssysteme, ob nationalistisch, liberal, sozialistisch oder kommunistisch. Für Bloy stellt sich das politische Europa am Anfang des 20. Jahrhunderts im Westen wie im Osten als „seelisch entkräftet" dar. „Es gibt keine wahren Menschen mehr." – „Das menschliche Geschlecht ist ... degeneriert[2]." Daher die Nähe des apokalyptischen Schicksals. Was nur kann auf diese Verdammnis, auf diesen totalen Verzicht auf Erlösung aus dem Sündenfall folgen? „Nun, ihr unbedingter, ihr tausendfacher unbedingter Tod, wie ich es prophezeit hatte, und ihr, unsichtbare Rächer im Himmel, Engel und Vollzieher göttlicher Ratschlüsse, seid dafür meine Zeugen ...[3]"

Vierzehn Jahre später brach der Erste, neununddreißig Jahre darauf der Zweite Weltkrieg aus. Immer mehr verkriechen sich „wahre Menschen" in ihre Tagebücher. Zeugenberichte werden zu Leidensberichten. Allmählich waltet das entsetzliche Gefühl vor, Opfer eines gesichtlosen Verhängnisses zu sein, nicht mehr allein dieser oder jener konkreten politischen Person oder Macht. Schon nach dem Ersten Weltkrieg wird den besten „politischen" Diaristen klar, daß die Politik um so „irrationaler" wird, wie die Menschen „wesenlos" werden[4]. Andere Diaristen suchen, bei kaltblütigem Aufzeichnen in neuen „Stahlgewittern" der Epoche, jugendlicher Selbstbehauptung folgend, im Feuer des Untergangs nach blauen

[1] Vier Jahre Gefangenschaft in Cochons-sur-Marne, S. 62.

[2] A.a.O. S. 63.

[3] Ebd. Beispiel in extenso im Textteil.

[4] Auch ein Zentralthema der Protest-„Schreie" in der expressionistischen Lyrik und im expressionistischen Drama. Später dann mit neosadistischen Vorzeichen („Destruktion" der „falschen" bürgerlichen Moral) vom Surrealismus übernommen.

Stahl-Blumen der Hoffnung auf einen neuen Menschentypus. So etwa Ernst Jünger in seinen frühen Tagebüchern. Jünger irrte damals, und er gab es später zu, doch suchte er, noch immer einer der „hintergründigsten" Diaristen des 20. Jahrhunderts, in einem nun rein heutigen Sinne dem Chaos ein Gesicht zu geben, das Gesicht eines zwar „ungeordneten" Seins, immerhin aber eines Seins, wenngleich zunächst noch eines Seins ohne Ontologie[1]. Flacher waren die diaristischen Versuche anderer Temperamente und Geister, die gleichzeitig, während und nach dieser ersten großen europäischen Katastrophe, nach Sinn und Wahrheit suchten inmitten eines Geschehens, das donnernd über sie hinwegrollte. So erkannte 1918 Hofmiller die Schwächen der spätnationalistischen Imperiums-Ideen, der falschen Pharaonismen und der so pompös-fetischistisch uniformierten Gulliver-‚Kaiser' seiner Zeit. Doch fiel er – ein Lehrer und Schriftsteller, der Würde und Schönheit liebte – bald wieder zurück in ganz und gar unpolitische Visionen von einer erlösenden großdeutschen Urmutter[2]. Trotzki war weit davon entfernt, zu erkennen, warum er als Revolutionär scheiterte; er sah immer nur sich und das ideologisch-politisch und historisch-dialektisch Vordergründige der Spannungsverhältnisse zwischen „Unter- und Oberbau"-Faktoren[3]. Hans Carossa schrieb ein sprachlich gewandtes, fingiertes „Rumänisches Tagebuch"; den entscheidenden Fragen wich er aus[4]. Welchen Fragen? Léon Bloy meinte, wenn er den „wahren" Menschen forderte, den Menschen, der ohne Kompromisse im Sinne der Forderungen des Menschen-Gottes zu leben bereit ist. André Gide, auch er Zeuge vielfältigen politischen Geschehens, suchte zeitweise in „radikalen" *anderen* politischen Systemen Zuflucht und Heil, so im Kommunismus. Doch schauderte er, der im Grunde letzte erasmische „Intellektuelle" Europas, vor der Reduzierung des Menschen zur bloßen Produktionskraft in einem neuen

[1] Ernst Jünger, In Stahlgewittern; Das Wäldchen 125; Feuer und Blut (Gesammelte Werke, Stuttgart 1961, Bd. 1).

[2] Josef Hofmiller, Revolutionstagebuch 1918/19. Leipzig 1938 und Berlin 1960. Vgl. Textteil.

[3] Leo Trotzki, Tagebuch im Exil. Köln 1958. Vgl. Textteil.

[4] Hans Carossa, Rumänisches Tagebuch. Leipzig 1924.

Massen-Etatismus zurück. Im Gegensatz zu so vielen „Geistigen" Europas aber ist Gide niemals der *Vielheit* entscheidender Fragen unserer heutigen Existenz ausgewichen, weder religiösen, philosophischen, ästhetischen, politischen, sozialen noch wirtschaftlichen Problemen. Manchmal antwortete er seltsam verwirrt und fast hilflos auf sie, aber er flüchtete nie in mehr oder weniger abstrakte oder hermetische Wolkenkuckucks-Heime, wie so mancher der sogenannten antikonformistischen Intellektuellen Europas von 1920–1960. Wenn er in seinen Tagebüchern politisch Zeugnis ablegt, so bekundet er immer wieder, daß er über *vielfältige* Wahrnehmungs- und Deutungskräfte verfügt, im Gegensatz gerade zu seinen nur „ästhetischen" oder „politischen" Gegnern. André Gide war auch in dieser Beziehung ein prophetischer *Europäer*, und das kann man nur von wenigen Diaristen aus allen Windrichtungen dieses Erdteils sagen. Dazu nur ein Beispiel zum ersten Massen-Kriegs-Verhängnis. 1915 schreibt er: „Ich sage euch, daß eine neue Zivilisation beginnt. Die gestrige stützte sich zu sehr auf die lateinische, das heißt auf das Künstlichste und Leerste der Kultur[1]." Und am 3. Mai 1917: „Seit der russischen Revolution wird mir klar, daß dieser gewaltige Krieg von sozialen Fragen verscheucht werden wird. Ich halte es für möglich, daß auch Deutschland einmal eine Republik werden wird. – Aber auch England? – Republiken alle Staaten Europas; der Krieg kann nicht anders enden. Denn Deutschland wird uns nicht besiegen, und wir werden Deutschland nicht besiegen; sollten wir Deutschland besiegen, so werden wir es nicht vermeiden können, daß wir durch unseren Triumph noch stärker geprüft werden als Deutschland durch seine Niederlage. Die Frage von heute: wie lange wird man noch dafür sterben um das nicht eingestehen zu müssen[2]?" Hier deutet, im Gegensatz zu Léon Bloy, ein Dichter als Zeuge der Geschichte politisches Geschehen mit politischen Kriterien!

Manche der bedeutendsten Diaristen des 20. Jahrhunderts haben *beide* Weltkriege erlebt, und jeder einzelne reagierte

[1] Journal 1889–1939, S. 506.
[2] Ebd. S. 626.

auf diese überpünktliche Wiederholung des Verhängnisses auf gleiche Weise, sofern es sich – nach Léon Bloy – um „wahre Menschen" handelte: man machte historische Summen, man enthüllte Menschen, Klassen, Nationen, man legte alles bloß, was man erfassen konnte, um die Wahrheit zu finden. Doch blieb man in dieser Zeit, sofern es sich um vorwiegend oder rein politische Zeugenberichte (und Kommentare dazu) handelt, letztlich auch diaristisch vor dem so brutalen Einbruch des „Mysteriums" im Sinne Léon Bloys noch befangen[1-3].
Von 1933 bis 1945, vom Anfang der Hitler-Diktatur bis zum Ende des Zweiten Weltkriegs, steigt die Zahl der vorwiegend politisch bestimmten Tagebücher rasch an[4]. Was die rein politischen Diarien angeht, so werden auch sie als Zeugenberichte in erster Linie den Historiker interessieren. Es muß jedoch betont werden, daß im Verlauf des Zwei-

[1] Das gilt besonders für die so herausfordernden, aber in einem metaphysischen Sinne eher „neutralen" Tagebücher der Baronin Spitzemberg.

[2] Nachfolgend ein Überblick über einige der bekannteren deutschen Tagebücher aus dem Ersten Weltkrieg: Rudolf G. Binding, Dies war das Maß; Franz Cibura, Kriegstagebuch des Arbeiters Franz Cibura; Karl Fischer, In Tschako und Stahlhelm; Gustav Goes und Hermann Cron, Mein Kriegstagebuch; Erich v. Gündell, Aus seinen Tagebüchern; Egon Erwin Kisch, Schreib das auf, Kisch!; Martin Krieger, Soldatentagebuch; Franz Rudolf Lenhart, Mein Kriegstagebuch; Bernhard v. der Marwitz, Stirb und werde; Walter Melms, 1914–1918; Georg Alexander v. Müller, Regierte der Kaiser? Kriegstagebücher, Aufzeichnungen und Briefe; Gerhard Siegert, Kriegstagebuch eines Richtkanoniers; Wir Kämpfer im Weltkrieg (Feldzugsbriefe und Kriegstagebücher aus dem Material des Reichsarchivs, hrsg. von W. Foerster.) Für nähere Angaben vgl. Bibliographie.

[3] Für englische Titel vgl. Ponsonby a.a.O. und William Matthews, British Diaries written between 1442–1942. Berkeley 1950. Für französische Titel vgl. Leleu a.a.O.

[4] Soweit man heute schon wissen kann, gilt dies nicht für die Sowjetunion. Der ungarische Schriftsteller Ervin Sinkó führte zur Zeit Stalins in Moskau ein Tagebuch. Als Sinkó es einem ungarischen Genossen erzählte, rief dieser entsetzt aus: „Es gibt in der Sowjetunion keinen zweiten Idioten, der Tagebuch führen würde." Vgl. Ervin Sinkó, Roman eines Romans. Köln 1962.

ten Weltkriegs das „Politische" als Ausdruck eines *dämonischen* Schicksals auch in persönlichen, ja sogar in introspektiven Tagebüchern immer mehr Raum einnimmt. In derartigen Diarien aus *dieser* Zeit wird man Eintragungen finden, die die gesamte politische „Ordnungs"-Welt unserer Tage aufhorchen lassen müßten, wenn sie zu Erschütterungen dieser Art noch fähig ist. Ernst Jünger hat, noch vor dem Ende des Zweiten Weltkriegs, ein Grundergebnis mancher diaristischer „Verwandlungen" in dem kleinen Traktat „Der Friede. Ein Wort an die Jugend Europas. Ein Wort an die Jugend der Welt" niedergelegt. Der Unterschied zu der noch abstrakten, konservativ-politischen Romantik des Ersten Weltkriegs ist ungeheuer. Eine vorwiegend naturwissenschaftlich konzipierte „Welt des Schmerzes" wird jetzt nicht mehr angenommen, ohne das *Leiden* des einzelnen *Menschen*, ohne die *individuelle* Tragödie in einer solchen „Welt des Schmerzes" in Betracht zu ziehen. Jetzt ist auch die Rede von Glück und Liebe. „Wenn die Bekämpfung des Nihilismus gelingen soll, so muß sie sich in der Brust des einzelnen vollziehen. Ein jeder war mitschuldig, und es gibt keinen, der nicht der Heilung bedürfte, die durch die Welt des Schmerzes vorbereitet ist. – Hierzu ist nötig, daß auch im Leben des einzelnen die Technik in ihr Gebiet verwiesen wird, *genau so wie es in der Staatsverfassung geschehen muß*. Die Mittel und Methoden des technischen Denkens dürfen nicht dorthin übergreifen, wo dem Menschen Glück, Liebe und Heil erwachsen soll. Es müssen die geistig-titanischen Kräfte von den menschlichen und göttlichen getrennt und ihnen unterstellt werden. – Das ist nur möglich, wenn die Menschen sich metaphysisch stärken im gleichen Maße, in dem die Technik wächst. Und hier beginnt das weite, unangebaute Feld der neuen Theologie, als erster Wissenschaft, als Kenntnis der tiefsten Gründe und der höchsten Ordnung, nach der die Welt geschaffen ist[1]."
Wir wollen außer acht lassen, wie Jünger selbst – oder seine Freunde und Gegner – diese Stelle später interpretiert haben.

[1] Zitiert nach ERNST JÜNGER in Selbstzeugnissen und Bilddokumenten. Dargest. von KARL O. PAETEL. Hamburg 1962, S. 129. Hervorhebung vom Verf.

Nach unseren Erfahrungen bezeichnet sie formelhaft die Erkenntnisse und Forderungen, die sich aus den politischen Zeugenberichten während der Kriege und Revolutionen des 20. Jahrhunderts ergeben haben, und zwar in *allen* politischen Lagern, sofern es sich um Diarien von Menschen handelt, die für das transhumane Irresein der Machtkonflikte und für den paranoischen Cäsarenwahn im Sinne falscher Persönlichkeitskulte dieser in jeder Hinsicht unseligen Zeit nicht blind geblieben sind. Sie glaubten das „Dämonische" nicht so sehr in „Ur"-Kräften der Natur oder der Geschichte als im *Menschen* selbst zu finden[1]. Auch wenn die metaphysischen oder religiösen Vorzeichen vielfach noch unbestimmt bleiben, die Quintessenz heißt Humanität und nicht eine autonome Existentialität, suchende Religiosität und nicht bloß etatistische, biologische oder soziologische Ideologität. Alles andere erscheint, besonders in den wahrhaft erschütterten Diarien, nur als Literatur, und demzufolge ist auch die Kritik an den pseudo-philosophischen Literaten-„Mythen" in Tagebüchern nicht selten ebenso scharf wie die an Politiker und ihre Ideologen-Cliquen gerichtete[2].

Es wurde Zeit! Die Ereignisse überstürzten sich, und der Zeuge konnte unter diesen Sturzfluten des „politischen" Geschehens bald nur noch über das eine Zeugnis ablegen: über seine Not im *Grauen* der Welt. Manche Tagebücher aus dieser Epoche beweisen außerdem, daß der „Zeuge" überwältigt wird, daß nichts mehr in ihm widerstehen kann, daß er keinen anderen Weg mehr sieht als den – im Diarium vorangekündigten – Freitod. Wir erinnern uns, daß es, von Haydon bis Pavese, eine Reihe von introspektiven, subjektiven Tagebüchern „zum Tode" gibt, diaristische Berichte, die mit Selbstmord aus „existentieller" Not enden. In der Zeit von 1933 bis 1945 finden wir Tagebücher, die auch die physische Selbst-

[1] Vgl. auch unsere Beispiele (im Textteil) aus Tagebüchern von Antoine de Saint-Exupéry, Cyril Anthony Strauss, Dietrich Bonhoeffer, Petter Moen, Erasmus v. Jakimow, Theodor Haecker, Witold Gombrowicz, Erich Kästner, Alfred Kantorowicz, Henri Perrin u. a.

[2] Zu diesem Thema vgl. Kap. VII u. IX.

vernichtung aus politischen Gründen bezeugen. Der Bogen zwischen Ich und Wir war derart überspannt worden, daß sich eine Selbstmord-Epidemie auszubreiten begann, und zwar in allen „Lagern", von Stefan Zweig zu Goebbels, von Klaus Mann zu Himmler, von Ernst Toller zu Göring. Selbst überzeugte Christen, für die der Selbstmord eine Todsünde ist, vermögen die seelischen Demütigungen und die körperlichen Qualen in Gefängnissen und Konzentrationslagern nicht mehr zu ertragen. Alle Widerstände, auch die sublimsten religiösen Gegenkräfte, versagen, und gerade die ich-bewußten Menschen, die besten Europäer brechen unter diesen doppelten Schlägen zusammen.

Klaus Mann glaubte zunächst, er könne sich nach Amerika retten. Sehr bald erkannte er in seiner ohnehin gefährdeten Empfindsamkeit, daß die Bekämpfer des Teuflischen selbst dem Belzebub zu verfallen begannen. Für Zeugenaussagen in politischen Tagebüchern zum Tode bietet er eines der ergreifendsten Beispiele des Ich-Zusammenbruchs aus allseitiger politischer Enttäuschung. Schon am 29. Juni 1940 schreibt er in den USA: „Auch Selbstmorde wird es wieder geben", und er beklagt den Freitod des „noblen" Holländers Menno ter Braak: „Den Triumph der Barbarei ertrug er nicht[1]." Am 12. Juli 1940 notierte er nervös: „Neue Selbstmord-Epidemie. Ernst Weiss gehört zu den Opfern ... Auch Walter Hasenclever hat sich umgebracht ... Und Walter Benjamin ... Wieviel Verluste! Wird die deutsche Literatur sich von diesem grausigen Aderlaß je erholen[2]?" Oft ängstigt Klaus Mann die Frage, die wir hier wiederholen müssen, „ob es in diesem Krieg denn wirklich um eine moralische Entscheidung geht[3]". Daß der Kampf überhaupt möglich geworden sei, bedeute vielleicht schon ein so „schmähliches Fiasko für beide Parteien", daß es nun, moralisch gesehen, kaum noch einen Unterschied mache, welche Partei gewinnen werde. Nach dem Selbstmord Stefan Zweigs schreibt er (am 23. Februar 1942): „Der Krieg, Triumph der Barbarei, Durchbruch zerstörerischer Urinstinkte!

[1] Klaus Mann, Der Wendepunkt. Ein Lebensbericht (Darin: Entscheidung – Aus einem Tagebuch). Frankfurt 1953, S. 427.
[2] A.a.O. S. 430. [3] Ebd. S. 432.

Dem Humanisten graut[1]. Ist dies noch seine Welt? Er erkennt sie nicht mehr[2]." Klaus Mann, kein Nationalist, aber doch ein Patriot, leidet viel stärker unter dem Verlust der Heimat, der auch körperlichen Nähe der Sprache, als die offiziellen Emigrantenjäger in den Kulturkammern eines Goebbels es nur ahnen konnten. „Heimkehr oder Exil?" fragt er sich am 13. März 1942. Und er antwortet gleich darauf, es sei dies eine überholte Alternative. Nur eine Frage sei wichtig: „Wird aus diesem Kriege eine Welt entstehen, in der Menschen meiner Art leben und wirken können? Menschen meiner Art, Kosmopoliten aus Instinkt und Notwendigkeit, geistige Mittler, Vorläufer und Wegbereiter einer universalen Zivilisation werden entweder überall zu Hause sein oder nirgends." Und es folgt das gefährliche Vorsignal des „Ich", dem die „wahre" Polis brutal geraubt wurde: „In einer Welt des Chauvinismus, der Dummheit, der Gewalt gibt es keinen Platz, keine Funktion für uns. Wenn ich das Kommen einer solchen Welt für unvermeidlich hielte, ich folgte noch heute dem Beispiel des entmutigten Humanisten Stefan Zweig[3]." Und dann die bereits zitierte Frage: „Was würde der Sieg über das Nazi-Regime nützen, wenn die Sieger sich vom Nazi-Geist infizieren ließen? . . . Die Skrupellosigkeit des Feindes darf uns nicht skrupellos machen. Gefahr der Ansteckung! Seien wir auf der Hut[4]!" Zeitweise gibt ihm eine gute Lektüre neuen Mut, wie so oft letzte Zuflucht in „Tagebüchern zum Tode". Er liest das Tagebuch von André Gide, deutsche Mystiker und notiert sich zu Böhme, Eckhart, Angelus Silesius, Baader, Novalis: „Zauberhafte Sphäre! ‚Das andere Deutschland' . . . Ja, hier offenbart es sich in seiner reinsten und schönsten Form[5]." Die Widerstandskräfte werden indes immer schwächer. Auch in der Gegenwelt des Teufels hat nicht alles Engel-Flügel[6]! Dennoch entschließt er sich, in der amerikanischen Armee mitzukämpfen, um auch physisch zur Überwältigung des schlimmsten politischen „Leviathans" aller Zeiten beizutra-

[1] Vgl. das Verhältnis des Erasmus von Rotterdam zum Kriege.
[2] A.a.O. S. 461. [3] Ebd. S. 463. [4] Ebd. S. 465.
[5] Ebd.
[6] Vgl. (im Textteil) Beispiel aus dem Tagebuch Erich Kästners.

gen[1]. Immer wieder aber überflutet ihn „furchtbare Traurigkeit". Im Oktober 1942 liest man in seinem so knappen Diarium, einem der politisch-„wahrsten" Europas im Zweiten Weltkrieg, immer häufiger das Wort „Todeswunsch"[2]. Und Klaus Mann zog, wie man weiß, dann auch zwischen sich und diesem Leben den letzten Strich[3].

Und nun die Schicksalslinien eines politischen Tagebuchs zum Tode *einer ganzen Familie*. Der deutsche Schriftsteller und Publizist Jochen Klepper hatte eine jüdische Frau geheiratet, die aus ihrer ersten Ehe (mit einem Juden) zwei Töchter mitbrachte. Klepper war religiöser Sozialist, Mitglied der Sozialdemokratischen Partei Deutschlands. Als Mitarbeiter des Rundfunks in Berlin wurde er schon kurz nach 1933 entlassen. Sein Tagebuch ist ein Tagebuch zum unausweichlichen Familien-Selbstmord, und man wird in keinem der vergangenen vier „großen" Jahrhunderte Europas ein vergleichsweise ähnliches finden. Es muß als ein Hinweis auf unsere unbewältigte Zukunft gedeutet werden, die einen kollektiven Selbstmord der Menschheit vorzubereiten scheint. Dieses Tagebuch spiegelt den hoffnungslosen Kampf um die bloße Selbsterhaltung einer ehrenwerten, sozusagen ganz normalen Familie gegen kleinere „Gemeinschaften" in einem verruchten, *falschen* politischen Ordnungssystem. Dabei hatte Klepper als Preuße früher Prägung und als „Protestant", der auch an eine christliche Mission des reformierten Deutschlands glaubte, im Ge-

[1] Zum moralischen Problem des „Tyrannenmords" auch in einem sog. „nationalen" Kriege vgl. Gustav René Hocke, Heilsplan oder Vernichtungsplan? Deutsche Rundschau, Gelsenkirchen, 1950, S. 203–218.

[2] A.a.O. S. 468. Vgl. Kontexte im Textteil.

[3] Vgl. Kontext im Textteil. Zur „Skrupellosigkeit" auch der alliierten Großmächte des Westens im Kampfe gegen die „pharaonischen" „Führer" Mussolini, Hitler usw. vgl. die Tagebücher Benedetto Croces vom Juli 1943 bis Juni 1944: Quando l'Italia era tagliata in due. Bari 1948. So z. B. die Bemerkung, daß England Italien nicht nur in ein Schlachtfeld verwandeln, sondern das italienische Volk in einer Lage von Unterlegenheit und Ohnmacht halten wolle, um durch Italien bei einer Neuordnung Europas nicht gestört zu werden. Ebd. S. 32.

gensatz zu so manchen anderen Tyrannengegnern ein stark entwickeltes Staatsbewußtsein. Die Ablehnung der „Obrigkeit" ist ihm nicht leichtgefallen. Das verleiht seinem Tagebuch die tiefere, die tragische Größe. Zwischen dem antihumanen Staat und der christlichen Humanität gibt es nur eine Wahl, und zwar keine theoretische. Klepper weiß, will er vor Gott als Christ bestehen, nur die eine Entscheidung, daß er seine Frau und die Stieftöchter schützen und retten muß. Als Christ, der das Naturrecht stets über das Staatsrecht stellt, zitiert er in seinem Tagebuch, wie die Pietisten und wie so viele spätere Diaristen in höchster Not – von Bloy bis Gide und Jünger –, *Bibelworte*[1]. Sie wirken darin wie Leuchtzeichen. Sie erleichtern seinen letzten schrecklichen Weg: den Weg des Märtyrer-Selbsttods für sich und die Seinen, um die Einheit der angeblich „blutschänderischen" Familie vor Gott zu retten. Jochen Kleppers letzte Eintragung vom 10. Dezember 1942 lautet:

„Nachmittags die Verhandlung auf dem Sicherheitsdienst.
Wir sterben nun – ach, auch das steht bei Gott –
Wir gehen heute Nacht gemeinsam in den Tod.
Über uns steht in den letzten Stunden das Bild des Segnenden Christus, der um uns ringt.
In dessen Anblick endet unser Leben[2]."

Bei und nach dem Zusammenbruch des auch in seiner zeitlichen Planung so pharaonischen „tausendjährigen" Hitlerreichs hörte man von vielen ähnlichen Schicksalen mehr oder weniger bekannter Familien belasteter Nationalsozialisten. Die Hausherrn entzogen nicht nur sich der irdischen Sühne, sondern auch ihre Familien, um bis zuletzt dem Beispiel ihres „Führers" zu folgen[3-4].

[1] Vgl. Kap. X.

[2] Unter dem Schatten Deiner Flügel. Aus den Tagebüchern. Stuttgart 1956, S. 1133. Kontext im Textteil.

[3] In vielen Fällen fand man in den Schreibtisch-Schubläden solcher entsetzlichen Totenhäuser – Tagebücher, meist bis zuletzt angefüllt mit Lobeshymnen auf den „Führer", und zwar in Tagebüchern der Väter wie der Söhne, der Mütter wie der Töchter. Doch erkennt man in dieser hilflosen privat-politischen Rhetorik schon die Vorzeichen der Selbstauslöschung. Das Licht für einen kleinbürgerlich-pharaoni-

Wir haben entdeckt, daß auch das politische Tagebuch mehr menschliche Katastrophen aufzeichnet als politisch-historische Daten. Es enthüllt sich als zeitkritisches Register *individueller* Tragödien. Die „Polis", wir sagten es schon, wird also als *Verhängnis* empfunden, und zwar je mehr die Vermassung der Gesellschaft zunimmt und je mehr die Technisierung zu einer Art Diktatur der Maschine und des Betons führt[1]. Der Hals von Jedermann wird vor allem durch den politischen *Mißbrauch* dieser hyperorganisierten Lebensverhältnisse immer enger zugeschnürt. Die Person, die ihr Eigen-Sein verteidigt, droht zu ersticken. Je bewußter die Einzelpersönlichkeit gerade in Europa sich selbst geworden ist, desto massiver werden offenbar die ich-zerstörerischen Gegenwirkungen atheistischer oder pseudoreligiöser geschichtlicher Kräfte, die die immensen Energien der Materie vorzugsweise in den Dienst der kollektiven Menschenzerstörung gestellt haben. Eine neue Menschheits-Situation! Und die geistigen Potenzen, die dazu geführt haben, entfalteten sich in einer europäischen Wissenschaft, die in ihren Forschungsmethoden ja immer unabhän-

schen Megalomanen auf Hausaltären dieser Art *mußte* tödliche Kräfte ausstrahlen.

[4] Deutsche Statistiken über Selbstmorde von Gegnern des Nationalsozialismus und ehemaligen Nationalsozialisten von 1933–1945 fehlen. Diese Auskünfte erhielten wir vom Statistischen Bundesamt in Bonn, vom Bundeskriminalamt in Wiesbaden und vom Institut für Zeitgeschichte in München. Das Bundeskriminalamt schrieb dazu, Selbstmordstatistiken würden für das Bundesgebiet erst ab 1953 geführt. Die Motive, die zu einem Selbstmord führen, seien außerdem „nur in großen Sammelgruppen unterteilt" worden. Es fehlt also die „Sammelgruppe": „Selbstmord aus politischen Gründen". Das ist für unsere Zeitgeschichte bedauerlich. Wir schätzen, daß Zehntausende von Gegnern und Anhängern Hitlers von 1933–1945 Selbstmord begangen haben. Ein entsetzlicheres Symptom für falsche Ordnungsmächte kann man sich kaum denken.

[1] Die „historische Landschaft" Italiens z. B. wird durch Millionen von Tonnen stumpfsinniger Betonbauten zerstört. Das „klassische" und das „romantische" Italien verschwinden. Die Proteste sind schwach. Europa sieht gelassen zu, wie seine besten Kultursymbole – auch ohne Krieg – systematisch vernichtet werden . . . wie seine biologische Substanz.

gig sein muß, die sich aber auch gegen den politischen *Mißbrauch* ihrer Forschungsergebnisse viel entschiedener wehren müßte, als sie es bisher zum Teil getan hat. Diese neue Menschheitssituation spiegelt sich also in politisch-zeitkritischen Diarien wider, und zwar, in ebenfalls exakt „physikalischer" Weise, schon vor den Atompilz-Wäldern in den Himmeln unserer Raketenepoche. Doch wird in den meisten von ihnen mit einem verzweifelten Ethos auf die verpesteten Wolken menschenverfälschender Sinnlosigkeit reagiert und nicht selten mit apokalyptischer Religiosität der geistige Widerstand entfacht[1].

Gibt es noch eine Hoffnung? Am 1. September 1957 schrieb François Mauriac, einer der politisch unerbittlichsten Diaristen im neuen Europa, in seinem schon genannten „Bloc-Notes" ironisch, es könne kein Zweifel mehr darüber bestehen, daß die „Geschichte Schicksal" geworden sei. Die beiden antagonistischen „Reiche" von heute, der Westen und der Osten, hätten alles in der Hand, um unsere Zivilisation zu vernichten, und wir wüßten außerdem jetzt, wie sie zerstört werden

[1] Als Autoren von Tagebüchern mit *politischen* Elementen seien für die Zeit von 1933–1945 und bis zur Gegenwart weiter genannt oder erneut angeführt: Alfred Bock, Albert Camus, Galeazzo Ciano, Pierre Clostermann, Benedetto Croce, Mouloud Feraoun, Max Frisch, Gustave-Mark Gilbert, Julien Green, Jean Guéhenno, Jean Guitton, Carl Haensel, Franz Halder, Ulrich von Hassell, Jeanne Héon-Canonne, Kurt Hohoff, Ludwig Kaas, Erich Kästner, Alfred Kantorowicz, Wilhelm Keitel, Werner Körte, Hans Graf von Lehndorff, Paul Lévy, Oskar Loerke, Jean Malaquais, François Mauriac, René Mouchotte, Emmanuel Mounier, Robert Musil, Jürgen Rausch, Claude Roy, Antoine de Saint-Exupéry, René Schickele, Robert de Saint-Jean, Ervin Sinko, Leo Weismantel. Für nähere Angaben vgl. Bibliographie. Einzelne Beispiele im Textteil.

Zum Krieg 1939–1945 vgl. auch: Hellmut Gollwitzer, Käthe Kuhn, Reinhold Schneider, Du hast mich heimgesucht bei Nacht. Abschiedsbriefe und Aufzeichnungen des Widerstandes. 1933–1945. München 1954. Kriegsbriefe gefallener Studenten 1939–1945. Hrsg. von W. u. K. W. Bähr. Tübingen u. Stuttgart 1952; Anthologie des écrivains morts à la guerre. Paris 1960.

könne[1]. Jede scheiternde Abrüstungsverhandlung enge das Feld unserer Hoffnungen immer mehr ein. In ihrem Verhalten ließen die Menschen von heute allerdings davon nichts erkennen; doch habe ja Christus gesagt, daß auch vor der Sintflut die Menschen aßen, tranken und heirateten. Gibt es keine Einsicht, keine Rückkehr mehr? Einige Menschenwesen, gottähnlich geworden, verfügen, schreibt dieser politisch aggressivste Katholik Frankreichs weiter, nach Gutdünken über Leben oder Tod von Millionen Kreaturen, über Erhaltung oder Vernichtung von schriftlich fixierten Gedanken, über alles, was die Menschheit aufgebaut hat. „Wie lange werden sie die Freiheit haben, *nicht* auf die Menschheit das niederfallen zu lassen, was sie in der geschlossenen Faust halten wie ein Kind, das beim Bäcker kauft, seine Münze von hundert Francs?" – Dennoch, so fügt Mauriac hinzu, ist noch nichts entschieden. „Alles hängt vom Menschen ab, was das Böse angeht. In bezug auf das Böse sind wir wie Götter." Die Zerstörung, in der Schrift vorausgesagt, gewiß, sie ist das Ende menschlichen Bemühens. Und doch gab es einen anderen Weg! Noch existiert er, noch immer ist er da. „Täglich wiederholt sich die Morgenröte. Als ich dieser Tage von der Messe zurückkam, blieb ich regungslos stehen, unter den Zweigen eines Baumes, und jedes Blatt glänzte vom Regen. Als sei es ein Wunder, heulten keine Motoren, weder auf der Straße noch im Himmel. Dreißig Kilometer von Paris war alles, für die Dauer einer Minute, wie am Anbeginn der Welt. Diese unendliche Güte, die sich vom Firmament auf den schlafenden Boas hinabsenkte, ein Kind hätte sie berühren können, wenn es, in dieser Minute, nur den Arm ausgestreckt hätte; und ich, erwachsener Mann, der ich bin, ich brauchte nur die Augen zu schließen, um sie zu besitzen, zu umarmen. Dann aber, in fiebrigem Aufheulen, flog der Helikopter aus Brüssel in niedriger Höhe über den Garten, und ein Vogel verstummte[2]." Hoffnung? Im

[1] Auch darüber berichtet mit geradezu naturwissenschaftlicher Exaktheit ein Tagebuch, nämlich das Tagebuch, das ein japanischer Arzt unmittelbar nach dem Atombombenangriff auf Hiroshima führte. Vgl. MICHIHIKO HACHIYA, Hiroshima-Tagebuch. Aufzeichnungen eines japanischen Arztes vom 6. 8. – 30. 9. 1945. Freiburg 1955.

[2] A.a.O. S. 355 f. Im „Bloc-Notes" findet man für die neue „Welt-

Jahre 1938 schreibt Albert Camus in seinen „Carnets", also ein Jahr vor Ausbruch des Zweiten Weltkriegs: „Der Gedanke eilt immer voraus. Er sieht zu weit, weiter als der Körper, der in der Gegenwart lebt. – Die Hoffnung auslöschen heißt, den Gedanken wieder an den Körper binden, und der Körper muß verfaulen[1]." Absurde Hoffnung, neue Hoffnung in das Absurde, daß es einmal nicht so geschehen werde wie in der Absurdität bisheriger Geschichte! Vor allem Revolte! „In der alltäglichen Erfahrung, die die unsere ist", schreibt Camus an anderer Stelle, „spielt die Revolte dieselbe Rolle wie das ‚Cogito' in der Geordnetheit des Denkens: sie ist das erste Evidente. Aber diese Evidenz zieht das Individuum aus seiner Einsamkeit heraus. Sie ist ein allen gemeinsamer Umstand, der den ersten Wert auf alle Menschen gründet. Ich lehne mich auf, also sind wir[2]."

Wir haben verschiedene Stationen des Weges dargestellt, der von Kaiserberichten der Antike zu den pharaonischen Ich-Kalendern späteuropäischer Diaristen führte. Für das 20. Jahrhundert sind die Wandlungen auffallend. Die „Zeit", in der man lebt, wird keineswegs mehr verherrlicht, und das „Ich" in dieser Zeit wird kaum noch als selbstsichere Pyramide erlebt. Die Person, die den Paß mit der Nummer X oder Y besitzt, wird zunächst als eine anonyme Beute der Zeit empfunden, dann immer mehr der kernphysikalisch veränderten Materie im *Raum*. Wie kann man in dieser neuen Spannung „Kaiser" sein oder „Herr" oder auch nur ein über sich selbst disponierendes „Ich", ja lediglich ein bloßes „Wesen", das

angst-Zeit" nach 1950 wichtige Bemerkungen über die falsche Vergöttlichung der „Geschichte", so etwa: Geschichte oder unfähige Menschen? (S. 56f.); im Sinne GOETHES: Mischmasch von Irrtum und von Gewalt (S. 68); Geschichte ist „verbrecherisch". Nur die „Kontemplativen" könnten sie ändern (S. 276); „Finsternis" der Geschichte (S. 346). Dazu zitiert MAURIAC ein Wort von SIMONE WEIL: „Geschichte ist nichts anderes als eine Kompilation von Zeugnissen von Mördern, und zwar in bezug auf sich selber und auf ihre Opfer" (S. 66).

[1] A.a.O. S. 128.

[2] ALBERT CAMUS, Der Mensch in der Revolte. Essays. Hamburg 1953, S. 27.

unangefochten vor sich hinvegetieren kann, gleichsam als nur noch „grasende" Kreatur? Selbst die besten Dichter, Künstler, Musiker, Wissenschaftler werden nicht mehr um ihre Meinung gebeten, ob man diesen Planeten schon vor dem Dritten Weltkrieg systematisch vergiften soll und darf, was zu tun Politiker von West und Ost aus angeblich historisch-zwangsläufigen Gründen bereits begonnen haben. „Geschichte als Schicksal"? Wir sehen, daß die besten Diaristen des europäischen 20. Jahrhunderts *in ihren allerdings privaten Urteilen* von der Notwendigkeit, auf *diese* Weise der göttlichen Vorsehung zu dienen, keineswegs überzeugt sind, und daß sie, die sie die „Zeit" erfassen wollen, ganz andere seelische und geistige Existenzreaktionen zeigen als die „Politiker", die sich offenbar nur noch mit machtbedingten *Raum*-Analysen begenügen[1]. Geschichte wird von den Lenkern unserer Schicksale, so kann man es erläutern, nur noch als Raum-Forderung erlebt. Daher der pure „Materie"-Kult unserer Politik. Ihm entspricht die Abfall-Materie-Poesie unserer Neo-Collage-Künste. Die Geschichte des Humanen als „Zeit"-Erlebnis hingegen macht dem Menschen seine Vergänglichkeit bewußt und damit die Fragwürdigkeit seiner bloß „räumlichen", machtmäßigen Expansionstendenzen. Der Verlust der Geschichte als Zeit-Erlebnis hat vermutlich zur Raum-Faszination geführt und damit zur Expansion in die „Kern"-Räume der Materie, die vorwiegend in *tödliche* Energien umgewandelt werden.
Das „moderne" politische Tagebuch wird also ein *zeitkritisches* Tagebuch. Die ethische Wertneutralität im pseudo-machiavellistischen Sinne wird aufgegeben: aus der Selbstkritik wird *moralistische* Zeitkritik. Das läßt sich in Italien besonders gut beobachten. Dort wirkten, wie wir wissen, älteste diaristische Traditionen schon im 16. Jahrhundert auch im umwelt-kritischen Sinne weiter[2]. Unter allen romanischen Völkern haben außerdem die Italiener alles „Politische" und „Individuelle" schon früh in unauflösliche Beziehungen ge-

[1] Zum Problem der Menschen-Zeit in Diarien vgl. Kap. VII.
[2] So vor allem in den Diarien des Elsässers JOHANN BURCKARD, geschrieben von 1483–1506. Vgl. Kap. II u. Bibliographie.

stellt, von Dante über Petrarca bis zu Machiavell und Guicciardini[1]. Daß der Mensch in seiner Menschenzeit und vor Gott Mittelpunkt der Politik bleiben soll, das gehört zum Zentralthema dieser moralisch-politischen Literatur. Das ebenso theozentrische wie anthropozentrische Denken der meisten heutigen Italiener in bezug auf die Grundprobleme der Polis hat hier seinen Ursprung. Am frühesten breitete sich dieses urbane politische Denken dann in Frankreich, England und in Deutschland aus, wo es im Zeitalter der Humanität einen Höhepunkt erreichte. Der Rückschlag erfolgte mit Hegels neuer Deifizierung des Staates, und von ihm sind bekanntlich, wenn teilweise auch in verfälschender Weise, die Ideologien des faschistischen Etatismus und des historischen Materialismus abgeleitet worden. Was Deutschland angeht, so schreibt Max Scheler sogar von einem „uralten tragischen deutschen Gegensatz von Macht und Geist", der noch nicht überwunden sei[2]. Sicher ist, daß die Erkenntnisse und Forderungen einer Einheit von Politik und Moral, von Macht und Geist, die im Egmont Goethes und in Schillers Wallenstein so großartig zum Ausdruck kamen, mit der Reichsgründung von 1871 wieder verdrängt wurden. Dies bildet ein Grundthema der Zeitkritik Nietzsches, doch entwarf er, gegen den Krämer- und Feldwebel-Geist seiner Epoche gerichtet, das Ideal des „Übermenschen", das zwei Generationen mehr schadete als nützte. Dieser Vision stellte Max Scheler die echtere Wünschbarkeit eines neuen „Allmenschen" gegenüber[3].
Was weiterhin Zeitkritik in Tagebüchern angeht, so verfügen die Lateiner, durch ihren politischen Skeptizismus und die gründliche Rezeption der antiken moralpsychologischen Literatur, nicht nur über eine realistischere Tonart. Die Aufsässigkeit gegen obrigkeitsstaatliche Mißbräuche der Macht

[1] Vgl. vor allem die Schrift Francesco Guicciardinis (1483–1540), Considerazioni intorno di discorsi del Machiavelli sopra la prima Deca di Tito Livio. Bejaht die These Machiavells, derzufolge der Mensch im Mittelpunkt der Geschichte steht, lehnt jedoch seinen Pessimismus ab, der davon ausging, die Menschen seien nur aus Zwang zum Guten bereit.

[2] Der Mensch im Weltalter des Ausgleichs. A.a.O. S. 31.

[3] Ebd. S. 38.

liegt ihnen im Blute, und ihr Denken bewegt sich eher in juristischen Begriffen als in philosophischen Konzepten. Diese konkrete, moralistische und rechtliche Zeitkritik findet man auch in zeitgenössischen italienischen Diarien. Dafür nur zwei Beispiele: Giovanni Papinis „Libro Nero"[1] und Corrado Alvaros „Ultimo Diario"[2]. Das „Schwarze Buch" Papinis (1881–1956) wurde, trotz dem düsteren Titel, von seinem Verfasser mit viel romanhaftem Kolorit versehen. Eigene Beobachtungen und Kritiken werden einer fiktiven Persönlichkeit mit Namen Gog in den Mund gelegt. Dennoch muß dieses für eine neue Art zeitkritischer Diaristik wichtige Buch hier ausnahmsweise berücksichtigt werden. Giovanni Papini erfindet also einen exzentrischen amerikanischen Multimillionär, besagten Gog. Von diesem „seltsamen und nervenkranken Nomaden" erhält er Tagebuchblätter aus allen möglichen Städten und Landschaften der Welt. Papini teilt mit, er habe diese Aufzeichnungen lediglich übersetzt und herausgegeben. „Schwarzes Buch" habe er es genannt, weil es „eine der schwärzesten Epochen der Menschengeschichte" schildere, die Zeit des Zweiten Weltkriegs und die Jahre danach. Gog unterhält sich mit berühmten und berüchtigten Gestalten dieser Epoche, so unter anderm mit Molotow und Hitler, mit Voronoff und Picasso, mit Dali, Marconi und Valéry. Alle diese Notizen über Begegnungen und Gespräche ergeben, nach Papini, ein phantastisches und beängstigendes Bild, mit satirischen und karikaturistischen Zügen; doch scheint es ihm symptomatisch zu sein für „eine arg kranke und verzweifelte Zeit". Aus dem „Libro Nero" wurden einige Stücke berühmt, allein schon wegen einer weiteren literarischen Verkleidung. So entdeckt Gog in Papieren Robert Brownings eine Phantasie über einen Papst, der sich zur unmittelbaren Caritas im frühchristlichen Sinne bekehrt, also eine Parodie des Katholiken Papini über das Papsttum seiner Zeit[3].

[1] Il libro Nero. Nuovo diario di Gog. Florenz 1951.

[2] Mailand 1959. Von ALVARO erschien 1950, ebenfalls in Mailand, ein erstes Tagebuch u.d.T.: Quasi una vita – Giornale d'uno scrittore.

[3] Zu fingierten Tagebüchern vgl. Kap. I. PAPINI wählt einen Millionär als „Sprecher-Figur" für seine eigenen zeitkritischen Aufzeichnungen. OCTAVE MIRBEAU (1850–1917) entschied sich für eine Kam-

Eine „kranke und verzweifelte Zeit", das ist das Grundthema der modernen Diaristen. Wir finden es konsequent durchgeführt in einem echten Tagebuch, das uns in die nächste Gegenwart hineinführt, im „Ultimo Diario" von *Corrado Alvaro* (1895–1956). Die Notizen dieses in Kalabrien geborenen Schriftstellers, der zu den lautersten Geistern der ersten italienischen Republik gehört, wurden 1948–1956 vorzugsweise in Rom geschrieben. Wir haben es also wieder mit einem *italienischen* Rom-Tagebuch zu tun, aber wie hat sich das zeitkritische Porträt der Ewigen Stadt gegenüber den ja durchaus schon realistischen Abbildern in Diarien der Renaissance gewandelt! Menschenkundlicher Realismus wird jetzt durch mutige, eindeutig ethische Stellungnahme ergänzt und – wie wir noch ausführen werden – erhöht. Das Rom von heute wird mit energischen, doch nie brutalen Pinselstrichen festgehalten, in seinen intimsten Aspekten dargestellt – mit der Aufmerksamkeit des echten Staunens, doch weit entfernt von der Schönfärberei all jener falschen Rombilder sentimentaler, touristischer, ideologischer oder welcher Art immer. Das Antlitz des Menschen aber wird dabei nie entstellt. Expressionistische Empörung und intellektuelle Satiren werden vermieden. Die vielen Mosaikteile fügen sich im Kontinuum einer zur Liebe wie zur Scham noch fähigen Gesinnung sauber zusammen. Das Gesamtbild ist allerdings von einer erschreckenden Düsternis. Der Zerfall des Menschlichen, die mangelhafte Fähigkeit des Großstadtmenschen, sich und seinem Leben einen tieferen Sinn zu geben, veranlaßten Alvaro dazu, gerade in einer äußerlich so farbigen Stadt wie Rom auf hellere Töne zu verzichten. Doch hebt sich diese ganze Galerie einer Majorität, die nur noch der Macht des Sexus und des Geldes unterliegt und dem Flitterglanz einer Film- und Illustriertenkultur verfallen ist, vor dem Goldgrund einer faszinierenden geistigen Keuschheit ab. Als Moralist kennt Alvaro nur einen Maßstab: die Rücksicht auf den Nächsten, die geistige Redlichkeit, die seelische Aufgeschlossenheit. Es sind säkularisierte Leitbilder. Daher hebt er sie selbst theoretisch

merzofe: Le Journal d'une Femme de Chambre. Paris 1900. Auch dieses fingierte Tagebuch hat vorwiegend zeitkritischen Charakter.

nur wenig hervor. Doch leuchten sie durch jede Seite hindurch. Seine „entblößende" Zeitkritik bleibt stets von einem Heilungsziel beherrscht: der Hygiene des Herzens. „In Paris", bemerkt er einmal, „sagte mir jemand: ‚Wir sind es müde geworden, uns gegenseitig Angst zu machen'. Dieses Wort scheint mir das Ende einer Übergangszeit anzudeuten. Als Leitspruch für die nächsten Jahre könnte es zu unserer Rettung führen[1]."
Zunächst das vordergründige Sittenbild der Ewigen Stadt in diesen Jahren 1948 bis 1956. Corrado Alvaro, anscheinend religiös indifferent, läßt Korruption, Verlogenheit und Gesichtslosigkeit in allen Schichten der Bevölkerung ebenso sichtbar werden, wie es Papst Pius XII. in seinen Bemerkungen über das Rom seiner Epoche tat. Es gibt kaum ein Tagebuch über Rom, in dem derart entschlossen der pseudoromantische Romkult attackiert wird, doch selten auch ein Diarium, in dem eine derart tiefe Liebe für diese immer unergründlich bleibende Weltstadt spürbar ist, auch dort, wo Alvaro immer aufs neue über die bauliche Verschandelung Roms und über das nerventötende Verkehrschaos klagen muß, über das Ende der Liebenswürdigkeit, die Arroganz der Jugend, über die Zerstörung des Familiensinns, den radikalen Verzicht auf Tradition, Geschichte und reine Schönheit. Unsere Zeit, schreibt er, wird von einer erotischen Zivilisation beherrscht, weil andere leitende Ideen fehlen. Die Liebe ist zur einzigen Form individueller Sublimierung geworden. Diese „Liebe", lediglich als „Sexus" erlebt, hat die meisten anderen vitalen Antriebe neutralisiert[2]. So vor allem die stilsichere Persönlichkeitsentfaltung, den Sinn für das Echte, die Fähigkeit zur Kontemplation, die Sicherheit der Bildung, die Behaustheit in den positiv wirkenden Kräften großer Vergangenheit. Nur der entfesselte Erwerbstrieb bleibt durch die Überschätzung des Sexus angeregt. Daher eine für Italien neue brutale Härte des Lebens, ein Kult der Macht und der Gewalt, der präpotenten Maskulinität und ein entsprechendes Abgleiten vieler Frauen in das bloße Weibchentum. Alles dies geschieht aus einer impulsiven Kraft, die das ohnehin vitale Land in seiner neueren Geschichte noch nie erlebt hat, schreibt Alvaro.

1 A.a.O. S. 192. 2 Ebd. S. 183.

In seiner Elementarität hat der Vorgang Größe. Doch muß er erschrecken, weil Italien sich, offenbar zu rasch und mit waghalsigen Sprüngen, dem technischen Zivilisationsstand anzupassen sucht, diese Anpassung aber, insbesondere in den Großstädten, oft nur in rein äußerlicher Form erfolgt. Es handelt sich um eine Explosion, nicht um eine Revolution alter, oft noch verdeckter feudalistischer Verhältnisse. Diese phantastische Zersprengung einer der ältesten Nationen der Welt wird für die nächsten hundert Jahre der Geschichte Italiens entscheidend bleiben.

Zeitkritik oder Kritik an einzelnen Persönlichkeiten? Alvaro erkennt die Anonymität der Masse und ihre Gesetze durch die Beobachtung vieler individueller Verhaltensweisen. Da so viele einzelne als Marionetten der technisierten Publicity-Kultur in gleicher Weise reagieren, wird diese Sammlung zahlloser Porträts oder Porträtentwürfe von Menschen, die namenlos sind, wie die Kunst gegenstandslos geworden ist, wird diese Fülle von Mosaiksteinen zu einem zeitkritischen Gesamtbild der heutigen römischen Gesellschaft in allen Schichten, zu einem Dokument, das zeitkritischen Bildern aus dem Rom Lukians oder Aretinos in vieler Hinsicht gleicht. Darüber hinaus werden auch „kirchliches" Leben (die oft oberflächliche, nur „gesellschaftliche" Religiosität), „Literatur" (das machtbewußte Cliquenwesen, die innere Leere der Lyrik ohne Inhalt), der Film (Kulissen einer Kokottenzivilisation), die Politik (Erstarrung in Ideologienstreit und Interessenverbänden) gewissermaßen zu allegorischen Hauptpersonen. In all diesen Vorder- und Hintergründen spielt die Frau eine Hauptrolle. Was Corrado Alvaro ohne Pharisäismus und banale Demaskierungen von der heutigen Römerin zu sagen weiß, ist vor allem deshalb erschreckend, weil auch hier ein bloßer Automatismus der erotischen Beziehungen enthüllt wird. Die physische Liebe kennt kaum noch moralische und religiöse Widerstände. Der Sexualtrieb wird mit dem Essenstrieb gleichgestellt. Daher nicht nur die Banalisierung in der Erfüllung, sondern auch die Käuflichkeit. Nach Alvaro müßte es in Rom heute 200 000 Prostituierte geben.

Die Folge all dieser Erscheinungen ist, nach Alvaro, eine für eine Stadt wie Rom ungewöhnliche seelische Leere. Gerade des-

halb zieht Rom heute die Angst- und Verzweiflungsdichter und -künstler an, die Halbwelt und die raffinierten Neo-Epikuräer des Westens, die das Leben durch Genüsse verlängern wollen und dabei immer tiefer in die Bodenlosigkeit des Absurden fallen. Sie retten sich durch Cliquen-Kameraderie. Dabei verstärkt sich allerdings nur die nihilistische Cliquen-Psychose: Statt Katharsis ergibt sich Katzenjammer. Die schlimmste Verzweiflung, die sich einer Gesellschaft bemächtigen kann, geht von der Frage aus, ob zu leben überhaupt noch nützlich sei. Verzweiflung und die „Vergnügungs"-Reaktionen auf sie entstehen ferner nicht nur durch die vielfältige Korruption und Prostitution. Sie entspringen einem anderen psychischen Dämonenpaar: der Ungewißheit über die Zukunft und der Ahnungslosigkeit in bezug auf Vergangenes. Die heutige Kultur ist demnach eine Kultur des nichts als Gegenwärtigen. Das Fehlen der anderen Zeitdimensionen führt zu kollektiven Neurosen, die im Einzelnen wie in der Gesellschaft geistige und seelische Schwunderscheinungen verursachen. Vieles davon wird in der Literatur nur noch gespiegelt. Die Leere des einzelnen ergibt folgerichtig eine Literatur der Langeweile, einen Journalismus, der das Persönliche des Berichts durch das nur noch Stoffliche der Nachricht verdrängt, eine Religiosität, die sich mit der körperlichen Teilnahme am Kult begnügt, eine „Liebe", die nur noch der gegenseitigen Befriedigung physischen Appetits dient.
Grundelemente dieser Zeitkritik Corrado Alvaros entsprechen Analysen in anderen Ländern. Das ist kein Zufall. Der „Zivilisations"-Mechanismus, der unsere Großstädte beherrscht, kennt keine Grenzen. Dennoch ist das Tagebuch Alvaros aus vielen Gründen originell. Dem nur noch film-romantischen Italienbild wird der Todesstoß versetzt. Der Neorealismus wird auf die höhere Ebene der moralisch erschütterten Zeit- aber auch Kultur- und Gesellschaftskritik gehoben. Der nichts als literarische Neorealismus spielte mit Elend, Verzweiflung, Krankheit, Dekadenz. Er verzichtete auf ein „rettendes" Wertsystem im Sinne von Augustinus, Hölderlin oder auch nur von Voltaire und Karl Marx. Für Italien, das der europäischen Aufklärung nur in geringem Ausmaß

teilhaftig geworden ist, war der enthemmende Elektroschock des Neorealismus zu heftig. Er verstärkte die Neurosen, statt sie zu beheben. Corrado Alvaro erzählt von seinem Dienstmädchen, es habe zu seiner Frau gesagt: „Ich glaube an nichts mehr." Dazu bemerkt er: „Dennoch hatte Rosina stets ihren Rosenkranz auf dem Nachttisch[1]." Benutzte sie ihn noch, oder lag er nur noch da – neben ihr –, aus Gewohnheit? Alvaro macht sich keine Illusionen, aber er zwingt Hoffnungen auf. Darin unterscheidet er sich von bloßen Sitten-„Schilderern". Er glaubt noch an Besserung. Das kommt in einer kleinen Notiz schon zum Ausdruck, in der er lakonisch, ohne die Ironie hervorzukehren, über eine Frau berichtet, die sich zur „Pfingstkirche" bekannt hatte, ihren Nächsten gegenüber aber böse blieb. Jemand erinnerte sie daran, worauf sie antwortete: „Sie hätten sehen sollen, wie böse ich vorher war[2]."
Was ist der Grund für alle diese Verwirrungen und Auflösungen? Alvaro meint: ein „enttäuschter Glaube" und eine „beleidigte Reinheit". Außerdem wird, schreibt er, die Zeit vom Protest der Armen beherrscht, „als wenn Glück und Reichtum einen Rechtsanspruch darstellten". – „Das ist das Ende einer Epoche[3]." – „Das Ende einer christlichen und katholischen Mentalität" wird sichtbar, da die Jugend keinen Opfersinn hat und den morgigen Tag nicht mehr geduldig abwarten kann. Sie will alles haben. „Es ist eine andere Welt, eine heidnische Welt *ohne Sinn mehr für das Göttliche*[4]."
Ein eigenartiger, ein fast erschreckender Sprung für einen religiös indifferenten Diaristen von der Art Alvaros. Je mehr er sich der Finsternis der Zeit bewußt wird, desto mehr erscheint das Numinose wieder als *rettendes* Licht. Die bewußt moralistische, Urteile fällende Zeitkritik erfährt, je tiefer sie in die Abgründe der Epoche blickt, eine Mutation. Sie wird transzendental, ohne es zu wollen. Auf diese seltsamen Umwandlungen gerade in den eindringlichsten zeitkritischen Tagebüchern unserer Epoche werden wir noch näher eingehen. Vorher noch ein Beispiel aus einer ganz anderen Welt! In sei-

[1] Ebd. S. 36 f. [2] Ebd. S. 88. [3] Ebd. S. 32.
[4] Ebd. S. 111. Hervorhebung vom Verf.

nem Tagebuch schreibt der Exil-Pole Witold Gombrowicz, einer der besten Romanciers unserer Tage, es umgebe uns heute „ein millionenfaches Unmaß an dunklen Geistern". Sie wollten „uns unsere Wahrheiten entreißen", bei unserem „gewaltigen Bedarf nach einer einfachen Sprache", die „Philosophen und Analphabeten" verstehen können. Daher müsse er das Christentum „bewundern". Und er zitiert aus einem Brief: „Man muß glauben, daß man glauben muß. Man muß den Glauben an den Glauben haben[1]." Zeitkritik heißt also auch wieder Sich-Stellen, weniger Bloßlegen (im bloßen Verurteilen) als Bekenntnis (im angemessenen Urteil), weniger „informelle" (wertungs-neutrale) Aussage als sinnaufschließende Herausforderung, weniger kirchlich-dogmatisches, marxistisches oder existentialistisches Predigen als die ganz persönliche Selbstoffenbarung (wir meinen wiederum im erasmischen Sinne), sofern Kritik eben nicht in der „Zeit" steckenbleiben soll wie das Handeln der Politiker im bloßen „Raum". Gombrowicz schreibt: „Ich sollte dieses Tagebuch als ein Werkzeug meines Mich-Stellens auch Euch gegenüber behandeln" ... „Andere Tagebücher müßten sich zu diesem hier verhalten wie die Worte ‚so bin ich' zu den Worten ‚so will ich sein'[2]."

Aus diesen Eintragungen von Diaristen unserer unmittelbaren Gegenwart, die sich von apokalyptischen Fall-outs immer mehr seelisch vergiftet fühlen, ergibt sich eine Art von vital-instinktsicherer Selbstkorrektur. Die „Zeitkritik" – wir deuteten es schon an – wird vor lichtlosen Abgründen, vor der Beschränkung auf rein nihilistische Abschrift des kritisch Erfahrenen gewissermaßen zwangsläufig zu einer transzendentalen Sinngebung. Auch das gehört zu vermutlich tiefen Gesetzen, die für Wesen bestimmend sind, die, Tag für Tag „privat" über sich und die Welt nachdenkend, oft Dutzende von Heften mit Monologen zum „Ich" und Dialogen mit der „Zeit" füllen. Selbst wenn sie dem eigenen „Ich" oder der eigenen „Zeit" sehr nahe gekommen zu sein glauben, und zwar in einem nüchtern-rationalistischen Sinn, wird in ihnen

[1] A.a.O. S. 55. Vgl. auch Beispiel im Textteil.
[2] Ebd. S. 61 f.

eine überpersönliche und überzeitliche Kraft wach, *die ihre Feder in andere Reiche und Bereiche lenkt.* Ein „Etwas", ein überpersönliches „Es" scheint immer „ver-fälschen" zu wollen. In der größten kritischen Sachgerechtigkeit wird vermutlich eine ganz andere Richtigkeit, eine Art Über-Richtigkeit Ereignis. Bevor wir spannungsvolleren *schöpferischen* Bewältigungen diaristischer Zeiterkenntnis begegnen, wollen wir einen Blick in die Werkstätte der diaristischen Falschmünzer werfen, vor allem in die der für uns allein wesentlichen Diaristen jener Kategorie, die nicht auf sterile Weise nur sich selbst betrügen[1].

3. Tagebuchskandale und Tagebuchfälschungen

Manche Tagebücher haben Skandale ausgelöst. Hin und wieder haben wir bereits darauf hingewiesen. „Geheimes" wurde aufgespürt; Personen wurden belastet; Politiker wurden entlarvt; erotische „Verhältnisse" aller Art angezeigt; Honoratioren bloßgestellt; Moralprediger enthüllt; Literaten demaskiert, ja Könige und Fürsten überführt. Achten wir auf diese Verben: aufspüren, belasten, entlarven, anzeigen, bloßstellen, enthüllen, demaskieren, überführen. Wir schrieben schon einmal von einer kriminalistischen Entdeckungssucht in manchen Tagebüchern, also von detektivartigen Tenden-

[1] Autoren von Tagebüchern mit zeitkritischen Elementen seien hier angeführt, bzw. für diese Zusammenhänge erneut genannt: W. N. P. Barbellion, Maurice Barrès, Charles Baudelaire, Simone de Beauvoir, Georges Bernanos, Léon Bloy, James Boswell, Lord Byron, Isaak Casaubonus, Benedetto Croce, Kasimir Edschmid, Antoine de Saint-Exupéry, Anne Frank, Max Frisch, Friedrich v. Gentz, André Gide, Witold Gombrowicz, Edmond et Jules de Goncourt, Ferdinand Gregorovius, Theodor Haecker, Knut Hamsun, Felix Hartlaub, Benjamin Robert Haydon, Georg Heym, Alfred Kantorowicz, Erich Kästner, Franz Kafka, Sören Kierkegaard, Paul Klee, Jochen Klepper, Franz Xaver Kraus, Oskar Loerke, François Mauriac, Petter Moen, Henry de Montherlant, Robert Musil, John Henry Newman, Cesare Pavese, Samuel Pepys, Henri Perrin, Felix Platter, Jules Renard, Henri Beyle de Stendhal, Leo Tolstoi, Leo Trotzki, Simone Weil, E. G. Winkler. Für Näheres vgl. Bibliographie.

zen[1]. Intime Ausbreitung des Geheimen! Anläßlich des Tagebuchs von Samuel Pepys fanden wir ferner eine Verwandtschaft „enthüllender" Privat-„Journale" mit einer der wichtigsten „journalistischen" Aufgaben in Tageszeitungen: Verborgenes oder Hintergründe (back-grounds) aufzudecken. In ihrem Tagebuch schreibt die Baronin Spitzemberg am 16. Juli 1870, es sei von „höchstem Interesse" (am Berliner Hof), „an der Quelle aller Nachrichten zu sitzen"[2]. Am 10. Mai 1876 notiert sie, nachdem Fürstin Bismarck ihr im ehelichen Schlafzimmer ein Bild gezeigt hat: „Wäre ich Reporter, wie gut würde solch eine Skizze nach dem Augenschein bezahlt[3]." Schon in Tagebüchern der Renaissance begegneten wir dem Trieb des heimlich schreibenden „Privaten", durch intime Genrebilder dieser Art oder auch durch indiskrete Anekdotik das Leben der einzelnen großen „Öffentlichen" aus seiner Verborgenheit zu ziehen, es unter Umständen auch auf „skandalöse" Weise der Massen-Öffentlichkeit preiszugeben.
Für diese verschmitzten und mehr oder weniger harmlosen detektivischen oder journalistischen „Skandal"-Enthüllungen lernten die jungen „Humanisten" in den Gymnasien und Lyzeen ihrer Zeit ein immer wieder anregendes Vorbild kennen: den Biographen altrömischer Kaiser Gaius Suetonius Tranquillus[4]. Sueton erspart seinem Leser nichts. Was „groß"

[1] Das Wort „Detektiv" wurde, nach Kluge, Etymologisches Wörterbuch der deutschen Sprache, 1868 ins Deutsche aus dem engl. „detective" übernommen. Dort seit 1856 Abkürzung für „detective policeman" = Geheimpolizist. Zur Bedeutung des Kriminalromans im antiklassischen „manieristischen" Subjektivismus der europäischen Literatur vgl. G. R. HOCKE, Manierismus in der Literatur, S. 227.
[2] A.a.O. S. 95.
[3] A.a.O. S. 157 f. Die „Skizze" sieht so aus: „Ein riesig breites Doppelbett mit einer Menge hochgebeugter Rollen und Kissen – ein trübes Zeichen, wie mühevoll der hier Ruhende Schlaf und Erquikkung, vielleicht auch Vergessenheit sucht, Tierfelle auf dem Boden, auf Tischchen Bücher, Papiere, ein riesiger grüner Lichtschirm, Flaschen und Gläser . . ."
[4] Das Tagebuchschreiben gehörte schon im frühen 19. Jhdt. zu einer standesgemäßen Erziehung. Die höheren Töchter mußten lernen: „Musik, Zeichnen, Französisch, etwas Englisch, Reiten, Wagenlenken, Sammeln, Malen, Verseschreiben, Aufführen szenischer Spiele

ist, wird anerkannt, was „klein", gerade in falscher Größe, ist, wird – entlarvt. Die zwei ersten gedruckten Ausgaben erschienen 1470 in Rom, „und bis ins Jahr 1829 zählte man über zweihundert Suetonausgaben[1]". Was Sueton – wie so manchen Diaristen – kennzeichnet, ist seine Vorliebe für die „pikante", die „skandalöse Intimität"[2]. Er steht selten „über den Dingen". Doch folgt er, so betont Lambert in seinem Nachwort, „einer aufs Faktisch-Reale gerichteten, eminent römischen Tradition, die vielleicht auf dem Gebiet der bildenden Kunst, im römischen Porträt, das ganz der exakten Bestandaufnahme der individuellen Erscheinungsform dient, am meisten ins allgemeine Bewußtsein gedrungen ist[3]". Über die Beziehungen von altrömischer Porträt-Kunst und biographischer Diaristik werden wir in einem späteren Abschnitt Näheres sagen. Halten wir hier erst einmal fest, daß es „skandalöse" Biographien seit der Antike gibt, daß sie wahrscheinlich schon die Renaissance-Diaristen beeinflußt haben, und daß die Enthüllungstechnik dieser Kaiser-Beschreibungen, durch den humanistischen Schulunterricht vermittelt, auch für spätere, bürgerlich-private Diarien immer wieder von faszinierender Wirkung sein mußte[4].

Das Skandalöse im intim Privaten wie im intim Politischen blendete viele Generationen Europas, vor allem dann, wenn es sich um Enthüllungen in „hochkaiserlichen" Häusern handelte. Wir müssen davon ausgehen, daß Tagebuchskandale

und – Tagebuchschreiben". Vgl. die Einl. von Vierhaus zu den Tagebüchern Hildegard v. Spitzembergs. A.a.O. S. 22 f.

[1] Vgl. Sueton, Das Leben der Cäsaren, S. 341. Sueton schrieb auch über: „Berühmte Dirnen" und über „Sitten und Gebräuche Roms". Für Forschungen über den Manierismus: Sueton wurde von der literarischen Biographie aus alexandrinischer Zeit beeinflußt. Zu Plutarch vgl. Kap. VII. Vgl. auch: Friedrich Leo, Die griechisch-römische Biographie nach ihrer literarischen Form. Leipzig 1901.

[2] Vgl. Nachwort der zitierten Sueton-Ausgabe von A. Lambert, a.a.O. S. 339 f.

[3] Ebd. S. 339.

[4] Sueton blieb jahrhundertelang Vorbild für „kaiserliche" Lebensbeschreibungen. So für Einhard, den Biographen Karls des Großen, so für Petrarca in seinem Werk: De viris illustribus. „Durch Sueton ist die Biographie an die Stelle der Historie getreten." Ebd. S. 341.

rasch vergessen werden, wenn es sich nicht um Entlarvungen in „höchsten Rängen" handelt[1]. Nicht zuletzt deshalb bleibt einer der größten europäischen Tagebuchskandale derjenige, der durch ein „Kaiser"-Tagebuch ausgelöst wurde, nämlich durch das schon wiederholt zitierte Diarium Friedrichs III. Über die wichtigsten Zeit-Aussagen in diesem Tagebuch haben wir bereits berichtet. Zu skandalösen *Nachwirkungen* von Tagebüchern wollen wir uns damit begnügen, kurz die *Folgen* der ersten Veröffentlichungen aus *diesem* Tagebuch zu schildern[2]. Bismarck erklärte, wie wir schon wissen, die Aufzeichnungen (des inzwischen verstorbenen Kaisers) für „apokryph"[3]. Die Liberalen wollten, mittels dieses Tagebuchs, Kaiser Friedrich III. als einen neuen Wegweiser „freiheitlicher Politik" erscheinen lassen, als einen Kaiser also, der sich, vor allem durch englischen Einfluß, vom ultrakonservativen Preußentum zu distanzieren beginne. Bismarck spürte diese Gefahr sofort, zumal die Oppositionspresse sich nach diesen „Eröffnungen" gegen ihn wandte[4]. Wie schon erwähnt, for-

[1] In dieser SUETON-Technik blieben Hunderte von Verfassern „historischer Romane" befangen. Das lauschende Ohr an den Türen der königlichen Geheimkanzleien und der neugierige Blick durchs Schlüsselloch in so viele fürstliche Schlafzimmer hat Millionen kleinbürgerlicher Leser immer wieder erregt.

[2] Nach der bereits erwähnten Teilausgabe in der „Deutschen Rundschau" vom Oktober 1888.

[3] Die Publikation dieser ersten Fragmente war angeblich ohne Wissen des Kaisers erfolgt. Er selbst hatte das Veröffentlichungsrecht auf 1922 festgesetzt. Vgl. Textteil.

[4] In ihrem Tagebuch schreibt Baronin SPITZEMBERG am 9. Oktober 1888: „Der Hauptgesprächsstoff ist Kaiser Friedrichs Tagebuch und des Fürsten Bismarck Memorandum." Die Baronin zweifelte nicht an der Echtheit des Tagebuchs. Sie schreibt weiter, sie müsse „einstweilen daran festhalten, daß der Kronprinz im Siegestaumel sich so weit vergaß, Unwürdiges zu probieren." A.a.O. S. 254 f. In einem späteren Gespräch mit Baronin Spitzemberg, über das sie am 3. Dezember 1888 in ihrem Tagebuch berichtet, sprach Bismarck mit der gleichen Schärfe über Friedrich III., wie er später (in ähnlich vertraulichen Gesprächen) über Wilhelm II. urteilte: „Daß Kaiser Friedrichs Liberalismus seiner unglaublichen politischen Schwachköpfigkeit entsprang, muß den Leuten erst noch klarwerden. Er war ja ein ganz

derte der in dieser Beziehung jetzt unerbittlich „eiserne" Kanzler den damaligen Justizminister zu einer sofortigen Untersuchung auf. Bismarcks Anklagen erschienen im Reichsanzeiger, nachdem Kaiser Wilhelm II. der Strafverfolgung des Tagebuch-Herausgebers zugestimmt hatte, und zwar wegen angeblicher Fälschung[1]. Dabei konnten weder Bismarck noch Wilhelm II. im mindesten daran gezweifelt haben, daß das Diarium echt sein mußte. Die gesamte Presse Europas schrie, je nach Richtung und Ziel, nun erst recht *„Skandal"*! Anhänger Friedrichs III. wie Freunde Bismarcks und Wilhelms II. begriffen, daß diese Polemik Unheilvolles, etwas politisch Entscheidendes bewirkt hatte[2]. Wenn der „Reichskanzler" andeutete, daß Kronprinz Friedrich und seine Gattin Viktoria Spitzel der Engländer und „liberale" Verräter von Staatsgeheimnissen hätten sein können, und wenn Wilhelm II. Mutmaßungen dieser Art nicht entgegentrat, so mußte das Legitimitätsprinzip in ganz Europa durch diesen Tagebuchskandal ebenso in Frage gestellt werden wie der Imperialgedanke Altroms durch die skandalösen Kaiserbiographien Suetons[3].

Führen wir uns noch eine Eintragung aus dem Tagebuch Friedrichs III. vor Augen: *„Ich zweifle an der Aufrichtigkeit für den freiheitlichen Ausbau des Reichs und glaube, daß nur eine neue Zeit, die einst mit mir rechnet, solches erleben*

gutmütiger Mensch, wenn er nicht von Eitelkeit betört, von Leidenschaft verblendet, von andern beeinflußt war." A.a.O. S. 257.

[1] Der Herausgeber der Fragmente wurde freigesprochen. Die Kosten des Verfahrens trug die Reichskasse.

[2] Zu SUETON vgl. auch den vorigen Abschnitt dieses Kapitels.

[3] SUETON gab den Literaten der Französischen Revolution ebensoviel Stoff für anti-tyrannische Deklamationen wie LUKREZ mit seinem „De Natura Rerum" den Ideologen der Revolution von 1789 Material für ihre Hymnen auf eine Göttin der Vernunft. LUCIEN CHÉNIER, der Bruder des Dichters ANDRÉ, nahm den lukrezischen Hymnus auf die „schöpferische" Venus als Vorbild für den Kult der „Déesse de la Raison" in Notre-Dame. Vgl. G. R. HOCKE, Lukrez in Frankreich. Köln 1938. CAMUS schreibt, Lukrez habe „die ersten Angriffe gegen die Gottheit im Namen des menschlichen Schmerzes" unternommen (Der Mensch in der Revolte, S. 36).

wird[1]." Dieser Satz ist auch in anderer Hinsicht aufschlußreich. Friedrich III. hat offenbar instinktmäßig erkannt, daß eine Erneuerung des Absolutismus im Sinne der epigonalen Cäsarenträume Ludwigs XIV. und Napoleons in Europa nach 1789 nicht mehr möglich war. Doch bleibt er, wie so viele Diaristen des 19. Jahrhunderts, von denen wir jetzt wissen, doch noch in pharaonische Vorstellungen verstrickt. „Die neue Zeit", so sagt er, „rechnet mit mir". Welche neue Zeit? Und wer rechnete mit ihm? In Berliner Hofkreisen wurde er verhöhnt und seine Frau verlästert. „Der Berliner Witz", schreibt die alles-wissende Baronin Spitzemberg am 28. März 1888, „hat sich bereits der neuen Herrscher bemächtigt; ihn heißen sie statt Friedrich III. nun Friedrich den Briten, und die Kaiserin ‚die Makenzie' (Ma-kent-se)[2]!"

Dieser romantisch-inkonsequente Spätpreuße, der Kaiser der 99 Tage, hat durch sein Tagebuch offenbar echte „Skandal"-Geschichte gemacht. Wir sagten es schon: das dynastische Prinzip wurde unterhöhlt, und gerade das entging auch der allgegenwärtigen Spitzemberg nicht, als sie kurz darauf und dann Jahr für Jahr so viele Skandalgeschichten um den „neuen jungen Herrn" aufzuzeichnen hatte, um den „forschen" *Wilhelm II.*, der anläßlich eines Festmahls des brandenburgischen Provinziallandtags am 24. 2. 1892 über die üppige Tafel rief, er wolle auf dem Wege, der ihm „vom Himmel gewiesen" sei, vorwärtsschreiten und in dem Gefühl „dem obersten Hern gegenüber", dem alten Alliierten von Roßbach und Dennewitz, die Brandenburger herrlichen Tagen „entgegenführen". Das war selbst der königstreuen Hofdame zuviel. Sie schreibt dazu (am 28. Februar 1892): „Wir sind alle sehr bestürzt und betrübt über des Kaisers neuliche Rede im Provinziallandtag, die das Schlimmste ist, was er in dieser Hinsicht bis jetzt geleistet und wirklich den Größenwahn befürchten läßt. *Die Stellung, die er Gott seinem Hause gegenüber anweist, ist ebenso ungeheuerlich vom Standpunkt des Menschen, als lächerlich für einen Gott* – ‚der sich Mühe geben'

[1] Vom 7. März 1871. Zitiert nach E. Engel, der diese Nachwirkungen dargestellt hat. A.a.O. S. 70. Hervorhebung vom Verf.

[2] Spitzemberg a.a.O. S. 247; vgl. auch S. 202 u. 243.

muß, um ein Herrscherhaus emporzubringen!! Und die Führerrolle, die er sich zu spielen zutraut, ist so mystisch angehaucht und aufgebauscht, daß einem ganz bänglich zu Sinne wird." ... „Einstweilen ist dies alles tieftraurig und stimmt zu ernstem Nachdenken[1]."

Es ist schon eigenartig: im 20. Jahrhundert scheint der Wunsch nach dem Skandalösen einem Bedürfnis nach Korrektur des Lebens zu entsprechen[2]. Soll im „Skandal" letzthin nicht die falsche Vergöttlichung des Menschen, das pretentiöse Übermenschentum als null und nichtig entlarvt werden? Natürlich macht man mit dem „Skandalösen", vor allem mit *gefälschten* Enthüllungen über das Leben der Großen, bald auch Geschäfte! Zeitgeschichtlich ist es folgerichtig, daß das Wort „Skandal" zu Beginn des 18. Jahrhunderts, in Bedeutungen wie „Ungelegenheit, Streit, Lärm" in der deutschen Sprache auftaucht, gleichsam als Ankündigung für die ersten „skandalös"-intimen Tagebücher[3]. Im 20. Jahrhundert mußte es, im Zusammenhang mit der Ausbreitung der „Skandal"-Presse vor allem in England, manche Falschmünzer reizen, auch Tagebücher zu *fälschen*. Bilder, Skulpturen, Briefmarken, Möbel konnte man fälschen, warum also nicht auch Tagebücher der „Großen", oder ihrer Vertrauten, der Mätressen oder Kammerdiener der Massen-Matadore, ob Könige, Diktato-

[1] Ebd. S. 297 f. Hervorhebung vom Verf. Zur Kritik an „skandalösem" Verhalten Wilhelms II. in den Tagebüchern der Baronin SPITZEMBERG vgl. auch die Eintragungen a.a.O. S. 270, 271, 287 f.

[2] Am 6. November 1907 schreibt Baronin SPITZEMBERG in ihren Tagebüchern von einer „Skandalseuche". A.a.O. S. 477. Gemeint sind die „Schandprozesse" Moltke-Harden, Bülow-Brand, die Skandalaffäre Eulenburg und das ratlose Verhalten des Kaisers dazu.

[3] Skandal aus dem griechischen „skándalon" = „das losschnellende Stellholz in der Falle". Verwandt mit lat. „scandere" = steigen und mit „scala" = Treppe. Im neuen Testament: Ärgernis. Früh bevorzugt in der Studentensprache (nach KLUGE a.a.O.). Wir erinnern daran, daß jüngere Menschen normalerweise „skandalöse" Tagebücher schreiben. Der „Weise" hütet sich vor dem allzu raschen Auf und Ab, vor der Schockwirkung. In religiösen Tagebüchern hat das „Skandalon" als christliches Ärgernis natürlich einen ganz anderen Sinn; so vor allem in den Tagebüchern von SÖREN KIERKEGAARD und LÉON BLOY. Vgl. Kap. IX u. X.

ren, Boxer, Fußballer, Gangster oder Morphiumschmuggler! Eine der berühmtesten *Fälschungen*, beziehungsweise Unterschlagungen wurde, von prüden Hütern dieses Dokuments, im Tagebuch Hans Axel von Fersens begangen, des Freundes der Marie-Antoinette. Diese im übrigen sehr diskreten Aufzeichnungen des schwedischen Edelmanns wurden überall dort gekürzt, wo man Hinweise auf intime Beziehungen zur Königin hätte herauslesen können. Zwei Wörter aber, die keinen Zweifel mehr darüber bestehen lassen konnten, daß Fersen der Geliebte der Königin gewesen war, wurden mit Tinte ausgestrichen. Sie konnten mit modernen wissenschaftlichen Hilfsmitteln wieder leserlich gemacht werden. Sie lauten: „resté là", nämlich im Schlafzimmer der Königin, nachdem Fersen Marie-Antoinette in den Tuilerien heimlich besucht hatte, wo sie, mit ihrem Gemahl, Ludwig XVI., praktisch bereits Gefangene der Revolution war (am 13. Februar 1792)[1]. Den „Pitaval" gefälschter Tagebücher und der Prozesse um Tagebücher mögen andere schreiben[2]! Wir wollen nur

[1] Hans Axel von Fersen, Dagbok. Stockholm 1925–1936. Frz. Ausg.: Comte Axel de Fersen et Marie-Antoinette, Correspondence et journal intime inédits. Paris 1930. Zur Geschichte der Fälschung, vgl. Stefan Zweig, Marie-Antoinette. Berlin 1949, S. 365 f.

[2] Nur einige neuere Beispiele: In einem Prozeß gegen einen Bürgermeister von Sarenbeck (Lüneburg), der seine Geliebte ermordet hatte, konnte der Mörder vor allem durch das Tagebuch der Ermordeten überführt werden. (Vgl. Bericht im Weser-Kurier, Bremen, vom 22. September 1962). – Ein anderer Mörder, der Schuhfabrikant Philipp Rothaar aus Pirmasens, der seine französische Verlobte in der Schweiz erschlagen hatte, wurde durch eine diesbezügliche Eintragung in seinem eigenen Tagebuch stark belastet. Die Tatwaffe hatte er darin mit einem Hammer symbolisiert. (Vgl. Bericht in der Hannoverschen Allgemeinen Zeitung vom 5. September 1962.) – Ein Zuchthäusler-Tagebuch zur eigenen Entlastung schrieb der Kaufmann Giovanni Fenaroli aus Mailand, der angeblich seine Frau durch einen gedungenen Mörder erdrosseln ließ und deswegen zu lebenslänglichem Zuchthaus verurteilt wurde. (Vgl. Veröffentlichung der Zeitung Paese, Rom, September–November 1962.) Bevor sich der Schweizer Hansulrich Preisig, der seine Frau und seine drei Kinder erwürgt hatte, der Polizei stellte, ließ er von der Schweizer Tageszeitung Blick sein Tagebuch veröffentlichen, in dem er über die Mordtat berichtete. Es kam bei diesem Anlaß in Zürich zu einem

daran erinnern, daß es – in historischer Perspektive – kein Zufall ist, wenn auch im Bannkreis Roms, des Beobachtungsortes Suetons und Johann Burckards, der vermutlich größte Tagebuchfälschungsskandal entstand. Damit unterstreichen wir erneut, was wir wiederholt schrieben: *erstens die pharaonischen Megalomanietendenzen in individuellen Selbstentwürfen von Europäern und zweitens die Neigung der europäischen Massen, nach dem Verlust echter religiöser Substanz solche pseudo-magischen Ich-Fetischismen anzubeten.*

Nach dem Zweiten Weltkrieg kam es in Italien zu langen Prozessen gegen Personen, die nicht nur gefälschte, sondern nun völlig „erfundene", nie existierende Tagebücher eines der ersten säkularisierten Pseudo-Cäsaren Europas auf den Markt brachten, angebliche „Diarien" des kleinbürgerlichen „Duce": Benito Mussolini. Dieser Parvenü-Condottiere mußte Fälscher reizen, schien doch auch das Privatleben dieses „Dux" gewisse Parallelen zu den Gewohnheiten so manches fragwürdigen „Kaisers", wie Sueton sie schildert, aufzuweisen – wenngleich in Wahrheit sein Auftreten eher dem vieler reichgewordener Kleinbürger Roms zur Zeit der „Achse" entsprach. Da gab es vor allem Mätressen, dann angeblich geniale Teufeleien politischer Art, Intrigen, hysterische Anwandlungen und dreiste Bonmots à la Wilhelm II. Manche Journalisten drahteten sie prompt allen Großstädten – als Ausdruck der „Mystik der sieben römischen Hügel" und Offenbarungen eines neuen „Ordnungs"-Genies weiter. Wir erwähnen dies nur, weil wir gerade am fälschenden Erfinden von Tagebüchern der Pseudo-Cäsaren erneut deutlichmachen möchten, wie sehr auch Tagebuch-Betrüger um wirksame diaristische Kombinationen dieser Art wußten: um die Verbindung von unechter Größe mit der erniedrigenden Wahrheit des Alltäglichen[1-2].

Presseskandal. Der Zürcher Presseverein schloß den verantwortlichen Redakteur aus dem Berufsverband aus. (Vgl. Bericht in der Zeitung Die Tat, Zürich 18. Oktober 1962.)

[1] Erfundene Tagebücher Mussolinis von einer gewissen Amalia Panvini. Sie wurde zu einer Gefängnisstrafe verurteilt. Doch wird das Problem tatsächlich existierender Geheimtagebücher Mussolinis noch immer erörtert. Sie sollen auf den Inseln Ponza und Maddalena

4. *Das Problem der Aufrichtigkeit*

In einem menschenkundlich erhellenderen Sinne erscheint uns jetzt wieder eine ganz andere Frage wichtig. Wir haben sie im Verlaufe dieser Darstellung schon gestellt. Wie sieht es mit dem Problem der *Selbst*-Verfälschung in Tagebüchern aus? Wir haben etwas erfahren von romantischen Maskierungen, von ironischen Mystifikationen[1]. Wir erwähnten auch schon, daß es unbewußte Regungen gibt, das eigene Ich gleichsam in einem anderen Licht erscheinen zu lassen[2]. Hier wird ein seltsamer psychologischer Mechanismus wirksam, auf den wir noch kurz eingehen möchten, da wir diesen eigenartigen Drang nach „Verschiebungen" des eigenen Selbst bisher, unserer motivkundlichen Disposition folgend, noch nicht näher darstellen konnten. Der schockierenden Enthemmungs-Technik in den besten Tagebüchern Europas entspricht eine ausgleichende Verfälschungs-Methode. Auch das, was nur in der Intimität des Diariums enthüllt wurde, wird oft sofort wieder verkleidet, sei es mit Gewändern eines Bettlers oder eines Königs, eines Schurken oder eines Heiligen. Es handelt sich, wenn wir Hinweisen der Psychoanalyse folgen, um eine ständige Erneuerung der Wunschvorstellungen jedes Menschen. Nach dem mehr oder weniger erlaubten Ausströmen des „chaotisch"-Unbewußten sucht man immer wieder neue „Identifikationen", und zwar in meist *verfälschenden* Selbst-*Vergrößerungen* oder Selbst-*Verkleinerungen*. In solchen Fällen wird das Tagebuch zur Bühne für faszinierende Dialoge zwischen einem bewußten Ich und einem unbewußten Doppel-

geschrieben worden sein. Vgl. die italienische Wochenschrift Tempo. Sie veröffentlichte im Mai 1962 einige Stücke. Es handelt sich um sehr dürftige Texte. Im wesentlichen hofft der Duce, daß sein Faschismus unsterblich sei.

[2] Auch angebliche Tagebücher von Eva Braun, nach dem Kriege herausgegeben, erwiesen sich als Fälschungen. – Erinnert sei hier daran, daß im Skandalprozeß Vera Brühne (München 1962) die Angeklagte angeblich das Tagebuch ihrer Mutter gefälscht haben soll, um sich ein Alibi zu verschaffen. Neuerdings spielte ein Tagebuch als schwer *belastendes* Dokument eine Rolle im Prozeß gegen den früheren SS-Hauptscharführer Landau (Stuttgart 1962).

[1] Vgl. Kap. V. [2] Vgl. Kap. I u. II.

gänger. Es beweist dies vermutlich, daß gerade schöpferische Introspektive auch bei selbstkritischsten Eingriffen in die eigene empirische Ich-Wirklichkeit der Transsubstantiation ins Bild, ins „Mythische" nicht ausweichen können. Die nüchternste Ich-Analyse schließt illusorische Selbst-Synthesen nicht aus. Das im „Ich" Vorgefundene wird meist in Wunsch- oder Leitbilder des Daseins-Entwurfes, sagen wir es ruhig, umgefälscht. Insofern „lügen" auch Diaristen der erbarmungslosen Selbstentlarvung, ähnlich wie die Dichter im Sinne Platons. Das diaristische Doppelleben scheint – in den meisten Fällen – unausweichlich. Man legt das Ich bloß und gibt ihm gleichzeitig in der eigenen Ich-*Vorstellung* eine andere Rolle, eine demütigende oder erhöhende Doppelgängerrolle[1]. Dabei kann dieses „Ideal"-Ich unter Umständen für den Diaristen schöpferischer werden als das „Real"-Ich, das er so mühselig und (meist) ärgerlich zergliedert. Hier handelt es sich offenbar um eine List nicht der Natur, sondern eines transzendenten „Ich". Dieses treibt, zwingt den dezidiert Illusionslosen in die Bahnen einer transhumanen Seinsordnung. Hier wirkt sich gerade in der Introspektion[2] ein Mysterium aus, das die Gegner dieser europäischen Traditionen bisher zumeist nur psychologisiert haben[3]. Und was für ein Mysterium ist das? Wir möchten es das Mysterium jetzt nicht der „Verfälschung", sondern einer sich in konsequenter Ich-Spiegelung ergebenden *Metamorphose* nennen, der Metamorphose in eine höhere Realität, in das *ontologisch* Reale. Mit anderen Worten: das Ich erscheint immer wieder nur als eine Begrenzung. Je mehr es seine Schranken überschreitet, desto mehr begegnet es, selbst in der reinen Selbst-Analyse, dem Über- und Anders-als-sich-Sein. „Di, coeptis, nam vos mutastis et illas[4]!" In solchen Tagebuchblättern leben die Verwandlungskräfte der Götter wieder auf, und selbst die hundert Augen des Argus, die das Rätsel solcher Verwandlungen argwöhnisch bewachen, werden durch die unsterblichen vorsorgenden Mächte geblendet, mit Mitteln, deren Kraft wir nur ahnen können[5].

Der Diarist, der alles als ein zeitliches „Nacheinander" ver-

[1] Vgl. Kap. VII. [2] Vgl. Kap. II. [3] Vgl. Kap. X.
[4] Ovid, Metamorphosen, Buch I, Vers 2. [5] Vgl. Kap. VIII.

zeichnet, unterliegt er nicht doch dem Zwang, auch die Zeit als eine höhere Gleich-Zeitigkeit zu empfinden? Man stellt eine in der Zeit wirkende Kausalität zwischen Bewußtsein und Unterbewußtsein fest und beginnt dann, wie gesagt, allmählich mit merkwürdigen Selbst-*Korrekturen*. Das Essen vom Baum einer mehr oder weniger scharfen Selbst-Erkenntnis erlöst den Diaristen gewiß von manchen Ängsten; es befreit ihn von mancher Einbildung; es löst ihn von manchem Vorurteil; es erspart ihm manche Einseitigkeit. Die Selbstbeobachtung und eine (gewisse) Selbsterkenntnis kann ihn frei machen, tollkühn geradezu. Doch führt diese Flucht aus dem Dunkel durch Tag um Tag erneuertes Selbsterkennen im *nur* analytischen Sinne nicht auf kürzestem Wege in den Himmel, welcher Art immer, so großartig dieses typisch europäische Autonomiestreben auch ist! Der kritische Blick in das Ich kann auch optische Seitenfelder erzeugen, in denen sich Lemuren bewegen. An manchen Strecken eines diaristisch analysierten Lebenswegs stehen phantastische Dämonen-Gehäuse. Macht man einen falschen Schritt, so tritt Breughel-Getier daraus hervor. So verlieren sich gerade lediglich analytische Selbstporträts leicht in den Gefilden schaurig doppelgesichtiger Götter, in den Traumlandschaften von Göttern, die grauenhaft unmaskiert und schreckenerregend maskiert zugleich sind.
Das unterscheidet, in einem vielleicht entscheidenden Sinne, das Tagebuch von der Dichtung. In der Dichtung vermögen „Dichtung und Wahrheit" Hochzeit zu feiern, niemals aber Analyse und Mythos. Das Göttliche verträgt neben sich den Narren, aber nicht den Sophisten, vor allem nicht den Sophisten, der nur noch mit sich selbst ein nächtlich-intimes Räuber-Schach spielt. Und doch ergibt sich sogar aus diesem problematischen Wettspiel – zwischen sich und der Zeit[1] – ein hoher Erkenntniswert: der überrelative Wert der sogenannten Selbst-*Verfälschung* im Tagebuch. Diese *Zwangs-Metamorphosen* beweisen, daß das nur empirische Ich sich nicht allein aus Gründen der Selbstliebe im diaristischen Notieren umändert. Indem man sich in andere „Richtungen" drängen läßt, beweist man, daß man – als Ich – auch in über-empirischen

[1] Vgl. Kap. VII.

Koordinatensystemen einen Ort hat, von dem man – manche mystisch-religiöse Diaristen ausgenommen – bewußt nicht das geringste weiß[1].

Wir nähern uns einem neuen Hauptmotiv unserer Darstellung: der elementaren Sorge vieler Diaristen über die Zwiespältigkeit, über „*Glanz und Elend des Menschen*"[2]. Zu den vielen Fragen dieser Art gehört zweifellos diese: Wie kann man, da die „Verfälschung" offenbar dem chamäleontisch zwischen Vergänglichkeit und Absolutem schwebenden Ich entspricht, überhaupt *aufrichtig* sein? Gibt es Wege und Methoden, aufrichtig zu sein, indem man *beiden* Welten gerecht wird: dem irdischen *und* überirdischen Schicksal des Menschen als eines „Schnittpunkts" von „Natur" und „Geist"? Diese Frage hat der dänische Dichter *Paul La Cour* (geb. 1902) in seinen „Fragmenten eines Tagebuches" unermüdlich verfolgt[3]. Seine Fragmente sind aufgezeichnete Erfahrungen, „zerstreute Früchte von Erwägungen, ferner Ansätze, ein Leben zu rechtfertigen[4]". So erläutert La Cour in seinem Vorwort die aus Tagebuchnotizen gesammelten Betrachtungen. Diese Notizen, die der dänische Dichter auch als ein „poetisches Manifest" bezeichnet, fanden sich „nach und nach von selbst zu Gruppen zusammen[5]". Unter dem Titel „Aufrichtigkeit" sind Formulierungen zusammengefaßt, die ungeheuer prägnant das Thema durch Wiederholungen und Variationen zu einem Höhepunkt treiben. Mit Recht weist der Übersetzer in seiner Einleitung auf eine Nähe zu Heraklit[6]. Fordernd und immer wieder die Alternativen aufzeigend, setzt La Cour ein: „Glaube nicht an die spontane Aufrichtigkeit. Was wie eine Blutaufwallung in dir aufsteigt und bitteren Geschmack in deinem Munde verbreitet, dieser Geruch nach verfaulten Gräsern, diese sonderbar rohe Nacktheit, die verletzen will, Überfälle von Sturmböen aus deinen eigenen, dir unbekannten Tiefen, die deinen Intellekt ertränken, das ist keine Aufrichtigkeit. Warum ist es trübe und verletzend,

[1] Vgl. Kap. X. [2] Vgl. Kap. VII.

[3] Aus dem Dänischen übertr. von A. LEONHARDT. Frankfurt a.M. 1953.

[4] A.a.O. S. 9. [5] Ebd. S. 8. [6] Ebd.

wenn Aufrichtigkeit klar, kühn und heilsam ist? Warum ist es dunkel und plötzlich wie ein Instinkt, wenn Aufrichtigkeit langsam ist und Reinigung?
Du glaubtest aufrichtig zu werden, als das Älteste in dir zum Leben erwachte. Es waren aber die tiefstgelagerten Schichten, dämonische Kräfte, die den Schleier von ihrem Antlitz rissen, und gegen sie sollst du kämpfen. Im Kampf zu ihrer Überwindung wirst du Mensch.
Du bist niemand, wenn die spontane Geburtskraft der Instinkte nicht in dir lebt. Wenn du das Erste nicht enthältst. Du bist noch immer niemand, wenn du dies nicht mit dem Letzten bekämpfst, das du spät erlangen wirst, deine langsame Frucht: klarschauende Aufrichtigkeit, Menschengeist.
Irre dich nicht: Aufrichtigkeit ist nicht instinktiv, besitzt niemals die Natur des Instinktes. Was du als Leidenschaft in dir fühltest, furchtbar und rücksichtslos wie einen Trieb, als du glaubtest, etwas Wahres auszusagen, das war keine Aufrichtigkeit. Ihr Wesen ist Veredelung."
La Cour stößt weiter vor: „Nie warst du ihr ferner, als wenn rohe Natur deinen Mund beherrschte. Da fühltest du Angst tief innen in dir selbst, Angst vor der dunklen Unmittelbarkeit, mit der du verletztest, weil du verletzt warst. Es war die Todesangst, die sich selbst übertäubt durch Aussaat neuer Furcht.
Daran sollst du Aufrichtigkeit erkennen, daß sie lachend und hell ist. Sie ist Überwindung und Vollendung. Nicht Natur, sondern Geist.
Wäre Kunst spontane Aufrichtigkeit, so wäre der Schrei das reinste Kunstwerk, die Notiz größer als das Gedicht, die Feuersbrunst wahrer als das Drama, Zufall und Reflex Gesetz. Wir lebten als Barbaren.
Aufrichtigkeit aber ist Kampf und Frucht deines Kampfes mit dem Unmittelbaren, um es in deinen Dienst zu zwingen. Als es das Knie beugte und sich mit deinem Wahrheitsdrang vereinigte, wurdest du Mensch.
Nicht allein das Dämonische in deiner Natur sollst du fürchten, das Bekenntnis des Rohen und Unmittelbaren, das dich überwältigen will. Um zur wahren Aufrichtigkeit vorzudringen, *mußt du auch auf deine Aufrichtigkeit verzichten.* Deine

eigene. Dieser Wurm schwelgt in den Werken aller Bekenner: daß die hochmütig zur Schau getragene, scheinbare Aufrichtigkeit Betrug ist. Es ist ihre eigene Aufrichtigkeit, ihre Vorstellung von sich selbst.

Die tiefe Aufrichtigkeit, zu der du gelangen sollst, liegt außerhalb der Individualität. Sie trägt nicht deine Züge, sie ist anonym. Aufrichtigkeit gehört einem nie[1]."

An einer anderen Stelle heißt es, die „Natur" sei „leer". Man müsse sie gebrauchen, „*um den Menschen wieder zu erschaffen,* das innerste Ziel aller lebendigen Kunst". – „Die Aufrichtigkeit erfordert keinen Mut. Sie hat keine furchtlosen Augen. *Sie ist die Kindheit noch vor der Angst*[2]."

Solche Tagebücher leiten über zur Diaristik der *ontologischen* Kritik, der religiösen Apologetik oder der Sein-erschließenden Mystik. Sie bewegen sich noch – oder schon wieder – in einer geoffenbarten Geographie des Glaubens[3]. Bevor wir solche Diarien aufschlagen, oder Diarien mit Elementen dieser besonderen schöpferischen Art, auf das Fragwürdige des Daseins im Ich oder in der Umwelt zu reagieren, müssen wir uns fragen, wie Diaristen nach allen ihren Erfahrungen die „Rätsel" der *menschlichen* Natur selbst zu lösen versuchen. Wir haben einen Weg zurückgelegt, der mehr das Elend als den Glanz des Menschen zum Vorschein kommen ließ. *Menschengröße* und *Menschenjammer*! Wie kann man diesen zerstörerischen Widerspruch erklären? Im Jahre 1795, als sein Vaterland von schwersten Krisen erschüttert wurde, stellte sich Maine de Biran in seinem Tagebuch die bange Frage, ob es für den Menschen überhaupt noch einen Heilsweg gebe. Zu verehren, schreibt er, gibt es genug, so zum Beispiel einen Marc Aurel und seine Philosophie der Vernunft. „Vernunft und Philosophie sind durchaus in der Lage, etwas zustande zu bringen. Weiß man überhaupt, wessen die menschliche Natur fähig ist, wenn sie von einem festen und beständigen Willen gelenkt wird? Der Mensch ist jämmerlich niedrig, wenn er den Impulsen der Sinne nachgibt; er wächst unter der

[1] Ebd. S. 52 f. Hervorhebungen vom Verf.
[2] Ebd. S. 54. Hervorhebung vom Verf.
[3] Vgl. Kap. IX u. X.

Herrschaft der Vernunft und verdient dann das Lob seinesgleichen. *Menschengröße* und *Menschenjammer*, den Gegensatz von Leidenschaft und Vernunft, kann man nicht anders erklären als durch die Erbsünde[1]." Der Anblick des Ichs und die Beobachtung des Nächsten veranlaßt zu grundsätzlichen menschenkundlichen Betrachtungen jenseits von Introspektion und Zeitkritik. Im Jahre 1795 glaubte Maine de Biran noch an die stoische Vernunft, an den stoischen Willen. Fünfundzwanzig Jahre später hat er die Aussichtslosigkeit nur „legitimistischer" Restaurationen oder bloß stoischer Umwelt-Bewältigung eingesehen. Er hat sich dem scharfsinnigsten religiösen Denker Europas vor Kierkegaard angenähert: *Blaise Pascal.* Wie dieser ist Maine de Biran, einer der subtilsten Philosophen dieses Landes, am Ende seines so gedankenreichen „Journal intime" davon überzeugt, daß „allein die Religion die Probleme lösen kann, die von der Philosophie gestellt werden[2]". Das ist sicherlich etwas zu apodiktisch formuliert von einem Denker und Politiker, der am Ende seines Lebens einer der ersten „modernen" existentialistischen Mystiker wurde. Überzeugender ist es, daß er in solchen Zusammenhängen, auf die Spannungen von „grandeur et misère humaine" hinweist – mit einem aggressiven Grünewald-Finger: auf die *Not* des Menschen und auf das Opfer, das zu ihrer Überwindung notwendig ist. Wir betreten damit ganz andere Regionen der europäischen Tageseintragungen in der so „großen" und so „elenden" Zeit des Menschen.

[1] A.a.O. S. 63. [2] Vgl. ebd.

KAPITEL VII

Diaristische Menschenkunde

1. Zwiespalt der Größe

Das Ich unter dem Druck des von Innen und von Außen Auferzwungenen! Menschen im Tagesablauf der Selbsterfahrung und des Geschichtserlebens! Womit immer das Ich zu tun hat, und was immer das körperliche Gehäuse dieses Ichs von seiner Umwelt zu erdulden hat: den bedeutenden Tagebüchern Europas ist durchweg eines gemeinsam: die Frage nach dem *Sinn* des menschlichen Daseins in Form eines menschlichen Zwiespalts! Immer wieder erregend ist dabei ein rätselhafter Umstand, den wir schon häufiger erwähnten: einmal ergibt sich eine Faszination von *Menschengröße,* als würden gewisse Menschen in Lerchenspiegeln von der Sonne geblendet; oder als unterlägen sie dem Zauber des *Nichts- oder Nur-wenig-Seins,* als würden sie von saturnischen Mondlandschaften gebannt. Wir erinnern uns daran, daß Charles Baudelaire in seinem Tagebuch einmal schrieb: „Alle Tage der größte der Menschen sein wollen[1]!"

[1] Mein entblößtes Herz S. 70. WAIBLINGER trägt am 20. Juni 1822 ein: „Donnerwetter, ich muß einmal ein Kerl werden, drob die Welt erstaunen soll. Feuer hab ich die Erd' auszubrennen. Ich hab wieder einen eigentlichen Rausch. Fluch jeder Stunde, wo ich nicht ein Originalkerl war." A.a.O. S. 197 (Vgl. Textteil). In seinem „Römischen Tagebuch" schreibt FERDINAND GREGOROVIUS am 3. Oktober 1854: „Ich beabsichtige, die Geschichte der Stadt Rom im Mittelalter zu schreiben. Für diese Arbeit bedarf es, so scheint mir, einer höchsten Disposition, so recht eines Auftrags vom Jupiter Capitolinus selbst... Ich muß etwas Großes unternehmen, was meinem Leben Inhalt gäbe." Römische Tagebücher. Stuttgart 1892, S. 20 (Vgl. Textteil). – In einem Anfall von klassischer Megalomanie schreibt in ihrem Tagebuch am 7. August 1877 MARIE BASHKIRTSEFF: „Es ist unmöglich! Furchtbares, entsetzliches, schauderhaftes Wort! Sterben, mein Gott, sterben!!! Sterben!!! Ohne von mir irgend etwas hinterlassen zu haben. Sterben wie ein Hund! Wie hunderttausend Frauen gestorben sind, deren Namen auf ihren Grabsteinen kaum leserlich sind! Ster-

Rund dreihundert Jahre vorher schrieb Ignatius von Loyola in seinem „Diario Espiritual", er habe das Geheimnis der Dreifaltigkeit erkannt, daß Gott Vater *eine Person* aus der Dreifaltigkeit sei; an jeder einzelnen *Person* habe er sich erfreut (Vater, Sohn, Heiliger Geist). Und er fährt fort: „Daß sich dieser Knoten, oder was es ähnliches sein mochte, auflöste, schien mir so groß, daß ich (gleichsam) einfach nicht aufhören konnte, zu sprechen und vor mir zu sagen: ‚Wer bist du denn? (Woher? Daß solche Dinge usw.) Von woher? usw. Ja, was hast Du verdient? Oder von woher dies? usw.'[1]" Ignatius will sich „verdemütigen" und „erniedrigen". „Es zeigte sich in mir eine sehr große Demut, so daß ich nicht noch zum Himmel blickte. Je weniger ich aber nach oben blicken, sondern mich demütigen und erniedrigen wollte, desto mehr Geschmack und geistliche Heimsuchung verspürte ich[2]."

Baudelaire erstrebt stolze Größe in der Vision eines neuen romantischen, pagan-katholischen Heroismus. Er verehrt „Leuchttürme der Menschheit[3]". Ignatius sucht eine demütige Größe in der Selbst-Losigkeit der Seele in Gott. Baudelaire

ben wie ..." Journal. Paris 1935, Bd. 1 S. 304. – KATHERINE MANSFIELD zitiert in ihrem Tagebuch die Sätze von MARIE B.: „Me marier et avoir des enfants. Mais quelle blanchisseuse ... je veux la gloire." A.a.O. S. 3 (Vgl. Textteil). – Das expressionistische Jugend-Genie GEORG HEYM hingegen wäre – in der Epoche Wilhelms II. – am liebsten „Kürassierleutnant" ... oder „Terrorist", und zuletzt meint er: „... ich hätte ein Kaiser sein müssen." A.a.O. S. 168 (Vgl. Textteil).

[1] IGNATIUS VON LOYOLA, Das geistliche Tagebuch. S. 168. Hervorhebungen vom Verf.

[2] A.a.O. S. 194. LOYOLA unterscheidet drei Arten der Demut: 1. Die Demut der Erniedrigung, um in allem dem Gesetz Gottes zu gehorchen. Das Gesetz steht höher, auch wenn man ihn „zum Herrn aller geschaffenen Dinge auf dieser Welt machte". 2. Die Demut, die mehr nach Schmach verlangt als nach Ehre und Reichtum. 3. Die Demut, die mit dem armen Christus Armut will und mit dem schmacherfüllten Christus Schmach und die Menschen dazu antreibt, eher für einfältig und töricht gehalten zu werden als für weise und klug in dieser Welt. Vgl. die Abschnitte 165 bis 167 der „Geistlichen Übungen". Zitiert nach der Ausg. von E. R. v. FRENTZ S. J. Freiburg 1951, S. 96 ff.

[3] Oeuvres S. 168.

wird vom satanischen Titanismus fasziniert. Ignatius von der Heiligkeit des in Gott ausgelöschten Ichs.

Für Loyola wie für Baudelaire sind Helden- und Heiligenbeschreibungen der Antike und des Mittelalters vorbildlich geworden. Der junge Krieger Don Iñigo von Loyola hatte vorwiegend heroische Ritterromane gelesen. Nach seiner Verwundung am 20. Mai 1521 gibt man ihm am Krankenlager als Lektüre die „Flos Sanctorum" des Jacob von Varazzo (1298) und die Vita Jesu Christi Ludolfs von Sachsen (1377)[1]. Sein heroisches Größenideal wird gleichsam umgestülpt. Aus dem Ritter der glorreichen Heldengröße wird der sich selbst erniedrigende, arme und demütige, gleichsam ich-lose „miles Christi". Baudelaire, der Dichter des „Ennui", schrieb in seinen Tagebüchern, er habe als Kind „Papst werden" wollen[2]. In einem Tagebuchgebet bittet er darum, „ein Held und ein Heiliger zu werden[3]". An einer anderen Stelle schreibt er: „Ein großer Mensch und ein Heiliger *um seiner selbst willen* sein, das ist das einzig Wichtige[4]." In den letzten Lebensjahren möchte er seinem Zorn in entsetzlichen Büchern Luft machen", – „das ganze menschliche Geschlecht gegen sich aufbringen[5]". Satan wird sein Meister. Er dichtet „Litaneien Satans". „Der weiseste und schönste aller Engel" wird ihm zum „König der unterirdischen Dinge". Er betet ihn an. Satans Macht wird zum Wunschbild seiner eigenen Größe[6].

[1] Geistliche Übungen S. 2. Später las Ignatius die „Vier Bücher der Nachfolge Christi" von Thomas von Kempen (1379–1471). Er nannte sie das „Kostbarste unter allen Erbauungsbüchern". Diese Schrift der „Devotio moderna", neben der Bibel das verbreitetste christliche Erbauungsbuch, soll auf ein geistliches *Tagebuch* des Bußpredigers Gerhard Groote aus Deventer (1340–1384) zurückgehen. (Vgl. Nachwort zur Herder-Ausgabe der „Nachfolge Christi", Freiburg 1958, S. 280 f.)

[2] Mein entblößtes Herz S. 70. Baudelaire fügt zwar an dieser Stelle seinem Wunschbild noch die andere Seite seines zwiespältigen Charakters hinzu: „– aber militärischer Papst, –".

[3] A.a.O. S. 59.

[4] Ebd. S. 61. Hervorhebung von Baudelaire.

[5] Ebd. S. XLIII. Vgl. auch Beispiele im Textteil.

[6] Vgl. „Les Litanies de Satan", Les fleurs du mal. Ed. intégrale par E. Raynaud. Paris 1957, S. 219 ff.

Das Suchen nach dem Sinn des Lebens geht in Diarien also sehr häufig von der Frage aus, was *echte* menschliche Größe sei. Alle möglichen Heldenideale und Heiligengeschichten bevölkern die Himmel der Tagebuchschreiber. Fixsterne aus der Antike leuchten immer noch hell auf– als Wegweiser zur wahren oder illusorischen Selbstbestimmung im Sinne *irgendeiner* Größe. Die „Bioi paralleloi", die paarweisen Lebensbeschreibungen berühmter Griechen und Römer von Plutarch (etwa 46–125 n. Chr.), haben die Leitbilder menschenkundlicher Größenordnungen in der Selbstdarstellung ebenso beeinflußt wie die Hagiographien des Mittelalters, so etwa diejenigen von Honorius von Autun, Clemens Fortunatus und Galilea Cyrillus aus Scitopolis[1]. Auch „Viten" der Philosophen – so die von Philostrat (3. Jahrhundert v. Chr.) – und der Sophisten – so die von Diogenes Laertius (3. Jahrhundert n. Chr.) – haben spätere Zeiten zu Darstellungen von „Helden" angeregt und die menschenkundliche Seh- und Darstellungsweise beeinflußt. Die eindrucksvollsten Viten bei Plutarch sind allerdings die der *unglücklichen* Helden, der Brutus, Demetrios, Antonius und so weiter. Das tragische Pathos solcher Gestalten bildet den menschenkundlichen Hintergrund für zahllose Tragödien, Dramen und Romane, bis tief in unsere Gegenwart hinein. Plutarch mit seinen „Viten" war neben Homer jahrhundertelang der berühmteste Autor der Antike. In den Gymnasien Frankreichs ist er heute noch bei den Schülern beliebt. An seinen Charakterbildern hat sich manches Tagebuch buchstäblich entzündet, von jungen, wie von älteren Menschen, die der Begriff der „Größe" faszinierte – der Größe im *Vollenden* wie im *Scheitern*.

Kein Zufall also, daß Plutarch besonders im *Humanismus* der Renaissance zu strahlendem Nachruhm gelangt; in einer Zeit also, die den ersten Ansatz zum individuellen Tagebuch findet. Schon im frühen 15. Jahrhundert übersetzten Guarino von Verona und seine Schüler die Viten Plutarchs, des Freundes von Kaiser Hadrian, ins Lateinische. Der französische Humanist Jacques Amyot (1513–1593) übertrug sie in ein elegantes Französisch. Montaigne rühmt den antiken Meisterbio-

[1] Näheres zu religiösen Leitbildern in Kap. X.

graphen als den „urteilssichersten Autor der Welt[1]". Von den dargestellten Figuren schreibt er: „Ich bin durchtränkt von der Größe dieser Menschen[2]." Das klassische Theater Frankreichs sucht humane Spannungen in den Menschenbildern Plutarchs, nachdem das elisabethanische Theater, auch mit Werken Shakespeares, durch Grundelemente dieser Helden-„Viten" sogar politisch auf die Zeit einwirkte. Noch der junge Lord Byron trägt in sein Tagebuch ein: „Ich habe keinen Ehrgeiz, d. h. wenn überhaupt einen, so nur den: ‚aut Caesar aut nihil'[3]." Auf einer Lektüreliste aus seiner Schulzeit in Harrow steht schon der Name Plutarch[4].

Auch Jean-Jacques Rousseau[5] bezeichnet gleich zu Anfang seiner „Confessions" Plutarch als seine „lecture favorite[6]". Und ein deutsches Beispiel: August von Platen schreibt in seinem Tagebuch, es hätten ihn „vielleicht früher als jedes andere historische Werk die Biographien des Plutarch angezogen": „immer bedauerte ich, daß es für die christliche Religion kein ähnliches Buch gäbe[7]."

In späteren Zeitläuften tauchen ganz andere Sterne am Heroen-Himmel auf. Für Thomas Carlyle (1795–1881): Odin, Mohamet, Dante, Shakespeare, Luther, Knox, Johnson, Rousseau, Burns, Cromwell und Napoleon, Helden also, die „an etwas glaubten, und nicht immer alles zerredeten[8]". Charles

[1] Défence de Seneque et de Plutarque in: Essais. S. 808.

[2] Ebd. S. 809. Eine erste Gesamtausgabe von Plutarch erschien in Deutschland von 1774–1782. Eine Neuausg. der „Vitae" in 6 Bdn., neu übertr., eingel. u. erl. von K. Ziegler, Zürich u. Stuttgart 1954 ff. Erinnert sei auch an die „Vitae excellentium imperatorum" von Cornelius Nepos (99–24 v. Chr.) und an das bereits erwähnte Hauptwerk „De Vita Caesarum" von Sueton. Plutarch ist für viele „Viten"-Darsteller anregend geblieben, so u.a. für Athanasius (hl. Antonius), Einhart (Karl der Große), Giorgio Vasari, Giovanni Baglione, bis zu modernen autobiographischen Romanciers.

[3] A.a.O. Bd. 2 S. 272. [4] Ebd. Bd. 1 S. 141. [5] Vgl. Kap. I. u. II.

[6] Oeuvres compl. Bd. 1 S. 9. An Chrétien de Malesherbes schrieb Rousseau 1762, er habe Plutarch mit acht Jahren auswendig gelernt. Ebd. S. 1238.

[7] A.a.O. Bd. 1 S. 644.

[8] Vgl. „On Heroes, Hero–worship and the Heroic in History". London 1840.

Baudelaire weist in dem Gedicht „Les Phares" auf Rubens, Leonardo da Vinci, Rembrandt, Michelangelo, Watteau, Goya, Delacroix. Sie seien „Zeugen eines glühenden Schluchzens, das von Jahrhundert zu Jahrhundert zu hören ist, und das am Rande der Ewigkeit verklingt[1]". Ungefähr gleichzeitig (um 1850) stellt Ralph Waldo Emerson (1803–1882) in seinen „Representative Men" eine andere Liste von „modernen" Helden auf, und zwar: Plato oder den „Philosophen", Swedenborg oder den „Mystiker", Montaigne oder den „Skeptiker", Shakespeare oder den „Weltmann", den Mann der „demokratischen" Massenwelt mit negativem Vorzeichen; Goethe oder den „Schriftsteller"[2].

Es verlagert sich also der Kult der „Größe" immer mehr von der Verehrung für Monarchen, Staatsmänner, Heerführer und Heilige auf die Inthronisierung von Philosophen, Mystikern, Dichtern, Künstlern und Schriftstellern. Auch hier wird die Wertung zunehmend kritischer. Im 20. Jahrhundert dringen dann in der Literatur „passive Helden" durch. Gleichzeitig mit der absurden Steigerung des Persönlichkeitskultes in falschen Ordnungssystemen unserer Industriegesellschaft werden aus den „passiven" immer mehr die „negativen Helden". Gescheiterte, Träumer, Melancholiker, Bettler, Psychopathen, Prostituierte, „Deformierte" jeder Art. Am Ende entsteht die „Poesie des Mülleimers", die Collage ohne Menschenantlitz, also eine sub-personale Seitenwelt des Unscheinbaren, Verstaubten, Nutzlosen, Verachteten, Unbrauchbaren, Flohmarkt-Billigen. Einen größeren Gegensatz zum prunkvollen Cäsarismus europäischer „Größen"-Kulte kann man sich nicht denken! Diese Reduzierung als Reaktion auf die megalomanischen Visionen kranker Machtsysteme kann man als Ausdruck einer jetzt *geistes*-geschichtlichen Logik ansehen, wie auch immer einzelne Epigonen solcher systematisierten Dadaismen zu werten sind. Europas Sünden machen sich oft besser bezahlt als seine Tugenden. Allerdings sind die Flohmarkt-Helden und seitenweltlichen Blechtrommler-

[1] Les fleurs du mal S. 17 f.

[2] Representative Men, seven lectures. Complete works Bd. 4 (Centenary ed.). London 1904.

Heroen von heute Symbole einer rein säkularisierten Selbst- und Welterniedrigung, einer vulgär-rationalistischen Größenspaltung, einer Art Atomzertrümmerung im Sinne banaler Analogien. Des Ignatius von Loyola Inversion der Prunk-Größe in die Demut-Größe stand noch in einem „Gesetz Gottes". Beim Mülleimer-Heroismus, beim Pseudo-Existentialismus, der zum Exkrementalismus geworden ist, stand auch der verschmitzte Merkur Pate. Die „Poesie" des Abfalls hat also eine doppelte Logik. Ihre Fähigkeit, den politischen Nihilismus unserer Zeit zu spiegeln, kann man nicht leugnen. Doch stimmt die Kommerzialisierung dieser Weltangst-Erlebnisse im gegenstandlosen Grand-Guignol-Stil wieder optimistisch. Wenn die „Apokalypse" kunstgewerblich wird, bleibt sie in grotesk-freundlicher Weise menschlich. Der liebe Gott läßt sich seine Termine nicht aufzwingen, und wenn auch Er Tagebuch schriebe, so würde er zu solchen Notierungen wohl nur bemerken: Pazienza!

Wie ist also der Mensch mit seinem ihm offenbar im Schöpfungsplan aufgegebenen Drang nach Größe in Verbindung mit seinem ständigen Erleben der Jämmerlichkeit zu erkennen? Wie sind entsprechende Widersprüche im menschlichen *Charakter* zu erklären? Diese Fragen mußten die Diaristen in ihren heimlichen Begegnungen mit sich selbst und mit ihrer „bösen" Umwelt immer wieder bedrängen. Und auch sie suchten, dem schöpferischen europäischen Geistergespräch zwischen Lebenden und Toten folgend, Stützpunkte in den Leit- und Wortbildern ihrer ältesten charakterologischen „Kirchenväter". So begegneten sie einem anderen berühmten menschenkundlichen Klassiker, dem „Charakterologen" Theophrast aus Lesbos (372–287 v. Chr.), dem Verfasser der „Charakteres ethikoi", mit seinen scharfsinnigen Miniaturbildern verschiedenartiger „moralischer Charaktere". Die Zeichnungen *fragwürdiger* Menschentypen – wie des Heuchlers, des Schmeichlers, des Schwätzers usw. – hat im 16. Jahrhundert als erster Pirkheimer herausgegeben, und zwar 1527 in Nürnberg, mit einem Widmungsbrief an Dürer. Es folgte dann eine enthusiastisch kommentierte lateinische Übersetzung von Isaak Casaubonus (1592), der uns auch als einer der ersten subjektiven Diaristen bekannt ist. Im 17. Jahrhundert benutzte

La Bruyère (1645–1696) diese Übersetzung zu einer freien Übertragung ins Französische. Doch erweiterte er den Text durch die Schilderung von Dutzenden neuer Charaktertypen zu einer kritischen Charakterologie seiner Zeit. In der Einleitung schreibt er: „Ich beschreibe die Charaktere und Sitten dieses Jahrhunderts[1]." Theophrast bleibt sein Vorbild, doch werden ihm für seine moralpsychologischen Porträts Montaigne, Malebranche, Pascal und La Rochefoucauld neue Lehrer[2]. La Bruyères Typen der menschlichen Natur, ein klassisches Werk des Grand Siècle, gaben Diaristen immer wieder Kriterien an die Hand: zur Porträtierung anderer wie zu differenzierteren Selbstbildnissen[3]. Dem Glanz der Größe konnten sie nun auch die Schatten der Schwäche hinzufügen. Ein Hauptkapitel im Werk La Bruyères heißt „Über den Menschen", ein anderes „Über die Großen". Nicht nur der Mensch, gerade der „Große" erscheint als zwiespältiges Wesen. Diese Betrachtungsweise, die von der Doppelheit der menschlichen Natur ausgeht, wurde bald methodisch, so vor allem in den Tagebüchern Amiels. Oft zitiert auch Baudelaire La Bruyère[4]. Er bezeichnet ihn als „maitre inimitable[5]".

André Gide wurde immer wieder von Theophrast, beziehungsweise La Bruyère angeregt. Er will ihn sogar nachahmen. Am 12. Oktober 1921 trägt er in sein Tagebuch ein: „Ich habe den lebhaften Wunsch, die „Caractères" neu zu schreiben, und der Versuch wäre sicher nicht unbescheiden. Ich würde die Disposition des Buches übernehmen und würde versuchen, mit der gleichen Einfachheit die Aspekte *unserer* Epoche zu schildern; alles das, was ein „honnête homme" von heute in vernünftiger Weise über die Sitten, die Gesellschaft und über die verschiedenen Elemente, woraus sie besteht, denken kann; auch über

[1] Jean de la Bruyère, Les Caractères, ou les moeurs de ce siècle. Mit einer Einf. von Claude Roy. Paris 1960, S. 64.

[2] Über Pascal in einem nächsten Abschnitt dieses Kapitels.

[3] Die literarische Porträtkunst Frankreichs fand ihre ersten Höhepunkte auch in den Werken von Charles Sorel, Paul Scarron, Madeleine de Scudéry, Mlle de Montpensier, Marie de Sévigné.

[4] So u.a. im „Spleen de Paris". A.a.O. S. 316 im „Salon de Paris". Abschnitt „Le portrait", S. 806 und S. 832.

[5] Curiosités esthétiques. Ebd. S. 916.

die Literatur, die Religion und die Kunst[1]." Unter dem 5. Januar 1922 liest man: „Ich schreibe heute morgen die Stelle aus La Bruyère über *die wahre und falsche Größe ab*[2]." Vierzehn Tage nach seiner Ankunft in Tunis notiert er, am 26. September 1926: „Ich lese erneut die Charaktere von La Bruyère. So klar ist das Wasser dieses Beckens, daß man lange darüber gebeugt bleiben muß, um seine Tiefe zu erkennen[3]."

2. *Im Banne der Zeit*

An einem bestimmten Zeitpunkt der europäischen Geschichte kam es zu einer problematisch differenzierteren Menschenkunde. Das „Größen"-Bild des Menschen wird in anderen, vor allem in *zeitlich* relativierenden Perspektiven gesehen. Der Wiederentdeckung des Person-Charakters eines Individuums im Verlaufe der Renaissance entspricht bekanntlich die Vertreibung der Erde aus dem Weltmittelpunkt. Diese „kopernikanische Wendung" löste also auch das „Ich" aus seiner festgefügten Weltall-Größe. Es erhöhte dafür ausgleichend aber auch seine Ich-Erfahrung. Auch das Tages-Zeitgefühl mußte sich dementsprechend wandeln, in einem Augenblick, wo das alte, ordnende und einordnende Raumgefühl des Mittelalters zerstört wurde. Der „Tag" – in seinem „astronomischen" Wert – wird erst in der Renaissance, vor allem für den Laien, bedeutender als die „Ewigkeit", wieder bedeutender, denn Renaissance heißt ja neue, bewußtere Rezeption der Antike. In einem psychologischen und moralistischen Sinne hatten schon Althellas und Altrom den Wert des „Individuums" wie des „Tages" gepriesen.

In den Briefen an Lucilius schreibt Seneca, er solle sich vor allem über seine eigene Lebens-*Zeit* Gedanken machen. „Wen kannst Du mir nennen", fragt er, „der einigen Wert auf die Zeit legt, der den Tag schätzt, der einsieht, daß er täglich stirbt?" Und er empfiehlt: „*Halte Deine Stunden zusammen.*"

[1] A.a.O. S. 700. Hervorhebung vom Verf.
[2] Ebd. S. 728. Hervorhebung vom Verf.
[3] Ebd. S. 826.

– „Alles ist fremdes Eigentum; nur die Zeit ist unser[1].“ Für die Renaissance-Diaristen mit ihrem neuen Zeitgefühl mußte der folgende weise Rat an Lucilius wie eine speziell an sie gerichtete Vorschrift von kanonischem Wert erscheinen: „Ein Tag aber ist eine Stufe des Lebens; die ganze Lebenszeit besteht aus *Teilen* und enthält *Kreise*, von welchen die größeren die kleineren umschließen.“ – „Den engsten Umkreis hat der Tag; doch auch dieser gelangt vom Anfang zum Ende, vom Aufgang bis zum Untergang. Daher hat man jeden Tag so einzurichten, als ob er die Reihe schlösse und die Summe der Lebenstage voll mache[2].“

Eine bewußtere Erfahrung der Zeit in neuen Raumvorstellungen mußte also gerade in der Renaissance wie zu so vielen anderen schöpferischen Manifestationen auch zur *diaristischen* Lebens-, das ist Zeitbewältigung anregen[3]. Dieses zeitlich einengende Sammeln war schon von früheren *Methoden* der Tagesbewältigung vorbereitet worden. Die religiös bestimmte „Einteilung“ des Tages geht – auch wieder – auf die Bibel zurück. Doch finden wir erst im 15. Jahrhundert auch in Laienkreisen das preziöse Bedürfnis, in Gebets- oder Stundenbüchern zumindest das spirituelle Leben zeitlich genau einzuteilen. Einzelne Tage oder Stunden wurden in diesen Libri Horarium, auch Horae, nach den Gebeten für die Tageszeiten Horae canonicae, vielfach durch köstliche Miniaturen hervorgehoben[4].

[1] „Über den Wert der Zeit“. A.a.O. S. 149. Hervorhebungen vom Verf.

[2] „Weiser Gebrauch der Zeit“. A.a.O. S. 162. Hervorhebungen vom Verf. Zu SENECA vgl. auch Kap. II.

[3] Nicht alle Tagebuchschreiber tragen „Tag um Tag“ ein. Aber ob man in einem „echten“ Tagebuch nur einmal in der Woche oder nur einmal im Monat etwas registriert – meist handelt es sich um Erlebnisse und Ereignisse eines bestimmten Tages bzw. um *Zusammenfassungen* von Geschehnissen und Erlebnissen bestimmter, besonders bemerkenswerter *Tage*.

[4] Vgl. FELIX SOLEIL, Les Heures Gothiques et la littérature pieuse aux 15e et 16e siècles. Paris 1882. Poetische Niederschläge in R. M. RILKES „Stundenbuch“ (1905). Auch liturgische Bücher zu Kirchenfeiern und Hauschroniken regten zur Tageszeit-Einteilung an. Die Losungen der Herrenhuter ermunterten zu „zeitlichen“ bestimmten Lebens-

Buchstäblich Schule machten dann die in Wochen eingeteilten „Exerzitien", die von Ignatius von Loyola vorgeschriebenen „geistlichen Übungen", jede Art also, „das Gewissen zu erforschen, zu betrachten (contemplar), Erwägungen anzustellen (meditar), mündlich und innerlich zu beten, und anderer geistlicher Tätigkeiten[1]". Nach der Idee des hl. Ignatius soll das Büchlein der Exerzitien „ein Leitfaden für die *Zeit* der Geistlichen Übungen sein[2-3]". Und vergessen wir nicht, daß

maximen. (Vgl. dazu das bereits zitierte Tagebuch von JOCHEN KLEPPER.) Schon im 6. Jahrhundert legte DIONYSIUS EXIGUUS Tafeln für die Osterberechnung an. An die liturgischen Bücher und an die Zeremonienbücher knüpfen die „Annalen" an, von „annus" = Jahr, d.h. Bücher, in denen geschichtliche Ereignisse in der Zeitfolge von Jahren aufgezeichnet werden. Man findet Annalen in allen Hochkulturen. In Altrom wurden vom Pontifex Maximus Jahrestafeln angelegt (bis 133 n. Chr.). (Auch GOETHE schrieb Annalen.) „Chroniken" hingegen schildern Gegenwart und soeben Vergangenes – ohne festes Zeitmaß. Sie galten als „Imagines Historiarium". Wir wiesen (Kap. II) darauf hin, daß im Mittelalter das diaristische Registrieren von Tag zu Tag nur in seltenen Fällen zu beobachten ist. Ein interessantes Beispiel bietet die glänzend geschriebene (lat.) Chronik aus der Zeit Heinrichs II. und Richards I. (*1169–1192*), angeblich von BENEDIKT VON PETERSBOROUGH. Dieser Chronist faßt einen Teil seiner Darstellungen am Schluß in ein diaristisch-chronologisches Gerippe zusammen, d.h. in eine zeitliche „Tages"-Ordnung (London 1867). (Vgl. auch WATTENBACH-LEVISON, Deutschlands Geschichtsquellen im Mittelalter. Weimar 1952.) Anregungen zu solchen Tagesdatierungen erhielten die mittelalterlichen Chronisten auch von antiken Konsular-Fasten (bis 354), von Verzeichnissen der Stadtpräfekten (254–354), von Nekrolog-Listen der Bischöfe und Märtyrer, sowie vom Papstkalender von LIBERIUS (352–355). Vgl. auch „Regesten", d.h. die Sammlungen von *datierten* Urkunden der Geschichte. Das „Regestum" ist etwas anderes als ein Register. Es handelt sich um ein kritisches, sich stets erneuerndes Quellenverzeichnis, das schärfste philologische Akribie voraussetzt.

[1] A.a.O. S. 23 f. [2] Ebd. S. 6.

[3] Angeregt wurde IGNATIUS VON LOYOLA durch die Schrift „Ejercitatorio de la vida espiritual" des Reformabtes GARCIA DE CISNEROS (1455–1510). Die Entwürfe zu seinem Buch über die „Geistlichen Übungen" schrieb IGNATIUS 1522/23 in Manresa.

in Altgriechenland die „Horai" Göttinnen der *Jahreszeiten* waren, Mythen einer welterhaltenden Zeit-*Ordnung*[1].
Nicht nur neue astronomische Erkenntnisse und alte Tages-„Einteilungen" regen die Menschenkunde der Renaissance an. Auch die *Astrologie*, die Vorberechnung von *Tages*-„Konstellationen" und die Fixierung von Charakterstrukturen wird in einem neuen Sinne für das Renaissance-Europa bedeutsam. Neben dem Kalender[2] entstehen die astrologischen Ephemeriden. Im antiken Griechenland wurden Tages-Notizbücher, wie wir schon erwähnten, Ephemeriden genannt[3]. Die ersten astronomischen Ephemeriden für Schicksals- und Charakterdeutungen in Horoskopen erscheinen genau in der Zeit, in der sich das Individuum im Erleben der menschlichen „Tages"-Zeit als „Subjekt" entdeckt[4].
Die astrologische „Mystik" der Tageskonstellationen zwingt dem einzelnen ein ganz anderes Achten auf Tages-Ich-Kalender auf als ehedem. Das Tagebuch wird zu einem privaten Schicksals-Kalender, einem Vademekum für Konstellationen, einem Register von positiven Trigonen und negativen Quadraten. John Dee, der Hofastrologe der Königin Elisabeth von England, beginnt eine Eintragung mit der Datierung: „Es war am 8. Tag, Mittwoch, hora noctis 10[11].[5]" Einzelne Stunden, ja Minuten werden in mehr oder weniger dramatischer Art hervorgehoben, auch wenn es sich gar nicht um ho-

[1] Nach ihnen nannte SCHILLER seine literarische Zeitschrift „Die Horen" (1795–1797).
[2] Das Wort stammt aus dem 15. Jahrhundert. Das Wort „Album", in dem man Erinnerungen sammelt (lat. das Weiße) bezeichnet in Altrom eine weiße Tafel für öffentliche Bekanntmachungen, dann Mitgliederliste aller Behörden.
[3] „Ephemeriden" vom griech. „Hemera" = Tag. Wir erinnern daran, daß Diaristen wie CASAUBONUS und GOETHE ihre Tagesaufzeichnungen „Ephemerides" nannten.
[4] Der Wiener Humanist GEORG PURBACH für 1450–1461 und sein Schüler REGIOMONTANUS für 1475–1506. – Zur geschichtlichen Entwicklung des Tagebuchschreibens und der Introspektion vgl. Kap. I u. II.
[5] Vgl. unsere Hinweise auf JOHN DEE in Kap. I. u. Kontext im Textteil.

roskopische Termine handelt. Vom 16. Jahrhundert an wird die Uhr zum vertrauten Begleiter des Menschen. Uhrmacher werden berühmt. „Manieristische" Uhren „verblüffen" die Epoche[1]. Die Datierung éiner Tagebucheintragung von Lord Byron lautet: „Wednesday, June 26th, A. D. 1805, 3 quarters of an hour, past 3 o'clock in the afternoon[2]." Geweckt wurde der zeitliche Sinn für schicksalhafte Augenblicke. Als Gregorovius zum erstenmal in Rom ankam, in der Stadt, die für sein Lebenswerk entscheidend wurde, notiert er in seinem Tagebuch: „Ich bin in Rom eingefahren durch die Porta del Popolo, am 2. Oktober 1852, $4^1/_2$ Uhr nachmittags[3-5]." So wirken auch im modernen Tagebuch die Folgen der Kopernikanischen Wende nach[6]. Selbst der Tagebuchschreiber unserer Epoche, deren Physiker nun auch technisch in planetarische Räume eindringen, führt einen „Griffel der Geschichte". Das hat ein Diarist wie Max Frisch, der sich in seinem Tagebuch ohnehin sehr weise von sich selbst zu distanzieren versteht, ohne im geringsten unpersönlich zu sein, so formuliert:
„Vom Sinn eines Tagebuches:
Wir leben auf einem laufenden Band, und es gibt keine Hoffnung, daß wir uns selber nachholen und einen Augenblick unseres Lebens verbessern können. Wir sind das Damals, auch wenn wir es verwerfen, nicht minder als das Heute –
Die Zeit verwandelt uns nicht.
Sie entfaltet uns nur.

[1] Vgl. G. R. Hocke, Die Welt als Labyrinth. S. 81 f.
[2] A.a.O. Bd. 1 S. 91.
[3] A.a.O. S. 3.
[4] Zu „Kairos" in Tagebüchern vgl. Kap. VIII.
[5] „Der Verfasser eines Tagebuches", schreibt Ferdinand Lion, „ist notwendigerweise Cartesianer; er teilt die Zeit ein und reiht die erstarrten Bruchstücke zahlenmäßig aneinander. Es entsteht eine römische Ordnung, wie auch die Römer tatsächlich Meister der Annalistik waren." Europäische Tagebücher. Zürich 1948, S. 7 (Einleitung von F. Lion. Dazu Fragmente aus Tagebüchern von Girolamo Priuli, Samuel Pepys, G. W. Leibniz und Jules Renard). Zu Descartes und der europäischen Diaristik vgl. Kap. IX.
[6] Auch diese „Wende" wurde schon in vorchristlicher Zeit, in der Schule des Pythagoras, angekündigt. Vgl. G. R. Hocke, Magna Graecia. Herrenalb – Berlin 1960.

Indem man es nicht verschweigt, sondern aufschreibt, bekennt man sich zu seinem Denken, das bestenfalls für den Augenblick und für den Standort stimmt, da es sich erzeugt. Man rechnet nicht mit der Hoffnung, daß man übermorgen, wenn man das Gegenteil denkt, klüger sei. Man ist, was man ist. Man hält die Feder hin, wie eine Nadel in der Erdbebenwarte, und eigentlich sind nicht wir es, die schreiben; *sondern wir werden geschrieben*[1]."

Es ist eine erlösende Hoffnung, in der Zeit „entfaltet" zu werden, und zwar durch positive Kräfte der *Geistes*-Geschichte. Gerade durch das Hingeordnet-Bleiben auf ein *solches* „Damals" fügt sich die subjektive Zeit der ontischen Zeit ein. Nur so können wir das Wort von Hegel verstehen: „Ich ist in der Zeit, und die Zeit ist das *Sein* des Subjekts selber[2]." Poetischer formuliert es in seinen Tagebüchern Camus: „Was bin ich, und was kann ich tun, wenn ich nicht in das Spiel der Blätter und des Lichts (in einem Garten) mich hineinfüge!" ... „Wenn man versucht, diese zarten Stimmungen zu erfassen, die das Geheimnis der Welt bloßlegen, so findet man sich selbst in der Tiefe des Alls." ... „Erlaubt es mir, diese Minute aus dem Stoff der Zeit herauszuschneiden, so wie andere eine Blume in ihre Bücherblätter legen ... Sünde ist es, seine Zeit zu verlieren ... Jede Minute Leben trägt in sich Wunderwert und das Antlitz ewiger Jugend." Das ist Seneca-Weisheit in Sprachbildern unserer Zeit[3-4].

[1] Tagebuch 1946–1949. Frankfurt a.M. 1950, S. 21 f. Hervorhebung vom Verf. Frühe Jugendtagebücher hat MAX FRISCH vernichtet. Ein erstes Tagebuch wurde 1940 der Öffentlichkeit übergeben: Blätter aus dem Brotsack; ein weiteres: Tagebuch mit Marion im Jahre 1947. Darüber FRISCH selbst a.a.O. S. 280 f.

[2] Ästhetik S. 822.

[3] Carnets. S. 20 ff. Geschrieben im Januar 1936.

[4] Die denkwürdige Interferenz von Raum- und Zeiterlebnis, von ROUSSEAU wohl zum erstenmal in einem existentialistischen Sinne literarisch formuliert (in den „Promenades", vgl. Kap. IX), wurde auch in der Renaissance vorbereitet: durch das Entstehen „privater" „Zeit"-Tagebücher und durch die gleichzeitige neue „Raum"-Erfassung in immer zahlreicheren *Reisebüchern*, z.T. in Tagebuchform. (So auch Logbücher. Vgl. Beispiel von KOLUMBUS im Textteil.) Die ersten großen Reiseberichte der Renaissance (1450–1550) sammelte

Gerade im Erlebnis der „Zeit" wird alle „Menschengröße" zu einem spezifischen „Menschenjammer". An der Schwelle von Mittelalter und Neu-„Zeit" steht Petrarca mit seinen Lebenschilderungen berühmter Männer[1]. In seinen Prosaschriften regt er hin und wieder zu „Tages"-Reflexionen über Fragwürdigkeiten der menschlichen Natur an. Seine Schrift „De viris illustribus" (etwa 1383) schrieb er nach Sueton[2], doch sind seine „Kaiser" „Helden" der Menschlichkeit[3]. Ihnen sind Trauer, Grübeln, ja Melancholie nicht unbekannt. Sechs Jahre später beginnt er, beeinflußt von den „Factorum et dictorum memorabilium libri" von Valerius Maximus, seine „Rerum memorandum libri IV", eine Sammlung geschichtlicher Charaktertypen. Meist handelt es sich jetzt um exemplarische „Viten" in bezug auf Moral und geistiges Leben. „Größen" dieser Art (wie Plinius Sec. und Pythagoras) gelten nun als Heilkräfte gegen alles Vergängliche der Zeit; gegen das Trügerische eines rein gesellschaftlichen Lebens; gegen das nur Dämonische; gegen „zeitloses" Vor-sich-Hindämmern. In dieser Schrift findet man das selbstbewußte Wort: „Ich, an der Grenze zwischen zwei Völkern (d. h. Antike und Neuzeit), gleichzeitig auf das schauend, was hinter mir liegt, wie auf das, was vor mir sein wird[4]." – In Valchiusa beginnt Petrarca 1346 eine für unsere Zusammenhänge noch wichtigere Schrift, den Traktat „De vita solitaria[5]". Das Einsamkeitsmotiv so vieler späterer Tagebücher klingt darin auf wie ein melancholischer[6], aber auch herausfordernder Prolog zur „Moder-

schon Giovanni Battista Ramusio. Sie erschienen ab 1550 u. d. T.: Delle Navigazioni e Viaggi. Auch Reiseberichte aus der Antike sind darin enthalten. Aus der ersten Neuzeit die von Hernando Cortez, Gonzalo de Oviedo y Valdés, Filippo Pigafetta, Francisco Pizarro, Marco Polo, Amerigo Vespucci.

[1] Vgl. Kap. II. [2] Vgl. Kap. VI.

[3] Ähnliche Leben berühmter Männer schrieben u.a. schon Hieronymus (347–420); Isidor von Sevilla (560–636); Hildefons von Toledo (607–667) und Sigebert von Gembloux (1030–1112).

[4] Francesco Petrarca, Prose S. 273.

[5] A.a.O. S. 286 ff.

[6] Ansätze zu literarischen Melancholie-Motiven liegen schon in der griechischen Antike vor. Vgl. Hubert Tellenbach, Melancholie. Zur Problemgeschichte, Typologie, Pathogenese und Klinik. Berlin, Göt-

ne". Die Jeremiade der Bibel verwandelt sich in die Klage des Problematikers gegen Störungen des „Schöpferischen", gegen die Gefährdung geistiger „Größe" durch die Ansprüche der Gesellschaft. Des Menschen „Jammer" wird also auch erkannt, wenn das „Ich" erfährt, wie wenig absolut es für sich sein kann. – Petrarca übernimmt von Seneca das Gegensatzpaar, das dem Busy body von einst, dem „occupatus", dem Opfer des bloßen Tuns und Mit-Tuns in der allesfressenden Zeit den Typ des „solitarius" als Vorbild gegenüberstellt, den Einsamen, der die Natur liebt, die geistige Arbeit über alles schätzt, der sich im Gebet „sammeln" kann[1]. In dieser schöpferischen Einsamkeit, die der Zeit das so sinnlos Forteilende abringen möchte, wird die Lektüre, das überzeitliche Gespräch mit Ewigkeitswerten unentbehrlich[2]. Ohne exemplarische, „große" Bücher wäre das Leben des „Solitarius", des In-Sich-Gesammelten, ein Darben im Kerker. – Ungefähr im gleichen Zeitraum entstand, wie wir uns erinnern, ein anderer moralpsychologischer Traktat: „De contemptu mundi", von Petrarca selbst als „Secretum" bezeichnet, genauer als Buch „de secreto conflictu curarum mearum", also „Betrachtungen über die verborgenen Konflikte in meinen Bedrängnissen" *(1342–1358)*[3]. Konflikte! Krisen!

Das Werk enthüllt die inneren Konflikte des Dichters in der Form der *Beichte*. In allerdings noch allegorischer Weise beichtet Petrarca – angesichts der stummen Zeugin „Wahrheit" – vor Augustinus, und der von Petrarca und allen seinen autopsychographischen Nachfolgern so verehrte Heilige antwortet ihm mit Ratschlägen, mit religiösen „Steuerungen". Das Bewußtsein von Sündhaftigkeit und Widersprüchlichkeit bleibt hier noch von einem Ordo-Denken umklammert. Augustinus sagt dem beichtenden Dichter gelegentlich sogar energisch die Meinung. Der Beicht-„Vater", der Umhüter

tingen, Heidelberg 1961. Ferner G. R. Hocke, Die Welt als Labyrinth. S. 19 f., 39 f., 58 f.

1 Vgl. Kap. II und – ausführlicher – Kap. VIII.

2 Vgl. Kap. VIII.

3 A.a.O. S. 23 ff. Vgl. auch Kap. II. Deutsch 1791 von J. G. Müller und 1910 von Hermann Hefele in: Das Zeitalter der Renaissance Bd. 2. Jena 1910.

und Lenker des Bekennens, der Schützende und Obwaltende, sorgt dafür, daß das Geständnis nicht ins Leere, ins zerstörerisch Nihilistische gerät, daß das leidende, verzweifelnde Ich einem heilenden und erlösenden Absoluten verbunden bleibt. Mit Augustinus macht sich Petrarca vor allem zum Vorwurf, daß er sich nicht von der „Welt" lösen könne. Hier klingt das große Thema Pascals auf, das in den „Pensées" so überzeugend formuliert wurde. Einer seiner berühmtesten Sätze sagt: „Fast unser ganzes Unglück entspringt dem, daß wir nicht in unserm Zimmer bleiben können[1]." Ohne „göttliche Erleuchtung" allerdings läßt sich für Petrarca diese menschliche Schwäche nicht überwinden. Der Geist vermag zwar zu „adeln", doch kann das Nur-Lesen, das Nur-sich-Bilden in einem letztlich erlösenden Sinne nicht helfen. Ohne Meditation in Christo bleibt auch der Gelehrte schwach und gebunden; er verharrt im Jammer[2]. Befreit wird der Geist nur durch das Eindringen in mystische Tiefen[3].

Zur deutschen Ausgabe des „Secretum" von Petrarca hat J.G. Herder, selbst Verfasser eines der interessantesten Tagebücher in deutscher Sprache[4], ein Vorwort geschrieben. Darin findet man eine scharfe Kritik an der Beichtliteratur. Trotz einem etwas idealistisch-pädagogischen Oberton und einer konfessionell bestimmten Abneigung gegen jede Art von literarischer Beichte ist dieser Prolog Herders für uns sehr bemerkenswert[5]. Er stellt die Konfessionsliteratur von Augustinus

[1] La Bruyère klagt über das „große Unglück, nicht allein sein zu können!" Diese Sätze von Pascal und La Bruyère zitiert Baudelaire unmittelbar nacheinander im „Spleen de Paris". A.a.O. S. 316.

[2] Etymologisch abgeleitet aus Klagelauten und Schmerzensrufen.

[3] Vgl. Kap. X. Zum Thema „Geist adelt": E. R. Curtius in: Europäische Literatur und lateinisches Mittelalter. Bern 1948, S. 186 f. Dem Topos der Viten hat Curtius seine Aufmerksamkeit nicht gewidmet. Über sog. „Güterreihen" (für Größe, Ansehen usw.), so z.B. „Schönheit, Adel, Mannestugend oder Stärke, Schönheit, Reichtum, Weisheit" usw. vgl. a.a.O. S. 187. – Für Petrarcas spannungsvolles Verhältnis zwischen „Menschengröße" und „Menschenjammer" vgl. auch seine Briefe (dt. Ausw. von H. Nachod und P. Stern. Berlin 1931).

[4] Vgl. Kap. II u. VIII. Beispiel im Textteil.

[5] Vgl.: Briefe zur Beförderung der Humanität. Nr. 38. Sämtl. Werke.

über Petrarca bis Rousseau in einen Zusammenhang mit dem pietistischen und vorromantischen Tagebuchschreiben[1]. Gegen die allzu ungezügelte Menschlichkeit in solchen Eröffnungen stellt Herder die höhere „*Humanität*" eines Aufmerksamseins auf das wirklich „Wesentliche" in allen entscheidenden Lebenssituationen. Er fragt: „Wiefern kann und darf und soll ein Mensch Geständnisse von sich dem Publikum machen? Und welche *Hauptidee*, welch ein *Kompaß* muß ihn bei dieser gefährlichen Schiffahrt leiten[2]?" Über Petrarcas Vorbild Augustinus schreibt Herder: „In den Konfessionen Augustins herrscht eine so weiche Zärtlichkeit, ja ich möchte sagen, eine so verführerische Buhlerei mit Gott und seinem eigenen Herzen, daß sie zu allen Zeiten und beinahe vor allen Schriften dieses Kirchenvaters Liebhaber und Verehrer gefunden haben[3]." „Ebenso war Petrarca eine der zarten, empfindungsreichen Seelen, die bestimmt scheinen, lange Jahre oder vielleicht lebenslang mit sich im Kampf zu leben[4]." „Seltene Wesen dieser Art sind gleichsam geflügelte Geschöpfe, Schmetterlinge, die von allen Blüten nur das Feinste kosten wollen, und in dunklen Stunden, wenn sie gewahr werden, daß noch das Gespinst der Raupe an ihnen hängt, aus sich selbst hinauszufliegen streben, und also tapfer mit sich kämpfen[5]." Petrarcas „sonderbare Selbstgespräche" sind also legitim. Schlimm wird es, meint Herder, wenn „schwache Nachahmer" solchem Vorbild nacheifern. Bloße Nachahmer des Subjektiven erfahren eine „lächerliche oder traurige Aufblähung ihres Charakters[6]". In einem solchen „Wahnsinn" spielen sie mitnichten „ihre eigene Person[7]". Beichten soll man – allein und „insgeheim" – schreibt Herder. Ein „Gaukler" und „selbstsüchtiger Heuchler", wer die „Krambude seines Herzens andern zur Schau" stellt[8]! Augustinus und Petrarca werden gegen solche Epigonen verteidigt, weil sie im

Zur Philosophie und Geschichte Teil 13. Stuttgart, Tübingen 1829, S. 211 ff.

[1] In dieser Art Konfessionen war „Petrarca einer der Vorgänger Rousseaus", bemerkt Herder. A.a.O. S. 212.

[2] A.a.O. S. 212. Hervorhebung vom Verf.

[3] Ebd. S. 214. [4] Ebd. S. 215. [5] Ebd. S. 216.

[6] Ebd. S. 216. [7] Ebd. [8] Ebd. S. 217.

Bekennen stets zur Buße bereit, in der Selbstenthüllung niemals nur „eitle Gecken" waren. Mit anderen Worten: es handelt sich um „bescheidne Büßende[1]". „Seelen von solcher Aufrichtigkeit, wie zum Beispiel Petrarca war, gibt es selten[2]." Doch warnt Herder davor, selbst so „andächtige" oder „religiöse" Konfessionen „leichtsinnig in die Welt zu senden[3]". Und zu unserem Tagebuchmotiv in diesem Kapitel fragt er: „Was für einen Maßstab gibt's zwischen dem Menschen und Gott? Zwischen einem vorübergehenden eitlen Nichts und dem Unendlichen, der alles übertrifft, alles überschwenglich erfüllet? Das Gefühl des Nichts, der äußersten Schwachheit und eines verschwindenden Traumes wird also meist die Bekenntnisse durchströmen, und eine schwache Seele, die sich fremde dazu findet, eher niederschlagen als aufrichten. Kommt nun noch hinzu, daß solche Konfessionen, wie gewöhnlich, in Stunden der äußersten Ermattung, des *Ekels* an sich selbst und an allen Dingen um uns her geschrieben sind, so pflanzen sie diesen Ekel fort, und statt aufzurichten, schlagen sie die Seele mutlos nieder. Und doch sind sie, eben weil sie ein Unendliches zum Ziele und Maßstabe nehmen, von so ungeheurer Wirkung, sie bringen ein Erhabenes vor den Geist, das dieser nicht fassen kann, und nach welchem er doch unaufhörlich zu streben gereizt wird, bis er kraftlos unter sich sinket[4]." Wie „groß" erscheint ihm daher die „fromme Entwerdung der Heiligen", und er empfiehlt: „Wie sich das Innerste eines Menschen gegen Gott verhält, bleibe zwischen diesen beiden ein heiliges und seliges Geheimnis[5]."

Viel bittrer urteilt Herder dann über die Nabelschau mancher pietistischer Tagebücher seiner Zeit[6]. Er findet sie, mit einem allerdings etwas steifen akademischen Groll, unerträglich. „Noch weniger", schreibt er im gleichen Zusammenhang, „gefallen mir die geistlichen Stunden- und Tagebücher, in denen man sich so öfters zu dem, was man nicht seyn kann und also auch nicht seyn darf, auf eine ängstliche Weise zwinget[7]." Um Protokolle von Krankheiten nach Tagen und Stunden

[1] Ebd. S. 218. [2] Ebd. S. 218 f. [3] Ebd. S. 220.
[4] Ebd. S. 220 f. [5] Ebd. S. 221.
[6] Vgl. Kap. II u. Beispiele im Textteil.
[7] Ebd. S. 222.

handelt es sich da, und wer will Gespräche mit seinem Arzt der Öffentlichkeit mitteilen? Mit Bekenntnissen seiner „geheimsten Krankheitsgefühle" soll man sich also nicht abgeben. „Dergleichen Papiere" muß man mit dem Verstorbenen ruhen lassen. Es ist sinnlos, jede „trübe Stunde seines kranken Gehirns oder seines leidenden Unterleibes dem Publikum" zu übergeben[1]. „Ein Tag oder eine Stunde" werden „vom Ganzen abgerissen und dergestalt fürs ganze Leben genommen", „*als ob mit ihnen der Strom der Zeit* stille stände[2]." Mit Recht hat der delphische Gott die Selbsterkenntnis empfohlen. Doch ist es zweifelhaft, ob er „die Konfessionen von sich selbst vor aller Welt würde empfohlen haben[3]". „Wir erkennen uns meistens nur stückweise, mehr in anderen, als abgetrennt in uns selbst." – „So sind wir oft ein Spiel von uns selbst, ein Spiel von Phantasien anderer, ein Traum der Träume[4]." An anderer Stelle schreibt Herder über „die Manier, Charaktere zu zeichnen[5]". Und noch ein letztes, ebenso großartiges wie fragwürdiges Wort: „Der Selbstbeschreiber habe seine Tagebücher geendigt, und rede über sich, wie über einen dritten, oder da dies nicht leicht möglich ist, *wie ein Wiederkommender,* der sein Leben, wie es auch ausfiel, geendigt hat, und es jetzt seinen Mitgeschöpfen, *als ein verlebtes Naturprodukt,* darlegt. Weder ärgern will er noch prangen; aber lehren, nutzen, dies ist seine menschlich wohlthätige Absicht[6]."

Die Vision, über sich wie ein eigener Revenant zu schreiben, nimmt die „Moderne" vorweg. Dieses Wort könnte als geniale Formel für das Tagebuch von Kafka gelten. Irrend blickt Herder allerdings in die Vergangenheit zurück, wenn er das bloße „Lehren" und „Nutzen" empfiehlt. Das ist für den introspektiven oder beichtenden Diaristen ein unmögli-

[1] Ebd.

[2] Ebd. S. 223. Hervorhebungen vom Verf.

[3] Ebd.

[4] Ebd. S. 224. Über die „Confessions" von J. J. ROUSSEAU in ähnlicher Weise S. 227 f.

[5] Denkwürdigkeiten (Mémoires). Sämtl. Werke. Zur schönen Literatur und Kunst Teil 17. Stuttgart u. Tübingen 1830, S. 24.

[6] Ebd. S. 35. Hervorhebung vom Verf.

ches Anliegen. Das intime Für-sich-Schreiben ohne jede Rücksicht auf solche Grundprinzipien der klassizistischen Ästhetik ist ja eines der elementaren Kennzeichen *echter* Tagebücher. Wie kann beispielsweise ein Mensch, der in einsamer Verzweiflung für sich allein schreibt, an Lehren und Nutzen denken! Gerade in diesem intimen „Automatismus" der Selbst- und Umweltenthüllung im Sinne einer „offenen Moral"[1] liegt ja der spezifisch europäische Charakter der diaristischen Durchdringung und Umkreisung des Menschlichen in seiner Zwiespältigkeit von Größe und Elend[2]! Zuviel Aufmerksamkeit auf das Leben, auf „Lehren" und „Nutzen" lähmt, nach Bergson und seinen Nachfolgern, die Intuition, die Erfahrung des Unmittelbaren. Hier wurde der idealistische Pädagoge Herder das Opfer seiner rationalistischen protestantisch-moralischen Humanitätsvorstellungen, wobei man ihm allerdings zugute halten muß, daß die pietistischen „Kranken-Journale" diesem so energisch auf die Bewältigung welthistorischer Realitäten gerichteten Geist einigen Grund zum Ärger boten. Mit seiner lebhaften, häufig aber sehr orthodoxen, wenn nicht gar pedantischen Kritik an beichtenden „Subjektivitäten" hat er vermutlich die in späteren geistesgeschichtlichen Ordnung-Schematismen der deutschen Universitätsbildung zutage tretende Abneigung gegen das introspektiv-dramatische Tagebuchschreiben beeinflußt[3]. Nur so läßt sich erklären, daß die europäische Tagebuchliteratur in Enzyklopädien und Handbüchern bisher so wenig gewürdigt worden ist. Man hat manchmal das Gefühl, als erscheine den idealistischen Weltgeist-Erforschern das Schreiben und Veröffentlichen introspektiver Tagebücher als dem Kosmisch-Grandiosen des idealistisch-dialektischen Denkens un-anständig entgegengesetzt. Bietet uns das auch eine Erklärung dafür, daß die großartigen rationalistischen Systeme der deutschen idealistischen Philosophie, im Gegensatz etwa zum englischen Empirismus, zur französischen moralpsy-

[1] Henri Bergson, Les Deux Sources de la morale et de la religion.
[2] Vgl. Kap. I u. II.
[3] In seinem schon zitierten Aufsatz „Zur Entwicklungsgeschichte des Tagebuchs" erscheint R. M. Meyer durch Herders Wort über „Kranken-Journale" ganz und gar „akademisch" befangen.

chologischen und zur italienischen juristisch-anthropologischen Literatur, nur wenig auf den konkreten elend-großen Menschen geachtet haben, während die Fugen der Weltgeist-Orgeln mit vollen idealistisch-historischen Registern ertönten?
Wir wollen diese Frage nur stellen, möchten aber doch meinen, daß in anderen europäischen Ländern die Selbstoffenbarung des Menschen, sein dialektisches Sich-selbst-Erfahren in Grandeur et misère vor ideologischer Vergötzung der Geschichte, des Staates und der Macht wenngleich nicht bewahrt, so doch insofern geschützt hat, als die Völker dieser Länder weniger rasch rückfällig wurden als Deutschland zumindest nach der Bismarck-Zeit. Auszunehmen wären hier das Italien des Faschismus und Sowjetrußland, die in ihrer Staatsideologie unter anderem auch säkularisierte Produkte der anti-subjektiven, nachhegelianischen Geschichts-Idolatrien des „idealistischen" Deutschlands sind, beziehungsweise waren.
Heben wir also noch einmal hervor, daß das Tagebuchschreiben in Europa stets bestrebt scheint, das *Humane* zu retten: durch die mutige Einsicht in die zwischen Größe und Elend *begrenzte* Natur des Menschen und durch die immer wieder betonte Forderung, daß, was immer man an Trans-Humanem zu verwirklichen strebt, auf diese schwache Größe und große Schwäche des Menschen Rücksicht genommen werden muß. Eine mangelhafte moralpsychologische Menschenkunde macht es der pädagogischen und politischen Menschenführung leicht, den Menschen bald mehr als Objekt denn als Subjekt zu sehen. In Wahn-Handlungen einer nur mehr theoretischen Freiheit wird aus dem Menschenobjekt dann das „Menschenmaterial", mit dem man „ohne Rücksicht auf Verluste" verfahren darf. Unumgänglich wird es dann, so hört man, daß der Gott der Geschichte seine Opfer erhält. Allzu willig läßt sich dann meist das Menschenobjekt zum „Massenmord" vor diesem Altar verwenden, weil es selbst versäumte, durch eine nachdrücklichere Entfaltung der Eigenperson in sich die Fähigkeit zur Revolte des menschlichen Maßes gegen outrierte Mechanismen zu entwickeln[1].

[1] „Die deutsche Ideologie... vermischte... ihr Sein" (das der

In Tagebüchern Europas, in denen die Ambivalenz der menschlichen Natur mit einem schöpferischen Erschrecken erlebt wird, mußte die Erkenntnis von der *Brüchigkeit* des Menschen trotz seiner so hoch angesetzten „Stellung im Kosmos[1]" als der „einzige Ort der Gottwerdung[2]" zu einer Voraussetzung diaristischer Weisheit werden[3]. Ohne ein angespanntes

Wahrheit, Vernunft und Gerechtigkeit) „mit ihrer Bewegung und setzt die Vollendung dieses Seins auf das Ende des geschichtlichen Werdens fest, falls es ein solches Ende gibt." Demnach besitzt „der Mensch keine ihm ein für allemal verliehene menschliche Natur". „Mit Napoleon und mit Hegel, dem napoleonischen Philosophen, beginnt die Zeit der ‚Wirksamkeit'." – „Jedenfalls haben sich die Revolutionäre des 20. Jahrhunderts aus Hegel die Waffen geschmiedet, die die formalen Prinzipien der Tugend endgültig vernichtet haben." – „Obwohl es unendlich viel mehr Transzendentes bei Hegel gibt als bei den Linkshegelianern – die schließlich über ihn gesiegt haben –, lieferte er eben doch, und zwar auf der Ebene der Dialektik von Herr und Knecht, die entscheidende Rechtfertigung für den Machtgeist im 20. Jahrhundert." – „Die ganze Geschichte der Menschen ist jedenfalls weiter nichts als ein langer tödlicher Kampf um die Eroberung des allgemeinen Prestiges und der absoluten Macht. Sie ist von sich aus imperialistisch." (Wohlgemerkt bei den Hegelianern von „links" wie von „rechts".) – „Der Wert wird also an das Ende der Geschichte verlegt." – „Der einzige Ausweg ist, das Gesetz zu schaffen, die Waffen in der Hand. ‚Töten oder unterwerfen'." – „Hieraus erwachsen die Terroristen, die entschieden haben, daß man töten und sterben müsse, um sein zu können, . . ." Vergessen wir nicht, daß Hegel selbst mit der „Phänomenologie" glaubte, „daß die Geschichte im Jahre 1807 mit Napoleon und mit ihm vollendet sei". Vgl. ALBERT CAMUS, Der Mensch in der Revolte. A.a.O. S. 137 ff. Zu Diaristik in falschen, d.h. anti-humanen, antitheistischen und atheistischen Machtsystemen vgl. von MAINE DE BIRAN bis FRANÇOIS MAURIAC und ERNST JÜNGER Kap. VI.

[1] Die Stellung des Menschen im Kosmos. Eine der bekanntesten philosophisch-anthropologischen Schriften von MAX SCHELER. München 1947.

[2] A.a.O. S. 84.

[3] SCHELER nennt in seiner Schrift „Vom Ewigen im Menschen" drei die „philosophische Erkenntnis wesensmäßig disponierende Grundakte: 1. Die Liebe der ganzen geistigen Person zum absoluten Wert und Sein. 2. Die Verdemütigung des natürlichen Ich und Selbst. 3. Die Selbstbeherrschung und dadurch erst mögliche Vergegen-

dialektisches Verhältnis von „grandeur" und „misère" kann der technisierte Homo sapiens des 20. Jahrhunderts zwar andere Planeten besetzen. Nur als Roboter jedoch wird er dort landen, wenn er sich nicht – sagen wir es ruhig – seines „erbsündlichen" Konstitutionstypus bewußt bleibt. Schon Pascal versucht in seinem „Pensées"-Tagebuch, uns das klarzumachen. Ehe wir aber dies Tagebuch aufschlagen, möchten wir daran erinnern, daß die menschenkundliche Konfessionsliteratur introspektiver Art, wie sehr auch wohlmeinende Pädagogen davor warnten, sich von „hellenistisch"-frühchristlicher bis zu unserer „modern"-spätchristlichen Zeit immer ungehemmter ausbreitete. Sie bahnte den Weg für die zeitgenössische Psychoanalyse und Tiefenpsychologie. Ohne sie wäre das hellere, freiere und keuschere, weil in einer zweiten Unschuld geistig-natürliche Menschenbild der besten europäischen Geister unserer Tage nicht möglich geworden. Vergessen wir nicht, daß – in einem spezifisch europäisch-christlichen Sinne – der hl. Bernhard von Clairvaux schrieb, es sei weise, „für sich weise zu sein". Es möge also jeder, „als erstes aus eigenem Brunnen trinken". „Beginne damit, Dich selbst zu betrachten[1-3]."

ständlichung der die natürliche sinnliche Wahrnehmung stets notwendig mitbedingenden Triebimpulse des als ‚leiblich' gegebenen und als leiblich fundiert erlebten Lebens." Die Stellung des Menschen im Kosmos S. 95 (Nachwort des Verlags, von G. R. Hocke).

[1] De Consideratione. Buch II, Kap. 3. Zitiert nach G. Gusdorf a.a.O. S. 7.

[2] Vgl. auch die „Confessio Goliae" des Kölner „Erzdichters" in den „Carmina burana". („Goleardus de vitae suae mutatione.") Darin „Beichten" über „Wein, Weib, Gesang". Im damaligen Europa sehr bekannt. (Gewissermaßen „antikonformistisch"-beichtender früher Sturm und Drang.) Ähnliche Empfehlungen wie die des hl. Bernhard findet man in den Psalmen-Kommentaren Calvins und vor allem in den für manche Diaristen anregenden „Vier Büchern von der Nachfolge Christi" von Thomas von Kempen. Aus einem „Geistlichen Tagebuch" von Gerhard Groote (1340–1384) hervorgegangen. Vgl. Abschn. 1 dieses Kap.

[3] In neuerer Zeit schrieben Konfessionen Alfred de Musset: La Confession d'un enfant du siècle; Thomas De Quincey: Confessions of an English Opium Eater, sowie u.a. George Moore und Alphonse de Lamartine. Rousseau wurde zu seinen „Confessions" auch ange-

Von Seneca bis Marc Aurel, von Augustinus bis Petrarca, von Casaubonus bis Novalis, von Gide bis zu Kafka spannt sich, zwischen den irdischen und himmlischen Schauplätzen der Menschengeschichte, ein sehr zarter, ein sehr zerbrechlicher Bogen *wissender* menschlicher Selbstentfaltung, eine Brücke zum göttlich Absoluten aus der „privaten" Erfahrung niemals überspringbarer menschlicher Relativität[1].

Goethe, der offenbar alle Methoden der Selbstdarstellung wie des Selbstbekenntnisses versucht hat, faßte einmal die Idee einer „Vergleichung der sogenannten Konfessionen aller Zeiten[2]". Dadurch würde der „große Vorgang der Befreiung der menschlichen Persönlichkeit erleuchtet werden[3]". In einer solchen Enzyklopädie müssen die bedeutenden europäischen Tagebücher seit der Renaissance zumindest in der gleichen Art gewertet werden wie Memoiren, Autobiographien, Briefe und Entwicklungsromane. Dazu Diaristen über Diaristen! Alfred Kantorowicz zitiert in seinem „Deutschen Tagebuch" *einen* Abschnitt aus den schon genannten Tagebüchern Gottfried Kellers: „Ein Mann ohne Tagebuch (er habe es nun in den Kopf oder auf Papier geschrieben) ist, was ein Weib ohne Spiegel. Dieses hört auf Weib zu sein, wenn es nicht mehr zu gefallen strebt und seine Anmut vernachlässigt . . .; jener hört auf, ein Mann zu sein, wenn er sich selbst nicht mehr beobachtet und Erholung und Nahrung immer außer sich sucht. Er verliert seine Haltung, seine Festigkeit, seinen Charakter, und wenn er seine geistige Selbständigkeit dahin gibt, so wird er ein Tropf. Diese Selbständigkeit kann aber nur be-

regt durch die „Confessions du Comte de * * *" von CHARLES PINOT DUCLOS. Auch HENRY DE MONTHERLANT stellt in seinen „Carnets" Ähnlichkeiten mit den „Confessions" von ROUSSEAU fest (a.a.O. S. 286 f.).

[1] Solche „Evolutionen" entsprechen den anthropologisch-philosophischen wie den geologisch-anthropologischen „Evolutionstheorien" von SCHELER wie von TEILHARD DE CHARDIN. In einem konkreteren anthropologischen Sinne werden sie vor allem angeregt durch die „Anthropologischen Forschungen" ARNOLD GEHLENS (Hamburg 1961). Dazu Näheres in Kap. IX.

[2] Zitiert nach MISCH a.a.O. Bd. I, S. 4.

[3] Ebd.

wahrt werden durch stetes Nachdenken über sich selbst und geschieht am besten durch ein Tagebuch . . .[1]" Spiegel! Spiegel, in denen nicht nur das eigene Ich sichtbar wird, sondern im Wahrnehmen des Eigenen auch das Über-Ich des Seins. Und Menschen ohne Spiegel *dieser* Art, ohne scharfe, kritisch beobachtende Augen, die das Ich wie die Welt in Frage stellen können? Niemand hat es schärfer gesagt als Leonardo da Vinci in seinen Aufzeichnungen: „Es gibt Menschen, die man nicht anders als Durchgang von Speisen, Vermehrer von Kot und Füller von Abtritten nennen muß, weil durch sie nichts anderes auf der Welt erscheint, keine Tugend sich ins Werk setzt und von ihnen nichts übrig bleibt als volle Latrinen[2]." Ein zu scharfes, ein zu hartes, ein hochmütiges Wort! Für die Verzweiflung des Menschen, der in einer aufs Absolute bezogenen Weise nicht Person werden konnte oder in einem nichts als eitlen Spiegel-Ich zu verharren drohte, hat Pascal, der tiefste menschenkundliche „Diarist" Europas vor Kierkegaard, Worte ganz anderer Art gefunden. Gewiß schwingt auch in ihnen noch der eisige Stolz der Persönlichkeitsentdekkung der Renaissance nach. Aber es entsteht eine neue Dialektik von „Größe" und „Elend" des Menschen, ein neues Verhältnis von Hoch-Mut und De-Mut. Zweifellos weisen die Pensées weit über ihre Zeit, ja noch über unser Jahrhundert hinaus. Pascal hat des Ignatius von Loyola tragischen Konfliktknoten von „Größe" und „Demut" in einem neuen, einem „modernen" Sinne aufzulösen versucht. Loyola wechselt alle Vorstellungen von (antiker) Größe dialektisch aus. Winzig-Sein ist besser als Groß-Sein. Pascal stellt eine „natürlichere", eine human ausgeglichenere Ordnung her[3]. Damit haben wir

[1] A.a.O. S. Bd. 1 S. 669.

[2] Philosophische Tagebücher S. 113.

[3] Wie TEILHARD DE CHARDIN in der Entwicklungsgeschichte der Welt und der Menschheit. Heute sind die klügsten Jesuiten in aller Welt, die begreifen, daß die Kirche nicht nur erstarrte Formen verteidigen sollte, auf einen historischen Ausgleich von „Jansenismus" und „Jesuitismus" bedacht. Auch dies gehört zu SCHELERS Prophezeiungen über ein „Zeitalter des Ausgleichs". Widerstände gegen „Synthesen" dieser Art findet man nur in der rückständigsten integralistischen Kurie Roms, die auch alle weltoffenen Reformbestre-

einen diaristischen Menschen und Menschenspiegel vor uns, der alles übertrifft, was wir über Vorfahren und Anreger von Diaristen wissen. Die menschenkundliche Diaristik der Neuzeit wird von einem nüchternen Mathematiker und leidenschaftlichen Gottverteidiger eingeleitet.

3. Der Mensch zwischen Nichts und Alles

Pascals „Pensées" sind, neuen wissenschaftlichen Erkenntnissen zufolge, tatsächlich als eine Sammlung von Tagebucheintragungen zu Entwürfen für eine christliche Apologie anzusehen. Keineswegs wollte Pascal in diskursiver Weise ein philosophisches System entwickeln. Die „Pensées" sind Ausdruck einer besonderen Weise, „sich unter dem Blick Gottes in der Welt zu sehen[1]". Die Fragmente sind reich an Konfrontierungen von Menschengröße und Menschenjammer in der Menschenzeit – unter dem Blick Gottes. Dazu wenigstens die notwendigsten Beispiele. Insbesondere in den Nummern 60 bis 183[2] findet man eine Reihe dialektisch sehr scharfsinniger Bemerkungen über das „Glück des Menschen mit Gott" und das „Elend des Menschen ohne Gott". Der Mensch ist, schreibt Pascal, „disproportioniert". Er steht immer zwischen zwei Abgründen: dem des Nichts und dem des Unendlichen. Der Mensch ist „nichts in bezug auf das Unendliche, alles in bezug auf das Nichts, eine Mitte zwischen Nichts und All[3]". – „Unruhe bereitet uns nur der Vergleich zwischen uns und dem Endlichen. Wenn der Mensch anfängt, sich selbst zu studieren, entdeckt er, daß er nicht über sich hinauszugelangen vermag[4]." Ohne Gnade, ohne „Unendlichkeit" ist der Mensch nur ein „Subjekt voller Irrtümer[5]". Menschen sind „Orgeln,

bungen eines „weisen" Papstes wie Johannes' XXIII. zu blockieren suchte, manchmal mit Mitteln, die eher an bourbonische denn an mittelalterliche Zeiten erinnerten.

[1] Vgl. Henri Gouhier, Le Journal de Pascal in: La diaristica filosofica. Hrsg. vom Istituto Di Studi Filosofici. Padua 1959. S. 15 ff.

[2] Nach der Anordnung von Léon Brunschvicg.

[3] Pensées. Paris 1955, S. 88.

[4] A.a.O. S. 91. [5] Ebd. S. 99.

doch bizarre, wechselnde, falsche, unvollkommene Orgeln[1]". Sie sind „unbeständig" und „seltsam". Der Mensch ist ein ärgerniserregendes Paradoxon. Er ist gläubig und ungläubig, schüchtern und kühn. Abhängig ist er, will aber unabhängig sein; dabei bleibt er stets bedürftig. Unbeständigkeit, Langeweile und Unruhe gehören zu seiner „Condition". Alles will er, und alles verläßt er[2]. „Nichts ist dem Menschen unerträglicher, als ganz in voller Untätigkeit zu sein, ohne Leidenschaft, ohne Handlungen, ohne Vergnügen, ohne Pflicht. Dann erfährt er seine Nichtigkeit, seine Verlassenheit, seine Unzulänglichkeit, seine Abhängigkeit, seine Ohnmacht, seine Leere. Sofort wird er aus seiner Seele die Langeweile herausholen, die Melancholie, die Trauer, den Trübsinn, die Enttäuschung, die Verzweiflung[3]."

Doch kommt dann die große Pascalsche Wendung! Unter Nummer 397 dieser menschen- und gottkundlichen Ephemeriden findet man: „Die Größe des Menschen besteht darin, daß er sich als jämmerlich erkennt. Ein Baum weiß nicht, daß er elend ist." – „Dieses Elend beweist seine Größe. Es handelt sich um die Jämmerlichkeiten eines Grandseigneurs, um Miseren eines entthronten Königs[4]." „Die tiefste Niedrigkeit des Menschen liegt darin, daß er dem Ruhme nachstrebt, und doch ist gerade dies das beste Zeichen für seine Auserwähltheit[5]." Das bloße Ich ist „hassenswert[6]". Es gibt nur zwei Arten von Menschen: „die Gerechten, die sich für Sünder halten und die Sünder, die sich für gerecht halten[7]." „Die Flüsse Babylons fließen, fallen und reißen alles mit sich fort. Auf die Flüsse muß man sich setzen; nicht darunter und mitten drin, wohl aber obenauf. Sitzen muß man, um demütig zu sein; obenauf muß man sich befinden, um sicher zu sein. Stehend aber werden wir sein in den Hallen Jerusalems[8]."

Das Thema der „grandeur et misère" des Menschen „in der Zeit" hat Pascal aus eigener Erschütterung in einem ebenso psychologischen wie existentiellen Sinne provozierend variiert. Nicht um „Größe" im Sinne antiker Ideale geht es ihm

[1] Ebd. S. 106.
[2] Ebd. S. 108.
[3] Ebd.
[4] Ebd. S. 171.
[5] Ebd. S. 172.
[6] Ebd. S. 184.
[7] Ebd. S. 205.
[8] Ebd. S. 191.

und nicht um „Demut" im Sinne der Selbstzerknirschung, wie wir sie bei Ignatius von Loyola finden, sondern um *demütige Größe*! Wir führen nur diese Grundmotive an, weil gerade sie der menschenkundlichen Erörterung im Tagebuch gedient haben. Manchen Diaristen regten sie an, aus *wissender* Gefährdung nach dem Sinn des menschlichen Lebens zu fragen und dabei Wege zu suchen, die zur Überwindung eines zu bequemen Nihilismus führen[1-2].

Im Pietismus und in der Romantik wird der leidende, der reduzierte Mensch dem gesunden, überstarken vorgezogen. Novalis meint in seinem so lakonischen Journal, es sei „Unglück der Beruf zu Gott". Gott weiß um Krankheit, denn jegliche Krankheit hat ihre Zeit. Fein „kindlich" sich zu verhalten ist daher das beste. Nichts ist schwerer, als mit sich Geduld zu haben und seine eigene Schwachheit zu ertragen. „Gott hilft zu allem[3]." Doch führt das doppelte Erlebnis von möglicher Größe und tatsächlichem Elend im weniger religiös- als vielmehr intellektuell-romantischen Tagebuch gelegentlich zu dramatischer Selbsterfahrung des Hinundhergerissenseins zwischen diesen beiden Polen. So findet man in europäischen Diarien bald Selbstlob mit Selbstanklage in nobel-pathetischer wie kleinlich-larmoyanter Weise vermischt. Es stimmt

[1] Zum Nachwirken PASCALS im geistigen Austausch zwischen Diaristen: SAMUEL JOHNSON schreibt in seinem Tagebuch, am 2. April 1779, er habe JAMES BOSWELL PASCALS „Pensées" zu lesen gegeben. Nach der Lektüre einer Tagebucheintragung über PASCAL teilt CHARLES DU BOS in seinem Tagebuch am 25. August 1921 mit: „Ich habe heute nachmittag das Stück PASCALS über die beiden Unendlichkeiten wiedergelesen. Niemals ist er mir so groß erschienen." In seinem Kriegstagebuch schreibt am 2. November 1942 in Libyen der englische Offizier CYRIL ANTHONY STRAUSS: „Der große PASCAL (hat) recht, der sagt: ‚Denke zu allererst über Dich selbst nach und vom Wissen über Dein Ich schreite weiter zu Deinem Schöpfer'." (In: Die Stimme des Menschen a.a.O. S. 253.) Weitere Beispiele im Textteil.

[2] In einer anderen Weise wird bei NIETZSCHE aus dem „odium fati" ein „amor fati". Und NIETZSCHE träumt von einem „römischen Cäsar mit der Seele Christi". Zu diesen „Paradoxien" NIETZSCHES vgl. ALBERT CAMUS, Der Mensch in der Revolte, S. 82.

[3] A.a.O. S. 105.

also nicht ganz, daß in Tagebüchern *meist* über leidvolle Stunden, böse Enttäuschungen und schmerzliche Erfahrungen berichtet wird. Neben der Selbsterniedrigung im Erlebnis des „Elends" findet man oft auch die Selbsterhöhung des Menschen. So schreibt zum Beispiel Benjamin Constant folgende Sätze: „Ich bewege mich im Zittern einer elenden Charakterschwäche. Niemals gab es Lächerlicheres als meine Unentschiedenheit[1]." – „Mein Charakter ist in allem schwach. Ich kann weder meinen Launen widerstehen, noch dem Willen der anderen[2]." – „Ich befand mich gestern in einem Zustand absurder Melancholie. Die Ungewißheit, über was auch immer, macht meine Nerven krank. Das endet mit Niedergeschlagenheit und Trauer. Gestern habe ich lange und zögernd darüber nachgedacht, ob ich mich nicht zu einer dezenten Vereinbarung mit einer kleinen Mätresse entschließen sollte, die ich für drei Monate auf dem Lande brauchen könnte[3]." Dann wieder Selbstvertrauen in bezug auf die Qualität seines literarischen Schaffens, wenn Constant am 10. August 1813 notiert: „Meine drei Dichtungen vorgelesen (bei Hardenbergs). Sie sind hübsch[4]." Am 2. Februar 1815: „Große Bewunderung für mein Buch. Man muß wirklich allerhand los haben, um etwas derartig Gutes zustande zu bringen, wie ich es geleistet habe[5]." Über einen Artikel für das „Journal de Paris" ebenso überzeugt: „Er ist vorzüglich und wird seine Wirkung haben[6]." Auf der Flucht nach Paris, aus Angst vor Repressalien der Bourbonen nach dem Sturz Napoleons, nimmt er sich vor, in England der „Repräsentant des unterdrückten Frankreichs zu sein[7]".

Eitelkeit! Ein Motiv, das für manche Diaristen überhaupt den Ansporn zum Tagebuchführen bildet. Gleichen sich im „Eitlen" nicht Glanz und Elend des Menschen aus, wenn auch nur fiktiv? Überwindet man im utopischen glanzvollen Für-sich-Sein nicht die Leere des anonymen Daseins[8]? Aus dem Laster der Eitelkeit macht der Tagebuchschreiber vielfach

[1] A.a.O. S. 346. [2] Ebd. S. 329. [3] Ebd. S. 438.
[4] Ebd. S. 713. [5] Ebd. S. 769. [6] Ebd. S. 779.
[7] Ebd. S. 807.
[8] „Eitelkeit", „eitel" hat (in altdeutschen Sprachwurzeln) die Bedeutung von „leer", „nichts als", aber auch „für sich".

eine Tugend. Das intime Miserere wird durch ebenso intime Glorias wettgemacht. Schlimm ist es allerdings mit dieser Kompensation des Elendsgefühls durch nur mehr eitle Selbstübersteigerung im Tagebuch der mehrmals erwähnten, so lebensfrohen und so kranken jungen Malerin Marie Bashkirtseff bestellt. Einmal malt sie ein Selbstporträt. Dazu schreibt sie: „Ich habe mein Bildnis gemacht, in Naturgröße, bis zu den Hüften, und zwar mit der Palette (in der Hand); in Schwarz, mit weißem Kragen und Jabot, denn ohne diese wäre ich nicht ich[1]." Ein weiblicher Dandy kämpft vor einem Spiegel mit nervöser Geltungssucht gegen ebenso angespannte Minderwertigkeitsgefühle. Doch wäre dieses Tagebuch nicht so berühmt geworden, wenn sich nicht auch in ihm wieder so etwas wie ein Über-Ich-Bewußtsein geltend machte[2]. Am 24. September 1881 hält sie in ihrem „Journal" fest: „Mein (neues) Mieder steht mir wie einem Engel; eine göttliche Taille erhebt sich aus diesen Massen von Musselin. Aber ich langweile Dich (d. h. sie sich selbst), und Du hast recht. Es ist zu traurig[3]."

Fieberhafte, von Tod und Versagen vorgezeichnete Konflikte können im menschenkundlich-diaristischen Sinne keine Katharsis erzeugen. Der Antagonismus von Größe und Elend des Menschen bleibt gleichsam in einer Vorstufe des Bewußtseins stecken, er hat noch keine demiurgische, keine gott- und sinnerzeugende Kraft. Andere Diaristen, die in solch elementarem Konflikt gefangen bleiben wie Fliegen im Netz der Spinne, versuchen, diese Daseins-Paradoxie durch immer neue Existenzentwürfe planvoll zu rationalisieren, sie in der Polarität von Größe und Elend um Sicherheit und um Heil ringend zu *schematisieren*. Solch intellektuell-harmonisierende Lebens-Geometrie ist für viele Diaristen typisch. Ein anderer, uns ebenfalls schon vertrauter Tagebuchschreiber, Amiel, ist in dieser Hinsicht als ein diaristischer Zunftmeister anzusehen. Der Schweizer Philosophieprofessor meint (am 13. Mai 1847 in Berlin), es sei das schwierigste, eine Lebensmethode

[1] Cahiers intimes inédits. Bd. 4, Paris 1925, S. XIII.
[2] Vgl. die beiden letzten Abschnitte von Kap. VI.
[3] A.a.O. Bd. 4 S. 141.

zu finden. Dazu zeichnet er pädagogische Lebenskunst-Schemata auf. Im Konflikt zwischen Plus und Minus des Menschseins sieht ein Schema dieser Art so aus:

Wissen, was man muß	Ziel.
Feststellen, *wie* man es muß	Methode.
Wollen, was man weiß	Prinzip[1].

Dazu schreibt Amiel, sein Ziel bestehe darin, sein „ideales Ich" zu verwirklichen, seinen „inneren Typus". Immer aufs neue sucht er die ideale Harmonisierung von Elend-Tälern und Größen-Gipfeln. Dazu ein weiteres Schema:

Studium	1. Regel: Vereinfachung
	2. Regel: Kontinuität
	3. Regel: Unabhängigkeit
	4. Regel: Reproduktion[2].

In seiner Existenznot zwischen Größen-Ideal und Elends-Realität wird der Tagebuchschreiber auch zu der uns schon bekannten scharfen Einteilung der Zeit veranlaßt. Diese Ich-Zeit-Einteilung wird in einem existentiellen Sinne immer differenzierter, genauer, verzweifelter. Eine frühe Tagebuchseite von Amiel (13. Oktober 1840) zeigt, wie der Tag in lauter *halbe* Stunden eingeteilt wird[3]. Die Schemata, die auch Gegensätze vereinen sollen, werden immer häufiger. Absolutes und Relatives im Menschen werden mit Stunden-Messungen umkreist, umgarnt, eingesponnen. Das bleibend Große, Ewige, will man in Tages-Geometrien *und* Minuten-Impressionen einfangen. Doch erfährt ein so zergrübelter Diarist wie Amiel von der anderen Welt, der Welt des Außer-sich-Seins, nur wenig, weil in seiner geistigen Organisation das Ich die Zentralsonne bleibt. Die Schematismen und Messungen dienen dem Autisten zu komplizierter Selbstbefriedigung. Der Dialog mit sich selbst wird endlos und geschwätzig. Zum Tagebuch Amiels erwähnt Charles Du Bos in seinem eigenen „Journal" eine Beobachtung von Walter Pater, daß, wenn Amiel in seinem „Journal intime" das Wort „Aktion" gebraucht habe, er fast stets damit die „literarische Produktion" meinte. „Diese Beobachtung . . . enthält die tiefste und

[1] A.a.O. Bd. 1 S. 90. Hervorhebung von AMIEL.
[2] Ebd. Bd. 1 S. 93. [3] Ebd. Bd. 1 S. 45.

sehr wahre Erklärung für die ‚Sterilität' Amiels[1]." Auch Du Bos hält die „Aktion" als einen Begriff der geistigen Produktion für berechtigt, nur -: „man darf nicht bloß *denken*, sondern muß auch *gedacht haben*"[2]. Die Skrupelhaftigkeit des ständigen Argumentierens, das kein Ende kennt, des ununterbrochenen Nachdenkens über Größe und Elend des eigenen Werks, führt zu geistiger Impotenz. Novalis hingegen, so meint Du Bos, sei von der „Notiz" allmählich zu dem durchaus für sich bestehenden „Fragment" gelangt, zur „Betrachtung", die kein bloßer „Aphorismus" sei. Allein dadurch ist Novalis für Charles Du Bos „der größere und wissenschaftlichere": „Das große Werk von Novalis, . . . Novalis ist zu früh gestorben, um es vollenden zu können." Amiel lehnte dagegen das „Fragment" ab, gleichzeitig wollte er aber auch nicht „schweigen". So entstanden vierzehntausend Seiten eines Tagebuches, in denen sich Amiel verlor, und die das Urteil nicht verhindern, „von der Sterilität Amiels zu sprechen"[3]. Gegen diese menschenkundlich falsche Diaristik stellt Du Bos ein Wort aus dem Tagebuch Alfred de Vignys: „Ein großes Leben, das ist ein Gedanke der Jugendzeit, der im Mannesalter verwirklicht wird[4]." Charles Du Bos kannte allerdings die Gefahr eines Zergrübelns von Größe und Elend selbst sehr genau. Am 22. Oktober 1923 hält er in seinem „Journal" fest, seine Freunde klagten darüber (so auch Gide), daß er zuviel Tagebuch führe; dadurch werde er am produktiven Schreiben gehindert[5]. Der vielseitige Homme de lettres Du Bos begriff also rechtzeitig, daß es ein diariographisches Maß gibt, daß auch die Diaristik die Kunst der Dosierung beherrschen muß. Mit entsprechender Distanz führte er weiterhin Tagebuch

[1] Charles Du Bos, Journal 1921–1923. Paris 1946, S. 28 f. Du Bos, der im August 1921 gerade an einem Essay über Amiel schrieb, erwähnt in dieser Zeit fast in jeder neuen Tagebucheintragung Amiel und seine „Journaux intimes".

[2] Ebd. Hervorhebung von Du Bos.

[3] Ebd. u. S. 30. Beispiele von Du Bos und de Vigny im Textteil.

[4] Ebd. S. 20 f.

[5] Ebd. S. 340. Zur Gefahr einer nichtkontrollierten Introspektion vgl. auch Kap. II u. IX.

und schrieb daneben seine Bücher; von ihnen konnte er einmal sagen, daß sie seinen Tagebüchern viel verdankten[1].
Eine tiefere anthropologische Dramatik findet man in einem der gehaltvollsten Diarien Europas, in dem in jedem Sinne echten Tagebuch von *Franz Xaver Kraus* (1840–1901), dem ebenso berühmten wie umstrittenen „liberalen Katholiken", der von 1878 bis zu seinem Tod Ordinarius für Kirchengeschichte in Freiburg war. Eine in der Moderne seltene Universalität offenbart sich in diesem Riesenbau von Notizen, Berichten, Bekenntnissen und Betrachtungen[2]. Buchstäblich alles und jedes im Pandämonium des Menschlichen wird von diesem Verehrer Pascals[3] aufgezeichnet, und zwar knapp und gescheit, schwermütig und begeistert, melancholisch und beseligt, in heiliger Nüchternheit und nüchterner Heiligkeit. Es gibt nur wenige Priestertagebücher dieses Ranges. Kardinal Newman wäre hier anzuführen[4], doch hat das Diarium von Kraus einen viel intimeren Charakter. Selten sind tatsächlich Tagebücher, in denen ein Mensch als Mikrokosmos den Makrokosmos spiegelt, und zwar im Ich, in der Umwelterfahrung, im historischen Bewußtsein, in der Begegnung mit den besten Geistern der Epoche und vor allem in einem ebenso energischen wie sensiblen theozentrischen Denken. In solcher Beziehung gehört das Tagebuch von Franz Xaver Kraus zu den „repräsentativen" Einzigartigkeiten Emersons.
Auch F. X. Kraus treiben, schon als Studenten, „Schwermut

[1] Ebd. S. 340 f. Zu Du Bos und zum Thema „Schöpferische Probleme" in Tagebüchern vgl. Kap. VIII.

[2] Tagebücher, hrsg. von Hubert Schiel. Köln 1957. – Kraus begann sein Tagebuch als Gymnasiast 1856. Er beendete es 1901, kurz vor seinem Tode. In seinem Testament ordnete er an, daß die vielen Hefte erst 50 Jahre nach seinem Tode veröffentlicht werden dürften. Der nun herausgegebene Band umfaßt 762 engbedruckte Seiten. Das Diarium ist als Beitrag zur Geschichte der kirchlichen und theologischen Kämpfe gedacht, die seinerzeit zwischen den Vertretern des „liberalen" und „ultramontanen" Katholizismus geführt worden sind und die heute noch ihre Auswirkungen zeigen. Doch geht das Tagebuch weit darüber hinaus, so z.B. hinsichtlich der weiter gespannten Idee, den alten Glauben mit den Forderungen der Gegenwart in Einklang zu bringen.

[3] A.a.O. S. 695.   [4] Vgl. Beispiel im Textteil.

und Schmerz" an, sich „diesen Blättern anzuvertrauen". – „Jammer" quält ihn oft, aber er wird schon früh von der Vision einer „helfenden" Größe fasziniert. Auch im Alter ändert sich dies nicht. Größe, letzte Größe ist und bleibt für ihn die Einheit von Denkfreiheit und Glauben, von entpolitisierter Kirche und religiös gestimmter Polis. Am 4. Juli 1856 schreibt er: „Die Ehrbegierde regt sich gewaltig in mir; ich glaube, daß sie, neben meiner Eitelkeit und meiner Widerspruchslust, der ärgste von meinen ‚äußeren' Fehlern ist[1]." Die Sündenangst ist bei Kraus oft so erschütternd, weil er stets fürchtet, daß sie „freie" Größe ausschließe. „Das Leben ist doch wahrhaftig kein bloßes Amüsement: Was ist mein Leben anderes als ein ewiger Kampf zwischen dem Guten und Bösen, zwischen Tugend und Laster, zwischen Glauben und Unglauben, zwischen beinahe allen möglichen Extremen. Dazu kommt noch meine große Charakterschwäche; meine Unbeständigkeit, meine Talentlosigkeit. Aber ich darf noch nicht klagen, denn ich habe noch immer so viel wie andere, das heißt soviel, als ich brauche, um den Zweck meines Lebens zu erreichen, um in den Himmel zu gelangen[2]." Und dann folgt die einzigartige Schilderung der Entscheidung, Priester zu werden, „Größe" im Sinne der Heiligen zu erreichen. In den „Exercitia spiritualia" von Ignatius findet der später so grimmige Jesuitenfeind den Weg zum „Electio status". Bald geißelt er sich, um der Größe der Demut teilhaftig zu werden. „Sobald der Schmerz ein wenig stark wurde, sank mir die Hand, und wie ein elender Krieger krümmte ich mich zusammen, statt um so eifriger fortzufahren und das sündige Blut heraus-

[1] A.a.O. S. 6. Auch KRAUS klagte oft über seine „einsame" Sündhaftigkeit. (Häufige Berichte über Beichten.) Über ältere „literarische" Darstellungen des Beichtakts vgl. (außer PETRARCA) MISCH a.a.O. II, S. 590. In bezug auf Bischof RATHERS von Verona (890–974) Autobiographie (Chronographia): Ratherii opera. Ed. Fratres Ballerini. Verona 1765. Damals schon: „dialektische Selbstzergrübelung und Ansätze zu einer Psychologie der Beichte." (Misch a.a.O.) Dazu auch „pastorale" Themen der Beichte (im Mittelalter) als „Ansätze einer Seelengeschichte". S. 603. Zum Thema der Beichte in „Konfessionen" vgl. die ersten Abschnitte dieses Kapitels.

[2] A.a.O. S. 23.

zutreiben[1]!" Doch sein Beichtvater verbietet ihm solche Übungen. Dafür beschließt er, sich im Essen abzutöten und „nach dem Beispiel des hl. Aloysius stets das Unschmackhafteste" zu wählen, „die Gesellschaft der Menschen möglichst zu vermeiden, nicht über gleichgültige, zerstreuende Dinge zu reden[2]". Ohne die Hilfe seiner Beichtväter, so bekennt er, wäre er „wenn nicht schon ein vollkommenes Eigentum des Satans, dann doch eines der verworfensten Ungeheuer, die die Erde trägt". – „Ich habe zu allen Leidenschaften die stärkste Hinneigung. Eitelkeit, Unwahrhaftigkeit, Verstellungssucht, Ehrsucht im höchsten Grade, Neid, Zorn, Unmäßigkeit im Essen und Trinken, Faulheit, Stolz, Härte und ein abstoßendes Benehmen, eine wütende Begierlichkeit der Augen und des Fleisches, kurz alle möglichen Laster sind es, mit denen ich beständig zu kämpfen habe[3]." Heilige spornen ihn immer wieder zur „reinen" Größe an[4]. Jede „Stunde des Tages" (Horae!) teilt er für ein „heiliges Leben" ein: von der „oratio matutina" bis zur „invocatio sanctorum"[5]. Seine Tageszeiteinteilungen werden immer strenger: „Ich hatte meine ratio studiorum so festgesetzt, daß ich morgens um 1/2 5 Uhr aufstand und 9 1/4 Uhr schlafen gehen sollte ... Von 1/2 5–5 Morgengebet. Rosenkranz (1 Dekade) und lectio spiritualis, 7 1/2–8 S. Missa. 12 3/4–1 examen conscientiae particulare et generale. 4–5 Recreatio, dito 7 1/2–8[6]."

Am 4. Dezember 1862 (abends um 6 1/2 Uhr) schreibt Kraus: „Seit heute morgen bin ich Kleriker." Am 15. Dezember schreibt er unter dem „Einfluß der großen Exerzitien": „Bei der Betrachtung der *Bestimmung des Menschen* sehe ich wohl klar, wie auf der einen Seite mir das Gesetz Gottes mit dem Lohne ewiger Beseligung und irdischen Friedens, auf der andern der Geist der Welt mit ihren Freuden, Ehren, Genüssen und Begierden, aber auch mit der unvermeidlichen innern Zerrissenheit und ewiger Verderbnis winkt. Ich sinke auf die Kniee und rufe zerknirscht das große Wort Augustinus': In-

[1] Ebd. S. 39. [2] Ebd. S. 41.
[3] Ebd. S. 42 f. [4] Ebd. S. 45. [5] Ebd. S. 48 f.
[6] Ebd. S. 62 f. Vgl. Abschnitt 2 dieses Kapitels. Zu beachten ist der Titel der schon erwähnten Autobiographie des Bischofs Rather von Verona: Chronographia.

quietum est cor meum donec requiescat in te! Ach ja, sero te amavi[1]." Und achtunddreißig Jahre später, ein Jahr vor seinem Tode, am 31. Dezember 1900, notiert er: „Silvesterabend einsam, traurig und doch hochgemut. Ein schweres Jahr, voll von Leid und Leiden, liegt hinter mir – vielleicht ist der Todesengel an mir vorbeigegangen. Was wird 1901 und was wird mir das neue Säkulum bringen? Der Leiden viel und der Kämpfe nicht wenig. Es liegen im besten Falle nur noch wenige Jahre vor mir; ich bin krank, erschöpft, todesmüde – und doch fühle ich mich voll von innerm Leben, mutig und kampfeslustig; noch sind wir in Nebel und Rauch gehüllt, aber die Sonne hat schon durchgeblitzt, und ich atme für diese arme Menschheit die Luft, die von bessern Bergtriften zu uns herabkommt. Der Äon des geistigen Despotismus ist abgelaufen[2]."

Vier Jahre früher, am 17. Mai 1896, hatte *Leo N. Tolstoi* in sein Tagebuch eingetragen: „Um an die Unsterblichkeit zu glauben, muß man hier ein unsterbliches Leben leben, d. h. leben nicht in sich, sondern in Gott, und nicht für sich, sondern für Gott[3]." Am 29. Dezember 1900 notiert er: „Wenn ein Mensch das Heil in allem, ausgenommen in der Liebe, sucht, gleicht er einem Menschen, der sich, im Dunkeln tappend, seinen Weg sucht. Hat er aber einmal erkannt, daß das Heil, sowohl sein eigenes, als das auch alles Existierenden, in der Liebe ist, so ist für ihn die Sonne aufgegangen, er sieht seinen Weg und wird nicht mehr nach Dingen tappen, die für ihn kein Heil bedeuten[4]."

Das 20. Jahrhundert leitet Tolstoi, von Größe und Elend des Menschen fasziniert, mit einer etwas müden, aber wie Léon Bloy[5] verzweifelten Gebärde ein: „1. Januar des neuen Jahrres und Jahrhunderts. Ich schreibe morgens, weil ich nichts tue, außer lesen. Habe Six Systems of Indian Philosophy und den Jahresbericht des Finanzministers gelesen. Und das eine wie das andere hat mich gleichgültig gelassen. – Bin vollkom-

[1] Ebd. S. 157. Hervorhebung vom Verf.

[2] Ebd. S. 747. Zu „Prophezeiungen" über das 20. Jahrhundert vgl. Kap. VI.

[3] A.a.O. Bd. 1 S. 25. [4] A.a.O. Bd. 2 S. 67.

[5] Vgl. Kap. VI u. Beispiele im Textteil.

men gesund, abgesehen von dem hämorrhoidalen Blutverlust. Aber ich empfinde keinen Wunsch, meine Gedanken auszudrücken; die Stärke der inneren Gedankenarbeit, die zum Ausdruck drängt, ist nicht da[1]." Auch hier gehen ein Leben und ein Jahrhundert zu Ende in Hoffnung allein auf das „Ewige", ohne Zuversicht auf kommende zeitliche Jahrhunderttage[2].

1901 erörtert *Hugo von Hofmannsthal* in seinem Tagebuch „Maß für Maß" von Shakespeare. Wenige Bemerkungen. Dann schreibt er: „Wieviel Landschaft – – das Lied – der Tod –[3]". Zehn Jahre vorher hatte er „Amiels Versinken in die Unendlichkeit der Ursachen" getadelt. „Verwandt damit ... das *willenlose Hinfluten des modernen Menschen in der Empfindung*" (30. 1. 1891). Dem gegenüber ist es „Pflicht, sich zu beschränken, im Schaffen und Denken mit dem Fragmentarischen sich zu begnügen, auch das Gefühl zu begrenzen. (Hebbels Tagebücher im Gegensatz zu Amiels Journal.)[4]". Größe? „Um ein Olympier zu werden, wie Goethe und Victor Hugo, muß man lang leben; jedes Lebensalter der Nachgebornen muß einen Anknüpfungspunkt im Leben des großen Mannes finden, er muß ganz ein Jüngling, ganz ein Mann, ganz ein Greis gewesen sein, ja der Jüngling, der Mann, der Greis seines Volkes kat' exochen[5]."

Jahrhundertwende in gespenstiger Nacht von falscher Größe

[1] A.a.O. Bd. 2 S. 70.

[2] Von 1865–1878, in der Zeit seiner höchsten Produktivität, führte TOLSTOI kein Tagebuch, und auch das ist bezeichnend. Seine Aufzeichnungen sind als Grundlagen des europäischen „Gefühlskommunismus" sehr lehrreich, d.h. für eine Entfaltung von „Menschengröße" in einer karitativen Gemeinschaft. Darin auch viele „Keime" zu späteren Büchern.

[3] H. v. HOFMANNSTHAL, Aufzeichnungen. Frankfurt 1959 (Gesammelte Werke, Bd. 15 S. 130).

[4] A.a.O. S. 89. Hervorhebung vom Verf.

[5] Ebd. S. 90. Und kurz darauf noch folgende Bemerkung: „Künstler lieben vollendete Kunstwerke nicht so sehr wie Fragmente, Skizzen, Entwürfe und Studien, weil sie aus solchen am meisten fürs Handwerk lernen können" (S. 92). Sie gilt vor allem auch der Vorliebe für die Lektüre von Tagebüchern – den „Anthologien" von Entwürfen, Bruchstücken und Aphorismen.

und neu erkanntem Menschenelend! In der Nacht vom 25. zum 26. November 1899 schreibt *Rainer Maria Rilke* in seinem Tagebuch: „Wenn Gott ein Gesetz gegeben hat, so lautet es: *Sei einsam von Zeit zu Zeit.* Denn er kann nur zu einem kommen oder zu zweien, die er nicht mehr unterscheiden kann[1]." Zu gleicher Zeit etwa fixiert *Robert Musil* in seinen frühesten Tagebüchern die Grundlagen für seinen „neuen" analytischen Typus, den „monsieur le vivisecteur[2]". An der Wende 1900/1901 sagt sich ebenso ungeduldig wie hellseherisch *Paul Klee* in seinen Diarien: „Einundzwanzig Jahre alt! An meiner Lebenskraft zweifelte ich nie. Aber wie soll's mit der erwählten Kunst gehen? ... Heillos ist es, so zu empfinden, daß an allen Enden zugleich derselbe Sturm ist und nirgends ein Herr, der dem Chaos gebietet[3]." Und schließlich *André Gide* am 5. Januar 1902[4]: „Chacun a sa façon de se blouser. L'important, c'est de croire à son importance[5]." Das 20. Jahrhundert fängt wahrhaftig schlecht an. Es endet in der *künstlerischen Dekadenz, die nur Elend sieht, und in der politischen Entartung, die nur Größe will.* Die Vorstellungen von „Größe", „Elend" und „Zeit" werden immer gegenstandsloser, weil sie nicht mehr aufeinander bezogen sind[6]. „Zwei Milliarden Menschen hören nur noch auf den Roboter, werden selbst zu Robotern ..." – „Es gibt nur ein Problem, ein einziges: es gilt wieder zu entdecken, daß es ein Leben des Geistes gibt, das noch höher steht als das Leben der Vernunft und das allein den Menschen zu befriedigen vermag." So Saint-Exupéry[7]! Seneca, Marc Aurel, Petrarca, Pascal, Novalis, Goethe, Kierkegaard und so viele andere Diaristen! In solchen Fällen werden Tagebücher zu Jahrhundertbüchern! Der alte, todmüde Knut Hamsun vertraut mit ein wenig Bitternis, doch in weiser Gelassenheit seinem Krankenhaus- und Arrest-

[1] Tagbücher aus der Frühzeit. Leipzig 1942, S. 203. Hervorhebungen vom Verf.

[2] „Vielleicht der Typus des kommenden Gehirnmenschen – vielleicht? –" A.a.O. S. 25.

[3] A.a.O. S. 47.

[4] Zwischen 1896 und 1902 fehlen Aufzeichnungen.

[5] A.a.O. S. 106. [6] Vgl. Kap. VI.

[7] Zitiert in: Die Stimme des Menschen, S. 374.

tagebuch an: „Gerade jetzt wirbelt ein hoffnungsvolles Geschlecht aus dem Untergrund herauf. Es ist so neu geboren, so unschuldig, ich lese davon, doch ich kenne keine Namen, es ist auch gleichgültig. Wandernde Lichter, alle miteinander, sie kommen, leuchten ein wenig und verschwinden, kommen und gehen, wie ich kam und ging[1]." Demgegenüber Herders hinreißend treuer Humanitätsglaube, wie „zeitgebunden" auch immer er uns heute erscheinen mag: „Ein Schatte des Schattens ist der Mensch, sagt Pindar, und doch ist er das erste Rad unserer sichtbaren Schöpfung, für sich und für andere trägt er, als Engel oder als Dämon, Tod oder Leben in seinen Händen[2]."

4. Große Leiden und bescheidene Paradiese

Das erste Rad unserer sichtbaren Schöpfung, der Mensch, gewiß doch ein Rad, das auf dem Wege zur Erfüllung seiner auserlesenen Art auf viele Hindernisse stößt! So erfährt dieses „Rad" auch, sei es in der Jugend oder im Alter, das Unvermeidliche seiner körperlichen Hinfälligkeit und Vergänglichkeit, seines physiologischen Elendszustands, seiner *Krankheiten* und *Gebrechen.* Wenn dieses „Rad" dann bei einer kürzeren oder weiteren Zielstrecke am Wegrand ermattet oder zur Ruhe gezwungen wird, so werden ihm auf ganz andere Art Visionen seiner widerspruchsvollen Bestimmung zuteil. Krankheit und Altern werden zu harten Unterdrückern, und gleichzeitig werden die Bilder von Größe, Macht und Glück bescheidener, die Wunsch-Paradiese, die man auf dieser Erde erfahren kann, immer demuterfüllter. Es ist an der Zeit, festzustellen, daß in Tagebüchern nicht nur um geistig-seelische Hygiene gerungen wird. Der sterbliche *Körper,* in dem der Geist waltet oder verkümmert, Kranksein und Gesunden und in Verbindung mit ihnen ein ständiges Abnehmen der Glücksvorstellung, all dies gehört ebenfalls zu den Grundmotiven europäischer Tagebücher. Die Krankheit kann die freie schöpferische Entfaltung hindern, aber auch einen schöpferischen Zwang ausüben. Kierkegaard kommt in seinen Tagebüchern

[1] A.a.O. S. 79.
[2] A.a.O. Zur schönen Literatur und Kunst Teil 17 S. 36.

zu dem Schluß, daß er es ohne physische Unbilden nie vermocht hätte, seiner Schwermut einen Sinn zu verleihen. Krankheiten sind für den Diaristen *Ereignisse*, die zumindest genauso verzeichnet werden müssen wie die Mittel, sie zu bekämpfen, und die jeweiligen Heilergebnisse. Der echte Selbstbeobachter schenkt auch dem Aufmerksamkeit, was Rousseau die „Maschine" nennt, dem Körper. Als „amphibisches" Wesen mag der Diarist der Spannung von Geist und Leben ausweichen; die Tatsache, daß er Geist *und* Körper hat, wird ihm durch die Realität des Alltags aufgezwungen. Hier muß man wieder zwischen „echten" und „stilisierten" Tagebüchern unterscheiden. Der aufrichtige, der ungehemmte Diarist wird sich auch vor den intimsten physiologischen Enthüllungen in Krankheitssituationen nicht scheuen. Im Gegenteil. Im Bannkreis der Schmerzen wird er geradezu zum Exhibitionismus verführt, vor allem dann, wenn er nicht an eine Veröffentlichung denkt. Man könnte meinen, es sei der physiologische Realismus im Roman des sogenannten Naturalismus in der Gattung des Tagebuchs bereits vorweggenommen worden. Das Bedürfnis des Alles-Sagens im Privattempel des Diariums erstreckt sich ebenso auf die sexuelle Sphäre wie auf andere biologische Vorgänge, die noch schwerer auszusprechen sind.

Für das 19. Jahrhundert hat zweifellos *Rousseau* in seinen „Confessions" auch in dieser Hinsicht die stärksten Anregungen gegeben, wenn er so drastisch über seine schrecklichen urologischen und sonstigen Beschwerden schrieb. Amiel behandelt seine Gesundheitsvorschriften auf geradezu liturgische Art und Weise. Gide notiert ungeniert Verrichtungen und Beschwerden der Verdauung, um kurz danach über eine Klavierkomposition von Chopin auf preziöse Art zu plaudern. Doch sind schon in deutschen Tagebüchern des Pietismus in recht seltsamer, naiver wie sentimentalischer Art Dinge dieser Natur gesagt worden, die Herder bekanntlich verstiegen erschienen. Aus dem Geist der Zeit muß man sie als „normal" ansehen: als Sehnsucht nach paradiesischer Unschuld, nach ungeschminkter Wahrheit, nach dem Alles-Sein und Alles-Sagen im sicheren Bewußtsein des guten christlichen Gewissens. Die Fürstin *Amalie von Gallitzin* zum Beispiel, zweifellos eine Dame von Geist und von Welt, schreibt in ihren Tagebüchern „von einer fortdauernden Beobachtung meiner *Leibes-* und Seelenbeschaffenheiten!" Ihren Körper bezeichnet sie als eine Wohnung, die man näher betrachten müsse, um das eigene seelische Verhalten besser bestimmen zu können. Dazu bemerkt sie, es sei der Bau ihres Körpers fest und stark, mehr männlich als weiblich. Brust, Magen und Kopf seien „in sich stark", und dabei ist die Reihenfolge bemerkenswert. Dennoch sei sie, schreibt die Fürstin weiter, „schier immer kränkelnd", „wovon der Grund hauptsächlich im Unterleib" liege. Dieser aber „gebiert in mir eine Schwermuth, welche ich mit Mühe durch das feste Vertrauen zu Gott ... zu überwinden fähig bin[1]". Auch klagt sie darüber, daß sie „so gar sinnlich" sei „im Essen und Trinken". Um sich besser auf Gott vorzubereiten, wolle sie eine Zeitlang nur noch Schwarzbrot und Gemüse essen, weil sie gerade in hypochondrischen (schwermütigen) Zeiten „so sehr am Essen" hänge[2].

Doch zeigt sich die Beobachtung „der körperlichen Beschaffenheit", der physiologischen Schwankungen zwischen Krank- und Gesundsein und der entsprechenden seelischen Rückwirkungen schon viel früher, eine Tatsache, die gerade im Zusammenhang mit unserem Thema – der Kontinuität und homogenen Humanität in der europäischen Diaristik – bedeutsam ist. Wir haben in unserer Darstellung bisher noch kein Tagebuch aus der Neuzeit kennengelernt, in dem sich ein Mensch fast *ausschließlich* mit sich selbst beschäftigt, wie sehr auch – und das hoffen wir deutlich gemacht zu haben – seit der Renaissance ein Zunehmen subjektiver Elemente im Tagebuch offenkundig wurde. Den Verfasser eines Diariums aus dieser Frühzeit, der vorwiegend sich selbst Beachtung schenkt, haben wir schon erwähnt: *Jacopo da Pontormo*, den Meister des florentinischen Frühmanierismus. Pontormo porträtiert sich gleichsam dauernd selbst in diesem merkwürdigen „Diario", vor allem in ganz naturalistischer Weise seinen Körper, und zwar in seinen physiologischen Funktionen. Essen und Verdauung, Krankheiten und Gebrechen, Diätvor-

[1] A.a.O. Bd. 2 S. 29 f. Hervorhebungen vom Verf.
[2] Ebd. S. 116. Beispiele auch im Textteil.

schriften und gesundheitliche Vorsichtsmaßnahmen spielen im Tagebuch des alternden Sonderlings eine Hauptrolle. Der geniale Künder eines neuen antiklassischen Stils beobachtet seine „Physis" mit fast mikroskopischer Eindringlichkeit. Damit darf als bekräftigt gelten, daß die Renaissance die „Einzigartigkeit des Subjekts" auch durch ein neues, jetzt „negatives" Körpergefühl entdeckt, und daß sie „manieristisch" wird, sobald sie über dieses Gefühl zu reflektieren beginnt. Pontormo beschreibt sich selbst, weniger als leidendes Subjekt, denn als schmerzgeplagtes Objekt; doch dient die Leiderfahrung – im Gegensatz zum Mittelalter – jetzt einem subtileren Ichgefühl, einem bewußteren Individualempfinden. Eine Bewußtseinserweiterung dieser Art fördert vor allem, wie wir noch erläutern werden, die realistische Porträtkunst, den anti-klassischen, manieristischen „ritratto"[1]. Noch kreist der frühe Manierist Pontormo um den eigenen Körper, doch sind die seelischen, schwermütig-dunklen Kontrapunkte in seinem so grausig nüchternen, beispielhaft anti-literarischen Diario nicht zu überhören. Durch das Leiden am eigenen kranken Körper scheint Pontormo, erschüttert auch durch das entsetzliche Erleben der Pest von Florenz, die Schönheit des klassisch-gesunden, idealen Körpers als fragwürdig empfunden zu haben. Die Beobachtung des eigenen gebrechlichen Körpers kann auf einen so sensiblen, „saturnischen" Künstler wie Pontormo nicht ohne Einfluß geblieben sein. In den melancholischen Zügen seiner Porträts wirkt auch die physische Leiderfahrung, das also, was schon frühe klassizistische Kritiker an der Kunst Pontormos richtig als „kränklich" bezeichneten, aber falsch werteten.

Pontormo schrieb seine erschreckend kalten und menschlich doch so wahren Tagebuchnotizen im Alter von sechzig Jahren, also ungefähr im gleichen Lebensalter, in dem Rousseau seine „Confessions" verfaßte[2]. Wie so manch anderer Tage-

[1] Zu Pontormo und seiner Bedeutung im europäischen Manierismus vgl. Gustav René Hocke, Die Welt als Labyrinth. S. 19 ff.

[2] Seiner Bedeutung wegen haben wir das „Diario" von Pontormo fast vollständig in unseren Textteil aufgenommen, d.h. zum ersten Mal ins Deutsche übersetzt. Gekürzt wurden nur Eintragungen über seine täglichen Speisezettel, die ohnehin häufig genug sind. Für die

buchschreiber – von Amiel über Hebbel bis Gide – ist Pontormo auch Hypochonder. Stark ist seine Wetterfühligkeit; bemerkenswert seine Beobachtungen über den Einfluß der Sterne, besonders des Mondes auf das körperliche Befinden. Saturniker[1]! Der alte Pontormo empfindet die Kräfte und Mächte der Natur mit einer panischen Angst. Gegen sie wehrt er sich mit seinen Hygieneregeln und Gesundheitsvorschriften. Um sie auf seine Art zu beherrschen, notiert er so sorgfältig, was er gegessen und wie er verdaut hat[2]. Er beschreibt seine meist kargen Küchenzettel, aber auch die Produkte seiner Verdauung. Doch grübelt und spintisiert Pontormo, im Gegensatz zu pietistischen und romantischen Zeiten, über diese materielle Seite des Menschen als „amphibisches Wesen" nicht; erst in späterer Zeit vereinen sich Darstellungen physischer Leiden mit

Übersetzung wurde die Neuausgabe des italienischen Originaltextes von Emilio Cecchi benutzt (Diario di Jacopo da Pontormo. Florenz 1956). Weitere Literatur über Pontormo: Cornel von Fabriczy, Das Tagebuch von J. da Pontormo. Repertorium für Kunstwissenschaft Bd. XXVI, Berlin u. Stuttgart 1903; Bernard Berenson, The Drawings of the Florentine Painters. London 1903; Frederick Mortimer Clapp, Jacopo da Pontormo. His Life and his Work. New Haven 1916. Darin die erste (englische) Übersetzung des „Diario"; Giusta Nicco Fasola, Pontormo e del Cinquecento. Florenz 1947. Von einem Zeitgenossen ein farbiges, wenn auch fragwürdiges Porträt in Giorgio Vasaris „Viten". Florenz 1881, VI S. 245.

1 Über den Typus des „Saturnikers" im Frühmanierismus vgl. G. R. Hocke, Die Welt als Labyrinth. S. 19 f., 40, 138, 144.

2 Neben Amiel notiert ein anderer Diarist allerlei Einzelheiten über seinen physiologischen Alltag: Niccolo Tommaseo (1802–1874). Sein „Diario intimo" wurde 1821–1852 geschrieben, veröffentlicht ab 1938. Beispiele im Textteil. – Aus Amiels Tagebuch könnte man ganze Apotheken zusammenstellen, auch eine interessante Sammlung von damaligen ärztlichen Rezepten. – Ähnliches findet man u.v.a. im Tagebuch von Franz Xaver Kraus. – Rousseau wurde in dieser Hinsicht schon erwähnt. Ergänzt sei, daß seine Krankheitssorgen noch in seinem Testament nachwirkten. Er wünscht darin, daß seine Leiche den Ärzten zur Obduktion gegeben werde, damit endlich die wahre Ursache seiner quälenden urologischen Störungen festgestellt werden könne ... zugunsten anderer Kranker. – Zu Diätvorschriften in Tagebüchern vgl. auch das Beispiel von G. M. Hopkins im Textteil.

Analysen seelischer Schmerzen. Doch wird ein aufmerksamer Leser in diesem so trockenen Diarium ein tragisches Lebensgefühl und ein starkes Schicksalsbewußtsein wahrnehmen. In seiner Mischung von gerippehafter Starrheit und innerer Aufgewühltheit erinnert es an zeitgenössische Drahtplastiken. Katastrophenstimmung! Die Themen des von Pontormo ausgemalten Chores von S. Lorenzo waren: Weltentstehen, Weltende und Jüngstes Gericht. Das Florentiner Maleroriginal arbeitete, nachdem es die Pest in der Arno-Stadt erlebt hatte, an diesem Werk – wie an seinem Tagebuch – bis kurz vor seinem Tode[1]. Spürt man in beiden Hinterlassenschaften nicht auch die Todesahnung! Dabei auch die ständige Selbstüberwindung! Erschütternd wirken die häufigen winzigen Skizzen über die Arbeiten von S. Lorenzo. An die lakonischen Berichte über seine Miseren fügt er sie an wie magische Zeichen für eine kraftvolle Überwindung der Nur-Natur und der Nur-Anfälligkeit, wie persönliche Hieroglyphen für eine sichere Unsterblichkeit.

Wer annehmen sollte, daß Pontormos Tagebuch in seiner Art damals ohne Parallelen gewesen sei, muß zum Vergleich die Autobiographie des Arztes, Mathematikers, Physikers und Magiers Geronimo Cardano (1501–1576) heranziehen, sein ebenso hyperindividualistisches wie manieristisch-subjektives „De vita propria[2]". Nicht nur das Beobachten des eigenen Körpers[3], auch Selbstbeobachtungen und Reflexionen wird man darin finden. Wilhelm Dilthey hat daher in seinen Studien über „Weltanschauung und Analyse des Menschen seit Renaissance und Reformation" diesem „extravaganten[4]" Werk eine wichtige Bedeutung für das Selbsterkennen einer „widerspruchsvollen und dämonischen Individualität" zu-

[1] Die Fresken wurden von Angelo di Cosimo Bronzino beendet. Im 18. Jahrhundert wurden sie zerstört. Nur die Zeichnungen zu diesem Lebens- und Todeswerk sind erhalten.

[2] Erstveröff. 1643, dt. 1914. „Jérôme Cardan" war einer der Lieblinge Rousseaus.

[3] Ein Kapitel heißt: „Über Essen und Ernährung".

[4] Ausdruck von Rousseau (in den „Fragments autobiographiques"). Cardano sei zwar „leerer", aber „aufrichtiger" als Montaigne. A.a.O. S. 1150.

gestanden. Cardano, schreibt Dilthey, habe es unternommen, „die Notwendigkeit aufzuzeigen, welche die Ausbildung seiner Individualität bestimmt hat[1]". Zur Zeit Pontormos also entsteht – nach Dilthey – „der höchste Begriff der biographischen Aufgabe", nämlich das zum erstenmal differenzierte Wissen über „anthropologische" Zusammenhänge. Hinzu kommt, daß Cardano mit geradezu aggressiver Herausforderung der Ängstlicheren unter „klassischen" Masken alles über sich sagt: über seine sexuelle Leidenschaft, sein falsches Spiel, sein Rachebedürfnis, seine Krankheiten, seine Art zu denken, zu fühlen, zu erkennen und meist intuitiv zu schaffen und zu bilden. Dilthey zieht einen Vergleich zum deutschen „Sturm und Drang": „Seine außerordentliche Persönlichkeit ... seine Ahnungen und sein Bewußtsein von seiner Singularität" gemahnen an die „Originalgenies des 18. Jahrhunderts[2]". Sehr ähnlich könnte man von Jacopo da Pontormo sagen.

Und zu Pontormo schließlich noch eine Bemerkung über die Zusammenhänge von Diaristik und neuer Porträtkunst. Pontormo war ein Meister des *psychologischen* Porträts. Die Florentiner Manieristen übten in dieser Hinsicht – über Fontainebleau – einen Einfluß auf Frankreich aus. Angeregt von diesen italienischen Meistern, gelangte die französische Malerei zum ersten Höhepunkt einer neuen humanistischen, moralpsychologischen Porträtkunst, die der Fähigkeit entspricht, literarische Porträts auf meisterhafte Weise oft mit wenigen Sätzen zu skizzieren, eine Fähigkeit, für die wir in der französischen Memoiren-, Brief-, Roman- und Tagebuchliteratur zahllose Beispiele finden[3]. Montaigne schrieb – wie wir uns erinnern – zu seinen Essays: „C'est moi que je peins." Mar-

[1] Weltanschauung und Analyse des Menschen seit Renaissance und Reformation. Leipzig u. Berlin 1914, S. 431.

[2] Ebd. S. 429 f. Goethe schätzte Cardano. Er verglich ihn mit Cellini und Montaigne. Auch Cellinis „manieristische" Selbstbiographie gehört hierher. Dilthey nennt in diesem Zusammenhang noch: Ludovicus Vives, Jul. Caes. Scaliger, Bernardino Telesio, Giordano Bruno. Ebd. S. 416 ff.

[3] Erinnert sei an unsere Bemerkungen über La Bruyère am Anfang dieses Kapitels.

cel Prousts riesiges Romanwerk „Auf der Suche nach der verlorenen Zeit" erscheint als eins der hintergründigsten Selbstporträts der Weltliteratur – zwischen Größe und Elend des menschlichen Daseins. Auch in anderer Beziehung kann Florenz als die Ursprungsstätte dieses moralpsychologischen „Pourtraire" gelten, und zwar in der Malerei und Bildhauerei wie in der Literatur. Paolo Giovios „Museum jovianum", eine literarisch-essayistische Darstellung und Ikonographie berühmter Persönlichkeiten, wurde zum erstenmal 1548 in Florenz (ohne graphische Illustration) veröffentlicht, dann 1549 in Lyon, 1552 in Paris, 1575 und 1577 in Basel; um 1600 waren ihre Stiche in ganz Europa berühmt[1]. Katharina von Medici, die Gattin Heinrichs II. von Frankreich, besaß in Blois laut Katalog vom 6. Januar 1589 eine Galerie von 341 Porträts. Im 17. Jahrhundert entsteht das Ideal des „homme de qualité", des „honnête homme", des höfischen Weltmanns im Sinne von Baltasar Gracían. Dieser Menschentyp will nicht vergessen, sondern verewigt werden: gerade durch die Kunst des „pourtraire". Neben dem Bewußtsein des „stolzen Ich" bildet sich in dieser Zeit aber auch das Gefühl für das „hassenswerte Ich" im Sinne Pascals aus. Auch hier also wird gegen die Vision der Menschengröße die Realität menschlichen Elends gestellt. Aus dem „portrait d'apparat" wird bald ein „portrait de vérité". Von diesen mannigfachen Einflüssen angeregt, zeichnet Charles Le Brun seine physiognomischen Studien einer Akademiesitzung[2]. Lavater, einer der ersten introspektiven Diaristen Europas, wurde von ihm in entscheidender Weise beeinflußt[3]. Das subjektiv-reale Bild des Menschen entfaltet sich in der Porträtkunst aus den gleichen Ursprüngen wie die realistische Introspektion in der Diaristik. „Ein gutes Porträt", schreibt Baudelaire, „erscheint immer wie eine

[1] Der Franziskaner André Thevet, Leiter des „cabinet de curiosité" von Franz I., veröffentlichte 1584 ein Buch: Les vrais pourtraits et vies des hommes illustres grecz, latins et payens.

[2] 1689 – postum – veröffentlicht.

[3] Vgl. Hélène Adhémar, Portraits français, XIVe–XVe–XVIe siècles. Paris 1951; L. Dimier, Histoire de la peinture de portrait en France au XVIe siècle. Paris 1924–1925, und Germain Bazin im Vorwort zum Katalog: Il Ritratto francese da Clouet a Degas. Rom 1962.

dramatisierte Biographie oder eher noch wie das dem Menschen innewohnende natürliche Drama[1]." Von Pontormo und Degas über Daumier bis zu Picasso spannt sich der gleiche Wille zu einer immer „ungeschminkteren" Menschenkunde wie von Casaubonus über Benjamin Constant zu Kafka. Doch wirkt in beiden Bereichen, die sich in so verschiedener Weise darum bemühen, das *Wesen* des Menschen in neuer Unmittelbarkeit darzustellen, wieder eine eminent *altrömische* Tradition nach. Wie die kaiserlichen Tatenberichte und die Betrachtungen moralpsychologischer Autoren Altroms für die europäische Diaristik vielfältige Anregungen boten, so das altrömische charakterologisch-realistische Porträtbildnis der europäischen Porträtmalerei der Neuzeit[2].

Wir nähern uns einem neuen Grundmotiv in Tagebüchern: der Überwältigung des widerspruchsvollen Daseins durch schöpferisches Tun, bescheidener gesagt: durch anstrengende Tagesarbeit, auch in der Kunst, der Dichtung und Musik, in der wissenschaftlichen Forschung. Diesen „schöpferischen" Problemen wollen wir unser nächstes Kapitel widmen, und dabei wird uns noch einmal Pontormo beschäftigen. Doch sei hier schon das Phänomen eben dieser „Arbeit" erörtert, die so oft auch als Mittel für ein bloßes „Vergessen" des zwiespältigen Daseins angesehen wird. Sofern sie innere Kräfte weckt, gilt *diese* Art von Arbeit in Diarien häufig als beste Voraussetzung für eine *seelische* Hygiene. Wir erfahren schon aus dem Tagebuch Pontormos, wie ihn, abgesehen von ein paar Freunden und von seinem verängstigten Körper, nur die Arbeit interessiert, seine besessene und einsame künstlerische Arbeit. Diese „Arbeit", und es braucht keineswegs eine zu sein, die Unsterblichkeit sichert, vermittelt durch bildendes, schaffendes Selbstvergessen ein zwar bescheidenes, aber beglückendes Paradies auf Erden.

Geistige *und* körperliche Hygiene gehören zur wissenden Ökonomie des Lebens, zu der mächtigen Fähigkeit, Illusio-

[1] Le Portrait („Curiosités esthétiques", VII). A.a.O. S. 807.

[2] Vgl. Ludwig Curtius, Physiognomik des römischen Porträts (1931) und Die antike Kunst in der modernen Welt (1953). In: Torso. Verstreute und nachgelassene Schriften, ausgew. u. hrsg. von Joachim Moras. Stuttgart 1957, S. 68 f. u. S. 43 f.

nen und Nihilismen auszuklammern. In den „Journaux intimes" von Charles Baudelaire wird das Problem „Hygiene" zum Leitmotiv. Auch an Diät- und Gesundheitsvorschriften ist darin kein Mangel. „Ständig werden wir von der Vorstellung und vom Gefühl der Zeit erdrückt", schreibt Baudelaire in den Tagebuchfragmenten über „Hygiene" und „Entwürfe". „Nur zwei Mittel gibt es, um diesem Albdruck zu entrinnen –, um zu vergessen: das Vergnügen und die Arbeit. Das Vergnügen braucht uns auf. Die Arbeit stärkt uns. Wählen wir." Dann noch: „Um von allem gesund zu werden, von Elend, von Krankheit und von Melancholie, gibt es nur eins: le goût du travail[1]." Baudelaire nahm dazu noch das Gebet. Er schwört, sich für sein ganzes Leben zur „Regel" zu machen: „täglich mein Gebet zu Gott zu verrichten", dem „Sammelbecken aller Kraft und Gerechtigkeit, für meinen Vater, für Mariette und für Poe[2]".

Bei solchen dramatischen Hygiene-Entwürfen handelt es sich immer wieder um das Suchen nach „Mitteln für das eine wie für das andere Schicksal", für das Schicksal des Körpers wie der Seele. So lautet eine Schrift von Petrarca, die ebenfalls bis tief ins 18. Jahrhundert hinein berühmt gewesen ist[3]. Das erste Kapitel handelt von der Blüte des Lebens und von der

[1] Oeuvres S. 1234. Zum Elend auch als *wirtschaftliche* Unsicherheit, als ständige *Geldsorge*: Es versteht sich, daß sie in vielen Tagebüchern gerade von Dichtern, Schriftstellern und Künstlern immer wieder eine Rolle spielen. Fragen der Einnahmen und Ausgaben werden oft mit einer verzweifelten Buchführung im Tagebuch registriert. Dafür Beispiele auch schon im Diario von PONTORMO. Ergiebig wieder (außer ROUSSEAU) CONSTANT, DELACROIX und AMIEL. GIDE ringt – in finanzieller Hinsicht – weniger mit Sorgen der Armut als mit der Scham vor seinem eigenen Geiz. In Jugendtagebüchern, besonders des 19. Jahrhunderts, gibt es Dutzende von „Romans d'un jeune homme pauvre" und „Illusions perdues". Vgl. auch die Beispiele NIETZSCHE und (zur „Buchführung" im Tagebuch) DÜRER im Textteil.

[2] A.a.O. S. 1237. Zum „Gebet" im Tagebuch vgl. Beispiel KIERKEGAARD im Textteil.

[3] De Remediis utriusque Fortune. Geschrieben 1354–1366. Diese Schrift kann als eine Vorläuferin der „diätischen" Moralpsychologie von M. DE MONTAIGNE über G. CHR. LICHTENBERG und A. SCHOPENHAUER bis ANDRÉ GIDE angesehen werden. Über Hygienevorschrif-

Hoffnung auf ein langes Leben[1]. Es enthält Vorschriften und Anregungen zu einem „gesunden" Leben im Körper und im Geiste, zu einer humanistischen *Irenik*. „Freude" und „Hoffnung" widerlegen immer überzeugender die Klagen der „Vernunft" über die Tatsache, daß der Augenblick die Stunden fortträgt und die Stunden den Tag, daß alles unsicher und gefährdet, daß das Leben des Menschen im Grunde genommen sinnlos ist. Wieder legt Petrarca den ganzen moralpsychologischen Bildungskosmos der Antike und des Christentums frei, um die rechte *Lebenskunst* zu lehren. Doch sind es vor allem seine Hinweise auf die Freuden der *Natur* und eines natürlichen Lebens, die auf Zeitgenossen wie Nachfahren einen so großen Eindruck gemacht haben[2].
Damit haben wir neben der „Arbeit" eines der begehrtesten Heilmittel gefunden, das viele Diaristen preisen: die bescheidenen, die natürlichen Paradiese oft kurzer, manchmal nur minutenlanger Seligkeit am Meer, im Gebirge, an einem Fluß, am Rande eines Waldes, oder auch im eigenen kleinen Garten. Für den späteren Kult der „Natur", den Baudelaire mit seinen„ Paradis artificiels" in ein „satanisches" Gegenteil umkehren wollte, hat J. J. Rousseau in seinen „Rêveries du promeneur solitaire" bekanntlich Antriebe gegeben, die selbst in unserer Massengesellschaft noch nicht vergessen sind. In seinem siebten „Spaziergang" erklärt er feierlich, daß er sich dem „einzigen Gesetz der Natur" unterworfen und durch sie – im Gegensatz zur Heilkunst der Ärzte – seine ursprüngliche Gesundheit wiedergefunden habe[3]. Natur und Naturkunde (Botanik) lassen ihn die Verfolgungen der Menschen vergessen, ihren Haß, ihre Verachtung, alle Leiden, die ihm von ihnen trotz seinem aufrichtigen Bemühen um sie und ihre Freiheit zugefügt worden sind. In der Natur findet er einfache Menschen in friedlichen Behausungen. Unschuldiges Vergnügen erfährt er dort und endlich windstilles Glück[4].

ten im Hellenismus (Aelius Aristides) wurde bereits berichtet. Vgl. Kp. II.

[1] A.a.O. S. 605 ff.

[2] Petrarca gilt bekanntlich auch als der Entdecker der Naturschönheit und des subjektiven Naturerlebens.

[3] A.a.O. S. 1065. [4] Ebd. S. 1073.

Wälder, Berge, Seen und Flüsse, eine einsame Insel erlösen ihn. Sie schenken ihm eine „délicieuse ivresse". „Die Harmonie der drei Reiche" der Natur stellt sich für ihn als das einzige Schauspiel der Welt dar, dessen „Auge und Herz nie müde werden[1]". Viel wandernd, wird er gesund[2]. Seine Ich-Liebe wird erlöst, sie wird Naturliebe und damit Liebe zum All. Die „Nourritures terrestres", die ein André Gide pries, lassen ein „Paradis terrestre" entstehen[3]. In dieser Natur wird Rousseau nach „entsetzlichen Leiden" endlich „zum glücklichsten der Sterblichen".

Ein derartig unproblematisches Glück bezeichnen viele unserer Tagebuchschreiber – neben religiöser Innerlichkeit, Arbeit und Lektüre – als das ausgleichende Entspannungsfeld in der Dialektik von Größe und Elend des Menschen. Naturverbundenheit und ebenso leidenschaftliches wie geordnetes geistiges Arbeiten gelten als Kernvorschriften einer universalen Hygiene, der ausgeglichenen Ökonomie aller Kräfte. Dieses hohe Gut wird über die Leidenschaften der Liebe gestellt, vielfach sogar über das Familienglück, und es hat als Ideal die bösesten Zeiten überdauert. Es handelt sich um eine Vision der Übereinstimmung mit einer „reinen" Diesseits-Welt[4], ähnlich dem mystischen Untergang des Ichs in einer religiösen Überwelt[5]. In vielen der angeführten Tagebücher wird man dafür Beispiele entdecken. Platen findet Freiheit in mythischen Landschaftsfresken Italiens. Delacroix, der ebenfalls häufig Systeme der Hygiene entwirft, fühlt sich nur auf dem Lande wohl, vor allem in seiner geliebten Touraine. G. M. Hopkins entdeckt in der Natur Chiffren Gottes. In Tagebüchern von derartigem Rang stößt man dann nicht selten auch auf großartige Landschaftsschilderungen, selbst, ja gerade dann, wenn sie in abkürzendem diaristischem Stil gehalten sind[6]. Und der kleine *eigene* Garten! Dieses Stück Pa-

[1] Ebd. S. 1062 f. [2] Ebd. S. 1307.

[3] Ausdruck von ROUSSEAU. Vgl. Achter Spaziergang. A.a.O. S. 1083.

[4] Dazu Näheres in Kap. IX. [5] Dazu Näheres in Kap. X.

[6] Vgl. Beispiel aus den Tagebüchern von HOPKINS im Textteil. Dazu auch schöne Beispiele u.a. in den Tagebüchern von RAINER MARIA RILKE, ERNST BARLACH, RENÉ SCHICKELE, WILHELM LEHMANN, ERNST JÜNGER, KARL EUGEN GASS.

radies, das auf die Erde gefallen ist und einem ganz allein gehört! Gottfried Keller hat geschildert, wie er dort alles mit dem „reellsten Genusse in sich hinein schlürfte[1]". Ein Schmetterling wird zum Boten heiligen Friedens. So erfährt es Hermann Hesse: alt, versunken, in seinem Garten, in seiner Ecke Blühen zwischen Himmel und Erde. Verzückt folgt er dem Fluge eines Trauermantels, der nun auch Bote sein kann für die Ankunft eines glücklichen Todes nach langem, schwerem, leidensreichem, aber auch erfülltem, schöpferischem Leben. „Langsam, im Rhythmus ruhiger Atemzüge, schloß und öffnete der Schöne seine Sammetflügel, hielt sich mit sechs haardünnen Beinen an meinem Handrücken fest und entschwebte nach einer kurzen Weile, ohne daß ich das Loslassen spürte in die große heiße Helligkeit hinaus[2]."

[1] Vgl. Textteil.

[2] Betrachtungen und Briefe. Frankfurt/M. 1957 (Ges. Schriften Bd. 7), S. 945.

KAPITEL VIII

Schöpferische Probleme

1. *Kairos im Laboratorium*

Glück in bescheidenen irdischen Paradiesen! Es gibt, wir sagten es schon, spannungsvolleres Glückserleben, das aus dem Erfahren eigener Überwindungskräfte erwächst, aus schöpferischer Betätigung. Gleichwohl schließt solche Glückserfahrung alle Qualen der Hölle ein, und häufig wird das Tagebuch zu einem Schlachtfeld von Glück und Leid. Nicht nur für Dichter und Künstler ist das Diarium zu Zeiten ein Mittel der Selbstberatung und der Selbstkritik gegenüber schöpferischen Problemen. Auch Heerführer und Ärzte, Philosophen und Techniker benutzen es in diesem Sinne als eine Art papiernes Laboratorium, als eingebundene Retorte zur Prüfung der Intuition, als Pult zum Entwurf einzelner Arbeiten oder eines Lebenswerks. Auch zur Aufbewahrung und Erinnerung von Einfällen dient es zuweilen, als Sammelschrank für Anekdoten, als Brutkasten für Handlungsabläufe, als Register für Kompositionen. In diesen Beziehungen erfüllt das Tagebuch eine seiner wichtigsten Aufgaben. Es verhilft einem Autor oder einem Handelnden zur Klarheit über sich selbst, wobei es von dessen eigenen kritischen Gaben abhängt, ob er auch auf diese Weise sich selbst bewährt oder verfälscht. Schon früh wurden Tagebücher auch als Skizzenbücher und Entwurfsammlungen angelegt; als Exzerpt-Kollektionen und psychologische Musterschränke; als ästhetische Zettelkästen und wissenschaftliche Memoranden; als Erlebnis-Register und als Ideen-Anthologien. Aus so manchem Tagebuch dieser Art kann man die Intensität vor allem des dichterischen und künstlerischen Schaffens ermessen, auch im Sinne der Akribie; gleichsam des Käfersammlers und Sprachforschers. Genauigkeit und Gründlichkeit, Entwerfen und Verwerfen begegnet uns in außerordentlich noblem Sinne. Aber man stößt auch auf Ängstlichkeit und Verwirrung, blickt in verborgene Werkstätten, auf fragwürdige Retuschen und verspielte Korrekturen, nicht selten auf ein täuschendes bloßes Machen oder gar Vormachen, auf Wahrheitsverfälschung aus Gefallsucht und Effekthascherei. Das Baugerüst des Illusionismus, das Skelett des Scheins, treten dann in schauerlicher Art zutage. Die „Lüge" im Dichten, das „Spielen" mit der Wahrheit und mit dem Sein, werden sichtbar wie das Trick-Werk der Magier, wenn die Rückseite ihrer Zauberschränke dem Betrachter zugekehrt ist. Der Vorgang ist vielfältig und meist eindrucksvoll. Auch der verzweifelte Ernst im Spiel und Hantieren mit Seinselementen wird offenbar. Das Ethos in Werken der Dichtung und Kunst wird als der tiefere, demiurgische Sinn solcher Werkstattarbeit bei diesem so unermüdlichen Aufzeichnen und Verzeichnen, Aufzetteln und Verzetteln erkennbar. Für die europäische Literatur und Kunst zeigt es sich immer wieder, daß Verstand und Intuition sich ebensogut zu verschwistern wissen wie Scharfsinn und Traum, wie Methodik und Phantasie. So schwer manche Dichter und Künstler den Zwiespalt von Geist und Leben ertragen, in ihren Tagebüchern kämpfen sie ihn aus: zugunsten der überrelativen Einheit von Geist und Leben im Kunstwerk selbst.

Wenn auch der Abbau mancher allzu rhetorischer Denkmäler der Literaturgeschichte wie der Politikgeschichte nützlich und förderlich ist, so erweist sich doch die schnüffelnde Bloßstellung von Werkstattgeheimnissen im Tagebuch als ein fragwürdiges Verfahren, weil dann meist nur von den experimentellen Mitteln auf das vollendete Ergebnis geschlossen wird. In solche Gesellschaft wollen wir uns nicht begeben. Der Mißbrauch des Tagebuch-*Lesens,* die psychopathische Schadenfreude an den Zwiespältigkeiten geistigen Vollbringens, führt nicht zu einer erhellenden Darstellung solcher Beziehungen. Auf diese Weise wird lediglich eine künstliche Zweiheit von Werk und Person konstruiert; aber gerade sie ist im vollendeten Kunstwerk ja aufgehoben. Einen Generalnenner, auf den man etwa die verschiedenartigsten schöpferischen Prozesse aus Tagebüchern bringen könnte, gibt es ohnehin nicht, da Tagebücher, bei aller Gleichartigkeit von Grundstrukturen, historischen Antrieben, literarischen Anregungen, psychologischen Anlässen, elementaren Intentionen und Inhalten, genauso *individuellen* Charakter haben wie das Kunstwerk selbst. Gerade schöpferische Probleme (muß man es sagen?) sind also von besonders *persönlicher* Art, auch wenn die verschiedenen Weisen, auf die im Tagebuch versucht wird, sie zu klären und zu lösen, von überpersönlichen Gebräuchen und Verfahren zeugen, also von einer gemeineuropäischen diaristischen *Technik*. Genauso werden die individuellen inneren Wege und Bilder der Meditation bei einzelnen Zen-Buddhisten verschieden sein, auch wenn ihr Verfahren kollektiver Natur ist.

Zum persönlichsten Charakter einer individuellen Schöpfungsgeschichte im Tagebuch gehört die Begegnung mit dem Gott Kairos, mit dem mythischen Bilde des *günstigen Augenblicks*. Dramatische Höhepunkte ergeben sich, wenn ein „Autor" seinem Tagebuch anvertraut, daß sein schöpferischer Tag, seine schöpferische Stunde gekommen ist, daß er das schöpferische Glück nun „am Schopfe gepackt" hat, daß er nunmehr schreiben oder malen oder komponieren muß. Dieser Gott der griechischen Mythologie, Kairos, von den Römern „Occasio" genannt, ist der Gott der günstigen Gelegenheit, auf die man lauern muß, um den stets nur Vorbeihuschenden recht-zeitig an seiner Locke erwischen und festhalten zu können. Und das ist schwierig, denn Kairos wie Occasio haben eine Locke nur an der Stirn; am Hinterkopf ist das Haar abrasiert; auch das Rasiermesser ist ein Symbol dieser Zeit-Gottheit. Auf dieses Messers Schneide schweben sie, die „Schaffenden", schwankend, auf scharf-dünnem Boden wie das Glück, wie der schöpferische Glücks-Einfall. Ein dramatisches Tagebuch-Erleben also, denn dort wird es ja in Buchstaben eilig, atemlos festgehalten; es wird gebannt. So notierte Pascal nach seiner blitzhaften Erkenntnis der Gottnatur Christi dieses Hineinbrechen des „Glücks" auf einen Zettel, den er dann in seinen Rockkragen einnähte. Stunde um Stunde, Tag um Tag hatte er auf diese Vergegenwärtigung der Wahrheit gewartet, auf diese Minute, in die die Ewigkeit dann plötzlich und erschütternd einschlug wie ein Blitz[1].

[1] Näheres dazu in Kap. X. In der protestantischen Theologie wurde Kairos zum Symbol des Augenblicks, den der Mensch als Einbruch

Sehen wir uns nun – nach Pontormos Diarium, auf das wir noch einmal zurückkommen werden – zunächst weitere Künstlertagebücher an[1]. Über das Tagebuchschreiben von Künstlern bemerkt Paul Valéry, anläßlich des Tagebuchs von Corot[2], des für ihn „reinsten" Malers aller Zeiten: „Ich wußte schon immer, daß das Stillschweigen der Maler vor ihrer Staffelei unecht und bloßer Schein ist; in Wahrheit halten sie vor ihrer Spiegelwelt aus Leinwand unendliche aus lyrischen Ausbrüchen und Ungereimtheiten gemischte Reden an sich selber – und das ist doch nichts anderes als eine ‚Literatur', gegen die man sich aufgebäumt hatte, die verdrängt, bisweilen im Ziegelofen nachgebrannt worden war, und nun, da es Abend ward, in einen Feuersturm knalliger Sentenzen von bemerkenswerter Richtigkeit zerstiebt – deren richtigste ganz und gar nicht die am wenigsten ungerechten sind[3]." – „Ein Maler, der auf Größe, auf Freiheit, auf Seinersichersein aus ist; der sich das mächtige und köstliche Gefühl abverlangt, voranzukommen, steilere Stufen erklommen zu haben, von bislang ungekannten Entwicklungen seiner Zielsetzungen, nach höherem Lorbeer greifenden Einungen von Wollen, Wissen, Können durch sich selbst überrascht zu werden – ein solcher Maler kommt ganz von selbst dazu, seine Erfahrungen zusammenzufassen, sich wissend und im Gewissen in seinen eigenen ‚Wahrheiten' zu bestätigen und auch die Wesensmerkmale der von ihm ins Auge gefaßten weitergespannten oder

des „Ewigen" erkennen soll und sich nach ihm entscheiden muß. Vgl. Kairos. Zur Geisteslage und Geisteswendung, hrsg. von Paul Tillich. Darmstadt 1926. – Die Quelle dieses modernen – vor allem existentiellen – Kairos-Gedankens ist bei Kierkegaard zu suchen. Für seine religiösen Streitschriften ist er ein tragender Begriff: der „Augenblick". Vgl. Sören Kierkegaard, Der Augenblick. Aufsätze und Schriften des letzten Streits. Düsseldorf und Köln 1959.

[1] Für weitere Namen vgl. unsere Bibliographie; zu Dürers Reisetagebuch Kap. II. Die Tagebücher von Delacroix, Bashkirtseff und Klee wurden in Kap. IV bereits erwähnt. Von ihnen wird nachfolgend noch die Rede sein.

[2] Beispiel im nächsten Abschnitt dieses Kapitels und im Textteil.

[3] Paul Valéry, Im Umgang mit Corot. Übers. von Carlo Schmid. Merkur H. 4, Stuttgart 1959, S. 302.

vielschichtigeren Arbeiten in seinen Gedanken zu bestimmen ... Dann fangen sie an zu schreiben[1]."

So wird das Künstlertagebuch zunächst zu einem Notizbuch von kritisch eingegrenzten Visionen und zu einem „Memorial" der Selbstbestätigung ebenso wie zu einer Sammlung ästhetischer Regeln und Einsichten. Valéry weist auf die Aufzeichnungen von Leonardo hin, auf die Tagebücher von Delacroix und Ingres und bezieht die theoretischen Schriften Wagners und Baudelaires ein, die alle darauf aus gewesen seien, „die Seelen auf dem Wege über die Sinne in ihre Gewalt zu bekommen". Sie hätten von nichts geträumt als von „unwiderstehlichen Effekten". Ihnen gehe es darum, „trunken zu machen oder zu zermalmen". Corot hingegen habe stets nur zu dem „von ihm Erfühlten hinverführen" wollen. Er denke nicht daran, sich „zum Herrn über einen Sklaven zu machen". Doch hoffe er, „aus uns sich Freunde zu schaffen, Gefährten seines glückhaften Schauens an einem schönen Tage vom silbernen Morgen bis an die Schwelle der Nacht[2]".

Und nun *Delacroix*! Sein Tagebuch ist inhaltsreicher, subjektiver, menschlicher als das Corots, abenteuerlich-verwegener, und so ist auch seine Malerei, verglichen mit derjenigen Corots, des Klassikers der „grande ligne italienne". Besonders lebendig ist das Jugendtagebuch des von Baudelaire so geliebten „Romantikers", der in seinen späteren Jahren die Romantik verachtete und Mozart über alles stellte[3]. Immer wieder

[1] Ebd. [2] Ebd. S. 303.

[3] Erneut hier genannt: Vollst. Ausg. Paris 1932. Drei Bände. Die Tagebücher umfassen die Jahre 1822–1824; 1832 (Tagebücher einer Reise nach Marokko); 1847–1863. Man beachte die für manche Tagebücher bezeichnende lange Unterbrechung. Es handelt sich um ein Jugendtagebuch und um ein Diarium der Reifezeit. Nach langem Zögern hatte sich Delacroix entschlossen, es für die Veröffentlichung nach seinem Tode freizugeben. An manchen Stellen enthält es Entwürfe für ein „großes Buch", das er über die „Kunst" und über die „Schönheit" schreiben wollte. Was Umfang, Vielseitigkeit und Intensität angeht, gilt dieses Tagebuch den Franzosen als ein „einzigartiges" diaristisches Phänomen in ihrer Nationalliteratur wie den Engländern die Tagebücher von Pepys und Haydon, den Italienern dasjenige Leopardis und den Deutschen dasjenige Hebbels. Beispiele auch in Kap. IV.

werden seine künstlerischen Erkenntnisse „okkasionalistisch" angeregt: durch Gespräche, durch Reisen, durch eine geradezu frenetische Lektüre und später durch einsame Naturerlebnisse. Am 8. Oktober 1822 schreibt er aus einer plötzlichen Erfahrung: „Wenn ich ein schönes Bild gemacht habe, habe ich keinen Gedanken fixiert. So sagen doch manche. Wie töricht sie sind! Sie rauben der Malerei alle ihre Vorteile. Der Schriftsteller sagt fast alles, um verstanden zu werden. In der Malerei entsteht eine geheimnisvolle Brücke zwischen der Seele der Figuren und derjenigen des Betrachters[1]." Wenn man nur ganz auf die „eigene Seele" horcht, auf das in sie Eindringende wartet, so „öffnet sie sich Dir ganz"; dann „erlaubt Dir diese Launige das höchste Glück[2]". Vorher schon hatte er diesen „Augenblick", diese „Gelegenheit" geahnt. Am 12. Oktober 1822 schrieb er „um 1½ Uhr in der Nacht": „Gerade sah ich, mitten unter schwarzen Wolken und Gewitterschauern, kurz den Orion im Himmel leuchten. Erst dachte ich an meine Eitelkeit in diesen schwingenden Welträumen. Dann fielen mir ein: Gerechtigkeit, Freundschaft, die verschiedenartigsten göttlichen Gefühle im Herzen der Menschen; Großes fand ich im Universum nur: das Weltall und seinen Schöpfer. Dieser Gedanke erregt mich. Er könnte nicht existieren? Nein! . . . Wenn der Zufall das Universum geschaffen hätte, was würden Gewissen, Reue und Aufopferung dann bedeuten?" – „Man muß damit aufhören und schlafen gehen: ich habe mit großem Genuß geträumt." Und unmittelbar darauf: „Ich erkannte Fortschritte in meinen Pferdestudien[3]." Eine Antiklimax, die gerade für Künstlertagebücher charakteristisch ist: sie springen von Immensem auf oft „banal"-technisch Konkretes, auf eine bessere Farbenmischung, auf eine winzige Änderung in der Komposition. Die „Erleuchtung" des „Augenblicks" wird zu einem sachlichen Licht-Gegenstand für das Auge.

Zwei Jahre später, am 9. Mai 1824, schreibt dieser enzyklopädische Geist, der „alles" umfassen wollte, aber meist nur im schöpferischen Sinne beglückt wurde, wenn er fallende

[1] A.a.O. Bd. 1 S. 17.
[2] Ebd. S. 102. [3] Ebd. S. 19.

Herbstblätter sah oder den Duft des Waldes nach einem Aprilregen einatmete, nachdem er nachts „Kairos"-Nachtigallen in einem Garten singen gehört hatte. Dann nämlich erlebte er die Paradoxie der Kunst als Nicht-Natur: „Wenn es weniger natürlich ist, so wird es fruchtbarer und schöner sein! Möge all dies sich binden! O Lächeln eines Sterbenden! Blick einer Mutter! Umarmungen des Verzweifelns! Kostbare Reiche der Malerei! Schweigende Macht, die zunächst nur die Augen anspricht, und die dann alle Vermögen der Seele erobert! Das ist wahrhaft Geist, das ist die wahre Schönheit, die Dir entspricht, die schöne Malerei, die so verleumdet wird, so mißverstanden und die so ausgeliefert ist den Toren, die Dich ausbeuten[1]" ... Und am 14. Mai 1824 findet er die Formel zu dieser glücklichen Festnahme von Kairos: *„Die Neuheit liegt im schöpferischen Geist, nicht in der Natur, die (bereits) gemalt ist."* – „Du, der Du weißt, daß es immer Neues gibt, zeig es ihnen doch im von ihnen Verkannten. Laß sie doch wissen, daß sie niemals die Nachtigall hörten, daß sie niemals das weite Meer sahen, daß sie nichts von alledem erfuhren, was ihre groben Organe ihnen zu erfahren verweigern; es sei denn, man habe sich vorher abgemüht, für sie zu fühlen[2]." Am 6. Juni steigert sich sein schöpferisches Bewußtsein zum emphatischen Engagement: „Sollen doch diejenigen schweigen, die da mit Kälte arbeiten! Weiß man denn, was Arbeiten heißt unter dem Diktat der Inspiration? Welche Angst man hat? Welche Sorgen, den Löwen zu wecken, dessen Brüllen einen völlig aufwühlen muß." Doch dann wieder die für Künstlertagebücher so bezeichnende Gegengebärde, die Reduzierung der Emphase (weil man es vordringlich mit zu gestaltender „Materie" zu tun hat): „Doch, um darauf zurückzukommen: fest sein, einfach, wahrhaftig. Das ist das Bestreben *in allen Augenblicken,* und nützlich für immer[3]."

Delacroix hat sich, wie seine Tagebücher bezeugen, oft gefragt, ob er Dichter oder Maler werden solle. Ähnlich erging es in seiner Frühzeit *Paul Klee,* dem Verfasser des gehaltvollsten Künstlertagebuchs nach Delacroix[4]. Hierzu müs-

[1] Ebd. S. 96. [2] Ebd. S. 103. Hervorhebung vom Verf.

[3] Ebd. S. 110. Hervorhebung vom Verf.

[4] Nähere Angaben und andere Beispiele in Kap. IV.

sen wir noch einmal die schon zitierte Eintragung aus dem Jahre 1900 anführen: „Im Grunde Dichter zu sein, diese Erkenntnis sollte in der bildenden Kunst doch nicht hinderlich sein! Und wenn ich wirklich Dichter sein müßte, würde ich Gott weiß was anderes wollen. In mir wogt, gewiß, ein Meer, weil ich empfinde. Heillos ist es, so zu empfinden, daß an allen Enden zugleich derselbe Sturm ist und nirgends ein Herr, der dem Chaos gebietet[1]." Vor der Begegnung mit Kairos, ehe er es vermag, ihn „am Schopfe zu erwischen", quält ihn lange der Zweifel: Maler? Dichter? Komponist? Doch faßt Klee den rätselhaften Gott bald, und zwar in Neapel. In der Osterzeit 1902 schreibt er: „Im Museo Nazionale fesselte mich die Pompeji-Gemäldesammlung vor allem. Als ich eintrat, war ich aufs höchste ergriffen. Malende Antike, zum Teil wunderschön erhalten. Zudem liegt mir gegenwärtig diese Kunst so nah! Die Silhouetten-Behandlung hatte ich geahnt. Die dekorative Farbe. Ich nehme das persönlich. *Für mich ward es gemalt, für mich ausgegraben. Ich fühle mich gestärkt*[2]." – „In Italien begriff ich das Architektonische – hart bei der abstrakten Kunst stand ich da – der bildenden Kunst (heute würde ich sagen, das Konstruktive)[3]." – „Bin ich Gott? Ich habe großer Dinge so viel gehäuft in mir! Mein Haupt glüht zum Springen[4]" (August 1905). Und gleich darauf „reeller" und für Kairos-Fesseln (im Tagebuch) dramatisch-deutlich: „Das Genie sitzt im Glashaus, aber im unzerbrechlichen, ideengebärend. Nach den Geburten verfällt es in Raserei. *Greift zum Fenster hinaus nach dem Nächsten, der da vorübergeht. Die Dämonskralle hackt, die eiserne Faust packt.* Sonst warst du Modell, höhnt es zwischen Sägezähnen, mir bist du Materie zum Werk. Ich schmeiß Dich hin an die Wand von Glas, daß du pappen bleibst, projiziert pappen ...[5]" Der „große Augenblick"! – „Wenn wirklich, wie ich glaube, sämtliche Läufe der gestrigen Tradition versanden und die sogenannten unentwegten Pfadgeher (liberale Herren) nur scheinbar gesunde und frische Mienen zeigen, im Licht der großen

[1] Tagebücher 1898–1918, S. 47.
[2] A.a.O. S. 106 f. Hervorhebungen vom Verf.
[3] Ebd. S. 133. [4] Ebd. S. 197.
[5] Ebd. S. 197. Hervorhebungen vom Verf.

Historie aber der Inbegriff von Müdigkeit sind, dann *ist ein großer Augenblick gekommen*, und ich begrüße sie, die an der nun kommenden Reformation mitarbeiten[1]." Hier erleben wir – im Tagebuch – eine Geburtsstunde der zeitgenössisch-modernen Malerei.

Die *rätselhaft flüchtige* Kairos-Figur am wehenden Schopf zu erwischen und festzuhalten gelingt allerdings offenbar nur dem mehr als Nur-Talentierten oder gar Nur-Eitlen. Die schon des öfteren erwähnte Malerin Marie Bashkirtseff nimmt sich am 1. Mai 1884 vor, daß sie nur die „genaue, absolute und strenge Wahrheit[2]" mitteilen will. Am 7. August 1877 hatte sie, nachdem sie in angeblich unerträglich heiterer Gesellschaft gewesen war, verzweifelt ihrem „Journal" das Folgende anvertraut: „Ich Wahnsinnige, Wahnsinnige, die nicht sieht, was Gott will! Gott will, daß ich auf alles verzichte und mich nur der Kunst weihe! In fünf Jahren werde ich noch ganz jung sein, vielleicht sogar schön, schön in meiner Schönheit. Aber wenn ich künstlerisch nur eine Mittelmäßigkeit werde, wie es so viele gibt? Für die Welt genügte das ja, aber sein Leben *dem* widmen und es dann zu nichts bringen ... Was ist das Leben ohne Widerhall, was kann man immer allein leisten? Das läßt mich die ganze Welt, meine Familie, mich selbst hassen und lästern. Leben, leben! ... Heilige Maria, Mutter Gottes, Herr Jesus Christ, mein Gott, kommt mir zu Hilfe[3]!" Der Konflikt zwischen dem Streben nach Selbstaufgabe und Lebenwollen bleibt ungelöst. In einer schwätzenden Gesellschaft huschte Kairos vor Marie B. mit einem Lämpchen des Absoluten vorbei. Doch sie konnte – aus Eitelkeit – nicht zugreifen. Ihre geistigen Ärmchen waren zu kurz. Wieder ein Beispiel für schicksalhafte Bewegungshemmungen durch Eitelkeit. Wer sich selbst *nur* im Spiegel sieht[4], kann den störrisch-windhauchhaften Kairos nicht ergreifen und festhalten. Meist gleitet er vorbei hinter dem Rücken dessen,

[1] Ebd. S. 275. Hervorhebungen vom Verf.

[2] Journal. Paris 1955, Bd. 1 S. 7. [3] Ebd. S. 304.

[4] HOFMANNSTHAL in seinem Tagebuch: „Frauen forschen lange und aufmerksam im Spiegel, Männer forschen lange und aufmerksam in Büchern; das Ziel ist das gleiche: sich schöner werden zu sehen." A.a.O. S. 184.

der in den Spiegel gafft, und die frühe Trauer im Blick der Eitlen kündet von ihrem Wissen darum, daß sie am Wesenhaften nicht Anteil haben können, weil sie stets nur sich sehen, weil sie sich selbst immer nur als „schön" empfinden. Die wahre „Zeit" liegt also im „Rücken" des Sichspiegelnden. Auf das, was hinter seinem Nacken „west", pflegt er selten zu achten. In der Helligkeit des sich spiegelnden „Ich" bleibt das Wesen Schatten. Wahr ist daher, daß Kairos am besten für sich fesselt, wer weniger auf sich achtet als auf das, was jenseits von „einem" vorgeht.

Auf viel breiteren Fundamenten erfährt ein ähnliches Schicksal der englische Maler *Haydon*, ein enzyklopädischer Geist wie Delacroix und Klee, aber das, was die Engländer einen „egomaniac" nennen. Durch die Lektüre des Diaristen Samuel Johnson angeregt, schrieb Haydon, der Raffael liebte wie Delacroix Mozart, in dem uns schon bekannten pharaonischen Tagebuchstil: „This diary of mine is going to be one of the most extraordinary and interesting human documents ever penned[1]." Kairos springt meist in literarischer Gewandung in seine Nähe. Am 24. April 1809 liest Haydon Shakespeares Romeo und Julia. Er gerät in Ekstase! Der Zauber der Balkonszene überwältigt ihn. Am 26. April rast es über seine Tagebuchseite: „I feel my heart beat at the Idea of painting such a delightful subject. O God, grant I may execute it ‚with colours dipt in heaven'; inspire me, thrill my soul with love – pure, unalterated love." Man spürt, wie Haydon *will*, auch wenn er die literarische Erleuchtung durch göttliche Inspiration verstärkt sehen möchte! Die Locke der Gottheit Occasio hat er bei der Lektüre einer Shakespare-Szene erwischt, doch wünscht er sich, zur Sicherheit, noch einen Inspirationszuschuß Gottes[2]!

Übersteigerter *Wille* zur Individuation! Durch die konkreten schöpferischen Probleme im Kairos-Erlebnis erfahren wir, wie sehr man mit diesem forcierten Ich-sein-Wollen den scheuen Gott Kairos immer wieder vertreibt – bis er eines Ta-

[1] PONSONBY a.a.O. S. 254.

[2] A.a.O. Bd. 1 S. 58. Beispiel dazu – in bezug auf RAFFAEL – auch im Textteil.

ges ganz ausbleibt oder – wie bei Haydon – zur Selbstauslöschung zwingt. Das ruhige Wartenkönnen hingegen, bis der rätselhafte einlockige Gott sich einem in die Hand legt wie der schöne Trauermantel, der Hermann Hesse so beglückte[1], eröffnet die Möglichkeit einer Begegnung mit dem zündenden Licht-Gesicht des Über-Seins. In dieser Beziehung wird Europa allerdings von den Meditationstechniken des Fernen Ostens und anderer Früh-Religionen der Menschheit lernen können[2]! Gleichwohl bleibt es für Europa gefährlich, die vollkommene Auslöschung des Ichs anzustreben. Wird doch in den Versenkungsmethoden des Nahen und Fernen Ostens das extrem „andere" gesucht: die Vernichtung der Person im wesenlosen Bilde des Nichts, des Nicht-mehr-Seins, des Seins ohne Ich, aber auch ohne Welt. In einer solchen Nichtung des Ichs wie der Welt hat Gott Kairos keine Tempel, kann sie nicht haben, denn er regt ja immer zur schöpferischen Gestaltung an. Kairos deutet den Einbruch des Ewigen an, doch des Ewigen, das in der *Zeit* verwirklicht werden soll, und sei es nur durch fesselnde Farbtönungen, einfangende Wortmelodien oder bannende Tonfolgen. Insofern bleiben die besten europäischen Tagebücher einem typisch europäischen, einem demiurgisch-logischen Mittelweg verpflichtet: dem Ausgleich von Ich und Sein, von dem Goethe so viel wußte und der noch Thomas Mann vorschwebte, wenn auch das Leben Tonio Krögers schon begleitet wird von der dissonanten Musik der Jahrhundertwende[3].

[1] Vgl. Ende von Kap. VII.

[2] Vgl. die Auswertungen nach Kap. X.

[3] Gerade für Sturm- und Drang-Epochen ist der Versuch bezeichnend, Kairos mit dem bloßen Wollen einfangen zu wollen. Dazu aus dem schon zitierten Tagebuch von Wilhelm Waiblinger: „Mein Drama *soll* werden. Es *soll* der Tendenz nach gleich dem Faust sein... Ich *will* all meine Flammenkraft in gewaltigen Erfindungen ... verschütten" (26. 8. 1821. A.a.O. S. 61. Hervorhebungen vom Verf.). Baudelaire formuliert zu diesem Problem ein für ihn typisches Paradoxon: „Die Inspiration kommt, wenn der Mensch sie will, aber sie flieht nicht immer, wenn er sie derart will" (Im Tagebuch „Fusées". A.a.O. S. 1197). Virginia Woolf hingegen schreibt am 15. Oktober 1923, sie habe sich eines Nachts entschlossen, an einem Roman nicht mehr weiterzuschreiben, aber sie habe – im selben

Klassik? Manierismus? Das mystische Erfahren der Eingebung gibt diesen beiden Ausdrucksgebärden Europas stets den entscheidenden Impuls, sofern es sich um Persönlichkeiten handelt, die sich vom „Ich" nicht überwuchern lassen und ihrer reinen „Zeit" zu widerstehen vermögen. August von Platen notiert am 4. November 1816 in Ansbach: „Mein Leben ist ein Kampf der hellsehenden Vernunft wider die täuschende Empfindung[1]." Charles Baudelaire leitet sein Tagebuch mit den Sätzen ein: „Ich will mein ‚Entblößtes Herz' beginnen, wo auch immer, und es Tag für Tag fortsetzen, der Inspiration des Tages und der Gelegenheit folgend; wenn nur die Inspiration lebendig ist[2]." „Wie viele Vorahnungen und Zeichen, die von Gott bereits gegeben worden sind, demzufolge es höchste Zeit ist, zu handeln, die *gegenwärtige* Minute als die wichtigste der Minuten anzusehen und: aus meiner alltäglichen Quälerei eine *ständige* Lust zu machen, d. h. *Arbeit*[3]." „Man muß träumen wollen und träumen können. Anrufung der Inspiration. Magische Kunst. Dann sofort schreiben. Ich räsonniere zuviel[4]." Gerard Manley Hopkins (1844–1899) bezeichnete in seinem Tagebuch als „höchste Stufe" der Dichtung die „Sprache der Inspiration" und nannte sie „kastalische Dichtung". – „Man könnte die ‚poetische' Sprache auch die Sprache des Heiligen Bezirks, delphisch, nennen[5]." „Wo immer Gedanken das *Fliehende* zum *Stehen* bringen, das Ungestaltete gestalten, da ist Ideenbildung[6]."

Augenblick – „verborgene Quellen berührt". (A Writers Diary. London 1953, S. 61. – Beispiel im Textteil.)

[1] A.a.O. Bd. 1 S. 679. [2] A.a.O. S. 1206. [3] Ebd. S. 1233.

[4] Ebd. S. 1236. Hervorhebungen vom Verf. HOFMANNSTHAL: „Die Offenbarungen, durch die Ausübung der Dichtkunst empfangen. – Die *Augenblicke* der Macht." A.a.O. S. 238. Hervorhebung vom Verf.

[5] Gedichte, Schriften, Briefe. München 1954, S. 231.

[6] A.a.O. S. 157. Hervorhebungen vom Verf.

Echte Tagebücher, sofern es sich um Künstler- oder Dichter-Diarien über schöpferische Probleme handelt, bilden vielfach, wie wir schon andeuteten, die stoffliche Grundlage für gestaltete Werke: von Elementen der Kairos-Eingebung bis zur Schatztruhe voll mehr oder weniger „fiktiver" Wirklichkeitsfragmente. Daß Begabungen, die gleichermaßen episches wie dramatisches Talent in sich vereinen, das Tagebuch gleichsam als Übungsgelände, als dichterisches Vor-Spannungsfeld schätzen, muß einleuchten. In solchen Tagebüchern vermischen sich dann Berichte über dies und jenes mit einem persönlichen Drama, dem Lebensdrama des Verfassers, während Empfindungen, die zur lyrischen Aussage drängen, meist außerhalb des Tagebuchs in endlosen Notiz- und Skizzenbüchern ihren Niederschlag finden. (Rilkes Tagebuchgedichte bilden eine seltene Ausnahme.) Besonders Schriftstellertagebücher halten, in einer mehr oder weniger stilisierten „epischen" Art, Umwelterlebnisse zunächst einmal fest wie die Locke des Kairos. Gerät ein produktiver Geist dieses Typus in komplizierte Lebenslagen, wird auch der „Duktus" des Tagebuchs dramatisch. Gibt es Katastrophen, so hagelt es nur so mit Notizen im Stakkatostil. Tag um Tag werden dann dramatische *Momente* festgehalten, und mehr oder weniger bewußt transponiert der Epiker-Dramatiker sich in eine fiktive Wirklichkeit. In bedeutenden Tagebüchern dieser Art liegt somit ebensoviel menschlicher wie schöpferischer Stoff geborgen. Neuen Darstellungen des Kairos müßten als Attribute zugeordnet werden: Leder- und Leinenhefte von preziöser Art, in allen Farben des Regenbogens; billige Kladden der Dichter ohne Geld, der Soldaten ohne Heim, der Künstler ohne Ateliers; lose Blätter, Fahrscheine, Bierdeckel, die Rückseiten von Personalausweisen, von Vereinsmitgliedskarten und Zigarettenschachteln, die weißen Stellen der Theaterprogramme und der gedruckten Einladungen, die Ränder von Zeitungen, die Wände von Gefängnissen, die Quittungen der Wucherer, das Abschminkpapier der Huren, die Heiligenbilder von Gebetbüchern: alles, was dazu dient, den Kairos zu fesseln. Es ist gleichsam der menschliche „Urstoff", dies „Sudelhafte" aller Art, das dann ins eigentliche „Große" Tagebuch eingetragen wird, nun aber mit dem ersten Ansatz zu dichterischer Transposition. Das Fragmentarische wird eingeschmolzen zu einer neuen Materie, die noch nicht Buch ist, noch nicht Roman oder Drama, Essay oder Abhandlung. In diesen Schmelztiegel geht alles ein, was dem „Über-Tagebuch", dem „Buch" schlechthin dienen könnte. Träume gibt es dann von einem geformten Ewigkeits-Buch, das zugleich gestaltloses Tage-Buch ist, Träume von einer ebenso persönlich-subjektiven wie kosmisch-objektiven Ich-Welt-Enzyklopädie, einem Äonen-Tagebuch. Novalis stellte sich die „Aufgabe, in einem Buch das Universum zu finden". Mallarmé prägte das Wort: „Tout au monde existe, pour aboutir à un livre[1]." Manche Schriftstellertagebücher sind jedenfalls Diarien, „die in ein Buch münden".

In Tagebüchern mit vorwiegend schöpferischer Problematik wird zwar die reale Wirklichkeit aufgezeichnet, doch nur als zweckdienliches Mittel für spätere Bewältigung einer fiktiven Wirklichkeit. Hugo von Hofmannsthal, dessen Tagebücher „Aesthetica" von einer geradezu byzantinisch-liturgischen Strenge und Feinheit enthalten, schreibt darin am 10. Oktober 1906: „Ich will auf diesen Blättern aufschreiben die Menschen und ihre Schicksale, die Vollkommenheiten, die Erfüllungen, die Ausgleichungen. Menschen, die vom hohen Dichter als vollkommene lebendige Wesen geschaffen sind, sollen mir gleich sein mit den Menschen, die mir begegnet sind oder von denen ich durch andere Menschen oder aus der Zeitung oder aus Büchern erfahre[2]." Am 26. Februar 1911 trägt er ein: „(erster Einfall oder beiläufig so 5. VII. 1912)

26. II. 1911 Die Frau ohne Schatten

phantast.Oper

Smeraldine – Arlekin.

Sie will schön bleiben. Er täppisch und gut[3]." usw. – „Notizbuch: Aphorismen in Gruppen. Studien, darunter: ad me ipsum[4]." – „Welt ist Werkstätte ist Ort der Gestaltung, Erinnerung,

[1] Zum Problem des „Überbuchs" und zu diesen Zitaten vgl. GUSTAV RENÉ HOCKE, Manierismus in der Literatur. S. 51 ff.

[2] A.a.O. S. 153.

[3] Ebd. S. 162. [4] Ebd. S. 192.

Wechsel, ist um der Fülle der Schönheit der Liebe willen usf.[1]." In Rainer Maria Rilkes Tagebuch[2] entstehen aus Eintragungen über gesellschaftliche Erfahrungen (meist enttäuschende) oder über Naturerlebnisse (meist beglückende) unmittelbar *Gedichte.* So beispielsweise „Mädchen, Dichter sind, die von Euch lernen[3]" oder das Requiem „Seit einer Stunde ist um ein Ding mehr auf Erden" (20. November 1900[4]). Vielfach wird das Tagesereignis unmittelbar in Versen wiedergegeben, wenngleich nicht immer in guten; so zum Beispiel „Erinnerung an das Binding-Konzert" vom 10. November 1900: „Reich mir Musik! Was bin ich aufgewacht[5]?" Oder er schreibt in russischer Sprache Poesien, so eine, die ihm „ganz unversehens heute (29. November 1900) im Walde gekommen" war[6].

Arbeiten! Doch welch eine Art von Arbeit! „Erst in Zeiten, wo die Arbeit uns wieder verlassen hat, zeigt es sich deutlicher, warum man, wenn irgend es geht, überhaupt arbeitet; es ist das einzige, was uns am Morgen, wenn man jäh und wehrlos erwacht, vor dem Schrecken bewahrt; was uns in dem Labyrinth, das uns umgibt, weitergehen läßt; es ist der Faden der Ariadne –." So Max Frisch in seinem schon erwähnten Tagebuch[7]. „Labyrinth" und „Ariadnefaden" sind uns, die wir nicht nur in diese europäischen Tagebuch-Landschaften eingedrungen sind, jetzt in doppelter Weise vertraut geworden. Das Tagebuch von Frisch reißt ein „Man", das sich dem laufenden Band der Massen-Zeit entziehen will, in eine produktivere Ich-Überzeit. Er will – wie der Puppenspieler – arbeitend auch sinnvoll „spielen", er bedarf vor allem der über-

[1] Ebd. S. 230. Weitere Bemerkungen dieser Art auf den Seiten 97, 168 f., 170, 182.

[2] Außer dem „Florenzer Tagebuch" (einigermaßen verschwärmter Reisebericht im Stile der vielen spätromantischen italienischen Reisetagebücher, die EUGEN GASS für Deutschland zum ersten Mal auf einen höheren Rang hob) die „echten", aber überaus manierierten Tagebücher aus Schmargendorf und Worpswede (11. Juli 1898 – 22. Dezember 1900). – Tagebücher der Frühzeit. Leipzig 1942.

[3] A.a.O. S. 258. [4] Ebd. S. 389. [5] Ebd. S. 371.

[6] Ebd. S. 409. (Über das Polyglotte in Tagebüchern vgl. frühere Kapitel.)

[7] A.a.O. S. 44.

windenden „Form", die die reale Wirklichkeit überhöht, um leben zu können, weil „man" so nahe am Chaos wohnt[1]. Wenn es eine Teleologie des Tagebuchs der anti-chaotischen „Spieler" gibt, so hat ihr Tagebuch den Sinn, dem schöpferischen Spiel zu dienen. Entscheidend ist also, daß der tagebuchschreibende Schriftsteller hinsichtlich der Ausformung seiner „Skizzen" über die unmittelbare Wirklichkeit hinausdrängt und die „Vollendung" erstrebt, selbst im noch so „stümperhaft" Vollendeten. In einem Gespräch mit einem jüngeren deutschen Schriftsteller, Horst Bienek, der entdeckte, daß Frischs „ganzes Werk – wenn man so will – schon im Tagebuch vorliegt", hat der Schweizer Autor die Richtigkeit dieser Auffassung bestätigt. Frisch erklärt, er habe das Tagebuch als „literarische Form" für sich entwickelt. Es gehe über ein Logbuch der Zeitereignisse und über das „private Tagebuch junger Menschen" hinaus, die sich selbst bespiegeln. Es suche vielmehr die „*Wirklichkeit nicht nur in den Fakten, sondern gleichwertig in Fiktionen*". Und er fügt hinzu: „Schließlich der Roman ‚Stiller', vorgelegt als Tagebuch eines Gefangenen, der sich selbst entfliehen will, auch der Roman ‚Homo Faber', vorgelegt als Tagebuch eines Moribunden ... Man kann wohl sagen: die Tagebuchform ist eigentümlich für den Verfasser meines Namens[2]." Nicht nur die Tagebuchform, fügen wir hinzu, sondern die Sammlung von „fiktiver Wirklichkeit" im Tagebuch.

Das gilt, wie schon angedeutet, keineswegs nur für den Typus des Schriftstellers, den die Engländer als „fiction writer" bezeichnen[3]. Im Vorwort zu einer Ausgabe der sämtlichen

[1] Ebd. S. 45.

[2] Horst Bienek, Werkstattgespräch mit Max Frisch. Neue Zürcher Zeitung, 4. November 1961. (Hervorhebungen vom Verf.)

[3] Ein Tagebuch als Vorlage für den Roman „Anton Reiser" benutzte K. Ph. Moritz (1757–1793), erschienen 1785–1790. Diesen Roman nannte Moritz eine „innere Geschichte des Menschen". Von B. Constant bis zu A. Gide wird man in den meisten Schriftstellertagebüchern des 19. und 20. Jahrhunderts diese doppelte Wirklichkeit finden. Ein Klassiker der dänischen Literatur, Steen Steensen Blicher, 1782–1848, benutzte zwei chronikartige Tagebücher aus dem 17. Jahrhundert als Vorlagen für seinen Tagebuchroman „Mörten Vingë. Das nur am Rande zum Problem der „fingierten" Tagebücher.

Werke von J. G. Herder schreibt Bernhard Suphan über Herders von uns schon erwähntes Reise-Journal aus dem Jahr 1769, es könne als „das Orphische Ei" betrachtet werden, in dem, „nach dem Lichte verlangend, die Welt aller zukünftigen Schöpfungen Herders beschlossen liegt[1]". Die „andere", doppelte Wirklichkeit, die in diesem Journal festgehalten wird, ist allerdings eine von der Max Frischs ganz verschiedene „fiktive Wirklichkeit". Sie hat es mit geistigen Vorstellungen von Geschichte, von Sinn und Zweck, von Bildung und Erlösung der Menschheit zu tun. Darüber werden wir in einem späteren Abschnitt dieses Kapitels Näheres ausführen.

3. Werkgeschichte

Zunächst einige Hinweise auf Tagebücher von Künstlern und Schriftstellern, die gleichzeitig wertvolle Geschichten der Werke und Arbeitsmethoden ihrer Autoren sind. Dem Historiker bedeuten sie wahre Schatzkammern. Eine der ältesten Werkgeschichten dieser Art findet man in dem „Diario" Jacopo da Pontormos, von dem andere Grundzüge uns bereits bekannt sind. Wie wir uns erinnern, schrieb der sechzigjährige Pontormo sein Tagebuch, „als er den Chor von San Lorenzo malte" (1554–1556). Dazu einige Beispiele. In ihrer Härte und Knappheit finden wir die Unmittelbarkeit und Sachlichkeit alter Chroniken. Kurz vor seinem Tode schrieb Pontormo: „Dienstag stand ich eine Stunde vor Sonnenaufgang auf. Ich machte den Torso der Putte mit dem Kelch[2]." Und so lakonisch geht es vom 7. Januar 1554 zu bis zum Ende. Er „macht": Köpfe, Schenkel, Schultern, Rücken; „Figuren, die den Kopf heben"; den Kopf „einer bärtigen Leiche, die über jener Figur steht"; das Gesicht einer schreienden Frau, und so weiter. Gelegentlich trägt er ein: „ich machte die Figur, deren Kopf so aussieht" . . ., und er fügt dann eine winzige Skizze hinzu. Doch liegt diese Kargheit nicht nur an der viel-

[1] Herders Sämtliche Werke, hrsg. von B. SUPHAN. Bd. 4, Berlin 1878, S. XXII.

[2] Vgl. Beispiele im Textteil unter dem 6. September 1556.

fach noch chronikartigen Diaristik des 15. und 16. Jahrhunderts. Sie ist auch kennzeichnend für bildende Künstler, die nicht über die Schreibgewandtheit eines Corot, Delacroix und Klee verfügen. So finden wir in den Tagebüchern *Max Beckmanns* im April 1941 Eintragungen, die manchen in diesem so viel früheren Diarium gleichen.

„Mittwoch, 2. April 1941:	Holzinger und Freund war da . .
Donnerstag, 3. April 1941:	Endlich gut am ‚Perseus' gearbeitet!!!
Montag, 7. April 1941:	Erste kalte Radtour in Hilversum
Mittwoch, 9. April 1941:	‚Perseus' nahe am Ende.
Samstag, 12. April 1941:	. . . Überintensiv an fünf Bildern gearbeitet, auch linke Seite von Perseus.
Freitag, 18. April 1941:	Buthsy's erster Spaziergang. – Müde.
Samstag, 19. April 1941:	Stark am ‚Perseus‹ – linker Flügel. – ‚Falsches Gedonner'.
Donnerstag, 24. April 1941:	Sehr schlechte Stimmung – ausgepumpt und hoffnungslos.
Montag, 28. April 1941:	In Zandvoort mit Q. – Abends sehr müde[1]".

Doch sind gerade solche Werkberichte und Werkgeschichten auch im Tagebuch anziehend, ja verzaubernd, weil sie uns unmittelbar auf Palette und Pinsel in den Händen des arbeitenden Künstlers sehen lassen. Wie ein Alchimist experimentiert Beckmann in der Einsamkeit seines Ateliers. Jetzt geht es nicht mehr um Worte, sondern um Farben, um Leinwand und um den Goldenen Schnitt, um Träume von Tigergelb, von Totengrau und Arterienblut-Rot. Wie bei Pontormo dominiert in erster Linie der Wille zum „Machen". Dabei ist die Sprache nicht selten von naiver Schrulligkeit, so beispielsweise wenn Beckmann schreibt, er habe „schwer am ‚Christus in der Vorhölle' gearbeitet. Gesteigert –, ob gut, weiß noch

[1] Max Beckmann, Tagebücher 1940–1950. München 1955, S. 19. Vgl. auch Beispiel im Textteil.

nicht[1]", oder: „nochmals an ‚den Eiern' gearbeitet[2]". Man erinnert sich dabei an Satiren über den Künstlerjargon, an die Parodien: „Habe die Brustwarzen der hl. Magdalena nachgedunkelt", oder „die Nase des hl. Antonius gekürzt". In der Hitze der Arbeit befindet sich der Künstler dem Wort gegenüber im Stande der Unschuld. Nichts hemmt ihn mehr, es sei denn sein eigenes Formproblem. So schreibt *Corot* in seinem Notizbuch aus der Zeit seines ersten Italienaufenthaltes (um 1840): „Wenn es gut angelegt ist, so suche ich die Feinheiten der Form sowohl als der Farbe. Ich mache mich immer und immer wieder daran, ohne mich von irgend etwas aufhalten zu lassen und ohne System[3]." In Aufzeichnungen zur Malerei um 1860 heißt es: „Die beiden ersten Dinge, die man studieren muß, sind die Form und dann die Valeurs. Diese beiden Dinge sind für mich die wahren Stützpunkte in der Kunst. Die Farbe und die Ausführung geben dem Werk die Anmut[4]." Unvergeßlich bleibt seine Notiz, er gebe zuerst die stärksten Valeurs an (bei weißer Leinwand), dann fahre er genau der Reihe nach fort, bis zu den hellsten Valeurs. In diesem Ordnungsaufbau stellt er „zwanzig Nummern" auf. Doch fügt er hinzu: „Diese Ordnung darf weder den Zeichner noch den Koloristen im geringsten hemmen[5]." Für die Vegetation schlägt Corot gleich bei der Anlage des Bildes Pechschwarz vor. Im Ton muß man es so genau wie möglich aufskizzieren, schreibt er, und „mit einer Lasur von geklärtem Mohnöl übergehen". „Über diese Lasur pastos malen, nachdem man alle Massen gezeichnet hat." – Alles hängt vom Studium des Himmels ab. „Beim Sonnenuntergang ist der Himmel sehr warm. Die einfassenden Wolken haben einen goldenen Ton. Das Himmelsgewölbe zeigt auf einige Entfernung ein gebrochenes Blau. Die Wolken sind ebenfalls blau und violett. Wenn die Wolken entfernt sind, scheinen die Lichter aus fast reinem Neaplergelb zu bestehen; die, welche nahe am Himmel sind, sind rötlich[6]."

[1] A.a.O. S. 228. [2] Ebd. S. 299.
[3] CAMILLE COROT, Briefe aus Italien. Mit einem Anhang: Briefe aus späterer Zeit und Aufzeichnungen über Kunst. Leipzig 1924, S. 87.
[4] A.a.O. S. 91. [5] Ebd. S. 92. [6] Ebd. S. 93 f.

Auch das Tagebuch von *Delacroix* ist dann besonders fesselnd, wenn man ihn mit Farben hantieren sieht, wenn er sich zu seiner revolutionären Farb-„Alchimie" anschickt. Am 8. Februar 1850 notiert er: „Es wäre gut, bevor man die Farbskala eines Bildes festlegt, einen *hellen Gegenstand* anzubringen, dessen Ton und Wert genau mit der Natur übereinstimmt: ein Taschentuch, einen Stoff usw.[1]." Je älter er wird, desto mehr fesseln ihn – wie Corot – Farbwerte. Berichte über Farbmischungen füllen ganze Seiten aus, und dabei gewinnt seine sonst etwas blaß-romantische Sprache harten Glanz. So heißt es beispielsweise zur „Lokalität der Haare Apolls": „Localité des cheveux de l'Apollon: Terre d'ombre, blanc, cadmium, très peu de terre d'Italie ou d'ocre[2]." Am 12. Juli 1852 findet er einen „très bon ton brun transparent: noir d'ivoire, terre de Sienne naturelle, et l'orangé transparent de la palette un peu plus verdâtre[3]". Baudelaire hat, wie wir wissen, Delacroix sehr verehrt. Angesichts dieser nüchternen Tagebuchsätze hätte er ihn wohl auch als „Schriftsteller" geschätzt. Das Tagebuch wird in einem existentiellen Sinne „echt", wenn es so unmittelbar von der Werkintimität des Künstlers kündet, von seinem demiurgischen Hantieren mit dem Konkreten.

Im 20. Jahrhundert war *Paul Klee* der große Entdecker von Farb- und Formüberraschungen. Wie so oft, half auch ihm dabei manchmal der „Zufall". Sein Tagebuch ist voll von brillanten „Rapports" über künstlerische Materie-Experimente. „Mein Werkstättenbetrieb wird um ein Mehrfaches lebhafter werden. Ich habe es erreicht, die ‚Natur' direkt in meinen Stil umzusetzen. Der Begriff Studie ist überholt. *Alles wird Klee sein,* ob nun zwischen Eindruck und Wieder-

[1] A.a.O. Bd. 1 S. 338. Hervorhebung vom Verf.

[2] Ebd. S. 373.

[3] Ebd. S. 475. Zu Laboratoriumstagebüchern von Ärzten und Naturwissenschaftlern vgl. u.a. EMIL VON BEHRINGS Hefte und Tagebücher zur Diphterie- und Tetanus-Forschung im Behring-Archiv zu Marburg. Stellen daraus, auch aus den persönlicheren Tagebüchern von Behring, zitiert in: H. ZEISS – R. BIELING, Behring. Gestalt und Werk. Berlin 1940.

gabe *Tage liegen oder nur Momente*[1]." – „Als ich einen etwas üppig geratenen Asphaltgrund, der schon erwärmt war, durch Aufstäuben von Terpentinöl etwas verflüssigen wollte, marmorierte er sich in reizvollster Weise zu einem aparten Aquatintagrund. So macht man in seiner Dummheit Entdeckungen[2]." Diese kleine „Ars inveniendi" notiert er im Juni 1906. 1907 „macht" er mit Tusche, zum Teil durch Aufspritzen, tonale Zeichnungen[3]. Am 16. Juni 1908 notiert er:

„Genesis einer Arbeit:
1. Streng nach der Natur zeichnen, eventuell durch das Perspektiv.
2. Nr. 1 auf den Kopf stellen, nach Gefühl die Hauptlinien hervorheben.
3. Das Blatt wieder in die erste Lage bringen und 1 = Natur und 2 = Bild in Einklang bringen[4]."

Durch solche „naturalistische Etüden" gestärkt, konnte er es wagen, sein „Urgebiet der psychischen Improvisation neu zu betreten". Nur indirekt an einen Natureindruck gebunden, vermochte er erneut das zu gestalten, „was die Seele gerade belastet". Er will Erlebnisse notieren, die sich selbst in blinder Nacht in Linie umsetzen könnten. Hier liegt, meint er, eine „neuschöpferische Möglichkeit". So wird seine „reine Persönlichkeit" zu Wort kommen[5]. Im März 1910 folgt dann die „ganz revolutionäre Entdeckung", daß „wichtiger als die Natur und ihr Studium die Einstellung auf den Inhalt des Malkastens" ist. *„Ich muß dereinst auf dem Farbklavier der nebeneinander stehenden Aquarellnäpfe frei phantasieren können*[6]." Wir zitierten schon das Wort aus dem Tagebuch Klees vom August 1905, er wolle „an der nun kommenden Reformation" (der Kunst) mitarbeiten. Da schon sprachen wir von einer Geburtsstunde der modernen Malerei im Diarium. Jetzt, kaum fünf Jahre später, erfahren wir aus demselben Tagebuch in knappster Formel einmal die Genesis dieser Wandlung und vernehmen schließlich den Heureka-Ruf: das

[1] A.a.O. S. 208. Hervorhebungen vom Verf.
[2] Ebd. S. 216. [3] Ebd. S. 220. [4] Ebd. S. 236.
[5] Ebd. S. 242. [6] Ebd. S. 253. Hervorhebung vom Verf.

„technische" Verfahren, der neue Modus pingendi ist gefunden, und ein Künstler selbst zeichnet es auf, wohlgemerkt, kein Kunsthistoriker und kein Kunstkritiker. Ein historisches Datum! Es bezieht sich auf mehr als nur eine individuelle Werkgeschichte. Vielmehr hält dieses diaristische Datum eine der folgenschwersten geistesgeschichtlichen Wendungen unseres Jahrhunderts fest.
Und zum Abschluß dieses Berichts über so entscheidende Laborereignisse noch eine besonders pathetische Werkgeschichte, die uns dann wiederum an historische Ausgangspunkte der europäischen Diaristik führt; sie bildet ferner den Übergang zu einem anderen zentralen diaristischen Thema: Lektüre und Bildung. Es handelt sich um die verstreuten Bemerkungen von *Ferdinand Gregorovius* über seine entstehende „Geschichte der Stadt Rom im Mittelalter". Während der folgenschweren Jahre europäischer Geschichte von 1860–1871 geschrieben, finden sie sich in seinem „Römischen Tagebuch", auf das wir schon wiederholt hingewiesen haben. Schon am Anfang dieser Arbeit, mit der er, wie er am Ende seiner Aufzeichnungen schrieb, „elf dunkle Jahrhunderte der Stadt aufklärte" und damit das „schuf, was noch nicht da war"[1], fühlt er sich auf mystische Weise erleuchtet. Am ersten Ostertag 1856 schreibt er in Rom: „Die Geschichte der Stadt Rom steht in meinen Nächten über mir wie ein fernes Gestirn. Sollte mir das Schicksal doch verstatten, sie zu vollenden, so würde kein Leid in der Welt groß genug sein, daß ich es nicht standhaft ertrüge[2]." Nach schwerer Krankheit hatte Gregorovius gerade sein Testament gemacht. Doch der Tod ließ noch lange auf sich warten. Der selbstbewußte und so seltsam verbittert antikatholische Protestant konnte sein Werk in Rom vollenden. Auch ihn leitet eine Größenvision aus der Welt Plutarchs. Am 30. April 1856 schreibt er, Rom sei der Dämon, mit dem er ringe. Wenn er den Kampf siegreich bestehe, wenn er dies „überwältigende Weltwesen" zu einem Objekt der durchdringenden Betrachtung und der künstlerischen Behandlung für sich selbst bezwinge, dann werde auch er „ein Triumfator sein[3]". Am 25. September entschließt er sich, in Genaz-

[1] Römische Tagebücher. Stuttgart 1892, S. 591.
[2] A.a.O. S. 32. [3] Ebd. S. 35.

zano bei Rom, an die Arbeit zu gehen. „Morgen kehre ich zurück nach Rom, wo ich den ersten Band der Geschichte der Stadt im Mittelalter beginnen will. Bald wird es sich zeigen, ob mir dieses Werk von Gottes Gnaden bestimmt ist, oder nicht." Dann am 12. November in Rom feierlich („Mittwoch, Vollmond"): *„Heute um 9 Uhr des Morgens habe ich den ersten Band der Geschichte Roms im Mittelalter zu schreiben angefangen, im 5. Jahre meines Aufenthalts in Rom, meines Lebens im 35., im 11. Jahre des Papstes Pius IX*[1]." Hier klingt das Pathos auf, das historische Sendungsbewußtsein, das wir von den tagebuchartigen Tatenberichten der altrömischen Kaiser kennen.

Das Werk schreitet gut fort. Das pharaonische Gefühl steigert sich. Es entspringt keineswegs nur der Eitelkeit, auch wenn die Herren der Zunft den in Rom wirkenden Ostpreußen polnischer Herkunft gerne als „vanitoso" bezeichnen. Am 3. August 1863 wird er vom König von Bayern empfangen, der ihm sehr diskret eine wissenschaftliche Stellung in München angeboten hatte. Gregorovius schreibt dazu: „Ich war nie in irgendeinem Dienst. Meine Natur erträgt das nicht. Ich verdanke alles mir selbst, und ich will frei bleiben; diese Unabhängigkeit ist mein einziges Gut[2]." Am 19. Juni 1864 wird ihm der Orden S. Mauritius und Lazarus zugeschickt, den er aber nicht annimmt: „Ich lehnte ihn ab, weil ich frei sein will. Ich schreibe die Geschichte der Stadt für keine andere Partei, als die der Wahrheit. Ich glaube auch, daß unter meinen vielen Fehlern und Schwächen Eitelkeit nicht die erste Stelle einnimmt[3]." Doch weicht der erste Schöpferrausch bald einer größeren Gelassenheit. Im Jahr 1865 trägt er ein, es sei die Begeisterung einer „philosophischen Ruhe" gewichen. Hinter ihm liegt nun der „erste Trieb, davon man ausging, und worin ein Beseligendes lag[4]". Im selben Jahr erhält er den (gedruckten) fünften Band seines Lebenswerks. Dazu notiert er: „So wird vom Leben ein Scheit nach dem andern ins Feuer geworfen, bis der Baumstamm verbrannt ist[5]." Sieben Jahre

[1] Ebd. S. 40 ff. Hervorhebung vom Verf.
[2] Ebd. S. 240 f. [3] Ebd. S. 267. [4] Ebd. S. 300.
[5] Ebd. S. 306.

später steht er auf der Höhe seines römischen Ruhms. Er erfährt, daß die Stadt Rom ihn zum Ehrenbürger machen will. Am 5. Juli schreibt er unverblümt: „Der Civis Romanus würde der höchste für mich mögliche Titel der Ehre sein[1]." Ende 1872 heißt es, nach Beendigung des Monumentalwerks: „Meine Lebensaufgabe ist vollendet, und mein Werk zugleich von der Stadt Rom als ihrer würdig anerkannt worden. Ich fühlte mich niemals so frei und glücklich[2]." Und dann spielt ihm die von ihm so geliebte Geschichte noch einen schalkhaften Streich. Der Vatikan setzt das Werk des liberalen und antiklerikalen Nationalisten, dem alles Religiöse und Metaphysische fernlag, auf den Index. Dazu schreibt er eine Tagebuchnotiz, wie man sie übermütiger kaum je finden wird: Er kommentiert (1874) das öffentlich (an den Pilgerbasiliken) angeschlagene Dekret, das er an der Peterskirche gelesen hat, mit den Worten: „Der ehrwürdige Dom bekam plötzlich ein persönliches Verhältnis zu mir. Noch nie zuvor durchwandelte ich ihn mit so erhobner Stimmung[3]."

Das alte Pathos der antiken Helden-„Viten" wird hier wieder wach, und dazu wird ein Mann, der ein nüchterner Empiriker zu sein glaubte oder zu sein hoffte und doch immer ein beschwingter Romantiker blieb, in einem höheren Sinne Opfer seines Ambiente, das heißt Roms und seiner Vision von Größe. Über Ranke und Mommsen, denen er in Bibliotheken oder in Salons der Tiberstadt begegnete, urteilt er nicht gerade freundlich. Sie waren ihm zu „kalt". In seinem Tagebuch dramatisiert Gregorovius sich selbst und Rom, seine Werkgeschichte und die Zeitgeschichte, seine Lebensidee und seinen Forschungstrieb. Und hier können wir nun, an einem konkreten Beispiel, Zusammenhänge erläutern, von denen wir anfangs ausgegangen sind[4]. In seiner Verbindung von Pathos und Dramatik, von Emphase und Anekdotik, ist Gregorovius, ein eifriger Quellenleser, von römischen Tagebuchschreibern der Renaissance beeinflußt worden. In seiner „Geschichte der Stadt Rom im Mittelalter" würdigt er das Tage-

[1] Ebd. S. 556. [2] Ebd. S. 564.
[3] Ebd. S. 580. Weitere Beispiele im Textteil.
[4] Vgl. Kap. II.

buch des Jakobus von Volterra (umfassend 1472–1484), des Sekretärs Sixtus' IV. Dazu schreibt er: „Seine stofflich reichhaltige Schrift eröffnet die Gruppe der Tagebücher, aus denen die Geschichte Roms seit Sixtus IV. wesentlich zu schöpfen ist." Ferner: „Unter diesen Diarien ist das des Johann Burkhard fast zu mythischer Berühmtheit gelangt." Dieser Kleriker aus Haslach bei Straßburg sei vor allem durch Geschichten am Hofe der Borgia berühmt geworden. Dann nennt Gregorovius noch das Diarium des Antonius Petri (für die Jahre 1404–1417) und die „Mesticanza", Annalen Roms (von 1433 bis 1446), von Paul Petronius. Von allem lobt er das Tagebuch des schon erwähnten „Journalisten" Stefano Infessura[1]. Wir erinnern uns, daß die Kaiserberichte, Chroniken und Annalen der römischen *Antike* gerade in der römischen Renaissance zu ganz privaten „Tagebüchern" anregten, daß sich damals erste subjektive Züge zeigten und damit die römischen Diarien dieser Epoche zumindest als Vorstufen der ersten persönlich gefärbten Tagebuch-„Chroniken" der Neuzeit anzusehen sind. Ein auffallenderes Zusammenströmen alter und neuer geistiger Energien im Tagebuch kann man sich kaum vorstellen. In *Rom* an der Geschichte *Roms* im Mittelalter arbeitend, benutzt Gregorovius *römische* Renaissancetagebücher, die ihrerseits von tagebuchartigen Chroniken *altrömischer* Zeit angeregt sind: und er wird selber dazu bestimmt, *römische* Tagebücher zu schreiben, im Stile universal-*römischer* Tatenberichte der Imperatoren. Urbi et orbi! Magie der Lektüre! Alchimie der Bildung in einem höheren, in schöpferischem Sinne! Ein weiteres Kennzeichen des europäischen Geistes!

[1] A.a.O. Bd. 7 S. 600 ff. Beispiele u.a. daraus im Textteil. Weitere römische Tagebücher aus dem 15. Jahrhundert: PAOLO DELLO MASTRO, Diario di diverse cose accadute in Roma dal 1422 al 1488, und NOTAIO DEL NANTIPORTO, Diarium Rom. urbis ab anno 1481 ad 1492. Vgl. L. A. MURATORI, Rerum Italicorum Scriptores. Bologna 1900 ff. Bd. 3.

4. *Lektüre und Bildung*

In seiner „Ästhetik" schreibt Hegel, die moderne moralische Ansicht gehe von dem festen Gegensatz des Willens in seiner geistigen Allgemeinheit und seiner sinnlichen natürlichen Besonderheit aus. Sie bestehe nicht in der vollendeten Vermittlung dieser entgegengesetzten Seiten, sondern in ihrem wechselseitigem *Kampfe* gegeneinander. Demzufolge mache die geistige Bildung, der moderne Verstand, den Menschen „zur Amphibie". Diesen Ausdruck haben wir schon hin und wieder verwendet. Jetzt begegnet er uns auf einer anderen Ebene. Amphibien? Menschen sind demnach nicht Lebewesen, die gleichzeitig im Wasser und auf der Erde leben können, sondern Geschöpfe, die Teil der Materie und des *Geistes* sind.

Der Mensch, schreibt Hegel, lebt in zwei Welten, die sich *widersprechen*, „so daß in diesem Widerspruch nun auch das Bewußtsein sich umhertreibt". Und so bleibt der Mensch unfähig, sich für sich in der einen wie in der anderen Welt zu befriedigen, „von der einen Seite herübergeworfen zu der andern[1]". Besser kann man den Konflikt des grundsätzlich, wenn auch noch nicht philosophisch-methodisch denkenden Diaristen nicht kennzeichnen. Der „amphibische" Mensch verläßt, gerät er mit dem Kosmos der „Bildung" in Berührung, allmählich die „Natur", sein physiologisches Element, und beginnt nun am Ufer des „Geistes", seines Wesens-Elementes, neu zu atmen, andere Flügel auszubilden. Dieses Bildungsstreben ist jedoch ein aktives Sich-Bilden, ein Sich-Formen und Sich-Gestalten im Sinne Nietzsches, und nicht ein konventionelles Gebildet-Werden und Gebildet-Sein. Die Lockspeise gleichsam, die den amphibischen Menschen aus der Natur zum Eintritt in die Welt des Geistes verleitet, ist das Buch. Der psychische Vorgang, der das zeitweilige Hinüberwechseln ermöglicht, heißt Lektüre, eine der beharrlichsten Leidenschaften des Menschen, wenn er das andere Ufer erst einmal erblickt hat. Sie folgt dem Macht-, Liebes-, Erwerbs- und Geltungstrieb, ja sie kann

[1] Ästhetik. S. 94 f.

alle Triebe, wenngleich nicht überwinden, so doch in ihrer jeweiligen Einförmigkeit mildern, „sublimieren". In den Tageszeiten des Diaristen lenkt die Lektüre jedenfalls häufig in die Gefilde einer Vita Nova. Das wird von Seneca und Petrarca, von Montaigne und Nietzsche, sowie von allen europäischen Diaristen, die sich in einem *formenden* Sinne „bilden" wollen, bezeugt. So wird Literatur zu einer zweiten Heimat des unbehausten Menschen.

Zuweilen werden Tagebücher zu Dokumenten einer Bildungsgeschichte. Mehr oder weniger persönliche Schriften dieser Art wurden schon im alten Alexandrien verfaßt, so die „Hypomnemata", eine Sammlung Notizbücher des Ptolemäers Euergetes II., der 169 vor Christus den ägyptischen Thron bestieg. Die Autobiographie des Nikolaus von Damaskus, die nach dem Tode des Herodes (4 v. Chr.) geschrieben ist, trägt den Titel „Vom eigenen Bios und von der eigenen Bildung" und erzählt sowohl über das physische Sich-Erhalten durch Hinweise auf hygienische Maßregeln als auch über das geistige Sich-Bilden durch Aufrisse von Bildungssystemen. Wie viele spätere Diaristen berichtet schon Nikolaus von Damaskus über Studien und Bildungsreisen, über Lektüre und Wissensmethoden[1]. Mit härterem Griff entwickelt aber vor allem Cicero im „Brutus" diese Tradition weiter. Es entstehen Studienberichte, die bei den späteren Humanisten als Schriften „de libris ac ratione studiorum", über die eigenen Werke und über den Studiengang bezeichnet werden. Um 190 schrieb der berühmte Arzt Galen von Pergamon ein Buch „Über die eigenen Bücher". Hier vermischen sich Autobiographie und Autobibliographie wie auf so vielen Seiten von Tagebüchern der Neuzeit, das heißt der drei oder vier Humanismus-Epochen, die man für Europa bisher errechnet hat. Ergänzen wir diesen Rückblick durch einige Hinweise auf unser Saekulum! In französischen *Tagebüchern* von 1850–1950 erreicht der „culte du livre" einen der glanzvollsten Höhepunkte der Geistesgeschichte. Neben dem riesigen Literaturbasar der Gebrüder Goncourt sind in dieser „religion livresque" die Diarien der Gide, Du Bos, Montherlant und Mau-

[1] Vgl. Misch a.a.O. I, 1 S. 212 u. 321 ff.

riac Sterne erster Ordnung. Das „Journal" von Edmond (1822–1896) und Jules de Goncourt (1830–1870) wurde nach dem Tode Jules' unvollständig veröffentlicht, und zwar zunächst neun Bände in den Jahren 1887–1896[1]. Nicht nur über die wichtigsten Bücher der Epoche wird man informiert – oft ebenso realistisch wie bissig –, sondern auch über die berühmtesten Literaten und die bekanntesten Salons und Literatenbanketts, die schon in den Notizbüchern Euergetes' II. eine Rolle spielten. Eine Glanzzeit der „Ville Lumière" erstrahlt in diesen schon „feuilletonistischen" Aufzeichnungen; doch kündigt sich auch bereits die Melancholie des Fin de siècle darin an, die spätromantische Dekadenzstimmung des allzu artifiziell gewordenen „homme de lettres", von dem man nur zu oft sagen kann: literatus literato lupus. Die Brüchigkeit dieser „amphibischen" Welt hat Balzac in seinem Roman über die „Verlorenen Illusionen" mit der ganzen Schonungslosigkeit des unabhängigen Zeitkritikers meisterhaft dargestellt[2].

Doch sind Diarien wie die Léautauds und der Brüder Goncourt Ergebnisse einer Literatur ohne Transzendenz, einer Literatur des geistigen oder auch pseudogeistigen literarischen Kampfes ums Dasein, einer Literatur der eifersüchtigen Talente, der einseitigen Kritiker, der machtsüchtigen Clans, einer gewissermaßen nur positivistischen Dichtung und eines Literaturstreits ad infinitum. Man könnte sagen, daß es sich um eine Literatur der „vita activa" handelt; daß es ihr an jener „vita contemplativa" fehlt, die Dante den allzu aktionssüchtigen Menschen als Ausgleich für ihre irdisch bestimmten Willensmanifestationen empfiehlt. Auf diese Zeit geht wohl das geringe Ansehen der reinen „Literaten" zurück, die wir allerdings auch in der Antike schon finden: als nur betriebsame, neidische, erfolgsüchtige Schreiber wurden sie

[1] Eine vollständige Ausgabe erschien erst Paris 1956–1959.

[2] Für die späteren Pariser Literaturjahre bildet einen ähnlichen „Tesaurus" das Tagebuch von PAUL LÉAUTAUD, Journal littéraire (1897, 1899, 1905). Faksimile-Ausg. Paris 1926. – Georgette, journal littéraire, 1903. Brüssel 1942. – Journal littéraire, fragment, 1946. Paris 1948. Von einer vollst. Ausg. liegen bisher 11 Bde. vor, Paris 1954–1961.

schon an der Schwelle der europäischen Bildungswelt mit dem verächtlichen „Graeculi" bezeichnet. Das hat nichts mit der Neigung unaufgeklärter Machthaber zu tun, die den kritischen und unabhängigen Geist zu allen Zeiten am liebsten am höchsten Galgen hängen sehen. Gerade im Reiche des Worts gibt es auch moralische, nicht nur ästhetische Rangunterschiede, und es wirkt immer traurig-komisch, wenn ein „amphibisches" Wesen, das mit beiden Beinen und sogar mit dem Kopf noch in den Sümpfen der Natur steckt, aber schreibt, sich bereits als ein Angehöriger des anderen Ufers bezeichnet, genauso komisch-traurig wie ein Vereinspolitiker, der vor dem heimischen Spiegel den Cäsar Augustes mimt. Wenn wir – in unsere historischen Gefilde zurückkehrend – nach einer schöpferischen „amphibischen" Bildungssymbolik suchen, so stoßen wir wieder auf den wahrhaften, „imperialen" Literaten – in einem jetzt bildungsgeschichtlichen Sinne –, der die Lektüre in neuer Weise als Brücke zwischen den zwei Ufern ansah und empfahl: auf *Francesco Petrarca.*

Tatsächlich muß seine schon zitierte Schrift „De vita solitaria", ähnlich wie das Tagebuch von Paul Klee in bezug auf die Metamorphosen der heutigen „bildenden" Künste, als eine vor allem existentielle Kanonschrift für eine Gewinnung des geistigen Ufers, für eine durch Lektüre geordnete und sublimierte Leidenschaft angesehen werden[1]. Petrarca gibt dem Menschheits-Phänomen Lektüre einen transzendenten Sinn. Lektüre ist demzufolge weder Unterhaltung, noch Werkzeug für irdische Lebenskämpfe. Sie setzt Askese voraus: zunächst Verzicht auf falsche Vergnügungen. Ob wir Gott suchen oder „uns selbst" in „ehrlichen Studien", wir müssen uns vor allem der lauten Menge und dem Tumult der Städte fernhalten[2]. Petrarca lobt die „heitere Muße". Er weist auf das „Lob des einsamen Lebens" hin, das der heilige Basilius schrieb. Doch will er sich dann nur eigenen Inspirationen anvertrauen, anstatt „den Spuren anderer zu folgen". Bald aber vergißt er diesen Vorsatz und gerät wieder in die Fußstapfen Senecas, indem er von den

[1] 1346 entworfen. Vgl. a.a.O. S. 286 ff.
[2] Onesta studia. Ebd. S. 296.

feindlichen Brüdern „occupatus" und „solitarius" ausgeht, die wir – in Senecas Briefen an Lucilius – bereits kennengelernt haben[1]. Was aber bietet dem Einsamen vor allem sein ruhiger Abstand von den Überbeschäftigten, von den Ich- und Seinslosen in der Menge? „Schöne und angenehme Lektüre." Er nährt sich auf diese Weise von „delizösen Speisen"[2]. Dann kommt eine historisch entscheidende Bemerkung. *Der Solitarius „fürchtet sich nicht, allein zu sein, da er mit sich selbst ist*[3]". Er weiß, daß sein Tod niemandem nützlich sein wird, und daß sein Leben für niemand gefährlich ist. Und so kennt er im Grunde nur ein „summum studium": mit einem schönen Finale die Aufführung sinnvollen Lebens zu beschließen[4]. Petrarca bekräftigt diese Vision eines zurückgezogenen Lebens in fortschreitender Selbstbildung mit markanten Cicero-Zitaten: Alle wahrhaft edlen Geister ziehen den „solitarius" dem „occupatus" vor.[5] Dann folgt der Topos der „Amphibien", die sich nun endgültig im Lande des Geistes akklimatisiert haben: „Die Einsamkeit ohne Bildung gleicht gewiß einer Verbannung, einem Kerker, einer Tortur, doch füge die Lektüre hinzu: dann wird sie *Heimat, Freiheit, Genuß*[6]." Was also, fragt Petrarca, würden die Fische außerhalb des Wassers tun? Was Menschen in der Einsamkeit ohne Bücher? Lebensfähige Existenz ist nur den „Amphibien" gegeben, die, aus der „Natur' kommend, gleichzeitig im „Geiste" leben können.

[1] A.a.O. S. 301 ff. Vgl. Kap. II u. VII.

[2] „De exilii sui loco, protinus ad honeste cuiuspiam iocundeque lectionis studium convertitur; atque ita cibis pastus amenissimis, multa cum pace animi venture lucis initium prestolatur." A.a.O. S. 302. Dazu kommen immer mehr Lektüre-Erinnerungen: Juvenal, Horaz usw.

[3] „Nec metuit solus esse, dum secum est." Ebd. S. 308. Hervorhebung vom Verf.

[4] „In id unum summo studio intentus, ut bene actam vite fabulam pulcro fine concludat." Ebd. S. 310.

[5] Ebd. S. 323.

[6] „Equidem solitudo sine literis exilium est, carcer, eculeus; adhibe literas, patria est, libertas, delectatio."Ebd. S. 330. Bekräftigt nun auch von Seneca: „Einsamkeit ohne Literatur ist Tod, Begräbnis eines Lebenden." Hervorhebung vom Verf.

Immer dichter werden die Lektüre-Erinnerungen. Zitate aus der gesamten Einsamkeits- und Weisheits-(Bildungs)-Literatur werden angeführt. Auch Figuren der Bibel treten auf. „Einsame" auch sie: Abraham, Jakob, Moses. Dann Kirchenväter und Päpste, Heilige und Anachoreten, Ordensgründer und Missionare! Vor allem Benedikt von Nursia und Franz von Assisi. Antike Weisheitsideale und christliche Heiligenaskese verbinden sich in den Konzeptionen dieses unermüdlichen „Präzeptors" Europas zu „amphibischen" Motiven. „Das ist die Lage Europas: ... verwundet ist es, wenn auch nicht an Haupt und lebenswichtigen Gliedern. Doch eitern diese Wunden wegen ihrer Art und weil sie so lange vernachlässigt sind[1]." So stellt der Literat als *Europäer* fest, der Dichter, Moralphilosoph und Diplomat, der als Gesandter der Visconti am Kaiserhof in Prag wirkte, der 1341 zu Ostern, wir schrieben es schon einmal, vor 620 Jahren, am Anfang der *modernen* europäischen Bildung, auf dem römischen Kapitol zum Poeta laureatus gekrönt wurde. Als Prediger eines geistigen Lebens habe er, so schreibt Petrarca voll Stolz, – *„unter dem Zwange der Trauer"* – *„den glühenden Stahl des literarischen Bewußtseins Völkern und Regierungen aufgeprägt*[2]*"*. Lob der Einsamkeit! Melancholie wird überwunden, fruchtbar gemacht durch Lektüre, durch eine Erweiterung des Bewußtseins, durch erschüttertes Wissen[3].

[1] „Et hic quidem Europe status" usw. Ebd. S. 488. Zur „Krise Europas" folgen dann Hinweise auf die „Confessiones" des Augustinus. Die europäische Ich-, Gesellschafts- und Bildungskritik bewegt sich immer wieder in klar strukturierten Grundkonstellationen. Gerät dieses Bildungserbe in Vergessenheit, so hört Europa in seinen geistigen Harmonien und Disharmonien zu existieren auf.

[2] Ebd. S. 498. Hervorhebung vom Verf.

[3] Als speziell literarische, humanistische Tagebücher sind am Anfang der europäischen Neuzeit vor allem die Diarien von Isaak Casaubonus und Martin Crusius anzusehen. (Vgl. Kap. II, sowie Beispiele im Textteil.) Auch das Tagebuch von Gottfried Wilhelm Leibniz (1696) setzt sich mit Elementen des Wissens auseinander. (Vgl. Ferdinand Lion a.a.O. S. 49.) Tagebücher von eminent literarischem Charakter sind die Diarien von Samuel T. Coleridge und Charles Du Bos. (Vgl. Beispiele im Textteil und Bibliographie.)

Petrarcas theozentrischer Frühhumanismus mit seiner Tendenz, ein universales Bildungssystem zu entwerfen, wird erst viel später – in einem Tagebuch – wieder Ereignis. Der auch anthropologische und theologische Historismus Petrarcas findet eine erste „moderne" Form in *Herders* großartigen Entwürfen zu einer „Universalgeschichte der Bildung der Welt". Diesem Ausdruck begegnen wir in dem schon zitierten, in vieler Beziehung einzigartigen Tagebuch Herders, in seinem „Journal meiner Reise". Herders Bedeutung wird von der europäischen Kritik erst heute wirklich erkannt und anerkannt[1]. Es ist kein Zufall, daß in Deutschland – mit seinen trotz reformativen, philosophischen und literarischen Revolutionen eher konservativen Führungsschichten – zwischen Aufklärung und Romantik ein derartiger, geradezu mythischer Bildungsplan zuerst in einem Tagebuch entworfen wird. Das Bildungssubjekt lebt in den meisten Ländern Deutschlands ohne breiteren gesellschaftlichen Rückhalt. Die Bildungsphilosophie geht von individuellen Voraussetzungen aus, erreicht aber fast immer allgemeingültige Wirkung, die sich dann allerdings erst Jahrzehnte nach dem Tode dieser oft in kleinbürgerlicher Umwelt lebenden Grübler in einem auch europäisch gültigen Sinne realisiert[2]. Insofern gehört

Bisher unveröffentlichte Tagebücher von FICHTE, „Diarium vom 4. April bis 14. August 1813" und „Diarium vom 25. Oktober bis 16. Januar 1814", enthalten philosophische Gedanken zur Wissenschaftslehre, zur Volks-, Rechts-, Staats-Lehre, über Gelehrtenbildung, Philosophie, Glauben, Religion, Gott. (Handschriften in der Staatsbibliothek Berlin und in der Westdeutschen Bibliothek Marburg. Sie erscheinen demnächst in der neuen Gesamtausgabe der Werke Fichtes der Bayerischen Akademie der Wissenschaften, hrsg. von Reinhard Lauth und Hans Jacob.)

[1] Vgl. RENÉ WELLEK, Geschichte der Literaturkritik. 1750–1830. Darmstadt 1959, S. 188 f.

[2] ERNST ROBERT CURTIUS schreibt in seinem „Büchertagebuch" (Bern und München, 1960), einer tagebuchartigen Sammlung von subjektiven „Anmerkungen zur Lektüre" aus dem Jahr 1951: „Frankreich hat weder einen Ranke noch einen Burckhardt, weder einen Spengler noch einen Toynbee hervorgebracht." – „Daß ein einzelner genialer Historiker im Ganzen der Weltgeschichte lebt, aus der Anschauung dieses Ganzen heraus das Einzelne überdenkt und ge-

diese Schrift Herders zu einer Art von deutschem „Discours de la méthode" über Bildungsprobleme, die auch heute noch nicht gelöst sind. Wir zögern nicht, dieses „Journal" Herders als ein klassisches Meisterwerk des frühesten deutschen Historismus, ja als das eigentliche Modell des späteren geistesgeschichtlichen Denkens in Deutschland anzusehen.

Mit einem Reisetagebuch im üblichen Sinn hat dieses diaristische Dokument nichts zu tun. Man könnte es eher als einen diaristischen Reisebericht über ideale enzyklopädische Bildungslandschaften ansehen, ja über mythische Bildungsparadiese. Wir meinen Petrarca zu hören, wenn Herder schreibt, daß seine „Beschäftigung" auf die Bildung der Völker, der Zeiten, der Gesetze, der Regierungen und des Jahrhunderts „gehe" und daß deswegen sein Tagebuch „groß" sei. Doch handelt es sich um ganz andere Denkweisen und Gesinnungen[1]! Objektive Bildungsvorstellungen und subjektive Innerlichkeit begegnen sich in der Gedankenwelt dieses genialen jungen Protestanten. Die Bildung wird zur Religion. Die Religion führt zur Bildung. Was dem Schüler des Mystikers Hamann vorschwebt, in diesen Aufzeichnungen in Nantes und wohl auch unterwegs auf der romantisch geschilderten Seereise, ist die besagte „*Universalgeschichte der Bildung der Welt*[2]". „... dazu will ich mein Tagebuch schreiben, dazu will ich Bemerkungen sammeln, dazu mich in der lebendigen Anwendung dessen, was ich gesehen und gewesen bin, üben[3]." Nutzlos sei es, durch die Welt zu gehen, wenn man sich „nicht unsterblich mache". Doch rationalisiert Herder – in einem *pädagogischen* Sinne – gleich seine, wie wir wissen, für so viele Tagebücher typische Vision von Pharaonen-Unsterblichkeit. Er will eine *Ideal-Schule* gründen, mit

staltend auf neue Weise verknüpft, das hat sich in Frankreich bisher nicht ereignet." – „Der Historismus als Erlebnisform" ist „ohne Herder nicht denkbar" (a.a.O. S. 31). CURTIUS erkennt erst in dem Werk von ANDRÉ MALRAUX, „Die Stimmen des Schweigens", eine „Bewußtseinsausweitung und Bewußtseinserhellung des deutschen Historismus" (ebd. S. 100).

[1] HERDER nimmt sich vor, aus diesen Aufzeichnungen eine Denkschrift für Katharina von Rußland zu machen: zur Reform des Bildungswesens.

[2] Journal meiner Reise. Krefeld 1949, S. 14.

[3] A.a.O. S. 27.

drei Klassen für Natur, Geschichte und Abstraktion[1]. Auf dieser faustischen Meerfahrt entwirft er, stets sich an Menschheitsbücher erinnernd, ganze Serien von geist- und phantasievollen Bildungsbüchern. „(Ich will) mir selbst gleichsam ein Journal halten der Menschenkenntnisse, die ich *täglich* aus meinem Leben, und derer, die ich aus Schriften sammle[2]." Entstehen soll auf diese Weise: „Ein Jahrbuch der Schriften für die Menschheit! Ein großer Plan! Ein wichtiges Werk! ... Ein Journal für alle." Sein Journal wolle „nur bilden". Es werde seinen „Autor berühmt, und was noch mehr ist, beliebt machen: denn das menschliche Herz öffnet sich nur dem, der sich demselben nähert, und das ist ein Schriftsteller der Menschheit[3]". Dazu liest er Sterne und Richardson; er lobt „so weit" Rousseau als einen großen Lehrer, und damit wird wieder ein Ring in unsere Kette eingefügt. Es folgt dann eine hinreißende kritische Bestandaufnahme der europäischen Bildung seiner Zeit. Der französische Esprit fasziniert ihn, doch sieht er auch seine Schwächen. Den Deutschen gegenüber ist er nicht minder kritisch. Er wünscht ihnen eine „schöne mittlere Laufbahn". Die Italiener hält er für „die feinsten und erfindsamsten". Und das beste europäische Bukett denkt er sich so aus: „Die Komödie vom Italiener, die Tragödie vom Engländer, in beiden die französische Feile hinten nach, welch ein neues Theater[4]!" Soweit die Bildungsphantasien einsamer Seefahrt und einsamen Träumens in Nantes. Unser junger Solitarius konstruiert, Götter und Skeptiker harmonisch vereinend, eine religiös humane Bildungswelt. Er hämmert sich in seiner Solitudo auf den Schiffsplanken ein humanitäres Bildungs-Pantheon. Man „hört" es auch heute noch an den vielen dramatischen Ausrufungszeichen, die seinen einsamen Eingebungen Nachdruck verleihen[5]. Der „solitarius", der einsame Tage-

[1] Schema dazu im Textteil.
[2] Ebd. S. 27. Hervorhebung vom Verf. Vgl. im Textteil die ähnlichen Intentionen in Hofmannsthals Tagebuch.
[3] Ebd. S. 28. Dieser Passus ausführlich im Textteil.
[4] Ebd. S. 96 ff.
[5] Ein ähnliches Pathos findet man u. a. in den Studienheften des jungen Nietzsche.

buchschreiber, liest nicht nur, er will nicht nur verstehen. Er möchte vor allem Bildungsarchitekturen entwerfen, Paläste und Dome des Wissens errichten, in die ebenso fromme wie aufgeklärte Menschenmassen begeistert hineinströmen, wie in einen Tempel, auf anderen, höheren Ufern ihres Amphibiendaseins[1].

Sieben Jahre nach Herders „Journal" beginnt *Jean Jacques Rousseau* die „Träumereien eines einsamen Wanderers", sein letztes Werk, das ihn bis zu seinem Tode (1778) beschäftigt. Es sind keine Tagebücher, aber doch, wie er selbst bemerkt und wie wir bereits belegt haben, tagebuchähnliche Betrachtungen[2]. Rousseau findet beglückende Erfüllung in Natur und Buch. Erleben der Natur und intellektuelles Erkennen interferieren hier in einer ganz anderen, persönlichen, fast existentiellen Weise. Rousseau erfährt diese doppelte Begegnung mit Natur und Geist in sinnlichen Augenblickssituationen, in konkreten Impressionen und nicht in abstrakten Visionen. Eine „Rêverie" leitet er mit der erzählenden Bemerkung ein: „Am Donnerstag, dem 24. Oktober 1776 bummelte ich nach dem Essen über die Boulevards ...[3]" Rousseaus „Einsame Spaziergänge" stellen schon allein deswegen einen Fortschritt in der formalen Entwicklung des Tagebuchschreibens dar, weil sie Subjektives, Gedankliches und Literarisches mit einem preziösen Sinn auch für *banale Alltagserlebnisse* verbinden; weil in ihnen eine Straßenszene, ein Garten, ein Caféhaus knapp, hauchhaft flüchtig geschildert werden. Dann folgen Lektüre-Gedanken! Doch auch sie werden differenziert, sublim vorgetragen: nach Leitbildern einer literari-

[1] Vgl. Beispiele im Textteil.

[2] Oeuvres complètes. Bd. 1 S. 995 ff.

[3] A.a.O. S. 1003. Diese sinnlichen, im besten Sinne „feuilletonistischen" Bezüge machen moderne Tagebücher so lebendig. André Gide ist darin ein Meister, ebenso Ernst Jünger. Das gute „Feuilleton" hat meist den Charakter des unmittelbaren, diaristischen Erlebens im Ich-Stil. In Frankreich darf die gelehrteste akademische Kritik „plaudernden" Charakter haben. Sainte-Beuves monumentale Kritiksammlungen, die „Causeries du Lundi" sind Wochen-Tagebücher, die jahrelang als „Montagsplaudereien" in den Zeitungen Constitutionnel, Moniteur, Revue des Deux Mondes, Revue de Paris erschienen.

schen Kochkunst, die immer feiner wird[1]. Darin ist zweifellos der „solitarius" Rousseau ein Meister. Der moderne Subjektivismus bleibt nicht nur auf den Intellekt beschränkt. Er benutzt auch die subtilste Wahrnehmungsfähigkeit aller fünf Sinne. Er riecht, schmeckt, hört, tastet und sieht Bücher und dazu die Stimmungen und Umwelten, in denen man sie liest. Geist, Bildung und Lektüre werden in diesen „Träumereien" Duft, Gaumengenuß, akustisches Vergnügen, zärtliches Streicheln und verzauberter Augenaufschlag. Seine „Neue Héloise" und die „Rêveries" leiten das *subjektiv-sinnliche* moderne Tagebuch ein, in einem anregenden, aber auch problematischen Sinne. Sogar in der Natur will dieser Fanatiker des Natürlichen schließlich nur noch lesen. In seinem fünften „Spaziergang" erfahren wir, daß er eine Wanderung macht, mit Linnés „Systema naturae" (1735) unter dem Arm, weil er unterwegs die Befruchtung der Pflanzen studieren will[2]. An solchen Stellen erscheint das Naturleben schwach und das geistige Erkennen dilettantisch. Die Lektüre wird dann zu einem bloßen Laster, und die Umwelterfahrung geht über einen flüchtigen Impressionismus nicht hinaus[3]
Frédéric Amiel, auch er ein Solitarius, wandert und liest. Im Naturerleben bleibt er meist banal und im geistigen Erfahren begrenzt, weil er in bezug *auf sich selbst* stets allzu sehr „occupatus" ist. Wir haben es mit einem Solitarius „en pantouffle" zu tun, mit einem narzißtischen „occupatus". Doch bleibt auch in diesen peinlichen Beziehungen seine Klage über das eigene Unvermögen – auf diesem und auf jenem Ufer aller Amphibien – von erschütternder Wirkung[4]. Wir haben schon erwähnt, daß Amiel seine körperlich und seelisch gefährdete Existenz in seinen endlosen Tagebüchern

[1] ROUSSEAU schreibt selbst von einer intensiven „mémoire locale", von der evokativen Kraft von Einzelheiten.

[2] A.a.O. S. 1043.

[3] ROUSSEAU selbst warnte vor der Lektüre als „Laster". Ebd. S. 39 ff. Ähnlich auch MONTAIGNE a.a.O. S. 248 f. VALERY LARBAUD prägte die Formel: Ce vice impuni, la lecture.

[4] Auch in den Tagebüchern von BENJAMIN CONSTANT und MAINE DE BIRAN u.a. bleibt der Konflikt zwischen „occupatus" und „solitarius" eins der schwierigsten Lebensprobleme. Zu Constant Beispiele im Textteil.

durch Schemata retten will, durch Bildungskonstruktionen. An sie klammert sich dieser vor seinem Spiegelbild gelegentlich zufrieden lächelnde, meist aber doch tränenlos weinende „ewige" Junggeselle. Diese Schematismen und Tabellen sind für viele Lektüre- und Studientagebücher typisch. Auch dafür wenigstens einige kurze Beispiele. In Berlin entwirft Amiel am 31. März 1848 einen „plan d'éducation personelle". Wir geben ihn hier, der leichten Verständlichkeit wegen, im Originaltext wieder. Der Akt einer Einkreisung und Einhegung des Lebens durch Bewußtsein und Existenzunsicherheit kann in einem „Bilde" nicht besser erscheinen.

31. März 1848

(Plan d'éducation harmonique; côté formel)

- Solitude
  - L'Ancien: l'entretenir.
  - Le Neuf
    - Acquérir
      - Faits
      - Idées ou théories
    - Produire
      - Pour soi-même: Etudes.
      - Pour le public: Articles.
- Société
  - Agrément: amis, liaisons.
  - Utilité
    - Connaître
      - Cercles: salons, moeurs vie sociale.
      - Individus: savants artistes célébrités coeur humain.
    - Agir: Apprendre à tenir sa place, spontanéité, caractère, élocution[1].

Die Studienbücher des jungen *Nietzsche* künden nicht nur von einer geradezu dämonisch-intensiven Lektüre. Sie offenbaren vor allem, mit welchen geistigen Energien der Jüngling, der auch merkwürdig pedantische Züge hatte[2], die Stoff-

[1] A.a.O. Bd. 1 S. 104.

[2] Vgl. dazu sein „Tagebuch der Reise in den Bayrischen Wald" (Werke und Briefe. München 1935, Bd. 3 S. 280 ff.). Beispiel im Textteil.

massen seines altphilologischen Studiums bewältigte. Auch er entwarf dazu ingeniöse Strukturen, Genealogien, gewissermaßen Drehscheiben des Wissens[1]. Zwischen Herbst 1866 und 1867 findet man in seinen Aufzeichnungen unter dem Titel „Stemma" folgenden „Stammbaum":

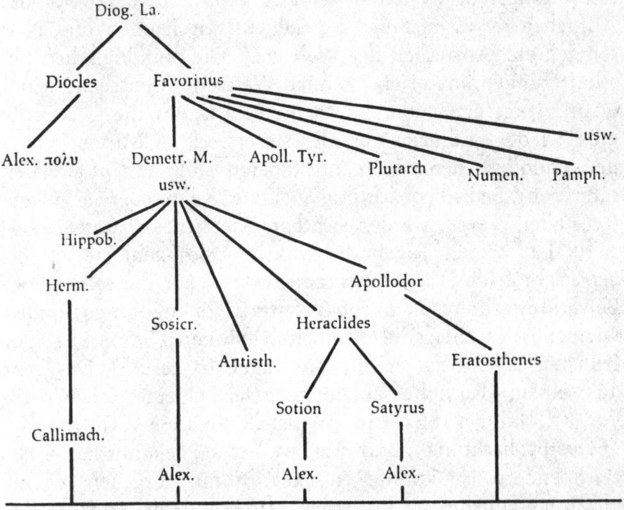

Peripatetiker[2].

Das geht in ähnlicher Weise seitenlang weiter: Analysen, Einteilungen, kritische Skizzen, Abschriften, Darlegungen und Deduktionen eines Dreiundzwanzigjährigen von gigantischer Arbeitskraft und durchdringendem Scharfsinn. Solche Tabellen dienen einer wahrhaft titanischen Daseinsbewältigung im geistigen Sinne. Man mag sich fragen, ob es Sinn hat, solche Aufzeichnungen aus Studententagebüchern zu veröffentlichen. Im Falle Nietzsche ist es absolut berechtigt, denn man stößt in dieser ersten wissenschaftlichen *Lektüre*-Leistung paradoxerweise auf Ursprünge seiner späteren *„Lebens"*-philosophie. Seine Studien zur antiken Philosophiege-

[1] Gedächtnisschemata waren vor allem dem Mittelalter bekannt.
[2] A.a.O. Bd. 4 S. 374.

schichte gehen auf den Einfluß seines Lehrers Friedrich Ritschl zurück, der ihn zu der Preisarbeit über die Quellen des auch für unsere moralpsychologischen Motive wichtigen Diogenes Laertius angeregt hat. Nietzsches Studientagebücher werden hin und wieder durch erregende Warnungen an sich selbst unterbrochen. So schreibt er 1868: „In der Methode: Aufgeben des Egoismus, der subjektiven Launen und Neigungen etc. Absterben der Welt etc." Die philologischen Beschäftigungen, meint er, „kennen Welt und Menschen nicht". Dann zitiert er Goethe: „Das Beste, was uns die Geschichte gibt, ist der Enthusiasmus, der sie erweckt[1]." Mitten in seinen philologischen Bergmannskünsten stößt er auf die Gefahr der „Selbstbeobachtung[2]". Erste Keime der „Umwertung aller Werte" werden sichtbar. Nietzsches spätere Aphoristik hat keinen Tagebuchcharakter. Doch geht sie auf eigene sehr frühe Tagebuchfragmente und auf die sentenziöse Betrachtungsliteratur Europas zurück. Erste Spuren finden wir bereits in Nietzsches Studientagebüchern. Schon in seiner frühsten Jugend hat er intensiv Tagebuch geführt. Das geht aus seinem „Rückblick auf meine zwei Leipziger Jahre" hervor (17. Oktober 1865 – 10. August 1867). 1868 verwarf er die „Selbstbeobachtung", doch nur, weil er sie gekannt hatte. Bezeichnenderweise konnte er sie auch nie aufgeben, wenngleich sie zunehmend kritischer, differenzierter wird. In diesem „Rückblick" heißt es: „Das Bedürfnis nach Selbsterkenntnis, ja Selbstzernagung packte mich gewaltsam; Zeugen jenes Umschwungs sind mir noch jetzt die unruhigen, schwermütigen Tagebuchblätter jener Zeit mit ihren nutzlosen Selbstanklagen und ihrem verzweifelten Aufschauen zur Heiligung und Umgestaltung des ganzen Menschenkerns . . .[3]." In diesem Bericht über sich selbst teilt Nietzsche ferner mit, daß er einmal nach seinem „Debut in der philo-

[1] Ebd. Bd. 4 S. 125.

[2] Bereits zitiert in Kap. II. Vgl. Beispiel im Textteil.

[3] A.a.O. Bd. S. 298. Der Passus ausführlicher im Textteil. Vgl. auch NIETZSCHES „Philosophische Notizen" (Herbst 1867–Frühjahr 1868). Dazu aggressive Tagebuch-Aphorismen. So etwa: „Einem Branntweintrinker Sinn für schöne Statuen einflößen zu wollen, ist Unsinn. Aber Sinn für Bier und Politik." Ebd. S. 320.

logischen Welt" tief in der Nacht noch „in das Buch der Betrachtungen bittere Worte" schrieb, um in seinem Bewußtsein, „genossene Eitelkeit möglichst zu vertuschen"[1].
Die Lektüre drängt zum Alles-Wissen, zur Bildungssouveränität. Doch veranlaßt sie einen genialen Kritiker wie ihn bald zu besonnenem Abstand. Lesen überwindet – auf dieser Stufe – die larmoyante Selbstbeobachtung. Da er schon so früh durch manche Paradiese und Höllen der Lektüre gegangen war, konnte Nietzsche später mit ganz anderem Recht als der bildungsmäßig ungeformte Dilettant sagen, daß er nun kein Buch mehr lesen werde, sich zukünftig nur noch in einem Reich absoluter eigener geistiger Freiheit bewegen wolle. Manche Journal-Philosophen von heute verfahren ähnlich – doch haben sie derartige Lektüreerlebnisse meist noch vor sich. Man kann demnach Nietzsche nicht richtig verstehen, wenn man den Bildungsstoff, von dem er ausgeht, nicht oder nur wenig kennt. Die Nietzsche-Krankheit unserer Epoche, das Sich-Begnügen mit den formelhaften Ergebnissen seines Denkens, hat gerade deshalb in Europa zwischen 1900 und 1930 so viel Unheil angerichtet. Das dilettantische Philosophieren, das Philosophieren ohne ein stark organisiertes Wissen, führt in die intellektuellen Bas-Fonds der politischen Ideologien, die literarischen Schlagwort-Rummelplätze, die lyrischen Pseudo-Philosophien so mancher Schriftsteller und Dichter. Hat Nietzsche in seiner Spätzeit nicht selbst seine eigene „Freiheit" mißbraucht, verfiel er schließlich nicht einer neuen „Selbstzernagung"? Im Gegensatz zu dem viel weniger „verhängnisvollen", doch sicherlich weiseren Jakob Burckhardt[2]? Nietzsche, der in europäischen Traditionen aufwuchs, zerschlug später ihre Systeme, um ihre Ordnung zu erneuern. Dabei griff er die Substanzen des europäischen Geistes selbst an. Und ging es Luther[3] – im Verhältnis zu Erasmus – nicht ähnlich? Diese Fragen sind oft gestellt worden! Sie sollen hier nur wiederholt werden, um die so schwer

[1] Ebd. S. 299.
[2] Vgl. Edgar Salin, Vom deutschen Verhängnis. Gespräch an der Zeitenwende. Burckhardt – Nietzsche. Hamburg 1959.
[3] Vgl. die Luther-Kritik von Kierkegaard im 2. Bd. der „Tagebücher".

erkämpften Harmonie- und Ausgleichsprobleme in großen Tagebüchern Europas noch deutlicher zu machen. Der Vollendung nähert sich weder der Tagebuchautor, der sich vom vorher „Gebildeten" gänzlich befreit, noch derjenige, der darin steckenbleibt.

Der angespannte Konflikt zwischen Geist und Leben ist neueren Ursprungs. In dieser dramatisch-existentiellen Weise kennen ihn ältere Autoren nicht. Waren sie vitaler? Hatten sie eine stärkere geistige Assimilierungskraft? Wir glauben es nicht. Durch die Ausbreitung der Buchdruckerkunst haben sich die Höhenunterschiede für manche bloß verflacht. Auch in unserer Zeit gibt es großartige Beispiele einer Harmonisierung von Vitalität und Geist[1]. Wir halten André Gides „Journal" auch in dieser Hinsicht für eins der wertvollsten Dokumente unserer Epoche. Höchst anregend allein schon, wie er, der so emsige Diarist, über andere Tagebuchschreiber urteilt, über Constant, Amiel, Baudelaire, Bennet, Platen, Renard, die Brüder Goncourt, Mauriac, Pascal, Rousseau, Stendhal, Du Bos und andere[2]. Sogar seine eigenen frühen Tagebücher liest er gelegentlich durch. Er tut es nicht ohne Zorn. Und wäre es nicht wegen der „heilsamen Demütigung", die er während dieser Lektüre empfindet, so würde er sie alle „zerreißen"[3]. Er vernichtet sie nicht, sondern gibt sie preis, *dem Leser als Lektüre.* Lesen und Leben gehören für Gide zum Koordinatensystem eines vollkommenen Daseins. Selbstverständlich wettert auch er gelegentlich gegen das Laster des *Lesens.* Doch tadelt er, der in seiner Jugend die „Nourritures terrestres", das natürliche, ja das „amoralische" Leben empfohlen hatte, auch das Laster des *Lebens.* Immer wieder aber brennt zwischen den beiden Polen von Lesen

[1] Vgl. dazu u.a. die späteren Tagebücher von HERMANN HESSE, von FRANZ WERFEL, OSKAR LOERKE, RENÉ SCHICKELE, E. G. WINKLER, VIRGINIA WOOLF und die „großen", französischen Tagebücher des 19./20. Jahrhunderts: ANDRÉ GIDE, LÉON BLOY, CHARLES DU BOS, FRANÇOIS MAURIAC, HENRI DE MONTHERLANT u.a.; auch das religiöse Tagebuch von IDA FRIEDERIKE GÖRRES als eine geradezu dramatisch-kontinuierliche Lektüre-Auseinandersetzung. Vgl. auch Bibliographie.

[2] Vgl. vor allem die Tagebücher der Jahre 1899–1939.

[3] A.a.O. Bd. 1 S. 684.

und Leben, von Geist und Natur, ein glanzvoller Lichtbogen auf. Vielfach schillern in ihm etwas zu elegante Farben. Das richtige Lesen hat Gide jedoch stets als unentbehrliches Element einer klugen geistigen Hygiene empfunden. – Eins der sublimsten Lektüretagebücher Europas schrieb der wiederholt zitierte Schriftsteller und Kritiker *Charles Du Bos*[1]. In einem Essay über den mit ihm befreundeten „Charlie" berichtet Ernst Robert Curtius, wie erfreut er über die erste Begegnung mit dem französischen Literaten gewesen sei. In gemeinsamen Gesprächen in Pontigny 1922 und 1924 – auf der Suche nach dem europäischen Frankreich – sei es eine beglükkende Erfahrung für ihn gewesen, schreibt Curtius, „daß Gide nicht ohne Goethe, Shakespeare, Dostojewskij leben konnte; daß er Browning liebte; daß ein anderer bedeutender französischer Schriftsteller, Larbaud, Whitman und Joyce (in Frankreich) einbürgerte. Aber weder Gide noch Maurois noch Roger Martin Du Gard noch Jacques Rivière (die Prominenten jener Dekade) hatten eine Beziehung zu dem, was ich abkürzend ‚Metaphysik' nennen will." Du Bos hingegen habe dieses „deutsche Lebenselement" besessen. „Für seinen Geist war Novalis erregender als Laclos, Meister Eckhart fordernder als Stendhal[2]." Charles Du Bos schien nur für sein Tagebuch zu leben, das ihm die willigste Form für sein planloses Produzieren und seine Inspirationen war. Gerade darin zeigt sich aber die Nähe zu dem „deutschen Lebenselement", zur deutschen Romantik, zu Novalis, und ebenso scheint aus dieser „Metaphysik" die Verwandtschaft mit Amiel zu entspringen. Schon was den Umfang betrifft! Du Bos' Tagebücher umfassen allein 1921 ungefähr 1500 Seiten. Aber nur vor 1914 hat dieser mit Gide befreundete Diarist wahrscheinlich handschriftliche Aufzeichnungen gemacht. Später wurde das Tagebuch „einer der aufopfernden Sekretärinnen diktiert[3]". In solchen zeitgenössischen Tage-

[1] Vgl. Beispiel im Textteil. Ein scharfsinniges und einfallsreiches Büchertagebuch schrieb auch BERNARD V. BRENTANO: Tagebuch mit Büchern. Zürich 1943.

[2] ERNST ROBERT CURTIUS, Kritische Essays zur Europäischen Literatur. Bern ²1954, S. 228. Darin der Essay: Charles Du Bos, S. 223 ff.

[3] A.a.O. S. 233.

büchern wie denen von Gide oder Du Bos – und man wird auch das Büchertagebuch von Ernst Robert Curtius[1] einbeziehen müssen – haben wir es mit einem neuen Alexandrinismus zu tun.

Die Villa des Hadrian in Tivoli bei Rom war als eine Traumstadt gedacht. Sie vereinigte Ägyptisches, Griechisches und Römisches. Sie entrückte aus der Zeit, indem sie alles Vergangene in die Gegenwart hineinhob. Ein imperiales Glasperlenspiel! So verkörpert diese vielschichtige Privatstadt des Philosophenkaisers in der Epoche der silbernen Latinität genau das, was Curtius einmal zu Eliots Bildungspoesie bemerkte: „ein Ineinandergeschobensein aller Zeiten und Räume", eine „poetische Relativierung der Wirklichkeit und der Zeit", eine „Gleichzeitigkeit aller Zeiten". Curtius sieht darin zugleich „Entwirklichung der Zeit"[2]. Man kann auch sagen: Hadrian wollte in architektonischen Bildern eines Welt-Buches leben. Erlebnisse und Erfahrungen bleiben mehr auf geistige Überlieferungen bezogen als auf elementare Begegnung mit der Natur oder auf Eröffnungen aus eigenen seelischen „Tiefen"schichten. Mit seinen Bibliotheken, seiner hohen philologischen Kultur, seiner hochdifferenzierten Literatur und seiner synkretistischen Philosophie hat das antike Alexandrien somit einer der wesentlichsten Eigenarten der europäischen Geistesgeschichte den Namen gegeben. Es gibt einen antiken und einen modernen Alexandrinismus, einen klassizistischen und einen manieristischen Synkretismus. Die bedeutendsten schöpferischen Geister, die unserer Epoche das Gepräge gegeben haben, sind „moderne" Alexandriner und „manieristische" Eklektiker. James Joyce und T. S. Eliot gehören zu ihnen; Paul Valéry, Marcel Proust, Stephane Mallarmé, Valery Larbaud; Broch, Musil, Benn und Thomas Mann; Ungaretti und Cacciatore aber auch Strawinsky, der auf die Madrigalistik des 16. Jahrhunderts zurückgreift, und Picasso, in dessen Gesamtwerk die Welt als ein Kaleidoskop der Geschichte aller Stile erscheint.

Der antike und der moderne Alexandrinismus haben eines

[1] Vgl. Beispiele im Textteil (auch zum Bildungs-Modell Alexandrien).
[2] Kritische Essays zur Europäischen Literatur, S. 315 ff.

gemeinsam: die Hypostase der Bildung, die verwickelte mythologische Apparatur, die kunstvoll-verwegene Amalgamierung von Archaik und Avantgardismus, den hochentwickelten Formsinn, die Neigung zur Dunkelheit, die Tendenz einer Intellektualisierung aller Lebensprobleme. Es handelt sich um eine Literatur, Kunst oder Musik der komplizierten Beziehungen, der Andeutungen, der esoterischen Symbolik, der Verschlüsselungen, der magischen Chiffrierungen. Sie alle erzeugen eine mystische geistige Zwischensphäre, eine *autonome* Sphäre *zwischen* dem Menschen in der animalischen Natur und dem Menschen im Hoffnungsbild abstrakter paradiesischer Erlöstheit. Wichtigstes Merkmal dieser Literatur nämlich ist die Vergöttlichung der Schönheit, einer Schönheit, die die Ausschweifungen der Phantasie ebenso verachtet wie den dramatisierenden Schock, der mehr das Interesse als das Wohlgefallen erregt. Aber auch die Freiheit und Eigenart des Menschen soll *diese* Schönheit zur Selbsterfahrung zwingen. Die Daseins- und Weltangst als wichtige schöpferische Antriebe werden in diesem ästhetisch-moralischen Zwischenreich neutralisiert. Die sorgende Animalität wird sublimiert. Es entsteht das Bewußtsein von der Sonderstellung des Menschen im Kosmos, von seiner geistig-subjektiven Einzigartigkeit und natürlich-objektiven Gebundenheit. Autonomie, Würde und Vorrang des Geistigen bilden Stufenordnungen in der Gesellschaft. Der alexandrinische Gelehrtendichter, Künstler und Kommentator beansprucht die Rolle eines Praeceptor patriae und strebt dabei zur Universalität. Wenn seine Heimat die Geschichte ist, so ist sie auch die ganze Welt. Enzyklopädismus und Polyhistorismus führen zum humanistischen Kosmopolitismus. Wenn der antike und der moderne Alexandriner eine Vision hat, in der alle Kräfte und Gegenkräfte der Welt münden, so ist es gewiß die einer Coincidentia oppositorum, einer Einheit des Verschiedenartigen aller Epochen und Räume. Wenn ein Merkmal Gottes seine *All-Gegenwärtigkeit* und *All-Zeitlichkeit* ist, so muß in diesem so überaus reichen Bezirk der europäischen Kultur auch der Geist des Menschen (und damit der Mensch einer sublimierten Lebensform) all-gegenwärtig und all-zeitig sein.

Seltene Kunstwerke langvergangener Zeiten verhelfen Proust

zu seiner immensen Bewußtseinserweiterung. Sie dienen der Rückeroberung, aber auch der Aufhebung der gemessenen, rationalen Zeit zugunsten der von Bergson geschilderten *„Reinen Dauer"*. James Joyce hat seinen Ulysses in ein Netz von Beziehungen gewoben, die meist der scholastischen Philosophie und griechischen Mythen entstammen. Seine assoziative Erzähltechnik dient ebenfalls der mystischen Vision einer Zeit, die nur noch Dauer ist, die also keine künstliche Aufspaltung in Vergangenheit, Gegenwart und Zukunft mehr kennt. Auch in dieser Beziehung sind der „Ulysses" und die „Recherche du temps perdu" sublime Tage-Zeit-Bücher. Das geistige Zwischenreich wurde allerdings bald zum Religionsersatz. Im Osten erstarrte es zu Byzantinismus, im Westen zu einer Dekadenz des Humanismus, zu rein formalistischem Philologismus, zu einem klassizistischen Kanonzwang, zum Akademismus der zweiten und dritten Hand. Die „Gegenwart aller Zeiten" wird nicht mehr als mystische Vision erlebt. Die Geschichte dient einem Brauchtum künstlicher Konservierung und Sterilisierung des Geistes. Wo der platonische „Wahnsinn" fehlt, wird der alexandrinische Dichter – antik oder modern – zu einem bloßen Erzeuger ästhetischer Rebusspiele. Man kann es nur wiederholen: wie der Klassizismus, so hat auch der Manierismus seine Größe und sein Elend.

Wenn es starke gemeinsame Züge zwischen dem Alexandrinismus der Antike und dem der Moderne gibt, so stößt man doch auch auf bemerkenswerte Unterschiede. Der antike Alexandrinismus bewegte sich, trotz Götterpersiflage und starken sophistischen Gegenströmungen, noch in einer Welt kosmischer Harmonisierung. Der „Materialist" Lukrez ruft in seinem Proömium Venus als Schöpferin der Welt und aller Kreatur an. Archaische Harmonien zerbrachen schon damals. Doch unterlagen alle neuen Disharmonien einem instinktiv-logischen Sinnprinzip, auch wenn es – wie beim späteren Plotin – nur noch in der „göttlichen" Subjektivität des Menschen walten und gelten sollte. Auch dafür gibt es in Rom ein Beispiel: das Pantheon, gleichzeitig allen sieben Planetengöttern dienend, aber eben im *Glauben* an diese Götter! Diese Inkarnation eines geradezu maßvollen Syn-

kretismus bietet also ein Beispiel auch für die übergeordnete Macht des Göttlichen in der Relation Mensch und Überwelt.
Der moderne Alexandrinismus hingegen schafft mit Bildungs*fragmenten* vielfach, wir müssen es einsehen, nur noch ein esoterisches Beziehungsspiel. Bildungselemente aus allen Zeiten und Zonen dienen vorwiegend der Verdunkelung, der „Evokation" (durch den „fremden" Wortklang), der preziösen Metapher. Die Atomisierung des noch kohärenten Bildungskosmos des antiken Alexandrinismus hat sich immer stärker vollzogen. Dieser Fragmentarismus der modernen Bildungspoesie-Kunst und Musik hat die „georteten" Wege des gleichsam „klassischen" Manierismus verlassen. Er wurde zu einem manierierten Bildungszauber, in dem – wie bei Picasso – die Welt als Kaleidoskop der Historie erscheint. „Faszination" ist das Ziel! Bannen, verzaubern durch Worte, verwickelte Seltenheiten, Ausgefallenheiten, Seltsamkeiten. Die Vision der Gleichzeitigkeit aller Zeiten mag nachwirken. Sie wird nur noch selten als ontologischer Zwang, als metaphysische Pflicht, als religiöse Verantwortung empfunden. Die Mythen werden zu Dekorationselementen, wie die Figuren des antiken Theaters zu Hülsen geworden waren; und aus ihnen werden die psychopathischen und meist pseudoerotischen „Kern"-probleme des Ultramodernen herausgeschält.
Doch veranlaßt dies nur allzu trübsinnige Kritiker zum Pessimismus. Den Zeitlosen unserer avantgardistischen Akademien stehen die Zeitbesitzer unserer klassizistischen Akademien gegenüber. Dennoch kämpfen sie alle im Grunde um eins: um die Wiedererringung einer echten *humanen* „mythischen" Zeit[1]. Die Schwärme an beiden Polen irren allerdings, wenn sie den „normalen" Menschen ausklammern. Sie irren, wenn sie aus Metaphern und Gegenmetaphern entweder intellektualistische oder aber anti-intellektuelle „Weltanschauungen" machen. Jeder Alexandrinismus wird bald matt vor dem Bild des Menschen als Kreuzungspunkt von Hochmut und Demut, als Kreuzung von Verzweiflung und Zuversicht, als Überkreuzung von Selbstgewißheit und Ohnmacht. Para-

[1] Vgl. Hans Magnus Enzensberger, Aporien der Avantgarde. In: Merkur, Jg. 16, H. 5, Stuttgart 1962, S. 401–424.

doxerweise ist dazu zu sagen, daß wahrscheinlich in keiner Epoche jemand ein größeres Recht auf alexandrinische „Gegenwart aller Zeiten" in der Lektüre hatte als wir in unseren Tagen. Die „Natur", der wir begegnen, wird immer mehr zu einer technischen Landschaft. Sie wird rationalisiert. Selten erfährt man in ihr noch jene Elementarität, die prähistorische Völker zu einer tabuistisch-fetischistischen Urpoesie anregte. Menschengruppen werden Teil von Menschenmassen. Individuen werden auf die Realfaktoren der Industrie- und Militärgesellschaften reduziert. Sie *müssen* sich ihrer Schemenhaftigkeit bewußt werden. Ihre Antwort darauf ist eine mehr oder weniger bewußte Tendenz, jenes Zwischenreich der geistigen Autonomie zurückzugewinnen, wobei sie, in ihrer echten Verzweiflung und in ihrer berechtigten Skepsis, nun langsam auch das zerstören, was sie noch retten könnte. „Atom-Tod" und „Sinn-Tod" nähern sich. Die Welt wird heute nicht nur enthumanisiert; sie wird enträumlicht und entzeitlicht. Das ist nicht das Werk der umstrittenen Dichter, der Maler und Musiker. Wenn im heutigen alexandrinischen Kaleidoskop-Tagebuch die Welt in jedem Sinne gegenstand- und beziehungslos erscheint, so entstammt dies dem Un-Werk der noch immer in klassizistischen Macht-Zwangsvorstellungen lebenden „Ordnungs"-Lenker. Fast alle sind sie von dem Pseudo-Ordnungsprinzip eines mißverstandenen darwinistischen Machtkampfs ums Dasein verblendet. Verblendung aber schließt geistige Weitsicht aus.

Das dichterisch verabsolutierte Kaleidoskopdiarium versammelt nicht mehr nur Fragmente der Geschichte zu einem ästhetischen Puzzlespiel. Es zeigt Fratzen, die Fratzen derer, die nicht nur alle „Ordnungen", sondern vor allem jede Liebe verloren; längst bevor die Dichter, Künstler und Musiker das Dickicht des Absurden betraten. Unser Neu-Alexandrinismus „sucht" nicht mehr so sehr die Vision der überrelativen Zeit. Er sucht – in seiner Kaleidoskopretorte – den überrelativen Menschen, indem er immer wieder die Fratze des pseudo-„ordentlichen" Menschen einer hypostatischen Machtzivilisation zeigt. Doch weist er ständig auf das Unzulängliche. Das Gültige wird in diesem Farben- und Linien-Chaos vorerst noch nicht sichtbar.

Allerdings hat der manieristische Neu-Alexandriner von heute ein schweres Schicksal. Niemand will sich in den Fratzen, die er erzeugt, erkennen, obwohl gerade die „Stützen" unserer „Gesellschaft" sich darin – über sich selbst erschrekkend – finden müßten. Der Neu-Alexandrinismus unserer Tage erlebt also den Undank, der allen Porträtisten zuteil wird, die über ein Gesicht die Wahrheit sagen. Wenn der Kunde seine „Fratze" sieht, klagt er den Porträtisten als Fratzenerzeuger an, als gesetzlosen Strizzi, als dezidierten „Gegner aller guten Ordnungen". Auch das ist nicht absolut neu! Doch wird man mit Sicherheit sagen können, daß die Kluft zwischen Geist und Macht in Europa nie größer war als in unserer Epoche. Zwischen den neoklassizistischen Machthabern in West und Ost und unseren manieristischen Neu-Alexandrinern in West und Ost gibt es keine Brücke mehr. Das ist wahrscheinlich das einzig positive Zeichen einer vitalen Berechtigung des so sündenschweren, so verirrten und verwirrten Neu-Alexandrinismus unserer Gegenwart. Er besitzt keine Macht und hat doch mit Macht gewarnt. Das verleiht ihm – auch in seiner „Unordnung" – die ethische Weihe, auch und vor allem in den zahllosen „literarischen" Tagebuchfragmenten! Wenn die „Fratzen", die die „Zeit" zu beherrschen glauben, einmal auf den berüchtigten Atomknopf drücken sollten, dürfte die „Gegenwart allen Todes" Ereignis werden. In dieser letzten Prüfung der Menschheit wird gewiß die Sekte der Lobpreiser einer urgöttlichen Einheit von Zeiten und Räumen recht behalten. Doch wird es dann – „natürlich" – zu spät sein! Es sei denn, man finde sich damit ab, daß ein Universaltod der Menschheit alle Probleme von Raum und Zeit auf elegant-radikale, auf massentechnisch ausrottende Weise löst. Wo es kein Bewußtsein mehr gibt, hört auch der Mensch in seiner kosmischen Sonderstellung und in seinem All-Tag zu existieren auf. Der so beunruhigende Intellekt wäre damit endlich wieder „real" gemacht, zur Materie reduziert. Die einfache Gegenwart des Todes von allen hätte somit endlich über die verzwickte „Gegenwart aller Zeiten" gesiegt. – Zu Optimismus haben wir alle gegenwärtig wohl kaum Anlaß, es sei denn wir ignorieren die immer lauteren Warnzeichen gerade unserer alexandrinischen „Tagebuch"-Schreiber und die Realfaktoren zeitgenössisch-politischer Entwicklungen. Unsere Neu-Alexandriner gehören noch immer zum Salz der Erde. Zwar ist dieses Salz allzu hydroskopisch, doch wird das dazugehörige Brot auf der anderen Seite noch viel ungenießbarer. Aber damit steht der Diarist mitten in dem Fragenkomplex grundsätzlicher Daseinsproblematik. Und diese Grundfragen beherrschen das Feld der philosophischen Diaristik – oder sollten wir besser nach einer diaristischen Philosophie fragen?

KAPITEL IX

Philosophie und Selbsterfahrung

1. Zwischen Ich und Sein

Das Philosophieren in Tagebüchern geht meist nicht von hohen spekulativen Ansprüchen aus. Es überwiegt das rasche, meist melancholische Antasten der Grundprobleme der Welt und des In-der-Welt-Seins des Ichs. Dabei tritt der Tagebuchschreiber anfangs in einem moralisierenden Sinne sich selbst gegenüber als Lehrer auf. Er mahnt sich, er ruft sich auf zu Ordnungen, die aus geistigen Bezügen abgeleitet werden. Diese Art des Philosophierens entspricht dem sokratischen mäeutischen Denkverfahren. Mit einer allerdings eher emotionellen als intellektuellen Hebammenkunst wird dem eigenen Ich zu immer höheren Wiedergeburten verholfen.

Das Philosophieren in Diarien von philosophisch nicht ursprünglichen Naturen bleibt oft egozentrisches, grübelndes Monologisieren. Außerdem eignet sich das Eintragen von Betrachtungen unter wechselnden Tagesumständen naturgemäß nicht zu logisch strenger Systematisierung im rein theoretisch folgerichtigen, konstruktiven Sinne. Meist handelt es sich also um moralpsychologische Entwürfe zu einer eigenen Daseinskorrektur. Das Fragment, die Maxime, der Aphorismus, die Sentenz, das improvisierte Schema, die raschen Querschnitte, die mehr oder weniger genialischen „Brouillons" herrschen vor. Dabei ergeben sich – wie in den „Reflexionen" von Seneca, Marc Aurel, Petrarca und Montaigne bis zu Kierkegaard und Nietzsche – sprachlich geschliffene Bruch- und Teilstücke. Was in ihnen vor allem wirkt, ist die immer spürbare Erschütterung, der Blutdruck der unmittelbar bleibenden Ergriffenheit.

Wenn es im Philosophieren der Tagebuchschreiber doch eine Methode geben sollte, so könnte man sie – zumindest ihrer Ichbezogenheit wegen – als kartesianisch bezeichnen. Descartes' berühmter „Discours" wird wie eine Autobiographie

in Ich-Form erzählt. Der Titel heißt vollständig: „Discours de la méthode *pour bien conduire sa raison* et chercher la vérité dans les sciences[1]." Descartes berichtet, daß er in seiner Jugend „Maximen" gesammelt und sich dann allmählich eine Erkenntnis-„Methode" gebildet habe. Wie Montaigne, der sein essayistisches Werk als ein Buch über sich selbst bezeichnete, schreibt Descartes einleitend in seinem berühmten Traktat, daß er keineswegs andere belehren, sondern nur zeigen wolle, wie er versucht habe, *seine eigene* Vernunft zu führen und zu lenken[2]. Und dann beginnt er seine „Fabel[3]" des Philosophierens zu erzählen, wie einer, der Kindern oder Königen sein eigenes Leben als Weg zur rechten Ich- und Seinserkenntnis vorträgt[4]. „Wie ein Mensch, der allein und in der Finsternis geht", will Descartes langsam voranschreiten und in allem höchst vorsichtig sein; sollte er dabei nur allmählich vorankommen, so werde er jedenfalls sicher sein, nicht zu stolpern und zu fallen[5]. Wie zwischen Szylla und Charybdis bewegt er sich zwischen der „Analysis der Alten" und der „Algebra der Modernen". Beide bezeichnet er als „verworrene und dunkle Künste", die den Geist irreführen. Auf der Suche nach einer anderen, sicheren Methode entdeckt Descartes für sich den Weg des „Zweifelns", bevor er die Maxime des „Cogito ergo sum" als Grundlage seiner Erkenntnistheorie findet[6].
Descartes' „Discours" als philosophierender Lebensbericht wurde, gerade wegen seiner konkreten zeitlichen Zusam-

[1] Erschienen 1637 in Leiden. Hervorhebung vom Verf.
[2] Oeuvres et Lettres de Descartes. Paris 1953, S. 126 f.
[3] A.a.O. S. 127.
[4] So z.B.: „J'ai été nourri aux lettres dès mon enfance, et pour ce qu' on me persuadait que par leur moyen on pouvait acquérir une connaissance claire et assurée de tout ce qui est utile à la vie, j'avais un extrême désir de les apprendre." Ebd. Oder: „J'étais alors en Allemagne, où l'occasion des guerres qui n'y sont pas encore finies m'avait appelé ..." Ebd. S. 132.
[5] Ebd. S. 136.
[6] Ebd. S. 137. Descartes schrieb außer dem „Discours" und außer seinen moralpsychologischen Traktaten „Les Passions de l'âme" auch „Règles pour la direction de l'esprit". Ebd. S. 33 ff.

menhänge, wegen der so preziösen Umweltschilderungen und seiner Ich-Form, das „moderne" Vorbild für Tagebücher, die nun nicht mehr als nur „philosophierende", sondern als vorwiegend und hauptsächlich *philosophische* Tagebücher bezeichnet werden können. Für einige Denker unserer Zeit bilden Philosophie und Autobiographie eine tiefere Einheit, deren Wahrheit im Ergründen der eigenen Existenz liegt[1]. Das Geheimnis der Existenz stellt sich überhaupt erst in der wissend bezogenen Feststellung der Existenz in der Zeit dar, im „Tage" also, oder, um einen Ausdruck Karl Jaspers' zu gebrauchen, in einer philosophischen „Tagestechnik". In einem sehr konkreten Sinne sucht eine gegenwärtige Philosophie im „Tage" Wahrheiten, die das Wahre in der absoluten Zeit offenbaren. Die intime Bewußtseinsanalyse wird durch das rationalistische Systematisieren von Erfahrungen dieser Art ergänzt. Ich- und Seinsanalysen erfolgen jedoch stets in der Tag um Tag erlebten Existenz.

In seiner Existenzerfahrung hofft der moderne Tagebuchschreiber vor allem den Gegensatz von subjektivem Denken und objektivem Dasein zu überwinden. Was dieser von allen Seiten in Endlichkeit verstrickte Diarist sucht, ist nun nicht die Region einer „höheren" abstrakten geistigen Wirklichkeit, sondern gerade die konkrete, auf das Dasein bezogene Wahrheit und Entscheidungssicherheit, das selbsterfahrene „Entweder-Oder". Das bloß „Subjektive" sucht, wie Hegel darstellte, als den höchsten Inhalt, den es in sich zu fassen vermag, die Freiheit. Sie ist die „höchste Bestimmung des Geistes". In dieser Freiheit findet das Subjekt *nur noch „sich selber"*. Danach sind alle Not und jedes Unglück verschwunden. Doch der „Gegensatz" – das „Außen", das „Andere" – bleibt. In diesem Widerstreit „entsteht dann alle Sehnsucht, der tiefste Schmerz, die Plage und Befriedigungslosigkeit überhaupt[2]". „Die Tiere leben in Frieden mit sich und den Dingen um sie her, doch die geistige Natur des Men-

[1] Vgl. ENRICO CASTELLI, Filosofia ed autobiografia. In: La diaristica filosofica. A.a.O. S. 7 ff.

[2] Ästhetik S. 134. Hervorhebung vom Verf. Vgl. auch WILHELM SEEBERGER, Hegel oder die Entwicklung des Geistes zur Freiheit. Stuttgart 1961.

schen treibt die Zweiheit und Zerrissenheit hervor, in deren Widerspruch er sich herumschlägt." Deshalb geht der Trieb nach philosophischer Einsicht „aus dem Streben hervor, jenes Verhältnis der Unfreiheit aufzuheben und sich die Welt in der Vorstellung und im Denken zu eigen zu machen[1]".

Die europäische Wendung in „modernen" philosophischen Tagebüchern und in manchen philosophierenden Diarien liegt darin, daß das heutige europäische „Subjekt" sich keineswegs im Sinne Hegels nur „in der Vorstellung" und im „Denken" die Welt zu eigen machen will, sondern in einer fühlenden, viel tiefere Freiheit schenkenden Erfahrung der eigenen Existenz[2]. In der fünften „Promenade", im „informe journal[3]" seiner Rêveries schreibt Rousseau von einem bestimmten Seelenzustand, den er in der Natureinsamkeit auf der Insel St. Pierre erreicht habe. Um eine Erfahrung seines ganzen Seins habe es sich gehandelt, um ein Erlebnis der Zeitlosigkeit, der reinen Dauer. Das Gefühl *„nur unserer Existenz"* habe seine Seele ergriffen[4]. „Was beglückt einen in solcher Stunde? Nichts, was außerhalb seiner selbst, nichts, was nicht in einem selbst und nicht in der eigenen *Existenz* liegt; solange dieser Zustand dauert, genügt man sich selbst wie Gott[5]." Das „Gefühl der Existenz" wird als eine Art von mystischer Freiheit, aber auch von mystischer Übereinstimmung mit der Welt erlebt. Inzwischen berühmtgewordene Sätze! Jean Wahl schrieb dazu 1946 in seinem „Tableau de la Philosophie française", es habe sich vor Rousseau kein Philosoph so sehr dem reinen Existenzgefühl angenähert. Mit dem „sentiment de l'existence" werde der „tiefste See-

[1] Ästhetik S. 134 f.

[2] Hier der Unterschied auch zu der rationalistischen Lösung DESCARTES'. Zu HEGELS falscher Hinwendung des Freiheitsbegriffs vgl. vor allem die Kritik in den Tagebüchern KIERKEGAARDS. Auch SCHOPENHAUERS „eitler" Pessimismus, d.h. konsequente Freiheit im Selbsttod, wird in den Tagebüchern Kierkegaards, der Vernunft und Glauben in einer neuen „schwermütigen" Existenzzuversicht verbinden will, mit bitteren Worten verurteilt.

[3] Oeuvres complètes Bd. 1 S. 1000.

[4] A.a.O. S. 1046. Hervorhebung vom Verf.

[5] Ebd. S. 1047. Hervorhebung vom Verf.

lengrund" erreicht. „Eine Art von existentieller Mystik wurde begründet[1]."

Wie der introspektive Diarist sich in seinen Ichanalysen nicht verlieren darf, so muß sich allerdings auch der „existentialistische" Journalschreiber vor einer falschverstandenen existentiellen Freiheit ad infinitum hüten. Sonst wiederholt er in seinem Schicksal das entsetzliche Schauspiel des Sisyphos, der als Gefangener seiner Freiheit für immer und ewig den stumpfen Felsen seines Ungenügens auf- und abschleppen muß: seiner Unfähigkeit zu wirklicher und echter Entscheidung (im Sinne Kierkegaards), zur Maßsetzung der Freiheitsmöglichkeiten im Rahmen seiner *konkreten* Existenz[2]. Die Gefahr einer nur säkularen labyrinthischen Ausweglosigkeit droht also dem, der neben der existentiellen Freiheit nicht auch die Logos-Vision letzter Freiheitsziele zumindest als Möglichkeit anerkennt. Wie zum Beispiel Franz Baader in seinem auch philosophischen Tagebuch, wenn er schreibt: „Ohne energischem Gefühl der Freiheit gibt es also kein helles Bewußtsein des Ich, was Persönlichkeitsgefühl genannt wird, keine Vernunft, kein wahres Leben der Seele, – also auch keine Ahndung des freiesten Wesens, des lebendigsten Lebens, – Gottes, – kein Gefühl der Selbständigkeit, der Independenz von jenem Strome, also keinen Funken des Hoffens, Glaubens, Ahndens der Unsterblichkeit[3]." Existentialismus ohne Beziehung zum Ontischen bleibt Introspektion ohne Verhältnis zum Objekt. Niemand wird daher auch die neuen Dekadenzerscheinungen übersehen können. Doch darf nicht übergangen werden, daß die existentialistische Daseinsanalyse, gerade in Tagebüchern von philosophischem Rang, die nach wie vor starke geistige Vitalität Europas bekundet: die ungebrochene Regenerierungsfähigkeit eines dialektischen Vermögens, das das philosophische Bewußtsein offen-

[1] Zitiert nach den Anmerkungen in J. J. Rousseau, Oeuvres complètes Bd. 1 S. 1800. Jean Wahl stellt auch eine Beziehung zu den „Données immédiates" von Henri Bergson her.

[2] Vgl. Albert Camus, Der Mythos von Sisyphos, ein Versuch über das Absurde. Hamburg 1959.

[3] Franz Baader, Seele und Welt. Jugendtagebücher 1786–1792. Berlin 1928, S. 170. Vgl. auch Textteil.

bar immer gegensätzlicher vorwärtstreibt. Vor Marx, Kierkegaard und Nietzsche hat Schopenhauer die bisherige abendländische Philosophie „umgestülpt". An die Stelle der „Seinsgründe" trat das unmittelbare Leben. Schopenhauer wurde „Ahnherr nicht nur einer neuen immanenten Lebensmetaphysik, sondern auch einer neuen Daseinsanalytik, welche wichtige Existentialien wie die Welt als Hölle, die Angst, die Langeweile, das Selbst, das Du entdeckte und zum Denkgegenstand machte[1]".

Das *philosophierende*, echte Tagebuch entsteht aus den ersten geistigen Erschütterungen während und nach der Französischen Revolution, dann in pietistischer Umwelt und in der frühen Romantik. Hamann kann als ein Vorläufer gelten, doch schreibt er – 1758 – ein noch vorwiegend religionsphilosophisches und bibelexegetisches „Tagebuch eines Christen[2]". Lavater philosophiert noch über die Gefährdungen seiner Tugendhaftigkeit. Die Fürstin Gallitzin wandelt dilettierend in kosmologischen und naturwissenschaftlichen Gefilden. Echte, *auch* philosophische Tagebücher haben Franz von Baader, Novalis und Maine de Biran geschrieben. Über die Art des Philosophierens von Amiel werden wir noch hören. Das substantiellste philosophische Tagebuch Europas, in einnem typisch diaristisch-philosophischen Sinne, verfaßte Kierkegaard. In diesem Fall kann man schon von einer „Philosophie als Tagebuch" sprechen[3]. Im 20. Jahrhundert verstärkt sich die Neigung auch zu dieser Art der Diaristik. Zu nennen sind die in erster Linie philosophischen Tagebücher von Gabriel Marcel, Jean Guiton, Enzo Paci und Ernesto Grassi[4]. Einzelne Stücke der Tagebücher von Kafka werden wir in dieser Hinsicht besonders zu würdigen haben[5].

[1] Vgl. den Vortrag von ALWIN DIEMER „Schopenhauer und die moderne Existenzphilosophie" auf der Jubiläumstagung der Schopenhauer-Gesellschaft in München 1962. Laut Bericht von Wolfgang Grözinger, Süddeutsche Zeitung, München, 30. Oktober 1962.

[2] Vgl. die Dissertation von WOLFGANG SCHMEISSER, Studien über das vorromantische und romantische Tagebuch. A.a.O. Ferner Kap. II.

[3] Vgl. PIETRO PRINI in: La diaristica filosofica. A.a.O. S. 73 f.

[4] Vgl. ebd. S. 141 ff.

[5] In MUSILS Tagebüchern findet man vor allem „Philosophieren"

Georg Forster, Karl W. F. Solger und Wilhelm von Humboldt schrieben ebenso sachliche wie „nachdenkliche" Reisetagebücher. Im 20. Jahrhundert wird das zumindest philosophierende Reisetagebuch zu einem geläufigen Mittel, Erlebnisse und Gedanken, Beobachtungen und mehr oder weniger „philosophische" Reflexionen miteinander zu kombinieren. Zwischen den beiden Weltkriegen machte das allerdings eher kultur-feuilletonistische Reisephilosophieren des Grafen Hermann Keyserling Eindruck, weil man nach Blokkadekriegen das meditierende Vagabundieren offenbar besonders schätzt und verehrt. Als Motto zu seinem zweibändigen Mixtum compositum von flüchtigen Globetrotter-Erfahrungen und Weltkulturkenntnissen aus zweiter Hand schreibt der Graf: „Der kürzeste Weg zu sich selbst führt um die Welt herum." Und doch ist dieses historische Mustergut für den mandarinhaften Synkretismus (nicht Alexandrinismus) heute noch lesenswert, weil es für die Intensität der geistigen Neugier nach dem Zusammenbruch Alt-Europas im Jahre 1918 ebenso bezeichnend ist wie für den geistig in jeder Hinsicht unbehausten „Kultur"-Enzyklopädismus der damals maßgebenden groß- und mittelbürgerlichen Schichten. Alles mußte neu „erfaßt" und neu „umarmt" werden. Und so schlüpfte Graf Keyserling, dieser unermüdliche Mann, in alles, was in der damaligen Welt des Sehens, des Hörens und des Nachdenkens wert war. Was hat H. K. alles angestellt, gedanklich und sprachlich? Christen wollten, nach dieser Lektüre, Buddhisten werden, Protestanten sehnten sich nach Rom, Katholiken nach Konfuzius, Humanisten nach Barbarei, Nazis nach Schiller, kommunistische Ideologen nach delphischen Urworten, Zweigroschenliteraten nach indischen „cours d'amours" oder nach aktiver Mitbeteiligung an der angeblichen Tatsache, daß „Weltreligionen" „fortan unmöglich seien"; Buchhändler fanden den Messias von Adyar faszinierender als Christus, Thomas von Aquin oder Luther.

über philosophische Lektüre. Bezeichnend dafür eine Bemerkung bei der „Lektüre Nietzsches": „... Nietzsche einmal auch so lesen, daß man aus seiner Stoffgruppierung auf sein Herz schließt, will sagen auf sein Persönliches, – daß man ihn kennenzulernen trachtet, nicht bloß seine Philosophie." A.a.O. S. 41.

Alles und jedes, vieles und nichts wurde erörtert. Und dann liest man noch zu allem, wie der kulturmetaphysische Teufelsreiter stolz die Summe zieht: „Überhaupt kein Generalnenner denkbar[1]" ...

2. *Schwermut und Skepsis*

Kehren wir nach diesem Abstecher auf philosophisch-diaristische Hauptstraßen Europas zurück! Die Tagebücher von Baader und Novalis, beide in früher Jugend geschrieben, sind, abgesehen von ihrer autobiographischen Intensität, auch aus einem anderen Grunde als Vorläufer der stofflich reicheren philosophischen Tagebücher des 19. und 20. Jahrhunderts anzusehen. Sie vereinen Lebenserfahrung und aufrichtige Selbstbeobachtung, Literaturkritik und prospektive Reflexion. Beide gehen über Hamann und Lavater hinaus. Die Bibel ist nicht mehr die einzige Grundlage für christliches Erkennen und Leben. Neben dem „Christsein" wird das „Personsein" des Menschen bedeutsam[2]. In den ersten „modernen" philosophischen Tagebüchern Europas wird über das eigene Ich in bezug auf eine religiöse oder gar konfessionell immer weniger bestimmbare Transzendenz philosophiert. Es entsteht also der „Bruch": die unproblematische Beziehung zum überlieferten Wort und zu traditionellen christlich-metaphysischen Denk- und Ordnungssystemen geht allmählich verloren. Das Sich-Aufschließen gegenüber der eigenen subjektiven Person führt zur Erfahrung existentieller Gestimmtheiten, über die reflektiert wird. Das „moderne" seelische Unbehagen, die Unstetigkeit, Zerrissenheit, Unentschiedenheit der Person haben hier einen ihrer Ursprünge. Die philosophierenden, zum Teil philosophischen Tagebücher des Pietismus und der Romantik lassen diesen folgenschweren Übergang deutlich erkennen. In ihnen wird bereits die Spaltung der „modernen" Persönlichkeit sichtbar. *Franz von Baader* weiß zwar um die Dissonanzen philosophischer Analyse:

[1] Hermann Graf Keyserling, Reisetagebuch eines Philosophen. 2 Bde. Darmstadt 1919.
[2] Vgl. W. Schmeisser a.a.O. S. 46 ff.

„Ich weiß es gewiß, daß das sicherste Mittel, mir meine Freude zu verderben, eine metaphysische Zergliederung und Vereinzelung aller jener Gedanken, Gefühle usw. sein würde." Die Gefahr der Selbstanalyse jedoch übersieht er in dieser ersten Tagebucheintragung vom 12. April 1786 noch völlig: „Mit innerer Zufriedenheit über mein angefangenes Werk der Selbstbeobachtung ...[1]" konnte er an diesem Tag enden, um am nächsten Tag fortzufahren: „Nun ist die Frage: ob und wie es angeht, daß wir ... über die Natur unseres Selbst in der Phänomenenwelt außer uns Aufschlüsse suchen wollen? ... Der große Gedanke: mein ganzes inneres Leben in meinem Tagebuche dermaleinst aufgezeichnet zu sehen, füllte ganz meinen Geist ...[2]" Unbeirrt verfolgt der Einundzwanzigjährige sein „Erkenne-dich-selbst": „Nosce te ipsum, nec te quaesieris extra." So beginnt Baader am 3. Juni 1786 eine mehrseitige Eintragung und kommt folgerichtig zu der Maxime: „Der Samen aller Erkenntnis, alles Guten und Bösen, liegt in mir, alles Äußere kann diesen nur entwikkeln ...[3]" Leidenschaftlich umkreist dieser intuitive und mystische Denker sein Selbst und meint auch die Natur von seinen Seelenschilderungen her verstehen zu können. Aber ebenso leidenschaftlich greift er die rationalistische Erkenntnis, den metaphysischen Gottesbeweis an, „inmaßen wir von Gott nichts wissen, als was er uns von sich offenbarte, und der sogenannte Anthropomorphismus in der Sprache nicht allein von ihm, sondern von allem Innern gilt[4]." Doch wie in den meisten reflexiv-philosophischen Tagebüchern dieser Art Ethik, Religion, Naturphilosophie und Metaphysik „anthropomorphisiert" werden, entgeht auch der Wegbereiter der Romantik diesem mystischen Zirkel nicht. „Wie man sich seines Lebens freut, so freut man sich des ewig lebendigen Gottes und unglücklich, wer sich seinen Lebensgenuß ergrübeln muß[5]!" Die zunehmend „autonomere" Person, so hebt in diesem Zusammenhang Schmeißer hervor, gelangt immer mehr zu einer „personhaften und personbezogenen Interpretation von Welt und Mensch[6]"! Alles sucht Baader nun mit dem

[1] A.a.O. S. 14. [2] Ebd. S. 15 f. [3] Ebd. S. 45.
[4] Ebd. S. 58 f. [5] Ebd. S. 59. [6] Ebd. S. 61.

„großen Schlüssel" des Anthropomorphismus in Analogien zu erschließen[1]. Auch das unschöpferische Stadium, die Langeweile, die Schwermut werden zur Natur hin und von der Natur her verstanden und interpretiert. Romantische Zerrissenheit erscheint hier noch als aktiv-gläubige Melancholie: „Reizlose Stille, in der ich nun dahinlebe mein Leben, wie unter einer Schlafmütze, du wirst mir zum Ekel." Das ist der Anfang der Eintragung vom 18. Februar 1789, die folgendermaßen schließt: „Stagnation ist in aller Natur der Anfang alles Verderbnisses. Auch das reinste Wasser fault ja, wenn nicht frische Luftwogen kommen, die es rütteln und aus der trägen Ruhe wecken[2]." Ein weiter Weg ist von hier zurückgelegt worden, doch haben wir mit Franz von Baader gewiß einen entscheidenden Ausgangspunkt kennengelernt.

Novalis hat seine Auffassung vom Tagebuch durch eine seiner Begriffsformeln mitgeteilt: „Tagebuch ohne Reflexion, simple Relation[3]." Die echten Tagebücher von Novalis enthalten jedoch nur einzelne Ausgangspunkte, allerdings glühende Punkte seines „magischen Idealismus". In den „Fragmenten" und in den „Paralipomena" erst wird das Netz fester und dichter. (Einzelne Tagebuchnotizen wurden darin übernommen oder verarbeitet.) Dennoch wird sein Streben „nur nach der höheren, permanenten Reflexion und ihrer Stimmung[4]" auch in den so naiv-offenen Tagebuchblättern[5] schon deutlich sichtbar. Deswegen wird man das Tagebuch von Novalis, als ein Tagebuch des Allessagens und auch eines „Denkens an mich selbst" sowohl als unschuldiger wie auch als scharfsinniger bezeichnen müssen als entsprechende Notierungen und Reflexionen in den Bekenntnissen von Jean Jacques Rousseau. „Menschliche Regungen" wandeln sich, wie Schmeißer formuliert, fast unmittelbar in „transzendente Begriffe" um[6]. Auch „Einbildungskraft" und „Vernunft" gesellen sich. Die magische Ich- und Weltver-

[1] Ebd. S. 165. [2] Ebd. S. 160 f.

[3] Briefe und Werke. 3 Bde. Hrsg. von E. Wasmuth. Bd. 1 Briefe und Tagebücher. Berlin 1943, S. 208.

[4] A.a.O. S. 271.

[5] Vgl. dazu den Abschnitt über Erotik und Sexualität.

[6] A.a.O. S. 83.

bundenheit schließt bei Novalis die Anerkennung der Vernunft als lenkende Kraft ein.
Charles Du Bos hat Novalis als den „starting point" für sein Tagebuch bezeichnet. Das Werk von Novalis habe ihn erobert, schreibt er, wie so oft mehrsprachig, am 17. November 1923, „because it satisfies in me the invetarately religious being: je crois que c'est surtout parce que cela approfondit si bien et illumine la notion de Stimmung[1]". Nach Novalis liest Du Bos dann Meister Eckhart und Plotin und setzt sie in Beziehung zueinander. Zu Novalis, Meister Eckhart und Plotin schreibt er: „Dieu et die Seele ne font qu'un." – „And that is my most German point of all[2]." Das *innere Gespräch* im europäischen Tagebuch kann nicht besser sichtbar werden als in solchen Zeiten, in denen auch die einzelnen Nationalsprachen sich vermischen. Charles Du Bos wurde vom „magischen Ich" des jungen Freiherrrn Friedrich von Hardenberg ebenso fasziniert wie von seiner mystischen Vision „Christenheit oder Europa".
Die Selbstbeobachtung führt, wenn sie von philosophischem Denken geleitet ist, wie wir jetzt wissen, zu einer kritischen und skeptischen Anthropologie, zu einer realistischen Menschenkunde, zu einer naturalistischen Psychographie. Ein bedeutendes Beispiel auch dafür findet man in den philosophierenden Teilen des Tagebuches von *Benjamin Constant*. Stücke daraus sind uns schon bekannt. Man hat Constant als den wohl geistvollsten Mann bezeichnet, der je in Europa lebte. Das stimmt vor allem in bezug auf seine dämonische Intelligenz und schonungslose Offenheit, wie auf seinen Stil, in dem sich Klarheit und Tiefe vereinen. Benjamin Constant (1767 in Lausanne geboren) war ein Zeitgenosse Baaders und Hardenbergs. In Deutschland hat er im Kreise der Gebrüder Schlegel verkehrt. Die „Stimmungen" der Romantik waren ihm ebenso geläufig wie ihr manieristisches Spiel mit ironischen Brechungen. Sein Journal ist nicht die Mani-

[1] A.a.O. Bd. 1 S. 363. Du Bos schrieb seine ausführlichen Betrachtungen in französischer wie in englischer Sprache. Auch deutsche Sprachelemente fehlen nicht. Über polyglotte Neigungen in Tagebüchern vgl. Kap. II u. IV.
[2] Ebd. S. 365.

festation einer Philosophie pure, wohl aber ein kritisch-elegantes Philosophieren über den Menschen, und es gibt kein Tagebuch Europas, das in seiner Mischung von Introversion und Skepsis universaler wäre als diese im stilistischen Duktus so verschiedenartigen Aufzeichnungen. Constant war Schriftsteller und Gelehrter, Literat und Dichter, Politiker und Essayist, Träumer und Spieler, epikureischer Homme à femme und romantischer Liebhaber, Royalist, Revolutionär, Bonapartist, Liberaler und Konservativer, Traditionalist und Fortschrittsgläubiger. Die Spannungsverhältnisse in diesem Tagebuch sind ungeheuer. Wie in keinem anderen „Journal intime" dieser Zeit spiegeln sich hier die Wandlungen Europas nach dem Zusammenbruch von Absolutismus und Rationalismus. Benjamin Constant empfindet – wie der Europäer von heute – die Angst vor der „Leere" in seiner politischen Umwelt und vor der „Leere" in seinem sichsorgenden Ich, wenn er auch weiß, daß es in den verlorenen politischen und ethischen Ordnungen noch Werte gibt, die erneuerungsfähig sind. „Leere" wird zu einer „peur de l'ennui[1]". Gerade diese Angst vor dem Langeweile-Nichts spornt zur Führung eines „philosophierenden" Tagebuchs an[2].
Der philosophische Wert dieses Tagebuchs liegt weniger im Philosophieren vor dem eigenen Spiegel als in der nahezu vollständigen Entfaltung der menschlichen Problematik zwischen „Natur" und „Geist", zwischen „Ich" und „Gesellschaft" im Medium eines unerbittlich-intelligenten und außerdem bewegt-gefühlsreichen Memorierens. So entstand aus diaristischem Philosophieren über alles und jedes, ja aus bloßem

[1] Oeuvres S. 225.
[2] Als Maria Theresia ihre Tochter Marie-Antoinette wegen ihrer Vergnügungssucht durch den Botschafter Österreichs in Paris, Mercy, tadeln läßt, antwortet ihm Marie-Antoinette: „Was will sie? Ich habe Angst, mich zu langweilen." In seiner Biographie über Marie-Antoinette schreibt Stefan Zweig dazu: „Mit diesem Wort hat Marie-Antoinette das Stichwort der Zeit und ihrer ganzen Gesellschaft ausgesprochen. Das achtzehnte Jahrhundert ist an seinem Ende, es hat seinen Sinn erfüllt." (Ausg. Frankfurt 1949; S. 116.) Zur Dekadenz des Legitimitätsprinzips und zu diaristischen Reaktionen darauf – von 1789 bis 1914 – vgl. Kap. VI.

Notieren von Ich-Zuständen und Außenwelt-Verhältnissen ein mehr anthropo-noetisches als anthropologisches Journal. Auch den Philosophen, nicht den Psychologen allein, muß es interessieren als eine Sammlung zwar unsystematischer, aber scharfsinniger Bemerkungen über die *Methoden* philosophischer Erkenntnis des Menschen.

In sich und um sich war ihm nichts fremd. Den oft phantastischen Realitäten, denen er begegnete, vermochte er allerdings keine systematische philosophische Form zu geben. Im Gegenteil. Constant beargwöhnte als Moralist und Vorläufer Nietzsches, Schopenhauers, Dostojewskijs und auch Diltheys das System, das in seiner Epoche von Hegel mit der „Phänomenologie des Geistes" zur Vollendung gelangt war[1]. Kritisch wendet er sich gegen die deutsche System-Philosophie, die er als eine „alte Geschichte scholastischer Spitzfindigkeiten" bezeichnet[2].

Benjamin Constant leidet an einer „malheureuse maladie morale". Er lebt in einer grauenvollen Wachheit. Auch er denkt an Selbstmord, doch fehlt ihm dazu nicht nur die Kraft[3]. Er rettet sich durch das, was man seine Zivilisationsphilosophie nennen könnte, durch die Liebe zum Wissen über sich selbst, über die Gesellschaft und über die Polis in ihren menschlichen Beziehungen. Constant also war kein „Mystiker" wie Baader und Novalis. Allerlei „Tollheiten" machten ihm das Leben schwer. Doch bleibt er stets vernünftig im Sinne des „bon sens"[4]. In Weimar begegnete er Goethe. Am

[1] Begonnen 1805/06. In diesem Werk wird „die *philosophische* Problematik der damaligen Zeit zur Frage des Sichselbstverstehens *in der damaligen weltgeschichtlichen* Lage erweitert" (der Hrsg. JOHANNES HOFFMEISTER in der Einleitung. Hamburg 1952, S. XXIII. Hervorhebung von Hoffmeister). Zur Geschichte der philosophischen Anthropologie und zu neuen Ansätzen einer philosophisch-empirischen Anthropologie, die über eine „schematische Denkvorstellung vom Menschen" hinausgeht, vgl. ARNOLD GEHLEN, Anthropologische Forschung. Hamburg 1961.

[2] A.a.O. S. 298. Diese Kritik stammt aus dem Jahre 1804, richtet sich also vor allem erst gegen FICHTE und SCHELLING. Zu Parallelen mit DILTHEY vgl. Abschnitt 4.

[3] A.a.O. S. 759.

[4] Ähnliche Grundzüge einer indirekten philosophischen Selbster-

23. Januar 1804 schreibt er dazu: „Vu Goethe. Finesse, amour-propre, irritabilité physique jusqu' à la souffrance, esprit remarquable, beau regard, figure un peu dégradée[1]." Drei Tage später neues Gespräch mit Goethe. Er fühlt sich wieder unbehaglich. „Wie schade", schreibt er, „daß die mystische Philosophie Deutschlands ihn überwältigt hat." Er wittert einen ihm unerträglichen katholischen „Spinozismus" (den Goethe ihm auch eingesteht)[2]. Das ist typisch für diese Art einer kühlen Philosophie der Immanenz, einer skeptizistischen Philosophie des „honnête homme", mit, allerdings schon „existentialisch"' erschüttertem, „gesunden" Menschenverstand. Für den europäischen Rationalisten, der menschliche Abgründe kennt, sie beobachtet und überwacht, ohne in ihnen – wie Baader oder Novalis – Gottes wehenden Mantel zu erkennen, kann Benjamin Constants Tagebuch als ein einzigartiges Dokument der frühen „liberalen" europäischen Diaristik gelten. Constant ist blendend klug und fatal unreligiös gerade in seiner doppelten moralistischen Buchführung. Darin liegt sein Glanz und sein Elend. Im September 1815 schreibt er: „Causé mysticisme chez Juliette, avec Mme. de Gerando[3]." Mystische Causerien! Darüber hinaus geht es anläßlich der Mysterien nicht, obwohl Constant ein religionsgeschichtliches Buch geschrieben hat, bei dessen Niederschrift er allerdings mehr Höllenqualen als Himmelsfreuden erfuhr[4]. Zum Transzendenten hatte er auf jeden Fall kein unmittelbares Verhältnis. Wenn es stimmt, daß das Unglücklich-Sein und Verzweifelt-Sein, das bohrende Gefühl eines Sich-selbst-Ungenügendes entstand, nachdem der europäische Mensch den Sinn für seine Zugehörigkeit zu einem mehr als nur innerweltlichen Ordo und für eine mehr als nur subjektive Lebenserfahrung verloren hatte, so erfährt man dies in Constants „Journaux intimes" in einzigartiger Wei-

hellung in den Diarien von Boswell, Friedrich von Gentz, Stendhal, André Gide, Musil, auch in der Mischung von Selbstschilderung und Gesellschaftskritik, Indiskretion und Konfession, von Kritik und Abstand, von Realismus und Skepsis.

[1] A.a.O. S. 259. [2] Ebd. S. 261. [3] Ebd. S. 792.

[4] De la religion considérée dans sa source, ses formes et ses développements. Paris 1824.

se. Es handelt sich also hier um eines der ersten Tagebücher Europas, die von einem neuen Typus des europäischen Menschen künden, von einem Wendepunkt in der europäischen Seelen- und Schicksalsgeschichte.
Einen Tummelplatz der „Philosophie mystique de l'Allemagne", die Constant unbehaglich war, bilden die Tagebücher des uns ebenfalls schon bekannten Wilhelm Waiblinger[1]. Zwei verschiedenartigere Menschen kann man sich schwer vorstellen und naturgemäß auch nicht gegensätzlichere Tagebücher. Auch den damaligen Gegensatz zwischen französischem und deutschem Geist kann man kaum besser erkennen als durch gleichzeitige Lektüre dieser beiden Tagebücher[2]. Alle Götterhimmel, alle Mysterien macht der von „Ideen" wie vom Wein fast stets berauschte junge Schwabe mobil, um unsterblich dichten zu können. Waiblinger schreibt am 13. Oktober 1821: „Durchweht mich aber nicht ein höherer Geist, ein Geist von oben, wirkt nicht ein heiligerer Einfluß unmittelbar auf mich, wenn ich bilde und gestalte, so wird der ganzen Arbeit nur der Stempel errungener Sprachgewandheit und matter Gedanken aufgedrückt seyn, so wird sie selbst nie Werth erhalten, nie meinen Namen verherrlichen, sie wird mich auf ewig vernichten, mir selbst verächtlich machen[3]." Demzufolge muß, wer „wahrer Dichter seyn will", ein „frommer Mensch seyn". Doch wird die Frömmigkeit Waiblingers bald aufsässig. Er macht sich selbst zum ausschließlichen Gegenstand einer stürmisch draufgängerischen „Philosophie", das Religiöse aber zu einem nur noch magischen *Instrument* zur Potenzierung der

[1] Geschrieben zwischen 1821 und 1826. Spätere Tagebücher sind verlorengegangen.

[2] Diese Gegensätze haben sich auf den höchsten Stufen des deutschen und französischen Geisteslebens im 20. Jahrhundert fast „aufgehoben". Gide und Du Bos standen der „mystischen Philosophie Deutschlands" näher als dem Rationalismus Voltaires, Thomas Mann und der späte Ernst Jünger dem französischen Skeptizismus und Ästhetizismus näher als dem deutschen Pietismus oder der frühen deutschen Romantik. Dieser schöpferische Ausgleichsprozeß ist allerdings noch nicht abgeschlossen.

[3] A.a.O. S. 98.

„Tiefe" seines Schaffens. In seinen Tagebüchern will er „ohne Schmuck, ohne Dichtung" sein „Inneres nach außen kehren"[1]. Dies strebt er allerdings nur an, um zu erfahren, wie sehr er selbst und allein ein Kosmos ist, in dem sich alles philosophische Wissen – im Brennpunkt seines Ichs – sammelt und vereint. Aus mystischem Erfahren weiß er ohnehin alles. Auch das, was er liest, klingt ihm, in geheimnisvollen Tiefen seines Herzens, stets ganz und gar vertraut. „Die ganze Welt hat nicht Raum genug zu fassen, was mit und in mir vorging[2]." Es wäre zu einfach, „Exaltiertheiten" dieser Art, um ein Lieblingswort von E. T. A. Hoffmann zu gebrauchen, nur als Zeugnisse eines pubertativen Zustands anzusehen. Wie Constants „Journaux intimes", jedoch im diametralen Sinne, ist Waiblingers Tagebuch ein Diarium, in dem sich das „Philosophische" im An- und Vermerken über sich selbst gleichsam selbsttätig entfaltet: in einer demiurgisch-mystagogischen Chronologie. Ein Mensch will in seinem Werk *Ur*-Wahrheit aus seinem für einzigartig gehaltenen *Ur*-Ich manifest machen. Der enragierte Siebzehnjährige schreibt: „Licht! Wahrheit! ewiges Leben! Gott! Unendliches! Übersinnliches! nach dir streben alle meine Kräfte! *Ich will die Welt in meinem Innern* nicht mehr länger schlafen lassen . . ." – „. . . Vater der Welt, Erhalter der Menschen! ich schwöre Dir, ich will wirken[3]." Häufig besucht er den Satiriker Friedrich Christoph Weisser, dem er seine – meist noch epigonenhaften – Gedichte vorlegt und den er auch um Rat fragt. Trotz dessen „Fehlern" und „paradoxer Gesinnung" hofft er auf einen klärenden Einfluß dieses Kritikers und „abgesagtesten Feindes von Göthe", auf ein „strenges Verfahren" über sein dichterisches Schaffen[4]. Nach einem Besuch am 24. November 1821 notiert er sich einige „Paradoxa" Weissers über den zeitgenössischen Olymp: „Werther verdient für seine Leiden den Galgen, und ist nicht den Schuß Pulver werth, der ihm das Leben nahm – die Wahlverwandtschaften sind gar nichts – Faust will wenig heißen . . . Lessing ist kein Dichter, als Kritiker überscharfsinnig –

[1] Ebd. S. 114. [2] Ebd. S. 120.
[3] Ebd. S. 130. Hervorhebung vom Verf.
[4] Ebd. S. 112.

Auf jeder Seite von Göthes Schriften ist ein Fehler. Seine Prosa ist ganz schlecht – Calderon verdient seinen Ruhm nicht –[1]" Auch Jean Paul und Herder werden nicht geschont. Waiblinger wird durch „solche Sätze" herausgefordert: sie „geben Stoff zum Denken". Und am selben Tag schließt er seine Eintragungen über die unumstößlich vorgetragenen Formulierungen seines neuen Mentors ebenso selbstbewußt: „Ich kann wirklich kein Blatt mehr lesen, ohne an mich und das, was ich leisten will, zu denken. Alle Namen heiliger Dichter sind mir eine Ausforderung. Ich muß, ich muß ein Dichter werden[2]." Sein egozentrisches Jagen zum Dichter-Sein wird dabei stets von einer strengen Selbstkritik aufgehalten. Statt sich an Vorbildern zu messen, prüft sich der nach Originalität strebende Dichter nach eigenen philosophisch-ästhetischen Regeln und Maximen: „Ich bin noch kein Dichter! Der ist ein Dichter, der in seinem Innern das Unendliche abspiegelt . . .[3]" Unzufrieden ist er mit einem Freund, der ihn nicht auf sein Epigonentum aufmerksam gemacht hatte; denn davon gilt es zuerst jeden Dichter abzuhalten. „Wenn ich einen jungen Menschen auf dem Wege zur Dichtkunst sehe, ich will ihm vorstellen, was er soll und muß[4]." Und dieses Gebot wird zum Selbst-Gebot, das er sich unermüdlich stellt und nach dem er sich mißt.

In Tagebüchern dieser Art ist nur ein egozentrisches Anliegen Anlaß zu diaristischem Philosophieren. Der Schreiber verfällt einer narzißtischen Liebe für das Wissen *in sich* selbst, um sich darstellen, behaupten und verewigen zu können. Aus dem originären Ich soll auch auf „ästhetisch-philosophischem" Wege ein originales Ich werden.

3. *Journal Métaphysique*

Ein echtes und außerdem im Sinne genuin philosophischen Denkens schon in etwa methodisches Tagebuch führte, als Grundlage zu einer diskursiven Schrift, der wiederholt zitier-

[1] Ebd. S. 131 f. [2] Ebd. [3] Ebd. S. 134.
[4] Ebd. S. 135.

te lebensscheue Weltmann *Maine de Biran* (1766–1824), ehemaliger Leibgardist Ludwigs XVI. und später, wie wir wissen, hoher Beamter in Paris, wo er die gleichen politischen Wechselfälle erlebte wie Benjamin Constant. Maine de Birans „Journal Métaphysique" verdient einen Ehrenplatz in der zahlenmäßig kleinen Gruppe philosophischer Diarien, die eine konstruktiv angestrengtere Denkweise bezeugen. Für einen Mann, der ähnlich wie Seneca in der Polis wirkte und leidend die Fragwürdigkeit der nichts als „politischen" Politiker erkannte, die eine höhere „philosophische" Sinngebung gesellschaftlichen Gruppenlebens ständig verrieten, mußte das Tagebuch als rettende Arche in den Sturmfluten zwischen Vita activa und Vita contemplativa erscheinen. In seinen Aufzeichnungen mischen sich Niederschriften über Selbstbeobachtungen mit Notizen über politische Handlungen in einer fortschreitend systematischen Weise. Allmählich stößt er auf die besondere Eigenart eines „tätigen Ichs", dessen Wesen im Wollen besteht. Seine Grundformel heißt, vorerst im Gegensatz zu Descartes: „Ich will, ich handle, also bin ich[1]." Die entscheidenden Anregungen, Tagebuch zu führen, zog Maine de Biran aus der Lektüre von Seneca, Thomas von Kempen, Pascal und Rousseau, womit wir wieder auf unsere diaristische Ahnenreihe stoßen.

In den ersten Jahren zeichnet Maine de Biran alles auf, was ihm wichtig erscheint, immer mit dem kritischen Abstand eines auch religiös gelenkten Bon sens, keineswegs also unter dem Zwang der inneren und äußeren Kompromisse des Bien-Pensant. Auch er kennt alle Abgründe in sich und die Heillosigkeit der zunehmend nur sich selbst ideologisierenden gesellschaftlichen Gruppen. Doch sammeln sich alle diese Erfahrungen in dem kalten Feuer seines Bewußtseins und in der nüchternen Glut seines Herzens, und es sind dies vielleicht die fruchtbarsten Temperaturen, in denen typisch europäisches Denken gedieh. Auch Maine de Biran spiegelt sich ständig, doch liest er zugleich stets im Spiegel der Welt.

[1] Die Tagebücher wurden von 1792–1824 geschrieben. Erstveröff. 1841. Neuausg. Paris 1927 u. 1931. Vgl. auch Henri Gouhier, Maine de Biran et son Journal Métaphysique in: La diaristica filosofica. A.a.O. S. 61 f. Sainte-Beuve verglich ihn mit Pascal.

Selbstbildnis und Weltbildnis werden vereint, in stoisch-idealistischer Selbstbeherrschung und in epikureisch-realistischer Weltaufgeschlossenheit. Seine Tagebücher bilden in späteren Jahren die immer mehr strukturierten Grundlagen für seine „Nouveaux essais d'anthropologie", die ein „Leben im Geiste" schildern sollen. Es entsteht das Tagebuch eines Philosophen, nicht nur ein philosophisches Tagebuch. Vor uns entfaltet sich geradezu das Tagebuch einer bestimmten Philosophie, einer ersten „existentialistischen", ebenso psychologisch wie physiologisch erfahrenen Philosophie, die Ich-Kunde mit Welt-Kunde vereint. Bei der Lektüre der „Confessions" von Rousseau hatte dieser ebenso empfindsame wie intelligente Tagebuchkombinator die Idee zu einem diaristisch-philosophischen System gefaßt. Er wurde bald fasziniert von der Vorstellung einer philosophischen *Systematisierung* seiner Ich- und Welterfahrungen. Ein „geordnetes" Werk sollte entstehen, nach dem Vorbild eines Buches, das Rousseau plante, aber nie schrieb: „La morale sensitive ou le matérialisme du sage". Dieses System einer „sensitiven Moral" wollte Rousseau verfassen aufgrund von „observations faites sur moi-même[1]". Eine introspektive philosophische Menschenkunde dieser Art sollte vor allem die Gründe für die geringe Stabilität der Ich-Konstitution darstellen.
Durch eine Untersuchung des „inneren Eindrucks" der „äußeren Dinge" wollte Rousseau – nicht nur in einem erkenntnistheoretischen oder nur psychologischen Sinne – Mittel zu einer „höheren" moralisch-vernünftigen Steuerung aller Lebensantriebe und Daseinserfahrungen finden. Genau das strebt Maine de Biran in seinem späteren Tagebuch an. Er meint, daß man zu einer derartig philosophisch-systematischen Introspektion allerdings gebrochen („krank") sein müsse, denn der gesunde Durchschnittsmensch erkenne weder sich selbst noch seine Umwelt! So wird Birans Diarium allmählich zur Grundlage für eine typisch diaristische Philosophie sui generis. Am 25. Dezember 1794 trägt er in sein Tagebuch ein, der Mensch müsse seine verschiedensten Lebensperioden beachten, seine Gefühle analysieren, seine Art des Seins „re-

[1] Henri Gouhier in: La diaristica filosofica. A.a.O. S. 66.

gistrieren". Er solle dazu fähig werden, seine raschen Veränderungen zu erfassen, die von „Variationen" in *körperlichen* Zuständen wie in *geistigen* Gestimmtheiten verursacht werden[1]. Der einst anekdotenfreudige Staatsbeamte verzichtet immer mehr darauf, diesem Hauptanliegen nicht zentral Zugeordnetes zu verzeichnen. Kann eine derartige Geometrisierung, besser Hemera-Metrisierung von diaristischen Aufzeichnungen überhaupt gelingen? Wie Baader, meint auch Maine de Biran, daß der Diarist (und nicht nur er) dazu einen transzendenten Angelpunkt brauche. Daher entschied er sich, in mehr symbolischer Weise, Wegweisungen des Johannes-Evangeliums und der platonischen Dialoge zu folgen. Das durch Selbst- und Welterfahrung ebenso bereicherte wie gefährdete Ich bedarf also trans-empirischer Orientierungspunkte, allein schon, um seine auf die Erkenntnis gerichteten Willensimpulse an maximalen Absolutheitswerten zu regenerieren, wie undurchdringlich diese Werte auch erscheinen mögen. Ein zu früher, zu rascher, zu überkluger, zu skeptischer Verzicht auf solche Werte führt zu einer Dekadenz auch der Philosophie. Dabei bleibt selbst Maine de Biran – seinem Temperament und seinem Ausdruckszwang nach – ein Narziß. Doch reflektiert sich in seinem Spiegelbild auch ein überpersönliches Außer-sich-Sein. Der egozentrische Geist spürt noch den Strahlenglanz des „Saint-Esprit". Der Anthropologe, der aus psychischen, physiologischen und sozialen Gegebenheiten des Menschen auf sein letztes Geheimnis schließen will, amputiert nicht willkürlich sein noch heiles Witterungsvermögen für das Mysterium dieser dritten Kraft trans-egotistischer und extramundaner Wesenheiten[2]. Seine

[1] MAINE DE BIRAN a.a.O. Bd. 1 S. 46.

[2] Das widerspricht nicht den Einsichten eines der konsequentesten Vertreter der philosophischen Anthropologie unserer Zeit: ARNOLD GEHLEN. Er fordert zwar die Emanzipation der Philosophie von der Theologie, auch die „Ausklammerung" des „Dualismus", doch keineswegs den Verzicht auf eine Erkenntnis des „Metaphysischen". Es soll dies vor allem aus der „Handlung" des Menschen ergriffen werden, d.h. des Menschen als eines „primär handelnden" Wesens. Das berührt aufs engste unser Thema von der Gefährdung des Menschen durch einseitige Spiritualisierung. Wir möchten also betonen, daß

„Morale sensitive" hat auch Maine de Biran nie geschrieben. Wie Pascals geplante Apologie des Christentums blieb sie diaristisches Fragment.

4. *Theognostik in Daseinsanalysen*

Henri-Frédéric Amiel beginnt sein Journal intime im Jahre 1839, fünfzehn Jahre nach dem Tode Maine de Birans. Doch setzt ein geniales philosophisch-theologisches Diarium im hohen Norden Europas fünf Jahre vor Amiels Journal ein, dessen Autor gänzlich anders geartet, ein „dialektischer" Berserker ist: Sören Kierkegaard. Maine de Biran und Amiel gehören geistig noch dem ebenso romantischen wie naturalistischen, dem ebenso paganen wie christlichen Europa der ersten Jahrhunderthälfte an. Kierkegaard hingegen erfährt die ersten Erschütterungen des 19. Jahrhunderts und leitet die meisten Grundprobleme des europäischen 20. Jahrhunderts ein, „diaristisch" intensiver, konsequenter als Schopenhauer und sogar Nietzsche.

Bevor wir das Tagebuch von Kierkegaard aufschlagen, wollen wir die philosophische Eigenart des Tagebuchs von Henri-Frédéric Amiel wenigstens kurz kennzeichnen, um einen zwar in gewissem Sinne zeitbedingten Diaristen, aber doch vorbildlichen Erfüller der introvertierten Tagebuch-*Form* nicht allzusehr in den Schatten eines Riesen zu stellen. Über Amiels endloses Diarium ist schon gesagt worden, daß es nicht

der Diarist in einer anthropologisch relevanten Weise auch „handelt", wenn er für sich schreibt, und daß das, was er auf diese „einsame Weise" aufzeichnet, für eine philosophische Menschenkunde als menschlich „arteigene" Umwelterfahrung und Umweltbewältigung angesehen werden kann, auch und gerade wenn dabei transhumane Sinnbilder miteinbezogen werden und zur Geltung kommen. In diesem Sinne also – wir hoben es wiederholt hervor – sind die trans-egotistischen Erkenntnisse, die dem auf seine Weise „handelnden" Introspektiven geschenkt werden, echtes Erfahrungsgut auch für eine universale Menschenkunde im empirisch-kritischen Sinne, wie sie Arnold Gehlen, so scharfsinnig gegen anthropologische Mystizismen kämpfend, anstrebt. (Vgl. Arnold Gehlen, a.a.O. Abschnitt: Zur Geschichte der Anthropologie. S. 7 ff.)

nur eine immanente Philosophie zum Ausdruck bringt. In diskursiven Spekulationen versucht Amiel sich an einer etwas bürgerlich bequemen, halb idealistischen und halb sensualistischen Lebensphilosophie. Was ihr fehlt, ist metaphysische oder antimetaphysische *Entschiedenheit*. Im Grunde handelt es sich um den melancholischen Synkretismus eines höheren Schulmeisters, der stets etwas bange vor sich hinphilosophiert: für sich selber, zur Vorbereitung seiner Vorlesungen, zur Überwindung seiner so häufigen larmoyant-skeptischen oder zu vagen enthusiastisch-idealistischen Gedankenanfälle. Amiel begehrt nicht auf gegen sein kalvinistisches Genf, wie Kierkegaard gegen sein damaliges Kopenhagen rebellierte. Amiel verfällt immer mehr einem gutmütigen, gutgearteten Vor-sich-hin-Denken, und Höllenqualen erleidet er, wenn er merkt, daß kaum jemand ihn ernst nimmt und seine Schüler gähnen. Resignierend, zieht er Schlafrock und Pantoffel nicht mehr aus. Bald wird er zu einem philosophischen *Sonntag*-Tagebuch-Führer. Tatsächlich schreibt er, am 7. Juli 1841, daß er sein Tagebuch nur sonntags schreiben wolle, das heißt, daß er an jedem Abend dies und jenes Wichtige notieren werde, daß er aber erst am Ruhetage der Schöpfung diese Aufzeichnungen „durchgehen" wolle, um dann ausführlich darüber „Reflexionen" anzustellen[1]! Tagebuchphilosophie im Sonntagsanzug, weltanschauliche Sonntagsjägerei am blumengeschmückten Schreibtisch, zur Linken eine Ansammlung von Medizinflaschen, zur Rechten ein Wochenmemorandum, das ausgewaidet werden muß[2]. Amiels „Journal intime" ist das Tagebuch der Biedermeierzeit, eines opportunistisch reduzierten bürgerlichen Rousseauismus, einer brav kombinierten Natur- und Geist-Schwärmerei der Restauration.

[1] „Résolu de faire mon journal seulement le dimanche. . . . le dimanche matin je repasserai ma semaine, et j'écrirai au long mes réflexions." A.a.O. Bd. 1 S. 15.

[2] So machte auch der alternde GOETHE – wenn auch nicht nur sonntags – Auszüge aus seinen Tagebüchern. Diese „Annalen" aus Tagebüchern sind allerdings viel unpersönlicher als diejenigen Amiels. Wenn Amiel in seinen Sonntagsauszügen das „Subjektive" überfordert, so der alternde Goethe in seinen „Tag- und Jahresheften" (umfassend 1749–1822) das „Objektive". Vgl. J. W. GOETHE, Tag- und Jahreshefte. Werke Bd. 35 und 36. Weimar 1892 und 1893.

Dennoch wird das Tagebuch Amiels auch in der philosophischen Diaristik Europas immer eine hervorragende Stelle einnehmen, weil hinter diesem Memorieren, Reflektieren und Spintisieren ein zwar schwacher, aber ein absolut anständiger, freiheitliebender Mensch steht, ein Mensch in bedrückender Umwelt, mit Gewissen, mit Hunger nach „höheren" geistigen Ordnungen, nach mystischen Naturerlebnissen, ein Mensch jedoch ohne herausfordernde Genialität, ohne überraschende Wendungen der Existenz und ihres Ausdrucks. Im inneren Monolog dieses Journals werden auch Selbstentwürfe sichtbar, die beweisen, wie sehr dieser kränkliche und einsame Für-sich-Denker, wie sehr dieser über sein Spiegelbild philosophierende Narziß sich darum bemühte, nicht nur das Chaos der Welt in seinem Ich zu überwinden, sondern auch das *Chaos seines Tagebuchs* in einem noblen Sinne in die Ordnung des *Logos* hinüberzuführen. Dazu entwarf er seine immer neuen Schemata, Begriffsnetze, intellektuellen Fangvorrichtungen[1]. Doch stets vergebens! Und so resignierte er schließlich. In diesem Augenblick mag er den Gedanken gefaßt haben, all das Meditieren, Klagen und Jammern einfach ad infinitum weiterzuführen, damit einen Erfahrungsschatz für spätere Philosophen anzulegen, die vielleicht nicht nur kräftiger, sondern vor allem glücklicher und unbekümmerter sein könnten als er, der stets schüchterne Henri-Frédéric, der nicht einmal zu heiraten wagte. Hat er ein Tagebuch hinterlassen wollen, ein monumentales Existenzregister, in dem das Ewige, das Stets-Daseiende sich in Millionen von Gefühls- und Denkimpressionen ausdrückt[2]? Demnach würde es sich auch um ein introspektives philosophisches Poem in Prosa handeln, um ein *impressionistisches* Tag-um-Tag-Registrieren zu einer zeitweise sichtbar werdenden europäischen Weltverlorenheit, zum Logos-Verlust eines Erdteils, der sich immer stärker von seinen antiken und christlichen Ursprüngen zu entfernen droht. Allegorisch gesprochen: „Ubiquität" und „Ewigkeit" stehen sich im Tagebuch Amiels ständig stumm gegenüber. Amiel sehnt sich beständig nach dem

[1] Vgl. Textteil.

[2] Einleitung von Léon Bopp im ersten Bd. der Neuausg. Genf 1948.

religiös oder philosophisch bestimmten Absoluten, aber er findet es nur in der Literatur, nicht in sich oder in einem Über-Sich. Seinen Synkretismus empfindet er selbst als lähmend. Unaufhörlich treibt es ihn zu Synthesen, Systemen, Konstruktionen, Vereinheitlichungen; zu Weltformeln, die er stets wieder auflöst[1]. Hier liegt vielleicht sein tragischster Irrtum. Seine Größe besteht in einer Art unermüdlicher Daseins-Aufnahme, die, unterhalb alles Strebens nach Synthesen, das Individuelle fixiert und unbewußt sogar das künstlich Verabsolutierte auf manchmal sehr konkrete Weise zu relativieren vermag. Am wahrsten, am überzeugendsten bleibt er aber in seinen erschütternden Versuchen, wenn er in sich „alles" erfahren, „alles" sein will, alles, was introspektiv überhaupt zu ergreifen und zu umspannen ist. Es soll deshalb auch an dieser Stelle nicht vergessen werden, daß Amiels Tagebuch in seiner konsequenten, wenngleich scheiternden Introspektion zu einem der einflußreichsten diaristischen Dokumente Europas gehört. So urteilte beispielsweise Tolstoi, daß Amiels Journal „immer zu den besten Büchern gehören wird, wie sie uns gleichsam zufällig Männer wie Marc Aurel, Pascal und Epiktet hinterlassen haben[2]". Hofmannsthal nannte es: „ein großes, schmerzliches Buch[3]". Max Rychner, dem wir, wie schon erwähnt, die gerechteste Studie über das Tagebuch von Amiel verdanken, findet die beste Formel: „Verfangene Innerlichkeit[4]."

Seit Amiels verhängnisvollem diaristischem Grübeln werden die großen philosophischen Tagebücher Europas entweder immer verzweifelter und herrschsüchtiger in ihrem Entweder-Oder (Kierkegaard) oder immer visionär-demütiger in ihrem Wie-auch-immer (Kafka). Zwischen ihnen steht eine typische deutsche Figur, der Entdecker des philosophischen Werts von Lebensbeschreibungen, der erste Systemati-

[1] Vgl. die Einleitung von Léon Bopp a.a.O. Bd. 1 S. 30.

[2] In der Einleitung zu der russ. Ausg. von Amiels Tagebuch in der Übertragung von Tolstois Tochter Maria Lwowna (1894). Zitiert nach Amiel, Blätter aus dem Tagebuch S. 25.

[3] Im Aufsatz „Tagebuch eines Willenskranken". Ebd. S. 22.

[4] So der Titel des Essays. Vgl. Max Rychner, Welt im Wort. Zürich 1949, S. 312 ff.

ker einer biographischen „Geistesgeschichte" der Menschheit, *Wilhelm Dilthey*. Auch er schrieb ein Tagebuch, ein knappes und präzises Ideen-Memorandum. Er plante darin „eine Geschichte der christlichen Weltanschauung des Abendlandes ... und die kritische Untersuchung des philosophierenden und religiösen (dichterischen) Geistes aus historischem (psychologischen) Umfassen der Genesis der Systeme und der Systematik[1]". Im Anschluß an seine Forderung eines „modernen Idealrealismus" kommt Dilthey zu folgender philosophischen Maxime: „Genialität des betrachtenden Geistes ist die Gabe, außerhalb aller bereits existierenden Ideen über die Dinge und die Welt die Objekte selbst und die Welt selbst zu Gesicht zu bekommen, sich diesen selber ohne Etikette vis-à-vis zu setzen[2]." Abschreckende Beispiele für die „Herrschaft eines Systems auf den philosophischen Kathedern" sind für ihn vor allem die Kantische und die Hegelsche Philosophie. Nicht „Herrschaft" sondern „Wirkung" verlangt Dilthey von Philosophie, die nur durch das Begreifen des historischen Prozesses zum Verständnis der Welt und zum Selbstverständnis führen kann. Hierzu gehört selbstverständlich auch die Geschichte der Lebenserfahrungen großer einzelner, die immer Schnittpunkte des Diesseitigen und des Ewigen sind, des Relativen und des Absoluten. Damit wurde Dilthey zum Begründer einer geistesgeschichtlichen Wissenschaft vom Menschen, eines methodischen Wissens um die philosophische Bedeutung menschlicher Selbstdarstellungen, zum Vorläufer einer Koordinierung des menschlich Typischen und Archetypischen[3]. Schon in Diltheys Generation werden Tagebücher der Jüngeren, so vielfältig sie immer sein mögen, auch zu „Gedankensammlungen" einer solchen „Wissenschaft vom Menschen". Wir finden dafür ein besonders klares Beispiel in den Tagebüchern von Robert Musil, der zu den Wachsten und Hellhörigsten seiner Zeit gehörte. Am 2. April 1905 nimmt er sich in Brünn vor, sein Tagebuch fortzusetzen, beziehungsweise in ganz anderer Art neu zu beginnen. Zu-

[1] Der junge Dilthey. Ein Lebensbild in Briefen und Tagebüchern. 1852–1870. Zsgest. von CLARA MISCH geb. DILTHEY. Stuttgart 1960 (unveränd. Nachdr. der Ausg. Leipzig u. Berlin 1933), S. 120.

[2] A.a.O. S. 142.

[3] Vgl. Beispiel im Textteil.

nächst soll es ihm Gelegenheit geben, die „Linie geistiger Entwicklung wiederzufinden", die er für die seine hält. Doch will er nur selten „Persönliches" notieren. Hingegen sollen „alle Gedanken zur ‚Wissenschaft vom Menschen' hierherkommen". Und er fügt hinzu: „Fach-Philosophie nicht. Entwürfe ja[1]." Tatsächlich kann man weite Strecken der Tagebücher Musils als eine unaufhörliche Reflexion über das im *Geistigen* menschlich Erscheinende einer Epoche ansehen. Immer aber bleibt das Ziel, der eigenen Dichtung einen „exakten" Sinn zu geben. In seinen Tagebüchern erklärt Musil: die Ethiker sind „mit dem Dichter verwandt". Es sei dies, schreibt er, bereits von Dilthey („Analyse des Menschen im 16. Jahrhundert") erkannt worden[2].
Der große Aufstand gegen die Herrschaft der philosophischen System-Diktaturen erfolgte, soweit wir es mit Tagebüchern zu tun haben, in einem der wenigen kontemplativaktiven, *religiös*-philosophischen Tagebücher Europas, in den fünftausendseitigen intimen „Carte" *Sören Kierkegaards*[3]. Sein Tagebuch ist deswegen als genial zu bezeichnen, weil er darin nicht nur mit philosophischen Waffen um eine *radikale* Rückgewinnung ur-religiöser europäischer Substanzen kämpft (mit sich und gegen alle), sondern vor allem, weil hier der Versuch gemacht wird, die individuell bestimmte Gattung Tagebuch in eine menschlich-religiöse Allgemeingültigkeit zu heben. Außerdem hat Kierkegaard den Vorzug, in einer persönlichen wie überpersönlichen Weise scharfsinnige Dialoge führen zu können: mit den Ur-Figuren der größten „objektiven" wie auch „subjektiven" Selbsterfahrungen, mit Christus und mit Sokrates. Zu Christus, dem Prinzip der Liebe (Eros), betet der „Clown" Kopenhagens, wenn er in seinem gefährlichen Auf- und Ab-Zeichnen Rettung braucht. Die mäeutische Dialektik des Sokrates (Logos) gibt ihm die Energie zur Verallgemeinerung

[1] Robert Musil, Tagebücher, Aphorismen, Essays und Reden, S. 81.
[2] A.a.O. S. 279.
[3] Kierkegaard begann seine Tagebuchaufzeichnungen 1834, im Alter von 20 Jahren. Weitergeführt wurden sie bis 1855, bis kurz vor seinem Tode. Vgl. die Kritik an Hegel, Schopenhauer, an der Naturwissenschaft usw.

seiner Ich-Erfahrungen. Von Sokrates meinte Kierkegaard, sein ganzes Leben sei nur eine Beschäftigung mit sich selbst gewesen, doch habe die Vorsehung dafür gesorgt, daß dieses reflektierte Leben „auch eine universale Bedeutung erlangen konnte[1]".

Kierkegaard, den wir bereits als Überwinder des nur ästhetischen Ich-Kults kennengelernt haben, bleibt indes auch lange „Romantiker", und zwar im Sinne von Novalis. Demzufolge setzt der Romantiker seine Individualität absolut, das heißt, er erfährt sie als absolut. Doch wird Kierkegaard aus seinem philosophisch-religiösen Streben nach absolut verpflichtender Wahrheit bald einer der „romantischsten Anti-Romantiker[2]". Dies nur zur geistesgeschichtlichen Situation, in der Kierkegaard aufwächst. Er greift rasch weit über sie hinaus, denn sein „Gott der Liebe", sein Über-Ich, zwingt sein subjektives Ich, das Ich der Erbsünde, schon in seinen frühen Diarien in eine dialektische Position zum göttlichen Über-sich-selbst-Sein des objektiv heilen Seins. Eine der philosophisch-religiösen Zentralstellen findet sich in seinen Tagebucheintragungen von 1846: „Immanent (im phantastischen Medium der Abstraktion) ist Gott nicht da ... Nur für einen *Existierenden* ist Gott da, doch kann er da sein im Glauben. Eine Vorsehung, eine Versöhnung usw. ist nur da für einen Existierenden[3]." Das schließt nicht nur jede Art von philosophischem System aus. Die Philosophie selbst wird – als Denken in logischen Begriffsfolgen – „aufgehoben". Sie wird Theo-Gnostik in eigener Daseinsanalyse. Die Ich-Geschichte im Tagebuch entfaltet sich hier zu mehr als einer nur individuellen Philosophie-Geschichte in der Art Amiels. Die erlebte

[1] Vgl. PIETRO PRINI, Kierkegaard e la Filosofia come Giornale intimo. In: La diaristica filosofica. A.a.O. S. 73–90. Ferner WALTHER REHM a.a.O. Hier benutzter Text: S. KIERKEGAARD, Die Tagebücher. Ausgew. u. übers. von THEODOR HAECKER. Bd. 1: 1834–1848; Bd. 2: 1849–1855. Innsbruck 1923.

[2] Nach P. MESNARD, Le vrai visage de Kierkegaard. Paris 1948, S. 421. Zitiert nach PRINI in La diaristica filosofica. A.a.O. S. 79. Über Beziehungen Kierkegaards zur vorromantischen und romantischen Diaristik vgl. W. SCHMEISSER a.a.O. S. 219 f.

[3] Ausg. HAECKER a.a.O. Bd. 1 S. 284. Hervorhebungen vom Verf.

und in blendender Reflexion jetzt kommentierte „Existenz" ermöglicht zwar philosophische Erkenntnis, doch zwingt sie vor allem radikale über-egotistische, „ontische", religiöse Entscheidungen auf. Das diaristische Ich im „Tage" „springt" – wie eine Magnetnadel – stets zurück in die Weisung auf das radikale Gegenteil vom Ich-Sein im Tage: auf das Nicht-mehr-nur-Ich-Sein im Ewigen, das für Kierkegaard wie für die meisten diaristischen Philosophen und Mystiker Europas – die einem doch wohl „vorgesehenen" spezifischen Auftrag Europas im „Welt-Plan" folgen – der Gott der Liebe ist, der Gott als dreifach vereinte Gott-Person, als das Eins-Sein des Seins, aus dem die Liebe strömt[1]. Die Liebe und das Licht! Kierkegaards philosophisch-religiöse Gottesvisionen entsprechen Dantes letzter und höchster Gottesmetapher. Auch der europäische Geist ist, sofern er sich selbst ist und bleibt, in einem schöpferischen Sinne immer eins in sich selbst. Seine wesentlichen Ur-„Sprünge" werden zu Wesens-„Entfaltungen" für die Zukunft, doch zeigen sie immer wieder zurück auf ein elementares Kennzeichen: die doppelte Einsetzung des sich selbst beobachtenden Ichs zwischen Chaos und Kosmos. Eine besondere europäische Tragik liegt vermutlich darin, daß sich das seiner selbst allzu bewußte Ich aus dem Lichtbogen zwischen diesen beiden Polen entfernte, sich nur um den „chaotischen" oder nur um den „kosmischen" Pol sammelte. Die Gefahr für eine Substanzschwächung Europas liegt also vielleicht darin, daß die „bewußten" Europäer weniger ihre „Mitte" als das leuchtende Spannungsfeld zwischen den Extremen verlieren. Nur programmatische Selbstzerstörung, assoziative Ab-bauung, auf der einen, nur ideologische Selbsterhöhung, akkumulative Erbauung, auf der anderen Seite! Damit manifestiert sich auch die Doppeldeutigkeit so mancher Erscheinungen auf den philosophischen und literarischen Märkten Europas. Die Faszination des nutzbringenden Effekts schwächt die philosophische Kontemplation und Spekulation zugunsten ideologischer Aktion und politischer Devotion. Auch deshalb sind die echten, gleichsam für sich selbst geschriebenen Diarien als Äu-

[1] Vgl. Beispiele im Textteil.

ßerungen einer Seelengeschichte Europas, die jenseits der Idola tribus, specus, fori und theatri steht, so beachtlich. Weder Verzweiflung noch Seligkeit werden in ihnen vermünzt[1]. Aus solchen Perspektiven muß Kafkas Tagebuch als das auffallende Beispiel einer ebenso a-ideologischen wie a-moralischen diaristischen Paraphilosophie angesehen werden[2]. In einer Art Lähmung des Verzweifelns und in gleichzeitiger Erstarrung der Hoffnung wird hier ein Nullpunkt des Daseins erfahren; in diesem Augenblick ergibt sich ein neuer Höhepunkt der Existenzerfahrung. Kafka legt die Verlorenheit des Menschen bloß wie vor ihm kein Tagebuchschreiber Europas; doch schimmert in diesem ausweglosen Labyrinth die Kernkammer viel heller auf als in mehr theoretisch-intellektuellen, schulphilosophisch-existentialistischen Abhandlungen oder in logistisch-gnostischen Traktaten unserer Epoche[3]. Klagen über die Trostlosigkeit Kafkas können nur von äußeren Aspekten angeregt werden. Man könnte sein so dämonisch-dunkles und doch so lichtwesenhaft helles Journal in den Verfinsterungen des 20. Jahrhunderts als ein adven-

[1] Weitere Beispiele aus den Tagebüchern von Kierkegaard im Textteil. Vgl. auch Kap. II, III u. IV.

[2] Kierkegaard wollte noch „Richter" sein. Sein Tagebuch nannte er „Buch des Richters". Sich selbst bezeichnete er auch als „Staatsanwalt Gottes". Vgl. Albert Gräser a.a.O. S. 45 f.

[3] Hier ist der in seiner ethischen Haltung so sehr von Tolstoi beeinflußte Philosoph Ludwig Wittgenstein ein zwiespältiges Beispiel. Seine Tagebücher dienten ausschließlich den Aufzeichnungen streng mathematisch-logistischer Überlegungen. Fast alle Tagebücher wurden 1950 auf Anordnung Wittgensteins hin vernichtet, nur drei aus den Jahren 1914 bis 1916 – Vorarbeiten zu dem genialen „Tractatus logico-philosophicus" – sind erhalten geblieben. Seine Schriften weisen ihn als einen fast mystisch-rationalen un-existentiellen Mathematiker, Logistiker und Sprachphilosophen aus. Seine Lebenshaltung und Lebensweise – oft die des anonymen christlichen Einsiedlers –, worüber er anscheinend in den Tagebüchern niemals reflektiert hat, erinnern geradezu an eine gewisse existentielle Haltung Kierkegaards: die aus der Entschiedenheit herrührende Denkbewegung.
Vgl. Ludwig Wittgenstein, Schriften (Tractatus logico-philosophicus. Tagebücher 1914–1916. Philosophische Untersuchungen). Frankfurt 1960.

tistisches Tagebuch bezeichnen. Der im Heilsplan vorgesehene Antagonismus von Altem und Neuem Testament wird in einer ganz subjektiven Gnadenlage wiederholt, und zwar besonders für jenen Europäer, der aus den beiden Testamenten *nur* erbauliche Kompromisse bastelt. Allerdings gehört Kafka zu den Genien des Chiffrierens, zu den Meistern des diaristischen Verbergens, zu den Virtuosen der kryptographischen Diaristik. Seine Tagebücher sind Ausdruck einer ebenso philosophisch-existentiellen wie literarisch geheimen Concetto-Kunst, einer Gnostik mit ebenso konkreten wie abstrakten Interferenzen von Ich und Welt, von Welt und Ich. Kein anderes Tagebuch des 20. Jahrhunderts entspricht so sehr den Tendenzen derjenigen „gegenstandslosen" Literatur und Kunst, die in subjektiv-manieristischer Geheimschrift objektiv Absolutes sichtbar machen möchte, aus Angst vor dem zu banalen Wort, vor dem zu leeren Begriff, vor dem zu blassen Bild. Das verborgen Absolute registrierte Kafka in sinnlich-existentiellen Memoranden, in Zeugnissen eines Tag um Tag sich selbst erfahrenden *metaphysischen Ichs*. Das meditierende Tagebuch-Ich wird damit zu einem Spiegel des ontischen Über-Ichs, doch zu einem „trüben" Spiegel, denn Kafka ist und will ganz Angehöriger, ja Geschöpf seiner mythenlosen Zeit sein. Er will den Weg der Melancholie, des Absurden, der Sinnlosigkeit, des Ennui, der Einsamkeit, der Bruderlosigkeit zu Ende gehen, denn er weiß, daß schon, wenn er nicht ausweicht, wenn er weiterhin tapfer ins Schaurige vordringt, die Kehrseite der Nacht allmählich aufleuchtet, schwach zwar, aber mit seltsam bitterer Süße der Verheißung. Kafka wendet das Entweder-Oder Kierkegaards in sein somnambul-diaristisches Wie-auch-immer, von dem wir schon schrieben. Diese Konsequenz des Bis-zur-Neige-Erlebens alles angeblich „Trostlosen" führt auch auf das Vorhandensein des Gegenteiligen, auf den wort- und bildlosen Zuspruch, auf das – stumm-sinnweisende Walten des Über-Ichs[1]. Man könnte es auch viel profaner sagen! Kafka war Buchhalter. Er verzeichnet auch als diaristischer Tag-Buchhalter Daten, doch solche, deren Gesamtsumme erst für den

[1] Vgl. Kap. VI, Abschnitt 4.

Unternehmer einen deutlichen Sinn ergibt. Im beruflichen Leben führte Kafka in einem Prager Tempel des Goldnen Kalbs das Geld-Tagebuch eines Bankiers. Für sich führte er über ganz andere Dinge Buch, doch ebenfalls in einer faktischen Unmittelbarkeit, deren Endsumme erst den Gesamtsinn auch dieses Unternehmens entschleiert.

In den Tagebüchern Kafkas erhält fast jede Eintragung einen unmittelbar philosophisch-existentiellen Sinn. Dadurch findet das Tagebuchschreiben zu einer neuen literarisch-autochthonen Form. In einer Dissertation über das Tagebuch von Kafka hat Ruprecht Heinrich Kurzrock mit den hermeneutischen Mitteln der Existenzphilosophie den Grundcharakter des „existentiellen" Tagebuchs im Gegensatz zum nur „chronistischen" und zum „reflexiven" Tagebuch gut definiert[1]. Ein jeweiliges Dasein, um es in der Terminologie Heideggers zu sagen, kommt demzufolge in seinem Existieren und als dessen Existieren ständig zu Wort. Notizen über äußere Ereignisse oder Betrachtungen über sich selbst werden von einem ganz anderen Ich-Zentrum aus bestimmt. Sie dienen dem „Ergreifen des eigenen Selbst im existentiellen Verständnis". Daraus ergeben sich nach Kurzrock in Tagebüchern dieser Art „sprachliche Unmittelbarkeit, verstehende Ursprünglichkeit, existentielle Geschichtlichkeit[2]". Angst, Gewissen und Schuld treten als besondere Erscheinungsformen der existentiellen Daseinssorge hervor. In solchen Tagebüchern kommt also „die Sorge als Sein des Daseins zu existentiellem Verständnis". Um in dieser Terminologie weiterzusprechen: „Eigentlich" zu sein (die Mahnung der Sorge) wird als faktische Möglichkeit des Existierens ständig ergriffen. Ebenso kommt die „Geschichtlichkeit des Daseins" im Tagebuch zu „existentiellem Verständnis". Das gilt nun für die meisten Tagebücher, die im Ich zentriert sind und die oft fürchterlichen Spannungen zur Nicht-Ich-Welt schildern. Doch wird bei Kafka tatsächlich eine neue diaristische Spra-

[1] Ruprecht Heinrich Kurzrock, Das Tagebuch als literarische Form.
[2] Über den politisch-ideologischen Mißbrauch des „Jargons der Eigentlichkeit" vgl. Th. W. Adornos für die Kritik an der existentialistischen Terminologie unentbehrlichen Essays (Dt. Rundschau H. 3, Berlin 1963).

che Ereignis, wie immer er sie stilisiert haben mag[1]. Kafka macht keine psychologischen Exerzitien. Er übt sich ganz bewußt an überpsychologischen Existentialien. Daher die Traumatmosphäre seines Tagebuchs. Das Leben wird indes nicht nur als Traum und der Traum nicht nur als Leben erfahren. Der Blick, der auf ein halboffenes Fenster fällt, oder das Zusammenschrecken bei einem Schrei auf nächtlicher Straße „sammelt" dieses so erfahrende Dasein blitzschnell in einem existentiellen „Ich", das so existentielle Unmittelbarkeit erfährt. Diese „philosophische" Erschütterung kann nur in Bildern, in einer säkularisierten neuen „Mythik" der Sprache Ausdruck finden. Das begriffliche Philosophieren und der systematische Diskurs hören zwangsläufig auf. Schon jede diaristische „Notiz" jedes Memorieren einer bloßen Beobachtung, eines bloßen Ereignisses verraten eine „existentielle Affinität des Tagebuchschreibers zum Beobachteten". Jede Beobachtung enthält somit schon eine „Selbstauslegung"[2]. Es entstehen dann gleichsam existentielle Blitzlichtaufnahmen des Seins[3].

Eine echte „Verfremdung" tritt somit auf, eine „Vernichtung aller sinnvoller Beziehungen außerhalb existentieller Zusammenhänge". Erst wenn die Dinge „in sinnloser Unheimlichkeit oder Lächerlichkeit einzeln daliegen", erläutert Kurzrock weiter, erst dann „kann die Existenz wieder zur direkten Selbstauslegung zurückkehren". Die eigene Existenz wird „totalisiert". Die Selbstauslegung des Daseins steigert sich weiter zur Selbstbewältigung. Im Sich-Aussprechen des Daseins ergeben sich Selbstentwürfe. Doch bleiben sie nicht – wie etwa bei Amiel – moralisch formulierte „Agenda". Auch sie sind Ausdruck eines „traumhaften inneren Lebens". Auch sie müssen „Bild" werden, Ansatz zur Erzählung, zum fast märchenhaften Bericht. Notiz und Reflexion erzeugen eine Art von immanenter Tagebuch-„Poesie", ein poetisches, nicht di-

[1] KAFKA hat viele Seiten seiner Tagebücher vernichtet. Vermutlich solche, die mehr chronistischen oder nur ich-analytischen Charakter in vordergründig psychologischem Sinn hatten.

[2] KURZROCK a.a.O. S. 194.

[3] Vgl. unsere Bemerkungen über ROUSSEAUS „sentiment de l'existence" in den „Rêveries" und MAINE DE BIRANS Ansätze zu einer existentialistischen Anthropologie.

daktisches „Existenz"-Philosophieren[1]. Ich und Welt vereinen sich in dieser Art des Sich-selbst-Erfahrens und der Umwelt-Aufnahme zu einer menschlichen Ur-Landschaft. Sie offenbart sich allerdings als Wüste, als Ariditas, als taulose Nacht, als ein Bild der Bildlosigkeit, eine Signatur der Verlorenheit. Kafka hat es bei der Lektüre seines eigenen Tagebuchs einmal so empfunden. Am 19. November 1913 schreibt er: „Mich ergreift das Lesen des Tagebuchs. Ist der Grund dessen, daß ich in der Gegenwart jetzt nicht die geringste Sicherheit mehr habe? Alles erscheint mir als Konstruktion. Jede Bemerkung eines andern, jeder zufällige Anblick wälzt alles in mir, selbst Vergessenes, ganz und gar Unbedeutendes, auf eine andere Seite. Ich bin unsicherer, als ich jemals war, nur die Gewalt des Lebens fühle ich. Und sinnlos leer bin ich. Ich bin wirklich wie ein verlorenes Schaf in der Nacht und im Gebirge oder wie ein Schaf, das diesem Schaf nachläuft. So verloren zu sein und nicht die Kraft haben, es zu beklagen[2]."

So fehlt es auch ihm an der Kraft zu einer „Entscheidung". Dabei ergibt sich jedoch wieder ein wesentlicher Unterschied zu Amiel. Amiel flieht in den vierzehntausend Seiten seines Tagebuchs nicht nur vor jeder Tat. Er verliert allmählich darin auch sein Selbst. Die ständige Ich-Reflexion gleicht bald der bloßen Nabelschau. Kierkegaard hätte ihn wahrscheinlich als „Omphalopsychiten" gehöhnt. Charles Du Bos vergleicht Amiels passiven Zustand mit einem „trüben immer ausgehöhlten Bilderstein" im Gegensatz zu der nuancierten und immer „klaren und deutlichen" Passivität in Rousseaus „Cinquième rêverie" (14. Februar 1927)[3]. Kafka

[1] Vgl. die Bemerkungen über „fiktive Wirklichkeit" anläßlich des Tagebuchs von MAX FRISCH in Kap. VIII.

[2] A.a.O. S. 329 f.

[3] A.a.O. Bd. 3 S. 168. – AMIEL selbst schreibt (am 26. Juli 1876): „Dieses Tagebuch ergibt den Umfang von 46 Bänden zu je 300 Seiten. Welch wahnsinnige Verschwendung von Zeit, Gedanken und Kraft." Und mehr Resignation als Selbstzufriedenheit klingt an, wenn er diesen „Haufen Blätter und Baumrinden, aus denen es die Essenz zu gewinnen gilt" auf folgende Art berechnet: „14000 Seiten in 25 Jahren; das ergibt 482 Seiten pro Jahr und eine und dreizehntel Seiten täglich, und zwar 10480 Tage lang." A.a.O. Bd. 1 S. XXI.

hingegen erfährt sich nicht nur als Ich; er *ergreift* sich auch in seiner Existenz, besser in wechselnden existentiellen Gestimmtheiten, wie begrenzt sie auch sein mögen. Das mag zwar keine Entscheidung sein, ist jedoch sicher mehr als Unentschiedenheit[1]. Der Konflikt (in der Verlorenheit) führt nicht zur totalen Schrumpfung des Daseins; er weckt vielmehr die Kraft, sich durch ihn Ahnung von einem Grundmysterium der Existenz zu verschaffen. Doch führt auch Kafka nicht aus dem heraus, was Kurzrock richtig als den „Zirkel der Existenz" bezeichnet, einer Existenz, „die existiert, indem sie sich versteht"[2]. Eine Magie des verborgenen Sinnes entsteht, doch bleibt er in Bildern verfangen, die weder Symbole noch auch nur Allegorien werden können. Diese Magie leitet das Ahnungsvermögen. Sie regt ein inneres Gehör an. Sie führt dicht an die Schwelle eines nun ganz innerweltlichen, hermetischen Reiches der Wiedergeburten. Doch bleibt auch dieses Tagebuch ein mehr „poetisch"-existentiell-philosophisches Diarium, weil es doch im Zwange des Zirkels der bloßen Selbstauslegung verharrt. Die Zirkelstütze haftet unverrückbar fest, wenngleich nicht im psychologischen, so doch stets und immer im existentiellen „Ich". Der bewegte Zirkelarm berührt zwar die andere Welt des Über-Ichs, doch nur in der Dunkelheit, in der Nacht. Er tastet sich ahnend vor, doch bleibt seine Bewegung, seine Grenze von der im bloßen Ich verharrenden Zirkelstütze bestimmt, auch wenn in dieser Nacht gelegentlich ein eigenartiges Licht aufflakkern mag, Licht aus Unvergehendem. Doch erfolgt nicht der Sprung ins Licht, die mystisch-gläubige Entscheidung für das Licht, für den Lichtquell der Gottheit, den Dante am Schluß des „Paradiso" so nüchtern-trunken mit eigenen Augen im blendendseligen Tage erblickt. Damit wird wieder das Maß an eine „Existenz" gelegt, die das Labyrinth der Welt vorzugsweise in einem Spiegel sah, an eine typisch „diaristische" Existenz[3]. Und auch die dichterischen Werke Kafkas, die so

[1] „Die Verzweiflung beim Namen nennen, heißt sie überwinden." Albert Camus, Der Mensch in der Revolte, S. 283.

[2] A.a.O. S. 233.

[3] Am 24. Januar 1922 trägt Kafka ein: „Ich war also immer unzufrieden, auch mit meiner Zufriedenheit". A.a.O. S. 561.

starke autobiographische Züge haben und deren Entwürfe (im Tagebuch) im stets wiederholten Nachvollzug diaristischer Selbstauslegung so zahlreich sind, verlieren vieles von ihrer Rätselhaftigkeit, wenn man sie als große Fresken eines magischen Psychogramms ansieht, als seltsam grau-schwarz getönte Bildberichte über die verborgene Zone, in der sich Welt und Ich jenseits der üblichen Wahrnehmungsweisen und Vorstellungsarten berühren und vermengen – nicht so sehr als Mächte vorkosmischer Welten wie als gegenständlich verfremdete Schattenreigen der Ahnungen. Nicht das Sein haucht sich darin an. Sicher aber doch einmal seine Abenddämmerungen und nicht selten seine Morgenröten. Insofern ist das Tagebuch Kafkas dennoch, wie wir schon am Anfang dieser Darstellung schrieben[1], ähnlich wie die Traumdiarien der Neuplatoniker am Ende der antiken Welt, ein Instrument gnostischer, ja theognostischer Technik. Doch werden für Kafka die Ahnungen wichtiger als die Träume. Darin liegt seine individuelle Besonderheit, weit über die Überlieferungen der Geschichte hinaus, auch wenn er nur in dieser Zwischenwelt erlöst bleibt. Kein Wort Kafkas ist vermutlich bezeichnender als dies: „Mein Leben ist das Zögern vor der Geburt[2]."
Das existentielle Tagebuch des 20. Jahrhunderts steht den Überlieferungen der europäischen Mystik näher als das allerdings seltene analytisch-philosophische, als das rationalitische, diskursive Tagebuch. Die „Existenz" in ihrer „Eigentlichkeit" ist, wie Kurzrock unterstreicht, auch ein Glaubensinhalt, und zwar ein „bekennender und sich selbst auslegender Glaube[3]". Wenn auch stets nur ein Bekennen vor dem Selbst! Das mystisch-religiöse Tagebuch hingegen ist ein Bekennen vor dem Selbst und vor dem Über-Selbst, vor Gott. Im religiösen Tagebuch stehen sich weniger Ich und Welt gegenüber als Ich und Gott.

1 Vgl. Kap. I. 2 A.a.O. S. 561. 3 A.a.O. S. 221.

KAPITEL X

CHRONIK DES ABSOLUTEN

1. Befreiung von Ich und Welt

„Hat man Gott im Herzen, so grübelt man nicht", schrieb am 27. Juli 1800 Novalis in seinem Tagebuch[1]. Das ist nicht ganz richtig. Der Verfasser religiöser Diarien und geistlicher Tagebücher kann seelische Erlebnisse, verzweifelt nach ihrem Sinn suchend, hin und her wenden. Doch befreit er sich, je nach der Tiefe und Stärke seiner trans-egotistischen Erfahrungen, immer mehr vom Grübeln über sein Ich oder über die äußeren Geschehnisse in seinem Leben und seiner Umwelt. In bedeutenden religiösen Tagebüchern entfaltet sich eine Chronik des Absoluten. Aus der psychologisierenden Introspektion kann eine para-egotistische, eine mystische, bewußtseinserweiternde Diaristik höchsten Ranges entstehen. Die Selbstbeobachtung führt dann zur Vision eines transzendentalen Nicht-Ichs. Es wird, was Europa angeht, in Formen christlicher Symbole geschildert oder in Denkbildern paralogischer Erfahrungen fixiert. Die introspektive Chronik des „Absoluten" in religiösen Diarien hat daher vorwiegend mystischen oder karitativen Charakter. Dem theologischen System oder der dogmatischen Apologie wird man ebensowenig begegnen wie in philosophischen Tagebüchern diskursiver Systematik oder analytischer Methodik. Finden wird man elementare Über-Ich-Erfahrungen in den echten, weil unmittelbaren, theognostisch-dramatischen Tagebüchern Europas. Sie gehören, was Liebesmystik in bezug auf Gott und karitative Mystik hinsichtlich des Nächsten angeht, zu den seltensten und höchsten Werten des europäischen Geistes.

Wir haben gesehen, daß manche Diaristen sich vom „hassenswerten Ich" befreit fühlten, als sie sich eine vom Nur-Ich oder Neben-Ich losgelöste daseinsbezogene Aufgabe stellten, als sie in einem Tun, Handeln, Schaffen irgendwelcher Art die bei manchen Introspektiven so quälend beharrliche, unfruchtbar-

[1] Vgl. Textteil.

schmerzliche Ich-Spiegelung überwinden und bald auch vergessen konnten. Bei ihnen hat man nicht selten das Gefühl, es handle sich um gejagte Geschöpfe, die nie oder kaum Schlaf finden, um endlich im tätigen Vollbringen Ruhe zu finden. Die Paradoxie einer solchen Selbstkorrektur muß jedem einleuchten! Jeder weiß, daß das reine Handeln oder Schaffen, die „Tat", dem „amphibischen" Menschen bald zumindest ähnliche Sorgen, Qualen und Verzweiflungen aufbürdet wie dem auf jede Aktion verzichtenden Beschauer des lediglich empirischen Ichs. Liest man hingegen religiöse Tagebücher, seien es solche einer mystischen „Innenschau" oder einer karitativen Liebes-Ethik, so wird man zugeben müssen, daß nur in ihnen jenes seltene Glück erlebt und geschildert wird, das Jean Paul einmal als Übereinstimmung mit der Welt bezeichnete.

Glück! Paradiesische Gnadenerfahrung nicht nur im Erlebnisraum der „Kreatur". Nicht nur in Werkstätten, Laboratorien, Bibliotheken, Ateliers; nicht nur auf Thronen der Macht; nicht nur in der irdischen Liebe und im irdischen Ruhm; nicht nur in der Selbstbescheidung im duftenden Sommergarten oder im Anblick „getrockneter Sümpfe"; nicht nur im genießenden Anblick einer noch so bescheidenen Behausung mit einigen gutausgesuchten Schätzen! Selbst derart bescheidenes Glück, so schreiben die religiösen Diaristen, bleibt stets gefährdet, vergänglich! Es macht uns zu Besitzern beglückender Werte. Nicht aber zu Teilhabern an absoluten Größen! Das Wort Glück, ein Zentralsubstantiv in so vielen Tagebüchern, erfährt in religiös-mystischen Diarien eine uralte Transsubstantion. Es wandelt sich um in den Bildbegriff der Seligkeit im Erfahren des Absoluten.

Befreiung vom Ich setzt an den entscheidenden Wendepunkten des europäischen Denkens meist eine entsprechende *Verwandlung* des Ichs voraus. Auf das Ich als Erkenntnisinstrument wird also nicht verzichtet. Es wird nur entgröbert, entmaterialisiert, durchsichtig gemacht. Es wird zu einem *Medium* umgeändert. Im Ich-Medium soll sich – wenn auch nicht nur, so doch vor allem – das absolut-konstitutive, das absolut schaffende Welt-Mysterium spiegeln, das Geheimnis ohne Problematik, die Wahrheit ohne Relativität, der letzte Lebensgrund also im *liebend* antwortenden Logos.

Gewiß, die Pensées von Pascal zum Beispiel gelten als fragmentarische Entwürfe zu einer Apologetik des Christentums. Pascal hat also ein Ziel, einen intimen Gesprächspartner, einen Menschen, den Skeptiker etwa, den er „bekehren" möchte. Doch bleiben diese diaristischen „Pensées", in der ungeformten Weise, wie wir sie haben, das, was sie sind: spannungsvolle, *nicht*systematisierte chronikalische Aufzeichnungen des Absoluten in der Medialität des erschütterten „Moi haïssable". Im Vorwort der Erstausgabe von Port-Royal wird dieser diaristische Schritt in einen para-egotistischen Wendekreis hinein schlicht und einleuchtend erklärt. Pascal habe sich, heißt es da, zunächst an einem Bild (Porträt!) des Menschen versucht, und darin habe er nichts vergessen, was zu seiner Selbsterkenntnis beitragen konnte. Doch ergebe sich aus einem Gnadenakt des Glauben-Müssens, nachdem das diaristische Kreisen um das eigene Ich oder der unbewußte Dialog mit einem Neben-Ich als unzulängliche, quälende, unfruchtbare Sisyphus-Arbeit empfunden wurde, der religiöse Zweifel an der lediglich psychographischen Introspektion. Das Tagebuch wird nun zu einem Werkzeug, mit dem man den trügerischen Schleier der Maja langsam zu lüften vermag, der zwischen dem empirischen und dem transzendentalen Ich hängt, verbergend und verdunkelnd.

Pascal leistete für das moderne Europa das, was Novalis mit einem seiner vollendetsten mystischen Concetti als unerläßlich für die Preisgabe der bloß empirischen, bloß ich-gebundenen Daseinsanalyse bezeichnete: „*Die höchste Aufgabe der Bildung ist, sich seines transzendentalen Selbst zu bemächtigen, das Ich seines Ichs zugleich zu sein*[1]." Was aber kann das Ich eines Ichs nur sein, wenn nicht das Numinose – in welcher Form auch immer, *das Sein mit einem Grund?* Für Pascal konnte nach seiner Wette um Gott oder Nicht-Gott der Grund des Seins, im Außer- und Über-Ich, *nur* in Gott liegen. „Ob ich allein bin oder Menschen vor mir habe, in allen meinen Handlungen sehe ich Gott vor mir; er muß über sie urteilen, und ich habe sie ihm geweiht.

Das also ist meine Empfindungsweise.

[1] A.a.O. Hrsg. von J. Minor. Bd 2 S. 117. Hervorhebung vom Verf.

Und ich danke jeden Tag meines Lebens meinem Erlöser, der sie mir geschenkt hat und der aus mir, einen Menschen voll von Schwäche, von Elend, von Begierde, von Hochmut und Ehrgeiz, einen Menschen gemacht hat, der aller Leiden ledig ist durch die Kraft der Gnade; ihr gilt jeder Ruhm, denn *ich* habe *von mir* nur Elend und Irrtum[1]."

Bleiben wir vorerst bei diesem ersten Merkmal, das religiöse Tagebücher von der Flut anderer Diarien abhebt, bei diesem Sich-Loslösen von Ich und Welt, bei dem *Erlöstsein* vom Ich durch die „Gnade", um diese zuletzt angeführten Worte von Pascal zu gebrauchen. Bevor wir die Eigenart meditativer, kontemplativer Tagebücher näher kennzeichnen, indem wir einige ihrer wichtigsten Stationen zitieren und erläutern, müssen wir vorerst diesen Wechsel vom empirischen Kreis des Nur-Ich in den transzendentalen Kreis des Mehr-als-nur-Ich aus Tagebüchern, die solche Wendepunkte bewahren, noch deutlicher machen. Tagebücher scheuen Theorien! Wer sie deutet, muß die menschliche Unmittelbarkeit, die „données immédiates", berücksichtigen, will er ihre Substanzen nicht zu Abstraktionen verdünnen. Ein uns schon teilweise bekanntes Tagebuch, das Diarium eines nicht gerade elementar-religiösen oder gar charismatischen Mannes, das „philosophische" Journal von Maine de Biran, zeigt uns, wie sich dies Eindringen in eine neue diaristische Dimension vollziehen kann. Maine de Biran sucht in seinem Tagebuch, das auch eines der „Selbstbeobachtung" ist, die verschiedensten Lebens-„*Dimensionen*" des Menschen. *In sich* will er erfahren und erkennen: die vegetative, animalische, humane, geistige und schließlich auch die trans-humane, über-„geistige", die „spirituelle" Dimension. Das geschieht zunächst – philosophisch – sehr vorsichtig. Der Mensch „schwankt". Er setzt sich mit den materiellen „Dimensionen" gleich, kann sich aber auch „ bis zu einem gewissen Punkt mit Gott identifizieren[2]".

Der Dualismus von Geist und Stoff plagt de Biran lange Zeit. Doch kommt er aus seiner anfangs eingeengten Introspektion

[1] Dieses Pascal-Zitat (Fragment 550 in der Anordnung Brunschvicgs) ist dem Essay von Henri Gouhier in „La diaristica filosofica" entnommen, a.a.O. S. 37. Hervorhebung vom Verf.

[2] Vgl. Aldous Huxley a.a.O. S. 226.

allmählich zu der Erkenntnis, daß eine Vereinigung mit dem spirituellen Nicht-Ich gerade nicht in der autarken Selbstanalyse erreicht werden kann. Es gelang ihm auch nur selten, auf „das Kommen des göttlichen Nicht-Ich zu warten", da er immer sich selbst dabei als den Genießenden entdeckte. Das ist der „Vorgang, durch den das ‚Ich' seiner selbst und des organischen Nicht-Ich bewußt wird", aber eben nicht an einer Erkenntnis der Transzendenz oder einer mystischen Vereinigung mit Gott teilhat[1]. Schließlich prägt er für sich einen kategorischen Imperativ zur *richtigen* Introspektion. „Diese Gewohnheit, dem, was in einem selbst vorgeht, genaueste Aufmerksamkeit zu zollen, – ist sie vielleicht unmoralisch? Meine Erfahrung läßt mich das befürchten. Man muß sich ein Ziel und einen Stützpunkt *außerhalb und oberhalb seiner selbst* wählen. Nur auf diese Weise kann man mit Erfolg auf die Veränderungen in einem selbst, sogar während man sie beobachtet und analysiert, reagieren[2]." Bei dieser Art von Introspektion wird das „Ich" also seiner selbst *und* des spirituellen Nicht-Ichs bewußt. Am Ende seines Lebens hatte Maine de Biran das metaphysische Soll jeder nicht nur aufzeichnenden und jeder nicht nur psychologistisch „immanenten" Diaristik erreicht. Der Vorstoß in die neue Dimension wird zumindest erkenntnistheoretisch geleistet. Dewegen ist die nachfolgende Eintragung von Biran für den Prozeß der allmählich wissend-methodischen „Erlösung" vom „Ich" am Anfang dieser zunehmend selbstkritischen früheuropäischen Diaristik als „klassisch" anzusehen: „Es fiel mir ein, daß die Tätigkeit, die bewirkt, daß die Seele sich selbst gegenwärtig ist und sie in ihren eigenen Augen zu einer Person, einem Ego konstituiert, *ihr zu dem einzigen Zweck gegeben wurde, sich über ihre empfindungsfähige Natur zu erheben und sie* auf ein moralisches und spirituelles Ziel zu lenken. Das ‚Ich' schafft nichts als die Hinbewegung oder das Gefühl, von dem sie begleitet ist; was die Ideen und Konzeptionen betrifft, die ihm gegenwärtig sind, so werden diese in einem Licht erblickt, das innig mit ihm verbunden, aber nicht von ihm geschaffen ist, einem Licht, das

[1] Vgl. ebd. S. 237 u. 239.

[2] Zitiert nach HUXLEY. Ebd. S. 239. Hervorhebungen von HUXLEY.

in ihm, aber nicht von ihm geschaffen ist, einem Licht, das in ihm, aber nicht mit ihm identisch ist. Dies ist das ‚wahre Licht, das einem jeden Menschen leuchtet, der in die Welt kommt', dies ist auch Deus in nobis, *Gott ins uns*[1]." Huxley schreibt zu dieser Phase des Diariums von Biran, „erlösende Selbsterkenntnis" werde möglich, „wenn das ‚Ich' aus seinem hausgemachten, aus zweiter Hand stammenden Bezogenheitsrahmen ausbricht und so befähigt wird, sich von einem Augenblick zum nächsten neu zu sehen, in dem Licht, das es vorfindet, aber nicht schafft[2]". Doch hat Biran eben nur den erkenntnistheoretischen Schritt zu einer para-egotistischen, meditativ-kontemplativen Diaristik vollzogen.

Die Bezogenheit zum göttlichen Nicht-Ich in einer mystischen Gnosis blieb dem Anthropologen, Psychologen und Philosophen noch versperrt. Doch bleiben seine Aussagen für die Eroberung neuer diaristischer Räume aufgrund *rein rationaler Überlegungen* von eminentem Wert! Sie könnten die diaristischen Durchbrüche auch in eine andere Dimension eines neuen diaristischen Imperialismus vorbereiten, den Vorstoß in die „vierte" Dimension parapsychologischer Erfahrungen, die neuerdings mit den „konkreten" Mysterien der Kernphysik in eins gesehen werden. So bemüht sich der von uns schon zitierte Professor Diego Henriquez in dem auch quantitativ umfangreichsten Tagebuch der europäischen Literatur[3] um eine Kombination von Wissenselementen aus Introspektion, parapsychologisch-„magischen" Erkenntnissen und neuem kernphysikalischem Wissen. Finden will er dabei Ansätze neuer Verwandlungen des Menschen, para-egotistische Verwandlungen zu einem Menschen der „vierten Dimension". Dieser nun auch in einem technischen Sinne bewußte Seelen- und Welt-Empiriker möchte es erreichen, auch seiner physischen Beschaffenheit Herr zu werden, das heißt zum Beispiel – „transsubstantiert" – durch geschlossene Türen und dicke Mauern mit atomarer Lichtgeschwindigkeit hindurchzueilen oder ganze Armeen mit einer überdimensionalen trans-egotistischen Willenskraft zum Stehen zu bringen. Wir erwähnen solche Speku-

[1] Zitiert nach Huxley. Ebd. S. 240 f. Hervorhebungen vom Verf.
[2] Ebd. S. 242.
[3] Bisher unveröffentlicht. Vgl. Kap. II.

lationen, um zu zeigen, daß der rein rationalistische Erkenntnisschritt von Biran zur Befreiung von Ich und Umwelt nicht zu einer entsprechenden kontemplativen *Erfahrung* des gleichsam zweckfreien, reinen numinosen Seinsgrundes geführt hat. Birans Lösungen von engeren diaristischen Praktiken berühren die Grenzen der Magie. Die diaristischen Experimente von Henriquez haben „magischen" Charakter. Sie machen den Unterschied von Magie und Mystik deutlich sichtbar. Mit mystischen Seins-Durchblicken haben sie jedenfalls nichts zu tun. Und was Maine de Biran angeht, so wurde er in seiner Sterbestunde wie so viele prä- oder post-theistische Franzosen orthodox gläubig.

Wir hoffen die ersten Panoramen solcher diaristischer Welten zumindest in ihren Strukturen sichtbar gemacht zu haben. Wir können jetzt unser Aufnahmegerät schärfer einstellen und uns diesen Landschaften nähern. Doch müssen wir, bevor wir mystische „Intimität" in diaristischen Chroniken des Absoluten schildern, unsern Blick noch einmal kurz rückwärts richten. Europa, so wollten wir immer wieder zeigen, bildet eine Einheit im Raum und in der Zeit, aber auch in allen Perspektiven des „Absoluten", wie auch immer man es mit Bildern oder Begriffen nannte. In allen trans-egotistischen Tagebüchern gibt es einen faszinierenden „point de vue", und dieser liegt, wie immer sein Titel lautet, jenseits von Ich und Welt. Albert Camus sagt neutral: das „Transzendente". Doch bezeugt dieses allzu abstrakte „Transzendente" in Tagebüchern bestimmter Art auch Farbe, Kleid, Wort, Gesicht, Gebärde, Hand und Fuß. Wir werden es erkennen und vielleicht auch fühlen.

2. *Durchbruch der „geschlossenen" Person*

Schon in der hellenistischen Mystik des 2. Jahrhunderts nach Christus findet man die „Befreiung vom Druck der Welt-Kausalität", die Hinwendung „zur inneren Freiheit und Ständigkeit in einem wesenhaften Sein". Aus der „moralischen Vernunft" „enthüllte sich das Lebensziel auf den Wegen der Seele zur Einheit mit Gott[1]". Der expansive Geist pocht an die Tore

[1] Vgl. Misch a.a.O. Bd I, 2, S. 522.

neuer Dimensionen, ähnlich wie geologische und biologische Entwicklungen – nach Teilhard de Chardin – stets höhere Seins-Formen avisieren. Wie der Stein zu Leben, das Leben zu Geist wird, so strebt das biologische Dasein des Menschen zu einem erst nur geistigen So-Sein im Nur-Ich, dann aber zu einem „über-seelischen[1]" Anderssein im verlockenden mystischen Erscheinungsbild eines transzendenten Über-Ichs. „Der Mensch", schreibt Misch anläßlich antiker „Seelengeschichten", will „loskommen von der geschlossenen Person". Er will ins Ganze des Alls zurückfinden. Man kann also durchaus von einem geistesgeschichtlichen Prozeß sprechen, der den naturgeschichtlichen Entwicklungen entspricht, die Teilhard de Chardin in seiner neuen „Christo-Genese" erkennen zu können glaubte. „Um Ihn zu erreichen und um sich Ihm verbinden zu können", schreibt er, „habe ich das ganze Universum vor mir, mit seinen noblen Kämpfen, mit seinen leidenschaftlichen Bemühungen, mit seinen zahllosen Seelen, die vervollkommnet und geheilt werden müssen[2]." Und so hat auch der religiöse Diarist, der zur Auflösung des empirischen Ichs in einem absoluten Ich strebt, das ganze Universum seines Lebens im Grunde nur vor sich, um mit dem wie auch immer benannten Über-Ich verschmelzen zu können. Wie sogar die Steine für den christologischen Evolutionisten „Träger des Geistes" sind, so für den religiösen Diaristen alle wechselhaften Lebensereignisse, auch diejenigen, die als Hindernisse des Glücks erscheinen, ja selbst die, von denen man annehmen könnte, daß sie durch ihre katastrophale Paralysierung jeder Hoffnung und Zuversicht das Leben selbst versteinern müßten. Auf seelenkundlich-diaristischem Gebiet sind wiederum, in einer spezifisch moralpsychologischen Form, Marc Aurel und Augustinus die stets weiterwirkenden Vorläufer solcher Chroniken des Absoluten. Die Ergebnisse der diesbezüglichen geistesgeschichtlichen Analysen stimmen mit der „christokosmischen

[1] Charles Du Bos schreibt in seinem Tagebuch von der nicht zu beschreibenden Verbindung, die sich im Innern des Seienden zwischen „the soul et the over-soul" ergeben könne. Vgl. Leleu a.a.O. S. 277.

[2] Vgl. Paul Grenet, Teilhard de Chardin. (Un évolutionniste chrétien.) Paris 1961, S. 90 f., 117.

Hyperphysik" Teilhard de Chardins in erstaunlicher Weise überein. „Die Abkehr vom Sinnlichen und Vergänglichen", schreibt Misch in der Sprache einer mehr idealistischen Denkweise, „erschließt dem Menschen einen metaphysischen Lebensgrund in der Tiefe seines Selbst, aber diese Vertiefung des Lebens in seinen göttlichen Grund gilt zugleich als ein objektives Geschehen in dem allumfassenden Zusammenhang der Dinge, in welchem die Gottheit lebt und wirkt[1]." – Es gibt „im Weltorganismus von der Erde bis zum obersten von den vielen Himmeln eine kontinuierliche Ordnung von Daseinsformen[2]." Solche Lehren von einem „Seelenaufstieg" bildeten schon früh einen neuen, gewissermaßen auch diaristischen Literaturzweig über „Himmelsreisen der Seele". Voraussetzung bleibt allerdings, speziell für religiöse Diarien, eine vorwiegend intellektuelle Analyse des Seelenlebens. Erneut erweist sich die diaristische Introspektion als eine der wichtigsten und fruchtbarsten Seelen-„techniken" Europas.

Natürlich gibt es „Stufen der Innenschau[3]" und dementsprechend Gradunterschiede wirklich schöpferischer Ich-Befreiung. Schon Apuleius zeigt in seinem „Goldnen Esel" die Reise eines verfangenen Ichs in die „erlösenden" Mysterien-Welten der Isis[4]. Spannungsvolle Tiefen bietet uns heute das sagenhafte „Corpus Hermeticum", das Zeugnis einer ägyptisch-hellenistischen Geheimlehre aus dem 3. Jahrhundert nach Christus. Hier wird die „Geburt Gottes im Menschen" schon mit subtileren Begriffen, also nicht nur mit artistisch-erzählerischen Mitteln, geschildert. Als Verfasser dieser mystisch-spekulativen Schriften wird der legendäre Hermes Trismegistos genannt. Er hat Scharen „antiklassischer" Dichter und Künstler angeregt, von der Renaissance bis zur Gegenwart[5]. Das Thema einer „unio mystica" des Menschen mit Gott wird darin in einem *Gespräch* zwischen Hermes und Theuth erörtert, in sokratisch-platonischem Stil, in einer Art und Weise also, die dem *subjektiven*

[1] A.a.O. I, 2, S. 524. [2] Ebd. S. 525. [3] Ebd. S. 532.

[4] Diesen Titel gab AUGUSTINUS dem Roman. Vgl. ERICH BURCK im Nachwort zu Apuleius, Metamorphosen oder Der goldene Esel. Hamburg 1961.

[5] Vgl. G. R. HOCKE, Die Welt als Labyrinth, S. 42, 99, 202 und Manierismus in der Literatur, S. 124 f.

Argumentieren viel mehr Raum gibt als etwa die diskursive Systematik des Aristoteles. Wir werden sehen, wie religiöse Diarien der Gegenwart an besonders dramatischen Höhepunkten der mystischen Gnadenerfahrung ebenfalls zu einem Dialog führen; jetzt allerdings nicht mehr einem Dialog mit dem Neben-Ich (im Sinne der Ich-Doppelgänger von Amiel und Musil und anderen), sondern zu einer Zwiesprache mit dem als „Person" erfahrenen Gott. Freilich müssen, nach Hermes Trismegistos, zwölf Grundaffekte überwunden werden, zwölf „Plagegeister", um im Medium des Ichs Gott „schauen" zu können: Unwissenheit, Zügellosigkeit, Begierde, Ungerechtigkeit, Habsucht, Trug, Neid, List, Zorn, Unbesonnenheit, Laster und Bosheit. Demgegenüber hat man zehn göttliche Kräfte in sich wirksam werden zu lassen: Gotterkenntnis, Freude, Selbstbeherrschung, Beharrlichkeit, Gerechtigkeit, Selbstlosigkeit, Wahrheit, Güte, Leben, Licht[1]. Hat man diese zwölf Gefahren überwunden und die zwölf richtigen Wege (negative und positive Sternbilder) gefunden, so erfolgt das erwartete zentrale Schicksalsereignis solcher mystischen Seelengeschichten: die *Wiedergeburt* des Menschen in Gott, das Ertrinken des Ichs im Über-Ich. Hermes Trismegistos schreibt: „Es kommt uns die Gnosis Gottes, und mit ihr ist uns die Unwissenheit ausgetrieben[2]."

Die Evangelien, Apostelgeschichten, Märtyrerakten, Mönchsgeschichten, Heiligenleben haben diese Energien zur Sprengung der Ichversteinerungen immer wieder angespornt, um so durch die Pforten des Über-Ichs zu gelangen. Nicht zu vergessen, daß es sich daher meist um Ich-Erzählungen handelt, also um subjektiv geprägte oder vom Ich-Bewußtsein ausgehende Ich-Berichte ähnlich den Tatenberichten der römischen Kaiser. Wieder ist es Augustinus, der an einer Zeitenwende der Geschichte den Weg der Ich-Verfremdung zugunsten einer Annäherung an das mystische Über-Ich weist. Doch geschieht das nun ohne die so gefährliche neuplatonische oder manichäische Phantastik, die manche „Seelengeschichten" von heute und

[1] Vgl. MISCH a.a.O. I, 1 S. 535. Hier mischten sich altägyptische und altindische Weisheiten mit Grundtendenzen der ethischen Anthropologie PLATONS.

[2] Ebd. S. 536.

gestern so unerträglich macht, so rasch verstauben läßt. Vermutlich gibt es keine Gattung, die strengerer Zucht, scharfsinnigerer Kriterien bedarf als die ich-zersprengende religiöse Diaristik. Echte Mystik bekundet die Ordnungen subtiler Geometrien. Dilettantische Mystik ist vor-geistig, larmoyant-gefühlig. Wir werden erfahren, wie – in einem Tagebuch – die Geometrien oder besser Kosmo-Metrien trans-egotistischer Seinserfahrung aussehen. Überlegen wir uns vorerst nur noch eins: In den Friedhöfen der Geistesgeschichte liegt so manche Schrift, die Diaristen schon früh zu dieser spannungsvollsten Selbstverwandlung in einer *höheren* Seinserfahrung angeregt hat. Doch geben immer nur sehr wenige Werke dieser Art wirklich dauernde Anregungen. Das unerschöpfliche Vorbild für die religiös-mystischen Diaristen Europas blieb immer das „Buch der Bücher". Im alten Testament haben immer wieder die Psalmen und die Klagelieder Jeremiä gerade den Diaristen die Leidenschaft des Nicht-nur-ich-Seins eingeflößt. Mit der „Bekenntnis-Richtung des demütigen Gewissens begann eine der tiefgreifendsten Veränderungen im europäischen Geist[1]". Die Aussprache des Sündenbewußtseins führt zu einer Verinnerlichung des Menschen und damit zu einer Vertiefung seiner Re-ligion, seiner ur-genetischen Anlage zu überpersönlicher Rück-Verbundenheit. In den Psalmen fand der Gläubige nicht nur „eine Eigensphäre des Lebens" in der Religiosität. Es wurde damit auch „die große Kunstform geschaffen, die in der sinnlichen Gewalt des Anrufs, dem Angstschrei und Erhörungsjubel der zerknirschten Seele, der sich ausschüttenden Leidenschaft des Gebets, den Menschen einsam mit seinem Leid vor das Antlitz des allmächtigen Gottes stellte[2]". Erinnern wir uns daran, daß gerade Worte der Psalmen selbst in nicht vorwiegend religiösen Diarien eine noch stärkere Rolle

[1] Ebd. S. 542.

[2] Ebd. S. 545. Misch bemerkte dazu: „In diesem Prozeß lag der Grund für die Möglichkeit der Berührung mit der hellenistischen Kultur, und in einer merkwürdigen Weise entsprach der Wille der hebräischen Poesie, der das Ich nur frei werden ließ, damit es Gott anhänge, dem in der hellenistischen Welt sich durchsetzenden Zustand des Selbst-Gefühls, das von dem begrenzten Eigenwesen loszukommen verlangte."

spielen als die Weisheitslehren der stoischen Philosophen von Seneca und Marc Aurel bis Casaubonus und Montaigne. „Unter dem Schatten Deiner Flügel", so lautet, mit einem Psalmen-Wort, der Titel des Tagebuchs von Jochen Klepper. Bei all seinen seltsamen, in gewissem Sinne auch schon „biblischen" Widersprüchlichkeiten ist es eines der tragischsten Diarien unseres Jahrhunderts. Ernst Jünger schreibt in seinen Tagebüchern: „Und wieder bewährte sich die Bibel als das Buch der Bücher, prophetisch auch für unsere Zeit. Doch nicht nur prophetisch, sondern auch tröstend im höchsten Maße und als solches das Handbuch alles Wissens, das wiederum Unzählige durch die Schreckenswelt begleitete[1]."

Jünger meinte, sofern wir ihn richtig verstehen, die Schreckenswelt der politischen Sinnlosigkeit und der Menschenvernichtung. Der religiöse Tagebuchschreiber schlägt die Bibel auf, auch in der stetigen Begegnung mit den Schreckenswelten der eigenen Ich-Unvollkommenheit, der ewigen egozentrischen Unzulänglichkeit, also auch in „Schreckenswelten" eines tiefen äußeren Friedens. Gerade dies nicht nur in Notzeiten Aus-sich-selbst-Hinausdrängen macht den „homo religiosus" von unverwechselbarer Art auch in Diarien aus. Mit dem schon zitierten „Geistlichen Tagebuch" Ignatius von Loyolas wird für die diaristische Literatur die erste Mutation zu einer nicht nur notbedingten, sondern meta-biologisch, meta-moralisch veranlaßten Ich-Befreiung vollzogen, wie Teilhard de Chardin sie versteht. Hier erfährt das „Sein" des Menschen eine konstitutive Veränderung im Tagebuch. Zwar ist dies Diarium durch Augustinus und Thomas von Kempen, um nur diese zu nennen, gewissermaßen vor-angelegt; an diaristisch-mystischer Intensität aber läßt es alle diese Gegebenheiten hinter sich. Mehr noch: Wir stehen vor einer neuen seelischen Raumeroberung. Sie entspricht den Territorialgewinnen eben dieser „Renaissance"-Zeit auf allen Gebieten: der *bewußten* Weltentdeckung und Weltdurchdringung; der Ent-Deckung der raumaufteilenden Perspektive; der neuen sinnlichen Werterfassung differenzierter Farbkünste; dem Streben nach missionarischer „Befreiung" „unerlöster"

[1] Strahlungen. A.a.O. S. 14 – Weitere Hinweise über die Bibel, aber auch über andere Mythen und Symbole oder Frühkulturen in den „Auswertungen".

Seelen; dem Wunsche, alle engeren Lebensfunktionen und Raum- und Zeitvorstellungen des Mittelalters gewaltsam aufzulockern. Insofern gehört die *Renaissance* auch geistesgeschichtlich-evolutionär gesehen zu den echt mutativen Wendepunkten der Geistesgeschichte: im Sinne einer Annäherung an *futuristische* Zentralkräfte des kosmischen Willens. Gewiß, Ignatius bleibt der engeren „Devotio moderna" des Mittelalters verpflichtet, doch greift gerade sein Tagebuch darüber hinaus: es bekundet den Durchbruch einer individuellen, einer *bewußten* Persönlichkeit nach systematischer Befreiung vom Nur-Ich in die Dimension des Über-Ichs. Die diaristischen Visionen des Ignatius sind noch ekstatischer Natur[1]. In den „Geistlichen Übungen" wird die Methode gelehrt, wie man durch Konzentration im Gebet, Schweigen, Fasten und so weiter Mittel gegen die Zerstreuungen, die „Dispersion" des Alltags finden kann, um einer „Tiefenschau Gottes" teilhaftig zu werden. Aus einer diaristischen Chronik des Absoluten im Bilde der Dreifaltigkeit wird ein Lehrsystem zur Überschreitung der Ich-Grenze und zur Aufnahme des göttlichen Mysteriums.

Auch am Anfang der diaristischen Gottreflexionen Pascals steht ein visionäres Erlebnis. Seinen Niederschlag fand es in dem auch hier schon genannten, vielleicht berühmtesten Bericht über ein Erlebnis der Gnade an einem bestimmten Tage und in einer bestimmten Stunde, im sogenannten „Mémorial", in einer „memorierenden" diaristischen Aufzeichnung also, die Pascal bekanntlich, in seine Kleider eingenäht, immer bei sich trug. Dieser für die religiöse Wendung im Denken dieses Mathematikers und Philosophen entscheidende Visionsbericht trägt das Datum:

„Das Jahr der Gnade 1654.
Montag, 23. November, Tag des heiligen Clemens, Papstes und Martyrers, und anderer im Martyrologium,
Vigil des heiligen Chrysogonus, Martyrers, und anderer,
Von ungefähr zehn und einhalb Uhr am Abend bis ungefähr eine halbe Stunde nach Mitternacht,

Feuer.

[1] Vgl. Beispiele im Textteil.

‚Gott Abrahams, Gott Isaaks, Gott Jakobs'
nicht der Philosophen und Gelehrten.
Gewißheit. Gewißheit. Empfindung. Freude. Friede.
Gott Jesu Christi[1]."

Wenn ein Homo religiosus nach jäher Sprengung des Nur-Ichs einer Vision teilhaftig wird, so steht er, schreibt Romano Guardini in seinen Pascal-Interpretationen, „im Feuer", in einem „wirklichen Brand". „Licht" und „Glut" bedeuten „kein Gleichnis, sondern wirkliches Strahlen". Erfahren wird auf diese Weise der „heilige Geist Gottes", das „Pneuma". In diesem Augenblick gibt es keinen Zweifel mehr. In der Dialektik von Größe und Elend des Menschen überwiegt die Größe. Das Menschliche hat schöpfungsgeschichtlich trotz allem Elend den „Charakter der Größe"[2].

Was ist, von unserem Thema her gesehen, mit dieser Vision im Denken Pascals geschehen? „Das Zerbrechen des bloß philosophischen Gottesgedankens", schreibt Guardini mit Recht. Doch wollen wir unseren ersten Ansatz beachten. Wie ist solches Sich-Öffnen der Seele und solches Empfangen überpersonaler Sinnkräfte, so sollen sie vorerst nur heißen, möglich? Pascal hat es, wie kein religiöser „Diarist" vor ihm, in der Sprache nicht des Ekstatikers, sondern des kühl abwägenden, logisch geschulten Moralpsychologen und Naturwissenschaftlers geschrieben; mit der geistigen Geöffnetheit eines Menschen jedoch, der *gleichzeitig* existentielle Erschütterungen erfahren kann. Er weiß, daß „das Herz Vernunftgründe" hat, die die „Vernunft allein nicht haben kann". Für Pascal gibt es nur eine Voraussetzung für eine derartig mystisch-rationale Gotteserkenntnis: Ich-Verachtung. Die Selbstbeobachtung müsse zu dem Ergebnis führen, daß das Ich „hassenswert" sei. Warum? Guardini schreibt dazu: „Wenn unser ganzes Wesen die Gegenrichtung zur Sünde einschlüge." Sünde ist Selbstliebe, Hochmut, Anspruch des Selbst, die Mitte des Daseins zu sein. Also ist Umkehr gefordert: „Selbsthaß, Selbstüberwindung, Demut, Hingabe an Gott." „Also ist nur das Herz,

[1] Romano Guardini, Christliches Bewußtsein. Versuche über Pascal. München 1956, S. 47.
[2] A.a.O. S. 49 f.

‚welches wahrhaft sich selbst haßt' (Pascal), zu jener Reinigung des Inneren, zu jenem Herumwerfen der Existenzrichtung, zu jener Um-Ordnung des Wesens fähig, die erforderlich sind[1]." Weit entfernt sind wir damit indes von der Haßliebe zum Ich, die den „Satanismus" gewisser romantischer Selbstkasteiungen einer späteren Zeit bestimmt; darüber haben wir in diesen Zusammenhängen bereits berichtet. Die „hassende" Negation des Nur-Ichs setzt bei Pascal die *Liebe* voraus, die transhumane Gott-Liebe, aber auch die „charité", die tätige, christlich-humanistische Menschen-Liebe. Sie setzt sie nicht nur voraus. Das Erlebnis dieser doppelten Liebe, der Gottes- und Nächstenliebe, zertrümmert das nur egotistische Ich. Dadurch wird es überhaupt erst frei, um eine Aufgabe zu erfüllen, die zu den ersten höheren Zielen der Menschheit gehört. Davon werden wir später, wenn wir andere Tagebücher vornehmen, noch hören. Halten wir zu unserem Thema vorerst nur fest, daß bei Pascal ein diaristisches Tages-, ja Stundenerlebnis der „Gnade" buchstäblich als Ich-Zertrümmerung erfahren wird, daß diese zu einer Überwindung des introspektiven Ich-Kults führt und damit engere Erfahrungsgrenzen niederreißt. So wird der Weg frei zu einer „höheren" und „weiteren" Sinngebung des Menschen, die im Falle der subtilen Rationalität Blaise Pascals jedoch zu einer solch extremen *Bewußtseinserweiterung* führte, wie sie Diaristen nur selten gegeben ist. Hinzu kommt die Dramatik des *historischen* Erfahrens, das heißt die genaue historische Datierung eines religiösen „Tatenberichts" von höchstem Rang, das Erlebnis einer „Inkarnation" des Geistes zu einer bestimmten Stunde, zur Geburtszeit eines bestimmten Heiligen, eines bestimmten Papstes und so weiter. Guardini schreibt: „Die Gotteserkenntnis ist existentiell oder sie ist nicht[2]." Die konstitutive Verwandtschaft von philosophischen und religiösen Tagebüchern soll damit bezeugt werden. Doch werden wir noch zu belegen haben, daß religiöse Tagebücher, aufgrund der in ihnen möglichen Tiefenanalyse eines Seelen-„Grunds", zu tieferen Existenzinterpretationen zu führen vermögen als philosophische Tagebücher im engeren Sinne[3].

[1] Ebd. S. 115.

[2] Ebd. S. 173.

[3] Vgl. die „Auswertungen".

Über eine ähnliche Problematik in Tagebüchern des Pietismus und der Romantik haben wir schon berichtet. In manchen von ihnen wird diese Durchbruchstendenz in eine „vierte" Dimension, die auch Naturwissenschaftler zur Zeit Lavaters, Baaders und der Fürstin Gallitzin ebenso beschäftigte wie heute, ein beunruhigendes, aber nicht immer geistig-konsequentes Ereignis. Herder nannte, mit Recht, *Lavater* einen „lieben Gottesschwätzer". Im Gegensatz zu Pascal mit seinem durchdringenden „Esprit de finesse" gibt es bei diesem Gottesanbeter „im Nachtkamisol auf dem Balkon" (Herder) zuviel, beziehungsweise zu trübe „Gemütstiefe", zuviel brave Konfektionsmystik und auch matte Aberglauberei. Gottes-Preiser dieser Art neigen zur Selbst-Vergötterung. Ihr ohnehin kleines Ich wird nur teilweise durchbrochen. So viel bleibt davon übrig, daß Gott und sie auf der pietistischen Tagebuch-Bet-Bank allzu leicht eins werden[1]. *Hamann* bildet eine großartige Ausnahme, doch ist sein „Tagebuch eines Christen" eher unpersönlich, auch im Sinne der christologischen Reflexionen Pascals. Nur selten geht es über tiefsinnige, allerdings sehr eigenwillige Bibelinterpretationen hinaus; zum Beispiel, wenn Hamann in einem seiner naiven, unbekümmerten und doch so demütigen Zwiegespräche mit Gott in einer höchst metaphorischen Sprache von seinen Anfechtungen berichtet. „Mein Herz besprach sich mit den Engeln . . . Die feurigen Pfeile des Bösewichts scheinen uns in der Dunkelheit zahlreicher . . ." – „Ich erhob mich also über die Prosa der Furcht und redete meine unsichtbare Gesellschaft mit einer lüsternen Vertraulichkeit um ihre Gemeinschaft an, mir einige ihrer Gedanken, ihrer Empfindungen, mir einige Töne ihrer Andacht, in der sie glühen, zuzulispeln." In dieser zugleich Selbst-bewußten wie Gott-bewußten Redeweise schreibt der „Magus des Nordens" am 5. Mai 1785 morgens über den mit „viel Gnade" begangenen Himmelfahrtstag, an dem ihn seine „Einbildungskraft" das „Bild der blutenden Liebe lebhafter als jemals" hat sehen lassen[2].
Er dankt Gott für diese Zeichen. Doch verliert sich sein „visio-

[1] Zu LAVATER Beispiel im Textteil. Nähere Angaben in der Bibliographie. Vgl. auch Kap. II.
[2] Tagebuch eines Christen S. 276. Vgl. Textteil sowie Kap. II.

näres" Ich bald im Text der Offenbarung. – Die Fürstin *Gallitzin* bewegt sich meist in einem engeren Vorstellungskreis sokratisch-christlicher Selbstprüfung[1]. Die ebenso lebenstüchtige wie intelligente, von Goethe hochgeschätzte Frau vereint in einem auch religiös-dialektischen Sinn Selbstbeobachtung mit Selbstkritik. Diese kleinen Gegen-Schritte reichen allerdings ebenfalls über eine pietistische Bibelanwendung nur selten hinaus. Doch haben alle kleineren und größeren Schritte dieser Art, wir sagten es schon, zu einer fruchtbaren Auflockerung des immer mehr auch geistig säkularisierenden europäischen Rationalismus beigetragen, zur Rettung von nur banal-intellektualistischer Aufklärerei. *Gellert* beispielsweise tritt in seinem Tagebuch (1761)[2] meist verweint, kläglich, kränklich auf, und er bietet sich dann mit Worten der Schrift einen eher konventionellen Trost. Sein Pietismus grenzt an Selbstbemitleidung. Ähnlich wie Samuel Johnson[3] wird aus dem Selbstbeobachter ein Selbstprediger, ein Prediger für sich selbst. Die Fürstin Gallitzin hingegen bekundet hin und wieder vorzügliche Ansätze zu einer echten diaristisch-mystischen Frömmigkeit[4]. Sie sucht nach Übereinstimmungen der Bilder des Numinosen mit einer intellektuellen „Wahrheit"[5]. Den „ganzen Tag" will sie „in Gegenwart" ihres „Gottes" denken und handeln[6]. Hier haben wir ein Beispiel dafür, wie Formen individueller Christus-Mystik von Katholiken und Evangelischen sich oberhalb aller konfessionell-kirchlichen Elemente in der unmittelbaren dialogisch-diaristischen Hinwendung zum „sprechenden" Christus begegnen. Die Fürstin sucht „Wachstum in der Kindlichkeit, in dem Kindessinn, in der Kindereinfalt, die allem Doppelsinn entgegengesetzt" ist[7]. Und dann folgt eine

[1] Vgl. Beispiele im Textteil und Kap. II. Ihren Lehrer – Franz Hemsterhuys – redete die Fürstin in Briefen an: „Mein lieber Sokrates". Vgl. Briefwechsel und Tagebücher der Fürstin Amalie von Gallitzin. Münster 1876, Bd. 3 S. 1 ff.

[2] Vgl. Textteil und Kap. II.

[3] Vgl. Textteil und Kap. II.

[4] Ihre Vorbilder sind: Marc Aurel, Augustinus, die heilige Theresa (Briefe), Montaigne, Rousseau, Goethe (Dichtung und Wahrheit).

[5] Beispiel im Textteil.

[6] Vgl. Beispiel im Textteil.

[7] A.a.O. Vgl. dazu Lucie Christines Tagebuch, Abschnitt 3 dieses Kapitels.

Gottanrufung, die wie ein Edelstein in der diaristisch-mystischen Literatur deutscher Sprache wirkt: „Gieb, daß der mir so natürliche Hang zur Liebe gegen Jeden, der mir auch nur den geringsten Schimmer von deiner Jüngerschaft äußert, immer lauterer und durch Leidenschaft, Eigenliebe und Eigendünkel ungestörter in mir auflodere und zu dir hinauf, als in einem reinen, unverletzten Heiligthume brenne, als ein beständiges Liebesopfer, daß einst unsere gesammte Vereinigung in dir zu bewirken würdig geachtet werden könne. Gieb, daß ich dabei mich selbst und meinen Genuß immer mehr vergessen, die Glückseligkeit und den Genuß derer, die du mir gegeben hast zu Brüdern, immer mehr zu dem meinigen Hauptsächlichsten machen lerne; daß kein bittres, leidenschaftliches Wort, kein Vorwurf, kein zweckloses selbstsüchtiges Geschwätz die Thaten und Empfindungen der Liebe in mir verunreinigen[1]. Gieb mir Kraft, abzuschlagen, wo ich soll, zu widersprechen, selbst wehzutun, wo es mit völligem Bewußtsein eines von dir gutgeheißenen Zwecks nöthig oder doch nützlich ist. Ich erzittere vor der Schwierigkeit, die Mittelstraße hierin zu finden und zu beobachten; ja, ich sehe es als unmöglich durch mich selbst; aber ich erinnere mich an die Worte des Trostes: ‚Was bei den Menschen unmöglich ist, das ist bei Gott möglich', und ferner: ‚Wer im Kleinen treu ist, den will ich über Größeres setzen'; und mit diesen Worten wie mit einem Schilde bedeckt, will ich, mit dir vereinigt, meine Bahn wieder neugeboren antreten. O, weiche nicht von mir. – Amen[2]."

Das ist am 12. Februar 1787 geschrieben, von einer sehr bewußten Aristokratin, in der blühendsten Rokoko-Epoche Marie-Antoinettes. Wir können nun ermessen, wie sehr diese außerordentliche Frau Goethes Hochachtung hervorrufen mußte. Dogmatik, kirchliche Traditionen waren Goethe fremd, nicht aber die religiöse Mystik in allen ihren Spielarten, das unmittelbar dialoge Verhältnis zur Gottheit – vor allem zum inkarnierten Christus[3]. Goethe schreibt in seinen „Tag- und

[1] Vgl. Kontext im Textteil.

[2] A.a.O. Bd. 2 S. 128 ff. Vgl. auch Textteil.

[3] „Sei das Wort die Braut genannt, / Bräutigam der Geist; / Diese Hochzeit hat gekannt / Wer Hafisen preis't." GOETHE, West-Östlicher Diwan. Werke Bd. 6, Weimar 1888, S. 31.

Jahresheften" 1795 vom „großen, durch Religion gestärkten Charakter" der Fürstin und darüber, daß er „froh" gewesen sei, in „jenen verworrenen Zeiten ihren Empfehlungen gemäß manches Gute" gestiftet zu haben[1].

Aus dem Pietismus hinaus tut in seinen philosophischen und religiösen Tagebüchern einen weiteren Schritt *Franz Baader.* Das religiöse Grübeln über der Bibel weicht einer stärkeren, analytischen Selbstbeobachtung. Sie bleibt bei ihm jedoch stets Voraussetzung für Selbsterkenntnis und Gotteserfahrung. Zumeist aber philosophiert Baader noch über Gott; von einer subjektiven „intimen", mystischen Gottes-„Schau" wird man auch in diesem Diarium nur Spuren finden. Es gibt aber einzelne Stellen darin, die zur Geschichte der europäischen Religiosität im Tagebuch nicht übersehen werden können. So schreibt Baader in seinen Jugendtagebüchern: „Loswicklung des Ich vom Du, des Universums außer uns, (des) Konsistenzgewinnens auf sich selbst, Zentrum, Keim, punctum saliens[2]." Eine Formel zur *Methode* individuell-religiöser Tagebuchmystik. Die Loslösung vom „Du", vom „Universum", vom Sich-Selbst, führt zum „Zentrum", zum „Keim". Sie macht den theogenen Mittelpunkt im eigenen Sein frei.

Das Tagebuch von *Novalis* hinwiederum hat ebenfalls keinen meditativen Charakter im strengeren Sinne, doch stößt man in ihm auf faszinierende Momente einer mystischen Transsubstantiation des Ichs und auch der Menschen, die ihm nahestehen. Der Durchbruch der geschlossenen Person in eine transpersonale Welt wird in diesem Diarium in einer merkwürdigen Weise Ereignis. Deshalb hat es die besten Geister Europas in den letzten Jahrzehnten immer wieder angezogen. *In sich selbst* erprobt Novalis, nach dem Tode „Söfchens", die Fähigkeit, verschiedenartige Seelenzustände zu erzeugen. Die *Erinnerung* an die tote Braut wird zu einem Mittel, sich von den irdischen Fesseln zu lösen. Aus erinnerter Liebe, Trauer, Todesangst entsteht eine Brücke zum „Jenseitigen", aus einem bestimmten Seelenzustand ein Instrument der Vision. „Die Welt wird immer fremder. Die Dinge um mich her immer

[1] A.a.O. Bd. 35. Weimar 1892, S. 49

[2] Franz Baader, a.a.O. S. 170. Vgl. auch Textteil und Kap. II u. IX.

gleichgültiger. Desto heller wird es jetzt um mich und in mir[1]." Wie Dantes Beatrice wird Novalis' Sophie zu einem mystischen Emblem, mit dem er sich geistig zu vereinigen trachtet – wie Ignatius mit dem Mysterium der Dreifaltigkeit, wie die religiöse Diaristin Lucie Christine mit dem Gottessohn. „Ohne meine Sophie bin ich gar nichts, mit ihr alles[2]." – „Mit ihr ist für mich die ganze Welt ausgestorben. Ich gehöre seitdem nicht mehr hierher[3]." – „– habe Söfchen stets vor Augen[4] –" Und schließlich: „Christus und Sophie[5]." – „Süße Wehmut", schreibt Novalis etwas später, „ist der eigentliche Charakter einer echten Liebe – das Element der Sehnsucht und Vereinigung[6]." Das Gedankenbild des geliebten verstorbenen Mädchens bildet also tatsächlich einen „intimen" Wunderstein, einen mystischen Fetisch im Kernraum labyrinthischer Introspektion, mit dem man sich des Überrelativen bemächtigen kann. „Aufmerksamkeit auf Gott und Achtsamkeit auf jene Momente, wo der Strahl einer himmlischen Überzeugung und Beruhigung in unsre Seelen einbricht, ist das Wohltätigste, was man für sich und seine Lieben haben kann[7]."

Wir können nun schärfer unterscheiden zwischen in engerem Sinn „religiösen" und – in einem weiteren Sinne – meditativen und kontemplativen Tagebüchern, über die wir, nach unseren Hinweisen vor allem auf Ignatius von Loyola und Pascal, in bezug auf unsere Epoche noch berichten wollen. *Auch* religiöse Tagebücher schrieben in neuerer Zeit unter anderen Tolstoi, Gide, Du Bos, Green, Haecker, doch sind es eher intime Selbstgespräche *über* Gott, ein meist problematisch bestimmtes theogenetisches Philosophieren in einsamen Tagen der Anfechtung. Andere Merkmale einer ich-sammelnden und gleichzeitig auf ein Gott-„Du" bezogene „Meditation" findet man in den Gebeten, die Kierkegaard in seinen Tagebüchern – schrieb[8]. Diaristisch schreibendes Beten ist uns schon bekannt. Gelingen

[1] Schriften. Hrsg. v. J. Minor. Bd. 2 S. 86.
[2] Ebd. S. 92. [3] Ebd. S. 93. [4] Ebd. S. 97. [5] Ebd. S. 98.
[6] Ebd. S. 99.
[7] Ebd. S. 100. Weitere Beispiele im Textteil.
[8] Vgl. Textteil.

kann diese „schriftstellerische“ Art des Gebets nur, wenn sie von eminenten, das heißt vielschichtigen, ausgewogenen Diaristen versucht wird. Derartiges Beten hat nämlich in Augenblicken des analytischen Scheiterns auch den Sinn, einem Überquellen introspektiver Nur-Grübelei und bloß religiöser Dialektik Einhalt zu gebieten. Die diaristischen Gebete Kierkegaards wirken wie Heimkehr, wie Rückkehr abenteuersatter Schiffe in einen heimatlichen Hafen, wie kraftsuchendes Verankern im Absoluten – vor neuen Eisbrecherfahrten in die fragwürdigen Zonen des Relativen, des Pseudo-Absoluten und Pseudo-Religiösen. So schreibt Kierkegaard in einem Tagebuch-Gebet am 16. August 1839: „Du würdiger Heiliger Geist, Du, der Du die Ausgestorbenen wiedergebierst und den Alten verjüngst, erneuere Du auch mich und *schaff in mir ein neues Herz*, Du, der mit Mutterfürsorge alles umfriedet, in dem noch ein Funken von Leben ist[1].“ Und, über die meisten „melancholischen“ Diaristen schöpferisch-vital hinausgehend, dazu noch die im religiösen Sinne, ebenfalls Grenzen öffnende und Weiten erschließende Bemerkung vom 25. April 1849: „Wie doch Schwermut und Religiosität wunderlich sich mischen können, und wie es doch gefährlich ist, so ungeheure Kräfte zu haben, wie mir vergönnt sind – und dann: wie so klein die Verhältnisse, in denen ich lebe[2].“

Tolstois religions-„philosophische“ Reflexionen hingegen haben einen nicht selten peinlich vordergründigen Charakter. Es fehlt ihnen die visionäre Ekstase eines Ignatius, die auch im Dunkelsten unerbittliche Clarté eines Pascal, die echte romantische Mystik eines Novalis. Gott- und Menschheits-Zergrübeltheit ohne feste Form, ohne klare Umrisse, gewiß, doch glüht in diesen verschwommenen „dilettantischen“ Massen religiöser Betrachtung ein echt religiöser Kern. Tolstoi ist besessen, vielleicht weil er ein Egotist und auch Egoist im extremsten Sinne war, von der karitativen Verpflichtung des religiösen, des nicht mehr im irdisch Relativen lebenden Menschen. Er träumt von „religiöser“ Brüderlichkeit, von universaler Umarmung aller liebender Kreatur. Mystik, Religions-

[1] Tagebücher, Bd. 1 S. 144. Hervorhebung vom Verf.
[2] A.a.O. Bd. 2 S. 2. Vgl. Kontext im Textteil.

philosophie, Religionsgeschichte, Soziologie, Politik, Moralpsychologie aber mischen sich so oft in einem verzweifelten Vor-Nach- und Zer-Reden nur in einem genialischen Ich turbulenter religiöser Vorstellungen. Wir haben es somit zunächst einmal, was die religiösen Partien der Tagebücher Tolstois angeht, mit einer weder vom „Herzen" noch vom „Geist" (im Sinne Pascals) mehr oder weniger scharf erkenntnistheoretisch kontrollierten Literaten-Gnosis zu tun. Man findet sie in manchen russischen Romanen des 19. Jahrhunderts. Motive dieser, wie man so oft sagt, „typisch russischen" Gott-*Spekulation*, haben dann auch Westeuropa überschwemmt, ja die Länder beider Hemisphären. Sie haben vielfach einiges Unheil angerichtet. Sie haben, aus Mangel an theologischen, ja, wenn man das Wort gebrauchen darf, an theo-logistischen Voraussetzungen, die strukturierte emotionale wie rationale Gott-Erkenntnis eher aufgeweicht als gefestigt. Sie haben außerdem die so angespannte religiöse Potenz des russischen Volkes reduziert. Tolstoi hat allerdings überzeugend dargestellt, daß religiöse Gottesverehrung und politische Menschenverachtung in gar keiner Weise zu vereinbaren sind. Er hat dabei aber den Logos-Pol der Gottheit ebenso verkannt wie den rationalen Pol der Gesellschaft. Wenig Verständnis hatte er vor allem für die historische Entwicklung der kirchlichen Traditionen. Für die religiösen Mißverständnisse der bedauernswerten kommunistischen Anti-Religionsfunktionäre von heute könnte man deshalb Tolstoi eher verantwortlich machen als Karl Marx, der über Demokrit eine Doktorarbeit schrieb, Lukrez im lateinischen Text las und Dantes „Divina" fast ganz auswendig gelernt hatte. Karl Marx ging es gar nicht um „Gott" im religiösen Sinne; dafür fehlte ihm jedes religiöse Gefühl. Ihm war es um die „Religion" im politischen Sinne zu tun, und dabei verfügte er wenigstens über ein historisches Bewußtsein. Tolstoi hingegen hatte es mit „Gott" und mit der Religion zu tun. Aber seine Gottesvorstellung war ebenso subjektivistisch, wie seine Ideen über Religion anti-historisch, um nicht zu sagen – im geistigen Sinne – anarchistisch waren. Der „Atheismus" von Karl Marx weist noch westliche, das heißt historisch strukturierte Bezüge auf. Der „karitative" Theismus Tolstois entstammt einem bunten Synkretismus von sentimentaler christlicher Sozialethik und nicht immer genau verstandenen fernöstlichen Lebensregeln; die Verbindung zu den religiösen Quellen der russischen Orthodoxie wird immer schwächer. Trotz allem bleiben gerade die Tagebücher Tolstois für jede christliche Konfession, die davon ausgeht, daß man Gott wie den Nächsten lieben muß, ein Vorbild. Als Ausdruck eines Urtriebs des Menschen nach Einheit mit Gott *und* nach Einheit mit jeder Gotteskreatur gehören diese Diarien zu den klassischen intim-religiösen Urkunden Europas. Diese Mischung von dramatischer und spitzfindiger Nächsten-Sorge hat Geschichte gemacht, und damit ist es noch nicht zu Ende. Tolstoi selbst hat sich gegen einen christlich-sozialethischen „Tolstojanismus" gewehrt. Und doch hat gerade dieses eher diffuse als klare Licht einer introvertierten Person-Ideologie, die Wahrheit und Gerechtigkeit vermählen wollte, unter einem deutlicher gewordenen christlichen Vorzeichen auf die sozialethischen Bewegungen der westeuropäischen Länder im negativen wie im positiven Sinne mehr Einfluß ausgeübt als manche weniger erschütterte Erbauungsworte von Predigern nicht nur der christlichen Konfessionen[1]. „Es gibt keinen überzeugenderen Beweis für das Dasein Gottes", schrieb Tolstoi einmal in seinem Tagebuch, „als jene Eigenschaft der Seele, die uns befähigt, *uns in andere Wesen zu versenken.* Aus dieser Eigenschaft entspringt sowohl die Liebe als auch die Vernunft[2]." Am 6. März 1896 entschließt er sich zu einer „Darlegung des Glaubens", wofür er in der Art von Maximen „Punkte" sammelt. Einer von „21 Punkten", die er am 17. Mai aus seinem „Notizbüchlein" in sein Tagebuch überträgt, lautet: „Eines der quälendsten geistigen Leiden ist das Nichtverstandenwerden, wenn man sich hoffnungslos einsam mit seinen Gedanken fühlt. Aber es ist ein Trost: *daß Gott versteht, was die Menschen nicht verstehen*[3]." Ein anderer: „Dem Menschen erschließt sich der Sinn des Lebens, sobald er in seinem Selbst das göttliche Wesen erkennt, das eingeschlossen ist *in eine körperliche Hülle.* Der Sinn des Lebens besteht darin, daß dieses göttliche

[1] Beispiele zu diesem Thema im Textteil.
[2] A.a.O. Bd. 1 S. 13. Hervorhebung vom Verf.
[3] Ebd. S. 28. Hervorhebung vom Verf.

Wesen, indem es sich zu befreien sucht, seine Liebe auf andere Wesen ausdehnt und dadurch die Sache Gottes fördert, das heißt zur Aufrichtung des Gottesreiches auf Erden beiträgt[1]." Wir müssen, bei manchen Einschränkungen der verschiedensten Art, zugeben, daß in Tagebüchern, die *auch* religiöse Betrachtungen enthalten, der Durchbruch der „geschlossenen" Person zu einer „offenen" Persönlichkeit, in der das Numinose einzutönen (per-sonare) beginnt, der Erfahrungskreis des im engeren Sinne introspektiven Individuums tatsächlich ausgeweitet wird und damit eine wesentliche Bewußtseinserweiterung entsteht. Allerdings, wir müssen es wiederholen, erinnern *auch* religiöse Tagebücher dieser Art im ständigen Duell zwischen empirischer und zumindest hin und wieder transzendierender Person vielfach an überladene Schiffe im Sturm auf hoher See. Sobald der sichere Hafen erreicht ist, verstummen Gebet und auch der mystische Dialog mit dem Gott dieses oder jenes Antlitzes. Gerade manche religiöse Tagebücher unserer Gegenwart bekunden dieses Aufflackern von Gottes-Bewußtheit in Not und das Erlöschen der Gottesfurcht, ja der Gottesliebe im Glück. In solchen Diarien wird der letzte Sprung in den Nur-noch-Dialog von Ich und Gott nicht gewagt. Die „libération intérieure" wird zwar gesucht, aber nur selten erreicht. Wie kann man sein Leben endgültig ändern? So fragt sich oft, aufs äußerste gequält, der französische Romancier *Julien Green,* in dessen Tagebüchern man leidenschaftlichen Sequenzen von Gottsehnsucht begegnet[2]. Im Analytischen scharfsinniger und zumindest in literarisch-mystischen Bezügen konkreter erweisen sich die religiösen Partien in dem schon oft zitierten „Journal" des Konvertiten *Charles Du Bos.* Du Bos stellt sich eine dreifache diaristische Aufgabe („triple office"). Er will sich selbst klarer erkennen, sich befreien und sich schließlich „an sich selbst zurückgeben[3]". Oder, wie er an anderer Stelle sagt, sich seinem „besseren Ich" neu überliefern", das heißt aber einem meta-egotistischen Ich, einem kosmischen Ich. Ähnlich wie Maine de Biran sucht Du Bos einen

[1] Ebd. S. 29. Hervorhebung vom Verf. Zur „karitativen Mystik" in Tagebüchern vgl. den letzten Abschnitt dieses Kapitels.

[2] Vgl. Leleu a.a.O. S. 281.

[3] Vgl. Leleu S. 285.

Stützpunkt außerhalb und oberhalb des eigenen Selbst. Seine diaristische Hand will er von Christus gelenkt wissen, denn wer der Wahrheit gemäß handelt, komme nach den Worten des hl. Johannes „aus dem Licht"[1].

André Gide sorgt in seinem so enzyklopädischen „Journal" für manche „religiöse" Eintragung. Dabei bleibt er meist ein etwas zu eleganter, zu literarisch-„banaler" Skeptiker; außerdem spielt er, wenngleich oft tief ergriffen, mit allem, auch mit den Juwelen echter Christus-Mystik. Die religiösen Meditationen, „Numquid et tu...?" (1916–1919), die er in sein Tagebuch einfügte, bleiben nicht nur den literarischen Moden einer neopietistischen Innerlichkeit allzu locker verpflichtet; sie werden durch gleichzeitige andere Veröffentlichungen recht munter-paganer Art nicht gerade ad absurdum geführt. Sie schränken indes doch die Bedeutung eines Gide als Homo religiosus erheblich ein. Seine konstitutive „Parenté" mit Benjamin Constant ist oft verblüffend. Im Jahre 1926 schrieb Gide selber, daß er zwar unter diese Seiten noch seinen Namen setze, sie heute jedoch nicht mehr schreiben würde[2]. Gide spielt auf seiner religiösen Orgel also meist nur mit den ästhetischen Registern eines intellektuellen Rokoko – von allerdings höchstem Range –, oft auch gewiß erschütternde, aber in diesem Dekorstil geschmacklose Kompositionen mit den Vorzeichen einer wenig „ernst" zu nehmenden „protestantischen" Gewissensfreiheit. Ging es ihm um Freiheiten des Gewissens oder um Freiheiten für seine erotischen „Extreme"? Verzerrt sich der tiefere religiöse Konflikt nicht vor seinen vorwiegend physiologischen Widersprüchen à la Platen? Stellt er im Grunde nicht jede Art religiös-moralischer Gewissenskonflikte in Frage, weil er die Freiheit, spezielle „Nourritures terrestres" aufzunehmen, dem Verzicht und der Läuterung vorzieht? Gide wird offenbar nicht so sehr durch sein „Ich" als vielmehr durch seine „irreguläre" „sensualité" daran gehindert, ein wirklich überzeugendes religiöses Tagebuch zu führen, obwohl er, in seiner Jugend noch ganz aus der Familientradition, über eine tiefere religiöse Anlage verfügte.

Gide ist ein Meister der stilistischen „Banalität". Doch kann

[1] Ebd. S. 287. [2] Ebd. S. 287.

man ihm gedankliche Banalitäten verzeihen, wie: „ich glaube, daß Leib und Seele das gleiche sind ..."? Er will nur seiner „raison" folgen, der „raison" – in diesem Falle mehr Verstand als Vernunft –, die stets die gleiche sei für alle Zeiten wie für alle Menschen. Darunter – unter diesem autonomen Verstand – könne sich dann „bequem" seine „ständige Sinnlichkeit entfalten". Demzufolge müsse das Christentum und jeder Glaube an ein übersinnliches Leben, an eine Unsterblichkeit der Seele fragwürdig werden, denn die Seele, meint Gide weiter, wirke nur im *lebenden* Körper. Ein Seelisches ohne Körper sei undenkbar. „Was soll ich", fragt er sich, „mit Offenbarungen anfangen?" Demzufolge wird das „idéal chrétien" schließlich abgelehnt. Das Leib-Seele-Problem bleibt zwar ein Geheimnis, doch verlangt die „raison" eine rationale, anti-spirituelle Entscheidung. So schrieb Gide in seinem „Journal" am 15. Mai 1949, fast zwei Jahre vor seinem Tode[1]. Trostloses religiöses Testament eines sensualistischen Skeptikers[2]!
Ernst Robert Curtius besuchte den „Patriarchen der französischen Literatur" kurz vor dessen Tod in Paris. Gide sprach zu ihm, so berichtet Curtius in seinem „Büchertagebuch", von einem neuen Werk, nachdem er sein Tagebuch „unwiderruflich abgeschlossen" und dieses Ende „durch eine facsimilierte Unterschrift bekräftigt" habe. Doch hatte Curtius den Eindruck, daß dem „Spieltrieb" Gides „ein fordernder Gegenstand" fehle. Nachdem dieses Buch (Ainsi-soit-il ou Les jeux sont faits[3]) erschienen war, urteilte Curtius, einer der besten Freunde und Kenner Gides – gleichfalls in seinem Büchertagebuch – darüber mit unverhüllter Enttäuschung. Die Stelle verdient es, im Zusammenhang mit dem religiösen Diarium-Testament Gides wörtlich zitiert zu werden. Curtius schreibt: „Es ist merkwürdig, wie ein bedeutender Mann sein Leben beschließt. ‚Am Ende des Lebens', sagt Goethe einmal, ‚gehen dem gefaßten Geist Gedanken auf, bisher undenkbare; sie sind wie selige Dämonen, die sich auf den Gipfel der Vergangenheit glänzend nie-

[1] Journal Bd. 2 S. 337 f.

[2] Vgl. auch Charles Du Bos, Le dialogue avec André Gide. Paris 1947. Dt. Übers. Freiburg 1961.

[3] Paris 1952. Dt. u. d. T.: So sei es oder Die Würfel sind gefallen. Stuttgart 1953.

derlassen.' Solche Erfahrungen hat Gide freilich nicht gekannt. Nachdem er sich vom Kommunismus losgesagt hatte, fand er kein überpersönliches Ziel mehr. Er täuschte sich darüber hinweg, indem er fortfuhr, sich zu erklären und sich zu enthüllen – bis zum Überdruß. Es ist traurig, das sagen zu müssen, aber es ist so. Mit der Zeit werden die allzu vergänglichen Seiten seines Werkes vergessen werden. Dann wird die große Prüfung kommen: wie besteht er vor der Nachwelt[1]?" Wie wird das „Journal" bestehen? fragen wir weiter. Als echtes subjektives Diarium von hohem Rang, auch in bezug auf seine außerordentliche Vielfältigkeit der Motive, haben wir es im Verlaufe dieser Darstellung wiederholt hervorgehoben. Auch wir müssen zu seinem Abschluß nun „traurig" sagen, daß dieses vielleicht reichhaltigste, „menschlichste" und auch – im literarischen Sinne – geistvollste Tagebuch des modernen Europas aus den Vorhäfen eines religiösen Denkens nicht hinausführt. Die Reise ins Transzendente wurde schlecht vorbereitet und vorzeitig abgebrochen. Gides Tagebücher gehören zu den bedeutendsten menschlichen Dokumenten unserer Epoche. Fehlen wird ihnen immer der Strahlenglanz transegotistischer Welten, die visionäre Kraft, die in Alteuropa noch Dante bekundete, der als erschütterter dichterischer Mystiker nach Inferno und Purgatorio die Himmelssphären beschrieb – als Reiche auch seiner eigenen und sicheren Unsterblichkeit.

Dabei ist unsere Zeit keineswegs arm an echten religiösen „Journaux spirituels". Im Gegenteil[2]. Wir wählten die fran-

[1] A.a.O. S. 76 f. Der vollständige Text des Besuchs bei Gide im Textteil.

[2] So u. a. von Camille Bellaigue, Georges Bernanos, Elisabeth Catez, Mireille Dupouey, Charles de Foucauld, Paul de Gauléjac, Marie-Antoinette de Geuser, Ida Friederike Görres, Amédée Guiard, Theodor Haecker, Alexis Hanrion, Henri d'Hellencourt, Jochen Klepper, Giacomo Leopardi, Elisabeth Leseur, Lucie Christine, Pierre Lyonnet, Arlette Marbeau, Dom Calumba Marmion, Jérôme Nadal, John Henry Newman, Henri Perrin, Jean du Plessis de Grenédan, Pierre Poyet, Ernest Psichari, Roland de Pury, Jacques Rivière, Henry du Roure, René Schwob, Pierre Van der Meer de Walcheren, Charles Wagner; vgl. Michèle Leleu a.a.O. S. 287 f. und ihre Bibliographie, sowie unser Kap. VI zu Frauentagebüchern und die näheren Angaben in der Bibliographie.

zösische Bezeichnung mit Absicht. Auffallend ist nämlich der starke französische Anteil an einer problematischen, introspektiven und schließlich an einer echt mystischen religiösen Diaristik. Die moralpsychologische Selbstbeobachtung der „grande tradition" wirkt sich auch in der diaristischen Glaubenserfahrung aus. „Frankreich, der Hort des katholischen Glaubens; Frankreich, der Vorkämpfer der emanzipierten Vernunft[1]." Doch findet der katholische Glaube in Frankreich eine spezifisch „literarische" Form, eben diejenige einer problemfreudigen introspektiven und dann auch „mystischen" Diaristik. Sie erweist sich, je umstrittener die kirchliche Glaubensvermittlung dort geworden ist, desto mehr als das beste Gefäß für eine selbstkritische Verinnerlichung. Christliche Innerlichkeit und kritischer Rationalismus berühren sich in ihr. Mehr noch: nicht nur die überlieferte diaristische Selbstanalyse wirkt weiter. Es spannt sich im religiösen Tagebuch Frankreichs auch eine psychologisch differenzierte Gefühlsreligion ein. Ihr emotionaler Charakter prägt jedoch die intellektuelle Haltung. So hat es sich ergeben, wie Curtius nachwies, daß im geistigen Leben des gesamten Katholizismus Frankreich heute die führende Stellung innehat. Dazu kommen, wenn auch in einem anderen Sinne, Holland, Deutschland, England. Um zu Frankreich und zu seinen religiösen Diarien zurückzukehren: die eindringliche Stimme des französischen Episkopats zieht ihre Kraft auch aus Quellen eines „denkenden" Glaubens, eines Glaubens, der seine Sicherheiten und Zweifel auch aus Ergebnissen der zeitgenössischen Naturwissenschaft und Soziologie holt, aus den Daseinsanalysen der Existenzphilosophie, aus den disparaten Kundgebungen der modernen Literatur, Kunst und Musik, sowie aus den introspektiven, subjektiven religiösen Erlebnissen des Geistes wie des Herzens in den individuellen, ja sogar in den individualistischen diaristischen Überlieferungen von Rang[2].

[1] Ernst Robert Curtius, Die französische Kultur. Stuttgart (u.a.) 1930, S. 101.

[2] Die sog. „neu-katholische" Literatur Frankreichs begann um 1880 mit vielerörterten „Bekehrungen": Paul Verlaine, François Coppée, Paul Bourget, Georges-Charles Huysmans, Ferdinand Brunetière. Später wirkten in dieser modernen katholischen Richtung noch

Der intellektuell-mystische Katholizismus Frankreichs ist oft mißverstanden worden. Einseitige Gralshüter haben ihn als fragwürdig empfunden. Sie begriffen nicht, daß in einem Lande, in dem schon vor der „philosophischen" Revolution von 1789 die Gegensätze der menschlichen Natur und die Widersprüche der Welt als *individuelle* Konflikte empfunden wurden, Auseinandersetzungen dieser Art nicht so leicht in unpersönliche, „abstrakte" Systematisierungen abgeschoben werden konnten. Diese Glaubenskonflikte wurden also vor allem als reale, humane Einzelentscheidungen und nicht in metaphysischen Denkentwürfen ausgefochten. Dafür sind die religiösen Diarien Frankreichs hervorragende europäische Zeugnisse, Bekundungen einer im besten Sinne immanenten Religiosität, einer unmittelbar-persönlichen, wenn auch meist durchaus kirchlich zugeordneten Tendenz, die Glaubenswahrheiten mit interpretieren zu dürfen, mit deuten zu *müssen*. Nicht nur das dialektische Verhältnis von Mythos und Begriff, von Glauben und Verstand bleibt erhalten. Auch das christliche Mit-zeugen-Sollen für den Inkarnierten wird bewußt vorgetragen, oft fast an der Grenze zwischen Sagbarem und Unsagbarem. Eine gewisse christliche Prägung selbst der französischen Atheisten-Elite blieb vielleicht deswegen so stark. Zwar vermochte sie bisher die radikalsten Glaubenskrisen nicht zu überwinden. Die Religiosität Frankreichs aber gewann aus allen Anfechtungen ihre „höchsten" geistigen Interessen. Die „radikalsten" Nein-Sager Frankreichs wie Sartre und Genet haben noch einen charismatischen Grundton, wenn auch mit nun schon traditionalistischem „satanischem" Vorzeichen. Ihre so bildgesättigte Dialektik bleibt – im Gegensatz zu den dialektischen Denkmethoden des historischen Materialismus – wenngleich nicht auf ein ontisches Absolutum, so doch, ob sie es wahrhaben wollen oder nicht, auf das Bild des leidenden Menschensohnes bezogen[1].

vor allem CHARLES PÉGUY und JACQUES MARITAIN, PAUL CLAUDEL und HENRI GHÉON, FRANÇOIS MAURIAC und GEORGES BERNANOS, HENRI MASSIS und LÉON BLOY, CHARLES MAURRAS und LÉON DAUDET. (Vgl. E. R. CURTIUS, Die französische Kultur S. 117 f.)

[1] Vgl. schon den Titel der Genet-Biographie JEAN-PAUL SARTRES: Saint-Genet, comédien et martyr. Paris 1952.

Das unvergeßliche Beispiel dafür bietet Albert Camus, der „radikale" Skeptiker, der in einer wachen Weise des nichtglaubenden Glaubens als einer der ersten Dichter Europas den europäischen Nihilismus des 19. Jahrhunderts mit überwinden wollte: auch aus der wissenden Teilhabe an allen europäischen Traditionen intellektuell-autochthoner Größen-Visionen und an allen Überlieferungen seelisch-zuversichtlicher Demuts-Mythen. Folgerichtig gibt es fast nur in Frankreich das Phänomen des „katholischen Atheismus", gibt es Materialisten wie Jules Soury, die das liturgische Offizium lesen, nationalistische Nihilisten wie Maurice Barrès, die nach Lourdes pilgern, und aggressive Kenner der gesellschaftlichen Fäulniserscheinungen in allen menschlichen Gruppen auf unserer jetzigen Erde, die zutiefst von der in jeder Hinsicht befreienden Kraft Christi überzeugt bleiben – wie Albert Camus. In der heutigen französischen „Literatur" überwiegt allerdings die Dämonologie ohne das Gegengewicht der Angelologie; die Porträtierung des Teufels ohne das Ur- und Vorbild Gottes. In diesen Bezirken ist der Antagonismus Pascal-Rimbaud noch nicht überwunden, wobei zu sagen ist, daß Rimbaud dem Absoluten in liebender Revolte sehr viel enger verbunden war als die Zornes-Brut, die er ausgesät und hinter sich gelassen hat. Doch sind manche der literarischen Protest-Arabesken der „Zornigen" von heute wenigstens in einem existentiellen Sinne noch „gottnäher" als die kommerzialisierte pseudo-nihilistische Romanliteratur unserer Wunderkinder-Wirtschaft. Die Industrialisierung eines gutgeschützten agnostischen Kunstgewerbes, in dem Witz und Pathos, Melancholie und Lüsternheit, politischer Zorn und Taschenbuchbildung sich nicht einmal stöhnend vereinen, schließt offenbar Darstellung und Deutung des *Wesentlichen* aus, des Wesentlichen, sobald es nicht *nur*, und das mit vulgärexistentialistischem Kontrapunkt, psychologisiert erscheint.

Wir können jetzt unserem Thema eine neue Wendung geben. In spezifisch religiösen introspektiven Tagebüchern Frankreichs handelt es sich auch darum, in den *Inhalten* literarischer Aussagen *wesentlich* zu werden: durch eine Wesentlichmachung der eigenen, *nicht mehr als isoliert empfundenen Individualität.* Bevor wir eins der in vieler Hinsicht vollkommensten religiösen Diarien unserer Zeit darstellen, wollen wir erst einmal auf einige Grundmotive französischer religiöser Tagebücher der Gegenwart hinweisen, soweit sie für das Problem auch dieses Durchbruchs der im „Relativen" eingeschlossenen Person in die Seins-Offenheit des Absoluten bezeichnend sind.

3. Der mystische Dialog

Die Befreiung aus der Ich-Beschränktheit zu einem diaristischen Dialog mehr oder weniger rein mystischer Art mit „Gott" als einem Urbild des Absoluten erfolgt meist durch den *Zuspruch* an sich selbst. So schreibt Julien Green am 21. Mai 1947: „An manchen Tagen kann es geschehen, daß ich kein Buch aufschlagen mag, selbst ein rein poetisches nicht, ohne mir zu sagen: ‚Wozu? Nur Gott existiert, nur ihn gibt es; sich von ihm weit entfernt zu fühlen, ist entsetzlich; außerhalb seiner kann ich nur das Leere sehen. Und danach: wie kann man sich für das interessieren, was die Welt beschäftigt[1]?" Jean du Plessis de Grenédan schrieb rund vierzig Jahre vorher, er müsse sich von niederdrückenden Gedanken befreien und sich „ein wenig um ein intimes sursum corda" bemühen, das er jetzt dringend brauche[2]. Um die gleiche Zeit (1907) schrieb Amédée Guiard in seinem Tagebuch, er wolle sich nicht nur „analysieren", sondern sich vielmehr „unter der Aktion Gottes erkennen, in ihm einen Stützpunkt finden[3]". Pierre Van der Meer de Walcheren notiert am 10. April 1911, er wolle sich in Gott stürzen, um sich selbst zu vergessen[4]. Diese leidenschaftliche Hinwendung zum Überpersönlichen ergibt sich, bei solchen Christen und in einer kirchlichen Situation dieser Art, auf dem gleichsam auferzwungenen Wege der Introspektion. So schreibt beispielsweise René Schwob in seinen religiösen „Cahiers" einmal, er wolle nicht mehr über sich selbst sprechen. Doch sei der Zwang dazu unwiderstehlich[5]. Arlette Marbeau bemerkt einmal, sie werde mit ihren Selbstbeobachtungen dann aufhören, „wenn Gott ihr Einhalt gebieten" werde[6]. Dem Streben nach dem Durchbruch aus der geschlossenen Person folgt aber immer

[1] Zitiert nach LELEU a.a.O. S. 290. [2] Ebd. [3] Ebd. S. 291.
[4] Ebd. [5] Ebd. [6] Ebd. S. 292.

wieder der Wunsch nach der Auslöschung des Ichs als Voraussetzung zum mystischen Dialog mit Gott. „Zerstöre, Herr, dieses gemeine ‚Ich', an dem ich so sehr hänge", schreibt Arlette Marbeau am 30. Juli 1945[1]. Jacques Rivière stellt an einer Schicksalswende (8. November 1915) fest: „Wie ich mich geändert habe! Wie weit entfernt bin ich jetzt von Ich-selbst-Zufriedenheit. Wie ist Gott diese notwendige Operation gelungen, mich mit Gewalt Reue und Verachtung über mich selbst empfinden zu lassen[2]." Und Ernest Psichari am 21. Januar 1913: „Ich fühle, daß meine Seele so sehr verfault ist. Wird Gott diese Abscheulichkeit, die ich bin, noch annehmen wollen? Und dabei fühle ich, eine wie große Sünde es ist, kein Vertrauen zu haben[3]."
So beginnt, in vorwiegend noch introspektiv-religiösen Tagebüchern, der *ausgesprochene* Dialog mit Gott, in einer Gebetsform nun sui generis, in einer speziellen Bitte um Befreiung vom nur einschließenden Ich. So schreibt François am 12. Juli 1935: „Jesus, überwältigte mich mit Bildern meiner eigenen Unzulänglichkeit, meiner törichten Eitelkeiten. Gib mir immer das Gefühl meines unerträglichen Elends und die unbesiegbare Hoffnung in Deine Güte." – „Vor Gott", hatte Kierkegaard geschrieben, „bin ich noch nicht einmal ein Spatz. Um so sicherer bin ich aber, daß Gott mich liebt[4]." So ergibt sich aus der Erfahrung der „misère intime" durch religiös gelenkte Introspektion das Erlebnis der trans-intimen Grösse Gottes[5]. *An Gott gerichtet* schreibt Henri d'Hellencourt in seinem Diarium (27. Oktober 1939): „Jedesmal, wenn ich dieses Heft öffne, zittere ich, weil mir mein Leben bewußt wird, und weil ich darin nichts anderes fasse als meine Schwächen. Und doch bin ich glücklich, denn, selbst, wenn es mir trostlos zumute ist, so weiß ich doch, daß diese Seiten mich zu Dir führen, Herr, wie ein mit Stromschnellen und Sandbänken ausgebreiteter Fluß[6]." Julien Green unterscheidet in seinem Tagebuch, am 7. April 1943, eine „gewöhnliche" und eine „übernatürliche" Einsamkeit. Die gewöhnliche Einsamkeit kann durch Liebe und

[1] Ebd. S. 293. [2] Ebd. S. 294. [3] Ebd. S. 296. [4] Ebd.
[5] Zum Problem „Größe und Elend des Menschen" in Tagebüchern vgl. Kap. VII.
[6] LELEU a.a.O. S. 296 f.

manchmal durch Freundschaft überwunden werden; von der übernatürlichen Einsamkeit kann nur Gott befreien[1]. Die Möglichkeit zu einer *Antwort* Gottes in solchen Diarien ergibt sich. Aber auch der Weg zum Nächsten! In einem nicht nur gefühlig karitativen Sinne, denn wir erfahren nun auch von *anderen* ich-befreienden Kräften. So trägt Henry du Roure am 30. September 1901 in sein Tagebuch folgende Worte ein: „Egoist, der ich bin! Meine kleinen Leiden, meine auch noch so winzigen Schmerzen nehmen in meinen Augen so große Ausmaße an, daß sie mich verbergen und die Leiden der andern vergessen lassen[2]." Dramatischer, niedergeschmettert von dem gottlosen „Ordnungs"-System verhaßter Tyrannen, schreibt der deutsche Katholik und Verfasser eines der schönsten europäischen Bücher über Virgil, Theodor Haecker, am 26. Mai 1940 in seinen „Tag- und Nachtbüchern": „Wenn ich heute stürbe (vor dem Tode als solchem habe ich seit dem 14. März keine Furcht mehr, im Gegenteil: sei gegrüßt!), wenn ich heute stürbe, reichlich traurig und schwermütig, wie alle Reife dieser Welt, schwarzsehend, nämlich die dark ages, die wiederkommen – verzweifelt würde ich doch nicht sterben. Es scheint, daß nun nichts mehr den Glauben mir rauben kann. Möge es so bleiben! Mein Gott, möge es so bleiben! Wenn ich heute stürbe, völlig uneins mit dem herrschenden Geiste meines Volkes, ich würde nicht verzweifelt sterben, und wäre das nicht doch auch ein Zeugnis? Denn traurig, meine Freunde, traurig darf man doch sein heute? Nicht wahr? Ich habe Schwierigkeiten und lebe unter einer Wolke, aber ich habe eine unfehlbare Methode: wenn die Schwierigkeiten zu groß werden, stürze ich mich in die Unbegreiflichkeit Gottes. Sie birgt mich. Nicht sie allein natürlich, sondern die Gnade Gottes. Sie trägt mich auch in diesem Abgrund. Verzweifelt würde ich nicht sterben. Mehr will ich nicht sagen, weil ich nicht lügen will. Ach, ich sehe auch die selige Stunde voraus, da ich nicht mehr lügen kann[3]."

Auf dem Höhepunkt der politischen Katastrophe des Zweiten

[1] Ebd. S. 300. Zum „Solitarius" in Tagebüchern vgl. Kap. VII u. VIII.

[2] Leleu a.a.O. S. 301. Zur „karitativen" Wendung in Tagebüchern vgl. den letzten Abschnitt dieses Kapitels.

[3] A.a.O. S. 98.

Weltkrieges richtet sich im Tagebuch Haeckers fast jedes diaristische Wort an das „transzendente Du". Eins der schönsten Zeugnisse christlichen Bestehens sehen wir in einer Eintragung Haeckers vom 29. Mai 1944. Zehn Tage bevor sein Haus von Bomben – die sicherlich nicht ihm galten – zerstört wurde, schrieb er fünf Sätze nieder, die in bezug auf einen trans-egotistischen Dialog mit Gott in Notzeiten zu den faszinierendsten Worten der religiösen Diaristik Europas gehören: „Alles, was ich niederschreibe, hat nun ganz von selber die Tendenz, sich zu einem Dialog zu entwickeln. Mein Geist ist immer sofort im Gespräch mit einem Du. Und wie ist es erst mit meinem Monolog! In ihm zwar bin ich einsam vor allen Menschen, aber ich stehe um so absoluter vor Gott. Mein Partner ist das große Du, das älteste, das ewig ist, ehe ich war, das transzendente ‚Du', mein Schöpfer, mein Herr und mein Gott[1]!"
„Mein Partner ist das große Du!" Hier handelt es sich um eine ebenso beseligende wie tragische Wort-Gebärde, die aus neo-pietistischen religiösen Seelenanalysen jeder Art weit hinausführt. Doch wie auch immer die äußeren Umstände sind, die zum unmittelbaren Gespräch mit diesem „transzendenten" Du führen mögen, dieses diaristisch-schreibende Sprechen mit dem Über-Ich kann man als ein Grundmerkmal der mehr als nur autistischen Diaristik und Literatur wie Dichtung ansehen. So schrieb der Franzose Charles Du Bos, dem das abstrus falsch vorgezeichnete Nibelungenschicksal des Deutschen Theodor Haecker erspart blieb, am 15. November 1930, es walte eine spezifische Tragik der menschlichen Seele vor, nämlich die, daß sie uns gegeben sei, „Gott zu finden". In diesem Augenblick aber „verliert sie sich", ja „sie vernichtet sich", im Zwange, mit Gott eins zu werden[2].
Vision Gottes und Vereinigung mit Gott! Eins der unmittelbarsten mystischen Tagebücher, als Weg zu einer geradezu „klassisch" ekstatischen Vereinigung nicht mit einem bildlosen Absoluten, sondern mit dem „historischen" Gott der Dreifaltigkeit, wurde, nach dem Diarium von Ignatius von Loyola, auch in Frankreich geschrieben. Die Verfasserin, die von dem Herausgeber ihres Tagebuchs mit dem Pseudonym

[1] Ebd. S. 300. [2] Leleu a.a.O. S. 306.

Lucie Christine benannt wird, entstammte Kreisen einer traditionsgebundenen und auch wohlhabenden französischen Gesellschaftsschicht. Sie wurde 1844 geboren, heiratete im Alter von einundzwanzig Jahren und wurde Mutter von fünf Kindern. Nach zweiundzwanzigjähriger Ehe starb ihr Mann; sie überlebte ihn um einundzwanzig Jahre. Sie starb, vierundsechzig Jahre alt, zunächst unbekannt und unbeachtet. Ihr sogenanntes „Journal spirituel" umfaßt sechzehn Hefte mit insgesamt 2600 Seiten. Es umschließt achtunddreißig Jahre. Nur der Pfarrer einer ländlichen Gemeinde, in der sie wohnte, wußte von der Existenz dieser streng datierten Aufzeichnungen im Ich-Stil. Lucie Christine behandelte ihre Hefte – wie Constant – als ihr persönlichstes „Geheimnis". Keine Freundinnen, keine Bekannten wußten auch nur mit einem Wort von diesen in der diaristischen Literatur nicht ungewöhnlichen, aber außerordentlich konsequenten Notizen. Selbst ihr Mann war darüber nicht unterrichtet[1]. Dem Pfarrer, einem schlichten Seelsorger, zeigte sie die Eintragungen von Zeit zu Zeit nur, um sich beraten zu lassen, vor allem um sich nicht von den Lehren der Kirche zu entfernen. Als ihr geistlicher Berater starb, verzichtete sie auf weitere Eintragungen. Kurz vor ihrem Tode teilte sie ihrem Beichtvater mit, sie werde in der Karwoche sterben. Der Hinweis auf ihre Gesundheit brachte sie nicht von ihrer Todesgewißheit ab! Als sie sich dann wirklich am Montag vor Ostern müde zu Bett legte, konnte der Arzt keine Zeichen irgendeiner Krankheit feststellen. Am Karfreitag verließ, wie der erste Herausgeber ihrer Tagebücher schreibt, ihre Seele „in einem Aufschwung der Liebe" den Körper[2].

[1] Tolstoi empfand eine ähnliche Scheu, gerade in bezug auf religiöse Betrachtungen in seinem Tagebuch. Nach einer Eintragung über ein mystisches Erlebnis mit Gott schließt er unmittelbar an: „Überhaupt, ich weiß nicht, warum ich nicht mehr das religiöse Gefühl habe, das ich hatte, als ich früher das Tagebuch für niemand schrieb. Daß man es gelesen hat und lesen kann, zerstört dieses Gefühl. Dieses Gefühl war mir teuer und half mir im Leben. Ich will es, vom heutigen Tage an, 14. Oktober (1897), wieder so halten wie früher, daß es niemand lesen soll, solange ich lebe." A.a.O. Bd. 1 S. 88.
[2] Geistliches Tagebuch. Mainz 1952, S. XXVI.

Für uns ist an dem „Journal spirituel" von Lucie Christine vor allem bemerkenswert, in welcher Art und Weise in einem Tagebuch Tag für Tag um eine Vision Gottes und dann um eine Vereinigung mit dem *bildhaft* Absoluten gerungen wird. Gibt es so etwas wie eine spezifisch diaristische Technik der Meditation? Wenn wir uns an das „Geistliche Tagebuch" von Ignatius von Loyola erinnern, aber auch an andere Tagebücher mit zeitweise kontemplativem Charakter, wie unter andern an diejenigen von Novalis und F. X. Kraus, müssen wir diese Frage bejahen. Auch das Tagebuch kann in einem wichtigen Sinne dem religiösen Ekstatiker als Gedächtnisstütze dienen, als Mittel, die verschiedenen Phasen seiner Weltentrücktheit festzuhalten. Das ist auch, soweit man weiß, ein Antrieb für Ignatius von Loyola gewesen. Darüber hinaus gibt es jedoch andere Anregungen. Der Christ, dem eine Vision Gottes zuteil wird, muß dies als einen Akt der *Gnade* empfinden. Demzufolge hat er das Bedürfnis, dafür zu danken. Hinzu kommt der Wunsch, durch das Nachlesen der Berichte über vergangene Gnadenerfahrungen, die ja meist blitzschnell sind, viel rascher als ein Atemzug, die mystische Liebe zu Gott in seiner Dreifaltigkeit, zum Vater, zum Sohn und zum Geist, wieder neu aufflackern zu lassen[1]. Der echte, vorwiegend mystisch-religiöse Diarist wird also aus *verschiedenen* Gründen dazu bewogen, die einzelnen Etappen einer rein religiösen Seelengeschichte aufzuzeichnen. Am 27. Februar 1544 trägt Ignatius in seinem „Diario Espiritual" ein: „Wie ich dies schreibe, zieht es meinen Verstand dazu hin, die Heiligste Dreifaltigkeit zu schauen, und es ist, als schaue ich, wenn auch nicht unterschieden wie vorher, drei Personen ...[2]" Erinnern, danken, fortsetzen! Bei Ignatius – wie bei Lucie Christine – ist ein weiteres, spezifisch diaristisches Mittel auffallend: Selbsttäuschung wird abgegrenzt, Unklarheit abgewiesen. Bleiben wir noch bei Ignatius! Wir werden Lucie Christine besser ver-

[1] Zu Ignatius von Loyola in diesen Zusammenhängen: die Einleitung zu seinem „Geistlichen Tagebuch". Freiburg 1961, S. 79.

[2] A.a.O. S. 81. Die Dreifaltigkeitsmystik spielt im Werk des hl. Augustinus, des Verfassers erster „subjektiver" „Konfessionen", eine zentrale Rolle. Dem Thema hat er eins seiner schwierigsten Werke gewidmet.

stehen, wenn wir seine diaristischen Ausgangspunkte kennen. So konnten wir Petrarca, Rousseau und Kierkegaard, in diesem „technischen" Sinne, besser begreifen, als wir von der theographischen Moralistik Senecas ausgingen. Das diaristische Aufzeichnen des religiösen Ekstatikers wird des weiteren auch durch einen Wunsch nach Sorgfalt beflügelt, und zwar gerade deshalb, weil seine Gott-„Schauungen" so „flüchtig" sind. Zu den diaristischen Gott-Visionen von Ignatius heißt es, er sei von einer solchen Gewissenssorgfalt gewesen, daß er täglich viel Mühe darauf verwendet habe, „Monat mit Monat, Woche mit Woche und Tag mit Tag zu vergleichen, allzeit bedacht voranzuschreiten ...[1]" Ignatius hatte also ein ganz spezifisch diaristisches Anliegen. Es ging ihm „um das immer feinere Erkennen der hohen Gnadenführung[2]". Durch die bewußte Bindung der „Erleuchtung": klären, entfalten einer subjektiven Erfahrung in der *Verschärfung*! Damit haben wir einige Antriebe für religiös-mystische Diaristik[3]. Doch werden wir – anläßlich des „Journal spirituel" von Lucie Christine – auf ein weiteres diaristisches Agens kontemplativer Methoden stoßen.

Die mannigfachen „technischen" Mittel der religiös-mystischen Diaristik, mit dem Über-„Ichigen", Über-„Natürlichen", Über-„Sinnlichen", Über-„Weltlichen" durch besonders hochentwickelte Seelenzustände in eine schon fast körperliche Berührung zu geraten, bleiben an ein für *alle* Tagebuchschreiber typisches diaristisches Grundgesetz gebunden: an das Streben nach einem *Dialog* zwischen dem Selbst-Ich und dem Nichtich-selbst. Doch erfolgt in religiös-mystischen Tagebüchern die dramatisch einzigartige Mutation: der „intime" Gesprächspartner, der für viele Diaristen ein „Doppelgänger"-Ich bleibt, wird bei kontemplativ-religiösen Diaristen zum sinnlichen „*Übergänger*"-Bild Gottes. Alle Mittel zur Selbstauslöschung, die zur Gotteserkenntnis führen, bleiben einem ganz eigenen „Habitus" verbunden: der *Anrede* an Gott und der *Antwort*,

[1] Vgl. unsere Hinweise auf den Wert des „Tages" bei SENECA in Kap. VII. Ignatius wird als Spanier den Spanier Seneca vermutlich gelesen haben.

[2] A.a.O. S. 82.

[3] IGNATIUS legte seine Tagebuchblätter häufig auf den Altar, um während der Messe um neue „Erleuchtung" zu bitten. A.a.O. S. 84.

die Gott gibt, und zwar in Sätzen, die in Anführungszeichen stehen. Dialog also, Zwiegespräch mit Gott, doch nicht in abstrakter, sondern in sinnlich-hörbarer Weise!
Auch Ignatius von Loyola redet in seinem „Diario" Gott an. Aber er erhält keine direkte, wörtlich anführbare Antwort. Christus antwortet Ignatius in einer „inneren Stimme", also in der mystischen inneren Gestimmtheit des Fragenden. Ignatius reagiert darauf auch nicht mit neuer Rede, sondern mit *Tränen* der Seligkeit. Das „Ewige Wort" erscheint in solchen Visionen des Ignatius als „una cosa blanca, de la cual salían algunos rayos, y que della hacía Dios lumbre" – als „ein weißleuchtendes Etwas, von dem einige Strahlen ausgingen, aus denen Gott das Licht schuf[1]". Strahlen, Licht! In dem diaristischen „Mémorial" *Pascals,* über das wir schon ausführlich berichtet haben, erlebt der Verfasser der „Pensées", wie wir uns erinnern, „von ungefähr zehn und einhalb Uhr am Abend bis ungefähr eine halbe Stunde nach Mitternacht: FEUER". Und in dieser Glut eines „wirklichen Brandes" verschmilzt er gleichsam mit dem „Gott Abrahams, Gott Isaaks, Gott Jakobs, nicht der Philosophen und Gelehrten". „Feuer"! Ein „Bild" zwar, aber buchstäblich ein elementar-gegenstandloses Bild, das Bild eines Ur-Elements. – Bei *Tolstoi* bleibt das Erlebnis der Gottnähe und der Gottgewißheit, wie wir schon andeuteten, in einem allgemeinen Sinne gefühlsmäßig bestimmt. Es ergibt sich kein Dialog, und es entsteht kein „Bild". Am 14. Oktober 1897 trägt er in sein Tagebuch ein: „Es ist noch nicht lange her, im Sommer war es, da habe ich zum erstenmal Gott deutlich gefühlt; daß Er ist, daß ich in Ihm bin, in Ihm als ein Begrenztes in einem Unbegrenzten, in Ihm und umgeben von Wesen, in denen Er ist. (Schrecklich schlecht, unklar. Aber ich habe es sehr lebhaft gefühlt, zum erstenmal in meinem Leben[2].)" Hier haben wir es also mit einer noch „expressionistischen" Sprechweise zu tun.
Lucie Christine hingegen, auch auf ihre Art eine Tochter der späteuropäischen Introspektion und der differenzierteren Ich-Erfahrung, erlebt es, wie Gott auf ihre Anrede mit Sätzen *konkreter* Rede antwortet, die von ihr diaristisch sorgfältig

[1] Ebd. S. 51. [2] A.a.O. Bd. 1 S. 88.

aufgezeichnet werden. Außerdem erscheint ihr Gott keineswegs nur als ein „weißleuchtendes Etwas", als „Feuer" oder nur als ein „Begrenztes in einem Unbegrenzten".
Die Gottvision und die Gottvereinigung des „modern" mystisch-religiösen Tagebuchschreibens führt nicht nur zu einer Spaltung des Ichs in ein meditierendes Ich und in ein darauf konkret antwortendes göttliches Über-Ich. Das Bild Gottes wird ebenso konkret, doch in einem anderen Sinne als in der mittelalterlichen oder barocken Mystik. Es wird nun zu einem realistischen, sagen wir konkret-existentialistischen Bild eines mystischen Ich-„Über"-gängers. Der diaristische Mystiker der naturwissenschaftlichen Epoche Europas „spiritualisiert" sich, indem er Gott „materialisiert", ihm in seinem Diarium Sprache gibt und Gesicht, Haut und Gewand, Farbe und Duft, aber immer wieder ausschließlich bezogen auf ein *problematisch gewordenes Ich* und eine *fragwürdig gewordene Umwelt*. Gott erscheint hier als *sprechender* und *körperlicher* Gott: in einem Zeitalter der totalen Katastrophenstimmung in bezug auf die Auflösung der Ich- wie der Gemeinschaftverhältnisse. Das ist, so möchten wir sagen, das in charismatischem Sinne Erstaunliche an dem Tagebuch Lucie Christines. Doch darf man dieses seltene Diarium nicht als eine „unerlaubte", etwa psychopathisch- „moderne" Grenzüberschreitung ansehen. Zweifellos wird man darin manche Elemente finden, die den Theologen skeptisch stimmen, den Psychologen aufhorchen lassen und den Psychoanalytiker überneugierig machen könnten. Lucie Christine verharrt bei aller „Ekstase" immer in einer leichten, freundlichen Anmut (grâce), die man auch als eine Erscheinungsweise der Gnade (grâce) bezeichnet hat. Sollte man sie als „krank" ansehen, so kann man sie letzthin nur als Opfer einer noch immer absolut „heiligen" Krankheit bezeichnen. Kein Theologe, Psychologe und Mediziner kann sie hinlänglich aus bloß somatischen Ursachen ableiten. Wir haben es mit einem eigenartigen Grenzfall unserer Epoche zu tun. Die Kirche erklärte zu diesem Tagebuch, diesen Berichten von übernatürlichen Gaben und Gnaden könne nur eine „rein menschliche" Glaubwürdigkeit beigemessen werden.
Für dieses *konkrete* diaristische Gespräch mit Gott hier wenigstens einige kurze Beispiele. Schon im September 1875 schreibt

Lucie Christine in ihrem Tagebuch: „In dieser Zeit hatte ich durch bestimmte Personen und Umstände besonders viel zu leiden und trug meine Not zu den Füßen unseres Herrn. Als ich einmal unter anderen mit gar bedrücktem Herzen gekommen war, sagte der göttliche Meister innerlich zu mir: ‚Tochter, außer dir und mir ist nichts' – Ich sagte: ‚Herr, und die Anderen?' Da antwortete er: ‚Für jede Seele in dieser Welt gibt es nur mich und sie. Alle anderen Seelen und alle Dinge sind etwas für sie nur durch mich und in mir!' Durch diese göttlichen Worte ging ein großes Licht in meinem Innern auf und gab mir viel Trost und Kraft. Ich gewann die Herrschaft über mein Fühlen in einem bis dahin nicht erreichten Maß und machte dadurch Fortschritte in der Geduld[1]."
Beachten wir die Einschränkung, die sie zu dieser Zeit noch macht: der „Meister" sprach „innerlich" zu ihr. Das entspricht noch den mystischen Erfahrungen von Ignatius von Loyola und Thomas von Kempen, den Lucie Christine – wie Loyola – als wegweisenden „Doktor" einer mystisch-religiösen Innerlichkeit auserwählt hatte. Später fällt diese Einschränkung einer „innerlichen" Stimme fort. Unter dem 23. Juli 1882 heißt es: „Du hast zu mir gesagt: ‚Was betrübst du dich? Du bist ein Liebling Gottes.' – ‚Ich, Herr? Aber ich habe ja nichts, was mich zu Deinem Liebling machen könnte!' – ‚Gewiß, du hast nichts, was ich dir nicht gegeben hätte; aber wenn auch die Menschen meine Gaben nicht sehen, ich sehe sie. Du bist mein Tabernakel[2]."
Eintragungen über unmittelbare Rede-Antwort des Gottessohnes werden dann immer häufiger. Am 18. September 1882 heißt es: „Und unser Herr sagte mir: ‚Sieh, wie die Menschen an schlammige, unzureichende Rinnsale gehen, ihren Durst zu löschen, statt zum reinen, ungeschaffenen Ursprung aufzusteigen. Alle Dinge sind in vollkommenster Weise in mir, ihrem Ursprung; so finden alles in mir, die alles verlassen um meinetwillen.'
Ich sagte meinem Herrn, wie leid es mir tut, die Armen noch nicht besuchen zu können, weil meine augenblicklichen Pflichten es mir nicht gestatten. Da sagte Jesus: ‚Ich bin der erste

[1] A.a.O. S. 13. [2] Ebd. S. 69.

Arme der Welt, der erste Hilflose, der große Verlassene! Und keiner denkt an mich[1]!"

Lucie Christine steht nicht nur in der Nachfolge einer hochentwickelten Form der Selbstbeobachtung, die zu stets wacher Selbstkorrektur anregt. Sie wurde offenbar auch von ihrem geistlichen Berater gewarnt, ihren Dialog mit Gott wie auf der Bühne eines mittelalterlichen Mysterienspiels allzu „naiv" oder aber, wie in einem plump-modernen Theaterstück, allzu blasphemisch erscheinen zu lassen. So korrigiert sie einmal, am 25. September 1882, wenn sie schreibt: „Nach meiner Erfahrung gibt es zwei Arten, Gottes Worte zu vernehmen. Einmal kommen die Worte dadurch zu Gehör, daß sie einen bestimmten inneren Sinn treffen, und zwar mit gleicher Kraft, wie wenn eine Stimme sehr laut an unser äußeres Ohr spricht. Nach der zweiten, sozusagen weniger sinnlichen Weise, vernimmt die Seele die Worte wie in ihrem tiefsten, inneren Grunde, vernimmt sie, aber bildet sie nicht. Und die Worte haften an der Gegenwart unseres Herrn, sind eins mit ihm[2]."

Solche Subtilitäten vergißt sie bald wieder. Der Dialog wird immer inniger, akustisch-unmittelbarer, und so auch das Bild Gottes, das ihr erscheint, und schließlich ihre *Vereinigung* mit ihm. Sie „schaut" eine „Blume", die in ihrem Herzen „gepflanzt" ist, sich aber „im Herzen Jesu" entfaltet, und Jesus zeigt ihr „mit Liebe, daß der hohe Schaft der Blume nie gebrochen worden war". „Aber ich sah auch, wie mein himmlischer Bräutigam seinen schützenden Königsmantel um den schweren Schaft gebreitet hatte." – „Und endlich sah ich, daß die offene Blüte im Herzen meines geliebten Herrn vielfältig war; ihr einziger Kelch trug nämlich mehrere Blüten und Früchte und reichen Samen, und der fiel auf andere Seelen nieder[3]." Am 22. August 1881 beschreibt sie eine innere Schau, deren Grundhaltung immer wiederkehrt: „Ich weilte noch im innerlichen Gebet vor dem Allerheiligsten Sakrament und schaute in ruhevoller Vereinigung ganz einfach auf den Herrn. Da sah ich plötzlich mit den inneren Augen das Gewand meines göttlichen Meisters. Ich erkannte seine Umrisse;

[1] Ebd. S. 76. Vgl. auch Textteil. [2] Ebd. S. 79.
[3] Ebd. S. 98. Vgl. auch Kap. VI u. Textteil.

auch einige Falten (diesen Ausdruck brauche ich, weil ich keinen besseren finde) wurden mir deutlicher sichtbar. Das Gewand war von strahlender Weiße. Es war nicht bloß leuchtend, sondern selber Licht. Sein Stoff war weder Wolke, noch Gewebe, noch Flamme; es war etwas anderes als all das. Ich hatte dergleichen noch nie gesehen und staunte es an, ohne es näher bestimmen zu können. Sein Glanz war anders als der des Tages oder der Sterne in der Nacht oder der übrigen Lichtarten, die wir kennen. Er füllte die Augen mit seinen Strahlen, ohne sie zu ermüden. Meine Seele war wie gebadet in dem göttlichen Lichtmeer, und ein Gefühl von tiefem Frieden, von Majestät und Unschuld erfüllte sie. Die bloße Erinnerung an Jesu Gewand verjagt die Versuchungen, enthüllt die Listen des höllischen Geistes und gibt der Seele süßen Frieden; das habe ich mehrmals erfahren[1]."

Unter dem Datum vom 9. März 1882 trägt sie in ihr Diarium ein: „Als ich vom Empfang der heiligen Kommunion zurückkam und auf meinem Betstuhl kniete, erschien mir plötzlich in großer Majestät die anbetungswürdige Gestalt des Herrn, und ich verlor vollkommen das Bewußtsein von mir selbst und von allem übrigen. Ich sah seine heilige Gestalt mit jenem Lichtgewand umhüllt, das ich schon einmal flüchtig geschaut hatte. Mit einer Gebärde, die etwas Übermenschliches hatte, hob der linke Arm das Gewand ein wenig empor. Der Blick des Herrn erstrahlte in einem Glanz, der alles Natürliche übertraf. Vor seiner übergewaltigen Majestät wäre ich von Schrecken gepackt worden, hätte der gütige Meister meine Seele nicht in unsagbarer Liebesentzückung an sich gezogen[2]."

Diese „Bilder" wechseln zuerst also noch, sie schwanken zwischen konkreten und abstrakten Bezügen. Einmal, am 24. Januar 1884, „schaut" sie „Gott in einem großen Lichte" ... „wie seine Unveränderlichkeit im Einklang steht mit seinen Werken[3]". Später wird das Gottbild in einem eher literarischen Sinne „gegenstandlos". Es scheinen Einflüsse des geistlichen Beraters oder ihrer Lektüre der Mystiker mitzuwirken, wenn sie am 13. Mai 1886 schreibt, ihre Seele sei während des Abendgebets von einem großen Licht erfüllt und mit Gott

[1] Ebd. S. 37 f. [2] Ebd. S. 53. [3] Ebd. S. 157.

vereinigt worden, „sofern er *lautere Wirklichkeit* ist, wie der heilige Thomas von Aquin so vortrefflich gesagt hat[1]".

Diese Vielfalt der im Tagebuch Lucie Christines aufgezeichneten mystischen Visionen gibt uns auch Auskunft über die verschiedenen Arten einer solchen mystischen Gotteserfahrung. Allein in der gekürzten Ausgabe dieses Diariums werden sechsunddreißig außerordentliche „Gnadenbezeugungen" verzeichnet. Der französische Herausgeber führt an: die Gnade der „mystischen Vereinigung" als „Bindung der Seelenkräfte"; die Gnade der „göttlichen Eigenschaften", die sich offenbaren; die Gnade der „Vereinigung mit einer bestimmten göttlichen Person"; die Gnade der „umformenden Vereinigung"; die Gnade der „Schauung der Gottheit"[2]. Der mystische Weg im Tagebuch vollzieht sich in *Stufen*, und genauso verläuft er in dem ältesten religiösen Diarium (des Ignatius von Loyola) wie in diesem jüngsten mystisch-religiösen Tagebuch. Im mystisch-diaristischen Weg von Ignatius hat man vier Stationen unterschieden; die erste „von den göttlichen Personen zur Einheit ihres Ineinanderwohnens"; die zweite von „Jesus-Mensch zu Jesus-Gott"; die dritte „von der perichoretischen Einheit der Personen zum göttlichen Wesensgrund" und die vierte von der „Mystik der ehrfürchtigen Liebe"[3]. Im Tagebuch Lucie Christines sind diese Entwicklungsstufen nicht ganz so folgerichtig, aber gerade in bezug auf das Dreifaltigkeitsmysterium durchaus feststellbar[4]. Eine gewisse Irregularität zur Gewinnung dieses höchsten Seins-Sinns ist bei Lucie Christine, sagen wir es getrost, „modern", weil bei ihr die mystische Ekstase vielfach von *Zweifeln* begleitet ist. Auf Gott-Gewißheit folgt Gott-Unsicherheit, auf schauende Zuversicht intellektuelle Bangigkeit, auf Gott-Teilhabe Sorge über die eigene Ich-Unzulänglichkeit[5]. Insofern weist das Tagebuch des Ignatius, dem

[1] Ebd. S. 203. Hervorhebung von LUCIE CHRISTINE.

[2] Ebd. S. 11, 15, 17, 19, 38, 46.

[3] Dt. Ausg., Einleitung. A.a.O. S. 86 f.

[4] Zum Dreifaltigkeitsmysterium im christlichen Erlebnis vgl. MATTHIAS JOSEF SCHEEBEN, Die Mysterien des Christentums. Ausg. letzter Hand (Ges. Schriften, hrsg. von Josef Höfer, Bd. 2). Freiburg 1941, S. 21 ff.

[5] LUCIE CHRISTINE schreibt z. B. am Karsamstag 1883: „Der Zustand

derartige Gegenkräfte fremd sind, noch auf die Mystik des Ordo-gebundenen Mittelalters hin, während dasjenige Lucie Christines auch ein Spiegel der Ordo-Gebrochenheit der Moderne ist.

Eins aber beherrscht auch das Diarium dieser Frau, von der alle, die sie kannten, sagten, sie habe auf andere durch eine rätselhafte, anmutige liebende Demut, ganz im Welt-„Gewand", wie ein inkarniertes Mysterium gewirkt: die Liebe, die den Hinüberschwang aus dem „hassenswerten Ich" allein ermöglicht. Lucie Christine begreift, daß Gott Liebe ist und daß er zu selbst-loser Liebe zwingt. Wie Ignatius! Wie Pascal! Daß das „Ich" „hassenswert" sei, war bei Pascal „das letzte Wort der Analyse des Selbst[1]". Doch wird der Streit mit dem eigenen Ich, den wir in so vielen Tagebüchern gefunden haben, und zwar meist in Verbindung mit einer pharaonischen Ich-Überhöhung, nur dann religiös fruchtbar, wenn er zu einer „Reinigung des Inneren" führt, zu einem „Herumwerfen der Existenz-Richtung", zu einer „Um-Ordnung des Wesens". – „Das ist aber aus Eigenem nicht möglich." – „Was vom Herzen gefordert wird, ist die Liebe, die ‚charité', die aus dem Menschlichen allein nicht entspringt[2]." Diese Liebe, erfahren, erworben, nach der Überwindung einer wahrscheinlich sehr komplizierten egotistischen Ich-Organisierung, hat Lucie Christine stets als das A und O ihrer Erleuchtungen gepriesen. Ihre Christus-Visionen bleiben anfangs person-gebunden. Sie haben vielfach einen ihre ganze Existenz auch sinnlich erfüllenden Charakter. Doch wächst sie aus solchen mehr „materiell"-sinnlichen Schauern immer weiter hinein in die tiefste Seins-Zufriedenheit, in das Mit-Haben jener Liebe, in der Schöpfer und Kreatur sich finden, in der sich das Ich und der Nächste in erstauntem Eintracht- und Hilfe-Streben versöhnen[3]. Am

der Not und endloser Unruhe dauert fort; ich werde oft gegen den Glauben und das Vertrauen versucht; eine sinnlose, unvernünftige Entmutigung überfällt mich in manchen Augenblicken. Mein Jesus verbirgt sich fast fortwährend." A.a.O. S. 111.

1 Romano Guardini, Christliches Bewußtsein. A.a.O. S. 173.

2 Ebd.

3 Viel kritischer müssen die sog. Aufzeichnungen der „kleinen Therese" (von Lisieux) beurteilt werden. Über sie schreibt Ida Friede-

13. November 1886 gibt Lucie Christine folgenden mystischen Dialog wieder: „In der heiligen Kommunion erschien mein Herr mir gestern mit einem Purpurmantel angetan. Der war ganz mit Lilien übersät. Die Ränder des Mantels breiteten sich ein wenig über die Erde aus. Sie waren mit Blumen und Edelsteinen bedeckt, als seien die darüber ausgestreut, und ich wußte nicht, was das bedeute.
Jesus sagte zu mir: ‚Das sind deine Werke. Du bist es, die mich mit diesem Mantel bekleidet hat.'
‚Herr, was hab' ich denn dafür getan?' fragte ich ihn.
‚Ach, ich habe ja noch nichts für Dich getan!' Da antwortete er mir: ‚Der Mantel heißt: Liebe.'
Ich glaube, mein Herr wollte von der Liebe sprechen, die unter allen Umständen liebt und verzeiht[1]."
Durch solche jetzt ganz und gar unliterarischen Erfahrungen kann Lucie Christine unter den religiösen Tagebüchern den hohen Rang überlegener Gotteskunde beanspruchen, den der gerade für das mystische Europa in allen seinen Zeiten Sinnkraft und Seinszuversicht weckenden *„Theologia cordis"*. Romano Guardini hat der leuchtenden Fülle ihrer Bilder eine kostbar-knappe Fassung gegeben. Anläßlich Pascals schreibt er: „‚Le coeur' ist in gewisser Beziehung die Mittenwirklichkeit des Pascalschen Menschenbildes. Damit steht der große Mathematiker, Naturwissenschaftler und Konstrukteur in der edelsten Tradition, die das christliche Abendland kennt, und die ihren theoretischen Ausdruck in der ‚Philosophia' und ‚Theologia cordis' hat. Als wie im Advent vorbereitet wird sie

RIKE GÖRRES in ihrem Tagebuch: „Zwei innere Probleme beginnen sich abzuheben: Eitelkeit und Frömmigkeit. – Thereses naives Entzücken an sich selbst ist immer wieder so, daß man Mund und Nase aufsperrt." – „Wer hätte sich denn sonst jemals getraut, solche Winzigkeiten (an Schmerzen, Öpferchen, Überwindungen ...) überhaupt auszusprechen, geschweige denn aufzuschreiben? So wirkt es auf viele Leser ‚einzigartig', während in Wirklichkeit bloß die Artikulierung einzigartig ist." – „Diese Ostentation, dieser Überschwung, dieser Wortschaum – das alles ist hier wohl Charakter, nicht Frömmigkeit." I. F. GÖRRES, Zwischen den Zeiten. Aus meinen Tagebüchern 1951–1959. Olten u. Freiburg 1960, S. 298 f.

[1] A.a.O. S. 210.

von Platon. In Paulus bricht sie durch. Sie wird gelebt durch Ignatius von Antiochien. Mit wunderbarer Kraft entfaltet von Augustinus. Mächtig erfahren durch Bernhard von Clairvaux. Dann wieder, und ganz neu, von Franziskus; Gertrud die Große, Elisabeth von Thüringen, Katharina von Siena nicht zu vergessen. Bonaventura schafft ihr System; Dante dichtet sie. Zur Zeit der Renaissance gleitet sie ins Neuplatonische, bloß Metaphysische und Ästhetische zurück, wird aber sofort wieder neu gelebt durch die heilige Theresia von Avila; durchgedacht von Franz von Sales und den Theologen des Oratoriums, einen Condren und Bérulle. Im achtzehnten Jahrhundert scheint sie zu versickern, oder doch nur in praktisch-bourgeoiser Form zu laufen. Im neunzehnten sind es wieder Oratorianer, die sie fortführen: Gratry, Rosmini und vor allem der große Newman. Zugleich östliche Philosophen und Theologen: Wladimir Solowjeff, Chomjakoff, Florenskij. Aber auch in Kierkegaard lebt sie, in einer seltsamen nordischen Brechung. Ja sie ist – was vielleicht noch nicht gesehen wurde – die eigentliche Kraft im Denken Nietzsches, wenn sie auch von ihm gegen Christus und den Lebendigen Gott gekehrt wird[1]."

Der Name Nietzsche wird hier überraschen! Seine Nennung ist berechtigt, auch wenn Nietzsches Prophetensorge um die Liebe die Enttäuschung über den Nächsten nie zu überwinden vermochte. Nietzsche haßte – wie Karl Marx – aus Liebe, oder zumindest aus verdrängtem Mitleid, und so verhielt sich auch der tollwütig haßliebende *Léon Bloy*. Seine Diarien bergen alle „Arten" mystischer Frömmigkeit, doch findet diese Frömmigkeit ihre Kristallisation immer wieder im Bilde Christi, des Erniedrigten und „letzten" aller Menschen, des idealen Inbegriffs von Himmel und Erde, von Selbst und Nicht-Selbst. Nietzsche und Bloy, sowie Karl Marx, dessen Tagebücher verloren, dessen sehr „enthüllende" Briefe uns aber erhalten sind, wollen die Welt aus unerfüllter Liebe verändern, indem sie zeitliche Mächte in rasende Bewegung zu bringen bestrebt sind. Dabei verfallen sie nicht-christlichen Leitbildern: Nietzsche seinem Ur-Dionysos, Léon Bloy einem revolutionären christlichen Prophetentum, auch aus Napoleon-Verehrung, Karl

[1] A.a.O. S. 185 f.

Marx einem mythischen „Leben", das selbst das Bewußtsein „bestimmt"[1]. Von diesen drei tobenden Propheten neuer Nächsten-Bindungen des 19. Jahrhunderts hat nur Léon Bloy schließlich an dem Bilde des „erniedrigten und letzten aller Menschen" festgehalten, dem man helfen muß wie sich selbst und dem Nächsten. Doch bleibt auch er vom „Stumpfsinn" der unerlösten Massen ständig verärgert. Ungeduldig und zornig ist er, kritisch und polemisch, porzellanzertrümmernd und haarspaltend wie Marx und Nietzsche. In der Theologia cordis, der auch Kafka angehören könnte, bleibt hingegen die Hinwendung zum Nächsten dem Dreigestirn der Demut, Geduld und Liebe verbunden – ohne darum weniger aggressiv zu sein. Statt schimpfenden Tobens findet man in diesem Kreis die beharrlich durchdringende „Revolte des Humanen", die Camus in ihren historischen Zusammenhängen geschildert hat und auf die wir schon mehrmals hingewiesen haben.

Wir können jetzt, nach diesen mannigfaltigen diaristischen Erfahrungen sagen, daß die so differenzierte geistige Substanz Europas für das Ende des 20. Jahrhunderts auf eine neue Integration ihrer Kerngehalte hinzuweisen scheint. Immer wieder zeigt es sich in intimsten religiösen Selbst- und Weltbeobachtungen, daß auch die stärkste fortwirkende geistige Kraft des menschlichen Seins als ein Schauer der Liebe erfahren wird. Anläßlich des mystischen Erfahrens dieses liebenden Seinsgrundes im diaristischen Ich, in den Fällen also, wo Diarien schöpferisch werden, wo sie vom bloßen Ich erlösen und irdisches Glück wie religiöse Seligkeit schenken, vollzieht sich die *Wendung zum Nächsten* auch in einem *konkret fordernden sozialen Sinne.* An diesem Punkt werden die historisch ohnehin veralteten Weltinterpretationen des bloßen historischen Idealismus wie des bloßen historischen Materialismus überwunden. Mit anderen Worten: die noch egotistische, aber re-ligiös bestimmte Introspektion lenkt, über die Begegnung mit dem Über-Ich, auf das Verständnis für das nahe, das lebensnahe, für das lebendige, das konkrete Du. Dieser seelen- und schicksalsgeschichtliche Prozeß wird noch durch die Vordergründig-

[1] Karl Marx und Friedrich Engels, Die deutsche Ideologie. Stuttgart 1953, S. 23.

keit der rein pragmatischen politischen, ökonomischen und sozialen Ideologien verdeckt. Wir wollen hier nur festhalten, daß es also gerade in mystisch-religiösen Diarien Europas Wandlungen, Mutationen geradezu gibt, die der höchsten Beachtung wert sind. In der *wissenden* Vereinigung mit dem ich-„aufhebenden" höchsten Seins-Inbild, mit Gott, ergibt sich eine über alle äußeren „Produktions"-Zwänge weit hinausgehende liebend abklärende Hinwendung zum Nächsten. Alle Kirchen der heutigen Welt stehen unter dem Druck einer sich in subjektiver Verborgenheit vorbereitenden Revolution der menschlichen „Innerlichkeit", die zu einer Umwälzung auch der menschlich-gesellschaftlichen „Äußerlichkeiten" führen muß. In-Bilder des Ichs und Außen-Bilder der Gesellschaft beginnen sich in einer neuen Wesenserkenntnis zu vereinen, was auch immer manche Fürsprecher der bloßen „historischen" Tat und ihre literarischen Advokaten dazu sagen mögen. Hegel und Marx haben, als feindliche Brüder, die menschlichen Offenbarungsquellen des Subjektiven, der einsamen, liebenden, der a-historischen unmittelbaren Welterfahrung in einer für uns heute unerträglichen Weise verachtet. Die Geringschätzung des leidenden, nicht-historischen Menschen in den kalten Abstraktionen Hegels wie in den brennenden Analysen von Marx sind Ausdruck eines anämischen Altruismus, eines in seinen Seins-Gleichgewichten gestörten, unweisen Denkens. Es hat das ursprüngliche Ethos Europas entweder verflüchtigt oder erstarren lassen. Noch immer sind viele, zu viele „Denker" fasziniert von antihumanen Überstaaten mit Menschen, in deren Augen die Liebe erblindet, in deren Sprache die Rücksicht auf das menschliche Du verstummt ist. In solchen Lehren wird geradezu die gesamte Substanz Europas verfälscht: im Namen einer herzlos abstrakten und im Namen einer hirnlos konkreten Wirklichkeit. Aus der Synthese wurde vorerst der Roboter-Mensch geboren. Der Aufstand gegen den idealistischen wie gegen den materialistischen Halbsinn unserer Epoche hat im letzten Drittel unseres Jahrhunderts in Europa weniger auf Barrikaden, in Parteibüros und in Parlamenten begonnen als in Tagebüchern. Ein echter, ein dichterischer Seher wie Baudelaire schrieb in seinem Tagebuch zu Paris um 1860: „Das einzig Interessante auf Erden sind die Religionen ... Es gibt eine Universal-Religion, eine Religion für die Alchimisten des Gedankens, eine Religion, *die dem Menschen als einem göttlichen Memento entspringt*[1]."

4. *Die Hinwendung zum Nächsten*

Das Erlebnis der mystischen Liebe zum höchsten andern, die zu einer Hinwendung zum nächsten andern führt, diese Liebe, die nicht Eros heißt, sondern Agape, nicht Amor, sondern Caritas, bildet mit Demut und Geduld die Dreiheit der christlichen Tugenden. Wenn die Liebe zu Gott zur Liebe zum Nächsten führt, so auch die Liebe zum Nächsten zur Liebe Gottes. Das „Feuer" des Glaubens wird zum „Feuer" der Liebe. Das ist eine Grundlehre der christlichen Mystik. Doch ist sie auch zu einem Leitbild *aktiver* christlicher Caritas geworden. So heißt es in der Ordensregel des hl. Benedikt, man müsse Gott total lieben und den Nächsten wie sich selbst. Die höchste Stufe des „ordo universi" ist für Thomas von Aquin die letzte Form der Liebe, eine kontemplative selbstzweckliche Liebe, aber sie schließt den Nächsten als „Genoß in der Seligkeit" ein[2].

Das Streben, durch selbstlose Liebe aus dem Gesperrtsein im Ich ins Ausgesperrtsein zum Du hin zu gelangen, gehört zu einem der Zentralmotive bedeutender Tagebücher. Doch handelt es sich jetzt um einen weiteren und letzten Schritt für den Christen, der nicht in „idealer" Kontemplation verharren, sondern im „konkreten" Heute und Hier karitativ *wirken* will, und zwar auf die vielfältigste Art: sei es als sozialethischer Politiker oder als Missionar, als humanitärer Schriftsteller oder als Ordensstifter, als Gründer philanthropischer Organisationen, als Pfarrer oder Arbeiterpriester. Diese praktisch-karitative Hinwendung zum Nächsten gehört zu den auffallendsten Wandlungen im kirchlichen Leben unserer Zeit. Sie scheint

[1] Mein entblößtes Herz S. 63. Hervorhebung vom Verf. Vgl. auch Textteil. Zur Entwicklungsgeschichte der christlichen Mystik vgl. N. Ferger, Magie und Mystik. Zürich 1935, S. 110 ff. und vor allem Evelyn Underhill, Mysticism. London 1911 und The mystic Way. London (u.a.) 1913.

[2] Erich Przywara a.a.O. S. 60 f.

das Gesicht auch der katholischen Kirche für das nächste Jahrtausend bestimmen zu wollen. Selbstverständlich soll vor allem das mystische Brot der Eucharistie vermittelt werden, doch verlangt die Kirche heute stärker denn je auch die Verwirklichung der Grundsätze christlichen Zusammenlebens. Die Welt- und Lebensangst unserer Zeit soll nicht nur durch tröstenden Zuspruch gemildert, ihre realen Ursachen sollen beseitigt werden. Auch der Kirche ist es bewußtgeworden, daß unsere Atompilz-Himmel für das biologische wie seelisch-geistige Schicksal der Menschheit etwas ganz anderes bedeuten als die „einstigen" Rüstungskammern. Die endlose Dialektik von Angriff und Abwehr – von den Mikroorganismen bis zum Homo sapiens – hat gleichsam ihre höchste satanische Synthese erreicht. Solche Interpretationen unserer Epoche, in denen sich philosophisches Denken und mythisches Erfahren verbinden, kann man im Vatikan heute von nüchternen, erfahrenen Prälaten hören, die die Kunst des Understatements meisterhaft beherrschen.

In diesen vatikanischen Kreisen hat man auch begriffen, daß die verzweifelten Gegenstandlosigkeiten unserer Kunst, Literatur und Musik, wenn auch nicht das Bild der Schöpfung, so doch das Bild des heutigen notleidenden, „unbehausten" Menschen widerspiegeln, wobei es immer unwichtiger erscheint, ob dieses Bild im Sinne klassischer Regeln ästhetisch „richtig" ist oder nicht. In diesen irregulären Bildern, Sätzen oder Tonfolgen glaubt man zu erkennen, wie die Menschheit heute aussieht, in welchen Engpaß sie hineingeraten ist und wie sehr sie der Erlösung bedarf. An die Pforten des Vatikans klopft ein „Entweder-Oder", von dem Kierkegaard in diesem entsetzlich konkreten Sinne zu seiner Zeit noch nichts wissen konnte. Satan und seine Dämonen sind gewiß nicht neu. Die Formen ihrer Machtansprüche und ihrer Vernichtungsmethoden können aber nicht mehr als bloße Fortsetzungen ihrer alten Ziele und Waffen angesehen werden. Der Teufel ist zu einer furchtbaren Mutation befähigt worden. Kann da alles sozusagen „beim alten" bleiben[1]?

[1] Schon am Anfang des II. Vatikanischen Konzils im Herbst 1962 lautete die Antwort der meisten Bischöfe, daß die Kirche sich unbe-

Wir stehen tatsächlich heute vor einer christlichen Umwälzung von ähnlichem Ausmaß wie die ersten seelischen Erschütterungen des eucharistisch-mystischen und sozial-karitativen Urchristentums; vor einem Ausgleich von statischem und dynamischem Christentum. Es ist ein welthistorischer Prozeß, dessen Zeugen wir sind. Er erfaßt die ganze Erde, doch gingen seine entscheidenden Anregungen von Europa aus, und zwar von der christlich-brüderlichen Mystik, die ein so visionärer Denker wie Henri Bergson als die seelisch-geistige Fortsetzung des Élan vital der Natur bezeichnete. Wenigstens in grundsätzlich ähnlicher Weise kann sie als die Kernvorstellung der modernen kosmischen Christogenese von Teilhard de Chardin angesehen werden. Die „statische Religion" hält, nach Bergson, den Menschen und seine gesellschaftlichen Verhältnisse für unveränderlich. Die „dynamische Religion", deren Triebkraft die christliche Mystik ist, geht davon aus, daß der Mensch sein Ziel längst noch nicht erreicht hat, weder in Glaubensfragen noch in seinen gesellschaftlichen Formen. Eine „echte" Mystik kannte, nach Bergson, weder die griechisch-römische Antike noch die indische oder arabische Religionsgeschichte. Die „Mystik" dient im Osten mehr der seelischen Versenkung, dem Auslöschen der Person, dem Abtöten des Tat- und Veränderungs-Willens. In Europa haben Technik und Industrie die Völker gelehrt, daß es keine Unveränderlichkeit der menschlichen Gruppenbildungen und der menschlichen Elendssituationen gibt. Diese neuen europäischen Produktionsformen werden bei aller ihnen innewohnenden Problematik von einem Perfektionsstreben bestimmt, das wiederum die christliche Individualmystik und ihr Verlangen nach brüderlichem Ausgleich auch in einem materiell-gesellschaftlichen Sinne zu immer genaueren Erkenntnisformen und zu immer überlegteren Aktionsweisen antreiben. Europäische Realfaktoren und Idealfaktoren befruchten sich also gegenseitig. Bergson spricht in

dingt in einem pastoralen, ökumenischen und sozialen Sinne „erneuern" und „verjüngen" müsse. Der Meinungssturm, der St. Peter gleichsam schüttelte, war einzigartig. Er kann nur mit den religiösen Krisen des Frühchristentums verglichen werden. Als jemand Charles de Gaulle fragte, was er für das bedeutendste Ereignis des 20. Jahrhunderts halte, antwortete er: „Le concile, monsieur."

diesem Sinne von einem „mysticisme complet" Europas. Ein immenser Lebensstrom erfaßt die Einzelseele, das Einzelschicksal, aber auch die bisher so geschlossenen gesellschaftlichen Gruppen. Eine außergewöhnliche Vitalität und eine kühne Konzeptions- und Verwirklichungskraft ist die Folge, ungeachtet aller Rückschläge durch die nachwirkenden Hemmungen der „geschlossenen" Gesellschaften und „statischen" Religionen. Auch Paulus, Theresa, Catherina, Franziskus, Jeanne d'Arc haben, so meint Bergson, reale Aktionskräfte frei gemacht[1]. Die Liebe, die in diesem Feuer der christlichen Mystiker brennt, ist nicht mehr einfach die Liebe zu Gott, es ist die Liebe Gottes für alle Menschen. Durch Gott, mit Gott, liebt der Mystiker die ganze Menschheit mit göttlicher Liebe. Und hier unterscheidet er sich von der abstrakten „Brüderlichkeits"-Philosophie aufgeklärter, deistischer oder atheistischer Rationalisten und Philanthropen. Die Liebe derjenigen christlichen Mystiker, die auch der realen Welt zu einem Ausgleich verhelfen wollen, stellt sich also als eine vielfältige, nicht nur „abstrakte" Liebe dar, als eine Liebe des Instinkts *und* der Vernunft, der Seele *und* des Verstandes. Der christliche Mystiker, der aus Gottesliebe auch eine rationale praktische Nächstenliebe verwirklichen möchte, will mit Hilfe der Liebe zu Gott, „die Schöpfung des Menschen, die durch den Sündenfall verdorben wurde, beenden, *er* möchte aus der Menschheit das machen, was sie sofort geworden wäre, wenn sie nicht zu ihrem Endziel der Hilfe des Menschen bedurft hätte". Neben dem elementaren Élan vital der Natur gibt es somit in der Schöpfung einen aktiven Élan d'amour des Bewußtseins, der *allseitige* Vollkommenheit anstrebt. Soll jedoch die christliche Mystik die Menschheit verändern, so kann sie es nur dann, wenn sie jeweils dem Nächsten in jeder Hinsicht einen Teil von sich vermittelt[2]. Der Antagonismus der „idealen" wie der „realen" Bewußtseinserfahrung könnte also „aufgehoben" werden, wenn der Mensch unserer sehr fragwürdig gewordenen „christlichen" Gesellschaft[3] und „christlichen" Politik mystische Meditation

[1] Vgl. HENRI DELACROIX, Études d'histoire et de psychologie du mysticisme. Paris 1908.

[2] BERGSON a.a.O. S. 223 ff.

[3] In ihrem Tagebuch schreibt IDA FRIEDERIKE GÖRRES: „Wenn ich

und soziale Tat, eine parahumane Vita contemplativa mit einer prohumanen Vita activa wieder zu verbinden fähig wird. Teilhard de Chardin nannte die Grundvorausetzungen für diese Aufgabe, deren Lösung das dritte Jahrtausend in Anspruch nehmen könnte: „Glauben an die Welt, an den Geist in der Welt; Glaube an die Unsterblichkeit des Geistes in der Welt; Glaube an die wachsende Persönlichkeit in der Welt[1]." Und er sah in einer solchen (mystischen) „Philosophie der Einheit", die auf einer Analyse der Personstruktur des Universums beruht, die entscheidende Forderung für das „moderne Denken".

Diese praktische, konkrete Hinwendung zum Nächsten aus metaphysisch-ontologischer wie mystisch-religiöser Verbundenheit gehört zum Thema mancher Tagebücher gerade dann, wenn ihr Verfasser sich aus bloßer Ich-Gebundenheit befreien will. In unserer Gegenwart werden Einsichten dieser Art besonders in religiösen Tagebüchern als die *letzte* Möglichkeit angesehen, die Menschheit vor dem atomaren Selbstmord zu bewahren. Erkannt wird auch die Möglichkeit einer wirksamen, innerweltlichen Blockade der, so vordergründigen Ideologien des 19. Jahrhunderts, des biologischen, ökonomischen oder etatistischen Materialismus. Als eigen-sinniges Abschirmen ist sie ein geistiges und damit ein politisches Mittel, das pharisäische Geschwätz derjenigen „Politiker" zu überwinden, die auf Christus weisen und doch nur sehr egoistische, sehr partikuläre Macht meinen. Immer sind es einzelne, die für diese „reale" charismatische Personwerdung der Menschheit Wege suchen. „Adventistische" Zeichen dieser Art findet man, was unseren

ein Heide wäre, ein außereuropäischer, hätte ich allerdings noch einen besonderen Vorwurf und Einwand, der mir gewiß den Weg zum Glauben versperrt hätte: nämlich die Tatsache, daß gerade die getaufte, die weiße Rasse zur Pest, zum Fluch, zum Zersetzungsferment der ganzen übrigen Welt geworden ist – en gros gesprochen. Wir, die sogenannte ‚Christenheit', als Ganzes, abgesehen von den einzelnen. Daß wir der ganzen Welt das entsetzliche Stigma der Häßlichkeit aufgebrannt, daß wir sie entseelt, verschandelt haben. An ihren Früchten sollt ihr sie erkennen. Wird das jemals wirklich aufgewogen durch die Geschenke der Zivilisation?" A.a.O. S. 311.

[1] Paul Grenet, Teilhard de Chardin. Paris 1961, S. 125 f.

Gegenstand angeht, zuerst wohl in pietistischen Tagebüchern, wenngleich das Denken in Vorstellungen des Obrigkeitsstaats die leidenschaftliche „Revolte des Humanen" in einem christlichen Sinn noch verhindert. *Baader* allerdings zeigt geniale Ansätze zu dieser neuen Amalgamierung von „Real" und „Ideal" in radikalen Differentialdiagnosen einer christlichen Ätiologie. Ein Satz aus einer Eintragung vom 14. Oktober 1789, nach dem ersten Ausbruch der Französischen Revolution, wirkt prophetisch: „Je deutlicher wir überall das Du wahrnehmen, desto deutlicher, lebendiger wird das Wahrnehmen, Bewußtsein unseres Ich[1]." Die Fürstin *Gallitzin* schreibt, wie wir erinnern, kurz vor der Revolution: „Gieb, daß der mir so natürliche Hang zur Liebe gegen Jeden, der mir auch nur den geringsten Schimmer von deiner Jüngerschaft äußert, immer lauterer und durch Leidenschaft, Eigenliebe und Eigendünkel ungestörter in mir auflodere und zu dir hinauf, als in einem reinen, unverletzten Heiligthume brenne, als ein beständiges Liebesopfer, daß einst unsere gesammte Vereinigung in dir zu bewirken würdig geachtet werden könne. Gieb, daß ich dabei mich selbst und meinen Genuß immer mehr vergessen, die Glückseligkeit und den Genuß derer, die du mir gegeben hast zu Brüdern, immer mehr zu dem meinigen Hauptsächlichsten machen lerne[2]." *Novalis* findet Ruhe und Gewißheit in den „Pflichten gegen Kranke und Notleidende", der innigen „Anhänglichkeit an Gott und an Jesus" und in dem Trost des „Bezeugens gegen andere Menschen"[3]. Im Fragment „Christenheit oder Europa" schwärmt er von urtümlichem christlichem Leben; von „geheimnisvollen Kirchen", in denen „die geweihten Reste ehemaliger gottesfürchtiger Menschen dankbar in köstlichen Behältnissen aufbewahrt" werden, an denen sich die „göttliche Güte und Allmacht offenbarte", die „mächtige Wohltätigkeit dieser glücklichen Frommen[4]".

Doch bleibt die romantisch-religiöse Brüderlichkeits-Schwärmerei der vor allem noch ästhetischen Anti-Klassik nicht so sehr egozentrisch, wie wirklichkeits-feindlich, melancholisch-

[1] Vgl. Kontext im Textteil.

[2] Eintragung vom 12. II. 1787. Vgl. Kontext im Textteil.

[3] A.a.O. Hrsg. von J. Minor. Bd. 2 S. 103 f.

[4] Ebd. S. 23.

resigniert, „ennuyiert“[1]. *Waiblinger* will alle „Ordnungen“ zerschlagen, doch mehr, um „die höchsten Wonnen der Erde (zu) genießen[2]“. Der Spätromantiker wagt bald nicht mehr in sich „hinein zu blicken[3]“, und immer fremder wird ihm das „Du“. *Kierkegaard* entwickelt sich zu einem kompromißlosen Gottesstreiter, doch bleibt er oft in der bedrückenden Problematik seiner eigenen „Produktivität“ befangen[4]. *Amiel* läßt, bei allem Narzißmus, zumindest eine Tendenz zur politisch-„idealen“ *Hilfe* für den Nächsten erkennen. So schreibt er am 17. Juni 1852: „Was wahrhaft bedroht ist, ist die sittliche Freiheit, das Gewissen, der Adel des Menschen, die Ehrfurcht vor seiner Seele. Die Seele verteidigen, ihre Bedürfnisse, ihre Rechte, ihre Würde, ist dringendste Pflicht für jeden, der die Gefahr erkennt[5].“ Die soziale Not der Arbeiterschaft seiner Zeit ist ihm ganz und gar fremd. Scharfsinniger, realistischer schreibt *Gottfried Keller* im Mai des „roten Jahres“ 1848: „Aber wehe einem jeden, der nicht sein Schicksal an dasjenige der öffentlichen Gemeinschaft bindet! Denn er wird nicht nur keine Ruhe finden, sondern dazu noch allen inneren Halt verlieren und der Mißachtung des Volkes preisgegeben sein, wie ein Unkraut, das am Wege steht[6].“ Ein stolzes, verächtliches, liebendes Wort, doch berühren sich in seinem Pathos noch immer nicht „Idealität“ und „Realität“ in einem neuen charismatischen Sinne. Vier Jahre später trägt *Wilhelm Dilthey* das prophetische Wort in sein Tagebuch ein: „In zwei großen Richtungen . . . entfaltet sich diese Sehnsucht nach der *Einheit des Individuums mit dem allgemein Menschlichen*, dem Ideale in Geschichte und Natur.“ Wer hier versage, werde ein Opfer des Weltschmerzes[7].

[1] Vgl. die Eintragung von Lord Byron vom 10. Dezember 1813 im Textteil.

[2] Eintragung vom 28. Januar 1823 im Textteil.

[3] Vgl. die Eintragung von Maurice de Guérin vom 18. Mai 1834 im Textteil.

[4] Vgl. Eintragung „Mein Leben“ (1853) im Textteil.

[5] Vgl. Eintragung vom 17. Juni 1852 im Textteil.

[6] Vgl. Eintragung vom 2. Mai 1848 im Textteil.

[7] Vgl. Eintragung von Ostern 1852 im Textteil. Hervorhebung vom Verf.

Wir könnten viele Stellen dieser Art anführen. Der Leser wird aber schon begriffen haben, daß es sich bei diesen noch zeitbedingten „idealistischen" Hinwendungen zum Nächsten mehr um Befreiungen vom Ich handelt, die gleichsam noch an der Leine des soeben Überwundenen hängenbleiben, daß das mystisch-christliche Gedankengut hier also nur halb wirksam wird. „Sensationell" wirkte, wie wir schon wissen, an der Wende vom 19. zum 20. Jahrhundert der weniger naive als vielmehr sentimentalische (im Sinne Schillers) Gefühls-„Kommunismus" *Tolstois.* Er erweist sich nach der theoretischen wie nach der praktischen Seite hin stets als egotistisch befangen, doch hat er – im Gegensatz zu seinen so dilettantischen religionsphilosophischen Spekulationen[1] – die „erstarrte" Gesellschaft seiner Zeit ebenso unbekümmert-realistisch aufgerüttelt wie die „statischen" Kirchen vor allem des Westens. Am 5. Januar 1897 trägt Tolstoi in Moskau den folgenden, schon zitierten Gedankengang in sein Tagebuch ein: *„Anerkenntnis der Gotteskindschaft ist Anerkenntnis der Menschenbruderschaft.* Anerkenntnis der Menschenbruderschaft und die grausame, tierische, unbrüderliche Ordnung der Dinge, die von den Menschen gutgeheißen wird, führt unvermeidlich dazu, daß man sich oder die ganze Welt für wahnsinnig erklären muß[2]." Das sind christlich-zornige Nach-Fanfaren der Tempelaustreibung. Nicht nur ein, sondern zwei neue Jahrhunderte leiten sie ein. Tolstoi lehnt in seinen Tagebüchern den Kapitalismus aufs schärfste ab, darin ein „fortgeschrittenes" Kind seiner Zeit. Aber eine Überwindung dieses Systems „des Neids, der Gier, des Egoismus" müsse auch dazu führen, schreibt er, daß man lerne, sich zusammenzutun, sich moralisch zu vervollkommnen, „gern andern zu dienen, nicht ungehalten zu sein[3]". Dieser „Tolstojanismus", von dem Tolstoi als System nichts wissen wollte[4], weil er über die Abgrenzung von „Freiheit und Knechtschaft" in einer noch feudalistischen Gesellschaft, von der er selbst ein Teil war und blieb, offenbar nicht ganz konsequent nachdenken wollte und konnte, regte dennoch eine

[1] Vgl. Abschnitt 2 dieses Kapitels.
[2] Vgl. Textteil. Hervorhebungen vom Verf.
[3] Vgl. Abschn. 2 ds. Kap. u. Textteil.
[4] Vgl. Textteil. Eintragung vom 2. Dezember 1897.

rein „sentimentalische" sozialethische Thematik in Hunderten europäischer Bücher an. Man nahm also diese weder theologisch noch soziologisch fundierte soziale Heilslehre in undifferenzierter, meist nur literarisch-agitatorischer Weise auf. Die Tendenz zur Selbstaufgabe und zur Hinwendung zum Nächsten war vorhanden. Bei Tolstoi aber fehlten die *konsequente* Ich-Preisgabe *und* die *methodische* Erfassung von Nächsten-(Gruppen)-Problemen. Seinen Epigonen mangelte meistens beides. Insofern fühlte Tolstoi ganz richtig, daß der „Tolstojanismus" – ein pseudomystisches und ein pseudosoziales Konglomerat – an seine tragisch *scheiternde* Persönlichkeit gebunden war, die gleichwohl Größe einer typischen Übergangszeit bekundet.
Waren er und so viele seiner Schüler, ob Humanisten oder Marxisten, in dieser Epoche, die ein Léon Bloy in seinen Tagebüchern so verfluchte, die einzig Scheiternden? War die entsetzliche Kluft zwischen Theorie und Wirklichkeit, die Karl Marx als Krebsübel der „kapitalistisch"-christlichen Gesellschaft ansah, in seinem eigenen Leben und Werk jedoch auch nicht zu überbrücken vermochte, in den christlichen Kirchen um die Jahrhundertwende etwa geringer geworden? Wir können hier, um bei unserm Thema zu bleiben, nur einsame Fürsich-Sprecher aus der Flut der europäischen Literatur zu Worte kommen lassen. Lesen wir also, was ein *Léon Bloy* dazu zu sagen hatte! Am 2. Oktober 1901 schrieb er, der stets laut schimpfende Bettler Gottes, in seinem Tagebuch, als seine Tochter Veronika die Schule der Schwestern vom hl. Joseph von Cluny mit ihren Mitschülerinnen nur noch mit Handschuhen betreten durfte und als er, in ständiger Geldnot, nicht wußte, wie er derartig kostbare Bekleidungsstücke bezahlen sollte: „Diese empörende ‚Vorsichtsmaßregel' läßt überaus tief blicken und erklärt besser als irgend etwas den abgrundtiefen Verfall aller Frömmigkeit, den völligen inneren Zusammenbruch der religiösen Orden unserer Zeit. Sie gehen an ‚Weltlichkeit' zugrunde. Sie verachten die Armut und Jesus Christus verläßt sie[1]." Sechs Wochen später, am 14. November 1901, heißt es: „Seit vier Tagen schon wissen die Schwestern des

[1] Vgl. Textteil.

St. Josephsklosters, daß Veronika krank ist, haben aber bis jetzt nicht einen Finger gerührt. Wenn wir reich wären, dann würden sie unfehlbar jeden Tag nachfragen kommen, und wären wir Millionäre, so käme die Superiorin in eigener Person[1]." Bittere, leider allzu wahre Worte, auch heute noch, wie man aus kirchlichen Kreisen hören kann, die immer wieder darüber klagen, daß „karitative" Schulen, Krankenhäuser, Kliniken und dergleichen nicht selten zu Luxusanstalten geworden sind, die für den „Mittellosen" unerschwinglich bleiben. In dem Lande, in dem der Heilige Stuhl seinen Sitz hat, streiken die Ärzte immer wieder, weil die „allgemeinen" Krankenhäuser nicht nur jede christliche Pflicht, sondern auch jeden zivilisatorischen Fortschritt geradezu verhöhnen.

Der breite Strom einer neuen und echten mystischen Innerlichkeit, der sich in Europa und weit darüber hinaus auszubreiten beginnt, hat seine religiös-zwangsmäßige Aufteilung zum Nächsten hin erst langsam vollzogen, und zwar vorerst nur im Denken und Wirken einzelner Bischöfe und Missionare, einzelner Ordensleute und Laien. Kann man in Übergangszeiten mehr erwarten, als daß einzelne Du-Fällige die Zeichen geben, die die vielen Selbstgefälligen erschüttern, erwecken können, wie es in den internationalen und überkonfessionellen Aussprachen der christlichen Kirchen heute beginnt. Dabei ist es kein Zufall, daß sich im menschlichen „Untergrund" der Industriegesellschaften des Westens, das heißt im „Proletariat", sowie in den sogenannt unterentwikkelten Gebieten Südamerikas, Asiens und Afrikas diese christliche Synthese viel rascher vollzieht als in den satten Clans der Wirtschafts-Hochblüte des Westens oder in den doktrinären Macht-Cliquen des Ostens. Einzelne sind es also nur, die – was Tagebücher angeht – beweisen, daß sie die Forderungen eines neuen franziskanischen Geistes in Wort und Tat begriffen haben. Einzelne, die die Ich-Preisgabe aus Gottesliebe mit der darauffolgenden Hinwendung zum Nächsten „radikal" ernst nehmen. Um „Extreme" handelt es sich, aber gerade sie sind vermutlich notwendig, als Vorläufer neuer Zeiten.

Ein folgerichtiges Schicksal dieser Art kann man in den Auf-

[1] Vgl. Textteil.

zeichnungen, Briefen und Tagebüchern des französischen Ordensstifters *Charles de Foucauld* erkennen. Der junge Straßburger, 1858 geboren, trat früh in die Armee ein. Seine Lebensführung galt bald als „notorisch" schlecht. Im Jahre 1881 wurde er in Algerien wegen seiner „schlechten Führung" aus dem Regiment ausgestoßen, nach einiger Zeit jedoch wieder aufgenommen. Bei der Erforschung unbekannter feindlicher Gebiete Marokkos zeichnete er sich aus. Wenige Jahre später, als er in Paris weilte, 1886, vollzog sich eine plötzliche Umkehr, ähnlich wie im Leben des Offiziers Ignatius von Loyola. „Von dem Augenblick an, wo ich glaubte, daß es einen Gott gibt, wurde mir klar, daß ich nichts anderes tun könne, als nur ihm zu leben: meine Berufung zum Ordensstand entschied sich zu derselben Stunde, in der ich meinen Glauben wiederfand[1]." Sein geistlicher Berater verlangte eine dreijährige Prüfungszeit von ihm; er bestand sie und trat in den Trappistenorden ein. Im Januar 1890 verließ er seine Familie, um sich in das Kloster Notre-Dame-des Neiges einzuschließen, wurde aber schon im Juni auf seinen Wunsch in ein sehr bescheidenes Tochterkloster dieser Abtei bei Akbes nach Syrien geschickt. Genannt wurde er jetzt Bruder Marie-Albéric. In strengster Armut lebend begann er dort das Theologiestudium. Häufig klagte er darüber, daß das Kloster bei aller asketischen Einfachheit nicht genügend „auf wirkliche Armut" gegründet sei; der Gedanke reifte heran, einen neuen Orden zu gründen. In einem Brief schreibt er, die katholische Liturgie erschwere den Arabern, Türken und Armeniern das Verständnis für die Lehre Christi. „Ich möchte so gern solch kleine Nester ⟨seiner geplanten Ordensgemeinschaft⟩ eines inbrünstigen und arbeitsamen Lebens, das dasjenige unseres Herrn wiedergibt, unter seinem Schutz ... entstehen sehen ..., um den Seelen der Bewohner dieses Landes ... eine Zuflucht zu bieten[2]!" 1896 beendete er den Entwurf einer Regel für die Kongregation, die er gründen wollte. Bald darauf wurde er nach Nazareth geschickt. Im dortigen Klarissenkloster arbeitete er als Hausknecht. Er wohn-

[1] Aus einem Brief an seinen Freund Henry de Castries. Vgl. CHARLES DE FOUCAULD, Aufzeichnungen und Briefe. Zsgest. von JEAN-FRANÇOIS SIX. Freiburg 1962, S. 19.

[2] A.a.O. S. 41.

te in einem engen Bretterverschlag und begann dort, niedrigste Arbeiten mit größter Freude verrichtend, seine Aufzeichnungen. Seine „Gesinnung" kennzeichnet er wie folgt: „Geist der Gottesliebe und des Selbstvergessens" ... „Geist der Nächstenliebe ..." – ... „Verlangen nach dem *geistlichen und irdischen Wohlergehen für alle Menschen*"[1] ... „Denke, daß Du als Märtyrer sterben mußt, von allem entblößt, auf die Erde hingestreckt, nackt, unkenntlich, voll Blut und Wunden, einen gewaltsamen und schmerzhaften Tod erleidend[2] ..." Wieder eine Prophezeiung über den eigenen Tod im Tagebuch! De Foucauld schrieb diese Zeilen im Jahre 1897. Am 1. Dezember 1916 wurde er in Tamanrasset von den Senoussi ermordet.

Jesus „sagt" ihm, daß er alles hinter sich werfen müsse, was nicht Christus sei; durch völlige Loslösung werde er dies erreichen, wenn er vor allem die „geringfügigen Gedanken" verjage. „Wenn man liebt, schaut man unablässig auf das, was man liebt[3] ..." In seinen Meditationen zeichnete de Foucauld „so etwas wie ein ‚Leben Jesu' nach[4]". Hier wiederholt er Kernsätze seiner Ordensregel: „Ich lehre Euch zunächst, daß man den Menschen Gutes tun kann, viel Gutes, unendlich Gutes, göttlich Gutes, ohne Worte, ohne Predigt, ohne Aufsehen, in der Stille und durch das gute Beispiel. Was für ein Beispiel? Das Beispiel der Frömmigkeit, der liebevollen Erfüllung der Pflichten gegen Gott, der Güte gegen alle Menschen, der Sanftmut gegen unsere Umgebung, der heiligmäßigen Erfüllung der häuslichen Pflichten; ein Beispiel der Armut, der Arbeit, der Erniedrigung, der inneren Sammlung, der Zurückgezogenheit, der Unscheinbarkeit eines in Gott verborgenen Lebens, eines Lebens, das ganz dem Gebet, der Buße, der inneren Einkehr geweiht ist, ganz in Gott verloren und versenkt ist[5]." Am meisten las er damals – außer Büchern über Dogmatik – die Schriften der hl. Theresa und Lebensbeschreibungen der Heiligen. „Handeln" wollte er indes vor allem, helfen, andern dienen. Aus dem Trappistenorden ausgetreten, geht de Foucauld nach Jerusalem und lebt auch dort „dienend" in einem Klarissenkloster, und zwar jetzt in „stolzer Demut"

[1] Ebd. S. 63 f. Hervorhebung vom Verf.
[2] Ebd. S. 64. [3] Ebd. S. 70. [4] Ebd. S. 96. [5] Ebd. S. 99.

als „Arbeiter". Auch Jesus, schreibt er, sei „Arbeiter" gewesen; er habe diesen Stand nur aufgegeben, „um für die Verkündigung des Evangeliums zu wirken[1]". De Foucauld sehnte sich immer mehr nach einem neuen Orden, der von „äußeren Zeremonien" entlastet wäre, „wie bei den alten Mönchen, um dem inneren Gebet und dem innerlichen Leben mehr Raum zu geben und gleichzeitig *die Nächstenliebe zu üben, wann immer Gott einem Gelegenheit dazu gibt:* ... ,Gott und den Nächsten lieben', mit einem Wort[2]." Auch in den Briefen an seine Schwester stellt er immer wieder die Forderung eines vollkommenen Lebens in Armut und in der Nachfolge Jesu auf. Aus Nazareth ermahnt er sie: „Das beste Mittel, um an allem genug zu haben, ist das großherzige Teilen mit den Armen[3]." Im April 1900, zu Beginn des Jahrhunderts, das Léon Bloy mit so düsteren Prophezeiungen wie mit Todesglocken einläutete, wird ihm seine Lebensaufgabe klar: „Es ist meine Berufung, so vollkommen wie möglich *unserem Herrn in seinem verborgenen Leben zu Nazareth* nachzufolgen." Als Einsiedlerpriester will er sich mit Gleichgesinnten auf dem „verlassenen Gipfel des Berges der Seligpreisungen niederlassen", und zwar „mitten unter den feindlich gesinnten Arabern"[4]. Im Jahr 1901 empfing er die Priesterweihe und ließ sich als Mönch in der Sahara-Oase Beni-Abbès nieder, wo er eine Einsiedelei aufbaute. Schließlich erhielt er auch die Erlaubnis, eine neue Ordens-„Familie" unter der Regel des hl. Augustinus zu gründen. Er gab ihr den Namen: „Kleine Brüder vom Heiligsten Herzen Jesu". Dort lernte er zwangsläufig die Fehler der Kolonialpolitik wie die geistige und materielle Not der Eingeborenen kennen[5]. Sein „Kreuz" nimmt er nun mit letzter Folgerichtigkeit auf sich. So schreibt er in seinen „Cahiers":

[1] Ebd. S. 134.
[2] Ebd. S. 136. Hervorhebung von de Foucauld.
[3] Ebd. S. 146.
[4] Ebd. S. 149. Hervorhebung von de Foucauld.
[5] Einen erschütternden *diaristischen Bericht* über das Leben in den Elendsquartieren („favelas") von São Paolo in Brasilien schrieb in ihrem „Tagebuch der Armut" die Negerin Carolina Maria de Jesus. (Hamburg 1962). Immer wieder stellt sie die Frage: „Wie ist dies möglich, wie kann man Menschen nur so verkommen lassen?"

„Die Wäsche der Armen waschen (besonders am Gründonnerstag) und ihr Zimmer regelmäßig, wenn irgend möglich selber reinigen. Soviel wie irgend möglich die niedrigsten Hausarbeiten selber tun . . .; alle Dienste auf mich nehmen und Jesus ähnlich werden, der unter den Aposteln war wie ‚jener, der dient'. Seien wir sehr zartfühlend gegen die Armen und gegen alle Menschen, auch das ist Demut. Für die Armen kochen, wenn ich dazu imstande bin; ihnen zu trinken und zu essen bringen . . . In jedem Kranken nicht einen Menschen, sondern Jesus sehen[1] . . ." Aus diesen kleinen Anfängen entwickelt er einen umfassenden Missionsplan der „Gottesliebe und der Nächstenliebe" für ganz Marokko, für ganz Nordafrika. „Das Almosen, die Gastfreundschaft, der Loskauf und die Befreiung von Sklaven und noch viel mehr die Darbringung des göttlichen Opfers werden die Herzen versöhnen und der offenen Predigt die Wege ebnen", schreibt er zu Beginn des Jahres 1903[2]. Hätte man auf ihn gehört, so hätte Frankreich nicht nur von seiner alten Kolonialpolitik leichter Abschied nehmen können, es wäre vor allem nicht zu dem sinnlosen Opfer von Hunderttausenden von Menschenleben gekommen, das Ansehen Europas wäre durch Grausamkeiten unsäglicher Art nicht wieder einmal in Schande gestürzt worden. Die neuen afrikanischen Nationalstaaten hätten bei ihrem Entstehen klarere Vorbilder gehabt, mäßigere Mittel verwenden und klarere Sinngebungen finden können. Immer wieder nimmt de Foucauld, der einst so sanfte, so demütige Bruder Marie-Albéric, jetzt Bruder Karl benannt, mit scharfen Klagen gegen das „offiziell"-christliche Frankreich Stellung. Am 1. Januar 1908 schreibt er in einem Brief an seinen geistlichen Berater: „Aber glauben Sie doch darin Ihrem Kind, das fast zum alten Mann geworden ist und mitten in unendlichem Elend lebt, gegen das man nichts tut und nichts tun will; man könnte und sollte so viel Gutes tun; statt dessen verschlimmert man den traurigen sittlichen und geistigen Zustand dieser Völker, in denen man nichts sieht, als ein Mittel, sich zu bereichern. Die Eingeborenen sehen an uns Christen, die wir

[1] A.a.O. S. 167. Vgl. Kontext im Textteil.
[2] Ebd. S. 171. Vgl. Kontext im Textteil.

uns zu einer Religion der Liebe bekennen, an den glaubenslosen Franzosen, die ‚Brüderlichkeit' von den Dächern herabschreien, nur Nachlässigkeit, Ehrgeiz oder Geldgier – und leider an fast allen Gleichgültigkeit, Abneigung und Härte[1]."
In solchen Zeugnissen wird aus dieser konsequenten Einheit von religiöser „Theorie" und „Praxis" nicht der Geist der eigenen Nation in Frage gestellt. Gelenkt wird wieder auf den echten *Kern* einer Nation, auf das „ewige Frankreich", das, wie anläßlich der Biographie de Foucaulds geschrieben wurde, „nicht in den Worten der Politiker, sondern in der Geschichte des Kreuzes lebt"[2]. In ihren Tagebüchern schreibt Ida Friederike Görres, daß „bei den großen Armen – Franz, Elisabeth, Charles de Foucauld – nicht das Armsein als Zustand, sondern das Armwerden, der Abstieg die imitatio ausmacht: *nämlich der Menschwerdung*"[3].
Das Beispiel von Charles de Foucauld, das „vornehme" Christen gerne als Folge einer Exaltiertheit bezeichnen, hat in einer Weise gewirkt, die heute noch nicht ganz zu übersehen ist. Sicher ist, daß eine neue Generation christlicher Geistlicher und Laien, wie wir noch darstellen werden, auch durch seine Erkenntnisse und durch sein Wirken den tragischen Zwiespalt zwischen „christlichem" Bürgertum und „entchristlichtem" Proletariat in einer immer härteren und kälteren Industriegesellschaft besser erkannt hat. Mehr noch: viele von ihnen haben die Kongruenz von Glauben und Tat, die er verkörpert, als Ansporn empfunden. Denn nun handelt es sich ja nicht nur um „soziologische" Probleme unserer Existenz. Charles de Foucauld wurde 1916 ermordet. Damals waren die Mordmittel, die die ethisch erlahmte kapitalistische wie kommunistische Industriegesellschaft in ihren technischen Gehirntrusts

[1] Ebd. S. 202.
[2] So Friedrich Sieburg in seiner Besprechung des Buches von Michel Carrouges, Charles de Foucauld. Forscher und Beter. Freiburg 1958.
[3] A.a.O. S. 232. Hervorhebung vom Verf. Über den ähnlichen sog. „kleinen Weg" von Father Doyle SJ (Alfred O'Rahilly, Verborgenes Heldentum. P. William Doyle, SJ. – ein Apostelbild aus unsern Tagen. Freiburg 1923) vgl. die Bemerkungen von I. F. Görres a.a.O. S. 269 ff.

inzwischen erzeugt hat, noch unbekannt, wenn es auch damals schon entsetzlich genug zuging. Die „*Arbeiterpriester*" haben, welche Fehler sie auch im einzelnen gemacht haben mögen, begriffen, daß es keine Sondertempel mehr geben kann, die privilegierten Gruppen, Parteien, Ständen, Klassen oder Gesellschaftsordnungen vorbehalten sind. Sie strebten die *Radikalität* der Versöhnung und des Ausgleichs an. Freilich handelt es sich nun um äußerst schwierige Wendungen in der Schicksalsgeschichte Europas.

Das geistige Erbe Léon Bloys wurde in Frankreich mitten im Zweiten Weltkrieg in einem neuen, auf die Gesellschaft bezogenen sozialkritischen Sinne wirksam. Am 16. August 1943 unterschrieb der junge Jesuitenpater *Henri Perrin* in Paris einen Arbeitsvertrag für ein Industriewerk bei Leipzig. Im Ausländerlager dieser Fabrik begegnete er „freiwilligen" und „zwangsverpflichteten" Arbeitern aus allen Ländern Europas. Genau das wollte er: der „Masse" nahekommen, in Kriegszeit Bedürftigen helfen und den Entwurzelten heimlich das Wort Christi predigen. Eine neue Form der „Arbeiterseelsorge" hatte ihn zu diesem Schritt getrieben. Darüber und über seine Erlebnisse in Arbeitslagern und dann auch Gefängnissen Deutschlands erfahren wir in seinem Tagebuch, einem der interessantesten religiösen Diarien unserer Zeit, das, zwanzig Jahre vor Beginn des II. Vatikanischen Konzils geschrieben, einen karitativ-pastoralen Wandel einleitete. Seine Folgen sind noch unabsehbar[1]. Schon vor seiner Abreise nach Leipzig hatte Perrin – am 27. Juni 1943 – mit einem anderen Geistlichen „zum ersten Mal lange über die Notwendigkeit von Arbeiterpriestern für die entchristlichen Massen gesprochen"[2]. Zum ersten Male wurde an dieser Stelle der Begriff „Arbeiterpriester" überhaupt geprägt. Er führte zu folgenschweren Mißverständnissen und zu manchem Mißbrauch. Das hl. Offiz der Kirche zögerte lange, ehe es sich zu einer fast verlegenen Verurteilung bestimmter organisatorischer Formen christlicher

[1] Tagebuch eines Arbeiterpriesters. Aufzeichnungen von Henri Perrin 1943/1944. Übers. von René Michel und Irmgard Wild. München 1955. (Frz. Ausg. Journal d'un Prêtre ouvrier en Allemagne. Paris 1945.)

[2] Dt. Ausg. S. 12.

Missionierung des Industrie-„Proletariats" entschloß. Doch ist, wie wir schon einmal andeuteten, das Problem der Rückgewinnung „entchristlichter Massen" durch neue pastorale und karitative Formen des kirchlichen Lebens damit ebensowenig beseitigt wie das entchristlichte Proletariat selber. Die Idee, das Hirtenamt den neuen sozialen Verhältnissen unserer Epoche anzupassen, ist so lebendig geblieben, ja sie hat an Überzeugungskraft derart zugenommen, daß zumindest die elementaren Grundvorstellungen Perrins und seiner Freunde weiterwirken, ja jetzt eigentlich erst zu voller Auswirkung gelangen. Das hl. Offiz konnte Formfehler verurteilen; die letzte Entscheidung über die substantiellen Wahrheiten, die durch die Arbeiterpriester bloßgelegt wurden und heute von der Mehrheit des Welt-Episkopats anerkannt werden, ist längst noch nicht gefallen. Man kann annehmen, daß die Antriebe, Erfahrungen und Erkenntnisse dieser Priester zur Re-Christianisierung gerade der Arbeitermassen die pastoralen Bemühungen der Kirche seit dem Pontifikat Johannes' XXIII. für die nächsten Generationen zentral mitbestimmen werden. Insofern kann man mit Recht sagen, daß das Tagebuch Perrins ein „Denkmal" werden könnte „für eine neue Begegnung zwischen Kirche und Welt"[1].

Wir haben es also bei diesem religiösen Diarium wieder mit einem epochemachenden Tagebuch zu tun, und zwar deshalb, weil es weniger theoretische Überlegungen als persönliche Erlebnisse und Betrachtungen enthält. Henri Perrin kam vor rund zehn Jahren durch einen Motorradunfall ums Leben. Er konnte die immer größer werdende Wirkung seiner Aufzeichnungen nicht mehr erleben, die er, wie so mancher Tagebuchschreiber in gewaltsamen Ordnungssystemen, vor Gefängniswächtern wie vor Gefängnisinsassen verstecken mußte, vor Aufpassern und vor Mitgefangenen, die gerade das Persönliche am wenigsten vertragen und dulden. Dabei bleibt eine Grundhaltung für dies Priestertagebuch bestimmend: Perrin kann wegen der Beleidigungen und Erniedrigungen, die er im Arbeitslager von Gesindel aller Art und später im Gestapogefängnis, wo er wegen „christlicher Propaganda" in Unter-

[1] So in der Vorbemerkung des Verlags zur deutschen Ausgabe.

suchungshaft gehalten wird, von einzelnen Mitgefangenen und von Wächtern erfährt, unwillig, bedrückt und traurig werden. Sehr selten aber verurteilt er die Mit-Kreatur, höchstens dann – und das ohne jeden Unterschied der Nationalität –, wenn er es mit anscheinend vollkommen vertierten Menschen zu tun hat, mit Menschen, die jede „Gottähnlichkeit" verloren haben. Selbst dann aber sucht er nach den Gründen für einen entsetzlichen Verfall des Menschlichen. Und er verurteilt nicht nur das einzelne Monstrum, das keinerlei Gnade von oben und daher auch keinerlei Gnade für den Nächsten mehr kennt, nicht allein das verlorene „Subjekt", den Menschen, der nur noch „Objekt" ist, sondern auch die Gesellschaft, die es möglich machte, daß solche Lemuren in der göttlichen Schöpfung entstehen und Macht gewinnen konnten. Und noch eins ist wichtig: umgeben vom Grauen der Arbeitslager, von den Todesängsten in Gestapogefängnissen, vom heißen Mordgeruch der Phosporbomben, von Verrat, sexuellen Anomalien, von Gesichtern, die vor Hunger zu Larven des Irrsinns werden – umgeben von all dem verfällt dieser Franzose, der uns daran erinnert, daß das Wort „virtus" von „vir"-Mann kommt, niemals dem frivol-literarischen Absinken ins theoretisch Nihilistische. Wenn er in der Gefängniszelle vor hoffnungslosen Menschen heimlich und mit kärgsten Hilfsmitteln in lateinischer Sprache die Messe liest, fühlt er sich nicht nur mit dem ewigen Logos der Liebe, sondern mit allen Gläubigen in allen Kirchen der ganzen Welt so stark verbunden, daß Einsamkeit, Not und Todesangst durch eine zweifache Hinwendung überwunden werden, durch die Hinwendung zum Absoluten, das Wahrheit und Güte umstrahlt, wie zur Kirche als dem „mystischen Leib Christi", die in aller Welt diese positiven Energien vermittelt[1]. „Und an der Maschine die Arbeiter – wieder eine Welt für sich! Sie mögen sein, wie sie wollen, diese Arbeiter, aber wenn sie sich über eine Maschine beugen oder die Schneide eines Werkzeugs prüfen, ein Stück Brot in die Hand nehmen oder von ihren Kindern erzählen, dann trifft man manchmal auf eine Gebärde, einen Blick, eine Bewegung, eine Haltung, ein Lächeln, die von sol-

[1] Vgl. Beispiel im Textteil.

cher Zartheit sind, daß es einem Gebet ganz nahe kommt. Sie ahnen nicht, wie sehr ich sie liebe[1]." „Christlich-sozialer" Sentimentalismus und Pharisäismus? Mitnichten! Perrin sieht auch das Böse, Brutale, Gottlose im Antlitz dieser „Arbeiter", von denen Paulus in Ephesus sagte: „Ihr wart Sklaven ... von nun an sollt ihr frei sein[2]." Auch Perrin will ihnen „die Befreiung durch Christus verkünden"[3]. Und dazu will er sich selbst „von leeren bürgerlichen Gewohnheiten und von dem ganzen frömmelnden Kram ... befreien, der seine Wirkung auf die Mitmenschen schon längst verloren hat"[4]. „Mehr und mehr komme ich zu der Überzeugung, daß der Apostel Christi den Menschen wie ein Befreier erscheinen muß, in dessen Nähe man Freiheit und Frieden atmet. Wir müssen uns loslösen von der falschen Vorstellung vom ‚guten Hirten', die das Gleichnis des Evangeliums überwuchert hat. Man darf sich Christus nicht als einen alten, müden Schäfer denken, der gemütlich hinter seinen Schäfchen herzieht ... Auf jeden Fall, wenn der Herr noch einmal von neuem sein Zelt unter uns aufschlüge, dann würde sich sicher in unsern Lagern und Fabriken allerlei rühren, und er würde nicht am Kreuz sterben, sondern in einem Konzentrationslager. Und sicherlich gäbe es mehr als zwölf, die ihm nachfolgten[5]."
Dieser junge Priester, der sich unter dem Zwang dekadenter späteuropäischer Machtsysteme so mächtig von der christlichen Frühzeit angezogen fühlt, muß sich allerdings immer wieder Mühe geben, unter den verzerrten Gesichtern der Vertreter so vieler europäischer Völker, denen er in diesen saturnischen Zusammenhängen begegnet, die Kennzeichen für das zu finden, was man am Menschen als „gottähnlich" bezeichnet. In solchen Eintragungen reißt Henri Perrin Grenzen auf, und das in einer Weise, die nicht nur manchen seiner allzu selbstzufriedenen und allzu selbstgerechten christlichen Glaubensgenossen als ein fast unerträgliches Ärgernis erscheinen mußte. So schreibt er beispielsweise über mitgefangene Europäer in diesen apokalyptischen Monaten 1943/44: „Es beängstigt einen, wenn man bedenkt, daß die Menschen geschaffen sind,

[1] A.a.O. S. 115. [2] Ebd. S. 119. [3] Ebd. [4] Ebd.
[5] Ebd. S. 120 f.

Gott zu loben, und diese hier haben nicht einmal eine Ahnung von ihm. Aperiatur terra et germinet salvatorem. Auch sie sind ‚Erde' und harren ihres Erlösers, auch sie, diese Menschen in den Gefängnissen: ich verachte sie nicht, ich fühle mich ihnen ganz nah, bin einer der ihren. Aber trotzdem muß man sich in diesem Saal und sicher noch an vielen andern Orten manchmal fragen, ob unser Glaube nicht vielleicht doch nur eine schöne Theorie ist, um nicht zu sagen ein Wahn oder gar schneidender Hohn . . .[1]"

Echte christliche Anfechtungen! Henri Perrin verfügt jedoch nicht nur in sich, angesichts einer solchen Umwelt von mehr als breughelhaften Dämonen, über eine unerschütterliche Gewißheit über den theo-genetischen Sinn der Menschheit. Er hat auch ermunternde, tröstende Vorbilder, auch sie Diaristen: Ignatius von Loyola . . . und Charles de Foucauld[2]. Und so lebt, hilft und betet er weiter, ein Wacher im unerschütterlichen christlichen Bewußtsein, unter Hunderten, die nur noch notleidende Automaten sind. Am 28. Dezember 1943 schreibt er, im Gefängnis, obwohl jeder Schimmer auch nur einer Weihnachtsfreude ihm versagt geblieben war: „Friede, Ruhe, Freude. Mehrere Stunden bringe ich damit zu, mein Tagebuch in Ordnung zu bringen und es abzuschreiben. Bis jetzt habe ich auf Wellpappe geschrieben, die ich dauernd unter meinem Hemd auf dem Rücken getragen habe. Nun hat das Paket mir allerlei Papier beschert, Einwickelpapiere, Tüten und Klebeschildchen von Lebkuchen usw. Dieses Papier braucht viel weniger Platz als die lästige Pappe. Sobald ich die Pappe abgeschrieben habe, feuchtet Nikita sie an, um den Text zu tilgen, und Nikita schneidet Einlegesohlen für unsere Schuhe daraus. Keiner kommt mich holen, aber ich bin gar nicht ungeduldig. Vollkommene Ruhe, innerer Friede, in dem ich mich gestärkt fühle durch die Gegenwart des Herrn[3]."

Nach abenteuerlichen Fährnissen und Prüfungen konnte Perrin schließlich noch vor Kriegsende nach Frankreich zurückfahren. Am Ende seines Tagebuchs schrieb er mit der elementar „intimen" Offenheit, die alle echten, nicht literarischen Tagebücher kennzeichnet: „Der Priester würde viel gewinnen,

[1] Ebd. S. 146. [2] Ebd. [3] Ebd. S. 192.

wenn er die wirklichen Nöte des Volkes kennenlernte und nicht immer nur die Bedürfnisse des vorigen Jahrhunderts bei ihm voraussetzte. Dann würde er merken, wie dringend nötig es ist, mit den unverständlich gewordenen und einschläfernden Predigten Schluß zu machen und statt dessen offenen Herzens von Gott und Christus zu sprechen. Es ist ja so leicht, die Menschen zum Beten zu bringen, sogar dann, wenn sie behaupten, nicht mehr glauben zu können, wenn man nur ihr Leben und ihr Leid mit ihnen teilt. Und manchmal muß der Priester auch mit seiner Hände Arbeit Zeugnis ablegen, bevor er es mit Worten tun kann, und dadurch die Kirche von der verleumderischen Beschuldigung reinwaschen, daß sie nicht mehr die Kirche des armen, um die Welt leidenden Christus sei[1]."

Zur Geschichte der Arbeiterpriester hat Jacques Loew ein Tagebuch über die Arbeitermission in französischen Industriegebieten geschrieben[2]. Sein Diarium hat mehr chronistischen Charakter. Er will einen „wissenschaftlichen Rechenschaftsbericht" ablegen. Deshalb wurden alle Mitteilungen der Arbeiterpriester aufgenommen, aber auch der „persönlichste Briefwechsel" mit den „Oberen"[3]. Ständig wird in einem neuen unmittelbaren Kontakt mit der Arbeiterschaft von Marseille, Paris, Lyon und Nordfrankreich zweierlei festgestellt: „die Ungerechtigkeit des Kapitalismus und die religiöse Unwissenheit". „Uns kam es vor, als sei das Geld, als Unterdrückungsmittel des kapitalistischen Systems und in der Entwürdigung der religiösen Zeremonien, der gemeinsame Nenner[4]." Loew zitiert ein Wort von Kardinal Suhard, laut dem unsere Zivilisation nicht durch Häresie, sondern durch Gottesferne gekennzeichnet sei. Und dazu stellt er die Fragen: „Jedermann gibt das leichthin zu, aber hat man schon die konkreten und praktischen Konsequenzen gezogen, die sich daraus ergeben müssen? Hat man angesichts einer nichtchristlichen Bevölkerung die Methoden von Grund auf geändert?" Auf hundert

[1] Ebd. S. 352.

[2] Journal d'une mission ouvrière. 1941–1959. Paris 1959. Dt. Ausg. u. d. T.: Tagebuch einer Arbeitermission. Mainz 1960. LOEW schrieb zu diesem Thema auch: En mission prolétarienne. Paris 1946.

[3] Dt. Ausg. S. 14. [4] A.a.O. S. 29.

Arbeiter, stellt er fest, kommen neunundneunzig, die absolut nicht an einen Gott, der Geist ist, oder an eine unsterbliche Seele im Menschen glauben[1]. „Ja, sie sagen ‚Mein Gott!' so wie andere Scheiße sagen. Und im Endeffekt ist es das gleiche[2]." Das Ergebnis erster unmittelbarer Berührung mit Arbeitern in verschiedenen Industriestädten ist niederschmetternd. Ob ein christlicher oder ob ein anderer Gott – alle Götter sind in diesen Arbeitervorstädten gestorben. „Sie sind nicht einmal Deisten[3]." Die religiösen Bräuche werden als Folklore angesehen. „Taufe, Kommunion, Trauung und Bestattung sind zu Übergangsriten geworden, zu Handlungen, die mit den Vorfahren, aber weder mit Christus noch mit seiner Kirche verbinden[4]." „Die Menschen lebten ohne Gott und ohne Hoffnung in der Welt[5]." Für eine christlich-soziale Gesellschaftsordnung noch beunruhigender ist der folgende Befund: „Ein anderes Moment, welches das Fehlen einer christlichen Grundhaltung verrät, ist das Verzeihen. Gewiß, man balgt sich und söhnt sich leicht wieder aus, aber das ‚Vergib uns unsere Schuld, wie auch wir vergeben unseren Schuldigern' wird nicht als schön, wünschenswert und gut betrachtet[6]."

Gibt es einen Weg, um in die Herzen dieser Menschen, die vom Schöpfungsplan ausgeschlossen zu sein scheinen, einzudringen? Jacques Loew schildert, was er mit seinen christlichen Mitbrüdern unternommen hat, um inmitten dieser menschlichen Wüsten, die auch Simone Weil so unerbittlich klar geschildert hat, kleine christliche Gemeinden zu bilden, in denen der Priester von jedem einzelnen wieder als einer der Seinen empfunden wird, da es unmöglich ist, die Leute durch intellektuelle Erörterungen von der Lehre Christi zu überzeugen. „Sie glauben nicht mehr an geistige Erkenntnisse und ebensowenig an den Nutzen einer persönlichen Bekehrung in einer Welt des Kollektivismus." – „Die Christen der Gemeinde beginnen zu begreifen, daß sie überall gegenwärtig sein müssen und in ihrem Leben nicht eine kleine aristokratische, auf sich selbst bezogene Gemeinde bleiben dürfen[7]." So begann die Priestermission in der Fabrik. Die ersten Ergebnisse waren durchaus

[1] Ebd. S. 31. [2] Ebd. S. 32. [3] Ebd. [4] Ebd. S. 44.
[5] Ebd. S. 47. [6] Ebd. S. 37. [7] Ebd. S. 47.

positiv. Die *Pfarrei*, das war der Grundgedanke, wurde wieder *Mission*[1]. Sie *mußte* es werden: in diesen trostlosen Vorstädten mitten im europäischsten Europa, im Europa der ausgeklügelten metaphysischen Systeme und der Luxusbibliotheken voll theologischer Prachtwerke. Denn auch das ist Europa: dieser Gegensatz von sogenannt kultureller Hochentwicklung und gesellschaftlicher Unterentwickeltheit. Für diese Priester stellte er sich auch als eine verhängnisvolle „Kluft zwischen der Arbeiterwelt und der Kirche[2]" dar. Unmöglich, zumindest sehr schwierig sei es, für einen Arbeiter, schreibt Loew weiter, selbst wenn er Christ sei, sich die „offenbare Haltung der Kirche gegenüber der Arbeiterschaft und der gesetzlichen Gewalt zu erklären". Sie gäben ihre Stimmen den Kommunisten, weil die ihnen „Solidarität" predigen. Von einer solchen Solidarität fühlten die Arbeiter in der gebildeten christlichen Gesellschaft nur wenig. In dem Augenblick aber, da sie merkten, daß Christen auch ihre berechtigten sozialen Ansprüche verteidigen, hätten sie die Kommunisten im Stich gelassen. Sie hätten erkannt, daß die Christen ihnen doch mehr bieten als nur besseres Brot. Sie hätten die Gefahr des atheistischen Arbeiter-Kasernen-Paradieses in einer sogenannt klassenlosen Gesellschaft zu erkennen begonnen[3].

Die neue pastorale Bewegung der Arbeiterpriester wurde durch die harte und verständnislose Entscheidung des hl. Offiz unterbrochen. Sie konnte jedoch nicht vernichtet werden, denn es gilt ja, ein geradezu prä-historisches Gruppenleben in einem Erdteil zu überwinden, der sich sonst so gerne futuristisch gebärdet. Tatsache ist, wir sagten es schon, daß äußere „Formen" der neuen Arbeitermissionen verboten wurden, daß der missionarisch-christliche, karitativ-humane Geist dieser Arbeiterpriester jedoch zweifellos fast zwei Drittel aller Bischöfe der Erde zu neuen, durchaus radikalen „Reformen" nicht nur des kirchlichen Stils, sondern auch des kirchlichen Denkens angeregt hat. Und für uns ist es interessant, daß wir zwei Tagebücher haben, die, im subjektiven wie im chronistischen Stil, als Dokumente angesehen werden können, die die schwer-

[1] Ebd. S. 57 ff. [2] Ebd. S. 64 ff.
[3] Ebd. S. 72 ff.

wiegende Wendung der Kirche schon in einem frühen Ansatz in der Jahrhundertmitte bezeugen. Wieder wird offenbar, daß eine religiös gelenkte Introspektion den Sinn für die Bruderschaft aller menschlichen Kreatur stärkt, ja daß sie teleologisch zwangsläufig auf ihn lenkt. So zeigten schon in der Antike die Stoiker, die sich selbst besser erkennen wollten, um sich besser beherrschen zu können, einen ersten, sehr bewußten Unwillen gegen die Versklavung ihrer Mitmenschen. Seneca gehört, auch in dieser Beziehung, zu den größten von ihnen. Das „pagane" und das „christliche", das „unbewußte" und das „bewußte" Europa vereinen sich gerade in Tagebüchern, denn dort ist das Denken meist unerbittlich und im Vermeiden mildernder und gefallsüchtiger Verbrämung aufrichtig und geradezu humorlos. Das gilt sogar für englische Tagebücher. Sarkasmus und Ironie mag man darin finden, Humor nur sehr selten. Der Herausgeber von Anthologien englischer Tagebücher James Aitken bemerkt, daß Menschen selten mit sich selbst spielen. „Das Leben eines Gauklers verdankt dem Zuschauer genausoviel wie dem Ausführenden. Humor schrumpft in der Einsamkeit[1]." Angesichts des Atomwettrüstens und der Entchristianisierung von heute erscheint eine Artikelreihe nicht mehr befremdend, die eine deutsche Zeitung vor kurzem zu der Frage veröffentlicht hat, ob „das Christentum noch eine Chance" habe. Es gab darauf verzwickte, verlegene, akademische, offiziöse, besorgte, blasse, leidenschaftliche, pessimistische und optimistische Entgegnungen. Der irische Schriftsteller und Katholik Bruce Marshall, den so manche für einen nur unterhaltsamen „Clown Gottes" halten, schrieb dazu den Beitrag eines „alten Mannes", der die Stimmlage vieler Jüngerer an Knappheit und Lautfülle übertrifft. Bruce Marshall meint, vielerorts sei es schon so weit, daß es mehr Mut erfordere, zu bekennen, man sei sonntags in die Kirche gegangen, als darüber zu sprechen, man sei samstags im Bordell gewesen. „Die Schuld daran liegt natürlich zu einem großen Teil bei den Geistlichen. Wenn die Jugend heute über das Christentum streng urteilt, so kommt das hauptsäch-

[1] James Aitken, English Diaries of the XIX Century. 1800–1850. London 1944, und English Diaries of the XVI, XVII and XVIII Centuries. London 1941.

lich von der Feigheit der älteren Geistlichen und der christlichen Laien, die zugelassen haben, daß das Gewicht der Nächstenliebe von Säkularisten entwertet wurde. Warum geraten die Bischöfe immer in Zorn über empfängnisverhütende Mittel, was zum mindesten eine schmerzlose Art des Mordens ist, und erlauben es, daß in Kriegszeiten das Bombardieren offener Städte ohne Verdammung bleibt? Soviel ich weiß, war der verstorbene anglikanische Bischof von Chichester der einzige englische Prälat, der sich gegen die Massen-Bombenangriffe auf deutsche Städte aussprach, was in keiner Weise die Massen-Luftangriffe der Deutschen auf Rotterdam entschuldigt, die, soviel ich weiß, von den deutschen Bischöfen nicht verurteilt wurden. Glücklicherweise gibt es Anzeichen dafür, daß die jüngeren Geistlichen, aus deren Reihen die künftigen Bischöfe hervorgehen werden, anfangen zu verstehen, daß es eine Priorität der Todsünden gibt und daß Grausamkeit, die durch Mangel an Liebe entsteht, in den Augen Gottes ein größeres Vergehen ist als sexuelle Unkeuschheit, die durch ein Übermaß davon verursacht wird. Wer weiß, eines Tages hören wir vielleicht einen spanischen Bischof Stierkämpfe verdammen, anstatt Predigten über Bikinis halten. Denn das ist die einzige Chance, die das Christentum immer haben wird: daß wir versuchen, seine Lehren im richtigen Sinne zu bewerten, und uns bemühen, sie alle zu befolgen. Nicht sehr humorvoll, fürchte ich, aber ich bin nun einmal nur humorvoll, um nicht zu weinen, und ich fühle mich jetzt nicht zum Spaßen aufgelegt, wo ich mich meinem eigenen Ende nähere und die Welt vielleicht dem ihrigen[1]."

Das sind herausfordernde Worte! Als unangemessenes Ärgernis können sie nur noch die rückständigsten Vertreter der christlichen und nichtchristlichen Religionen empfinden. Tatsächlich müssen wir davon ausgehen, daß ein neuer christlicher *„Ärgernis"-Stil* schon zu einer öffentlichen Gebrauchssprache, daß das „heimliche", „diaristische" christliche Denken allmählich zu einer Koine intimer christlicher Gewissenserforschung geworden ist[2]. So konnte der deutsche Romancier

[1] Rheinische Post, Düsseldorf, 1. 9. 1962.

[2] Vgl. Kap. VI zu den Fragen Diplomatie, Indiskretion und Politik in politischen Tagebüchern.

Heinrich Böll in einem „Brief an einen jungen Katholiken" im Jahre 1952 schreiben: „Sittliche Gefahren? Sie bestehen, lieber Freund, in der absoluten Verzweiflung, in der Erkenntnis der Sinnlosigkeit einer solchen Existenz. Es gibt Auswege: Bildung, Zynismus, Korruptheit ... Den Schmerz von sich abgleiten lassen, kein Leiden vollziehen und das Leben der andern mit der Sachlichkeit eines Beerdigungsunternehmers betrachten ... es gibt andere Auswege: Selbstmord." – „Die Politik ist hart geworden und die Theologie weich". – „Magere Jahre stehen uns bevor, denn die Theologen verweigern uns jenes andere, das Wort, von dem wir leben, und ob wir am nächsten Tag noch Brot haben werden, das ist ohnehin fraglich[1]." Die Stimme von „humorlosen" „Zornigen" dieser wachen, jetzt ethisch-integralistischen Art zur Rekonstituierung christlicher Urstrukturen in den kirchlichen Verhältnissen ist unentbehrlich geworden. In ihnen kommt, wie in den Tagebuchaufzeichnungen der Arbeiterpriester, der auf den Nächsten gerichtete christlich-mystische Élan d'amour zum Ausdruck, der die Schöpfung vollenden soll: im Sinne einer trans-egotistischen Einheit von Natur und Geist, von göttlicher Trinität und christlicher Tugend-Dreifaltigkeit.

Die säkularisierten Ideologien unserer Epoche, meist aus dem 19. Jahrhundert stammend, sind in ihrer fetischistischen Kraft ermattet. Sie, die einst „offene" Gesellschaften bilden wollten, schufen die versperrtesten Gruppenordnungen, die es zumindest in Europa gegeben hat. Die „nihilistischen" und „existentialistischen" Philosophen der letzten hundert Jahre bescheinigen der weltängstlichen Kreatur Mensch im wesentlichen nur, daß sie derart ungeborgen sei und daß sie am besten mit diesem „sinnlosen" Dasein fertig werde, wenn sie in einem neuen „wertfreien" Stoizismus mit schablonenhaften Pessimismus-Akzenten verharre. Jean Paul Sartre hat vor kurzem den politischen Bankrott des Literaten erklärt. Das ist offensichtlich als eine Versagens-Erklärung auf die Polis hin anzusehen – für sich und für die zahllosen Schüler dieses dezidierten Immanenz-Theologen. Der Abstand eines „unterhaltsamen" Schock-

[1] Heinrich Böll, Erzählungen, Hörspiele, Aufsätze. Köln 1961, S. 379 ff.

erzeugers, der mit literarischen Bildern des Elends und der Verzweiflung arbeitet, ohne sich im konkret-karitativen wie im religiös-metaphysischen Sinne um Hilfe, um Erlösung zu kümmern, zu einem elementar christlichen Menschen wie Charles de Foucauld, zu Hunderten von Ordensgeistlichen und Priestern seiner Art, ist unermeßlich. Diese wenigen „radikalen" Christen haben die angebliche Ausweglosigkeit oder auch nur totale Bedrohtheit der Menschheit nicht nur als Figuren in einem dialektischen Spiel abstrakter Ästhetik benutzt. Sie kämpften, häufig mit großen persönlichen Opfern, um ein Wahrheits-Übergewicht gegen die halb-eleganten und manchmal schaurig „humorvollen" Pseudo-Tragödien literarischer Pokerspieler. Sie blieben anonym, das heißt es kannten sie vor ihrem Tod oder vor ihrem Scheitern meist nur diejenigen, denen sie nicht nur mit Worten, sondern häufig auch mit Brot geholfen haben. Daraus ergibt sich, daß die bloßen Spieler mit geistigen Werten, sei es mit positiven oder negativen Vorzeichen, erfolgreich nicht wirken können, weil sie kaum andere Einsätze haben als solche, die zu einem endlosen Nur-noch-Spielen anregen. Es gibt keine „Lösungen" mehr, also keine Gewinne und keine Verluste. Die sogenannte „Literatur", die dem nach Seinsgewißheiten Trachtenden verspielte Seins-Ungewißheiten vorgaukelt, hat, mit seltenen Ausnahmen, in Europa schon seit Baudelaire ihre „mythische" Gestaltungskraft auch in diesem christlich anthropogenetischen Sinne verloren. Ihre bildererzeugende Potenz in bezug auf das Transhumane wie auf das Humane ist geschwächt. Aus alten Bühnen dichterischer Erschütterung werden neue Zirkuszelte literarischer Reizwirkungen. Die Intentionen bleiben verborgen. Man soll mehr ahnen als wissen, mehr intuieren als begreifen. Man soll im Zweifel bleiben, man soll sich, nach concettistischen Viel- und Zweideutigkeiten, halb beglückt, halb ergriffen nach Hause begeben, um darüber zu rätseln, was eigentlich des Lebens letzter Güte- und Böse-Zweck sei. Niemand wird verlangen können, daß ein Poet, Romancier oder Dramatiker auf die „Antinomien" auch nur des menschlichen Daseins eine „erbauliche" Antwort geben solle. Diese Frage dürfte sich gar nicht stellen! Doch wird man immer wieder mit Recht sagen können, daß das „Spiel" der Kunst, das Schiller so pries, wenn es wirklich höchsten Rang hatte, bei aller Abneigung gegen Polis-Bindungen eine theogenetische Human-Bindung gehabt hat: im Sinne einer Mitwirkung an der mystisch-konkreten Selbstentwicklung des gesamten sichtbaren und unsichtbaren Seins zu bewußteren Seins-Weisen des Menschen und damit der Schöpfung.

Auch die zeitgenössische Naturwissenschaft hat den so veralteten Begriff der „virtus" neuerdings wieder aufgegriffen. Das Streben nach „Tugend" erscheint selbst dem a-theologischen Biologen als eine in der Entwicklungsgeschichte des Menschen konstruktive, unentbehrliche Tendenz zur weiteren Formung des Menschen als Menschen. Am 21. Dezember 1962 hielt der französische Biologe Jean Rostand vor der Académie Française einen Vortrag, in dem er zwar zugab, daß das Gesetz des Stärkeren das Grundgesetz alles auf Erden Lebenden sei, daß aber der Mensch, als hochentwickeltes „Tier" in der Entwicklungsgeschichte, die Möglichkeit habe, wenn er seine Gehirnzellen ausnutze, eine Sonderform der Spezies zu verwirklichen. Wenn der Mensch den Gaben folge, die seiner Sonderart gegeben sind, so werde er ein Träger der Virtus, der Tugend, ein reiferer, vollkommener Typus der Spezies Mensch, sozusagen eine hochentwickelte, beispielhafte „Imago" der Menschenspezies im Gegensatz zum Larvendasein der Immoralisten. Die Tugend manifestiere sich als Eroberung eines höheren Seins. Die Tugend könne man nicht mehr als ein artifizielles Produkt der Gesellschaft, als ein konventionelles Hilfsmittel der Kultur ansehen. Sie sei vielmehr eine „Wahrheit" des Blutes, des Protoplasmas. Sie bilde eine lebendige Quelle in unserem genetischen Erbe und könne deswegen von unserer denkerischen Skepsis nur in einem bedingten Maße in Frage gestellt werden. Die nihilistische Philosophie befinde sich im Irrtum, auch wenn unsere Tugendsysteme von unseren Chromosomen „ignoriert", das heißt nicht vererbt werden. Manche Moralisten hätten dies bedauert. Doch seien die Lebenskeime auch dem Bösen gegenüber gleichgültig. Die Eroberung der Tugend erfolge im menschlichen Bewußtsein, in überbiologischer Erfahrung, in einer gleichsam „übernatürlichen" Sphäre also des Menschseins. Durch Haben und Verwirklichen von Tugend entferne sich der Mensch vom bloßen biotischen So-

Sein, um das Menschsein in höheren Entwicklungsreichen verwirklichen zu können. Mit dieser zeitgenössischen Wertschätzung der ethischen Potenzen auch in unserer Vitalsphäre werden die relativistischen Determinationslehren des 19. Jahrhunderts auch von einer neuzeitlichen Biologie als Irrtümer historisch bedingter Denkweisen verurteilt wie die nihilistischen Philosophien der angeblich totalen „Wert"-Fremdheit im So-Sein der Menschen, Tiere, Pflanzen und Steine. Hier berühren sich naturwissenschaftliche Erkenntnisse wieder mit den metaphysisch-evolutionistischen Deduktionen Bergsons wie mit der theogenetischen Evolutionstheorie von Teilhard de Chardin.
Alle Christen, die der Meinung sind, daß vor allem die Industriegroßstädte erneut zu Missionsgebieten geworden sind, konfrontieren die Vertreter noch immer geschlossener Ordnungen statischer Religionen Alteuropas mit Grundproblemen, die mit traditionalistisch-„abendländischen" Vorstellungen nicht mehr in Einklang stehen, dafür aber der Substanz des missionarischen Christentums Früh-Europas entsprechen. Für die meisten europäischen Länder würde heute eine Hinwendung zum Frühchristentum eine Erneuerung des frühmittelalterlichen Missions-Christentums bedeuten, doch ohne Aussicht auf imperiale Machtbildungen, auf neue „Reichs"-Ideen, die sich dieser neuen christlichen Humanisierung wieder in einem weltlich-politischen Sinne bedienen könnten. Daher die Schärfe, Klarheit, Unerbittlichkeit der modernen europäisch-missionarischen Christlichkeit, wie wir sie in diesen Tagebüchern fanden, und zwar inmitten eines gesellschaftlichen Dschungels, für den es hinwiederum kein Beispiel gibt, da ja das „heidnische" Athen wie das „heidnische" Rom von politischen Tugendvorstellungen geleitet wurden, die den meisten säkularisierten politischen Ordnungssystemen von heute nur noch in einem konventionellen Sinne bekannt sind.
Wir möchten somit sagen, daß diese neue „Aufgeschlossenheit" des Christentums, die auch das II. Vatikanische Konzil erkennen ließ, gerade *durch diaristische, intime, christliche Existenzanalysen mitbestimmt*, wenn nicht in einem entscheidenden Sinne bewirkt worden ist. Aus Daseinssorgen aller Art, vor allem aus Angst vor verständnislosen „Autoritäten" mit ihrem mehr institutionell-juristischen Denken, vollzieht sich

die Erörterung entscheidender Gewissensfragen zunächst im einsamen Bereich des Nur-Persönlichen. In diesem Für-sich-Schreiben wird Kraft geschöpft für den Sprung in die Öffentlichkeit. Auch aus dieser Begegnung von Einsam-Persönlichem und Kollektiv-Öffentlichem beginnen sich die schon vielfach erwähnten seelen- und schicksalsgeschichtlichen Mutationen unseres Zeitalters abzuzeichnen. Das elementare, wurzelhafte (radikale) Christliche findet wieder eine „offene" Sprache, eine Sprache, die die „geschlossenen" Gesellschaften zumindest schon aufzulockern vermag. Somit bildet sich im echten religiösen Tagebuch ein religiöses Gegengewicht zur Zeit. *Je „geschlossener" a-religiöse Gesellschaften sind, desto „offener" wird das religiöse Tagebuch in seiner Intimität.* Die Grunderkenntnis kann man wie folgt zusammenfassen: Der hält es falsch mit der christlichen Religion, wer aus ihr nur einen mystischen Jenseitskult macht. Ebenso irrt, wer sie nur zu einem sozialpolitischen, ethisch-karitativen Aktionsprogramm benutzt. In Europa wird alles Überlieferte und alles Neu-Errungene, wir hoben es in unseren Analysen von Tagebüchern wiederholt hervor, in einem *Spannungsverhältnis* von Mythos und Begriff erfahren, von Transzendenz und Immanenz, von Mystik und Humanismus, von Geist und Seele, von Demut und Macht, von Denken und Handeln, von Intuition und Analyse, von Deduktion und Induktion, von Logik und Traum, von Jenseits und Diesseits. Wer den einen oder den anderen Pol verabsolutiert, treibt das, was man den europäischen Geist nennen kann, in falsche Bahnen. Anti-europäisch ist es also, den Menschen als *nur* vom Absoluten oder *nur* vom Relativen determiniert zu erklären. Der europäische Mensch erfüllte stets seinen historischen Auftrag, wenn er sich als von beiden Polen bestimmt erkannte und auffaßte, vom Überirdischen wie vom Irdischen. Dante formulierte diese Aufgabe in einem theologischen wie in einem politischen Sinne, wenn er forderte, es müsse stets Kontemplation mit Aktion verbunden werden. Wo Kontemplation vorherrscht, entsteht Weltflucht; wo Aktion dominiert, Geistflucht.

Dieses elementare „dialektische" Weltdrama tritt in Tagebüchern Europas zutage. Der nur Introspektive versagt vor dem geistigen Leitbild „Europa" ebenso wie der nur Aktive.

In der diaristischen Selbstauffassung unseres Erdteils wird das *konkrete* Bild der „Persönlichkeit" als eine auch kritisch-erkenntnistheoretisch fundierte Einheit von Mystik und Caritas angesehen, von Gottliebe und Menschensorge, von Gotterfüllung und Umweltgestaltung, von Bewußtseinserweiterung im Sinne einer Einswerdung der Person mit dem Absoluten und von Transformation der Gesellschaft im Sinne der Überwindung des nur biologisch, historisch oder sozial Relativen. Diese Dialektik entwickelt sich also aus Bildern der Religion wie aus Begriffen des Verstands, aus mystischen Visionen wie aus kritisch-empirischen Daseinsanalysen. Sie vereint Enthusiasmus und Skepsis, Gnadenerfahrungen der Mysterien und Gedankenenergien der rationalistischen Erkenntnisweisen, Logos und Bios, Eingebung und Verwirklichung. Daß diese spannungsreiche „Imago" des Homo europeus in Tagebüchern, in einem dramatischen Szenenwechsel von Gelingen und Scheitern, sichtbar werden konnte, lag wohl in erster Linie daran, daß der Europäer bisher meist zu universellen existentiellen Entscheidungen nur in zwiespältiger Einsamkeit fähig war, in den mutativen „Sprüngen" einzelner oder beziehungsloser singulärer Massen. Sehr selten stimmte beides überein. Die Serie historischen Scheiterns war die Folge. Sie ist für Europa bezeichnend. Doch wird dieses ständige Scheitern von Einzelnen wie von Massen auch immer wieder zu einem Weiter-Entdecken neuer, jeweils ausgeglichenerer Ansatzpunkte. In Tagebüchern hohen Rangs zeigte es sich, daß der „Dialog" zwischen dem überirdisch Unbekannten und dem irdisch Unvollkommenen eine wirklich schöpferische Bedeutung gewann. Dieser Weg, von zwei Zielen bestimmt, geht weiter. Zweifellos in Landschaften verhängnisvoller Erinnerungen, aber auch verheißungsvoller Anregungen. Mit einem letzten Blick auf solche Panoramen wollen auch wir unsere diaristische Reise beenden.

AUSWERTUNGEN: „MYTHIK" DES TAGEBUCHS

a) Europa – suchendes Erschaffen

In Europa, so schrieben wir, wird alles Überlieferte und Neuerrungene in Spannungsverhältnissen ausgetragen und nur so zur Blüte und Reife gebracht. Damit dient der europäische Geist auch am besten dem unentbehrlichen Erbe an Bildern und Erkenntnissen, das ihm aus Asien, aus Afrika und Amerika zugefallen ist. Wir haben vor einem europäischen Nationalismus gewarnt. Nicht nur die Idealvorstellung einer Einigung Europas widerspricht einem sogenannten Europa der Vaterländer. Auch ein politisch integriertes Europa kann und darf keine geistige Autarkie treiben. Doch muß es dem eigenen Gesetz der Anpassung und Umwandlung des so vielfältig Erworbenen folgen, will es sich vor einem gestaltlosen Synkretismus hüten. Ein bloß rezeptives Alexandrinertum wäre ebenso gefährlich wie ein nur aussperrendes Spartanertum. Ein geistig autokratisches Europäertum widerspricht außerdem nicht nur dem Phänomen der räumlichen und zeitlichen Annäherung aller Lebensverhältnisse dieser Erde. Es würde auch mit dem in Widerspruch stehen, was man als den historischen „Mythos" Europa ansehen kann.

Man hat uns erst vor kurzem wieder in eindringlicher Weise darüber belehrt, daß Europa nicht nur viel älter ist als seine Nationen. Der Name wird zum erstenmal bei Hesiod erwähnt. Ein anderer Grieche, Hippokrates, beschrieb als erster den Erdteil Europa und stellte ihn Asien gegenüber. Erlebt wurde Europa mehr als *menschliche*, denn als geographische Einheit. „Europa suchen, heißt also, es zu bauen; mit anderen Worten – beim Suchen wird es geschaffen[1]." Das entspricht dem, was wir im Sinne Schelers als unaufhörliches Spannungsverhältnis von Real- und Idealfaktoren bezeichneten. Ob Symptome eines Ausgleichs sichtbar werden, wollen wir am Ende dieses Nachworts zu beantworten versuchen.

[1] Denis de Rougemont, Europa vom Mythos zur Wirklichkeit. München 1962, S. 28.

Der Mythos, der den Namen Europa trägt, deutet darauf, daß Europa als menschliche wie als geistige Einheit gerade in Asien Wurzelkräfte hat, denn diese „Göttin" Europa, nach Hesiod eine der dreitausend Okeaniden, „heilige Mädchen, die mit Apollo und den Strömen die Jugend der Welt nähren", stammt aus Asien. Geraubt wurde die schönäugige Europa bekanntlich vom griechischen Gott Zeus in Gestalt eines Stieres; er entführte sie von der Küste Kleinasiens nach Kreta, wo sie – der Legende nach – Königin und Begründerin der Minos-Dynastie wurde[1]. Diese mythische Geschichte bedeutet zunächst, daß „die Geschichte der beiden Welten, die sich den Besitz Europas streitig machen, die Erde ‚Asia und was entgegen ihr liegt', das heißt, der Kontinent, der schon eine Kultur besitzt und der andere, der noch nicht einmal einen Namen hat, ihn aber und den Geist, der dieses Namens würdig sei, sucht, ihn schließlich mit Gewalt an sich bringt, doch nur mit Hilfe des Gottes Zeus selbst". – „Der Name Europa ist im griechischen Mythos mit der Vorstellung einer weiblichen Gottheit verbunden, die aus Asien entführt und von der männlichen Gottheit, die über den Olymp der kontinentalen Griechen herrscht, befruchtet wurde." – „Der Mythos versinnbildlicht also die *Verwandlung* einer Kultur, die aus dem nahen Osten auf den unbekannten Erdteil im Westen herübergetragen wurde und dort den Namen seiner wertvollen Beute annahm[2]." Das „Mädchen" Europa symbolisiert auch den Mond (die Seele), Zeus die Sonne (den Geist). Für den Historiker Gonzague de Reynold wird der Mythos Europa zum Symbol einer ganzen Kultur, die *vermittelnd* zwischen Griechenland und Asien tritt. Von der ägäischen Welt breitet sich der Kult Europas auf das griechische Festland aus, wo ihn der griechische Genius einfügt und vermenschlicht. „Durch diese schon ‚europäische' Verlagerung der Werte siegt nun das männliche Prinzip über das weibliche. – Was ist Europa? Europa ist aus Asien hervorgegangen. Ein Gott aus dem Norden hat es dem Orient entrissen." Zeus wird zum Prinzip einer

[1] Vgl. Denis de Rougemont a.a.O. S. 13 ff. Zum Minos-Mythos und zu Daidalos als Symbol des „suchenden Schaffens", vgl. G. R. Hocke, Manierismus in der Literatur. S. 204 ff.

[2] D. de Rougemont a.a.O. S. 18 ff.

einigenden und vergeistigenden Weltkonzeption. Um und an ihm entstehen nun andere Mythen. Seine erste Gemahlin ist Metis, die Vernunft. Als sie schwanger war, verschlang Zeus seine Gemahlin, da er fürchtete, sein Nachkomme könne mächtiger werden als er. Doch das Kind entspringt seinem Haupte: Pallas Athena, die Weisheit, Beschützerin der Künste. Zeus' zweite Frau ist Thetis, die Gerechtigkeit, dann Mnemosyne, die Göttin des *Gedächtnisses*, und schließlich Hera-Juno, die Göttin der *Moral*. De Reynold schreibt dazu: „Lassen diese Mythen ihn nicht als Symbol der großen Geistesentwicklung erscheinen, die dann die gesamte europäische Zivilisation hervorbringen sollte[1]?"

Aufgezeichnet wurde uns also eine „mythische" Entwicklung vom semitischen Orient zum „Kontinent ohne Namen"[2]. Es gibt noch eine andere, die zur Sinngebung Europas als eines „ureigenen Kontinents" führte. Ihre Quelle ist die Bibel, und zwar darin das, was weniger bekannt ist und was Denis de Rougemont den „Mythos des Japhet" nennt. Wir wollen auf Einzelheiten nicht eingehen und bitten unsere Leser ohnehin um Verzeihung, wenn wir hier einiges nur referieren. Auch dabei wollen wir an entscheidenden Stellen die Autoren selbst zu Worte kommen lassen. Ihre Aussagen sollen hier als „Zeugnisse" wirken. Wir können außerdem unsere Darstellung europäischer Tagebücher in einer Weise, die dem Stand der heutigen Forschung gerecht wird, nur dann abschließen, wenn wir zunächst einmal auf diese Zusammenhänge kurz hinweisen. Japhet also, einer der Söhne Noahs, erhielt Europa, „ein Drittel der Welt", als Eigentum zugewiesen. (Japhet sollte, nach Augustinus, die Völker Europas zum wahren Gott bekehren. „Japhet" bedeutet „Expansion".) Der Begriff Europa erhält einen religiös-mythischen und einen geographisch-mythischen Inhalt. „So hat auch laut Isidor von Sevilla die Ausbreitung des Römischen Reiches in Europa und der ganzen damals bekannten Welt die Expansion der christlichen Kirche

[1] La Formation d l'Europe. Paris 1937. Zitiert nach ROUGEMONT a.a.O. S. 24 f.

[2] Über den schöpferischen Einfluß speziell hebräischer Mythen und semitischer Literaturen auf die „antiklassische" Literatur Europas vgl. auch G. R. HOCKE, Manierismus in der Literatur.

vorbereitet[1]." „Bis zum 18. Jahrhundert wurde die japhetische Herkunft Europas kaum bestritten." Erst Voltaire hat sich, Opfer seines oberflächlichen, zu vordergründig rationalistischen Deismus, über diese europäische Herkunfts-Legende lustig gemacht. Noch im 16. Jahrhundert schlug man vor, „unseren Kontinent statt Europa Japhetien zu taufen[2]." – Eine weitere Legende bezeugt das seltsame, offenbar schon damals „irritierende" Suchen nach Europa. Die griechische Sage kennt einen König Agenor von Tyros, der in Kanaan herrschte. Sechs Kinder hatte er, darunter nur eine Tochter – Europa. Auch sie wurde von einem „Stier" entführt. Die fünf Brüder brachen auf, sie zu „suchen". Sie schlugen verschiedene Richtungen ein. *Kadmos*, der „berühmteste der fünf Brüder", gelangte von Rhodos nach Thrakien und dann nach Delphi. Dort fragte er das Orakel nach dem Schicksal seiner Schwester. Und wieder kam es – wie wir meinen – zu einer mythischen „Kontamination" „*irregulärer* Mythen". Und gerade solche „irregulären Mythen" sind für das spannungsreich-angespannte Europa bezeichnend; man könnte, Hegel abwandelnd, von der Notwendigkeit einer geistigen Anstrengung nicht des Begriffs, sondern der „Mythik" sprechen[3]. Das delphische Orakel beschied Kadmos, nicht mehr nach seiner Schwester zu suchen, sondern einer Kuh[4] zu folgen. Wo sie vor Müdigkeit zusammenbräche, solle er eine Stadt bauen. Kadmos folgte dem merkwürdigen Rat, und dort, wo das Tier erschöpft liegenblieb, gründete er die Stadt Theben. Interessant ist es nun, daß sich dieser Bericht über diese „mythische" Reise – wie der über die Fahrten der anderen Söhne Agenors – mit den historischen Darstellungen der Fahrten der Phönizier deckt, und so entsprechen ja auch – nach Victor Bérard – die Reisen des Odysseus Logbuch-Berichten phönizischer Schiffer[5]. Zu Kadmos schließt Rougemont: „Auf der Suche nach ihrem mythischen Bild entdeckten die fünf Brüder Europa als *geographische*

[1] Rougemont a.a.O. S. 26. [2] Ebd. S. 25 ff.

[3] Über Mytho-Sophien am Anfang der griechischen Siedlungen Griechenlands in Italien vgl. auch G. R. Hocke, Magna Graecia.

[4] Vgl. unsere Darstellung über Daidalos in: Manierismus in der Literatur, S. 204 f.

[5] Vgl. unseren Bericht darüber in der Deutschen Rundschau 1950, H. 6.

Realität und einer von ihnen gründet eine seiner wichtigsten historischen Städte." Hier müssen wir das Wort Rougemonts wiederholen: „Europa wird beim Suchen geschaffen[1]."

b) Mythen als Existenzsymbole

Was bedeutet dies alles in Beziehung auf unsere europäischen Tagebücher? Zunächst können wir sagen, daß das „Europäische" von Anfang bis Heute von Außereuropäischem genährt wurde, daß es aber stets „suchend" sich eine Form zu geben bemüht war, die immer dann richtig war, wenn sie „offen", die aber stets falsch wirkte, wenn sie geschlossen blieb. Und das ist, wie wir uns erinnern, ein Grundmotiv der Diaristen in ihrem provokatorisch-einsamen Denken. Geistesgeschichtliche Untersuchungen haben uns damit vertraut gemacht, daß auch die europäische „Kultur" von vielen außereuropäischen Quellen befruchtet wurde, dann von der Vielfalt der griechisch-römischen Traditionen und vom geistigen Wirken der noch späteren romanischen und germanischen Nationalstaaten. Uns erscheint es in diesen Zusammenhängen bemerkenswert, daß Diaristen von Rang in ihrer „radikalen" Konfrontierung von Ich und Welt symbolische Urbilder eben des „mythischen" Europas wieder sichtbar werden lassen. Können wir also mythische Grundfigurationen des Mythos Europa auch in Tagebüchern entdecken? Offenbart sich in Tagebüchern nicht nur das „Suchen" nach Europa, das man baut, indem man es sucht, sondern darüber hinaus noch etwas anderes: existentielle Stationen am Rande dieser explorativen Wege? Wird eine spezifisch europäische „Mythik" an so radikalen Existenzwegen rücksichtslosen Nicht-für-andere-Schreibens sichtbar, zeigen sich mythische „Grund"-Positionen vielleicht gerade in Visionen des sich vorzeitlich formenden Europas? Nicht nur geistesgeschichtlichen Strukturen begegnen wir! Vielmehr stoßen wir in einzelnen Fällen in Tagebüchern auf konkret-existentielle Kategorien, und sie entsprechen vielfach europäischen Mythen[2].

[1] A.a.O. S. 28.

[2] Zum „Archetypischen" als dem „sich überall und immer Wieder-

Wir erheben keinen Anspruch auf Vollständigkeit, wenn wir einige dieser mythisch-diaristischen Figurationen in der *Existenz* des europäischen Menschen hier wenigstens noch andeuten.

Die *griechischen* Mythen, meist orientalischen Ursprungs, die „Tage"büchern zugeordnet werden können, sind Mythen der Zeit und des Schicksals, also existentieller menschlicher Peripetien im zeitlichen Ablauf des Lebens und der Welt. An höchster Stelle steht Aion, der Gott der ewigen Zeit, dann Kronos, die Gestalt alles Werdens im Sich-Entwickeln der Dinge und Menschen. Ihm folgt die Göttin Themis, die Mutter der Horen und Moiren. Sie verkörpert ein erstes *gerechtes* Ordnungsprinzip. Sie schenkt den Menschen sozusagen einen „ordnenden" Zeit-Kalender. Ihre Schwester aber heißt Mnemosyne, die Göttin der Erinnerung und Überlieferung[1]. Diese Göttin des Memorierens, des raum-überwindenden Zeit-Gedächtnisses[2], *mußte* eine „Geliebte" des welt- und zeitordnenden Zeus und zugleich Mutter der neun Musen sein. Sie erscheint uns als eine zeitbewältigende Kraft in der anscheinend unmeßbaren Abfolge existentieller Erfahrungen. Deshalb steht diese bildliche Menschen-Urmacht neben Metis und Themis, neben Eurynome, Demeter, Lethe und Hera[3]. Man könnte sie als Schutzgöttin aller Ephemeriden, Hypomnemata und Diarien Griechenlands und Roms bis zum modernen Tagebuch ansehen.

Die Horen aber, Töchter der Themis und Nichten der Mnemosyne, Schwestern der Moiren, erscheinen als Sinnbilder einer Welt, die sich im Wechsel des Tages und der Nacht wie der Jahreszeiten eine Form, eine rationale Ordnung gibt. Das bloße menschliche „Man" kann also ohne „Kalender" – im

holenden vor allem des Menschlichen" vgl. KARL KERÉNYI, Umgang mit dem Göttlichen. Göttingen 1961, S. 49 ff.

[1] Die Dichtung der griechischen Frühzeit – etwa bis HESIOD – hatte auch zeiteinteilenden „kalendarischen" Charakter. Vgl. ECKART PETERICH, Die Theologie der Hellenen. Leipzig 1938.

[2] Vgl. HENRI BERGSON, Matière et mémoire. Paris 1929, S. 197 f.

[3] Mnemotechnik heißt die Kunst, sein Gedächtnis zu üben. Vgl. HERMANN KOTHE, Katechismus der Gedächtniskunst oder Mnemotechnik. Leipzig 1905.

Verzicht auf zeitliches Memorieren also – nicht mehr leben, sofern es, aus der Einheit Zeus-Europa, Person werden will, das heißt Mensch, der sich seiner in einer durch das Gedächtnis überwältigten Zeit bewußt wird. Nach Hesiod schenken die Horen Eunomia, Dike und Eirene (auch Thallo, Anxo und Karpo) Ordnung, Gerechtigkeit und Frieden[1]. Die Moiren aber, Töchter der Nacht und durch den „Zeitbegriff" mit den drei Horen verknüpft, symbolisieren weniger den *Ablauf* des menschlichen Schicksals in der absoluten als den *Verlauf* des menschlichen Schicksals in der irdischen Zeit. Klotho spinnt den Schicksalsfaden; Atropos deutet die Stunde des Todes an; Lachesis verteilt die Lose des Schicksals im Seelendrama des Menschen. Platon „rationalisiert" schon in typisch europäischer Weise den Moira-Mythos, wenn er Lachesis mit dem Vergangenen gleichsetzt, Klotho mit dem Gegenwärtigen und Atropos mit dem, was geschehen soll. Und verwandt ist schließlich noch den Moiren Ananke, die Gestalt gewordene Notwendigkeit, eine Schicksalsgottheit. Platon meinte daher, auch Ananke sei Mutter der Moiren wie Mnemosyne Mutter der Musen[2].

Kairos, der Gott des günstigen Augenblicks, dem wir schon in unserer Darstellung über „schöpferische Probleme" begegnet sind, wurde auf einem Altar am Eingang des olympischen Stadions verehrt. Abbilder von ihm schufen Polyklet und Lysippos. Als Kairoi, als göttliche Worte, werden auch die Jahreszeiten bezeichnet. Bei den Römern wurden sogar die Monate vergöttlicht. Zu dem Kreis der mächtigen Götter gehörte auch Mesembria, der Mittag. Tetrade, Paraskeue, Kyriake (Mittwoch, Freitag, Sonntag) treten auch in einer christlichen Apokalypse auf[3]. Und vergessen wir Mentor nicht, die Gestalt, die Athena annahm, um Telemachos nach Pylos zu begleiten, in der Absicht, ihn zu rechtzeitigen Entscheidungen zu ermahnen. Mit diesem Namen werden, wie man weiß, auch „mahnende" und „belehrende" Kalender bezeichnet. Auch von speziellen Tagebuch-Musen könnte man sprechen, zumal auch sie ja Töchter des Zeus und der Mnemosyne sind. Nach Wilamowitz steckt in

[1] Die Horen galten auch als Kinder des Kronos. Vgl. PETERICH a.a.O. S. 213.
[2] Ebd. S. 213 f. [3] Ebd. S. 172 f.

dem Namen Moisa, Mousa ohnehin „das Bedenken und Gedenken"[1]. Zu den Diaristen „paßt" Klio, sowohl Sängerin, wie Hüterin des Vergangenen, und Kalliope, die Muse der Prosa und des grübelnden Philosophierens. Doch gibt es außer den klassischen neun Musen noch andere, so die geradezu unmittelbare Diaristen-Muse, Mneia, die *verkörperte Erinnerung*. Manchmal wird sie auch *Mneme* genannt. Mythische Gestalten allesamt, die es mit der Zeit und mit ihrer *Bewältigung* zu tun haben. Mneme als Erinnerung, schreibt Erich Rothacker in seinem Buch über die „Schichten der Persönlichkeit", „hält die Gesamtpersönlichkeit als solche zusammen. Sie schafft das Band, dessen Bestehen den Selbstdeutungen und Selbstsetzungen durch das Ich die Plattform gibt". Sie ist die „eigentliche Zeitüberwinderin". Ihr eigentümlich ist es, ein „Dauerndes im Wechsel des Werdestroms" zu bilden. Deshalb muß man die Erinnerung als den *Kern* des Bewußtseins bezeichnen. Neben den angeborenen und erzogenen geistigen Fähigkeiten des Menschen und dem Vorhandensein der Ich-Kontrolle muß also die Erinnerung als „das dritte Wesensmerkmal des Menschen" angesprochen werden[2].

Der Lenker und Gesetzgeber der Musen allerdings ist Apollon, ein Mythos, der stärker sogar als der des Zeus in einem ethisch-metaphysischen Sinne europäisch ist und immer europäischer wurde, als Gottheit nämlich, die die Inspiration durch Maß und Gesetz bändigt, jedem Schicksal eine Form gibt, besser noch: jedes Schicksal zu einem Formstreben verpflichtet. Letztlich ist Apollon noch immer in rätselhafter Weise ein Unbekannter. Und doch wirkt er, wie falsch oder richtig er auch immer symbolisiert wurde, gerade im Streben nach *Formung* des eigenen Ichs oder des eigenen Werkes aufs stärkste als das lichtbringende Unbekannte, mit dem Diaristen in ihren einsamen Monologen zu sprechen scheinen. Gerade das moderne Tagebuchschreiben ist ja auch, sofern es sich nicht um

[1] Zitiert ebd. S. 170 f.

[2] Leipzig 1938, S. 61. Vgl. auch R. Heiss, Die Lehre vom Charakter. Berlin 1936. Zum Hedonismus von Epikur schreibt Walter F. Otto, daß er „die *Erinnerung* an das früher Genossene für die Hauptquelle der Freudigkeit (Hedoné) des Lebens" erkläre. In: Die Wirklichkeit der Götter. Hamburg, 1963, S. 26.

eindeutig christliche Tagebücher handelt, ein Gespräch mit einem „Unbekannten", wie auch Kierkegaard einmal schrieb, also nicht nur ein Dialog mit sich selbst, auch wenn der Autor sich dessen nicht bewußt wird. Dieses „Gespräch mit einem Unbekannten" enthemmt. Es erleichtert; es hilft aber auch, „zeitlich" zu disponieren, die Ich-Einfälle vor Ich-Ausfällen in die abenteuerliche Turbulenz dammloser reißender Flüsse zu schützen. Im griechischen Ursprung der europäischen Kultur vernichtet dieses „Unbekannte" in der Gestalt des Lichtträgers Apollon mit seinen Strahlenpfeilen das unterirdisch Schädliche, die zerstörerischen Mächte, Finsternis und Chaos. Apollon kann vor allem heilen, entsühnen und reinigen von schwerer Schuld. Dabei bleibt Apoll, so „licht" er ist, auch ein Gott der schattigen Hintergründe, alles geheimnisumwitterten Zwiespältigen[1].

Läßt das persönliche und echte Tagebuch solche oder ähnliche „Gesetze" erkennen? Das bewußte Vorhaben, in das Chaos der Zeit Licht zu bringen, diese gegliederte Zeit dann in der Ordnung des Gedächtnisses zu erhalten, ist ebenso apollinisch wie der unbewußte Drang, in diesem Glanz der Lichtpfeile auch vieles zu verbergen. So entsteht das so kennzeichnende diaristische Doppelspiel: das Ich soll in der Zeit durchsichtig, aber gleichzeitig auch verschleiert werden. Doch ergibt sich bei diesem Gespräch mit dem „apollinisch Unbekannten" in Tagebüchern von Rang, daß gelegentlich im bewußten Enthüllen des Eigenen weniger existentielle Wahrheit sichtbar wird als im unbewußten Verhüllen. Hier nähern sich zuweilen bedeutende Tagebücher der schöpferischen Mystagogie großer Kunstwerke, nicht in literarisch-formaler Weise also, sondern immer nu., wenn es echte, nicht fiktive oder ins Belletristische transponierte Tagebücher sind.

Diese engeren Aspekte können wir nun ausweiten, indem wir uns den höchsten Mythos der Zeit ansehen, nämlich „Aion", die Verkörperung der *absoluten Zeit*. Eine Statue (im Vatikan) aus hellenistischer Zeit (man nimmt an, 190 n. Chr.) stellt ihn als einen Menschen mit Löwengesicht und Flügeln dar. Die Gestalt wird von einer Schlange umwunden, deren Kopf

[1] Karl Kerényi, Apollon. Wien 1937.

die Stirn des derart Gefesselten berührt. Die Figur trägt in der rechten Hand eine Fackel, in der linken ein Zepter, oder den schlangenbewehrten Kaduzeus des Hermes, auf einer anderen Darstellung[1] steht das rätselhafte Monstrum auf einer Kugel. Auf seinen Schenkeln sieht man die Symbole des Tierkreises, vor allem den Skorpion. Über diese Attribute hat man sich lange den Kopf zerbrochen. Heute weiß man, daß sie aus dem alten Orient stammen und in orphischen und gnostischen Mysterien wiederauftauchten. Sie spielen – mit der Aion-Figur – vor allem im Weltschöpfungs-Mythos des Mithras eine Rolle. Doch galt Aion auch als eigene primordiale Gottheit. Der Löwenkopf symbolisiert die Gefräßigkeit der Zeit, die Flügel ihr rasches Vergehen. Zepter und Schlüssel bekunden die Herrschaft über alle sichtbaren und verborgenen Dinge. Die Schlange kann vieles bedeuten: die ewige Wiederkehr der Dinge, die Erde in ihrer zeitlichen Vergänglichkeit, den zyklischen Ablauf aller Weltverhältnisse, aber auch die „Umkehrbarkeit der Zeit[2]". Dazu die Frage eines zur ontologischen „Zeit"-Kritik maßgebenden Denkers. Martin Heidegger schreibt zur „vulgären" Auslegung, die den Zeitfluß als „ein nichtumkehrbares Nacheinander bestimmt": „Warum läßt sich die Zeit nicht umkehren? An sich ist, und gerade im ausschließlichen Blick auf den Jetztfluß, nicht einzusehen, warum die Abfolge der Jetzt sich nicht einmal wieder in der umgekehrten Richtung einstellen soll." ... „Die vulgäre Charakteristik der Zeit als einer endlosen, vergehenden, nichtumkehrbaren Jetztfolge entspringt der Zeitlichkeit des verfallenden Daseins[3]."

Aion! Man hat auch angenommen, daß seine Attribute die Elemente darstellen könnten, und zwar in Verbindung mit den Tierkreiszeichen als Symbole der Jahreszeiten. Von den Sternbildern spielen „Stier" als Zeichen des Frühlings und „Skor-

[1] Ebenfalls im Vatikan (2.–3. Jhdt.).

[2] Vgl. HANS LEISEGANG, Das Mysterium der Schlange. Eranos-Jahrb. Zürich, 1940.

[3] Sein und Zeit. Tübingen 1962, S. 426. Vgl. auch ERNST CASSIRER, Der Raum- und Zeitbegriff des kritischen Idealismus und die Relativitätstheorie. In: Zur modernen Physik. Darmstadt 1957, S. 67 ff., und WALTER F. OTTO, Die Gestalt und das Sein. Düsseldorf 1955.

pion" als Zeichen des Herbstes ja auch im Mithraskult eine große Rolle. Sicher handelt es sich, nach den Forschungen von Cumont und Saxl und anderen, um die Umbildung eines asiatischen Archetypus. Die künstlerische Darstellungsform könnte auf assyrische Vorbilder zurückgehen. Die Anhäufung späterer Attribute, die auch in der manieristischen Emblematik eine Rolle spielen, stammt meist aus hellenistischer Epoche. In griechisch-römischer Zeit handelt es sich um die „deifizierte Abstraktion[1]", um die Allegorie also einer abstrakten Gottesvorstellung, die als Ausgleich für einen in Weltangst umschlagenden Subjektivismus schon auf seiner frühen Stufe typisch ist[2]. Das auch heute noch unergründlichste Geheimnis, das Mysterium der *Zeit*, sollte offenbar durch ein solches exotisches Ungetüm und durch die ihm beigegebenen Symbole humanisiert und intellektuell verständlich gemacht werden. Wir stehen vor einer der „originellsten" (Cumont) Schöpfungen des frühen manieristischen Subjektivismus.

Wir wollen hier aber auch unterstreichen, daß es sich um einen „irregulären Mythos[3]" der Weltschöpfung handelt, der vielfach dem Mithraskult beigeordnet erscheint. Der Sonnenheld Mithras läßt ja durch die Tötung des Himmelstieres auf Erden die Fruchtbarkeit entstehen. Aus der Schwanzspitze des sterbenden Tieres sprießen Ähren, aus seinem Samen die Bienen, aus seinem Blute der Wein. Dieser Schöpfergott bringt die „schöpferischen" Fruchtbarkeiten vom Mond herab in die Nacht des Sublunaren. Doch bemächtigt sich seiner Zeugungsorgane sofort das Böse, der Skorpion, wie man es auf vielen Mithrasdarstellungen sehen kann. „Das Himmlische ist im Augenblick der Schöpfung *auch* dem Bösen anheimgefallen." Der Mensch aber hat die Aufgabe, „durch sein dem Guten geweihtes Leben das Licht zu befreien, zum Himmel zurückzuführen". Der Einfluß dieser Mythengruppen auf christliche Bildformen war erheblich, auch in bezug auf eine mythische

[1] Vgl. Franz Cumont, Die Mysterien des Mithra. Leipzig 1911, S. 215 ff.

[2] Vgl. dazu die Analysen der „besorgten" Zeit in „Sein und Zeit" von Martin Heidegger.

[3] Vgl. G. R. Hocke, Manierismus in der Literatur, S. 232 ff.

Chronologie, auf die Kalendarik des Kirchenjahres[1]. Mithras verkörpert ja auch die Geburt des Lichts aus der Welthöhle (Weltei), die Wiedergeburt der Sonne im Jahr und den Anbruch eines Zeitalters des Heils. Zweifellos versinnbildlicht gerade die subjektivistische Aion-Allegorik im Mithraskult ferner das Ende des „objektiven", „naiven" Welt- und Zeitgefühls in den großen Frühkulturen. Saxl schreibt daher, man dürfe das Mithräische „als den Triumph ansehen des vor- und nachklassischen Empfindens über die Klassik, als den Sieg jenes Denkens, das den Menschen mit den umgebenden Mächten zusammenschafft[2]".

Der denkerische Umbruch, das subjektive Philosophieren über die Mythen auch der Zeit, erfolgt in einem neuen europäischen Sinne schon in der vorsokratischen Philosophie. Für Heraklit blieb Aion, der Gott der absoluten Zeit, noch ein „Bild". „Aion ist ein spielendes, Brettsteine setzendes Kind; ein Kind ist König[3]." Die Zeit manifestiert sich im „blinden", im unwissenden Schicksalsspiel. Hier wird schon ein intellektuelles Element spürbar. Dem Mysterium der Zeit will man allmählich auch dialektisch auf die Spur kommen. Platon hat dafür, mit dem Mythischen noch in Berührung stehend, die genialste Vorarbeit geleistet. Er schreibt: „Das War und Wirdsein sind Formen der *entstandenen Zeit*, obwohl wir mit Unrecht, *ohne dies zu bedenken*, dieselben dem *ewigen* Sein beilegen." Das „Urbild" aber „ist ein durch alle Ewigkeit Seiendes, aber immerfort durch alle Zeit geworden, seiend und sein werdend". Gott aber schuf Sonne, Mond und Sterne „zur Unterscheidung und Bewahrung der Zeitmaße". „Die Erde aber, unsere Ernährerin, welche um die durch das All gezogene Achse herumgeballt ist, bildet er zur *Wächterin und Werkmeisterin von Tag und Nacht* als die erste und älteste von den Gottheiten, soviel ihrer innerhalb des Weltgebäudes

[1] Vgl. JULIUS TYCIAK, Das Herrenmysterium im byzantinischen Kirchenjahr. Freiburg i. Br. 1961.

[2] FRITZ SAXL, Mithras. Berlin 1931, S. 49. Für weitere Einzelheiten S. 71 ff.

[3] Fragment 80. Vgl. Die Vorsokratiker. Deutsch in Auswahl mit Einleitung von W. NESTLE. Düsseldorf u. Köln 1956, S. 110.

entstanden sind[1]." Auf diese Weise *erklärte* Platon den Gegensatz zwar, aber auch den Zusammenhang von „absoluter" göttlicher und „relativer" menschlicher Zeit durch ein dialektisches Verfahren, das für so viele Denkformen Europas vorbildlich wurde. In der „*Existenz*" des Menschen *versöhnte* er gleichsam den ewigen Aion und den vergänglichen Äon im individuellen Menschenleben. Die „himmlischen Urbilder", die „geistigen Wesenheiten", die Ideen also, liegen in der absoluten Aion-Zeit geborgen. Der Mensch hat sie in seiner relativen Äon-Zeit zu verwirklichen. Damit gibt er seinem Dasein den Sinn des Seins.

Aion stellt „die ideelle Ewigkeit, Kronos ihr Abbild in der geschaffenen Welt dar". Auch Aristoteles spricht von „theios aion". Er ist Summe von Vergangenheit, Gegenwart und Zukunft, also auch reine Dauer[2]. Leopold Ziegler nun erinnert uns daran, daß das Wort Aion aus Asien stammt[3]. Er bringt den Mythos, der durch dieses Wort bezeichnet wird, mit zyklischen Chronologien orientalischer Kosmologien in Verbindung, und zwar mit ihrer Auffassung der Zeit als einer „gekrümmten Raumstetigkeit", die wiederum den Raum-Zeit-Hypothesen der modernen Physik entsprächen. Unterscheiden müsse man die „mythische Zeit" der Frühkulturen und die „historische Zeit" der späteren Epochen. Martin Heidegger unterscheidet, um es hier zu ergänzen, die „besorgte Weltzeit" von der „ekstatischen Zeitlichkeit" als „Einheit des ‚Außer-Sich' in den Entrückungen von Zukunft, Gewesenheit und Gegenwart". Sie ist ihm „die Bedingung der Möglichkeit dafür, daß ein Seiendes sein kann, das als sein ‚Da' existiert".

[1] Timaios. Sämtl. Werke in 2 Bänden, Bd. 1. Wien 1925, S. 417 f. (Hervorhebung vom Verf.)

[2] Vgl. Otto Weinreich, Aion in Eleusis. Archiv für Religionswissenschaft. Bd. 19. Berlin 1916–1919, S. 174 ff. Darin benutzt die Diss. von Lackeit: Aion, Zeit und Ewigkeit in Sprache und Religion der Griechen. Königsberg 1916.

[3] Babylonier: Adu; Perser: hazara; Hebräer: alam. Bei den Römern aevum. Im Althochdeutschen ewa. (Von Stefan George wieder aufgenommen als „Ewe".) Vgl. Leopold Ziegler, Überlieferung, Leipzig 1936, S. 294; 344 f. Otto Weinreich gibt als Herkunftsland Ägypten an. Der Phönix gilt als ein Sinnbild des Aion. A.a.O. S. 188.

Die ekstatische Zeitlichkeit, also die nicht verräumlichte Zeit, ist „das primäre Regulativ der möglichen Einheit aller wesenhaften existenzialen Strukturen des Daseins"[1].

Hier können wir wieder an unser Thema anknüpfen. Die ältesten diaristischen Ereignis-Chroniken stehen noch in einem Zusammenhang mit dem Erlebnis der „mythischen" Zeit vorgriechischer Frühkulturen. Je weiter die Historisierung der Zeit, aber dann auch ihre Verräumlichung im Sinne der „klassischen" Physik fortschreitet, desto mehr wird der alte Aion-Gott großer Weltzyklen als ein individuelles, dann *privates* und schließlich subjektives Äon erfahren. Aus dem *kosmischen* Aion, das Weltperioden umfaßt, wird in jedem Falle ein *persönliches* Äon, das auf die Lebensperioden eines einzelnen Individuums eingeschränkt bleibt. Der Gott Aion hat sich nun vollends „humanisiert", und zwar gerade in ersten subjektiven Tagebüchern. Das Tagebuch ist ja schon in der Renaissance „Kalender" auch individueller Lebenszeit, Album eines persönlichen Äon, privater Chronologie. In Romantik und Moderne dann wird es zum Bericht über das „Weltalter" eines einzelnen pharaonischen Menschen in seiner ganz subjektiven, intimen Geschichtszeit[2]. So verwandelte der späteuropäische Subjektivismus die mythische Weltalter-Chronik in die historisch-biographische Diaristik. Das „bürgerlich"-kalendarische Tagebuch des „Einzigen" und seines „Eigentums" wurde zu einer Art verabsolutierter *psychologischer* Zeit-Entität, die Lebenszeit eines „Genies" zum heroischen Abbild einstiger „Giganten"-Weltzyklen und aionischer Welt-Chroniken.

Wir erinnern uns, daß bei Anlagen zu pharaonisch-aionischer Megalomanie Not und Verzweiflung nicht ausbleiben konnten. Die ständige Begegnung nicht nur mit der kritischen Umwelt, sondern vielmehr mit der eigenen, nicht immer unterdrückten selbstkritischen Stimme, beweist auch, daß der Gott Aion sich nur wenig verflachen oder verfälschen läßt. An leichtfertigen Interpreten rächt er sich, ohne die Hand zu rühren. In dieser Beziehung kann man wirklich von einem verhängnisvollen

[1] Sein und Zeit S. 350 f.

[2] Vgl. unsere Bemerkung über das Entstehen erster persönlicher Tagebücher nach dem Beispiel kaiserlicher „Tatenberichte", in denen der Herrscher sich „als Vertreter eines Welt-Aions" fühlte (Kap. II).

Verlust der „mythischen" Zeit sprechen[1]. Das angeblich souveräne Subjekt, das geniale Über-Ich, das sich mit Aion, mit der göttlichen Über-Zeit, gleichsetzt, anstatt sie in sich wirken zu lassen, muß in wachsende Verwirrung geraten. Wir wissen aus unseren Tagebuchdarstellungen, wie so mancher unter diesem Druck der Daumen-„Schraube" Zeit den Selbsttod der endlosen Selbstquälerei vorzog. Können wir so auch den Skorpion werten, der den vom Lichtgott Mithras geopferten Fruchtbarkeitsstier noch im Sterben vergiften zu wollen scheint? Ist der Skorpion nicht auch ein Emblem des Selbstmords? Bedeutet die Gegenwart Aions im Mithraskult, einem Kult fruchtbarer Harmonien, nicht auch, daß man seine eigene, individuelle, historische Zeit in einem opfernden, einem *zugeordneten*, also weder untergeordneten noch übergeordneten Verhältnis zur absoluten, mythischen Zeit halten muß? Wirkend bleibt in den Zeit-Zyklen, so lehrt offenbar Aion, das Sich-Erneuern auf neuen Stufen, auf jeweils höheren „Spiral"-Windungen der Zeit. Wenn diesem „Ewigen" im Kosmos ein „Ewiges" im Menschen entspricht, so bezieht sich dieses „Ewige" im Menschen nicht auf die vielen einzelnen Lebensspiegelungen des Narziß[2].

Anders setzt die mythisch-chronologisch schon reduzierte Existenzkritik der Stoa an. Immerhin bleibt hier Philosophie noch menschenrettende Aktion, rettend vor dem Menschen vor allem! Auch die Stoa blieb noch Lehre für eine Bewältigung der Zeit, Lehre aber auch zur Rettung der fruchtbaren Zeit im privatpersönlichen Leben, und das paradoxerweise sogar durch Selbstmord, falls man zu erkennen glaubte, daß diese eigene Lebenszeit schon vor dem natürlichen Tode abgelaufen war. Das Verfahren einer weder mythisch noch religiös *richtig* gelenkten Selbsterkenntnis wurde in seiner Gefährlichkeit also „stoisch" legalisiert. Wenn der stoische Philosoph das Frucht-

[1] Zur „besorgten" Zeit als „chronologischer" Zeit und zur ontischen „Welt-Zeit" (von Kalendern, Uhren usw.) vgl. Martin Heidegger, Sein und Zeit, S. 411 ff. Auf S. 418 f. auch Hinweise auf Literatur über Interpretationen der (bloß) chronologischen Zeit. Dazu auch Walter F. Otto a.a.O.

[2] „Memoiren von oben herunter oder von unten hinauf: sie müssen sich immer begegnen." Goethe, Maximen und Reflexionen.

bare in seiner ganz persönlichen Lebenszeit als beendet ansah, wenn er ihr in freier Selbstentscheidung durch Selbstmord ein Ende bereitete, so verlor er in diesem Augenblick die Rückverbindung zur absoluten Zeit, die er durch systematische Selbsterkenntnis gewonnen hatte. Auch er reduzierte also die absolute Aionzeit auf eine nur individuelle Lebenszeit. Der Grund für den stoischen Freitod bleibt auf persönlich-zeitlich-irdische, mehr psychologische Weise existentiell. Für den Christen, der die absolute Zeit wie die relative Zeit ganz anders erlebt, entscheidet über begrenzte Lebenszeit nur die transpersonale Einheit von Raum und Zeit: Gott. Die Grundlehre dazu findet man in der „Summe" des Thomas von Aquin[1]. Der Christ, in seiner bloß irdisch begrenzten Zeit zwischen Geburt und Tod, kann sich selbst nicht der Ewigkeit übergeben. Er ist nach überzeitlichem Gesetz dem Tod anheimgegeben. „Das eigentliche Sein zum Tode, das heißt die Endlichkeit der Zeitlichkeit", als „der verborgene Grund der Geschichtlichkeit des Daseins" (Heidegger)[2], unterliegt für den Christen, dessen Zeit-Vision wir noch erläutern werden, *nicht* der Entscheidungsfreiheit des einzelnen; auch deshalb, weil niemand selbst feststellen kann, wann er wirklich vor Gott „erlöst" ist. Unseren Gedankengang müssen wir hier noch einmal kurz unterbrechen. Wir glauben, im Gegensatz zu so manchen unserer heutigen Kulturkritiker, nicht an einen geistigen Wärmetod Europas durch den angeblich so hoffnungslos „ent-

[1] So schreibt THOMAS VON AQUIN in seiner „Summa Theologica", es sei der Selbstmord nicht erlaubt. – „Deus universaliter in omnibus operatur quae recta sunt." – „Primo quidem quia naturaliter quaelibet res seipsam amat; et ad hoc pertinet quod quaelibet res naturaliter conservat se in *esse*, et corrumpentibus resistit quantum potest." – „Et sicut peccat ille qui usurpat sibi judicium de re sibi non commissa." – „Nullus autem est judex sui ipsius." – „Similiter etiam nulli licet seipsum occidere ob timorem ne consentiat in peccatum; quia non sunt facienda mala ut veniant bona, vel ut vitentur mala, praesertim minora et minus certa; incertum enim est an aliquis in futurum consentiat in peccatum; potens est enim Deus hominem quacumque tentatione superveniente liberare a peccato." Vgl. Secunda secundae. Quaest. LXIV, Art. V.

[2] Sein und Zeit S. 386.

mythisierten" Menschen. Im Gegenteil[1]! In der Geschichte des menschlichen Geistes geht es offenbar umgekehrt zu wie in der Geschichte der Materie. Meist bedeutet „Verlust" in diesem geistig-evolutionären Sinne „Gewinn" und Schwund soviel wie neue Errungenschaft: also *Verwandlung* in dialektischer Schicksalserfahrung[2]. Der Verlust an mythischer Erfahrung kann in Tagebüchern mit gutgelenkter Introspektion oder mit „manischer" Innenschau im platonischen Sinne ergänzt werden: durch einen neuen, wenn auch in Europa noch nicht allzu hohen Gewinn von differenzierter Innerweltlichkeit, von verständnisvoller Daseinsnähe und wissender Verantwortung für den Mitmenschen. Noch wichtiger ist, daß sich in religiösen Tagebüchern von Rang eine neue Integration des Numinosen ergibt, im Medium der sich selbst und auch ihre Umwelt kritisch *prüfenden* und auch über ihre Glaubenserfahrungen kritisch *urteilenden* Persönlichkeit. In der eigenen Seele also kann das dämonische Urantlitz des Aion wieder zu einem sinnaufschließenden Bild werden[3]. Eine neue innere Bewußtseinserweiterung ergibt sich, die, wie wir noch sehen werden, alten Erfahrungen introspektiver Techniken Asiens entspricht[4]. Auch hier könnte durch das Erlebnis einer a-physikalischen Zeit, durch *innere* Zeiterfahrung also und durch *kritische* Selbstbeobachtung, der so „verzweifelnde" Gegensatz von altem a-metrischem Zeit-Gefühl und neuem metrischen Zeit-Wissen überwunden werden, zumal die Kernphysik, die zeitgenössische Kunst, Literatur und Musik diesem neuen Aion-Bild einer „absoluten" Zeit entgegenkommen. Allerdings geschieht dies in solchen Zusammenhängen nur, wenn mit diesem löwenköpfigen und schlangenumgürteten Dämon keine epigonal-kindlichen „Brettspiele" veranstaltet werden. Diese Einschränkung wird noch zu beachten sein.

[1] Vgl. unsere entsprechenden Bemerkungen in „Welt als Labyrinth" und „Manierismus in der Literatur".

[2] So ist wohl Goethes Wort zu verstehen: „Wir alle leben vom Vergangenen und gehen am Vergangenen zu Grunde." Maximen und Reflexionen.

[3] Vgl. K. R. Popper, Die offene Gesellschaft und ihre Feinde. Bern 1957.

[4] Vgl. Leopold Ziegler a.a.O. S. 483 f.

Aion stellt im modernen Zeiterfahren, speziell in diaristischer Zeitbewältigung im Stile Kafkas, zunächst einmal psychologisch gesehen, das dar, was Henri Bergson die „durée pure", die reine Dauer nennt[1]. Bergson geht von der Umkehrbarkeit, Gleichzeitigkeit und a-räumlichen Verflochtenheit der Bewußtseinserfahrungen aus. Die Bewußtseinsprozesse verlaufen also nicht im Sinne der verräumlichten Zeit der positivistischen Naturwissenschaften. Sie haben keine räumliche „étendue" und keine mechanische „succession", sondern „simultanéité" und „durée". In seinem „Politikos" weist schon Platon nach, wie wir bereits andeuteten, daß das mythische Zeit-Denken in frühen Aion-Kulturen eine „rückläufige" Zeit kannte, und zwar im Zusammenhang mit den kosmischen Weltzyklen-Chronologien[2]. Das älteste Symbol für diese „zyklisch-äonische" Zeit war, nach Ziegler, die Schlange, die sich selber in den Schwanz beißt oder beißen will. Wir kennen sie schon aus unserer Beschreibung der vatikanischen Aion-Plastik. „Die Schlange versinnbildlicht keinen geradlinig-unendlichen, noch einen ringförmig geschlossenen Geschehensablauf", schreibt Ziegler, „viel mehr einen sich offen emporschraubenden, stetig seine einzelnen Runden überstufenden." Es handle sich um eine „äonische Selbstüberstufung des Ewigen Menschen"[3]. Darauf werden wir noch zurückkommen. Der „Ablauf" der Bewußtseinsvorgänge, die Bergson entgeometrisiert, um ihnen ihren simultanen und auch reversiblen Charakter – gegen die mechanistische Psychologie – zurückzugeben, müßte also mit den Bewußtseinsverhältnissen übereinstimmen, die in alten Kulturen zum absoluten, äonischen Zeitbegriff geführt haben. Demzufolge könnte ein introspektives Tagebuch von Rang, das nicht nur chronikartig Geschehnisse der „äußeren" Zeit im Ich und in der Umwelt schildert, solche primordialen Bewußtseinserfahrungen wieder erschließen, doch nun in einer differenzierten, kritischen Weise. Das „absolute" Ich vermag, wie auch östliche Seelentechniken uns lehren, die „absolute"

[1] Henri Bergson, Essai sur les données immédiates de la conscience. Paris 1958.

[2] Politikos. Platon a.a.O. Bd. 1 S. 403 ff.

[3] Auch das Bild der „Schraube" und der „Spirale" wird zur Erklärung der „absoluten Zeit" gebraucht. Vgl. Ziegler a.a.O. S. 293 f.

Zeit, die reine Dauer, ebenso zu erleben wie den räumlich nicht gegliederten Bewußtseinsstrom. Bergson schreibt anläßlich des Erlebnisses der reinen Dauer von der Erfahrung einer „vierten Dimension" der „homogenen" Zeit im „Moi intérieur[1]". Mit einem nur konventionellen Zeiterlebnis aber müsse sich das bloße „Moi superficiel" bescheiden. Im „Moi intérieur" durchdringen sich die Bewußtseinszustände, im „Moi superficiel" werden sie räumlich verschachtelt. Um zu dem „Moi fondamental" durchzustoßen, ist eine energische Selbstanalyse nötig. Nur so kann man die tieferen von den oberflächlichen, durch den Zweckwillen verräumlichten Bewußtseinszuständen trennen[2]. Bergson stellt sich einen kühnen Romancier vor, der das „gewohnte Gewebe" unseres konventionellen Ichs zerreißt und uns auf diese Weise die „fundamentale Absurdität" unserer primordialen, reversiblen und interpenetrierenden Bewußtseinszustände erschließt. Einen solchen Romancier, schreibt Bergson, müßten wir loben, weil er uns besser kennt als wir selbst. Doch warnt er ausdrücklich vor dem bloßen „associatisme", vor einer durch freie Markierungen, Grenzsetzungen nicht gebändigten Hingabe an assoziative Verkettungen. Die Selbstanalyse müsse von einer „organisierenden" Intelligenz gelenkt bleiben. Nur so retten wir uns aus dem assoziativen Automatismus in die Freiheit[3]. Auch diese bändigende, ein- und zuordnende Kraft wird, wie wir uns erinnern, von einem spezifisch europäischen Mythos, beziehungsweise von einem europäisierten Mythos symbolisiert: von Apollon. Die assoziative Chaotik der a-metrischen Bewußtseinsprozesse bietet also noch keine „absolute" Zeiterfahrung. Sie muß demzufolge „kritisch" zumindest ge-ortet werden, wenn auch nicht im Sinne einer vordergründig euklidischen Raum-Zeit-Systematisierung. Die moderne Kernphysik und die anti-klassischen Zeit-Erfahrungen der zeitgenössischen Dichtung und Kunst haben dazu neue Wege gewiesen.

Es ist bekannt, daß Marcel Proust zu seinem immensen, künstlerisch aufs strengste organisierten „Lebenstagebuch", in dem die „reinen" Bewußtseinszustände der „verlorenen Zeit" in ihrer „Interpenetration" und „Simultaneität" nicht nur durch

[1] A.a.O. S. 56 ff. [2] Ebd. S. 96 f. [3] Ebd. S. 99 ff.

eine höchst potente Introspektionsenergie, sondern auch durch ein ungewöhnlich intelligentes, symbolistisches „Ortungs"-Vermögen, festgehalten werden, gerade von diesem Grundwerk Bergsons, einem „Discours de la méthode" der modernen Literatur, Kunst und Musik, angeregt wurde. Und wiederholt nannten wir auch James Joyce mit dem Bewußtseinsbericht des Stephan Dädalus und des Leopold Bloom als „Tages"-Tagebuch (vom 16. Juni 1904, acht Uhr morgens bis 17. Mai, drei Uhr morgens), dem „Ulysses". Bloom, der als eine universal gültige Verkörperung menschlicher Natur gelten soll, erfährt seine ineinanderfließenden Bewußtseinszustände in einem assoziativen Rausch, doch bändigt ihr Schilderer, James Joyce, sie aufgrund einer methodischen Symbolverkettung. Diese Methode wurde aufs stärkste bestimmt von der meditativen Introspektionstechnik der Jesuiten. „Joyce will eine integrale Wiedergabe des menschlichen Erlebens (äußeren und inneren Erlebens) bieten. Er reproduziert den Strom des Bewußtseins, ohne ihn logisch oder ethisch zu filtrieren." Doch verketten sich die Assoziationen immer zu einer „sinnvollen Symbolik"[1].
Gibt es in Europa echte Tagebücher, die einer solchen Art demiurgischer Zeitbewältigung entsprechen? Tagebücher, die die „données immédiates de la conscience" auf eine ähnliche Weise zu bewältigen versucht hätten? Wir finden zumindest Elemente dieser Art in Tagebüchern, die über ekstatische religiöse Erfahrungen berichten, von Ignatius von Loyola bis zu Lucie Christine; in Diarien mit mystischen Versenkungstendenzen wie in denjenigen von Baader, von Novalis, von Charles Du Bos und von Kafka; in stark subjektiven Tagebüchern mit Eintragungen aus erregten Gefühlszuständen heraus, in denen die diaristische Niederschrift vielfach fast den Charakter des automatischen Schreibens annimmt. Über die gleichsam transpersonalen Erfahrungen, die sich dabei ergeben können, berichteten wir anläßlich des Tagebuchs von Paul La Cour. Doch muß es jetzt klar werden, daß die europäische Diaristik, mit Ausnahme katholisch-meditativer oder pietistisch-mysti-

[1] Vgl. E. R. Curtius, James Joyce. In: Kritische Essays zur europäischen Literatur. Bern 1954, S. 299 f.

scher Tagebücher, im Gegensatz zu den östlichen Kulturen über eine nur unvollkommene empirische Meditationsmethode und kaum über eine systematische Introspektionstechnik verfügt. In der diaristischen Introspektion können mythische Archetypen der absoluten Zeit ans Licht gebracht werden. Doch bleiben die meisten europäischen Diaristen durch die rationale Bewältigung vor allem des „äußeren" Daseins und oft mehr gesellschaftlich bedingter Nöte und Sorgen noch befangen, wenn nicht gefesselt. Das Tagebuch, faßt man es zu sehr als Mittel zu kalendarischer „Verräumlichung" auf, verführt ohnehin dazu, die Zeit im historischen Lebensablauf als eine Summe von „Jetzt"-Punkten, als eine Folge zu memorierender Gegenwartserlebnisse anzusehen. Die Zeit wird dann, nach Heidegger, nur als eine „Erstreckung des Daseins zwischen Geburt und Tod" angesehen[1]. Die Gefahr besteht tatsächlich darin, daß subjektive Erlebnisse in einem nur noch „quantifizierend" zeitlichen Sinne organisiert werden, das existentielle „Ganzsein" zu chronikalistischen Zeit-„Punkten" reduziert wird.
Die Bändigung eines fragwürdig gewordenen „subjektiven" Bezirks und einer auseinanderbrechenden äußeren „objektiven" Ordnung stellt den zeitgenössischen europäischen Diaristen vor Aufgaben, die nur mit den Forderungen hochdramatischer Übergangszeiten der Weltgeschichte zu vergleichen sind. An der Grenze zwischen zwei Weltaltern stehend, wird ihm in besonders symbolarmer Zeit eine Last aufgebürdet, die zu tragen nur wenige bereit sein können. Zu jeder Art „besorgter" Datierung schreibt in einer für uns besonders interessanten Beziehung Heidegger: „Wenngleich sich das Besorgen der Zeit in der charakterisierten Weise der Datierung aus umweltlichen Begebenheiten vollziehen kann, so geschieht das doch im Grunde schon immer im Horizont eines Besorgens der Zeit, das wir als astronomische und kalendarische *Zeitrechnung* kennen. Sie kommt nicht zufällig vor, sondern hat ihre existential-ontologische Notwendigkeit in der Grundverfassung des Daseins als Sorge. *Weil das Dasein wesensmäßig als geworfenes verfallend existiert, legt es seine Zeit in der Weise*

[1] Sein und Zeit S. 373.

einer Zeitrechnung besorgend aus[1]." Daraus können wir eine Definition von Tagebüchern ableiten, die nur der Ich-Sorge verfallen sind: Sie legen nur die Ich-Zeit in der Weise einer Zeitrechnung besorgend aus. Das großartigste Beispiel dafür ist das endlose Tagebuch Amiels.

Wir meinten, es sei dennoch kein Anlaß gegeben, an einen geistigen Wärmetod Europas zu glauben. Tatsächlich wird in der diaristischen Introspektion eines Kafka etwa eine differenzierte Innenweltlichkeit sichtbar. Sie kann dem Ur-Antlitz der Aion-Gottheit wieder gerecht werden, bei neuer *kritischer* Distanz zu den frühzeitlichen Mythen. Walter F. Otto schrieb einmal, daß uns nichts ferner liege als ein Spiel mit längst untergegangenen Gottesdiensten. „Kultus und Mythos müssen für uns anderes bedeuten, als sie vor Jahrtausenden bedeutet haben[2]." Doch bleibt selbst das *nur rational* kritische Einsammeln von Bildern eines zeitlichen Urseins ebenso fragwürdig wie die zum Teil polemischen Analysen[3] des jungen Bergson. Auf seine Weise hat Bergson in dem Frühwerk der „Données immédiates de la conscience" auch nur eine *irreguläre Mechanik* der unmittelbaren Gegebenheiten des Bewußtseins beschrieben. Dabei berührte er keine mythischen Symbole. Das hat er erst später geleistet, in seiner von uns bereits gewürdigten Schrift „Les deux sources de la morale et de la religion[4]". Literatur und Kunst des Fin de siècle folgten seinen mehr psychologischen Entdeckungen. Die Fähigkeit, neuen Unmittelbarkeiten des Bewußtseins zu begegnen, wurde in einer Epoche angeregt, die zwar der fatalen Vordergründigkeiten des Nur-sich-selbst-Erfahrens bis zum Weltekel überdrüssig geworden war, die aber diese neue erregende Bewußtseins-*Erweiterung* doch noch immer nur als Bestandteil der von Kierkegaard so getadelten einseitigen „ästhetischen" Weltan-

[1] Sein und Zeit S. 411. Die erste Hervorhebung HEIDEGGER, die zweite vom Verf.

[2] Zitiert von ERNESTO GRASSI im Vorwort zu W. F. OTTO, Die Wirklichkeit der Götter. Hamburg 1963, S. 9.

[3] D. h. gegen die geometrisierende, rein „mechanistische" Psychologie, gegen die bloß empirische Naturwissenschaft und gegen die kantische Erkenntniskritik.

[4] Vgl. Kap. X.

sicht empfand. Gewiß, mitten in der „Décadence" wurden wieder seelische Elementarlandschaften sichtbar. Sie wurden meisterhaft beschrieben. Ihre Umrisse, ihre Höhen und Tiefen blühten in einer neuen hermetisch-assoziativen Lyrik, Kunst und Musik auf. Doch blieben diese vielfach großartigen Bestandsaufnahmen des Irregulären im zeitlichen Ablauf des Bewußtseinsstroms auch in einem streng *rationalen* metaphysischen Sinne gleichsam zeit-kosmisch ungeborgen. Und so verharrten auch so manche moderne europäische Diarien, wie immer die höhere A-Logizität ihrer introspektiven Erfahrungen vertieft wurde, eher noch im Vorraum des Tempels einer „absoluten" Zeit. Das Erlebnis der „reinen Dauer", die im eigenen Bewußtsein oft mehr gesucht als gefunden wurde, ging zwar von einem tieferen Zeiterlebnis aus. Der Bewußtseinsstrom wurde also *nicht* mehr geometrisiert, aber er wurde dafür psychologisch atomisiert, in eine vorwiegend ästhetische „Quanten"-mechanik hineingezwungen. Die Zeit blieb ohne Sein und ohne Sinn – wie das Sein ohne Zeit und ohne Sinn[1]. Anstatt durch eine neue Zeit-Sicherheit die Seins-Gewißheit zu verstärken, ließ diese nur psychologisch erfahrene absolute Zeit das ohnehin verdünnte Seinswissen noch mehr verkümmern. Die Spätdekadenz der epigonalen Assoziationskünste, jetzt endgültig in Agonie getreten, konnte dieses Nichtfertigwerden mit der neuen Erfahrung nur deutlicher machen. In einem faszinierenden Sinne hat Heidegger recht, wenn er schreibt: „Die existenzial-ontologische Verfassung der Daseinsganzheit gründet in der *Zeitlichkeit*. Demnach muß eine ursprüngliche Zeitigungsweise der ekstatischen Zeitlichkeit selbst den ekstatischen Entwurf von Sein überhaupt ermöglichen." So lauten die Schlußworte von „Sein und Zeit" – ohne Fragezeichen. Weiter heißt es dann mit Frage-

[1] Vgl. dazu auch WALTER F. OTTOS Darstellung „Die Zeit und das Sein" in dem Sammelwerk „Die Gestalt und das Sein" (1955). Für W. F. OTTO heißt „Gestalt" „das Anzuschauende in jedem Urphänomen". In diesem Sinne sind auch die Götter Griechenlands „Gestalten des Seins". Ihr Sein besteht in ihrem „Gestaltsein". Das „Göttliche" ist dann „die Gestalt aller Gestalten" des Seins. Darüber K. KERÉNYI im Nachwort zu W. F. OTTO, die Wirklichkeit der Götter, S. 148 ff.

zeichen: „Wie ist dieser Zeitigungsmodus der Zeitlichkeit zu interpretieren? Führt ein Weg von der ursprünglichen *Zeit* zum Sinn des *Seins?* Offenbart sich die *Zeit* selbst als Horizont des *Seins*[1]? Die Antwort darauf fehlt[2]. Hier wird die Frage selbst zur Zeit und die Zeit zur Frage. Wir trennen uns von dem imposanten, aber noch immer „abstrakten" mystisch-existentiellen Ontologismus Heideggers, um einen anderen Bezirk diaristischer Zeitbewältigung auszuwerten.

Halten wir vorher noch fest, daß eine introspektive Ideal-Diaristik in Europa die Voraussetzung zu einer echten Universalität in bezug auf die Darstellung des „Ewigen Menschen" – in ähnlicher Weise wie in der existentialistischen Ontologie Heideggers – darstellt, daß sie sie jedoch noch nicht „erfüllt" hat. Demzufolge hat Europa noch immense Aufgaben zu lösen, auf seine Weise, doch wohl in abgemessener Verbindung mit den so reichen introspektiven Zeit- und Seinserfahrungen des Ostens[3]. In einem gewissen Sinn ist Europa also erst an einem *Anfang* der Bewußtseinsentwicklung im theogenetischen Sinne Teilhard de Chardins. Von einem geistigen Wärmetod, wir können es jetzt deutlichermachen, kann also wirklich nicht die Rede sein. Vorstellen könnte man sich eine universale Diaristik, ein Universal-Tagebuch, von dem schon Herder, Novalis und Mallarmé träumten. In bezug auf die „totale" Symbolik eines einzigen Lebens schwebte es wohl auch Goethe vor. Eine Universalität dieser Art, die auf andere Weise auch Leonardo da Vinci und mit seinen Mitteln J. S. Bach anstrebten, setzt außerordentlich vielfältige geistige Energien und eine höchst intensive seelische Aufgeschlossenheit voraus. Sie steht mit dem ver-einseitigenden Lebensrhythmus des heute so „mechanisierten" Daseins[4] im Widerspruch. Deshalb setzt sie Distanzierung von dieser Art „Zeit" voraus.

Unerläßlich dürfte es sein, von *vier Grundsituationen* auszugehen, will Europa, das sich ja stets „suchend schafft", seine

[1] A.a.O. S. 437. Hervorhebungen von HEIDEGGER.

[2] Das Werk „Sein und Zeit" liegt bekanntlich nur in seiner „ersten Hälfte" vor.

[3] Abgrenzungen findet man auch in dem Buch von W. F. OTTO, Der europäische Geist und die Weisheit des Ostens. Frankfurt 1931.

[4] Vgl. WALTER RATHENAU, Reflexionen. Leipzig 1912.

jetzt erst erkennbaren neuen Möglichkeiten verwirklichen, seine theogenetische Aufgabe auf unverwechselbar eigene Weise erfüllen. Die einmal gewonnene Erfahrung des zeitlichen Bewußtseinsstroms als reine Dauer darf durch verflachende Ideologie nicht mehr rückgängig gemacht werden. Die kritische Organisierung eines derart „assoziativen" Wissens muß durch noch engere Beziehungen zu den entscheidenden geistesgeschichtlichen Erfahrungen speziell Europas von der Antike bis heute kritisch verfeinert und verbessert werden. Unerläßlich ist das wache Aufmerksamsein auf die mythische Archetypik, die sich in einzelnen „Bildern" dieser inneren Erfahrungen kundtut. Entscheidend wichtig für die Zukunft aber wird gerade für Europa die „ökumenische" Bereitschaft werden, jede Bewußtseinserweiterung dieser Art mit den metaphysischen Seinserfahrungen der europäischen Philosophie und mit einer anhand neuer religionswissenschaftlicher Erkenntnisse erweiterten existentialistischen Ontologie sowie mit der christlichen Sinngebung der menschlichen Existenz zu konfrontieren. Das lenkt uns auf andere Sinn-Kräfte, die sich um eine Bewältigung der „Zeit" zwischen Chaos und Kosmos, zwischen Geburt und Tod, zwischen Natur und Geist bemühen.

c) Das Ich und die Genesis der Zeit

Im Wochen-„Tagebuch" der Genesis gab der Gott des alten Testaments dem Chaos auch eine zeitliche Form. Tag um Tag ließ er aus der Verborgenheit die Schöpfung entstehen, in zeitlicher Folge, in historischer Entwicklung also. Wir können es als folgenschwerstes mythisches Tagebuch aller Zeiten ansehen, das memoriert und datiert, beschreibt und strukturiert und gleichzeitig die absolute Zeit in das Gefüge der irdischen Raum–Zeit bringt. Die siebentägige Welt-Woche kannten schon die Babylonier. Den Hebräern war sie seit dem zweiten Jahrtausend vor Christus bekannt[1]. Auch die Phönizier glaubten an die Verwandlung eines Chaos in einen Kosmos. Wie im

[1] Die Siebentagewoche der Juden verdrängte die Achttagedatierung im römischen Weltreich. Durch einen Erlaß Konstantins d. Gr. wurde

Ägyptischen sind die sechs „Arbeits"-Tage vermutlich Bilder sechs äonischer Perioden von unbekannter Dauer. Jedenfalls ist die Schöpfung in den Morgenstunden einer Frühlingswoche gedacht, nach fast allen Vätern im Frühlingsäquinoktium (21. März). Gott als Urquell des Lebens legte damit die Fruchtbarkeit in alle Lebewesen[1]. Die sieben Tage der Genesis entsprechen den sechs oder sieben Äonen (Tholedoth). Um die sieben symbolischen Tage des Schöpfungszeitalters überhaupt handelt es sich, und zwar um den adamitischen, noachitischen, abrahamitischen, mosaischen und davidischen Äon, sowie schließlich um die Welt-Zeit des verbuchten Gesetzes des Esra. Diese sieben Tage stimmen ferner überein mit den sieben Kugelschalen des chaldäischen Kosmos[2]. Entscheidend für uns ist, daß in der Genesis der „diaristische" Schöpferbericht des alttestamentarischen Gottes unter dem *„Bild menschlichen Tuns"* dargestellt wird (Sprechen, sechs Tage Arbeit, ein Tag Ruhe)[3]. Auch in Platons „Timaios" wird der Gott als schöpferischer Werkmeister bezeichnet (Demiourgos). In der Freude an seiner Schöpfung wollte ihr Schöpfer sie zu einem vollkommeneren Ebenbilde ihres urzeitlichen Bildes machen. „Zeitlose Ewigkeit konnte er ihr nicht verleihen. Dafür gab er ihr als ewiges Abbild dieser einheitlich beharrenden Ewigkeit die in zählbaren Teilen verlaufende, in Vergangenheit, Gegenwart und Zukunft sich sondernde *Zeit*, und schuf zu deren Erzeugung den Himmel, die *Sonne*, den *Mond* und fünf andere, jetzt Planeten genannte Gestirne[4]." Die platonische Wendung ist wichtig! Wir deuteten es schon an. In einem nun schon klas-

sie 321 n. Chr. endgültig eingeführt. Die lamaistische Chronologie geht, wie wir sehen werden, heute noch von der Achttagewoche aus. Vgl. auch E. Maass, Die Tagesgötter in Rom und den Provinzen, Berlin 1902, und vor allem das unerschöpfliche Werk von George Sarton, History of Science. 2 Bde. Harvard 1953 u. 1959.

[1] Vgl. den Kommentar zur Bibelausgabe von Paul Riessler und Rupert Storr: Die Heilige Schrift des Alten und des Neuen Bundes. Mainz 1958, S. AT 4 f.

[2] Vgl. Leopold Ziegler a.a.O. S. 346.

[3] Bibelausgabe Riessler-Storr a.a.O.

[4] Vgl. Friedrich Überweg, Grundriß der Geschichte der Philosophie. Erster Teil: Die Philosophie des Altertums. Hrsg. von Karl Praech-

sisch europäischen Sinne wird über die absolute Zeit und über die irdische Zeit als meßbare „Teile der Zeit" *philosophiert*, das heißt die alten Mythen, von denen Platon im Timaios ausgeht, werden „kritisch" auf die *menschliche Existenz* bezogen. In der Geschichtlichkeit des Menschen erhalten die Mythen, sobald sie auf diese europäische Weise philosophisch in ihren wesentlichen existentiellen Bezügen erfaßt werden, eine dauerhafte Gleichzeitigkeit. So nähern sich die „paganen" Mythen der frühen Hochkultur, auch wenn wir uns von ihren „religiösen" Inhalten im Sinne Walter F. Ottos distanzieren, sogar den *bildlichen* Überlieferungen der christlichen Erlösungsbotschaft. Wir meinen jedenfalls, daß gerade die zeitlichen Schwächen und Laster und das Streben nach ihrer Bewältigung, so wie sie in Tagebüchern besonderer Art sichtbar werden, *allen* Versuchen entsprechen, dem „Chaos" den Charakter eines in Raum und Zeit geordneten „Kosmos" zu geben. Antike und christliche Existenzanalysen und Existenzentwürfe aber begegnen sich heute geradezu – in einer andersartigen, aber wiederum typischen neu-europäischen Situation. Es ist, als bewege sich Europa, gerade in den Verliesen seiner Diaristen, in einer neuen Richtung, auf eine nun auch existentielle Ökumene[1]. Vor hundert Jahren erforschte Europa noch unentdeckte Raum-Gebiete dieser Erde. Heute dringt es in viel abenteuerlichere Zeit-Gebiete der menschlichen Existenzweisen ein. Damit berühren sich auch moderne Formen des europäischen Rationalismus und älteste außereuropäische mythische Formen der Zeit-Raum-Interpretationen im immer wiederholten Schicksal des Menschen, im immer wiederholten Tag um Tag, im Amphibiendasein zwischen Verdammnisdunkel und Erlösungslicht. Damals wie jetzt handelt es sich offenbar um dieses elementare Streben nach Einheit von vergänglich Humanem und unvergänglich Transhumanem in der Zeit. Und das ist im Grunde

TER. Darmstadt 1958, S. 307 f. Hervorhebung von Überweg. Vgl. auch O. F. GRUPPE, Die Kosmischen Systeme der Griechen. Berlin 1851.

[1] Vgl. zu solchen „Interferenzen" außer entsprechenden Stellen im schon zitierten Werk von DENIS DE ROUGEMONT auch die Anthologie „De Homine. Der Mensch, im Spiegel seines Gedankens." Freiburg u. München 1962.

ein Leitmotiv *aller* Tagebücher, seien sie chronistisch oder introspektiv.

So stellte erst vor kurzem der bedeutende Tibetkenner Cyrill von Korvin-Krasinski, OSB, in der Struktur der altindischen, beziehungsweise lamaistischen Weltstufensymbolik „einige kaum zufällige Analogien" mit dem „formalen Aufbau" des biblischen Schöpfungsberichts fest. Die „siebenfach gegliederte biblische Schöpfungsgeschichte" weist einen „formalen Aufbau" auf, der „der Reihenfolge der im lamaistischen Namdschuwangdan-Monogramm symbolisierten Seinsstufen recht unerwartet entspricht[1]". Die lamaistische Kosmogonie kennt auch die „Nullstufe des leeren Weltraums" und der „leeren Zeit". Der siebte (biblische) Tag der Ruhe entspricht zum Beispiel den „lamaistischen Vorstellungen der 7. Geisterstufe". – „Alle psychischen Joga-Praktiken bezwecken ja das Erreichen der inneren (wir würden vielleicht sagen: hesychastischen) Ruhe, als einer Bedingung für das Zustandekommen des psychischen Sicherheits- und Freudegefühls." Das sind außerordentlich interessante Analogien, zumal sie mit der ganzen Behutsamkeit des wissenschaftlich hochgeschulten und auch theologisch vorzüglich vorbereiteten Sachkenners „versucht" werden. Was aber geschieht mit der „achten" Stufe in der lamaistischen Seins-Hierarchie? „Das Siebentagewerk (der Bibel) hört mit dem siebenten Tage auf, weil der biblische Bericht die Aufgabe hatte, die Schöpfung und nicht die gesamte Hierarchie des Seienden zu schildern. In der lamaistischen Stufenhierarchie folgt dagegen auf die Geisterstufe noch die 8. Stufe der drei höchsten Seinsprinzipien, die – mögen sie auch einen metaphysisch-pantheistischen Charakter haben – in Wahrheit dem entsprechen, was wir das göttliche Absolute nennen[2]." Wer diesen Zusammenhängen nachgehen möchte, sollte die ganze Darstellung lesen. Sie leitet mit weiteren, nicht immer ebenso überzeugenden Arbeiten eine neue und äußerst schwierige Forschungsweise ein. Der Vergleich des Siebentage-

[1] Vgl. den Vortrag: Der Mensch als Mikrokosmos in der symbolischen Anthropologie des tibetischen Lamaismus. In: Symbolon, Jahrbuch für Symbolforschung. Bd. 1. Basel u. Stuttgart 1960, S. 109.

[2] A.a.O. S. 111.

Buchs der Genesis mit den sieben realen Seinsstufen des lamaistischen Weltbildes will im wesentlichen deutlich machen, daß sich, außer in dem Siebentage-Buch der Genesis, das in gewissem Sinne auch als das Urmuster aller datierten diaristischen Aufzeichnungen gelten kann, tatsächlich entsprechend strukturierte, kosmogonische Vorstellungen in außer-christlichen Kulturkreisen finden, die nun allerdings durch ein introspektives Verfahren existentiell bestimmt sind. Damit werden diese Vorstellungen, wie der Verfasser schreibt, „unseren abendländischen Denkkategorien näher gerückt". Solche Vergleiche stellen sich, wie er weiter bemerkt, als eine Art spekulativer Begründung des noch immer rätselhaften, aber wenigstens bei Psychologen sich empirisch bewährenden „synchronistischen Prinzips dar, das C. G. Jung als eine Denkvoraussetzung gewisser merkwürdiger Erscheinungen unbewußter psychischer Vorgänge, die sich durch die wirkursächliche Betrachtungsweise des modernen Forschers nicht erklären lassen, hypothetisch aufgestellt hat[1]". Was unser Thema angeht, so ist im Hinblick auf eine derartige „synchronistische Symbolik" in der Weltliteratur noch viel Arbeit zu leisten. Auch im Fernen Osten gibt es eine „antike" und „moderne" Diaristik. Die chinesischen Kaiserannalen seit der Chou-Zeit (1134–247 v. Chr.) wurden, mit ihren Beschreibungen ungewöhnlicher Naturerscheinungen und mit ihren Weissagungen für die Monate, schon als System einer „universalistischen Ethik" erkannt[2].

[1] Ebd. S. 113.

[2] Vgl. Liu Guan-Ying, Die ungewöhnlichen Naturerscheinungen in den T'ang-Annalen und ihre Deutung. Im Symbolon-Jahrbuch Bd. 2, 1961, S. 32 f.

Von Notizen-Tagebüchern im Japan des 14. Jhdts. seien genannt von Yoshida Kenko „Tsurezuregusa" (Aufzeichnungen in Mußestunden), Frankfurt 1963. Stark literarisch stilisiert ist das inzwischen berühmte „Tagebuch einer japanischen Edelfrau" von Kagero Nikki, Zürich 1962, und das „Kopfkissenbuch" von Sei Shonagon, Zürich 1956. Aus der arabischen Welt des 12. Jhdts. sei genannt das Tagebuch von Usuma ibn Munqidh. Letzte Ausg. Oxford 1930. – Eine „diaristische" Auseinandersetzung mit der fernöstlichen Welt findet man in den „Tagebüchern" von Veltheim Ostrau, Hamburg 1958. Über höfisch-priesterliche Chroniken des alten Orients im Stile von „Tierkreiswanderungen" von den Sumerern bis zu den Chine-

Wir haben unser Thema eng gezogen, doch möchten wir darauf hinweisen, daß wir diese Begrenzung als eine Anregung aufgefaßt sehen möchten, die Schilderung der europäischen Diaristik durch Einzeluntersuchungen über diese wissenschaftlich bisher so wenig beachtete Abart der „Gattung Prosa" im ganzen Bereich der Weltliteratur zu ergänzen. Dazu bietet die neue Symbolforschung gute Ausgangspunkte.
Nach Worten von Leopold Ziegler werden die Seelentümer sämtlicher Völker also tatsächlich von dem unterirdischen Strome derselben Überlieferung genährt und gespeist. Von dieser Grunderkenntnis der „Eingeweihten" geht auch die neue „Symbolforschung" aus. Mit den Mythen und Mysterien finden wir in diesen Untersuchungen über Symbole zusätzlich „Sinnbilder der Wandlungen und Wiedergeburten, des Aufstiegs aus dem Dunkel in die Lichtwelt, des Eingehens in die Unsterblichkeit[1]".
Erneut erweist sich ein europäischer Nationalismus nicht nur in einem räumlichen, sondern auch in einem zeitlichen Sinne als historisch völlig veraltet. Doch hat dieses neue Vordringen in Zeiträume jenseits auch nur der semitischen, griechischen und römischen Mythen, sowie der christlichen Mysterien, nun nichts mehr mit älteren Tendenzen zu tun, „Weltanschauungen" der ältesten Kulturvölker, Ostasiens vor allem, als „ideologische" Salonreligionen nach Europa zu importieren. Das sehr behutsame Aufdecken und das kritische Deuten der Symbolik in solchen außereuropäischen Urkulturen dient dem Verständnis der *wesentlichen* Existenzweisen des Menschen in der Zeit, dem vorsichtigen Erfassen von *existentiellen Archetypen* im Sein des Menschen. Es geschieht in dem Bewußtsein, daß die Bedeutung des Kreuzes durch die Interpretation solcher nicht-christlichen und außereuropäischen Symbole nicht geschmälert, sondern immer wieder nur vertieft, ja verstärkt werden kann als das tiefste Symbol für die schöpferischste Weltkraft: die Liebe[2].

sen, vgl. Leopold Ziegler a.a.O. S. 336 f. „Weltzeit" und „Lebenstag" bleiben dort „noch kongruent". Zu persischen und indischen Kosmologien auch Ziegler (S. 295 f.).

[1] Vgl. Symbolon 1960 ff.

[2] Die „Societé pour l'Étude scientifique du Symbolisme" wurde von

In einer Schrift „Über die traditionelle Methode[1]" hat Walter Heinrich über die Hauptvertreter der Symbolikkunde von Schelling und Bachofen bis Ziegler berichtet. Angestrebt wird die Überwindung des Vulgär-Materialismus in der Wissenschaft durch eine philosophisch differenzierte Deutung des *Sinnes* bestimmter historischer Tatsachen und die Überwindung der Kluft zwischen Geistes- und Naturwissenschaft, zwischen Wissen und Glauben, zwischen Wissenschaft und Kunst. Dabei wird die Symbolforschung nicht mehr nur als die engere Domäne der Tiefenpsychologie Jungs oder der Psychoanalyse Freuds angesehen. Auch die Symbolwissenschaft will also nicht nur „Schichten" der Seele, sondern auch Strukturen der *Existenz* freilegen. Die esoterische Symbolik soll berücksichtigt werden, doch, wir wiederholen es immer wieder, mit den Mitteln der exakten empirischen und kritischen Wissenschaft. Man kann also in diesem Zusammenhang von einem vertieften Neu-Pythagoräismus sprechen[2]. Auf diese Weise läßt sich beispielsweise schon das Wissen über existentielle Grundprobleme der *Introspektion* erweitern, so auch durch Untersuchungen über die meditative Introspektion der östlichen Joga und der nachchristlichen arabischen Alchimie. Wenn die ideelle Alchimie als eine „Extraktion der Seele aus dem Körper", zur „Einigung der Seele mit dem Geist" angesehen werden kann[3], so müssen wir uns daran erinnern, daß auch die hellenistische Diaristik „Geheimwissenschaft" dieser Art nicht ferne stand und daß speziell religiöse Tagebücher einer fortschreitenden „Extrak-

dem Genfer Arzt Dr. M. Engelson 1953 in Genf gegründet. Dort fand auch der erste Symboliker-Kongress statt. Die erste Symbolikertagung auf deutschem Sprachgebiet 1955 kam in Basel zustande. Vierzehn Referenten aus sieben Nationen kamen zu Wort. Die Initiative ging aus von Julius Schwabe, der auch die Jahrbücher Symbolon herausgibt. Vgl. auch sein Buch: Archetyp und Tierkreis. Grundlinien einer kosmischen Symbolik und Mythologie. Basel 1951.

[1] Salzburg 1954.

[2] Vgl. G. R. Hocke, Magna Graecia. A.a.O.

[3] Vgl. Marie Louise von Franz, Die alchemistische Makrokosmos-Mikrokosmos-Idee im Lichte der Jungschen Psychologie. In: Symbolon Bd. 1 S. 27 ff.

tion" der Seele aus dem Körper dienen sollen, um von einer Unio mentalis zu einer Unio mystica mit Gott zu gelangen. Zu dem Streben nach entsprechender Erfahrung des *Selbst* in der indischen Mystik schreibt J. W. Hauer, daß diese Wendung „nach innen" in Krisenzeiten zwangsläufig geworden sei. Wolle man nicht untergehen, so sei nichts anderes übriggeblieben als das Selbst, das „in diesem als das Unerschütterte lebte". Die Namen für das Selbst, Atman und Purusa[1], seien die Schlüsselworte für eine neue Epoche geworden. Das Aufbrechen einer „Tiefenwelt im Innern" wurde in der indischen Introspektion als ein Ergriffen-Werden von der Gottheit erfaßt. Diese Erfahrung des „göttlichen Tiefen-Ich" ist nach Hauer als „Ausgangspunkt und Grundlage" der gesamten indo-arischen Mystik anzusehen[2]. Das „Selbst" wird als die letzte Realität im Menschen wie in der Welt bezeichnet. Dieses „Ewige Selbst" im Ich soll, nach indischer Lehre, auch willentlich durch eine *methodische* Introspektion errungen werden können. Am Ende solcher Selbsterfahrung ergibt sich die Einsicht: „tat tvam asi" (das bist du), das heißt, daß die „innerste Wesenheit des Menschen und die innerste Wesenheit alles Seins, die ‚Wirklichkeit der Wirklichkeit' eines sind". In den Upanischaden wird gelehrt, wie man nun aus den verschiedenen „Selbsten" eine Einheit bilden kann[3]. Der Mensch entdeckt sich als „unzerstörbares Subjekt", es ist in ihm ein Kern, „an den wie die Strahlen an den Kristallkern alle seine Erlebnisse anschließen, um dort erst Halt zu finden, aus der dann Gestaltung wird[4]". Diese Lehre wurde durch die spätere introspektive Jogatechnik systematisiert. Mit Hilfe eines angelernten Ver-

[1] Atman = „jenes Er-Wesen", bzw. das „Selbst". Purusa = der „innere Mensch", der „Mensch an sich". Vgl. J. W. Hauer, Symbole und Erfahrung des Selbst in der indo-arischen Mystik. Eranos-Jahrbuch 1934. Zürich 1935, S. 35 ff.

[2] Hauer a.a.O. S. 43.

[3] Für Einzelheiten in den entsprechenden Texten vgl. Hauer ebd. S. 50 f.

[4] Ebd. S. 82 f. Diese indische Lehre hat also einen komplexeren Charakter als Bergsons Analyse der „unmittelbaren Gegebenheiten des Bewußtseins". Dafür entspricht sie seinen Analysen in den „Deux sources de la morale et de la religion".

fahrens sollte man seelische Ruhe, Klarheit, Folgerichtigkeit erringen. Doch ist, nach Hauer, daraus eine oberflächliche „Psychotechnik" geworden, die den Menschen „vom Leben isoliert". Dafür hat sie ihn befähigt, „seltsame" Erlebnisse zu haben. Älterer Joga ist nichts anderes als „echte Einkehr, um des Lebens Tiefe zu ergründen"[1].

Die europäische Tiefenpsychologie versuchte, wir erinnerten in unseren Zusammenhängen schon daran, vielfach von derartigen Seelenanalysen angeregt, aus zunächst rein klinischen Gründen durch rationale, aber ähnliche Introspektionstechniken in die seelischen Hintergründe der „zivilisatorischen" Verdrängungskomplexe zu gelangen. Im Seelenleben solcher Patienten stieß man dabei auf „Kernelemente". C. G. Jung, im übrigen äußerst kritisch gegenüber „weltanschaulichem" Hantieren mit östlichem Gedankengut, erkannte, daß Menschen der verschiedensten Zeiten und Gegenden ähnliche Emotionen, Gefühle und Vorstellungsordnungen aufweisen[2]. C. G. Jung nannte sie bekanntlich „Archetypen". „Sie sind unter anderm Erzeuger gleichartiger oder ähnlicher symbolischer Bilder im Geist der verschiedensten Völker und Kulturen[3]." Das Unbewußte hat eine „Strukturierung", die sich um ein Zentrum, das „Selbst", kristallisiert. „Dieser Zentralinhalt des kollektiv Unbewußten bildet sich empirisch in verschiedenen Gottesbildern oder in Symbolen, wie dem östlichen Mandala Dorje oder im Westen im Stein der Weisen, ab." – „Dieser Stein aber ist jene Sache", heißt es in einem arabischen alchimistischen Text des Morienus (8. Jahrhundert nach Christus), „die mehr als sonstwo in dir sich findet[4-5]."

[1] Ebd. S. 94 f. Zum Verhältnis „Kosmos und Ich" in indischen Kosmologien vgl. auch ZIMMER im Eranos-Jahrbuch 1939. Zürich 1940 S. 251 ff. und sein Buch: Maya. Stuttgart, Berlin 1936, S. 61 f.

[2] Vgl. C. G. JUNG, Über die Archetypen des kollektiven Unbewußten. Eranos-Jahrbuch 1934. Zürich 1935, S. 179 ff.

[3] M. L. VON FRANZ a.a.O. S. 35 f.

[4] Ebd. S. 37. Vgl. auch die verdienstvolle Schriftenreihe „Symbolik der Religionen", hrsg. von F. Herrmann, Stuttgart 1958 ff. Zum Problem „Alchimie" und Subjektivismus im „heterodoxen" Denken vgl. auch G. R. HOCKE, Manierismus in der Literatur, S. 123 ff.

[5] Für weitere Untersuchungen zum Problem „Ich und Zeit" bildet

Wir hoffen in unserer Schlußbetrachtung den Wert dieser neuen Ausweitung der Tiefenpsychologie im Sinne einer *existentiellen* Symbolik zur Erforschung der europäischen Diaristik überzeugend dargelegt zu haben. Damit müßte jetzt klarer werden, daß die existentiellen diaristischen Grundmotive, die wir im Verlaufe unserer Darstellung geschildert und analysiert haben, mythosophischen, mysterienkundlichen und symbolischen „Archetypen" der *Menschheit* angenähert werden können, wenn es sich um introspektive Diaristik von Rang handelt. Vor allem an den Anteil am kollektiv Unbewußten der ganzen erlösungsbedürftigen *Menschheit* sollte hier erinnert werden, nachdem wir die typisch *europäischen* Grundzüge in Tagebüchern Europas häufig unterstrichen haben. Ohne diese Kombination von Allgemeingültigkeit mit Besonderheit bliebe jede Motivkunde für den Philosophen, für den Anthropologen wie für den Historiker und Soziologen unbefriedigend. Wir konnten in unseren Studien zum Manierismus das vorerst noch „deduktive" Axiom einer alternierenden historischen Konstante des Manierismus wie der Klassik (von E. R. Curtius) annehmen, weil wir nicht nur von *existentiellen* Archetypen überzeugt waren, sondern von ihrer historischen Wiederholbarkeit im Sinne eines stets erneuten Auftretens von „symbolisch" Unbewußtem, das sich in durchaus unverwechselbaren Individuen, beziehungsweise in ihrem ganz und gar persönlichen Werk, als ununterbrochener Wechsel zweier elementarer „Ausdruckszwänge" (G. Benn) manifestiert, die von einer doppelten existentiellen Grundstruktur angetrieben werden. Für manche unserer scharfsinnigen Kritiker, die davon ausgehen, daß für

eine Fundgrube die soeben erschienene erste geschlossene Sammlung vieler bisher noch unbekannter Fragmente des großen griechischen „Hermetikers" Hermes Trismegistos (4. Jhdt. n. Chr.). Trismegistos wirkte als „heiliger Prediger" der eleusinischen Mysterien. Seine Aussagen über die Zeit haben eine erstaunliche Ähnlichkeit mit Erkenntnissen der heutigen Naturwissenschaft und Psychologie. (Diese „Bibel der Griechen" erschien 1963 unter dem Titel „Il Cratere della Sapienza" in Rom. Hrsg. von Carlo Croce.) Das Werk wurde bezeichnenderweise vom „Osservatore Romano" (1. 2. 1963) als bedeutendes geistiges Ereignis zur Erkenntnis des „Seins Gottes" und seines Wirkens im „Ich" des Menschen gewertet.

ästhetisches Werten und das Beschreiben geschichtlicher Erscheinungen *nur* das „Individuelle" relevant sei, daß das „Persönliche" eines „Stils" für angemessene Deutung wichtiger sei als das sich in ihm wiederholende „Archetypische", haben wir unsere damals schon durchaus nicht kargen Bemerkungen dazu offenbar nicht stark genug hervorgehoben. Wir möchten das hiermit nachholen, weil nun auch diese Studien über die europäische Diaristik im „Individuellen" – eines Erdteils – das existentiell Archetypische selbst im überaus subjektiven Verhalten des Tagebuchschreibers erneut verdeutlichen sollen. Die Unentbehrlichkeit des subjektiven, des „problematischen", des „heterodoxen" Menschentypus in einem existentiellen Sinne sollte nicht bloß zusätzlich belegt werden. Sein auch theogenetischer Sinn konnte nun in nicht nur künstlerischen und literarischen Zusammenhängen dargestellt werden. Gewiß, in der Geschichte des menschlichen Geistes müssen Gesetzmäßigkeiten mit äußerster Vorsicht eruiert oder postuliert werden. Auch bei einer solchen Behutsamkeit wird man zugeben müssen, daß echte existentielle Spannungsverhältnisse in der zu bewältigenden Menschenzeit durchaus bestimmte Maße, Bezüge und Phasen haben. Diese seltsamen Wiederholungstendenzen beweisen, daß der Mensch in der Schöpfung – gerade seines zwiespältigen Wesens wegen – im höchsten religiösen Sinn diese „theogenetische" Aufgabe zu erfüllen hat. Der europäische Mensch von heute scheint sie vergessen zu haben. Doch pochen an die verengten Pforten seines heutigen Daseins die Mächte der irdischen Zeit immer lauter an, um ihn an seinen überzeitlichen Auftrag zu erinnern. Die Warnungen vor einem Versagen geben sich kund als ungeheuere Ballungen von Kern-Energie, die er falsch anzuwenden versucht, und die sich nun apokalyptisch gegen ihn zu richten beginnen.

In einer seiner tiefsinnigsten Tagebucheintragungen schreibt Goethe am 26. März 1780 von einem „Zirkel", der sich in ihm „umdreht", dann davon, daß „alles wechselt", aber seinen „regelmäßigen Kreis" hält. Die Sätze, die zu den „symbolischsten" der gesamten europäischen Diaristik gehören, lauten: „Ich muß den Cirkel, der sich in mir umdreht, von guten und bösen Tagen, näher bemerken. Leidenschafften, Anhänglichkeit, Trieb dies oder iens zu thun. Erfindung, Ausführung,

Ordnung, alles wechselt, und hält einen regelmäßigen Kreis. Heiterkeit, Trübe, Stärcke, Elastizität, Schwäche, Gelassenheit, Begier eben so. Da ich sehr diät[1] lebe, wird der Gang nicht gestört und ich muß noch heraus kriegen, in welcher Zeit und Ordnung ich mich um mich selbst bewege[2]." Alles also, was wechselt und doch einen regelmäßigen Kreis bildet, stellt sich als Spannungskraft in verschiedenen Stärkegraden dar. Um den „zeitlichen" *Wechsel* von dynamischen Energien innerhalb einer „Regelmäßigkeit" handelt es sich also. Wir können auch sagen von „Ausdruckszwängen", im Verhalten des Menschen, innerhalb einer „Ordnung". In diesem Kreis gibt es *Irregularität* und *Gleichmäßigkeit*. Diesen „Zirkel" von guten und bösen Tagen, der sich in einem „umdreht", kann man auch „instrumental" ansehen, als ein symbolisches Werkzeug nämlich, das man an die eigene Existenz setzt, um in ihrem irdischen „Zeiten"-Wechsel eine Ordnung der „ewigen" Zeit, in ihrer Relativität ein Absolutes, in ihrem Werden ein Sein zu finden[3]. Auch damit stoßen wir auf ein altes Symbolon der „Alchimie". Daidalos, der Konstrukteur und Entwirrer von Labyrinthen, soll ja den Zirkel erfunden haben, als ein Mittel, in das Chaos Logos hineinzuzeichnen[4]. Und dies kann gewiß als der tiefste Antrieb aller Diaristen angesehen werden, wie es auch der konstitutive Urantrieb des Schöpfergottes war: im Tagebuch der Genesis über die Gliederung des Chaos durch den Kosmos. Nur so kann man auch über sich „herrschen". Dazu noch ein ebenso imposanter wie skurriler Passus aus dem Tagebuch Goethes. Am 13. Mai 1780 schreibt er: „Es offenbarn sich mir neue Geheimnisse. Es wird mit mir noch bunt gehen. Ich übe und bereite das möglichste. In meinem iezzigen Kreis hab ich wenig, fast gar keine Hinderung außer mir. In

[1] Im Sinne einer ausgleichenden geistigen Ökonomie.

[2] Tagebücher Bd. 1. Weimar 1887, S. 112. Über „Zeitreihen" von „Qualitäten" vgl. den Aufsatz von Benno Stefan „Zeit und Qualität" in: Symbolon Bd. 2 S. 144 f. Stefan geht von diesem Goethewort aus.

[3] Zu Goethes Tagebuch vgl. auch die ausgezeichnete Analyse im „Vorwort" von Peter Boerner zur Ausgabe der Tagebücher 1810–1832 in der dtv – Gesamtausgabe, Bd. 44. S. 256 ff.

[4] Vgl. G. R. Hocke, Manierismus in der Literatur, S. 204 ff.

mir noch viele. Die Menschlichen Gebrechen sind rechte Bandwürmer, man reist wohl einmal ein Stück los und der Stock bleibt immer sizzen. Ich will doch herr werden. Niemand als wer sich ganz verläugnet ist werth zu herrschen, und kann herrschen ... *Das beste ist die tiefe Stille in der ich gegen die Welt lebe und wachse, und gewinne was sie mir mit Feuer und Schwert nicht nehmen können*[1]."

d) Ökumene der Liebe

Gibt es in der Dialektik von „Chaos", das stets die Anlage zur Struktur hat, und von „Kosmos", der immer dem Zerfall nahe ist, eine Möglichkeit des Ausgleichs? Kann der Gegensatz von absoluter und relativer Zeit im Ich überwunden werden? Können wenigstens im Menschen die Reste des noch ungeformten Chaos und die Anzeichen eines sichauflösenden Kosmos immer wieder in schöpferische Seinsweisen umgesetzt werden? Auch das ist eine Grundfrage der europäischen Diaristik. Spannungen ohne schöpferische Umwandlung dieser Spannungskräfte im Hinblick auf eine transpersonale Seinsebene, im Sinne der von uns wiederholten Grundgedanken von Henri Bergson und von Teilhard de Chardin, würden letzthin auch nur bloße „mediale" Spannungskräfte bleiben. Sie sind zur „Aufnahme" offen, aber sie begreifen nur Klopf-„Zeichen", akustische „Chiffren". Um „erlöst" zu werden braucht der Mensch offenbar mehr.

Wir haben in dieser Darstellung häufig auf das Neue Testament hingewiesen. Wir zitierten die Tagebucheintragung von Ernst Jünger, laut der das Buch der Bücher sich prophetisch und tröstend bewährte, doch auch als „Handbuch alles Wissens", das „Unzählige durch die Schreckenswelt begleitete". Welche Schreckenswelt? So fragten wir schon. Für den Diaristen, der sich im Umkreis der christlichen *Mysterien* bewegt, kann es sich nur um die Schreckenswelt der „gefallenen Menschheit" handeln, um das geziemende Erfassen der Grauenbilder dieser Verlorenheit und um das Ringen um Erlösung aus dieser erbsündlichen Konstitution jedes einzelnen „Ichs" durch die Liebe,

[1] A.a.O. S. 177 ff. Hervorhebung vom Verf.

die das Um-sich-Kreisen überwindet und sich – auch das legten wir dar – dem Nächsten transegotistisch aufschließt. Wir meinen, daß in besonders mutigen Selbstenthüllungen christlicher Tagebuchschreiber geradezu archetypische Bilder einer ganz anderen, aber auch schon vorchristlichen Spannung sichtbar werden, der Dialektik von „Gefallenheit" und „Erlösung". Damit tritt nun das höchste Mysterium, das sowohl die alten Weltkulturen wie die modernen Ideologien überwindet, in einen, wie wir sehen werden, genau bestimmbaren neuen „zeitlichen" und gleichzeitig „überzeitlichen" Welt-Zyklus. Es geschieht dies nicht nur durch die Erlösungsbotschaft, sondern durch den Tod des überzeitlichen Gottes in der Zeitlichkeit aus Liebe für alle, die noch im Widerspruch verharren.
Wie die Mysterien aller Weltreligionen setzt dies den *Glauben* voraus, das Sich-offen-Halten gegenüber dem faszinierenden Geheimnischarakter des menschlichen Daseins. Für den Christen heißt dieses Geöffnet-Bleiben: Gnade. Demzufolge neigen sie dazu, die „Verdammten", diejenigen, die nicht an eine Erlösungsmöglichkeit glauben, als ein Gleichnis für das anzusehen, was im „zeitlichen" Jammertal – wie Stein – unveränderlich, also unerlösbar bleiben soll. „Glaube" kann also zu starrsinniger Lieblosigkeit werden. Erneut überliefert solches Verhalten Christus den Pharisäern. In der christlichen diaristischen Introspektion, die eingedenk des *ärgerniserregenden* Kreuzesmysteriums die Welt nicht nur pharisäisch *verwalten*, sondern vor allem revolutionär (schreiben wir das „verabscheuungswürdige" Wort) *verbessern* will, wird der unverstellte christliche Weg wieder sichtbar. Wir haben es dargelegt: ein Streben nach neuer Einheit mit dem durch *Glauben* stets erlösungsfähigen Nächsten. Insofern bieten Tagebücher, die dem *christlichen* Mysterium des zeitenüberwindenden Liebestodes konsequent verbunden bleiben, echte In-Bilder christlicher Existenz. Was soll, was geschieht teilweise in einem solchen christlich-religiösen diaristischen Tag-um-Tag? Eine Entbergung und Enthüllung des „verborgenen" Gottes im Menschen, mitten im Dämonentanz der „gefallenen" Wirklichkeit. Bedeutet die „Erbsünde" nicht auch die zweck-, genuß- und machtbestimmte Verräumlichung der absoluten Zeit in einer *nur* noch irdisch-maßgebenden Zeit?

In einer Darstellung über das Werk von Elisabeth Langgässer hat Wilhelm Hoffmann auf das Bemühen dieser ebenso elementaren wie scharfsinnigen katholischen Dichterin hingewiesen, das *Absolute* im *historischen* Menschen darzustellen[1]. Wir schrieben wiederholt, daß sich die besten Diaristen um eine ähnliche „recherche de l'absolu" in ihrem „historischen" Ich bemüht haben, auch wenn sie nicht ausgesprochene Bekenntnischristen waren. Doch bleibt für den Christen, der auch nur eine Ahnung von den Mysterien des Christentums hat, eine der fundamentalen christlichen Wahrheiten maßgebend: daß die christliche Existenz sich stets in der „Versuchung" entfaltet. Eine der gefährlichsten Versuchungen heißt: „satanische" Gottgleichsetzung aus satanischer Ich-Überschätzung. Wir erinnern uns, daß so manche „säkularisierten" katholischen Diaristen gerade dieser Versuchung unterlagen, so zum Beispiel Baudelaire, um von andern lieber zu schweigen. Christus selbst wehrte dies teuflische Lockmittel in der „Wüste" und auf „des Tempels Zinne" ab. Die wenigsten „katholischen" Herrscher Europas hatten es begriffen, daß auch ihr „Reich", wie immer es vor anderen Widersachern geschützt werden mußte, vor allem als ein Reich „innerer" absoluter Zeitlichkeit, doch in einem jetzt dem Nächsten zugewandten Sinne gebildet werden sollte. Am Ende unseres zweiten Jahrtausends nach Christus werden neue, bessere, klarere christliche Intentionen sichtbar[2].

Kehren wir zum Werk von Elisabeth Langgässer zurück, dem wir einen „diaristischen" Charakter zusprechen möchten, wie dem Werk von Marcel Proust und James Joyce. Wir meinen, daß es in bezug auf eine Rückgewinnung *mythischen* „Ich"-Wissens mit dem Kafkas das „deutsche Sprachgebiet" vertritt. Elisabeth Langgässer will tatsächlich und vor allem, „die christliche Wirklichkeit real und objektiv ... sehen[3]". In einem Vor-

[1] WILHELM HOFFMANN, Elisabeth Langgässer. Existentielles und dichterisches Welterlebnis. In: Literaturwissenschaftliches Jahrbuch. Bd. 2, 1961. Berlin 1962, S. 145 ff.

[2] Im II. Vatikanischen Konzil, in der Programmatik der Kennedy-Verwaltung in den USA und in den Richtlinien der Sozialpolitik im heutigen Rom.

[3] W. HOFFMANN a.a.O. S. 151.

trag sagte sie: „Ist denn die christliche Wirklichkeit innerhalb des christlichen Raums überhaupt je verlorengegangen? Sicher nicht! Wohl aber hat sie in der geschichtlichen Angleichung an die Irrtümer des deutschen Idealismus und die von ihm getragenen Denk- und Wirtschaftsformen eine Verdünnung, Verfälschung und in Parallele zu der These von der Reduzierung des menschlichen Wesens auf die reine Subjektivität des Geistes eine Psychologisierung erfahren, die ihre objektive Aussage zu einer Dienerin dieser bürgerlichen Gesellchaftsform und ihres verlogenen Ideals der ‚Innerlichkeit' herabgewürdigt hat. Die christliche Verkündigung wurde erbaulich, wo sie wahr, allegorisch, wo sie nackte Substanz sein sollte; verwirrt und ungenau, wo unbedingte Klarheit von ihr gefordert wurde[1]." – „Jedes neue Daseinsbewußtsein ändert den Rhythmus des Lebens und hat bis in alle Bezirke hinein seinen eigenen Stil. ‚Stil' aber ... drückt sich vor allem in dem Verhältnis zu dem *Raum- und Zeitgefühl* aus. Versteht sich also der Mensch ausdrücklich in der technischen Weltbeherrschung, im empirischen und mathematischen Denken, so ist der ihm gemäße und zugeordnete Stil die Dreidimensionalität des Raumes, und eine Zeit, die begriffen wird als kontinuierlicher Zeitstrom, der ohne Umkehr aus dem Noch-Nicht der Zukunft über die Gegenwart in die Vergangenheit fließt. Vor allem aber ist dieser Stil durch die Kausalität bestimmt." – „Wenn nämlich wirklich das kausal geschlossene Weltbild in seinem usurpierenden Anspruch auf sämtliche Geistesgebiete gebrochen und in seine Grenzen zurückverwiesen worden ist, dann hat auch der psychologisch ablaufende, das heißt gleichfalls mit kausaler Zwangsläufigkeit arbeitende Roman seine Glaubwürdigkeit verloren und die Evidenz, die Einsichtigkeit seiner Charaktere und Schicksale beruht nicht mehr auf meßbaren psychologischen Qualitäten, sondern auf rein providentiellen, akausalen und im Hintergrund bleibenden, aus dem Hintergrund wirkenden Kräfte." – Diese Gedanken führen Hoffmann anschließend zu folgender Frage und Betrachtung: „Welcher Raum und welche Zeit sind für die christliche Wirklichkeit konstitutiv? Die Zeit der christlichen Existenz, will sagen: die *Zeitlich-*

[1] Zitiert nach HOFFMANN ebd.

keit des Mysteriums oder des *Heilgeschehens* ist die *Gleichzeitigkeit.* Christliche Existenz geschieht als Mitvollzug mit dem Erlösungsleben Christi durch den Gläubigen. Es ist daher keine Erinnerung an ein historisches, also vergangenes Geschehnis im Sinne der profanhistorischen Ereignisse. Der Christ ist gleichzeitig mit dem Erlösungsleben Christ und daher auch gleichzeitig mit den Zeitgenossen Jesu und den Erlösten *aller Zeiten*[1]."

Dazu schreibt W. Hoffmann an anderer Stelle: „Ist das Thema des christlichen Romans die Heilsgeschichte des Menschen und ist diese in ihrem positiven Geschehen die auf der Ebenbildlichkeit mit Christus beruhende Mitexistenz mit dem Erlösungsleben, so kann nur dieses Ereignis dargestellt werden. Alles andere ist uninteressant. Das, was früher als Unterscheidung von Heilsgeschichte und Profangeschichte angeführt wurde, dehnt sich jetzt auf den Menschen als den einen Partner dieses Heilsgeschehens aus. So kann Elisabeth Langgässer mit Recht sagen: ‚Trotzdem ist es wahrlich *nicht so, als ob durch diese Symbolhaftigkeit der Personencharakter verneint oder gar ausgemerzt würde;* und ich will noch ausdrücklich hinzufügen, daß es ja gerade das *Wesen der Person ausmacht, durch die heilige Maske hindurchzutönen;* Person zu sein in dem Wortsinn des lateinischen personare, ja, daß das Menschenbild um so unverwechselbarer, persönlicher und nun in einem ganz anderen Sinn individueller wird, *je mehr der Mensch das Ebenbild Gottes oder Ebenbild Luzifers ist.* Der ganz große Heilige und der ganz große Sünder haben hier ihren Berührungspunkt: die metaphysische Einbruchsstelle, an der sie aufleuchten und sich hic et nunc als Person bezeugen, die Zeugnis ablegt für Gott oder Satan, und die der absolute Gegenpart ist von jeglichem Phantom[2].'" – In bezug auf ihre Gedichtsammlung „Die Tierkreisgedichte" kommt Hoffmann zu folgender Überlegung: „Was kann Elisabeth Langgässer meinen, wenn sie fordert, ‚die antike Naturwelt durch den Blick des Christen zu verwandeln.' Das kann nur besagen: in den christlichen Weltentwurf einzubeziehen. Mit anderen Worten: das christliche

[1] Ebd. S. 153. Hervorhebungen vom Verf.
[2] Ebd. S. 157.

Naturgedicht will die *heile* Natur, den *heilen* Naturkosmos dichten. Der ist in der Gestalt Marias gegeben. Das aber besagt nichts anderes als daß die Proserpinawelt zwar nicht als Entwurf des Frauenschicksals überwunden ist, wohl aber in seinem Verfallensein, als unerlöste Natur[1]."
– „Bei Elisabeth Langgässer heißt es bezüglich der veränderten Vorstellungen von Raum und Zeit im ausdrücklichen Hinsehen auf die Gleichzeitigkeit: ‚Zu Ende gegangen ist die Vorstellung eines gläsern durchsichtigen, kausal geschlossenen Weltbildes rein mechanistischer Prägung; zu Ende gegangen der Glaube an den Charakter der sog. Leerform von Raum und Zeit. Die Erkenntnisse der Quanten- und Relativitätstheorie haben ein von Grund auf verändertes Verhältnis zu dem Raum- und Zeitphänomen zur Folge und – ich zitiere hier Uexküll – während wir bisher sagten: ohne Zeit kann es kein lebendes Subjekt geben, so werden wir jetzt sagen müssen: *ohne ein lebendes Subjekt kann es keine Zeit geben*[2]."
Jeder Diarist, der unter anderen „Sünden" vor allem seinem Ich-Wahn verfällt, spiegelt „Satan" wider: als den Ab-Gott der nur begrenzten, der nur meßbaren Zeit. Nur wenige Diaristen, wir haben es dargestellt (und unsere Anthologie spiegelt es), konnten sagen: Mein Ich ist nicht von dieser Welt. Doch konnten manche – in der *Liebe zum Mitmenschen* – meinen, ihr Ich sei nicht *nur* von dieser Welt. Jeder christliche Diarist ist insofern „Zeit"-Genosse, als er die Heilsgeschichte in seinem „privaten" Ich im Mysterium der Liebe „mitvollzieht". Insofern deckt der Christ, sofern er „radikal" ist – wie Jakob Böhme, Sören Kierkegaard und Franz Baader, die Leopold Ziegler als die „drei Letzten" bezeichnet[3] –, die zeitliche Geschichte des Menschen auf: als verborgene Profan- und Heilsgeschichte. Die Kraft dazu kommt niemals aus einer nur geistigen Energie. Sie stammt aus Urtrieben einer „manischen" geistigen *Liebe*. Ihr leidenschaftlichster Traum wird beherrscht von brüderlichem *Ausgleich*.

[1] Ebd. S. 166 f.
[2] Ebd. S. 169.
[3] Vgl. Leopold Ziegler, Menschwerdung. Olten 1948, Widmungsblatt.

Trotz unserer Umwelt, die sicherlich mehr apokalyptische Dämonenfratzen sichtbar werden läßt als das in Liebe blutende Herz Jesu, gibt es demzufolge auch Zeichen dafür, daß in dieser unserer noch nach-chaotischen Halbnacht der Tag einer neuaufsteigenden anti-chaotischen und nicht nur irdisch-kosmischen Logos-Liebe wiederkehren könnte. „Symbolische" alte Prophezeiungen sprechen von einem „schöpferischen", nur noch wertbestimmten, nur noch „konstruktiven" Zeitalter des „Wassermanns", das – den astralen Tagebüchern (Ephemeriden) der Astrologen entsprechend – gerade in unseren jetzigen Jahreskalendern frei und wirksam werden soll; nach dem Ende des „Fische-Zeitalters". Astrologischen Menschen- und Weltdeutungen dieser Art wird man mit den üblichen Mitteln des naturwissenschaftlichen Denkens nicht gerecht werden. Richtiger, kritischer und ergiebiger wird man dieses außerordentlich vielfältige Analogiewissen der Menschheit für eine differenziertere existentielle Anthropologie nutzen können, wenn man ihre Aussagen ebenfalls als „Symbole" nimmt, also nicht als Aussageweisen nur kausalistischer Forschungsprinzipien. Selbst ein katholischer Forscher vom Rang eines Cyrill von Korvin-Krasinski, OSB, zitiert verständnisvoll, wenn auch mit begreiflicher Zurückhaltung, ein Wort C. G. Jungs, wonach die Astrologie uns ein Beispiel für „Synchronismus" von Makro- und Mikrokosmos „größten Formats" bieten würde, „wenn sie über durchgängig gesicherte Resultate verfügte[1]". Wir brauchen das hier nicht näher zu erörtern[2]. Hervorheben möchten wir jedoch, daß in vielen Diarien, aus denen der Leser zu allen unseren Motiven bezeichnende Stücke lesen wird[3], diese *Hoffnung* auf den in jeder Hinsicht ausgleichenden Logos mitten im Chaos schlimmster historischer Wechselfälle erhalten bleibt. Immer wieder findet sie der Diarist im Quellgrund seiner Existenz, sofern er den messenden Tagebuch-Zirkel nicht – wie Pavese etwa – als Instrument des Selbstmords gebraucht. Diese seltsame Zuversicht auf ein „Weltalter des Ausgleichs"

[1] A.a.O. S. 113.

[2] Vgl. Thomas Rings, Astrologische Menschenkunde. 2 Bde. Zürich 1962, und E. Skasa-Weiss. Und sie bewegt sich doch. Tagebücher der zwölf Monate. Gräfelfing vor München 1962.

[3] Vgl. unsere Vorbemerkung zum anthologischen Teil.

läßt über das meist nächtliche Schreiben so vieler Diaristen ein immer wieder erregendes Licht der Zuversicht gleiten. In solchen Nachtstunden schreiben die Diaristen für ein besseres Morgen, für eine neue morgendliche Zeit, und viele von ihnen bleiben damit ältesten Hoffnungssymbolen der Menschheit verbunden, vielfach ohne sich dieser „Bilder" im Wechsel der Zeiten bewußt zu sein.

Auch die *Hoffnung* gehört zu den archetypischen Strukturelementen der menschlichen Existenz. Max Scheler hat in dem von uns schon wiederholt zitierten Aufsatz „Der Mensch im Weltalter des Ausgleichs" eine biologische „Art- und Höherentwicklung des irdischen Menschen" für „ganz unwahrscheinlich" gehalten. Spencers, Darwins und Nietzsches diesbezügliche Träume seien ausgeträumt. Gibt uns das nur zu Pessimismus Anlaß? „Homo sapientior" oder „Metanthropos"? So fragt in unseren Tagen der französische Biologe Jean Rostand in der merkwürdigen Non-plus-ultra-Ausgabe der Apokalypse von Joseph Foret mit Illustrationen von Dali, Foujita, Trémois, Fini, Buffet, Mathieu und Zadkine[1]. Theoretisch hält er einen auch im biologischen Sinne neuen „Übermenschen", einen von Menschen geschaffenen, künstlichen „Metanthropos", für durchaus denkbar. Doch müsse man sich fragen, ob ein derart artifizielles Monstrum „in vitro" dann überhaupt noch menschlich sei, im geistigen wie im ethischen Sinne. Mit dem künstlichen Übermenschen hätte der Mensch seine eigene „Art" durch einen kollektiven Selbstmord umgebracht. Ein „Mehr-als-sich-selbst" hätte das „Bessere-als-sich-selbst" vernichtet. Mit anderen Worten: der nur biologische Übermensch führt in die Absurdität. Er läßt Urkräfte des alten „Adam" nicht mehr wirksam werden; vor allem die Hoffnung. Und auch Rostand zitiert Teilhard de Chardin, wenngleich mit einer kritischen Einschränkung, demzufolge die bisher ebenso bejammernswürdige wie großartige Entwicklung des Menschen weder in eine „absurde" Sackgasse, noch in einen „sinnlosen" Engpaß führen könne. Der „vitale" Fortschritt im Dasein des Menschen lenkt, nach Teilhard de Chardin, statt in geistigen und ethischen Wärmetod auf eine immer klarere religiös-

[1] L'Apocalypse. Katalog-Ausgabe. Paris 1961, S. 219 f.

metaphysische Imago personhafter, innerweltlicher Höherentwicklung. Rostand distanziert sich zwar von dieser anti-apokalyptischen „Fortschritts"-Gläubigkeit Chardins, doch ist er sich darüber klar, daß die „geistige" Welt des heutigen Menschen nach wie vor entscheidend bleibt. Die Gefahren kommen nicht nur von einer fiktiven, artifiziellen, nur biologischen höheren Artentwicklung. Sie entspringen der „Seele" des Menschen, nicht seinem „Körper". „Wenn der Mensch menschlich bleibt", schließt Rostand seinen Kommentar zur Apokalypse, „so wird er allem widerstehen können bis zum Ende von allem[1]." Auch dafür scheint uns der intime existentielle Daseinskampf der Diaristen von Rang genügend Beispiele zu geben. Der Ausgleich aller Mächte in einem transpersonalen Leitbild wird bei denjenigen Ereignis, die, trotz aller Begegnung mit den Dämonen nächtlicher Introspektion, an die nun meta-biologischen Gesichte der johannesischen Apokalypse glauben, die Rostand eher als nur psychologische Ausgleichskräfte gegen eine artifizielle Korrektur des Keimplasmas anzusehen scheint.

Kehren wir noch einen Augenblick zu Scheler zurück! Dem Pessimismus im neoromantischen Dekadenz-Denken der „Zornigen" seiner Zeit konnte auch er nicht folgen. Das skeptische Scheitern-Denken schien ihm genauso „eng europäistisch" wie die Theorie des „fortschrittsgläubigen Positivismus". „Der Geist", schreibt Scheler, „ist kein Feind des Lebens und der Seele", wohl aber der „weisheitslose Intellekt", „der höherer Vernunftideen ledige". Ein „höheres" Zukunftsbild des Menschen läßt sich also nicht in bezug auf eine Umformung der organischen Naturanlagen des Menschen denken, wohl aber als eine „freie Selbstgestaltung" des Teils seines Wesens, der dem *Geiste* und dem *Willen* zugänglich ist. „Der Mensch ist ein Wesen, dessen Seinsart selbst die noch offene Entscheidung ist, was es *sein* und werden will." Ideal ist der „Allmensch", nicht der „Übermensch"[2]. Dieser anthropologische Begriff ent-

[1] A.a.O. S. 226.

[2] Der Mensch im Weltalter des Ausgleichs S. 37 f. Entspricht den Überzeugungen des „reifen" BERGSON und in jedem Sinne allen auch „empirischen" Erkenntnissen TEILHARD DE CHARDINS. HEIDEGGER ist uns auf diese Fragen noch die Antwort schuldig geblieben. „Sein und

spricht dem Charakter des europäischen Geistes als eines Schaffens im Suchen und dem substantiellen Denken der wichtigsten europäischen Diaristen in ihrem Streben nach Vervollkommnung des Geistes wie des Willens durch eine an Urbildern des Seins orientierten Introspektion. Alle neueren „Imagos" des Menschen sind viel zu eng, meint Scheler weiter: der „animal rationale" im klassischen Sinne; der „homo faber" der Positivisten; der „dionysische Mensch" Nietzsches; der Mensch als „Krankheit des Lebens", der „Übermensch", der „homo sapiens", der „homme machine", der nur „Macht"-, nur „libido"-, nur „Wirtschafts"-Mensch von Machiavelli, Sigmund Freud und Karl Marx; der gefallene gottgeschaffene Adam". Der Mensch ist „eine Richtung der *Bewegung des Universums* selbst, ja seines Grundes". Er ist „Mikrokosmos und geisterfülltes Lebewesen". Dazu zitiert Scheler Ranke: „Die Menschheit trägt eine unbegrenzte Zahl von Entwicklungen in sich – geheimnisvoller und größer, als man denkt[1]."

Für jedes Weltzeitalter aber gibt es nach Scheler ein Maximum der Allmenschlichkeit und für jedes Zeitalter eine spezifische Aufgabe. Die Aufgabe unseres Zeitalters ist der „*Ausgleich*", und zwar der Ausgleich der „Rassenspannungen"; der „Mentalitäten"; der „Selbst-, Welt- und Gottesauffassungen der großen Kulturkreise, vor allem Asiens und Europas"; der „Spezifitäten der männlichen und weiblichen Geistesart"; von „Kapitalismus und Sozialismus"; der „politischen Machtanteile von sogenannten Kultur-, Halbkultur- und Naturvölkern"; von „relativ primitiver und höchst zivilisierter Mentalität"; von

Zeit" wird fragmentarisch bleiben, da Teil II nicht mehr konzipiert worden ist. – Von der thomistischen Philosophie her findet man die beste In-Frage-Stellung der „immanenten" Ontologie Heideggers in einer vorzüglichen Analyse von Gustav Siewerth, Martin Heidegger und die Frage nach Gott. Hochland, 1961, H. 6, S. 516 f. Dazu die Bücher von Siewerth, Das Schicksal der Metaphysik von Thomas zu Heidegger. Einsiedeln 1959, sowie Der Thomismus als Identitätssystem. Frankfurt a. M. 1939. Über Heidegger hinaus machte inzwischen einen wichtigen Schritt Karl Jaspers mit seinem neuen Buch, Der philosophische Glaube angesichts der Offenbarung. München 1962.

[1] A.a.O. S. 39. Hervorhebung von Scheler.

„Jugend und Alter im Sinne der Wertung ihrer Geisteshaltungen"; von „Fachwissenschaft" und „Menschenbildung"; von „körperlicher und geistiger Arbeit". Und schließlich „Ausgleich zwischen den nationalen ökonomischen Interessensphären und dem Beitrag, den die Nationen geistig und zivilisatorisch für die Gesamtkultur und Zivilisation der Menschheit liefern", sowie auch „zwischen den einseitigen Ideen vom Menschen". Die „Tendenz zum Ausgleich" stellt sich „als ein unentrinnbares Schicksal dar". Doch ist dieser Ausgleich so zu lenken, „daß er einer Wertsteigerung des Typus entspricht" –, und das ist gemeint als „Aufgabe auch für alle Politik".

Dann aber folgt der prophetische Satz Schelers in bezug auf die gerade für Europa typischen *Spannungsverhältnisse*. Das vergangene Weltalter, meint er, sei „ein Weltalter stetig wachsender und sich ständig partikularisierender Kräftespannungen" gewesen. Für Scheler heißt „die allgemeine Formel", unter die man das keimende Zeitalter bringen kann: *universalisierende Kräfteentspannung* zwischen den *menschlichen* Beziehungen des Kräfteausgleichs. „Jede Politik, die bloße Unterbindung und Hinderung sein will dieses schicksalsmäßigen Ausgleichs, oder eines seiner Teile, wird hinweggespült werden von der gewaltigen, unwiderstehlichen Strömung zum Ausgleich hin. Und jede formal richtig gestellte politische Aufgabe ist heute in der Tat eine Aufgabe, diesen Ausgleich an irgendeiner Stelle so zu leiten und zu lenken, daß er mit einem Minimum von Zerstörung, Explosion, Blut und Tränen vor sich zu gehen vermag." Allerdings: „die Weltalter des Ausgleichs sind die für die Menschheit gefährlichsten, die todes- und tränentrunkensten". Aber: „Jeder Vorgang, den wir Explosion, Katastrophe in Natur und Geschichte nennen, ist ein vom Geist und Willen *nicht* sinnvoll geleiteter oder leitbarer Ausgleichsvorgang[1]." Wird aber der Ausgleichsvorgang richtig geleitet, so „wird ein neuer Schritt gemacht sein zum Allmenschen hin, d. h. zum Menschen *größter Spannung zwischen Geist und Trieb*, Idee und Sinnlichkeit, und gleichzeitig geordneter, *harmonischer Verschmelzung* beider in *eine* Daseinsform und eine Aktion

[1] Ebd. S. 41.

zugleich." – „Über den letzten und höchsten Gegenstand des Ausgleichs des kommenden Weltzeitalters, über den inhaltlichen Ausgleich der metaphysischen Ideen selbst über Gott, Welt und Mensch, will ich an dieser Stelle schweigen. Doch wage ich zu behaupten, daß auch in dieser höchsten gegenständlichen Sphäre eine zunehmende, fast seltsame *Konvergenz* der Grundansichten unter den geistigen Eliten der Denker aller Völker zu beobachten ist. Und daß auch hier ein Ausgleich *gewaltigen Stils* in voller Fahrt ist – von wenigen bisher gekannt[1]."

Gerade in solchen Bezügen begegnen sich Scheler und Teilhard de Chardin. Aber auch unsere Diaristen werden uns wieder vertrauter. Dem Scheitern und Versagen der irregeleiteten Introspektion von Amiel und Pavese steht die immer skeptische, aber stets ausgleichende diaristische Hoffnungskunde der Ignatius, Pascal und Newman, aber auch der Jünger, Gombrowicz, Perrin, Alvaro entgegen: der Griff über Ich und Tag hinaus in den ewigen Aion des lebensrettenden, lebenformenden göttlichen Logos. Nietzsche, Scheler und Teilhard de Chardin können damit auch als die philosophischen Deuter *dieses* diaristischen Fragmentarismus angesehen werden, der für die Moderne so bezeichnend ist! Sie sind gleichzeitig Vorläufer des nun universell ausgleichenden Gedankens: Nietzsche und Scheler gerade wegen ihrer „manieristisch"-heterodoxen christlichen Zwiespältigkeit; Teilhard de Chardin wegen seiner visionären in dieser Hinsicht ebenfalls „manieristischen" neuen ur-christlichen Heterodoxie, die bekanntlich schon einmal zur Aufreißung eines alten Tempelvorhangs führte[2]. Leopold Ziegler nannte, wie wir uns erinnern, Böhme, Kierkegaard und Baader als „die drei Letzten". Wir möchten Nietzsche, Scheler und Teilhard de Chardin als die drei Neuen bezeichnen. Wirklich auch Nietzsche, noch Nietzsche? In einem Brief an Sigmund Freud vom 24. 11. 1927 zitierte Oskar Pfister einen Satz von Nietzsche, der dies zu bejahen erlaubt. Der Satz lautet: „Man wird es begriffen haben, worauf ich hinaus will, nämlich daß

[1] Ebd. S. 47 f. u. 63. Hervorhebungen von Scheler.

[2] Auch SCHELERS Schriften: Vom Ewigen im Menschen und Die Stellung des Menschen im Kosmos. Zu „manieristischer Heterodoxie" vgl. G. R. HOCKE, Manierismus i. d. Literatur, S. 232 ff.

es immer noch ein metaphysischer Glaube ist, auf dem unser Glaube an die Wissenschaft ruht, – daß auch wir Erkennenden von heute, wir Gottlosen und Antimetaphysiker auch unser Feuer noch von dem Brande nehmen, den ein Jahrtausende alter Glaube entzündet hat, jener Christenglaube, der auch der Glaube Platos war, daß Gott die Wahrheit ist und daß die Wahrheit göttlich ist ... Aber wie, wenn dies gerade immer mehr unglaubwürdig wird, wenn nichts sich mehr als göttlich erweist, es sei denn der Irrtum, die Blindheit, die Lüge[1-2]."
Kann im Zeitalter der Kybernetik, der Weltraum-Satelliten, der städtischen Vermassung und Mechanisierung des biologischen wie geistigen Lebens fast aller Menschen von heute, kann in diesem hektischen letzten Drittel des zweiten Jahrtausends nach Christus der Ausgleichsgedanke überhaupt noch ernst genommen werden[3]? Wir möchten, ergänzend zu Schelers Hoffnungs-Symptomatologie, noch andere „Zeichen" anführen, so die in diesem Sinne durchaus revolutionären, aber noch problematischen Durchbrüche im II. Vatikanischen Konzil und die ebenfalls noch nicht eindeutigen Folgen der sogenannten Entstalinisierung in der Sowjetunion[4]. Doch gibt es gleichsam

[1] Neue Rundschau. 1963, H. 1, S. 86.

[2] Zum Problem des „Offenbarungsglaubens" und des „philosophischen Glaubens" in ihrer „Verbundenheit" im „Übergreifenden" vgl. Karl Jaspers, Der philosophische Glaube angesichts der Offenbarung, S. 527 f.

[3] Über zukünftige Möglichkeiten des Menschen im kommenden Zeitalter einer „phantastischen Vernunft" vgl. Louis Pauwels u. Jacques Bergier, Aufbruch ins dritte Jahrtausend. Von der Zukunft der phantastischen Vernunft. Bern u. Stuttgart 1962.

[4] Karl Jaspers hat uns neuerdings beachtenswerte Worte über die *Hoffnung* geschenkt. Im Wagnis zu leben auf die Möglichkeit der Freiheit hin, d.h. in diesem „Wagnis des Menschseins", könnten wir *drei* Hoffnungen erfahren. „Erstens: die Hoffnung auf die Vernunft, indem wie sie selbst verwirklichen. – Zweitens: die Hoffnung in der Umkehr, die wir selbst vollziehen in ständiger Wiederholung, wenn wir aus unserem Versagen uns wiedergewinnen. Drittens: die Hoffnung auf die Erfahrung des Sinns noch im Scheitern, die Transzendenz in Chiffren vor Augen. Diese drei Hoffnungen bleiben in der Welt. Sie sind eher eine einzige dadurch, daß sie sich gründen in der Unerschütterlichkeit von dort her, wo nicht Raum und Zeit und Welt,

bio-ethische Elemente in der uralten Spannung von aggressiven und defensiven Kräften der Menschheit. In dämonischer Weise zwingen sie die Erkenntnis auf, daß die Menschheit von heute tatsächlich nur eine Wahl hat: bestialisches Scheitern im kollektiven Selbstmord oder konstruktives Ausgleichen, gerade wegen der „Atombombe". Dazu nur ein Beispiel aus der Feder von zwei deutschen Schriftstellern. Der jüngere, Hans Paeschke, leitet die literarische Monatsschrift „Merkur"; der andere, Paul Scheffer, vor kurzem gestorben, lebte als Emigrant in den Vereinigten Staaten. In einem Überblick über die fast zwanzigjährige Geschichte der Zeitschrift, die einen ihrer Mitgründer, den unvergeßlichen Joachim Moras, verloren hat, teilt Hans Paeschke mit, daß der „Merkur" stets Distanz von existentialistischen „Nullpunkten" wie von bloßen Endzeit-Vorstellungen bewahrt habe. Er habe alle Kraft an das „Verbindende", an den Brückenschlag „über die Zeiten" gewandt. Als Mitarbeiter dazu werden genannt Ernst Robert Curtius, Ludwig Curtius, Rudolf Kassner, Leopold Ziegler, Leo Baeck, Martin Heidegger (wohl der spätere), Martin Buber, Karl Jaspers, Günther Anders, Arnold Gehlen, C. F. von Weizsäcker, Adolf Portmann und viele andere. Sehr verschiedene Autoren und doch ein Ziel! Dialektisches Verfahren im ganzen, aber stets im „Dienste der Selbstprüfung", einer dem Mysterium aufgeschlossenen, aber streng empirischen Anthropologie und einer kritischen, aber nicht nur positivistischen Ontologie. Schon früh hatte Rudolf Kassner die Frage gestellt, ob der Mensch, im Hinblick auf die Atombombe, überhaupt noch im Stande der Selbstbestimmung sei, zwischen Gut und Böse, Anfang und Ende zu wählen. Die Antwort darauf gab (in einem Aufsatz desselben Heftes) Paul Scheffer. Sie lautet mit den Worten Paeschkes: „Frieden *unter* der Atombombe – Überwindung kraft der Hinnahme." Hier wird es ernst mit einer Dialektik, die sonst inhaltlos und damit nihilistisch würde, schreibt Paeschke. Und weiter: „Denn was in ihrer Herrschaft (der Dialektik) über das Denken unserer Zeit zutiefst sich

wo ewige Gegenwart, nicht Vergangenheit und Zukunft ist – in diesem, das nicht anderswo, *sondern in der Zeit selber gegenwärtig ist, sie überschreitend, indem es sie erfüllt.*" Die Kraft der Hoffnung. Merkur 1963, H. 3, S. 222. Hervorhebung vom Verf.

spiegelt, ist die Verbundenheit aller Menschen, zu der die Bombe uns verpflichtet; ist die Aufhebung des ‚Anderen' wie des ‚Eigenen', des ‚Nächsten' und des ‚Fremden'. Die dunkle Seite dieses Vorgangs zeigt uns die Selbstentfremdung des modernen Menschen; so kann die Kehrseite nur ‚Versöhnung' heißen ... nicht nur den Kompromiß, sondern Harmonie, keinen Status, sondern einen Akt: politisch die Verwandlung von Feindschaft in Freundschaft, metapolitisch die Verwandlung des Gegensätzlichen in das Komplementäre, das einander Ergänzende[1]." Paul Scheffer meint, daß die Zivilisation zuletzt ein Instrument erfand, das „durch sein Übermaß an Vernichtungsfähigkeit Gewalt zwischen den Nationen" ausschließt. – Ist damit der „Ewige Friede" des „Ewigen Menschen" in seiner echten Aion-Zeit schon gesichert? Wer könnte es wagen, darauf eine positive Antwort zu geben! „Der Kampf zwischen Frieden und Gewalt ist ein Gesetz der Geschichte", schreibt Scheffer. Doch könne jetzt – durch die apokalyptische Nähe der Atombombe – „die *Vernunft* die Intensität der Drohung regulieren"; sie könne sie sogar, „bevor sie in Krieg übergeht, stillegen. Mit der Atombombe allein *könnten* „die Menschen heute sich vor sich selbst schützen"[2].

Der Gedanke an einen ausgleichenden „Ewigen Frieden", über den – jenseits von Utopien – bisher im Zusammenhang mit atomaren Vernichtungswaffen nicht annähernd gründlich genug nachgedacht worden ist[3] und auf den die heutige Mensch-

[1] Merkur 1963 H. 1, S. 10.

[2] Ebd. S. 11 ff.

[3] Beachtliche Vorläufer gibt es genug. Vgl. Denis de Rougemont a.a.O. Ferner: M. Scheler, Die Idee des Friedens und der Pazifismus. Berlin 1931. Dazu bis heute die Reihe der bedeutenden Verfechter einer „konkreten" Friedensidee, die man als die einzigen „Klassiker" unserer an Harmoniedenken so armen Menschheit von heute ansehen muß. Als „Rechercheurs de l'humain" mußten sie zwangsläufig zu Fürsprechern des „Ewigen Friedens" werden. Der „absoluten" Aion-Zeit im Menschen entspricht, wenn man vom „menschlichen" Menschen in seiner „relativen" Zeit ausgeht, die Hoffnungsvision des „Ewigen Friedens" in ebenso „natürlicher" wie „göttlicher" Weise. – Über die Kraft der „eigenen Wahrheit im heutigen Weltzustand" vgl. auch die erschütternde Rede von H. E. Nossack zum Büchnerpreis (14. X. 1961). Gedruckt im Merkur 1961, H. 11.

heit mit ihren meist falschgerichteten Triebkräften und Lebensentwürfen schöpferisch überhaupt noch nicht genügend reagiert hat, der Gedanke an einen „Ewigen Frieden" wird heute also zu einer nicht mehr überhörbaren *„Lebensvorschrift"* gemacht. Das angebliche „Ende" der „Zeit" könnte zum Anfang einer „neuen" Zeit „werden". Und nur am Menschen selbst liegt es! An seiner *in dieser Hinsicht* eindeutigen Willensfreiheit, was auch unsere Amoralisten und Nihilisten dazu sagen mögen! Für unsere „Auswertung" ist es wichtig, daß die atomaren Bedrohungen von heute den vor-atomaren Ausgleichsgedanken offenbar eher gestärkt als geschwächt haben, daß alle Diaristen, die bei vermeintlicher Verlorenheit in den Labyrinthen der Introspektion in einem Kernraum auf das Licht der Hoffnung stießen, die Zielrichtungen einer theogenetischen Entwicklung der Menschheit aufgrund bio-ethischer Kräfte *in sich selbst* als wirksam empfunden haben. Und auch das ist im besten Sinne europäisch: der geistig-instinktive Verzicht auf Resignation, die Umwandlung lebensbedrohender Dämonenverbissenheit in ein zur Hoffnung stimmendes Lächeln auf den Antlitzen aller Hierarchien der Engel.

Zu ähnlichen Folgerungen beziehungsweise Forderungen kommt, allerdings aufgrund geradezu antimetaphysischer „rationalistischer" Überlegungen, K. R. Popper in seinem schon zitierten Werk „Die offene Gesellschaft und ihre Feinde". Als Gegenangriff auch gegen ideologische Verschwärmtheiten aller Art sollte man dieses Buch in politisch „gefährdeten" Ländern Europas in den Schulen mit allen „Primanern" diskutieren. Daraus wenigstens folgende Sätze: „Sobald wir beginnen, uns auf unsere Vernunft zu verlassen, sobald wir beginnen, unsere kritischen Fähigkeiten zu üben, sobald wir den Appell persönlicher Verantwortung fühlen und damit die Verantwortung, beim Fortschritt des Wissens zu helfen, in diesem Augenblick können wir nicht mehr zu einem Zustand der Unterwerfung unter die Stammesmagie zurückkehren[1]." Geschichte? Geschichte als Geschichte nur der Macht? Ist die Macht in der geschicht-

Zu beachten besonders als „Folgerung" zu entsprechend „rationalistischen", aufklärerisch „empirisch-kritischen" Tagebüchern Europas.

[1] Bd. 1, Bern 1957, S. 267 ff.

lichen Entwicklung der „Zeit" wirklich die „Substanz" der Historie"? Popper schreibt, ähnlich wie so viele Diaristen unserer Gegenwart, die Verehrung der Macht, die Einsetzung der Macht als Zentralsonne der Geschichte sei als einer der „übelsten Götzendienste der Menschheit anzusehen". – „Das Leben des vergessenen, individuellen Menschen; seine Trauer, seine Freude, sein Leiden und sein Tod – sie sind der wirkliche Gehalt der menschlichen Erfahrungen durch alle Zeiten[1]." Eine solche „andere" Geschichte, das wissen wir nun, bieten die echten und wahrhaft persönlichen Tagebücher Europas.

Für den Christen aber wird die Relativität der Zeit ohnehin durch den Tod des „gefallenen" Menschen bestimmt. Daher erlebt er seine „irdische" Zeit als irdisch-abgemessene „relative" Zeit, das Reich der Verheißung hingegen als die absolute, ewige Zeit des Erlöstseins. Damit treten diese beiden Zeiten, die meßbare und die unermeßliche, im Schicksal des Menschen in eine ganz andere, wirklich absolute Dimension. Wir müssen dazu noch einmal Leopold Ziegler zitieren: „Das Evangelium (ist) recht und schlecht die Froh- oder Heilsbotschaft des streng eschatologischen Ereignisses, welches dieses einzige Mal die mythische und die historische, die kreisförmige und die lineare, die zyklische und die chronologische Zeit restlos versöhnt und vereinigt, und dies zwar derart, daß das Wunder dieses gemeinsamen Schnittpunktes beider in der Erscheinung des sogenannten Helfers und Gesalbten, wortwörtlich also in der Erscheinung Jesu Christi, den weltgültigen Ausdruck findet."

Dort also, wo die Weltzeit sich mit der Geschichtszeit „kreuzt", müßten wir die Selbstvergegenwärtigung des Ewigen Menschen Jesus Christus suchen. Die „chronologische Doppelwesenheit" der Zeit wird damit erfüllt[2]. Das sind Grundelemente einer „gnostischen Anthropologie[3]". Und auch daraus ergibt sich der theogenetische *Zwang* zu einem welthistorischen Ausgleich auch von West und Ost, speziell für das heutige Europa. Im Gegensatz zum Okzident hat nämlich, so schreibt Ziegler, der Orient „das urtümliche Bild des Ewigen Menschen in zeit-

[1] Bd. 2, Bern 1958, S. 334 f.

[2] Vgl. LEOPOLD ZIEGLER, Die Überlieferung, S. 342.

[3] A.a.O. S. 445. Dazu auch den „Politikos" von PLATON.

loser Urtümlichkeit und Frische" bewahrt und weiterentwikkelt. Doch haben weder der Osten noch der Westen bisher aus höherer Warte und aus sicherer Distanz daran gedacht, „daß hier tatsächlich die Möglichkeit einer neuen Ökumene wirke[1]".

Absolute Zeit und relative Zeit im Tagebuch! Jetzt erst können wir gemeinsam die beschränkte und unermeßliche Spiegelungskraft dieses Mediums ermessen. Wer nur das Endliche darin fesseln will, übersieht, daß er sich selbst nur dem Spiegel opfert, daß er also darauf verzichtet, den Spiegel als ein rätselhaftes Etwas anzusehen, das mehr schenkt als augenblicklichen Raum in einer momentanen Zeit. Das 213. Fragment von Novalis lautet: „Die Betrachtung der Welt fängt im unendlichen absoluten Diskant im Mittelpunkt an, und steigt die Skala herunter; die Betrachtung unsrer selbst fängt mit dem unendlichen, absoluten Baß an, der Peripherie, und steigt die Skala aufwärts. Absolute Vereinigung des Basses und Diskants. Dies ist die Systole und Diastole des göttlichen Lebens[2]."

In solchen Worten „kreuzen" sich in der Tiefe die alten und neuen Weltkulturen von Nord und Süd, von Ost und von West. Höhen- und Grenzunterschiede gibt es nicht mehr. In aionischen Mittelpunkten der Wahrheit zeigt sich der Mensch in allen Räumen und in allen Epochen der Erde als das, was er ist: in seiner Geortetheit und Gerichtetheit im Labyrinth der Zeit.

[1] A.a.O. S. 445. Zur Symbolik des Kreuzes vgl. auch G. R. Hocke, Manierismus in der Literatur, S. 269 f.

[2] A.a.O. Hrsg. von Minor. Bd. 2 S. 232 f.

Zweites Buch

Anthologie europäischer Tagebücher

VORBEMERKUNG

Unsere Anthologie mit Auszügen aus europäischen Tagebüchern von der Renaissance bis zur Gegenwart bietet vor allem ergänzende Textbeispiele zu den im darstellenden Teil hervorgehobenen Grundmotiven gerade dieser Diaristik. Diese Texte sind allerdings nicht thematisch, sondern chronologisch geordnet. Sie sollen einzelne Autoren näher charakterisieren; eigengeartete Elemente einer besonderen historischen Situation genauer erkennbar machen; gemeinsame Schicksalserfahrungen als Elemente einer Seelengeschichte Europas vom Anfang der Neuzeit bis zu unserer Gegenwart noch deutlicher sichtbar werden lassen.

Unverwechselbare Persönlichkeiten sollen also ebenso zur Geltung kommen wie eine Reihe neuer Grundzüge der Einheit Europas. Die so verschiedenen Autoren, die hier mit Auszügen aus ihren Diarien vertreten sind, weben, so kann man schon sagen, in ihrer Gesamtheit an einem Gobelin der vergangenen, der gegenwärtigen und auch der zukünftigen europäischen Humanität. Es ergibt sich also, daß diese Auswahl von besonders charakteristischen Tagebuchfragmenten durchaus eigengearteter Persönlichkeiten ein ebenso spezifisches Gesamtbild Europas in seinen intimsten Ich-Erfahrungen und in seinen dramatischsten Revolten gegen die Umwelt erscheinen läßt. Man kann daher mit Recht meinen, es hätten zahlreiche einzelne Tagebuchschreiber alle zusammen *das Tagebuch Europas geschrieben;* im meist einsamen Selbstgespräch; in intimsten entscheidenden Lebenslagen; in der fast nie für die Öffentlichkeit bestimmten Auseinandersetzung mit dem eigenen Selbst und der Umwelt.

Gestört werden könnte dieser Eindruck einer Einheit allerdings immer wieder durch die Begegnung mit Widersprüchen, mit anscheinend Gegensätzlichem in Komposition und Farbe dieses Gewebes. Wir hoffen, daß der Leser, der unseren darstellenden Teil im ersten Buch aufmerksam gelesen hat, diese Differenzen keineswegs als ein Hindernis zur Konstituierung einer in sich durchaus geschlossenen europäischen Gestalt empfindet. Eine disharmonische Regularität oder eine irreguläre Harmonie gehören zum elementarsten Wesenszug dieses Erdteils. Bei allem Alter ist er, verglichen mit den Urkulturen der Menschheit, durchaus noch jung; daher lebt er noch immer in ungehemmter Problemexpansion. Augenfällig ist es, daß die stärksten, das heißt die echten dialektischen Spannungen der Erde, noch immer in Europa ausgetragen werden. Es geschieht dies stets in einer die Umwelt herausfordernden Weise, aber in einer Art, die gleichzeitig eine „hineinfordernde" Aufgabe bewußterer Personbildung einschließt. Der Streit zwischen Freiheit und Ordnung, zwischen nihilistischer Ich-Apotheose und konservativ-religiöser Apologetik, zwischen Vorkämpfern irdischer Paradiese und Verteidigern himmlischer Seligkeitsgefilde, zwischen angstverstörten Einzelnen, die vom Urbild eines gewaltlosen Glücks fasziniert bleiben, und von machtbesessenen Gruppen, die noch an vorgeschichtlichen Vorstellungen von Größe hängen, dieser Streit, meist heimlich, in einem Versteck sogar geführt, kommt in einem jetzt strukturierten diaristischen Panorama zutage. Europa ist nicht „zerrissen", weil es kontrastreich ist. Europa ist schöpferisch, weil es stets die Zerreißprobe lebenzeugender Gegensätze zu bestehen hat. Gefährdet ist Europa nur dann, wenn geistfremde Mächte irgendwelcher Art solche Konflikte von Einzelnen wie von Gemeinschaften gewaltsam zu unterdrücken versuchen. Die Widersprüche müssen aber nicht nur ertragen werden. Der Toleranz folgend, muß man ihnen Form und Sinn geben, jedoch nicht auferzwungene Form, und in jedem Falle einen absolut freien Sinn.

Können wir also auch im Hinblick auf unsere Anthologie von einem „Tagebuch Europas" sprechen? Wir möchten hier dazu ein Wort Kierkegaards anführen. Im März 1836 schrieb er in seinem Tagebuch: „Das ganze menschliche Leben ließe sich wie eine große Rede auffassen, in der die verschiedenen Menschen die verschiedenen Redeteile repräsentieren (das ließe sich vielleicht auch auf die Staaten im Verhältnis zueinander überführen). Wie viele Menschen sind bloß Adjektiva, Interjektionen, Konjunktionen, wie wenige sind Sustantiva, Verba, wie viele sind Kopula." Wir meinen, von dieser Bemerkung ausgehend, daß unsere Diaristen Substantiva, Adjektiva, Verba, Konjunktionen oder auch nur Kopula sein könnten, die tatsächlich das europäische „Leben" wie in einer gemeinsamen „großen" Rede darstellen. Jeder einzelne Leser hat allerdings die Aufgabe, aus den Vielheiten dieser europäischen Sprache sich selbst eine ebenso differenzierte wie auch einheitliche europäische Koine zu schaffen, und es gilt dies vor allem für die junge Generation Europas, die aus den „intimsten" „Fehlern" mancher Ahnen mehr zu lernen bereit ist als aus ihren öffentlich nicht immer überzeugend angepriesenen Vorzügen.

Zu diesem anthologischen Teil noch einige editorische Bemerkungen. Dem Leser wird auch eine Reihe von Stücken aus europäischen Diarien geboten, die bisher noch nicht ins Deutsche übersetzt worden sind. Entsprechende Hinweise findet man in den Anmerkungen zu diesen Texten, wobei noch zu bemerken ist, daß wir das Tagebuch des Florentiner Malers Jacopo da Pontormo fast ganz aufgenommen haben, nicht nur deswegen, weil es bisher noch nicht ins Deutsche übertragen worden ist, sondern weil es – neben Dürers Reisetagebuch – das älteste persönliche Künstlertagebuch Europas ist. Aus diesem Grunde also nimmt dieses Tagebuch in unserer Anthologie einen verhältnismäßig großen Raum ein. Aus bisher unveröffentlichten Tagebüchern stammen die Beispiele von Fichte und Benn.
Für die Fichte-Texte haben wir Herrn Dr. Hans Jacob, München, zu danken und für die Fragmente aus den notizbuchartigen Diarien Gottfried Benns, Frau Dr. Ilse Benn.
Die Anordnung der Texte folgt, wie bereits erwähnt, der Chronologie; lediglich in Ausnahmefällen sind wir von diesem Prinzip abgegangen; so war zuweilen ein Abweichen von der strengen Zeitfolge nötig, wollte man thematische Zusammenhänge deutlich machen, sei es innerhalb der Eintragungen eines Autors (als Beispiele seien genannt Samuel Pepys, Gottfried Keller, Tolstoi und Georg Heym), sei es in der Folge der einzelnen Diaristen. So stehen beispielsweise die Eintragungen Katherine Mansfields vor denen von Georg Heym und die von James Boswell anschließend an die Aufzeichnungen Samuel Johnsons; desgleichen schien es thematisch schlüssiger, die Aufzeichnungen Rilkes denen von Tolstoi voranzustellen – auch dies ein Beispiel für europäische „Gleichzeitigkeiten" gerade in bewegten Epochen. Gelegentlich dient solche Abwei-

chung auch der strafferen kompositionellen Gliederung innerhalb der drei zeitlichen Gruppen unserer Anthologie. So beginnt – um nur ein Beispiel zu geben – die dritte Folge der Anthologie mit den Aufzeichnungen Léon Bloys, in denen das zwanzigste Jahrhundert so prophetisch angekündigt wird.

Die meisten Titel zu den einzelnen Texten haben wir, einer besseren Übersicht wegen, selbst geschrieben. Die sprachlichen Eigentümlichkeiten wurden in allen Originaltexten erhalten. Der Leser muß sich also mit allen möglichen grammatischen und syntaktischen Monstruositäten abfinden, wenn auch bei Übersetzungen meist die zeitgenössische Orthographie gewählt wurde. Deutsche Texte blieben selbstverständlich auch orthographisch unverändert. Der Tagebuchschreiber beachtet, da er zumeist nur für sich schreibt, nicht immer genau die Gesetze der Sprache. Meist spiegelt er das Wichtigste seines Lebens, wenn er verzweifelt, schwermütig oder in einer auch wieder niederdrückenden Weise überglücklich ist. In solchen Augenblicken überwältigt ihn die Erregung. Diaristische Gramatik und Stilistik werden dann zu Ausdrucksformen einer entsprechend subjektiven Wort-, Satz- und Sprachkunde. In dieser Beziehung sind „pharaonische" und „franziskanische" Diaristen, soweit sie aus ihren Diarien keine literarische Schmuck-Prosa machen wollen, also „echte" Diaristen und alle gleich. Größen- oder Kleinheits-„Wahnsinnige", sie alle benutzen eine nicht-öffentliche Sprache, eine anti-grammatische, eine anti-syntaktische und anti-stilistische Sprache, eine Sprache nur für sich selbst. Goethe war auch in dieser Beziehung ein „Meister". Insofern ist wenigstens der Stil *echter* Tagebücher ganz und gar unmanieristisch, während der öffentliche, „literarische" Stil nur selten klassisch ist.

Einige der nachfolgenden Tagebuchfragmente haben wir selbst übertragen. Zu danken haben wir für die Übersetzung einer Reihe besonders schwieriger Stücke Frau Dr. Helly Hohenemser und Frau Marguerite Schlüter. Die sprachliche Qualität dieser Übertragungen bereichert diese Anthologie in besonderem Maße. Erfaßt wurde darin der nicht-literarische, das heißt der spezifisch diaristische Sprach-Duktus. Ein Wort des Dankes gebührt auch dem Verleger Max Niedermayer, der uns vor einiger Zeit dazu anregte, das Tagebuch von Jacopo da Pontormo ins Deutsche zu übersetzen. Mitten in dieser Arbeit wurde uns bewußt, als wir literarische Zusammenhänge zu dieser Aufgabe erforschten, daß die europäische Tagebuchliteratur, wie wir es im Vorwort zum analytischen Teil erwähnt haben, bisher nur recht unvollkommen dargestellt worden ist. Aus diesem gesonderten Anlaß wurden wir zu dem Vorhaben angeregt, eine umfassendere Untersuchung über die europäische Diaristik anzustellen, umfassend vielleicht, aber nicht all-umfassend.

Dazu ein letztes Wort. Wir hoffen, daß die Leser, die diese Anthologie jetzt nachschlagen, nicht allzu viele ihrer „Lieblinge" vermissen werden. Wir erwähnten schon, daß diese Sammlung vor allem einen ergänzenden Charakter hat. Nicht finden wird man in ihr also zunächst einmal Stücke aus Tagebüchern von Autoren, die im analytischen Teil nicht nur bereits dargestellt wurden, sondern dort auch mit ausführlichen Beispielen vertreten sind, so unter andern Goethe, Stendhal, Hebbel, Leopardi, Gide, Pavese, Musil, Kafka, Berenson, Anne Frank. Hingegen wird man Beispiele aus Tagebüchern finden, die im analytischen Teil weniger ausführlich behandelt oder dort nur genannt wurden. Doch konnte auch auf diese Weise noch keine Vollständigkeit erreicht werden. Deshalb haben wir eine erste ausführliche Bibliographie der Tagebücher Europas angefertigt, die in sich mehr oder weniger dokumentarischen Wert haben. Alle Tagebücher Europas wird man selbst darin nicht finden. Für notwendige Ergänzungen werden wir dem Leser stets zu Dank verpflichtet sein.

Schließlich gebührt ein Wort des Dankes allen Autoren und Übersetzern und ihren Verlagen, die uns den Abdruck ihrer Texte freundlich gestattet und damit zur Realisierung dieses Werkes beigetragen haben.

G. R. H.

ERSTE FOLGE

Von der Renaissance
bis zum Ende des klassischen Absolutismus

FRANCESCO DA FIESSO

Wahl Alexanders V.

Ferrara, 23. Juni 1409

An diesem Tage, Fest Johannes des Täufers, wurde vom Kolleg der Kardinäle von Rom und von Avignon Messer Pietro Filargo aus Candia, bisher Erzbischof von Mailand, zum Papst gewählt. Genannt wurde er Alexander V. Zu dieser Wahl hatten sich die Kardinäle an einem vereinbarten Ort (Pisa) vereint. Sie zögerten so lange, daß sie nur noch Brot zum Essen und Wasser zum Trinken hatten. Außerdem kam es so weit, daß sie sogar handgreiflich wurden. Die Tramontaner (Ausländer) wollten es nämlich nicht dulden, daß ein Italiener Papst und die Italiener wollten es verhindern, daß ein Tramontaner Papst werde. Schließlich wurden sie sich darin einig, daß es weder ein Italiener noch ein Ausländer sein sollte, sondern eben besagter Messer Pietro. Und so wurde es allseitig bestätigt[1].

[1] Beispiel aus einem der ältesten chronistischen Tagebücher Europas. Vermutlich mehrere Verfasser. Doch wahrscheinlich maßgebend der Notar Francesco da Fiesso. Diario Ferrarese Raccolta degli Storici Italiani. Bologna 1933, S. 3. Übers. von G. R. Hocke (nur dieser Passus).

Kaiserkrönung in Rom

Rom, 21. Mai 1433

Im Jahre 1433 kam Kaiser Sigismund nach Rom, am Tage von Christi Himmelfahrt. Er betrat die Stadt durch die Porta Castello. Durch die Straßen zog er mit großem Pomp. Die angesehensten Honoratioren nahmen daran teil. In allen Stadtteilen wurden „Spieler" ernannt, die den Kaiser begleiten mußten. Der Papst kam dem Kaiser sogar auf der Treppe von St. Peter entgegen. Gemeinsam betraten sie den Dom.

Ende Mai des gleichen Jahres wurde der Kaiser durch Papst Eugenio in St. Peter gekrönt. Es geschah dies am Pfingstfest. Dann begab sich der Kaiser nach S. Giovanni. Papst Eugen begleitete ihn bis Piazza Castello. Der Papst kehrte sodann in seine Residenz zurück, begleitet von viel Volk. Der Kaiser aber schlug auf der Peters-Brücke manche zum Ritter, unter ihnen Herrn Stefano di Paolo di Stati. Das Pferd des Kaisers wurde von einem Söldner und von dem Kammerherrn Mancino gehalten. Diese Szene wurde festgehalten auf der Bronzepforte von St. Peter, rechter Hand, wenn man die Kirche betritt.

Konzil und Mond-Ellipse

Rom, 28. September – 8. Dezember 1443

In diesem Jahre, am 28. September, an einem Sonntag, trat Papst Eugen in Rom ein. Die Stadt betrat er durch die Porta del Popolo. Er begab sich in die dortige Kirche und übernachtete daselbst. Am Sonntag fuhr er mit großem Gefolge, darunter fünf Kardinäle, unter dem Pallium nach St. Peter. Doch erhöhte er die Weinsteuer um ein Drittel; die Warensteuer wurde verdoppelt. Das Volk war darüber sehr unzufrieden. Als der Papst die Piazza Colonna erreicht hatte, rief die Menge: „Es lebe die Kirche! Tod dem Drittel!" Da erwies Papst Eugen eine Gnade: auf das Drittel wurde verzichtet. Der ganze Klerus bildete mit vielen Reliquien Prozessionen. Der Menge wurde das „Heilige Antlitz" gezeigt. Daraufhin begab sich der Papst nach S. Giovanni. Dort wurde das Konzil ausgerufen. Der Konzilssaal wurde vorbereitet. Der Bullentext wurde in ganz Italien bekanntgegeben. Dann kehrte er nach St. Peter zurück.

Im gleichen Jahre, am 8. Dezember, kam es zu einer Mondfinsternis.

Hagelschläge

Rom, 18. Mai 1470

Am 18. Mai 1470 fiel auf Rom ein starker Hagelschlag. Zerstört wurden Weinfelder, Weizenäcker, Gemüsegärten und Vieh. Einige Hagel-Stücke wogen drei Unzen. Sie waren dick wie Nüsse.

Wunder und neue Kirche

Rom, 26. Juni 1470

Am 26. Juni begann ein Bildnis unserer Lieben Frau, der Heiligen Maria, das sich an einer Mauer, in der Nähe von Santa Maria delle Grazie auf dem Kapitolshügel befindet, Wunder zu wirken. Wenn sich ihm jemand fromm näherte, erwies es sich wiederholt als wundertätig. Man baute ihr dort eine Kirche. Sie erhielt den Namen „Madonna della Consolazione". Gemalt wurde sie vom Meister Antonio Aquilio (oder di Benedetto, gen. Antonazzo). Geweiht wurde diese Kirche am dritten November.

Rom, 18. Juni 1484

An diesem Tage brach in St. Peter ein heftiger Streit und Tumult aus, denn der Papst wollte in das Kollegium der Auditoren der Sacra Rota ein Monstrum von Menschen einreihen, einen buckligen und beinlahmen Kerl namens Johann Anton aus Parma, einen unwissenden, schlechten und bösen Menschen. Alles das weiß man erfahrungsgemäß aus seiner späteren Tätigkeit; das können der Kardinal von Macon und der Bischof von Ferrara, sowie andere Personen bezeugen. Besagte Auditoren wollten ihn nicht aufnehmen, da diesem das von ihnen erforderte Sachwissen fehlte und da er außerdem die notwendige Prüfung nicht gemacht hatte. Der Papst hatte nun befohlen, daß er dennoch ex abrupto aufgenommen werden sollte. Die Herren der Sacra Rota wollten jedoch ihre bewährten Bräuche auf keinen Fall mißachtet sehen. Da schickte der Papst Schützen der Garde aus dem Palast des Grafen Riario und aus anderen Stellen. Sie hatten Befehl, die Auditoren einzuschüchtern und zu ergreifen. Diese erklärten anläßlich dieses Gewaltakts jedoch, daß sie zum Grafen gehen müßten, um mit ihm zu sprechen. Auf diese Weise schlichen sie sich heimlich weg. Jeder einzelne von ihnen ging nach Hause; niemand wählte jedoch den nächsten Weg. Sie gingen alle über Trastevere, um nicht verhaftet und in die Engelsburg gesteckt zu werden. Und so geschah es, daß besagter Herr Johann Anton an jenem Tage nicht aufgenommen wurde.

Dazu muß man nun auch noch wissen, daß dieser Johann Anton dem Grafen auf eine für ihn bezeichnende Weise 250 Dukaten gezahlt hatte, um in die Rota einzudringen. Weitere tausend hatte er dem Papst versprochen. Unser Johann Anton forderte den Grafen nun auf, ihm die 250 Dukaten zurückzugeben, da er ja in die Rota nicht hatte eindringen können. Doch dieser wollte davon nichts wissen. Er erklärte bündig, dieses Geld sei ihm geschenkt worden.

Ein ähnlicher Streit entstand zwischen den Apostolischen Schreibern und der päpstlichen Leibwache auf der einen und dem Grafen auf der anderen Seite. Der Graf befahl nämlich besagten Schreibern, unverzüglich 1000 Dukaten zu zahlen, da er sie angeblich für den Krieg brauchte. Die Schreiber erklärten jedoch, sie hätten das Geld nicht bereit. Der sehr verehrte Graf solle ihnen eine Frist von acht Tagen gewähren. Ungeduldig und mit starkem Nachdruck sagte ihnen der Graf jedoch: „Da ihr sagt, ihr hättet das Geld nicht, und acht Tage Zeit wollt, um es zu haben, und da ich weiß, daß ihr sie habt, so werdet ihr zweihundert mehr zahlen, also im ganzen 1200 Dukaten. Solltet ihr noch weitere Einwände machen, so werden wir diese Summe wieder erhöhen." Demzufolge blieb besagten Schreibern und Übersetzern gar nichts anderes übrig, als die 1200 Dukaten zu zahlen.

Kaiser Friedrich III. gestorben

Rom, 29. August 1493

Am 28. August starb Kaiser Friedrich III. (Tatsächlich am 19. August; beigesetzt am 28. August.)

Mit ihm gingen alle Prophezeiungen unter. Man sagt, daß Maximilian Kaiser werden soll.

Gemeint sind die Prophezeiungen der „Guelfi", die jeden „deutschen Friedrich" nach Friedrich II. von Hohenstaufen als eine „entsetzliche Gefahr" für die Kirche bezeichnet hatten. Nach Friedrich II. zeigte sich Friedrich III. allerdings als „harmlos"[1].

[1] Stefano Infessura (Senatschreiber), Diarium Rerum Romanorum Suorum Temporum. Ausg. Rom 1890, S. 30, 42–43, 71–72, 130 bis 131, 292–293. Übers. von G. R. Hocke (nur diese Stücke).

Thronfolger geboren

Paris, Mai 1447

Item, in diesem Jahr wurde ein Sohn des Königs von Frankreich nach Weihnachten am Tag des Kindermordes (28. Dezember), der in diesem Jahr auf einen Mittwoch fiel, geboren; und er wurde geboren in der Touraine in einem le Montils benannten Schloß und wurde Charles, Herzog von Berry, genannt.

Item in diesem Jahr gab es zweimal die große Prozession auf dem Mont Saint Michel: das heißt im Mai 1447 und im September des gleichen Jahres.

Item: im Mai 1447 am achtzehnten Sonntag, dem Vorabend des heiligen Johannes von Porta Latina.

Item: am folgenden Sonntag, dem 14. Tag im Mai 1447 wurde die Prozession unserer Mutter der Universität in Notre Dame in Paris abgehalten, um für den verstorbenen Papst Eugen zu beten, der am 13. Februar, dem Tag vor Sankt Blasius dahingegangen war.

Agnes Sorel

Paris, 1448

Item: in der letzten Aprilwoche kam ein Fräulein nach Paris, von der das Gerede ging, sie sei öffentlich die Geliebte des Königs von Frankreich, ohne Glauben und ohne Gesetz, und ohne Treue für die gute Königin, die er geheiratet hatte; und es war augenscheinlich, daß sie einen so großen Haushalt wie eine Gräfin oder Herzogin führte; und sie ging und kam sehr oft mit der guten Königin von Frankreich, ohne irgendwelche Scham wegen ihrer Sünde. Darüber fühlte die Königin großen Schmerz in ihrem Herzen; aber sie mußte ihretwegen leiden. Und der König gab ihr, um noch mehr seine große Sünde und Schande zu zeigen und kundzutun, das Schloß Beauté, das schönste und hübscheste Schloß, den besten Herrensitz in der Isle de France. Und sie hieß und ließ sich nennen die schöne

Agnes. Und da das Volk von Paris ihr nicht eine solche Achtung bezeugte, wie ihr großer Stolz, den sie nicht verhehlen konnte, verlangte, sagte sie bei der Abreise: daß es nur Lumpen wären und daß, wenn sie geahnt hätte, man würde ihr keine größere Ehre erweisen, als man es tat, sie nie gekommen wäre und ihren Fuß hierhergesetzt hätte; das wäre schade gewesen, aber nur ein geringer Schade. So reiste also die schöne Agnes am 10. Tag im Mai ab, in ihrer Sünde wie vorher verharrend. Ach! Wie bedauerlich ist es, wenn der Herr des Königreiches seinem Volk ein so schlechtes Beispiel gibt; denn wenn sie so oder schlimmer handeln, wagen sie nichts darüber zu reden; denn wie es in dem Sprichwort heißt: „Wie der Herr, so's Gescherr", wie wir von einer königlichen Dame aus Babylon, die Semiramis hieß, wissen, die eine der neuen Heldenweiber war, die ihren eigenen Sohn als Freund oder Lustknaben nahm, und als sie sah, daß ihr Volk darüber murmelte, ließ sie öffentlich in ihrem Königreich verkünden, daß wer seine Mutter, seine Tochter oder seine Schwester zur Ehe oder aus toller Liebe oder sonst irgendwie nehmen wolle, sie dafür ihrem ganzen Volk, wer es auch sei, Genehmigung und Macht gäbe, es zu tun und sie empfahl es sogar: daraus entstanden viele der obengenannten Übel im chaldäischen Königreich: denn die Männer zwangen Frauen und Töchter. Dann geschahen seit diesem Gesetz, das Semiramis erließ, um ihre große Geilheit zu verdecken, viele Morde; denn wenn ein so großer Herr oder eine große Dame öffentlich große Sünden begehen, dann werden ihre Ritter und ihr Volk dadurch viel kühner im Sündigen.

Niedrige Preise

Paris 1448

In diesem Jahr waren Brot und Wein so billig, daß ein fleißiger Mann für zwei Tournois (in Tour geprägte Heller) genug Brot hatte, um einen Tag zu leben; sehr guter weißer und roter Wein für einen Mann für zwei Pariser Deniers (in Paris geprägte Heller) die Pinte; bei der Saint Jehan der Quarteron Eier für acht Pariser Deniers; ein sehr großer Käse für sechs Deniers; das Pfund guter Butter für acht Pariser Deniers.

Neuer Bischof

Paris 1448

Item, an einem Sonntag, dem Magdalenentag wurde in der Abtei Saint-Victor-lez-Paris der Bischof von Paris geweiht und gesegnet; und an dem Tag veranstaltete man eine Prozession in Saint-Germain-l'Auxerrois; und dabei wurde befohlen, man solle die Christen zurückkaufen, die sich in der Hand des Sultans befanden und viele Martern zu ertragen hatten; und am zweiten oder dritten Tag danach machten sich einige Mönche von Saint-Mathurin und andere auf den Weg, um diese fromme Fahrt zu unternehmen.

Item, am folgenden Sonntag, dem vierten Tag im August wurde der obengenannte Bischof in Notre Dame in Paris empfangen und zog aus von Saint-Victor auf einem weißen Pferd nach Sainte-Geneviève und von dort wurde er unter den größten Ehren nach Notre Dame de Paris gebracht.

Niedrige Seine

Paris 1448

Item, in dem Jahr war der Stand der Seine so niedrig, daß bei den Toussaint man vom Platz Maubert direkt nach Notre Dame kam über vier kleine Steine, Männer, Frauen und kleine Kinder, ohne sich die Füße naß zu machen, und ebenso von den Augustinern bis zur Saint-Michel-Brücke noch an vier oder fünf Stellen, so daß man auf die Art zum hinteren Tor des Königspalastes gelangte.

Predigten und Verbrecher

Item, der obengenannte Monseigneur von Paris hielt eine schöne Predigt bei den Innocents am Donnerstag und erteilte Absolution all den Verstorbenen, die aus Mangel an Freunden oder Geld oder durch schlechte Prokuratoren in den Kirchen angeführt und aus Nachlässigkeit oder sonstwie mit dem Kirchenbann belegt waren, bis zu dreißig Tagen. Und in der-

selben Zeit ließ sich der gute und weise Mann die Register vorlegen und ging vor gegen diejenigen, die so flink zu Recht oder Unrecht einen Menschen exkommunizieren ließen, und an dem Misericordia Domini genannten Sonntag ließ er die Vigilien und die kirchlichen Vorschriften für den folgenden Tag lesen und eine feierliche Messe abhalten in allen Pariser Pfarrkirchen und bei den Innocents gab es zwei Prozessionen.
Item in dieser Zeit wurden Bettler, Diebe und Mörder gefangen, die unter der Folter oder aus sonst einem Grund bekannten, Kinder überfallen zu haben, wobei dem einen die Augen ausgestochen, anderen die Beine, noch anderen die Füße abgeschnitten und noch sonstige schreckliche Übel zugefügt wurden; und mit den Mördern zusammen waren Frauen, um besser die Väter, die Mütter und die Kinder täuschen zu können, und sie wohnten dort als Gäste drei oder vier Tage; und wenn sie eine günstige Gelegenheit sahen, mitten auf dem Markt, auf dem Land oder sonstwo, dann raubten sie die Kinder und marterten sie wie oben beschrieben[1].

[1] Aus dem „Journal d'un Bourgeois de Paris sous Charles VI et Charles VII" (1405–1449). Paris 1929, S. 340–345. Übers. von Helly Hohenemser (nur diese Stücke).

Ein neuer Papst

Florenz, 9. August 1471

Heute, am 9. August 1471, wurde Papst Sixtus der Vierte gewählt. Er stammt aus Savona. Er war Franziskanerbruder. Dann General des Ordens. Papst Paul machte ihn zum Kardinal. Und jetzt ist er selbst Papst. Am Freitag wurde er gewählt, am Vorabend von San Lorenzo; am Tage des Heiligen Sixtus wurde er gekrönt.

Gesandte unterwegs

Florenz, 23. September 1471

Heute reisten sechs Botschafter von Florenz zum genannten Papst. Es sind Lorenzo de' Medici, sowie die Herren Domenico Martegli, Agnolo della Stufa, Bongianni Gianfigliazzi, Piero Minerbetti und Donato Acciaiuoli, die genannten Papst besuchen werden. Und der Papst machte Piero Minerbetti zum Cavaliere, und so kehrte dieser nach Florenz zurück.

Morden im April

Florenz, 26.–29. April 1478

In dieser Zeit starrte die ganze Stadt in Waffen, auf allen Plätzen und im Hause des Lorenzo de'Medici. Und eine Gruppe von Verschwörern fand den Tod; lebend wurden sie aus den Fenstern des Palazzo de'Signori geworfen. Ein anderer von ihnen, ein Priester des Bischofs, wurde auf der Piazza getötet und in vier Teile geschnitten. Das abgeschlagene Haupt wurde auf einer Lanze den ganzen Tag durch Florenz getragen; die Beine und ein Arm wurden auf einem Spieß durch die Stadt geführt; dabei wurde dauernd gerufen: „Tod den Verrätern". Und am gleichen Abend wurde der Kardinal im Palast geschlagen; fliehend konnte er gerade sein Leben retten; seine ganze

Verschwörergruppe geriet in Gefangenschaft; niemand konnte entweichen. Der Bischof blieb mit allen seinen Leuten im Palast zurück. Am Abend aber hängten sie Jacopo di Poggio an einem Fenster des Palazzo de'Signori auf; ebenso den Bischof von Pisa und den völlig entkleideten Francesco de'Pazzi; ferner etwa 20 Männer, zwischen dem Palazzo de'Signori, der „Podestà" und dem „Capitano", und zwar alle an Fenstern.
Am 27. hängten sie Jacopo Salviati auf, den Schwager von Filippo Tornabuoni; außerdem den anderen Salviati, ebenfalls an Fenstern; schließlich noch viele andere aus der Familie des Kardinals und des Bischofs.
Am 28. April 1748 wurde Herr Jacopo de'Pazzi in der Falterona gefangengenommen, dazu neun von seinen Leuten; darunter Angehörige der Familie der Castagno; ferner noch in Belforte Herr Renato de'Pazzi. Und am gleichen Abend, etwa um 11 Uhr, wurden an den Fenstern des Palazzo de'Signori über dem Geländer die Herren Jacopo de'Pazzi und Renato de'Pazzi aufgehängt; dazu noch viele ihrer Leute; innerhalb drei Tagen waren es im ganzen siebzig. Der Kardinal blieb im Palast gefangen; es geschah ihm kein Leid, doch ließen sie ihn mit eigener Hand dem Papst über alle diese Neuigkeiten berichten. An diesem Tage füllte sich das Gefängnis delle Stinche zum Brechen; alle wurden hineingesteckt; nur ein Unglückseliger wurde noch erwischt und mit den andern aufgehängt.
Und am 29. wurde es etwas ruhiger; es klärte sich alles etwas ab. Doch waren die Menschen von dem Grauen noch entsetzt.

Palazzo Strozzi entsteht

Florenz, 10. Juli – 6. August 1489

Am 10. Juli 1489 brachte man Kies, um die Fundamente des Palastes von Filippo Strozzi zu festigen, und zwar an der Piazza der Tornaquinci, und man fing an der dem Platze zugewendeten Seite an.
Am 16. Juli fing man an, die Fundamente auszugraben, ebenso von dieser Seite her; vom Platze selbst nahmen sie etwa zehn Ellen in Anspruch.
Am 6. August 1489 fing man damit an, die Fundamente aus-

zufüllen. Es geschah dies um 10 Uhr. Im Mondschein. Und Filippo Strozzi in eigener Person war es, der als erster Kies und Kalk hinunterwarf, von dieser Seite her; dazu noch gewisse Medaillen[1].

[1] LUCA LANDUCCI, Diario Fiorentino (1450–1516). Florenz 1883, S. 11, 18–20, 57–58. Übers. von G. R. HOCKE (nur diese Stücke).

CHRISTOPH KOLUMBUS

Kastilien war doch schöner

Haiti, 5.–9. Dezember 1492

Wir blickten nach Südwesten und sahen dort Land und es war eine große Insel von welcher die Indianer dem Admiral schon berichtet hatten sie nannten sie Bohio und sie war bewohnt.

Wir fanden einen breiten Strand und ein Feld und darauf tausend Bäume und die Bäume waren reichbeladen von Früchten und der Admiral glaubte es wären Gewürze und Nüsse aber die Früchte waren noch nicht reif und so konnte er sie nicht erkennen.

Jenseits des Hafens war eine schöne Ebene und in ihrer Mitte floß ein Strom in dieser Landschaft so sagte der Admiral müssen viele Menschen wohnen denn er sah die Boote die sie ruderten.

Und er hörte die Nachtigallen singen und andere Singvögel wie in Kastilien.

Und da waren Landstriche wie sie schöner nicht zu finden waren in der Welt sie waren fast so schön wie die Länder Kastiliens aber Kastilien war doch schöner und deshalb sagte der Admiral ich taufe dieses neuentdeckte Land La Isla Espanola[1].

[1] Aus dem Tagebuch (Logbuch) des KOLUMBUS, nach der Landung auf Haiti. Übers. von PETER DEMETZ in: Das Paradies der schwindenden Erde. (Reise)- Tagebuchaufzeichnungen aus Haiti. Merkur, H. 3, 1962.

Festessen-Menü von 1509

Koblenz, 1509

Durchgeschlagene Erwissen: Hering, Bücking, Senffe.
Blauhecht mit Essig und Ingwer.
Steuben.
Groen Mueß mit Salmen.
Karpen, heiß mit Muscaten Bloemen, Ingwer und Pfefferkörner.
Gebackenen Bieren.
Galentyne.
Koechen, Fygen, Rosynen, Mandeln, Nüsse.
Eppel, Bretzeln usw.
Den Abent:
Rabuntzeln, Bücking und kalte Fische.
Mandelsuppe, Reiß gebacken, Fische.
Guefen, heiß und suyer mit eym Ingwer.
Appelmviß. Blae Hecht heiß.
Galentyne, Fladen. Kuchen usw.
Zur Collarien:
Rollen, Gebacks. Allerlei Gekruyde und Gesultze. Confecte. Gebraden Bieren; gebradene Fygen. Schlehen, Mispeln, Druben, Quidden, Bieren, Nüsse, Quiddenkruit, Quiddensaft, Drubenkrut, Wachholterkern[1].

[1] Aus dem „Diarium" des trierischen Sekretärs PETER MAIER von Regensburg. Beginnend im Jahre 1508. Zitiert nach MAGDALENA BUCHHOLZ, Die Anfänge der deutschen Tagebuchschreibung. Masch. Diss. Königsberg 1942, S. 215.

Altarwunder in Poitiers

Paris, März 1516

In diesem Jahre geschah es in der Stadt Poitiers, daß ein Irrer auf das Meßtuch des Altars das kostbare Blut unseres Herrn verschüttete, und zwar – während ein Priester die Messe zelebrierte – nach der Konsekration, d. h. nachdem der Priester den Kelch mit Weißwein dargebracht hatte. Ein schönes Wunder zeigte sich: sobald der Wein sich über das geweihte Meßtuch ergoß, nahm er eine rote Farbe an. Die Priester sammelten die Flüssigkeit eifrig und sorgfältig auf. Ein Reliquiar wurde geschaffen, zur Verehrung durch die Gläubigen. Der Übeltäter aber wurde eingesperrt. Zum Tode konnte man ihn nicht verurteilen, weil er geisteskrank war. Doch wurde beschlossen, daß er auf Lebenszeit eingemauert werden sollte und bis zu seinem Tode bei Wasser und Brot zu bleiben habe.

Scharfes Recht in Orléans

Paris, 5. Juni 1517

In diesem Jahr, am Tage der Himmelfahrt, ereignete sich ein Volksaufstand gegen einen Händler und Bürger der Stadt, genannt Jean Bernard, wohnhaft rue de la Vieille Poterie. Sein Haus wurde geplündert und ausgeraubt. Wäre er anwesend gewesen, so hätte die Meute ihn sicher zerrissen. Vier-fünfhundert Menschen waren es, die seine Haustür eindrückten und alles zerstörten. Nur die Mauern des Hauses blieben übrig. Alle Möbel wurden verbrannt. Die Aufregung war so groß, daß sich niemand mehr auf die Straße wagte. Der Profoß von Orléans ließ sechzig Personen festnehmen; zwei von ihnen kamen sofort an den Galgen. Die Schöffen baten sodann den König in Compiègne, Recht zu sprechen. Mit dieser Mission wurden beauftragt Herr de Luppé und Hauptmann de Jeuville. Und die Gerechtigkeit wirkte bald, trotz manchen Widersprüchen und Auflehnungen. Soldaten des Königs und

Gerichtsbeamte griffen ein. Schließlich wurden fünfzehn von den Plünderern erhängt.

Nachricht über Luther

Paris, Mai 1520

Im Jahre 1520 trat im Herzogtum von Sachsen in Deutschland ein häretischer Doktor der Theologie aus dem Augustiner-Orden auf; er heißt Martin Luther. Vieles sagt er gegen die Macht des Papstes. Ganze Bücher füllt er damit. Auch gegen Bestimmungen und Bräuche der Kirche wendet er sich; er meint, daß in manchem geirrt oder übertrieben werde. Einige dieser Bücher wurden gedruckt und in allen deutschen Städten, sowie im ganzen französischen Königreich veröffentlicht. Papst Leo X. wies den König und die gesamte Universität von Paris auf diesen Widersacher hin, um ihn zu bekämpfen. Daraufhin wurde er als Häretiker bezeichnet, verdammt und exkommuniziert, und zwar von Papst Leo wie von der Universität von Paris, doch auch von anderen Stellen, sowie allgemein von der gesamten christlichen Kirche[1].

[1] Aus dem „Journal d'un Bourgeois de Paris sous le Règne de François I" (1515–1536). Paris 1910, S. 35, 51, 81. Übers. von G. R. Hocke (nur diese Stücke).

Künstliche Dinge in Brüssel

Brüssel, 1520

Ich hab gesehen zu Prüssel im rathhauß in der gulden kammer die 4 gemalten materien, die der groß meister Rudier gemacht hat. Ich hab gesehen ins königs hauß zu Prüssel hindern hinaus die brunnen, labyrinth, thiergarten, das ich lustiger ding, mir gefälliger, gleich einen paradyß, nie gesehen hab. Item Erasmus haist das männlein, das mir beim herrn Jacob Bonysius mein supplication gestellet hat. Item zu Prüssel ist ein fast köstlich rathauß, groß und von schöner maßwerck gehauen, mit einem herrlichen, durchsichtigen thurn. Ich hab maister Conrad zu Prüssel beym licht in der nacht conterfet, der mein Herr wirth ist gewesen; auch hab ich doctor Lamparters sohn zu derselben Zeit mit dem Kohln conterfet und die wirthin. Auch hab ich gesehen die dieng, die man dem könig auß dem neuen gulden land hat gebracht, ein ganz guldene sonnen, einer ganzen klaffter braith, deßgleichen ein ganz silbern mond, auch also groß, deßgleichen zwo kammern voll derselben rüstung, desgleichen von allerley ihrer waffen, harnisch, geschuz, wunderbahrlich gar selzamer klaidung, pettgewandt und allerley wunderbahrlicher ding zu menschlichem brauch, das do viel schöner zu sehen ist, dan wunderding. Diese ding sind alle köstlich gewesen, das man sie beschäzt hunder tausent gulden werth. Und ich hab aber all mein lebtag nichts gesehen, das mein herz also erfreuet hat, als diese ding. Dann ich hab darin gesehen wunderliche künstliche ding und hab mich verwundert der subtilen ingenia der menschen in frembden landen. Und der ding weiß ich nit außzusprechen, die ich do gehabt hab. Ich hab sonst viel schöner ding zu Prüssel gesehen und sonderlich hab ich do gesehen ein groß fischpein, als hett man es zusammengemäuert von quaterstück, das war einer klaffter und fast dick, wigt bey 15 centner und hat einen solchen Furm, wie hie gemalt stehet, und ist dem fisch hinten am kopf gestanden. Ich bin auch in des von Nassau

hauß gewest, das so köstlich gebaut und also schön geziert ist.
Wieder hab ich jj gessen mit meinen herrn. Item madonna Margaretha, die hat zu Prüssel nach mir geschickt und mir zugesagt, sie woll meine Beförderin sein gegen könig Carl und hat sich sonderlich ganz tugentlich gegen mir erzeugt. Hab ihr mein gestochnen passion geschenkt, deßgleichen ein solchen ihrm pfennigmaister, mit namen Jan Marini, und hab ihn auch mit dem kohln conterfet. Ich hab zwey stüber für ein püffeiring geben. Mehr 2 stüber geben von Sanct Lucas tafel aufzusperren. Item als ich bin gewest in des von Nassau hauß, do hab ich gesehen das gut gemähl in der capellen, das meister Hugo gemacht hat, und hab gesehen die zween hübschen großen sall und alle köstlichkeit in dem hauß allenthalben, auch das groß beth, do 50 menschen mügen innen liegen, und ich hab auch den großen stain gesehen, den das wetter neben dem herrn von Nassau in dem feld hat niedergeschlagen. Diß hauß leit hoch, darauß ist das schönst aussehen, darob sich zu verwundern ist, und ich glaub nit, das in allen teutschen landen desgleichen sey. Item maister Bernhart hat mich geladen, der mahler, und hat ein solch köstlich mahl zugericht, das ich nit glaub, das erzeugt sey mit 10 . Darzu haben sich von in selbs geladen, mir gut gesellschaften zu laisten, der frau Margareth schazmeister, den ich conterfet hab, und des königs hoffmaister, mit nahmen de Meteni, und der statt schazmeister, mit nahmen von Puscleidis, den schencket ich ein passion in kupffer gestochen, und er hat mir wieder geschenckt eine schwarze spanische taschen, 3 werth, und Erasmo Roterodamo hab ich auch ein passion geschenkt, in kupffer gestochen. Item dem Erasmo hab ich in kupffer gestochen ein passion geschenckt, der ist Panisius secretarius. Der man zu Antorff, der mir das kindsköpfflein geschenkt hat, der haist Lorenz Stärck. Item hab maiser Bernhart, der frau Margaretha mahler, mit dem kohln conterfeit. Ich hab den Erasmum Roterodam noch einmahl conterfet. Ich hab dem Lorenz Stercken geschenckt ein sizenden Hieronymum und die Melancholej. Und hab meiner wirthin gefatterin conterfet. Item 6 persohn haben mir nichts geben, die ich zu Prüssel hab conterfet. Ich hab

außgeben für jj püffelhörner 3 stüber, 1 stüber für zween Eulenspigel[1].

[1] Albrecht Dürer, Tagebuch über meine niederländische Reise (1520–1521). Leipzig 1884, S. 58–59.

Vision der Dreifaltigkeit

19. Februar 1544

Als ich gestern abend zu Bett ging, dachte ich daran zu überlegen, was ich mit der Meßfeier tun würde oder wie ich es halten müßte.

Als ich dann am Morgen aufwachte, begann ich gleich mit Gewissenserforschung und Gebet; dabei in einer großen Fülle und heftiges Tränenvergießen über das Gesicht, und in hohem Maße verblieb mir die innige Andacht; auch viele (geistliche) Einsichten oder geistliche Erinnerungen von der Heiligsten Dreifaltigkeit. Ich wurde ruhig und war in hohem Maße voll Jubel, so daß ich mir die Hände gegen die Brust pressen mußte wegen der innigen Liebe, die ich zur Heiligsten Dreifaltigkeit verspürte. So schöpfte ich also Vertrauen und entschloß mich, die Messe von der Heiligsten Dreifaltigkeit zu lesen, um danach zu schauen, was ich tun würde. Ebenso beim Ankleiden Einsichten über die Heiligste Dreifaltigkeit. Beim Aufstehen und während des kurzen Gebetes nicht ohne Tränen, danach Andacht und geistliches Vertrauen, ich könnte hintereinander sechs oder mehr Messen von der Heiligsten Dreifaltigkeit lesen.

Als ich zur Messe ging, vorher nicht ohne Tränen, während der Messe viele und mit großer Gelassenheit; *sehr viele Einsichten über die Heiligste Dreifaltigkeit. Mein Verstand wurde von ihnen so sehr erleuchtet, daß mir schien, selbst durch ein tüchtiges Studium würde ich nicht so viel Wissen erlangen können. Als ich danach noch mehr darüber nachdachte, über das Verspüren oder Schauen und Verstehen, da schien mir: selbst wenn ich mein ganzes Leben lang studieren wollte.*

Nach Beendigung der Messe mußte ich, nachher beim kurzen Gebet, sprechen: „(Wirst du mich denn nicht bestätigen?) Ewiger Vater, bestätige mich! Sohn usw., bestätige mich!" Dabei ein sehr heftiges Tränenvergießen über das Gesicht, und nur noch stärker wurde in mir der Wille, bei ihren Messen zu verharren (ich stimmte auch schon zu, falls ich dafür eine bestimmte Anzahl festsetzen sollte); auch viel inniges Schluchzen, und ich kam in eine große Nähe und Sicherheit in einer starken Liebe zu ihrer göttlichen Majestät. Im allgemeinen betrafen die Einsichten während der Messe und vorher das Zueignen der Gebete der Messe, wenn man mit Gott spricht, mit dem Vater oder mit dem Sohn *usw.; sie betrafen das Wirken der göttlichen Personen und ihr Hervorbringen; dabei verspürte und schaute ich aber mehr, als daß ich verstand. Alle diese Dinge bekräftigten das Geschehene, und ich faßte auch weiterhin Mut.*

An diesem Tage, auch noch als ich durch die Stadt ging, große innere Freude, und es stand mir die Heiligste Dreifaltigkeit vor Augen, immer wenn ich etwa drei Vernunftwesen oder drei Tiere oder sonst drei Dinge sah, und genauso dann ständig.

Eine Wesenheit

3. März 1544

Als ich so in die Kapelle trat, überkam mich eine große Andacht zur Heiligsten Dreifaltigkeit, eine sehr starke Liebe und innige Tränen. Ich konnte nicht wie an den vergangenen Tagen die unterschiedenen Personen schauen, sondern verspürte nur wie in einer lichten Klarheit die eine Wesenheit. Es zog mich ganz zu ihrer Liebe an. (Ebenso) Auch danach beim Herrichten des Altars und beim Anlegen der Gewänder hielten (die) ziemliche Andacht und die Tränen bei mir an, (bald mehr, bald weniger) (sie wurden bald schwächer, bald stärker, jedoch) und immer der Gnadenbeistand und große Befriedigung der Seele.

Bei Beginn der Messe so große Andacht, daß ich fast nicht anfangen konnte oder mich ganz gehemmt fand, das „in nomine Patris" usw. zu sprechen.

6. März 1544

Am Ende der Messe so viele (Befriedigung und Andacht) Tränen und geistliche Heimsuchungen. Obwohl ich darauf achtete, konnte ich nichts schauen, was der Aussöhnung noch entgegensteht. Ich hatte eine große Sicherheit und konnte nicht mehr ungewiß sein über das, was mir vor Augen gestanden und wás ich geschaut hatte. Vielmehr hatte ich, als ich noch einmal darüber nachdachte und überlegte, neue innere Regungen, die mich ganz zur Liebe zu dem führten, was mir da vor Augen gestanden hatte. Mir schien sogar, ich würde jenseits der Himmel klarer schauen als (hienieden) wenn ich nur hienieden mit dem Verstande erwägen wollte, solange er dort oben erleuchtet wird, wie ich es schon gesagt habe.

Nachdem ich die Gewänder abgelegt hatte, ließ sich beim Gebet am Altar von neuem (die gleiche Schauung) das gleiche Sein und die kugelförmige Schauung wahrnehmen, doch irgendwie schaute ich nun alle drei Personen auf die gleiche Weise wie die erste, nämlich daß auf der einen Seite der Vater, auf einer anderen der Sohn und auf einer anderen der Heilige Geist hervorkam oder sich aus der göttlichen Wesenheit herleitete, ohne aber aus der kugelförmigen Schauung herauszutreten. Bei diesem Verspüren und Schauen neue Regungen und Tränen.

Danach als ich nach Sankt Peter kam und zum Corpus Domini zu beten begann, stand mir immer in derselben lichten Farbe das gleiche göttliche Sein vor Augen, so daß es nicht in meiner Macht gewesen wäre, es nicht zu schauen.

Als ich danach in die Messe von Santa Croce hineinkam, hatte ich auf dieselbe Weise dieses Vor-Augen-Stehen und Schauen und neue innere Regungen dabei. Als ich aber zwei Stunden später wieder an den Ort, wo das Heiligste Sakrament war, hinabging und dasselbe wie vorher finden wollte, war es, obwohl ich danach suchte, in keiner Weise mehr möglich.

Wie ich am Abend dies niederschrieb, stand mir zuweilen dabei wieder das gleiche vor Augen. Der Verstand schaute irgend etwas, doch zu einem sehr großen Teil nicht mehr so klar und so unterschieden und auch nicht mehr ganz so groß, sondern nur wie ein etwas größerer Funke, der sich dem Verstande darbot oder ihn zu sich hinzog und sich dabei als immer noch der gleiche erwies.

Das göttliche Sein in Kugelgestalt

27. März 1544

Vor der Messe Tränen, viele während der Messe, ganz auf Ehrerbietung gerichtet. Schauung des göttlichen Seins in Kugelgestalt, wie die anderen Male bisher.

Tränen der Erschütterung

Ostersonntag, 13. April 1544

Viele Tränen während der Messe; nach der Messe Tränen.

Montag 14. April

Viele innere und äußere Wärme, die (ganz Trost) mehr übernatürlich schien; keine Tränen.

Dienstag 15. April

Kein (außerordentlicher) besonderer Trost, aber auch keine Trostlosigkeit; keine Tränen.

Mittwoch 16. April

Viele Tränen während der Messe; nach der Messe Tränen.

Donnerstag 17. April

Vor und nach der Messe Tränen; viele während der Messe.

Freitag 18. April

In der Messe Tränen.

Samstag 19. April

Tränen während der Messe und vorher.

Sonntag 20. April

Tränen während der Messe und vorher. *Vorbereitung.*

Montag 21. April

Tränen während der Messe und vorher.

Anfang, weil ich es nach wenigen Tagen gelassen hatte.

Dienstag 22. April

Keine Tränen. *Hier einschließlich habe ich es gelassen.*

Donnerstag 24. April

(Tränen während und vor der Messe) Keine Tränen.

Freitag 25. April
Tränen während und vor der Messe.
Samstag 26. April
Keine Tränen[1].

[1] IGNATIUS VON LOYOLA, Das geistliche Tagebuch. Geschrieben 2. II. 1544–27. II. 1545. Übers. von PETER KNAUER SJ. Freiburg 1961, S. 181, 189–191, 208, 213–214. (Hervorhebungen von LOYOLA.) Abdruck mit freundl. Genehmigung des Verlags Herder.
Zum Abschnitt Tränen folgende Stelle aus den Tagebüchern von KIERKEGAARD:
„Denn Tränen sind wie Regen, des Himmels Tränen; bald ein Wolkenbruch aus dem schwangeren Himmel oder aus der Verzweiflung Wolkenmassen, wenn der Augen und des Himmels Schleusen sich öffnen, bald ein milder und leiser Frühjahrsregen; doch ist kein Regen so fruchtbar wie Tränen." (SÖREN KIERKEGAARD, Die Tagebücher, Bd. 1 1834–1848. Ausg. u. Übers. TH. HAECKER. Innsbruck 1923, S. 139.)

Tod d'Alençons

Montpellier 6. Januar 1554

Anno 1554 den 6. Jenners hat man obgemeldten Wilhelm d'Alençon, den man vor 11 Wochen degradiert und seither in Gefangenschaft gehalten, zum Tode verurteilt. Man bracht' ihn nach Mittag und trug ihn einer auf der Achsel vor das Thor neben ein Kloster, wo die Richtstatt und ein Holzstoß aufgerichtet war, und gingen ihm zwei Gefangene nach, ein Tuchscherer im Hemd, hatte einen Bund Stroh auf den Rücken gebunden, und außerdem ein ehrbarer Mann, wohl angethan; welche aus Blödigkeit öffentlich den wahren Glauben widerriefen. Der d'Alençon hatte fortwährend Psalmen gesungen; als er zum Holzstoß kam, setzt' er sich darauf, zog seine Kleider selber aus, bis auf das Hemd, legte sie säuberlich zusammen an einen Ort, als wolle er sie weiter gebrauchen, redet' ernstlich mit den andern, so abfallen wollten, also daß dem, so im Hemd, Tropfen Schweißes wie Erbsen so groß vom Angesicht herabflossen. Und als er durch die Canonicos, so auf Rossen und Maultieren um ihn her hielten, gemahnt ward, aufzuhören, sprang er fröhlich auf den Stoß und setzte sich an eine Säule, so mitten in dem Holzhaufen aufgerichtet war; dadurch war ein Loch gebohrt und ein Seil dadurch, woran vorn ein Strick. Den legt' ihm der Nachrichter um den Hals, band ihm beide Arme über sich und legte die Bücher, so er von der Religion von Genf gebracht, darauf, zündete das Holz von allen Seiten an. Der Märtyrer saß geduldig, mit gen Himmel aufgehobenen Augen. Sobald das Feuer die Bücher erreicht, zog der Nachrichter das Seil und würgt' ihn also, bis er das Haupt sinken ließ, da er sich nicht weiter rührte, und also zu Asche verbrannt ward, da die Beiden dabeistehn und zusehn mußten und ihnen ziemlich warm ward.

Nach solchem führte man sie beide in die Stadt auf das Rathaus, dabei war gleich an der Kirche zu Unser Frauen eine Brücke aufgerichtet und ein Marienbild darauf, vor dem sie widerrufen sollten. Man wartete lang. Zuletzt brachte man nur

Einen. Denn der Tuchscherer nicht widerrufen wollte, begehrte, man solle ihn nur töten und keine Gnade beweisen, weil er gewankt habe. Darum legte man ihn wieder ein. Den andern aber, so eine vornehme Person schien, stellte man auf die Brücke, mußte vor dem Marienbild knien, hatt' eine brennende Kerze in der Hand; dann las ein Notarius etwas vor, darauf er antworten muß. Ward ihm also das Leben geschenkt, aber darnach auf die Galeeren geschmiedet.

Am Dienstag darnach den 9. Jan. fuhr man mit dem Tuchscherer fort, erwürgt' und verbrannt ihn wie den ersten, da er gar standhaft und voll großer Reue, daß er gezweifelt, ob er nicht abfallen solle. Es regnete den Tag, daß das Feuer nicht brennen wollte, und weil, der Märtyrer nicht recht erwürgt war, große Not litt, brachten die Mönche aus dem Kloster, so dabei, Stroh hervor; das nahm der Henker und holte Therebinthen in meines Herrn Apotheke, das Feuer brennen zu machen. Welches als ich's den Knechten verwies, die es gaben, sagten sie, ich solle schweigen, es könnte mir also gehn, weil ich auch ein Lutheraner.

In dieser Märtyrer Leiden trug sich das Wunder zu, daß an dem Tag, an welchem man den ersten verbrannte, den 6. Jan., gleich hernach es stark donnerte; hab ich mit meinen Ohren wie auch andere gehört. Die Pfaffen sagten spöttisch, der verbrannten Ketzer Rauch bringe das zuwege.

Heimliche Anatomie

Montpellier, 11. Dezember 1554

Ich hatt' allzeit einen Trieb in mir, mich in allem, was einem Medico zu wissen und darin sich nicht alle gern sehr bemühen, zu lernen, weil ich stets hörte, wie viel Medici schon zu B. seien, und deren man noch erwarte, auch wenn ich heimkäme, mich wüßte voran zu tragen, auch etwa andern vorkomme, weil ich wohl wußte, daß mein Vater viel schuldig und eine schlechte Besoldung von seinem Dienst hatte, mit Tischgängern fast sich durchbringen mußte, – mir wenig werde zu Hilf kommen mögen; dachte damals wenig, daß er noch in hohem Alter wieder weiben und so viel Kinder zeugen werde. Solcher

Trieb machte, daß ich neben stetigem Studieren und Lektionenhören mich sehr übte, bei Präparationen von allerlei Arzneien wohl in der Apotheke aufzumerken, was mir hernach gar wohl bekommen, und neben Einsammlung vieler Kräuter, die ich in Papier zierlich einlegte, sonderlich in der Anatomie sehr zu üben begehrte; deshalb allerlei Gelegenheit suchte, nicht bloß an Thieren, sondern auch an Menschen, so man sie im Collegio anatomierte, fleißig acht zu geben, auch da, wo man etwa heimlich einen Körper aufschnitt, dabei zu sein, auch selbst anzugreifen, obgleich mir solches anfangs sehr abscheulich war; gab mich auch aus Begier, darin andere zu übertreffen und Corpora zu bekommen, mit andern welschen Studiosen etwa in Gefahr. Dazu half ein Baccalaureus medicinatus Gollotus, so eine Frau hatte, gebürtig von M., ziemlich reich, der in seinem Hause solches eine Weile pflegte zu verrichten; dazu er mich und etliche andere auch berief, tote Körper, so erst an dem Tag begraben, heimlich mit bewehrter Hand vor der Stadt auf den Kirchhöfen bei den Klöstern auszugraben und dann in die Stadt in sein Haus zu tragen und daselbst zu anatomieren. Hatten bestellt etliche, so aufpaßten, wo und wann etliche begraben wurden, um dann in der Nacht uns dahin zu verfügen.

Ward ich so zum erstenmal aufgefordert den 11. Decembris. Da führt' uns Gallotus schon bei voller Nacht vor die Stadt in das Augustiner-Kloster. Da war ein verwegener Mönch, frère Bernhardt, der sich verkleidet' und half uns dazu. Wir thaten heimlich im Kloster einen Schlaftrunk, der währte bis Mitternacht; darnach zogen wir in aller Stille mit den Waffen vor das Kloster St. Denys auf den Kirchhof, da scharrten wir ein Corpus heraus, nur mit den Händen; denn der Grund noch locker war, weil es erst am Tag begraben. Als wir auf das Corpus kamen, legten wir ein Seil daran und rissen es gewaltsam heraus, schlugen unsre Flassadenröcke darum und trugen's auf zwei Bengelein bis an das Stadtthor; war um drei Uhr in der Nacht. Da thaten wir die Corpora an einen Ort und klopften an ein kleines Thürlein, dadurch man etwa ein- und ausläßt. Es kam ein alter Pförtner hervor im Hemd, that uns das Thürlein auf; wir baten ihn, er wolle uns einen Trunk geben, wir stürben vor Durst. Während er den Wein holte, zogen ihrer drei die Corpora hinein und trugen's hinauf in des Galoti Haus, das nicht fern vom Thor, daß also der Thorwärter nichts gewahr wurde. Wir zogen nach und als wir die Linnen, darein sie vernäht war, öffneten, war es ein Weib; hatte krumme Füße von Natur, so einwärts gegeneinander sahen. Die anatomierten wir und fanden unter anderem auch etliche Adern als vasorum spermaticorum, die nicht abwärts geradeaus, sondern auch krumm und seitwärts gingen. Sie hatte einen bleiernen Ring an, der mir, weil ich sie hasse von Natur, sehr widerwärtig.

Weil uns die Sache geraten, ließen wir nicht nach. Und als wir fünf Tage hernach inne wurden, daß ein Student und ein Kind abermals auf St.-Denys-Kirchhof begraben war, zogen wir abermals zum Thor hinaus den 16. Dec. in das Augustiner-Kloster. In seiner Zelle zechten wir ein gutes Huhn mit Kohl, den wir aus dem Garten holten, gekocht und guten Wein, womit er uns versah. Zogen darnach wieder mit Waffen, denn die Mönche zu St. Denys waren die vorige Entwendung gewahr geworden und hatten uns gedroht, Myconius trug sein bloßes Schwert, die Welschen Rappiere, auf den Kirchhof, schoben dann die ausgegrabene Corpora unter dem Thor durch, schlüpften nach, wobei ich, auf dem Rücken liegend, meine Nase verletzte. War das eine ein Student, der uns gar wohl bekannt; hatte faule Lungen, fanden Steinlein darin. Das Kind war ein Büblein, machten ein Skeleton daraus. Als ich früh in mein Haus wollt' und läutete, wollte der Ladenknecht, der bei mir pflegte zu liegen, nicht hören, schlief also stark, daß, ob ich gleich mit Steinen an die Läden warf, ihn nicht wecken konnte. Mußt' also bei einem Welschen, meinem Gesellen, bis Morgen eine Weile ruhen. Hernach haben die Mönche zu St. Denys den Kirchhof bewachen müssen und wenn Studenten gekommen, haben sie mit Flitzbogen auf sie geschossen[1].

[1] Aus den tagebuchartigen „Erinnerungsblättern" aus Montpellier des Basler Medizinstudenten Felix Platter (1536–1614). Aus dem Schweizerdeutschen des 16. Jahrhunderts übertragen von J. K. Rudolf Heman (Thomas und Felix Platter, zwei Lebensbilder aus der Zeit der Reformation und Renaissance, von ihnen selbst entworfen, Bd. 2). Gütersloh 1882, S. 120–122, 140–143.

JACOPO DA PONTORMO

„Tagebuch".
„Aus der Zeit, als er den Chor von San Lorenzo malte."

Florenz, 1554

Heute, am 7. Januar 1554 fiel ich hin und verrenkte mir die Schulter und den Arm. Es ging mir schlecht, und ich blieb sechs Tage bei Bronzino; dann kehrte ich nach Hause zurück; bis Karneval fühlte ich mich nicht wohl, d. h. bis zum 6. Februar 1554.

J h S

Heute, Sonntag, am 11. März 1554, aß ich zu Mittag mit Bronzino: Huhn und Kalbfleisch. Ich fühlte mich wohl. Wahr ist allerdings auch, daß ich mich dann zu Hause hinlegte – es war sehr spät – und daß ich mich dick und voll fühlte; es war ein sehr schöner Tag. Abends aß ich ein wenig kaltes Bratfleisch, weil ich Durst hatte, und Montag aß ich zu Abend einen Weißkohl und Eierkuchen.

Dienstag abend aß ich einen halben Zicklein-Kopf und Gemüsesuppe.

Mittwoch abend den Rest des Eierkuchens und Trauben, eine gute Menge, und für fünf Heller Brot, sowie Kapern mit Salat.

Donnerstag abend eine Suppe von gutem Hammelfleisch und Rüben-Salat.

Am Donnerstag morgen fühlte ich mich schwindlig; es dauerte den ganzen Tag; seitdem fühlte ich mich schlecht, und der Kopf war mir schwach.

Freitag abend Rüben-Salat und einen Eierkuchen mit zwei Eiern.

Samstag D. Am Sonntag abend, der Palmsonntag war, aß ich etwas gekochtes Hammelfleisch und etwas Salat, dazu mußte ich für drei Heller Brot essen.

Am Montag abend fühlte ich mich nach dem Essen sehr kräftig; ich hatte Lattich-Salat gegessen, eine Gemüsesuppe mit gutem Hammelfleisch und für vier Heller Brot.

Dienstag abend aß ich Lattich-Salat und Eierkuchen.

Mittwoch vor Ostern für zwei Heller Mandeln, Eierkuchen und

Nüsse; ich zeichnete die Figur oberhalb jenes Schädels! (Folgt kleine Skizze.)

Donnerstag abend einen Lattich-Salat und ein Ei. Es kam die Herzogin nach San Lorenzo, und auch der Herzog erschien.

Freitag abend Eierkuchen, Bohnen und etwas Kaviar, sowie für vier Heller Brot.

Samstag abend aß ich zwei Eier.

Sonntag, es war Ostermorgen und Tag der Madonna frühstückte ich mit Bronzino und abends aß ich zu Hause.

Montag abend aß ich einen wilden Salat und eine halbe Zitrone und einen Eierkuchen von zwei Eiern. Dienstag abend fühlte ich mich ganz heiser, und ich aß ein Brot mit Rosmarin und Eierkuchen und Salat und trockene Feigen.[1]

Am Donnerstag [24. 5.], es war Fronleichnam aß ich mittags mit Bronzino: ich hatte Greco-Wein, Fleisch, Fische, und am Abend eine Unze Pastete mit wenig Fleisch; kaum Appetit.

Heute, 2. Juni, Samstag, erhielt ich den Stuhl, der mich 16 Lire kostete.

Heute 9. Juni 1554 fing Marco Moro damit an, den Chor einzumauern und in S. Lorenzo zu kitten.

Heute, am 18., am Abend des Hlg. Lukas, schlief ich zum erstenmal auf der neuen Decke.

Heute, 19. Oktober, fühlte ich mich schlecht, d. h. erkältet, und seitdem war mir die Kehle wie zugeschnürt; mehrere Abende strengte es mich sehr an, den Hals freizukriegen; so wie ich es schon manchmal im Sommer gehabt habe; ich weiß nicht, ob es sehr lange gedauert hat. Das Wetter war sehr schön. Trotz allen Störungen aß ich gut. In dieser Zeit schonte ich mich etwas; ich stärkte mich mit drei von 30 Unzen Brot, d. h. mit zehn Unzen pro Mahlzeit und pro Tag und mit wenig Getränken. Vor dem 16. füllte ich 6 Fässer von Raddawein in Flaschen.

Am 22. kehrte ich nach Hause zurück und blieb dort allein, nur um auf den Verwalter zu warten, bis vier Uhr; danach aß ich einen Eierkuchen, acht Unzen Brot, eine Nuß, eine trockene Feige und zwei gekochte Kabeljaus. Am 23. abends aß ich Suppe mit gekochtem Hammelfleisch, zwei gekochte Äpfel und

[1] Eintragungen vom 28. 3.–23. 5. gekürzt, da nur Berichte über Mahlzeiten.

zehn Unzen Brot; dazu einen halben Schoppen Wein. Dann angefangen, das Faß in Ordnung zu bringen.

1555[1]

Heute, 11. Januar, Freitag abend, 11 Unzen Brot, Endivien, Eierkuchen.

Heute 12. Abendessen: ein Eierkuchen, Endiviensalat, 12 Unzen Brot. An diesem Abend füllte ich das Faß mit dem Wein von Piero; ich entnahm ihm die Menge von 17 Flaschen und füllte 14 Flaschen auf. Es blieben mir für vier Flaschen übrig; von früher hatte ich sechs; so daß es insgesamt 23 Flaschen sind; an diesem Tage hat er von meinem Wein ein Fäßchen erhalten.

Sonntag aß ich zu Mittag und zu Abend bei Bronzino, heute am 13. Januar 1555.

Montag ging ich nach San Miniato und aß eine Wurst und 10 Unzen Brot.

Dienstag ein Lendenstück, Endivien, ein Pfund Brot, Gallerte, trockene Feigen und Käse.

Heute, am 20., aß ich zu Abend im Hause Daniello, und zwar Indisches Huhn; es war Ottaviano dort; Sonntag abend ist es gewesen.

Heute, am 27. Januar aß ich im Hause Bronzinos zu Mittag und zu Abend; nach dem Mittagessen kam Alessandra, blieb bis zum Abend. An diesem Abend gingen wir, Bronzino und ich, noch zu mir, um uns den Petrarcha anzusehen.

Heute, am 30. Januar 1555, fing ich den Rücken der Gestalt an, die wegen des Kindes weint.

Heute, am 13., arbeitete ich an dem schmalen Tuch, mit dem sie bekleidet ist. Es war schlechtes Wetter; zwei Tage lang hatte ich Magen- und Leibschmerzen.

Heute, 2. Februar, am Samstag abend, aß ich – wie Freitag – einen Kohl und je 11 Unzen Brot, und, da ich beim Arbeiten nicht unter Kälte litt, schmerzten mir weder Körper noch Magen, das Wetter ist mild und regnerisch.

Am 1. Februar arbeitete ich am unteren Teil des Tuches und beendete es am 5.; am 16. machte ich die Beine des Kindes darunter, und das war ein Samstag; am Freitag wurde das

[1] Eintragungen vom 1.–10. 1. gekürzt, da nur Berichte über Mahlzeiten.

Wetter besser, und daher – an besagtem Samstag – war es kalt; vorher hatte es ohne jede Kälte geregnet. Am 21. – es war Donnerstag vor Fastnacht – aß ich mit Bronzino zu Abend, es gab Hasen. Sehr lustig ging es zu. Am Karneval aß ich dort zu Abend.

Am 24., an einem Sonntag, dann am Montag, Dienstag und Mittwoch, dem ersten der Fastenzeit, blieb das Wetter schön wie im April. Am Donnerstag kam jedoch ein trockener und eher kalter Wind auf, und es war der letzte Februartag. Ich beendete den Kopf der Figur, die sich über derjenigen befindet, die so aussieht.

Sonntag aß ich mit Bronzino zu Mittag; ich kam mir so voll vor, daß ich abends nichts zu mir nahm.

Am 4. März machte ich den Torso unter besagtem Kopf; ich stand eine Stunde vor Sonnenaufgang auf.

Am Sonntag, den 10., aß ich mit Bronzino zu Abend; um 23 Uhr aßen wir einen großen und einige kleine gebratene Fische, für die ich 12 soldi ausgegeben hatte; auch Ottaviano war da. Und am Abend wurde das Wetter schlecht; eine Zeitlang war es schön gewesen; ohne Regen.

Montag machte ich den Arm der genannten Figur, erhoben und halb gesenkt wie auf dieser Skizze.

Dienstag und Mittwoch machte ich den Alten und seinen Arm, der so aussieht . . . (Skizze.)

Am 15. begann ich den Arm, der den Riemen hält. Es war ein Freitag. Abends aß ich einen Eierkuchen, Käse, Feigen, Nüsse und 11 Unzen Brot. (Skizze.)

Am Mittwoch, den 20., beendete ich den Arm von Freitag und Montag; vorher hatte ich die Büste beendet und am Dienstag den Kopf dazu. Am Donnerstag stand ich früh auf. Das Wetter war schlecht; der Wind war so kalt, daß ich zu Hause blieb.

Am Freitag machte ich den querliegenden Arm und am Samstag ein wenig blauen Hintergrund. Es war am 23. abends. Ich aß 11 Unzen Brot, zwei Eier und Spinat.

Am Montag, dem 25., Tag der „Herrin", aß ich zu Mittag mit Bronzino; abends aß ich zu Hause einen Eierkuchen.

Am Dienstag machte ich den Putten-Kopf, der sich herabbeugt, und ich aß zu Abend 10 Unzen Brot; Varchi schickte mir ein Sonett.
Am Mittwoch beendete ich die Putte; ich fühlte mich nicht wohl, weil ich den ganzen Tag hatte gebückt arbeiten müssen; am Donnerstag tat mir der Rücken weh. Am Freitag hatte ich nicht nur Schmerzen; es war mir gar nicht wohl; abends aß ich nichts. – Am 29. [3.] 1555 machte ich die Hand und die Hälfte eines Armes der großen Figur, das Knie und ein Stück des Beines mit der darauf ruhenden Hand. Das war am Freitag. Abends aß ich nicht. Bis Samstag abend blieb ich zu Hause. Ich aß 10 Unzen Brot, zwei Eier und Salat.
Am Samstag, dem 31. März, aß ich im Hause Daniello Fisch und Hammelfleisch, abends aß ich nichts; am Montag löste sich mir der Körper in Schmerzen auf. Ich stand auf. Da es kalt war, legte ich mich wieder hin und blieb bis 18 Uhr liegen. Doch auch danach fühlte ich mich noch immer nicht wohl. Dennoch aß ich abends ein wenig gekochten Kalbskopf mit Mangold und Butter. So also fühle ich mich; ohne zu wissen, was mit mir los ist. Wahrscheinlich schadete es mir, daß ich mich wieder hingelegt hatte. Doch jetzt – um 4 Uhr – scheint es mir, als fühlte ich mich sehr wohl.
Am 3. April machte ich das Bein vom Knie abwärts, mit großen Schwierigkeiten, in Finsternis und in einem Wind, der den Aufstrich zu rasch trocknete. Abends aß ich 14 Unzen Brot, Rettich und Eier.
Donnerstag aß ich abends 10 Unzen Brot, zwei gebratene Eier und Rettich.
Am Freitag fing ich damit an, die Rücken dazu zu malen. Abends aß ich ein Pfund Brot und Spargel; es war ein schöner Tag.
Am Samstag aß ich zu Abend.
Am Sonntag, Palmsonntag, aß ich bei Bronzino eine geradezu wunderbar gebackene Mehlspeise.
Am Montag morgen kam jemand in den Garten, um ihn zu säubern . . . – der Spaten.
Am Dienstag machte ich das Bein, d. h. den Schenkel unter besagtem Rücken; abends aß ich einen halben Zicklein-Kopf.
Am Mittwoch zwei Eier. Am Abend erlitt Cecho, der Bäcker, einen Schlaganfall.

Donnerstag den Rest der Eier.
Freitag abend, Karfreitag, Eierkuchen nur von einem Ei mit Zucker und 8 Unzen Brot.
Samstag arbeitete ich an jenem Felsblock. Es besuchte mich der Herzog in San Lorenzo, d. h. in meiner Werkstatt. Abends nahm ich nichts zu mir.
Ostersonntag herrschte große Kälte; es gab viel Wind und Regen. Ich frühstückte mit Bronzino 6 Unzen Brot; abends aß ich nichts.[1]
Am Mittwoch [8. 5.] starb Tasso[2]. Donnerstag beendete ich (den Arm). Abends aß ich mit Damello: gebratenes Ziegenfleisch und Fisch.
Freitag abend einen Eierkuchen, 10 Unzen Brot, weniger als einen halben Wein.
Samstag abend aß ich mit Piero Arno – Fisch, Eier und Artischocken; ich aß zuviel, vor allem Ricotta-Käse.
Morgens hatte ich mit Bronzino gegessen. Am späten Abend aß ich nichts mehr, denn ich hatte zuviel gehabt.
Montags aß ich gekochtes Fleisch, das noch von Donnerstag übriggeblieben war. Es bekam mir gar nicht gut. 10 Unzen Brot.
Am 14., Dienstag, begann ich mit dem Torso, dessen Kopf gesenkt ist. So ... (Skizze.) Zu Abend aß ich einen Salat, Eierkuchen und 10 Unzen Brot.
Am Mittwoch hatte ich einen schwierigen Aufstrich; wahrscheinlich mißlungen. Das Fresko hat Risse wie Brustspalten.[3]
Als ich am Samstag aufstand, war es mir gar nicht wohl; ich aß mit Piero, und zwar nur wenig und ohne Appetit; nachts hatte ich Fieber, ein großes Feuer im Leibe; ich schlief überhaupt nicht.
Am Sonntag, am 9. Juni 1555, aß ich mit Piero zu Abend.
Montag schmerzte mir der ganze Körper.
Dienstag schmerzte mir der ganze Körper.

[1] Eintragungen vom 15. 4.–7. 5. gekürzt, da im wesentlichen nur Berichte über Mahlzeiten.

[2] Gianbattista di Marco oder Battista del Tasso (1500–1555), bekannter Florentiner Kupferstecher.

[3] Eintragungen vom 14. 5.–7. 6. gekürzt, da im wesentlichen nur Berichte über Mahlzeiten.

Mittwoch das gleiche. Noch niemals ist mir abends Brot gut bekommen. Oder waren es die Zutaten?
Am Donnerstag, Corpus Domini, dem 13., aß ich zu Mittag und zu Abend mit Bronzino.
Freitags arbeitete ich.
Samstag aß ich abends mit Piero und arbeitete.
Sonntag aß ich zu Mittag mit Bronzino und auch zu Abend.
Montag aß ich zu Abend bei mir: 10 Unzen Brot, Fleisch und Salat.
Dienstag.
Mittwoch machte ich Kopf und Arme der so stehenden Figur ... (Skizze.)
Freitag machte ich den Torso.
Samstag die Beine, dann das Ganze beendet. Abends aß ich 9 Unzen Brot, Eier und Pflaumen. Es ist der 13. Juni.
Sonntag.
Montag.
Dienstag löste sich das Gerüst auf.
Mittwoch stopfte ich die Löcher zu; Donnerstag machte ich das, was bis zum Hals (?) geht.
Samstag war S. Pietro.
Sonntag aß ich zu Mittag mit Daniello; es war sehr heiß. Auch Bronzino war dort. Abends aß ich mit Piero.
Am Donnerstag, dem 4. Juli, fing ich die Figur an, die so aussieht ... (Skizze.)
Und abends war ich besorgt, weil ich auf Battista[1], der mir Fleisch bringen wollte, wartete. Er hinkte, und es ist das erste Mal, daß er draußen übernachtete. Wenn es seinem Vater nicht gut ging, blieb er nicht dort. Ein Bett zum Übernachten hatte er von Rotella bekommen.
Freitag – Samstag arbeitete ich – bis zu den Beinen.
Sonntag aß ich mit Bronzino zu Mittag.
Heute, am 8., Montag, schrieb ich, ich weiß nicht was, für Briefe. Ich bekam Durchfall.
Dienstag machte ich einen Schenkel. Der Durchfall wurde schlimmer, mit vielen blutigen und weißen Substanzen.

[1] Battista Naldini (1537–1590), Geselle, in etwa Adoptivsohn Pontormos.

Mittwoch ging es mir schlechter. Mehr als zehnmal. Jede Stunde mußte ich austreten. Ich blieb daher zu Hause und aß nur etwas dünne Suppe. Und mein Battista verließ mich abends; er kehrte nicht zurück, obwohl er wußte, daß es mir schlecht ging. Das werde ich nicht so leicht vergessen.

Donnerstag machte ich jenes andere Bein; es geht mir gesundheitlich etwas besser. Nur viermal. Abends aß ich in S. Lorenzo und trank etwas Greco. Doch geht es mir noch nicht gut. Alle drei Stunden kriege ich einen Heißhunger.

Am 12., Freitags, aß ich mit Piero; ich glaube, daß der Durchfall aufgehört hat, d. h. die Schmerzen.

Samstag abend aß ich zu Hause marinierten Fisch. Tagsüber arbeitete ich an der Regenrinne unterhalb der Deckenbalken.

Sonntag vormittag aß ich mit Bronzino; abends wartete ich auf den Fattore. Er war nach Legnaia gegangen und hatte mir gesagt, er wolle früh zurückkehren; doch kam er überhaupt nicht. Vor dem Schlafen aß ich nur Trauben.

Montag.

Heute, am Dienstag, dem 16., begann ich jene Figur (Skizze). Abends aß ich etwas schlechtes Fleisch, das mir nicht gut bekam. Battista sagte mir, ich solle mich in acht nehmen, da ich von den „Nocenti"[1] ausgeschimpft worden war.

Am Mittwoch aß ich zwei Spiegeleier.

Donnerstag früh ging ich mit zwei harten Drämeln zu Stuhl (drinnen waren Dinge wie lange Baumwoll-Dochte d. h. weißes Fett) und abends aß ich in San Lorenzo wieder gut: etwas gekochtes Fleisch. Ich beendete die Figur.

Freitag Fisch und ein Ei.

Samstag kam Battista für alle Farben, Pinsel und für das Öl. Abends aß ich zwei Eier, Birnen, Trauben, Käse und einen halben Wein.

Sonntag aß ich mit Bronzino zu Abend. Battista ging morgens nach Legnaia; abends kehrte er zurück.

Am 22., Montag, frühstückte ich mit Daniello; abends aß ich mit Bronzino. Der Hals ist mir entzündet; ich kann nicht schlucken. Battista kam nicht zurück. Heute richtete ich die Pappe, die Battista gebracht hatte.

[1] Nocenti = Innocenti. Florentinische Gesellschaft.

Dienstag aß ich gar nichts. Ein Zahn schmerzte mir. Ich machte ein Stück Tuch.[1]

Freitag arbeitete ich und fastete. Es war am Vorabend von San Lorenzo.

Samstag brannte und brummte mir der Magen.

Am Sonntag morgen, kaum aufgestanden und angekleidet, hielt ich mich im Garten auf; seit sehr früh schon war er besonders frisch. Dort sah ich mir Zeichnungen an, die mir Fuscellino brachte. Doch fühlte ich die Kälte in unangenehmer Weise; auch der Magen schien mir erzürnt. Abends aß ich mit Bronzino Melone und eine junge Taube. Morgens fühlte ich mich schlecht; es war mir, als hätte ich Fieber.

Montag hatte ich Fieber und einen schlechten Magen. Ich aß abends, aber ohne jeden Appetit. In Wein getaucht aß ich 7 Unzen Brot, etwas Fleisch, eine Unze Mandel. Ich trank nur wenig.[2]

Sonntag, den 5. Oktober, ging Battista zu Pogio. Abends aß ich mit Appetit lauter Kleinigkeiten. Der Zahnschmerz blieb mir.

Montag aß ich Hammel, Salat, Trauben, Käse und 11 Unzen Brot. Und ich machte den Kopf, der sich unter der oben gezeichneten Figur befindet.

Dienstag machte ich den anderen Kopf (seitwärts) und Mittwoch den Rest.

Samstag erneuerte ich besagten Rumpf.

Sonntag aß ich mit Bronzino Fadennudeln.

Montag den Helm.

Dienstag den Kopf so . . . (Skizze.)

Mittwoch die Brust. Abends aß ich nichts.

Donnerstag den Arm; abends aß ich einen Eierkuchen.

Freitag (S. Luca) aß ich Eier, 14 Unzen Brot und einen Kohlkopf.

Samstag den Arm und worauf er ruht. Ich aß zu Abend Eier, 9 Unzen Brot, 2 trockene Feigen.

[1] Eintragungen vom 24. 7. – 8. 8. gekürzt, da im wesentlichen nur Berichte über Mahlzeiten.

[2] Eintragungen vom 13. 8. – 4. 10. gekürzt, da im wesentlichen nur Berichte über Mahlzeiten.

Sonntag aß ich mit Bronzino Fadennudeln und aß dort auch zu Abend.
Montag, Dienstag, Mittwoch, Donnerstag, Freitag arbeitete ich an jener Figur, bis zum Gesims hinauf zeichnend. Samstag bestellte ich den Karton, der für die Seite bestimmt ist. Abends aß ich einen von mir selbst gekochten guten Kohl. Nachts mußte ich aufstehen, um mir einen Splitter aus dem Zahn zu entfernen. Danach aß ich etwas besser.
Sonntag und Montag kochte ich mir etwas Kalbfleisch, das mir Battista gekauft hatte. An diesen beiden Tagen blieb ich zu Hause und zeichnete. An den drei Abenden aß ich allein.
Dienstag 29. Oktober.
Mittwoch 30.
Am 1. November, Freitag, aß ich mit Bronzino Aal und Fisch aus dem Arno. Samstag, Sonntag und Montag war es kalt.
Am 9. machte ich den Kopf unter der Figur, die so aussieht ... (Skizze.)
Am 12. machte ich den Kopf ganz neu. Daran muß man sich erinnern. Es war ein Dienstag.
Am 16. kam der Karton. Ich bereitete ihn zur Arbeit vor. Am Tage vorher war es sehr schön: keine Wolken und keine Kälte.
Am 17. frühstückte ich mit Bronzino, abends zu Hause; ich blieb dauernd dort. Morgens leistete ich mir einen Kastanienkuchen. Abends aß ich. Und an diesem Tage geschah es, daß Bastiano mir von den Brüdern erzählte.
Am 18. arbeitete ich nicht. Ich sprach mit den Brüdern.
Am 19. arbeitete ich an den beiden Totenköpfen, die sich unter dem Gesäß jener Figur befinden.
Am 20. war Wäschetag.[1]
Am 30., Hlg. Andreas, aß ich mit Piero zu Abend; er schenkte mir fünfzig trockene Feigen.
Am Sonntag morgen frühstückte ich mit Bronzino; zu Abend aß ich mit Daniello einen Hasen, und es kam Luca Martini aus Florenz.

[1] Eintragungen vom 24.–29. 11. gekürzt.

Montag, Dienstag, Mittwoch, Donnerstag: am Freitag, Hlg. Nikolaus, war es gutes Wetter. Es dauerte bis heute an, am 9. Dezember.
Am 8. Abendessen mit Bronzino. Backfische, vom Steinmarder getötet; ich brachte Rosmarin-Brot.
Montag zu Abend Schweinszunge.
Dienstag Abendessen im Hause Daniello mit den Herrn Luca Martini und Varchi.
Dienstag zu Abend zwei Eier, einen Endivien-Salat, 14 Unzen Brot, trockene Feigen und Trauben.
Donnerstag abend Hammelfleisch, und an diesem Abend erfolgte die Trennung.
Am 13., Freitag, aß ich abends allein und ich begann, mich ganz auf mich selbst zu stellen. Battista schloß mich in meinem Zimmer ein.
Am Samstag aß ich mit Bronzino und mit Herrn Luca einen Fisch.
Am Sonntag, dem 22., aß ich mit Bronzino. Und vorher, am 20., Fast-Freitag, hellte sich das Wetter bei gutem Wind auf. Es klärte sich, und es dauerte ganze acht Tage. Vorher hatte es einen Monat lang fast ständig geregnet. Mit starken Güssen, und die Wände wurden viel feuchter als ich mich je erinnere. Daher entstanden schlimme, niederschmetternde Erkältungen. Daher, wenn Du Dich in Deiner gewohnten Arbeit gestört findest, mit Kleidern, mit Koitus und zuviel Essen, kannst Du Dich – bei gutem Wetter – in wenigen Tagen schwächen, ja Dir sogar sehr schaden. Deswegen muß man im Juni, Juli und August bis Mitte September vorsichtig sein; vor Schweißausbrüchen muß man sich hüten, vor allem vor dem Wind. Und wenn Du gearbeitet hast, mußt Du mit dem Essen und Trinken aufpassen, da es so heiß ist. Von Mitte September bis zum Herbst werden die Tage zwar kürzer, aber auch feuchter. Deswegen mußt Du die viele Feuchtigkeit, die Du im Sommer getrunken hast, durch Fasten, langes Wachen und Arbeiten ausgleichen. So bereitest Du Dich darauf vor, daß die Kälte des Winters Dir nicht schadet. Und hüte Dich vor Fleisch, vor allem vor Schweinefleisch. Von Januarmitte ab überhaupt keins mehr essen, denn es erzeugt Fieber; es ist übel. Lebe also in jeder Weise mäßig, denn die Säfte und die Erkältungen brechen im

Februar aus, im März und im April, weil im Winter die Kälte sie einfriert. Und beachte, daß – je nach dem Stande des Mondes – auf Kälte Feuchtigkeit folgen kann, die alles Erfrorene auflöst; so sind viele üble Krankheiten entstanden, wie etwa Rheuma und andere schlimme Übel. Und alles das geschieht so, wenn man bei solcher Kälte zuviel gegessen und getrunken hat; die Kälte nämlich macht alles an sich erträglich und bekömmlich, doch wird bei milderem Wetter und bei Feuchtigkeit alles wieder erhitzt, so daß es sich ausdehnt und anschwillt. Also hüte Dich, wie ich es schon vorher sagte, vor Erkältungen, die dann innerhalb weniger Tage tödlich sein können. Wenn Du also im Winter zuviel Säfte hast, so halte Dich an obenerwähnte Regel. Erinnere Dich vor allem an den Vollmond im März bis zum Ende des fünften Zehntels, denn jeder zunehmende Mond ist schädlich, wenn einer zu angefüllt ist. Man muß also vorher aufpassen.

Erinnere Dich ferner an den 5. November 1555, denn das scheint mir nötig. Denn wenn ich Magenstörungen habe, Kopfschmerzen oder Ziehen in den Seiten, in den Beinen, Armen und Zähnen, so sollte ich es nicht wie früher machen. Ich sollte mich dann sofort mit Essen einschränken, nüchtern bleiben und mich nach den Jahreszeiten richten. Also die angeordneten Fastenzeiten beachten! Ich weiß nämlich, daß ich es sonst zu bereuen haben werde.

Häufig genug geschieht es, daß ich mich mit Essen zu voll und zu angeschwollen fühle. Dann muß man aufpassen, denn es handelt sich um überflüssige Gesundheit.

In jenem März 1555 also ging der Mond Ende März auf und blieb bis zum 21. April. Während dieser ganzen Mondzeit entstanden Krankheiten und Pestilenzen. Sie töten viele maßvolle und gute Menschen, die vielleicht überhaupt keine Unordnung kannten. Allen zapfte man Blut ab. Ich glaube, all dies geschah ihnen, weil es im Januar nicht kalt war, wohl aber während dieser Mondphase im März. Man fühlte, wie eine dumpfe, giftige Kälte gegen die Luft kämpfte, die von der Jahreszeit der schon längeren Tage inzwischen erwärmt worden war. Es war, als hörte man das Feuer im Wasser zischen, und ich war sehr verängstigt. Es ist daher vorteilhaft, gut vorbereitet zu sein, bevor der Märzmond aufgeht, daß man also nüchtern bleibt, nicht überanstrengt ist und daß man sich vor Schweißausbruch hütet. Man soll sich nicht beunruhigen, wenn alles nach einigen Tagen vorbei ist und wenn man nicht recht weiß, wie es einem zumute ist und wohin alles treibt; vor allem wenn man sich nach längerer Übelkeit plötzlich wieder wohl fühlt. So erging es mir heute, an diesem 22. April, am ersten Tage des Neumonds. Mehr noch: niemals habe ich mich so wohl gefühlt. Alles muß sich aus einer Kälte ergeben haben, die sich noch nicht gelegt hatte; sie dauerte bis zum 21. an. Aber heute, wie gesagt, habe ich mich erwärmt und ich fühle mich wohl, weil das Wetter jetzt der Jahreszeit entspricht.

Dagolo, der Rote[1], starb am Tage vor Ostern.

Am 24. aß ich bei Bronzino mit Luca Martini und mit allen aus dem Hause Daniello.

Am Ostersonntag aß ich mittags und abends ebenfalls dort.

Am 26. gingen wir nach San Francesco und kehrten zum Abendessen zurück; anwesend waren Alessandra mit Frau Lucretia; wir blieben alle bis sechs Uhr abends.

Heute, am 27., gingen Bronzino und ich nach Monte Oliveto. Den ganzen Morgen verbrachten wir mit Giovanni Battista Strozzi[2]. Wir kehrten spät heim. Ich hatte nichts gegessen und nahm erst zu Hause etwas zu mir.

Am 28. gingen wir nach San Miniato hinauf. Wir aßen im Gasthaus. Wir gaben pro Kopf zwanzig Soldi aus. Abends aß ich nichts.

Heute, am 29., Sonntag morgen, gingen wir bis nach San Domenico; wir kehrten so spät zurück, daß ich zum Essen keine Lust mehr hatte. Bei Daniellos blieb ich also nüchtern.

Montag aß ich abends zu Hause.

Dienstag aß ich abends zu Hause.

[1] Dagolo il Rosso, ein Freund Varchis.

[2] G. B. Strozzi, Dichter. 1505–1571.

Heute, am 1. Januar 1556, Mittwoch, aß ich zu Mittag mit Bronzino; abends aßen Ottaviano und ich eine Wildente.
Donnerstag abend aß ich gekochtes Schweinefleisch und einen Wasservogel. Battista wollte nichts zu sich nehmen.
Freitag aß ich mit Bronzino einen Fisch, den ich von Padovano erhalten hatte, sowie eine Zitrone und Eier.
Samstag morgen begann es zu regnen. Das schöne Wetter, das zehn Tage – keine Wolke am Himmel – gedauert hatte, wurde schlecht. Abends kehrte ich heim: mit einer neuen kurzen Jacke, die 12 Lire gekostet hatte. Ich traf Bastiano, der den Fratres, meinen Mietsherrn, vier Taler brachte.
Am Sonntag frühstückte ich mit Bronzino.
Am Dreikönigsfest, Montag, gingen wir spazieren. Wir aßen Hirsebrot. Abends aß ich mit Daniello.
Dienstag
Mittwoch
Donnerstag abend aß ich mit dem Prior von Nocenti. Wir waren allein. Gelatine und Eier.
Am Freitag, dem zehnten, um 24 Uhr, streifte ein Karren mir das Knie, als er sich ganz dicht an einem Mäuerchen bewegte.
Bastiano kam nach Hause, um von Lattonzio Geld zu erhalten.
Samstag bekam ich zwei Taler. Ich brachte sie den Fratres für die Miete.
Am Sonntag regnete es sehr; ein starker Wind herrschte. Es war den ganzen Tag kalt. Ich aß ein Stück Schweinsrücken.
Und so geschah es auch am Dienstag im Laden Gellos. Am Mittwoch abend kam Bronzino mit Ottaviano; ich sollte mit ihnen zum Essen gehen. Beim Haarmacher trennte ich mich von ihnen und sah sie dann nicht mehr.
Donnerstag abend aß ich mit dem Verwalter am Abend Eier.
St. Antonius, abends, Spiegeleier.
Sonntag abend aß ich mit Piero gekochte Drosseln und Braten, den er mitgebracht hatte.
Am St. Peter-Morgen und am gleichen Tage spät abends kamen Bronzino und Ottaviano vorbei. Der Verwalter öffnete ihnen die Türe. Doch sie traten nicht ein, sie sagten nur, daß von Jacopo . . .[?] Doch klopfte Ottaviano etwa um 2 Uhr wie-

der an. Er fragte nach mir und sagte dem Verwalter, daß Alessandra mich wünschte.
Am 20. Bastiano. Am Montag regnete es den ganzen Tag. Zerstörerische Schauer, starker Donner und Blitze. Abends aß ich einen Rest von Ragout und Schweinsrücken, der von Donnerstag übriggeblieben war, gekochten Salat, 9 Unzen Brot und vier Unzen Rosmarin-Brot.
Am 21. regnete es den ganzen Tag. Ich aß zwei Eier, ein Pfund Brot und einen Salat.
Am 21. aß ich abends Hammelfleisch. Dann mußte ich mit Battista und mit Belochio weggehen, und wir aßen noch etwas. Sie machten sich zwei Tage lang über mich lustig.
Am 24. aß ich abends 10 Unzen Brot, und Käse und zwei Eier.
Am 25. kaufte Bastiano mir 20 Äpfel (für 10 Heller); abends aß ich zwei Eier und Salat.
Am 26., als ich um Mitternacht nach Hause kam, überraschten mich Ottaviano, Daniello und Alessandra und andere Frauen. Ich sollte mit ihnen zu Bronzino gehen. Ich folgte ihnen. Es wurde eine weiße Nacht bis morgens um zwölf.[1]
[Am 8.] Der Verwalter machte Brot, d. h. Frau Cilia. Er selbst schimpfte, weil ich ihn wegschicken wollte, um eine Flasche Wein zu holen. Er sagte, er wolle nicht mehr herumkommandiert werden, und ich solle mit mir selbst fertig werden.

Vom Februar 1556

Am Sonntag, dem 16., aß ich mit Bronzino zu Mittag; abends im Hause Daniello; dort warteten Bronzino, Ottaviano und ich bis um fünf Uhr auf ihn.
Montag abend aß ich ein wenig Rindfleisch, das Bastiano mir gekauft hatte; nicht einmal ein Hund hätte es gefressen. Gut ist das Schlechte nur für andere; für sich hatte er die gute Seite abgeschnitten, und so glaubte er es recht zu machen.
Dienstag abend aß ich noch immer von diesem Rindfleisch.
Mittwoch kaufte Bastiano mir für 28 Heller Schweinsrücken; abends aß ich zwei Eier und zehn Unzen Brot.
Donnerstag vor Fastnacht aß ich bei mir zu Abend mit Bron-

[1] Eintragungen vom 27. 1. – 8. 2. gekürzt, da im wesentlichen nur Berichte über Mahlzeiten.

zino. Ich machte den Torso der Gestalt, die so aussieht. (Skizze.)

Freitag abend aß ich 2 Eier, Käse und trockene Feigen.

Samstag eine Pfannen-Pastete und Bastiano brachte mir für 15 Heller Kalbfleisch und Fett.

Sonntag, zu Mittag und Abend, aß ich mit Bronzino; nachts blieben wir lange auf, denn Varchi war dort.

Montag abend im Hause Daniello, der dann in Via Magio ins Theater ging.

Dienstag war es sehr kalt; nachts schneite es; ich aß einen Weißkohl zu Hause.[1]

Abends sah ich mir den Kopf von Sandrino an. Alessandra öffnete mir und ging gleich fort. Ich aß mit Piero, der dortwar.

Am Sonntag, dem 15., klopften Bronzino und dann Daniello bei mir an; ich weiß nicht, was sie wollten.

Am 18. übertünchte ich die Gesteinsmassen unter dem Fenster.

Am Donnerstag, dem 19., begegnete ich Daniello und Ottaviano. Sie wollten mich zum Essen einladen. Später traf ich Bronzino bei San Lorenzo. Er schickte gerade sein Tafelbild nach Pisa.

Freitag

Samstag

Sonntag kamen Bronzino, Daniello und Ottaviano zu mir; und ich kaufte Schilf und Weiden für den Garten. Bronzino wollte mich bei sich zum Essen haben. Und sagte in seinem Bemühen: „Es scheint, als ob Ihr in das Haus eines Feindes gehen sollt." Dann ließ er mich in Ruhe und ging.

Montag abend aß ich abends im Hause Daniellos ein ausgezeichnetes Zicklein von 34 Soldi; es waren Bronzino, Sandrino und Giulio – außer mir – dort. An diesem Tage wurde Alessandra durch einen Ziegel am Kopf verletzt.

Am Dienstag abend schickte ich Gaddi elf Soldi für einen Fiasco Weißen.

Mittwoch, am 25., Mond-Opposition.

Am 26. fing ich den Arm des unteren Kindes an. (Skizze.)

Freitag stand ich eine Stunde vor Sonnenaufgang auf und machte den Torso von den Armen abwärts.

[1] Eintragungen vom 19. 2. – 14. 3. gekürzt, da nur Berichte über Mahlzeiten und Fortgang der Arbeit.

Samstag machte ich einen Schenkel. Dann nahm ich am Waffenstillstands-Fest teil[1]. Abends kochte ich mir ein Lamm-Stück.[2]
Am Freitag machte ich das kleine Armstück, und der Saal ist beendet, völlig beendet mit einer ganzen Geschichte von Figuren.
Am Sonntag abend aß ich mit Piero Milchkuchen.
Montag, der 15.
Die Decke von Rotello.
Am Freitag, dem 19. fing ich mit der Figur an, die so aussieht ... (Skizze.)
Am Samstag beendete ich die Arme.
Am Sonntag, dem 21., begegnete ich Bronzino in St. Maria del Fiore. Ich versprach ihm, mit ihm zu frühstücken. Dann wollten wir den Stier sehen. Abends blieb ich zum Essen bei ihm. Ich schickte für einen Fiasco Wein nach Piero. Alessandra war dort; sie kamen gemeinsam an. Das Abendessen mißfiel mir sehr. Deswegen blieb ich bis Dienstag abend nüchtern. Dann trank ich „Trebiano" aus Vinegia; dazu zwei Eier. Ich hatte das Hähnchen schlachten lassen, das dann weggeworfen wurde.
Am Mittwoch, den 24., aß ich zu Abend bei Daniello; dort waren auch Marginolle und Bronzino.
Am Donnerstag machte ich die beiden hier gezeichneten Köpfe; es regnete, donnerte und war ungewöhnlich kalt.
Am Freitag wurden alle Löcher am Chor zugemauert; wie früher schon.
Am Sonntag, den 28., frühstückte ich mit Bronzino. Abends ebenfalls. Er hatte einige Fische gekauft. Danach gingen wir auf die Allerheiligen-Wiesen. Dort trafen wir Sandrino und Bernardo.
Am Montag bereitete ich „terreta"[3] vor. Auch Dienstag.
Heute, 1. Juli. Mittwoch, Donnerstag, Freitag. Am Samstag aß ich nichts. Ich zeichnete.
Am Sonntag, dem 5., frühstückte ich mit Bronzino. Ich traf ihn in St. Maria del Fiore mit Ottaviano; er sprach gerade mit

[1] Zwischen dem Kaiser und Frankreich, am 27. März 1556.
[2] Eintragungen vom 29. 3. – 11. 6. gekürzt, da nur Berichte über Mahlzeiten und Fortgang der Arbeiten.
[3] Erde mit gemahlener Kohle.

Herrn Lorenzo Pucci, der im Begriffe war, Salat zu kaufen. Abends aß ich und schickte Piero für 9 Soldi Wein holen.
12. Sonntag.
Am Dienstag, dem 14., fing ich die Brust der hohen Figur an. Mittwoch nur ein kleines Stück Arm (Skizze).
Am Donnerstag wurden die beiden Löcher zugemauert. Am Samstag die Rücken, die – so – darunter sind.
Am 19. (Sonntag) frühstückte ich mit Bronzino; abends mit Piero Birnenkuchen mit Brombeeren. Am Samstag vorher aß ich ein Stück Schleie, d. h. (...).

Juli

Am Montag, dem 20. aß ich zu Abend; dann blieb ich bis Mittwoch abend nüchtern. Ich machte das Stück Arm und ein Stück Bein unter besagten Rücken. Am Dienstag bat ich Battista etwas Essen vorzubereiten.
Am 22., Mittwoch, machte ich jenen Kopf und etwas von der Schulter. Zu Abend aß ich mit Daniello.
Am Donnerstag machte ich an dieser Stelle des Chores Schluß.
Am Freitag beendete ich das Bein der großen Figur.
Am 20. erhielt ich morgens einen Scheffel Weizen. Am Abend, als ich mir die Füße wusch, stieß ich mit einem Fuß derart gegen die Tür, daß es mir sehr weh tat; noch bis heute (am 25.) fühle ich es recht schmerzlich.
Am 25. machte ich den großen Schenkel.
Am Sonntag frühstückte ich mit Piero. Kalbfleisch. Abends nichts.
Am Montag stand ich früh auf und machte den Torso darunter.
Am Mittwoch machte ich das Schienbein des großen Schenkels.
Am Freitag abend aß ich zu Abend mit Piero Fisch. Battista überließ mir den Pfandschein. Er sagte, er komme nicht mehr zurück. Das geschah, als er zu klug sein wollte.
Vom 29. Juli bis 26. August an der Arbeit. Ich habe diese Figur gemacht (Skizze), mit diesem Kopf und mit so wenig Zwischenraum. Außerdem San Lorenzo geordnet. Was das Essen angeht: ich brachte ein Huhn mit und aß mit Bronzino zu Abend; auch Daniello und Ottaviano waren dort. Wir ga-

ben drei Lire aus; ich hatte 20 Soldi zu zahlen. An einem Donnerstag aß ich mit Bronzino; er kaufte auf meine Kosten etwas Hammelfleisch.

Am 27. brachte ich den Karton von San Lorenzo und benutzte ihn zur Arbeit.

Am 10. September machte Frau Cilia ein Viertel Brot.[1]

[1] Eintragungen vom 11.9. bis zum Schluß gekürzt, da im wesentlichen nur Berichte über Mahlzeiten.

Übers. von G. R. Hocke nach der Neuausg. des ital. Originaltextes von Emilio Cecchi: Diario di Jacopo da Pontormo. Florenz 1956.

Verbrechen und Hinrichtungen

Nürnberg, Anfang des 1577ten Jahres

Nicklaus Stüller, von Aydtsfeld, sonsten der Schwartz Kracker genannt, ein Mörder, so mit seinen Gesellen Phila und Görgla von Sunbergs Brüdern, welche zu Coburg geviertheylet worden, Acht Mörd begangen, Erstlich einen Reuter erschoßen, zum Andern ein Schwanger Weib lebendig aufgeschnitten, welche ein Todt Kind bey ihr gehabt, zum dritten wieder ein Schwanger Weib aufgeschnitten, dieselbig ein Madlein bei ihr gehabt, zum Vierten wiederumben ein Schwanger Weib aufgeschnitten, welche zwey Knäblein bei ihr gehabt, sagte Görgla von Sunberg, sie hetten ein große Sünd gethan, er wolte sie zu einem Priester tragen, und solche tauffen laßen, aber der Phila gesagt, er wöll Priester sein, und solche tauffen, solche bey den Bainen genummen, wieder die Erden geschlagen, deßwegen zue Bamberg uff einer Schlayffen ausgeschlaifft, dry griff mit einer glüenden Zangen in ihre leib geben, Volgent mit dem Rath gericht.

Nürnberg, den 26. January des 1580ten Jahres

Den 26. January. Margaretha Dörfflerin (50 (.) Jahr alt, von Ebermansstatt, Elisabeth Ernstin, (22. Jahr alt) von Anspach, Agnes Lenging (22. Jahr alt), von Amberg, 3 Kindsmörderin, die Dörfflerin, als sie ihr Kind in einem Garten hinder der Vesten geborn, also lebendig im Schnee ligen laßen, daß es uff der Erden angefroren, und gestorben, die Ernstin, als sie ihr Kind Lebendig in Herrn Beheimbs hauß geborn, demselben sie das hirnschedelein eingedruckt, und in ein thruhen gesperret. Die Lenging aber, als sie ihr Kind bey einem Rothschmidt Lebendig geborn, demselben sie das Gnicklein eingedruckt, und in einem Speenhauffen vergraben, Alle drey als Mörderin mit dem Schwert gericht, die häupter uff das hoch gericht genagelt, dann vor Niemals kein Weibsbild zue Nürnberg mit dem Schwert gerichtet worden, welches ich und die zween Priester, Nemblich Herr Lienhardt Krieg, und Herr Eucharius zuwegen bracht, dann die Brucken schon aufgemacht, daß man sie alle 3. hat ertrencken sollen.

Nürnberg, den 18. November des 1589 Jahres

Gabriel Heroldt, ein Schneider und Burger, auch ein thurnhütter uff dem Fröschthurn alhie zue Nürnberg, (ein alter betagter Mann) wegen daß er Katharina Reichlin, so ihme uffm Thurn vertraut gefenglichen zuhalten, mit gewalt genöttigt, Unzucht mit ihr getriben, und vor einem Jahr mit einem Maidlein, bey 13. Jahren (worüber er Vormunther geweßen) so bey ihme zu Tisch und in die Cost gangen, mit Gewalt zu etlich malen, Unzucht mit ihr treiben wöllen, aber wegen ihrer Jugend, ihr an ihren Ehren nichts abgewinnen können, aus Gnaden mit dem Schwert gericht worden.

Nürnberg, den 15. Marti des 1597ten Jahres

178. Den 15. Marti. Hannß Haylandt, von Statt Hilboldstein, ein Bader im Marck Hamarck, in Franckenland am Mayn wonhaft, und Veronica Köllin, von Gold Kranach, ein Baurnmaigt, beede dem Haylandt, daß er eim Jungen von Rottenfelß, so bey einem Herrn zu Franckfurt gewessen, so mit ihme und seinem gesellen Killian Ayrer alda ausgangen, und als sie umb 12 Uhr zur Nacht, zu Aschenburg bey dem Brunnen kommen und druncken, ein Ihmwer begert, der Junge ihme ein geben, und sich der Jung mit einem kam gebutzt, hete der Ayrer ihme mit seinem bey sich habenden spiß, daran er sich gesteuert, als wann er für schwachheit nicht stehn könte, für den Kopff geschlagen, daß er gefallen, und Awe gesagt, der Haylandt aber, uff des Jungen Messer gefallen, und ihme den Halß abgeschnieden, 200. fl. genommen, welches geld sie bey ihme gewust, auch sein Herr sie beede betten, den Jungen mitzunemmen, damit er sicher mit dem geld gehn Rottenfelß kommen möcht, weyl er sie beede gekannt, und nur ein meyl von Hamarck gewohnet. Solchen Mördlichen Anschlag hetten sie beede zue Franckfurt gemacht, ehe sie ausgangen, und als sie den Mord bey dem brunnen verricht, haten sie ein Stain an sein Leyb gürtl gebunden, und daselbsten in dem Mayn geworffen. Solche That ist am andern tag offenbar, und gefunden worden, durch die Hund, die das verscharret blut wiederumb auffgescharret,

und der Herr zu Aschenburg den stain, so sie ihme von seinem weingarten, der Maurn gerissen, gesucht, den Cörber im Wasser gefunden. Und als sie das geld gethaylet, were der Bader nach Nürnberg verrayst, des Ermördten Jungen vatter ihme nachzogen, und alhie einziehen Laßen. Die Köllin, als dieselbig mit einem Baurnknecht ein kind erzeugt, dasselbig bei ihrm Bruder, Hannß Koln uffn Weyerhauß geborn, welches ein Maydlin, und ein wenig gequecket, vermeint, ihres brudern weyb, welche in der kuchen gewessen, möcht solches hörn, hete sie ihme mit zweyen fingern das maul zugehalten, welchs sie ihm die Finger hinweg thun, und noch zwey geberlein gethon, und also ersteckt. Als sie zue Morgens früe solches eingraben, hat es ein Weschin gesehen, und Offenbar geworden, beede aus gnaden mit dem Schwert gericht, den Haylandt auff das Rath gelegt, der Kölin Kopff uff den Galgen gehefft[1].

[1] Aus dem Tagebuch des Henkers von Nürnberg: „Meister Franntzn Schmidts Nachrichters inn Nürnberg all sein Richten." FRANZ SCHMIDT (gest. 1634) gilt als „der einzige Schriftsteller seines Berufs". In jedem Falle ist sein Tagebuch ein Unikum seiner Art. Es wurde geschrieben zwischen 1573 und 1615. Nach der Hs. hrsg. u. eingel. von ALBRECHT KELLER. Leipzig 1913, S. 5–6, 8–9, 27, 44–45.

Die Königin besucht den Astrologen

17. September 1580

Ihre Majestät die Königin kam von Rychemond in ihrem Wagen, auf der Landstraße von Mortlak Feld, und als sie geradeaus zur Kirche kam, wendete sie sich meinem Haus zu: und als sie an meinem Garten ankam, stand sie ziemlich lange und fuhr dann auf der Straße an das große Tor am Feld, wo sie mich an meiner Tür entdeckte, als ich vor Ihrer Majestät mich verbeugte; sie winkte mir mit der Hand, ich ging an den Wagen, sie streifte rasch ihren Handschuh ab und reichte mir ihre Hand zum Kuß; und, um es kurz zu machen, sie sagte mir, ich solle bei Hof erscheinen und sie wissen lassen, wann ich dorthinkomme; hor. 6 1/4 a meridie.

15. September[1]

Ich schrieb an den Bischof von London.

22. September

Meine Erklärung gegen Vincent Murphin in den Gerichtshof der Guildhall gebracht.

Eigenartiges Klopfgeräusch

8. März 1581

Es war am 8. Tag, einem Mittwoch, hora noctis 10, 11, als ich in meinem Zimmer ein eigenartiges Klopfgeräusch hörte; ein Laut wiederholte sich zehnmal, wie der Schrei einer Eule klang er; doch länger gezogen, sanfter, als wenn es im Zimmer selbst gewesen wäre. Die ganze Nacht hindurch klopfte und polterte es in meinem Zimmer.

12. März

Alle Rechnungen an Mr. Hendson bezahlt £ 11. 17 s.

1 Die Reihenfolge so im Orginal.

23. März

In Mortlak kam Hugh Smyth zu mir, der von der Magalhaes-Straße und Vaygatz zurückgekehrt war; danach Regen, stürmischen S.-W.-Wind.

25. März

Helen wurde am Marientag für das Jahr engagiert für vier Nobel (altenglische Goldmünze) als Lohn; sie bekam auch ihren Vertragspenny und ebenso vj*s*. viij*d*. für ihre Arbeit, seit sie kam.

3. April

Ich ritt nach Snedgreene zu John Browne, um zu sehen und zu hören, was vorgeht.

3. August

Die ganze Nacht über sehr eigenartiges Klopfen und Schlagen in meinem Zimmer.

4. August

Und in dieser Nacht dasselbe. Katharina wurde von Nurse Maspely aus Barnes nach Hause geschickt, aus Besorgnis wegen der Krankheit ihres Mädchens, und die Hausfrau stillte sie.

11. August

Katharina Dee wurde zu Nurse Garret in Petersham gebracht am Freitag, dem Tag nach Sankt Lorenz, am 11. des Monats; meine Frau ging zu Fuß mit ihr und Ellen Cole, mein Dienstmädchen, Georg und Benjamin, unter heftigen Regenschauern.

12. August

Recepi literas a. D. Doctore Andrea Hess occultae philosophiae studioso, per Richardi Hesketh amici mei, Antwerpiae agentis, diligentiam in negociis meis, et recepi, una cum literis Mercurii Mensitam seu Sigillam Planetarum.

26. August

Ungefähr um 8½ (nachts) ein seltsamer Meteor in Form einer weißen Wolke, der die Milchstraße kreuzte, als sie sich von Norden nach Süden über unseren Zenit erstreckte; diese Wolke zog ihrer Länge nach von SO nach SW, an beiden Enden scharf abgeschnitten und am Westende war sie eine Zeitlang gegabelt; sie stand ungefähr 60 Grade hoch; es dauerte eine Stunde, der ganze Himmel ringsum hell mit klarem Sternenlicht.

Traum-Vision

1. Juli 1597

Ich schickte Roger Kay nach Vanydles wegen des Viehs.

4. Juli

Die Fuhrleute nach Wakefeld für das Korn.

5. Juli

Gegen Abend Blitz und wenig Donner.

6. Juli

Donner am Morgen

7. Juli

Fünf Fuder von dänischem Roggen kamen nach Hause.

19. Juli

Ein sonderbarer Schmerz in meinem Rücken begann mane hora 6¼. In der Kirche über Mr. Palmers schlechtes Benehmen gegen Mr. Lawrence.

20. Juli

Die letzte Ladung meines dänischen Roggens, im ganzen 21 Fuhren.

6. August

Diese Nacht hatte ich die Vision und die Schaustellung vieler Bücher in meinem Traum und unter den übrigen war ein großer dicker Band in breitem Quart, neu gedruckt, auf der ersten Seite stand als Titel in großen Buchstaben gedruckt „Notus in Judaea Deus". Es schien mir, als sähe ich viele andere neu gedruckte Bücher von sehr sonderbarem Inhalt. Ich lieh Mr. Edward Hopwood of Hopwood meinen *Malleus Maleficarum* zur Benutzung bis zum nächsten Jahresende, ein kleines dickes, altes Buch mit zwei Schließen, gedruckt im Jahr 1517.

19. August

Der Earl und die Countess of Derby kamen nach Alport Haus.

21. August

Der Earl und die Countess of Derby hatten ein Festessen in meiner Wohnung im College hora $4^{1}/_{2}$.

27. August

John Addenstall geschickt von Mr. Emery. Ich schrieb.

3. September

Mr. Werall of Lobester zwei Meilen von Donkaster kam zu mir, um mich kennenzulernen.

9. September

Sehr windig vom Süden her und regnerisch.

12. September

Diesen Morgen, Montag, Hagel.

15. September

Von Mr. Werall geliehen 40 *s.*; John Cholmley ging mit ihm, um ihm und anderen Medizin zu geben; und ich bestätigte nochmals vor John Cholmley die 40 *s.*

24. September

Bartholomäus kam.

25. September

Das freche und herausfordernde Benehmen von Mr. Olyver Carter in der Kirche.

26. September

Er bereute es und es kam zu einer Art von Friedensstiftung.

28. September

Mr. Yardely von Calcot in Chesshyre, ungefähr sechs Meilen von Chester, nach dem Holt zu, kam zu mir. Nova de philosopho D. Waldero[1].

[1] John Dee, Private Diary. Ed by J. O. Halliwell. London 1842 (Publications of the Camden Society no 19, S. 8–9, 11–12, 59.) Übers. von Helly Hohenemser (nur diese Stücke).

Nocte coenam dedi

Tübingen 1596

Novemb. 10. Die obscuro,
Pluuio, ventoso.

Bis docui. Reih. et Ronerus post merid. mecum erant. Reihingus ipse reciperet. D. Landauum, si opus esset. Vng. et Saltzburg. Ducati, gaelten bei uns nit 2 fl. sonder villeicht nur 28 bac.
Nocte coenam dedi in hospitio Ouis, bisce Dominis, meo sumptu: quia uxor non potest domi habere.
Bibimus ex meo Regio à Landaw poculo alto, propinantes quaterni quaternis. Bibimus Alsat. vinum, mens. 4 baciorum. Cùm apponeretur illud meum poculum: gratias egi magnificentiae, generositati, dignitati, excellae et humanitati, hospitum, tam benignè, comparentium. Quos ego invitauerim ob 2 causas. 1. propter illustres Dominos Landavos, qui meam tertiam partem Sueuiae sic honorauerint: ut meritò bibamus, precantes illis salutem, longaevitatem, et felicitatem. 2. propter Diem S. Martini, etc. Egit D. ProRector gratias: bene precatus est, ipse ed caeteri, etc. Fuimus lautè tractati, et hilares. Fuimus ante 12. H noctis domum quisque suam. Ronerus mecum pernoctavit: Reihingus, cum Hambergero.
Antea literas scripsi generoso D. Lucio: cum literis Lebemyci: sicnificans de salute filii: nos ex literis generositatis eius sollicitae, sollicitos, prospicere in eventum sategisse. Sed gratia Dei, nos bono aëre hîc uti, etc. Sperare, ipsum accepisse meas proximas literas, in quibus gratias egerim, etc.[1].

[1] Martinus Crusius, Diarium (1596–1597). Tübingen 1927, Bd. 1, S. 238–239.

ISAAK CASAUBONUS

Lob Senecas

11. April 1597

Meine Gebete, Seneca und andere Studien; nach dem Essen meine Vorlesung; alles übrige wie sonst. Bei der Lektüre Senecas gefiel mir vor allem folgende Stelle aus der 12. Epistel: Pacuvius, der Syrien auf dem Verordnungswege besetzte, feierte allabendlich sein eigenes Begräbnis mit Strömen von Wein und mit einem Leichenschmaus. Aus dem Festsaal trugen ihn seine Kneipfreunde dann jedesmal in feierlichem Umzug in sein Schlafzimmer; im Chor sangen sie, um ihn versammelt: „Er hat gelebt. Er hat gelebt!" Kein Tag verging ohne diese Leichenfeier. – Was Pacuvius in seinen Ausschweifungen trieb, sollten wir aus grundsätzlichen Erwägungen machen. Vor dem Schlafen, sollten wir uns freudig sagen: „‚Er hat gelebt. Er hat gelebt.'"

Ich kann den Kunstgriff des weisen Stoikers nur loben, der aus schlechten Beispielen so gute Gewohnheiten macht, der aus Gift ein Heilmittel bereitet. Könnte nur jeder täglich vor dem Einschlafen mit dem Frieden eines guten Gewissens sagen: ich habe gelebt, ich habe gelebt! Doch braucht er dazu nicht aus deiner Schule hervorgegangen zu sein, mein lieber Seneca; vielmehr aus der Schule Dessen, der allein die Seelen seiner Schüler lehren, verwandeln und formen kann nach seinem Willen. Und das bist Du, o allmächtiger Gott, durch das Erbarmen Deines Sohnes.

12. April 1597

Ich stand ein wenig spät auf, da ich mich nicht wohl fühlte; so gingen mir die besten Morgenstunden verloren. Wieder habe ich die Nase in Seneca gesteckt, und folgende Weisheit habe ich tief in mich aufgenommen: „Unter anderen Leiden hat der Wahnsinn die Eigenart, daß er mit dem Leben immer neu anfangen will. O mein Lucilius, mein tugendhafter Freund, denke darüber nach! Du wirst dann über die Leichtfertigkeit der Menschen erröten, die täglich ihr Leben von Grund auf ändern wollen und die täglich neue Pläne schmieden. Und was siehst Du überall? Greise, die sich überanstrengen, die Intrigen vorbereiten, auf Reisen wie im Handel. Und was gibt es Jämmerlicheres als einen Greis, der zu leben beginnt?"

O großer Philosoph, Dich will ich lieber als Ratgeber anerkennen als einige meiner Freunde, übrigens wertvolle und kluge Leute, die mich dazu anregen, mein Leben zu ändern und, so spät noch, mich lehrend der Jurisprudenz zu widmen. Ich gebe gerne zu, daß mein Haushalt und auch mein Ruf davon profitieren würden. Die Musen nämlich finden heute kaum noch einen Unterschlupf. Doch was kümmert mich der Lärm des Gemeinen, wenn es um meine so lieben Kinder geht! Derjenige, der bisher über mich wachte, wird auch für sie sorgen. Ich werde also *deinem* Rate folgen, verehrter Weiser, und mich nicht in die Gefahr begeben, daß man sagen könnte, ich hätte mein Leben durch Unbeständigkeit gekürzt. Sicher ist ja, daß das ganze Leben zu kurz ist, um sich in uferlosen Hoffnungen zu verlieren. Wenn es so ist, und wenn gute Gründe mich zu einer Veränderung bewegen könnten, so weißt Du, mein Gott, welche Studien mir am meisten am Herzen liegen: seit langem hat mich ein starker Wunsch getrieben, mich ganz der Literatur hinzugeben, denn nur in ihr sind alle Wahrheiten enthalten. Nur diese machen unsterblich. Nur diese vereinen mit Gott. Und, verpflichtet wie ich bin der göttlichen Güte, und zwar durch tägliche Geschenke, was kann ich ihr als Gegenleistung anbieten, wenn nicht: *mich selbst.* Und dazu noch eins: während ich diese Überlegungen anstelle, erhalte ich ein neues Geschenk des allgütigen Vaters: heute brachte, gegen fünf Uhr, meine liebe Frau ein weiteres Kind auf die Welt; unsere Familie wurde um ein kleines Mädchen vermehrt.

Neujahrswunsch an sich selbst

1. Januar 1611

Daß ich diesen Tag und dieses Jahr gut beginnen möge, darum bitte ich und flehe ich Dich an, o mein ewiger Gott! Sicherlich wird der Tag, das Jahr, die ganze Zeit glücklich sein, die ich für Dich lebe, die ich Deinem göttlichen Gesetz, Deiner wahrhaft erleuchteten Schrift widmen werde, wenn ich auch weiß,

himmlischer Vater, daß ohne Deine Hilfe, ohne Deine besondere Hilfe von oben, dies mir nie gelingen kann. Mit dem Lesen allein ist es ja nicht getan; man muß auch verstehen, und nicht nur das; man muß auch dem Wort entsprechend handeln. Das allein öffnet die Himmel, o Herrscher der Welt! Gegeben hast Du mir allerdings den Willen, mein Leben nach Deinen Vorschriften zu führen. Doch ist es manchmal so, daß ich mich, wenn ich Ziele ergründen will, unsicher fühle, inmitten der merkwürdigen Verschiedenartigkeit menschlicher Meinungen. Allein in bezug auf die Probleme der Mysterien der Hlg. Eucharistie ist es jetzt so weit gekommen, daß selbst die Frommen und Ehrlichen es schwer haben, ihrer Gefühle sicher zu sein. Es kommt tatsächlich nicht darauf an, die Schrift nur aufgrund von Einzelheiten zu deuten. In dieser Beziehung weisen uns die Gelehrten unserer Zeit keinen sicheren Weg. Sie haben uns in unübersichtliche Urwald-Pfade geführt. Wenn man gehört hat, was sie sagen, so fühlt man sich unsicherer denn je. Und wem sollte man, ewiger Gott, in so bedeutsamen Anliegen folgen? Wem folgen unter anderen Schwierigkeiten dieser Art? Hart erscheint es uns, Deiner alten Kirche Unwissenheit vorzuwerfen und das Gegenteil ihrer Lehre glauben zu müssen, um den rechten Lebensweg zu finden. Nun, so viel weiß ich sicher, daß nämlich die alte Kirche über ein so großes Mysterium (und über andere bedeutende Fragen) anders gedacht hat als diejenigen, die neuere Lehren vertreten. Wohin also sich wenden? Welche Straße soll man wählen, eine die geradewegs ans Ziel führt?
Das quält mich schon seit Jahren. Es bewegt mich Tag und Nacht. Dabei wünschte ich, o Herr Jesus, Dir treu zu dienen; in Deiner Barke möcht' ich sein mit all den Meinen und mit meiner ganzen Habe. Doch zieht mich das Gewicht der verschiedenartigen Ansichten auf seltsame Weise in eine andere Richtung. Da sehe ich die einen, die unter dem Vorwand der Antiquität an groben Irrtümern festhalten; dann die andern, die, indem sie neuen Irrtümern entfliehen wollen, selbst Neuerungen erfinden. Und diese werden dann, um ihre Übertreibungen zu mildern, verurteilt und in ihrer Autorität eingeschränkt. – Die Fürsprecher und Führer der Reformation beobachte ich dann auch in anderer Hinsicht: sie sind unter-

einander so wenig einig, daß sie sich zueinander wie gierige Wölfe verhalten. O Gott, Du, der Du in den Herzen lesen kannst, der Du die Wunden meiner Seele siehst, sei mein Arzt! An diesem vieldeutigen Kreuzweg bleibe, ich bitte Dich, ein sicherer Lenker für mich, für meine Gefährtin und für die Meinen[1].

[1] ISAAK CASAUBONUS, Ephemerides (geschrieben 1597–1614). Ausg. Oxford 1850. Übers. von G. R. HOCKE (nur diese Stücke) aus C.-A. SAINTE-BEUVE, Le Journal de Casaubon in den „Causeries du Lundi". Paris o.J., S. 385 ff.

Herbstanfang

Würzburg, 31. Oktober 1609

Ist zu nacht im 6 uhr – der herbst zum alleristattlichsten mit fackeln breneten schauben bauken und pfeufen schalmaien und sackpfeufen und 12 reutern thomherrn edelleut radtsherrn eingeleucht worden.

Einzug

19. Januar 1614

Im 3 uhr zu vesperzeit ist der einrith 200 roß 8 kutschen geschehen mit dem edlen vesten Veit Hartman Fuchs von Dormheim mit edlen dugenreichen jungfraw ... von Wisentaw. 25 trometter 20 saidenspill 25 Würezburger 27 frömde auß dem frauzimer seint zu hoff vor der kirchen gestanden und die edle braut empfangen. Zur malzeit sein uf der Fürstendafel 100 richt in silber aufgetragen. Wurden 4 dafel 3 disch adelsperson uf diser hochzeit gespeist[1].

[1] Aus dem „Kalender" des Tuchscherers Jakob Röder (1598–1618). Zitiert nach Magdalena Buchholz a.a.O. S. 173–174.

GIACINTO GIGLI

Krank im Heiligen Jahr

Rom, 24. Dezember 1624

Am Mittwoch, dem 24. Dezember, wurde das Heilige Jahr eröffnet, das zwölfte, das bisher gezählt wird. Auf feierliche Weise wurden die Pforten von St. Peter geöffnet, und zwar von Papst Urban. Doch waren nur wenige Menschen anwesend, vor allem wenig Ausländer. Grund dafür war der plötzliche Kriegsausbruch. Zusammengeschlossen hatten sich gegen den König von Spanien der König von Frankreich, der Herzog von Savoyen, die Republik Venedig und der König von England.

Rom, im Januar 1625

Ich, Giacinto, habe die Ereignisse des Heiligen Jahres auf meine Weise nicht täglich aufzeichnen können, denn ich lag lange Wochen schwer krank danieder. Daher sah ich wenig und hielt dementsprechend nur weniges fest. Möge es dem Herrn gefallen, daß ich beim nächsten Heiligen Jahr gesund und lebend sein werde; ich werde dann alles fleißig festhalten und somit für das gegenwärtig verfehlte Jahr einen Ausgleich schaffen.

Einweihung von Neu-St.-Peter

Rom, 18. November 1626

Am 18. November 1626: Alljährlich feierliches Gedenken, denn an diesem Tage weihte Papst Sylvester einst die Basiliken von St. Peter und von St. Paul ein, die vom großen Kaiser Konstantin aufgerichtet worden waren. An diesem heutigen Tage also, am 18. November 1626, weihte Papst Urban die neue Basilika von St. Peter auf dem Vatikan ein; gebaut wurde sie von verschiedenen Päpsten. Julius II. war es, der einen großen Teil der einst von Papst Sylvester geweihten Basiliken niederreißen ließ, und zwar im Jahre 1506. Am 18. April, samstags vor dem Weißen Sonntag, legte er den ersten Stein nieder, und zwar für die Tribüne des großen Werks, das nach

Plänen von Michelangelo gebaut wird. Der Bau wurde dann von anderen Päpsten fortgesetzt, und zwar besonders von Gregor XIII. Er schuf die Kapelle, die nach ihm „Gregoriana" genannt wird. Sixtus V. vollendete die große Kuppel, Klemens VIII. ließ eine weitere Kapelle bauen, die nach ihm „Clementina" genannt wurde. Doch war es Paul V., der den Rest der alten Kirche beseitigen ließ. Aufgrund neuer Pläne fügte er sechs Kapellen hinzu und beendete schließlich den Gesamtbau mit der Vorhalle und mit allem, was dazugehört . . .
Für die gegenwärtige Einweihung des neuen Doms hat Papst Urban den Altar von St. Peter aufrichten lassen (mit wunderbaren Mitteln). Er wurde ganz erhöht, den alten Treppen wurden vier neue hinzugefügt, aus Marmor. Aufgrund seines Auftrags wird an vier großen Bronzesäulen gearbeitet, die diesen Altar schmücken sollten. Monate vorher schon hatte er die Nische ausmalen lassen, in welcher sich das Schweißtuch der Veronika befindet. Und nun weihte er die neue Basilika am gleichen Tage also, an dem Papst Sylvester die alte konsekriert hatte.
Am Tage vorher, also am 17. November, ließ Papst Urban Rom bis abends fasten. Nach dem Abendessen ordnete er eine feierliche Prozesion des gesamten Klerus und aller Gläubigen an. Sie bewegte sich von St. Markus bis St. Peter. Der große Priesterzug kreiste dann in feierlichem Umzug den ganzen Dom ein. Am 18. schließlich – es war ein Mittwoch – weihte der Papst mit allen erdenklichen Zeremonien obengenannte Basilika ein. Allen Gläubigen gewährte er acht Tage lang zu dieser Gelegenheit vollen Ablaß.

Das Wunderkind im Tempel

Rom, 9. Juni 1647

Am 9. Juni 1647, Pfingstsonntag, wurde man in Rom Zeuge einer wunderbaren, um nicht zu sagen ungeheuerlichen Angelegenheit. Ein Knabe von $7^1/_2$ Jahren verteidigte theologische, philosophische und juristische Thesen, sowie weitere noch. Erzogen wurde er von einem Mönch des Ordens der Serviten und folgendes wird über seine Geschichte berichtet. Besagter Bruder Giovanni Battista Mezetti erblickte eines Morgens in der Kirche seines Ordens zu Butrio ein Kind von damals drei Jahren, das mit gespanntester Aufmerksamkeit der Messe beiwohnte; unser Mönch empfand darüber eine derartige Verwunderung, daß er zu wissen wünschte, wer das Kind sein mochte. Kaum war die Messe beendet, fragte er den Knaben nach seinem Namen und ließ sich sofort zu seinen Eltern führen. Er fand heraus, daß es sich um arme Leute aus Modena handelte; in Butrio arbeiteten sie als Flachskämmer. Überzeugt von den wunderbaren Gaben des Knaben, ließ er sich das Kind von den Eltern zur Ausbildung übergeben und brachte es nach Bologna. Dort lernte der Junge mit unglaublicher Leichtigkeit Latein, Griechisch und Hebräisch, und zwar ohne jede Grammatik, ganz so wie man die Muttersprache erlernt: durch regelloses, alltägliches Sprechen. Auch das Wichtigste brachte er ihm bei, aus Theologie, Philosophie, Recht und Medizin; der Kleine hatte ein derartiges Gedächtnis, daß er alles, was er einmal gehört hatte, sofort aufs genaueste behielt. Hinzu kam jedoch das Diskutieren und Urteilen über alle diese Wissenschaften, und das ist in einem so zarten Alter wirklich etwas Ungewöhnliches und Erstaunliches. Dieses vollbracht, entschloß sich der Mönch, den Jungen der Welt vorzuführen. Er reiste daher mit ihm in das Mutterhaus seines Ordens nach Rom, in die Kirche S. Marcello. Dort wurde das Wunderkind von den bedeutendsten Persönlichkeiten Roms geprüft. Alle zeigten sich aufs höchste verwundert. Sie sagten, sein Wissen sei auf natürliche Weise nicht zu erklären. Es handle sich demzufolge um etwas Übernatürliches. Manche sagten dazu auch, es walteten hier Teufelskünste vor; andere meinten, der Antichrist habe seine Hand im Spiel; und noch vieles andere wurde geflüstert. Daher wurde das rätselhafte Kind von den Hohen Geistlichen der Inquisition noch einmal examiniert. Von allen wurde es alsdann aufs höchste gelobt und empfohlen; manche zeichneten es sogar aus. Schließlich aber wurde darüber am genannten Pfingstsonntag eine gedruckte öffentliche Erklärung abgegeben, damit alle wissen sollten, auf welche Weise dieses Kind schwierige Thesen erfolgreich verfochten hatte.

Die amtliche lateinische Erklärung lautet: „Fragen der Theologie, Philosophie, des Rechts, der Medizin und anderer Diszi-

plinen wurden verfochten von dem siebenjährigen Knaben Jakob Martin, wohnhaft in Modena, in Venetien aus dem Geschlechte der Mutiuensi geboren, vorgeführt von Fr. Jo. Bapta Mezetti aus dem Orden der Serviten B M V zu Butrio, angehörend als Doktor der Heiligen Theologie der Universität von Bologna ..."
Dieser Mönch widmete diese Ergebnisse dem Papst Innozenz X. Am gleichen Tage brachte er das Kind auch in den Vatikan. Daraufhin fand in S. Marcello eine Disputation statt; anwesend waren zwölf Kardinäle. Es argumentierten ein Jesuitenpater und zwei Mönche des Minoriten-Ordens, sowie ein Arzt. Ganz Rom lief herbei, um das mitzuerleben. Doch blieben die Kirchenpforten geschlossen. Schwer bewacht wurden sie von der Schweizer Garde der Päpste. Die Menge wartete daher draußen, auf dem Platz und auf dem ganzen Korso. Alle ereiferten sich über diese Meraviglia. Sogar ein Bildnis dieses Jungen wurde dem Druck übergeben. Seine Statur paßt zu seinem Alter. Man sieht ihn mit modischer Mähne. Angezogen ist er wie sich's ziemt: mit langer Hose, Jacke und Mantel, und, um sich auch sonst noch auszuzeichnen, trägt er sogar am Gürtel den Degen. Doch weiß man zu berichten, daß er, als er zum Papst geführt wurde, von diesem nicht in Audienz empfangen wurde. Ich weiß nicht, warum.

Des Rätsels Lösung

Rom, im Mai 1650 (drei Jahre später)

Und was sagen wir nun zu dem Wunder, für wahr gehalten, angenommen, gebilligt und akkreditiert nicht nur vom breiten Volk, sondern auch von den bedeutendsten Fürsten, Kardinälen und Theologen Roms? Wir meinen das siebenjährige Wunderkind, das in S. Martino so erfolgreich hochgelehrte Thesen verfochten hatte. Alles das war betrügerisch, falsch, Ergebnis der Teufelskunst. Der Mönch, der ihn ausgebildet hatte, führte ihn aus Rom wieder zurück, und es dauerte nicht lange, da sah man, wie dieser Bruder mit Seele und Leib vom Teufel geholt wurde. Der Junge aber blieb unwissend, ein Ignorant, der er wirklich war.

Das bewies wieder einmal, sehr sicher, daß, wenn auch andere sich täuschen lassen, der Papst in Glaubensdingen nicht irren kann. Jetzt begreifen wir auch, warum Seine Heiligkeit die Putte damals nicht in Audienz empfangen wollte. Man weiß heute, daß der Junge auf Befehl des Papstes Rom verlassen mußte ...

Dabei fällt mir eins auf: offenbar will der Teufel den Affen Gottes spielen, indem er ihm scheinbar hilft, Wunder zu wirken; dabei will er ihn diskreditieren, dann nämlich, wenn man merkt, daß die Wunder falsch waren. Doch klärt sich schließlich alles zu seiner höheren Ehre auf, denn man weiß am Ende immer, daß die Wunder Gottes echt sind, während des Teufels Mirakel trügerisch sind und lügenhaft[1].

[1] GIACINTO GIGLI, Diario Romano, geschrieben 1608–1670. Ausg. Rom 1958, S. 85, 96–97, 209–301, 362. Auch dieses Tagebuch hat eine merkwürdige Geschichte. Leopold von Ranke hat das Manuskript besessen, als er in Rom an seiner Geschichte der Päpste arbeitete. Er zitiert daraus im Zusammenhang mit den Bauarbeiten Urbans VIII. Dazu schreibt er: „Aus dem Diario Giacinto Giglis, welches mir unglücklicherweise noch in Rom veruntreut wurde – der vornehmste Verlust, den meine Sammlung erlitten" usw. Ausg. Leipzig 1889, Bd. 2, S. 48. Das Manuskript war Ranke gestohlen worden. Der unbekannte Dieb hat es im Antiquariat verkauft. Dort erstand es ein Kanonikus des Laterans. Von dort kam es in das Archiv von S. Pietro in Vincoli, wo es sich noch heute befindet. Übers. von G. R. HOCKE (nur diese Stücke).

GANGOLF HARTUNG

Austreibung des Teufels

Fulda, Januar 1634

Der „böße geist hatt ihr (der Tochter des Hofsattlers Meister Hansen) leibhaftig auß ihrem mundt geredt; sindt die cahtolische prister fleißig zu ihr gangen undt sie zum gebett vermahnet, undt der bößen geist hefftig beschwert mit dem wordt Gottes, daß den 27. january, deß nachts zwischen 11 und 12 uhrer, daß mensch anhebt im Bett undt reiß daß hempt an ihren leib auff undt spricht, es sey auß dem ohr gegrogen undt sey ihr in dem hempt, man soll das hempt von ihr weg thun; hatt man daß hempt genohmen mit sampt den bettücher undt hatts zum fenster nauß geworffen, daß haben die leudt auch selbsten gesehen, daß ihr der böße geist auß dem ohr gegrogen, so groß undt so schwartz wie ein groß schwartz hommel: darnach hatt daß arm mensch gantz still gelegen undt todkranck geweßen ist dieselbige nach bey ihr gewessen H. Johannes Eberhart Siglar, Bastian Sigelers sein sohn zum selbigen mal Pfarherr zu Hossenfeldt gewessen, der hatt dem bößen geist hart zugeredt undt so lang mit ihm gestritten, bist ehr ihn mit der gottes hilff überwunden hatt. diß ist gewißlich geschehen, ich darff es wol schreiben, ich habe mit meinen ohren gehört und mit meinen augen gesehen, daß der böße geist hatt leibhafftig aus ihr mundt geredt undt auch aus ihren augen gesehen, ist das mensch darnach widerrumb frisch undt gesundt wurdten[1].

[1] Aus des Fuldaer Bürgers GANGOLF HARTUNG chronikalischen Aufzeichnungen (1607–1666). Fulda 1910. Zitiert nach MAGDALENA BUCHHOLZ a.a.O. S. 191.

SAMUEL PEPYS

Indiskretionen

London, 20. Mai 1664

Herr Edward Montagu ist vom Hofe entfernt, auf Nimmerwiedersehen. Er hat sich zu sehr aufgespielt mit seiner Freundschaft mit der Königin, so daß die Lords dem König sagten, er müsse auf seine Frau achtgeben. Es heißt sogar, der König habe Montagu einmal selbst gefragt, wie es seinem Schätzchen, nämlich der Königin, ginge. Alle sagen, er habe den Herzog von Monmouth beleidigt. So ist er also weg; niemand bedauert ihn, sondern jeder verlacht ihn und er gibt vor, er gehe aufs Land zu seinem kranken Vater.

London, 21.–27. November 1664

21. Kapitän Teddiman hat achtzehn oder zwanzig Holländer eingebracht und zwei Kriegsschiffe nach Portsmouth. So ist also nun Krieg. Gott gebe ein gutes Ende!
22. Ich arbeite mit Sir Philipp Marwick. Er ist sehr eifrig für den König bemüht, um vom Parlament Geld zu erhalten. Das letzte holländische Kriegsjahr soll seinerzeit 1 623 000 £ gekostet haben.
23. Wir haben uns verschworen, die Kriegslasten größer erscheinen zu lassen, als sie sind, um mehr Geld zu erhalten.
24. Das Parlament ist eröffnet worden.
25. Ich berechnete unsere Ausnahme-Forderung mit 852 700 £ nur zum Schreck für das Parlament. Das Haus bewilligte 2 500 000 £ für diesen Krieg; das ist ein fröhlich Ding für die Anhänger des Königs. Herr Vaughan und andere widersprachen heftig.
27. (Sonntag.) Nach der Kirche brachte ich meine Rechnungen über das Flaggengeschäft in Ordnung. Abends sangen wir wundervolle Psalmen, und ich hatte mit Herrn Hill das köstlichste Gespräch über Rom und Italien.

London, 17. November 1665

Ich fuhr die ganze Nacht, bis ich zu den großen Schiffen kam. Dort hielt Mylord mit Sir W. Penn und mir großen Kriegsrat über die Bedürfnisse in der Flotte. Eine Stunde blieb ich dort, Mylord spielte Gitarre; er preist jetzt die Gitarre über alles. Auch erzählte er mir insgeheim von den Hofhändeln; der Herzog sei toll in Fräulein Stuart verliebt und dessen Frau in ihren Stallmeister. Gott weiß, wie das endet. Ich segelte die Nacht wieder zurück nach Erith.

London, 15. April 1666

Ostern sah ich in der Withehall-Kapelle zu, wie der König das Abendmahl nahm. Ich finde, es ist wenig Unterschied dabei zwischen uns und den Katholiken, aber bei ihnen geht es pomphafter zu. Dann erzählte mir Herr Pierce noch von allen Liebestorheiten bei Hof. Fräulein Stuart ist die Geliebte des Königs und der König hat außer dem Herzog von Monmouth viele bekannte und anerkannte Bastardkinder.

London, 19. Juni 1666

Kapitän Cocke erzählt, der Prinz habe sich sofort nach seiner Ankunft über uns Flottenkommissare beschwert: nur weil wir nicht vorgesorgt hätten, seien sie nicht fortgekommen. Das ängstigt mich, denn es kann einmal Unheil über uns hereinbrechen. Ich bin eben allzu verliebt in Mercer und spiele mit ihren Brüsten, wenn sie mich anzieht. Es sind aber auch die schönsten, die ich je gesehen, das ist wahr.

London, 26. April 1667

In Whitehall sah ich den Herzog von Albemarle, der nicht wohl war und verfällt. Dann machte ich einen Gang mit Herrn Evelyn bis fast 1 Uhr. Wir sprachen von der schlechten Regierung, wo lose Männer und Frauen den König beherrschen. Er hat keinen Widerstand, wenn es sich um sein Vergnügen handelt. Vieles kommt von der Kränklichkeit seiner Minister, die nicht immer um ihn sein können, so daß er den jungen Schuften nachgibt, dann aber auch von der Nachlässigkeit der Geistlichkeit, daß nie ein Bischof in seiner Begleitung zu sehen ist, wie stets beim König von Frankreich. Der König möchte gern einen aus der Bande zum Schatzmeister haben, denn jetzt bekommt man nicht so schnell Geschenke vom König, wie Lady Byron, die des Königs siebzehnte auswärtige Geliebte war und nicht Ruhe gab, bis er für 4000 £ Silber für sie bestellte. Durch Hinhalten aber starb sie Gott sei Dank, bevor sie es erhalten hatte. Herr Evelyn erzählte auch, daß manche Hofbedienstete kein Brot hätten.

Familienszenen

London, 13.–24. Mai 1663

13. Heute, als ich nach Hause kam, fand ich meine Frau mit dem Tanzmeister oben und wurde so voll tödlicher Eifersucht, daß Herz und Kopf tobten und ich nicht arbeiten konnte. Abends schalt ich zu Haus über alles, ging dann plötzlich zu Bett und konnte nachts nicht schlafen. Ich schämte mich aber, zu denken, daß ich lauerte, ob meine Frau heute Unterhosen getragen wie gewöhnlich und anderes, um einen Verdacht auf sie zu werfen. Aber einen richtigen Grund dazu fand ich nicht.
15. Bei Mylord erzählten sie von einer lächerlichen Rauferei bei Lord Oxford: Zornige Worte, Schläge, und abgerissene Perücken, bis Monk ihnen ihre Schwerter wegnahm und das Haus von Soldaten umstellen ließ, bis alles vorüber war. Zu solchem Grad von Verrücktheit ist der heutige Adel gelangt. Ich besuchte Sir Thomas Crewe, der krank liegt, und sprach mit ihm über die heutige Lage. Der König denkt nur an seine Vergnügungen und haßt Gedanken oder Pflichten, wenn einer von den nüchternen Ratgebern ihm einen guten Rat gibt, überreden ihn seine Vergnügungsräte, wenn er gerade bei Lady Castlemaine in gehobener Stimmung ist, er solle nicht auf die alten Schwätzer hören, die früher seine Feinde gewesen. Der Lordkanzler ist abgetan und kommt nie wieder hoch, und wenn er zu Hof geht, muß er warten, wie die andern.
16. Ich stand bekümmerten Gemüts auf wegen meiner Zweifel an meiner Frau, wofür ich Prügel verdiene, außer es ist wahr, was ich fürchte. Gott weiß, ich bin nicht rechtschaffen genug zu ihr gewesen und kann nicht mehr Gerechtigkeit von ihr erwarten. Gott aber verzeihe mir Sünde und Torheit hierin.

19. Mit Sir John Minnes nach dem Tower, wo die neuen Münzen geprägt werden; sie prägen zwischen 16–24000 £ wöchentlich.
23. Ich fürchte, ich verliere die Herrschaft über meine Frau, sie fängt jetzt an und hat keine Freude mehr an mir und gibt sich auch keine Mühe mehr, mir zu gefallen.
24. Roger Pepys sagte mir, seine Schwester wolle ihm nicht mehr den Haushalt führen, so wolle er wieder heiraten und ich solle ihm eine Frau aussuchen, zwischen dreißig und vierzig, ohne Kinder und mit Vermögen. Eine verständige Frau, kein Hochflieger, wie er sich ausdrückte. Sie bekäme 200 £ Wittum. Abends tanzten wir Bauerntänze und Solotänze mit dem Tanzmeister, dann bezahlte meine Frau ihm noch diesen Monat, und jetzt ist alles in Ordnung.

London, 29. Juni 1663

In Westminster Hall kam ich mit Mrs. Lane ins Gespräch. Sie redete viel, daß sie niemals fortkäme; so nahm ich sie mit in ein Weinhaus und gab ihr einen Hummer ... Als ich es satt hatte, hörte ich auf, und jemand, der unser Getändel gesehen hatte, rief laut: „Herr, zu was küßt Ihr die Dame so?" und warf einen Stein nach dem Fenster, was mich ärgerte. Seit meine Frau fort ist, mache ich schlechten Gebrauch von meiner Phantasie gegenüber jeder Frau, auf die ich Lust habe. Das beschämt mich, und ich will mich bemühen, das nicht mehr zu tun. Nun zu Bett!

Erste Zeitung

4. September 1663

In Westminster kaufte ich in der Halle das erste Nachrichtenbuch von L'Estrange, das diese Woche anfängt. Heute las ich eine Proklamation zur Festnahme von Lord Bristol.

London, 2. Februar 1664

Heute gab mir Sir W. Warren eingewickelt ein Paar Handschuhe für meine Frau. Ich machte es nicht auf, weil es sich schwer anfühlte, und sagte, meine Frau werde sich bedanken. Als ich nach Hause kam – ach Gott, was hat es mich für Mühe gekostet, daß meine Frau ohne mein Zutun aus dem Zimmer ging, daß ich sah, was für Handschuhe es sein mochten: und dann waren es weiße Handschuhe für sie und vierzig Stück gutes Gold, was mein Herz so erfreute, daß ich mittags fast nichts essen konnte. Ich weiß nicht, ob ich's meiner Frau erzählen soll.

London, 18. März 1664

Nachdem ich mir beim Schuhmacher ein Paar Schuhe an den Sohlen hatte schwärzen lassen, ging ich zum Totengräber von St. Brigitten, wo ich einen Platz unter Mutters Kirchenstuhl für meinen Bruder aussuchte. Wenn man aber sieht, wie die Gräber der Willkür eines solchen Kerls überlassen sind, der sie für 6 d „zusammenrichten" und ihnen Platz verschaffen will! Nun ging ich wieder in meines Bruders Haus. Statt hundertzwanzig, wie ich gerechnet, kamen hundertfünfzig. Jeder erhielt sechs Biskuits und gebrannten Claret, soviel sie mochten. Die Lohndiener bekamen weiße Handschuhe. Die Männer saßen unter sich und die Frauen ebenfalls. Eng, aber Platz genug. Es war ein sehr stattliches Gefolge bei der Leiche und ich sah zu, wie mein armer Bruder begraben wurde. Nachher gerieten wir bei Frau Turners Bruder über ein Faß Austern, Kuchen und Käse und waren fast zu lustig für die eben stattgehabte Trauerfeier. Ach Gott! Wie so gar nichts macht die Welt aus dem Andenken eines Menschen, wenn er eben eine Stunde tot ist! Ich muß mich wirklich tadeln, denn wenn ich mich auch angesichts seines Sterbens wirklich bekümmerte, habe ich doch gleich darauf wenig Kummer mehr für ihn empfunden.

London, 4. April 1664

Zu Hause gab mir meine Frau eine Antwort, die mir nicht gefiel. So schlug ich sie auf die Nase, um sie zu verletzen, was ich aber nachher leugnete, als ich sie beruhigen wollte. Das arme Ding nahm es mächtig übel und weinte eine ganze Weile; nach und nach aber machte ich sie wieder friedlich. Dann ging ich noch eine Weile ins Amt.

London, 2. Mai 1664

Wir sahen heute „Das Labyrinth", das netteste Stück, das ich je gesehen, obwohl es nur die alten Verwicklungen sind, daß ein Mann als Frau und eine Frau als Mann aufwächst. Zu Hause besuchte mich Herr Bland und brachte mir zwanzig neue Goldstücke für eine Gefälligkeit. Das freute mein Herz. Ich zeigte sie meiner Frau, die sie gern behalten hätte zum Anschauen. Ich hielt das aber nicht für passend und nahm sie ihr wieder ab.

London, 13. November 1665

Ich hielt Abrechnung mit Kapitän Cocke. Wir gingen nach Glanville und plauderten mit Frau Pennington, die in Kittel und Rock am Fenster saß und willig litt, daß ich ihr die Hand in den Busen steckte und sie lange dort ließ; das deucht mich seltsam, denn sie tat sehr ehrbar und dergleichen.

London, 9. März 1666

Frau Knipp und ich sangen zusammen. Gott verzeih mir's, aber ganz im Zaum halten kann ich mich doch nicht. Der Musik und den Weibern kann ich nun einmal nicht widerstehen.

Die Pest in London

London, 20.–27. Juli 1665

Mylord schrieb mir voller Dank wegen der Heirat, die er beschleunigen möchte. Gott, wie verbreitet sich die Pest! Diese Woche starben eintausendneunundachtzig.

22. Die Stadt ist ganz leer und von Whitehall bis zu mir begegneten mir nur zwei Wagen und zwei Karren. Ostende ist in unseren Händen, aber es heißt, wir bekämen Händel mit Frankreich. Unsere Flotte ist auf dem fünfundfünfzigsten Breitengrad, was aber ganz geheim ist.

24. Heute bin ich im vierspännigen Wagen mit Lord und Lady Carteret nach Dagenhams gefahren. Wir verbrachten den Tag sehr angenehm mit den jungen Damen, und ich war so vergnügt wie noch nie. Der junge Carteret ist mit Liebesbeweisen noch so zurückhaltend wie am ersten Tag, der Vater aber war so froh, so zärtlich, so heiter und so knabenhaft, solche Freude machte ihm die Sache. Im ernsthaften Gespräch sagte er, wenn sein Sohn ein Wüstling sei, solle sie ihn nicht heiraten. Er erzählte viel von den lockeren Sitten bei Hof und meinte, der

König müßte ein paar Leute verbannen. Nachher war die Fähre fort, und wir mußten in der Kutsche schlafen.

26. Ich war den ganzen Morgen mit dem König und dem Herzog zusammen. Der König besichtigte ein Schiff im Bau und sprach oft mit mir, wie auch der Herzog. Nachher setzten sich alle zu Tisch, nur ich mußte stehen, was mich vor Sir W. Batten ärgerte, der sitzen durfte. Dann fuhr ich in der Königsbarke. Aber (Gott verzeih mir's) trotz aller schuldigen Bewunderung, je mehr man sie beobachtet, desto weniger merkt man einen Unterschied zwischen ihnen und anderen Sterblichen! Der Herzog von Monmouth ist der unbeständigste, sprunghafteste Mensch, den ich je gesehen, immer in Bewegung, hüpfend, springend oder kletternd. Die Glocken läuten beständig. Heute nacht starben vierzig.

27. Von Hampton Court sah ich das Königspaar nach Salisbury reisen, danach Herzog und Herzogin, deren Hände ich küßte. Ihre Hand ist äußerst weiß und fleischig. Die als Männer verkleideten Hoffräuleins waren hübsch anzusehen in Samtröcken, Mützen mit Bändern und Spitzenkragen. Nur der Herzogin stand es nicht.

15. August 1665

Heute nacht träumte mir, ich hätte Lady Castlemain in den Armen und tändelte mit ihr. Wenn wir im Grabe so träumen könnten, brauchten wir den Tod nicht zu fürchten. Als ich abends an der Friedhofstreppe landete, wurde gerade eine Pestleiche herabgeschafft. Gott sei Dank störte es mich nicht sehr.

10. September 1665

Mein Schwiegervater ist pestkrank, und meine Frau war sehr bekümmert und bat mich, etwas hinzuschicken. Das will ich tun. Dann kam expreß die Botschaft an Herrn Coventry, daß Mylord einen Zusammenstoß mit den Holländern gehabt hat. Zwei Ostindienfahrer und sechs oder sieben gute Prisen sind genommen, die übrigen verfolgt er. Diese Nachricht versetzte Lord Brouncker und die anderen in solche Freude, daß ich noch nie zwei solch vergnügte Stunden erlebt habe. Wir starben fast vor Lachen.

London, 22. Dezember 1665

Ich bin sehr froh, daß die Pest abgenommen hat, bis unter sechshundert, und hoffentlich geht es so weiter, denn es ist harter Frost. Heute kam die erste Oxforder Zeitung heraus, sehr nett, voller Neuigkeiten und keine Albernheiten, geschrieben von Williamson.

Der Brand von London

5.–6. September 1666

Ich schlief wieder im Amt und hatte wehe Füße vom Laufen, so daß ich kaum noch stehen konnte. Um 2 Uhr weckte mich meine Frau, das Feuer war unten an unserer Straße. So nahm ich 2350 £ in Gold, meine Frau, W. Hewer und Jane im Boot nach Woolwich zu Herrn Sheldon, verschloß dort das Gold und trug meiner Frau und W. Hewer auf, es zu bewachen. In Deptford lagen meine anderen Sachen wohl behütet. Ich hatte befürchtet, das Amt brenne schon, wenn ich hinkäme, aber es war nicht so. Das Sprengen der Häuser hat das Feuer gehemmt und die Hilfe der Arbeiter aus den königlichen Werkstätten. Vom Kirchturm aus sah ich überall große Feuer, Ölkeller, Schwefel und anderes brannte. Ich fürchtete mich, länger zu bleiben, und ging zur City; die Börse sieht traurig aus, nichts steht mehr von Statuen oder Pfeilern, nur Thomas Gresham stand noch in der Ecke. Wir wanderten auf heißen Kohlen. Ich sah eine arme Katze mit abgesengten Haaren aus einem Loch hervorziehen, die noch lebte. Nun schöpfte ich Hoffnung, daß das Amt verschont bliebe. Merkwürdig, wie lang die Zeit seit Samstag war, durch vielerlei Tätigkeit und wenig Schlaf.

6. Heute früh brach Feuer in Bishopsgate aus. Wir löschten es schnell, aber es sieht fast aus wie Brandstiftung. Es war hübsch zu sehen, wie die Frauen in den Kanälen arbeiteten; aber sie wollten zu trinken haben und waren dann alle betrunken. Am Fluß steht kein Haus mehr. Von Deptford aus brachte ich alles zu Sir Carteret. Abends aß ich mit anderen bei Sir W. Batten, froh, daß unsere Sorgen vorüber. Die Tuchwirkerhalle steht Tag und Nacht in Flammen. Die Paulskirche sieht jämmerlich aus, ebenso die Schule und Vaters Haus. Creed borgte mir ein

Hemd, sein Haus ist leer. Das ist eine Zeit für Unruhen. Die Holländer sind nur zur Schau hinausgefahren, sonst geschah nichts. Der Herzog von Albemarle soll kommen und sich mit dem König beraten; das ist eine große Ehre, aber sicher auch ein Stück Heuchelei. Ich schlief in Unterhosen in einem Bett ohne Vorhänge, immer mit der Furcht vor dem Feuer im Herzen. Alle Kirchen sollen den Armen geöffnet werden.

Testament

30. Januar 1664

Heute unterzeichnete und siegelte ich mein Testament, das nach meinem Sinn und hoffentlich auch dem Allmächtigen wohlgefällig ist. Abends zerriß ich alte Papiere, darunter auch eine Romanze „Liebe ein Trug", die ich vor zehn Jahren in Cambridge verfaßt hatte. Als ich sie noch einmal las, wunderte ich mich ein wenig über mich selbst, über den Schwung, mit dem ich sie geschrieben habe. Ich glaube nicht, daß ich es jetzt noch so könnte.

Abschied vom Tagebuch

London, 31. Mai 1669

Und nun endet alles, da ich fürchte, ich werde nie wieder mit meinen eignen Augen ein Tagebuch führen können, denn ich kann es nun nicht länger tun, da ich es so lange fortführte, bis ich mir die Augen fast verdarb jedesmal, wenn ich eine Feder zur Hand nahm. Und eben darum muß ich ertragen, was auch immer kommt, und beschließe, daß ich es von nun an von meinen Leuten in voller Schrift führen lassen werde, und muß mich damit begnügen, nicht mehr niederzuschreiben, als für sie taugt und alle Welt wissen darf; oder, wenn etwas anderes ist, einen Rand im Buch offen zu lassen, um hier und da eine Notiz in Kurzschrift mit eigener Hand hinzuzufügen. Und nun beschreite ich diesen Weg, welches fast soviel ist, als sehe ich mich selbst ins Grab gehen, für welches und für alle Trübsal, die im Gefolge meiner Blindheit kommt, der gütige Gott mich bereiten möge[1].

[1] Aus einem der echtesten und persönlichsten, wenn auch nicht introspektiven Tagebücher Europas, den nicht für die Öffentlichkeit bestimmten, teilweise in Geheimschrift geschriebenen „Diaries" von SAMUEL PEPYS. Zitiert nach der deutschen Ausgabe, Das Geheimtagebuch des Sir Samuel Pepys. 1660–1669. Übers. u. bearb. von MAJA SCHWARTZKOPFF-WINTER. München 1931, S. 231, 250, 294, 311, 322, 370–371, 187–188, 193, 219, 225–226, 228, 229, 294, 309, 276–277, 282, 285–286, 295, 337–338, 201, 218–219, 500–501 (in unserer Reihenfolge). Abdruck mit freundl. Genehmigung des Verlags Albert Langen Georg Müller.

ALBRECHT VON HALLER

Beobachtungen über sich selbst

10. August – 25. Dezember 1738

10\. 8. Wie bin ich so zerstreut, so verwirrt, so in die Welt vernarrt; – teils in die äußere, *theils auch in die innere, die ich mir selber mache.* Ehrsucht, Eigenliebe, Eigenwillen, Flucht vor Gott, und vor seinem allgerechten Angesichte. Vater, hilf meiner armen verwirrten, zerstreuten irrdischen Seele.

17\. 8. Wieder eine Woche, da ich im Guten mehr ab als zugenommen. Wieder der Tag, den sich der Herr geheiliget, und den ich so schlecht heilige, der mir zur Last und Pein wird, weil ich kein Wohlgefallen am Gesetze des Herrn habe, weil ich seine Liebe nicht erkenne, und für sein Erlösungswerk ganz kalt und unempfindlich bin; und ebendeswegen kann ein dürrer Baum keine Früchte tragen.

24\. 8. Dieser Tag war noch elender als die vorigen. Meine Ungeduld und Eckel über dem Worte Gottes, und die Begierden nach der Welt sind ganz ausnehmend gewesen. O Herr was wird es werden! O erbarme dich meiner! weiche nicht von mir, mit deiner nachtretenden Gnade, wie ichs leider wohl verdiene. O Herr biß mir gnädig! Lösche den glimmenden Dacht nicht aus; übergieb mich nicht dem Gerichte der Verstockung und des Unglaubens.

3\. 9. Alles in gleichem elenden Zustande! Desto elender, da ich mein Elend je länger je weniger fühle, und recht friedlich damit bin; hingegen von Gott und der Ewigkeit den Begriff täglich schwächer und schwächer fühle. Herr erbarme dich meiner!

19\. 9. Herr! gieb mir Lust zu deinem Worte; mehr Empfindung der Ewigkeit; mehr Furcht des Todes; mehr Muth zur Bekehrung, mehr Gefühl meiner Sünden. Mache mir meinen vermessenen Scherz recht bitter, beraube mich der falschen Götzen, auf die ich mich verlasse. Alles nach deinem heiligen Willen. Amen.

11\. 11. O Vater! laß den guten Samen, den du in mich geleget, nicht gänzlich ersticken. Laß mich an den Tod und an das Leben denken, welches ewig währet.

25. 12. Diesen Tag habe ich das heilige Abendmahl genossen. Gott weiß, in welchem Zustande. O Herr hilf und erbarme! Retter und Heiland, der du heute auch für mich gebohren bist, laß dein Gnade über mir nicht untergehen. Herr hilf und erhalte, und nimm deinen Geist nicht von mir[1].

[1] ALBRECHT VON HALLER, Tagebuch seiner Beobachtungen über Schriftsteller und über sich selbst. Bern 1787, Bd. 2 S. 235–236 (Hervorhebung vom Verfasser).

SAMUEL JOHNSON

Ein Tagebuch führen

London, 1. Jan. 1753

Was ich in Zukunft benutzen werde:
Allmächtiger Gott, der du mir mein Leben bis zum heutigen Tage gewährt hast, vergönne mir, daß ich mit Hilfe deines heiligen Geistes die Zeit, die du mir zubilligen wirst, zu meinem ewigen Heil anwenden möge. Halte mir, dir zum Ruhme, dein Gericht und deine Barmherzigkeit vor Augen. Laß mich den Verlust meiner Frau, die du von mir genommen hast, so ansehen, daß ich dank deiner Gnade dadurch bestimmt werde, den Rest meines Lebens in der Furcht vor dir zu führen. Gewähre mir dies, o Herr, um Jesu Christi willen. Amen.
Vater unser usw.
Ich hoffe von diesem Tag an den Vorsätzen beim Tode meiner Frau treu zu bleiben
Früh aufzustehen
Keine Zeit zu vertrödeln
Ein Tagebuch zu führen.

28. März 1753

Ich verbrachte diesen Tag, den Todestag meiner Tetty, mit Gebet und Tränen am Morgen. Am Abend betete ich für sie unter der Bedingung, daß es dem Gesetz entspricht.

3. April 1753

Ich begann den 2. Band meines Wörterbuchs, während im ersten noch Raum gelassen ist für die Vorrede, die Grammatik und die Geschichte, die noch nicht begonnen sind.
O Gott, der du mir bisher geholfen hast, gib mir die Kraft in dieser Arbeit und in der gesamten Aufgabe meines gegenwärtigen Zustandes fortzufahren, damit ich, wenn ich am letzten Tage über das mir verliehene Talent Rechenschaft ablegen muß, um Jesu Christi willen Vergebung erlangen möge. Amen.

Am Vorabend von Ostern 1761

Seit dem Empfang des Abendmahls vorige Ostern habe ich ein so liederliches und nutzloses Leben geführt und meine Angstzustände und Verstörtheit haben sich so vermehrt, daß ich tief niedergeschlagen und entmutigt bin, und doch will ich morgen vor Gott treten in der demütigen Hoffnung, daß er das geknickte Rohr nicht brechen wird.

Kommt her zu mir alle, die ihr mühselig und beladen seid.

Ich habe Vorsätze gefaßt, ich hoffe nicht vermessenerweise, weil ich Angst habe, mir wieder etwas vorzunehmen. Aber in der Hoffnung auf Gott bin ich unerschütterlich entschlossen, ein neues Leben zu führen. O Gott, gib mir Kraft, um Jesu Christi willen.

Mein Vorsatz ist

Trägheit zu vermeiden.

Meinen Schlaf nach Länge und Wahl der Stunden zu regeln.

Jeden Tag festzulegen, was am folgenden Tag getan werden soll.

Ein Tagebuch zu führen.

Gott eifriger anzubeten.

Jeden Sonntag in die Kirche zu gehen.

Die Heilige Schrift zu studieren.

Jede Woche ein bestimmtes Pensum zu lesen[1].

[1] Samuel Johnson. Diaries, Prayers, and Annals. Ausg. New-Haven, London 1958, S. 49–50, 73. Übers. von Helly Hohenemser (nur diese Stücke). Hervorhebungen vom Verf.

JAMES BOSWELL

Männliche Eitelkeit

25. November 1762

Zum Tee war ich bei Love. Ich weilte nun schon tagelang in der Stadt, ohne jegliche Liebesabenteuer. Mit Dirnen wollte ich mich nicht einlassen, da von meinem Gesundheitszustand sehr viel abhängt. So wandte ich mich denn an ein Mädchen, mit dem ich in Edinburg ein Verhältnis gehabt hatte, bis mein Gefühl dann erkaltete und ich mich zurückzog. Ich wußte, daß es inzwischen nach London gekommen war und suchte es auf, um wieder, wie früher, seiner Gunst teilhaftig zu werden, leider vergeblich. Es ließ sich keineswegs kirre kriegen. Der Frauenmangel schlug mir aufs Gemüt; es schien mir hart, ihrer hier in dieser Stadt zu entbehren. Im Strand sprach ich ein Mädchen an und schob mit ihm in einen Hinterhof, um mich an ihm gütlich zu tun. Es hatte aber keinen Schutzüberzug bei sich. So tändelte ich denn bloß mit ihm. Es staunte über mein Format und sagte, wenn ich je ein Mädchen entjungfere, werde es ein Gekreisch setzen. Ich gab ihm einen Schilling und hatte mich genügend in der Gewalt, um es unangerührt zu lassen. Nachher schauderte mir bei dem Gedanken an die Gefahr, der ich entronnen. Ich nahm mir vor, guten Mutes zu warten, bis ich an ein ungefährlich Ding geriete oder von einer Frau von Welt angenommen würde.

Liebesnacht

12. Januar 1763

Leise trat ich ins Zimmer und beeilte mich in einem süßen Taumel, ins Bett zu kommen, wo ich alsogleich, von weißen Armen umschlossen, an ihre Brust sank. Ach, was haben wir uns tändelnd ausgetobt! Dunkelheit verhüllte gnädig, wie wir erröteten. Im Nu spürte ich die stärksten Liebeskräfte in mir erwachen und hielt, durch die Güte meiner Trauten, ein gar üppiges Minnemahl. Bald darauf, stolz auf mein göttergleiches

Vermögen, begann ich abermals das edle Spiel. Ich strotzte vor Kraft und Gesundheit. Ein enthaltsamer Lebenswandel hatte mich vor Verweichlichung bewahrt; in raschen Stößen pulste das Blut durch meine Adern. Eine wollüstigere Nacht war mir noch nie beschieden. Fünfmal verlor ich mich an die höchste Verzückung. Luise war ganz vernarrt in mich; sie behauptete, ich sei ein Wunder, und fragte mich, ob das nicht mehr sei, als in der Natur des Menschen liege. Ich gab zur Antwort, doppelt so oft wäre wohl außerordentlich, dies aber sei es nicht, wenn ich mir auch insgeheim etwas auf meine Leistung zugute tue. Es bestehe kein Grund, meinte sie, sich auf dergleichen etwas einzubilden. Man sei unwillkürlich stolz darauf, erklärte ich ihr. Sie sagte, es sei etwas, das wir mit den Tieren gemein hätten; ich ließ es aber nicht gelten, bei uns sei es nämlich durch seelische Beziehungen veredelt. Ich fragte sie, was sie als genug erachte. Sie verwies mir die frevle Rede, sagte aber doch, zweimal. Dann kam ich auf die Verabredung vom Sonntag zu sprechen, als ich in einer so betrüblichen Verfassung gewesen war, gestand ihr, wie qualvoll mir zumute gewesen, und wollte wissen, ob sie mich meiner Albernheit wegen nicht verachtet hätte. Das hätte sie nicht, versicherte sie, da es sich um etwas handle, das nicht in unserer Macht stünde.

Sie drängte darauf, wir sollten endlich Schlaf suchen, lange bevor ich dafür zu haben war. Zu guter Letzt ruhte ich doch in ihren Armen aus und sie in den meinen. Die Bowle, die ganz nach meinem Geschmack war, wirkte sehr erfrischend. Luise war halb Zucht, halb Hingabe, eine vertrackte Mischung, die meinen Genuß noch steigerte. Ich schweifte zwar manchmal in Gedanken unwillkürlich ab zu den Umarmungen anderer Liebsten, deren Bild mir scharf und klar vor mein inneres Auge trat. Ob das ganz in Ordnung war, weiß ich nicht, jedenfalls schlug es Luisen zum Vorteil aus. Sie erklärte, sie sei ganz matt und könne weder Arm noch Bein rühren. Auch bat sie, ich möchte sie nicht verachten, hoffentlich sei meine Liebe nicht allzu vorübergehend. Ich habe diese Nacht geschildert, so gut ich konnte. Die Beschreibung ist etwas blaß geraten, aber ich darf mich wohl füglich als Mann von Geschmack bezeichnen.

Ansteckung

20. Januar 1763

Es war ein trostloses Erwachen; der Giftstoff, der in meinen Adern tobte, und die bange Sorge, die mich durchwühlte, hatten mich kaum schlafen lassen. Es wollte und wollte mir nicht in den Kopf. „Wie!" dachte ich, „kann denn dieses schöne, dieses verständige, dieses zutrauliche Geschöpf so arg besudelt sein? Kann ein so wohlgestaltes Wesen Fäulnis bergen? Kann sie, die mir von ihrem zärtlichen und aufrichtigen Gefühl sprach, so gemein und grausam an mir gehandelt haben? Nein, ganz ausgeschlossen. Ich habe nur etwas Schleimfluß, weil das Gemächt durch Reizung überanstrengt ist. Und doch, dieses vermaledeite Stechen, dieser Brand, und dieses verdächtig gefärbte, ekle Zeug, das alles deutet unverkennbar auf eine Ansteckung hin. Es mußte ihr doch klar sein, daß ihre Tücke bald an den Tag kommen werde. Sollte sie von ihrer Krankheit etwa nichts geahnt haben? Das wäre ja noch schöner. Nein, sie konnte nicht ahnungslos sein. Freilich, freilich, sie wollte aus mir herausholen, was herauszuholen war. Und da fällt mir doch ein, daß sie mir damals, als wir zu Hayward fuhren, eine Rechnung über dreißig Schilling zeigte, die ihr ungelegen komme, offenbar in der Erwartung, ich werde berappen. Ich ließ aber Besonnenheit walten, und sie hatte nicht die Stirn, meine Freigebigkeit ausdrücklich auf die Probe zu stellen, nachdem ich kurz zuvor zwei Guineen herausgerückt hatte. Bin ich nun doch genasführt? Bin ich, der ich Liebschaften, gefahrlos und stilecht, mit manch einer prachtvollen Frau gehabt habe, jetzt einem Luder aufgesessen? Soll ich nun wochenlang das Bett hüten und große Schmerzen ausstehen müssen und von allen Annehmlichkeiten und Freuden des Lebens ausgeschlossen sein? Und muß ich mir dazu noch durch die unvermeidlichen Kosten die Taschen ausräumen lassen? Werde ich denn nun eine kleine Ewigkeit lang nicht mehr meinen allmorgendlichen Rundgang durch den Park machen, den glanzvollen Wachaufzug sehen und all meinen lieblichen Zerstreuungen nachgehen? Und bin ich fernerhin verhindert, bei Lady Mirabel oder sonst irgendeiner Frau von Welt Liebe zu schinden? O je, was ist das doch eine vertrackte Geschichte! Was bin ich eine Jammergestalt!"

So fuhr ich fort, Trübsal zu blasen. Ich überlegte, ob ich mich nicht lieber an einen Quacksalber wenden solle, der mich rasch und wohlfeil kurieren würde. Doch empfand ich ein Grauen davor, nur oberflächlich geheilt und innerlich um so mehr verseucht zu werden. Ich hielt deshalb an meinem Entschluß fest, meinen Freund Douglas aufzusuchen, den ich als geschickt und gewissenhaft kannte; es würde mir zwar teuer zu stehen kommen, aber meine Gesundheit wiederzuerlangen war noch wichtiger, und ich konnte es anderweitig einsparen. So ging ich denn, um bei ihm zu frühstücken.

Die Eröffnung

20. Januar 1763

Dann ging ich zu Luise. Ich führte die Unterhaltung mit beträchtlicher Gewandtheit durch, wie die nachstehende Szene wohl deutlich macht.

Luise. Wie geht's? Hoffentlich gut.

Boswell. Ganz vorzüglich, danke. Ihnen hoffentlich auch.

Luise. Eigentlich nicht. Tausenderlei Dinge machen mir zu schaffen (die Hexe, ihre Umstände!). Ich weiß mir gar nicht zu helfen.

Boswell. Wissen Sie auch, daß ich großen Verdruß hatte, seit ich Sie zuletzt gesehen?

Luise. Wie das?

Boswell. Nun, ich fürchte, Sie sind mir keineswegs so wohlgesinnt, wie ich annahm.

Luise. Ach wo.

Boswell. Sagen Sie, gnädige Frau, habe ich nicht Ursache?

Luise. Nein, bestimmt nicht.

Boswell. Habe ich nicht Ursache? Denken Sie bitte nach.

Luise. Ich bitte Sie!

Boswell. Wie steht es in letzter Zeit mit Ihrer Gesundheit?

Luise. Sie setzen mich in Erstaunen.

Boswell. Ich habe nur allzu sehr Ursache, an Ihrer Gesinnung zu zweifeln. Schon seit einigen Tagen habe ich Krankheitssymptome an mir beobachtet, konnte und wollte aber nicht glauben, daß Sie so unedel denken. Jetzt bin ich allerdings gründlich überzeugt.

Luise. Ich bin ganz entsetzt. Ich versichere Sie, mir ist davon nichts bekannt.

Boswell. Ich habe seit zwei Monaten mit keiner Frau zu tun gehabt als mit Ihnen. Heute morgen war ich beim Arzt, der mir erklärte, ich sei angesteckt, und diejenige, von der ich es habe, könne nicht in Unkenntnis davon gewesen sein. Bei einer Straßenbekanntschaft muß man mit dergleichen rechnen, aber bei Ihnen habe ich mich dessen nicht versehen. Sie haben schlecht an mir gehandelt. Das habe ich nicht verdient. Sie sagten zwar, wo kein Vertrauensverhältnis bestehe, gebe es auch keinen Vertrauensbruch. Aber ich habe doch unwillkürlich Vertrauen in Sie gesetzt. Leider habe ich mich geirrt.

Luise. Ich will Ihnen gestehen, daß ich vor ungefähr drei Jahren sehr übel dran war. Die letzten fünfzehn Monate war ich aber ausgeheilt. Ich rufe Gott den Allmächtigen zum Zeugen an, daß ich die Wahrheit sage; und seit einem halben Jahr habe ich mit keinem Mann zu tun gehabt, außer mit Ihnen.

Boswell. Und ich, bei Gott, war mit niemand zusammen als mit Ihnen, und doch bin ich jetzt krank.

Luise. Nun, ich leiste denselben Schwur, daß ich keine Kenntnis davon hatte.

Boswell. Ich wollte, ich könnte Ihnen glauben, gnädige Frau. Aber ich muß gestehen, ich kann in diesem Fall nicht an ein Wunder glauben.

Luise. Ich kann Ihnen nichts anderes sagen. Sie stürzen mich in das größte Elend. Ich verliere Ihre Achtung. Es wird mir bei jedermann schaden, und in meinen Umständen.

Boswell (bei sich). Was zum Teufel meint das verflixte Ding mit seinen Umständen? Ein abgefeimtes Stück ist sie. Ich will die Bemerkung einfach nicht gehört haben. – Gnädige Frau, was Ihren Ruf anbetrifft, da haben Sie nur keine Bange. Beinahe hätte ich gesagt, ich prahle nie mit der Gunst einer Frau. Aber ich gebe Ihnen mein Ehrenwort, es bleibt unter uns.

Luise. Das ist großmütiger, als ich erwarten durfte.

Boswell. Sie werden zugeben, daß ich mich, seit wir uns kennen, immer als Ehrenmann betragen habe.

Luise. Doch, das ist wahr.

Boswell (sich erhebend). Gnädige Frau, Ihr gehorsamer Diener.

Stockung im Tagebuch

24. Januar 1763

Was soll nun vorderhand aus meinem Tagebuch werden? Es muß wohl wüst und leer bleiben. Allen Ernstes zu berichten, daß ich aufstand, mein Wasser abschlug, Arzneien einnahm, stillsaß, in einem Buch blätterte, einen Freund oder zwei bei mir hatte usw., das könnte nur äußerst kärglich und geistlos wirken. Mein Tagebuch muß ich eben, wie andere Journale, nach dem Tagesgeschehen richten. Vielleicht gibt es doch ein paar Vorfälle aufzuzeichnen. Jedenfalls werde ich bald wieder auf den Beinen sein, um auf ergötzliche Abenteuer auszugehen.

Zuviel Arznei, aber Gottvertrauen

25. Januar 1763

Heute nachmittag schluckte ich zuviel Arznei und mußte es büßen. Mir wurde ganz schwach. Es schüttelte mich, und oft überlief es mich heiß. Ich fürchtete, von einem Nervenfieber befallen zu werden, wie schon das letztemal in London nach der nämlichen Krankheit. Ich war sehr gedrückt. Ein Grauen vor dem Tod wandelte mich an. Liebschaften, auf die ich mir in gesunden Tagen etwas zugute getan hatte, erschienen mir jetzt als Abweichungen vom gottgefälligen Pfad der Tugend. So ging es auf und ab, doch faßte ich mich allmählich wieder. Ergeben schaute ich zu meinem gnädigen Schöpfer auf und legte mich dann voller Hoffnung zur Ruhe.

Nachspiel

3. Februar 1763

Mit meinem Befinden stand es nicht so gut wie gestern. Ich war etwas grämlich und fand, die falsche Luise verdiene, daß man es ihr eintränke. So schrieb ich ihr den folgenden Brief:

GNÄDIGE FRAU: Mein Arzt wird von mir bald fünf Guineen zu fordern haben für die Behandlung der Krankheit, die ich mir bei Ihnen geholt. Ich muß Sie deshalb an den kleinen Betrag mahnen, den Sie seinerzeit von mir erhielten. Es dürfte Ihnen kaum entfallen sein, in welchem Sinne Sie dazu kamen. Ich habe ihn weder für Dirnendienste bezahlt noch aus Wohltätigkeit verschenkt. Es war ein Darlehen, und Sie haben versprochen, es zurückzuzahlen. Ich setze Ihnen hierzu eine Frist bis Samstag in acht Tagen.

Es ist mir schlecht ergangen, aber ich verzichte darauf, Ihnen Vorwürfe zu machen. Ich halte es für unter meiner Würde. Falls Sie nicht im Laufe eines liederlichen Lebenswandels verhärtet sind, dürften das Bewußtsein Ihrer Tücke und Niedertracht wie auch Ihre körperliche und seelische Verkommenheit eine ausreichende Strafe darstellen. Nennen Sie nicht Mißgeschick, was die Folge Ihrer eigenen Nichtswürdigkeit ist. Ich will keine lumpigen Ausflüchte hören. Ich wünsche überhaupt keine Briefe. Schicken Sie das Geld versiegelt. Ich habe Ihnen nichts weiter zu sagen.

James Boswell.

Das, dachte ich, dürfte ihr ziemlich sauer eingehen. Der Geldsache zu erwähnen, war vielleicht nicht eben fein. Wenn ich es kriege (was unwahrscheinlich ist), wird es mir sehr zustatten kommen, und ein solches Geschöpf wird durch eine Geldstrafe am empfindlichsten getroffen. Bin ich nicht vielleicht doch zu rachsüchtig? Es hat den Anschein, doch wenn man bedenkt. opfere ich nur am Altar der Gerechtigkeit; und das Opfer, das ich ausersehen, verdient es bestimmt.

Rückfälle

25. März 1763

Erskine frühstückte bei mir. Wir trennten uns im Laufe des Vormittags, und ich bummelte straßauf, straßab, ohne große Lust. Zum Tee ging ich zu Sheridan, wo ich auch den alten Victor traf. Wir ereiferten uns über die beste Staatsform. Sheridan setzte sich für die Monarchie ein, und Victor labberte etwas zugunsten einer Republik zusammen. Mit einer konstitutionellen Monarchie ist dem Wohl der Menschheit sicher am besten gedient. Volksherrschaft bedeutet Wirrwarr, während eine Monarchie bunte Bilder der Lebenslust in uns wachruft.

Auf dem Heimweg heute abend verspürte ich fleischliche Gelüste, die ich auszutoben beschloß. Ich begab mich in den St. James' Park und gabelte dort, wie schon Sir John Brute, eine Dirne auf. Zum erstenmal war ich dabei mit einem Harnisch versehen, was den Genuß sehr beeinträchtigte. Es war ein blutjunges Ding aus Shropshire, das meine stürmischen Umarmungen über sich ergehen ließ, erst siebzehn, sehr wohlgestalt, mit Namen Elisabeth Parker. Das arme Kind, es hat nicht viel vom Leben!

Nachher war ich bei Lord Eglinton zu einem späten Mahl. Sir James war auch da. Er lud mich sehr freundlich ein, nach Oxford zu kommen, er werde mir alles aufs vorteilhafteste zeigen. Ich fahre bestimmt auf eine Woche hin.

10. Mai 1763

Ich aß heute mit meinem Freund im Clifton. Nachts wartete ich bei Lord Eglinton, bis er nach Hause komme. Als er um Mitternacht noch nicht da war, gab ich es auf. Unten am Haymarket hakte ich mich bei einem munteren jungen Ding ein und geleitete es zur Westminsterbrücke, wo es mir zu Willen war. Es auf diesem erhabenen Bauwerk zu tun, wohlgewappnet, die strömende Themse unter uns, dieser Einfall ergötzte mich sehr. Nachdem der tierische Trieb gestillt war, verstand ich allerdings selber kaum, wie ich mich mit einem solchen Luder hatte vereinigen können.

4. Juni 1763

Es war die Geburtsnacht des Königs, und ich beschloß, mich als Lumpenkerl zu verkleiden, um alles zu sehen, was es zu sehen gab. Ich warf mich in den Halbtrauerrock, in dem ich mich schon seit Monaten pudern lasse, zog ungewaschene Buckskinhosen an und schwarze Strümpfe und ein Hemd Lord Eglintons, zwei Tage lang getragen; dazu kam ein runder Hut mit angelaufenen Silbertressen, der einem ausgedienten Offizier des Königlichen Freikorps gehört hatte, und ein abgenutzter alter Stock. War der Lumpenkerl nicht vollständig? Ich ging in den Park, rempelte ein Weibsstück an, gab mich für einen Barbier aus und wurde mit ihr für einen Sechser handelseinig, zog Arm in Arm mit ihr zum hinteren Ende des Parks und verrichtete dort meine Sache höchst mannhaft. Dann streunte ich bis zum St.-Pauls-Kirchhof und kehrte in Ashleys Punschwirtschaft ein, wo ich drei Glas zu drei Groschen leerte. Im Strand gabelte ich ein kleines Luder auf und gab ihr einen Sechser. Sie ließ mich einfahren, verweigerte mir dann aber den Vollzog, das schlechte Stück. Ich war stärker als sie und schob sie wohl oder übel gegen die Mauer, doch entwand sie sich mir unversehens und machte ein großes Geschrei, so daß Dirnenpack und Soldaten ihr zu Hilfe eilten. „Kameraden", rief ich, „warum sollte ein Offizier auf Halbsold nicht für einen Sechser –? Dabei hat sie es mir so und so gemacht." Es gelang mir, die Umstehenden auf meine Seite zu kriegen, ich überhäufte das Mensch mit Schmähungen volkstümlicher Art und entfernte mich dann. In der Nähe von Whitehall sprach ich noch ein Mädchen an, bei dem ich mich für einen Straßenräuber ausgab; ich erklärte, ich hätte kein Geld bei mir, stehe ihr aber dafür gut. Sie wollte aber nicht darauf eingehen. Eine gewisse Genugtuung gewährte mir heute abend, daß ich trotz meiner Verkleidung nie zum Volk gezählt wurde. Hundemüde kam ich gegen zwei Uhr nach Hause.

Diaristisches Zwiegespräch

16. Juli 1763

Johnson empfahl mir, ein Tagebuch zu führen, ehrlich und ungeschminkt; es sei eine gute Übung und werde mir später unendlich lieb sein, wenn einmal die näheren Umstände aus dem Gedächtnis entschwunden seien. Ich teilte ihm mit, daß ich schon seit meiner Abreise aus Edinburg ein solches Tagebuch führe, was er ausdrücklich billigte. Und nun, mein Tagebuch, bist du nicht zu hoher Würde gelangt? Wirst du dich nun nicht doppelt und dreifach entfalten? Nie haben Ermahnung und Mißbilligung mich dazu bringen können, dich beiseite zu legen, und nun, läßt sich irgend etwas dagegen geltend machen, das schwerer wiegen würde als Johnsons ausdrückliche Billigung? Er empfahl mir allerdings, es geheimzuhalten, und meinte, ich hätte gewiß einen Freund, der es bei meinem Tode verbrennen würde. Ich für mein Teil hänge gegenwärtig so sehr an diesem meinem Tagebuch, daß der Gedanke, es je zu verbrennen, mir einen Stich gibt. Ich wäre eher dafür, es im Archiv von Auchinleck sorgfältig aufzubewahren. Immerhin, ich kann das jetzt nicht sachlich beurteilen, in ein paar Jahren denke ich vielleicht anders. Ich gestand Johnson, ich schriebe auch allerhand Kleinkram. „Es gibt nichts", meinte er, „was zu gering wäre für ein so geringes Wesen wie den Menschen. Durch die Beobachtung von Kleinigkeiten bringen wir es am Ende zu der hohen Kunst, unser Leben so schmerzlos als möglich zu gestalten."

Johnson und die Schwermut

22. Juli 1763

Ich beklagte mich, daß ich unter krankhafter Schwermut leide, ich sei in dieser Beziehung erblich belastet. Johnson gestand, er sei im selben Fall gewesen, was ihn veranlaßt habe, geistige Arbeit und Versenkung zu meiden und statt dessen Zerstreuung zu suchen. Er empfahl mir, ständig für innerliche Beschäftigung zu sorgen, mir viel körperliche Bewegung zu verschaffen und maßvoll zu leben, vor allem abends nicht zu trinken. „Von der Schwermut heimgesucht, ergibt man sich allzu leicht der Unmäßigkeit", erklärte er. „Es verschafft einem vorübergehend Erleichterung, stürzt einen aber nachher nur um so tiefer in seelisches Elend." Er setzte hinzu, Schwerarbeiter, die ein einfaches Leben führen, würden selten von trüben Stimmungen heimgesucht. Es war für mich sehr wohltuend, mich mit Johnson darüber aussprechen zu können, und als sich herausstellte, daß er selber diesen Zuständen unterworfen war, empfand ich die seltsame Genugtuung, die einen bei dem Gedanken, seine Not mit andern zu teilen, jeweils erfüllt; je bedeutender der Mitbetroffene ist, um so größer die Wohltat.

Abschied von London

4. August 1763

Dies ist nun mein letzter Tag in London, ehe ich meine Reise antrete, und somit ein wichtiger Einschnitt in meinem Tagebuch. Ein Anlaß, mein Leben seit Beginn des Tagebuchs zu überdenken. Ist es nicht wie ein Traum vergangen? Freilich, aber ich habe mir doch etwas Weltkenntnis erworben. Ich kam hierher, um in die Garde einzutreten. Wie ganz anders läßt sich jetzt alles an! Mein jetziges Vorhaben ist weniger vergnüglich, dafür vernünftiger und eher Dauer versprechend. Ich brauche es nur ständig im Auge zu behalten, und ich bringe es vielleicht doch noch zu Würde und Ansehen. Innerlich bin ich seltsam erregt. Der Gedanke, auf Reisen zu gehen und andere Länder, andere Sitten kennenzulernen, machen mich froh, und doch ist mir nicht ganz geheuer, wenn ich daran denke, über ein kurzes die britische Insel verlassen zu müssen. Wie seltsam wird mir im fremden Land zumute sein. Auch betrübt es mich, von London wegzugehen, wo ich so gut aufgehoben bin und die glücklichsten meiner Tage verlebt habe. Immerhin, wenn ich einmal im Ausland gewesen bin, macht mich das mein Leben lang um so glücklicher. Ich will männlich gefaßt sein und mich der Fürsorge meines barmherzigen Schöpfers anheimgeben[1].

[1] James Boswell, Londoner Tagebuch (1762–1763). Übers. von Fritz Güttinger. Zürich-Stuttgart 1953, S. 60, 156–157, 173–175, 177–178, 185, 191, 194–195, 249, 280, 298, 332–333, 347–348. Abdruck mit freundl. Genehmigung des Diana-Verlages.

JOHANN GEORG HAMANN

Ein Sperling auf der Spitze des Daches

London, den 19. März am Palmsonntag 1758

Ich habe heute mit Gott den Anfang gemacht zum zweytenmal die Heilige Schrift zu lesen. Da mich meine Umstände zu der größten Einöde nöthigen, worinn ich wie ein Sperling auf der Spitze des Daches sitze und wache, so finde ich gegen die Bitterkeit mancher traurigen Betrachtungen über meine vergangenen Thorheiten, über den Mißbrauch der Wohlthaten und Umstände, womit mich die Vorsehung so gnädig unterscheiden wollen, ein Gegengift in der Gesellschaft meiner Bücher; in der Beschäftigung und Übung, die sie meinen Gedanken geben. Die Aussicht einer dürren Wüste, worinn ich mich von Wasser und Ähren verlassen sehe, ist mir jetzt näher als jemals. Die Wissenschaften und jene Freunde meiner Vernunft scheinen gleich Hiobs mehr meine Geduld auf die Probe zu stellen, anstatt mich zu trösten, und mehr die Wunden meiner Erfahrung blutend zu machen, als ihren Schmerz zu lindern. Die Natur hat in alle Körper ein Saltz gelegt, das die Scheidekünstler auszuziehen wissen, und die Vorsehung, es scheint, in allen Wiederwärtigkeiten einen moralischen Urstoff, den wir aufzulösen und abzusondern haben und den wir mit Nutzen als ein Hülfsmittel gegen die Krankheiten unserer Natur und gegen unsere Gemüthsübel verwenden können. Wenn wir Gott bey Sonnenschein in der Wolkensäule übersehen, so erscheint uns seine Gegenwart des Nachts in der Feuersäule sichtbarer und nachdrücklicher. Ich bin zu dem größten Vertrauen auf seine Gnade durch eine Rücksicht auf mein ganzes Leben berechtigt. Ich erkannte selbst in meiner gegenwärtigen Verfassung einen liebreichen Vater, der in ernsthaften Blicken warnt, der mich wie den verlorenen Sohn hat *in mich selbst gehen lassen* und meine bußfertige Rückkehr zu ihm nicht nur mit der Zurückhaltung meiner verdienten Strafe, sondern auch mit einer huldreichen Vergebung und unerwarteten Aufnahme beantworten wird. Es hat weder an meinem bösen Willen gelegen, noch mir an Gelegenheit gefehlt, in ein weit tieferes

Elend, in weit schwerere Schulden zu fallen, als worin ich mich befinde. Gott! Wir sind solche armselige Geschöpfe, daß selbst ein geringerer Grad unserer Bosheit ein Grund unserer Dankbarkeit gegen dich werden muß! Gott! wir sind solche unwürdige Geschöpfe, daß nichts als unser Unglaube deinen Arm verkürzen und deiner Freygebigkeit zu seegnen Gränzen setzen und wieder ihren Willen einschränken kann!
Wenn mich Anfechtung hat auf das Wort aufmerksam gemacht, so kann ich der Schrift des geistreichen Hervey das Zeugnis geben, was er den Nachtgedanken des ehrwürdigen Schwans dieser Insel schuldig gewesen. Die Lesung dieses frommen Schriftgelehrten hat die Göttlichkeit der Bibel so oft dem Gefühl meiner Seelen mit eben der selben Lebhaftigkeit aufgedrungen, womit das neugepflanzte Jerusalem das Gesetz Moses von den Lippen Esdras hörte. Er hat mir zu dem Vorsatz Anlaß gegeben, meine Betrachtungen bey dieser wiederholten Lesung der heiligen Schrift aufzusetzen und die Eindrücke zu sammeln, welche diese oder jene Stelle derselben in mir erwecken und veranlassen wird. Die Unpartheylichkeit der Critic und die ehrfurchtsvolle Einfalt eines christlichen Herzens mögen mich hierinn gleichfalls begleiten.

Die Prosa der Furcht

London, den 5. Mai 1758

Gott hat mir den gestrigen Himmelfahrtstag mit vieler Gnade begehen lassen. Weil ich ihn zur Ruhe geweyht hatte, *entschuldigte ich mich selbst bey ihm,* daß ich meine zeitliche Ruhe früher als ich gewohnt bin, nahm. Ich ging ohne Licht zu Bett. Mein Herze besprach sich mit den Engeln, die uns Menschen umgeben. Die feurigen Pfeile des Bösewichts scheinen uns in der Dunkelheit zahlreicher und leuchtender. Sie sind uns beschwerlich ohne uns mehr so gefährlich zu seyn als in der Nacht die Dienstbarkeit der Sünde. Wir ertragen selbige als das Aufstoßen eines kranken Magens, der uns den Sauerteig entdeckt aber zugleich von demselben erleichtert, indem diese Wirkung seinen guten Willen und die Kraft anzeigt, die er anwendt um sich von demselben zu erleichtern. Und der gnädige Gott übersieht uns diese Schwäche, wie wir selbige einem so nahen Freunde auch ohne seine Entschuldigung zugut halten und uns dadurch nicht weitere Besuche verekeln lassen. Ich erhob mich also über die Prosa der Furcht und *redte meine unsichtbare Gesellschaft mit einer lüsternen Vertraulichkeit um ihre Gemeinschaft an*, mir einige ihrer Gedanken, ihrer Empfindungen, mir einige Töne ihrer Andacht, in der sie glühen, zuzulispeln. Mir fiel hierauf die Stelle ein, die ich einen Abend vorher in Youngs Nachtgedanken gelesen hatte:

– – – – O Thou bleeding Love!
Thou maker of new morals to mankind!
The grand morality is Love of Thee.
O Du blutende Liebe!
Du Schöpfer neuer Sittenlehren für die Menschen!
Der Grundstein und der Gipfel der erhabensten Sittlichkeit
ist Dich zu lieben; ist Deine Liebe.

Meine Einbildungskraft ließ mich dies Bild der blutenden Liebe lebhafter als jemals sehen. Es war vor meinen Augen in sanften Farben und Zügen gemahlt. Ich sah es tröpfeln – – mit aller Empfindlichkeit, Antheil und Trost des Glaubens – – mit Durst und Dank. Ich dankte ihm für die Blutstropfen, die ich glaubte fallen zu sehn; und dankte ihm, jetzt das erste mal, für Augen, die Thränen träufeln konnten. Ich bat ihn um eben die Erscheinung, um eben dies Bild seiner blutenden Liebe zum Trost in meinem Tod. So fiel ich in den Schlaf, und habe den Frieden und den Balsam des Todes im Schatten desselben genossen. Ich erwachte und feyerte die Wohlthat desselben mit dem Wunsch und Hoffnung meiner Auferstehung.

O Jesu, laß mich auferstehn
In Geist und mit dir leben,
Bis du mich endlich wirst erhöhn
Und mir die Krone geben,
Die mir ist nach dieser Zeit
Bereitet im Reich der Herrlichkeit
Herr hör! – – und laß mein Flehen
Geschehen!

Selbsterkenntnis und Selbstliebe

London, 16. Mai 1758

So wie alle unsere Erkenntniskräfte die Selbsterkenntnis zum Gegenstand haben, so unsere Neigungen und Begierden die Selbstliebe. Das erste ist unsere Weisheit, das letzte unsere Tugend. *So lange es dem Menschen nicht möglich ist, sich selbst zu kennen, so lange bleibt es eine Unmöglichkeit für ihn, sich selbst zu lieben.* Die Wahrheit kann uns daher allein frey machen; dieß ist die Lehre der himmlischen Weisheit, die deswegen in die Welt kam, uns Selbsterkenntnis und Selbstliebe zu lehren[1].

[1] JOHANN GEORG HAMANN, Tagebuch eines Christen. Wien 1949, S. 7–8, 276–277, 300 (Hervorhebungen vom Verf.).

Pietistisches Programm

3.–6. Februar 1761

Ein trauriger Tag, voll Kraftlosigkeit und Bitterkeit wegen des erlittenen nächtlichen Zufalls; ungeschickt zum Gebete, geneigt zum Zorne, redte mit Herrn Kanzlern nicht gütig genug, war vielmehr aufgebracht – war voller Ungeduld, ohne Demuth zu Gott. Ach, Ewiger Vater, welch ein Sünder bin ich noch! Erbarme Dich, erbarme Dich, Gott, mein Erbarmer, diese Nacht und immerdar über mich, Deinen Knecht, um Jesu Christi willen. Wende, wenns möglich ist, Deine Plage von mir.

Geschlafen ohne die nächtliche Beschwerung, Gott sey Dank! – Wieder angefangen zu lesen – ich hatte Athem und Kräfte zum Lesen – sonst matt und traurig. Aber, o meine Seele, es ist ein köstlich Ding geduldig seyn und auf die Hülfe des Herrn harren.

Von ein Viertel auf ein Uhr bis 5 Uhr ununterbrochen geschlafen; ich hoffe, ohne meine gewöhnliche Plage. – Früh verdrüßlich – dawider will und muß ich streiten – ohne Leben im Gebete, da muß ich anhalten und Gott um den Geist des Gebets bitten und mich gehörig zum Gebete vorbereiten. – Mußte zur Herzogin von Hollstein kommen – eine verständige Prinzessin – verlangte einen Informator – ging heute eine Stunde spazieren – redte mit Herrn Kanzlern gelinder und verbesserte meinen Fehler – träge zum Gebet und zur Arbeit.

Gott Lob, wieder frey von meinem nächtlichen Anfalle gewesen. Das ist Gottes Wohlthat. Erkenne sie, meine Seele, und harre des Herrn und hoffe mitten in allen Nöthen, in aller deiner Schwachheit auf ihn und unterwirf dich ihm in Geduld und Glauben an den Sohn Gottes. – Um vier Uhr wachte ich auf und fühlte innerlich starkes Kopfweh.

Mosheim. – Die das Leiden Jesu zum Nutzen und zur Ruhe ihrer Seele betrachten wollen, müssen

1) dasselbe nicht obenhin betrachten, sondern alles genau und umständlich erwägen.

2) müssen ihr Herz von allen fremden Gedanken reinigen und eine wahre Stille des Geistes mitbringen.
3) müssen nicht nur die Wohlthaten sich zu Gemüthe führen, die uns der leidende Jesus erworben, sondern auch die große Verbindlichkeit, die auf uns wegen dieser Wohlthaten liegt.
4) müssen es mit dem festen Vorsatze betrachten, dem Heilande das Kreuz nachzutragen und in seine Fußstapfen zu treten.

Ein schwacher kranker Mensch, ja, das bin ich; aber, o meine Seele, der Herr, der barmherzige Gott ist deine Stärke, auch wenn du es nicht merktest, und wird bald um Christi willen deine Hülfe seyn. Tröste dich doch mit den beiden göttlichen Stellen, die dir, heute Nachmittage, gegen drey Uhr und sechs Uhr zuerst in die Augen fielen, da du die Heilige Schrift aufschlugst. Esaias 28 Vers 29: Solches geschieht auch vom Herrn Zebaoth; denn sein Rath ist wunderbarlich und führet es herrlich hinaus. – Ja, was dir widerfährt, wenn es gleich Strafe deiner Sünden ist, geschieht auch vom Herrn Zebaoth. Sein Rath ist wunderbarlich – er will dich durch Angst der Seelen zur Erkenntniß des Heils leiten, und so bitter dir dieser Weg ist, so preise doch Gott, der es herrlich hinaus führen wird, wenn er dich durch den Glauben an Jesum wieder erquicken und zu seinem Kinde aufnehmen wird. Und Prov. 13 Vers 12: die Hoffnung, die sich verzeucht, ängstet das Herz (o wie wahr ist das, meine Seele!) wenn aber kömmt, das man begehret, das ist ein Baum des Lebens – o dieses wird auch an dir wahr werden[1].

[1] Chr. F. Gellert, Tagebuch (1761). Leipzig 1862, S. 28–30.

JOHANN GOTTFRIED HERDER

Schauder von Lebhaftigkeit

Nantes, 1769

Ich beklage mich, ich habe gewisse Jahre von meinem menschlichen Leben verloren: und lags nicht bloß an mir, sie zu genießen? bot mir nicht das Schicksal selbst die ganze fertige Anlage dazu dar? Die vorigen leichten Studien gewählt, französische Sprache, Geschichte, Naturkenntnis, schöne Mathematik, Zeichnung, Umgang, Talente des lebendigen Vortrages zum Hauptzwecke gemacht – in welche Gesellschaften hätten sie mich nicht bringen können? wie sehr nicht den Genuß meiner Jahre vorbereiten können? – Autor wäre ich alsdenn Gottlob! nicht geworden, und wie viel Zeit damit nicht gewonnen? in wie viel Kühnheiten und Vielbeschäftigungen mich nicht verstiegen? wie viel falscher Ehre, Rangsucht, Empfindlichkeit, falscher Liebe zur Wissenschaft, wie viel betäubten Stunden des Kopfs, wie vielem Unsinn im Lesen, Schreiben und Denken dabei entgangen? – Prediger wäre ich alsdann wahrscheinlicher Weise nicht oder noch nicht geworden, und freilich so hätte ich viele Gelegenheiten verloren, wo ich glaube, die besten Eindrücke gemacht zu haben; aber welcher übeln Falte wäre ich auch damit entwichen! Ich hätte meine Jahre genießen, gründliche, reelle Wissenschaft kennen und alles anwenden gelernt, was ich lernte. Ich wäre nicht ein Tintenfaß von gelehrter Schriftstellerei, nicht ein Wörterbuch von Künsten und Wissenschaften geworden, die ich nicht gesehen habe und nicht verstehe; ich wäre nicht ein Repositorium voll Papiere und Bücher geworden, das nur in die Studierstube gehört. Ich wäre Situationen entgangen, die meinen Geist einschlossen und also auf eine falsche intensive Menschenkenntnis einschränkten, da er Welt, Menschen, Gesellschaften, Frauenzimmer, Vergnügungen, lieber extensiv, mit der edlen feurigen Neubegierde eines Jünglings, der in die Welt eintritt und rasch und unermüdet von einem zum andern läuft, hätte kennen lernen sollen. Welch ein andres Gebäude einer andern Seele! Zart, reich, sachenvoll, nicht wortgelehrt, munter, lebend, wie ein Jüngling! einst ein glücklicher Mann! einst ein glücklicher Greis! – O was ists für ein unersetzlicher Schade, Früchte affektieren zu wollen und zu müssen, wenn man nur Blüte tragen soll! Jene sind unecht, zu frühzeitig, fallen nicht bloß selbst ab, sondern zeigen auch vom Verderben des Baums! „Ich wäre aber alsdenn das nicht geworden, was ich bin!" Gut, und was hätte ich daran verloren? wie viel hätte ich dabei gewonnen!

O Gott, der den Grundstoff menschlicher Geister kennet und in ihre körperliche Scherbe eingepaßt hast, ists allein zum Ganzen oder auch zur Glückseligkeit des Einzeln nötig gewesen, daß es Seelen gebe, die durch eine schüchterne Betäubung gleichsam in diese Welt getreten, nie wissen, was sie tun und tun werden; nie dahin kommen, wo sie wollen und zu kommen gedachten; nie da sind, wo sie sind, und nur durch solche Schauder von Lebhaftigkeit aus Zustand in Zustand hinüberrauschen und staunen, wo sie sich finden? Wenn o Gott, du Vater der Seelen, finden diese Ruhe und philosophischen Gleichschritt? in dieser Welt? in ihrem Alter wenigstens? oder sind sie bestimmt, durch eben solchen Schauder frühzeitig ihr Leben zu endigen, wo sie nichts recht gewesen und nichts recht genossen und alles wie in der Eil eines erschrocknen, weggehenden Wandrers erwischt haben; und alsdenn gar durch einen diesem Leben ähnlichen Tod eine neue ähnliche Wallfahrt anzutreten? Vater der Menschen! wirst du es würdigen, mich zu belehren?

Plan eines Universal-Tagebuches

Nantes, 1769

Welch ein Werk über das menschliche Geschlecht! den menschlichen Geist! die Kultur der Erde! aller Räume! Zeiten! Völker! Kräfte! Mischungen! Gestalten! Asiatische Religion! und Chronologie und Polizei und Philosophie! Ägyptische Kunst und Philosophie und Polizei! Phönizische Arithmetik und Sprache und Luxus! Griechisches Alles! Römisches Alles! Nordische Religion, Recht, Sitten, Krieg, Ehre! Papistische Zeit, Mönche, Gelehrsamkeit! Nordisch-asiatische Kreuzzieher, Wallfahrer, Ritter! Christliche heidnische Aufweckung der Gelehrsamkeit!

Jahrhundert Frankreichs! Englische, holländische, deutsche Gestalt! – Chinesische, japanische Politik! Naturlehre einer neuen Welt! Amerikanische Sitten usw. – – Großes Thema: das Menschengeschlecht wird nicht vergehen, bis daß es alles geschehe! Bis der Genius der Erleuchtung die Erde durchzogen! *Universalgeschichte der Bildung der Welt!*

Wie viel liegt aber vor mir, diesen Schein des Ansehens zu erreichen und der erste Menschenkenner nach meinem Stande, in meiner Provinz zu werden!

Bin ichs geworden, so will ich diesen Pfad nicht verlassen und mir selbst gleichsam ein *Journal halten der Menschenkenntnisse,* die ich täglich aus meinem Leben, und derer, die ich aus Schriften sammle. Ein solcher Plan wird mich beständig auf einer Art von Reise unter Menschen erhalten und der Falte zuvorkommen, in die mich meine einförmige Lage in einem abgelegnen skytischen Winkel der Erde schlagen könnte! Dazu will ich eine beständige Lektüre der Menschheitsschriften, in denen Deutschland jetzt seine Periode anfängt und Frankreich, das ganz Konvention und Blendwerk ist, die seinige verlebt hat, unterhalten. Dazu die Spaldinge, Resewitze und Mosers lesen; dazu von einer andern Seite die Mosers und Wielands und Gerstenbergs brauchen; dazu zu unsern Leibnizen die Shaftesbury und Lockes, zu unsern Spaldings die Sternes, Fosters und Richardsons, zu unsern Mosers die Browne und Montesquieus, zu unsern Homileten jedes Datum einer Reisebeschreibung oder merkwürdigen Historie dazu tun. *Jahrbuch der Schriften für die Menschheit!* ein großer Plan! ein wichtiges Werk! Es nimmt aus Theologie und Homiletik, aus Auslegung und Moral, aus Kirchengeschichte und Asketik nur das, was für die Menschheit unmittelbar ist; sie aufklären hilft; sie zu einer neuen Höhe erhebt, sie zu einer gewissen neuen Seite verlenkt; sie in einem neuen Licht zeigt; oder was nur für sie zu lesen ist. Dazu dient alsdenn Historie und Roman, Politik und Philosophie, Poesie und Theater als Beihilfe; bei den letzten allen wird dies nicht Hauptgesichtspunkt, aber eine sehr nutzbare und bildende Aussicht! *Ein solches Journal wäre für alle zu lesen! Wir habens noch nicht; ob wir gleich Materialien dazu haben! Es würde in Deutschland eine Zeit der Bildung schaffen, indem es auf die Hauptaussicht einer zu bildenden Menschheit merken lehrte.* Es würde das Glück haben, was kein Journal so leicht hat, Streitigkeiten und Widerspruch zu vermeiden, indem es sich von allem sondert und nur bilden will. Es würde seinen Autor berühmt, und was noch mehr ist, beliebt machen: denn das menschliche Herz öffnet sich nur dem, der sich demselben nähert, und das ist ein Schriftsteller der Menschheit! O auf dieser Bahn fortzugehen, welch ein Ziel! welch ein Kranz! Wenn ich ein Philosoph sein dürfte und könnte, ein Buch über die menschliche Seele, voll Bemerkungen und Erfahrungen, das sollte mein Buch sein! ich wollte es als Mensch und für Menschen schreiben! es sollte lehren und bilden! die Grundsätze der Psychologie und nach Entwicklung der Seele auch der Ontologie, der Kosmologie, der Theologie, der Physik enthalten! es sollte eine lebendige Logik, Ästhetik, historische Wissenschaft und Kunstlehre werden! und aus jeder Kraft der Seele eine Wissenschaft entstehen! und aus allen eine Geschichte der Gelehrsamkeit und Wissenschaft überhaupt! und eine Geschichte der menschlichen Seele überhaupt, in Zeiten und Völkern! Welch ein Buch! – – und so lang ich dies nicht kann! so sollen meine Predigten und Reden und Abhandlungen und was ich künftig gebe, menschlich sein! und wenn ichs kann, ein Buch zur menschlichen und christlichen Bildung liefern, das sich wie ein Christ in der Einsamkeit usw. lesen lasse, was empfunden werde, was für meine Zeit und mein Volk und alle Lebensalter und Charaktere des Menschen sei! – *Das wird bleiben!* –

Ein Buch zur menschlichen und christlichen Bildung! Es finge von der Kenntnis sein selbst, des weisen Baues an Leibe und Geist an! zeigte die Endzwecke und Unentbehrlichkeiten jedes Gliedes an Leib und Seele; zeigte die Mancherleiheit, die dabei stattfände, und daß doch jedes nur in dem Maße möglich und gut ist, wie wirs haben; alsdenn Regeln und Anmahnung, sich an Leib und Geist so auszubilden, als man kann. Dies erst an sich, *und so weit ist Rousseau ein großer Lehrer!*

Ein erstes Werk, ein erstes Buch, ein erstes System, eine erste Visite, ein erster Gedanke, ein erster Zuschnitt und Plan, ein erstes Gemälde geht immer bei mir in dies gotische Große, und vieles von meinen Plänen, Zuschnitten, Werken, Gemälden ist entweder noch nicht von diesem hohen zum schönen Stil gekommen oder gar mit dem ersten verschwunden. *Gefühl für Erhabenheit* ist also die Wendung meiner Seele: darnach richtet sich meine Liebe, mein Haß, meine Bewunderung, mein Traum des Glückes und Unglücks, mein Vorsatz, in der Welt zu leben, mein Ausdruck, mein Stil, mein Anstand, meine Physiognomie, mein Gespräch, meine Beschäftigung, alles. Meine Liebe! wie sehr grenzt sie an das Erhabene, oft gar an das Weinerliche! wie ist die Entfernung in mir so mächtig, da es bei den Angolas nur immer der gegenwärtige Augenblick ist! wie kann mich ein Unglück, eine Träne im Auge meiner Freundin rühren! was hat mich mehr angeheftet als dieses! was ist mir rührender gewesen als jene, die Entfernung! – – Daher eben auch mein Geschmack für die Spekulation und *für das Sombre* der Philosophie, der Poesie, der Erzählungen, der Gedanken! daher meine Neigung für den Schatten des Altertums und für die Entfernung in verfloßne Jahrhunderte! meine Neigung für Hebräer als Volk betrachtet, für Griechen, Ägypter, Kelten, Schotten usw. Daher meine frühe Bestimmung für den geistlichen Stand, dazu freilich Lokalvorurteile meiner Jugend viel beigetragen, aber eben so unstreitig auch der Eindruck von Kirch und Altar, Kanzel und geistlicher Beredsamkeit, Amtsverrichtung und geistlicher Ehrerbietung. Daher meine erste Reihen von Beschäftigungen, die Träume meiner Jugend von einer Wasserwelt, die Liebhabereien meines Gartens, meine einsamen Spaziergänge, mein Schauder bei psychologischen Entdeckungen und neuen Gedanken aus der menschlichen Seele, mein halbverständlicher, halbsombrer Stil, *meine Perspektive von Fragmenten, von Wäldern, von Torsos, von Archiven des menschlichen Geschlechts – – alles!* Mein Leben ist ein Gang durch gotische Wölbungen oder wenigstens durch eine Allee voll grüner Schatten; die Aussicht ist immer ehrwürdig und erhaben: der Eintritt war eine Art Schauder; so aber eine andre Verwirrung wirds sein, wenn plötzlich die Allee sich öffnet und ich mich auf dem Freien fühle. Jetzt ists Pflicht, diese Eindrücke so gut zu brauchen, als man kann, Gedanken voll zu wandeln, aber auch die Sonne zu betrachten, die sich durch die Blätter bricht und desto lieblichere Schatten malet, die Wiesen zu betrachten, mit dem Getümmel darauf, aber doch immer im Gange zu bleiben.

Nantes, 1769

Die ganze Realschule wird also ein simpler Plan von 3 Klassen, 3 Lehrern, 9 Abschnitten und 9 Hauptarbeiten, die aber viel unter sich begreifen.

Klasse 1 Natur	Klasse 2 Geschichte	Klasse 3 Abstraktion
Ordnung 1. lebendige Naturhistorie, einzeln	lebendige Geschichte aus aller Zeit einzeln	Katechismus, Sprüche,Empfindung, Deutsche Poesie, und Sprache
Ordnung 2. Naturlehre künstliche Mathematik Physik	Geschichte u. Geographie, künstliche Bilder aller Völker, aller Zeit, unsrer Zeit	Einleitung in die Geschichte der Religion u. Katechismus der Menschheit
Ordnung 3. Naturwissensch. scientifische Mathematik, Physik, Naturlehre, Künste	Geschichte u. Geographie politisch: Grund aller Zeiten, aller Völker, unsrer Zeit	Philosophie u. Metaphysik, Logik, Ästhetik Bonsens, Moral, Politik, Ethik, Theologie, Abschied, Encyklopädie[1]

[1] JOH. GOTTFRIED HERDER, Journal meiner Reise. Krefeld 1949, S. 6–8, 13–14, 27–29, 101–102, 48 (Hervorhebungen vom Verf.).

Nachdenken über mich selbst

1770

Einmal muß ich es doch wissen, wie mein Herz beschaffen ist, einmal muß ich es doch bey mir selbst ausmachen, wie ich mit Gott, meinem Schöpfer, stehe; ... sagen, ausdrücklich heraussagen will ich mir selber, wie ich mich finde; ich will mich selbst vor den Richterstuhl der Wahrheit und des Gewissens fordern und mein Herz in dem Namen meines Gottes und Heilandes Jesu Christi, des wahrhaften, gerechten und heiligen Weltrichters zur Rechenschaft ziehen; ... wenn Gottes Wort wahr ist, so ist das wahr, was ich bis dahin gesagt habe, wahr, daß ich kein Christ, kein Kind Gottes und der Seligkeit bin, daß ich ... noch ein Sclav der Sünde und des Satans bin; von oben herab, aus Geist, aus Gott gebohren muß ich seyn, umgeschaffen muß ich werden von dir, o mein allmächtiger Heiland, wenn ich dein treuer, standhafter Jünger werden, wenn ich in deine Fußtapfen treten, wenn ich gesinnet seyn will, wie du gesinnet warest!

Meine merkwürdigsten Stunden

1. Januar 1773

Ein vollständiges Tagebuch zu machen, dazu habe ich keine Zeit mehr; ich will also nur, so viel meine übrigen Augenblicke, die ich nicht besser anwenden kann, zulassen, meine merkwürdigsten Stunden, Beschäftigungen, Situationen, Vorfallenheiten, Empfindungen, Schwachheiten, Übereilungen, Fehler, so kurz und für mich so lehrreich, als es mir möglich seyn wird, aufzeichnen; desto umständlicher, je mehr ich Zeit habe; desto kürzer, je weniger. Es soll mich nicht unruhig machen, wenn ich daran gehindert werde; ich will mich auch in diesem Stücke ohne alle Aengstlichkeit nach der Schickung der Fürsehung kindlich und einfältig bequemen.

Sey es Schwachheit oder Kinderey oder unerklärbares melancholisches Zittern über den Verlust eines Jahres, über den scheinbaren Anfang eines neuen Lebensabschnittes, sey es, was es wolle, ich konnte die erste mitternächtliche Stunde dieses neuen Jahrs nicht verschlafen. Bis 11 Uhr konnte ich nicht zu Bette, und von 11 bis 12 Uhr hatte ich, sanft erweckt vom fernen zusammentreffenden Geläute dörflicher Glocken, genug nachzudenken. Ich wollte danken, und konnte nicht; wollte beten, und betete mehr mit Thränen und zitternden süßen Beklemmungen, dürstete nach Licht und Weisheit zu Allem, Großem und Kleinem. Meine Mutter und meine Frau und Kinder und einige meiner Freunde, hatten den meisten Antheil an meinen Wünschen, und dann noch einige besondere drückende Angelegenheiten, ich entschlief.

Erst ein wenig vor sieben Uhr erwachte ich wieder und legte mich der väterlichen Güte Gottes mit Verlangen nach Weisheit dar. Ich hörte die Stimme meiner lieben Frau, gieng zu ihr hin, und mit der süßesten, sanftesten, unschuldigsten Zärtlichkeit segneten wir einander und sprachen von den uns in diesem Jahre so viel als gewiß bevorstehenden Schicksalen. Ich las das Neujahrslied, vorzüglich erwärmt,

„Kein Jahr sey diesem Jahre gleich!
So herrlich mehre sich dein Reich!"

Etwas hatte ich mich zu lange bey ihr verweilet und war nahe daran, allzu stürmisch mich anzukleiden und das zu fordern, was man vergessen hatte, in Bereitschaft zu legen.

„Ich will doch das Jahr nicht unruhig anfangen", dieser Gedanke zog mich zurück und besänftigte mich.

Jedem aufstoßenden Glückwunsche bereit zu seyn, kostete mich einige Überwindung.

Unaussprechlich beschämte, demüthigte mich der Segenswunsch meines Amtsbruders! O Gott, wie wirst du anders urtheilen als die Menschen? „Sie sehen, was vor Augen ist, du aber siehest das Herz an."

Da ich auf der Canzel stund, wurde mir beynahe übel; Kopfweh und Erhitzung drohten mir stark. Die Predigt aber gieng mir ziemlich gut von Statten. Bey den Wünschen war ich etwas zerstreut. Bey dem Gebete um Weisheit für mich war ich am aufrichtigsten und wärmsten.

Mit Ruhe schrieb ich bis 7 Uhr dieß Tagebuch. P(fenninger)

kam; wir wurden unterbrochen; doch konnten wir noch ein paar Augenblicke mit einander reden, von der Nichtkenntnis, Nichtbeobachtung, Überschielung unser selbst. Ich blutete, und meine Frau bath mich, die Predigt einem andern zu übertragen. Nun war ich entschlossen und ruhig dabey.

Ich las noch Herrn Irmingers letzte Predigt vom vorigen Jahre über Prediger XII, 13.14 mit Vergnügen und Erbauung.

Nach dem Nachtessen lasen wir nach unserer Ordnung 2. Samuels. David wird mir immer lieber, je mehr ich ihn studire. Wie sehr ist er Mensch! Und immer muß ich's wieder sagen und kanns nicht genug sagen: ein interessanteres Geschichtbuch giebts in der Welt nicht als die Bibel: welche Charaktere! immer in Handlungen; immer so menschlich, so wahr, so wahr in tugendhaften und lasterhaften Situationen!

Mein Bruder kam noch; wir sprachen von den Umständen unserer Mutter, und von der Geduld, von andern großen Schmerzentragern, die auch ihr „Endlich" erstreben mochten und gewiß nach ihrer Erlösung keinen heißen Augenblick weniger erduldet zu haben wünschen[1].

[1] Joh. Caspar Lavater, Ausgewählte Werke. Zürich 1943, Bd. 2, S. 30–35.

FRANZ VON BAADER

Innerste Selbstbeachtung

19. Mai 1786

Welche Lücke in meinem Tagebuch! – Gottlob, daß sie nicht auch in meinem Innern, in mir selbst ist. Ich werde nun durch Übung und Schärfung meiner innersten Selbstbeachtung täglich lebendiger vom beständigen Fortleben meines Einen inneren Selbst überzeugt, sehe und erfahre täglich, daß alles Gute und Schlimme mein inneres bleibendes Wesen nicht nur vorübergeht, wie Schall, der vertönt, oder die Welle am Ufer, sondern in seinen Wirkungen in ihm bleibt, insgeheim oder öffentlich fortwirkt und, wie der Keim, der ins Erdreich fällt, nur zu verschwinden und zu ersterben scheint, aber über kurz oder lang als duftende Blume oder als ein giftiges, wucherndes Unkraut wieder emporkommt, als Blume, oder als Unkraut, gut, oder nur dürre fortkommt, je nachdem der Boden war, auf den er fiel, die Laune und Witterung, worin er empfangen ward, und die Gesellschaft, die er antraf, und die Pflege, die ihm aufhalf, oder ihn geflissentlich erstickte. – In Rücksicht der steten Zu- oder Abnahme, des steten Vor- oder Rückganges meines Einen Geistes in seinem Erkennen und Wollen und Wirken, in Rücksicht der Abhängigkeit seiner Stimmung und Richtung von jedem dunklen Reiz, Gefühl, jedem erfreuenden oder kümmernden Gedanken usw. mag ich ihn wohl mit einer Diagonallinie vergleichen, die in der Mechanik die Richtung seiner Kraft nach der verschiedenen Einwirkung anderer Kräfte auf sie vorstellt.

Leid und Freude gehen an uns, oder wir gehen an ihnen vorbei. –

Die Gestalten aller sinnlichen Dinge gehen an uns freilich vorüber: sie kamen wie wesenlose Schatten, und wie wesenlose Schatten – das und nichts anderes sind sie – schwanden sie vor uns hin. Aber wir, wir bleiben, und ihre Wirkungen bleiben in uns! Wohl uns, wenn diese gut sind, wenn jene nicht Ekel und Krankheit und inneren Abscheu vor uns selbst und Verzweiflung und Ohnmacht als teuflische Gespenster in uns zurückgelassen haben, daß wir ihnen nicht nachfluchen müssen als solchen am Abend jenes unserer Tage und an jenem unseres Erdenlebens, sondern getrost und mit innerer Herzensruhe ihnen nachsegnen mögen als den schwindenden Strahlen der stille und heiter untergehenden Sonne. Möge dann alles, was nicht ich ist um mich und nicht mein, schwinden und vergehen, wenn nur Wahrheit und Güte und gottähnliche Schönheit in mir bleibt und mein ist an jedem Abend meiner Lebenstage!

Tag und Nacht, Leben und Sterbeabend! Was dich jeden Abend heiter, vergnügt und ruhig macht, wird dir auch den Abend deiner Tage ruhig, vergnügt und heiter machen. Die Formen gehen vorüber, wie die Gestalten des Tags vorübergingen, aber Freude oder Kummer bleiben in dir. Du brauchst keine lange Gewissenserforschung alles dessen, was dir vorübergegangen. Wie du den Tag über zugebracht hast, so bist du nun selbst, alles Gute oder Böse, das in dich kam und in dir aufkam, ist und bleibt nun in dir – und wird ewig bleiben. Wie du dich niederlegst, so träumst und erwachst du!

Freiheit und Persönlichkeitsgefühl

14. Oktober 1789

Enthaltsamkeit – Keuschheit! – welch altdeutsches, steifes Wort, wie selten noch im Gebrauche – und führt man es in – vernünftigen, honetten, gesitteten Gesellschaften unter Jungen und Alten, Männern und Weibern wohl je anders als im Scherze als Satire auf? – Mag es denn auch! Wirklich enthaltsam sein, ist doch mehr wert, und der es ist, befindet sich doch ungleich besser als alle jene scherzenden Herren und Damen. – Ringe du danach, daß dieser Jünglingsschmuck dir nicht entkomme, und lasse dich übrigens an deinem positiven Beweise gegen die tausend negativen genügen, die lieblichste Grazie eines Mädchens ist doch nur jene holde Scham, die nicht blöde ist. – Jungfräulichkeit ist Morgenrot der Liebe – um wieviel mehr wert, als der schwüle, heiße Tag! – Wo es doch immer Morgen wäre! – Jedes Ding in der Welt hat gewissermaßen sein Jungfräuliches, seine zarte Blüte, und nur ein züchtiger Sinn fühlt dies durch. –

Wer mit sich selbst umzugehen versteht, wer sich selbst – kennt und nicht vor sich zu scheuen hat, wer an seinem Gewissen stets einen liebenden, lohnenden und liebreich warnenden Freund, keinen strengen, züchtigenden, gereizten Richter hat, der ist überall wohl, frei und froh, – er trägt eine nieversiegende Quelle innerer Ruhe, heiterer und selbst andere und sich heiter machender Windstille mit sich herum. – Er ist, was das Vergnügen anbelangt, ein Kapitalist, lebt von eigenen Interessen, dagegen jeder andere, der nichts Besseres in sich weiß und findet, überall nach Vergnügen (außer sich) betteln zu gehen gezwungen ist. – Oh, sie ist unverkennbar, jene innnere Ruhe, sie leuchtet von Stirne und Auge, solch eines Mannes, der sie als Eigentum besitzt, wie heiteres, sanftes Mondenlicht mir entgegen. – Dies Eigentum kann aber weder gekauft noch geerbt, es muß errungen werden.
Wie kommt es, daß ich immer und schon vom Knaben auf – allein gehen muß! – Erst war's Blöde, was mir Menschenherzen, oder eigentlicher Freundesherzen verschloß. Nun ist diese Blöde weg, – ein ander, schlimmer Ding trat an seine Stelle, das bis zum Leichtsinn gehende Nahekommen, Sichhinzudrängen ins Innerste jedes mir begegnenden Menschencharakters. Wenig hab' ich auf diesem Wege gefunden, aber vieles verloren. Das macht, ich verfehlte stets die rechte Tür, bedachte nicht, daß gerade die offenstehenden Türen – am wenigsten Schätze manchmal verraten! – Wo finde ich den Mann, der mich ganz versteht? Dem ich all meine Seiten, all meine Idiosynkrasien freimütig zeigen und kundmachen kann – und den ich dadurch nur zum gewissen – treueren Freund mir zu machen hoffen darf? – Meine moralische Empfindlichkeit, die mit meiner Moralität selbst – in keinem mir schmeichelhaften Kontraste steht, ist viel an dieser Isolation schuld. – Aber ich will ja keinen Engel, nur einen guten Menschen, der sich zugleich mit mir abgeben will, an dessen Stärke ich meine Schwäche lehnen, an dessen Verstandeslicht ich mein so oft verglimmendes Lichtlein wieder anzünden, an dessen Herzenswärme ich – mich von jeder meiner moralischen Erkältungen erholen möge! – Nur Funken soll er mir geben, – den Zunder bringe ich mit! Ich will indes suchen, jene moralische Empfindlichkeit mit meiner eignen Moralität harmonischer zu machen, daß

mein Tun dem Fordern mehr gleichkomme – und so mache ich mich wenigstens eines – Freundes würdig.

Der Strom ist das, was wir Materie nennen. – Die einzelnen Wirbel im Strome kommen nicht vom Laufe des Stromes, und jeder hat sein wahres bildendes Zentrum, was nicht ein eitler, mathematischer Punkt ist. – Dies bildende Zentrum ist die substantielle (nicht imaginäre) Form des Wirbels – (Monade). Sie und ihr Effekt (der Wirbel) im vorüberfließenden Wasser machen zusammen ein einzelnes Wesen, ein Individuum aus, was nur ein organisches sein kann.

Es tritt gar nichts Vermittelndes (kein Schluß, Urteil, Reflexion) in der Seele zwischen dem Du und Ich. – In demselben ungeteilten Zeitmomente werden sie beide wahrgenommen, gefühlt, – und zwar kann keines ohne dem andern entstehen. Wir fühlten wohl unsere eigene Nase nicht, wenn sie nicht irgendwo an etwas außer ihr stieße. Nur durch Reaktion fühlen wir unsere Aktion – Leben, Bewußtsein. – In dem Maße, als die Rezeptivität wächst, wächst auch die Spontaneität. – Je deutlicher wir überall das Du wahrnehmen, desto deutlicher, lebendiger wird das Wahrnehmen, Bewußtsein unseres Ich. – Unser inneres Leben, Wachsen ist ein immer fortgehendes, hellerwerdendes Erwachen, Besinnen – Loswicklung des Ich vom Du, des Universums außer uns, Konsistenzgewinnens auf sich selbst, Zentrum, Keim, punctum saliens. – Dieses wächst also mit der Freiheit, dem Nichtfolgen dem Strome. – Denn je schneller jener Strom liefe, um so mehr müßte die kreisende Kraft jenes substantiellen Zentrums zunehmen, wenn dieses mitsamt ihren Kreisen anders nicht vom Strome fortgerissen werden soll.

Ohne energischem Gefühl der Freiheit gibt es also kein helles Bewußtsein des Ich, was Persönlichkeitsgefühl genannt wird, keine Vernunft, kein wahres Leben der Seele, – also auch keine Ahndung des freiesten Wesens, des lebendigsten Lebens, – Gottes, – kein Gefühl der Selbständigkeit, der Independenz von jenem Strome, also keinen Funken des Hoffens, Glaubens, Ahndens der Unsterblichkeit[1].

[1] Franz von Baader, Jugendtagebücher (1786–1792). Berlin 1928, S. 41–42, 167–170.

„Für und wider mich"

24. Mai 1786

Ich las um 10 Uhr Lavaters Predigt über die Vortrefflichkeit der Liebe, mit warmem Gefühl; das hob mich, und es schien mir, daß sie auch einigen der Zuhörer wohlgethan hatte. Die Kinder gingen auf die Jagd; ich blieb mit D. und hatte mit ihm einige gute Stunden. Ich erklärte ihm auf sein Andringen die Quelle meiner Leiden, in der Ebbe und Fluth, die mich zwischen zwei Seen von Gefahren, zwischen Stolz und Mißmuth unaufhörlich gegen den Rand des einen oder des anderen wälzet. Die Art, wie das ihn rührte, that mir ein ziemlich reines Wohl, weil er nicht so wohl meinen Stolz in Gefahr des Genusses setzte, als es dem wohlthätigen Gefühle, an ihm ein wesentliches Gutes dadurch gestiftet zu haben, Nahrung gab. Es schien mir nachher, als läge Selbstsucht zum Theil darin; ich hatte die Zeit nicht, es ganz aufzuklären; denn ich fand Gründe für und wider mich; aber gerade dann ist wohl zu vermuthen, daß etwas nicht ganz richtig ist. O, über meinen schwachen Verstand, der noch über sich selbst in so vielen Gelegenheiten kein Licht zu finden weiß. O Herr, gieb mir dein untrügliches Licht, das meinige ist ein Irrlicht, ein schwacher Schimmer. – Ein Spaziergang zum verschlungenen Buchen- und Eichen-Baum indifferent; bei Tisch – ebenso; nach Tisch träge. Ich verschlief die Zeit bis 7 Uhr. Ich spielte dann mit den Kindern Kozu, kam in starken Schweiß, wobei mir wohler ward, doch ohne Appetit bei Tisch. Nachher schnitt ich Miklen den Überrest seiner Hühneraugen fort; dabei ward mir sehr wohl.

Vorteile des Tagebuches

1. Februar 1787

Eine lange Unterbrechung, die mir im dunklen Felde der Seele oftmalige Unruhe verursachte und das drückende meines Zustandes vermehrte. Wenigstens will ich den heutigen Tag dazu anwenden, mein Gewissen, soviel mein Gedächtniß und die p.m. der Kinder dazu behülflich sein können, zu durchforschen, und was mir bei dieser Durchforschung etwa beifallen möchte, aufzuschreiben. Den Vorsatz, mich künftig einer solchen Nachlässigkeit nicht mehr schuldig zu machen, hingegen fest erneuern und in diesem Monate aufrecht zu halten suchen, durch Betrachtung der Ursachen und großen Nachtheile meiner Nachlässigkeit.

Insbesondere schwer liegt mir ihre anscheinend vermehrte Gleichgültigkeit in Betreff ihres Verhältnisses mit Gott auf dem Herzen. Von Mitri's Seite zwar weniger, weil er noch überhaupt weniger Spuren von Regheit oder erwachendem Bedürfnisse von dieser Seite gezeigt hat; bei Mimi aber waren diese Bedürfnisse dieses Frühjahr, Sommer und Herbst über und zwar in einem ziemlich hohen Grade erwacht und angewachsen. Dann liegt es mir dunkel und drückend auf der Seele, daß meine eigene Lauheit, mein eigenes geringes Wachsthum an Religiosität und in den Tugenden Christi, schuld sein muß, daß meine Worte und Thaten ohne Salbung um mich her bleiben, so aufrichtig auch übrigens mein Bestreben dahin ist. Ach Gott, wann werde ich finden dauerhafte Gnade bei dir? wann werde ich wandeln so ganz ohne Unterbrechung, wandeln auf dem Wege der Wahrheit, der da ist der Weg des Friedens? Dann, o dann erst werde ich auch Gnade finden bei dir und nicht für mich allein, sondern auch für alle Lieben die du mir gegeben hast. Donnerstag konnte ich meinem Vorsatze gemäß mein Tagebuch nicht zu Stande bringen, weil ich einem höhern Vorsatze der Liebe gemäß H., der mir Veranlassung, Nützliches zu sprechen, gab, den ganzen Nachmittag aufopfern mußte; doch war die Unterhaltung so nützlich eben nicht; sie lief mehr nach den Gesetzen einer sehr gewöhnlichen Association, als nach irgend einem vernünftigen Zweck und bestand beinahe ganz aus Erzählungen von meinen Brüdern und der Prinzessin Ferd. Dieses beunruhigte mich nachher über die Aufopferung meines nachgesetzten, für mich doch so nöthigen Zweckes, und ich reflectirte, daß ich das oben erwähnte Hauptgesetz der Liebe nicht blindlings befolgen, sondern dann, sobald ich bemerkte, daß es zwecklos wirkte, nicht aus bloß fortgesetztem

Reize oder aus falscher Timidität die sich scheut abzubrechen, oder endlich gar aus Inertie fortfahren müsse.
A. H. hat in diesem Monat angefangen, ohne Unterbrechung ein Tagebuch über sich selbst zu halten.
B. hat er in eben diesem Monate angefangen mit mehrerer wahren Lust zu arbeiten und mit seiner Zeit ökonomischer umzugehen.
C. habe ich einen merklichen Wachsthum an deutlichen Begriffen und Beobachtungen über sich selbst gespüret.
D. Haben unter den vielen Unterhaltungen mit ihm drei ganz bestimmt nützliche Folgen für ihn gehabt und sehr seelige Eindrücke zum Wachsthum meiner Liebe zu ihm hinterlassen.

Für Heute sorgen

12. Februar 1787

Heut den 12. Februar 1787 genoß ich die Gnade beim Tische des Herrn, den großen Bund der Liebe zu erneuern. Von heute an will ich mir ein besonderes Werk daraus machen, mein Tagebuch gewissenhaft und womöglich ohne Unterlaß wieder fortzusetzen. Insbesondere will ich mich befleißen, stets den ganzen Tag in Gegenwart meines Gottes und in Hinsicht auf Christus zu denken und zu handeln, damit ich dadurch fähig gemacht werde, meine Hauptfeinde, den Stolz, die Eitelkeit und den aus ihnen geborenen Geist der Lüge in Geberden, Handlungen und verdrehten Worten, abzulegen. – O du, der du bist der Weg und die Wahrheit, weiche nicht von mir; ohne dich vermag ich das Bewußtsein meiner selbst, die Haupterforderniß zur Erfüllung dieses Vorsatzes, nicht beizuhalten; ohne dich vermag ich Nichts, du giebst das Wollen und das Können. Ich will und das forderst du, um mitzuwirken, ich will von ganzem Herzen, jedes, den bittersten Kelch, den du zu meiner Prüfung und Läuterung mir zu reichen geruhest, willig und als ein Geschenk deiner Liebe annehmen und bis zu den Hefen austrinken; denn ich weiß es ja, du willst, du kannst mir nur ein meinen Kräften angemessenes Joch aufladen. Ich will bei jedem „unser tägliches Brod gieb uns heute" mich erinnern, daß ich nur für Heute, nicht für Morgen zu sorgen habe; daß du morgen schon, wenn ich es heute willig trage, mir es wirst tragen helfen. Ich weiß es aus Erfahrung, daß jedes, noch so leichtes Joch uns hauptsächlich dadurch so beschwerlich wird, weil wir fürwitzig und unbescheiden es auf eine Zukunft ausdehnen, die du so weislich uns verborgen hast, da wir uns bloß daran halten sollten, daß du die Liebe bist und also Nichts schicken wirst, als was unserer Seligkeit, dem inneren Frieden, den du zum Abschiede deinen wahren Jüngern so rührend hinterließest, beförderlich ist. – O gieb mir Wachsthum in der Kindlichkeit, in dem Kindessinn in der Kindereinfalt, die allem Doppelsinn entgegengesetzt sorgenlos auf deine väterliche Vorsicht und Liebe hingegeben und angelegt, sich nur um den kommenden Tag bekümmern, und bloß damit beschäftigt seie, diese gegenwärtige Stunde so anzuwenden, so zu benutzen, wie du selbst es uns vorgemacht hast. Gieb, daß der mir so natürliche Hang zur Liebe gegen Jeden, der mir auch nur den geringsten Schimmer von deiner Jüngerschaft äußert, immer lauterer und durch Leidenschaft, Eigenliebe und Eigendünkel ungestörter in mir auflodere und zu dir hinauf, als in einem reinen, unverletzten Heiligthume brenne, als ein beständiges Liebesopfer, daß einst unsere gesammte Vereinigung in dir zu bewirken würdig geachtet werden könne. Gieb, daß ich dabei mich selbst und meinen Genuß immer mehr vergessen, die Glückseligkeit und den Genuß derer, die du mir gegeben hast zu Brüdern, immer mehr zu dem meinigen Hauptsächlichsten machen lerne; daß kein bittres, leidenschaftliches Wort, kein Vorwurf, kein zweckloses selbstsüchtiges Geschwätz die Thaten und Empfindungen der Liebe in mir verunreinigen. Gieb mir Kraft, abzuschlagen, wo ich soll, zu widersprechen, selbst wehzutun, wo es mit völligem Bewußtsein eines von dir gutgeheißenen Zwecks nöthig oder doch nützlich ist. Ich erzittere vor der Schwierigkeit, die Mittelstraße hierin zu finden und zu beobachten; ja, ich sehe es als unmöglich durch mich selbst; aber ich erinnere mich an die Worte des Trostes: „Was bei den Menschen unmöglich ist, das ist bei Gott möglich", und ferner: „Wer im Kleinen treu ist, den will ich über Größeres setzen"; und mit diesen Worten wie mit einem Schilde bedeckt, will ich, mit dir vereinigt, meine Bahn wieder neugeboren antreten. O, weiche nicht von mir. – Amen.

Das vergessene Tagebuch

Sonntag, 29. April 1787

Als die Kinder weg waren, erinnerte ich mich, H. habe mir aufgetragen, sein vergessenes Tagebuch ihm aufzubewahren. Ich dachte, nun will ich 's herausnehmen und in Sicherheit bringen. Als ich die Spinde öffnete, fiel mir ein, ich wäre doch neugierig zu wissen wie er meinen Donnerstägigen Ausfall die Peinschke und Heinrich betreffend aufgenommen – und ob er von meinem nachherigen Kampf, ihn betreffend, der bis Sonntag dauerte, etwas gemerkt hat, da er mir doch davon nichts geäußert hat. Als ich diese Neugierde merkte, hatte ich noch die Spindenthüre in der Hand und dachte bei mir selbst: Nein, da du diese Neugierde hast, so willst du lieber die Spinde wieder zumachen. Denn hast du bei solchen Umständen das Buch in der Hand, so könnte sie dich leichter überwältigen, als wenn du es gar nicht siehest. Je nun! und wenn ich nun auch hereinsehe, ist er nicht mein Zögling, wünsche ich nicht seine Gedanken bloß darum zu wissen, damit ich mich noch besser in ihn schicken, ihn stets glücklicher machen könne? – Wohl wahr, aber warum nicht ihn lieber darum fragen, und wer steht mir dafür, daß, wenn ich etwas liebloses, scharfrichterisches mir undankbar scheinendes in seinem Tagebuch gegen mich anträfe, es nicht auch wider meinen Willen einen für ihn und meine Liebe zu ihm nachtheiligen Eindruck hinterlassen würde? Ach, ich werde ja, indem ich das Buch anfasse, nicht gleich hineinsehen. – Hiermit öffnete ich die Thüre, die ich während dieses in sehr kurzer Zeit gehaltenen Selbstgesprächs noch immer nur halb offen hielt, völlig. Ich suchte nun das Büchelchen, fand es und große Blätter von H.'s Hand geschrieben darin, die ich gleich für die Predigt erkannte, die er mir hatte gestern zu lesen gegeben. O diese kann ich ja ansehen, ich habe sie ja schon gelesen, und hiermit öffnete ich das Büchelchen, da wo die Blätter in lagen, sah dicht vollgeschriebene Blätter, las aber auch nicht ein Wort. Es war am Anfang des Buches. Muß doch mal sehen (dachte ich), ob es bis nah am End' so voll ist – ich schlug nun unweit des Endes auf, fand weiß Papier, noch einige Blätter zurück die letzten geschriebenen Blätter und ehe ich michs versah, lasen meine Augen die zwei Worte: die Peinschke gerade als hätte der Satan meine Augen auf das einzige Wort geleitet, was meine Neugierde zum höchsten Grade reizen sollte. Aber auch gerade, daß dieses mir sichtbar eine Versuchung, Prüfung schien, rettete mich. Ich legte das Buch erschrocken hin, machte die Spinde wieder zu und ging, ohne noch einen deutlichen Gedanken zu haben, als wäre ich gebissen worden, zum Kamin. Dort ging das Selbstgespräch wieder los. Das letzte geschriebene Blatt ist gewiß vom Freitag oder Donnerstag – daß darin gerade von der Peinschken steht – muß sich also nothwendig auf den Vorfall mit mir und in mir beziehen. Er ist also vielleicht nicht offen mit mir; denn er hat mir doch hierüber Nichts geäußert, obschon wir Donnerstag und Freitag Abend lange allein waren – Ei, wäre es nicht besser für ihn und mich, ich läse die Stelle ganz, als daß ich mich mit diesem Zweifel herumschleppe? – Meine Meinung ist ja gut, und ich habe übrigens mir selbst seit 3 Jahren, als er bei mir ist, Beweise genug abgelegt, daß ich auch das demüthigendste, kränkendste um der Liebe und seiner Entwicklung willen tragen und, was ich davon von Ungefähr erfuhr, zu seinem und unseres Verhältnisses Bestem anzuwenden vermochte. – Dieser Gedanke schien mir so bestimmend, daß ich mich nun geneigt fühlte, mit völligem Bewußtsein und mit Beruhigung meines Gewissens zum Schranke zu gehen und den Artikel seines Büchelchens zu lesen, als es mir blitzschnell einfiel: Würdest du auch, wenn er dich fragte, ob du darin gelesen hast, mit derselbigen Ruhe mit demselbigen Gefühl der guten Folgen davon antworten können: Ja? Ich fühlte sogleich, schon beim Gedanken dieser Frage, eine heimliche Scham und dabei, daß Mißtrauen von seiner Seite, künftige Einschränkung seiner Ruhe, seiner Unbefangenheit beim Hingeben und Anvertrauen aller seiner Habschaften und endlich das kränkende Gefühl, als traue ich ihm nicht und müsse zu Belauschungen schreiten, ihn zu erforschen, anstatt mich direkt an ihn zu wenden, wenn ich seine Gesinnungen über etwas erfahren wollte, die Folgen davon sein würden, wenn er es wüßte, ohngerechnet des Beispiels, wenn es von Jemandem befolgt würde, der es nicht mit denselbigen ganz reinen Absichten und mit denselbigen Kräften, bloß das daraus zu schöpfen, was zur Verbesserung eines Verhältnisses und beider Parteien dienen kann. Was ich aber nicht, ohne böse Folgen davon zu befürchten zu haben, gestehen darf, ist schon eo ipso schlecht. Ausnahmen dieser Regel kann es nur höchst wenige geben; diese können nächst Gott nur vom Thäter durch einen schnellen tief umfassenden Takt gefühlt werden, und ich fühle nicht, daß dieser Fall dazu wichtig genug, dazu qualifiziert sei; und im Zweifel darf ich vorsätzlich nicht durchgreifen oder ich setze mich der Gefahr der vorsätzlichen Sünde aus, setze mich außer Stande (NB. und dieses Motiv schreckte mich nicht wenig zurück), das so hülfreiche Mahl der Liebe ohne andere Zubereitung zu empfangen, welches ich doch künftigen Sonntag zu empfangen so sehnlichst begehre und hoffe. Ich unterließ bei solchen Reflexionen nun die Handlung, und selbst der Reiz dazu legte sich gar bald[1]. –

[1] Amalie Fürstin von Gallitzin, Briefwechsel und Tagebücher. Münster 1876, Bd. 2 S. 36, 71–72, 74–76, 128–131.

Anregung durch Wilhelm Meister

Tennstedt, 18. April 1797

Früh sinnliche Regungen. Mancherlei Gedanken über sie und über mich. Phil(osophie). Ziemlich heiter und leicht. Der Zielgedanke stand ziemlich fest. Gefühl von Schwäche – aber Extension und Progression. Moritz. Bei Tisch und nachher heiter und gesprächig. Just spielte das Lied: „Sing, o Lied! und Zitterspiel." Im Wilhelm Meister fiel mir eine passende Stelle aus dem vierten Buche – ein Selbstgespräch Meisters – auf. Nachher ging ich herauf und schrieb an den Erinnerungen. Recht aufgelegt zum Denken und Arbeiten war ich nicht; scheine es überhaupt nachmittags nicht zu sein – vielleicht hindert mich auch die Gesellschaft. – Alle Gesellschaft, wo ich nur gehe, bekömmt mir nicht.

Permanente Reflexion

4. Mai 1797

Sonntag war ich recht gut. Bericht und Meister. Nach Tisch kriegt ich Briefe von Hause – von Zillbach, Hubertsburg und Manteuffeln. Ich bat den Herrn Kreisamtmann, mir das Geld zu verschaffen – dann ging ich nach Gr(üningen). Unterwegs war ich heiter und gedankenvoll. Ich traf bloß die Danscour. Sie kamen aber bald von Klingen. Die Nacht schlief ich unruhig. Den folgenden Tag regnete es beständig. Früh weint ich sehr. Nach Tisch wieder. Den ganzen Tag war ich ganz ihrem Andenken heilig. Den 2. Mai schenkten mir die guten Eltern die Tasse, den Beutel und das Flakon, was Söfchen ihren letzten Geburtstag erhielt. Ich war sehr gerührt, dann ging ich zu ihrem Grabe und steckte die Blumen darauf, die ich tags vorher von der guten Kreisamtmännin erhalten hatte. Mittags hatten sie eine große Brezel backen lassen.

Heute früh lebhaft an S(ophie) gedacht. – Der Entschluß ward etwas düster angesehen. Dann Meister. Dann den Brief an Slevoigt auf die Post getragen. Bei Tisch einmal mit Ruhe und Besonnenheit geredet, dann oben Varia und über Meister geschrieben. Auf dem Spaziergange viel gesprochen über Berichte, Geschäftsgang bei den Salinen. Miltiz und seine Geschichte. Nachher wieder oben gearbeitet, dann kam Rüling, und ich erhielt Briefe von Vater und Karolinen. Bei Tisch sehr heiter. Rüling mußte von Stolberg erzählen. Gustchen Brandes, zu der wir nachher gehen wollten, war nicht zu Hause. Ich hatte viel gegessen. Dann sprach ich einiges mit Zedtwiz. Nachher allgemeines Gespräch, bis ich hinaufging. Jetzt schein ich ebenfalls kalt und zu sehr in der Stimmung des Alltagslebens zu sein. Die Gesellschaft will mir noch gar nicht bekommen. Strebe nur nach der höheren permanenten Reflexion und ihrer Stimmung. Oh, daß ich so wenig in der Höhe bleiben kann.

Treue

19. Mai 1797

Heute früh etwas Kolick. Früh tat ich wenig. Ich störte mit dem Hauptmann in alten Akten. Ich fand mich sehr schläfrig. Nach Tisch sprach ich mit der Thümmeln – dann gedämmert – drüben in der Kinderstube beim Kaffee über divinatorische Anlagen mit der Thümmeln geschwatzt. Selmnitzens kamen – ich schrieb oben einiges auf. Auf dem Spaziergange faßte ich einige deutliche Ideen. Am Grabe war ich nachdenkend – aber meistens ungerührt. Seit einigen Tagen ängstigen mich diese Erinnerungen wieder – ich fühle mich unaussprechlich einsam in gewissen Momenten – so entsetzlichen Jammer in dem, was mir begegnet ist. Beim Grabe fiel mir ein, daß ich durch meinen Tod der Menschheit eine solche Treue bis in den Tod vorführe. Ich mache ihr gleichsam eine solche Liebe möglich.

Spät fühlt ich mich S(ophiens) wegen unruhig. Doch schlief ich bald ein. Je mehr der sinnliche Schmerz nachläßt, desto mehr wächst die geistige Trauer, desto höher steigt eine Art von ruhiger Verzweiflung. Die Welt wird immer fremder. Die Dinge um mich her immer gleichgültiger. Desto heller wird es jetzt um mich und in mir.

Bei meinem Entschluß darf ich nur nicht zu vernünfteln anfangen. Jeder Vernunftgrund, jede Vorspiegelung des Herzens ist schon Zweifel, Schwanken und Untreue.

Unaufhörliches Denken an mich selbst

22. Mai 1797

Ich muß schlechterdings suchen mein beßres Selbst im Wechsel der Lebensszenen, in den Veränderungen des Gemüts behaupten zu lernen. – Unaufhörliches Denken an mich selbst und das was ich erfahre und tue. Ich ging noch einmal spazieren, dachte mich unterwegs durch meine Grillen durch, fand zu Hause einen Brief von meinem Vater und war im Kränzchen abends recht vernünftig und munter.

Wunde offen erhalten

6. Juni 1797

Wer den Schmerz flieht, will nicht mehr lieben. Der Liebende muß die Lücke ewig fühlen, die Wunde stets offen erhalten. Gott erhalte mir immer diesen unbeschreiblichen lieben Schmerz, die wehmütige Erinnerung, diese mutige Sehnsucht, den männlichen Entschluß und den felsenfesten Glauben. Ohne meine Sophie bin ich gar nichts, mit ihr alles.
Abends war ich bei Beks – ruhig und vergnügt.

Unaussprechliche Einsamkeit

9. Juni 1797

Der ganze Tag ist heute im Holze und auf dem Felde zugebracht worden. Die lüsterne Phantasie des Morgens veranlaßte nachmittags eine Explosion. Ich hatte vormittags Kopfschmerzen, nachmittags war ich desto munterer – auch abends sehr zum Denken aufgelegt. Bei Tisch schwatzt und erzählt ich einmal sehr viel – more consueto. Das einzige Gute fand ich heute – die Idee der unaussprechlichen Einsamkeit, die mich seit

S. Tode umgibt – mit ihr ist für mich die ganze Welt ausgestorben. – Ich gehöre seitdem nicht mehr hierher.

Christus und Sophie

16. – 29. Juni 1797

Es muß aber immer besser werden. Besonnenheit und Ruhe ist die Hauptsache. Laß vorzüglich auch die Aufmerksamkeit auf gefälliges und vorsichtiges Betragen gegen den Vater nicht aus der Acht – hüte dich im Umgang mit Schlegeln, übe dich unaufhörlich in besonnener Wirksamkeit, habe Söfchen stets vor Augen – vergiß nicht die Kürze von drei Monaten – übernimm dich nicht – sei mäßig – und überlaß dich nicht zu sehr deinem Hange zu vexieren und zu belustigen. Jetzt schickt es sich doch nicht mehr recht für dich, – wenigstens sehr mit Maß. Christus und Sophie.

Süße Wehmut

15. April 1800

Süße Wehmut ist der eigentliche Charakter einer echten Liebe – das Element der Sehnsucht und Vereinigung.
Es gibt so manche Blumen auf dieser Welt, die überirdischen Ursprungs sind, die in diesem Klima nicht gedeihen und eigentlich Herolde, rufende Boten eines bessern Daseins sind. Unter diese Blume gehört vorzüglich Religion und Liebe.
Das höchste Glück ist seine Geliebten gut und tugendhaft zu wissen. Die höchste Sorge ist die Sorge für ihren Edelsinn.
Aufmerksamkeit auf Gott und Achtsamkeit auf jene Momente, wo der Strahl einer himmlischen Überzeugung und Beruhigung in unsre Seelen einbricht, ist das Wohltätigste, was man für sich und seine Lieben haben kann.

Mannsein kommt von Gott

27. Juli 1800

Hat man Gott im Herzen, so grübelt man nicht. Man hat nur Eine große, erhebende Empfindung in seiner Seele. Aus dem göttlichen Gesichtspunkte gibts keine Wolken – da ist nur Ein Glanz, Eine Herrlichkeit. Der Mann ist anders, als das Kind. Mannsein kommt von Gott. Die Alten waren immer fröhlich. Was nicht gleich helfen will, hilft nicht gerade. Nur nicht den Mut und den Glauben verloren. Stelle dir vor, du seist ein Fremder und müßtest dich trösten – Würdest du da nicht oft sagen – Herr, sein Sie kein Kind! Die Bänglichkeit geht vorüber – Ein Mann und Christ muß auch Bangigkeit geduldig ertragen. Heißt das Christentum, so kleinmütig zu sein? Habt Ihr denn nicht einen Funken Stolz und Scham in Eurem Herzen? Schämt Euch, großer Mensch, vor Euch selbst. Hat Euch darum der liebe Gott so harte Prüfungen zugeschickt, daß Ihr gleich verzagen müßt? Es wird besser, und statt kindlich dankbar zu sein, bangt Ihr wie ein Weib.

Wer eine reizbare Seele hat, bei dem weckt ganz natürlich die Gegenwart eines Unglücks die ganze Schar des andern Unglücks auf, und nun gehts im Sturm und Zittern alles bunt durcheinander, ohne Verstand und Überlegung.

Betrübtheit als Illusion

9. Oktober 1800

Wähl ich nicht alle meine Schicksale seit Ewigkeiten selbst? Jeder trübe Gedanke ist ein irdischer, vorübergehender Gedanke der Angst.

Jede trübe Stimmung ist Illusion.

Die Ängstlichkeit dauerte bis abends um fünf Uhr. Nachher ward ich äußerst heiter, wozu besonders der genehmigte Plan kam, gleich nach Siebeneichen reisen zu dürfen, der mich sehr belebte. Ganz spät kam eine Beängstigung, wahrscheinlich von Blähungen, die bald abgingen, und ich vermochte durch innige religiöse Vorstellungen das fatale Erschrecken zu vermeiden.

Die Stunden nach dem Aufstehen und die nach Tische sind vorzüglich Ängstlichkeiten günstig.
Seither hab ich mich sehr wohl befunden und keinen Anfall von Ängstlichkeit gehabt. Dies beweist deutlich, daß alle Ängstlichkeit ganz unabhängig von äußern Umständen ist.
Am besten ist es, wenn man den Sinn hat, alles Geschehene mit freudigem Herzen wie eine Wohltat Gottes hinzunehmen.
Durch Gebet erlangt man alles. Gebet ist eine universale Arznei[1].

[1] NOVALIS, Schriften. Bd. 2 (Jena 1907) S. 74, 77–79, 84–86, 88, 92, 93, 97, 98–99, 99–100, 103, 106.

ZWEITE FOLGE

Von der Französischen Revolution
bis zur Dekadenz der Jahrhundertwende

WILHELM VON HUMBOLDT

Rousseaus Fehler

Montag, 27. August (10. Fructidor. n. st.) 1798

Rousseaus Confessions. Vol. 2. Seine rêveries du promeneur solitaire. (nr. 342). Ich verbinde beides wegen der Verwandtschaft der Materie. Die letzte Promenade ist, wie man sieht, 1778 geschrieben. Promenades. p. 295. – Seine anfangende Kränklichkeit verwandelte seine Heftigkeit in Melancholie und Trauer; tempéra l'ardeur de ses fantaisies und machte ihn ruhiger. Confessions. p. 131. – Immer subtil und chimärisch will er sich auf Menilmontant retten, so in die Höhe zu springen, daß der Hund indes unter ihm weggehe. Promen. p. 30. – Der Stellen, wo er des Systems von Complotten gegen ihn erwähnt, sind unzählige. P. p. 44 – 56. findet er es so zusammenhängend, daß er es für in den décrets éternels du ciel eingeschrieben findet. – Vorzüglich reich in Aufschlüssen über ihn ist die 3te Promenade. Er hatte sich immer vorgenommen, sein Leben mit dem 40sten Jahre allen ferneren Entwürfen zu schließen, sein Herz, von da an, bloß der Ruhe zu widmen. Er wollte sich ganz der Einsamkeit weihen, ganz den Menschen entsagen. Er führte es äußerlich und innerlich aus. Innerlich beschreibt er, wie er nicht mehr von Zweifeln über die wichtigsten Wahrheiten gequält seyn wollte (die durch die Prediger des Atheismus, die jene Zeit gut schildern, P. p. 60. 61. nur zu sehr unterhalten wurden), wie es ihm unumgänglich nöthig war, Gewißheit und Ruhe zu haben, wie er sich sein System machte (was er im vicaire Savoyard aufstellte), wie er sich nicht daran kehrte, nicht alle Einwürfe widerlegen zu können, wie er hernach fest und unumstößlich aus Grundsatz dabei blieb, Zweifel mit dem Argumente zurückwies, daß er sich in der Zeit seiner Schwäche nicht entreißen lassen wollte, was er in der Gesundheit seiner Seele wahr befunden, wie er selbst bei den Sätzen blieb, nachdem ihm ihre Beweise fremd geworden waren. (Diese Stelle zeigt zweierlei. 1. Er war keine rein intellektuelle Natur; bedurfte mehr der Wahrheit, als der Untersuchung. Immer setzte er subtile Metaphysik gesunden Grundsätzen entgegen. Seine leidenschaftliche Heftigkeit verbot ihm, über wichtige Gegenstände eine ruhige, nicht ermattende Erörterung. 2. Er fing vorsätzlich eine Lebensart an, die er oft verleitet seyn mußte zu unterbrechen. Er wollte sich impassible comme Dieu machen, nichts mehr hoffen, nichts fürchten. P. p. 4 – 15. Dies Arbeiten an sich selbst, dies Anstemmen gegen natürliche Neigungen hat eine verzehrende Sterilität. Es wäre vortrefflich gewesen, wenn er einen großen Gegenstand gehabt hätte, den er verfolgt hätte. So war es bloß negativ. Und doch so auch gab es ihm, wenn er glücklich war, das große Gefühl, daß das Glück schlechterdings nur in uns ist, nur von uns abhängt. Das Gefühl hätte nur mehr Stoff und Reichthum als unfruchtbare Stärke haben sollen. P. p. 22 – 25.) P. p. 56 – 84. Solons Wahlspruch je deviens vieux en apprenant toujours war nicht im intellektuellen nur im moralischen Sinn für ihn wahr. 3te Promenade. – Er folgte nicht sowohl Regeln im Moralischen als den Impulsionen seines Naturels, und auf seine Maximen hatte sein Temperament einen sehr entscheidenden Einfluß. P. p. 111[1].

[1] Wilhelm von Humboldt, Tagebücher. Berlin 1922, Bd. 1 S. 605 bis 606.

FRIEDRICH GOTTLOB WETZEL

„Selbstporträtieren"

Siebente Nachtwache, 1802

Ich bin einmal auf meine Tollheiten gekommen; nun ist aber mein Leben selbst die ärgste von allen, und ich will diese Nacht, da ich mir doch durch Blasen und Singen die Zeit nicht mehr vertreiben darf, in der Rekapitulation desselben fortfahren. Ich bin schon oft daran gegangen, vor dem *Spiegel meiner Einbildungskraft* sizend, mich selbst leidlich zu porträtieren, habe aber immer in das verdammte Antliz hineingeschlagen, wenn ich zulezt fand, daß es einem Vexirgemälde glich, das von drei verschiedenen Standpunkten betrachtet, eine Grazie, eine Meerkaze und en face den Teufel dazu darstellt. Da bin ich denn über mich verwirrt geworden, und habe als den lezten Grund meines Daseins hypothetisch angenommen, daß eben der Teufel selbst, um dem Himmel einen Possen zu spielen, sich während einer dunkeln Nacht in das Bette einer eben kanonisirten Heiligen geschlichen, und da mich gleichsam als eine lex cruciata für unsern Herrgott niedergeschrieben habe, bei der er sich am Weltgerichtstage den Kopf zerbrechen soll. Dieser verdammte Widerspruch in mir geht so weit, daß z. B. der Papst selbst beim Beten nicht andächtiger sein kann, als ich beim blasphemiren, da ich hingegen wenn ich recht gute erbauliche Werke durchlese, mich der boshaftesten Gedanken dabei durchaus nicht erwehren kann. Wenn andere verständige und gefühlvolle Leute in die Natur hinauswandern um sich dort poetische Stifts- und Thaborshütten zu errichten, so trage ich vielmehr dauerhafte und auserlesene Baumaterialien zu einem allgemeinen Narrenhause zusammen, worinn ich Prosaisten und Dichter bei einander einsperren möchte. Ein paarmale jagte man mich aus Kirchen weil ich dort lachte, und eben so oft aus Freudenhäusern, weil ich drin beten wollte. Eins ist nur möglich; entweder stehen die Menschen verkehrt, oder ich. Wenn die Stimmenmehrheit hier entscheiden soll, so bin ich rein verloren[1].

[1] Die Nachtwachen des Bonaventura. Erschienen zuerst 1804. Neuausgabe Leipzig 1909. Wahrscheinlich von F. G. Wetzel. Zeitweise Schelling zugeschrieben. S. 56–57.

Tantalus

22. Oktober 1803

Ich schreibe melancholisch, immer melancholisch: Ihr werdet meinen, das ist ein Fehler meines natürlichen Temperaments: Ach! nein – Das ist ja die große Not, daß meine Natur zur Freude gemacht ist – mich zum Genießen bestimmt hat und daß ich dem nie, nie nachgeben kann – Ich bin ein rechtschaffener Tantalus –

Das Problem des Bösen

Oktober 1803

Um wieder auf die Frage des Bösen zurückzukommen – wehe dem Menschen, für den das eine uninteressante Frage ist – obwohl so manch einer davon erschöpft ihr voller Angst ausweichen wird, und hier geißelt N. B. mit berechtigter stolzer Verachtung diejenigen Kritiker, die über diese Erörterungen alter Fragen: Gott, Gut und Böse, Notwendigkeit und Willkür, Übel usw. lachen – Nein, wahrhaftig! – die Frage muß neu sein, brennend würziger frischer Pfefferkuchen, eine französische Konstitution, ein Ballon, ein Ministerwechsel oder wer in dem parlamentarischen Duell gesiegt hat, ob Wyndham oder Sheridan, oder am besten eine chemische Theorie, ob man die neuen himmlischen Körper Planeten oder Asteroiden nennen soll – usw. – Jedenfalls etwas Neues, etwas *aus* ihnen selbst Geschöpftes – denn was auch immer *in* ihnen ist, ist tief drinnen, muß so *alt* sein wie die elementare Natur. Keinen Widerspruch in der Vereinigung von Alt und Neu zu finden – die uralten vergangenen Tage mit Empfindungen zu betrachten, als wenn sie eben jetzt durch sein eigenes Fiat entständen – das zeigt den Geist, der das Rätsel der Welt fühlt und dazu beitragen könnte, es zu lösen. Aber um zu der Frage zurückzukehren – das Ganze beruht auf dem Trugschluß, sich Veränderung vorzustellen, wo es sich um positive Substitution handelt. Das, so glaube ich fest, klärt die Frage. – Die Behauptung, daß im Wesen der göttlichen Natur eine Notwendigkeit von allgestaltiger harmonischer Wirkung liegt und daß Ordnung und System, nicht Zahl – die in sich selbst niedrig und unordentlich und irrationell ist – die schöpferische Energie bestimmen, begrenzen und sie verwenden – und daß Zahl untergeordnet ist der durch Ordnung vorgeschriebenen, geregelten, organisierten, schön und rationell gemachten Ordnung, die zugleich ein Objekt der Phantasie und des Intellektes ist – das ist keine bloße Behauptung, es ist durchaus in Uebereinstimmung mit der Wirklichkeit; denn die Welt erscheint so – und es ist bewiesen durch alles, was das Dasein Gottes beweist – Denn es ist enthalten in der Idee von Gott.

Arbeitspläne

November 1803

Mit einem tiefen, aus dem innersten Herzen kommenden Stöhnen im Gefühl der Selbsterniedrigung und dem lebhaften Empfinden meiner eigenen Schwachheit und meiner geistigen Zerstreutheit, die weiß Gott „immer etwas anderes tut", schreibe ich trotzdem die Titel der Werke nieder, die ich geplant habe, in der Reihenfolge, in der ich sie auszuführen wünsche, mit dem innigen Gebet, daß ich in meinem Wesen genug männliche Kraft und Beharrlichkeit aufbringen möge, um zu einer Zeit nur ein Ding zu tun – mit wirksamer Erkenntnis zu wissen, daß, welches ich auch zuerst beginne, es immer irgendwelche Einwände – irgendwelche Gründe für eine Vorzugswahl geben würde.

Die Menschen und die Zeiten: und dann durchaus aufhören mit dem Schreiben für Zeitungen.
Christabel – oder die Dramen. – 2. und 3.
Ermutigung und Tröstungen 4.
Eidoloclastes – 6.

Über den Menschen und das wahrscheinliche Schicksal der menschlichen Rasse. –
Mein letztes und *großes* Werk – mit dem ich mich immer beschäftigte.

Die Geschichte der Logik mit einem Lehrbuch der Aristotelischen Logik als Vorwort. 7.
Geschichte der Metaphysik in Deutschland 8.

Organum vere Organum

1. Romane	5. Milton
2. Chaucer	6. Jerome Taylor
3. Spenser	7. Dryden
4. Shakespeare	8. Genius der modernen Dichtung, Hayley, Darwin usw usw usw. –

Revolutionäre Geister Thomas Aquinas, Scotus, Luther, Baxter als Vertreter der englischen Presbyterianer und der für die Church of England einen Platz gesichert hat – Socinus; G. Fox. – 9.
Giordano Bruno, Jacob Boehmen, Spinoza. 10.
Das Werk, das ich zu hinterlassen oder spät im Leben zu veröffentlichen wünschen würde, das über den Menschen und das wahrscheinliche Schicksal der menschlichen Rasse, auf welches das Organum vere Organum und der philosophische Roman folgen sollen, um das gesamte Wachstum der Sprache zu erklären und wofür ich immer Material sammle. Was die Gedichte angeht, so habe ich nichts gesagt – Der Wind bläst wie er Lust hat.
2. Band. – Schmeichler der Entfernung. – Mein Leben und meine Gedanken. – Komisches Epos. – Hymnen, Sonne, Mond, Elemente, Mensch und Gott. Zerstörung von Jerusalem. – Eroberung Indiens durch Bacchus in Hexametern. –
Es war immer mein aufrichtiger Wunsch und (da alle unsere Gewohnheiten an der menschlichen Schwachheit teilhaben) mein Stolz, zu versuchen in mir selbst zu verstehen und es anderen begreiflich zu machen, wie große Menschen phantastisch irren können, ohne wahnsinnig zu sein – daß alle Meinungen, die verstanden und nicht in sich selbst widerspruchsvoll sind, mehr für sich haben als Frömmler, Pedanten und Halbwisser angeben. Paschal! ! (sic!)

Europäische Sprachen

Februar 1805

Daß eine Sprache Vorteile haben kann, die eine andere nicht hat, daß die englische Sprache alle anderen übertreffen mag in der ungeheuren Anzahl ihrer praktischen Worte (den gewöhnlichen Namen der) Verrichtungen auf Schiffen und deren Bestandteile, Handwerkliches, und daß die Franzosen die Palme davontragen mögen bezüglich der wissenschaftlichen Worte über Geschäfte, militärische und diplomatische Unternehmen und daß die deutsche, abgesehen von ihrer Welt von Bergbau, Metallurgie und mineralogisch technischen und wissenschaftlichen Worten, eine unvergleichliche Armee von metaphysischen und psychologischen Phrasen hat und sowohl durch ihre Struktur wie ihre mit dem Griechischen wetteifernde Leichtigkeit der Zusammensetzungen vor allen andern die für logische und intellektuelle Analyse geeignetste ist, daß die italienische die süßeste und die spanische die im Klang majestätischste ist (wobei sie so viel Süßigkeit wie es wünschenswert ist, aufbringen kann, dazu aber eine falernische Stärke) und daher eine edle Kraft der Lautbildung besitzt; als die Vollendung des Klangs kann man ansehen – auf alle Fälle sehr sehr viel mehr über dem Lateinischen als es unter dem Griechischen ist – daß das Englische durch seinen (einsilbigen, natürlichen und) wundervoll metaphorischen Geist (dessen Großartigkeit außer Frage steht, welche Sprache kann einen Stil aufweisen, der dem von Shakespeare, Jeremy Taymor oder Burke ähnelt?) mehr Sinn, Bild und Leidenschaft in Dreieinigkeit in einer gegebenen Anzahl von artikuliertem Klang ausdrücken kann als irgend eine andere Sprache der Welt, wobei sogar das Altgriechische nicht auszunehmen ist; daß andererseits das Französische zugleich die klarste und die scharfsinnigste Sprache ist und deshalb die eigentliche Sprache für Unterhaltung und Schreiben in der Umgangssprache, für leichte Leidenschaft und gesellschaftliche Eitelkeit, die ihr Hauptvergnügen daran findet zu gefallen und bewundert zu werden, eben weil sie gefällt und die ihren Zweck durch Redewendungen erreicht.

Memoriae Memorandum

21. Juni 1823

Wann werde ich Zeit und Muße finden, um meine Taschenbücher und Memoranda in einen Index – oder Memoriae Memorandum zu verwandeln? Wenn oh! und ach! Wenn – wenn ich das letzte Blatt meiner Assertio Fidei Christianae und Eterni temporizantis sehen könnte; nachdem ich vorher meine Elements of Discourse, Logic, Dialectic und Noetic oder Canon, Criterion und Organon mit dem philosophischen Glossarium – in einem gedruckten Band und die Exercises in Reasoning in einem zweiten betrachtet hätte – wenn – was dann? Nun, ich würde alles veröffentlichen, was noch unbenutzt übriggeblieben ist, Reisen und alles: unter dem Titel – über Ausflüge im Ausland und Daheim, was ich gesehen und was ich gedacht und mit ein wenig von dem, was ich gefühlt habe, in den Worten, in denen ich zu meinen Taschenbüchern redete und erzählte, den Vertrauten, die mich *nicht* verraten haben, den Freunden, deren Schweigen *keine* Herabsetzung war und den Hausgenossen, vor denen ich mich nicht schämte mich zu beklagen, mich zu ängstigen, zu weinen – oder sogar zu beten.

Dazu kommen noch Randnoten aus vielen alten Büchern und ein oder zwei neuen.

Gesiebt durch das Mogul Sieb der Pflicht gegen meinen Nachbarn – *21. Juni 1823*[1].

[1] Samuel Taylor Coleridge, The Notebooks. Bisher 2 Bde. Text und 1 Bd. Anmerkungen. Bollungen Series L, Pantheon Books. New York 1961, Bd. 1 1607, 1622/23, 1646/49; Bd. 2 2429/31; Bd. 1 XVIII–XIX. Übers. von Helly Hohenemser (nur diese Stücke). Hervorhebungen vom Verfasser. Englische Tagebücher dieser Art – so auch diejenigen von Haydon und Barbellion – nehmen die Technik des „inneren Monologs" des späten Joyce in gänzlich unliterarischer Weise vorweg (vgl. Kap. I).

E. T. A. HOFFMANN

Rousseau 30 Mal

13. Februar, 1804

Ich lese Rousseaus „Bekenntnisse" vielleicht zum 30sten mal – ich finde mich ihm in manchem ähnlich – Auch mir verwirren sich die Gedanken wenn es darauf ankommt, Gefühle in Worte zu fassen! – ich bin sonderbar bewegt! –

Stimmung

16. Januar 1809

Briefe nach Posen abgeschickt. Den 1^{t} Satz bis zum Ecce ganz vollendet. – Etwas krankhafter Zustand oder vielmehr Stimmung zum romantisch religiösen in . . . zum Miserere

Et super p p

28. Januar 1809

Morgens in der Domkirche die Messe gehört – sonderbare Musik – Künstliche Fanfaren erinnerten mich an manches Alte gelesene – In gloria dei patris – Abends lava me et super pp ganz vollendet. Herrliches Frühlingswetter.

In dieser Nacht hatte ich den lebhaften Traum von der Nachricht vom Tode des Onkels.

Elixiere des Wahnsinns

Januar und Februar 1811

1. Dienstag: In. n. d. – Die Abschrift der „Dirna" für das Theater in Salzburg beendigt – Abends „Pumpernikel" gesehn – Verstimmt – Kopfschmerz – Fantasien
2. Mittwoch: Mark – Theod. – Roth. – Abends bei p Kunz ⧗ – Dito Verstimm.

3. Donnerstag: Brief von Quandt erhalten. „Dirna" abgesendet – Abends bei Rothenhan zum Tee, in der „Rose" gegessen – exalt: St.: – K. v. H. ☞ ⧗ 

4. Freitag: V. wie gewöhnl. Stun. NM. Spaziergang nach Buch in der größten Kälte – bei Kunz – Kopfschmerz, Verstimm. Lecture von „Halle und Jerusalem, Studentenspiel und Pilgerabenteuer" von Achim v. Arnim – wollte nicht von statten gehen – um neun Uhr etwas ⧗ fort zur Konsul Mark wo meine Frau war – Schlaflose Nacht –

5. Sonnabend: VM. eine Stunde bei M. Krank und verstimmt – geschlafen von zwei bis sechs. Die „lustigen Weiber zu Windsor" sollen nun wirklich bearbeitet werden – Voß Lustspiele con Arlechino gelesen – Musik. Ideen – bona notte

6. Sonntag: Morgens Stunden – Mitt. bei Bevern, höchst exotischer Abend im „Pumpernikel" dann auf der Redute bis 6 1/2 Uhr – exaltierte humoristische Stimmung – gespannt bis zu Ideen des Wahnsinns die mir oft kommen. Warum denke ich schlafend oder wachend so oft an den Wahnsinn? – Ich meine, die geistigen Ausleerungen könnten wie ein Aderlaß wirken.
1. Freitag: V. M. Stunden bei Mark, Kratzer, Roth. N. M. bei Holbein – Abends im Theater – dann noch etwas komponiert – Abspannung von de gestrigen Efforts –

2. Sonnabend: V. M. bei Holbein, dann St. bei der Mark – Mittags bei Holbein – dann ins Theater (Quodlibet – Ouverture von mir . . . . liert). – romaneske Stimmung – Abends in der „Rose" – stark gepunscht – Das Kthch wird obligat – o miserere mei domine

3. Sonntag: V. M. St. bei der Mark, dann zu Holbein. N. M. ebenfalls – dann nach Buch spät hinein – ins Theater! – Höchst ärgerliche Stimmung – bis zum Exzeß romant. und kapriziös. Ktchn 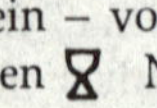 De profundis clamamus – Abends in der „Rose" gepunscht –

4. Montag: V. M. Stunde bei Mark – Kratzer – Rothenh. NM. Holbein – vorher bei Kunz – Abends bei Kunz in den Katakomben ⧗ Nachher in der „Rose" – leidliche Stimmung

5. Dienstag: Mrgs. St. bei Mark – N. M. bei Kunz – da bei Holbein – zu Hause – dann auf de Kinderball – Ktch: plus belle que jamais et moi – amoureux comme quatre vingt diables – exal-

tiert – zu Kunz eingeladenermaßen ⧗ in der Nacht potrawke – sehr gut bestimmt. – Das Sextett geendigt

6. Mittwoch: V. M. bei Mark – Roth. – dann bei Kunz. N. M. Chor zum „Brautschmuck" componiert, da bei der Mark zum Tee und Abend – sehr gut amusiert – gute Stimmung – Kthch

7. Donnerstag: VM. Stunden bei Mark – Rothenhan – mit der Roth. wegen Knz. gesprochen – Nachher bei Knz – da zu Hause – Speier. Die Frau krank geworden – Madam Knz bei ihr, dieselbe nach dem The. geführt, dann zu Hause – „Aurora" – Kth

8. Freitag: VM. St. bei der Mark – zu Hause N. M. zu Hause – im Theater – abwechselnd zu Hause – Abends in der „Rose" – gepunscht – etwas weniges exaltiert – Ungemütliche Stimmung. Die Frau ist krank – Kth

9. Sonnabend: VM. bei Mark – zu Hause – die Frau ist krank – Abends zu Hause und geschrieben am Finale des 1 Akts der „Aurora" – Kth

10. Sonntag: VM. Mark – Holbein. Mittags bei Seiffert – exaltiert ⧗ – Abends Theater („Brautschmuck") – in der „Rose" gepunscht – ziemliche und etwas romantische Stimmung – Kth

11. Montag: V. M. St. bei Mark – Roth. – V. M. Holbein. – N. M. Holbein – (er reiset nach Würzburg) bei Kunz – ärgerliche aber weltbürgerische Stimmung – Kth

12. Dienstag: V. M. bei Mark, bei Rothenhan – N. M. Holbein – zu Hause – Spazieren mit Speier – in der „Rose" – exaltierte Stimmung, böse Nacht – garnicht geschlafen – Kth

13. Mittwoch: V. M. bei Mark – Theodory – Rothenhan. Kunz – 30 fl geborgt – Abends bei der Mark – Romeo und Julia – exaltierte romantische Stimmung – Ktch

14. Donnerstag: V. M. Mark – Holbein – Rothenhan – N. M. Holbein – Spaziergang – „Rose" fortwährend fantastische Stimmung nebst enormer Faulheit – Kthch – Kthch – Kthch

15. Freitag: V. M. Stde. bei Holbein – Roth. – N. M. bei der Mark – Ktch – fantast. St. – Abds. im Theater, „Künstlers Erdenwallen". Lämmermeier !! – Spät in d „Rose" – Ktch

16. Sonnabend (Juliana): Vo. bei Mark – Theod. – Roth. Neue Kleidung – N. M. i. d. „Rose" – Abends den Julianen-Tag feierlichst begangen bei Mark – exaltierte Stimmung –

διεσε ρομαντισχε στιμμυνγ γρειφτ ἱmερ μερ υμ σιχ υνδ ιχ φϋrχτε εσ wιρδ υνhειλ δαραυσ ενστεν – Ktch[1]

17. Sonntag: VM. bei Kunz – Mark NM. in Buch, dann im Theater – Holbein ist arriviert aus Würzburg – Abends in der „Rose" krankhafte Empf. – die gestrige griechische Bemerkung gilt für heute doppelt – Ktch

18. Montag: VM. Mark – Roth. – Abends auf dem Cassino – Ktch – in ihr leben und sind wir! – ιν ἱρ λεβεν

19. Dienstag: VM. Mark, sodann nach Aurach auf die Jagd und Abends spät 10 Uhr hinein – geschlafen wie ein Ratz

20. Mittwoch: VM. Mark – Rothh. – Holbein – NM. krankhafte Schläfrigkeit und Abspanung – geschlafen + dann spazieren gegangen – dann ins Theater („Künstlers Erdenwallen") Kth im Th

21. Donnerstag: VM. Mark – Stepf, Rothenhan. N. M. Holbein – Probe von „Belmonte und Constanze" im Theater – Madame Koehl – herrliche Sängerin – Enthusiasm in Beziehung auf Kth – Abends in d „Rose" –

22. Freitag: Vm. Mark – Holbein – bis 1 Uhr gearbeitet – N. M. nach Buch – Augenschmerz, Anzeige ei. Augenentzündung – Abends im Theater – „Bel. u. Const." – mit Ktch im Theater – Enth. – Unvernunft und Leidenschaft – quod deus bene vertat

23. Sonnabend: Nachts Augenentzündung bekom. Kunze bei mir – „Schmelzle" (von Jean Paul) vorgelesen – im Ganzen ennuyanter Tag senza Enthusiasmo

24. Sonntag: VM. Mark – Kunz zwei Minuten. N. M. – Abends bei Mark – Ktch etwas nachgelassen – Verstimmt durch ein paar kleine Schreihälse – o dio – che smania

25. Montag: V. M. Mark – Roth. – NM. Spazieren mit K. Abends im Theater, nachher auf dem Ball – bei Kunz – wied. auf de Ball ⧗ im höchsten Grade – exotische Streiche im Übermaß. Ktch – Ktch – Ktch!!! exaltiert bis zum Wahnsinn

26. Dienstag: Bis 11 1/2 Uhr geschlafen – dann noch exaltiert aufgestanden – Kth – Kth – Spazier gegangen – N. M. bei Hol-

[1] Griechische Buchstaben für deutsche Worte. (Geheimschrift im Tagebuch.) Die Eintragungen vom 16. Sonnabend ist zu lesen: Diese romantische Stimmung greift immer mehr um sich, und ich fürchte, es wird Unheil daraus entstehn.

bein, Abends Kunz bei mir – sehr vergnügt. Ein. Augenblicke auf der Redute
27. Mittwoch: M. bei Mark – Roth. Bei Kunz gegessen, mit ihm spazieren gegangen und dann bei mir – seltene Weine – Abd. noch in der „Rose"
28. Donnerstag: VM. Mark, Stepf, Rothh. N. M. Holbein, in Buch – im Theater, bei Kunz – Hol der Teufel die curiose Stimmung – entweder schieße ich mich tot wie ein Hund, oder ich werde toll! – q d b v

Januar 1812
19. Sonntag: V. M. Theater – Ktch am Fenster – Mittags bei Kunze – Abends mit Speyer, Holbein – Weiss – bei Kunze – Champagner ⧗
Es bleibt noch von der gestrigen höchst exotischen Stimmung viel zu bemerken – Ktch – Ktch – Ktch. O Satanas – Satanas – Ich glaube, daß irgend etwas hochpoetisches hinter diesem Daemon spukt, und in so fern wäre Ktch nur als Maske anzusehn – demasquez vous donc, mon petit Monsieur! –
26. Sonntag: V. M. Gemalt in der fatalsten Stimmung. Mittags bei Kunz – N. M. Gemalt – Abends Theater „Joseph" – nachher gepunscht bei Kunz. Exaltierte Stimmung – Ahndungen seltsamer Ereignisse die dem Leben eine Richtung geben oder es – – – – – enden! Inkrustierter Gedanke 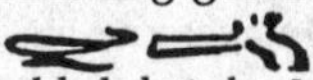
31. Freitag: V. M. bei Kunz – einen Augenblick bei der Mark, bei Rothenhan – N. M. zu Hause – „Rose". Ktch im Theater – die abscheuligste widerwärtigste Stimmung seit langer Zeit – um sie zu verjagen. Ehstandsszenen im Theater – alles vergebens – Ärgerlich – galligt zum 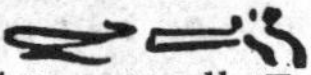
Schon zum zweitenmal das verhängnisvolle Zeichen[1]!!!!

Februar 1812
4. Dienstag: Den ganzen Tag an „Roderich und Kunegunde" gearbeitet – Nachklang der gestrigen Stimmung tief im Gemüte – Wahlverwandtschaft? – Seroit il possible? – Non il n'est pas possible.
5. Mittwoch: Dito gearbeitet – in einer wahrhaft fürchterlichen

1 Hieroglyphe für Selbstmord.

Stimmung – Ktch bis zum Wahnsinn, zum höchsten Wahnsinn – Eifersucht auf Hlb., ganz spät in die „Rose" – Stimmung geändert
Betrachtungen über das Selbst – dem der Untergang droht – es ist etwas ungewöhnliches noch nicht erlebtes

März 1812

5. Donnerstag: V. M. vereitelte Conzertprobe – Mittags Monatsdiner in der „Rose" – Abends Conzert der Koehl – Julchen höchst vortrefflich gesungen – exaltierte Ideen Hinsicht der Kunstperiode. Ktch –  –[1] Abds in der „Rose" – Dittmaier dito exaltiert Ktchs wegen – schlechte Nacht
6. Freitag: V. M. zu Hause bis sechs Uhr – zwei Canzonetten gemacht zum 18 Maerz. Krank – Abds. „Rose"
7. Sonnabend: V. M. Mark N. M. gearbeitet – Abends mit Kunz in der „Rose", gleichgültige St.
8. Sonntags: V. M. zu Hause – Mittags beim Kunz ⧗ Abends Theater – Ktch – in der infamsten crudelsten Stimmung – Torheiten der Eifersucht!! o dei – O dei quel smania.

April 1812

6. Montag: V. M. bei der Mark – Rothenhan – mich mit Ktch ausgesöhnt und in eine gemütliche St. geraten. Abends im Cassino getanzt und ein wenig  – sehr inamorato

Juni 1812

8. Montag: Mark – Rothenhan – dito infam gestimmt und qua Causa? – Eselhaftigkeit um Ktch im Zunehmen – N. M. geschlendert, in der „Rose" und sehr gesoffen – Abends Spaziergang mit der Kons., der mich ganz heiter stimmte.
29. Montag: V. M. elendes Wetter – N. M. im tiefen Dreck nach der Stadt gewatet, in der „Rose" ⧗ zu Konsuln . geg., ganz exotische Gespräche mit Ktch – in höchstem Enthusiasmus retourniert – ganz krank vor Liebe und Wahnsinn. – quod deus bene vertat; non ero mai piu inamorato che oggi

[1] Geheimzeichen für Vogel. Anfangs wird Käthchen als Schmetterling dargestellt, dann als Vogel. Die Beziehung auf erotische Wünsche ist eindeutig.

August 1812

10. Montag: Il colpo è fatto! – La Donnaè diventa la sposa di questo maledetto asino di mercante e mi pare che tutta la mia vita musicale e poetica e smorzata – bisogna di prender una risoluzione degna d'un uomo come io credo d'esser – quest'era un giorno diabolico[1]–

Februar 1813

4. Donnerstag: Dies
5. Freitag: tristes
6. Sonnabend: atque
7. Sonntag: ordinarii
8. Montag: Im Cassino sehr getanzt – Lächerlichkeit des ordinairen Lebens

März 1813

4. Donnerstag: Rothenhans – Kratzer – Billet von Kunz erhalten – das mich zu ihm einlud. Große ironische Versöhnungsszene beim Roussillon – un poco ⧗ – διε εινzιgε Ναχϱιχτ, δασs Ktch σχwαvger – traφ μιχ wιε ειν Σχλαγ –[2]
5. Freitag: V. M. Requiem für ein 16jähr. Mädchen mitgesungen – Begräbnis des Kaufm. Boehme – nachher bei Kunz – im Theater – heitre Stimmung
Von heut an in der „Rose" alles was ich verzehre zu zahlen angefangen
13. Sonnabend: Brief aus Leipzig von Rochlitz der mein Entschluß Musikdirektor bei Seconda zu werden bestimmt.
17. Mittwoch: Den Brief erhalten, der meine Anstellung bei Seconda richtig macht
Große Freude[3]!

[1] Julia Marc hatte einen reichen Mann aus Hamburg geheiratet.

[2] Die griechischen Buchstaben sind zu lesen: Die einzige Nachricht, daß Käthchen schwanger – traf mich wie ein Schlag.

[3] E. T. A. Hoffmann, Tagebücher. Ausgewählte Werke, Zürich 1946, Bd. 1 S. 210, 212, 218, 222, 224, 232, 233, 237, 240, 247, 249–250, 253–254, 263, 264.

Wiederholte ernstl. Deliberation über meine Lage

Stargard, d. 26. 8br. 1806

1.). Soll ich über diese politischen Angelegenheiten schreiben. – Antw. Nur bedingt: wenn der Kampf fortdauert. –. Wird er aufgegeben, so muß ich zu flüchten suchen, u. von daher schreiben. –

Folge. –. Wenn daher der Kampf fortdauert, muß ich mich in *Freiheit* setzen. Wo, wie?

Es ist ‚vielleicht' möglich zu schreiben, nur nicht druken laßen u. doch dies geht.

Es ist „nicht von" zunächst die Rede von Pflicht: sodann aber auch von Klugheit.

– Frage: was waren damals die Gründe des Abgangs? warum bin ich seitdem so sehr umgestimmt.?

(Unmittelbar nach Königsberg zu gehen: was über lang oder kurz doch erfolgen muß, scheue ich mich vor Unbequemlichkeit, Unruhe, Kosten. a.). Daß in Berlin bequemer, ruhiger, u. wohlfeiler ich lebe, ist sehr klar. 2.). Erst Hauptarbeiten fertig zu machen, neue Gelder an mich zu ziehen, u.s.w. ist allerdings von Bedeutung. 3.) aber wegzu*kommen*, u. nach Norden, wenn die Fr.[anzosen] sich festsezten: wenn dies? Es müssen „sonach" noch tiefere Untersuchungen vorgenommen werden. –

–. Was ist der warscheinlichere Erfolg?. Entweder der *Friede*, der Berlin zurückgiebt, oder ob er es nicht zurückgebe, doch mir die Möglichkeit läßt, in den Preußischen zu wohnen? Darf ich dies? Als PrivatMann allerdings: aber als Diener?. als bloßer „Phi"Lehrer der Philosopie, ohne politische Beziehungen, allerdings. –

Fortdauer des Krieges. –. Bleibt Berlin warscheinlich der *Unruhe* ausgesezt. Bei dem schnellen Kriegführen sicher. Wenn wir aber siegen? So dürfte Ruhe kommen. Doch ist dies nicht sogleich zu erwarten. Der Krieg zieht sich in die Länge, das dultet B.[onaparte] nicht.

Res. *Berlin* sichert nur der Friede. Der Aufenthalt daselbst fällt

in das Kriegstheater. Es wird sogar schwer sein, es nach Belieben zu verlaßen. Ruhe ist daselbst nicht zu erwarten: u. das Streben dahin wieder zurük zu kehren, wäre bloß Resultat der Ermüdung an der Reise.
Gegensatz: Größere Leichtigkeit das Angefangene zu vollenden. Mich beßer zur Flucht zu bereiten, u. s. w. Dann muß aber der Vorsatz fest stehen, durchaus nicht zu fliehen, *vor* Vollendung; u. durchaus an nichts politischem Antheil zu nehmen. – Dies wäre die Seite der Politik im Reinen.
Jezt über die augenbl. Rükkehr!. Ist die auf jede Gefahr möglich?. Ich denke:
Was waren die Gründe des Abgangs. –. Hauptsächlich der Gedanke, daß ich später hin nicht würde fliehen *können.* (was jetzt noch eben so gilt.) Daß kein Grund in Berlin mich fest hielte, was ganz wahr ist. Es fehlte der positive des *Abgangs.* Ich konnte nicht arbeiten. Dies hoffe ich nun jedoch zu können. auch läßt sich etwas vorbereiten, ersprießliche Gelegenheiten erwarten, u. dergl. –
Auch kommt dies dazu, daß ich zu Frau, u. Kind gehöre.
Wie nun endlich die Rechnung schließen? –. Hauptfrage ist: welcher ganze Plan des Lebens vor mir liegt. –.
Grundsatz: An die „?“ gute Sache muß ich mich anschließen; mit ihr stehe ich u. falle ich. An Erlangen ist eben nicht mehr zu denken; d. i. der Krieg verlängert sich: Der Friede macht alles unmöglich. –. Sehr gut: doch muß ich arbeiten, u. in der Möglichkeit mich erhalten. z. B. Eine Profeßur da, wo allein noch Wißenschaft wird getrieben werden können, in *Königsberg,* suchen. –. Alles dieses treibt mich mehr oder minder zur Abreise in den Norden.
Noch sind in Berlin zu bedenken die Plakereyen mit *Requisitionen,* denen ich mich nicht aussetzen kann. –.
Halt. Es ist ganz klar, daß nur die Unbequemlichkeit der Reise mich treibt nach Berlin zurükzugehen. –.
Der richtige Beschluß ist: *hier* zu verweilen, bis zum Ausgange einer *Hauptschlacht* u. falls dieselbe *für* uns ausfällt, nach Berlin; *wider* uns, nach Königsberg. – Bis dahin; fleißig, u. treu arbeiten: ein Logis kann ich ja warscheinl. immer wieder haben. Hauptbewegungsgrund ist: mein unausbleibliches Beharren an der Sache des Rechts, u. der Wahrheit zu beweisen. –

Soviel für mich. Was ist der Hufelandin zu rathen? Geht sie nach Berlin, so ist sie *abgeschnitten;* Erpreßungen ausgesezt. u. s. w. Vorwärts, hat sie große Kosten. Das beste wäre auch hier zu bleiben.
– d. 27. 8br. Nach bewiesener Ankunft der Franzosen in Berlin. –
Neigung. –. Hier einen Glüksfall abzuwarten? –
Welchen? Beyme? Ist Warscheinlichkeit da?
Gestriger Beschluß. Ist eigentl. noch nicht aufgehoben. Mit der ersten Post kann ich ja gehen. Nur der Fleiß ist gestört. Wo Logis hernehmen, weiß ich nicht. Durch Weigelt[1]. –

[1] Aus dem noch unveröffentlichten Nachlaß JOH. GOTTL. FICHTES, aufbewahrt in der Westdeutschen Bibliothek Marburg, gegenwärtig in Händen von Dr. JACOB, München, zur Aufnahme in die neue große Fichte-Ausgabe der Bayerischen AKADEMIE der Wissenschaften. Hervorhebungen von Fichte.

BENJAMIN ROBERT HAYDON

Giganten-Wünsche

London, 7. Dezember 1808

Mittwoch: Letzte Nacht kniete ich nieder vor meinem Bild, bevor ich zu Bett ging und bat Gott, mir geistige Stärke und körperliche Kraft zu verleihen mit Standhaftigkeit durchzuhalten, nicht durch noch so große Schwierigkeiten entmutigt zu werden, nicht meine Jugend als Entschuldigung für Unzulänglichkeit gelten zu lassen, daran auch nicht einen Augenblick zu denken, sondern mir vor Augen zu halten, wie bald ich sterben kann und wenn unerwartet νὺξ ἄνεται (die Nacht sich neigt, Ilias X 251), daß ich hinweggenommen werde, während ich alles tue, was ein menschliches Wesen tun kann und wenn ich sofort vor Gott gerichtet werden sollte, ich für das Gericht bereit sei –

Man sagt mir, man kann von dir nicht verlangen, daß du dein zweites Bild wie Tizian malst und wie Michelangelo zeichnest, aber ich erwarte es von mir und ich will es versuchen – und ich nehme mir Freiheiten gegenüber der Natur und beuge sie meinem Willen; bedenke du solltest nicht wagen, was Michelangelo wagen konnte, aber ich will es wagen, ich will alles daransetzen, mein Ziel zu erreichen; wenn das Frechheit und Eingebildetheit ohne Können ist, werde ich sehr bald meinen Platz in der Meinung der Welt finden; aber wenn es aufgrund von Kunst und Genie die richtige Zuversicht ist, dann werde ich bald meinen Lohn finden. Ich hörte, Nelson pflegte zu sagen: „es kommt nicht auf die Gerechtigkeit oder die Dreistigkeit von irgend etwas an, sondern nur auf den Erfolg." Das würde kein Mann mit der üblichen zaghaften Gesinnung der Menschheit zu sagen oder zu fühlen gewagt haben und was für eine Meinung hat die Welt von Nelson?

Die Gefahr liegt darin, daß man diese Gefühle hinausschiebt, bis man älter oder fähiger ist, daß man sie hinausschiebt, bis der Tod die Möglichkeit, sie jemals in die Tat umzusetzen, unterbindet. Es ist sehr leicht zu sagen „warte, bis ich dreißig bin", aber dreißig kommt so allmählich heran, daß eure Ent-

schuldigungen zur Gewohnheit werden können und man von Jahr zu Jahr, von Stunde zu Stunde unfähiger wird anzufangen – deshalb, was du auch fühlst, tue es, warte nicht auf den lässigen, frivolen Rat von Leuten, die nur leben, um sich zu unterhalten, die wenig besser als Tiere sind, deren Hauptbeschäftigung jederzeit essen und leben ist; wenn ich die Macht hätte, würde ich auf diese gemeinen Lumpen Feuer speien – ich habe keine Worte, um meine Verachtung auszudrücken – was Homer wagte, will ich wagen; wenn ich nicht genug Talent und Energie habe, um mein Wagnis gut zu fundieren, werde ich bald das mir gemäße Niveau finden; bin ich aber fähig, dann werde ich es nur durch den Versuch herausfinden. Ein genialer Mensch ist in die Welt gesandt, nicht um Gesetzen zu gehorchen, sondern um sie zu geben. Für ihn ist die Natur das Feld, das er für seine Zwecke gebrauchen muß – laß das keine Vermessenheit sein, o Gott laß es die feste, aus Erfahrung entstandene Überzeugung sein.
Wollte Gott, daß ich ohne Schlaf leben könnte, dann würde ich diese Nacht noch mit meiner Figur ins reine kommen, aber da das nun einmal eine Lebensbedingung ist, muß ich mich zufriedengeben. Wenn ich nicht fürchtete, schlechte Augen zu haben, würde ich mir darüber keine Gedanken machen. Bis ich mir nicht ganz im klaren bin, ist mein Geist buchstäblich auf die Folter gespannt – und ich will mit der Morgendämmerung aufstehen, wenn ich aufwache. O Gott, ich flehe dich an gewähre mir die Kraft es gut zu machen, ich flehe dich an gewähre mir das[1].

Hymnus für Raffael

London, November 1809

O göttlicher, erlesener Raffael, du Maler der Veredlung, der Eleganz und des Intellekts. Ich kann dem Entzücken, der Begeisterung, die deine Schöpfungen in mir erregen, keinen Ausdruck geben; niemals werde ich meine Empfindungen verges-

[1] Ich war zwanzig, als ich dies schrieb. Ich bin stolz es zu lesen. 1817.

sen, als ich zuerst deine Absicht begriff in dem Ausdruck des Jünglings neben dem Archimedes, der zu einem anderen über ihm mit schläfrigen Augen und offenem Mund aufblickt, den Kopf müde zurückgelegt, in deutlichem Sichtbarmachen der Mattigkeit, die man nach einer erfolglosen Anstrengung zu denken, fühlt, so als ob er völlig verzweifelt, verstört durch die Mühsal sich der Führung und Leitung eines Anderen überlasse – mit der Hand auf die mathematische Formel deutend, die er zu lösen versucht hat, wobei er zu sagen scheint: „was ist das, ich kann es nicht herausbringen". – Ein anderer Jüngling denkt noch nach, die Finger auf den Knien gespreizt, als seien sie durch die Geistesabwesenheit ihres Herrn sich selbst überlassen. Einer darüber ist dahintergekommen; eben ist es in seinem Hirn aufgeblitzt und mit emporgestrecktem Finger und herausgeschleudertem Gewandwurf drückt er augenblickliches Begreifen aus[1] – jedes Stückchen des Faltenwurfs jedes Stückchen Ornament drückt bei Raffael in stärkerem Grad das Eigentümliche des Charakters, den es schmückt, aus. Manchmal kleidet er einen eleganten Jüngling ganz in weiße goldgeränderte Gewänder; sein Gefühl für Charakter und Ausdruck entstammt vielleicht dem feinsten, je einem menschlichen Wesen verliehenen Empfinden, seine Frisuren, sein Haar, seine Gewänder, seine Sandalen, jedes Ornament, jede Quaste werden bei ihm zu Trägern von Veredlung, Verfeinerung und Charakter; er kleidete seine Frauen nicht, um ihre Schönheit zu verhüllen, sondern um sie interessanter zu machen, um die Schönheit zu steigern, Liebe zu erregen; bei dem lieblichen Geschöpf im Heliodor, die ihre schöne Hand ausstreckt, gehört es zu ihrem Charakter, daß sie bis zum Nacken und bis zum Handgelenk verhüllt ist, während eine Art von Schal sich um ihren Arm schlingt und das floß aus Raffaels erlesenem Gefühl zu der Zeit, da er an ihrem bezaubernden Gesicht Gefallen fand[2] – O Raffael, wenn dein göttlicher Geist noch für

[1] Diese Figuren erscheinen in der unteren rechten Ecke der „Schule von Athen" im Vatikan. (Anm. von HAYDON.)

[2] Die Figur erscheint in der unteren linken Ecke der „Vertreibung des Heliodor aus dem Tempel in Jerusalem" im Vatikan. (Anm. von HAYDON.)

diese Welt empfänglich ist, wenn es dir erlaubt ist, um jene zu schweben, die sich an deiner Schönheit berauschen, versenke dich in meine eigene Seele, hauche mich bei jedem Strich an, breite deinen Einfluß über jede meiner Vorstellungen, so daß ich deine Reinheit, deine Bescheidenheit und deine Verfeinerung zu der Kraft hinzufügen möge, die in ihrer Güte die Vorsehung mir schon verliehen hat – O Gott, gewähre mir gut, groß und eine Ehre für die Welt zu sein und ich werde glücklich sterben – Amen – Nov. 1809
Im Augenblick, als ich diesen Morgen erwachte, flutete Raffael und all seine erlesene Schönheit und Feinheit in mein Hirn; elegante Jünglinge, schöne Frauen, fließende Gewänder spielten in meiner Phantasie und ich lag eine Stunde im Bett, bevor ich aufstand, völlig abwesend in köstlichem Sinnen. Ich stand auf in einer Wolke von Gefühl, völlig unempfindlich gegen alles um mich herum; der Gedanke an die Andeutung, die ich gehört hatte, er sei an einer üblen Krankheit gestorben, war mir so widerlich, daß ich hoffe, er wird mir nie wieder in den Sinn kommen, – o Raffael, möge ich deinem ätherhaften Geist im Reich der Unsterblichkeit begegnen, möge ich in deiner Gesellschaft durch den schrankenlosen Raum schweben – Obwohl in unserem Dasein hier solch ein Abstand ist, bin ich doch der, welcher geboren wurde, um dein Freund zu sein; ich bin der, welcher wahrhaft deine Vollkommenheit zu schätzen weiß und ich hoffe, wenn ich sterbe, würdig zu sein, dir beim Eintritt in die neue Existenz zu begegnen; diese Vorstellung soll meine Bemühungen anspornen; möge ich wert sein, dir als gleichberechtigt zu begegnen. – Nov. 1809

Nelson als Vorbild

London, 9. Januar 1813

Ich habe Nelsons Leben beendet und jede Silbe mit Interesse und Entzücken gelesen. Ich hatte keine Ahnung von seiner Geistesstärke, seiner Kenntnis von Menschen und Dingen, bis ich seinen Briefwechsel sah. Er war sicherlich ein höchst außerordentlicher Mensch, hartnäckig im Verfolgen eines Objekts, ruhelos und unglücklich angesichts der Wahrscheinlichkeit, es

nicht zu erreichen, schnell und klar in seiner Auffassung und dabei kühl und vorsichtig; nachdem er sein Ziel erfaßt hatte, behielt er es flink, energisch, unbezwinglich fest im Auge und setzte seine ganze Seele, seinen ganzen Körper, all seine Kräfte ein, um es zu erreichen. Mit all der Einfachheit und Begeisterung feuriger Jugend verband er die Weisheit und Erfahrung des argwöhnischen Alters. Er hatte die Kraft aller großen Menschen, andere in seiner Gegenwart und Gesellschaft ihre eigene Unterlegenheit vergessen zu lassen, sie mit sich selbst auszusöhnen und er selbst war von Seekadetten oder Matrosen, vom Leutnant oder Kapitän, vom Botschafter oder Admiral, vom Eingeborenen oder Fremden, von allen geliebt; denn in seiner Gegenwart verloren sie nicht ihre Selbstachtung. Die Seeleute beteten ihn an, die Offiziere liebten, die Admiräle achteten ihn. Er hatte die kühnen brennenden Gefühle des Genies. Gefangene befriedigten seine Seele nicht. Vernichtung war sein Ziel und wenn es in unserem Sein noch einen weiteren und tieferen Zustand der Zerstörung gäbe, dann wäre Vernichtung für ihn fade und absurd gewesen. „Wir haben es gut gemacht, wir können zufrieden sein", sagte Hotham. „Zufrieden"! antwortete Nelson mit dem wahren, dem feurigen Hunger des Genies. „Zufrieden und gut gemacht! Hätten wir zehn Schiffe genommen und das elfte entwischen lassen, würde ich nicht zufrieden sein oder von gut gemacht reden."
Das ist ein Gefühl von wilder Lebenskraft; das ist der Mann, der nicht auf eine günstige Gelegenheit warten, sondern das Beste aus dem machen würde, was er hat. Das ist der Held, der, wenn er ein Beiboot kommandierte, damit etwas zustande brächte, was ein Beiboot nie zuvor getan hat.

Nelson ist ein glänzendes Beispiel dafür, was Hartnäckigkeit, ungeteilte Aufmerksamkeit in einer Kunst zuwege bringen kann; wie weit eine nie aussetzende Gewohnheit des Wagens einen Mann vorwärtstreibt; wohin man gelangen kann, wenn man niemals sich nach der Anstrengung dem eitlen Genuß überläßt. Er begann den Krieg als Unbekannter, Kapitän eines Schiffes mit 60 Geschützen und beendete ihn weltberühmt als der größte Held seines Landes.

Er besaß alle die rechtschaffenen Gefühle der alten Schule und verabscheute die Schule der Liberté und Egalité mit Philosophie auf den Lippen und Raub, Mord, Schändung in ihrem Herzen.

Ich liebe ihn dafür und unterschreibe alles, was er gegen diese abscheuliche, verdammenswerte Bande, ob französisch oder englisch schrieb. Die Nachwelt wird wahrscheinlich den reinen, ehrenvollen Heldenmut der englischen Admiräle schätzen im Gegensatz zu dem grausamen, tyrannischen und unsittlichen blutigen Ruhm der Franzosen. Alle seine Beobachtungen, all seine Ansichten, all seine Begriffe waren frisch, kräftig, originell; denn sie entsprangen aus einer hohen, angeborenen und kraftvollen, durch Erfahrung gesättigten Fähigkeit; von Kindheit an tat er alles mit einer Art von Autorität und doch wieder mit dem wahren Gefühl eines großen Geistes, demütig und willig zu lernen, wenn er nichts wußte.

Derselbe Eifer, dieselbe Begeisterung, dieselbe Kraft, dieselbe Ruhelosigkeit, dieselbe Entschlossenheit in welcher Kunst auch immer sich weiter zu entwickeln, solange er lebt, wird einen Mann ebensoweit bringen, weil eine solche Haltung anderen ebensogut wie ihm selbst Vertrauen einflößt: so werden günstige Gelegenheiten gegeben; denn diejenigen, die die Macht haben, günstige Gelegenheiten zu schaffen, können sich auf ihn verlassen.

Nelsons Leben war eine fortlaufende Szene von Ruhm und Wirkung, er ist ein Beispiel für alle. Mögen diejenigen, die gleiche Ansichten haben, sie mit den gleichen Methoden verfolgen. Amen, Amen von ganzer Seele. 9. Januar, Mitternacht.

La Belle Dame sans Merci

London, 5. Februar 1815

Lieber Himmel, was für ein Charakter[1]! Sie bildete sich ein, alle ihre Briefe seien verbrannt. Sie bildete sich ein, sie sei sicher. Sie konnte nun von ihrem Mann und ihren Kindern reden, da sie dachte, es gäbe keinen Beweis gegen sie außer meinen eigenen Behauptungen, aber durch reinen Zufall wa-

[1] HAYDON hatte dieses „infernalische Weib" schon in seinem Tagebuch vom 6. Februar 1814 beschrieben.

ren drei oder vier ihrer Briefe verlegt. Ich lege einen hier bei, den sie mir zu der Zeit gegeben hatte, wo sie glaubte, ich mißverstehe sie nicht, und ihre Art und ihr Benehmen sich in unbedenkliche Zügellosigkeit verwandelt hatten, obgleich nichts ausgesprochen wurde. Es war ein Auszug aus Chateaubriand und sie fügte vier Zeilen hinzu, die sie unterstrich. Es war zu deutlich, aber es war zu spät. Meine Ehre war erweckt und je mehr sie sich vorwagte, um so entsetzter war ich.

Sie glaubte meiner Eitelkeit zu schmeicheln.

Sie vergaß den trefflichsten Mann und das künftige Ansehen von fünf Kindern, sobald ihre Begierde erregt war. Jetzt war sie ganz Empfindung und Zartheit und Reinheit und beleidigte Tugend! Ich habe mehr Achtung vor Messalina selbst, die ihre Laster nicht verhehlte, als vor diesem Teufel an Laster und Verderbtheit mit einer Eishülle von schneeiger Zurückhaltung. Ich glaube in der Geschichte menschlicher Verkommenheit würde dies Geschöpf an der Spitze stehen. Solch eine Frau hat es nie gegeben. Andere Frauen, die ich kannte, hatten, wenn sie auch wollüstig waren, doch Herzen, aber dies höllische, verworfene Geschöpf hatte kein Gefühl als ihr eigenes Verlangen, und wenn du dich weigertest dich zu fügen, dann war deine Vernichtung ihr Ziel. In meinem schrecklichsten Depressionszustand, als sie sah, sie war in meiner Macht, fragte sie mich, ob ich je „Werthers Leiden" gelesen hätte. Ich sagte nein. „Nimm es mit", sagte sie, „aber versprich mir, es ganz durchzulesen." Ich nahm es mit nach Hause und fing an, aber es beeindruckte mich so furchtbar, bevor ich halb damit fertig war, daß Selbstzerstörung ein oder zweimal durch meinen verstörten Verstand zuckte. Ihre Verderbtheit war so groß, daß jedes Ding in der Natur, Licht und Finsternis, Einsamkeit und Geselligkeit, Schönheit oder Gebrechen, jeder Gegenstand, der durch Sehen, Riechen, Berühren oder Abtasten erreicht werden konnte, für sie zur Quelle wollüstigen Genusses wurde. Der Duft von Blumen, sagte sie, zitternd vor Leidenschaft, hat einen verliebten Geruch. Die Fülle eines Sommerabends, die Stille eines Gehölzes wirkten auf ihre lasterhafte Phantasie nur, weil sie verfeinerte Mittel für Wollust und Genuß lieferten. Ihre Veranlagung war die gräßlichste auf der Welt. Wenn das Gemüt erst einmal für ihre Zwecke genug verderbt war,

so brauchte sie die gewöhnlichsten Ausdrücke und die unschuldigsten Worte als Träger des Lasters.
Je schwieriger, reiner, unschuldiger, heiliger das Objekt war, um so kühner war das vorausgeahnte Vergnügen, um so entzückender der Triumph zu erobern und zu genießen! Sie konnte barmherzig oder gefühllos, verworfen oder fromm, einen Tag ein Mädchen von sechzehn, am nächsten eine Matrone sein. Sie konnte vor einem Bild ohnmächtig werden, zerschmelzen bei Musik oder Gleichgültigkeit heucheln für beide. Nichts, sei es noch so klein, so gemein, noch so gut, noch so infam, noch so grausam, noch so schrecklich, noch so furchtbar oder noch so heilig würde sie nicht benutzen, wenn sie meinte, sie könne mit solchen Mitteln ihr Objekt zwingen, ihrem Verlangen nachzugeben.

Männliches Selbstbewußtsein

London, 2. März 1816

Ich war in einer Gesellschaft von reizenden Frauen und wahrhaftig, bevor der Abend vorbei, hatte jede mit mir gesprochen und mit schweigendem sanftem Griff mich mit ihrem hübschen Busen berührt! nicht zufällig, sondern durch ein gleitendes Vorbeugen und dann ein ruhiges Sichzurückziehen. Ich erwähne es als ein Stückchen menschlichen Charakters. Ich bin fast ohnmächtig geworden, ich war in solch einem ständigen Zustand von träumerischer Aufregung. Ich habe das nie gegenüber irgendeinem menschlichen Wesen erwähnt und werde es nie tun. Da war einmal eine bezaubernde kleine Fee von einem Dienstmädchen, die noch nicht drei Tage im Haus war, ehe sie eines Abends, als sie sich an meinen Tisch zu schaffen machte, mir ein Gedicht zuschob, das sie aus dem Buch, das ich las, kopiert hatte als Liebeserklärung, und die Art, wie sie das tat, war entzückend, nicht frech, sondern mit zitternder Hand und gesenktem Kopf. Ich erkenne List, die kalte Bewußtheit der List. Das war ergriffene Natur. Ich bin in der Hinsicht oft wirklich davon überzeugt, ein sehr interessanter Bursche und „ein wundervoll richtiger Mann" zu sein. Nicht, daß ich mit mehr Kraft prahle als andere Männer – gewiß nicht, vielleicht nicht so sehr, was die *Zahlen* betrifft, aber wo es sich um krampfhafte sehnende Intensität, um ein eisernes Erfassen der tiefsten Eingeweide, um urkräftigen, schauernden eisigen Verzückungsregen, um fließende, giftige, schmelzende, vergessenmachende Süßigkeit, um schmerzende Verzauberung, um wollüstige Hilflosigkeit handelt, in der Fähigkeit dies hervorzurufen, kann ich es mit allen aufnehmen.

Drei Höhepunkte des Glücks

London, 2. Juni 1816

Ich ritt gestern über Kingston nach Hampton Court und aß in Richmond. Der Tag war köstlich, die Hecken dufteten nach Maiblumen, die Bäume grün und die Blätter üppig heraus, die Themse glänzte in silbernem Schimmer. Die drei Gipfelpunkte menschlichen Glücks sind erstens das Bewußtsein seine Pflicht getan zu haben und die fromme Reinheit, welche die Seele erfüllt. Der nächste: Erfolg bei großen Plänen und der dritte ein hübsches Mädchen, das dich liebt, nach dem Essen auf deinen Knien sitzt, ihren himmlischen Busen gegen deinen atmend, ihr Arm um deinen Nacken mit deinem Haar spielend, mit genügend Bewußtheit, um ihre Wangen errötend, ihre Augen strahlend, ihre Lippen glänzend und ihren Körper sich neigend, dir zugehörend zu erhalten, während du genug erhitzt bist, um dich leidenschaftlich bis zur Ekstase leben zu fühlen, ohne doch deine Sinne durch Übermaß verloren zu haben – Claret auf dem Tisch und durch das offene Fenster das köstliche, hügelige sonnige Bild der Natur des Richmond Parks, aus dem die wandernde Stimme des Kuckucks ertönt mit dem seufzenden Echo und das Singen der Vögel im Gesträuch, während die Sonne, die ihren stillen Glanz über alles breitet, tiefer am Gewölbe herabsinkt und der ganze Himmel den farbigen Schimmer des Nachmittags anzunehmen beginnt. Das ist wirklich:

Die erlesenste Süßigkeit des Paradieses
In des Lebens sonst bitterem Kelch destilliert.

Melancholie

London, 27. Januar 1818

Ich weiß nicht, wann ich je so melancholisch gewesen bin wie bei der Feststellung zweiunddreißig, zweiunddreißig, zweiunddreißig zu sein. Ich werde mein Haupt scheren und kurz geschnitten bleiben. Ich ging gestern zu Wilkie und wir kondolierten uns wegen unserer schwankenden Gesundheit und wegen der vergangenen Herrlichkeit unserer Jugend. Immerhin, wir hatten eine wundervolle Zeit. Kein Maler in irgendeiner Epoche ist so jung schon so berühmt geworden. Davon bin ich überzeugt. Meine Jugend ist hingegangen in Liebe, Studium, Ruhm und Kämpfen, und jetzt ernte ich von jedem den Ertrag; meine Konstitution ist durch die ersten beiden erschüttert und mein Geist gesalbt von den letzten zwei.

Diese Welt ist nur ein Durchgang voller Jammer
Und wir sind Pilger, die ihn durchschreiten.
Tod ist das Ende von jeder weltlichen Plage.

Chaucer.[1]

[1] Benjamin Robert Haydon, The Diary. 2 Bde. Cambridge, Mass. 1960, Bd. 1 S. 35–36, 100–101, 102, 283–284, 408–410; Bd. 2 S. 11 bis 12, 21, 185. Übers. von Helly Hohenemser (nur diese Stücke). Hervorhebung von Haydon.

BENJAMIN CONSTANT

Liebe und Politik

Paris, 21.–31. Oktober 1814

Sie hat mich abermals einen schlechten Tag verbringen lassen. Aber nun geht es wohl um andere Dinge. Die Vorschläge von Skina sind eingetroffen. Ich muß mich entscheiden. Ich habe mich entschieden. Ich nehme an. Unabhängig von meiner unheilvollen und lächerlichen Liebe, die nicht abklingt und die mir jedwede Arbeitskraft und allen Unternehmungsgeist raubt, so daß es mir unmöglich wird, mein Leben hier zu führen, liegen gute Gründe vor, anzunehmen. Meine Stellung in Frankreich ist schlecht. Wenig Vermögen, meine Frau, der Haß der aristokratischen Klasse, der Widerstand, der sich der vorgefaßten Meinung über den Ausländer verbindet, all das macht einen anderen Weg notwendig. Er bietet sich an. Das Schicksal treibt mich, ich gehorche. Schlimmstenfalls ist es die Schweiz oder Deutschland oder Amerika. Gleichviel. Bin ich glücklich? Bin ich gut behandelt? War ich vor dieser törichten Liebesaffäre glücklich? Ich verzehrte mich vor Verzweiflung. Komme, was will.

Alles ist also entschieden, und der abenteuerliche Schritt wird spätestens in 48 Stunden getan sein. Im Grunde ist es meine Liebe, die mich bestimmt. Ich hatte mich in meinen Hoffnungen auf Juliette getäuscht. Eine Szene von M. de F(orbin) ließ sie wieder zu dem werden, was sie bei ihrer ersten Rückkehr nach Paris war, und ich kann mich weder überwinden, noch vermag ich, nicht darunter zu leiden. Übrigens ist das ein gewagter Wurf, der sich jedoch zum Guten wenden kann. Und mein Leben ist in tausenderlei Beziehung so schlecht aufgebaut. Komme also, was da will. Reisen wir so bald wie möglich ab.

Tag verlief mit Vorbereitungen. Besuch mit Skina in Clichy. Redefluß von Mme. de St(ael). Meiner Treu, sie hat recht, ich ginge zugrunde. Rückkehr zu Mme. R(écamier). Fester Preis. Zusammensein unter vier Augen versprochen, und so gehe ich nicht fort. Abendessen. Trunkenheit. Pech beim Spiel. Schläfrigkeit. Sind das genug Dummheiten?

Mit Skina gebrochen. 1000 Louis ausgeschlagen. Ich beklage sie. Man hat es jedoch dermaßen gebilligt, daß ich sie ausschlug, daß man es sehr mißbilligt hätte, wenn ich sie angenommen hätte. Offenherzig mit August und Mme. de St(ael) über Juliette gesprochen. Sie ist ein wahrer Wüstling in Frauengestalt. Wie verrückt bin ich doch! Ich muß ganz anders vorgehen. Dieses Gespräch hat mich ein wenig erleichtert. Ich bin indessen noch sehr traurig gewesen. Abendgesellschaft und danach mit Juliette allein. Sie liebt diesen M. de F(orbin) überhaupt nicht, und ihre Zugeständnisse sind ein Mittel, mich zur Verzweiflung zu bringen. Nun, wir wissen mit gleichen Waffen zu kämpfen. Machen wir also zunächst einer anderen Frau den Hof, gleichgültig wem, Mme. Flot, wenn es sein muß. Das Lächerliche stört mich wenig. Bestehen wir ferner nicht mehr darauf, sie zu sehen. Wenn sie mir das nicht zugesteht, so lassen wir sie. Keine Tragödie mehr. Ich bin bei ihr an dem Punkt angelangt, wo sie Wert darauf legen wird, mich zu halten. Bleiben wir allein, wenn der Schmerz wiederkommt, und genießen wir ihn ... Keinerlei Nachrichten von meiner Frau. Was zum Teufel soll das heißen? Und was hat Charles Mme. de St(ael) gesagt? Ist das eine Erfindung dieser Frau? Charlottens Schweigen ist sonderbar.
Ich trete heute in mein achtundvierzigstes Lebensjahr. Unterhaltungen mit Sebastiani und La Fayette. Mein Ansehen in der Öffentlichkeit ist ungeheuerlich. Ist es nicht beklagenswert, daß eine verwünschte und hoffnungslose Leidenschaft mich außerstande setzt, davon zu profitieren? Kann ich denn nicht versuchen, diese Frau nicht mehr wiederzusehen? Es wäre noch alles zu gewinnen, denn ich glaube, sie würde es sich einiges kosten lassen, mich zurückzuhalten. Sie war heute morgen reizend zu mir, aber deshalb habe ich heute abend nicht weniger gelitten. Das ist widerwärtig. Unterhaltung mit Beugnot. Er hat mir die Ehrenlegion versprochen und macht vielfach Annäherungsversuche. Verwünschte Liebe!
Unnützer Tag, wie sie alle sind, dann mühseliger Nachmittag und Abend. Ich habe Lust, das Ganze zum Teufel zu jagen, denn es ist zu verrückt.
Tiefe Traurigkeit. In Clichy gespeist. Ich habe Juliette den Tag über nicht gesehen. Brief von meiner Frau. Sie erklärt, sie habe

keine Lust zu kommen, und die starke Zuneigung des Herzogs von C(ambridge) lasse sie nicht ungerührt. Nun habe ich also auch dieses Herz verloren. Ich habe mich so sehr danach gesehnt, allein zu leben, und heute schaudert mir davor.

Gänzliche Niedergeschlagenheit. Fünf oder sechs Stunden verharrte ich regungslos an derselben Stelle. Meine Liebe zu Juliette ist geringer geworden. Mein Leid um Charlotte zerreißt mich. Was soll ich tun? Zu ihr fahren, das heißt in dem Augenblick auf alles verzichten, wo sich viele Dinge anbahnen. Ball bei Wellington. Zweiter Tag, ohne Juliette gesehen zu haben.

Dritter Tag ohne Juliette. Bemerkt sie es oder nicht? Ich glaube, nein, doch die Gewohnheit, sie nicht zu sehen, läßt sich gut an, und das wird mehr wert sein als jeglicher Erfolg, den ich bei ihr hatte. Bei Beugnot gespeist. Abends bei Mme. Lindsay. Ich habe Lust, wieder mit jener anzufangen, um die Stunden auszufüllen, die ich nicht bei Juliette verbringen will.

Meiner Frau geschrieben, daß sie sofort kommen solle. Wird sie es tun? Ich glaube, daß ich einen guten Ausweg gefunden habe – moralisch und ehrenhaft. Es gibt mißliche Dinge in unserer Lage, aber wir müssen sie ertragen und uns gemeinsam aus der Affäre ziehen. Im Grunde hatte ich unrecht, sie einer Situation ausgesetzt zu lassen, vor der sie selber mich gewarnt hatte. Wenn sie sich meinen Bitten widersetzt, so ist das eine andere Sache. G(ottes). W(ille). g(eschehe). Ich war den ganzen Tag noch sehr traurig. Aber ich bezähme mich und hoffe, daß ich mich schließlich wieder fasse. Ich habe Juliette besucht wie alle Welt. Aber ich habe die Gelegenheiten, die sie mir bot, sie allein zu sprechen, gemieden, und ich ging fort, ohne daß ich versucht hätte, allein mit ihr zu bleiben. Gehen wir jetzt nicht vor ein paar Tagen wieder hin.

Dummer Tag. Ich habe sie heute morgen gesehen. Ich war hart und bitter, was zuviel war. Am Abend bin ich wieder zu ihr gegangen. Sie war mit M. de F(orbin) eingeschlossen. Oh! habe ich denn kein Mittel, sie zu strafen? Das allein will ich, aber wo es finden? Ich werde niemals wieder zu ihr gehen.

Paris, 18. Januar 1815

Nichts getan. Recht zärtliches Zusammensein mit Juliette. Abbé Sicard. Bei Mme. de St(ael) gespeist. Wieder zu Juliette. Am Morgen hatte sie mir gesagt, sie ginge aus. Ich fand sie allein mit M. de F(orbin). Sie hatte alles fein dafür vorbereitet. Sie hat ihn bald weggeschickt. Ich war entzückt, aber sie hat mich fast ebensobald weggeschickt, und ich bin mit dem Verdacht davongegangen, daß er wiederkommen sollte. Raserei, Schmerzen. Ich leide noch, aber was tun? M. de F(orbin) töten ist lächerlich in meinem Alter, und es führt zu nichts. Ich will nun also mein Buch zu Ende schreiben und abreisen, um dieses schreckliche Band zu zerreißen. Die Lage würde noch schlimmer, wenn meine Frau einträfe. Zwischen ihr, Mme. de St(ael) und meiner törichten Leidenschaft für Juliette, das wäre die Hölle. Ich muß also abreisen, Charlotte auf Hardenberg wiedergewinnen und nach Berlin reisen und erst wiederkommen, wenn ich mir gar nichts mehr aus Juliette mache. Am 5. Februar muß ich unterwegs sein.

Selbstlob

Paris, 1.–5. Februar 1815

Meine Broschüre an Royer-Collard gesandt. Ich erhoffe mir Erfolg davon. Bei Juliette gespeist. Sie war liebenswürdig zu mir.

Brief voller Elogen von Royer-Collard. Heute morgen Juliette gesehen. Gut und sanft, vermied jedoch Gelegenheiten, mich über mein Gefühl anzuhören. Günstige Nachrichten vom Institut. Bei Mme. de St(ael) gespeist. Große Bewunderung für mein Buch. Man muß ganz gehörige Fähigkeiten besitzen, um etwas so Gutes zu schaffen, wie ich es tat. Abends bei Juliette. Sie hat mich abgeholt, fuhr mich zu einer Modewarenhändlerin, ließ mich in ihrem Wagen warten und nahm mich nach Hause mit. Recht gutes Zeichen. Sie hat mir ein Rendezvous für morgen abend versprochen, wollte aber, daß ich sie heute mit M. de F(orbin) ließe. Ich war traurig darüber, sie hat es bemerkt und mich getröstet.

Der Druck hat begonnen. Blacas gut. Werden sehen. Bei der

Herzogin von Ragusa gespeist. Mit Juliette allein. Ich nutze das nicht aus, aber ich glaube, daß ich an Boden gewinne.
Morgens ausgefahren. Juliette hat mir plötzlich gesagt, sie werfe sich vor, daß sie mich ermutige, und hat mir beinahe vorgeschlagen, sie nicht mehr allein zu sehen. Danach hat sie wieder eingelenkt, aber es ist eine sehr starke Entschlossenheit in ihr, sich nicht in die Liebe treiben zu lassen. Beim Diner und beim Ball von Mme. de St(ael) war ich todtraurig, da ich glaubte, F(orbin) sei bei ihr. Bis 2 Uhr litt ich wahre Todesqualen. Endlich sah ich ihn, ich plauderte mit ihm, ich sah, daß er nicht glücklicher war als ich, und ich bekam wieder einen klaren Kopf. Aber ich sollte meiner Wege gehen und Schluß damit machen. Ich kann nicht mehr.
Mit Exelmans bei Lord Kinnaird gespeist. Aber ich habe ganz anderes im Kopf als die Politik. Abends Rendezvous mit Juliette. Ein Stück geschrieben, um sie zu rühren. Es hat sie gerührt. Sie war es mehr denn je zuvor. Ich habe das nicht ausgenutzt. Hatte ich unrecht? Ich hätte sie zurückgestoßen, wenn ich sie nicht genügend bewegt hätte, um sie mitzureißen. Führen wir uns die Position gut vor Augen, denn einzig diese Affäre beschäftigt mich. Sie hat mir schon mehrmals gewährt, mit ihr allein zu sein. Sie hat mir wahre Freundschaft gelobt. Sie erklärt, meinen Kummer nicht ertragen zu können. Das sind die Gegebenheiten. Passen wir uns ihnen an, und leiden wir nicht mehr, als nottut.

Paris, 14. Februar 1815

Trauriger Morgen. Diese Leidenschaft zehrt mich stumpfsinnig auf. Brief an Juliette. Wie sie mir vorgeschlagen, sah ich sie. Sie ist gut gewesen, aber was bedeutet all das? Sie hat nicht mehr Herz als ein Stück Holz. Mit Montlosier gespeist. Welche Ehren erweist man mir! Und ich bin das Spielzeug einer elenden Frau!! Gott sei Dank kann ich von einer Stunde zur anderen abreisen. Ich glaube und hoffe, daß ich in 14 Tagen nicht mehr hier sein werde.

Paris, 20.–21. Februar 1815

An den *Mémoiren* gearbeitet. Ein reizendes Stück geschrieben. Lafayette. Die Zukunft ist sehr ungewiß. Nur eines ist sicher, nämlich daß les purs nichts mit uns zu schaffen haben wollen. Sie werden sich und uns ins Verderben stürzen. Mit ungeheuer

viel Menschen bei Juliette gespeist. Am Abend wieder hingegangen. Jenny war die ganze Zeit über als Dritte zugegen. Ich fand Juliette mir weniger zugetan. Ich sollte versuchen, zu verzichten. Sei es, um mich loszumachen, sei es, um ihr zu zeigen, daß sie mich nicht so billig halten kann – so oder so wird es besser sein.
Nichts getan. Ich muß trotz allem sowohl meine Stellung in Frankreich als auch mein Leben betreffend einen Entschluß fassen. Mit Juliette geplaudert. Sie gab sich sehr freundschaftlich. Wird sie endlich Feuer fangen? Ich fürchte nein. Aber sie findet mich sehr liebenswert. Großer Abend bei Mme. de St(ael).

Paris, 6.–13. März 1815

Vorbereitungen für die Abreise. Unerwartete Nachricht. Sollte es wahr sein, daß Bonaparte in Frankreich wäre? Meine Abreise deshalb verzögert, jedoch nur sehr wenig. Bei Mme. de Rumford gespeist. Abends bei Juliette. Mit der Liebe ist da nichts zu machen, und Freundschaft lohnt bei einer so trockenen Seele kaum die Mühe. Am Morgen mit Mme. de St(ael) gesprochen. Sie hat mich gerührt, und trotz meinem Zorn habe ich gefühlt, daß ich sie nicht wirklich haßte.
Die Nachricht hat sich bestätigt. Besuch bei Lainé. Wird sich die Regierung endlich mit uns aussöhnen? Wahrlich, ich will kein Freiwilliger mehr sein, den man nicht anerkennen will. Kleine Denkschrift für Lainé. Juliette gesehen. Ich bin es ein wenig müde, mein Leben gerade bei der Frau zu verbringen, die den geringsten Wert auf meine Gesellschaft zu legen scheint. Ich bin auch am Abend nicht zu ihr zurückgekehrt, obwohl sie mich eingeladen hatte. Bei Mme. de St(ael) gespeist. Sie ist völlig außer Fassung. Ich befürchte, daß ihre Bezahlung unter dieser Sache leidet. Abends bei Mme. de Rumford. Es herrscht mehr bonapartistische Freude unter den Leuten, als ich glaubte. Für morgen von Dandré eingeladen. Wir werden sehen.
Gespräch mit Dandré. Große Reden. Politische Szene von Mme. de St(ael). Ganilh, Gallois. Niemand will, daß ich schreibe. Trotzdem einen Artikel verfaßt. Lainé hat ihn abgeschickt. Die Zensur hat ihn zurückgewiesen. Wohl bekomm's ihnen. Bei Lattin gespeist. Kurzer Besuch bei Juliette. Sie war sehr

kühl. Den Abend bei Mme. de St(ael) beendigt. Noch eine politische Predigt.

Artikel zurückgeschickt. Er wird gebracht. Brief von meiner Frau. Sie ist sehr gut. Der arme Villers tot!!

Große Neuigkeiten. Der Zusammenbruch ist fürchterlich. Mein Artikel von morgen bringt mein Leben in Gefahr. Komme, was will. Müssen wir zugrunde gehen, dann mit Haltung. Was für Feiglinge sind diese so reinen Royalisten, die mich zum Feind dieser Regierung zu stempeln trachteten. Sie zittern, und ich bin der einzige, der vorzuschlagen wagt, man solle sich verteidigen. Werde ich untergehen? Morgen abend werden wir viel mehr darüber wissen.

Die Neuigkeiten übertreiben, doch liegt alles noch im Dunkeln, außer jedermanns Überzeugung, daß alles verloren sei. Ich beharre auf meinem Glauben, daß man alles noch retten könnte, aber die Zeit verrinnt. Mme. de St(ael) abgereist. Unnütze Fahrt nach Charenton. Bei Juliette gespeist. Ewige Unterredungen mit Lainé, ohne irgend etwas zu beschließen. Besuch bei Dessoles. Jedermann sagt, alles sei verloren, und gerade dadurch ist alles verloren.

Besprechung bei Lainé. Nichts beschlossen. Bessere Nachrichten. Fouché. Sebastiani. Die Bonapartisten umschmeicheln mich. Mit Montlosier und Deperret gespeist. Juliette gesehen. Sie hat mich gut empfangen, um mich zu ermutigen. Wieder zu Lainé. Schreckliche Nachrichten. Idee der Pairschaft. Hat sie Erfolg, so weihe und riskiere ich willig mein Leben, um den Tyrannen zurückzuschlagen.

Tausend Dinge versucht, um den Widerstand zu organisieren. Alles löst sich unter den Händen auf. Deputiertenversammlung. Welche Schwäche und welch ein Elend! Bei Reinhard gespeist. Annäherungsversuche der Bonap(artisten) wie gestern. Juliette gesehen. Sie hat sich geweigert, mich zu empfangen, und M. de F(orbin) zu sich bestellt. Die niederträchtige Kreatur. Ich bin darüber sehr traurig gewesen, aber ich habe ganz andere Dinge zu tun.

Paris, 18.–22. März 1815

Einen Artikel für die *Débats* verfaßt. Wenn er siegt und mich festnimmt, bin ich verloren. Was tut's. Suchen wir uns daran zu erinnern, daß das Leben langweilig ist. Die Albernheit wird nie aufhören, uns zu lenken. In drei Tagen wird eine Schlacht, wahrscheinlicher aber eine völlige Niederlage allem ein Ende bereiten. Bei Castellane gespeist. Abends bei Juliette. Im Grunde liebt sie mich wenig. Wenn der Korse geschlagen ist, wird sich meine Lage hier bessern. Wenn! Aber es steht zwanzig zu eins gegen uns.

Der Artikel ist erschienen. Zu gänzlich ungelegener Zeit. Völliger Zusammenbruch. Man denkt nicht einmal mehr daran, zu kämpfen.

Der König abgereist. Umsturz und allgemeine Feigheit.

Ich reise ab. Keinerlei Pferde. Niedergeschlagenheit. Befürchtungen. Verstecken.

Tag im Schlupfwinkel und voller Unruhe.

Unterwegs, 23.–27. März 1815

Endlich von Paris fort. Die ganze Nacht mit Extrapost gereist.

Abermals die ganze Nacht mit Extrapost gereist. Angers. La Vendée.

Beunruhigende Nachrichten. Entschluß geändert. Wieder umgekehrt. Mit Extrapost gereist.

Mit Extrapost gereist.

Um fünf Uhr morgens in Sèvres angekommen. Vor Paris gezögert. Trauriger Tag. Am Abend nach Paris abgereist.

Paris, 28.–31. März 1815

Besuche gemacht. Sebastiani. Beruhigende Versprechungen. Offener Brief, den ich ihm zurückgegeben habe. Fouché. Weitere nicht minder beruhigende Versprechungen. Ich verlasse mich nur halbwegs darauf. Brief von meiner Frau. Ach! wann werden wir nun wieder zusammenkommen! Ich möchte auch meinen *Polythéisme* wiederhaben. Bei Juliette gespeist. Versuchen wir, nicht wieder mit der Liebe anzufangen. Mme. de Vaudemont. Mme. de Catalan. Meine Rückkehr erstaunt.

Die Sache ist offensichtlich so angelegt wie vor zwei Jahren. Ganilh. Niedergeschlagenheit. Befürchtungen. Sebastiani. Si-

cherheit, Hoffnungen. Bei Allard gespeist. Abend bei Juliette: Ich glaube, meine Liebe endet. Erneut Sebastiani. Er sieht meine Sache für gemacht an. Komme, was wolle.
Besuch bei Joseph. Hoffnungen. Bestünden wirklich Aussichten auf Freiheit? Bei Juliette gespeist. Unentschlossenheit über meine Ernennung. Bah! bah! Nehmen wir an. Sebastiani. Die Sache kann morgen sein. Man muß dem Schicksal folgen, wenn es sich anbietet.
Eine Denkschrift für den Frieden verfaßt. Joseph. Man hat liberale Absichten: praktizieren wird man den Despotismus. Was tut's. Mit Victor Broglie gespeist. Die Allgemeinheit mißbilligt jegliches öffentliche Amt. Was tut's. Aber wird das, was ich will, geschehen? Wir werden sehen. Abends bei Juliette.

Paris, 14.–30. April 1815

Mit dem Kaiser zusammengekommen. Lange Unterredung. Ein erstaunlicher Mann. Morgen bringe ich ihm einen Verfassungsentwurf. Werde ich endlich zum Ziel kommen? Soll ich es wünschen? Die Zukunft ist schwarz. G(ottes). W(ille). g(eschehe). Mit Juliette bei der Herzogin von Ragusa gespeist.
Zweite Zusammenkunft. Mein Verfassungsentwurf hat wenig Erfolg gehabt. Freiheit ist nicht gerade das, was man will. Ich glaube, daß ich morgen einen entscheidenden Schritt tun muß. Nicht die Arbeit, die er von mir verlangt und die mir mißfällt. Bei Juliette gespeist. Abends bei Rovigo.
Gearbeitet. Den Verfassungsentwurf vorbereitet. Recht gut angeordnet. In Viry bei der Herzogin von Ragusa gespeist. Am Abend mit Juliette allein.
Gearbeitet. Morgen werde ich den Entwurf vorlegen. Gerüchte um meine Ernennung. Wird sie erfolgen? Gallois. Mit ihm gespeist. Abends bei Juliette. Diese unnütze Liebe macht, daß ich alles vernachlässige.
Zweistündige Zusammenkunft. Meine abgeänderte Verfassung hat besser gefallen. Ich lege sie morgen nochmals vor. Berichte über meine Zusammenkünfte in der Presse. Die öffentliche Meinung tadelt mich sehr, aber ich tue etwas Gutes, und ich will auch aus meiner jetzigen Position herauskommen. Bei M. Recamier gespeist, ohne Juliette.
Lange Zusammenkunft. Viele meiner Ideen für die Verfassung

angenommen. Gespräch über andere Themen. Es ist offensichtlich, daß meine Unterhaltung ihm gefällt. Er kündigt meine Ernennung zum Staatsrat an. Meinen Roman gelesen. Verrücktes Lachen. Bei Juliette gespeist. Abend bei Fouché. Wenn meine Ernennung erfolgt, bin ich vollends gemacht, ohne irgendeinem Grundsatz abzuschwören.
Sitzung mit Maret und Regnaud. Meine Ernennung ist unterzeichnet. Der Sprung ist geschafft. Ich bin ganz bei der Sache. Brief von Mme. de St(ael). Sie möchte, daß ich nichts für mein Fortkommen unternehme und ihr das wenige widme, das ich besitze. Ein hübscher Vorschlag! Weder das eine noch das andere. Juliette auf einen Augenblick gesehen. Ich muß auf Spiel und Liebe verzichten. Die Sache ist entschieden. Ziehen wir unseren Nutzen aus ihr.
Sitzung mit den Präsidenten der Sektionen. Die Geschäfte machen mir viel Spaß. Ich diskutiere sie gut. Bis 7 Uhr Sitzung mit Regnaud, Maret und Merlin beim Kaiser. Abends bei Juliette. Ich werde trotz allem diese Liebe aufopfern müssen und nur meine Laufbahn im Auge haben.
Sitzung im Staatsrat. Wenn man an der Verfassung nichts mehr ändert, wird sie gut, aber . . . Juliette gesehen. Ihr zum Trotz glaube ich, daß sie mir zugetan ist. Sitzung beim Kaiser. Endgültige Fassung. Man hat einiges daran sehr verdorben, und die Öffentlichkeit wird ordentlich zu tadeln haben. Gleichviel. Die Würfel sind gefallen, und der meinige auch.
Lever. Da bin ich also am neuen Hof. Bei Fouché gespeist. Abends bei Juliette. Die Verfassung wurde sehr angegriffen. Ich habe sie heftig verteidigt. Im großen ganzen bin ich recht zufrieden mit mir. Ich bin, wie ich sein muß. Zänkereien um Juliette zwischen den Herren de Forbin und de Nadaillac. Ich glaube, ich bin geheilt.
Einen Artikel verfaßt, dem Kaiser geschickt. Bei Mme. de Rumford gespeist. Abend bei Rovigo und Mme. de Cigny. Man ist schlecht auf die Verfassung und auf mich zu sprechen. Wie wird das enden?
Eid geleistet. Sitzung im Staatsrat. Bei Joseph gespeist. Die Zukunft verfinstert sich. Zumindest aber habe ich klar Partei ergriffen. Besuch bei Cra(w)ford. Es ist jetzt einen Monat her, seit ich von ihm aus abfuhr, um Frankreich zu verlassen. Be-

such bei Juliette. Es war mir nicht schwer, M. de F(orbin) bei ihr zurückzulassen. Ich habe ganz andere Dinge im Kopf.
Joseph. Jetzt bin ich also Höfling. Öffentliche Meinung immer noch schlecht. Man tut nicht, was man tun sollte. Im Salon gespeist. Abend beim Herzog von Otranto. Ich weiß nicht, welche Mutlosigkeit auch diese Leute zu erfüllen scheint. Ich glaube, daß ich jeder Partei, der ich mich anschließe, Unglück bringe.
Lever. Es tut sich nichts, und die öffentliche Meinung ist immer noch schlecht. Niedergeschlagenheit. Anonyme Briefe. Ich bekomme jeden Tag einen. Bei Caulaincourt gespeist. Abend bei Mme. de Souza.
Niedergeschlagenheit. Die öffentliche Meinung wird sich vielleicht beruhigen, die Würfel sind gefallen. Staatsrat. Mit dem Kaiser geplaudert. Bei Allard gespeist. Abends bei Juliette. Ihr Mann ist erneut ruiniert. Arme Frau!
Einen Artikel für die *Débats* verfaßt. Bei Mme. de Souza gespeist. Abends bei Mme. de Coigny. Man tadelt jede Kleinigkeit, die ich über den Kaiser sage. Ich muß schweigen. Man will den Artikel vom 19. März nochmals drucken. Aufgepaßt!
Schlechter Tag. Artikel nochmals gedruckt und überallhin geschickt. Brief an den Kaiser. Vielleicht eine Dummheit. Wie sehr wünschte ich, nichts darüber gedruckt zu haben. Ich hätte besser getan, sofort diese Partei zu ergreifen. Bei Juliette gespeist. Ich bin dumm genug, mir etwas aus ihrer Gleichgültigkeit zu machen, wenn ich an ganz andere Dinge zu denken habe. Und der Linon! Gott weiß, wann ich ihn wiedersehe. G(ottes). W(ille). g(eschehe)[1].

[1] Benjamin Constant, Journaux intimes (Oeuvres, Ausg. Pléiade). Paris 1957, S. 754–756, 766, 769–770, 772, 773, 775–776, 777–778, 779–782. Übers. von Gerda-Christa Kuck (nur diese Stücke).

Entdeckung der Männerliebe

November 1814

In dieser nach Liebe heiß verlangenden Stimmung war es, als bei einem Konzert und Deklamatorium in der Harmonie, am 12. November 1814, ein junger Offizier vom Regimente, Namens Herr v. B., meine Blicke vorzüglich auf sich zog. Aus diesem Zufalle entspann sich eine lange Liebe, die selbst der Entfernung trotzte, da ich mich jedem Eindrucke begierig hingab, und die Oede meines Herzens mit Träumen zu bevölkern strebte. Der Erwähnte ist jener Federigo, der in späteren meiner Blätter oft genannt wird. Sein Äußeres gab ich damals wie folgt an: „Er ist nicht groß, aber hübsch gewachsen; seine Gesichtszüge sind regelmäßig, sehr angenehm und enthalten etwas Stolzes, was mich besonders anzieht. Er ist blond wie der Graf von M. Seine Sprache gefällt mir, doch scheint er sehr monoton, und ich konnte nur ein paar Worte aus ihm herausbringen. Wie er mit Herrn Kürzinger (der eben deklamiert hatte) zufrieden wäre. „Gut" war seine ganze Antwort. Ich äußerte, daß das Gedicht „der Pilgrim" von Schiller nicht ganz zur Deklamation geeignet sei, worauf er nichts erwiderte, als: „Doch". Ich habe schon früherhin ein paar Worte mit ihm gewechselt; auf einem Konzert zu Nymphenburg nämlich, als die russische Kaiserin hier war, wo er beim Souper an meiner Seite saß."

Seltsam erscheint es mir, daß ich nach dieser Stunde nie mehr Gelegenheit fand, auch nur eine Silbe mit ihm zu sprechen. Er war bis den künftigen Januar in der Harmonie abonniert. Während dieser Zeit sah ich ihn zu öfteren Malen im Lesezimmer, ich saß oft neben ihm, und verließ mehrmals mit ihm zugleich das Haus, ich begegnete ihm auf der Straße, und alles dies trug bei, meinen Wahn zu verstärken und eine völlige Leidenschaft in mir festzusetzen, die aber doch immer einen milden Charakter trug, obgleich sie oft zu einer heißen Sehnsucht gesteigert wurde. Ich hatte damals noch keine Idee, daß ein strafbares Verhältnis zwischen zwei Männern existieren könne, sonst würde mich dieser Gedanke vielleicht zurückgeschreckt haben. Einige Zeit später fand ich zwar in mehreren Schriften die Männerliebe erwähnt und schenkte diesem Gegenstande zuerst meine Aufmerksamkeit, da er mir in früheren Jahren, bei Lesung des Plutarchs gänzlich entgangen war. Aber auch jetzt ignorierte ich noch, daß sinnliche Wollust dabei im Spiele sein könnte; dies unselige Geheimnis wurde mir erst durch einige unzüchtige Bücher von Piron klar, die mir in Frankreich in die Hände fielen. Nie aber hat Begierde meine Neigung zu Federigo entweiht.

Ich fing nun an, mich selbst zu quälen. Bald wähnte ich ihn abgereist, bald sah ich ihn wieder. Jede Arbeit ekelte mich an, meine Unzufriedenheit mit meinem Stande wuchs. Meine Phantasie wollte nur eine Beschäftigung. Ich wurde mir selbst zur Last. Auch in den abonnierten Konzerten sah ich ein paarmal Federigo und stand ihm gegenüber. „Die Musik", schrieb ich damals, „hat für ein liebendes Herz, und besonders in der Lage, in der ich mich befand, so viel Anziehendes, Reizendes, Magisches, daß ich meine ganze Seele den herrlichen Tönen hingab, und gleichsam zwischen Himmel und Erde schwebte." Ich erfuhr nun bald, daß B. ein Norddeutscher, daß er aus M. sei. Auch dies nahm mich für ihn ein. So trat ich denn in das Jahr der Gnade 1815.

Aberglauben

24. Mai 1815

Ich bin auch abergläubisch zuweilen, wie die Folge zeigen wird: Auf meinem heutigen Spaziergange pflückte ich nämlich drei Maßlieben, und wollte an ihnen, wie es oft geschieht, mein Glück versuchen. Ich raufte daher die Blätter nacheinander aus, mit den abwechselnden Worten „liebt mich, liebt mich nicht", und bei allen drei Blumen traf das „liebt mich" auf das letzte Blatt. Ich war wirklich so thöricht, mich über dies Zusammentreffen des Zufalls, wie über die unumstößlichste aller Weissagungen zu freuen. Er liebt mich, sagte ich zu mir, er ist nicht ganz gleichgültig gegen mich, auch er wünscht meine Bekanntschaft. Also betrog ich mich willig. Ich würde dieses Kinderspiel nicht erzählt haben, wenn ich nicht glaubte, daß ich mich nicht schämen darf niederzuschreiben, was ich mich nicht schäme, zu thun; denn diese Blätter sollen ja der Abdruck meines Thun und Wirkens sein. Es fragt sich also nicht, ob das, was ich sage, andere interessieren könne, da mein Tagebuch nicht für andere bestimmt ist[1].

Nur ein Mittel ist noch übrig

23. März 1816

Nur ein Mittel ist noch übrig, mich aus diesem Drang zu führen, nur ein sicheres Mittel – der Tod. Der Tod, sage ich, es sollte heißen der Selbstmord. Noch schaudert mir vor diesem Gedanken, der sich heute zuerst in mir gebildet; aber ich will mich so vertraut mit ihm machen, daß es mich nicht mehr schaudern soll! Ich will mir das Bild des Todes so sanft, so mild ausmalen, daß ich es gern umarme. Mag der Selbstmord die feigste Handlung auf Erden sein, ich gebe meinen guten Ruf verloren unter den Menschen; was liegt mir daran, wenn ich nicht mehr bin? Ich wollte leben, wenn ich leben könnte; aber dies elende Dahinschleppen ist nicht leben zu nennen, es ist ein tödliches Leben.

[1] Hier überspielt Platen sich selbst, denn er hat die fortlaufende Geschichte seiner Empfindungen selbst wiederholt umgearbeitet, d. h. in eine glattere Bericht-Form gebracht. „Wenn ich einmal nicht mehr bin, wird es doch immer meine Freunde ergötzen, dergleichen zu lesen." Er wollte damit eine „vollständige" und „aufrichtige Biographie" seiner selbst schreiben. Vgl. a.a.O. S. VI. Die Stelle wird hier auch angeführt, um den Epheben-Kult zu belegen, der sich in Männerbünden so leicht ergibt. Platens außerordentlich komplexe, reiche und hochgebildete Persönlichkeit, die man so oft als „kalt" bezeichnet hat, soll dadurch nicht verringert werden. Unter allen Tagebuchschreibern Europas zeigt Platen den weitesten Bildungshorizont. Dieser Passus dient – wie alle ähnlichen – vor allem dazu, die Intensität der „Konfession" und die Auseinandersetzung mit sich selbst in Tagebüchern zu belegen. Wer Tagebücher liest, muß auch vor „Verirrungen" Respekt haben und von der Voraussetzung ausgehen, daß dem Menschen nichts Menschliches fremd sein sollte. Das gleiche gilt für das Beispiel K. Mansfield und Ludwig II. von Bayern.

Man würde mich falsch verstehen, wenn man meinte, daß Hornstein mich zu diesem Schritt zwänge. Nein – es ist Lebensüberdruß überhaupt, es ist das Gefühl, daß ich nichts auf Erden nütze, daß der erste beste meine Stelle im Staat vertreten könnte, daß die Pflichten meines Standes und sein Kleinigkeitsgeist mein Herz und meinen Geist nicht auszufüllen vermögen, daß sie mich mehr beugen als aufrichten. Würde mir mein Vaterland eine andere Bestimmung geben, mit welcher Emsigkeit wollte ich mich an sie machen, wie sollte mir jeder schwermütige Gedanke verschwinden – so aber unterlieg' ich. Es ist daher nicht Leidenschaft, die mich an diesen Abgrund führt; aber sie hat mir vollends den letzten Rest meiner Lebenskraft geraubt. Mit Wilhelms Freundschaft wollte ich alles tragen, alles dulden, alles thun; nichts sollte mir zu schwer sein. Kein Geschäft sollte mir zu drückend, zu kleinlich sein, wenn mir nur die Erholung zu teil würde, zuweilen freundschaftliche Worte zu ihm reden zu dürfen. Aber es sollte nicht sein. Er hätte alles aus mir machen können.
Der Schritt, den ich vorhabe, soll kein übereilter sein. Ich will erst noch alles versuchen, was in meiner Macht steht. Gelingt es mir, seine Neigung zu erhalten, so kehre ich mit tausend Freuden ins Leben zurück! Gelingt es mir aber nicht, und reißt mich kein plötzliches Ereignis aus meiner Lage, so wird mir Gott verzeihen, wenn ich das Grab suche. Ich ertrag' es nicht, die glühendste Sehnsucht zu nähren ohne alle Hoffnung. O Wilhelm, wärst du mir gut, was wollt' ich dir sein, wie wollte ich dich lieben!

Warten

25. März 1819

Er wollte um vier Uhr kommen. Es ist fünf Uhr! Er kommt also wieder nicht. Wer ist jemals so sehr beleidigt worden, als ich, so tief gekränkt worden. Warum geschieht nie, was man erwartet? Welche Sehnsucht, und welch vergebliches Harren! Welche Abreise! Wie froh selbst würde ich Würzburg verlassen haben, wenn ich die Gewißheit mit mir würde genommen haben, daß er mir wohl will. Und nun spottet er meiner so augenscheinlich. Ich sah ihn diesen Morgen zum letztenmal. Diese Täuschung ist fürchterlich. Nur die Religion, nur der Gedanke an Gott und seine Vorsicht kann mich aufrecht halten. Die Welt ist leer ohne ihn.

Gegenseitige Entdeckung . . . und Abstand
(in französischer „Geheimsprache")

23. August 1819

Ce jour a été funeste. Nous nous connaissons l'un l'autre jusqu'au fond de nos âmes, mais sans qu'aucun résultat s'ensuivit. Je me suis rendu chez Edouard à 7 heures du matin après le collège de Wagner. Nous avons passé deux heures ensemble qui peut-être ont été les plus importantes depuis notre première connaisance. Je lui ai dit que je savais son secret et qu'il n'avait plus besoin de dissimuler. Je ne l'ai pas nommé, et il a voulu me tromper encore longtemps. Mais enfin il n'a plus pu nier, que je le comprenais tout-à-fait, comme lui-même il me comprend. Son secret n'est aucun autre que l'impossibilité d'aimer les femmes et l'inclination invincible pour son propre sexe. Ces mots n'ont pas été prononcés, mais il n'y a plus de doute. Edouard est le premier homme, qui me ressemble autant, qu'il n'y a plus rien ce que je pourrais encore lui cacher. Je ne me suis donc pas trompé en croyant à son amour, en doutant, si tout cela fut vrai ce qu'il m'avait écrit dans ces malheureuses lettres. Il me disait ensuite qu'il fallait nous séparer. Je lui demandais si c'était à cause de son amour, et si c'était par vertu? Mais il n'y voulait plus répondre. Je continuais que, s'il avait l'intention de se vaincre, j'avais la même intention, et que nous pourrions devenir l'un le gardien de l'autre.

26. August 1819

Aujourd'hui il y a justement quatre mois que je l'ai revu après mon retour d'Anspach. Jour funeste! Fallait-il le revoir jamais? Tout est perdu. Le 24 j'allais le voir de bon matin. Il était encore au lit, parcequ'il se sentait un peu indisposé. Je lui montrais tout mon amour, mais il était plus froid que jamais. Il ne pouvait pas nier qu'il n'aimait point les femmes, il m'assurait cependant que jamais il n'avait senti aucune inclination envers son propre sexe. Il ne répondait guère à mes question et me priait toujours de m'éloigner. Mais avant de nous séparer, nous nous embrassions encore une fois avec toute notre première tendresse:

„Je sentais m'entourant des plus aimables noeuds,
S'étendre et s'arrondir ses bras voluptueux."

Cependant j'ose assurer pour me justifier ou plutôt pour m'excuser d'être si passionné, que, s'il lui-même fusse aussi tendre, comme je le suis, je serais à mon tour aussi retenu que lui. Je ne veux pas le vice, mais sa froideur (qui ne fut pas toujours le même) m'anime en me désespérant. J'ai passé ces jours tristement et j'ai souvent pleuré, et ces chagrins faisaient revenir mon mal d'estomac. Hier Edouard a été chez moi, et je lui ai promis de ne parler plus ni d'amour ni d'amitié, et il m'a dit qu'il ne pouvait me haïr, mais qu'il me préferait bien des autres! – J'ai composé ces jour un sonnet et une chanson, mais qui ne seront pas montrés à Edouard; de même j'ai traduit une romance de l'Espagnol. Notre départ s'approche. Je suis assez résigné. L'absence me fera du bien. Je nourris encore l'espérance de revoir l'ami soit ici, soit à Erlangen.

Waste-book

27. April 1816

Nach Lichtenbergs Beispiel habe ich mir ein sogenanntes Waste-book (Sudelbuch) angeschafft, worin ich alle in mir entstehenden Ideen, Pläne, Ansichten, Bemerkungen über verschiedene Gegenstände, ohne alle Ordnung eintrage, wenn ich sie nämlich einer Aufzeichnung einigermaßen wert halte. Später sollen sie dann hier oder auch an einem besonderen Orte geordnet und vervollständigt werden, wenn sie die Farbe halten. Alles um uns her bietet so vielerlei Stoff zu Betrachtungen, und man schreibt ziemlich viel, wenn man sich nicht auf einen Gegenstand besonders einschränkt. Meinen Diarien geschieht durch jenes Waste-book kein Abbruch, da ich sehr selten dergleichen einzelne Gedanken, wie sie gewöhnlich auf Spaziergängen entstehen und leicht wieder entschlüpfen, hier aufzeichnete, da diese Blätter immer einen gewissen Zusammenhang behielten und schon deshalb nicht so reich an Reflexionen sein konnten, weil es nur allzu häufig geschah, daß ein einziger Gegenstand, alles andere neidisch ausschließend, sie erfüllte und sie dadurch an Mannigfaltigkeit verlieren mußten. Aber vielleicht dienten sie desto mehr, die Seltsamkeiten und Schwächen des menschlichen Herzens in aufrichtiger Treue zu entfalten. Obgleich mich die Musen in gegenwärtigem Augenblicke wieder feiern, so fühle ich doch, daß mein Geist sich viel freier und kräftiger erhebt, seitdem ich mich den schnöden Banden, in die mich die Neigung zu Wilhelm geschlagen, entwunden habe. Brandensteins Bild schwebt mir viel reiner und milder und lieblicher vor, so daß es mich eher heiter als trüb macht. Doch wer weiß, ob es immer so bleiben wird.

Auf Rousseaus Peterinsel

21. Juli 1816

Es ist, so viel ich weiß, ein einziges bedeutendes Haus auf der Insel, dasselbe, in dem der hierher geflüchtete Rousseau wohnte, nun ein Gasthof. Man zeigt den Fremden Rousseaus Zimmer, eine ziemlich ärmliche Kammer, mit schöner Aussicht auf den See, in welcher Stube ich saß und obiges schrieb, auch eine Reliquie daraus mitnahm. Alle Wände stehen voll Namen, einer in dem anderen, ein erbärmlicher Gebrauch. Der berühmteste ist der der Prinzessin von Wales, die ihn schwerlich selbst geschrieben hat. Von den Versen, die man findet, sind die meisten unleserlich geworden, besonders durch darübergeschmierte Namen. Hier sind einige von den besten Reimen, die ich lesend entziffern konnte:

Sensible auteur de la tendre Julie,
Mortel, si digne d'être heureux,
Pourquoi toujours, durant ta vie,
Ne te vit-on que malheureux?
Fut-ce la rage de l'envie,
Fut-ce la haine des cieux?
Ou ta propre mélancolie,
Qui te suivit dans tous les cieux?

Ne pouvant dans Erménonville
Jeter tes fleurs sur ton tombeau,
Reçois, Rousseau, dedans cette îsle
Mon hommage par mon pinceau.

Über Rousseaus Lebensbeichte

10. April 1817

Wenn der Verfasser am Eingange sagt, daß er ein Werk ohne Beispiel unternehme, so giebt man ihm recht, wenn man seine Bücher gelesen hat. Nur durch diesen *letzten Grad von Aufrichtigkeit* kann eine Selbstbiographie interessant werden. Wollte Gott, es hätten uns alle großen Männer statt einer „Wahrheit und Dichtung" eine Beichte hinterlassen wie Rousseau. Es sind Leute, die aus diesem Buche abnehmen, daß Rousseau ein schlechter Mensch gewesen. Ich bin weit entfernt von dieser Meinung. Einige schlechte Handlungen machen noch keinen Schurken. Seine Jugendgeschichte erinnert freilich an den Vers von Gresset:

„Un sort errant ne conduit qu'à l'erreur."

Auch in seinem späteren Leben ist die Undankbarkeit gegen Madame Warens ein Schandfleck seines Lebens. Dennoch glaube ich, durch seine Bekenntnisse sagen zu dürfen, ich habe

„Ein mißverstandnes großes Herz erkannt."

Leider werden die letzten Bücher durch die um sich greifende Misanthropie des Schreibers entstellt, aber wer wollte sie ihm verargen? Seine Leiden und Verfolgungen bestanden nicht bloß in der Einbildung, obgleich es im ganzen von ihm selbst würde abgehangen haben, einen glücklicheren und zufriedeneren Menschen aus sich zu machen, so unglücklich er auch geworden ist. Aber die Fehler, die ihn hinderten, zu – – – sind Fehler, die an Tugenden grenzen. Was hätte er nicht bei günstigeren Verhältnissen werden können! Für Affektation aber halte ich es, zu behaupten, daß mancher andere bei Rousseaus Schicksalen und Rousseaus Temperament ein besserer Mensch geworden wäre.

Am meisten rührte mich sein kurzes glückliches Leben auf der Petersinsel, da mich selbst so sehr der Wunsch ergriff, auf jener Insel zu bleiben, als ich sie betrat. Mit seiner Vertreibung von dort schließen die „Confessions".

Ich bemerke noch, daß Rousseau nie Aufmerksamkeit genug besaß, etwas von Lehrern zu lernen, sondern alles, was er wußte, sich selbst zu danken hatte. Verbalgedächtnis fehlte ihm; in Sprachen konnte er's niemals weit bringen. Er arbeitete sehr langsam und mühsam.

Lob des Horaz

Quart. Id. Sext. 1817. Schliersee

Nach und nach kehre ich zu meinen alten Studien wieder. Homer und Horaz machen meine Hauptbeschäftigung in den alten Sprachen aus. Schon vor ungefähr vierzehn Tagen vollendete ich die „Odyssee", doch da ich nicht Zeit hatte, etwas Ausführliches über die einzelnen Gesänge zu sagen, so stellte ich es ganz ein.

Von Horaz beschäftigen mich vorzüglich die Oden, die ich lese und wieder lese. Das ist allen jenen Dichtern, die ihre Verse ad unguem ausfeilten, gemein, daß sie niemals ermüden. Man thut sehr unrecht, den Lateinern überhaupt, und insonderheit dem Horaz, allen poetischen Sinn abzusprechen und all ihr Talent auf Kunst und Nachahmung zu beschränken. Für uns, die wir nicht mehr bestimmen können, wie weit Horaz seine Nachahmung trieb, muß er immer ein großer Dichter bleiben. Was wäre poetisch, wenn es diese heitere Lebensweisheit nicht ist, die er entfaltet, diese frohen Bilder des Genusses und der Freuden, bei denen von fern, ein mahnender Zuschauer, der Genius des Todes steht? Wo wäre der Dichter, der die Ideen, welche Horaz ausspricht, auf eine bessere, bündigere Weise gesagt hätte? Der sich rühmen könnte, seine Sprache so sehr beherrscht zu haben?

Lebensregeln

Undecimo Cal. Sept. 1817 Schliersee

Schon lange fühlte ich in meiner Moral, trotz aller guten Vorsätze, etwas Unbestimmtes, etwas Schwankendes; es mangelte mir eine gewisse Norm, nach der ich mich fügen könnte. In die Ideen anderer konnte ich niemals gänzlich eingehen, ich übernahm es daher, mein eigener Papst zu sein.

Ich habe diese letztvergangenen Tage dazu angewandt, eine Reihe von Maximen, teils aus dem Leben, teils aus meiner Lektüre geschöpft, in möglichster Kürze aufzuzeichnen, die ich mich oft zu lesen verpflichtete, und die mir in allen Verhältnissen zur Richtschnur dienen werden. Ich überschrieb sie „Lebensregeln", ihre Zahl ist achtundachtzig. Sie enthalten sowohl religiöse Grundsätze, als auch Beobachtungen gegen mich selbst und gegen die anderen Menschen. Ich bin zufrieden mit dieser Arbeit, ich fühle mich um vieles gefaßter und gesicherter. Der Allwaltende wird mir Stärke verleihen, mir selbst getreu zu sein. Heute las ich jene Regeln, gleichsam dieselben einweihend, zum erstenmal[1].

[1] August von Platen, Tagebücher. Stuttgart 1896–1900, Bd. 1 S. 140–141, 207; Bd. 2 S. 233–234, 310–311; Bd. 1 S. 509, 609–610, 756 bis 757, 811, 815–816.

Melancholie und Genie

[ohne Datum – Um 1820?]

Plutarch sagt in seinem Leben Lysanders, Aristoteles bemerke, „daß im allgemeinen große Genies eine melancholische Veranlagung haben und führt als Beispiele an Sokrates, Plato und Herkules (oder Heraklit) und Lysander, obwohl dieser nicht in seiner Jugend dazu neigte, sondern als er sich dem Alter näherte". Ob ich ein Genie bin oder nicht, jedenfalls wurde ich als solches von Freunden ebenso wie von Feinden und in mehr als einem Land und einer Sprache bezeichnet, und zwar in einer nicht sehr langen Lebenszeit. Über mein Genie kann ich nichts sagen, über meine Melancholie aber, daß sie „wächst und vermindert werden müßte". Aber wie?

Ich nehme an, daß im Grunde die meisten Menschen so sind, aber daß man es nur bei den Bemerkenswerten erkennt. Die Herzogin von Broglio sagte als Antwort auf eine Äußerung von mir über die Irrtümer von gescheiten Leuten, daß „sie nicht schlimmer seien als andere, nur mehr in Sicht, mehr beobachtet, besonders hinsichtlich von allem, was sie zu den übrigen herabziehen oder die übrigen zu ihnen emporheben kann". Das war 1816.

Tatsächlich (nehme ich an), wenn die Dummheiten der Dummköpfe alle niedergeschrieben würden wie die der Weisen, würden die Weisen (die augenblicklich nur wie eine bessere Art von Dummköpfen erscheinen), beinah intelligent wirken.

Ein „Ennuyé"

Freitag, 10. Dezember 1813

Ich bin ennuyé noch über das übliche Konjugieren dieses gähnenden Zeitworts hinaus, das ich dauernd abwandle; und ich finde nicht, daß Geselligkeit die Sache besser macht. Ich bin zu faul, um mich selbst zu erschießen – und es würde Augusta verdrießen und vielleicht noch **; aber für George wäre es andrerseits etwas Gutes und für mich nicht schlecht; aber ich will nicht verlockt werden.

London, 6. Januar 1821

Was ist der Grund, daß ich mein ganzes Leben lang mehr oder weniger ennuyé bin? und daß, wenn überhaupt, ich es jetzt weniger bin als mit zwanzig, soweit meine Erinnerung reicht? Ich weiß nicht, wie ich das beantworten soll, nehme aber an, es liegt an der Veranlagung – ebensosehr wie am Aufwachen in schlechter Stimmung, was ich seit mehreren Jahren dauernd tue. Enthaltsamkeit und Leibesübungen, die ich und zwar lange Zeit hindurch eifrig und leidenschaftlich betrieben habe, machen wenig oder gar keinen Unterschied. Heftige Leidenschaften ja – solange ich unter ihrem unmittelbaren Einfluß stehe – dann war ich merkwürdigerweise – in aufgeregter- aber *nicht* in deprimierter Stimmung.

Eine Dosis von Salzen hat die Wirkung von zeitweisem Rausch, wie von leichtem Champagner auf mich. Aber Wein und Schnaps machen mich verdrießlich und böse bis zur Wildheit – doch still und zurückhaltend und nicht zänkisch, wenn man nicht mit mir redet. Schwimmen hebt meine Stimmung auch, aber im allgemeinen ist sie schlecht und wird täglich schlechter. Das ist hoffnungslos; denn ich glaube nicht, daß ich so ennuyé bin, wie ich es mit neunzehn war. Der Beweis dafür ist, daß ich damals spielen oder trinken oder irgendwie in Bewegung sein mußte, sonst fühlte ich mich elend. Heute kann ich mich in Ruhe langweilen; und ich bin lieber allein als in irgendeiner Gesellschaft – mit Ausnahme der Dame, der ich den Hof mache. Aber ich fühle irgend etwas, was mich annehmen läßt, daß, wenn ich einigermaßen alt werden sollte, ich wie Swift zuerst „oben sterben" werde. Nur fürchte ich mich nicht vor Verblödung oder Verrücktheit, so wie er es tat. Im Gegenteil, ich denke etwas ruhigere Zustände von beiden müßten vielem von dem vorzuziehen sein, was die Menschen für den Vollbesitz ihrer Sinne halten.

Angst vor „Bienséance"

London, 16. Januar 1814

Ich gerate ziemlich in Bewunderung für **, die jüngste Schwester von **. Eine Frau würde meine Rettung sein. Ich bin sicher, die Frauen meiner Bekannten haben mir bisher nicht sehr gut getan. ** ist schön, aber sehr jung und ich glaube dumm. Aber ich habe nicht genug gesehen, um zu urteilen. Außerdem hasse ich Esprit in Unterröcken. Daß sie mich nicht lieben würde, ist sehr wahrscheinlich, ich werde sie auch nicht lieben. Aber bei meinem System und dem modernen System im allgemeinen hat das nichts zu sagen. Die Angelegenheit (wenn es zu einer Angelegenheit käme) würde wahrscheinlich zwischen Papa und mir geregelt werden. Sie würde tun können, was sie will; ich bin gegen Frauen freundlich gesinnt und lenkbar; und wenn ich mich nicht in sie verliebte, was ich zu vermeiden suchen würde, würden wir ein gut abgestimmtes Paar sein. Wie sie sich aufführen würde, *das* wäre ihre Sache. Aber *falls* ich liebe, werde ich eifersüchtig; und deshalb will ich mich nicht verlieben. Allerdings bin ich im Grunde meiner Reizbarkeit nicht sicher und fürchte, ich würde nicht so geduldig sein, wie es die Bienséance von einem Ehemann meines Standes verlangt. Scheidung ruiniert die arme Frau, und Entschädigung ist nur ein kümmerlicher Ersatz. Ich fürchte, mein Temperament würde mich zu einigen der orientalischen Rachetricks verleiten oder jedenfalls zu einem bündigen Vorgehen beim Gericht. So „will ich nichts davon haben", sondern einzeln und allein bleiben; immerhin hätte ich zuweilen gern jemanden, mit dem ich gähnen könnte.

Ein „Billett" von Mme. de Staël

London, Dienstag, 7. Dezember 1813

Ging zu Bett und schlief traumlos, aber nicht erfrischend. Wachte auf und stand eine Stunde vor dem Wecken auf, trödelte aber drei Stunden beim Anziehen. Wenn man vom Leben die Kindheit (die Vegetieren ist) – Schlaf, Essen und Saufen, Aufknöpfen und Zuknöpfen – abzieht, wieviel bleibt vom wirklichen Leben? Der Sommer einer Schlafmaus. Zeitungen durchflogen und geteet und gesodawassert und merkte, daß das Feuer schlecht angemacht war. Lord Glenbervie möchte, daß ich nach Brighton komme – mhm!

Heute morgen ein sehr nettes Billett von der Staël wegen eines Treffens morgen bei Ld. H. Sie hat (höchstwahrscheinlich) heute früh zwanzig alle gleich schmeichelhafte an verschiedene Leute geschrieben. Um so besser für sie und alle, die alles glauben, was sie möchte, daß sie glauben oder was sie selbst glauben möchten. Sie war erfreut, erfreut zu werden durch mein spärliches Lob in der an „Die Braut" angehefteten Anmerkung. Das ist auf verschiedene Art zu deuten – erstens alle Frauen haben jede Anerkennung gern, wie sie auch sei; zweitens diese war unerwartet, weil ich ihr nie den Hof gemacht habe; und drittens lieben, wie Scrub sagt, diejenigen, die ihr ganzes Leben regelmäßig von Kritikern gepriesen wurden, eine kleine Abwechslung; und viertens ist sie ein sehr gutherziges Geschöpf, was schließlich der beste und vielleicht der einzige Grund ist[1].

[1] The Letters and Journals of Lord Byron. London 1875, S. 354–355, 761, 360–361, 354. Übers. von Helly Hohenemser (nur diese Stücke). Hervorhebungen von Byron.

Liebe und Messerstiche

29. September 1821

Wie ich zum Essen kam, war ich wieder ziemlich ruhig, und sprach sogar, wiewohl in kurzgemessenen Worten über das, was gestern in mir vorgegangen. Valerine saß stumm und traurig am Tische und wandte mir keinen Blick zu. Ich aber sah sie starr und beweglos an. Nach dem Essen war wieder eine wundersame Bequemlichkeit in mein Gemüth getreten, ich trat ruhig vor Valerinen hin; sie saß auf dem Sopha, mit einer häuslichen Verrichtung beschäftigt. Ich sah sie lange an, auch sie blickte mich unbeschreiblich-traurig an. Ich fragte sie etwas. Sie gab Antwort. Ich gieng mit raschen, großen Schritten im Zimmer umher, niemand war zugegen, als Valerine, ich declamirte, dichtete, sah wild umher, ergriff ein Messer, und kam zufälligerweise vor das Mädchen zu stehen. Was haben sie mit dem Messer, rief sie erschrocken und bleich: Ich sprach kein Wort, sondern stieß das Messer etlichemal gegen die Brust, ein paar Stöße giengen auf den deutschen Rock und waren ungültig, der letzte auf die Brust. Das Blut floß alsbald. Mir ward schwindlig, ich mußte mich setzen, mein Gesicht war todtesbleich. Valerine sprang auf, um Gottes willen, was treiben sie? alles rannte besinnungslos herbey. Die gutmüthige Hausfrau trat weinend auf mich zu und rief immer aus: Warum denken sie nicht an Gott, daß er sie vor solchem bewahre! Ich lächelte, begab mich gleich auf mein Zimmer, legte mich aufs Bett, und fühlte bereits ein Fieber, das mir durch all meine Glieder schauerte. Valerine eilte mir nach, wir befanden uns allein; ich sah sie mit brechendem Auge an, und ergriff ihre Hand. Valerine! geben sie mir einen Kuß! Ach Gott, wie kann ich es, rief sie blaß und erschrocken, da sie mich so erschreckt haben! Wir wurden unterbrochen; der Wundarzt trat mit den Hausleuten herein, die alle fast nicht mehr auf den Knien zu stehen vermochten. Der Arzt untersuchte die Wunde, und verband sie, sagte aber dabey weder Gutes noch Böses, sondern empfahl mir die strengste Diät und die bewegungsloseste Ruhe. Die Schmerzen traten jetzt erst ein, wie die Wunde verbunden war. Ich konnte mich weder regen noch bewegen, sondern lag erstarrt, aber mit völlig freyem und unbefangenem Kopfe im Bette. Einen Augenblick war Valerine wieder allein da, ich suchte mich aufzurichten, aber die Schmerzen zogen mich wieder ermattet zurück. Ich sprach nur wenig, blickte sie nur an, ergriff ihre Hand. Sie hatte ihre bebende Angst noch nicht verloren, und konnte sich diese rätselhafte schreckliche Geschichte nicht erklären. Ich deutete auf alles hin, was vorgegangen, so gut ich konnte, aber das Sprechen machte mir die schrecklichsten Schmerzen, und jedes Wort war der peinvollste Stich. Ich glaubte eine zentnerschwere Last auf der offenen Brust zu haben, und war froh genug, im Kopfe ungekränkt und ruhig zu seyn. Wie ich mich allein befand, dachte ich über alles nach, und fand es höchst wunderlich. In jedem Fall resignirte ich auf alle Freuden und Wonnen dieser Welt, und machte mich fertig und gefaßt auf die anhaltendsten und schrecklichsten Schmerzen. Der Tod schien mir nahe genug zu seyn, als daß ich nicht an ihn gedacht hätte, aber eine dunkele Ahnung klang zu mir aus trüben, magischen Fernen herüber, die Wunde sey nicht gefährlich, und ich werde mich bald wieder erholen. Ich war meinen seltsamen Gedanken nicht lange überlassen, denn bald kamen Freunde genug herbey, die vor Bestürzung kaum zu fragen vermochten, wie es denn gegangen sey. Man predigte mir von allen Seiten gar herzergreifend und eindringend zu, ich muß aber gestehen, daß mich all die vielen Worte gar wenig erbaut haben. Die guten, ehrlichen Freunde wußten nichts von meinem Zustand, und hielten es für eine That von beyspiellosem Leichtsinn. Wenn ich wieder allein war, dachte ich mich gleich wieder als Leiche, wie ich ausgestreckt daliege, und die verfluchten Kerls alles untersuchen, was in meinem inneren Leibe verletzt worden. Aufs Eigentliche wären sie nie gekommen. Mein Oncle suchte mir die Zeit durch Vorlesen zu verkürzen, und auch mein Vetter gab sich alle ersinnliche Mühe, auf welche Weise er vermochte, mir zu Dienste zu stehen. Mein Oncle verließ mich den ganzen Abend nicht, ich versuchte sogar auch zu reden, aber der Schmerz war zu gewaltsam. Ich ward noch einmal verbunden, und machte mich bereits gefaßt für die Nacht in allen Schauern des Wundfiebers zu liegen. Alles war noch voll Bestürzung. Was sollte man den Eltern sagen? Ich hielt es für das Beste, jedermann zu bitten, das strengste Stillschweigen zu beobachten, und den Eltern für den Augenblick nichts zu schreiben. Dem Arzt ward aufgebunden, ich habe mich während des Declamirens in der Action unvorsichtigerweise mit dem Messer getroffen. Und in der That, es ist vielleicht auch so; denn eine wundersame Nebelhülle ist über alles verbreitet, und ich weiß wirklich nicht, wie ich dazu kam. Die Nacht ward mir gewacht. Ich schlief gegen Zwölf ein unter heftigen Schmerzen.

Mein Drama wird geraten

16. Dezember 1821

Ich war gestern den ganzen Abend wie in einem Rausche. Ich rannte wie besessen umher im Zimmer und ein Feuer brannte mir im Busen, als ob all meine Lebensgeister in Flamme gerathen wären. Der Plan zu einem Trauerspiel ward gemacht – ich phantasierte – Gott weiß, wie ich mich so seltsam gebährdete – Ich las (s) ein halbes Stück von Shakespeare vor, aber dies fehlte mir noch, um mich gänzlich wild zu machen. Shakespeare! du bists, dem ich nachstrebe! Shakespeare! klingts den ganzen Tag vor allen meinen Sinnen! Das Auffassen befriedigt mich nicht: es treibt mich mit furienmäßiger Gewalt, selbst zu erschaffen und selbst ein Ganzes zu bilden! Mein ganzes Innere ist mit hohen Ideen angefüllt! Mein Stück ist ganz meine eigene Erfindung! Ich muß einen Punkt haben, wo sich all meine Bestrebungen concentriren, einen Brennpunkt der Sonnenstrahlen meiner schaffenden Kräfte!
Mein Drama wird gerathen! denn ich habe nur Shakespeare vor Augen!

Ehrgeiz und Originalität

21. Juny 1822

Dem Ehrgeitz könnt ich alles, alles aufopfern. Schon der Gedanke daß ich irgendwo glänzen, vor andern mich recht aus-

zeichnen könne, beflügelt alle meine Geister so stark, daß ich wie in einem Meer von Empfindungen schwimme.
Donnerwetter ich muß einmal ein Kerl werden, drob die Welt erstaunen soll. Feuer hab ich die Erd auszubrennen. Ich hab wieder einen eigentlichen Rausch. Fluch jeder Stunde, wo ich nicht ein Originalkerl war.

Behaglichkeit

22. July 1822

In meinen Tagebüchern zu lesen, ist mir eine unendliche Wonne: Da werd ich in die süßeste Behaglichkeit geschaukelt.

Saufen mit Mörike

22. Dezember 1822

So ein Tag, wie der heutige, ist schon ein paar Worte werth: ein wahres Fastnachtsleben, ganz im Genuß des Augenblicks. Nach der Kirche ins Ballhaus: hier Bier gesoffen und über Griechenland und den Orient bis zur Hitze gestritten – im Museum 2 Häringe gefressen, Bier gesoffen und geraucht – von 6–7 litterarisches Gespräch – nach dem Fraß gegen 6 Schoppen Wasser gesoffen – ich und Mörike hinterm Pult: ich mit einem abgeschabten Magisterhut, wie ein Zigeuner, die Pfeife in der Physiognomie – Mörike mit hinunterhängenden Hosen, den Bauch aus dem Hemd streckend – Eisbär und Buttersack beständig mit Theemachen beschäftigt. – Eine Bouteille Thee um die andere – Ein Furz um den andern – Frazengesichter bis ins Abscheuliche – Lumpenlieder – Travestien.

Ich bin ein Mensch

28. Januar 1823

Die Kritik der reinen Vernunft geht darauf hinaus, zu beweisen, daß synthetische Sätze a priori möglich seyen. Ach! ein Mädchen an Lippen und Busen wäre mir lieber, als Analytik und Dialectik, lieber als Universität und Vikariat und Pfarramt. Da würd ich erwarmen, die Bücher lassen mich kalt. Da würd ich kräftig und stark werden und Lebensfülle saugen aus ihrem Kusse, aus ihrem wallenden Busen, aus ihrem Wollustschooße, – und nun verdumpf ich, trockn ich aus über Bücherhäufen, in leeren Beschäftigungen, hinter dem dampfenden Ofen, und die höchste Aeußerung meiner Thatkraft ist, daß ich mir selbst mit der Maschine den Thee mache. Mich eckelt all das Getriebe an; ich bin Mensch: ich will die höchsten Wonnen der Erde genießen. Ich dachte oft schon dran, zu entfliehen, nach Griechenland zu gehen, zu kämpfen und zu bluten! Das wäre doch was anderes als das ewige Lesen und Studieren. Es haucht mich tödtlich an aus diesen aufgeschichteten Büchern und Papieren. Da ist kein Heil, da ist Erstarrung, Verwesung, Tod. O Gott! lieben! das wäre etwas anderes! Ich kann nicht länger zehren von der Idee.

Geheimzeichen

10. July 1824

Erwachende Vögel – Sonnenaufgang – Unmäßig tolles Lachen – Wüster Geist der Lustigkeit – Bäckerbeck um 5 Uhr – Donnerwetter – Marie – Schön bey ♃ – Sanftmuth, Wohlbehagen – Schweiz, Ebel – ♃ – Anfang: Streitend, freundlich, lieb – zart – aufs Bett – Schlummer der Geliebten – Wollust des ganzen Lebens – Liebe, Liebe, Liebe in nervendurchzuckendem Taumel – Erwachen – Verstöhrtheit ♃ – Beschuldigung, Vorwurf, Zwiespalt in ihrem Innern, Kampf zwischen Liebe, Hingebung und Anstand – und Schaam – Der Geist ist schwach und das Fleisch ist willig – Augen einer gottheit-flammenden Unschuld – Kränkung der Idee – Zwiespalt – Verstöhrtheit in meinem Kopfe – Behagen bey Bäckerbeck – Wild-verworren Gespräch, furchtbar gefährliche Unterhaltung – Bekämpfung ihres Mistrauns – Thränen, Thränen, auf den Knien weinend im Schooß, am Busen der Weinenden – Versöhnend Umarmen – Aufleben Aufblühen – wir sind uns wieder, schwer noch auf meiner Brust – Wunderlich Gute Nacht – Brief des Vaters –

11. July

Heiter Aufstehn – Plan für die Herbstreise – Gespinst ums Herz – ♃ – freundlich – Unbegreifliche Verwirrung, ein Mißverständnis ums andere, wie der gestrige Himmel, wechselnd in Wolken und Helle, in Sonnenschein und Donnerwetter –

14. July

Schön und furchtbar in wiederhohltem Gegensatz – 3 mal bey ♃ immer heiter kommend, bey ihr aufgeregt und wieder heiter worden. Raserey ähnliche Suiten – Bis auf die letzte halbe Stunde, furchtbare Trennung, Wuth in meiner Seele, Verzweiflung und Thränen in ♃ blutendem Innern, zwey Liebende, die sich zu Todt lieben – – – Göttliches Thränenbad – Ring – Vergebung – Abschied.

Selbstanklage

12. November 1825

In dieser Zeit eines wunderbaren Winters beginnt für mein Leben eine neue Epoche. Jene großen herrlichen Ideale von Liebe, Freundschaft, Jugendfreude, Treue, Selbständigkeit, Sieg über Weltformen sind wie der gräßliche bis zur Verzweiflung, zum Lebenseckel und zum Menschenhaß gestiegene Schmerz zerflogen und vergangen. Vorigen Sommer wars noch grimme, gallige Polemik gegen mich selbst und über den wahnsinnigen Gedanken, mir ein Leben und Menschen nach meinem Wunsche zu verschaffen, was mich in wilde Zerstreuungen, in grelle betäubende Ausschweifungen stürzte. Ich raste v(on) Genuß zu Genuß, von Menschen zu Menschen, und jeder ward mir zum Eckel, jeder füllt mich mit neuer Verzweiflung. Ich glaubte dem Wahn zu großer Erwartung entgangen zu seyn und fühlte mich zuweilen fest, fiel aber in einen neuen Wahn; denn ich war nicht fest, ich fühlte den Verlust meiner Ideale und jener überschwänglichen Geliebten, jener theuren Heim, jener unglückseligen Julie und meiner drey großen wie ein Nordlicht in meinem schwarzen Herzen leuchtenden und verschwindenden Freunde, Zellers, Pfizers und Bauers, ich fühlte ihn noch zu stark im blutenden Herzen. Ich verfiel in gräßlichen

Gegensatz. Ich trat das Heilige mit Füßen, erst die Menschheit, meine Geliebte sogar, höhnte mein eignes Bild im Spiegel mit Verzerrungen und Fratzen, zog Juliens Liebe in Koth und Gemeinheit, selbst Gott und die Stimme des Gewissens, selbst jeden Drang innerer Religion verspuckt ich mit Geifer. Ich glaubte weder an Gott noch an Unsterblichkeit, eine grausige Nothwendigkeit, ein eisernes Verhängniß wars, das mir in der Welt selbst zu liegen und alles Einzelne Wollen blindlings zu zernichten schien. Es gab kein Verhältniß mehr, das ich achtete; zugleich gewann ich aber, ohne daß ichs merkte, bey den Menschen; ich fieng an den Atheisten, Narren, Possenreißer zu spielen, man fand mich grell original, lustig, unterhaltend, gesellschaftlich, ich belebte jeden Zirkel mit abentheuerlichen Gedanken, Fratzen, Grimassen, zügellosem Hohn, oder galante(n) Windbeuteleyen. Ich spielte mit der Liebe, tändelte mit Luisen, tändelte mit einer Menge Frauen und Mädchen, und man hielt mich für ein Weltkind, für einen galant-home, dessen süßer unerschöpflicher Rede kein Mädchen widerstehen könne. Weiberliebe galt mir nichts mehr; ich suchte nur die Befriedigung wollüstiger Triebe bey ihnen, raste beyspiellos im Arm wilder Buhlerinnen und Freudenmädchen, zuweilen mit gräßl(ichen) Erinnerungen und krampfhaften Blicken auf die Vergangenheit und das einst so süße, heilige angebetete, nun in Koth getretene, von mir selbst geschändete, nicht geglaubte Bild meiner verlorenen Julie. Ich liebte den Trunk mehr als jemals, und es fehlte nie an lustigen, faulen, leichtsinnigen oder gar liederlichen Leuten, die sich um mich sammelten, ich ließ mich von ihnen selbst in der Übertreibung der Gemeinheit bewundern; jene Zerrknirschungen, wo mir oft in schwülen Nächten vor Wuth und Ingrimm vor Verzweiflung die Zähne klapperten, wo ich schrie und fieberzitternd lärmte, diese hörten auf und ein gesunder Leichtsinn trat an ihre Stelle. Ich ward gourmand, und braucht mehr Geld, als mir der Vater geben konnte, ohne den Gedanken, zu bezahlen. Kein Mensch übertraf mich an großer Zotenreißerey. Freylich kam auch keiner der Sache auf die Spur, nur wenige, wie z. B. Hofmann, Keppler wurden aufmerksam auf die schauderhafte Liebe zu unnatürlichen Gegensätzen, zu greller Zernichtung meiner eigenen Welt. Ich arbeitete im Sommer

1825, außer jenen zwey Erzählungen Euphros. und Ros(e) v. Fars(istan) und außer der Vorbereitungsstudien für Anna B. nichts von einigem Belang, fieng aber an mit Besonnenheit durch Briefe, die (ich) überall ausschrieb, und durch reifere Plane in meine Zukunft zu wirken und meine Lebensweise zu fixieren. Zum gereiften festen mit kalter Überlegung bedachten Entschluß ward mir erst jetzt die Liebe zum Ausland. Ich will Hofmeister oder weiß der Himmel was sonst werden, seys wo es wolle, nur ja in neuer Welt, und wo mögl(ich) am Meer. Erst seit dem Abschied von Julien hab ich meinen Ruf als moralischer Mensch, als Christ und sogar als irgend ein Religioser verloren. Viele ja sogar die Meisten, halten mich nicht einmal einer edlen reinen Liebe fähig. Im Grund haben sie für jetzt nicht ganz unrecht; denn ich betrüge die Mädchen und tändle mit ihren Gefühlen, wie mit Zuckerwerk, und glaube, daß sie am Ende nichts weiter wollen als ihren Trieb befriedigen. Die beyden M. halt ich für Schurken und Julien – für zweydeutig, in keinem Fall für so hoch, als ich wähnte, sosehr mirs dabey auch im Herzen brennt und widersträubt. So glaub ich denn in die Periode eines gesunden Strebens gekommen zu seyn. Ich erwarte ohne eigentlichen Groll, ohne Galle, ohne wahren Lebenseckel – nichts von der Welt – mein Ausspruch whatever is, is right; ich bin Fatalist; versuche alles und lasse michs nicht verdrießen, wenn ich mich in meiner Hoffnung betrogen sehe; denn mein System ists ja, das mir verbietet, sichere Erwartungen zu gründen; ich habe an Unterhaltungsgabe, an Lebensgewandheit, an äußerer Weltbildung bedeutend gewonnen, und darf mir schmeicheln, fast jeden Menschen zu fesseln, wenn ich mirs angelegen seyn lasse. Diß ist eine Gabe, ist eine Eroberung, auf die ich halb stolz bin, und die ich fast für nützlicher und für meine künftige herumirrende Lebensweise zuträglicher halte, als wissenschaftliche Vorzüge. Ich habe mich in ein bestimmtes Verhältniß zu der Welt gesetzt; es gilt, entweder ich, oder sie, entweder Sieg oder Sclaverey – Kein Mittel soll mir mehr zu klein seyn, meine Zwecke zu erreichen. Was endlich meine Poesie betrifft, so ist es dem gesundern innern Leben, das ich in mir fühle, sehr entsprechend, daß (ich) mich soweit besiegen konnte, keinen Lieblingshelden, keinen sterbenden Korsaren fürs erste zu beschreiben, sondern an ein Werk gehe, das reines wahres Künstlerstreben, objektive Darstellung, strenge Keuschheit und Selbstaufopferung verlangt – Anna Boleyn – Ich glaube eine eigene Poesie errungen zu haben, sie ist in einer düsteren schwarzen Schule erzogen, im Feuer geboren, oder eigentlich in der Hölle, und wird doch vielleicht ein Kind des Himmels. All mein Wesen strengt sich zu diesem Werke an; es wird mein litterarisches Leben entscheiden. Dieses schrieb ich d. 18. Nov. 1825, mög ich es in spätern Jahren noch wahr finden!

Der alte Hölderlin

9. Juny 1823

Hölderlin weigerte sich heute noch im Bett liegend, mit den schrecklichsten Entschuldigungen mit meiner königl. Majestät zu gehen. Der Tischler gab mir neue Nachrichten von seinem Leben. Auch Onanie trug zu seiner Versunkenheit bey. Sein Leben aber ist unendlich reich. Hölderlin hätte können der erste deutsche Lyriker werden. Des Morgens lauft er in diesen Tagen von 1/24 Uhr bis beynahe Mittag im Zwinger auf und ab. Der junge Zimmer bracht ihn endlich zum Aufstehen. Ich folgte nach: Hölderlin kannte mich gleich, und entschuldigte sich in lauter Unsinn. Es ist schrecklich, wie sich dieser einst so große Geist nun in leeren Wortformeln umdreht. Man hört ewig nur: Eure Majestät, Eure Heiligkeit, Euer Gnaden, Euer Excellenz, der Herr Pater! Sehr gnädig, bezeuge meine Unterthänigkeit! Ich bracht ihn dazu, daß er in mein Pantheon gieng. Die Aussicht, der herrliche Frühlingsmorgen schienen doch auf ihn zu wirken. Ich fragt ihn tausenderley, bekam meistens unverständliche oder unsinnige Antworten. Als ich ihn fragte: wie alt sind sie, Herr Bibliothekar? antwortete er unter einem Schwall französischer Worte: bin mir nicht mehr bewußt, Euer Gnaden. Ich erinnert ihn vergeblich an vieles. Zimmer wunderte sich schon, daß er das Häuschen betrat, aber unbegreiflich seys ihm, als Hölderlin gar eine Pfeife rauchte, die ich ihm füllte und anzündete, und die ihm recht zu schmekken schien: Und vollends – Auf mein Vorbringen setzt er sich an meinen Pult, fieng an ein Gedicht zu schreiben: der Frühling, schrieb aber nur 5 gereimte Zeilen und übergab sie mir mit einer tiefen Verbeugung. Vorher hatt er nie aufgehört, mit sich zu sprechen und immer: Schon recht. Nun Nein! Wahrheit! Bin Euer Gnaden sehr ergeben, bezeuge tief meine Unterthänigkeit für Ihre Gnaden – ja, ja, mehr als ich reden kann – Euer Gnaden sind allzu gnädig – Als ich ihm sagte auch ich habe das Bestreben eines Dichters, und ihm mein Manuscript zeigte, sah ers starr an und neigte sich und sagte: So! So? Euer Majestät schreiben? Schon recht – Mit wirklicher Theilnahme rief er, als ich ihm von Haugs Unglücksfällen erzählte – O! Er fragte mich auch, wie alt ich sey? Aber sobald er von dem Schreiben aufstand, ward er stiller, sah viel zum Fenster hinaus, sagte nicht mehr, wie vorher: Erstaunlich schön, was Euer Gnaden da haben – senkte dann wieder das Auge gedankenvoll in sich hinein, schwieg, bewegte nur äußerst selten den Mund zu einem krampfhaften Laut – nahm endlich den Hut, ohne jene Complimente, gieng mit uns fort, still, ohne zu sprechen, ohne den Leuten ein Compliment zu machen – ohne hinter uns zu gehen – was er immer aus Höflichkeit thut – bewegte sogar eine Melodie im Munde und machte mir endlich beym Abschied ein ziemlich verständiges Compliment. Es ist schwerlich möglich, daß er ganz zum Verstand kommt: Das ließe schon seine physische Schwäche nicht zu: aber lindern, etwas aufhellen, beruhigen könnte man ihn doch vielleicht, und wenn auch nur für einige Stunden, und ich glaube, ich wäre es im Stande. Er scheint ein großes Zutrauen zu mir zu haben; sein heutiges Betragen zeugt davon. Ich will ihn öfter auf meinen Berg nehmen, und auf alle Weise ihm beyzukommen suchen.

(Ohne Datum)

Hölderlin war in meinem Gartenhaus, las mir vor aus seinem Hyperion. O auch ich bin noch ein Kind in der Fremde. Hölderlin ist mein liebster Freund! Er ist ja nur wahnsinnig. O ich möchte sie küssen, diese abgehärmten zuckenden Lippen[1].

[1] Wilhelm Waiblinger, Tagebücher. Stuttgart 1956, S. 90–92, 146–147, 196–197, 209, 251, 263, 301–302, 313–316, 291–292.

NICCOLÒ TOMMASEO

Geistige und körperliche Hygiene

Mailand, März 1826

Hier meine täglichen Studien: einen Abschnitt der Bibel lesen und die wichtigsten historischen Daten daraus aufschreiben; zehn Seiten aus einem Werke Rousseaus lesen; auswendig vortragen eine Seite der Episteln oder Oden des Horaz, die ja alle in meinem Gedächtnis eingegraben sind; eine Seite der platonischen Dialoge lesen; eine Fabel des Äsop übersetzen und Redewendungen daraus notieren, die man ins Italienische aufnehmen könnte; alle Wörter einer Stanze aus den „Canzoni" von Petrarca oder aus einer Terzine von Dante in alphabetischer Reihenfolge aufschreiben; auswendiglernen 50 oder 100 Verse der Bucolica oder Georgica; aus den Bucolica Redewendungen aufschreiben, die sich in den italienischen Boden einpflanzen lassen; einen Abschnitt der Cicero-Reden lesen; aus einem anderen Abschnitt Wendungen entnehmen, die sich für toskanische Speicher eignen; eine Seite der kastrierten Novellen von Ser Giovanni lesen; eine andere Seite daraus in ein Kilo Vokabular verwandeln; auswendig je einen Gesang des Purgatorio und des Inferno hersagen, die ich ja alle auswendig kenne; eine Seite der Reden von Demosthenes übersetzen; eine Seite dieser so gedächtnisschwachen Tagebücher schreiben; aus dem Forcellini drei Vokabeln aussuchen oder den neuen Sinn von drei Vokabeln, die ich nicht kenne, sie aufschreiben und auswendiglernen; höchstens 100 Seiten eines Buches lesen, das ich noch nicht kenne. Die übrige Zeit verwenden mit Schreiben, Korrigieren und mit Abschreiben von Geschriebenem. Jeder wird erkennen, daß man für all dieses, will man es bequem machen, 12 Tagesstunden braucht. Und erkennen wird man auch, daß ein Tier, das nicht unwürdig ist, seine stillen Stunden mit so vielen göttlichen Tieren und göttlichen Gedanken zu teilen, ohne Zweifel ein glückliches Tier ist.

Fucecchio, 29. Oktober 1833

Spaziergang im Mondschein. Ich denke an die Vervollkommnung meines ganzen Lebens.

Körper: Alle vierzehn Tage die Fingernägel schneiden – das Haar alle zwei Monate – Füße alle vierzehn Tage waschen – Bad einmal im Monat – Einmal täglich Zähne putzen und Mund spülen – Alle acht Tage sich mit mineralischem Wasser waschen – Täglich spazierengehen – 65 Bisse essen – Etwa 8 Stunden schlafen – So schnell wie möglich heiraten.

Geist: Alles in die Liebe Gottes und der Menschen lenken. Darin die Gnade suchen, die Kraft und die Sanftmut.

Herz: Lieben, lieben, lieben.

Leben: Gott gehorchen und den Befehlen der toskanischen Polizei folgen. Diese Lösungen zur Norm machen, auch in bezug auf meine Verpflichtungen in Lucca, Siena, Florenz.

In jeder Angelegenheit stets nach der höchsten Vollkommenheit meines Seins und des Seins der Nächsten streben[1].

[1] NICCOLÒ TOMMASEO, Diario Intimo (geschrieben zwischen 1821 und 1852). Turin 1938, S. 71, 139. Übers. von G. R. HOCKE (nur diese Stücke). Hervorhebungen vom Verfasser.

ALFRED DE VIGNY

Porträt Benjamin Constants

Paris, 12. Dezember 1830

Benjamin Constant wurde beerdigt. Ich begegnete ihm nur einmal während des letzten Winters beim Mme. O'Reilly. – Mir gegenüber bezeugte er eine reizende Koketterie; beiläufig sagte er, er halte mich für den größten unter den jungen Schriftstellern. – Als ich ihn darauf hinwies, mit welchem Eifer man auf dem linken Flügel der Kammer die Poesie verfolge, meinte er, man sei nur um gute Gesellschaft bemüht, d. h. man fürchte, den Eindruck zu erwecken, *alle* Ketten zu zerreißen, man wolle deswegen also die leichtesten gesichert wissen, nämlich *die literarischen Regeln* ... Ich fing mit ihm darüber einen kleinen und höflichen Streit an, und er ließ sich sehr vergnügt schlagen, in Anwesenheit von Walstein.

Zweifellos ein Mann von überlegenem Geist. Stets kämpfte er ohne Gewinnstreben, und das schätze ich. Doch glaube ich, daß die Ziele seines Ehrgeizes sehr hoch gesteckt waren, und daß er sie nicht erreichte. – Als „Pair" von Frankreich oder als Ministerpräsident wäre er nicht zufrieden gewesen; vielleicht hätte er eine Republik gebraucht, um dann Präsident zu werden. Die Dynastie der Bourbonen störte ihn; er trug zu ihrem Sturze bei. Die Trauer aber, die er öffentlich sichtbar werden ließ, entstammte dem Gefühl, daß er nicht die Kraft und Möglichkeit hatte, aus den Ruinen, die er verursacht hatte, Neues entstehen zu lassen.

Sein Profil war durchaus edel, seine Umgangsformen höflich und anmutig. Er war ein Weltmann und ein Homme de lettre, eine seltene Einheit, eine vorzügliche Kombination. Doch glaube ich, daß sein Herz kalt war und seine Phantasie kraftlos[1].

[1] Als Tagebuch-Porträt eines Tagebuchschreibers. ALFRED DE VIGNY, Journal. Oeuvres complètes, Paris 1960, S. 925. Übersetzt von G. R. HOCKE (nur dieses Stück). Hervorhebungen vom Verfasser.

MAURICE DE GUÉRIN

Lob der Goethezeit

La Chênoie, 6. Februar 1833

Ich bin eben mit dem ersten Band der Erinnerungen von Goethe fertig. Das Buch hat verschiedene Eindrücke in mir hinterlassen. Meine Phantasie ist sehr angeregt von Gretchen, Lucinde, Friedericke, Klopstock, Herder, Wieland, Gellert, Gleim, Bürger, von dem Aufschwung der deutschen Dichtung, die in der Mitte des achtzehnten Jahrhunderts so schön, so national anhebt; all die gärenden Gedanken in den deutschen Köpfen sind außerordentlich interessant, besonders im Hinblick auf unsere, für Deutschland so fruchtbare und rühmliche Zeit. Aber danach stellt sich ein bitteres Gefühl ein, wenn man die Einzelheiten der Erziehung und der geistigen Entwicklung der jungen Leute verfolgt, wie man sie in diesem Land auffaßt; und die Bitterkeit entsteht aus dem Vergleich mit der französischen Erziehung. Ich habe zehn Jahre auf der Schule zugebracht und habe am Schluß mit ein paar Brocken Latein und Griechisch eine riesige Menge von Langeweile davongetragen. Das ist ungefähr das Ergebnis der ganzen Kollegienerziehung in Frankreich. Man gibt den jungen Leuten Autoren des Altertums in die Hand, was richtig ist. Aber lehrt man sie das Altertum kennen und schätzen?

Ansprache an das Tagebuch

Paris, 20. April 1834

O mein Heft, du bist für mich kein Haufen Papier, kein fühlloses, lebloses Ding; nein du lebst, du hast eine Seele, Intelligenz, Liebe, Güte, Mitleid, Geduld, Wohlwollen und reine, beständige Sympathie. Du bist für mich das, was ich unter den Menschen nicht gefunden habe, ein zärtliches und hingebendes Wesen, das einer schwachen, kränklichen Seele zugetan ist, sie mit seiner Neigung einhüllt, das allein ihre Sprache versteht, ihre Traurigkeit mitfühlt, sich an ihren Freuden berauscht, sie in seinem Schoß ruhen läßt oder sich zuweilen zu ihr neigt, um seinerseits auszuruhen; denn das heißt demjenigen, den man liebt, einen großen Trost verleihen, wenn man sich auf ihn stützt, um zu schlafen oder zu ruhen. Ich brauche eine solche Liebe, eine Liebe des Mitleidens. Ich habe nichts, was in mir eine solche, wie man sie so oft in der Welt sieht, erregen könnte, eine Liebe von gleich zu gleich, eine Liebe ähnlicher Seelen, von denen die eine zur anderen strebt, weil sie sich gegenseitig groß und schön gesehen haben wie zwei Sterne, die, nachdem sie sich an den beiden Enden des Himmels bemerkt haben, durch den Raum auf sich zueilen, um sich zu vereinen. Um geliebt zu werden, so wie ich bin, müßte ich einer Seele begegnen, die sich gern der ihr unterlegenen zuneigen würde, einer starken Seele, die die Knie vor der schwächeren beugt, nicht um sie anzubeten, aber um ihr zu dienen, sie zu trösten, zu behüten, wie man es mit einem Kranken tut; einer Seele mit einem ebenso demütigen wie tiefen Feingefühl, die genug von ihrem, auch in der Liebe natürlichen Stolz aufgibt, um das Herz mit einer dunklen Zärtlichkeit zu umhüllen, von der die Welt nichts versteht, um ihr Leben einem schwachen, gebrechlichen, schmachtenden und ganz innerlichen Wesen zu widmen, um sich zu entschließen all ihre Strahlen auf eine unscheinbare, kümmerliche und immer zitternde Blume zu konzentrieren, die ihr gern all ihren Duft schenken würde, dessen Süße sanft und tief eindringt, die aber niemals zu denen gehört, die bis zum glücklichen Wahnsinn des Entzückens sich berauschen und begeistern.

Angst

Paris, 18. Mai 1834

Mein inneres Elend wächst, *ich wage es nicht mehr in mich hinein zu blicken*[1].

[1] Maurice de Guérin, Journal, Lettres et Poèmes. Paris 1922, S. 6–7, 77–78, 80. Übers. von Helly Hohenemser (nur diese Stücke). Hervorhebung vom Verfasser.

CAMILLO BENSO DI CAVOUR

Wie Hamlet

28. Januar 1834

– – – Meine Mutter liebt mich noch. Ich glaube, daß sie mich sogar noch sehr liebt. Sie ist so gut, so zart in ihrer Liebe, und ich bin ihrer so wenig würdig. Doch bin ich im Grunde für ihr Glück nicht unentbehrlich. In den Kindern fand sie etwas, für das man fühlen und für das man sorgen kann. Doch bilde ich, mit meinem melancholischen Herzen, fast ein Hindernis zu ihrem Glück. Vater ist sehr zuvorkommend, doch ist seine Güte etwas oberflächlich. Seine Meinungen teile ich nicht. Im Gegenteil. Dauernd widerspreche ich ihm. Er soll mir verzeihen: sollte ich einmal nicht mehr dasein, so würde er sich bald mit seinen Enkelkindern trösten, indem er sich jahrelang über ihre Zukunft ganz falsche Vorstellungen macht. Viele schätzen mich. Viele wollen mir gut. Alle, die mich kennen, mögen mich, doch bin ich keinem unentbehrlich. Höchstens bin ich zwei oder dreien von ihnen nützlich. Ich könnte sie also ohne Gewissensbisse verlassen. Kein starkes Band verknüpft mich also mit dem Leben. Viele Gründe habe ich, um angeekelt zu sein. Die Zukunft, alles andere als mir zulächelnd, bietet mir nur ein weiteres und sicheres Ansteigen meiner Übel. Was wird mit mir sein, wenn ich dreißig Jahre alt sein werde? Tausendmal ziehe ich es vor, nicht mehr auf dieser Welt zu sein, als ein Vatersöhnchen zu bleiben. Ach, hätte ich nur nicht meine moralischen Bedenken über den Selbstmord, so würde ich mich wirklich rasch von dieser lästigen Existenz befreien. Selbst wenn ich wie Benthan philosophiere, komme ich zu keinen Schlüssen.

Selbstmord zu begehen, das ist, nach allgemeiner Ansicht, eine Sünde. Deswegen werde ich jetzt wie Hamlet handeln: ich werde mich nicht töten. Doch werde ich den Himmel bitten, daß er mir eine gute Lungenentzündung schickt, die mich in die andere Welt befördert. Auf diese Weise bliebe mein Gewissen rein, und ich hätte kein schlechtes Beispiel gegeben. Im Gegenteil. Mein Tod, allgemein als eine Katastrophe bezeichnet, würde auf viele Leute eine vorzügliche Wirkung ausüben. Gelegentlich würde man sich meiner erinnern, und meine jüngsten Verwandten vor gewissen Gefahren warnen: vor einer frühreifen geistigen Entwicklung, vor einer übertriebenen Unabhängigkeitsliebe, vor zu starker Eitelkeit. Ach, wüßte ich nur von einer Methode, sich eine Lungenentzündung zu holen!!

Zwei Möglichkeiten für die Welt

26. August 1834

Um ein geschickter Staatsmann zu sein, muß man vor allem den Sinn für das Mögliche haben.

Heute bieten sich der Welt zwei Möglichkeiten an: die vom Christen propagierten Wahrheiten fördern . . . oder das Christentum überwinden. Die christlichen Wahrheiten werden noch nicht praktiziert: das Dogma des Evangeliums, die Gleichheit, ist nicht verwirklicht. Man betet es an, ohne es in die Tat umzusetzen. Dieser geistige Grundsatz, von Jesus verkündet, wird die Grundlage für die politische Gesellschaft der Zukunft bilden. Das Christentum ist nicht erschöpft. Es hält sich bereit für den Tag, an dem die menschlichen Gruppen alle bisher vorhandenen Wahrheiten verbraucht haben. Was anderes denn ist die Vorsehung als die unermüdliche Caritas der göttlichen Voraussicht in bezug auf den Menschen! (Lerminier)[1].

[1] Camillo Benso di Cavour; Diario (1833–1843). Mailand, Rom 1941, S. 122–123, 160. Übersetzt von G. R. Hocke (nur diese Stücke).

Gott und der Spießer

1837

Man wirft den andern vor: daß sie zu sehr Gott fürchten. Sehr richtig, denn um richtig Gott zu lieben, dazu gehört auch, daß man Gott gefürchtet hat; die Liebe des Spießbürgers zu Gott tritt ein, wenn das vegetative Leben in voller Wirksamkeit ist, wenn die Hände behaglich über dem Magen sich falten und von dem in einem weichen Lehnstuhl zurückgelehnten Kopf ein schlaftrunkener Blick zur Decke sich hebt.

Ich bin verkrüppelt

24. August 1839

Ich bin verkrüppelt wie ein Scheva, schwach und überhört wie ein Dagesch lene, mir ist zumut wie einem Buchstaben, der verkehrt gedruckt ist in der Zeile, unmanierlich wie ein Pascha mit drei Roßschweifen, eifersüchtig auf mich selbst und meine Zettel wie die Nationalbank auf die ihren, überhaupt so reflexiv wie nur ein Pronomen. Ja könnte in Wahrheit für das Unglück gelten, was für die gilt, die durch das Bewußtsein von ihren guten Taten ihren Lohn dahin haben, daß man durch den Gedanken an es, es dahin hätte, wie glücklich müßte nicht ein Hypochonder von meinem Umfang sein; denn ich nehme alle Sorgen vorweg, und doch bleiben sie alle zurück.

Gebet im Tagebuch

16. August 1839

Vater im Himmel! wende nicht länger Dein Antlitz von mir, laß es aufs neue leuchten für mich, so daß ich Deine Wege gehe und nicht mehr und mehr mich verirre weit weg von Dir, wo Deine Stimme mich nicht mehr erreichen könnte. O! laß Deine Stimme ertönen für mich, gehört werden von mir, wenn sie auch schreckend mich einholen muß auf meinen irren Wegen, wo ich als krank und beschmutzt im Geist abseits lebe und einsam, fern der Gemeinschaft mit Dir und der Gemeinschaft mit Menschen. Du Herr Jesus Christus, Du, der in die Welt kam, um den Verlorenen zu retten, Du, der die 99 Schafe ließ, um das eine verirrte zu suchen, suche mich auf den Abwegen meiner Verirrungen, wo ich mich verberge vor Dir und vor Menschen, Du, der gute Hirte, laß mich Deine Stimme hören, laß mich sie erkennen, laß mich ihr folgen! Du Heiliger Geist, tritt Du auch vor mich mit unaussprechlichem Seufzer, bete für mich wie Abraham für das verderbte Sodom, wenn da bloß ein reiner Gedanke, ein besseres Gefühl in mir ist, daß doch die Zeit der Prüfung verlängert werden möge für den unfruchtbaren Baum, Du würdiger Heiliger Geist, Du, der Du die Ausgestorbenen wiedergebierst und den Alten verjüngst, erneuere Du auch mich und schaff in mir ein neues Herz, Du, der mit Mutterfürsorge alles umfriedet, in dem noch ein Funken von Leben ist. Oh, bewahre Du auch mich fester und fester geknüpft an ihn, meinen Heiland und Erlöser, daß ich geheilt nicht vergessen möge wie jene neun Aussätzigen umzukehren wie der eine Aussätzige zurück zu Ihm, der mir das Leben gegeben hat, in dem allein Seligkeit zu finden ist, ja heilige Du mein Tun und mein Denken, so daß erkannt werden möge, daß ich Sein Leibeigener bin jetzt und in alle Ewigkeit.

Mein Leben ist verspielt

1846

Leider muß ich sagen: mein Leben ist verspielt. Wenn ich an einem anderen Ort lebte als hier in Kopenhagen, würde man darunter wohl verstehen, daß ich die besten Jahre meiner Jugend leichtsinnig verschwendet hätte, in wirren Studien, vielleicht in Ausschweifungen. Ach nein, es ist umgekehrt. Ich bin gerade zu etwas geworden – und darum ist mein Leben als verspielt zu betrachten hier in Kopenhagen, wo man glücklich und äußerst behaglich nur leben kann, solange man nichts ist, hier in Kopenhagen, wo nicht viel anderes als Böses über jeden, der etwas ist, gesagt wird, woraus offenbar folgt, daß der, der nichts ist, mit Stolz sagen kann: über mich wird nichts Böses gesagt. Wenn man hier in Kopenhagen Student ist, Kandidat, aber sonst nichts weiter, bevollmächtigter Abschreiber in einem kgl. Büro, Kommis, Eleve an der Kunstakademie, aber sonst nichts weiter, so kann man, unerachtet die Hitze recht groß ist, unerachtet es hier nicht Schick und Brauch ist, mit dem Regenschirm in der Sonne gehen, doch ruhig und ungeniert es tun – aber wenn ich z. B. so dreist bin, es zu tun, so ist das Stolz. Es wacht ein Zerberusneid über jeden Schritt dessen, der etwas ist, um ihn als Stolz und Hochmut erklären zu können.

Die Entscheidung

9. Juni 1847

Hier steckt doch in gewissem Sinn mein ganzes Unglück: hätte ich kein Vermögen gehabt, wäre es mir niemals möglich gewesen, das entsetzliche Geheimnis meiner Schwermut zu retten. (Barmherziger Gott, wie doch auch mein Vater in seiner Schwermut entsetzliches Unrecht an mir getan hat – ein Greis, der seine ganze Schwermut auf ein armes Kind ladet, um nicht von dem noch Furchtbareren zu reden, und doch bei alledem der beste Vater.) Aber so wäre ich auch nicht der geworden, der ich geworden bin. Ich wäre gezwungen gewesen, entweder verrückt zu werden oder durchzudringen. Nun glückte es mir, einen Salto mortale in die reine Geistesexistenz hinauf zu machen. Aber so werde ich wieder völlig heterogen mit Menschen im allgemeinen. Was mir eigentlich mangelt, ist Leib und leibliche Voraussetzungen.

Was mein Leben so ungeheuer angestrengt gemacht hat, aber auch so voller Entdeckungen, ist, daß ich niemals im Endlichen zu etwas gezwungen worden bin, sondern unendlich die Entscheidung wählen mußte. Aber daraus ist auch eine Schwierigkeit entstanden. Denn in den Entscheidungen des Geistes kann man sich frei entschließen, aber im Verhältnis zur Endlichkeit (z. B. leibliches Empfinden) soll man eigentlich gezwungen werden. Die endlichen Entscheidungen sind in gewissem Sinn zu wenig, um von der Unendlichkeit her zu ihnen zu kommen – darum muß man gezwungen werden. „Gezwungen werden" ist die einzige Hilfe in der Endlichkeit – die Wahl der Freiheit das einzig Rettende in der Unendlichkeit.

Schwermut in Gott

16. August 1847

Es rührt sich etwas in mir, das auf eine Metarmorphose hindeutet. Just darum durfte ich nicht nach Berlin reisen, denn das hieße die Frucht abtreiben. Ich soll mich deshalb jetzt stille halten, keineswegs zu angestrengt arbeiten, ja kaum angestrengt, nicht mit einem neuen Buch beginnen, sondern sehen, zu mir selbst zu kommen, an Ort und Stelle die Gedanken meiner Schwermut recht zusammen mit Gott zu denken. Ich habe mich bis jetzt gegen meine Schwermut durch geistige Arbeit gewehrt, die sie fernhält – nun muß ich sehen, durch den Glauben daran, daß Gott in Vergebung vergessen hat, was an Schuld da ist, selber es zu vergessen, aber keine Zerstreuung, nicht in einem Abstand davon, sondern in Gott, daß ich, indem ich an Gott denke, denken muß, daß er es vergessen hat, und so selber lerne, es in der Vergebung vergessen zu dürfen.

Warum nicht Dichter

Januar 1849

Wäre ich nicht im Christentum streng erzogen worden, hätte ich nicht all die inneren Leiden von Kindheit auf gehabt und so doch gewußt was ich weiß, so wäre ich ein Dichter geworden, und ich wäre eigentlich der interessanteste Dichter geworden. Es hat kaum irgendein Dichter vor mir gelebt, der so tief Bescheid gewußt hat über das Dasein und im besonderen über das Religiöse, aber hier ist es wo ich abschwenke, und die Stellung jene alte aus Entweder – Oder: ich will nicht Dichter sein wie A. in einem Sinne sagt und was B. in einem weit tieferen Sinne billigt, ich erkläre das für den einzigen von A.s vielen Gedanken, den er absolut billigt.

25. April 1849

Wie doch Schwermut und Religiosität wunderlich sich mischen können, und wie es doch gefährlich ist, so ungeheure Kräfte zu haben, wie mir vergönnt sind – und dann: wie so klein die Verhältnisse, in denen ich lebe. Ich habe doch die Möglichkeit betrachtet, einen Schritt weiter zu gehen und nun systematisch weiter zu steuern mit der Möglichkeit vor Augen, totgeschlagen zu werden. Das Ziel und alles war richtig – ach, und darin erkenne ich mich wieder: mit derselben Leichtigkeit das ganze Verhältnis in einem Nu zu übersehen wie in einem Liebesverhältnis – die Kollision richtig – durch den Pöbel zu fallen mit Hilfe des Neides der Vornehmen. Das würde gewiß geschehen sein in dem Augenblick, da ich nun im Charakter entscheidend und mit gehörigem Inzitament für die ganze Klerisei das Signal gegeben hätte: daß es eigentlich kein Christentum gibt im Lande, und daß es notwendig ist, es einzuführen. Die Geistlichkeit wäre rasend geworden und wäre froh gewesen, daß ich bereits mit dem Pöbel im Handgemenge war – und hätte das nun benutzt. Daß sicherlich das Christentum eine solche Erwekkung brauchen könnte, daran zweifle ich keine Sekunde, oder besser: dessen bin ich absolut gewiß. Daß es mir geglückt wäre, davon bin ich auch überzeugt. Daß es menschlich gesprochen das Maximum gewesen wäre, das aus meinem Leben herauszubringen ist; das verstehe ich.

Aber nun kommt das Schwermütige und Unwahre. Daß es mir von Wichtigkeit war, zu fallen. Ich hatte damit gerechnet, genug Vermögen zu haben, um noch einige Jahre auszuhalten, und die Katastrophe von 48 half außerordentlich: so wäre ich allen Fragen nach dem Auskommen entgangen. Ferner, ich hatte mit Menschen gestritten, und vielleicht befriedigte das doch meinen Stolz, sie fühlen zu lassen, daß sie mit mir gestritten hatten; denn ich habe die leidende Art zu kämpfen studiert wie nur je ein Feldherr die handelnde, und die leidende ist die religiöse und die tiefsinnige. Zu meiner Verteidigung muß gesagt werden, daß, was mir das Verhältnis zu einem so kleinen Flecken wie Kopenhagen, wohlzumerken wenn ich die öffentliche Person sein soll, so schwierig macht, dies ist, daß ich die Idee für mich haben muß. Das menschliche Gewäsch kann dadurch, daß es mit Idealität in Berührung kommt, zu etwas höchst Ernstem werden; und das eigentlich war mein Gedanke. Daß mein Leben die Wendung nehmen sollte, die es genommen hat, geschweige denn in einem Martyrium enden; das ist nicht einem einzigen der Mitlebenden eingefallen. Ich bin's, der hinterlistig die Intrige lenkt – und die Mitlebenden sollten, nach meiner Taktik, nicht eher die Augen öffnen, als bis es geschehen wäre – und durch sie selbst: Siehe, nun komme ich wieder.

Aber hier liegt auch ein Unrecht gegen die Menschen. Die Menschen sind doch nur Kinder, und so ist es ungerecht gegen sie, wie es unstatthaft ist gegen einen selber, sie nach einem solchen Maßstab schuldig werden zu lassen.

So stellt sich mir meines Lebens letzte Vue dar. Ich schwenke jetzt ab, bleibe mir selber treu in meinem Ursprünglichen: daß ich doch wesentlich ein Dichter bin und wesentlich aufhören soll, Schriftsteller zu sein, sobald ich kein Vermögen mehr habe.

So entferne ich mich. Damit ist die Sache eine ganz andere; ich bin nicht mehr in der Rolle, daß ich selbst das Dargestellte bin.

Aber niemals werde ich genug der Vorsehung danken können für das, was sie mir vergönnt, und wie sie mir hilft. Insofern ich wirklich daran gedacht habe, diesen Schritt zu tun: totgeschlagen zu werden, muß ich es wohl bereuen. Aber teils ist das ja nie über meine Gedanken hinausgegangen, teils habe ich (oder Gott hat mir dazu geholfen), sobald ich darauf aufmerksam wurde, wohin mich das führte, und wogegen ich meinen Genius sich aufbäumen fühlte, auch Widerstand geleistet. Und unendliche Liebe, die ja die Vorsehung ist, hat mir dann auch diesen köstlichen Fund des Tiefsinnigsten geschenkt, das ich verstanden habe, ein Geschenk, über das ich dichterisch verfügen kann, auch viel Nutzen schaffen kann dadurch, daß ich es auf rechte Weise: dichterisch, mitteile.

Wie sollte ich doch jemals Gott genügend danken können.

Aber eines habe ich gelernt, was es heißt, der Wahrheit zu dienen. Sieben Jahre lang habe ich nun ausgehalten als Schriftsteller, nach dem größtmöglichen Maßstab mit aller Aufopferung; und ich habe eitel Undank geerntet, bin für einen Sonderling angesehen worden, und warum? Weil ich keinen irdischen Vorteil gehabt habe. Wahrlich, mit meinem weltlichen Verstand habe ich ein gutes Auge für die irdischen Vorteile. Es ist auch nicht aus Eitelkeit oder Stolz, daß ich ausgehalten habe. Nein, die Sache ist die: gebunden in unglücklicher Schwermut habe ich geglaubt, kein Amt auf mich nehmen zu können; tief gedemütigt vor Gott, habe ich mich für geringer gehalten als das Allgemeine. Das auch war es, das weiß ich mit Gott, warum ich seinerzeit die Verlobung aufhob. Als ein Pönitierender habe ich Gott gedankt, daß er mir die Gelegenheit schenkte, nach einem größeren Maßstab rein ideell der Wahrheit zu dienen. Aber was dies in den Augen der Welt bedeutet, habe ich gelernt und gelernt, das Christentum zu bezeugen, nicht so wie das Pfarrergewäsch es auffaßt.

Anfang für Europa

1849

Aber wenn es die Christenheit sein soll, ein christlicher Staat, was man nun überall in Europa sieht, so habe ich die Absicht, hier in Dänemark den Anfang zu machen, den Preis für Christsein zu notieren, so daß der ganze Begriff: Staatskirche, Beamter, Erwerb – gesprengt wird.
Ich darf es nicht anders tun, denn ich bin ein Pönitierender, von dem Gott alles verlangen kann. Aber pseudonym bin ich auch deshalb, weil ich Pönitierender bin. Die Verfolgung wird doch über mich kommen, nur gegen Ehre und Ansehen, die mir von der anderen Seite kommen könnten, bin ich gesichert.

Leiden – ein förderliches Memento

1849

Zuweilen ist mir in einem mißmutigen Augenblick der Einfall gekommen: Christus wurde nicht versucht in dem Leiden der Krankheit, am allerwenigsten in diesem allerpeinlichsten, wo das Psychische und das Somatische einander berühren – also, als wäre in dieser Hinsicht das Leben des Vorbildes leichter. Aber so sage ich mir selbst: Glaubst du denn, daß, wenn du ganz gesund wärest, du leicht oder leichter die Vollkommenheit erreichen würdest? Oh, ganz im Gegenteil, du würdest dich so leicht deinen Leidenschaften hingeben, wenn nicht anderen, so dem Stolz, einem potenzierten Selbstgefühl u. ä. So sind die Leiden – wenn auch eine Bürde – eine nützliche Bürde, wie die Schienen, die die Orthopäden verwenden. Überhaupt körperlich und physisch ganz gesund ein wahres Geistesleben führen zu sollen – das kann kein Mensch. So wird sofort das unmittelbare Wohlbefinden mit ihm fertig. Das Geistesleben ist in einem Sinn ein Sterben des Unmittelbaren. Sieh, darum sind Leiden eine Hilfe. Wenn man jeden Tag leidet, wenn man so gebrechlich ist, daß der Gedanke an den Tod ganz simpel sofort bei der Hand ist; so glückt es dir ein bißchen, stetig sich selber bewußt zu bleiben, daß man Gottes bedarf. Leibliche Gesundheit, unmittelbares Wohlbefinden ist eine weit größere Gefahr als Reichtum, Macht und Ansehen. Das sieht freilich täuschend aus, als wäre das sogar eine Hilfe, leiblich, unmittelbar stark zu sein. Aber ist man es, so ist es nahezu eine übermenschliche Aufgabe, wirklich qua Geist zu leben. Dazu wird ein Gottesbewußtsein erfordert, wie es in dem Gottmenschen war. Sonst täuscht ein Mensch so leicht sich selbst und verwechselt das unmittelbare Wohlbefinden mit Geistesleben. Das körperliche Leiden, der gebrechliche Organismus ist ein förderliches Memento.

Sokratische Unwissenheit

1849

Die sokratische Unwissenheit, aber wohlverstanden modifiziert im Geist des Christentums, das ist Reife, ist intellektuell, was ethisch-religiös Wiedergeburt ist, ist: wieder Kind werden.
Es ist ganz buchstäblich so, das Gesetz ist steigender Tiefsinn im Mehr-und-mehr-Begreifen, daß man nicht begreifen kann. Hier kommt so all das Kindliche wieder, aber in zweiter Potenz. Der so Gereifte hat Naivität, Einfalt, Staunen, aber hat sie wesentlich mit Humor, doch nicht, daß es Humor ist.
Und daß dieses Leben selig ist, selig ist, wie es selig ist, anzu-

beten, noch seliger als für ein Weib, in Wahrheit verliebt zu sein, ja davon haben jene in Einbildung Glückseligen keine Ahnung. Sie kommen niemals zu dem Qualitätsdruck, sondern betören sich selber mehr und mehr.

Rousseau

1851

Seine Bekenntnisse 4. Band (die Spazierfahrten) sind ausgezeichnet, z. B. die 5. Spazierfahrt ästhetisch unvergleichlich.
Im übrigen hat man hier ein Exempel, was es sagen will, im Christentum nicht gut belehrt zu sein.
Rousseaus Leben enthält Analogien zu den eigentlich christlichen Kollisionen (Das Gute tun und dafür leiden, das Gute tun und dadurch erreichen, sich selber und andere unglücklich zu machen). Das ist's, was er nicht tragen kann; er klagt darüber, daß ihn dies so unbeschreiblich lähme. Wie sehr würde es ihn nun gestärkt haben, wenn es ihm ganz deutlich gewesen wäre; dieses ist die eigentliche christliche Kollision. Aber da er um alles Christliche unwissend ist, so wird er auf der einen Seite gelähmt, und auf der anderen Seite verfällt er jener Eingebildetheit, daß er der einzige Mensch sei, der so gelitten hat.
Ihm mangelt das Ideal, das christliche Ideal, das demütigend ihn lehren könnte, wie wenig er doch leidet im Vergleich mit den Heiligen, und das Ideal, das ihn halten könnte im Streben und ihn hindern, in dichterisches Träumen und Unwirksamkeit zu versinken. Er ist ein Exempel dafür, wie schwer es einem Menschen fällt, abzusterben.

Moderne Literatur

1853

Mit der modernen Literatur geht es mir sonderbar. Ich lese und lese und bleibe gleich klug oder dumm. Da ist Lärm genug; aber in bezug auf das, was eigentlich mich beschäftigt, bekomme ich nichts zu wissen. Was ich zurückbehalte ist der Eindruck eines blinden Lärms, der doch die Miene sich gab, etwas bedeuten zu wollen.

Bildlich kann ich genau bezeichnen, was ich meine. Ich wohne nun so nahe an der Frauenkirche, daß ich in der Nacht den Ruf des Wächters hören kann, der jede Viertelstunde ruft. Wenn ich zuweilen in der Nacht aufwache – es könnte ja einen interessieren, zuweilen recht sehr, wieviel Uhr es ist. Und mir ist in dieser Hinsicht leicht geholfen, ich brauche bloß einige Augenblicke zu warten, der Wächter ruft ja jede Viertelstunde. Das tut er auch. Er ruft mit lauter, erhobener Stimme, deutlich, als stände er mir zur Seite, so laut, daß er mich fast wekken müßte, wenn ich schliefe (was ich doch nicht gewünscht habe), er ruft: Ho! Wächter! Dann senkt er die Stimme nach dieser so glücklich angebrachten Kraftanstrengung, dann sagt er leise, wieviel Uhr es ist. Und dabei bleibt es von Viertelstunde zu Viertelstunde, von Stunde zu Stunde. Ob ich so auch eine ganze Nacht wach läge und jede Viertelstunde lauschte, das Ganze, das ich zu wissen bekäme, wäre: Ho! Wächter!

Mein Leben

1853

Nun will ich kurz mein Leben durchgehen.

Als ich „sie" verließ, begehrte ich von Gott eines, daß es mir glücken möchte, zu schreiben und fertig zu werden mit Entweder-Oder (das war auch um ihretwillen, denn „das Tagebuch des Verführers" war ja, um abzustoßen oder, wie es in „Furcht und Zittern" heißt: „wenn das Kind entwöhnt werden soll, so schwärzt die Mutter ihre Brust") und so hinaus in ein Pfarramt, das, meinte ich nämlich, sei der Ausdruck dafür, der Welt zu entsagen.

Das mit „Entweder-Oder" glückte mir. Doch geschah es nicht, wie ich es erwartet und worauf ich gezielt hatte: daß ich gehaßt werden würde, verabscheut usw., nein, ich hatte glänzendes Glück.

Nun hätte ich also weg sollen aufs Land als Pfarrer. Ich schulde der Wahrheit, zu gestehen, daß nach einer so enormen Produktivität in einer so kurzen Zeit, nachdem es zu einer solchen Sensation hierzuhause gekommen war, mir jener Gedanke gleichsam aus dem Gedächtnis entschlüpft war. Zugleich war in mir eine so starke Produktivität erwacht, daß ich ihr

nicht widerstehen konnte. Hier geschah also etwas anderes; ich wurde Schriftsteller, aber schwenkte ab in der Richtung: religiöser Schriftsteller zu werden.
Bald taucht auch jener andere Gedanke (Landpfarrer) wieder auf. Ich meinte zu trachten, in der kürzestmöglichen Zeit fertig zu werden mit dem Schriftsteller – und dann Landpfarrer.
Bei jeder neuen Schrift dachte ich beständig: nun mußt du abbrechen . . . Ich bin angehalten an diesem: darf ich christlich mein Streben verendlichen? Ich werde mehr und mehr angestrengt; zu produzieren kommt mir fast vor wie ein Narrenstreich; und dagegen zu hungern eher Christentum zu sein. Denn was ist ja doch Christentum? Das Christentum ist ja doch nicht eine Summe von Lehrsätzen – sondern ist die – Charakterbedienung.
Seit eineinhalb Jahren habe ich nun meine Lebensweise verändert, alles in der Richtung zu sehen, was ich aushalten kann.
Doch kommt es mir so vor, daß Askese Sophistik sei – und so komme ich wiederum zur Gnade.
Das N. T. ruht offenbar in der Betrachtung: da ist eine ewige Verlorenheit und – vielleicht nicht einer aus Millionen wird gerettet. Wir, die erzogen sind im Christentum, wir leben in der Betrachtung, daß wir schon noch alle selig werden.
Es gibt Augenblicke, wo es mir ist, als müßte ich das erste greifen und so in Gottes Namen mit allem brechen.
Ich sehe es ein, da ist eines, das mich aufhält: sie. Von der Art Christentum hat sie keine Ahnung. Greife ich es, führe ich es durch, so ist da ein Religionsunterschied zwischen uns.
„Aber wie kannst du dann daran zweifeln, daß dieses bedeutet, daß du das Christentum nicht so auffassen sollst", so wird jeder Mensch sagen. Oh, aber das N. T. ist ein furchtbares Buch; denn dies rechnet ja eben diese Art Kollision mit zum wahren Christentum.
So kämpfe ich. Und dann sind wieder Augenblicke, wo alles so unendlich mild ist für mich, wo ich zu verstehen meine, daß meine Aufgabe just ist: Wahrheit in unser Existieren dadurch zu bringen, daß wir uns deutlichmachen und offenherzig bekennen, daß unser Christentum eine Milderung ist, daß nicht von jedem zu fordern ist: „Jünger" zu werden.

Doch ich breche ab. Dieses zu schreiben ermüdet mich. Doch ruht auf mir eine Masse von Produktivität, enorm. Aber was mich beschäftigt, ist etwas anderes: darf ich mein Streben verendlichen, zeitlichen Vorteil davon haben, zu verkündigen – das Christentum, das Entsagen ist allem Zeitlichen?

Der meisten Christentum

1854

Der meisten Christentum besteht ungefähr aus diesen beiden Sätzen, die recht eigentlich des Christentums zweifelhafteste Grenzpunkte genannt werden können, das heißt, wie der Pfarrer sagt, das Feste, an das man sich halten muß im Leben und im Tod: erst der Satz von dem zarten Kind, daß man Christ wird als zartes Kind, daß solchen das Reich Gottes gehört; fürs zweite der Schächer am Kreuz.

Man lebt das Leben hin in Kraft des ersten – im Tode rechnet man auf das Vorbild des Schächers als Trost.

Dies ist ihr ganzes Christentum; und recht bezeichnend, es ist eine Mischung von: Kindlichkeit und Verbrechen.

Oh, wie in einer verwirrten schlaffen Zeit ein Befehlshaber verzweifelt sagen kann: es hilft nichts, ehe wir nicht im Ernst wieder die Todesstrafe bekommen – oh, so müßte ein religiöser Befehlshaber in unsrer Zeit sagen: es wird nichts, ehe wir nicht im Ernst wieder die Höllenstrafen bekommen. Ach, aber ich bebe, wenn ich daran denke, in welchen Qualen der Mensch gemartert und gehärtet worden sein muß – der sie wieder anbringen soll. Der Krieg verschlägt nichts mehr bei den Menschen, Landplagen auch nicht; gegen alles solches sind sie geistlos gewaffnet durch ihre Geistlosigkeit.

Gott ist wie ein Dichter

1854

Mein Gedanke ist: Gott ist wie ein Dichter. Daraus erklärt es sich auch, daß er sich findet sowohl in das Böse und all das Gewäsch und Jämmerlichkeit der Unbedeutendheit und Mittelmäßigkeit usw. So verhält sich ja ein Dichter auch zu seiner Dichterproduktion (die auch seine Schöpfung heißt), er läßt sie hervortreten. Aber wie man ja in hohem Grade irrt, wenn man glaubt, daß was die einzelne Person in der Dichtung sagt oder tut, des Dichters persönliche Meinung sei: so irrt man ja auch mit der Annahme, daß, was geschieht, dadurch, daß es geschieht, Gottes Beifall hat. O nein, er hat seine Meinung für sich. Aber dichterisch gestattet er, daß alles mögliche hervortrete, selbst ist er überall zur Stelle, sieht zu, dichtet weiter, in einem Sinn, dichterisch unpersönlich, gleicherweise aufmerksam auf alles, in einem anderen Sinn, persönlich, den furchtbarsten Unterschied setzend, wie den zwischen Gut und Böse, zwischen wollen wie Er will, und nicht wollen wie Er will usw.

Das Hegelsche Geschwätz, daß das Wirkliche das Wahre sei, ist darum ganz und gar gleichwie die Verwechslung: einem Dichter aufzunötigen, daß Worte und Handlungen seiner dramatischen Personen seine persönlichen Worte und Handlungen seien.

Nur dieses muß festgehalten werden, daß was da, wenn ich so sagen darf, Gott bestimmt, so dichten zu wollen, nicht, wie das Heidentum meinte, zum Zeitvertreib geschieht, nein, nein, just darin liegt der Ernst, daß lieben und geliebt werden wollen Gottes Leidenschaft ist, ja fast – unendliche Liebe – als wäre Er selber gebunden in dieser Leidenschaft, in der Macht dieser Leidenschaft, so daß Er es nicht lassen kann zu lieben, fast als wäre dies eine Schwachheit, während es ja doch Seine Stärke ist, seine allmächtige Liebe, in dem Grad ist Seine Liebe nicht der Veränderung unterworfen[1].

[1] Sören Kierkegaard, Die Tagebücher. 2 Bde. Übers. von Theodor Haecker. Innsbruck 1923, Bd. 1 S. 88, 143, 144, 250–251, 336–337, 343; Bd. 2 S. 2, 39–42, 75–76, 82–83, 88–89, 241–242, 318–319, 327–329, 341–342, 386–387. Abdruck mit freundl. Genehmigung des Kösel-Verlags.

HENRI-FRÉDÉRIC AMIEL

Tagebuch und Schicksal

Berlin, 16. Dezember 1847

Armes Tagebuch! Seit sieben Monaten wartest du hier, und im Dezember kommt zum ersten Mal ein Entschluß vom Mai zur Ausführung. Oder vielmehr: ich Armer! Ich bin nicht frei, denn ich habe nicht die Kraft, meinen Willen in die Tat umzusetzen. Eben habe ich die Aufzeichnungen dieses Jahres durchgelesen. Alles habe ich vorausbedacht, ich habe mir die schönsten Dinge gesagt, die verlockendsten Zukunftsbilder ausgemalt, und heute bin ich in meine alten Fehler verfallen, habe alle Vorsätze vergessen. Was mir fehlt, ist nicht Einsicht, sondern Charakter. Wenn ich mich an meinen innern Richter wende, so sieht er sehr klar und urteilt sehr treffend. Ich durchschaue mich, aber ich verschaffe mir nicht Gehorsam. Und noch jetzt fühle ich, daß es mir Freude macht, meine Fehler und ihre Wurzel zu entdecken, ohne daß ich deshalb mehr Widerstandskraft gegen sie hätte. Ich bin nicht frei. Wer hätte mehr Grund, es zu sein, als ich? Keinerlei äußerer Zwang, unbeschränkte Verfügung über meine Zeit, Unabhängigkeit in der Wahl eines Zieles! – Aber ich fliehe mich wochen-, monatelang; ich lasse mich von den Launen des Tages treiben; ich lebe so vor mich hin.

Ein schrecklicher Gedanke: Jeder schafft sich sein Schicksal!

Die Inder sagten: Das Schicksal ist nicht ein leeres Wort, sondern es ist die Folge der Taten, die wir in einem andern Leben begangen haben. Man braucht nicht so weit zurückzugreifen. Jedes Leben schafft sich sein Schicksal. – Warum bist du schwach? Weil du unzählige Male nachgegeben hast. So bist du der Spielball der Umstände geworden. Nicht sie machen deine Schwäche, du machst ihre Stärke.

In Erwägung all dieser Umstände beschließt das Herz: 1. als Schutzmaßnahme jeden Abend ein paar Zeilen ins Tagebuch schreiben; am Sonntag Rückblick auf die Woche, am ersten Sonntag des Monats Rückblick auf den vergangenen Monat, und am Ende des Jahres Rückblick auf das Jahr. – 2. Positive

Folgerung: genau festlegen, was ich hier tun muß, mit Angabe der dazu bestimmten Zeit und der Mittel. Auf diesen Punkt muß ich zurückkommen.

Ich danke dir, Tagebuch! Meine Erregung hat sich gelegt. Ich bin wieder ruhig und menschenfreundlich. Eben habe ich dies Heft wieder durchgelesen, und mein Vormittag ist mir über diesem Selbstgespräch wie im Fluge vergangen. Übrigens habe ich diese Seiten etwas eintönig gefunden: dieselbe Stimmung kehrt drei- oder viermal wieder. Das ist nun nicht zu ändern; diese Seiten sind eben nicht zum Lesen bestimmt, ich habe sie geschrieben zu meiner Beruhigung und als Stütze der Erinnerung. Es sind Marksteine meiner Vergangenheit, und manchmal finden sich anstelle eines Marksteines Grabkreuze, steinerne Pyramiden, Zweige, die sich neu begrünt haben, Kieselsteine, Denkmünzen; all das hilft mir, meinen Weg in den elysischen Gefilden der Seele wiederzufinden. Der Pilgrim hat seine Tagereisen bezeichnet, er kann die Spuren seiner Gedanken, seiner Tränen und Freuden wiederfinden. Dies ist mein Reisebuch; wenn einige Stellen andern nützlich sein können, wenn ich sogar der Öffentlichkeit einiges daraus mitgeteilt habe, so sind diese tausend Seiten als Ganzes doch nur brauchbar für mich und die, welche nach mir etwa Anteil nehmen werden an der Entwicklung einer Seele, die im Verborgenen, fern von Lärm und Ruhm gelebt hat. Diese Blätter werden eintönig sein, wenn mein Leben es ist; sie werden sich wiederholen, wenn meine Stimmungen sich wiederholen. So bleiben sie doch immer wahr, und die Wahrheit ist ihre einzige Muse, ihre einzige Rechtfertigung, ihre einzige Aufgabe. Als psychologisches und biographisches Register werden sie mir einmal im Alter wichtig sein, wenn ich alt werde; schon jetzt sind sie für mich wertvoll als Vertraute und als Ruhekissen.

Ehe und Liebe

Genf, Sonntag 7. April 1850

Eine Ehe, die dich ablenken würde von deiner Berufung und deiner Aufgabe, die dich verhindern würde, den Blick stets nach innen zu richten, kurz, die dich nicht bessern würde, ist schlecht.

Die Ehe, die dir als Kette, als Sklaverei erscheint, die deine Kräfte erstickt, taugt nichts. Die Sklaverei verschwindet nur, wo die Liebe herrscht, und die Liebe ist nur echt, wenn sie aus der Wesensmitte stammt und als ewig betrachtet werden kann; ewig ist nur, was immer wachsen, sich entwickeln, größer werden kann. – Die Ehe, die nicht ein unendliches Streben wäre, gleichsam ein Sich-Aufschwingen mit zwei Flügeln, die weltliche Ehe könnte dir kein Glück geben; sie ist den Verlust der Freiheit nicht wert, sie würde für dich unheilbares Mißbehagen, Reue, Selbstvorwürfe, unaufhörliches Leiden bedeuten. – Die wahre Ehe soll eine Pilgerfahrt sein, ein Fegefeuer im edlen Sinn des katholischen Dogmas, ein Weg zum wahren menschlichen Leben; der religiöse Gesichtspunkt ist der einzige, unter dem sie betrachtet werden darf. Solange du also nicht die Ehe als notwendige Voraussetzung empfindest, um deinen Beruf als Mensch zu erfüllen, oder wenn eine bestimmte Verbindung sich dir in einem anderen Lichte zeigt, halte dich zurück! Eins ist not: sein was man sein soll, seine Sendung, sein Werk erfüllen.
In meiner Beweglichkeit, meinem Bestreben, alle Gesichtspunkte zu verstehen, gerate ich in tausenderlei Versuchungen und gebe mich selbst preis. So komme ich nach vielen Umwegen wieder an den Punkt, auf den ich schon manches Mal gelangt war. – Doppeltes Glück: die Muße, die mir erlaubt, mich in mein Inneres zu versenken; dies Tagebuch, das mir, sobald ich will, Klarheit über mich verschafft und das ich wie eine Sibylle befragen kann, denn wir haben in uns ein immer antwortbereites Orakel, das Gewissen, das nichts anderes ist als Gott in uns.

Der wahre Mensch

Genf, 17. Juni 1852

Der drohende Bötismus oder vielmehr der grobschlächtige Realismus, gegen den unser Bildungswesen sich zu wehren hat, ist keine vorübergehende und persönlich bedingte Erscheinung, sondern eine Tendenz der Epoche, ein Hang unsres entarteten Nationalgeistes. Was wahrhaft bedroht ist, ist die sittliche Freiheit, das Gewissen, der Adel des Menschen, die Ehrfurcht vor seiner Seele. Die Seele verteidigen, ihre Bedürfnisse, ihre Rechte, ihre Würde, ist dringendste Pflicht für jeden, der die Gefahr erkennt: die Menschlichkeit im Menschen verteidigen, das ist die Aufgabe des Schriftstellers, des Pfarrers, des Lehrers, des Philosophen. Der Mensch, der wahre Mensch, der ideale Mensch: das muß ihr Wahlspruch, ihr Losungswort, ihr Feldgeschrei sein. Kampf allem, was ihn erniedrigt, verkleinert, fesselt, entwürdigt; Schutz allem, was ihn stärkt, veredelt, erhebt! Der Wert eines jeden religiösen, politischen oder sozialen Systems bemißt sich nach den Menschen, die es bildet, den Persönlichkeiten, die aus seinen Händen hervorgehen. Schadet das System dem Verstand, so ist es verkehrt; schadet es dem Charakter, so ist es schlecht; schadet es dem Gewissen, so ist es verbrecherisch.

Tägliche Mauserung

Genua, 6. Oktober 1853

Der Himmel ist grau und düster. Den ganzen Tag hat es geregnet und eben erst einen Augenblick aufgehört. Es ist vier Uhr nachmittags. Ich bin noch nicht aus dem Haus gegangen. Was habe ich getan! Ich habe Frau M. in Neapel geschrieben, dann in meinem Führer gelesen, den Tagesplan für morgen gemacht und glücklich, daß ich nicht als Tourist zu leben und herumzulaufen brauche, mich der Träumerei ergeben. Ich habe mit den Dichtern gelebt. Welch innere Erquickung bedeutet diese germanische Brise, die von Glauben, Ideal, Reinheit, Liebe, geistigem Leben kündet! Es ist wie eine Erinnerung an eine andere Welt, die mich in meiner jetzigen Umgebung aufsucht. Ich hatte sie nötig, ich verliere mich so schnell, es fällt mir so leicht abzudanken, mich zu entmagnetisieren, zu entpersönlichen! Schiller und Julius Hammer haben mich in die Heimatluft zurückgeführt; wenn mein Geist kosmopolitisch ist, so ist mein Herz im Grunde germanisch, oder vielmehr, wenn ich mich in allen seelischen Bereichen vergessen kann, so finde ich doch den Frieden nur in der Tiefe des Bewußtseins. All diese Lebensformen, mit denen ich in Berührung gekommen bin, z. B. gestern im Concordiagarten (Dilettanten,

Lebemänner), haben mich in ihren Kreis gezogen, mich verwandelt wie der Zaubertrank der Circe. Um wieder ich selbst zu werden, muß ich diese fremden Formen abstoßen, die die Außenwelt mir aufdrängt; um mein Wesen wiederzufinden, muß ich die schmerzhafte Operation der täglichen Mauserung durchmachen. Was an Persönlichem durch all diese Selbstaufgabe hindurch bestehen bleibt, ist die Erinnerung an meine Verwandlungen; keine Wirklichkeit, aber die Fähigkeit zu jeder; kein Stoff, aber die Form, das Modell, die Methode, das Bild der besonderen Substanzen und Monaden; kurz, keine schöpferische, kühne und freie Eigenart, aber die passive Gabe der Nachbildung, die unbegrenzte Bestimmbarkeit.

Übermaß an Reflexion

Genf, 27. Juli 1855

So gleitet das Leben dahin wie ein Schifflein, das die Wogen von rechts nach links, hinauf- und hinunterwerfen, das die Salzflut überspült, der Schaum bespritzt, das erst ans Ufer getrieben und dann vom Spiel der Wellen wieder erfaßt wird. Das gilt jedenfalls vom Leben des Herzens und der Leidenschaften, das Spinoza und die Stoiker verurteilen; ganz anders jenes heiter-beschauliche Leben, daß sich immer gleichbleibt wie das Licht der Sterne, in dem der Mensch friedlich dahinlebt und alles im Schein der Ewigkeit sieht; ganz anders auch das Leben des Gewissens, wo Gott allein spricht und jeder eigene Wille vor der Offenbarung seines Willens schweigt. Ich wechsle zwischen diesen drei Daseinsformen, die mir alle gleich bekannt sind, hin und her; aber gerade diese Beweglichkeit bringt mich um die Vorteile einer jeden. Bei mir quält sich das Herz mit Vorwürfen, die Seele kann das Verlangen des Herzens nicht unterdrücken, und das Gewissen wird irre und vermag im Chaos gegensätzlicher Neigungen die Stimme der Pflicht und den göttlichen Willen nicht mehr recht zu unterscheiden. Der Mangel an schlichtem Glauben, die Unentschlossenheit aus Wankelmut und Selbstmißtrauen stellen fast immer alles, was nur mein persönliches Leben betrifft, wieder in Frage. Ich habe Angst vor dem subjektiven Leben und scheue vor jedem Unternehmen, Willensakt, Verlangen oder Versprechen zurück, das mich bindet oder verwirklicht; mir graut vor dem Handeln, ich fühle mich nur wohl im unpersönlichen, uneigennützigen, objektiven Leben des Gedankens. Warum? Aus Schüchternheit. Woher kommt die Schüchternheit? Vom Übermaß an Reflexion, das die Ursprünglichkeit, den Schwung, den Instinkt und damit Kühnheit und Selbstvertrauen fast zunichte gemacht hat. Wenn es gilt zu handeln, sehe ich überall nur Fallen und Hinterhalte, Anlässe zu Irrtum und Reue, verborgene Drohungen und versteckte Kümmernisse, und so wage ich mich nicht zu rühren. Die Ironie hat früh meine Kindheit getroffen, und um vom Schicksal nicht besiegt zu werden, hat meine Natur sich mit einer Vorsicht gewappnet, die stark genug ist, sich durch keine Schmeichelei überraschen zu lassen. Diese Stärke ist meine Schwäche. Mir graut davor, betrogen zu werden, besonders durch mich selbst, und ich verzichte auf alles aus Angst, mich zu täuschen oder getäuscht zu werden; die Demütigung ist also der Kummer, den ich noch am meisten fürchte, und folglich wäre der Stolz mein ärgstes Laster. Das ist logisch, aber nicht richtig; es scheint mir, daß das Mißtrauen, der unheilbare Zweifel an der Zukunft, das Gefühl für Gottes Gerechtigkeit, aber nicht für seine Güte, kurz, der Unglaube mein Unglück und meine Sünde ist. Jede Handlung ist ein Geisel, den man dem rächenden Schicksal ausliefert: das ist der instinktmäßige Glaube, der lähmt; jede Handlung ist ein Pfand, das man der väterlichen Vorsehung anvertraut: das ist der Glaube, der beruhigt.

Geistige Unendlichkeit

Genf, 31. August 1856

Ich finde keine Worte für das, was ich erlebe. Die Straße ist still, ein Sonnenstrahl fällt in mein Zimmer, eine tiefe Andacht erfüllt mich; ich höre mein Herz schlagen und mein Leben dahinfließen. Etwas unnennbar Feierliches, der Frieden der Gräber, über denen die Vögel singen, die stille Weite, die unendliche Entspannung der Ruhe überkommt, durchdringt, überwältigt mich. Es ist mir, als wäre ich eine Statue am Strom des Lebens, als wohnte ich einem Mysterium bei, aus dem ich alt und zeitlos hervorgehen werde. Ich fühle keine besondere Begierde, Furcht, Bewegung oder Begeisterung; ich fühle mich namenlos, unpersönlich, das Auge starr wie ein Toter, den Geist weit und unbestimmt wie das Nichts oder das Absolute. Ich bin in der Schwebe, ich bin, als wäre ich nicht. – In solchen Augenblicken ist mir, als zöge mein Bewußtsein sich in seine Ewigkeit zurück; es sieht in seinem Innern die Gestirne, die Natur mit ihren Jahreszeiten und Myriaden Einzelheiten kreisen und gewahrt sich in seiner jeder Form überlegenen Substanz, die Vergangenheit, Gegenwart und Zukunft umfaßt, ein Nichts, welches das All in sich birgt, ein unsichtbarer, fruchtbarer Urgrund, Mutterboden einer Welt, befreit von seiner eigenen Seinsweise, um sich in seiner reinen Innerlichkeit zu erfassen. In diesen erhabenen Augenblicken ist der Körper verschwunden, der Geist hat sich vereinfacht, vereinheitlicht; Leidenschaften, Leiden, Strebungen, Gedanken sind im Wesen aufgelöst wie Regentropfen im Ozean, der sie erzeugt hat. Die Seele hält Einkehr bei sich, sie ist zur Unbestimmtheit zurückgekehrt, sie hat sich in ein Bereich jenseits ihres eigenen Lebens zurückgenommen; sie geht wieder ein in den Mutterschoß, wird wieder göttlicher Keim. Durchlebte Tage, angenommene Gewohnheiten, eingegrabene Züge, ausgebildete Eigenart, alles verwischt, entspannt, löst sich, wird wieder Urzustand, taucht zurück in die ursprüngliche Flüssigkeit, ohne Figur, Ecken, feste Umrisse. Es ist der kugelförmige Zustand, die ungeteilte, einheitliche Einheit des Eies, in dem das Leben keimen wird. Diese Rückkehr zum Samen ist ein Phänomen, das Druiden und Brahmanen, Neuplatoniker und Mysteriendiener kennen. Es ist Beschaulichkeit, nicht Stumpfheit, es ist weder schmerzlich noch freudig noch traurig; es ist jenseits aller bestimmten Gefühle wie aller begrenzten Gedanken. Es ist das Bewußtsein des Daseins und der in ihm verborgenen Fülle von Möglichkeiten. Es ist das Erlebnis der geistigen Unendlichkeit, der Urgrund der Freiheit. Wozu dient es? Alles Endliche zu beherrschen, sich selbst zu erfassen, alle Verwandlungen zu begreifen, von allem seelischen Druck zu gesunden, Zeit und Raum zu meistern, seine eigene Ganzheit wiederzugewinnen, indem man alles Zufällige, Unnatürliche,

Verkrampfte, Verfälschte abstreift. Diese Rückkehr zum Samen ist eine zeitweilige Verjüngung und überdies ein Mittel, den im Leben zurückgelegten Weg zu ermessen, da sie an den Ausgangspunkt zurückführt[1].

[1] HENRI-FRÉDÉRIC AMIEL, Blätter aus dem Tagebuch. Ausgew., übers. und eingel. von ERNST MERIAN-GENAST. Zürich 1944, S. 29, 32, 48, 35–36, 54, 60–61, 68–70, 74–76. Abdruck mit freundl. Genehmigung des Rotapfel-Verlags.

GOTTFRIED KELLER

Im Mai des „roten" Jahres

2. Mai 1848

Der Wind hat sich gelegt, die Wolken sind verschwunden. Rein und tief wölbt sich der krystallene Himmel. Die Sonne flammt still, groß und sicher an ihm. Und ebenso still, groß und sicher leuchtet das Gestirn unseres Schicksals und unserer Tage über der tosenden Verwirrung dieses Frühjahres. Ja, es ist ein gewaltiges Gestirn, und deutlich lesen wir in ihm, daß unsere äußere Lebensruhe dahin ist, und daß wir nur durch rastloses Ringen und riesenmäßige Arbeit die Ruhe unserer Seele erkämpfen können. Die goldenen Locken unserer Jugend werden in diesem Kampfe ergrauen; mit dem Schwerte in der Hand wird sie ihre Erfahrungen sammeln und unter den Waffen ihre Studien vollenden, und sie wird gedrängte Tage an das verwenden können, wozu die Väter lange Jahre brauchten. Das ganze zarte Geschlecht der Jungfrauen von heute wird unter Sturm und Gewitter verblühen und in kurzen fliegenden Augenblicken die heitere Freude haschen, welche es sonst in langen Lenzmonden schlürfte; aber diese Minuten werden schwerer, feuriger, seliger sein als jene langen ruhigen Jahreszeiten der müßigen Lust. Der Reiz ihrer Unschuld wird die glühende Tugend der Jünglinge zieren, welche sich dem Vaterlande weihen. Die Mütter werden unter schweren Sorgen ihre Söhne aufziehen; aber jede hat dafür die stolze Hoffnung, dem Vaterlande einen Retter zu schenken; denn es wird keinen überflüssigen und unnützen Bürger mehr geben. Die Greise aber werden noch am Rande ihres Grabes die Summe ihres langen Lebens verdoppeln können und die Erfahrungen und Früchte eines Jahrhunderts mit hinüber nehmen. Mein Herz zittert vor Freude, wenn ich daran denke, daß ich ein Genosse dieser Zeit bin. Wird dies Bewußtsein nicht alle mitlebenden Gutgesinnten als das schönste Band einer allgemein gefühlten heiligen Pflicht umschlingen und am Ende die Versöhnung herbeiführen?

Aber wehe einem jeden, der nicht sein Schicksal an dasjenige der öffentlichen Gemeinschaft bindet! Denn er wird nicht nur keine Ruhe finden, sondern dazu noch allen inneren Halt verlieren und der Mißachtung des Volkes preisgegeben sein, wie ein Unkraut, das am Wege steht. Der große Haufen der Gleichgültigen und Tonlosen muß aufgehoben und moralisch vernichtet werden; denn auf ihm ruht der Fluch der Störungen und Verwirrungen, welche durch kühne Minderheiten entstehen. Wer nicht für uns ist, der sei wider uns! Nur nehme er teil an der Arbeit, auf daß die Entscheidung beschleunigt werde!

Welcher dazu noch mein gehörte

2. Februar 1848

Der Frühling hat mich armen Teufel letzte Nacht besucht und getröstet. Auf jeden Fall habe ich dies Jahr den ersten Vorgeschmack des Lenzes genossen.

Ich ging in einem großen schönen Garten, welcher dazu noch mein gehörte. Er war im „Platz" gelegen, wo jetzt der Bahnhof steht, und füllte den ganzen oberen Raum zwischen den beiden Flüssen, der Limmat und der Sihl, aus. Die Blumenbeete waren länglich unregelmäßig, ohne Einfassungen, von den zufälligen Formen; die Wege schlängelten sich weich und glatt hindurch und verloren sich und trafen sich wieder zwischen den herrlichsten Blumengebüschen. Der Garten verlor sich ohne Scheidewand oder Hecke in die schattigen Anlagen des „Platzspitzes", welche im glänzendsten Grün standen. Die beiden Flüsse schimmerten in der Sonne blau und grün, wie mutwillige Schlangen. Ich schlürfte alles mit dem reellsten Genusse und Bewußtsein in mich hinein. Weiße Schmetterlinge, von der Größe einer Taube, wogten langsam auf den blauen und roten Blumenfeldern herum. Ich wollte mir einen fangen, indem ich mir dachte, es müsse ein prächtiges Dekorum für mein Zimmer abgeben, stopfte und zündete eine Pfeife Tabak an, um den Vogel mit dem Tabaksafte schnell zu töten. Aber indem ich einige Züge rauchte, schämte ich mich, erstens den Blumen- und Lenzduft zu verunreinigen und zweitens einen Schmetterling zu töten. Über diesen Betrachtungen verschwand der Garten und die Farbenpracht. Grau umhüllte mich, und ich sah nichts mehr als eine mächtige silbergraue Weide, welche mit dem heftigsten Sturmwinde rang. Sie war ein Bild der tiefsten Zerknirschung. Wie rasend schlugen ihre Äste um sich und brausten und sangen mit solchen herzzerreißenden Tönen, daß ich voll Schrecken, doch mit einem wollüstigen Zittern zuhörte. Doch die Windstöße kamen immer stärker und schienen den Baum gänzlich brechen zu wollen.

Ich erwachte. Der Südwind ging mit mächtigem Wehen und schmolz den Schnee von dem Dache, unter welchem ich schlief. Er tropft heute den ganzen Tag zur Erde[1].

[1] Jakob Baechtold, Gottfried Kellers Leben. Berlin 1894, Bd. 1 S. 304, 312–313.

WILHELM DILTHEY

Die Erscheinungen des Weltschmerzes

Ostern 1852

Die Erscheinungen des sogenannten Weltschmerzes werden, wenn man sie wissenschaftlich betrachtet, höchst bedeutsam sowohl nach ihrem Grund und Wesen als auch nach ihrem Umfange, den man selten richtig bestimmt. Das 18. und der Anfang des 19. Jahrhunderts, als der Periode des *Individualismus,* mußten eine durchaus *pathologische* Literatur hervorbringen, in der das Streben des Individuums, das allgemeine Leben der Menschheit, das Ideal zu erzeugen, weil die Zeit noch nicht reif war, das Ideal im Leben zu begreifen, zur schmerzvollen *tötlichen Krankheit* ward. In zwei großen Richtungen, die sich fast genau national abgrenzen lassen, entfaltet sich diese Sehnsucht nach der Einheit des Individuums mit dem allgemein Menschlichen, dem Ideale in Geschichte und Natur. Die eine Richtung, die deutsche, entsprang unter dem Einflusse desjenigen Zeitbewußtseins, dessen philosophischer Ausdruck das Fichtesche System ist. Stolz, ihre ewige Idee im Herzen, schauet diese Philosophie von den lichten Höhen des Ideals hinab in das gewöhnliche Treiben der Wirklichkeit. Und da sie dort unten nichts erblickt, als die *Widersprüche* des gemeinen Lebens, da sie fühlt, wie es vergeblich ist, die Welt erheben zu wollen zum *idealen* Selbstbewußtsein, *wendet sie sich schmerzvoll* ab und überläßt ihre Hand der jüngeren Gefährtin, die sie hinausführt aus dem lärmenden Treiben der Menschen an das stille, heilige, reine Herz der *Natur.* Das ist die Quelle, aus der die tötlichen Schmerzen Werthers und Hyperions fließen. Zu ideal für das gewöhnliche Bewußtsein ihrer Zeit stehen diese Gestalten einsam still *vom Leben abgesondert* da und doch ruhelos, doch der schmerzvollen Sehnsucht voll, ihr Ideal hinabzutragen in der Menschen Herzen und Häuser. Vergebens! Das Leben antwortet auf ihre Frageversuche in Rede und Tat nur mit der Gebärde eines vor einem Wahnwitzigen Erschrekkenden. Sie werfen sich *einsam und unverstanden,* aber ihr Ideal in reinem Herzen bewahrend, an das verschwisterte Herz der Natur. Vergebens! Wohl versteht sie die Natur in ihrer keuschen Reinheit, und in manchen seligen Stunden feiern sie das göttliche Fest ihrer ewigen Einheit mit dieser. Aber selbst in ihren Armen vermögen sie nicht des Lebens und der Liebe zu vergessen. Sehnsüchtig schauen sie in das bunte Getümmel nach den bekannten geliebten Gestalten ihrer Träume, und oft schauen sie da ein Bild, das sie anlächelt wie das eines alten Bekannten. Aber vergebens strecken sie die Arme danach aus voll sehnsüchtiger Liebe, das wilde Getümmel der Welt reißt sie auseinander, und nun suchen sie umsonst ruhelos nach dem so lange gesuchten, so bald verlorenen. *In stillem, lautlosem Schmerze verlassen sie diese Welt, die sie wie Fremdlinge geschmäht, wie ungeratene Söhne verbannt und gerichtet hatte.* Und nicht ohne Recht. Ihr Streben war ein eitles; umsonst sucht man das reine Ideal im Leben; *die Geduld ist nötig, es zu ertragen*, daß dieses verlacht und verachtet, beschmutzt wird, damit es sich verwirkliche in der Welt der Zukunft. Und nicht weit von diesen findet Ihr andere, die in demselben Streben nach dem Ideale sich verzehren, aber in einer ganz anderen Weise. – Ich meine jene Richtung der modernen Literatur, die ihren Ursprung nahm in der sensualistischen Philosophie von Bacon und Locke, und deren größter Vertreter Lord Byron ist und diejenigen Lyriker, die auf ihn gefolgt sind.

Unter ihnen steht auch ein deutscher Dichter, der letzte der noch unter uns lebenden von dieser Richtung, der Dichter, in dem diese ausgeklungen zu sein scheint.

Die Bewegung dieser war der Philosophie ihres Landes gemäß gerade die entgegengesetzte der früheren – durch die *Sinnlichkeit und ihre Genüsse* suchen sie rastlos nach dem Ideale, für das ihnen ein von Leidenschaft und Begierde bewegtes Leben das Auge getrübt hat. *Byron* erfaßt das schrecklichste Gefühl der *Leere* seines Lebens und der Nichtigkeit des Genusses, und in keinem Land der Erde entrinnt ihm der Irrende, er sucht die Versöhnung mit dem Ideal. Im Kampfe für Hellas will er die verworfene Menschheit und Kunst mit sich aussöhnen. Aber in der Schuld, die auf ihm lastet, alle Kraft seines Gefühls, seiner Phantasie im Genusse ohne Ideal erschöpft zu haben, hat er sich die Einheit mit diesem Ideale verscherzt –. Bei diesen Gedanken steigt *Manfred* auf vor unsrer Seele, Man-

fred, der durch die unselige Macht verbrecherischen Genusses seine Seele hingegeben hat an die Geister der Finsternis, der nun umsonst in den tiefsten Schmerzen, die die Seele zu dulden vermag, aufschreit nach den süßen Idealen einer beruhigten Seele. Und der Schatten jenes Pilgrims zieht an uns vorüber, der selbst am Herzen der schönsten Frau des Ideals nicht vergessen kann. Er reißt sich aus ihren Armen, um wieder suchend, voll Schmerz und banger Leere des Gemütes, die Welt zu durchschweifen; selbst die Natur wird ihm in solchen Augenblicken nur der matte und farblose Spiegel seines öden Herzens. Er hat sich die reine Anschauung des keuschen Gemütes verscherzt. Nur das Dämonische in ihr erfaßt ihn sympathetisch; in der sternenlosen Sturmesnacht auf den Trümmern Roms fühlt er sich eins mit ihr, und diese Einheit erfüllt ihn mit wollüstigem Bangen. – Und wenn dann in diese ruhelose, öde Seele der Gedanke zu handeln tritt! In seinem Herzen wohnt nur die Sehnsucht nach dem Ewigen, Guten, *aber nicht das Vermögen ihm nachzuringen,* was er in so mancher Stunde wilden Genusses oder öder Leere durch kalten Spott und Sophisterei in sich zerstört hat.
Und nun von diesem düstern Schatten zu dem ruhig heiteren Bilde des größten Dichters jener Epoche, dem es gelang, das Ideal mit dem Leben zu versöhnen, nachdem er diese pathologischen Kämpfe durchgekämpft hatte, und er dasteht in seiner Zeit, wie die Ahnung einer besseren, in sich harmonischen Zukunft – zu Wolfgang *Goethe.* Er hat das Schicksal des Geistes der das ewige Ideal im Leben sucht, wenn auch nicht als ganzer Künstler gedichtet, so doch als *ganzer* Mensch gelebt. Und das ist der eigentümliche Reiz, den seine Lebensgeschichte vor allen andern auf jeden tieferen Geist übt, daß sie das Streben des Geistes zur Harmonie in dem Ideale darstellt. Und darum ist es das Höchste, was sich von seinem Leben, wie von seinen Dichtungen sagen läßt, daß sie alle nur *Bruchstücke seien seiner großen Konfession.* In ihm hat die Poesie vorgefühlt, was der Philosophie erst lange Jahre nachher gelang, in Begriffen darzustellen – die Einheit des Lebens und des Ideals, die ewige Identität, die Verwirklichung der Weltvernunft in dem Leben der Geschichte. Es ist daher ein höchst bemerkenswerter Zug in der Geschichte seines Lebens, den man zwar noch nicht be-

griffen zu haben scheint, daß er sich in seinem gereiften Alter so mächtig hingezogen fühlte zu dem Philosophen, der diese Identität des Pantheismus in den kalten, steinernen Zügen des Dogmatismus zu jenem mächtigen System verkörpert hat, das seinen Namen den beiden großen Philosophen der Welt beigesellt – *Spinoza*. Und die letzten Tage des Greises erquickten – das ist ebenso bezeichnend – noch die Poesien jenes großen Persen, der den orientalischen Spinozismus gedichtet, die Identität gesungen hat – *Hafis*[1].

[1] Der junge DILTHEY. Lebensbild in Briefen und Tagebüchern 1852-1870. Stuttgart 1960. Hervorhebungen vom Verf.

JULES et EDMOND GONCOURT

Ehemalige Freundin

Januar 1855

Ich begegne einer Freundin aus meinem letzten Jahre auf der Universität, die ich sehr begehrt und ein wenig geliebt habe. Ich erinnere mich an Rue d'Isly, an das kleine Südzimmer, wohin die Sonne hereinschlüpfte und sich niederließ wie ein Vogel. Ich öffnete am Morgen dem Wasserträger. Sie lief, ein Mützchen auf, um zwei Coteletten zu kaufen, zog sich ein Röckchen an, um sie zu kochen, und wir frühstückten in einer Ecke des Zimmers mit einem plattierten Eßbesteck und tranken aus einem Glase. Das war ein Mädel, wie es solche damals noch gab: ein Rest von Grisette klopfte unter ihrem indischen Schal.

Ich bin ihr begegnet; stets die gleiche mit den lieben Augen, ihrer kleinen Nase, den flachen, von meinen Küssen zerpreßten Lippen, ihrer biegsamen Taille – und doch eine andere. Die reizende Kleine ist brav, sie lebt kleinbürgerlich wie verheiratet mit einem Fotografen. Der Haushalt greift sie an. Der Schatten der Sparsamkeit ruht auf ihrer Stirne. Sie pflegt die Wäsche, betreut die Küche, zankt ihre Köchin wie eine legitime Hausfrau, lernt Klavierspielen und Englisch. Sie sieht nur verheiratete Frauen und denkt nur an Heirat. Sie hat ihr Zigeunertum im Suppentopf begraben. Ihr Geliebter, ein Amerikaner, fischblütig, der nie eine Frau gehabt hat als auf Verlangen des Arztes, begleitet sie als einziges Vergnügen jeden Abend zum Dominospiel in ein Café, immer zu den gleichen Menschen und Mitbürgern.

Und dieser Mann, die Ruhe und das Gleichgewicht in Person, geht aus seiner Teilnahmslosigkeit nur beim Domino heraus, aber im Bett, nicht im Café. Im Halbschlafe merkt sie, wie ihr Amerikaner sich bewegt, sich aufregt, sich erzürnt über ihre Fehler, ihre Unaufmerksamkeit, über ihr vergeßliches, französisches Gedächtnis; trotzdem schläft sie ein, aber nach einer halben Stunde oder einer Stunde wütenden Schweigens, in der er sich aufzehrt, schüttelt und weckt er sie und sagt:

„Hättest du Drei Fünf an Stelle der Doppeldrei gesetzt, hätten wir gewonnen.“ Dann wiederholt er das ganze Spiel.
Sie bemalt Stereoskopfotografien. Er findet, daß sie gute Fortschritte macht. Er hat ihr einmal Bilder vom Mustardklub gegeben mit der Bezeichnung braun, blond, rot usw. Sein früheres Leben kam ihm so wieder vor Augen . . . sie kannte die Haarfarbe aller dieser Leute auswendig. Aber ihre Spezialität ist Bemalung von Fotografien toter Kinder. Einem hat sie Flügel mit Wasserfarben hingemalt. Das erschien der Mutter wie ihr Kind im Paradiese, sie hat das reichlich vergütet . . ., nun malt meine einstige Freundin alle Flügel mit Wasserfarben.

Literarische Prophezeiung

16. Juli 1856

Nach der Lektüre von Poe geht mir etwas auf, wovon die Kritik keine Ahnung hat. Poe, eine neue Literatur, die Literatur des 20. Jahrhunderts: bewundernswerte Wissenschaft, Ausführung A + B, eine gleichzeitig verrückte und mathematische Literatur. Einbildungskraft durch Analyse, Zadig als Richter der Lehre, Cyrano de Bergerac, der Schüler Aragos. Die Dinge haben eine größere Bedeutung als die Personen – und die Liebe, schon im Werke Balzacs durch das Geld gemindert – die Liebe opfert ihren Platz anderen Quellen des Interesses: der Roman der Zukunft ist berufen, weit mehr die Erzählung der Dinge zu geben, die im Gehirn der Menschheit, als die Dinge, die in ihrem Herzen geschehen.

Flaubert als Salon-Narr

29. März 1862

Abends, nach dem Essen, begeben wir uns nach Neuilly zu Théophile Gautier, den wir um neun Uhr noch bei Tisch antreffen, vergnügt über ein Weinchen aus Pouilly, das er als recht angenehm rühmt, ebenso wie sein Gast Prinz Radziwill. Gautier ist vergnügt wie ein Kind: eine der großen Annehmlichkeiten der Intelligenz.

Man erhebt sich, geht ins Wohnzimmer und bittet Flaubert, den Narren des Salons zu tanzen. Er leiht einen Rock von Gautier, zieht seinen Kragen aus, was er mit seinen Haaren, seinem Gesicht, seinem Ausdruck macht, weiß ich nicht, aber auf einmal hat er sich in eine greuliche Karikatur des Stumpfsinns verwandelt. Gautier, vom Wetteifer gepackt, zieht seinen Überrock aus und tanzt schweißtriefend, seine feiste Rückseite bis zu den Kniekehlen biegend, den Tanz des Wucherers. Der Abend endet mit Zigeunerliedern, wilden Melodien, bei welchen der Prinz Radziwill vortrefflich den führenden Ton angab.

Besuch bei Sainte-Beuve

1. Dezember 1862

Wir besuchen Sainte-Beuve, um ihm für den Aufsatz zu danken, den er heute morgen im „Constitutionel" über unser Buch „Die Frau im 18. Jahrhundert" veröffentlicht hat.

Sainte-Beuve wohnt in der Rue Montparnasse. Die Türe, eine ganz kleine Türe, wird uns von der Haushälterin geöffnet, einer Frau von vierzig Jahren, dem Auftreten nach wie eine Institutsvorsteherin aus gutem Hause. Wir werden in einen rottapezierten Salon geführt, mit Möbeln in rotem Samt, Stil Louis XV., von einem Tapezier im Quartier latin. Ein kleinbürgerlicher, feierlich kühler Wohnraum, der sehr an ein Empfangszimmer bei einem vorstädtischen Magistratsbeamten erinnert. Das Licht kommt traurig und ärmlich herein, aus einem von einer großen Mauer abgeschlossenen Gärtchen, wo man jenseits das Gewinde von Weinlaub mit mageren schwarzen Ranken sieht. Wir steigen auf einer kleinen gewundenen Treppe in Sainte-Beuves Zimmer, das genau über dem Salon liegt, ein Zimmer, wo man beim Eintritt ein Bett mit einer Daunendecke, gegenüber zwei Fenster ohne Vorhänge, links zwei Büchergestelle aus Mahagoni voller Bücher mit Einbänden aus der Zeit der Restauration sieht, die auf ihren Rücken Stempel im gotischen Geschmack der Clothilde von Surville zeigen; mitten in der Stube steht ein mit Bänden belasteter Tisch, und in den Ecken, bei den Gestellen, Haufen von Zeitungen und Broschüren, ein Aufbau, ein Gemisch, eine Unordnung wie bei einem

Umzug: das Aussehen eines Zimmers in einem Hotel garni, in dem ein Benediktinermönch wohnt.
Wir treffen Sainte-Beuve in voller Empörung, warum wissen wir nicht, gegen Salammbô, voller Wut in kurzen Sätzen tobend: „Das kann man nicht lesen ... das ist Theater ... letzter Klassizismus ... Schlacht, Pest, Hungersnot, das gehört in die Literaturgeschichte ... Marmontel, Florian, nicht wahr!" Während beinahe einer Stunde, obgleich wir für das Buch eintreten (man muß die Kameraden gegen die Kritik verteidigen), speit und kotzt er seine Eindrücke heraus, als Zeichen eines kindischen, fast komischen Ärgers[1].

[1] GEBRÜDER GONCOURT, Tagebücher. Übers. u. eingel. von H. UHDE-BERNAYS. München 1948, S. 49–50, 55, 96–97, 106–107, 189. Abdruck mit freundl. Genehmigung des Verlages Kurt Desch.

VIKTORIA VON ENGLAND

Staatsball in Versailles

Paris 25. August 1855

Wir dinierten mit dem Kaiser und Vicky. Albert hatte sich nicht ganz wohl gefühlt und fastete deshalb. Das Diner war vor acht. Danach kleideten wir uns an. Ich war in einem weißen bestickten *Organdy*kleid, besetzt mit Blumenbuketts, und Vicky (die während der ganzen Zeit hübsch aussah in ihren verschiedenen eleganten Kleidern) in einem Tüllkleid mit Weiß darunter, das mit blaßroten Rosen besetzt war.

Um Viertel nach neun brachen wir allesamt auf, wir mit dem Kaiser und Vicky, die *piqueurs* trugen Fackeln, was ich, seitdem ich in Deutschland war, nicht mehr gesehen hatte. Unterwegs regnete es zweimal, was uns beunruhigte, doch ehe wir noch Versailles erreicht hatten, heiterte es sich vollkommen auf, und der Mond schien wundervoll. Das Schloß sah herrlich aus, gänzlich von Lichtern erhellt, was eine zauberhafte Wirkung machte. Das schön beleuchtete und mit Teppichen ausgelegte Treppenhaus wirkte ganz anders, als was (sic) wir es zuvor gesehen hatten. Die liebe Kaiserin begrüßte uns oben auf der Treppe, sie sah wahrhaftig aus wie eine Feenkönigin oder eine Nymphe in ihrem weißen, mit Zweigen aus Gras und Diamanten besetzten Kleid; einer wunderschönen *tour de corsage* am Oberteil ihres Kleides und ganz *en rivière*; das gleiche um ihre Taille und einer entsprechenden Frisur und ihren spanischen und portugiesischen Orden. *„Comme tu es belle!"* sagte der Kaiser, als sie erschien.

Wir blieben einen Augenblick stehen, um unsere *mantilles* abzulegen, und nachdem wir gesehen hatten, daß unser Gefolge vollzählig war, gingen wir durch den Spiegelsaal, der voller Menschen war und ein einziges Lichtermeer aus unzähligen Lüstern. Von der Decke herab hingen Blumenkränze. Wir traten ans Fenster, um die Illuminierung zu betrachten, die ganze *grillage* entlang, mit gelben und grünen Lichtern, unsere vier Initialen dazwischen, die sich aufs schönste im Wasser widerspiegelten. Die Wirkung war ganz herrlich. Danach gingen wir in einen anderen Saal, von dessen Balkon aus wir dem Feuerwerk zusahen, das prachtvoll war; Raketen und Buketts, dergleichen ich nie zuvor gesehen – sie stiegen so hoch, und die Kugeln und Lichter, die herabfielen, waren so vielfältig bunt. Die ganze Zeit über wurden Kanonen abgeschossen, und unglücklicherweise trieb der Wind den Rauch so niedrig her, daß gegen den Schluß hin das Feuerwerk ein wenig verdunkelt wurde, sehr zum Kummer der armen Kaiserin, die es, sowie das ganze Fest, ausgedacht und entworfen hatte. Ich glaube, der Kaiser hatte die Kanonen bestellt, weil er meinte (und damit hatte er recht), man müsse immer etwas haben, um die Spannung wachzuhalten. Den Abschluß bildete die Darstellung von Windsor Castle mit Feuerwerkskörpern, eine sehr hübsche Aufmerksamkeit. Wir kehrten dann zum Ball zurück, und der Tanz begann.

Die Kaiserin tanzte nicht. Die erste Quadrille tanzte ich mit dem Kaiser, Albert mit Prinzessin Mathilde war mein *vis-à-vis*; Vicky tanzte mit Prinz Napoleon und Bertie mit der Herzogin von Alba, Prinz Adalbert mit der Prinzessin von Augustenburg (Tochter des Prinzen von Noer, der zugegen war), und Comte Walewski mit Lady Cowley. Darauf folgte ein Walzer, den der Kaiser mit Vicky tanzte, und Albert mit der Prinzessin von Augustenburg. Dann wieder eine Quadrille, die ich mit Prinz Napoleon tanzte, wobei der Kaiser mit Comtesse Walewska unser *vis-à-vis* war, Albert mit der Herzogin von Alba tanzte, Vicky mit Prinz Adalbert, und Bertie mit Prinzessin Mathilde. Verschiedene Leute – Ausländer, Deutsche – wurden zu mir geleitet und vorgestellt, nachdem sie zunächst dem Kaiser und der Kaiserin vorgestellt worden; unter anderen Victor, Herzog von Ratibor, der älteste Bruder von Thesy und Amalie Schillingsfürst, ein alter Freund Alberts und ein Bekannter von mir. Graf Bismarck, Preußischer Gesandter in Frankfurt und sehr russisch und *Kreuzzeitung,* wurde vorgestellt, und auf meine Bemerkung, wie schön Paris sei, sagte er: *„Sogar schöner wie Petersburg."*

Darauf tanzte ich einen Walzer mit dem Kaiser, der den Walzer sehr ruhig tanzt, und die beiden Kinder zusammen, und tanzte dann eine Quadrille mit Victor Ratibor, wobei der Kaiser *vis-à-vis* mit (Auslassung im Original) tanzte und Albert

mit Mme. Labédoyère. Auch die Kinder tanzten. Die Araber waren alle anwesend, zu meinem großen Erstaunen auch Fanny Gainsborough, aber sehr wenige Engländer.
Als das vorüber war, warteten wir in dem berühmten Oeil-de-boeuf, wo die Höflinge Ludwigs XIV. ihn erwarteten, *pour être au lever,* und auf das sich der Ballsaal öffnet. Man hatte es für den Anlaß wunderschön *meublé,* mit Beauvaismöbeln, etc. Wir warteten, bis die ganze Gesellschaft zum Souper hineingegangen war, und begannen dann unsere Prozession, bei der uns die Gardeoffiziere etc. voranschritten[1].

[1] QUEEN VICTORIA, Leaves from a Journal. A record of the visit of the Emperor and Empress of the French to the Queen and of the visit of the Queen and H. R. H. the Prince Consort to the Emperor of the French 1855. London 1961, S. 123–126. Übers. von MARGUERITE SCHLÜTER (nur diese Stücke).

Tristan-Crescendo

Venedig, 3. September 1858

Gestern schrieb ich Dir und unsrer Freundin. So lange war ich durch die Reise und meine hiesige Einrichtung abgehalten. Nun soll das Tagebuch recht regelmäßig besorgt werden. – Die Reise ging über den Simplon. Die Berge, namentlich das lange Walliser Thal, drückten mich. Eine schöne Stunde verbrachte ich auf der Gartenterrasse der Isola bella. Ein wundervoll sonniger Morgen. Ich kannte diesen Platz und entließ sogleich den Gärtner, um da allein zu bleiben. Es kam eine schöne Ruhe und Erhebung in mich, so schön – daß sie nicht lang dauern konnte. Doch, was mich erhob, was bei mir und in mir war, das dauerte: das Glück, von Dir geliebt zu sein!

In Mailand nur Nachtaufenthalt. Am 29. August Nachmittags in Venedig angekommen. Auf der Fahrt den großen Canal entlang zur Piazetta melancholischer Eindruck und ernste Stimmung: Größe, Schönheit und Verfall dicht neben einander. Doch erquickt durch die Reflection, daß hier keine moderne Blüthe, somit keine geschäftige Trivialität vorhanden. Marcusplatz von zauberischem Eindruck. Eine durchaus ferne, ausgelebte Welt: sie stimmt zu dem Wunsch der Einsamkeit vortrefflich. Nichts berührt unmittelbar als reales Leben; Alles wirkt objectiv, wie ein Kunstwerk. Ich will hier bleiben, – und somit werde ich es. – Am andren Tag, nach langer Überwindung Wohnung genommen am großen Canal, in einem mächtigen Palast, in dem ich für jetzt noch ganz allein bin. Weite, erhabene Räume, in denen ich nach Belieben umher wandle. Da mir die Wohnung, als das Gehäuse meines Arbeitsmechanismus, so wichtig, verwende ich alle Sorgfalt darauf, sie mir nach Wunsch herzurichten. Um den Erard habe ich sofort geschrieben. Er muß in meinem großen, hohen Palastsaale wundervoll klingen. Die große, durchaus eigenthümliche Stille des Canales stimmt mir vortrefflich. Erst Abends 5 Uhr verlasse ich die Wohnung um zu speisen; dann Promenade nach dem öffentlichen Garten; kurzer Aufenthalt auf dem Marcusplatz,

der durchaus theatralisch anregt durch seine ganz besondre Eigenthümlichkeit und das mir ganz fremde, mich gänzlich unberührende, nur die Phantasie zerstreuende Menschengewoge. Gegen 9 Uhr Heimkehr in der Gondel; treffe die Lampe angezündet und lese ein wenig bis zum Schlaf. –
So wird mein Leben äußerlich dahin fließen, und so ist es mir recht. Leider ist bereits mein hiesiger Aufenthalt bekannt; doch ein für alle mal habe ich Ordre gegeben, Niemand zu empfangen. – Diese Einsamkeit, hier fast einzig mir möglich, – und zwar so angenehm möglich, schmeichelt mir und meinen Hoffnungen. – Ja! Ich hoffe, für Dich zu genesen! Dich mir erhalten, heißt mich meiner Kunst erhalten. Mit ihr – Dir zum Troste leben, das ist meine Aufgabe, dieß stimmt mit meiner Natur, meinem Schicksale, meinem Willen, – meiner Liebe. So bin ich Dein; so sollst auch Du durch mich genesen! Hier wird der Tristan vollendet – allem Wüthen der Welt zum Trotz. Und mit ihm, darf ich, kehre ich dann zurück, Dich zu sehen, zu trösten, zu beglücken! So steht es vor mir, als schönster heiligster Wunsch. Nun wohlan! Held Tristan, Heldin Isolde! helft mir! helft meinem Engel! Hier sollt ihr ausbluten, hier sollen die Wunden heilen und sich schließen. Von hier soll die Welt die erhabene, edle Noth der höchsten Liebe erfahren, die Klagen der leidenvollsten Wonne. Und hehr wie ein Gott, heil und klar sollst Du mich dann wiedersehen, Deinen demüthigen Freund!

Mitten im Siege

13. September 1858

Ich war so traurig, daß ich selbst dem Tagebuche nichts anvertrauen wollte. Da kam heute Dein Brief – der Brief an Frau Wille. – Daß Du mich liebst, wußte ich wohl: Du bist auch wie immer gut, tief und sinnig; ich mußte lächeln, und fast über mein letztes Ungemach mich freuen, da Du mir nun ein solch' edles Wohlgefühl bereitest. Ich verstehe Dich, – auch da, wo ich Dir ein leises Unrecht gebe, – denn gegen mich ist alles Unrecht, was mir als Abwehr der Zudringlichkeit gelten muß. Ich dächte doch, ich hätte wieder zu allerletzt durch diesen schrecklichen Fortgang von Zürich bewiesen, daß ich – weichen kann, und darf somit Zweifel an meinem resignirenden Zartgefühl als unverdiente, tiefe Kränkungen empfinden. – Doch wozu jetzt das noch? – Die erhabene Schönheit meiner Stimmung war zerstört; sie muß sich nun mühsam erst wieder erheben. Verzeihe mir, wenn ich noch strauchle! – Ich will wieder heiter sein, – so gut es geht. An Frau Wille werde ich bald auch schreiben; aber auch mit den Briefen an sie will ich mäßig sein. Gott! es ist nun einmal Alles so schwer, und das Höchste gewinnt sich doch nur durch Mäßigung. – Ja! es ist gut, und wird Alles gut werden. Unsre Liebe ist über jedes Hinterniß erhaben, und jede Hemmung macht uns reicher, geistvoller, edler, und immer mehr auf den Inhalt und auf das Wesen unsrer Liebe gerichtet, immer gleichgültiger gegen das Unwesentliche. Ja, Du Gute, Reine, Holde! wir werden siegen, – wir sind schon mitten im Siege. –

Tagebuch-Austausch

31. Oktober (1858)

Weißt Du denn nicht, mein Kind, daß ich nur von Dir – nur von Dir abhänge? Daß die ernste Heiterkeit, mit der das Dir gesandte Tagebuch abschloß, nur das Spiegelbild Deiner, mir mitgetheilten schönen Stimmung war? O, halte mich nicht für so groß, daß ich ganz für mich und aus mir sein könnte, was ich bin, und wie ich bin. Wie tief fühle ich dieß jetzt. Von unsäglichem Weh und Jammer bin ich bis in das Innerste zerspalten; – ich habe Deine Sendung erhalten, Dein Tagebuch, Deine Antwort gelesen! – Weißt Du es denn wirklich noch nicht, wie ich nur von Dir lebe? Glaubtest Du es nicht, als ich noch kürzlich es Dir sagen ließ? Dir gleich, Deiner würdig zu sein, – das ist der Haft meines Lebens! Schilt mich nun nicht, wenn ich Dir nun sage, daß ich eben ganz wie Du bin, wie Du empfinde, ganz Deine Stimmung, Dein feinstes Weh' theile, nicht nur, weil es das Deine ist, sondern weil es mir so klar und gewiß auch das meine ist! – Weißt Du denn noch, wie wir uns schrieben, da ich in Paris war, und vereint gleichzeitig aus uns der Jammer hervorbrach, nachdem wir wie begeistert uns unsre Vorsätze mitgetheilt? So ist es noch! So wird es bleiben, im-

mer und immer! – Alles ist Wahn! Alles Selbsttäuschung! Wir sind nicht gemacht, uns die Welt einzurichten. O Du lieber, lautrer Engel der Wahrheit! Sei gesegnet für Deine himmlische Liebe! O ich wußte Alles! Welche bange Tage habe ich verlebt! Welche wachsende tiefe Beklemmung! Die Welt stockte mir: und athmen konnte ich nur noch, wenn ich Deinen Athem fühlte. – O mein süßes, süßes Weib! Ich kann Dich heut' nicht trösten, ich armer, trauriger, zerbrochener Mann! Auch nicht Balsam kann ich Dir geben und – „Heilung" habe ich ja nicht für Dich?? Wie sollte ich Dir Heilung geben können? Meine Thränen fließen in bittren, reichen Strömen –: sollten die Dich heilen können? – Ich weiß, es sind die Thränen der Liebe, die noch nie so geliebt wurde: in ihnen strömt mir aller Jammer der Welt. Und doch, die einzige Wonne, die ich heute, jetzt empfinden möchte, geben sie mir; sie geben mir eine tief, tief innere Gewißheit, ein unveräußerliches, unentreißbares Recht. Es sind die Thränen meiner ewigen Liebe zu Dir. Könnten sie Dich heilen? – O Himmel! mehr als einmal stand ich jetzt hart daran, mich sofort aufzumachen, um in Deine Nähe zu kommen. Unterließ ich es aus Sorge für mich? Nein! gewiß nicht! Aber aus Sorge – für Deine Kinder! – Darum – nochmals – und immer: Straff! – Es gilt noch eine Zeit lang. Mir ist – mir ist – als könnte ich – bald Dir schöner, Dir angenehmer, Deiner würdiger begegnen: und dieß möchte ich so gern! – Aber was ist alles Mögen? –
Nein! nein! Du süßes Kind! Ich weiß Alles! Ich verstehe Alles: – ich sehe klar, sonnenklar – – –! Ich werde wahnsinnig! – Laß' mich jetzt abbrechen! Nicht um Ruhe zu suchen, sondern um der Wonne meines Schmerzes bis zum Ertränken mich zu übergeben! – O Du Holde! – Nein! Nein! Er verräth Dich nicht. – – – – Er – nicht[1]! –

[1] Richard Wagner an Mathilde Wesendonk. Tagebuchblätter und Briefe 1853–1871. Berlin 1904, S. 37–38, 43–44, 71–73. – Mathilde Wesendonk und Wagner hatten – wie aus der Eintragung vom 31. 10. 1858 hervorgeht – ihre Tagebücher ausgetauscht.

CHARLES BAUDELAIRE

Die Liebe und das Böse

Paris, undatiert (Von 1855–1862)

Ich glaube, ich habe in meinen Aufzeichnungen schon geschrieben, daß die Liebe einer Folterung oder einer chirurgischen Operation sehr ähnlich sehe. Aber dieser Gedanke kann auf die bitterste Art entwickelt werden. Selbst wenn die beiden Liebenden voll äußerster Leidenschaft und voll wechselseitigen Verlangens wären, einer von beiden wird doch immer ruhiger oder weniger besessen sein als der andere. Dieser oder diese ist dann der Arzt, oder der Henker; der andere ist der Patient, das Opfer. Vernehmt ihr diese Seufzer, diese Vorboten einer Tragödie der Entehrung, dieses Ächzen, diese Schreie, dieses Röcheln? Wer hat sie nicht ausgestoßen, wer hat sie nicht unwiderstehlich dem andern entpreßt? Und was könnt ihr Schlimmeres in dem peinlichen Verhör der Folterknechte entdecken? Diese verdrehten Augen eines Somnambulen, diese Glieder, deren Muskeln herausspringen und sich straffen wie unter der Einwirkung einer galvanischen Säule – gewiß, die Trunkenheit, der Wahnsinn, das Opium vermöchten in ihren heftigsten Auswirkungen nicht so abstoßende und seltsame Beispiele zu bieten. Und das menschliche Antlitz, das nach Ovid geschaffen ist, um das Licht der Gestirne widerzustrahlen, seht, wie es nur noch den Ausdruck einer rasenden Wildheit trägt oder sich in einer totenähnlichen Erschlaffung entspannt. Denn es erschiene mir in der Tat lästerlich, das Wort „Ekstase" auf eine derartige Zersetzung anzuwenden.

– Welch entsetzliches Spiel, bei welchem einer der Spieler die Herrschaft über sich selbst verlieren muß!

Einmal wurde in meiner Gegenwart die Frage gestellt, worin der höchste Genuß der Liebe bestände.

Jemand antwortete natürlich: im Empfangen – und ein anderer: in der Hingabe. – Jener sagte: Lust des Stolzes – und dieser: Wollust der Erniedrigung! All diese Schmutzfinken sprachen wie die Nachfolge Christi. – Schließlich fand sich ein schamloser Utopist, der behauptete, die größte Lust der Liebe sei: dem Vaterlande Bürger zu schenken.

Ich aber sage: die einzige und höchste Wollust der Liebe liegt in der Gewißheit, das Böse zu tun. Und Mann und Weib wissen von der Geburt an, daß das Böse alle Wollust enthält.

Acedia

Paris, undatiert (Von 1855–1862)

Die Stelle suchen: Mit einem Wesen zusammenzuleben, das nur Abscheu vor einem empfindet ...
Das Porträt des Serenus von Seneca, das des Stagirus von Sankt Johannes Chrysostomus.
Die Acedia, Krankheit der Mönche.
Das Taedium vitae.

Auto-Idolatrie

Paris, undatiert (Von 1855–1862)

Politische Harmonie des Charakters.
Eurhythmie des Charakters und der Fähigkeiten.
Erhöhung aller Fähigkeiten.
Bewahrung aller Fähigkeiten.
Ein Kult (Religion der Magier, Beschwörungszauber).
Opfer und Gelübde sind die höchsten Formeln und Symbole des Austauschs.
Zwei grundsätzliche Eigenschaften der literarischen Arbeit: Supra-Naturalismus und Ironie.
Persönliche Betrachtungsweise, Anblick, den die Dinge dem Schriftsteller bieten, dann Wendung des Geistes ins Satanische.
Das Übernatürliche umfaßt die Grundfarbe und den besonderen Tonfall, das heißt Eindringlichkeit, Klangfülle, Durchsichtigkeit, Schwingungsvermögen, Tiefe und Widerhall in Raum und Zeit.
Es gibt Augenblicke unseres Daseins, in denen Zeit und Ausdehnung sich vertiefen, und das Gefühl unseres Daseins eine Erhöhung ins Unermeßliche erfährt.
Angewandte Magie, zur Beschwörung der großen Toten, zur Wiederherstellung und Vervollkommnung der Gesundheit.

Die Inspiration kommt immer, wenn der Mensch es will, aber sie verläßt ihn nicht immer, wenn er will.
Sprache und Schrift, als magische Verrichtungen betrachtet, Beschwörungszauber.

Kult des eigenen Selbst

Paris, undatiert (Von 1855-1862)

Kult des eigenen Selbst in der Liebe, im Hinblick auf Gesundheit, Hygiene, Körperpflege, Kleidung, geistige Vornehmheit und Beredsamkeit.
Self-purification and anti-humanity.

Zeugnis meines Zornes

Paris, undatiert (Von 1855–1862)

Was mich betrifft, der ich manchmal in mir die lächerlichen Anwandlungen eines Propheten verspüre, ich weiß nur allzu gut, daß ich keine Anlagen zur Menschenfreundlichkeit des Arztes habe. Verloren in dieser niederträchtigen Welt, umhergestoßen von der Menge, bin ich wie einer, der erschöpft ist, und dessen Blick hinter sich, in der Tiefe der Jahre, nur Enttäuschung und Bitternis wahrnimmt, und vor sich nichts als ein drohendes Unwetter, das ihm nichts Neues bringen wird, weder Erfahrungen, noch Schmerzen. Und hat dieser Mann eines Abends dem Geschick einige Stunden des Vergnügens abgelistet, so läßt er sich wiegen von seiner Verdauung, versucht – soweit das möglich ist – das Vergangene zu vergessen, mit der Gegenwart zufrieden zu sein und im voraus auf die Zukunft zu verzichten; dann spricht er vielleicht zu sich selbst, im Vollgefühl seiner Kaltblütigkeit und seines Dandysmus, stolz nicht ebenso niedrig zu sein wie die, die unter ihm vorbeigehn – spricht, indem er sinnend dem Rauch seiner Zigarre nachblickt: Was kümmert mich ihr Gewissen und wohin es sie treibt!
Ich glaube, ich bin da abgeschweift in etwas, das die Leute vom Fach als Beiwerk bezeichnen. Doch ich will diese Seiten lassen – als ein Zeugnis meines Zornes (meiner Traurigkeit).

Flügel der Verblödung

Paris, 23. Januar 1862

Im Seelischen wie im Körperlichen habe ich immer die Empfindung des Abgrunds gehabt, nicht allein des Abgrundes des Schlafes, sondern auch des Abgrundes der Tätigkeit, des Traumes, der Erinnerung, der Begierde, des Bedauerns, der Reue, des Schönen, der Zahl usw. . . .
Ich habe meine Hysterie mit Entzückung und Entsetzen gepflegt. Jetzt bin ich immer dem Schwindel ausgeliefert, und heute, den 23. Januar 1862, ist mir ein seltsam vorbedeutendes Zeichen zuteil geworden. Ich spürte, wie ein Wehen von den Flügeln der Verblödung über mich hinstrich.

Voltaire

Paris, undatiert (Nach 1860)

In den „Ohren des Grafen Chesterfield" witzelt Voltaire über jene unsterbliche Seele, die neun Monate hindurch zwischen Exkrementen und Urin gehaust habe. Wie alle trägen Geister haßte Voltaire das Mysterium.

Das einzig Interessante

Paris, undatiert (Nach 1860)

Das einzig Interessante auf Erden sind die Religionen.
Was ist die Universal-Religion! (Chateaubriand, de Maistre, die Alexandriner, Capé).
Es gibt eine Universal-Religion, eine Religion für die Alchimisten des Gedankens, eine Religion, die dem Menschen als einem göttlichen Memento entspringt.

Der Größte sein wollen

Paris, undatiert (Nach 1860)

Alle Tage der größte der Menschen sein wollen!

Als Kind wollte ich bald Papst, – aber militärischer Papst, – bald Schauspieler sein.

Genüsse, die ich aus diesen beiden Einbildungen schöpfte.

Als Kind schon spürte ich in meinem Herzen zwei sich widerstreitende Empfindungen: Lebensangst und Lebensüberschwang.

Dies entspricht durchaus dem Charakter eines nervösen Faulpelzes.

Die Nationen haben große Männer nur gegen ihren Willen.

Bezüglich der Schauspieler und meiner Kinderträume, ein Kapitel über das, was in der menschlichen Seele die Berufung zum Schauspieler begründet, seine Berühmtheit, sein Leben und seine Stellung in der Gesellschaft.

Über die wahre Größe der Paria.

Es könnte sogar sein, daß die Tugendhaftigkeit den Begabungen des Paria abträglich wäre[1].

[1] Charles Baudelaire, Fusées und Mon coeur mis à nu. Krit. Neuausgabe. Paris 1949. Zitiert nach der deutschen Ausg. (Mein entblößtes Herz); übers. u. eingel. von Friedhelm Kemp, München 1946, S. 5–7, 13, 16–17, 18, 30–31, 32, 53, 63, 70–71. – Abdruck mit freundl. Genehmigung des Verlages Kurt Desch. Andere Aufzeichnungen diaristischen Charakters von Baudelaire: Carnet. Paris 1911, sowie ein Tagebuch der Brüsseler Jahre. Paris 1927.

JOHN HENRY KARDINAL NEWMAN

Tagebuch: „Auf den Knien" geschrieben

15. Dezember 1859

„Nemo mittens manum suam ad aratrum, et respiciens retro, aptus est regno Dei." Ich schreibe auf den Knien und vor dem Angesichte Gottes. Möge Er mir gnädig sein! Mit den fortschreitenden Jahren habe ich immer weniger fühlbare Andacht und inneres Leben. Ich möchte wissen, ob es bei allen Menschen an sich betrachtet, ohne die Gnade Gottes so ist, oder vielmehr nicht so ist. Der größte Teil unserer Jugendfrömmigkeit, unseres Glaubens, unserer Hoffnung, Freudigkeit, Beharrlichkeit ist natürlich – oder wenn nicht natürlich, dann entspringen sie einer εὐφυία, die der Gnade nicht widersteht und sehr wenig Gnade zur Erleuchtung braucht. Die gleiche Gnade reicht in der Jugend viel weiter, da sie auf weniger Widerstand stößt – d. h. bei den erwähnten Tugenden. Der griechische Dichter, selbst ein alter Mann, spricht (im Chor des Oedipus) von der Unliebenswürdigkeit des Alters. Alte Menschen sind in der Seele ebenso steif, ausgetrocknet und blutlos wie ihre Körper, soweit nicht die Gnade sie erfüllt und erweicht. Und dazu bedarf es einer Flut von Gnade. Ich bewundere alte Heilige mehr und mehr. Der heilige Aloysius, der heilige Franz Xaver oder der heilige Karl sind nichts neben dem heiligen Philipp. Oh, heiliger Philipp, erlange mir einen kleinen Teil deines Eifers! Ich lebe mehr und mehr in der Vergangenheit und in der Hoffnung, die Vergangenheit möge in der Zukunft wiederaufleben. Mein Gott, wann werde ich lernen, der Welt so abgestorben zu sein, daß sie, auch wenn ich es vielleicht wünsche, nicht mit mir Freundschaft schließt?

Als ich jung war, wollte ich der Welt von ganzem Herzen entsagen um Deinetwillen. Ich glaube, soweit Wille, Vorsatz und Absicht reichen, habe ich es getan. Ich meine, ich habe die Welt vorsätzlich beiseite gesetzt. Ich betete ernstlich, zu keiner kirchlichen Würde zu gelangen. Als ich in meine Bakkalaureatsprüfung ging, betete ich inbrünstig und immer wieder, ich möchte keine Ehren erlangen, so sie mir im geistlichen

Leben schaden würden. Als ich älter wurde und anglikanischer Geistlicher war, betete ich entschieden und unbedingt darum, in der Kirche nicht zu Ehren und Würden zu kommen. Vor ungefähr dreißig Jahren kleidete ich den Wunsch meist in die Verse:

Versag mir Wohlergehn;
weit, weit halt fern die Lockung von Macht und Ruhm;
Hoffnung gedeiht in Not und Schwäche,
Liebe und Glaube in der Schmach der Welt.

Das war nicht bloße Dichtung, sondern ein mir zur zweiten Natur gewordener Vorsatz. Ich glaube das, Du aber, o Gott, weißt es. Ich wußte, was ich sagte, und wußte auch, daß es Deine Art ist, solche Bitten zu gewähren und zu erfüllen und die Menschen beim Wort zu nehmen. Was konnte ich Besseres wünschen, als daß Du mich beim Wort nähmest? Gleichwohl ist es mir gar nicht sicher, daß die Gnade mit meinen Wünschen viel zu tun hatte. Ich weiß sehr gut und bekenne es Dir dankbar, o mein Gott, daß Deine wunderbare Gnade mich auf den rechten Weg führte, als ich im Alter von fünfzehn Jahren mehr ein Teufel als ein leichtfertiger Knabe war, und sie gab mir, was ich mit Deiner dauernden Hilfe nie mehr verlor. Du hast damals mein Herz und zum Teil meine ganze Geistesverfassung umgewandelt, und ich hätte an Gebete, wie die obengenannten, nie gedacht ohne dieses Dein großes Werk in meinem Knabenalter. Doch waren diese Gebete, wie ich annehme, zu einem großen Teil von natürlicher Unüberlegtheit, Großmut, Beschwingtheit, hoffnungsfreudiger Anlage und Selbstlosigkeit eingegeben, wenn auch Deine Gnade dabei mitwirkte, wie ich fest glaube. Ich hoffe, sie waren gut und Dir wohlgefällig – doch zweifle ich sehr, ob ich, mein jetziges Selbst, so wie ich jetzt bin, in jene vergangenen Jahre zurückversetzt, 1820, 1822 oder 1829, wenn sie zurückgeholt werden könnten, ob ich jetzt noch jene frommen Gebete und kühnen Entschlüsse zustande brächte, sofern mir nicht eine große und außerordentliche Gnadengabe aus Deiner himmlischen Schatzkammer zuteil würde. Und ich wiederhole, der Grund ist wohl der, wenn der Tod schon nahe ist, fühlt man seinen kalten Hauch an der Seele wie am Leibe, und, natürlich betrachtet, ist meine Seele jetzt halb tot, während sie damals in der Frische und dem Feuer der Jugend stand. Dies ist wohl der Grund der ernsten Mahnung des gotterleuchteten Schriftstellers: „Memento Creatoris tui in diebus juventutis, tuae, antequam veniat tempus afflictionis . . . antequam tenebrescat sol", usw. Gleiches gilt von meinem Geisteszustand zu einer späteren Zeit, im Jahre 1834 und den folgenden Jahren, als ich so viel von Selbstverleugnung, Abtötung, Fasten usw. sprach, bis 1845, als ich Katholik wurde. Es ist eine vergangene und entschwundene Zeit – sie gehört einem Werk an, das getan und vorbei ist. „Quis mihi tribuat, ut sim juxta menses pristinos, secundum dies, quibus Deus custodiebat me? Quando splendebat Lucerna ejus super caput meum, et ad lumen ejus ambulabam in tenebris? Sicut fui in diebus adolescentiae meae, quando secreto Deus erat in Tabernaculo meo?"

Aber, o mein lieber Gott, Du kannst es anders machen. Zeit und Ort sind für Dich keine Hindernisse. Du kannst mir Gnade geben nach dem Maß meiner Lebenstage. „Sicut dies juventutis tuae", hast Du in dem Kapitel, das mir von Jugend an so teuer war, zu mir gesprochen, „ita est senectus tua". Deine Hand ist nicht ausgestreckt, daß sie nicht retten kann. „Dominus opus tuum in medio annorum vivifica illud; in medio annorum nostrorum facies." Was ich fühle, haben offenbar Deine Diener von den ältesten Zeiten an vor mir gefühlt; Job, Moses und Habakuk fühlten vor Jahrtausenden wie ich; ich kann mich mit ihren unsterblichen Worten vor Dir verteidigen.

O mein Gott, nicht als eine Sache des Gefühls, nicht als eine Sache literarischer Darstellung schreibe ich das nieder. Oh, befreie mich von dieser schrecklichen Feigheit, denn sie ist die Wurzel all meiner Übel. In der Jugend war ich kühn, weil ich unwissend war – nun habe ich meine Kühnheit verloren, weil ich mehr Erfahrung habe. Ich bin jetzt besser imstande, die Kosten des Tapferseins um Deinetwillen zu berechnen, darum schrecke ich vor Opfern zurück. Das ist neben dem Abgestorbensein meiner Seele der zweite Grund, warum ich so wenig Glauben oder Liebe in mir habe.

8. Jan. 1860. Als ich das letzte Mal schrieb, hatte ich etwas zu sagen, aber ich verlor den Faden und kam in eine andere Gedankenreihe, weit ab von der beabsichtigten – nun will ich sie, wenn ich kann, wieder aufnehmen. Die Umstände haben

seit kurzem eine eigentümliche Versuchung über mich gebracht. Seit ich Katholik bin, habe ich mich stets angestrengt, habe gearbeitet und mich abgemüht, letzten Endes nicht für einen Menschen auf Erden, hoffe ich, sondern für Gott im Himmel, aber immerhin mit dem starken Wunsch, denen zu gefallen, die mich an die Arbeit stellten. Nach dem hohen Urteil Gottes habe ich, wenn auch in anderer Weise, ihr Lob gewünscht. Doch habe ich es nicht nur nicht erlangt, sondern bin verschiedentlich geringschätzig und unfreundlich behandelt worden. Weil ich mich nicht vorgedrängt habe, weil es mir nicht eingefallen ist, zu sagen: „Seht, was ich tue und getan habe", – weil ich leeres Geschwätz nicht weitererzählt, Großen nicht geschmeichelt und mich nicht zu dieser oder jener Partei bekannt habe, bin ich eine Null. Ich habe in Rom keinen Freund; ich habe in England gearbeitet, um mißdeutet, verleumdet und verhöhnt zu werden. Ich habe in Irland gearbeitet, und immer wurde mir die Türe vor der Nase zugeschlagen. Ich habe anscheinend viele Mißerfolge gehabt, und was ich gut tat, wurde nicht verstanden. Ich glaube nicht, daß ich das in Bitterkeit sage.

„Nicht verstanden" – das ist der Punkt. Ich habe bei den Katholiken große Mängel gesehen, denen abgeholfen werden sollte – besonders in der Erziehung – die, welche unter diesen Mängeln litten, erkannten ihren Zustand nicht – ja, sie sahen oder verstanden den Mangel gar nicht – oder wie dem Mangel abzuhelfen sei – sie empfanden auch gar keine Dankbarkeit oder Hochschätzung für einen, der für die Abhilfe etwas tat, hielten ihn vielmehr für unstet, verschroben oder in dieser oder jener Hinsicht nicht, wie er sein sollte. Diese Erfahrung hat mich in mich selbst zurückgeschreckt, oder mich auf den Gedanken gebracht, mich mehr Gott zuzuwenden, wenn sie mich nicht wirklich Gott zugewandt hat. Ich habe fühlen gelernt, daß mein großer Trost im Allerheiligsten Sakrament wohnt und daß, während ich Ihn habe, der in der Kirche lebt, die einzelnen Glieder der Kirche, meine Obern, keinen Anspruch haben auf meine Bewunderung und nichts bieten, um mein inneres Vertrauen zu gewinnen, wenn sie auch auf meinen Gehorsam ein Recht haben. Ich habe diesem Empfinden in einer meiner Dubliner Predigten vom Jahre 1856 Worte gegeben oder es vielmehr angedeutet.

Soweit war alles gut – oder nicht schlimm –, aber es geschah, daß sich gleichzeitig mit dieser Vernachlässigung von seiten jener, für die ich mich abmühte, bei den Protestanten ein Zug zu mir hin geltend machte. Gerade diejenigen meiner Bücher und Arbeiten, die die Katholiken nicht verstanden, fanden bei den Protestanten Verständnis. Zudem trifft es sich, daß Dinge, die ich vor Jahren als Protestant geschrieben hatte und deren Wert und Überzeugungskraft damals von den Protestanten nicht erkannt worden war, jetzt unter Protestanten Frucht tragen. Daraus entspringt bei einzelnen Sympathie für mich, die mich die letzten Jahre vorsätzlich herabgesetzt und totgeschwiegen haben. Und in gleichem Maße hat mich diese Sympathie verlockt, mehr von ihr zu wünschen, da ich mich einsam fühlte und mich innerlich zerrieb, nicht so sehr unter der mir bewiesenen Kälte (wenn auch zum Teil), als unter der Unwissenheit, Geistesenge und Selbsttäuschung derer, deren Glauben, Tugend und Güte ich nichtsdestoweniger anerkannte. So bin ich allerdings versucht, nach dem Lob der Protestanten auszuschauen, wenn nicht mich darum zu bemühen. Damit komme ich zu dem Sinn des Textes, mit dem ich am 15. Dezember begann: „Wer die Hand an den Pflug legt usw." Ich bin versucht, rückwärts zu schauen. Nicht so, o Herr, mit Deiner Gnade, nicht so! Was ich ehedem sagen, ehedem von Dir erbitten wollte, darum bitte ich Dich jetzt. Welch eine Schmach, wenn ich mich fürchten würde, darum zu bitten! In vergangenen Zeiten habe ich oft darum gebeten, ich glaube, lange ehe ich Katholik war. Ja, ich habe schon darauf hingewiesen, wie in den oben angeführten Worten vor dreißig Jahren: „Versage mir Reichtum", usw. Es ist lebenslang mein Gebet gewesen, und Du hast es erhört, daß ich in dieser Welt beiseite gesetzt würde. Nun laß mich also noch einmal so beten. O Herr, segne, was ich schreibe, und gib ihm Gedeihen – laß es Gutes wirken, laß es viel Erfolg haben, aber laß mir dafür zu meinen Lebzeiten kein Lob zuteil werden. Laß mich weiterleben, laß mich sterben, wie ich bisher gelebt habe. Lange, ehe ich den heiligen Philipp kannte, wünschte ich „nesciri". Laß mich durch Deine Gnade immer mehr lernen, „sperni" und „spernere me sperni".

Ein oder zwei Dinge aber quälen mich; o Herr, hilf mir – heiliger Philipp, hilf mir. 1. Laß die Verachtung, die mich trifft, der Zukunft meines Oratoriums keinen Schaden tun – das macht mir Sorgen, obwohl ich es einfach in Deine Hände legen sollte und es auch tue, o Herr. 2. Oh, lehre mich auch (denn es bedrückt mich eben jetzt schwer, ich habe deswegen gebetet und heilige Messen gelesen), lehre mich, wie ich mich in den Jahren, die mir noch bleiben, am besten zu Deiner Ehre nützlich machen kann; denn mein augenscheinlicher Mißerfolg entmutigt mich sehr. O mein Gott, es ist mir, als hätte ich meine Jahre vergeudet, seit ich Katholik bin. Was ich als Protestant schrieb, hatte viel größere Kraft, Gewalt, Bedeutung und Erfolg als meine katholischen Werke, und das beunruhigt mich sehr ...[1]

[1] JOHN HENRY KARDINAL NEWMAN, Briefe und Tagebuchaufzeichnungen aus der katholischen Zeit seines Lebens. Ausgew. Werke Bd. 2 u. 3. Übers. von MARIA KNOEPFLER. Mainz 1957, S. 254 ff. Abdruck mit freundl. Genehmigung des Matthias-Grünewald-Verlages.

FERDINAND GREGOROVIUS

Moralisches Zentrum der Weltpolitik?

Rom, 4. April 1861

Die Italiener gleichen einem Gärtner, der einen Baum in der Hand hält, und das Loch nicht hat, worin er ihn pflanzen soll. Das unermeßliche Ereignis: Rom, zur Hauptstadt eines italienischen Reiches heruntergesetzt, Rom, die kosmopolitische Stadt seit 1500 Jahren, das moralische Centrum der Welt, zum Sitz eines Königshofs geworden, wie alle anderen Hauptstädte, will mir gar nicht recht begreiflich sein. Ich ging mit diesem Gedanken durch Rom, und fand, daß man hier auf jedem Schritt nur Erinnerungen und Monumente der Päpste sieht, Kirchen, Klöster, Museen, Fontänen, Paläste, Obelisken mit dem Kreuz, die Kaisersäulen mit S. Peter und Paul auf ihren Gipfeln, tausend Bildsäulen von Päpsten und Heiligen, tausend Grabmonumente von Bischöfen und Äbten – eine von dem Geist der Ruine, der Katakomben und der Religion durchdrungene Atmosphäre, kurz ganz Rom ein Monument der Kirche in allen ihren Epochen, von Nero und Constantin hinab bis zu Pius IX. Alles Civile, Politische, Weltliche verschwindet darin, oder taucht nur auf als die graue Ruine einer Vorzeit, wo Italien nichts war, als eine Provinz von Rom, und die Welt nichts, als eine Provinz von Rom. Die Luft Roms taugt nicht für ein frisch auflebendes Königtum, welches an seiner Residenz eines leicht zu behandelnden Stoffes bedarf, dem es sich schnell eindrücken kann, wie Berlin und Paris oder Petersburg. Der König von Italien wird hier nur die Figur machen, wie einer der Dacischen Kriegsgefangenen vom Triumphbogen des Trajan; größer wird er hier nicht aussehen.

Alles wird Rom verlieren, seine republikanische Luft, seine kosmopolitische Weite, seine tragische Ruhe.

Rom, 25. Oktober 1867

Die Unruhen haben sich gestern Abend wiederholt. Man warf Petarden, welche Vorbeigehende tödteten oder verwundeten. Man schoß auf den Posten am Platz Pellegrino, worauf die Häuser durchsucht und viele Personen verhaftet wurden. Heute früh sah ich im Corso einen wolgekleideten Herrn von vier Soldaten abführen.

Es ist Nachts 9 Uhr – ich höre Petarden knallen. Der Himmel ist hell und klar. Unten liegt das große Rom, wie ein Fieberkranker – es sind Zuckungen der Geschichte. Dort liegt finster der Vatican; das Verderben pocht an seine Pforte. Was mag der Papst thun? – er betet – er soll ruhig und gefaßt sein. Es ist der Todeskampf der weltlichen Kirche. Ihre Haltung in dieser Stunde ist achtunggebietend. Wieder Petardenschüsse.

Heute wurde der Belagerungszustand über Rom verhängt, auch die Entwaffnung anbefohlen.

Die Freischaren sind unterdeß von den Mauern abgeschlagen, oder abgezogen. Die Bande auf Monte Parioli unter Enrico Cairoli, welcher tapfer kämpfend gefallen ist, war wenig mehr als 100 Mann stark. Diese Vorgänge hielten Rom zwei Tage lang in solcher Aufregung, daß der geringste Zufall, wie gestern das Entspringen eines Gefangenen, Tausende in Flucht durch die Straßen trieb. Im Volk ging die Rede, daß 8000 Garibaldiner die Stadt umzingelten. Als ich gestern am Palast Rondanini stand, um Verwundete hereinbringen zu sehen, während Militär die Straße sperrte, sagte mir eine Frau mit sichtbarer Freude: „Die Garibaldiner sind schon in der Villa Borghese." Die Banden sind fort, doch auf wie lange?

Heute sagte mir Schlözer, daß ihm Antonelli erklärt habe, alles sei eine abgekartete Komödie, die er vorausgesehen; die Garibaldische Bewegung nehme überhand; Namen bedeutender Menschen tauchten schon unter den Freischaren auf, so Graf Valentini, Graf Colloredo aus Udine, beide gefangen.

Hundert Gerüchte gehen durch die Stadt; an jedem Tag, ja zu jeder Stunde werden die Italiener angemeldet, aber sie kommen nicht.

Ich war heute Nachmittag vor die Porta Nomentana gegangen.

Der Weg dort ist wieder bis Ave Maria frei. Ich sah an der Barrikade bauen; vier Reihen Schanzkörbe übereinander, mit zwei Schießscharten für Kanonen. Dann ging ich an das verschlossene Tor der Salaria. Es ist von innen mit Erde verschüttet.
Ich höre viele Petarden und Flintenschüsse, während ich dies schreibe. Man sagt mir, daß in Trastevere gekämpft wird.

Unpolitisches Intermezzo

Rom, 25. April 1869

Die Norwegerin Frau K. wunderte sich über den Cultus, den wir hier mit der Schönheit treiben; sie kam aus Paris, wo man nur dem Geist huldigt. Vielleicht ist es wahr, was sie bemerkte: in Frankreich ist der Geist, in Deutschland der Stand (!), in Italien die Schönheit das Ideal. In diesem Winter gab es nun zufällig so viele Schönheiten, wie ich nie zuvor in der Gesellschaft beisammen sah. Zuletzt erschien noch die Gräfin R. aus Venedig, nicht mehr ganz jung, aber hinreißend. Wenn sie in den Salon trat, strahlte sie wie ein angezündeter Candelaber, ihr anmutiges Leben erhellte alle Gesichter. Besonders schön war auch die Brasilianerin V., die bei der Gräfin Hohenthal spanische Lieder sang.
Rom wird jetzt wieder still. Die Fremden sind fort; die ernste Pflicht bleibt zurück. Vortrefflich sprach letzthin die Fürstin Wittgenstein über den Wert der geistigen Existenz in thätiger Arbeit, wie es die meine ist. Sie schreibt einen Artikel über die Freundschaft; ich sagte ihr dazu: die Freundschaft bedarf zu ihrer Wirklichkeit eines halben Lebens, die Liebe eines Augenblicks; wie kostbar ist die Freundschaft, und wie göttlich ist die Liebe!

Das Vatikanische Konzil

Rom, 4. Dezember 1869

Die Erwartung der Römer, daß sich ihre Stadt des nahen Concils wegen mit Fremden anfüllen werde, ist nicht eingetroffen. Gegen 500 Bischöfe sind zwar angekommen, aber sie haben

in geistlichen und weltlichen Palästen Wohnung genommen; auch die Reisenden vom Suezcanal sind ausgeblieben. Zu mir kamen wenig Menschen, ein paar Engländer und Deutsche. Unter jenen war Acton, welcher seit einigen Tagen zum Pair ernannt, jetzt also Lord Acton geworden ist. Er hatte Döllinger in München gesprochen. Er wußte noch nichts Bestimmtes über die Disposition der römischen Partei wegen des Dogmas der Infallibilität, und ob die Jesuiten Kraft haben würden, dasselbe in Szene zu bringen, oder ob sie ihren Rückzug nehmen wollen. Für das Dogma sind die meisten Romanen, die Engländer unter der Fahne Manning's, und viele Franzosen. Entschieden dagegen hat sich Dupanloup ausgesprochen, ferner Darbois von Paris und Maret. Auch der Cardinal Bonnechose ist dagegen. Schwarzenberg (welcher in der Anima wohnt), ein Mann von großer Autorität, soll erklärt haben, seine Würden niederzulegen, wenn das Dogma proclamirt werden sollte.
Acton sagte mir, daß Hefele, der jetzige Bischof von Rottenburg, zu ihm geäußert habe: Deutschland werde in zwei Jahren protestantisch sein, wenn das Dogma durchgehen sollte. Die Jesuiten haben übrigens die Rechnung der Stimmen gemacht und gefunden, daß sie auf die große Mehrheit zählen können.

9. Dezember 1869

Gestern um 8 Uhr Morgens wurde das Concil im S. Peter eröffnet. Ich ging dorthin mit Lindemann und Frau Kolban, bei strömendem Regen. Ungeheure Menschenmenge im Dom. Nirgend ein Platz zu finden. Nur von weitem sah ich in den geöffneten Conciliumsaal, woraus die roten Sitzreihen, die Medaillons der Päpste und eine geschmückte Tribüne hervorschimmerten. Ich sah nichts von der Procession; nicht einmal die Mitra eines Bischofs. Die Hitze war unerträglich; Dampfwolken stiegen aus den durchnäßten Kleidern und Schirmen, von deren Abtropfen der Marmorboden in eine Lache verwandelt war.
Die Kaiserin von Österreich, die vor einigen Tagen nach Rom kam, war anwesend. Sie blieb eine Viertelstunde lang in der Menschenmenge fest, bis ihr die Schweizergarde den Weg bahnte. Auch die Königin Olga wohnte der Feierlichkeit bei.
Der Gesang des Veni creator Spiritus, welchen die Procession

der Bischöfe anstimmte, soll viele nervenschwache Menschen zu Tränen gerührt haben. Die Sitzung dauerte bis 4 Uhr Nachmittags.

7. Januar 1870

Die Römer bleiben ohne Anteil am Concil. Niemand bekümmert sich um das Geschwätz dort im S. Peter. Man sagt, daß eine liberale Stimmung durch die Versammlung gehe; doch dies wird wohl wenig zu bedeuten haben. Die privaten Zusammenkünfte der Bischöfe sollen jetzt nicht nach Nationen, sondern nach Sprachen gehalten werden, wozu man ein passendes Local sucht. Die Gruppen würden sich dadurch vergrößern, und die Entstehung nationaler Fractionen vermieden werden. Man hat noch keine dogmatische Fragen zur Sprache gebracht, nur allgemeine Dinge, und diese aus der vorbereitenden Commission unter dem Cardinal Biglio, welche eine große Klasse von Fragen unter dem Begriff Schemata behandelt hat. Sie betreffen das Verhältnis der Kirche zur Wissenschaft, zur Philosophie, zur Civilisation überhaupt. Monsignor Tizzani soll bei dieser Gelegenheit eine gute Rede gehalten haben, ebenso der Bischof Strossmayer. Unter den Papisten bezeichnet man den Spanier von Urgel als einen der Stimmführer. Manning und sein Anhang sind noch nicht besonders hervorgetreten. Darbois, Maret und Dupanloup halten sich auch noch zurück. Den Deutschen fehlt ein Führer; man hofft auf Hefele. Ich glaube, daß diese ganze Opposition wenig Erfolg haben wird. Rom wird auf dem Syllabus bestehen bleiben, womöglich auch die Infallibilität proclamiren, und die Opponenten werden sich sodann als laudabiliter subject auf den Boden werfen und des Infallibeln Füße küssen. Man meint, daß das Concil Jahre lang dauern werde. Ich bekomme immer wieder Aufforderungen von Deutschland her, etwas darüber zu schreiben; was ich ablehne.

10. März 1870

Der Papst ist felsenfest überzeugt, daß er von Gott prädestiniert sei, das Dogma als Krone auf das Gebäude der Hierarchie zu setzen. Er hält sich für ein göttliches Instrument in der gestörten Weltordnung, für das Sprachrohr des heiligen Geistes. Ich sah ihn gestern auf dem Corso zu Fuß einhergehen und betrachtete ihn genau. Er kam mir sehr fallibel vor, sein Gang wackelnd, seine Gesichtsfarbe fahl. Daß solche schon begrabene Menschen noch fortdauern müssen, die Welt zu verfinstern! Der Cardinal de Angelis begegnete ihm; beide große Augurn entblößten ihre Häupter, redeten miteinander; als der Papst den Cardinal entließ, stand auf dessen Antlitz ein Glanz, wie Reflex von Infallibilität und Nachfolge im Papsttum.

Die Aufregung ist groß, selbst unter den Römern. Der alte Graf F. sagte mir gestern: ich prophezeie Ihnen, daß drei Viertel Italien's sich vom Papsttum trennen werden. Das aber glaube ich nicht.

Ende des Kirchenstaats

Rom, 30. Oktober 1870

Die gewaltsame Umwälzung der Stadt erscheint mir wie die Metamorphose eines Taschenspiels. Italiener haben die Päpstlichen abgelöst. Statt der Zuaven durchziehen Bersaglieri die Straßen mit einer Art von Reiterbande-Musik.

Hundert schlechte Zeitungen sind wie Pilze aufgeschossen und werden in allen Straßen ausgeschrien. Eine Invasion von Verkäufern und Charlatanen füllt die Plätze. Alle Augenblicke hängt man Fahnen aus, macht man Demonstrationen. Man hat Denkmäler decretiert für Ciceruachio und für Cairoli. Eine Flut von Edicten wird täglich von der „Gazetta Ufficiale" ausgeschüttet, in welche sich jetzt das „Giornale di Roma" verwandelt hat.

Der Papst hat sich zum Gefangenen erklärt, Protest erlassen, durch Bulle das Concil suspendirt. Am Vatican stehen italienische Wachen; in der halbgeöffneten Thüre des Säulenganges sah ich verschüchterte Schweizer. Im Vatican wohnen die Vertrauten des Papstes, darunter auch Kanzler. Die Cardinäle zeigen sich nie, oder wenn sie ausfahren, so sind ihre Wagen ohne Abzeichen. All ihr Pomp und alle ihre Magnificenz ist in Rauch aufgegangen. Nur einzelne Priester durchschleichen die Straßen, furchtsam und Schatten gleich. Ich fand indeß eines Abends den Cardinal Silvestri beim Herzog von Sermoneta, welcher doch Präsident der Giunta war und dem König das Plebiscit Rom's überbracht hatte. Lamarmora ist hier Gouverneur. Die Actionspartei drängt den König zur sofortigen Ver-

legung der Residenz nach Rom, um eine Thatsache zu schaffen. Er zögert. Er hat nicht einmal einen Palast in Rom, darin zu wohnen. Auf das Quirinal, dessen Schlüssel die päpstlichen Beamten verweigerten, besitzt er kein Recht.
Die Italiener sammeln für die Hinterbliebenen der bei ihrem Sturm auf die Porta Pia Gefallenen, und sie sprechen im Ernst von einem römischen Feldzuge. Der Gefallenen sind, so glaube ich, zehn Mann. Da ich von dem blutigen Krieg in Frankreich herkomme, so ist mir dies Treiben widerlich.
Rom wird die weltrepublikanische Luft einbüßen, die ich hier 18 Jahre geatmet habe. Es sinkt herab zur Hauptstadt der Italiener, welche für eine große Lage, in die sie unsre Siege versetzt haben, zu schwach sind. Es ist ein Glück, daß ich meine Arbeit fast vollendet habe – heute könnte ich mich nicht mehr in sie versenken. Nur noch drei Monate der Mühe und ich bin am Ziel. Das Mittelalter ist wie von einer Tramontane hinweggeweht, mit allem geschichtlichen Geist der Vergangenheit. Ja, dies Rom ist ganz entzaubert worden.

Ankunft des neuen Königs

Rom, 31. Dezember 1870

Heute am Morgen kam der König. Mittelaltrige Chroniken fabeln oft von Wasserdrachen, welche die Tiberüberschwemmungen nach Rom hineingeworfen haben; die große Balena war diesmal Victor Emanuel. Er brachte Rom in fieberhafte Bewegung. Noch ertrinkend bedeckte sich die Stadt mit Tricoloren. Er stieg ab im Quirinal. Um Mittag fuhr er durch die Straßen, Lamarmora neben sich. Das Volk wogte auf und ab. Victor Emanuel unterzeichnete im Quirinal sein erstes Decret, die Annahme des Plebiscits. Er fährt schon heute Abend nach Florenz zurück. Welch ein merkwürdiger Jahresschluß für Rom ist diese Erscheinung des Königs des einigen Italien's! Sie schließt das Mittelalter ab.

5. März 1871

Man bemächtigt sich jetzt nach und nach der öffentlichen Gebäude und der Klöster, um darin die Ministerien einzurichten. Antonelli schreibt Note auf Note, wahrhaft kläglich zu lesen, wie Artikel eines Journalisten; niemand achtet darauf.

Man hat die Porta Salaria eingerissen, das alte ehrwürdige Tor, wodurch einst die Gothen eingezogen waren. Man entdeckte in beiden Rundtürmen alte Grabmäler; eines mit griechischer Inschrift. Ganz Rom ist so verrottet, wie das Papsttum. Man müßte es völlig umbauen, um es als eine moderne Residenz wohnlich zu machen.

„Das alte Rom geht unter"

Rom, 8. Juni 1871

Rom ist ein übertünchtes Grab geworden. Man streicht die Häuser, selbst die alten ehrwürdigen Paläste weiß an; man kratzt den Rost der Jahrhunderte ab, und da zeigt sich erst, wie architectonisch häßlich Rom ist. Rosa hat sogar das Colosseum rasirt, d. h. von allen Pflanzen reinigen lassen, die es so schön schmückten. Dadurch ist die Colosseum-Flora zerstört worden. Der Engländer Deakin hat vor Jahren darüber ein Buch verfaßt. Dies Umwandeln der heiligen Stadt in eine weltliche ist die Kehrseite jener Zeit, wo das heidnische Rom mit gleicher Leidenschaft in das geistliche verwandelt wurde. Die Klöster werden zu Bureaus umgeschaffen; man öffnet die versperrten Klosterfenster, oder bricht neue in die Wände, oder macht neue Portale. Nach Jahrhunderten dringt wieder Sonne und Luft in diese Klausen der Mönche und Nonnen. So sind S. Silvestro, die Klöster der Philippiner, der Minerva, der Augustiner im Marsfeld, der Santi Apostoli in kurzer Zeit gewaltsam umgewandelt woren. Die noch darin wohnenden Mönche werden wie Dachse herausgehämmert. Es ist ein kläglicher Anblick, sie so geisterhaft herumschleichen zu sehen, in ihren Kammern und Kreuzgängen und Corridoren. Einige sollen sich doch freuen, bald aus ihrem Bann erlöst zu sein. Das alte Rom geht unter. Nach 20 Jahren wird hier eine neue Welt sein. Ich aber bin froh, daß ich im alten Rom so lange gelebt habe. Nur in ihm konnte ich mein Geschichtwerk schreiben.

Ende einer römischen Mission

Rom, 14. Juli 1874
(Letzter Tag in Rom)

Mein Entschluß steht fest: mit meinen Geschwistern in Deutschland mich wieder zu vereinigen. Meine Mission in Rom ist beendigt. Ich war hier ein Botschafter, in bescheidenster Form, doch vielleicht in einem höheren Sinn als diplomatische Minister. Ich kann von mir sagen, was Flavius Blondus von sich gesagt hat: ich schuf was noch nicht da war, ich klärte elf dunkle Jahrhunderte der Stadt auf, und gab den Römern die Geschichte ihres Mittelalters. Das ist mein Denkmal hier. So darf ich ruhig von hinnen gehn.

Ich könnte wol auch noch bleiben. Aber es sträubt sich ein selbstbewußtes Gefühl in mir gegen die Vorstellung, hier mich in Einsamkeit zu überleben, und in Rom zu altern, wo alles neu wird und sich verwandelt, und ein neues zudringliches Leben mir bald alte liebgewordene Pfade bedecken und unkenntlich machen wird.

Doch ist es ein Ungeheures, daß all dies innerste und lebendigste Leben meines Selbst jetzt zu einer Vergangenheit wird. In dieser Zeit fuhr ich oft Nachts aus dem Schlaf empor, geweckt und gezogen von dem schreckenden Gedanken, daß ich Rom verlassen werde. Und niemand hier hält das für möglich. Es ist ein plötzliches Losreißen, wie Sturm einen Baum entwurzelt.

Als ich gestern vom Capitol herabkam, war es mir, als riefen Monumente, Bildsäulen und Steine mich laut bei Namen.

Wenn ich hier aus dem Fenster meiner Wohnung in der Gregoriana, die fast meinen Namen trägt, auf das große Rom blickte, sah ich vor mir – und das durch vierzehn lange Jahre – den S. Peter, den Vatican, die Engelsburg, das Capitol, so viele andere Monumente. Ihre Bilder spiegelten sich gleichsam auf dem Papiere ab, wenn ich an diesem Tisch an der Geschichte Rom's schrieb; sie inspirirten und illustrirten fort und fort das allmälig entstehende Werk, und sie hauchten ihm Localfarbe und geschichtliche Persönlichkeit ein. Nun schwindet das alles und ist Phantom, wie das Weltgebilde des Prospero in Shakespeares Sturm.

Roma vale! Haeret vox et singultus intercipiunt verba dictantis[1].

[1] FERDINAND GREGOROVIUS, Römische Tagebücher. Stuttgart 1892, S. 171–172, 384–385, 423–424, 443–444. 446 454–455, 462–463, 509, 513, 501–503, 519–520, 591–592.

GERARD MANLEY HOPKINS

Landschaft im Tagebuch-Stil

1866

Für die Fastenzeit. Keinen Pudding an Sonntagen. Keinen Tee, es sei denn, ich müßte mich wachhalten, und dann ohne Zucker. Fleisch nur einmal am Tage. Keine Verse in der Passionswoche oder an Freitagen. Nicht im Lehnstuhl sitzen, außer wenn ich anders nicht arbeiten kann. Aschermittwoch und Karfreitag Brot und Wasser.

Regentropfen, die an Gittern usw. hängen, sehen, wenn nur der untere Rand beleuchtet ist, wie Nägel (Fingernägel) aus. Windungen von Bächen und Bindfäden. Weiche, kreidig aussehende Wolkenballen, deren Mitte schattiger ist, in einer Nacht mit schwachem oder verschleiertem Mondlicht. Mehlige Wolken, um einen nicht sehr glänzenden Mond. Plumpe Knospen der Esche. Bleistiftknospen der Buche. Auslappungen der Bäume. Augenhöhlen, die die leicht beweglichen Augenlider wieder zurücknehmen. Bögen der Augenlider. Bleistiftstriche der Wimpern. Die Flüssigkeit im Augapfel. Augenlider wie Blätter, Blütenblätter, Kappen, Federhüte, Tücher, Ärmel, Handschuhe. Auch von den Knochen kann man sagen: in Fleischärmel eingehüllt. Die Säfte des Sonnenaufgangs, Sehnen und Adern desselben. Zinnoberrot einer Hand, die man gegen Kerzenlicht hält, die dunkleren Partien, wie die Mitte der Finger und besonders die Knöchel mit Asche bedeckt[1].

[1] Gerard Manley Hopkins, Gedichte, Schriften, Briefe. Hrsg. von Hermann Rinn. Übers. von Ursula Clemens in Zusammenarbeit mit Friedhelm Kemp. München 1954, S. 238–239. Abdruck mit freundl. Genehmigung des Kösel-Verlags.

Ausgaben im Bayerischen Wald

Weiden, 8. August 1867

Donnerstag den 8 früh

um 9 Uhr 10 Min. Abf(ahrt) vom bairische(n) Bahnh(of).
Preis III Cl(asse) – Eger 2 Thl. 23 Ngr
– in Altenburg 5 Ngr. Frühstück
– später $2^1/_2$ zu Mittag.
Porzellanmaler
in Falckenstein
– später in Oelsnitz Caffee 2 N.
– Brambach Bier. 5 N.
in Franzensbad ausgestiegen (vorher in Voitersreuth Aussteigen und Besichtigung des Gepäcks, Aufkleben einer Marke) in Fr(anzensbad) Kaffee und Kipfel 30 Kr. Heimweg im Regen nach Eger. Im Goldnen Stern Markt. Fuhrmanns Kneipe. Einschreibe(n) ins Reisebuch ‚Reisedocumente Nürnberg' Guter Meldecker. Schlechte ‚Backhühnel'. Brot gut. 29.20 Kr. also zu theuer.

Freitag d(en) 9

auf der Burg. 12 Kr bair(isch) nach den Bahnhof.
(nach Waldsassen), in zum Wies gefrühstückt
gut Brod, Bier, Butter, Ei
20 Kr.
nach Paß nicht gefragt.
Waldsassen. Klosterwirth 6 Kr.
Bahn bis Parksteinhütte 1 G. 6 Kr.
Pastor kath(olisch) 1 Stunde Wegs durch Föhrenwald
Basaltbildung. 5 Ng. dur(ch) kath(olische) Kirche
14 Kr. im Wirtsh(aus)
sauber, schlecht(es) Bier, guter Käse
12 Kr. Eisenbahn retour na(ch) Weiden.
Gasthof zum Schwan am Graben. Gut Essen Taube Carbonade 2 Gl. Bier Kaffee und gut Quartier und Bier. Morgens mit Kaffee[1].

[1] NIETZSCHE war damals 23 Jahre alt.

Dämon der Lektüre . . .

Zeugen in Tagebuchblättern

Frühjahr 1868

Verstimmungen und Verdrießlichkeiten persönlicher Art pflegen bei jungen Leuten leicht einen allgemeineren Charakter anzunehmen, wenn sie sonst nur zur ϑυσχολία geneigt sind. Ich hieng damals gerade mit einigen schmerzlichen Erfahrungen und Enttäuschungen ohne Beihilfe einsam in der Luft, ohne Grundsätze, ohne Hoffnungen und ohne eine freundliche Erinnerung. Mir ein eignes anpassendes Leben zu zimmern war mein Bestreben von früh bis Abend; dazu brach ich die letzte der Stützen ab, die mich an meine Bonner Vergangenheit fesselte; ich zerriß das Band zwischen mir und jener Verbindung. In der glücklichen Abgeschiedenheit meiner Wohnung gelang es mir mich selbst zu sammeln und wenn ich mit Freunden zusammen traf, so war es eben mit Mushakke und v. Gersdorff, die für ihren Theil mit gleichen Absichten umgiengen. Nun vergegenwärtige man sich, wie in solchem Zustande die Lektüre von *Schopenhauers* Hauptwerk wirken mußte. Eines Tages fand ich nämlich im Antiquariat des alten Rohn dies Buch, nahm es als mir völlig fremd in die Hand und blätterte. Ich weiß nicht welcher Dämon mir zuflüsterte: „Nimm Dir dies Buch mit nach Hause." Es geschah jedenfalls wider meine sonstige Gewohnheit, Büchereinkäufe nicht zu überschleunigen. Zu Hause warf ich mich mit dem erworbenen Schatze in die Sophaecke und begann jenen energischen düsteren Genius auf mich wirken zu lassen. Hier war jede Zeile, die Entsagung, Verneinung, Resignation schrie, hier sah ich einen Spiegel, in dem ich Welt Leben und eigen Gemüth in entsetzlicher Großartigkeit erblickte. Hier sah mich das volle interesselose Sonnenauge der Kunst an, hier sah ich Krankheit und Heilung, Verbannung und Zufluchtsort, Hölle und Himmel. Das Bedürfniß nach Selbsterkenntniß, ja Selbstzernagung packte mich gewaltsam; Zeugen jenes Umschwunges sind mir noch jetzt die unruhigen, schwermüthigen Tagebuchblätter jener Zeit mit ihren nutzlosen Selbstanklagen und ihrem verzweifelten Aufschauen zur Heiligung und Umgestaltung des ganzen Menschenkerns. Indem ich alle meine

Eigenschaften und Bestrebungen vor das Forum einer düsteren Selbstverachtung zog, war ich bitter, ungerecht und zügellos in dem gegen mich selbst gerichteten Haß. Auch leibliche Peinigungen fehlten nicht. So zwang ich mich 14 Tage hintereinander immer erst um 2 Uhr Nachts zu Bett zu gehen und es genau um 6 Uhr wieder zu verlassen. Eine nervöse Aufgeregtheit bemächtigte sich meiner und wer weiß bis zu welchem Grade von Thorheit ich vorgeschritten wäre, wenn nicht die Lockungen des Lebens, der Eitelkeit und der Zwang zu regelmäßigen Studien dagegen gewirkt hätten[1].

[1] FRIEDRICH NIETZSCHE, Tagebuch einer Reise im Bayrischen Wald. Vgl. „Werke und Briefe". München 1935, Bd. 3 S. 280–281, 297–298.

Befehl an sich selbst

1870 u. 1871

De par le Roy

Vom Thronhimmel des Königlichen Bettes
auf *immer* hinweg verlegt, nach jenem
weichen Polster eines orientalischen Traum Ortes,
doch nun auch hier nicht wieder, überhaupt
keinenfalls vor dem 10. Febr. dann immer seltener,
immer, immer seltener – – –Hier gilt kein
„car tel est notre bon plaisir“ – sondern es ist
jetzt ist es strenge einzuhaltendes Gesetz u.
„tout justice émane du Roy. –
Si veut le Roy, veut la loi. –
Une foi, une loi, un Roy.“

Gegeben am 11. Jan. 70. – 4 volle Monate
vor seinem wonnigen Tage –
Wie Du mich schirmst in meiner Noth
So halt in Treu ich Dein Gebot[1]. –

[1] Kommentar des Herausgebers Edir Grein: „Diese und die nächsten Seiten sind im Stil von Dekreten Ludwigs des XIV. gehalten und klingen in einer Verherrlichung des absoluten Königtums aus. Ludwig will durch an sich selbst gerichtete Befehle sich vor Rückfällen schützen. Schon die bisherigen Aufzeichnungen zeigen deutlich die Verwirrung in seinen Gedankengängen. Unter der Schrift ist ein großes königliches Siegel angebracht mit dem Königswappen und ein anderes mit den Initialen und der Krone.“

De par le Roy

Nicht mehr im Januar, nicht im Februar,
überhaupt ist das Ganze so viel als nur irgend
möglich abzugewöhnen; Mit Gottes u. Königs
Kraft! – Die *Unmöglichkeit* wirklichen Falles
ist somit ausgesprochen. – Geschworen, so wahr
Gottes heiliger Wille nicht mich schütze u. des Königs erhabenes Wort. –

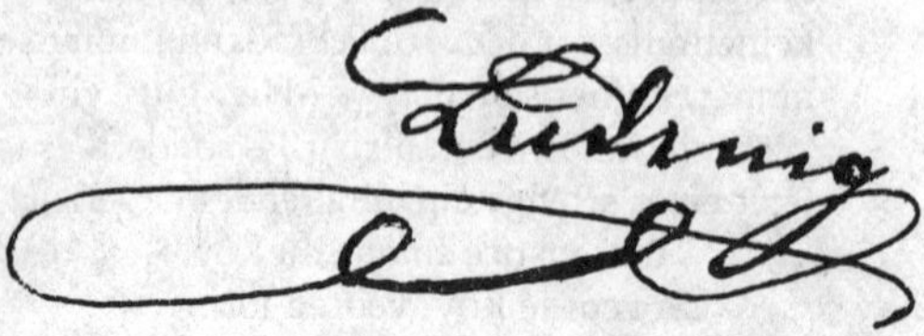

Nachtrag

D. p. I. R.

Keine nutzlosen, kalten Waschungen mehr,
Schluß seit XIV. 3. – Weihwasser.
Alles *Schlechte* erlöscht durch den Königs Willen.
Die neuen Höhen sind im Geiste erstiegen.
Schonung geboten, bei schwerer Strafe u. zu folgenden Gewissens-Bissen. –

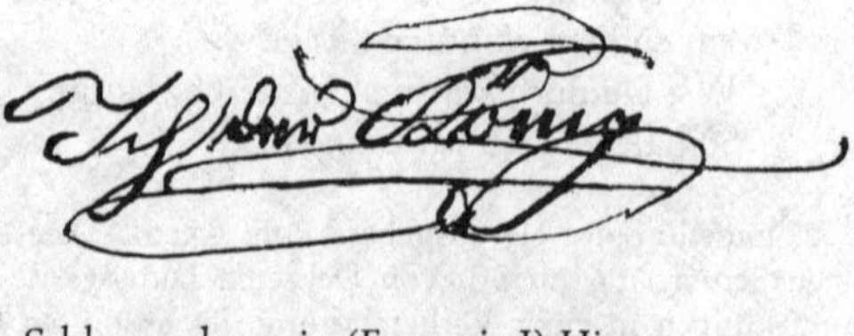

Fahrt zu Schlux, gelesen in (Francois I) Hier
im lieblichen Thal der Rosen, halten wir erquickende Rast . . . (Skizze, Einzug Ludwig XV.
in Seine getreue Hauptstadt nach Seiner Krankheit
in Metz, Residenzsaalbild, am 21. Schlangen Haus,

21. Juni. – Geschworen beim Andenken
des Gelöbnisses in d. Pagodenburg am 21. April.
Beim Andenken an die allegorische Zertrümmer
ung des Schlechten an. Bald bin ich ein Geist
geworden, *reiner Aether* mich umwallt, 7 7 7
geschworen ich wiederhole es u. halte es, so wahr ich
Dann anders zu versuchen, beim 3ten Male ge
lingt es, gedenke des 9ten Mai 3 mal 3! –
Febr. – April – Juni – Septemb.
Liliendufd! Königslust – – – – –
es hat dieser Schwur die bindende Kraft, sowie
das Gelingen durch:

Feierlicher Schwur vor dem Bilde des großen Königs
„Während 3 Monaten Enthaltung jeglicher Aufregung"
„Es ist nicht gestattet Sich mehr, als auf 1½ Schritte zu
nähern"

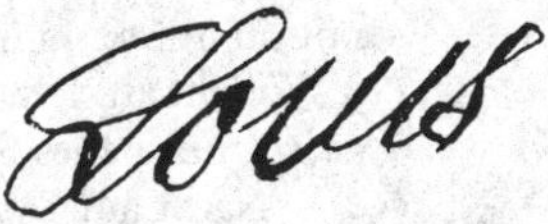

Gegeben zu Hohenschwangau
Im Jahr des Heils 29 Juni 1871
Unserer Regierung dem 8ten

Dekret an sich selbst

1872

De Par le Roy

Au nom du Roy Louis XIV et du Roy
Louis XV. Il est ordonné que dans la nuit
du quatorzième au quinzième octobre
1872 on s'ait touché pour la derniere fois aux –
chl – dans les noms de ces Roys si
puisants et augustes est la garan-
tie de la force pour vaincre a jamais
Donné à Hohenschwangau le 15 october
de l'an du grace 1872 de notre règne
le neuvième. –

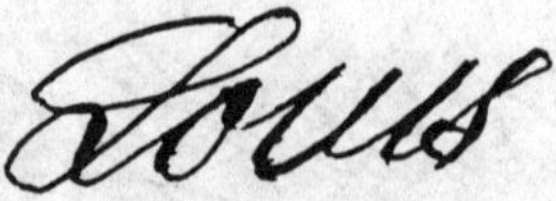

Au Roy

1877

In diesem Briefe ist der Befehl und
hiemit auch die Nothwendigkeit u.
Möglichkeit zu gänzlicher Enthaltsamkeit,
selbst des Küssens gegeben, ana-
thema in *aeternum*! Überwunden
mithin mit 32 Jahren u. nicht ganz
3 Wochen alt, letzter Unglücksfall,
entsetzlich nahes Streifen an gänzlichen Fall,
Nacht auf 13 Sept 77
Verflucht des *Blenden* der
Erscheinung, das in sich an unsre *Sinne*[1]
drängt. – Geschworen *nie* u. *nimmer*,
nimmer wieder, i. J. der Vollend
ung des Linderhofes u. i. J. vor Beginn des
Chiemsee-Baues (Versailles!)

[1] Im Original viermal unterstrichen.

1882

Am 16. Oktober Todestag der unvergeßlichen, erhabenen, edlen Dulderin, der Königin Marie Antoinette.
Trauer Abend Fahrt Ettal!
Oberammergau zur Kreuzigungs-Gruppe, Symbol der Stärke und Erlösung. Krone u. Kreuz.
Linderhof 1880.

Am 28ten bei herrlichem Sonnenschein noch Hochkopf, Er Miranda, ich Amor geritten zur Aussicht auf den Walchensee, gelesen (Scheffel) Ihm die Tischplätze gezeigt, dann zu Mittag, selige Stunden, um den Berg gegangen. Souper, viel erzählt, heiter und glücklich. (Er Concordia, ich über die Sammlung v. Wallace), spät zum größten Theil zu Fuß hinab, Mondensichel (Diana) 1/24 Uhr. Sehr gelungener Ausflug.

29. Regen. Cramelsberg unmögliche gefahren u. zu Fuß; zu Mittag Einlauf, noch viel beisammen, zugesagt morgen zu bleiben. Geblieben.

am 30ten. viel Schnee, geritten Hinterriß zu. Er Haidenau, ich Verolea. zurück gefahren. Mahl lebhaft u. frisch im Gespräch. wie immer spät zur Ruhe. Am 31 fort von lieben Aufenthalt Wallgau, Walchensee, Kesselberg geritten. Verolea, Miranda Thea Herzogenstand zu. Hütte zu Mittag. Er Concordia, ich über Moliére gelesen, sehr gemütlich; heiter zu Fuß, dann Studienzeit erzählt gefahren Kochl, Bichl x.x.
Nachricht. Richard Wagner da. Für Chiemsee Schloß bestimmtes betrachtet.
Lohengrin mit Richard Wagner der Vorstellung beigewohnt, sehr gelungen u. schön. Er anwesend, mit Ihm in der Wohnung. Wintergarten soupiert, lange beisammen.[1]

[1] LUDWIG II. von BAYERN, Tagebuch-Aufzeichnungen 1869–1886. Lichtenstein 1925, S. 9–15, 39, 69, 79. Hervorhebungen von Ludwig II. Beispiele aus dem Diarium eines bedauernswerten Paranoikers, dessen Liebe zur Musik und zur Kunst durch zunehmende Geistesschwäche (Megalomanie, Autismus) immer bizarrere Formen annahm. Vor allem auffallendes Dokument für den hier schon irren paranoischen Komplex in Tagebüchern. Das Tagebuch wird zum *Vergrößerungs*-Spiegel des Narziß.

Nur das täglich Erlebte und Empfundene

Berlin 1871

Ich habe die während des Feldzugs 1870/71 unter dem Drange der Kriegstätigkeit in mein Tagebuch nur flüchtig eingetragenen täglichen Eindrücke nach erfolgter Rückkehr in die Heimat durch Auszüge aus dem zwischen meiner Frau und mir regelmäßig geführten Briefwechsel vermehrt und ergänzt.
Grundsätzlich hielt ich aber hierbei streng daran fest, nur das täglich Erlebte und Empfundene aufzuzeichnen, so daß nicht eine Verbesserung oder Veränderung unter dem Eindruck späterer Ereignisse aufgenommen worden ist.
Mein Tagebuch ist sonach ein Beitrag zu der Geschichte jenes großen denkwürdigen Krieges und enthält auch manche wohl kaum anderweitig zu findende Beleuchtung der Ereignisse, welche die Außenwelt ganz anders als ihre Wirklichkeit auffaßt. Ebenso wird der Charakter der hervorragenden Personen vielfach in einem anderen Lichte erscheinen, als Mitwelt und Geschichte sie sich vorstellen.
Da dergleichen Mitteilungen aber nicht zur Kenntnis der Zeitgenossen gelangen können, so befehle ich, daß außer meiner Frau und meinen mündig gewordenen Kindern niemand Einsicht von meinem Tagebuch nehmen darf, als bis das Jahr 1922 abgelaufen ist. Einer Veröffentlichung steht dann nichts mehr entgegen.

Mit König Ludwig II. in München

München, 27. Juli 1870

Bald nach Sonnenaufgang traf ich in dem mir so teuren Nürnberg ein, woselbst mich die zahlreich Versammelten fast so, als befände ich mich in einer preußischen Stadt, empfingen, und so ging es fort und fort über Ingolstadt, wo ich das am Bahnhof versammelte bayrische Offizierkorps der Garnison anredete, nach Moosburg, bis wohin König Ludwig mir entgegengekommen war.

Ich finde ihn auffallend verändert; seine Schönheit hat sehr abgenommen, er hat die Vorderzähne verloren, sieht bleich aus und hat etwas Nervös-unruhiges in seiner Art zu sprechen, so daß er die Antwort auf seine Frage nicht abwartet, sondern während des Sprechens des Antwortenden bereits neue, andere Dinge betreffende Fragen stellt. Er scheint mir aus vollem Herzen bei der Sache zu sein und mit Hingebung der großen nationalen Erhebung zu folgen. Allgemein lobt man seinen raschen Entschluß, die vom Kriegsminister Generalleutnant von Prancky ihm, ohne Wissen des auswärtigen Ministers Grafen Bray, vorgelegte Mobilmachungsorder unterzeichnet zu haben.
Auf dem Bahnhof in München erwarteten mich sämtliche königlichen Prinzen, der Hof und Ehrenwachen der Infanterie und Kavallerie sowie eine außerordentlich große Anzahl von Menschen, deren Hochrufe stürmisch und begeistert entgegenklangen. Königin Marie erwartete mich in den mir bestimmten „Trierschen" Wohnräumen; sie sieht wohl und lieb aus wie immer und war von einer rührenden, freudigen Herzlichkeit für mich. Herzog Friedrich zu Schleswig-Holstein fand ich zu meiner völligen Überraschung hier und zwar als eben ernannten bayrischen General. Er scheint mir, bis zur endgültigen Regelung der deutschen Frage, aus seiner bisherigen Zurückhaltung in ein gewisses Übergangsstadium treten zu wollen, will aber doch nicht die preußische Uniform anziehen, sondern als bayrischer Soldat den Krieg mitmachen, um dann seine Annäherung an uns zu bewerkstelligen. Inzwischen hat er einen offenen Brief an seine Landsleute erlassen, in welchem er ihnen seine Gesinnungen kundgibt. Zunächst geht er aber noch einmal wieder ruhig nach Hause behufs Regelung seiner Gutsverhältnisse.
Graf Usedom und Fürst Chlodwig Hohenlohe fand ich zu meiner Freude anwesend. Letzterer zweifelt nicht an einer unbedingten Neutralität Österreichs, vermag aber auch nicht ganz klar die Absichten eines unter Beusts Leitung stehenden Kabinetts zu erkennen, welches allerdings auf Ungarn und die Deutsch-Österreicher ziemliche Rücksicht nehmen muß. In dem Grafen Andrassy sieht er nicht den Freund Deutschlands, für den derselbe bisher gegolten hat. Bayerns gegenwärtige Hal-

tung sei unzweideutig; wenn es auch bei Beratung der Anleihe einen Augenblick gab, wo der Ausschuß keineswegs patriotisch gesprochen, so habe doch zum Glück im Plenum die nationale Farbe die Oberhand gewonnen, und die heillose ultramontane Partei sei unterlegen.

Familiendiner mit Musik, aber in beklommener Stimmung der Herrschaften ging einem Festtheater voraus, in welchem „Wallensteins Lager" mit Prolog vorzüglich aufgeführt ward. Bei unserem Kommen und Gehen sowie bei verschiedenen anderen Anlässen wurden wir im ausverkauften Hause stürmisch von dem Publikum begrüßt. Der König meinte, daß Schiller in seinen Schriften viel demokratische Tendenzen ausspräche, und glaubt, daß man deswegen in Berlin nicht gerne sein Denkmal aufstellen lassen will. Er fragte mich, ob es noch im preußischen Heere üblich sei, daß jeder Soldat sein Liebchen mit ins Feld nimmt.

Nachts um zwei Uhr reiste ich nach Stuttgart weiter, nachdem noch ein gemütlicher Tee bei der Königin Marie den Tag beschlossen hatte. Beim Einsteigen in den Wagen ward mir ein Brief des Königs eingehändigt, in welchem er mir, wie es Graf Bray auch bereits angedeutet hatte, den Wunsch ans Herz legte, bei einem dereinstigen glücklichen Frieden Bayerns Selbständigkeit gewahrt zu sehen.

Napoleon gibt sich gefangen

Sedan, 1–2. September 1870

Während dieser Zeit regte Se. Majestät, aber fast nur in ungläubigem Scherze mit Bismarck, Roon und mir, die Frage an, was denn, gesetzt, daß wir den Kaiser Napoleon wirklich in unsere Hand bekämen, mit einem solchen Gefangenen anzufangen sei.

Nachdem nun die Beschießung eine Weile gedauert hatte, befahl Se. Majestät dem Oberstleutnant Bronsart von Schellendorf als Parlamentär behufs Aufforderung zur Übergabe der Festung nach Sedan hineinzureiten. Kaum war dieser fort, als verschiedene bayrische Offiziere mir meldeten, daß weiße Fahnen auf den Wällen von Sedan wehten, daß französische Offi-

ziere, welche wegen einer Kapitulation unterhandeln wollten, unterwegs wären, und daß es allgemein hieße, Kaiser Napoleon sei wirklich in der Festung. Ähnliches meldete auch Rittmeister von der Lancken von meinem Stabe. Se. Majestät erklärten hierauf, nur mit dem französischen Höchstkommandierenden oder einem Bevollmächtigten desselben unterhandeln zu wollen, befahlen aber, das Bombardement sofort einzustellen.
Als es zu dämmern begann und die Glut der in der Umgegend brennenden Dörfer den Himmel erhellte, erschien Oberstleutnant von Bronsart wieder. Er hatte in Sedan den Kaiser Napoleon selbst gesprochen, der seine Bereitwilligkeit zu unterhandeln, in einem an Se. Majestät gerichteten Briefe, den sogleich sein Adjutant General Comte Reille überbringen werde, aussprechen wollte.
Was beim Anhören dieser Meldung in eines jeden Brust vorging, ist leicht erklärlich. Das Erschütternde und Gewaltige eines solchen Erlebnisses liegt auf der Hand. Der Krieg hatte seinen Höhepunkt erreicht, der Urheber des schreienden Unrechts war in unserer Macht. Nun mußte der Friede bald eintreten.
Nichts bezeichnet die Stimmung der Anwesenden vielleicht besser, als daß, nachdem Oberstleutnant von Bronsart seine Meldung erstattet hatte, jemand hinter mir laut sagte: „Nun muß alles Hurra rufen", dieser Aufforderung aber so schwach Folge gegeben wurde, daß der Ruf mißlang. Die Ursache dieses mißglückten „Hurras", suche ich darin, daß jeder unwillkürlich fühlte, die Größe des Ereignisses fände in einem solchen Ausrufe nicht den entsprechenden Ausdruck, und daß es eben deutsche Art ist, sich bei großen Begebenheiten nicht zu lauten Kundgebungen hinreißen zu lassen. Vielleicht aber wirkte auch der Umstand mit, daß eigentlich niemand sich klar darüber war, ob des Kaisers Napoleon Gefangennehmung ein Glück oder ein Nachteil für uns sei. Jedenfalls war uns allen zumute, als träumten wir.
Bereits sah man den französischen Parlamentär angeritten kommen. Rasch ward die Kavalleriestabswache um die Mannschaften der meinigen vermehrt und mit aufgenommenem Gewehr hinter dem Könige aufgestellt; vor derselben bildeten sämtliche Anwesenden einen weiten Halbkreis, so daß Se.

Majestät und ich an seiner Seite vorwärts desselben zu stehen kamen. Prinz Karl, der Prinz Luitpold von Bayern, der Großherzog von Sachsen-Weimar, der Herzog von Sachsen-Koburg, die Erbgroßherzöge von Sachsen-Weimar, Mecklenburg-Schwerin und -Strelitz, Prinz Wilhelm von Württemberg, der Erbprinz zu Hohenzollern, der Herzog Friedrich zu Schleswig-Holstein-Augustenburg, sowie Graf Bismarck, General von Moltke und Kriegsminister von Roon standen dicht hinter uns. Der Großherzog von Sachsen-Weimar versuchte, in allerhand Posen wechselnd, sich allmählich möglichst nahe neben mich zu bringen.

Nun erschien der Comte Reille, vom Hauptmann von Winterfeld vom Generalstabe und einem preußischen Ulanentrompeter begleitet. Sobald er des Königs ansichtig ward, stieg er vom Pferde, ordnete zunächst etwas an seiner Beinkleidung, nahm dann seine rote Mütze ab, und schritt, einen großen Stock in der Hand, zwar gesenkten Blickes, aber doch in keiner Weise etwa würdelos, auf Se. Majestät zu und überreichte mit wenigen Worten den Brief Napoleons.

Der König öffnete denselben und las die eigenhändig geschriebenen kurzen Worte: „Monsieur mon frère, n'ayant pas pu mourir au milieu de mes troupes, il ne me reste qu'à remettre mon épée entre les mains de Votre Majesté. Je suis, de Votre Majesté, le bon frère Napoléon. Sedan le Ier Septembre 1870." Der König sagte darauf sogleich dem Comte Reille, daß er, wenn nicht die gesamte französische Armee die Waffen strecke, keine Unterhandlungen annehmen wolle, zugleich aber erklärte er sich bereit, das Schreiben des Kaisers Napoleon sofort zu beantworten.

Der König besprach nunmehr zunächst mit Graf Bismarck, General Moltke und mir den Inhalt des Schreibens, das er an Napoleon richten wollte; darauf ward zunächst dem Legationsrat Grafen Paul Hatzfeldt der Entwurf desselben in die Feder diktiert. Der von Sr. Majestät dann eigenhändig geschriebene Brief lautete: „Monsieur mon frère. En regrettant les circonstances dans lesquelles nous nous rencontrons, j'accepte l'épée de Votre Majesté, et je prie de bien vouloir nommer un de Ses officiers, muni de Ses pleins pouvoirs pour traiter des conditions de la capitulation de l'armée qui s'est si bravement

battue sous Vos ordres. De mon coté j'ai designé le général de Moltke à cet effet. Je suis, de Votre Majesté, le bon frère Guillaume. – Devant Sedan (le) Ier Septembre 1870."
In meiner Knabenzeit vernahm ich oft beim Geschichtsunterricht: „Die Weltgeschichte ist das Weltgericht!" Heute, wo ich anfange, die Bedeutung des gestrigen Tages zu ermessen, vermag ich recht die tiefe Wahrheit jener Worte zu begreifen. Gestern drängten sich die Eindrücke zu gewaltig rasch und übermächtig, als daß ich ihre Größe vollauf zu fassen imstande gewesen wäre, denn unsere Erfolge übersteigen doch die kühnsten Erwartungen. Werden wir aber darum den Frieden erreichen oder wird die Kaiserin-Regentin den Krieg erst recht bis aufs Messer fortsetzen oder wird gar der Kaiser uns am Ende die Verlegenheit bereiten abzudanken? Diese sorgenvollen Gedanken stritten sich in meinem Innern mit dem Hochgefühl über den errungenen Sieg.

Unwillen über Ludwig II.

Versailles, 3. Dezember 1870

Der gestrige blutige Tag scheint den Franzosen noch nicht genügt zu haben, denn bereits mit Tagesanbruch hörten wir heute von neuem lebhaft schießen, bis die dicke Schneeluft den Schall völlig dämpfte . . .
Vom pommerschen Armeekorps sollen das Grenadierregiment Kolberg wie auch das 6. pommersche Infanterieregiment Nr. 49 nebst der Artillerie starke Verluste erlitten haben. Die I. württembergische Infanteriebrigade und etliche sächsische Regimenter sollen durch schwere Geschützfeuer förmlich dezimiert sein. Aber auch die französischen Verluste gelten für sehr bedeutend.
Mein Gott, was für Blut muß noch immer fließen, während der gesunde Menschenverstand den Parisern endlich sagen sollte, daß ihr Widerstand, so heroisch er bleibt, doch nur zu ihrem Ruin führen kann. Möchten diese Ausfallskämpfe keine andere Bedeutung als jene große Ehrenrettung haben, nach welcher endlich dem zunehmenden Hunger sein Recht eingeräumt werden kann. – – –

Krupp aus Essen hat das Modell einer sogenannten Ballonkanone hierher gesandt und glaubt mit dieser, einer Raketenbatterie gleichenden Erfindung, die aus Paris aufsteigenden Luftballons treffen und vernichten zu können . . .
Der heutige Tag, mir seit so vielen Jahren als Geburtstag meiner Schwester lieb und wert, hat eine besondere Bedeutung für unser Haus und Land dadurch erhalten, daß der König von Bayern in einem offiziellen Handschreiben an unseren König das Ansuchen stellte, die deutsche Kaiserwürde anzunehmen. Der bayrische Oberstallmeister Graf Holnstein erreichte heute mit gedachtem Briefe das Königliche Hauptquartier und brachte dem Prinzen Luitpold von Bayern den Befehl seines Königs, persönlich das Schreiben Sr. Majestät zu überreichen. Der Prinz entledigte sich seines, ihm natürlich ganz außerordentlich unbehaglichen Auftrages unmittelbar vor dem zu Ehren des Geburtstagsfestes stattfindenden großen Diner bei Sr. Majestät, ohne daß ich eine Ahnung von dem Vorgefallenen hatte. Mir wurde von einem der Anwesenden ins Ohr geraunt, daß ein Brief aus München eingetroffen sei. Einige wollen bemerkt haben, daß der Prinz heute auffallend in sich gekehrt sei.
Nach dem Essen bekannte ich Sr. Majestät meine Neugierde wegen des mir zu Ohren gekommenen Gerüchts und erhielt infolgedessen die Erlaubnis, dem gerade angesetzten Vortrag des Grafen Bismarck beizuwohnen, welcher darauf den königlich bayrischen Brief vorlas. Der Inhalt war etwa der, daß, nachdem der Deutsche Bund hergestellt sei, es dem König Ludwig als das richtige erscheine, wenn aus demselben wieder das alte Reich mit dem Kaiser an der Spitze hervorgehe, und er, falls Se. Majestät sich dem Gedanken geneigt erweise, die deutschen Fürsten und Freien Städte, die er von diesem Schritte benachrichtigt habe, auffordern wolle, ihm die Kaiserkrone darzubieten. Se. Majestät war über den Inhalt dieses Briefes ganz außer sich vor Unwillen und wie geknickt; er scheint demnach nicht zu ahnen, daß das Konzept von hier aus nach München gegangen ist. Der König meinte, daß jene Angelegenheit gerade jetzt so zur Unzeit wie nur möglich käme, da er augenblicklich unsere Lage sehr schwarz und als eine in hohem Grade gefährdete ansähe. Graf Bismarck erwiderte, daß die Kaiserwahl nichts mit den augenblicklichen Kämpfen gemein hätte,

vielmehr ein Sieg für sich und eine Folge unserer bisherigen Siege wäre, und daß, wenn wir selbst bis zur Maas zurückgeworfen würden, jene Angelegenheit von den militärischen Ereignissen getrennt und zu Recht bestehen bliebe. Der König war aber heute nicht umzustimmen und sah in „Kaiser und Reich" eigentlich nur ein Kreuz für sich selbst wie auch für das preußische Königtum überhaupt. (!) Als wir des Königs Zimmer verlassen hatten, reichten Graf Bismarck und ich uns die Hand, ohne viel zu reden, denn wir fühlten, daß die Entscheidung eingetreten war, und daß mit dem heutigen Tage „Kaiser und Reich" unwiderruflich wiederhergestellt seien.
Ein neuer Beruf für unser Haus, eine Aufgabe der höchsten Bedeutung knüpft sich an diese Fortsetzung des über tausend Jahre alten Kaisertums deutscher Nation. Ich danke Gott, daß das 65jährige Interregnum wieder vorüber ist, auf welches das Dichterwort: „Geendigt war die kaiserlose, die schreckliche Zeit!" noch genauso paßt, wie auf die Jahre, welche der Erwählung Rudolfs von Habsburg vorangingen.

Streit um Titel

Versailles, 17. Januar

Beim König fand nachmittags eine Sitzung statt, welcher Graf Bismarck, Hausminister von Schleinitz und ich beiwohnten. Als Graf Bismarck dem Hausminister von Schleinitz im Vorzimmer begegnete, sagte er ihm ziemlich barsch, er begriffe eigentlich nicht, was der Bundeskanzler gemeinschaftlich mit dem Hausminister beim König verhandeln solle. In überheiztem Zimmer wurde drei Stunden über den Titel des Kaisers, die Benennung des Thronfolgers, die Stellung der Königlichen Familie, des Hofes und Heeres zum Reich usw. beraten.
Hinsichtlich des kaiserlichen Titels bekannte Graf Bismarck, daß bereits bei den Verfassungsbesprechungen die bayrischen Abgeordneten und Bevollmächtigten die Bezeichnung „Kaiser von Deutschland" nicht hätten zulassen wollen, und daß er endlich ihnen zuliebe, aber allerdings ohne Se. Majestät vorher zu fragen, diejenige eines „Deutschen Kaisers" zugestanden habe. Diese Bezeichnung, mit welcher gar kein eigentlicher Be-

griff zu verbinden ist, mißfiel dem König ebenso wie mir, und wir taten unser möglichstes, um an ihrer Statt das „von Deutschland" zu erlangen. Graf Bismarck blieb jedoch dabei, daß, da nun einmal kraft Vereinbarung mit den Bayern jene Benennung in die Verfassung aufgenommen wäre, eine andere gänzlich unzulässig wäre, ja im gegenwärtigen Augenblick sogar eine willkürliche Abänderung die übelste Wirkung auf das bayrische Abgeordnetenhaus ausüben müßte. Ferner suchte er zu beweisen, daß der Ausdruck „Kaiser von Deutschland" eine Territorialmacht, die wir über das Reich gar nicht besäßen, bedeute, während dagegen „Deutscher Kaiser" die natürliche Konsequenz des ehemaligen Imperator romanus sei. So mußten wir uns leider fügen, wenn es mir auch gar nicht gefallen will. Der offizielle Titel wird also heißen: „Wir Wilhelm von Gottes Gnaden Deutscher Kaiser, König von Preußen", welchem entsprechend auch der der Kaiserin lauten soll. Jedoch soll im gewöhnlichen Sprachgebrauch das „von Deutschland" zur Anwendung kommen. Die Anrede soll „Ew. Kaiserliche und Königliche Majestät" lauten, niemals aber das in Österreich übliche k.k. zur Anwendung kommen.

Für die Benennung des Thronfolgers und seiner Gemahlin wurden alle nur denkbaren, möglichen und unmöglichen Titulaturen hervorgesucht, bis man bei der eines „Kronprinzen des Deutschen Reichs, Kronprinzen von Preußen" stehenblieb, ohne daß es jedoch hierüber zu einem endgültigen Beschluß gekommen ist.

Da wir nun durch jene Benennungen ausdrücklich bekunden, keine Territorialmacht über das Reich zu besitzen, so ist der Träger der deutschen Kaiserkrone nebst seinem Erben gewissermaßen aus der königlichen Familie von Preußen allein herausgenommen und als solcher an die Spitze des Reichs gestellt, ohne daß das übrige Haus von diesem Vorgange berührt wird. Hierdurch wird aber auch meine Ansicht hinfällig, daß unsere gesamte Familie den kaiserlichen Titel erhalten sollte, vielmehr wird darnach nur dem Thronfolger und seiner Gemahlin die „Kaiserliche Hoheit" zustehen.

Bei diesem Anlaß entspann sich eine recht peinliche Debatte über das Verhältnis von Kaiser zu König, weil Se. Majestät, den alten preußischen Traditionen zuwider, einen Kaiser hö-

her als einen König stellt. Beide Minister und ich mit ihnen widersprachen dieser Ansicht aufs entschiedenste unter Berufung auf die historischen Dokumente unserer Archive, in denen König Friedrich I. bei Anerkennung des russischen Zaren als eines Kaisers ausdrücklich hervorgehoben hat, daß derselbe niemals den Vorrang vor dem preußischen König haben dürfe. Ferner ward angeführt, daß *König Friedrich Wilhelm I. selbst bei der Begegnung mit dem deutschen Kaiser verlangt habe, gleichzeitig mit demselben in ein Zelt, das zwei Eingänge besaß, einzutreten, damit jener nicht den Vorrang vor ihm beanspruche.* Endlich hob Graf Bismarck auch noch hervor, daß König Friedrich Wilhelm IV. nur aus der bekannten, ihm persönlich eigentümlichen Demut vor Österreich das Prinzip der Unterordnung unter das erzherzogliche Haus jenes Kaiserstaates eingeführt habe. Der König wurde aber durch jene Belege keineswegs überzeugt, geriet vielmehr in Zorn und erklärte, daß, da König Friedrich Wilhelm III. bei Begegnungen mit Kaiser Alexander I. bestimmt habe, daß letzterem als Kaiser der Vortritt gebühre, auch gegenwärtig der Wille des königlichen Vaters für ihn maßgebend und entscheidend sei. Ferner könnten wir auch unsere Ansprüche auf Rangerhöhung der englischen Königsfamilie gegenüber nicht durchführen, welcher anerkanntermaßen der Vorrang vor allen übrigen Fürstenhäusern Europas zustehe. Als indessen im Lauf der Verhandlung bestimmt ward, daß unsere Familie ihre gegenwärtige Stellung beibehalten sollte, sprach der König seinerseits wieder das Verlangen aus, die Gleichstellung derselben mit kaiserlichen Häusern auszudrücken. Bestimmt ward schließlich, daß hierüber nichts festgesetzt werden sollte, wobei es unschwer war, die Besorgnis vor des Prinzen Karl Bemerkungen und Anforderungen zu erkennen. Der Entschluß soll bis zum Friedensschluß oder bis zu einer etwaigen Krönung aufgeschoben bleiben.
Für den Hof, den Hausminister soll sich zunächst ebenfalls nichts ändern, auch ist nicht die Rede von einem Reichsministerium; nur der Titel des Grafen Bismarck soll der eines Reichskanzlers werden, wiewohl ihm die gleichnamige Bezeichnung mit dem Grafen Beust in Österreich so zuwider ist, daß er ausrief, er käme dadurch *in eine zu schlechte Gesellschaft.*

Die Frage der Reichsfarben erregte wenig Bedenken, da der König nichts Wesentliches gegen eine schwarzweißrote Kokarde einwandte, um so weniger als, wie er sich ausdrückte, selbige nicht wie *die schwarzrotgoldene aus dem Straßenschmutz erstiegen* wäre; doch würde er obige dreifarbige nur neben der preußischen dulden.
Das von Graf Bismarck und mir vorgeschlagene Wappen fand nicht Widerspruch, ward aber auch nicht ausdrücklich angenommen.
Je deutlicher sich nun aber die Konsequenzen von „Kaiser und Reich" im Lauf der Verhandlungen zeigten, desto aufgebrachter wurde der König. Schließlich brach er in die Worte aus, nur ein Scheinkaisertum übernähme er, nichts weiter als eine andere Bezeichnung für „Präsident"; *er müßte sich mit einem Major vergleichen, dem der „Charakter als Oberstleutnant" verliehen worden sei.* Nun es soweit gekommen wäre, müßte er zwar dieses Kreuz tragen, doch wolle er dafür auch der alleinige sein, weshalb er sich verbäte, daß man von ihm erwarte, der preußischen Armee eine gleiche Zumutung wie seiner eigenen Person zu machen; er wolle daher nichts von einem „Kaiserlichen Heere" hören, weil er wenigstens unsere Armee vor dergleichen bewahren möchte und nicht dulden könnte, daß die Truppen gar „deutsche" Namen und Bezeichnungen sich gefallen lassen müßten. Die Marine möge „die Kaiserliche" genannt werden. Ferner sagte er in äußerster Aufregung, er könnte uns gar nicht schildern, in welcher verzweifelten Stimmung er sich befände, da er morgen von dem alten Preußen, an welchem er allein festhielte und fernerhin auch festhalten wolle, Abschied nehmen müßte. Hier unterbrachen Schluchzen und Weinen seine Worte. Nun redete ich ihm allen Ernstes gut zu, indem ich auf unsere Hausgeschichte hinwies und kurz schilderte, wie aus dem Burggrafentum die Kurwürde und aus dieser die Krone entstanden sei, wobei die Fürsten doch auch jedesmal genötigt gewesen wären, zu der bis dahin liebgewordenen Stellung eine neue hinzuzufügen, ohne dadurch Land oder Haus zu schädigen. Wenn König Friedrich I. seinerzeit auch nur ein Scheinkönigtum „in" Preußen geschaffen habe, so weise doch die preußische Geschichte deutlich genug nach, was aus diesem ursprünglichen Scheinkönigtum geworden sei: so mächtig sei

es geworden, daß gegenwärtig die alte deutsche Kaiserwürde auf uns übergehe. Der König wies diese doch unleugbaren historischen Tatsachen förmlich zurück und rief in wallender Aufregung aus: „Mein Sohn ist mit ganzer Seele bei dem neuen Stande der Dinge, während ich mir nicht ein Haar breit daraus mache und nur zu Preußen halte." Ich machte ihn noch aufmerksam, daß er sowohl wie seine Nachkommen berufen seien, das gegenwärtig hergestellte Reich zur Wirklichkeit und Wahrheit zu machen – aber vergebens! Im höchsten Zorn sprang der König schließlich auf, brach die Verhandlungen ab und erklärte, von der zu morgen angesetzten Feier nichts mehr hören zu wollen.

Unverrichteter Sache und einer den anderen fragend, was nun eigentlich geschehen würde, verließen wir die Präfektur, in welcher eben einer jener Auftritte stattgefunden hatte, die mir nur zu gut bekannt sind, weil ich sie gewöhnlich im Ministerkonseil bei Sr. Majestät erlebt habe, wenn ein bestimmter Entschluß in wichtigen Angelegenheiten gefaßt werden sollte. So heftig wie heute war freilich der König lange nicht geworden, auch hatte er in einer merkwürdigen Weise es verstanden, die ja allerdings bestehenden Schwierigkeiten und Unannehmlichkeiten, die schon genug Verdruß bereiten, noch zu steigern, indem er allen dagegen vorgebrachten Gründen der Logik stets Widerspruch entgegensetzte. Ich war nach diesen Auftritten so unwohl geworden, daß ich medizinieren mußte; später erfuhr ich, daß der König abends gar nicht zum Tee erschienen war.

Unter solchen Eindrücken leiteten wir die zu morgen angesetzte großartige deutsche Feier ein! Mein Schwager kam noch abends mit dem Minister von Schleinitz, der gleich mir ganz krank von den Verhandlungen geworden war, zu mir; wir sprachen vereint unser Mitleid mit dem König aus, der sich alles so riesig durch Schwarzsehen erschwere und es dabei liebe, die geringfügigen Dinge über das Wesen des Ganzen zu setzen.

Dann doch „Proklamation"

Versailles, 18. Januar

Während wir auf Se. Majestät harrten, teilte mir Prinz Karl hier ein an ihn gerichtetes Allerhöchstes Handbillett mit, in welchem der König ihm anzeigte, daß, da er, wie ein Major zuweilen nur den Charakter als Oberstleutnant, heute mit der Bezeichnung „Kaiser" nur den Charakter jener Würde erhalte, dieser Titel keine weitere Bedeutung habe, sich also weder in der Bezeichnung der königlichen Familie noch in der meiner Person irgend etwas ändern werde. Charakteristisch für die Verschiedenheit der Auffassung von der Bedeutung der heutigen Feier ist die Art der offiziellen Ansage seitens des Hofmarschallamtes, welche lautet: „Die Feier des Ordensfestes findet in der Glasgalerie des Schlosses zu Versailles mittags zwölf Uhr, ein kurzes Gebet und demnächst die Proklamation statt" usw. Unsere gesamte Dienerschaft hatte dringend gebeten, der Feier beiwohnen zu dürfen, was ich gerne genehmigte. Die berittenen Armeegendarmen baten ausdrücklich, heute meinem Wagen vorreiten zu dürfen, was ich auch meiner Dragonereskorte gestattete, so daß ich mit einem höchst ansehnlichen Troß eine förmliche Auffahrt in der „cour royale" hielt. Allen dienstfreien Mannschaften der Garnison hatte ich gestattet, zwischen Präfektur und Schloß zu lustwandeln, um den König sehen zu können, so daß man durch ein förmliches Spalier von Soldaten hinaufgelangte. Kanonensalven konnte ich aber der vielen hier liegenden Schwerverwundeten wegen nicht befürworten. Als Anzug für die Feier waren Waffenrock, Helm, Schärpe und Ordensband befohlen; ich hatte aber meine hohen Stiefel auch heute nicht abgelegt, sondern behielt diese feldmäßige Ausrüstung bei, trug jedoch den englischen Garter heute ums Knie zu Ehren meiner Frau und als eine gute Vorbedeutung für ein inniges Zusammengehen des Reichs mit England.

In den Salons und der „chambre à coucher de la Reine" war die Königliche Stabswache als Ehrenwache aufgestellt. In der „salle de glaces" standen, wenn man vom „salon de la paix" aus hineintritt zur Linken, mit dem Rücken am Fenster die als Deputationen erschienenen preußischen und bayrischen Unteroffiziere und Soldaten, ihnen gegenüber die Offiziere – alle mit dem Eisernen Kreuz geschmückt. Da nun außerdem alle Offiziere und Beamten, welche dienstfrei und in den Kantonnements abkömmlich waren, Erlaubnis hatten, sich heute hier einzufinden, war der riesige Saal derartig gefüllt, daß der „salon de la paix" auch noch benutzt werden mußte. Die Estrade befand sich am entgegengesetzten Ende vor dem „salon de la guerre". In dem Mittelfenster stand ein Feldaltar, vor welchem der König, von allen Fürsten im Halbkreise umgeben, sich aufstellte, und Prediger Rogge aus Potsdam die verkürzte Liturgie verlesen und ein einfaches Gebet sprechen sollte. Da das Kommando „Helm ab zum Gebet" für die Mannschaften vergessen worden war, mußte ich es selber laut geben, worauf der aus Militärmusikern der hiesigen Regimenter gebildete Liturgie-Sängerchor nebst der Militärmusik den Choral „Sei Lob und Ehr'" in diesen gewaltigen Räumen mächtig ertönen ließ. Das „einfache Gebet" bestand aber in einer Strafrede auf Ludwig XIV. sowie in einer ziemlich taktlosen, langen, historisch-religiösen Abhandlung über die Bedeutung des 18. Januar für Preußen, der Schluß, welcher auf die deutsche Frage und deren Lösung durch das heutige Ereignis anspielte, sprach des warmen, sachgemäßen Inhalts wegen wieder an. Ich ließ meine Blicke während dieses Teils der Feier über die Versammlung und an die Decke schweifen, wo Ludwigs XIV. Selbstverherrlichungen, riesig in Allegorien und erläuternden, prahlenden Inschriften abgebildet, namentlich die Spaltung Deutschlands zum Gegenstand haben, und fragte mich mehr als einmal, ob es denn wirklich wahr sei, daß wir uns in Versailles befänden, um hier die Wiederherstellung des deutschen Kaisertums zu erleben – so traumartig wollte mir das Ganze erscheinen[1].

[1] Kaiser Friedrich III., Das Kriegstagebuch von 1870/71. Berlin und Leipzig 1926, Blatt vor S. 1, S. 10–12, 93–95, 96–101, 252–254, 334–338, 340–342. Hervorhebungen vom Verfasser.

Dialog mit Christus

Paris, 4. und 18. September 1882

Geliebter Herr, Du hast mir Deine Gottheit gezeigt, wie sie, einer leuchtenden Substanz gleich, mein ganzes Sein umhüllte und zugleich mich durchdrang und durchglühte. So von der Welt geschieden und in Dich allein eingeschlossen, ruhte meine Seele in Dir, Geliebter, und lebte von dem, was Du bist. Es schweige die ganze Schöpfung, wenn Deine Liebe Dich zwingt, Dich von Deinem armen Geschöpf so anschauen zu lassen, o Gottheit, o Süße ohnegleichen!

Als mir zu reden verstattet ward, fragte ich Dich, o mein Meister und Freund, wie es denn geschehen könne, daß Deine höchste Herrlichkeit nicht die Herzen all derer in Glut setzt, die die heilige Kommunion empfangen. Du antwortetest mir: „Das Herz der Menschen ist oft von ihren Neigungen erfüllt, wenn sie zu mir kommen. Kannst du eine kostbare Flüssigkeit in ein Gefäß gießen, wenn es schon voll ist bis zum Rand? So wird meine Liebe zurückgestoßen!"

– Heute morgen, wenige Augenblicke nach der heiligen Kommunion, ward meine Seele von einem so glühenden Sturm der Liebe zu Jesus erfaßt, daß ich glaubte, ohnmächtig zu werden. Aber die heilige Gewalt dauerte in ihrer ganzen Stärke nur einige Sekunden, und ich verlor das Bewußtsein nicht. So geschieht es von Zeit zu Zeit. – Dann ward meine Seele erleuchtet, und ich schaute wiederum, wie alle Dinge in Gott sind. Und dann sah ich aus dem Schoß eines Berges eine ganz reine, reiche Quelle springen und sich auf die Erde ergießen. Dort teilte sie sich in unendlich viele, sehr schmale Wasserläufe; sie waren mehr oder weniger klar oder schmutzig, je nach dem Gelände, das sie durchflossen. Und viele Leute waren auf der Suche nach jenen Wasserläufen, aber nur wenige gingen zur Höhe der Quelle, um zu schöpfen. Mir ist, als habe ich das alles in einer einzigen Sekunde geschaut. Und unser Herr sagte mir: „Sieh, wie die Menschen an schlammige, unzureichende Rinnsale gehen, ihren Durst zu löschen, statt zum reinen, ungeschaffenen

Ursprung aufzusteigen. Alle Dinge sind in vollkommenster Weise in mir, ihrem Ursprung; so finden alles in mir, die alles verlassen um meinetwillen."

Ich sagte meinem Herrn, wie leid es mir tut, die Armen noch nicht besuchen zu können, weil meine augenblicklichen Pflichten es mir nicht gestatten. Da sagte Jesus: „Ich bin der erste Arme der Welt, der erste Hilflose, der große Verlassene! Und keiner denkt an mich!"

Anblick des göttlichen Willens

Paris, 5. Juli 1882

Im Gebet vor dem heiligsten Sakrament wurde meine Seele von der Anschauung der Reinheit der göttlichen Natur und der göttlichen Unfehlbarkeit durchdrungen. Ich sah, wie der, der sich nicht täuschen kann, die Wahrheit selbst ist. Der Anblick ist unaussprechlich. Dann schaute ich den göttlichen Willen als einzigen, ewigen Akt. All seine verschiedenen Wirkungen werden von uns Werke Gottes genannt. Ich sah ein, daß die Tätigkeiten der Geschöpfe gleichsam Verlängerungen und Verzweigungen dieses einzigen, ewigen, göttlichen Aktes sein müssen, und daß die Sünde die geheimnisvolle Kette unterbricht und eine schreckliche Leere schafft.

Meine Seele freute sich in der Anschauung der göttlichen Einheit und hätte sie nie verlassen mögen. Wenn sie später wieder an jenen wunderbaren Anblick dachte, so stellte sich auf Augenblicke auch etwas von jener süßen Freude wieder ein. Zugleich hielt lebhafter Schrecken vor der Sünde sie durchdrungen.

Vision des göttlichen Bräutigams

Paris, 5. Januar 1883

Am Abend. – Die gleiche Gnade erneuert sich. Ich schaute eine Blume. Sie war in mein Herz gepflanzt und entfaltete sich im Herzen Jesu, und Jesus zeigte mir mit Liebe, daß der hohe Schaft der Blume nie gebrochen worden war. Aber ich sah

auch, wie mein himmlischer Bräutigam seinen schützenden Königsmantel um den schwachen Schaft gebreitet hatte.
Der Stengel war lebendiger, empfindlicher und zarter als irgendeine Faser des menschlichen Körpers, und ich fühlte, daß nichts ihn verletzen könne, ohne mein Herz dadurch im Tiefsten zu verwunden. Und vom geheimnisvollen Stengel vermittelt, kreiste das gleiche Leben im Herzen Jesu und in dem meinen. Dieses wiederholte alle Bewegungen des anbetungswürdigen Herzens, so wie sich Ebbe und Flut des unermeßlichen Meeres bis in den letzten Winkel der kleinen Bucht an seiner Küste zeigt. Und endlich sah ich, daß die offene Blüte im Herzen meines geliebten Herrn vielfältig war; ihr einziger Kelch trug nämlich mehrere Blüten und Früchte und reichen Samen, und er fiel auf andere Seelen nieder.
Der Anblick durchdrang mich mit Liebe und tiefer Überzeugung, wie wenig ich ohne Jesus wäre. In Ihm allein hat meine Seele Leben und Halt.

Göttliche Schönheit

Paris, 6. Mai 1883

– Heute war der erste schöne Frühlingstag. Meine Töchter trugen neue Kleider, und ich empfand einiges Vergnügen, als ich die eine in der Anmut ihrer sechzehn Jahre, die andere in ihrem kindlichen Liebreiz sah. Ich glaube, dies Vergnügen war zu groß. In der Gegenwart meines Herrn machte ich mir Vorwürfe deswegen und bekannte ihm meine Oberflächlichkeit. Sogleich enthüllte der geliebte Herr mir seine allerhöchste Schönheit, und meine Seele verlor sich ganz hinein. In ihr schaute ich alle geschaffene Schönheit. Ich schaute die geistige Schönheit, die Tiefe des Gedankens ... den hohen Flug des Genies, die Eingebung der Kunst ... Ich schaute die sittliche Schönheit, den Glanz von dem, was gut und rein ist. Ich schaute auch die sichtbare Schönheit der Schöpfung: Schönheit der Ordnung, der Verhältnisse, der Unermeßlichkeit; Schönheit der Harmonie, der Gestalt und Farbe. Ich weiß nicht, ob ich mich klar ausdrücken kann; aber all diese Dinge sah ich nicht in ihnen selbst, so wie wir sie gewöhnlich sehen, denn damals war ich nicht einmal imstande, auch nur an sie zu denken; ich schaute sie vielmehr in ihrem Ursprung, und der ist die göttliche Schönheit selber. Ich schaute diese unendliche Schönheit, sie selbst, unabhängig von all dem Schönen, das sie geschaffen hat; aber wie sie ist, vermöchte ich nicht auszudrücken, denn ich schaute und betete an, ohne zu begreifen. Alles, was ich sagen kann, ist dies: Die Seele erkennt die Eigenschaften der göttlichen Quelle in den Werken, die aus ihr fließen, aber sieht doch deutlich, daß die Werke keinen genauen Begriff von der Quelle geben können. Sie sieht, daß die unerschaffene Schönheit etwas von ihrer Pracht in die Geschöpfe gießt, und daß Gott gewissermaßen die Schönheit dessen ist, was wir Schönes sehen. Das ist bereits ein wunderbarer Anblick. Aber zugleich offenbart sich der Seele jene unendliche Schönheit im göttlichen Wesen selbst, unvergleichbar über die geschaffene Schönheit erhaben, wie ein Glanz, den nichts auszudrücken vermag. Das ist der Gipfel dieses Geheimnisses; es reißt die Seele hin, und ihre Kräfte, von Staunen überwältigt, verstummen vor ihm.

Es ist nicht das erste Mal, daß mir unser Herr in seiner Huld die innere Schauung der göttlichen Schönheit gewährte, aber bis heute vermochte ich sie noch weniger auszudrücken als jetzt. Und dann habe ich einen so harten Kopf und einen für das Schöne so außerordentlich empfänglichen Sinn, daß es sicherlich sehr wertvoll für mich ist, wenn der gütige Meister in meine Seele die Züge der göttlichen Schönheit tief einprägt. So soll alles, was dem geschaffenen Schönen angehört, mein Herz nur streifen, aber keinen Eindruck darin hinterlassen können, der wirklich dem Geschöpf gilt.

Die Liebe zum Schönen kann und soll, scheint mir, auf drei Stufen zu Gott emporführen. Zuerst soll sie den höheren Teil der Seele über den niederen zur Herrschaft bringen; dann lehrt sie uns, Gott anzubeten, wie er in seinen Werken sich geoffenbart hat; drittens endlich bewirkt sie, daß die Geschöpfe für uns nicht mehr sein können als ein Schleier, der den Schöpfer durchscheinen läßt.

Ach, meine Seele hat auf ihrer Wanderung vom Geschaffenen zum Ungeschaffenen kaum den ersten dieser Marksteine hinter sich gelassen!

Alles Schöne, was mir begegnete, begeisterte mich einst leidenschaftlich und riß meine ganze Seele mit sich fort. Als ich zum ersten Mal das Meer und die Küste sah, hab' ich weinen müssen. Oft stand ich ganze Stunden und schaute in all die Unermeßlichkeit; ich konnte nicht aussprechen, was ich empfand, und man tadelte mein langes Schweigen. Die Musik war mir eine wirkliche Leidenschaft, mehr noch Lektüre und Studium; im geheimen habe ich manche Torheit dafür begangen. Ich wurde nicht müde, die Meisterwerke der Maler zu bewundern, obgleich ich gar keine Begabung für die Malerei hatte. Ich konnte keinen Ausdruck finden, der hinreichend die Glut offenbart hätte, mit der das Schöne meine Einbildungskraft entflammte, und sah in dieser maßlosen Begeisterung nichts Nachteiliges, widmete mich im Gegenteil diesen Dingen mit aller Kraft meines Willens. Wohl kehrte meine unglückliche Seele mit dem Gefühl der Leere und des Ungenügens von ihnen zurück, aber gerade deshalb warf sie immer wieder aufs neue ihre ganze verzehrende Tatkraft auf das Ideal, das doch so viel Gefahren für sie enthielt. Hätte ich weniger nach dem Schönen gedürstet, so würde ich mich vielleicht mit den sichtbaren Dingen begnügt haben; aber wie der Renner im Sturm eines rasenden Laufes über das Ziel hinausschießt, so stürmte meine Seele, kaum daß sie es bemerkt hatte, auf das Schöne zu und suchte noch darüber hinaus.

Aber später erkannte ich – von einer Einsicht geleitet, die wahrlich größeren Glauben verdiente als die meine –, daß dies Streben meiner Seele nach dem Schönen und Idealen mich doch ohne mein Wissen auf den Weg vorbereitet hatte, den Gott mich führen wollte. So lebte ich bis zu dem Tage, an dem der erste übernatürliche Ruf Gottes mich ganz in seine Arme warf . . . Da taten sich meine Augen auf, und mehr als alles andere begann, o mein Gott, Deine Schönheit in den heiligen Dingen mich zu erfreuen. Im Evangelium, in den Psalmen, in den Riten der Kirche entdeckte ich einen göttlichen Sinn und Zauber, die mir bis dahin verhältnismäßig verborgen gewesen. Dann hob ich den Blick, den Du meiner Seele zum Schauen und Bewundern gegeben hast, zu Dir allein. Überall, wo ich das Schöne sah, suchte ich Dich, mein Gott, und überall hab' ich Dich gefunden. Alle Geschöpfe habe ich nach Dir befragt, und alle haben geantwortet: „Hier ist Er!" Ich habe das Meer nach

Dir befragt ... Du ruhtest in seinen Abgründen und ließest durch seinen Schoß hin das Leben sich mehren. Ich habe seine zerklüfteten Küsten nach Dir befragt, und ihre stolze Höhe hat mir zugerufen: „Hier ist Er!" Im undurchdringlichen Schatten der Wälder bin ich Dir begegnet; ich hab' Dich im Blitz vorüberzucken sehen; in der fernen Stimme des Windes hab' ich Dich vernommen, im Dröhnen des Donners und dem entfesselten Toben der Gewitter, und mein Herz hat nicht gezittert, denn Du warst es. Im Morgengrauen und in der Abenddämmerung habe ich Dich begrüßt; in der Kühle des Tales Dich überrascht, im sanften Murmeln der einsamen Quellen Dich gehört. Ich habe die perlenden Töne aufgesammelt, die Tausende kleiner Sänger zu Dir emporsenden. Mein entzücktes Auge hat Dich entdeckt, wie Du das geschickte Treiben des Insekts leitest, und staunend hat mein Blick auf den Geheimnissen geruht, mit denen Deine Weisheit das Leben einer Blume erfüllt ... Ich habe Dich im geheimen Arbeiten der Naturkräfte erfühlt, in jenen Stunden, da eine reiche, schwere Hitze die Erde in Schlaf zu senken scheint, und doch tausend unfaßbar feine Geräusche an unser Ohr gelangen ... Das sind die Keime, die sich öffnen, die Blumen, die sich erschließen, die allerkleinsten Wesen, die in einem Sonnenstrahl rufen und antworten. Und alle sagen in ihrer Sprache: „Hier ist Er! ... Ehre sei Gott!" Ich habe auch, Herr, den Blick Deiner Barmherzigkeit im Licht der Sterne über uns leuchten sehen, und ihre Zahl und ihre unmeßbaren Entfernungen erschreckten mich nicht mehr, denn sie luden meine Seele ein, sich in Deine Unendlichkeit hinauszuschwingen.

Endlich habe ich Dich in Deinen vollkommensten Werken erschaut, in Deinen Heiligen; habe das Lied gehört, das Heldentum, Genie, Beredsamkeit, Wissenschaft, Künste zu Dir emporsingen. Ich habe Dich, o mein Heiland Jesus Christus, in der Person der Armen, Greise und Betrübten gesehen; sie tragen den Adelsnamen, den Du allem gegeben hast, was leidet und weint! Ich habe Dich in der Stärke, in Verstand und Tatkraft der Jugend und des reifen Alters gesucht, und weil ich fürchtete, Dein heiliges Bild oft entstellt oder mißkannt zu sehen, hab' ich noch weiter und anderswo gesucht und Dich, o mein Gott, in der Tiefe des Kindesblickes gefunden ... Ja, da bist

Du gegenwärtig in der Seele, die Dich niemals betrübt hat. Du bist der geheime Zauber, der die Menschen zu dem unschuldigen Wesen zieht, seine Schwäche allein würde uns keine so tiefe und zärtliche Teilnahme eingeben können. Du bist es, der in seinem reinen Auge erscheint, und Du herrschest, ohne teilen zu müssen, in dieser dem Bösen noch verschlossenen Seele. Das war die erste Veränderung, die Gott in meiner Seele bewirkte, aber es war noch nicht genug. Bald empfand ich etwas Seltsames, seltsam wenigstens für mich. Alles, was ich bis dahin bewundert hatte, erschien mir ja immer noch ebenso schön, und doch konte ich mich nicht mehr in gleicher Weise seiner freuen. Wie die Sterne im Licht der Sonne, so verschwand alles im Blicke Gottes auf meine Seele. Ich blickte auf das Meer und die Erde, und schaute nur noch Gott. Und je weiter ich wanderte, desto stärker wird dieser Zug und der Widerwille gegen alles, was nicht Gott ist. Wendet sich aber die Natur einmal zurück und hat an irgendeinem Ding ihre Freude, dann wird meine Seele sofort durch ein inneres Unbehagen und eine innere Furcht, wie vor einem Verrat, aufmerksam gemacht und empfindet das Bedürfnis, ihre Lust zu opfern, um vollkommener Gott anzugehören. Doch das ist Gottes Arbeit und nicht die meine; ich tue nichts, als mit vollem, gutem Willen seinem Zuge zu folgen.

Ich bitte um Belehrung, ob diese Art Aufzeichnungen nicht unnütz sind, und ob es nicht besser wäre, wenn ich solche Ergüsse meiner Seele zurückhielte[1].

[1] Lucie Christine, Geistliches Tagebuch (1870–1908). 2. durchges. u. verm. Ausg. von 1912. Übers. von Romano Guardini. Mainz o. J. (Imprimatur 1921). Mit der Bemerkung: „Dem Dekret Urbans VIII. entsprechend erklärt der Hrsg. (P. Aug. Poulain S. J.), daß den Berichten von übernatürlichen Gaben und Gnaden, wie sie in diesem Buche enthalten sind, nur eine rein menschliche Glaubwürdigkeit beigemessen wird." Abdruck mit freundl. Genehmigung des Matthias-Grünewald-Verlages.

MARIE BASHKIRTSEFF

Prolog zu einem Tagebuch

Paris, 1. Mai 1884

Wozu lügen und posieren? Ja, es ist klar, daß ich den Wunsch, wenn nicht die Hoffnung habe, auf dieser Erde in irgendeiner Form zu *bleiben*. Falls ich nicht jung sterbe, hoffe ich als große Künstlerin zu bleiben; wenn ich aber jung sterbe, möchte ich mein Tagebuch veröffentlichen lassen, das nicht anders als interessant sein kann. – Doch da ich von Veröffentlichung spreche, hat nicht vielleicht der Gedanke, daß man mich lesen wird, das einzige Verdienst eines solchen Buches geschädigt, das heißt vernichtet? Aber nein – Zuerst habe ich sehr lange geschrieben, ohne daran zu denken, gelesen zu werden und dann, gerade weil ich hoffe, gelesen zu werden, bin ich durchaus ehrlich. Wenn dies Buch nicht die *genaue, absolute, strenge Wahrheit* ist, hat es keine Daseinsberechtigung. Ich sage nicht nur immer, was ich denke, sondern ich habe auch niemals einen einzigen Augenblick davon geträumt das zu verhehlen, was für mich lächerlich oder unvorteilhaft erscheinen könnte. – Übrigens finde ich mich zu wundervoll, um mich zu bekritteln. – Meine freundlichen Leser, ihr könnt also sicher sein, daß ich mich auf diesen Seiten vollständig zur Schau stelle. Mein *Ich* hat für *euch* vielleicht nur ein winziges Interesse, aber denkt nicht, daß ich es bin, sondern ein menschliches Wesen, das euch all seine Eindrücke von der Kindheit an erzählt. Als menschliches Zeugnis ist das sehr interessant. Fragt Herrn Zola und sogar Herrn de Goncourt und sogar Maupassant! Mein Tagebuch beginnt mit zwölf Jahren und bedeutet etwas erst von fünfzehn oder sechzehn Jahren an. Es gilt also eine Lücke auszufüllen und ich will eine Art von Vorrede schreiben, die es erlauben wird, dies literarische und menschliche Denkmal zu verstehen.

Also nehmt an, ich sei berühmt. Wir fangen an:

Ich bin geboren am 11. November 1860. Das ist erschreckend wenig, wenn ich es schreibe. Aber ich tröste mich bei dem Gedanken, daß ich sicherlich älter sein werde, wenn ihr mich lest.

Mein Vater war der Sohn des Generals Paul Gregoriewitsch Bashkirtseff, ein tapferer, zäher, harter und sogar grausamer Provinzadliger. Mein Großvater wurde, glaube ich, nach dem Krimkrieg zum General ernannt. Er heiratete ein junges Mädchen, die Adoptivtochter eines sehr großen Herrn; sie starb mit achtunddreißig Jahren und hinterließ fünf Kinder: meinen Vater und vier Schwestern.

Mama hat sich mit einundzwanzig Jahren verheiratet, nachdem sie sehr gute Partien ausgeschlagen hatte. Mama ist ein Fräulein Babanine. Von Seiten der Babanine gehören wir zum alten Provinzadel und Großpapa hat sich immer gerühmt, von Tataren der ersten Invasion abzustammen. Baba Nina sind tatarische Worte, ich finde das komisch ... Großpapa war ein Zeitgenosse von Lermontow, Puschkin usw. Er war Byronianer, Dichter, Offizier und geblidet. Er war im Kaukasus ... Er verheiratete sich sehr jung mit dem fünfzehnjährigen, sehr sanften und hübschen Fräulein Julie Cornelius. Sie haben neun Kinder gehabt, nicht gerade wenig!

Nach zweijähriger Ehe ging Mama zu ihren Eltern mit zwei Kindern. Ich war immer bei Großmama, die mich abgöttisch liebte. Um mich anzubeten war bei Großmama auch meine Tante, wenn Mama sie nicht mit sich nahm. Meine Tante war jünger als Mama, aber nicht hübsch, sie wurde ausgenutzt und ließ sich von allen ausnutzen.

1870 im Mai sind wir ins Ausland gereist. Der von Mama lange gehegte Traum wurde wahr. In Wien blieb man einen Monat und berauschte sich an Neuigkeiten, schönen Läden und Theatern. In Baden-Baden kamen wir im Juni an, in der vollen Saison, in vollem Luxus, in vollem Paris. Wir waren im ganzen: Großpapa, Mama, meine Tante Romanow, Dina (meine Kusine), Paul und ich, und wir hatten einen Doktor bei uns, den engelhaften, unvergleichlichen Lucien Walitsky. Er war Pole, ohne übertriebenen Patriotismus, gutherzig, schmeichelte gern und zerriß sich für uns. In Achtirka war er Bezirksarzt. Er war auf der Universität zusammen mit Mamas Bruder und gehörte seit je zum Haus. Als wir abreisten, wurde für Großpapa ein Arzt gebraucht, und so kam Walitsky mit. In Baden habe ich die große Welt und die Eleganz begriffen und wurde von Eitelkeit gequält.

Aber ich habe nicht genug von Rußland und von mir gesprochen, was doch die Hauptsache ist. Nach der Gewohnheit der auf dem Lande lebenden Adelsfamilien hatte ich zwei Lehrerinnen, eine russische und die andere eine Französin. Die erste (die russische), an die ich mich noch erinnere, war eine Mme. Melnikoff, eine gebildete, romantische, von ihrem Mann getrennte Dame, die nach der Lektüre vieler Romane aus einer Laune heraus Lehrerin wurde. Sie war eine Freundin des Hauses. Man behandelte sie wie eine Gleichgestellte. Alle Männer machten ihr den Hof, und sie floh eines Morgens nach irgendeiner romantischen Geschichte. – Man ist sehr romantisch in Rußland. – Sie hätte ruhig Abschied nehmen und ganz natürlich abreisen können, doch der slawische Charakter, auf den französische Kultur und romantische Lektüre aufgepfropft ist, ist eine komische Sache. Als unglückliche Frau hat diese Dame das kleine, ihr anvertraute Mädchen sofort heiß geliebt. Ich habe ihr, schon damals eine Rolle spielend, ihre Anbetung vergolten. Meine leichtgläubige und wichtigtuende Familie glaubte, daß diese Abreise mich unglücklich machen würde; man betrachtete mich an dem Tag voller Mitleid, und ich glaube sogar, daß Großmama eine besondere Krankensuppe kochen ließ. Ich merkte, wie ich ganz bleich wurde vor solcher Entfaltung von Feinfühligkeit. Ich war übrigens ziemlich schmächtig, dünn und nicht hübsch. Was nicht hinderte, daß alle mich als ein Wesen ansahen, das schicksalhaft unweigerlich eines Tages die Schönste, die Glänzendste, die Großartigste werden würde. Mama ging zu einem Juden, der die Zukunft voraussagte:

Du hast zwei Kinder, sagte er, der Sohn wird sein wie alle Leute, aber die Tochter wird ein Stern werden! . . .

Eines Tages sagte mir im Theater ein Herr lachend:

Zeigen Sie mir Ihre Hände, Fräulein . . . Oh, aus der Art ihrer Handschuhe geht unzweifelhaft hervor, daß sie furchtbar kokett sein wird.

Das machte mich ganz stolz. Seit ich denke, seit dem Alter von drei Jahren (ich wurde bis dreieinhalb gestillt) habe ich immer nach irgend etwas Großartigem gestrebt. Meine Puppen waren stets Königinnen und Könige; alles, was ich dachte und alles, was um Mama herum gesprochen wurde, schien sich immer

auf diese großartigen Dinge zu beziehen, die ganz sicher kommen würden.
Mit fünf Jahren drapierte ich mich mit Spitzen von Mama und Blumen im Haar und tanzte im Salon. Ich war die große Tänzerin Pepita, und das ganze Haus war da, um mich zu sehen. Paul galt beinah nichts, und Dina stellte mich nicht in den Schatten, obwohl sie die Tochter des sehr beliebten Georges war. – Noch eine Geschichte. Als Dina zur Welt kam, nahm Großmama sie ohne weiteres ihrer Mutter weg, und behielt sie immer bei sich. Das geschah vor meiner Geburt.
Nach Mme. Melnikoff hatte ich als Gouvernante Mlle. Sophie Dolgikoff, die sechzehn Jahre alt war. – Heiliges Rußland! – Und eine andere Französin, die Mme. Brenne hieß; sie trug eine Frisur nach der Mode der Restaurationszeit, hatte blaßblaue Augen und wirkte sehr traurig mit ihren fünfzig Jahren und ihrer Schwindsucht. Ich liebte sie sehr. Sie ließ mich zeichnen. Ich habe mit ihr die Konturzeichnung einer kleinen Kirche gemacht. Übrigens zeichnete ich viel; während die Großen Karten spielten, zeichnete ich auf dem grünen Tuch.
Mme. Brenne starb 1868 in der Krim. – Die kleine Russin, die wie ein Kind des Hauses behandelt wurde, sollte sich gerade mit einem jungen Mann verheiraten, den der Doktor zu uns gebracht hatte und der für das häufige Scheitern seiner Ehepläne bekannt war. Dies Mal schien alles glatt zu gehen, da sah ich eines Abends, als ich in ihr Zimmer kam, Mlle. Sophie, die Nase in ihre Kissen vergraben, bitterlich weinen. Alle waren dort.
Was ist denn los?
Schließlich nach vielem Weinen und Schluchzen stieß sie hervor, daß sie nie, nein nie heiraten könne! . . . Und wieder Weinen.
Aber warum?
Weil . . . weil ich mich nicht an sein Gesicht gewöhnen kann!
Der Bräutigam hörte alles vom Salon aus. Eine Stunde später schnallte er seinen Koffer zu, den er mit Tränen benetzte, und fuhr ab. Es war die siebzehnte schiefgegangene Heirat.
Ich erinnere mich so gut an dies: „Ich kann mich nicht an sein Gesicht gewöhnen!" Das kam direkt aus dem Herzen; ich begriff damals sehr gut, daß es wirklich scheußlich sein müßte,

einen Mann zu heiraten, an dessen Gesicht man sich nicht gewöhnen kann.
All das bringt uns nach Baden ins Jahr 1870. Da der Krieg erklärt war, hatten wir uns nach Genf davongemacht, ich voller Bitterkeit und Rachepläne n. Alle Tage vor dem Zubettgehen sagte ich ganz leise ein zusätzliches Gebet auf:
Lieber Gott, mach, daß ich nie die Pocken bekomme, daß ich hübsch bin, daß ich eine schöne Stimme habe, daß ich glücklich in der Ehe bin und daß Mama lange lebt!
In Genf wohnten wir am Seeufer im Hotel de la Couronne. Man hatte mir einen Zeichenlehrer gegeben, der mir Muster zum Kopieren brachte: kleine Villen, wo die Fenster wie Baumstämme gezeichnet waren, die gar nicht wirklichen Fenstern wirklicher Villen glichen. Davon wollte ich nichts wissen, weil ich nicht begriff, warum ein Fenster so sein sollte. Darauf sagte mir der gute Alte, ich solle ganz einfach die Aussicht aus dem Fenster nach der Natur zeichnen. Zu der Zeit hatten wir das Hotel de la Couronne aufgegeben und waren in eine Familienpension gezogen mit dem Mont Blanc vor uns. Ich kopierte also sorgfältig, was ich von Genf und vom See sah und das ist dortgeblieben, warum weiß ich nicht. In Baden hatte man Zeit gehabt, nach Photographien unsere Porträts machen zu lassen, die mir häßlich und geleckt erschienen in ihrer Sucht, hübsch zu sein . . .
Wenn ich tot bin, wird man mein Leben lesen, das ich selbst sehr bedeutend finde. (Es wäre auch noch schöner, wenn das nicht so wäre!) Aber ich hasse Vorreden (sie haben mich daran gehindert, eine Menge ausgezeichneter Bücher zu lesen) und Verlagsanzeigen. So habe ich meine Vorrede selbst machen wollen. Man hätte sich das auch sparen können, wenn ich alles veröffentliche; aber ich beschränke mich darauf, mich mit zwölf Jahren zu nehmen; was vorhergeht, wäre zu lang. Übrigens gebe ich Ihnen im Verlauf des Tagebuchs genügend Einblicke darüber. Ich gehe oft zurück aus irgendwelchen Gründen.
Wenn ich sofort, wie ich bin, durch eine Krankheit sterben würde! . . . Ich wüßte vielleicht nicht, daß ich in Gefahr bin; man wird es mir verbergen und nach meinem Tod wird man meine Schubladen durchwühlen; man wird mein Tagebuch finden, meine Familie wird es, nachdem sie es gelesen hat, ver-

nichten und bald wird nichts ... nichts ... nichts ... von mir bleiben! ... Das hat mich immer entsetzt. Leben, so viel Ehrgeiz besitzen, leiden, weinen, kämpfen und am Ende das Vergessen! ... das Vergessen! ... so als wäre man nie gewesen. Wenn ich nicht genug lebe, um berühmt zu werden, wird dies Tagebuch die Naturforscher interessieren: das Leben einer Frau, Tag für Tag, ohne Pose, so als ob niemand es jemals lesen sollte und gleichzeitig mit der Absicht, daß es gelesen wird, das ist immer etwas Merkwürdiges; denn ich bin sicher, daß man mich sympathisch finden wird ... und ich sage alles, alles, alles. Wenn nicht, wozu? Übrigens, das wird man bald merken, daß ich alles sage ...

Rom und Ehrgeiz-Frenesie

Dienstag, 7. – Samstag 18. August 1877

Ich habe mich gemein gemacht im Bon Marché, der mir gefällt, wie alles, was gut organisiert ist. Man hat bei uns zu Abend gegessen, man hat gelacht, ich habe auch gelacht, aber es ist ... einerlei ... ich bin traurig, verzweifelt.

Und es ist unmöglich! Ein scheußliches, quälendes, gräßliches, widerliches Wort! Sterben, lieber Gott, sterben!!! Sterben!!! Ohne etwas von mir zu hinterlassen? Sterben wie ein Hund so wie hunderttausend Frauen gestorben sind, deren Namen auf ihren Grabsteinen kaum leserlich sind! Sterben wie ... Wahnsinnige, Wahnsinnige, die nicht sieht, was Gott will! Gott will, daß ich auf alles verzichte und mich der Kunst weihe! In fünf Jahren werde ich noch ganz jung sein, vielleicht sogar schön, schön in meiner Schönheit ... Aber wenn ich künstlerisch nur eine Mittelmäßigkeit werde, wie es so viele gibt?

Für die Welt genügte das ja, aber sein Leben dem widmen und es dann zu nichts bringen ...

In Paris gibt es wie überall eine russische Kolonie. Diese jämmerlichen Überlegungen machen mich nicht wütend, aber so jämmerlich sie sind, sie drücken mich nieder und hindern mich, von Größe zu träumen.

Was ist das Leben ohne Widerhall, was kann man immer allein leisten? Das läßt mich die ganze Welt, meine Familie, mich selbst hassen und lästern. Leben, leben! . . . Heilige Maria, Mutter Gottes, Herr Jesus Christ, mein Gott, kommt mir zu Hilfe!

Aber wenn man sich der Kunst widmet, muß man nach Italien gehen!! Ja, nach Rom.

Diese Granitmauer, gegen die ich in jedem Augenblick mit der Stirn stoße! . . .

Ich werde hierbleiben.

Ich habe das Porträt des Zimmermädchens des Hauses, Antoniette, skizziert. Sie hat ein reizendes Gesicht und große, blaue, strahlende Augen, die entzückend unschuldig und sanft sind. So ist das eben: die Skizze gelingt immer, aber um sie zu vollenden, muß man studiert haben.

Ich bilde mir ein, daß ich nur in Rom leben kann. Ich sieche zwar ganz einfach dahin, aber wenigstens wünsche ich mir nichts. Ich würde zwei Jahre meines Lebens darum geben, noch nicht in Rom gewesen zu sein.

Leider lernt man erst, wie man es machen soll, wenn nichts mehr zu machen ist.

Die Malerei macht mich wütend. Denn es liegt in mir, herrliche Dinge zu machen, aber was das Studium angeht, bin ich schlechter dran als das erste beste Mädel, bei dem man Talent bemerkt und das man auf die Schule schickt. Schließlich hoffe ich wenigstens in meinem Zorn über das, was ich verloren habe und was ich hätte schaffen können, daß die Nachwelt meine ganze Familie köpfen wird.

Ihr glaubt, ich hätte noch Lust IN DIE WELT ZU GEHEN? Nicht mehr. Ich bin verärgert, gereizt und ich werde Künstlerin wie die Unzufriedenen Republikaner werden.

Ich glaube, daß ich mich verleumde.

Als ich Homer las, verglich ich im Zorn meine Tante mit Hekuba während des Brandes von Troja. Wie abgestumpft man auch sein mag und wenn man sich schämt, seine Bewunderung für das klassische Altertum zu bekennen, so kann doch, wie mir scheint, niemand dieser Anbetung der Alten entgehen. Wenn es einem auch widersteht, immer das gleiche zu wiederholen, wenn man auch Furcht hat, anscheinend nur das zu übernehmen, was man bei den berufsmäßigen Bewunderern gelesen hat oder die Worte seines Professors zu wiederholen;

besonders in Paris wagt man es nicht von diesen Dingen zu sprechen, wahrhaftig man wagt es nicht.
Und trotzdem hat kein modernes Drama, kein Roman, kein Sensationsschauspiel von Dumas oder George Sand mir eine so lebhafte Erinnerung und einen so tiefen, so natürlichen Eindruck hinterlassen wie die Beschreibung der Einnahme von Troja.
Mir scheint, ich war bei diesem Schrecken dabei, als habe ich die Schreie gehört, den Brand gesehen, sei mit bei der Familie des Priamus gewesen, mit den Unglücklichen, die sich hinter den Altären ihrer Götter verbargen, wo das unheilvolle Aufzucken des Feuers, das ihre Stadt verzehrte, sie suchte und auslieferte ...
Und wer kann sich eines leichten Schauers erwehren, wenn er von der Erscheinung des Gespenstes der Kreusa liest?
Aber wenn ich an Hektor denke, wie er unten an den Wällen mit so ausgezeichneten Absichten daherkommt und dann vor Achill flieht und dreimal immer verfolgt um die Stadt herumrennt ... dann lache ich! ...
Und den Helden, der um die Füße seines toten Feindes einen Riemen bindet und ihn wieder um die gleichen Wälle schleift, stelle ich mir vor wie einen gräßlichen Straßenjungen, der auf einem Steckenpferd dahergaloppiert mit einem Riesensäbel aus Holz an der Seite.
Ich weiß nicht ... aber es scheint mir, als könne ich nur in Rom meinen universalen Träumereien nachhängen ...
Dort ist man wie auf dem Gipfel der Welt.
Ich habe das *Tagebuch eines Diplomaten in Italien* zum Teufel geworfen; diese französische Eleganz, diese Höflichkeit, diese banale Bewunderung beleidigen mich für Rom. Ein Franzose scheint mir die Dinge immer mit einem langen Instrument zu sezieren, das er vorsichtig zwischen den Fingern hält, mit einem Lorgnon auf der Nase.
Rom muß als Stadt das sein, wofür ich mich als Frau hielt. Jedes vorher und auf andere gebrauchte Wort, das auf ... uns angewendet wird, ist eine Profanation[1].

[1] MARIE BASHKIRTSEFF, Journal. Paris 1955, Bd. 1 S. 7–12, 304–306. Übers. von HELLY HOHENEMSER (nur diese Stücke). Hervorhebungen in Versalien von M. BASHKIRTSEFF, in Kursiv vom Verf.

HILDEGARD VON SPITZEMBERG

Bismarck geht

Berlin, 18. und 19. März 1890

Früh erhielt ich von Moser eine Notiz darüber, daß die schon seit Wochen latente Krisis akut geworden und zu einem Bruch zwischen Kaiser und Kanzler geführt habe!! Später kam er selbst, tief erschüttert, ohne jedoch wesentlich Neues zu bringen, unbekannt, wie er hier noch ist; ebenso konnten Arenberg und Erffa bloß das Faktum bestätigen. Mir war, als ob mir ein Felsen auf den Kopf gefallen wäre, so stumpf und dumpf saß ich daheim mit von Tränen zugeschnürter Kehle – der Fürst, Bismarck weggeschickt wie irgendein beliebiger Minister, es klang wie ein Hohn!!

Ich hatte gestern die Fürstin um eine ruhige Stunde des Zusammenseins gebeten und traf sie heute um 1/2 2 – sie war sehr ruhig und würdig, aber sehr betrübt und tief verletzt durch die Art, wie die Dinge verlaufen. Es ist, als ob der Kaiser plötzlich eine Art Haß auf den Fürsten geworfen und ihn habe wegärgern wollen; dem Fasse den Boden ausgeschlagen hat folgender Umstand: Windthorst hatte vor einigen Tagen durch Bleichröder den Fürsten um eine Unterredung bitten lassen und sie erhalten. Tags darauf ließ der Kaiser schon um 9 den Kanzler heraustrommeln und machte ihm bei Herbert über diesen Empfang Windthorsts die bittersten Vorwürfe; der Fürst natürlich wahrte sein Recht zu empfangen, wen er für gut erachte zu sehen, der Kaiser tobte gegen Windthorst, sagte von „jeher seien Jesuiten und Juden zusammengegangen", kurz, benahm sich förmlich kindisch. Dies „Gerissenwerden" war denn doch Bismarck zu viel, und er reichte seine Entlassung ein, ebenso Graf Herbert. Bis dato war sein Gesuch noch nicht beantwortet, aber man weiß, daß es genehmigt, das seines Sohnes jedoch nicht angenommen ist. Herbert geht aber jedenfalls auch; dem Kaiser wäre freilich sein Bleiben vorerst des Aussehens halber sehr angenehm – behielte er den Sohn, fiele ein Teil des Odiums weg, das ihm ein Bruch mit der ganzen Familie unfehlbar eintragen wird. Diesen Gefallen tut ihm aber der

Sohn nicht! Weiter sagte die Fürstin, daß auf jeden Vorschlag, den Bismarck dem Kaiser gemacht, seine Geschäftsentlastung betreffend, dieser nur genickt oder mit den Schultern gezuckt habe, nie aber eine Antwort gegeben, sondern ihm Vorwürfe über dies und jenes gemacht, was er nur durch Indiskretionen oder Unterredungen mit den einzelnen Ministern erfahren haben konnte; dies verbat sich natürlich der Fürst, und daraus folgten weitere Verbitterungen. Als Männer, die den Kaiser fortwährend und abwechselnd beeinflussen, nannte sie Verdy, Douglas, Hinzpeter und Boetticher, der ganz in des Kaisers Händen und ihm lieb, weil ganz ohne eigenen Willen sei; den Schwarzen Adler hat ihm, der voriges Jahr beim Fürsten förmlich weinte, weil er ihn nicht erhalten, der Kaiser auch ohne zuvorige Rücksprache mit dem Kanzler gegeben. Nicht dies Ungestüm, meinte die Fürstin, mache es unmöglich, dem Kaiser zu dienen, sondern seine gänzliche Unzuverlässigkeit; so habe er vor etwa vierzehn Tagen dem Fürsten zugesagt, unter keinen Umständen von der Militärvorlage zu lassen. Nun habe ihn Verdy schon dazu vermocht, und die zweijährige Dienstzeit werde ebenfalls vorgebracht – also ein völliger Bruch mit allem, was sein Großvater und der Fürst in ihrem langen Leben mit Strömen Blutes errungen! Er sagt ja darüber kein Wort, schloß die Fürstin, „aber ich weiß, was ihm am Herzen nagt, das ist das Schicksal seiner Schöpfung, des deutschen Reiches, und der Gedanke schnürt auch mir die Kehle zu, wenn ich ihm in rosigen Farben unser Stilleben auf dem Lande ausmalen will.“ – Oh wie mir Zorn und Schmerz das Wasser in die Augen trieben, als ich in diesen Räumen mich umsah, in die nun bald Fremde ziehen werden, wo ich soviel Freundschaft und Treue genossen! Worte sind arm, das zu sagen, was die Erinnerung am inneren Auge vorüberziehen läßt am Tage, da des deutschen Volkes größter Mann sich zurückzieht. Ein deutsches Reich, eine Wilhelmstraße 77 ohne Bismarck – das kann unser Geschlecht nicht fassen. Ich ging zu Marschalls, wo ich ihn traf, der mir aber sonderbar kühl erschien, ganz auf der kaiserlichen Seite, sich damit tröstend, daß es so habe kommen müssen. Viel sympathischer war mir Lerchenfeld, dem ich begegnete, mit erstickter Stimme sprach er von der Vergangenheit, angstvoll von der Zukunft. Allgemein wird Caprivi als

Reichskanzler genannt, den Bismarck selbst dem Kaiser vorschlug. Sehr sympathisch sprach sich Hirschfeld aus, der mich aufsuchte.

Besuch in Friedrichsruh

5. März 1891

Zum Gabelfrühstück erschien der Fürst mit den Hunden, entzückt von einem trotz des Sturmes unternommenen Waldspaziergang und saß bis 3 mit uns beiden Frauen heiter plaudernd beisammen. Als ich Puttkamers erwähnte, sagte er: „Den hat Herrfurth gut aus dem Sattel gehoben! Der Kaiser wollte ihn bekanntlich nach seinem Regierungsantritt wieder zum Minister haben, wogegen ich des Ansehens wegen war. Ich sprach mit Herrfurth, ob er sich bereit erklären wolle, seinem Chef den Platz warmzuhalten, was er bejahte mit dem Zusatze, er habe ja ganz dessen Ansichten. Als ich nach Jahr und Tag dem Kaiser sagte, nun könne er Puttkamer wiedernehmen, hatte ihn Herrfurth durch die Landgemeindeordnung so geködert, daß er nicht mehr wollte. Das ist ja so, wer dem Kaiser sagt, da ist ein Bock zu schießen, dem folgt er." – Von Miquel meinte er: „Sein Stern ist noch im Steigen begriffen; er ist unser bester Redner, und die Herrschaft der Phrase ist die Signatur unserer Zeit. Ich fürchte nur, daß, wenn er erst seinen jetzigen Kanzler beseitigt haben wird, er uns in gefährliche Bahnen leitet, denn er ist ein großer Idealist, was eigentlich seiner außerdeutschen Abkunft gar nicht entspricht." – Als ich einmal nach rechts zu Bucher redete, rief der Fürst plötzlich: „Nein, wie Sie jetzt von Profil Ihrem Vater gleichsahen, das ist förmlich lächerlich!" Als die Fürstin dies nicht finden konnte und meinte, dem Bilde nach habe der Vater Ähnlichkeit mit Gladstone, meinte er: „Oh nein, da tust Du dem alten Varnbüler sehr Unrecht – Gladstone hat ein unschönes, unregelmäßiges Profil, während Higa's Vater ein sehr edles, schnittiges hatte. Würde er Gladstone gleichen, hätte ich nicht solche Freude an dem seiner Tochter gehabt." ... Zu Tische kamen der Bürgermeister Petersen mit Tochter aus Hamburg, er ein 82jähriger Mann mit einem reizenden alten Kopfe, dichtem weißen Haar und Schnurrbart, lebhaften braunen Augen unter dunklen

Brauen und einer überaus ansprechenden Redeweise. Man redete von allerlei, besonders vom alten Kaiser, Friedrich Wilhelm IV., der Konfliktzeit u. a. Die Fürstin war einen Augenblick weggegangen, ich blätterte in einem Buche, während der Fürst Zeitungen las. Plötzlich rief er mich an: „Haben Sie kürzlich Caprivi gesehen? Früher litt er auch an den Adern. Ich habe mich sehr über seine Absage an die Freisinnigen und die Sozialdemokraten gefreut; er hätte es wohl schon früher getan, wenn es der Kaiser erlaubt hätte." Nun faßte ich mir ein Herz: „Können Sie sichs denn gar nicht denken, daß ein Weg gefunden werden könnte, Sie und den Kaiser wieder in bessere Beziehungen zu bringen; es ist dies die Sehnsucht aller derer, die das einfache Faktum nicht verschmerzen können, daß es so gekommen ist, wie es kam." „Nein", sagte der Fürst, „das ist aus und vorbei; stellen Sie sich vor, wie sich das gestalten würde, wenn ich in Berlin lebte! Wie sollte ich mich stellen zu all' denen, die mich so schamlos verlassen haben, als sie glaubten, ich gelte nichts mehr. Wie würde ich bei der Erbärmlichkeit der Menschen meinen Freunden schaden! Von jedem, mit dem ich spräche, der in meinem Hause verkehrte, hieße es: ‚der konspiriert mit Bismarck!' Der Kaiser hat mich wie einen Bedienten weggejagt; ich habe zeitlebens einen Edelmann in mir gespürt, den man nicht ungestraft beleidigt; dem Kaiser gegenüber kann ich keine Genugtuung fordern, so bleibe ich eben ferne, und von all' denen, die glauben, ich suche wieder ans Ruder zu kommen, weiß keiner, wie unaussprechlich gleichgültig mir jetzt Hof- und Fürstengunst sind. Die Schusterei ist ein einträgliches Handwerk, und wird in schamlosester Weise in Berlin selbst von denen geübt, die unabhängig nach Stand und Stellung sind. Was soll ich davon sagen, wenn ein Lumpenhund wie August Dönhoff einen großen Umweg auf der Straße macht, um Herbert nicht zu begegnen?! All' diesen Leuten gegenüber habe ich nur das Gefühl des Götz von Berlichingen am Fenster in Möckmühl; selbst den Kaiser nehme ich nicht aus bei solcher Wertschätzung, ich fühle nichts mehr für ihn. Bei der Boykottierung – ich kann es nicht anders nennen – die über mich verhängt ist, ist nur der Gedanke und die Furcht maßgebend, ich könnte mich zwischen ihn, den Kaiser, und die Sonne stellen. Er konnte mich ordentlich und in Ehren wegschicken, ehrlich sagen, ich will's allein machen. Aber monatelang ist alles schon abgemacht gewesen, während er mir noch schöntat. Wie hätte Caprivi, der doch ein verständiger Mann ist, es sonst ängstlich vermieden, mit mir über irgendwelche Geschäfte zu reden, was doch sonst jeder tut, der auch nur einen Pachthof übernimmt, wenn er nicht dazu Befehl von oben hätte? Ich habe von Caprivi nichts in Händen als seine Unterschrift zur Regelung meiner Pensionsverhältnisse, die in der denkbar ungünstigsten Weise geschehen ist. Ich sehe sehr schwarz in die Zukunft: mich ängstigen weniger die sozialen Verhältnisse als die zum Auslande, die uns auf einmal überfallen können. Rußland wartet nur auf die neuen Gewehre und das neue Pulver, was in etwa zwei Jahren fertig sein wird, und wenn wir einmal den Fremden im Lande haben ... Das furchtbar Gefährliche im Charakter des Kaisers ist, daß er dauernd keinem, momentan jedem Einflusse zugänglich ist und alles sofort zur Tat werden läßt, somit jede Stetigkeit aufhört." – „Aber", sagte ich, „wäre es nicht denkbar, daß Sie, anstatt die Zeitungen zu inspirieren, direkt unter Ihrem Namen Artikel schrieben, damit nicht allerlei Ihnen in die Schuhe geschoben wird, was Sie nicht oder doch nicht so gesagt und gedacht haben?" – „Das geht nicht an; jedermann weiß à peu près, welche Zeitungen von mir inspiriert sind. Unterzeichnete ich Artikel, so sähe es aus, als setzte ich mich in direkten Widerspruch mit der Regierung und dem Kaiser, das hielte ich für anmaßend und nicht richtig. Aber meine Ansicht auszusprechen, wenn ich finde, daß sie Dummheiten machen, das lasse ich mir nicht nehmen und verböte es mir der Kaiser selbst, ich täte es doch." Als ich ihm erzählte, der Kaiser habe neulich bei Boetticher zwischen Windthorst und Miquel gesessen, die beide auf ihn hin eingeredet hätten, meinte er: „Es ist doch eigentümlich, wie der Kaiser jetzt Windthorst kajoliert, während der ostensible Grund, aus dem er mich wegschickte, der war, daß ich zu vertraut mit dem Kleinen verkehre. ‚Mit Ultramontanen und Juden', sagte er damals; ob Bleichröder auch noch einmal drankommt?" – Als der Fürst um 11 zu Bette ging, verabschiedete ich mich von der Fürstin, um vorstehendes sofort wörtlich niederzuschreiben. Was die historische Treue dabei gewinnt, ist wertvoller als der Verlust an schönem Stile!

Aber ich fühle mich müde und traurig: Hirschfelds sind neulich hiergewesen, und er kam ganz begeistert nach Hause und vom Gedanken erfüllt, einen modus vivendi zu finden, um den Fürsten nach Berlin zu ziehen; ich gestehe, daß mir dies sofort als eine große Utopie erschien, wie denn der doch so kluge Hirschfeld recht oft des praktischen Urteiles sehr ermangelt. Nun habe ich mich durch Augenschein überzeugt, daß wir hoffnungslos auf eine gute Sache hoffen! „Denn zu tief schon hat der Haß gefressen. Und zu schwere Taten sind geschehen, die sich nicht vergeben und vergessen." Oh! du armes Deutschland, wer wird dir im rechten Augenblick die rechten Männer erwecken?!

Der neue Reichstag

28. Mai 1894

Montag frühstückte ich bei Sascha (Schlippenbach) mit Metzler, Dr. Michahelles und Arenberg, und danach besichtigten wir (wozu noch Hanna kam) das neue Reichstagsgebäude in allen seinen Teilen, vom Baurat Wallot persönlich umhergeführt. Die Dimensionen sind kolossale, die einzelnen Räume schön, aber das Ganze macht doch einen Eindruck mehr des babylonisch Maßlosen als des harmonisch Schönen; dazu das geradezu Lächerliche der ungezählten Wappenschilder, Kronen, allegorischen Figuren, und das für ein Haus, in dem 400 Leute tagen sollen, die zumeist liberal, freisinnig oder sozialdemokratisch gesinnt sind, die all dieser heraldische Schmuck ärgert, denen wund und wehe wird in diesen prachtvollen Räumen, und die für 50 Pf. Butterbrot essen in einem Speisezimmer, für Kaiser und Könige schön genug ... Traurig ist zu denken, daß der gesetzgebende Körper, der in dieses Prachtgebäude eintreten soll, vor seiner Nation so sehr an Ansehen eingebüßt hat und in seiner Zusammensetzung so gering geworden ist, daß sich alle Bessern ferne halten, indes sie früher ihm zuströmten!

3. bis 18. März 1897

Freilich sieht es in der Welt trübe und gewitterig aus, und die peinlich-taktlose Rede des Kaisers beim neulichen Diner Achenbach ruft allgemeines Unbehagen hervor. Es ist traurig zu sehen, wie der Enkel verständnislos das Bild des Großvaters verzerrt, ihm einen falschen Stempel aufdrückt, den weder Volk noch Geschichte anerkennen werden. Der alte Herr in seiner Bescheidenheit würde sich im Grabe umdrehen, daß sein Enkel Bismarck, Roon und Moltke nicht etwa bloß „Handlanger", sondern „Pygmäen" nennt! Auch der Beiname „der Große", den ihm der Kaiser aufgebracht hat, stimmt nicht; nie wird ihn das Volk so nennen, für dieses heißt er der „alte Kaiser", allenfalls „Wilhelm der Siegreiche"; seine Größe lag in etwas anderem als dem, was in der Geschichte dieses Epitheton erhält, speziell aber darin, daß er seine großen Diener eben nicht für „Pygmäen" hielt und sich deshalb ihrem Rate fügte und mit seiner königlichen Machtfülle ihre Ideen in Tat und Leben umsetzte.

Die „Zukunft", die ich ihrer giftgetränkten Feder wegen sonst nicht mag, bringt in ihrer Nro 23 und 24 zwei hochinteressante, glänzend geschriebene und leider nur zu wahre Artikel „Kostümball" und „Sant Wilhelm" überschrieben. In dem letzteren wird die Unwahrheit gegeißelt, in die des alten Kaisers Bild durch die Rede des Enkels von neulich gezerrt wird, die dazu führt, das Verständnis zwischen dem jungen Herrn und seinem Volk noch mehr zu schädigen – zum Teil ist wörtlich darin gesagt, was ich auf einigen früheren Seiten dieses Buches äußerte. Auch Bismarck soll gesagt haben: „Der Große? Das stimmt nicht ganz; aber ein Ritter war er, ein Held!"

Wir gingen abends zu Marschall in einen Rout, der nett besucht und unterhaltend war. Nur unter den Ministern, Bundesräten und Parlamentariern sah man ernste Gesichter, sie standen in Gruppen zusammen, berieten sich und schüttelten die Häupter. Den Grund erzählte mir Hohenthal, er, der große Freund und Bewunderer des Kaisers bis dahin, heute ebenfalls entrüstet und außer sich. Bekanntlich ist augenblicklich die

Beratung des Marineetats, und der Reichstag hat große Abstriche gemacht, zum Teil die Bewilligung auf nächstes Jahr verschoben; doch war die Bewilligung eines Kreuzers in Aussicht. Da begegnet S. M. heute früh im Tiergarten Herrn von Stumm, geht mit ihm und befiehlt ihm in höchster Erregung, er solle „in den Reichstag gehen und dort sagen, wer es hören wolle, er, der Kaiser werde, wenn ihm vom Marineamt etwas gestrichen werde, den Reichstag auflösen, alle Minister zum Teufel jagen und einen Staatsstreich machen." Und Stumm – unglaublich, aber wahr – geht in den Reichstag und tut, wie ihm befohlen war, denen, die ihm darob Vorwürfe machten, erwidernd, er sei Offizier und habe zu gehorchen!! Er, der „König Stumm", der Millionär, beruft sich in solchem Falle auf seine Eigenschaft als Landwehrmajor!?! So etwas ist nur in Preußen möglich; kein Süddeutscher würde in dieser Lage zu gehorchen sich gebunden fühlen, sondern seinem Herrn im Geiste, nicht im Buchstaben dienen, d. h. diesen im Affekt gegebenen Befehl einfach nicht ausführen. Welches Unheil ein solches Gebaren des Kaisers entfesselt, ist leicht zu erkennen: der Reichstag, empört, stellt sich auf die Hinterfüße und ist zu nichts mehr zu bringen; überdies ist des Kaisers Drohung eine leere, denn er kann nur mit Zustimmung des Bundesrates auflösen, den er natürlich niemals aus solchem Anlasse für sich gewinnt, ebensowenig wie ein neues Ministerium auf solches Programm. Mir deucht, dem Kaiser schwebt unklar der Kampf des alten Herrn um die Armeeorganisation vor, und ein ähnliches Ziel möchte er für die Flotte erreichen, sieht aber nicht, daß die Prämissen und Zwecke ganz anders sind, vor allem, da er keinen Bismarck hat, sie durchzuführen. Hollmann befahl er, seine Entlassung einzureichen, um den Reichstag zu schrecken, und als es nicht verfing, sie zurückzunehmen, was jener aber durchaus verweigert, wenn er auch über die Festtage noch bleiben will. Ja, diese Feststage – man wird sie innig feiern, weil bei der Mißstimmung der Gegenwart die Erinnerung an den alten Herrn und seine Zeit recht lebendig in den Herzen sich regen wird; und die Hauptfeier wird sich an Bismarcks Namen anheften, schon aus Widerspruch gegen das Epitheton „Pygmäe", gegen das sich sogar Zentrum und Freisinnige empören als Zeichen der Undankbarkeit und des Unsinns – „kein

Augenmaß!", und Hohenlohe sagte, dann würde auch er gehen[1].

[1] HILDEGARD FREIFRAU HUGO VON SPITZEMBERG, Tagebuch. Göttingen 1960, S. 270, 271, 286–289, 325, 352–354. Abdruck mit freundl. Genehmigung des Verlages Vandenhoeck & Ruprecht.

JULES RENARD

Buch-Idee zu Neujahr

Paris, 1. Januar 1897

Heute habe ich vom Morgengrauen an als Neujahrsgeschenk eifrig darüber nachgedacht, ein Buch, dessen Titel mir gefällt, zu schreiben: „Gewohnheiten, Neigungen und Gedanken eines dreißigjährigen Mannes." Ich bin sicher, das wird ein schönes und gutes Buch, durch das ich berühmt werde.

Zunächst mal, ich bin nicht mehr dreißig. Ich bin fast dreiunddreißig, aber ich bestehe auf meinem Titel, und ich glaube nicht, daß ich seit meinem dreißigsten Jahr bedeutende Fortschritte gemacht habe.

Unter keinerlei Vorwand werde ich lügen.

Ich stelle mir folgende Fragen: Was liebe ich? Was bin ich? Was will ich? Ich werde darauf ehrlich antworten; denn hauptsächlich will ich mir selbst Rechenschaft ablegen. Ich halte mich weder für unedel noch naiv. Ich will mich wirklich unter die Lupe nehmen.

Ich brauche mir nur die Wahrheit zu sagen. Ich bin mir klar darüber, daß niemand sie mir je gesagt hat. Davon nehme ich nicht einmal die Größten aus.

Ist es gut, die Wahrheit zu sagen? *Das ist unwichtig.* Wird sie interessant, erregend, tröstlich sein? Das ist die *geringste* meiner Sorgen. Wird sie anderen als mir dienen? *Das ist mir gleich.* Man glaube nur nicht, mich zu ärgern, wenn man mich als Egoisten behandelt. Man kann mir ebensogut vorwerfen, daß ich atme. Wenn ich Julius Caesar gekannt hätte, würde ich etwa sein Leben erzählen und nicht das meine? Nein, ich glaube nicht, oder ich hätte aus ihm eine ebenso kleine Figur gemacht, wie ich selbst bin. Ich will mich keineswegs dadurch größer machen. Ich halte mich fest und lasse mich nicht los, bevor ich mich kenne.

Bilde ich mir ein originell zu sein? Ich bin neugierig, wie ein Mensch ist, der den anderen gleicht.

Wünscht mir kein gutes Jahr. Wünscht mir, daß ich vollende, was ich heute beginne, und so werde ich das beste Jahr meines

Lebens verbringen. Ich glaube, daß ihr mir ähnlich seid, aber anders redet, und daß ihr nicht wißt, was ihr sagt.
Ihr täuscht euch absichtlich.
Ich mache mich unglücklich. Ich versichere euch, ihr habt unrecht, mich zu bedauern.
Andere spielen mit sich selbst. Ich hefte einen ernsthaften Blick auf mich und habe keine Lust zu lachen. *Aber ich bin verrückt.* Ich bin ordentlich, und ihr würdet mir schwerlich eine falsche Münze aufhängen.
Wenn ich mir etwa einmal entwische, dann sehe ich trübe, ich lege die Feder hin und warte.
Ihr seid kurzsichtig.
Ich habe die Augen, die mir meine Mutter gegeben hat. Dafür kann ich nichts.
Aber werden Sie Ihr Buch einem Verleger geben?
Ja, wenn es fertig ist, aber bevor ich nicht das Wort Ende geschrieben habe, denke ich weder an einen Verleger noch an Geld oder Erfolg.
Ich verzichte nicht auf Ehrgeiz. Das ist ein in mir zwar unter der Asche glimmendes Feuer, das aber immer brennt.
Ein in die Wahrheit verliebter Mensch muß weder Dichter noch groß sein. Er ist beides, ohne es zu suchen.
Werde ich aber den Mut haben (nein, Mut habe ich) doch die Geduld in jedem Augenblick?
„Der Mann mit dreißig Jahren" – Nicht, daß ich dies Porträt für endgültig halte. Ich hoffe, mit sechzig Jahren ganz anders zu sein und ein neues Porträt von mir anzufangen.
Ich werde nicht, wie *Jean-Jacques Rousseau* sagen: „Ich bin nicht so, wie irgend jemand, den ich je gesehen habe." Nein, nein! Ich bin so wie alle, und wenn es mir gelingt, mich im Spiegel genau festzuhalten, werde ich fast die ganze Menschheit sehen.
Auch keine Anrufung, wie es der René in den Natchez tut: „Du bist es, höchstes Wesen, Quelle der Liebe und Schönheit, du allein hast mich geschaffen wie ich bin und du allein kannst mich verstehen." Meine „genialen Vorfahren" erregen mein Lächeln, aber Chateaubriand macht mich lachen, wenn er sagt: „Wenn ein Schriftsteller im Taumel der Eigenliebe toll wird und, immer sich selbst gegenwärtig, sich nie aus den Augen

verliert und seine Eitelkeit schließlich in seinem Gehirn eine unheilbare Wunde erzeugt, so ist das von allen Ursachen des Wahnsinns diejenige, die ich am wenigsten begreife und die ich am wenigsten bemitleiden kann."

Wenn ihr mich lieben könnt, um so besser. Das wird mir ein geheimes Vergnügen machen, aber ich verstehe sehr gut, wenn man mich nicht liebt.

Kein physisches Porträt zeichnen. Aufblitzen von allem: Güte, Talent, Bescheidenheit, Heldenmut, Opfer, nichts Durchgehendes *außer dem unterirdischen Egoismus.*

Ich will mich weder anschwärzen, noch weißwaschen.

Nichts Brennenderes als diese Kaltblütigkeit, mit der ich diese Zeilen schreibe.

Ich habe die Kühnheit, mich mir selbst ganz nackt unter die Nase zu halten, aber ich bin kein schöner Mann und versuche, mich ohne Wohlgefallen zu betrachten.

Dieses Büchlein möge das Handbuch der jungen Männer werden, die sich tastend suchen. Ich gebe ihnen eine Idee und eine Methode[1].

[1] JULES RENARD, Journal. Paris 1935, S. 256–257. Übers. von HELLY HOHENEMSER (nur dieses Stück). Hervorhebungen vom Verfasser.

Das deutsche Narcissus-Buch

5. Mai 1895

Das deutsche Narcissusbuch. – *Es sind wundervolle Augenblicke, wo sich eine ganze Generation in verschiedenen Ländern im gleichen Symbol findet.* Dieses drückt einen vorübergehenden Zustand aus: plötzlich wurde das Traumhafte des Weltzustandes erkannt (ähnliche Stimmung findet sich bei d'Annunzio), man gab sich Rechenschaft über das, was man im äußeren Leben fortwährend gesucht hatte. Man war einen Monat lang nicht imstand, sich mystisch in ein Ding zu verlieben, die Dichter legten ihre Kronen ab und besannen sich nur darauf, daß sie Jünglinge waren. Es gibt in Gesprächen solche Augenblicke: alle sehen sich mit trunkenem Einverständnis an, etwas über alle Worte Großes wissen sie gemeinsam. Es gibt solche Augenblicke in großen Gruppen von trunkenen Menschen. Warum nicht in der ganzen Generation.

Leben eines Dichters

Leben eines Dichters. Eine Art Ordensregel.
Ein halb Jahr in einem Tierpark, ein halb Jahr in einer Kleinkinderbewahranstalt, ein halb Jahr bei einem Blumenzüchter. – Reisen – dann Missio in saeculum, Wirksamkeit.
Alles dies beginnt erst, nachdem er aus dem gemeinsamen Leben mit Jünglingen entlassen worden ist.

Spaziergang im Wald

8. Juni 1895

Sehr große Depression. Abends Spaziergang im Wald, Birken, schwarzes Wasser, Sumpfgräser, alles tot, ich mir selber so nichts, so unheimlich. Alles Leben von mir gefallen.

14. Juli 1895

Lebensweg; führt zu immer stärkerer Magie.
Magie: Fähigkeit, Verhältnisse mit Zauberblick zu ergreifen, Gabe, das Chaos durch Liebe zu beleben. Chaos als totes dumpfes Hinlungern der Dinge im Halblicht.
Die Ideen sind vermöge der Realitäten für uns existent (= für uns geweckt, entbunden, weil in uns wie Granatapfel all in eins), aber nicht in den Realitäten zu finden.
Lebensweg. Steigerung der Magie darstellen. Auf der höchsten Terrasse eritis sicut Deus, fähig aus allem etwas zu machen, denn für Gott, der die Welt ist, ist keine Bildung schlechter Stoff. Dies so ausdrücken: der so weit Gestiegene greift mit Fingern in die Erde, wie durch Wasser, Wasser aber ballt sich ihm wie Kristall, Fernes zieht er heran (Menschen und Tiere durch eine Allee heran), schwebt in der Luft Früchten zu, liegt im Rasen wie am Rücken schwimmend; Vergangenes zieht er an sich; tief ergreift ihn die Idee der Bewegung (Beispiel: wie die Schlange links, der Engel rechts gegeneinander harmonieren auf dem Sündenfallsbild von Michelangelo, solche Visionen hat er fortwährend), auch fortwährend enthüllen ihm seine eigenen Bewegungen ihre große Archetypen.
Als Einleitung halbwacher Morgentraum mit undeutlich bewußter Wohnung: in einem Lusthaus im Wald quer über den Rasenweg, bei offenem Fenster, zu ebener Erde; oder auf einer kleinen Insel in der Bucht, dahinter die ungeheuren Berge, oder auf der höchsten Terrasse über den Wipfeln der niederen, unter der der See liegt.
Ein Traum von großen Magiern – darunter Pereira, Grotthuss verklärt, ihr Lächeln, ihre Augen wie merkwüdige lebendige pulsierende fühlende Edelsteine. Der eine Magier zieht die andern Verklärten heran und freut sich an ihren Gesichtern, ihren Fingern, ihren Nüstern.

1. Oktober 1906

Leben. – Die wahre Lebenskunst lernt man erst in reiferem Alter noch nicht einmal ausüben, sondern nur ahnen. Das Heben der Lebensinhalte aus der dumpfen Materie in die Sphäre der höheren reineren Bewußtheit. Dies kann sich auf jeden unscheinbarsten Moment des Lebens beziehen. Man kann jeden von ihnen gleichsam in seinem anderen Zustand, seinem eigentlichen Weltzusammenhange wie einen Rubin aufglühen sehen. Wie Ottilie in den „Wahlverwandtschaften" ihren Eduard vor sich sieht: in einem mäßig erhellten Raume bildhaft und doch lebendig sich bewegen, so müßte man sich selbst und seine Umgebenden erblicken können und die Gegenwart zu diesem abgeschiedenen mäßig erhellten, ohne Schmuck unsäglich schönen Raum erheben. *Wie dies mit dem sittlichen Handeln verknüpft ist, – diesen Weg zu finden, ihn immer wieder zu wandeln, darin liegt die eigentliche Kunst des Lebens.* Auch die entferntesten Schicksale, die fremdesten Lebensäußerungen müßte man in diesem Medium erblicken können, wodurch sie sich auf ein zusammengefaßtes und völlig beruhigtes Ich bezögen. Denn nur die in der Liebe gesammelte Seele bringt einen solchen verklärten Raum hervor[1].

[1] Hugo von Hofmannsthal, Aufzeichnungen. Frankfurt 1959, S. 118, 121, 124–125, 151. Hervorhebungen vom Verf. Abdruck mit freundl. Genehmigung des Verlages S. Fischer.

DRITTE FOLGE

Vom Ende Alt-Europas
bis zur Gegenwart

LÉON BLOY

Das Fiasko des Jahres 1900

Im Oktober 1900

Ich bin mit diesem ersten Jahre des neuen Jahrhunderts ehrlich unzufrieden. (Viele Menschen wollten – und wollen noch heute – das Jahr 1900 zum ersten Jahre des 20. Jahrhunderts machen. Untrüglicher Beweis für das allerorts wahrzunehmende Absterben der menschlichen Vernunft. Als ob einer, der hundert Francs zu fordern hat, sich für bezahlt anzusehen hätte, wenn sein Schuldner ihm neunundneunzig auf den Tisch des Hauses hinzählt!) Es hätte das Jahr des „großen Kladderadatsch" sein können, ja eigentlich sein müssen. Statt dessen eröffnet uns nicht einmal die Aussicht darauf, daß diese Rolle dem kommenden Jahre vorbehalten sein werde, welches in Wahrheit doch das erste des zwanzigsten Jahrhunderts ist.

Was ist aus all den düsteren Verheißungen des abgelaufenen Jahres geworden! Wo ist die „große Affäre" geblieben? Wo die Schweinereien Zolas? Wo die Hudeleien so vieler anderer und jene „galoppierende" Verruchtheit der Welt, welche die massivsten Katastrophen heraufzubeschwören schien?

Nachdem ich mit so viel Eindringlichkeit und allein aufgrund vernünftiger Überlegung den totalen Zusammenbruch alles Bestehenden prophezeit hatte und nun so gar nichts von alledem eingetroffen ist, habe ich jetzt wohl ein gewisses Recht darauf, mich weidlich verärgert zu zeigen . . .

Zu glauben, daß ein Prophet notwendigerweise und ausschließlich ein Künder künftiger Dinge zu sein habe, ist jedoch der natürliche Ausfluß einer Denkart, wie sie Bademeistern oder Trikotreisenden frommen mag!

Ein Prophet ist in erster Linie dazu berufen, die Stimme zu sein, welche die Gerechtigkeit vom Himmel auf die Erde herabruft.

Wenn man, sei es mit, sei es ohne Ironie, den hehren Namen eines Propheten schon durchaus einem alten Polterer wie mir zuerkennen will, so muß man auch die sich damit von selbst ergebende Konsequenz mit in den Kauf nehmen, daß seinen beschwörenden Rufen die Macht innewohnt, den Ablauf der vernichtenden Katastrophe zu beschleunigen. Nur in diesem Sinne wird er Prophet sein, soweit man ohne göttliche Inspiration eben überhaupt Prophet zu sein vermag, das heißt in derselben Weise, wie ein dem Gebete Zugewandter ein Wundertäter ist.

Worauf liefen, um es einmal genauer festzustellen, meine Voraussagen denn überhaupt hinaus? Welches war in einem Wort das Ziel meiner geheimen Herzenswünsche, welches der wahre Sinn meiner glühenden Sehnsucht nach einem endlichen die Welt befallenden Krampfzustand, einer Sehnsucht, welche so gewaltig war, daß mir die Zähne aufeinanderschlugen und mein Körper vom Kopf bis zu den Füßen bebte wie bei einem wollüstigen Traum der Pubertätszeit?

Nicht mehr als dies: Erstens: Nichtstattfinden der so allgemein bewunderten und der Bewunderung auch wirklich werten Hanotauxschen Jahrhundertausstellung, weil Paris und die Welt genug damit zu tun hätten, all ihre Kräfte und Energien zusammenzuhalten, um gegen den herannahenden Untergang gewappnet zu sein;

Zweitens: Tödlicher Kampf Englands gegen seine Inbesitznahme durch alle bösen Geister der Welt und das Angstgezeter und verzweiflungsvolle Stöhnen dieser verworfensten aller hundsgemeinen Nationen der Erde in ihrem endlichen Todeskampf;

Und zum Schluß, um die volle Wahrheit zu sagen: Der abschließende und endgültige Abrutsch in Schande und Schmach einer scheinheiligen christlichen Gesellschaft, deren Niederbruch so vollkommen sein sollte, daß sie auf allen Vieren in den stinkenden Kotmassen städtischer Kloaken und den Kotzlachen der Hunde auf den Straßen herumrutschten, um nach ihren verlorenen Schätzen zu stochern. Weiter gar nichts!

Man zeige mir doch den tausendfachen Idioten, sträfliches Produkt widerwärtigen Aneinanderreibens bourgeoiser Fleischmassen, der sich zu behaupten unterstünde, diese Forderungen seien übertrieben!

Schickt ihn doch her zu mir, dies talgige Gerinnsel der drekkigsten Samenergüsse verkalkter Beamtenseelen oder Notariats-

schreiber, auf daß er uns verrate, was man von der unfaßbaren Gehorsamsverweigerung der Schicksalsgöttinnen zu halten habe!
Doch wozu schließlich? Genügt es nicht schon, bloß in Gedanken sich auszumalen, wie eine solche bourgeoise Mißgeburt dahergestiegen kommt und in überzeugendster, alle Ansprüche an Logik restlos befriedigender Form uns nachweist, daß alles eben so kommen mußte, wie es gekommen ist?
Die seelische Entkräftung unserer heutigen Welt hat einen solchen Grad erreicht, daß sie sogar imstande ist, Wunder zu wirken. Jawohl, Wunder, ich scheue mich nicht, es laut und deutlich auszusprechen.
Wenn zu jenem Zeitpunkt, als man mit den Vorbereitungen zu der jetzigen Ausstellung begann und alles, was das Weltall an Hohlheit, Dummheit und Raffgier zu bieten hat, sich anschickte, nach einem Paris zu strömen, das gewissenloser, stumpfsinniger und seelisch unterernährter ist als je zuvor, – ja, wenn damals irgend etwas mit absolutester Sicherheit festzustehen schien, so war es der Riesensturz ins Nichts, die großartige Skiabfahrt in die Hölle.
Ganz im nämlichen Augenblick erhoben sich in allen vier oder fünf Erdteilen tobende Wutschreie und ein infernalisches Haßgebrüll gegen England, dessen Schamlosigkeit ja die Weltmeere verblüfft und jede Hyperbel in ihrer Grandiosität in den Schatten stellt. Durfte man unter solchen Umständen nicht mit zwanzigfacher Sicherheit darauf schwören, daß die angesammelten und zum Losbrechen bereiten Unratfluten nur auf ein Zeichen, nur auf das unmerkliche Kopfnicken eines rächenden Cherub warteten, um diesen schmutzigsten Fleck der Landkarte, der sich England nennt, für alle Zeiten mit ihrem stinkigen Spülicht zu überdecken und auszulöschen?
Ich frage nun: Was hätte nach alledem – nachdem so ein jeder seinen Lohn empfangen – wohl das Schicksal der vorerwähnten sogenannten christlichen Gesellschaft sein müssen, dieses wimmelnden Verbrecherhaufens, welcher das menschliche Gewissen mit seiner Verruchtheit niederknüppelt und an dem Vorhandensein eines Erlösers zweifeln läßt?
Nun, ihr unbedingter, ihr tausendfacher unbedingter Tod, wie ich es prophezeit hatte, und ihr, unsichtbare Rächer im Him-

mel, Engel und Vollzieher göttlicher Ratschlüsse, seid dafür meine Zeugen, indessen ...:

Indessen, es gibt keine wahren Menschen mehr, ja der Bankrott hat solche Ausmaße angenommen, daß nicht einmal Kanaillen mehr zu finden sind, was immerhin etwas Neuartiges darstellen dürfte.

Das menschliche Geschlecht ist nachgerade so unsagbar degeneriert, daß es nur mehr imstande ist, ehrliche Leute hervorzubringen, oder, was das gleiche ist, klebrige, auseinanderfließende Seelen ohne Rückgrat, ebenso unfähig zu Großtaten des Lasters wie ungeschickt zu Großtaten der Tugend! Was kann nun, sagt mir, inmitten solch eines brackigen Pfuhls der Unbestimmtheiten die Rolle eines armen Propheten sein?

Was sie sein kann? Nun, nichts! Es sei denn, er flöhe zu den demütigen Tieren und flehe, in ihrer Mitte sich verbergend, unter Tränenströmen zu Gott, ER möge endlich das Weltenende beschließen, aus welchem SEINE Herrlichkeit um so strahlender hervorgehen wird.

Gegen die Krämer

17. Mai 1901

Seit unserem kürzlichen Umzug kaufen wir unseren täglichen Bedarf bei einem Lebensmittelhändler, der gleichzeitig der Herr Generallieferant für die gesamte Geistlichkeit und die Ordensschwestern der Gegend ist. Seine Redlichkeit ist einwandfrei verbürgt durch das übereinstimmende Zeugnis der gottesfürchtigsten Würdenträger der Gemeinde. Der Mann ist Lothringer, sprudelt über von guter Laune und Leibesfülle und haftet mittels unzerreißlicher Ehebande an einer täubchenhaft girrenden Speckkugel nicht unähnlich jenen glänzenden Septemberkastanien, welche die Lebensmittelhändler von Paris und Umgegend alljährlich den mastlüsternen Borstentieren des Périgord und der Bretagne in so grausamer Weise vorenthalten. Diese symbolhafte Chefeuse eines Kolonialwarenladens hat ein Glas- und ein weiteres „Fayence"auge, womit sie argusartig außer ihren Schellfischen und ihrem Schweizerkäse noch eine ihrer Flanke entsprungene und gleich den Urhebern ihrer Tage den Handelsgeschäften geweihte „junge Schnepfe" überwacht, welche sie mit nie erlahmender Beflissenheit mit dem gärsauren Saft ihrer kommerziellen Erfahrungen beträufelt. Die drei begeben sich jeden Sonn- und Feiertag bürgerlich pflichtgemäß zum Hochamt, lassen Predigt und sonstige kirchliche Zeremonien gläubig über sich ergehen, denken aber nicht daran, an solchen hohen Tagen je die Pforten ihres Heringstalls zu schließen. Dem erstaunten Frager geben sie zur Antwort, sie wären dazu gezwungen, weil sonst ihre Kunden zur Konkurrenz gingen. In schlichte Alltagssprache übertragen bedeutet dies: Die Gebote der Kirche, die Gebote Gottes gelten nicht für Geschäftsleute. Jeder Geschäftsmann ist ihrer ohne weiteres enthoben, wenn er sich durch Befolgung derselben der Gefahr aussetzt, daß ihm ein paar blanke Taler aus der Nase gehen! – O ihr erbaulichen „Christenseelen"! Kein Vorwurf trifft euch und kein Priester ist da, der euch das beispiellos Verwerfliche, das Frevlerische, das jedem Glauben Hohnsprechende eurer Gesinnung und Lebensführung an den Kopf schleudert. Im Gegenteil.

Auch Autos gibt's!

19. August 1901

Auch Autos gibt's. Teuflische, menschenmordende Besessenheit einer wildgewordenen Menschheit. Sicherheit auf den Straßen gab's einmal. Heute morgen zeigte uns unser Kutscher eine dieser Maschinen, welche vor kurzem eine alte Frau überfahren und zu Tode gebracht hat und nun zu neuem Gemetzel gerüstet dasteht. Strafe natürlich gleich Null. Der „Verkehrssünder", richtiger „Amokläufer", mußte ein paar lumpige Taler auf den Tisch des Hauses zahlen und die Sache war abgetan.

Und Geistliche!

30. August 1901

Traurige Heimkehr. Wir kommen zurück gleich Bettlern. Erster Gang: zur Pfandleihe. So endet also unsere Sommerfrische!

Hochamt zu Ehren des hl. Fiacre, Schutzheiligen der Gärtner. Weiß etwa irgendwer im ganzen Lande Brie, wo dieser im übrigen durchaus authentische Heilige ganz besonders verehrt wird, daß St. Fiacre sehr wahrscheinlich im Laufe des 7. Jahrhunderts in diesem damals noch vorwiegend heidnischen Gebiet an die Stelle des antiken Priapus, des Gottes des Gartenbaus, getreten ist? Der Wechsel wird auf die einfachste, die geistvollste, die „spirituellste" Weise von der Welt vor sich gegangen sein, nämlich durch Assonanz, daß heißt lediglich auf Grund der Namensähnlichkeit, ganz wie bei den Wilden. Doch wie dem auch sei, in Sauheim pflegt dieser Tag kirchlich begangen zu werden. Der Dekan, der von Priapus bestimmt nie etwas gehört hat, hält bei diesem Anlaß eine bedeutungsvolle Ansprache, welcher ich besonders die folgende Stelle entnehmen möchte: „Nicht von jedem wird verlangt, daß er nach dem Beispiel des hl. Fiacre alles Weltliche hinter sich lasse. Die Seligkeit kann auch erlangen, wer im Reichtum lebt." Ich erinnere mich plötzlich des Vae divitibus und mancher anderer Schriftstellen über die Unerläßlichkeit der Abkehr von allen irdischen Gütern und es packt mich Scham und Ekel bei dem Bewußtsein, Pfarrkind dieses alten Gotteslästerers zu sein.

12. September 1901

Besuch eines der ausgewiesenen Ordensbrüder, der sich auf dem Wege ins holländische Exil befindet. Die wenigen Stunden die ich mich mit ihm unterhalte, genügen, um mich in meiner Verachtung der katholischen Welt zu befestigen. Die Schändlichkeit und Niedertracht der Weltgeistlichkeit in ihrer Gesamtheit ist nicht nur vollkommen, sie ist geradezu „apokalyptisch". Dieser Weltklerus reibt sich vor Seligkeit die Hände, daß er endlich die Konkurrenz der Orden los ist, wobei er fest darauf vertraut, selbst verschont zu werden. Ebenso borniert wie schandhaft! Trübe Zukunft, die Schlimmstes erwarten läßt!

2. Oktober 1901

In Veronikas Schule, bei den Schwestern vom hl. Joseph von Cluny, verlangen sie neuerdings, die Schülerinnen sollen in Handschuhen kommen, damit – wie die mit der Bekanntgabe dieser hochbedeutenden Neuerung betraute Oberschwester versichert – die Zöglinge besagter, ausschließlich den Töchtern wohlhabender Familien vorbehaltenen Anstalt nicht etwa mit den Insassen der Schule vom hl. Vinzenz von Paola verwechselt werden. Diese empörende „Vorsichtsmaßregel" läßt überaus tief blicken und erklärt besser als irgend etwas den abgrundtiefen Verfall aller Frömmigkeit, den völligen inneren Zusammenbruch der religiösen Orden unserer Zeit. Sie gehen an „Weltlichkeit" zugrunde. Sie verachten die Armut und Jesus Christus verläßt sie.

14. November 1901

Seit vier Tagen schon wissen die Schwestern des St. Josephsklosters, daß Veronika krank ist, haben aber bis jetzt nicht einen Finger gerührt. Wenn wir reich wären, dann würden sie unfehlbar jeden Tag nachfragen kommen, und wären wir Millionäre, so käme die Superiorin in eigener Person.

Und Haushilfen!

25. Januar 1902

Sowie unsere Aufwartefrau erfährt, daß Veronika die Windpocken hat, stürzt sie mit einem derart verletzenden Ungestüm aus dem Haus, daß sich unserer anfänglichen Verwunderung alsbald tiefste Mutlosigkeit hinzugesellt. Bei der Vehemenz ihrer Flucht entführt sie nämlich unsere allerletzten paar Pfennige. Wir sind krank, ohne Mittel und völlig auf uns selbst gestellt ... Gott liebt mich gewiß mehr als andere, da er mich seit so vielen Jahren mit solch fürchterlicher Strenge behandelt. – Heute nacht jährt sich zum siebenten Male der selige Tod unseres armen kleinen André.

Und ein Pantheon!

27. Februar 1902

O diese Dreckflut in der heutigen Morgenpresse! Reportage über Reportage mit allen Einzelheiten des Verlaufs des gestrigen Tamtams einschließlich der Gabrielschen Pantheonrede! Welche Lächerlichkeit, ja welche Schande, wenn man sich vorstellt, daß unter den Zuhörern dieses Vollidioten wohl nicht ein einziger war, der an die sogenannten „Bürgertugenden" Victor Hugos wirklich glaubte, und man aus dieser Menge kaum ein Dutzend Personen hätte herauslesen können, die imstande gewesen wären, auch nur einen Vers aus der „Légende des Siècles" auswendig herzusagen! Hanotaux, der natürlich viel Beifall fand, hatte nebenbei die Güte, sein Auditorium darauf hinzuweisen, daß es Victor Hugo gewesen, der im Jahre 1885 die Anregung zu der Umwandlung des Pantheons aus einer Kirche zu einer Gedenkstätte großer Toter gegeben habe. – „Er ließ von neuem weit die Portale öffnen und lud den Ruhm ein, seinen Einzug zu halten." – Eine prächtige Art, zu verstehen zu geben, daß dieser Narr sich an die Stelle des Hl. Sakraments gesetzt hat!

Und junge Mädchen!

14. März 1902

Heute früh in der Kirche war ich Zeuge, wie ein paar „fromme" junge Mädchen, die sich dort zu einem mir unbekannten Zweck eingefunden hatten, bestimmte Kirchenlieder sangen, in denen von der „Ungeduld des Himmels" die Rede war. Ich hatte dabei die klare Empfindung, daß kein einziges aller dieser Mädchen wirklich den Wunsch, ja auch nur das „Wünschchen" hatte, selbst in den Himmel zu kommen. Ich merkte deutlich, wie jedesmal wenn der Refrain wiederkehrte, die Gedanken dieser Jungfrauen ausschließlich um Warenposten oder sonstigen kommerziellen Krimskrams kreisten und daß im Grunde ihrer Herzen nichts war als die nüchterne, praktisch-sentimentale Gottlosigkeit der modernen Zeit.

Und Politiker!

8. Juni 1902

Das Journal bringt heute die Konterfeie der neuen Minister: Combes, André, Pelletan, Trouillot . . . Ich glaube kaum, daß irgend etwas die „demokratische", kirchenfeindliche, freimauerische Gemeinheit dieser teils Kammerdiener-, teils Idioten-, teils Verbrechervisagen zu überbieten vermöchte. Das also sind unsere Regierenden! Letzten Sonntag beim Hochamt war es mir, wie stets wenn ich die Orgel höre, als vernähme ich den Kanonendonner der ungeheuren Schlacht, zu welcher die blutigsten Schlachten Napoleons nur ein lächerlicher Auftakt waren und deren Entbrennen das Nahen des „Trösters" künden wird. Was wird alsdann das Schicksal dieser Strolche sein?

Kommunion der Tochter

8. Mai 1902

Dankesmesse. Schwermütige Ansprache des Dekans, welcher zu ahnen scheint, daß sehr bald seine kleinen Erstkommunizierenden alles heute Empfangene vergessen und hinter sich geworfen haben werden.

Er hat recht, doch bei wem liegt die Schuld? Es ist ein striktes und unabänderliches Gesetz, daß der Wert einer Gemeinde sich nach dem Wert ihrer geistlichen Betreuer richtet. Ein heiliger Klerus macht das Volk tugendhaft, sagte einmal ein großer Philosoph; „ein tugendhafter Klerus macht das Volk honett; ein honetter Klerus macht das Volk gottlos." Wie oft schon habe ich diese wunderbare, auf die denkbar kürzeste Formel gebrachte Zusammenfassung zeitgenössischer Geschichte angeführt! Doch wo ist der Pfarrherr, wo der Dekan, welcher imstande wäre, sie zu begreifen?

Frage an Gott

3. Juni 1902

Mein Herr und Gott, ich weine, weine oft. Ist, was mich weinen macht, die Trauer, wenn ich über meine Leiden grüble? Oder ist es die Freude, wenn mir die Erinnerung kommt an DICH?

Wie soll ich die eine von der andern trennen und wie sollten mir bei dem vergeblichen Versuche, sie zu scheiden, nicht die Tränen fließen?

Was im Tagebuch bleibt

4. Juni 1902

Wir glauben an die Wirklichkeit zuvielen Geschehens. Dies Tagebuch ist mir Beweis dafür. Ich verzeichne mit peinlichster Genauigkeit die geringfügigsten Dinge. Ist aber erst ein wenig Zeit darüber verflossen, so erstaunt es mich zu sehen, wie es möglich war, so große Bedeutung Dingen beizulegen, die in Wahrheit so wenig bedeutsam waren. Die Ereignisse und flüchtigen Episoden, die in einem bestimmten Augenblick auf unsere Seele einwirkten, verflachen, verlieren in einem gewissen Abstand an Bestimmtheit, tauchen in ein Nichts zurück, aus dem sie wahrscheinlich nie gekommen waren. Es bleibt nur das, was man getan oder gelitten hat um Gott.

Gnade für sich selber

Oktober 1904

Heute, wo ich bei der Durchsicht diese vergilbten Seiten wiederlese, setzt mir schier das Herz aus und mehr als einmal bin ich gezwungen, beim Übertragen derselben in Reinschrift eine Pause eintreten zu lassen. Die geradezu paradox anmutende Intensität meiner damaligen Qualen, ihre teuflische Unentwegtheit, die Gleichförmigkeit der Klagen sind dazu angetan, mich um den Verstand zu bringen. Diese Lektüre ist gefährlich. Denn schließlich begreift man überhaupt nichts mehr, da man nirgends zu sehen vermag, wo Gott sich versteckt hält, wo man IHN suchen soll . . . , und wenn man gar bedenkt, daß es seit mehr als zwanzig Jahren immer wieder derselbe Mensch ist, der auf diesem Amboß hingestreckt liegt in Erwartung immer neuer Schläge, dann kommt ein Augenblick, wo man das Heft mit Entsetzen zuschlägt und am ganzen Leibe bebend um Gnade für sich selber heult[1].

[1] León Bloy, Vier Jahre Gefangenschaft in Cochons-sur-Marne. Tagebücher des Verfassers 1900–1904. Übers. von P. A. Roesicke. Nürnberg 1951, S. 60–64, 118–119, 132, 133–134, 135, 139, 147, 159, 162, 166, 190, 179, 189, 87–88, Abdruck mit freundl. Genehmigung des Verlages Glock & Lutz.

Bismarcks Tod

1. August 1898

Ich bin in Berlin seit gestern abends. – Früh kam ich heute durch die Stadt; das erste, was ich erfuhr, ist, daß Bismarck gestorben sei. In den Schaufenstern ist das Bild des Kanzlers von Lenbach, und über den Köpfen der Neugierigen heben sich umflorte Fahnen auf Halbmast. Extrablätter werden ausgerufen, und manche Menschen haben wichtige Mienen oder einen schwarzen Rock, vermögliche Patrioten beides. Im übrigen aber ist die Stimmung: Bismarck ist tot – es lebe – Berlin. Die Zeitungen erzählen von „dumpfer Trauer" . . . , es ist aber nur das dumpf, was immer dumpf bleibt im Alltag und unter der Menge. Wie geschmackvoll sich der Schmerz, den man allenthalben bemerken soll, offenbart, zeigt ein neues Wort, das aus zwanzig Hungermäulern kreischend die Friedrichstraße entlangflog: Bismarcks Sterbepostkarte!

Clara Westhoff

10. September 1900

. . . Als wir eben in der dunkeln Diele standen und uns aneinander gewöhnten, kam Clara Westhoff. Sie trug ein Kleid aus weißem Batist ohne Mieder im Empirestil. Mit kurzer, leicht unterbundener Brust und langen glatten Falten. Um das schöne dunkle Gesicht wehten die schwarzen, leichten, hängenden Locken, die sie, im Sinne ihres Kostüms, lose läßt zu beiden Wangen. – Das ganze Haus schmeichelte ihr, alles wurde stilvoller, schien sich ihr anzupassen, und als sie oben bei der Musik in meinem riesigen Lederstuhl lehnte, war sie Herrin unter uns. Ich sah sie an diesem Abend wiederholt schön. Im Lauschen, wenn die manchmal zu laute Charakteristik des Gesichtes gebunden ist an Unbekanntes. Dann prägt sich der Rhythmus des unterdrückten horchenden Lebens in ihrer Gestalt, leise wie unter Falten, aus. Sie wartet, ganz hingegeben, auf das, was sie nun erleben soll . . .

Mädchen

10. September 1900

... Sonst wurde getanzt; Hauptmann mit Fräulein Westhoff. Einige Male in die Runde – Walzer ... endlich blieb Dr. H. stehen, neigte den Kopf nachdenklich nach links, hob den Zeigefinger und konstatierte atemlos: „Jetzt fang ich an, schwindlig zu werden", womit er seiner Dame dankte. Ich war unglaublich einsam. Mir schien, als gingen die Worte gar nicht auf mich zu, als liefen sie immer im Kreis, um die Lachenden herum. Natürlich kam es dazu, daß man ein Gedicht zurechtfügte für Vogeler: Ulk, Ulk, Ulk ..., schauerliches Ende deutscher Geselligkeit. Aber das Ende war doch noch schön, und die Mädchen in Weiß haben das gemacht. Ich öffnete die Tür meines Zimmers, welches blau und kühl wie eine Grotte dunkelte. Ich stieß mein Fenster auf, und da kamen sie zu dem Wunder und lehnten hell in die Mondnacht hinaus, die ihre lachheißen Wangen kalt umgab. Und nun sind sie hier alle so rührend in ihrem Schauen. Halb Wissende, dh. Maler, halb Unbewußte, dh. Mädchen. Erst faßte die Stimmung sie, der ganze Ton dieser Nebelnacht mit dem fast vollen Monde über den drei Pappeln, diese Stimmung von mattem beschlagenem Silber macht sie wehrlos und zwingt sie in das Mädchensein, in das dunkle, sehnsüchtige ... Dann gewinnt der Künstler in ihnen Macht und schaut und schaut, und wenn er tief genug geworden ist in seinem Schauen, sind sie wieder an der Grenze ihres eigenen Wesens und Wunders und gleiten leise wieder in ihr Mädchenleben hinein. Darum schauen sie immer lange in die Landschaft ... Und so standen sie an meinem Fenster, und alle sie, die ich vor einer Weile nur ungern in meine Stube gelassen hätte, als ihre Lustigkeit sie verzerrt hatte, sie brachten jetzt ein Geheimnis herein mit dem, was sie lebten, und ich war ihnen dankbar für ihre Schönheit, die mein großes Fenster weiß, einfach umfaßte.

15. September 1900

Welche Froheit war in mir, als wir mit zitternden Glocken durch die welligen Wiesen fuhren, zum ersten Mal in der russischen Landschaft reisend, ganz so wie Gogol und Puschkin gereist sind, laut mit läutenden Geschirren und galoppierenden Pferden. Und so in das aufgeschreckte Dorf hinein, das voll Augen war in allen seinen armseligen Türen. Und so aus dem Dorf hinaus und die Straße hinab und vor die beiden weißen Tortürme, die den Eingang in den hohen Park bezeichnen. Unser Weg in seine Schatten ist leise; wir sind bang, bedrückt von dem Bevorstehenden, und wünschen uns, diesen Park zu haben und diesen Tag ohne den Greis, zu dem alles dies hinführt. Und dann stehen wir vor dem weißen Haus, darin alles still ist, kommen an der grünen runden Bank vorbei und finden endlich im Hof am Brunnen jemanden, der uns die Karten abnimmt. Und warten wieder. Und ein Hund kommt vertraut und freundlich dicht an uns heran, wie wir so vor der kleinen Glastüre stehen. Ich bücke mich zu dem weißen Hund, und wie ich mich wieder erhebe, sehe ich hinter dem Glas, ungewiß und entstellt von den Fehlern der Scheibe, suchende Augen in einem kleinen greisen Gesicht. Die Tür geht auf, läßt Dich herein und schlägt heftig gegen mich, so daß ich, erst als Dich der Graf schon begrüßt hat, hinzukomme und nun auch vor ihm bin, etwas zu groß für mein Gefühl neben seiner schmalen hellen Gestalt.

Er läßt uns mit Lew Lwowitsch allein und zieht sich nach diesem Empfang wieder in seine Arbeitsstube zurück. Dann gehe ich hinter euch die Holztreppe hinauf und trete in den überaus hellen Saal ein, in welchem die alten Ölbilder allein dunkel sind. Der Tisch ist lang, schmal, weiß gedeckt, und ein silberweißer großer Samowar steht am oberen Ende. Wir setzen uns. Wenig nur ist in dem großen Saal, der mit drei Fenstern Reflexe aus dem vollen Grün mächtiger Bäume empfängt. Wir fragen nach den Ahnenbildern. Besonders interessant ist das älteste. Eine Nonne aus der Zeit des Alexei Michailowitsch. Offenbar von einem Ikonopisez gemalt, trägt sie ganz den Charakter der heiligen Sophia in Haltung, Gewand und in dem stark konventionellen Ausdruck des Gesichtes. Erst bei den Händen erwachte in dem Handwerker der Maler, der schauende, und er malte diese genau, mit realistischer Aufmerksamkeit seinem Vorbild ab; so verlor er die allgemeinen Maße aus dem Auge, malte sie entsprechend größer, und nun trägt diese Heilige schwer an ihren irdischen Händen, mit denen sie ein sehr großes Gebet muß heben können. O, und dann war noch so ein feines „Porträt" da, weiß ich. Ein gepuderter Edelmann aus dem Ende des achtzehnten Jahrhunderts, ganz verdunkelt Kleid und Hintergrund um das Gesicht mit den dunklen Augenbrauen und dem geistreichen Mund dieser gesprächigen Zeit. Der Rahmen, von altem, abgeblaßtem, versilbertem Holze, oval und fast schmucklos. Ganz eigentümlich schön war dieses Bild auf der hellen und heiteren Wand des langen Saales. Auch moderne Arbeiten standen da: eine Plastik von Ginsburg und der Tolstoi des Prinzen Trubezkoi. Wir sprachen wenig, tranken Kaffee und schauten oft in den strahlenden Tag hinaus, in dem ein Vogel seltsam nah schnarrte und knarr-knarr mit heftigem R rief. Wir unterhielten uns über diesen Vogel und gingen ihm schließlich nach in den Park. Viel blühte da. Schön und schattig war die Allee aus sehr alten Birken, an deren Ende ein Altan stand, der stark unter unseren Schritten schwankte. Wir schauten mit Liebe das Land, das ruhig und reif mit seinen Vergißmeinnicht-Wiesen wie mit Wellen sich bewegte. Fern ging die Bahn vorbei, viel zu fern dem Ohr, und dem Auge nur ein Spielzeug. Wir kamen dann langsam den Weg zurück mit Blumen und nach vielen Bäumen fragend, welche alt und ansehnlich waren. Von rückwärts traten wir wieder an das Haus heran. Im Flur war die Gräfin mit dem Einräumen von Büchern in einen Fensterschrank beschäftigt, und wir mußten uns ihre befremdete Begrüßung und allen Unwillen gefallen lassen, den sie laut gegen irgendeinen Unsichtbaren äußerte. Das war in dem kleinen Zimmer mit Nußbaummöbeln eine bange halbe Stunde. Wir sahen auf Bücher, die hinter Glas und auf Schränken lagen, versuchten verschiedene Porträts zu sehen, horchten aber doch nur auf den Schritt des Grafen, der im Flur erschien. Es war irgend etwas geschehen: Stimmen erregten sich, ein Mädchen weinte, der Graf tröstete, dazwischen vollkommen teilnahmslos das Organ der Gräfin ... Schritte auf den Treppen, alle Türen in Bewegung, und da tritt der Graf herein. Kalt und höflich fragt er Dich irgend etwas, sein Auge ist nicht bei uns, nur sein Blick kommt zu mir und die Frage: „Womit beschäftigen Sie sich?" Ich weiß nicht mehr, ich antwortete, scheint mir: „Ich habe einiges geschrieben ...[1]"

[1] Rainer Maria Rilke, Tagebücher aus der Frühzeit. Leipzig 1942, S. 151, 254, 256–257, 279–282. Abdruck mit freundl. Genehmigung des Insel-Verlags.

Sinn der Krankheit

Moskau, 14. Dezember 1897

Fühle mich sehr unwohl. Bin in der schlechtesten Stimmung und daher mit allem unzufrieden und unfähig zu lieben. Und eben fällt mir ein: Wir betrachten die Krankheit als etwas Lästiges; sie ist aber eine notwendige, wohltätige Bedingung des Lebens. Nur sie allein (oder vielleicht auch nicht sie nur allein, aber sie ist eine der wichtigsten und allgemeinsten Bedingungen) bereitet uns zum Tode vor, d. h. zum Übergang in ein anderes Leben. Darum trifft sie auch alle, Kinder, Erwachsene, Greise, weil alle in allen Altern sterben. Wir nun finden sie lästig. Daß wir sie lästig finden, beweist nur, daß wir nicht leben, wie wir sollten, nämlich zeitlich und ewig zugleich, sondern daß wir ein zeitliches Leben leben.

Die Krankheit ist eine Vorbereitung auf den Übergang in ein anderes Leben und das Murren über dieselbe ist nicht viel besser als das Murren über Regen und Kälte. Man muß sie benutzen und darf nicht murren. Nur diejenigen, die spielerisch leben, sind ob des Regens ungehalten, wer aber ernst lebt, freut sich dessen. So ist es auch mit der Krankheit. Und nicht nur mit der Krankheit, sondern auch mit der Verstimmung, Enttäuschung, mit dem Kummer, denn alles das hilft vom Weltlichen loskommen und erleichtert den Übergang in ein neues Leben.

In einem solchen Übergangsstadium bin ich jetzt.

Kein Tolstoianismus

2. Dezember 1897

Ich freute mich der Gelegenheit, ihm zu sagen und mir zu verdeutlichen, daß von Tolstoianismus zu sprechen, meine Führung zu suchen, die Entscheidung von Fragen von mir zu erwarten, ein arger und grober Irrtum sei. Es gab und gibt keinen Tolstoianismus und keine so benannte Lehre; es gibt nur eine ewige, allgemeingültige, allumfassende Lehre der Wahrheit, die für mich, für uns, deutlicher als sonstwo im Evangelium ausgesprochen ist. Diese Lehre ruft den Menschen zur Anerkenntnis seiner Gotteskindschaft auf und darum zur Freiheit oder zur Knechtschaft (nehmt es, wie ihr wollt): der Freiheit vom Bann der Welt, der Knechtschaft gegenüber Gott und seinem Willen. Sobald ein Mensch diese Lehre begriffen hat, tritt er frei in unmittelbaren Verkehr mit Gott und hat nichts und niemand mehr zu fragen.

Es ist wie mit dem Schwimmen in einem Strom, der aus seinen Ufern getreten ist. Solange man nicht im Innenstrom ist, sondern im Uferwasser, muß man selbst schwimmen, rudern und hier kann man von den Voranschwimmenden die Richtung abnehmen. Hierin konnte auch ich die Menschen führen, indem ich selbst zum Strome hinschwamm. Wenn man aber einmal im Strome mitten drinnen ist, ist keiner mehr Führer und kann keiner mehr Führer sein. Wir werden alle von der Kraft des Stroms getragen, alle in einer Richtung fortgeführt, und die zurückgeblieben sind, können nach vorn gelangen. Fragt ein Mensch, wohin er schwimmen soll, so beweist das nur, daß er noch nicht zum Strom gelangt ist und daß der, den er fragt, ein schlechter Führer war, wenn er ihn nicht bis zum Strom selbst bringen konnte, das heißt dorthin, wo man nicht mehr fragt, weil es keinen Sinn mehr hat, zu fragen. Wozu fragen, wohin man schwimmen soll, wenn uns der Strom mit unwiderstehlicher Gewalt in einer für uns guten Richtung dahinträgt?

Die Leute, die sich einem Führer unterwerfen, ihm glauben, ihm gehorchen, irren mit ihm zusammen in der Dunkelheit umher.

Gotteskindschaft – Menschenbruderschaft

Moskau, 5. Januar 1897

Verzweiflung über den Wahnsinn und das Elend des Lebens. Rettung aus dieser Verzweiflung über den Wahnsinn und das Elend des Lebens. Rettung aus dieser Verzweiflung in der Hinneigung zu Gott und im Bewußtsein der Gotteskindschaft. Anerkenntnis der Gotteskindschaft ist Anerkenntnis der Menschenbruderschaft. Anerkenntnis der Menschenbruderschaft und die grausame, tierische, unbrüderliche Ordnung der Dinge, die von den Menschen gutgeheißen wird, führt unvermeidlich dazu, daß man sich oder die ganze Welt für wahnsinnig erklären muß.

Und noch eine andere Kunst

Nikolskoje, 27. Februar 1896

Aber es gibt noch eine andere Kunst, die Kunst, die in den Menschen bessere und höhere Gefühle erweckt. Ich schreibe das nieder und habe es öfter ausgesprochen, aber ich glaube, daß es nicht wahr ist. Es gibt nur eine Kunst, und die besteht darin, die sündlosen, jedermann zugänglichen Freuden, das Heil der Menschen, zu vermehren. Ein schönes Gebäude, ein erfreuliches Bild, ein Lied, ein Märchen bedeutet ein kleines Heil, die Erweckung des religiösen Gefühls der Liebe zu allem Guten, hervorgerufen durch ein Drama, ein Gemälde, einen Gesang, bedeutet ein großes Heil.

Das zweite, was ich über die Kunst gedacht habe, ist das, daß der Konservativismus in keiner Sache so schädlich ist wie in der Kunst. Die Kunst ist eine der Offenbarungen des geistigen Lebens des Menschen, und ebenso wie das Tier, wenn es lebt, atmet und Atmungsprodukte ausscheidet, so bringt die Menschheit, wenn sie lebt, die Kunst hervor. Und darum muß sie in jedem gegebenen Moment zeitgenössisch sein – eine Kunst unserer Zeit. Man muß nur wissen, wo sie zu finden ist (nicht bei den Decadents in der Musik, in der Poesie, im Roman); suchen darf man sie auch nicht in der Vergangenheit, sondern in der Gegenwart. Leute, die gern als kunstverständig gelten möchten und zu diesem Zweck die alte, klassische Kunst erheben und die gegenwärtige heruntersetzen, zeigen damit nur, daß sie in Dingen der Kunst eben nicht feinfühlig sind.

Ich kann nicht beten, aber ...

Jassnaja Poljana, 3. Mai 1896

Ich schreibe wenigstens etwas ein. Fühle mich nicht wohl. Schwäche und physische Mattigkeit; aber das Denken und Empfinden ist gut. Ich lese immer Spir, und diese Lektüre weckt tiefe Gedanken in mir. Will wenigstens einiges von dem was ich am 21. notiert habe, hier eintragen.

Heute an der Darlegung des Glaubens gearbeitet.

I. „Komm zu uns, wohn' in uns und reinige uns von allem Bösen" ... Im Gegenteil: reinige du selbst deine Seele von allem Bösen und Er wird kommen und in dir wohnen. Er wartet nur darauf, wie Wasser fließt Er in dich ein, wie nur ein Ort für Ihn frei wird. „Wohne in uns." Wie quälend, wie einsam ist es ohne Dich! Ich habe es in diesen Tagen empfunden. Und wie ruhig, zuversichtlich, freudvoll ist es, niemand und nichts braucht man, wenn Du mit uns bist. Verlaß mich nicht! –

Ich kann nicht beten. Seine Sprache ist eine andere als die meine; aber Er wird sie verstehen und sie in die Seinige übertragen, wenn ich sage: Hilf! Komme zu mir! Verlaß mich nicht!

Aber hier gerate ich schon in einen Widerspruch. Ich sage, man muß sich selber reinigen, dann wird Er in uns eingehen; ich aber, der ich mich nicht gereinigt habe, rufe Ihn.

Jassnaja Poljana, 5. Mai 1896

Dieselbe allgemeine Verzweiflung. Mir ist weh ums Herz. Die Ursache ist immer dieselbe. Es gibt eine höchste moralische Forderung. In ihrem Namen soll alles verschmäht werden, was niedriger ist als sie; ihr wird aber nicht Genüge getan. Ich habe vor nun 15 Jahren vorgeschlagen, den größten Teil des Gutes wegzugeben und in vier Zimmern zu wohnen. Dann hätten sie ein Ideal.

Kommunismus?

Es wäre notwendig, daß die Menschen in freier Gemeinschaft arbeiten, daß sie lernten, einer für den andern zu arbeiten. Vom Kapitalismus lernen sie das nicht, im Gegenteil, sie lernen von ihm den Neid, die Gier, den Egoismus. Deshalb kann sich durch den Zwangsverband, den der Kapitalismus herbeiführt, nur die materielle Lage der Arbeiter verbessern, aber es kann sich durchaus kein inneres Genügen einstellen. Dieses innere Genügen kann sich nur bei einem freien Zusammenschluß der Arbeiter einstellen. Aber dazu gehört, daß man lerne, sich zusammenzutun, sich moralisch zu vervollkommnen, gern anderen zu dienen, nicht ungehalten zu sein, wenn die Gegenleistung ausbleibt. Und das alles kann man durchaus nicht in einer kapitalistisch wetteifernden Einrichtung lernen, sondern in einer ganz anderen. Ich schlafe allein, unten.

Rezept gegen die Leidenschaft

20. Oktober 1896

Für den Fall, daß du an einer Leidenschaft krankst, sind hier einige Rezepte dagegen – Palliative: 1. Erinnere dich daran, wie du früher oft dadurch gelitten hast, daß du dich mit deiner Leidenschaft eins fühltest: mit der Wollust, mit der Habgier, mit der Jagdleidenschaft, mit der Eitelkeit, und erinnere dich, wie alles das vorübergegangen ist und wie du das Ich nicht mehr fandest, das damals gelitten hat. So ist es auch jetzt. Nicht du leidest, sondern deine Leidenschaft leidet, mit der du dich aus Irrtum eins fühlst. 2. Erinnere dich, wenn du leidest, daß dein Leiden kein Übel ist, von dem du dich zu befreien wünschen mußt, sondern daß das Leiden die eigentliche Aufgabe des Lebens ist. Sich dieser entziehen hieße den Pflug dort aufheben, wo der Boden hart ist, d. h. gerade dort, wo er gelockert werden soll. 3. Erinnere dich in dem Augenblick, wo du leidest, daß, wenn Haß in dir ist, das Leiden seine Wurzeln in dir selber hat. Vertausche den Haß gegen Liebe, und das Leiden wird aufhören. 4. Das kann man, man kann diese Liebe zum Feind, die ja allein die wahre Liebe ist, in sich erwecken. Ja, man muß sie in sich erwecken eingedenk dessen, daß nur darin das Leben ist. Welche Erlösung, wenn es gelingt! 5. Hauptsächlich aber drehe das Stehaufmännchen um, finde dein wahres Selbst, jenes, das zu sehen ist nur ohne Zündhölzchen. Aber böser Wille verschwindet dann von selbst. Dieses Ich versteht sich nicht darauf, jemand böse zu sein, es hat niemand, dem es böse sein könnte, es kann gar nicht böse sein, es kann nur Mitleid empfinden, indem es liebt.

Sinn der Ehe

13. Oktober 1899

Die Hauptursache der unglücklichen Ehen ist die Erziehung in dem Gedanken, daß die Ehe dazu angetan sei, glücklich zu machen. Zur Ehe verlockt der Geschlechtstrieb, der die Form eines Versprechens, der Hoffnung auf Glück, annimmt, was durch die öffentliche Meinung und die Literatur unterstützt wird. Die Ehe ist aber nicht nur kein Glück, sondern stets ein Leiden, durch welches der Mensch für die Befriedigung seines Geschlechtstriebs büßt; ein Leiden in der Form von Unfreiheit, Sklaverei, Übersättigung, Widerwillen, von geistigen und physischen Lastern aller Art, die man dulden muß: Bosheit, Dummheit, Lügenhaftigkeit, Eitelkeit, Trunksucht, Faulheit, Geiz, Habgier, Ausschweifung, lauter Laster, die man an sich selbst nicht merkt, die aber bei andern schwer zu ertragen sind und durch die man leidet, wie wenn man sie selber hätte; ferner ein Leiden in der Form von ebensolchen physischen Lastern: Garstigkeit, Unreinlichkeit, Gestank, Wunden, Wahnsinn, welche bei andern noch viel schwerer zu ertragen sind; und alles das, oder doch etwas davon, wird immer vorhanden sein, und jeder Teil hat Schweres zu tragen. Die Fürsorge, die Befriedigung, die gegenseitige Hilfe, was alles jenes ausgleichen soll, gilt als Pflicht und Schuldigkeit, hingegen die Mängel werden als unverdiente Belästigungen empfunden, durch die man um so ärger leidet, je mehr Glück man sich von der Ehe versprochen hat.

Die Hauptursache all dieser Leiden ist die, daß man erwartet, was es nicht gibt und daß man nicht erwartet, was es immer gibt. Daher ist eine Befreiung von diesen Leiden nur dadurch möglich, daß man keine Freuden erwartet, sondern Übel, und daß man sich vorbereitet, sie zu ertragen.

Das Ich in der Zeit

Moskau, 20. Dezember 1900

Immer dieselbe Schwäche. Gelesen die buddhistischen Sutren. Sehr gut. Ich fahre mit dem Herausschreiben fort.

1. Das Ich (jedes lebende Wesen) (alles Lebende) ist ein Teilchen des für mich (den Teil) unbegreiflichen Ganzen; es dehnt seine Grenzen aus und stellt eine größer und immer größer werdende Verbindung mit dem Ganzen her. Es war dies: 

es wurde das:  ; und es wird das: 

und das ist immer, für alle und unaufhörlich so, darin besteht das Leben. Meine Grenzen, das heißt Das, was mich von allem trennt, kann ich mir nicht anders vorstellen denn als Materie im Raum. Meine Ausdehnung der Grenzen aber kann ich mir nicht anders vorstellen denn als Bewegung in der Zeit. Die Zeit ist die Möglichkeit einer größeren oder geringeren Ausdehnung der Grenzen[1].

[1] Leo N. Tolstoi, Tagebuch. 2 Bde. Jena 1923. Bd. 1 S. 105, 102–103, 66, 15, 19, 20, 50–51, 166–167. Bd. 2 S. 65.

Ehetragödie im Geheimtagebuch

(August–Oktober 1910)

23.–24. August 1910. Ich lebe ein wenig auf. Die arme Sophie Andrejewna leidet unaufhörlich, und ich sehe keine Möglichkeit, ihr zu helfen. Meine Sünde besteht darin, daß ich lediglich zu den Töchtern Zuneigung verspüre.

25. August. Allerlei Geklatsch. Sascha regt sich darüber auf. Mir ist das, Gott sei Dank, gleichgültig, aber es trübt mein Gefühl Sophie Andrejewna gegenüber. Ach, wenn man doch sanft, zart und dabei unbeugsam sein könnte!

26. August. Tanja hat heute nacht mit Sophie Andrejewna gesprochen. Es steht ganz hoffnungslos mit ihr, es ist keine Folgerichtigkeit mehr in ihren Gedanken. Ich bin froh, auf ihre Angriffe und Klagen mit Schweigen geantwortet zu haben. In mir ist, Gott sei Dank, nicht das geringste böse Gefühl ihr gegenüber.
27. August. Sie ist äußerst reizbar und darum beklagenswert. Eben fing sie wieder von den Porträts zu reden an, besessen offenbar von ihrer fixen Idee. Ich machte mich los und ging weg.
28. August. Es wird immer schlimmer mit ihr. Keine Liebe, dafür aber ein Anspruch auf Liebe, welcher dem Haß ähnelt und in Haß übergeht. Früher waren die Kinder ihre Rettung, eine tierische, aber dennoch selbstaufopfernde Liebe. Als das aufhörte, blieb einzig und allein dieser schreckliche Egoismus zurück. Egoismus aber ist der abnormalste Zustand – Wahnsinn. Soeben mit Duschan und Sascha gesprochen. Sie glauben nicht, daß es Krankheit sei. Sie haben unrecht.
30. August. Das war gestern wieder ein schlimmer Morgen. Und ganz grundlos war alles. Sie lief in den Garten, legte sich dort hin, dann beruhigte sie sich. Wir sprachen uns miteinander im Garten aus. Beim Wegfahren bat sie mich rührend um Verzeihung. Heute fühle ich mich nicht wohl. Sascha telegrafiert, alles sei in Ordnung. Was wird die Zukunft bringen?
2. September. Habe Sonja einen herzlichen Brief geschrieben und dafür von ihr einen bösen erhalten. Dieselben Verdächtigungen, dieselbe Bosheit, dasselbe Verlangen nach Liebe, das komisch wäre, wenn es nicht so schrecklich, für mich nicht so quälend wäre. Wie sagt doch Schopenhauer? „Wie der Versuch, Liebe zu erzwingen, Haß hervorruft, so ..."
4. September. Sascha ist zurückgekehrt und brachte schlimme Nachrichten. Es ist immer das gleiche. Sophie Andrejewna schreibt, sie wolle kommen. Sie verbrennt Porträts, hält im Hause Gottesdienste ab. Wenn ich allein bin, bereite ich mich darauf vor, mit ihr streng zu sein und glaube es auch sein zu können; bin ich aber bei ihr, dann werde ich schwach. Ich will mich bemühen, dessen eingedenk zu sein, daß sie krank ist. Heute überfiel mich eine tiefe Traurigkeit. Ich wollte und will auch sterben.

8. September. Sophie Andrejewna ist angekommen. Sie ist sehr gesprächig. Und zuerst ging alles gut. Aber seit gestern hat sie wieder angefangen, allerlei Anspielungen vorzubringen, Vorwände zu suchen, um andere verurteilen zu können. Es war sehr peinlich.

10. September. Gestern war sie den ganzen Tag in einem hysterischen Zustand, aß nichts, weinte viel, ist sehr bedauernswert. Argumente, Überzeugungen sagen ihr nichts. Ich habe ihr manches gesagt, doch, Gott sei Dank, im Guten, und sie nahm es, wie gewöhnlich, verständnislos hin. Ich selber war gestern schlecht: düster, verdrossen. Sie erhielt einen Brief von Tschertkow und hat ihm geantwortet. Heute ist alles im Gleichen. Sie ißt nichts. Ich ging zu ihr hinein. Sogleich überschüttete sie mich mit Vorwürfen, und auch über Sascha fiel sie her, die ihrer Krankheit wegen in die Krim fährt. Heute früh meinte ich es nicht mehr aushalten zu können, ich glaubte, wegfahren zu müssen. Das ist kein Leben mehr, das ist eine einzige Qual. Wie ich es schon gesagt habe: mein Unglück ist, daß ich nichts auf die leichte Achsel nehmen kann.

11. September. Gestern abend begannen wieder diese Szenen: sie lief in den Garten, weinte, schrie laut. Als ich ihr nachging, schrie sie sogar: „Das ist ein Tier, ein Mörder! Ich kann ihn nicht ansehen!" Und lief weg, um eine Telega zu mieten und gleich wegzufahren. So ging es den ganzen Abend. Als mir endlich die Geduld riß und ich ihr tüchtig die Meinung sagte, wurde sie plötzlich gesund, und so ist sie auch heute: ganz gesund! Mit ihr zu reden ist übrigens unmöglich, weil Logik und Wahrheit für sie nicht verbindlich sind und weil für sie nichts von alledem, was sie selbst gesagt hat, oder was man ihr gesagt hat, Geltung hat. Ich bin nahe daran, wegzulaufen. Meine Gesundheit ist wieder schlecht geworden.

12. September. Sophie Andrejewna ist nach schrecklichen Auftritten weggefahren. Ich beruhige mich allmählich.

17. September. Aber die Briefe aus Jassnaja sind schrecklich. Ein Grauen ist es mir, daß in der Zahl ihrer irrsinnigen Einfälle sich auch der Einfall befindet, mich als Schwachsinnigen hinzustellen und deshalb mein Testament, falls ein solches vorhanden ist, ungültig erklären zu lassen. Darüber hinaus die alten Geschichten über mich und Geständnisse des Hasses. Ich

erhielt einen Brief von Tschertkow. Er bestärkt mich darin, fest zu bleiben und bei meinem Beschluß zu beharren. Ich weiß nicht, ob ich es können werde. Will am 22. nach Jassnaja zurückkehren.

22. September. Kehre nach Jassnaja zurück, und mich faßt ein Schrecken, wenn ich daran denke, was mich dort erwartet. Nun, fais ce que doit ... Und vor allem – Schweigen und dessen eingedenk sein, daß sie eine Seele hat – Gott.

2. Oktober. Am Morgen ist ihr erstes Wort das über ihre Gesundheit, nachher kommen Tadelsreden und überhaupt ein Gerede ohne Ende und ein beständiges Hineinplappern in mein Gespräch mit andern. Ich bin schlecht. Ich kann das widrige Gefühl ihr gegenüber nicht loswerden. Fühlte heute ein lebhaftes Bedürfnis, mich mit einer dichterischen Arbeit zu befassen und sehe die Unmöglichkeit, mich dieser Arbeit zu widmen – ihretwegen, des aufdringlichen Gefühles wegen, das ich ihr gegenüber habe, des inneren Kampfes wegen. Aber freilich ist dieser Kampf und die Möglichkeit, in diesem Kampf zu siegen, wichtiger als alle möglichen dichterischen Werke.

13. Oktober. Jetzt stellt sich heraus, daß sie das kleine Tagebuch gefunden und weggenommen hat. Sie weiß von irgendeinem Testament, das sich offenbar auf meine Werke beziehen soll. Wie sie sich quält, des Geldes wegen, das ihr die Werke eintragen könnten, und sie befürchtet eine Beeinträchtigung ihrer Ausgabe. Was befürchtet sie nicht alles, die Unselige!

14. Oktober. Ein Brief von ihr mit Vorwürfen wegen irgendeines Dokuments betreffs der Autorenrechte. Wie wenn sich alles ums Geld drehte. Aber es ist besser so, alles wird dadurch viel klarer. Denn wenn sie in übertriebener Weise von ihrer Liebe zu mir spricht, wenn sie niederkniet und mir die Hände küßt, wird mir immer schwer ums Herz. Noch immer kann ich ihr nicht mit der nötigen Entschiedenheit verkünden, daß ich zu Tschertkow fahren werde.

22. Oktober. Keine Feindseligkeit von ihrer Seite, aber auf mir lastet die von beiden Seiten geübte Verstellung schwer. Von Tschertkow ein Brief nebst einer Erklärung. Schon recht, unangenehm ist nur die Lüftung des Geheimnisses um das Tagebuch.

25. Oktober. Immer das gleiche drückende Gefühl. Fortwäh-

render Verdacht, ständiges Auflauern, und meinerseits der sündige Wunsch, sie möge mir einen Anlaß geben – zum Weggehen. So schlecht bin ich. Denke ich aber ans Weggehen und an ihre Lage hernach, dann fühle ich wieder Mitleid und kann es nicht.

26. Oktober. Mehr und mehr wird mir dieses Leben zur Last. Maria Alexandrowna rät mir, nicht wegzugehen. Auch mein eigenes Gewissen erlaubt es mir nicht. Man muß dulden, dulden, darf die äußeren Umstände nicht ändern wollen, wohl aber muß man arbeiten an der inneren Vervollkommnung.

27. Oktober. Die ganze Nacht hindurch war meine Vorstellung erfüllt von dem Kampf mit ihr. Ich erwache, schlafe wieder ein, erwache wieder und so geht es die ganze Nacht. Gestern hat sich nichts Besonderes ereignet, doch wuchs das Gefühl der Schmach und das Bedürfnis, etwas zu unternehmen.

28. Oktober. Optinaer Einsiedelei. Vom 27. zum 28. kam der Anstoß, der mich zwang, etwas zu unternehmen. Und nun bin ich in der Optinaer Einsiedelei, abends, den 28. Oktober. Sandte Sascha ein Telegramm und einen Brief.

29. Oktober. Optinaer Einsiedelei. Sergejenko ist gekommen. Es ist immer das gleiche, und noch schlimmer. Nur sich nicht versündigen. Und nichts Böses in sich haben. Jetzt beides vermieden.[1]

[1] Am 28. Oktober verließ Tolstoi heimlich seine Familie. Auf dem Bahnhof von Astapowo mußte er sich auf seiner Flucht ausruhen. Er war krank. Dort hörte sein unruhiges Herz zu schlagen auf. Texte aus dem „Geheimen Tagebuch". Ausg.: Leo Tolstoi, Gedanken und Erinnerungen. Bern 1943, S. 348 ff.

Täglich etwas kritzeln

Triest, 2. Oktober 1899

Ich glaube, und zwar glaube ich es aufrichtig, daß es keinen besseren Weg gibt, um ein ernsthafter Schriftsteller zu werden, als täglich etwas zu kritzeln. Man sollte jeden Tag versuchen, etwas aus der eigenen Wesenstiefe heraufzuholen; einen Klang, einen Akzent, einen fossilen oder pflanzlichen Überrest von irgendetwas, das sich aber noch nicht zum reinen Gedanken geklärt hat; es kann Gefühl sein oder auch nicht, jedenfalls etwas Wunderliches, ein Bedauern, ein Schmerz, etwas Aufrichtiges, wohlzerlegt, mehr brauchte es nicht. Sonst bewegt man sich allzu leicht, – am Tage, da man sich berufen glaubt, die Feder zu ergreifen – auf Gemeinplätzen oder man verfehlt den eigentlichen Befund, weil er ungenügend geklärt war. Kurzum, ohne Feder kein Heil. Wer da glaubt, einen Roman anfertigen zu können, indem er täglich eine halbe Seite daran schreibt und weiter nichts, irrt sich gründlich. Auf der anderen Seite kann das bescheidenste Blatt, das man dem Augenblick verdankt, dem glühenden Himmel, dem Klang einer wesensverwandten Stimme nie etwas anderes sein, als das was es ist: die redlichste Seite, aber zu ungegoren, zu heftig. Glaube doch keiner, daß sich mit solchen Seiten etwas Bedeutendes zusammenstücken lasse. Napoleon pflegte alles, was er nicht mehr vergessen wollte, auf ein kleines Notizblatt aufzuschreiben, das er alsbald zerriß. Zerreißt auch ihr eure Papiere, ihr literarischen Ameisen! Euer Gedanke soll sich auf das geschriebene Zeichen stützen, mit dem ihr einmal ein Konzept entworfen habt, und nun seht zu, daß die Gedankenarbeit dort weiterfahre und nach Belieben das Einzelne oder das Ganze verändere, aber laßt nicht zu, daß dieser ungereifte erste Gedanke sich sogleich verfestige und jede künftige Entwicklung in Fesseln schlage.

Schreibt zu gut, um aufrichtig zu sein

Triest, 12. Februar 1905

Es gibt Tage, an denen alle Dummheiten meines Lebens wie Gewisensbisse vor meine Seele treten.

Wenn sich der Mensch, ohne zu Pistole oder Gift zu greifen, einfach kraft einer Willensanstrengung vernichten könnte, ginge der bessere Teil der Menschheit in der Blüte dahin.

Ich kenne einen Menschen, der zu gut schreibt, um aufrichtig zu sein.

Mit der Feder nachdenken

Triest, Dezember 1912

Ich führe Tagebuch über diese meine letzten Lebensjahre, aber keineswegs in der Absicht es zu veröffentlichen. Ich habe jene lächerliche und verderbliche Angelegenheit, die sich Literatur nennt, ein für allemal aus meinem Leben gestrichen. Diese Blätter sollen mir nur dazu dienen, mich besser verstehen zu lernen. Ich habe die Gewohnheit aller Denkunfähigen, daß ich nur mit der Feder in der Hand nachdenken kann (als wäre der Gedanke im Augenblick der Handlung nicht unvergleichlich nützlicher und notwendiger). Also muß mir meine Feder, dieses starre und spröde Instrument, noch einmal behilflich sein, um auf den Grund meines schwierigen Wesens vorzudringen. Dann werde ich sie für immer beiseite legen und mich zur Gewohnheit erziehn, nur noch in der Haltung des Handelnden zu denken: im Lauf, in der Flucht vor dem Feind oder bei dessen Verfolgung, mit erhobener schlagbereiter Faust oder den Schlag abwehrend. Das ist alles das nämliche.

Freude durch Aufzeichnen

Triest, Mai 1928

Sieh da, diesen Aufzeichnungen verdanke ich, daß ich getröstet lache, während ich mich zu Bett begebe. Und Augusta wird im Halbschlaf vor sich hinbrummeln: Du lachst doch immer, selbst zu dieser Stunde. Du Glücklicher!

Die Tiere kennen das Mitleid. Sie empfinden es für sich selbst, wenn sie Opfer sind.
Die Realität ist umfassender als der Traum. Nur im Traum ist fester Boden.
Das Leben ist eine Krankheit der Materie[1].

[1] Italo Svevo, Saggi e pagine sparse. Mailand 1954. Übers. u. eingel. von Armin Kesser. Merkur, H. 3, 1962, S. 237 f. Hervorhebung vom Verf.

CHARLES DE FOUCAULD

Vorsätze

Beni-Abbés (Marokko)
Dezember 1902

Jesus nachfolgen, indem wir das Heil der Menschen so sehr zu unserem Lebenszweck machen, daß das Wort: „Jesus", Erlöser, auf vollkommene Weise das ausdrückt, was wir sind, so wie es auf vollkommene Weise bezeichnet, was er ist ... Deswegen: „Allen alles sein mit dem einzigen Verlangen im Herzen, den Seelen Jesus zu geben! ..."

„Alles, was ihr einem von diesen Kleinen getan habt, habt ihr mir getan ... laßt eure guten Werke vor den Menschen leuchten, damit sie Gott, euren Vater, preisgeben."

Seelen zu retten, ist mein glühender Wunsch: dafür alles tun und alles danach ordnen: das Wohl der Seelen an die erste Stelle setzen, alles aufbieten, um die sieben mächtigen Hilfsmittel, die Jesus uns zur Bekehrung und Rettung der Ungläubigen gibt, vollkommen einzusetzen: Darbringung des heiligen Meßopfers, Verweilen vor dem heiligsten Altarsakrament im Tabernakel, Güte, Gebet, Buße, gutes Beispiel, persönliche Heiligung – „Wie der Hirt, so die Herde" – „Was eine Seele Gutes tut, ist unmittelbar Ausdruck des Geistes, der in ihr wohnt." In meinen Händen liegt also die Heiligung dieses Volkes: es wird gerettet, wenn ich ein Heiliger werde.

„Wenn jemand mir nachfolgen will, muß er sich selbst aufgeben, sein Kreuz auf sich nehmen und mir folgen ..." Treten wir ein durch die enge Pforte: laßt uns das Kreuz suchen, um unserem gekreuzigten Bräutigam nachzufolgen, um an seinem Kreuz und an seiner Dornenkrone teilzuhaben; laßt uns das Kreuz, das Opfer suchen, danach soll es uns gelüsten, wie es die Weltkinder nach Vergnügen gelüstet. „Wenn wir unser Kreuz nicht auf uns nehmen, sind wir seiner nicht wert."

„Suchet das Reich Gottes und seine Gerechtigkeit, und das übrige wird euch dazugegeben werden." – „Sorget euch nicht um euer Leben, um das, was ihr essen sollt, noch um euren

Leib, mit was ihr ihn bekleiden sollt." – Immer wenn uns etwas fehlt, wollen wir glücklich sein darüber ...
Für gewöhnlich meine Gebetszeit in zwei Abschnitte teilen: während des ersten (der wenigstens so lang sein soll wie der andere) mich der Beschauung hingeben oder, wenn nötig, der Betrachtung; während des andern für die Menschen beten, für alle ohne Ausnahme, und für die, die mir besonders aufgetragen sind. Das heilige Stundengebet mit äußerster Sorgfalt verrichten: es ist der Strauß frischer Rosen, das Symbol einer immer jungen Liebe, den ich dem geliebten Bräutigam täglich darbringe ...
Sehr, sehr oft die geistliche Kommunion machen. Die Liebe, die hundert- und tausendmal am Tage den geliebten Erlöser meiner Seele anruft, sei dabei mein einziges Richtmaß ...
„Wer euch hört, hört mich." – „Wer sich klein macht wie dieses Kind, der ist der Größte im Himmelreich ..." Im Zweifel immer nach der Seite des Gehorsams neigen ... soviel wie möglich den Gehorsam üben, nicht nur, um ganz sicher zu sein, daß ich den Willen Gottes erfülle, sondern auch, um Jesus nachzufolgen, der in Nazareth seinen Eltern gehorsam war, um Jesus zu gehorchen, der uns befiehlt, wie ein kleines Kind zu werden, um im Himmel, in Ewigkeit, Jesus so sehr wie möglich zu lieben, indem ich dort den besten Platz einnehme, der denen vorbehalten ist, die sich am kleinsten gemacht haben; durch den Gehorsam anderen Menschen gegenüber und die Demut, welche die Voraussetzung dieses Gehorsams ist ...
Ich bin hier wie im Hause von Nazareth, bei Maria und Joseph, wie ein kleiner Bruder an meinen älteren Bruder Jesus geschmiegt, der Tag und Nacht in der heiligen Hostie gegenwärtig ist. – Mich dem Nächsten gegenüber so verhalten, wie es sich geziemt an diesem Ort, in dieser Familie, wie Jesus es tut, der mir das Beispiel gibt ... in der „Bruderschaft" immer demütig, sanft und diensteifrig sein, wie Jesus, Maria und Joseph im Heiligen Haus zu Nazareth. – *Sanftmut, Demut, Niedrigkeit, Liebe: den anderen dienen.*
Die Wäsche der Armen waschen (besonders am Gründonnerstag) und ihr Zimmer regelmäßig, wenn irgend möglich selber reinigen. Soviel wie irgend möglich die niedrigsten Haus-

arbeiten selber tun und sie keinem anderen überlassen; die für die Eingeborenen bestimmten Räume sauberhalten, alle Dienste auf mich nehmen und Jesus ähnlich werden, der unter den Aposteln war wie „jener, der dient". Seien wir sehr zartfühlend gegen die Armen und gegen alle Menschen, auch das ist Demut. Für die Armen kochen, wenn ich dazu imstande bin; ihnen zu trinken und zu essen bringen, diese Dienste nicht anderen überlassen . . .

In jedem Kranken nicht einen Menschen, sondern Jesus sehen, daraus erwächst Achtung, Liebe, Mitleid, die Freude und Dankbarkeit, ihn pflegen zu dürfen, Eifer, Sanftmut . . . Den Kranken wie den Armen dienen, mich bemühen, den einen wie den anderen die niedrigen Dienste zu tun, wie Jesus, als er den Aposteln die Füße wusch . . .

Die Anwesenheit schlechter Menschen ertragen, vorausgesetzt, daß ihre Bosheit die anderen nicht verdirbt: so wie Jesus den Judas ertrug. – Dem Bösen nicht Widerstand leisten . . . Selbst auf unbillige Bitten eingehen, im Gehorsam gegen Gott und um durch diese Willfährigkeit den Seelen Gutes zu tun und den anderen das zu tun, was Gott tut . . . auch den Undankbaren weiterhin Gutes tun, um Gott nachzuahmen, der über Gute und Böse regnen läßt. – „Wenn ihr nur gegen die Guten gut seid, wo bleibt da euer Verdienst?" – „Seid gut zu den Bösen, den Undankbaren, den Feinden, so wie Gott selbst." Solange er lebt, ist jeder Mensch, mag er noch so schlecht sein, Gottes Kind, Gottes Ebenbild, Glied am Leibe Christi: Achtung, Liebe, Aufmerksamkeit, Freundlichkeiten bei der materiellen Hilfeleistung, größter Eifer für die geistliche Vervollkommnung jedes einzelnen von ihnen!

Nicht versuchen, viel zu besitzen, um große Almosen geben zu können, das würde dem Beispiel des Herrn durchaus widersprechen; aber wie er von der Arbeit meiner Hände leben und wie er das Wenige jedem geben, der bittet . . . oder es braucht.

„Ich bin nicht gekommen, die Gerechten zu rufen, sondern die Sünder." . . . Nur ein Verlangen im Herzen tragen: Jesus allen zu geben . . . Mich besonders bemühen um die verlorenen Schafe, die Sünder, die Schlechten, die neunundneunzig verirrten Schafe nicht im Stich lassen, um mit dem einen getreuen Schäflein getrost in der Hürde zu bleiben . . . die natürliche

Strenge, die ich den Sündern gegenüber empfinde, und auch den Widerwillen gegen sie überwinden und sie ersetzen durch Mitleid, Anteilnahme, Eifer und schleunige Sorge um ihre Seelen ...

Gern und freudig unter der Kälte, der Hitze, unter allem leiden und nach solchen Leiden verlangen, um Gott ein größeres Opfer zu bringen, um mit Jesus inniger vereint zu werden, um ihn besser verherrlichen zu können, indem ich einen höheren Tribut an Leiden zahle, um auf Erden und im Himmel ein größeres Maß an Erkenntnis und Liebe Jesu zu erlangen ... Je mehr wir an allem Mangel leiden, desto mehr werden wir Jesus, dem Gekreuzigten, ähnlich ... je mehr wir ans Kreuz geheftet sind, desto inniger schmiegen wir uns an Jesus, der darangenagelt ist ... Jedes Kreuz ist ein Gewinn, denn jedes Kreuz vereint uns mit Jesus ...

Nicht mehr und nichts Besseres haben, als was Jesus in Nazareth gehabt haben wird. Sich freuen und danach verlangen, eher weniger zu haben als mehr.

... In jedem Augenblick den heutigen Tag leben, als sollte ich am selben Abend als Märtyrer sterben.

„Eines nur ist notwendig": in jedem Augenblick tun, was Jesus am meisten gefällt. Sich unablässig auf das Martyrium vorbereiten und es auf sich nehmen, ohne den geringsten Widerstand zu leisten, wie das Lamm Gottes – in Jesus, durch Jesus und für Jesus ...

... Nicht über Besitz, sondern über Mangel, Mißerfolg und Hunger mich freuen, denn dann habe ich das Kreuz und die Armut des Herrn, die größten Güter, welcher die Erde geben kann ...

Niedrigkeit: Dienst an den anderen ... Mir eine bestimmte Anzahl von täglich zu verrichtenden, möglichst niedrigen Arbeiten vornehmen und sie tun wie Jesus in Nazareth, „gekommen, um zu dienen" ... Die Ordonnanz abschaffen: „Dienen, nicht sich bedienen lassen."

Missions-Plan

Beni-Abbés, Januar 1903

(...) Ich glaube, daß ich für die Bekehrung Marokkos nichts Besseres tun kann, als eine kleine Schar von Ordensleuten sammeln, die sich sowohl dem beschaulichen Gebet wie der Wohltätigkeit widmen, die sehr arm sind und von ihrer Hände Arbeit leben. Ihre einfache Regel läßt sich in drei Worten zusammenfassen: Ewige Anbetung vor ausgesetztem Allerheiligsten, Nachahmung des verborgenen Lebens Jesu zu Nazareth, Leben in den Missionsländern. Diese kleine Schar würde ein Stoßtrupp sein, der dazu taugt, auf das Missionsfeld von Marokko vorzudringen und dort am Fuß des Tabernakels und im Namen des Heiligstens Herzens die erste Furche zu ziehen, in welche sich dann so bald wie möglich predigende Missionare werfen würden. In dieser Absicht habe ich, von meinem heiligmäßigen und geliebten Bischof von Viviers, Exzellenz Bonnet ermuntert, vor anderthalb Jahren vom Hochwürdigen Apostolischen Präfekten der französischen Sahara die Erlaubnis erbeten und erhalten, mich an einem Ort seiner Präfektur, nahe der marokkanischen Grenze, niederzulassen.

Beni-Abbés, eine kleine Oase der Sahara, an der Grenze von Marokko, ist allem Anschein nach der günstigste Ort, um mit Marokko Fühlung zu nehmen. Es sieht so aus, als ob die benachbarten Stämme weniger feindselig sind als die anderen.

Letzte Weihnachten fühlte ich mich so gedrängt, einen Schritt vorwärts zu tun, daß ich glaubte, dem Heiligsten Herzen gehorsam zu sein, wenn ich die Seelen, auf deren Mitwirkung ich hoffen konnte, zum Gebet aufrief, um durch einen Gebetskreuzzug den Kampf gegen Satan zu eröffnen. In Demut habe ich so gut wie möglich Marokko dem Heiligsten Herzen aufgeopfert: ich habe die hl. Margareta-Maria Alacoque gebeten, mir die Gnade zu erwirken, dort bald das heilige Opfer feiern zu dürfen.

Seit ich hier bin, habe ich mit den Eingeborenen und vor allem mit den Marokkanern Beziehungen angeknüpft. Täglich kommen viele Eingeborene zur Bruderschaft des Heiligsten Herzens, unter ihnen auch Marokkaner. (In naher Zukunft hoffe ich, ein paar Marokkanern in ihr Land zu folgen.) Zuerst

möchte ich für ein paar Tage hingehen, dann für ein paar Wochen, darauf für ein paar Monate, und dort ein kleines Grundstück kaufen, auf dem dann eine neue Bruderschaft vom Heiligsten Herzen entstehen könnte.
So würde man allmählich immer weiter kommen. Das Almosen, die Gastfreundschaft, der Loskauf und die Befreiung von Sklaven und noch viel mehr die Darbringung des göttlichen Opfers werden die Herzen versöhnen und der offenen Predigt die Wege ebnen. Die Stunde dazu wird um so früher schlagen, je überzeugter und zahlreicher dieser stille Stoßtrupp sein wird[1].

[1] Charles de Foucauld, Aufzeichnungen und Briefe. Übers. von Yvonne Gräfin v. Kanitz. Freiburg 1962, S. 165–169, 170–171. Abdruck mit freundl. Genehmigung des Verlags Herder.

Das Ziel der Wissenschaft

Februar 1903

Die Theologie fängt da an, wo die Religionsquelle im Sande verlaufen ist.

Die Wissenschaft fängt da an, wo die Weisheit im Sande verläuft.

Wenn die Weisheit zu Grabe getragen ist, dann bekommt man's mit der Wissenschaft zu tun.

Wenn es an schaffenden Künstlern fehlt, da wird am meisten von Kunst geredet.

Das Wort Kunst leitet sich ab von Können,
Das Wort Wissenschaft von Wissen.
Das Wort Gelehrsamkeit von Lernen und Lehren.

Weise Männer, Künstler, Wissenschaftler und Gelehrte darf man nicht zusammen in einen Topf werfen.

Die Kunst hat vom Baume der Wissenschaft nicht gegessen.

Die Kunst holt aus den unberührten Tiefen der Natur neue Geheimnisse hervor. Das Wissen ist ihr Tod.

Die Wissenschaft hat kein anderes Ziel als unsere Erfahrungen zu vereinfachen.

Das (große) Können ist heroisch; die Kunst als Kunsthandwerk ist genossenschaftlich.

Die originelle Kunst (ist) selbstherrlich (eigenmächtig).

Es gibt ganz verschiedene Arten von Optimismus und Pessimismus. Man kann Optimist sein in bezug auf eigene Unternehmungen und Pessimist in bezug auf fremde (und umgekehrt).

Wenn der Weise gestorben ist (fällt er der Wissenschaft anheim). (Dann wird er eine Beute der Wissenschaftler.)

Weisheit und Wissenschaft ebenso inkommensurabel wie schöpferische Kraft und Betriebsamkeit.

„Rationelle Religion"

Februar 1903

Logos: Von Ewigkeit her war die Vernunft und die Vernunft war bei Gott und Gott war die Vernunft.

Und die Vernunft war in allem, was wurde und geschah, aber niemand war da, sie zu verkünden.

Da schuf Gott sich den Menschen, zu fühlen seine Herrlichkeit, und gab ihm das Wort, zu preisen seine Werke. Und es traten auf viele Propheten unter den Menschen, zu offenbaren die Weisheit Gottes und zu verkündigen die Güte seiner Thaten.

Aber ihr Wort blieb verworren und unverstanden von den Erdenkindern. Und niemand war da, zu erlösen die Menschen von ihrem Mißverstehen und zu deuten die ewigen Gesetze der Vernunft. Und die Menschheit verzweifelte an Gott, an den Göttern und an sich und sah nur noch Not und Elend und endlose Vernichtung.

Und Gott erbarmte sich des armen Menschengeschlechts und sandte einen Propheten, um Frieden zu stiften unter den Geschlechtern der Menschen und zu sprechen das erlösende Wort. Und dies Wort gab den Glauben wieder an eine vernünftige Ordnung der Dinge und des Geschehens, und es brachte die Liebe zum Nächsten und die Hoffnung auf ein ewiges Leben. Und wer sich erfüllen ließ mit dem Worte des von Gott gesandten Propheten und nicht zweifelte an seiner Botschaft, der war gerettet und wurde selig.

Gotteskraft

Ostersonntag 1904

Das Nächste thun:

Heißt seine Macht vermehren
Im Reich der todten und der Lebenswelt;
Heißt herrschen über sich und über die Umgebung,
Und nie die Zügel aus den Händen geben;
Heißt für die Menschheit schaffen,
Als ob aus eignen Kindern sie bestände.

Das Fernste denken:

Heiß ich verloren sich versenken –
In die Betrachtung göttlicher Gedanken,
Wie sie sich äußern in der schaffenden Natur;
Heißt sich betrachten
Als kleinstes Samenkorn
Von ur-uralten
Und doch unvergänglich jungen,
Vom ewigen Lebensbaum
Aus Gotteskraft,
Die Eines ist
Und Alles
Die Nächstes ist
Und Fernstes[1].

[1] Aus den bisher unveröffentlichten Tagebüchern EMIL V. BEHRINGS. Zitiert nach H. ZEISS und R. BIELING, Behring, Gestalt und Werk. Berlin 1940, S. 487–490.

OSKAR LOERKE

Tagebuch und Charakter

Donnerstag, 29. Dezember 1904

Man soll nicht sagen, daß die vereinzelten Gedanken wertlos und jedermanns Eigentum sind. Bei Hebbel baut sich daraus in den Tagebüchern der Mensch fast auf.

Wenn man hört, Tagebücher seien Selbstzergliederung, so ist das offenbar Unsinn. Die das sagen können, haben offenbar selbst solche Bücher nie geführt oder doch schon nach einigen Monaten beiseitegelegt. O wie kommt es doch, daß solche, die ehrlich begonnen haben, vor ihrem Tode nicht leicht wieder aufhören! Charakterbildend sind diese Aufzeichnungen gewißlich.

„Nicht sinnlich genug"

Donnerstag, 14. März 1907

Es ist ein Mensch denkbar, der sein tiefstes Leben derart in der Vergangenheit lebt und daher müde durch seine Tage schleicht, immer müder, so daß die Gegenwart so blaß wird, daß sie für spätere Erinnerung fast nichts mehr aufspeichert – und so wird das ganze Leben dünner, der Schein schwächer und schwächer. Seine Seele sitzt zwanzig Jahre hinter ihm. Der Vierzigjährige paßt nicht mehr dorthin zurück. Ein solches Auslöschen. Ein Licht, das so beiseite geweht wird, sich vom Dochte abzureißen und zurückzufliegen versucht und mit dem Augenblick, da es ganz frei schwebt, erloschen ist. Das Körperhafte an den Dingen hinderte zu sehr. Er war nicht sinnlich genug. Dies Problem muß ich künstlerisch gestalten. Hoffentlich brauche ich dann im Leben nicht mehr Furcht zu haben, ihm zu unterliegen . . .

Totgeborne Bücher

Montag, 29. Juli 1912

Bin ich sonderlich ehrgeizig? Sicherlich nicht. Ruhmsüchtig ganz gewiß nicht. Wenn ich ohne Zweifel mit etwas vor mir selbst bestehe, so ist mir das genug. Wenn ich nachdenke, erschrecke ich nur, wieviel Verbissenheit ich habe, wieviel Verbissenheit auf den Geldjammer zurückgeht. Vergittert, ohne Aussicht, jemals das Gitter zerbrechen zu können. Drei totgeborne Bücher hinter mir (Vineta 1907, Franz Pfinz 1909, Der Turmbau 1910), eines, das auf ein paar bedeutende Menschen seine Wirkung gehabt hat. Also noch ganz am Anfang. Episch nichts Gültiges. Manchmal eine Lust, zu schmieren wie Balzac. Aber mit der natürlichen Kenntnis meiner Dürre und Schwerfälligkeit bleibt das nur eine ab und zu auftauchende phantastische Idee.

Schwermut des Daseins

24. September 1912

Oft Schwermut des Lebens. Schwermut des Daseins. Gefühl des Nichtzubegreifenden. Ausgeliefert wie auf dem Meere. Immer so. Durch das All fliegen. Aber die Welt ist nicht mehr ausgeliefert als ich allein. Der es am tiefsten empfindet, empfindet es für alle. Mehr ist nicht denkbar.

Sonntag, 12. Januar 1913

Armut ohne Anlage dazu, ob das wohl mein größtes Erlebnis ist! So dauert es schon zehn Jahre lang, mit einigen kürzeren Unterbrechungen. Ewiger Druck, nie zu lösende Depression. Versagungen, Entbehrungen aller Art. Dazwischen gepreßt, eingeengt, Glück des Genießens. Heulende Elende – halbe Dutzende an jedem Tag. Einsamkeit und Verdüsterung. Unbezwingbare Müdigkeit. Hinschleichen der Tage über mich. Qualvolle Inhaltlosigkeit. Und die Seele grübelt sich noch immer Schlimmeres selber vor, die lügnerische – gebs Gott ...

Donnerstag, 4. September 1913

... Die Form meines Geistes scheint in diese Welt nicht zu passen. Ah, könnte ich mich doch der Traurigkeit entreißen! Mein Leib hängt wie Blei. Was nützt mir die Schätzung der Freunde, wenn ich nicht leben kann! Für Ruhm arbeiten, für Nachruhm? Das ist mir egal, weil ich jetzt zu leben habe und nicht leben soll. Maulschellen dem Hund, weiter nichts! ...

Donnerstag, 18. September 1913

Als ich nachmittags an der Bahnlinie entlang ging, eine schmerzhaft gesteigerte Aufmerksamkeit auf den Frieden des Lebens, die Empfindung: auf immer verloren und ausgeschlossen. Dagegen bei der Rückkehr nachts ein überschwengliches Glücksgefühl: bei der Vorstellung gewisser Musik Tränen in den Augen. Unfaßbar, als bräche die Seele zum Körper heraus.

Montag, 13. März 1922

Ich bin also 38 Jahre alt. Gefühl meines vergeblichen Lebens. Dichterische Bemühung wirkt mir schon leise lächerlich. ...

Ermordung Rathenaus

Sonnabend, 24. Juni 1922

Furchtbares Entsetzen: Rathenau ermordet. Rudi Kayser erschlug mich mit der Nachricht. Den ganzen Tag ganz und gar niedergeschlagen. Schluchzend beim Zeitungslesen. Irrend in den Straßen. Trost gesucht bei Goethe. – Brandes gelesen. Gegen Abend löste sich die düstere Verwirrung in Schmerz auf. Die kameradschaftlichen Jahre tauchten aus der Verhüllung.

Sonntag, 25. Juni 1922

Mit Wut und Rachegier erfüllt. Sehr unruhig. Ich las den Brandes aus. Berührt, aber zwiespältig, weil das Buch nicht völlig wahrheitsliebend ist. Dann kam die finstere Unruhe über den Mord wieder empor.

Dienstag, 27. Juni 1922

In schwarzen Kleidern zum Büro. Wir fuhren im Auto zum Reichstag. Regen. Viele Menschen. Trauerfeier. Coriolan-

Ouverture, Rede des Präsidenten Ebert, eine des Reichspräsidenten, des demokratischen Abgeordneten Korell. Wagner, Trauermusik aus der Götterdämmerung. Ehrlich, warm, doch etwas Mittelmäßiges haftete daran. Vor der Rampe gestanden. Im Regen. Reichswehr. Durch den regentriefenden Tiergarten nach Hause. Immer an den Toten gedacht.

Mittwoch, 28. Juni 1922

Von Ehrenstein die Reden Buddhos aus der mittleren Sammlung erhalten. Gleich mit größter Erschütterung und Beglükkung darin gelesen. An Hauptmann geschrieben. Bach gespielt. Im Verlaine viel gelesen. – Ein Mörder Rathenaus ist schon gefaßt. – Über die Möglichkeit von Übersetzungen nachgedacht: eherner metallischer und blecherner Klang.

Dienstag, 4. Juli 1922

Im Büro die Aufzeichnungen über Rathenau fortgesetzt und zu Hause beendet. Der Heimweg dauerte zwei Stunden, weil überall Demonstrationszüge für das Gesetz zum Schutze der Republik. Ernst und imposant.

Mittwoch, 5. Juli 1922

Trostsuchend die Reden Buddhos. Und sie befreien. Könnte man noch wollen: Mönch zu sein – aber die Kunst ist stärker ...

„Kleinkram" notieren

Sonntag, 27. April 1924

... Es ist aber doch so, daß die Stunden der Depression mich zur Äußerung hier veranlassen, während die guten, erfüllten, mit sich selbst beschäftigten, einen Niederschlag in Werken hinterlassen. – Vorsicht vor düsteren Perspektiven!

Sonntag, 27. Dezember 1923

... Nachgelesen, was sich im vorigen Jahre um diese Zeit begeben hat: es ist wichtig, all den Kleinkram zu notieren, weil dann die Tage plastisch bleiben, und das Leben, das gelebte, nicht sofort entschwindet[1].

[1] OSKAR LOERKE, Tagebücher 1903–1939. Hrsg. von HERMANN KASACK (5. Veröff. der Dt. Ak. f. Sprache und Dichtung). Heidelberg und Darmstadt 1956, S. 23, 39–40, 58, 59 u. 60, 66, 68, 90, 91–92, 103, 129. Abdruck mit freundl. Genehmigung des Verlages Lambert Schneider.

KATHERINE MANSFIELD

Lesbischer Hymnus

Sonntag nacht, 1. Juni 1907

Ich bin hier fast tot vor Kälte, fast tot vor Müdigkeit. Ich kann nicht schlafen, denn das Ende ist so plötzlich gekommen, daß sogar ich, die ich es lange und vollständig vorausgesehen hatte, betroffen und überwältigt bin. Sie ist müde. Vorige Nacht lag ich in ihren Armen – und heute nacht hasse ich sie – was bei Licht besehen so viel heißt, daß ich sie anbete: daß ich nicht in meinem Bett liegen kann, ohne den Zauber ihres Körpers zu fühlen, was bedeutet, daß das Geschlecht mir wie nichts erscheint. All diese sogenannt sexuellen Triebe fühle ich viel stärker bei ihr als bei irgendeinem Mann. Sie bezaubert und versklavt mich – und ihr persönliches Selbst – ihren Körper – vergöttere ich unbedingt. Ich fühle, wenn ich meinen Kopf auf ihre Brust lege, daß ich fühle, was das Leben geben kann. All meine Unruhe, meine elenden Ängste sind weggefegt. Weg sind alle Erinnerungen an Caesar und Adonis, weg ist die schreckliche Banalität des Lebens. Nichts bleibt als die Zuflucht ihrer Arme.

Und vor einer Woche hätte ich natürlich alles ertragen können, weil ich nie erfahren hatte, was lieben und geliebt zu werden – leidenschaftlich anzubeten, wirklich bedeutet. Aber jetzt fühle ich, wenn sie mir versagt ist, muß ich – meine Seele geht auf die Straße und erfleht Liebe von dem zufälligen Fremden, bittet und bettelt um ein bißchen von dem kostbaren Gift. Ich bin halb verrückt vor Liebe. Sie ist im Augenblick wirklich alles für mich – mehr sogar als meine Musik – und jetzt entschwindet sie. Vorgefühl ist zu Wirklichkeit geworden. Die Seifenblase hat ihren Ursprung aus dem Feenreich erwiesen – und das ist wirklich meine letzte derartige Erfahrung – meine allerletzte. Ich kann es nicht länger ertragen; es tötet meine Seele; jedes Mal empfinde ich es tiefer, weil jedes Mal der Dolch frisch in die Wunde dringt und das Messer neues Fleisch verletzt und die Qualen in dem alten wieder aufstört.

Neben mir brennt, golden und blütenhaft, die stille Flamme

der Kerze; aber wenn ich hier lange genug sitze, wird sie flakkern und vergehen. Und so ist das Leben und so – vor allem ist die Liebe – ein unfaßbares, vorübergleitendes, fließendes Ding. Und ein dürrer und schrecklicher Pessimismus starrt mir ins Gesicht und ich klammere mich an alte Illusionen. Ich liebe Regenbogen und Kristallgläser. Der Regenbogen verblaßt, und das Glas ist in tausend Diamantsplitter zersprungen. Wo sind sie verstreut, in der Unendlichkeit des Himmels nach allen vier Windrichtungen – wohin?
In meinem Leben – so viel Liebe in der Phantasie, in Wirklichkeit 18 sterile Jahre – niemals ein reiner, unmittelbarer, zärtlicher Aufschwung. Adonis war – wenn ich tief in mein Herz hineinzuhorchen wage – nichts als eine Pose. Und nun kommt sie – und an sie geschmiegt, ihre Hände umklammernd, ihr Gesicht an dem meinen bin ich ein Kind, eine Frau und mehr als ein halber Mann.

1. Juni

Und dann krochen Geräusche so nah heran, daß ich zurück ins Schlafzimmer ging und in der Dunkelheit mich aus dem Fenster beugte. Sie schlief friedlich. Ich konnte sie nicht wecken, ich versuchte es sogar, aber vergeblich; und in jedem Augenblick schien mein Entsetzen zu wachsen. Sogar der Zaun im Hof war schreckenerregend. Als ich auf die Pfähle starrte, wurden sie zu scheußlichen Chinesen – ganz lebendig und fürchterlich. Sie lehnten träge gegen nichts mit gekreuzten Beinen und wackelnden Köpfen. Es war schrecklich kalt. Ich lehnte mich weiter hinaus und beobachtete eine Gestalt. Er krümmte sich und schnitt Fratzen und schwankte hin und her – dann rollte sein Kopf unter das Haus – er rollte rundherum: ein schwarzer Ball – vielleicht eine Katze – und sprang in den Raum. Ich sah wieder auf die Gestalt – sie war gekreuzigt, hing leblos, aber grinsend vor mir. Tiefe Stille. Das war zu gräßlich. Ich streifte mein Hauskleid und die Pantoffel ab und saß auf dem Bettrand, zitternd, halb weinend, hysterisch vor Kummer. Irgendwie wachte sie schweigend auf und rückte zu mir herüber – nahm mich wieder in den Schutz ihrer Arme auf. Wir legten uns, immer noch schweigend, zusammen hin, sie preßte mich manchmal an sich, mich küssend, mein Kopf an ihrer Brust, ihre Hände um meinen Leib, mich liebevoll streichelnd

– mich wärmend, um mir wieder Leben zu schenken. Dann ihre Stimme, flüsternd, „Ist's jetzt besser, Liebling?" Mit Worten konnte ich nicht antworten. Und wieder: „Du konntest es mir wohl nicht sagen." Ich schmiegte mich eng an ihren süßen, warmen Leib, glücklicher als ich je gewesen bin, als ich mir je vorstellte, daß man es sein könnte – die Vergangenheit wieder begrabend, an ihr hängend in dem Wunsch, die Dunkelheit möge ewig währen.

Niemals war das Besitzgefühl so stark, dachte ich. Hier kann nur ein einziger Mensch mit ihr sein. Hier kann ich durch tausend zarte Andeutungen ganz in ihr aufgehen – eine Zeitlang. Was für eine Erfahrung. Und als wir in die Stadt zurückkehrten, war es kein Wunder, daß ich nicht schlafen konnte, sondern mich hin und her warf – und mich sehnte und mir tausend Dinge einfielen, die mir dunkel gewesen waren ... Ach Oscar! Bin ich außergewöhnlich empfänglich für sexuellen Reiz? Ich glaube, ich muß es sein – aber ich freue mich darüber. Jetzt sehe ich immer, wie sie ihre Arme um mich schlingt und mich an sich drückt. Ich glaube, sie möchte es auch, aber sie hat Angst, und die Sitte zwängt sie ein, fühle ich. Wir werden wieder fortgehen.

Selbstliebe

23. Oktober

Ich danke dem Himmel, daß ich im Augenblick, obwohl es verdammenswert ist, in niemanden außer in mich selbst verliebt bin.

Leidenschaft für den Mann

6. September 1911, Mittwoch

Michael kam gestern nachmittag und wollte von mir den Schwarzen Opal (ein Ring, den sie ihm gegeben hatte, damit sie eine Art von Talisman miteinander teilten). Ich zog den Schwarzen Opal rasch vom Finger. Er war in Hellgrau mit der entzückenden, lebhaften Krawatte. Ich versprach ihn später in Queen's Hall zu treffen – ja, ja, ich wollte gerne hingehen. Als die Uhren fünf schlugen, kam der MANN, um mich zu sehen. Er nahm mich in seine Arme und trug mich zu dem schwarzen Bett. Ich schmiegte mich an ihn wie eine wilde Katze. Ich bewunderte ganz unpersönlich meine unter dem Knie mit gezackten Bändern befestigten Silberstrümpfe, meine gelben Wildlederschuhe mit weißem Pelzbesatz. Wie lasterhaft ich aussah! Wir liebten einander wie zwei wilde Tiere. Sehr spät in der Nacht saßen wir unter einem Baum im Park. Der Mond schien unter die Zweige welkender Bäume. Das Gras roch nach Erde. In tiefem Schatten lagen umschlungen Liebespaare. Aber um mich war ganz Michael. Er kam auf mich zu – ging an mir vorbei, blieb stehen, um eine Zigarette anzuzünden – ich sah ihn aus der Entfernung – seine Schritte gingen leicht auf der Straße hinter mir – ich wollte aufspringen und zum Mond hinaufschreien „je veux mourir, je veux mourir" – ich wollte meine Hände ringen und hin und her schwanken und weinen – und dann wurde ich ganz ruhig und still . . . Er kam auf einen Augenblick mit mir nach Hause. Ich zündete die Kerze an – die Welt glitt davon. Ich spielte eine Rolle. Er riß mir die Kleider von den Schultern. Ich lachte – beugte mich – anmutig und leicht – nach vorn, blies die Kerze aus und stand nackt bis zum Gürtel in dem monddurchfluteten Raum. „Wie schön du bist, wie wunderschön!" Er kniete vor mir nieder, seine Arme um meinen Leib. Ich preßte ihn an mich – schüttelte mein Haar zurück und lachte den Mond an. Ich war toll vor Leidenschaft – ich hätte morden können . . . Allmählich verließ er mich.

Diesen Morgen breitete ich die Bilder von St. Malo auf dem Schreibtisch aus; ich wendete die Blätter seines Skizzenbuches um. Meine Liebe für Michael hat sich verändert; sie ist fordernder, dringender geworden. Manchmal denke ich hoffnungslos, wir werden nie zusammen sein – und doch, wenn noch etwas wahr an mir ist, so weiß ich, daß wir beide nur zusammen schaffen und gegenseitig die Erfüllung finden können. Michael und ich selbst allein sind wahr . . . Ich möchte ein neues Leben beginnen, das jetzige ist bis zum Zerreißen abgetragen . . .

Heute bin ich sehr einsam und krank. Vor meinem Fenster verschwimmen die Häuser im Nebel. Man hört scharfes Klopfen und das Rufen von Stimmen auf dem Holzhof – ertrunkene Männer zimmern ein Floß unterm Meer, ich liege träge schaukelnd mit dem Gesicht nach unten im grünen Wasser, aber sie sehen es nicht und nur mein Schatten trifft sie.

Das Jahr geht zu Ende.

Die Welt ist wunderschön heut nacht
Am Himmel scheinen so viele Sterne
Und glückliche Menschen flüchtig Hand in Hand
Wandern heimwärts vorbei aus der Ferne.

Auf jedem Pfad verliere ich den Weg
Ich stolpere über jeden Stein
Und jedes Tor und jede Tür
Sind verschlossen für mich allein.

Bewunderung für Lais

Lais war eben hier. Sie ist so schön, daß ich keine andere Schönheit sehe und mir die süße Lais genügt. Ihr schlanker Körper in dem grauen Kleid – ihre Hände über ihr rebellisches Haar streichend – so lag sie auf den gelben Kissen. Wenn ihre Stimme lachend ertönt und ihre Augen glänzen und das Rosa über ihre Wangen huscht und ihr Mund rot wie Kirschen ist, dann begreife ich die Millionen von Gründen, weshalb Gott die Sonne an den Himmel setzte – damit sie eines Tages durch geschlossene Vorhänge scheinen und die Schönheit von Lais erhellen könne. Wir sind die drei Ewigkeiten – Michael und Lais und Ich – Denn Michael ist Dunkelheit und Licht, und Lais ist Flamme und Schnee, und ich bin Meer und Himmel. Oh, wie schade, daß sie keine Prinzessin ist – mit kleinen, weißen, hermelingefütterten Schuhen und einem silbernen Hemd und einem blauen, mit rosa Apfelblüten bestickten Unterrock und einem langen fließenden Gewand aus hellgrünem Samt mit goldenen Drachen und einer flammend orangen Borte. Eine lebende Schlange als Gürtel mit Augen aus diamantförmigen Smaragden – mit offenem Haar, in das an den Enden rosa Korallenquasten geflochten sind. Sie würde in einem Ebenholzschlitten fahren, der mit Federn wilder Papagaien gepolstert wäre – Flamingos würden als Baldachin über ihrem Kopf fliegen. Eines Tages wird sie mich zu einem Märchen inspirieren[1].

[1] KATHERINE MANSFIELD, Journal. London 1954, S. 12–14, 22, 45–47. Übers. von HELLY HOHENEMSER (nur diese Stücke).

Expressionistisches Diarium

6. Februar 1907

Ich habe von ihrem Leibe eher Besitz genommen, als von ihrem Geist. Nun heißt es das schleunigst nachholen, damit das Verhältnis harmonisch wird, nicht bald wieder in die Brüche geht, denn Sinnlichkeit allein kann es nicht halten. Hoffentlich finde ich bei ihr etwas.

10. Februar 1907

Wir weinten zusammen, es war eine herrliche Stunde. Ich mache mit ihr die gemeinsten Witze, wie ein Zuhälter. Das ist die Folge davon, daß sonst nichts als Unterhaltung dienen kann. Es ist aber auch meine Schuld, daß ich ihre Sinnlichkeit so ausnutze. Ich müßte mich noch viel mehr anklagen. Prinz von Guastalla mit einem Stich noch mehr in's Kalte, Berechnende, Gewissenlose Marinellis. Ein Schurke mit Schönheitssinn. Ich muß lernen, daß ich dies tatsächlich bin. Das Schlimmste ist aber, daß ich nun sehe, daß ich einer großen Liebe wohl gar nicht fähig bin. Wer bürgt mir denn, daß ich in meiner Leidenschaft nicht auch der Goldelse ebenso täte. Und dann müßte sie mich wohl verachten.

25. Februar 1907

Alle meine Sterne, alles, was im Weltall für mich kämpft, ist nun beschworen. Jetzt kämpfen meine Sterne für mich. Einen Astrologen hier zu haben! Ich werde wohl in dieser Nacht, in der ich mich in den Schutz des Weltalls begeben habe, einen Wahrtraum haben. Jetzt bin ich machtlos. Im Kosmos kämpfen sie um mich.

5. April 1907

Nichts von den dionysischen Hainen, von dem Tanz mit den Schleierlosen im Abendrot, und von den goldenen Bechern in den Lorbeerlauben. Diese gänzliche Unmöglichkeit, auch nur einmal jene Bilder zu verwirklichen. Im Staub der Tiefe lebe ich und habe kaum Freunde, und auch sie schone ich nicht. Ich verkehre mit Frauenzimmern und heuchele anderen Mädchen Liebe vor, um sie zu besitzen. Ich schäme mich meines häßlichen Gesichts, ich habe Krampfadern und ich liebe die Schönheit, ich bin schlecht, ich beute andere aus, ich muß das tun, weiß selbst nicht warum; ich bin bald entsetzlich traurig, ich weine, dann sehr übermütig, ich schenke, ich stehle, alles wie es mir paßt. Ich könnte wohl noch gerettet werden, man müßte mich schön und stark machen, ich müßte auf einer Waldwiese erwachen, und ich müßte dann schöne Göttinnen um mich tanzen sehen, ich müßte die Gefilde der Seeligen sehen. Dann wär' ich wohl erlöst. Ich weiß nun nichts mehr.

Weder Ruhm noch Liebe

4. Juli 1910

Was ich vor Nietzsche, Kleist, Grabbe, Hölderlin ... voraus habe? Daß ich viel, viel vitaler bin. Im guten und im schlechten Sinn.

5. Juli 1910

Es ist mir wohl doch noch nicht ganz gelungen, meiner Traurigkeit Herr zu werden. Mich überraschen oft die Stimmungen von ungefähr, ich fühle wie die Zeit hingeht, ohne daß ich etwas erreiche, ich werde immer älter und älter. Ich habe weder Ruhm noch Liebe kennengelernt.

6. Juli 1910

Ach, es ist furchtbar. Schlimmer kann es auch 1820 nicht gewesen sein. Es ist immer das gleiche, so langweilig, langweilig, langweilig. Es geschieht nichts, nichts, nichts. Wenn doch einmal etwas geschehen wollte, was nicht diesen faden Geschmack von Alltäglichkeit hinterläßt. Wenn ich mich frage, warum ich bis jetzt gelebt habe. Ich wüßte keine Antwort. Nichts wie Quälerei, Leid und Misere aller Art. Sie meinen, Herr Wolfssohn, Ihnen wäre noch nie jemand so ungebrochen vorgekommen, wie ich. Ach nein, lieber Herr, ich bin von dem grauen Elend zerfressen, als wäre ich ein Tropfstein, in den die Bienen ihre Nester bauen. Ich bin zerblasen wie ein taubes Ei, ich bin wie alter Lumpen, den die Maden und die Motten fressen. Was Sie sehen, ist nur die Maske, die ich mit so viel Geschick trage. Ich bin schlecht aus Unlust, feige aus Mangel an Gefahr. Könnte ich nur einmal den Strick abschneiden, der an meinen Füßen hängt.

Mädchenlisten

10. September 1910

Eines macht mich stolz: Wie schnell ich geheilt werde. Die furchtbaren Wunden: Toni, Emmy, Nelly. Die R . . .s, Hedy, Mary und Annemarie und Lilly. Wie sind sie geheilt, und mit was für einem Gefühl von Reichtum schaue ich jetzt auf diese einst bitteren Stunden. Die letzten vier liebte ich glücklich, die ersten vier unglücklich. Und nun ist fast kein Unterschied, sie haben mich alle größer und reicher und irgendwie besser gemacht.

26. August 1911

Ich erlebe jetzt täglich nicht nur einen, nein ich erlebe 3, 4, 5 Romane. Ich halte mich von Männern fern und verkehre nur noch mit Frauen. Und was habe ich jetzt für eine wilde Macht über die Frauen, und das alles nur mit dem kleinen, erbärmlichen Mittelchen der Eifersucht und der Vernachlässigung. Ich, der noch vor ein paar Tagen nach Leni F. halb toll war, ich liebe sie auch heut noch, aber das mit einem Gefühl, das mehr Stolz ist, sie verliebt gemacht zu haben. Vielleicht war ich, als ich Mittwoch so toll war, nach Swinemünde zu fahren, glücklicher.

3. September 1911

Ich muß mich vor dem August hüten. Trennung von Toni D . . . , Hedy W . . . , Verrat von Mary, Trennung von Lilly F . . . , und jetzt diese Katastrophe mit dieser Hurenmutter von Leni.

Studenten-Flüche

28. November 1910

Sowie ich mein Examen habe, oder nicht habe (Dann muß ich Ferien nehmen) werde ich mich mit Wissen vollpfropfen wie wahnsinnig. Ich will alles wissen, außer den verfluchten Lause-Scheiß-Sau-offiziellen Zunftdisziplinen, wie der Narren-Scheiß-Juristerei, die ich, so Gott will, in 2 Tagen werde vergessen haben, der Arsch-Theologie (d. h. moderne), Kack-Silben-Grammatik-Philologie – und Medizin denn sie desillusioniert. Ich bedaure nur, daß mein Geist nicht die Mathematik erfassen kann. Das ist eine erbärmliche Schwäche.

Kaiser sein

9. Oktober 1911

Eine solche Mischung wie ich ist sicher noch nirgends dagewesen, von rechts wegen müßte das unmittelbar zum Wahnsinn führen. Am liebsten wäre ich, man denke sich, Kürassierleutnant, – heute – und morgen wäre ich am liebsten Terrorist. Und nun denke man sich das nicht etwa fein säuberlich getrennt, sondern wie ein wirrer Knäuel durcheinander. Es hätte für mich nur einen Platz gegeben, wo ich mich wohlgefühlt hätte, *ich hätte ein Kaiser sein müssen.*
Ich habe Talent zur fröhlichsten Kameradschaft, zur dollsten Sauferei, zum Geschwätz mit Weibern, und 5 Minuten darauf bin ich totunglücklich, leer, hohl, verlassen – und dann bin ich auf einmal wieder Künstler. – Und nun soll ich mir aus mir ein Bild machen, was für mich das beste ist.

Ich unter Dichtern

10. Dezember 1911

Ich glaube wohl: in 300 Jahren werden die Menschen sich an den Kopf fassen, wenn sie unsere Leben sehen. Sie werden sich wahrhaftig fragen, wie die Günther, Lenz, Kleist, Grabbe, Hölderlin, Lenau, die Hoddis, Heym, Frank überhaupt so weit durchgekommen sind. Und wie es für diese Naturen (die zu anständig waren, um zu kompromißlern, wie die Goethe, Rilke, George etc) *in dieser trüben und vor Wahnsinn knallenden Zeit überhaupt noch möglich war,* sich durchzuschlagen. Der Jentzsch wird wohl auch bald seinen Kompromiß abgeschlossen haben.

Göttlicher Ursprung

9. April 1911

Wenn ich morgens – zumal, wenn ich lange geschlafen habe – meine Haare mit einem Gummikamm kämme, so gibt das nicht nur ein gewöhnliches Knistern. Nein, es gibt ungefähr 10 Minuten lang, so oft ich durchfahre, einen ordentlichen Funkenregen. Das knattert und knistert so laut wie in einer elektrischen Maschine. Ich habe es eben meiner Mutter wieder vorgemacht, und die war vor Staunen ganz aus dem Häuschen. „Man denkt, es wird gleich Feuer kommen", sagte sie. In der Tat, ich bin stark geneigt, das für einen Beweis meines göttlichen Ursprungs zu halten.

Tages-Schema

5. November 1911

Graphische Linie meines gestrigen Tages.

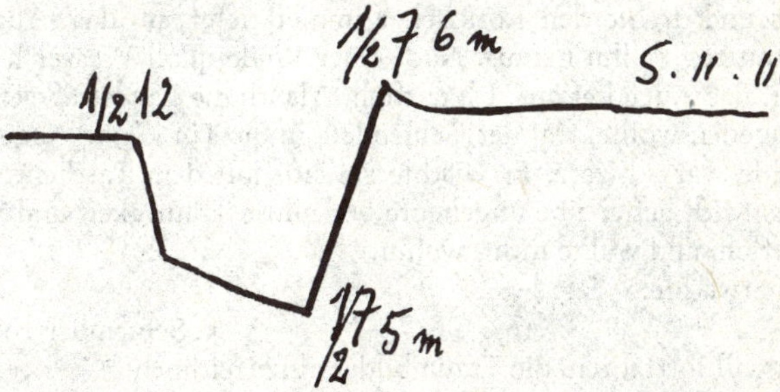

Vielleicht Umkehr des Natürlichen: Das Weib liebt aus Sinnlichkeit, der Mann liebt aus Leidenschaft.

Ist frei der Geist,
dann fühlt der Körper zart. Der Sturm im Geist
raubt meinen Sinnen jegliches Gefühl
Lear III, 4.

Aus dem Traum-Register

26. August 1907

Wir hatten ein unnennbares Verbrechen begangen. Nur ein tiefes Grauen war in uns geblieben, aber die Tat selbst war vergessen und so sehr ich mich quälte, ich konnte mich nicht erinnern. Nun saßen wir in der Folterkammer. Einem Gefährten spannte der Henker den Arm in einen Schraubstock und

zerbrach ihn. Er ließ es willenlos geschehen. Der Henker sah furchtbar aus. Er war modern angezogen und hatte einen medizinischen weißen Mantel über seinen schwarzen Beinkleidern. Sein Gesicht war ganz ausdruckslos, fast gutmütig. Und das eben erschien mir so furchtbar. Dann verband er den Willenlosen, der ruhig fortging.
Mir und dem dritten Gefährten sollte ein Auge ausgestochen werden. Ich winkte ihm, er sollte mit mir fliehen, da die Tür auf die Landstraße hinaus offenstand. Aber er achtete nicht darauf. Er setzte sich ruhig nieder.
Der Henker trat vor ihn und bohrte ihm eine vielleicht 4 cm lange kleine Holzrolle, an der vorn ein kleiner scharfer Korkzieher angebracht war, in den Tränensack des linken Auges und drehte den Korkzieher immer tiefer in das Auge. Dann zog er ihn heraus. Nach einer Weile quoll Wasser hervor, das Auge lief aus. Ich entfloh. Als ich die Landstraße entlangeilen wollte, trat der Geblendete in die Tür. Seine Augenhöhle war schwarz. Er wischte sie sich mit dem Taschentuch aus. Mich befiel eine ungeheure bodenlose Traurigkeit und ich entfloh, und wußte nicht, wohin.
Ich erwachte.

5. September 1908

Ich will fortfahren, die Traumbilder aufzuzeichnen.
Es war ein Gastmahl. Napoleon, noch unbekannt, erklärte plötzlich, er werde Ägypten okkupieren.
Sogleich sendet er seinen Freund Damier nach Rom. Nach diesem wurde später Damiette benannt.
Dann beleidigte ich Napoleon unwissentlich. Ich weiß nicht mehr, wodurch. In einem dichten Zuschauerkreis geht das Duell vor sich. Napoleon (in der Tracht des Leutnants von Toulon) zieht seinen Säbel, ich habe nur meinen Stoßdegen. Der 1. Gang; ich will ihm die Hand durchstechen, und erhalte selbst, 3 Hiebe über den Handrücken.
Als ich erwachte, hatte ich an der Hand einen kleinen Riß[1].

[1] Georg Heym, Tagebücher, Träume, Briefe (Dichtungen und Schriften, Bd. 3). Hamburg, München 1960, S. 82, 84, 138, 143, 158, 161, 148, 151–152, 168, 175, 157, 172, 178, 181–182. Hervorhebungen vom Verf.

Zu große Pläne

Lundy Island, 2. Juni 1910

Bis jetzt war mein Leben ein einziger innerer Drang und Kampf – der Kampf zwischen einem großen Ehrgeiz und einem schwachen Willen – mit dem ich nicht fertigwerden konnte. Vielleicht habe ich zu hochfliegende Pläne gefaßt. Ich habe zu viel von meinem Talent verlangt. Ich habe einen schwächlichen Willen aufgepeitscht. Ich habe ewig gegrübelt, mich gequält, nach Mitteln zur Flucht gesucht. Unterdessen sind die Augenblicke unbeachtet und ungenossen verflogen.

Wie Marc Aurel

Lundy Island 10. Juni 1910

Sehr lange Beine sind schlimm genug für eine Frau, aber krumme lange Beine sind unmöglich.

Einsamkeit ist gut für die Seele. Nach einer Stunde fühle ich mich so erhaben und kaiserlich wie Marc Aurel.

Das beste Mädchen in dem besten Kleid sieht gemein aus, wenn ihre Strümpfe herunterhängen.

Es gibt alte Leute, die von einem gewissen Alter an bloß aus Gewohnheit weiterleben – übrigens aus einer schlechten Gewohnheit.

Wie viel erfahre ich über einen Fremden durch sein Lachen.

Bienen, Mohn und Schwalben! – was bedeuten sie alles für den, der sie wirklich kennt! Oder eine weiße Möwe auf einem dahintreibenden Baumstamm, oder eine Schar von glänzenden Saatkrähen dicht hinter dem Pflüger an einem sonnigen Herbsttag.

Wie Gulliver

Lundy Island 30. Juni 1910

Ich bin entsetzt über meinen Egoismus. Ebenso über die außerordentliche Verstärkung meines Selbstbewußtseins. Wenn ich an einem Markttag die High Street entlanggehe, vergrößert mein Selbstbewußtsein meine Maße zu einer Gullivergestalt – so daß es betrüblich ist festzustellen, daß die Leute mich trotzdem nur für einen unbedeutenden bürgerlichen Jungen ansehen, der bei Versammlungen stenografiert.

Egoist par excellence

Lundy Island, 4. Oktober 1910

Am Morgen im Stadtrat und am Nachmittag im Landratsamt. Mit diesem fürchterlichen Gewäsch in meinem Notizbuch, das ausgeschrieben und in eine „Kopie" verwandelt werden muß und mit den Traumbildern eines ruhigen, dem Studium gewidmeten Lebens in Cromwell Road, die ich noch im Geist hege, wohin kann ich mich um Trost wenden? Daß ich mein Bestes getan habe? Das ist nur die Rede einer Mutter zu ihrem Kind.

Schließlich ist es vielleicht wirklich nur ein beschränktes Leben – dies Eindringen in reizende kleine Geheimnisse und dann das Darinherumwühlen, indem man fleißig Skalpell und Mikroskop verwendet, und dann die sich ergebenden Tatsachen zu einem theoretischen feinen Gewebe verarbeitet. Für den Naturforscher ist es höchst unterhaltend, aber die Welt bleibt davon unberührt. Manchmal beneide ich den Fanatiker mit einer bestimmten Mission im Leben. Ohne eine solche erscheint das Leben leer. Das eintönige Abhaspeln unseres täglichen Berufs – des Soldaten, des Schiffers, des Kerzendrehers – sie traben vorwärts, nie lebend, sondern nur arbeitend, nie denkend, sondern nur sich selbst durch die Routine und Pünktlichkeit ihres Daseins hypnotisierend zu einem mechanischen Spielzeug von einer bestimmten Dauer, das stehenbleibt, wenn der Tod sie holt . . . Es erschreckt mich, daß die Menschen die kostbaren Tage ihrer Existenz hauptsächlich damit zubringen,

sich für Essen und Kleidung und die bloßen Lebensbedürfnisse zu plagen.
Um meine Verzweiflung zusammenzufassen: wozu nützt solch ein Leben? Wohin führt es? Wohin gehe ich? Warum muß ich arbeiten? Was bedeutet dieser Zug der Nächte und Tage, in denen wir uns alle eifrig und hartnäckig zu bewegen scheinen, als ob wir einen Zweck oder ein Ziel hätten? ... Natürlich für den Menschen, der an eine andere Welt und einen persönlichen Gott glaubt, ist es etwas ganz anderes. Der Christ ist der Egoist par excellence. Ihm macht die Vernichtung durch schwere Arbeit in dieser Welt nichts aus, wenn er in der nächsten damit das ewige Leben gewonnen hat ... Er kümmert sich nicht um das Heute, ist verschwenderisch im Ausgeben seines Lebens. Dieser unerträgliche Bursche wird noch in einem Kerker fröhlich sein. Denn er schmeichelt sich selbst, daß der allmächtige Gott im Himmel ihn ununterbrochen durch das Schlüsselloch beobachtet und ihn für das ewige Leben vornotiert.

Metaphern

Lundy Island, 13. Februar 1911

Ich fühle mich wie ein Stück überspannten Fadens oder ein unentwickeltes Negativ, oder eine aufgespießte Qualle, oder eine schlüpfrige Kaulquappe oder ein Rüsselkäfer in einer Nuß, oder ein gebratener Aal. Mit anderen Worten und kurz gesagt: krank.

Alte Tagebücher

Lundy Island, 19. Mai 1911

Verbrachte ein paar glückliche Tage beim Lesen alter Tagebücher. Ich war bekümmert und erstaunt, wie viel ich vergessen hatte. Die Vergangenheit so leicht zu vergessen, scheint nicht sehr treu gegen sich selbst. Ich bin so selbstsüchtig durchdrungen von meinem gegenwärtigen Selbst, daß ich dahin gelangt bin, völlig gleichgültig gegen die immer wachsende Sammlung von vergangenen Selbsts zu sein – diese lieben toten Herren, die nacheinander den Tempel dieses Fleisches bewohnt und die Fackel meines Lebens und meiner persönlichen Identität weitergegeben haben, bevor sie still und bescheiden zur Ruhe geschlichen sind.

Der Egotist und der Tod

London, 14. Juli 1912

Oh, wie demütigend ist es zu sterben. Ich winde mich, wenn ich daran denke, durch einen so unfairen Feind überwältigt zu werden, bevor ich mich selbst erwiesen habe vor altjüngferlichen Tanten, die mir mißtrauen, vor Kollegen, die mich verhöhnen und sogar vor Brüdern und Schwestern, die an mich glauben.

Als ein Egotist hasse ich den Tod, weil ich aufhören soll zu sein.

Die meisten ziehen, wenn sie krank sind, ein bißchen Trost daraus, daß sie durch die Krankheit bekannt werden. Verbrecher genießen den Pomp und die Umstände ihrer Hinrichtung. Voltaire sagte von Rousseau, es würde ihm nicht darauf ankommen, gehängt zu werden, wenn man nur seinen Namen an den Galgen hefte. Aber mein eigner Tod wäre so kleinlich und unbedeutend. Guy de Maupassant starb in großem Stil – ein geistiger Mensch mit prachtvollem Körper, der wahnsinnig wurde. Tusitalas Tod in der Südsee liest sich wie ein Roman. Heine starb, nach einem schweren Leben, mit einem glänzenden Witz auf den Lippen, Vespasian mit einem Scherz.

Aber ich kann beim besten Willen keinerlei Aufregung aufstöbern wegen meines unmittelbar bevorstehenden Hingangs – ein unbemerktes Hinscheiden eines boshaften, enttäuschten, kränklichen und anmaßenden Entomologen in einem Boarding House in West Kensington Road – was für eine jämmerliche kleine Tragödie. Es ist traurig, nicht einmal im Tod jemand zu sein.

London, 4. März 1915

Das Leben ist ein Traum und wir sind alle Schlafwandler. Wir wissen das als Tatsache zu allen Zeiten, wenn wir besonders intensiv lebendig sind – bei Krisen, die alles umwälzen, bei Kummer oder Katastrophen oder bei jedem ungewöhnlichen Zwischenfall, der rasch wie eine Vision endet!

. . . .

Ich sitze hier und schreibe dies – eine Fata Morgana! Wer bin ich? Niemand kann es sagen. Was bin ich? Eine Seifenblase, die an einem Schilfrohr hängt.

Jeder Mensch ist ein unerschöpflicher Schatz an menschlicher Persönlichkeit. Er kann eine Ewigkeit darin herumgraben, wenn er den Wunsch danach – und einen Geschmack an Selbstbeobachtung hat. Ich bleibe gern im Umkreis des Mikroskops und betrachte, mit so viel Abstand wie ich aufbringen kann, mich selbst beim Leben und berichte meine Beobachtungen von dem, was ich sage, fühle und denke.

In Ermanglung von anderen bin ich mein eigener Zuschauer und Selbst-Würdiger – kritisch, beurteilend, vorsichtig, nachsichtig! – mein eigener, dummer, schlauer, wenn auch törichter *Boswell.* Dieser Zuschauer von mir muß, scheint mir, ein sehr moralischer und außerordentlich überlegener Herr sein. Seine unaufhörliche Aufmerksamkeit, wenn ich mich schlecht auf meinem Weg benehme, stachelt mich zuweilen zu einem groben Ausbruch übler Laune an wie Dr. Johnson. Ich hasse es, ausspioniert und zerlegt zu werden. Aber im ganzen – wieder wie der alte Samuel – *macht es mir eigentlich Spaß Boswell zu sein.* Es schmeichelt mir, daß wenigstens ein Mensch ein nie versagendes Interesse an allem, was mich angeht, zeigt.

Und stellt euch vor, es gibt Leute, die haben das meiste gesehen, aber haben niemals sich selbst über die Bühne des Lebens schreiten sehen. Wenn jemand ihnen Streiflichter von ihnen selbst zeigt, so erkennen sie die Ähnlichkeit nicht. Wie gehst du? Wie erkennst du deine Eigenheiten im Gang, in der Art zu sprechen usw?

Ich höre nie auf, mich selbst für die gotische Architektur meiner eigenen phantastischen Seele zu interessieren[1].

Selbstekel

12. Oktober 1917

Es ist Winter – kein Herbst dies Jahr. Am Abend sitzen wir beim Feuer und freuen uns über den gut riechenden Holzrauch und den offenen Herd mit seiner dicken Eisenstange, an der der Topfhaken und der Aufhänger befestigt sind. E. strickt warme Sachen für das Baby und ich spiele Chopin und Hymnen von César Franck, Drei blinde Mäuse (mit Variationen) auf einer Mundorgel, die der „Engels-Chor" heißt und in Deutschland hergestellt ist . . . Ihr würdet mich bemitleiden, nicht wahr? Ich bin einsam, ohne Geld, gelähmt und eben erst achtundzwanzig geworden. Aber ich drehe euch eine lange Nase und bemitleide euch mit gleicher Arroganz. Ich bemitleide euer glattlaufendes Glück und eure versumpfte Heiterkeit. Ich ziehe meine eigene Qual vor. Ich sterbe, aber ihr seid schon Leichname. Ihr habt nie wirklich gelebt. Euer Körper ist nie aufgepeitscht worden in klingendes Leben durch hoffnungsloses Sehnen nach Liebe, nach Wissen, nach Tätigkeit, nach Vollendung. Ich neide euch nicht eure Hingabe an die kleinlichen Sorgen eines alltäglichen Daseins.

Denkt ihr, ich würde die Gemeinschaft mit meinem eigenen Herzen austauschen für die Spielzeugballons eurer törichten Gespräche? Oder meine Wißbegierde mit euren flackernden Interessen? Oder meine Verzweiflung mit eurer bequemen Hoffnung? Oder mein gegenwärtiges plundriges Leben für eures, das so poliert und sauber ist wie ein neues Dreipennystück. Das würde ich nicht. Ich raffe meinen Mantel um mich und danke feierlich Gott, daß ich nicht bin wie manche andere Menschen.

Ich bin nur achtundzwanzig, aber ich habe in diese wenigen Jahre ein annehmbar langes Leben hineinprojiziert: ich habe geliebt und geheiratet und habe eine Familie. Ich habe ge-

[1] 1917: Ich gebe jetzt mein eigenes Tagebuch heraus – indem ich nach Art von Boswell mein eigenes Buch zurechtstutze.

weint und mich gefreut, gekämpft und überwunden, und wenn die Stunde kommt, werde ich zufrieden sein, zu sterben.

Elend 14./20. Oktober

Selbstekel[1]

[1] Einige Wochen später starb Barbellion an multipler Sklerose. – BRUCE FREDERIK CUMMINGS (Pseud.: F. BARBELLION), The Journal of a disappointed man. London 1931, S. 26–27, 27, 30–31, 36, 44, 63, 179–180, 304–305. Übers. von HELLY HOHENEMSER (nur diese Stücke). Hervorhebungen vom Verf. Abdruck mit freundl. Genehmigung des Verlags Chatto and Windus.

Frost-Sonntagmorgen

12. Januar 1913

Alle Erde, jedes Feld, jeder Weg ist im Ostwind vertrocknet, im Frost eingedickt, gehärtet, erstarrt. Das Eis der Teiche und Tümpel trägt, aber ein wenig knarrt es doch, wenn man den ersten Fuß darauf setzt; Schlammgewächs, Grasbülten und was im Wasser hängt oder überm Grund schwebt und lagert, rukken unterm Eis, wo man über sie schreitet, als duckten sie sich beiseite. Und der feingestäubte Schnee hat Rillen und Furchen, Hänge und Hecken gesucht, überall, wo der Wind nicht stäuben kann, wo Ruhe ist „achtern Oewer", da sitzt Schnee wie frischer Schimmel anzusehen. Die Mühle mahlt frostigen Ostwind, schwingt die Flügel, als müßte sie sich wärmen, und läßt das Gesaus der Windwirbel zwischen schräg gestellten Flügelbrettern durchdrängen und ist so heftig am Werke, als wüßte sie, wie viel tausend Meilen der Osten tief ist, den sie durchzufiltern, zu zerreißen und zerfetzen, zu Windmehl zu mahlen auf dem robusten Rücken ihres Stand-Hügels, von den Feldern ringsum mit unbeschränkter Ellbogenfreiheit ausgestattet, berufen ist. Vom Kamelshöcker sieht man sie in ganzer Gestalt und hört ihr Sausen gegen den Wind. Aber in dem Dornwerk und Gesträuch saust der Wind wie ein ewiger Kälteschauder, selbstklagend und Klagen erpressend, unter dem Wipfel des niedrigen Baums liegt der Mist der Krähen, die wir von weitem schon, vom Wind durcheinandergedrängt, aber über demselben Punkte hängend, die gemeinsame Not gesellschaftlich bekrächzen hörten, und die Rehspuren im harten Boden, zwei gegeneinander gestellte Kommas, die schon vor einer Woche der weichen, saftigen Erde eingestochen wurden, stehen beim Frost wie scharfe Fußeisen für Däumlinge schnappgierig überall auf grausamer Lauer. Von wilden Gänsen hängt ein Keil in der Luft und zielt seinen Riesenpfeilschuß grade auf den Sumpfsee, von dem sie aufgestanden sind, dem Winterquartier nördlicher Gäste. Harmonisch klingt ihr Geschrei, was auch der klavierspielende Bürger sagen möge, von kalter

Höhe durch den strömenden Ostwind herab. Kein Beklatschen gemeinsamer Not, denn von Not ist vorläufig kein Anzeichen da. Eher könnte man es als das zufriedene Ächzen des Winterwetters nehmen, das nun endlich so etwas wie Kristallisierung seiner Art spürt und dabei ein Knacken in den Winkeln, ein Knirschen in den Fugen nicht lassen kann. Der Winter streckt sich behaglich übers Land, da schnurren aus seinem Behagen allerlei Töne heraus, und da streckt sich das Biegsame und unsicher Geformte langsam zum Starren und zieht sich zum Harten zusammen[1].

[1] Ernst Barlach, Güstrower Fragmente (Das dichterische Werk, Bd 2). München 1958, S. 312–313.

EMANUEL VON BODMANN

Sacra res homini

Juli 1914

Seneca sagt: der Mensch sei dem Menschen heilig! Wie wahr ist das! Und wie oft sündigen gewisse „Moderne" dagegen. Auch in der Komoedie muß darauf Rücksicht genommen werden: die Letzten Dinge stehen unberührbar über allem, auch das Innerste eines jeden Menschen und Menschentypus[1].

[1] Emanuel von Bodmann, Tagebücher 1897–1946 (Die gesamten Werke, Bd. 10). Stuttgart 1960, S. 133.

RENÉ SCHICKELE

Zwischen 1918 und 1933

Muri, 26. Februar 1918

Am 23. hat die große deutsche Offensive gegen die Franzosen und Engländer begonnen. Ludendorff siegt. Die deutschen Heeresberichte strahlen toll und etwas gemein, wie Sonnenblumen auf einem Mistbeet. Paris wird aus einer Entfernung von 120 Kilometern beschossen. Vom höllischen Spiel dürfte dies doch wohl die letzte Runde sein. Wieder hört man die Frage des August- und Septembermonats 1914: „Wann fällt Paris?"

Badenweiler, 15. Juni 1931

Hitler ante portas. Ein Mann, heute noch Sozialdemokrat, pries mir die Schönheiten des Nationalismus, ebenfalls strengster Observanz, und schloß mit der Versicherung, Deutschland und Frankreich seien einander von Natur fremd und im Tiefsten verfeindet und würden es ewig bleiben.

Ich erinnerte ihn daran, daß der Philosoph Feuerbach der Ansicht war, der wahre, der mit dem Leben, dem Menschen einige Philosoph müsse gallo-germanischen Geblüts sein. Das Herz französisch, der Kopf deutsch. (Nebenbei: das gleiche Lied haben alle elsässischen Dichter, große wie kleine, von jeher gesungen.) Der Kopf reformiere, aber das Herz revolutioniere. Nur wo Bewegung, Leidenschaft, Blut, Sinnlichkeit sei, da sei auch Geist. Dem Esprit Leibnizens allein sei es zu danken, daß er als Erster versucht habe, die Deutschen aus ihrem Pedantismus und Scholastizismus herauszuführen ... Und derselben Ansicht war – Karl Marx ... Als Marx daran dachte, eine neue Zeitschrift ins Leben zu rufen, wollte er sie Deutsch-französische Jahrbücher nennen und sie in Straßburg oder der Schweiz erscheinen lassen. Dies, sagte er unter Anlehnung an ein Wort Talleyrands, sei ein Prinzip, alles andere eine Intrige.

Der Mann versetzte, das seien olle Kamellen, bald hundert Jahre alt. Ich möchte gern wissen, was z. B. H.[1], der ein radikaler Nationalist, aber ein geistig gesunder Mensch ist, über

[1] Vermutlich HEIDEGGER.

die nationalistische Philosophie denkt, wie sie hier jetzt ins Kraut schießt.

Badenweiler, 2. August 1931

In Freiburger Universitätskreisen erzählt man sich, Heidegger verkehre nur noch mit Nationalsozialisten. (Kann's nicht glauben, muß bei nächster Gelegenheit nachfragen.)

Badenweiler, 21. Sept. 1931

Besuch des Ehepaars Eggebrecht aus Essen. Kennen alles von mir. Sind sehr deutsch. Sehr echt. Ich habe das Gefühl, sie bewundern mich ein wenig wie eine exotische Erscheinung am Rand ihres Vaterlandes. Da ich etwas wie ein Wilder bin, erwarten sie nicht, daß ich am „Aufbruch der Nation" teilnehme.

Es ist nicht viel mehr als ein halbes Jahr her, da saß ich bei Professor Petersen in Wannsee. Auf meine Frage, wie er die nationalsozialistische Bewegung einschätze, blickte er lächelnd zur Decke, während seine Frau sagte: „Gott, man freut sich, daß wieder etwas wie Nationalgefühl aufkommt." In der Art, wie sie das sagte und mich dabei ansah, lag Nachsicht und Mitleid Mutter Germanias für mich, der ich das Wunderbare nicht mitfühlen konnte. Dies also ist die Art Höflichkeit, deren sich die „Volldeutschen" mir gegenüber befleißigen, und eine andre ist auch nicht gut denkbar.

Sanary – sur – mer (Var) 28. II. 1933

Annette Kolb reist in voller Panik durch Deutschland, wie ein Brief von Manfred Hausmann zeigt, den sie mir zur Einsicht schickt.

Ich möchte, sie wäre schon über die Grenze!

Die Nazis unterscheiden nicht zwischen dem Flattern eines verängstigten Huhns und dem Gebaren eines Landesverräters.

Sanary, 8. April 1933

Der Kardinal-Erzbischof von Paris hat angeordnet, daß in allen Kirchen Frankreichs für die deutschen Juden gebetet wird.

Nachricht von Bachmann. Er ist mit sofortiger Wirkung beurlaubt worden und fragt an, ob er vorläufig in unserem Haus in Badenweiler wohnen könne. Kein Jude, Berufsbeamter, frü-

herer Korpsstudent, längst aus der Staatspartei ausgetreten, von den Marxisten angefeindet: hilft nichts. Raus. Sie haben gerochen, daß ihm die rechte Liebe fehlt.
Trost. Ein Wort von Friedrich List: „Glücklich, wer mit den Verhältnissen zu brechen versteht, bevor sie ihn gebrochen haben."

Sanary, 18. April 1933

Furtwängler hat an den Propagandaminister Goebbels geschrieben, er kenne nur den Trennungsstrich zwischen guter und schlechter Kunst.
Jeder Künstler wird zu allen Zeiten dasselbe sagen. In den Bauhütten des Mittelalters dachten sie nicht anders. Auch die Griechen nicht, auch nicht die Asiaten. Der Politiker argumentiert natürlich wie der Theologe, nur, daß er an die Stelle Gottes den Staat setzt. Welchen Begriff der nationalsozialistische Minister von der Kunst hat, zeigt seine Behauptung, auch die Politik sei Kunst, vielleicht sogar die umfassendste . . . Simmel nannte das (seinerzeit) moderne Kunstgewerbe, das sich die Legitimität der großen Kunst anmaße („ein Topf in seiner Art ebenso schön wie ein Rembrandt") einen Sklavenaufstand.

Sanary, 23. April 1933

Brief von der Frankfurter Zeitung, es wäre ausgezeichnet, wenn ich ihr für das Feuilleton Beiträge schickte, die stärker noch als Villa Beau Soleil in erlaubter, doch deutlicher Weise auf die deutschen aktuellen Zustände Bezug nähmen. – Das Feuilleton letzter Schlupfwinkel der Opposition. Allons-y!

Sanary, 11. Mai 1933

Thomas und Katia Mann mit 2 Kindern seit gestern im Grand Hotel, Bandol, Erika und Klaus in Sanary, Hotel La Tour. Heute bei uns zum Tee.
Thomas Mann sehr unglücklich. Es geht ihm wie den meisten Deutschen seiner Geistesart. Sie sehen wohl, was vorgeht und auch, was kommen wird, aber im Grund wollen sie es nicht wahrhaben, weil es unfaßbar toll ist, hauptsächlich aber, weil sie sich nicht eingestehen wollen, daß sie ihr Vaterland verloren haben. Auch ich kann es noch nicht fassen, daß ich Deutschland nicht wiedersehen soll. Und gleichzeitig gibt es niemand,

der die Entwicklung der Dinge pessimistischer beurteilt als ich, ich bin auf alles, aber wirklich auf alles gefaßt. Erika, bildhübsch, klug, energisch.

Sanary, 8. Mai 1934

Jede politische Eintragung in das Tagebuch kostet mich Selbstüberwindung. Aber auf diese Weise werde ich die Politik für den Rest des Tages los[1].

[1] René Schickele, Tagebücher 1918–1934. Werke in drei Bänden, Bd. 3 S. 1028, 1038, 1040, 1041–1042, 1043, 1046, 1048, 1049, 1050, 1110. Abdruck mit freundl. Genehmigung des Verlags Kiepenheuer & Witsch.

JOSEF HOFMILLER

„Kleine Züge" aus Krieg und Revolution 1918/19

München, 19. August 1918

Die Zeiten werden betrüblich interessant. Ich muß rein wieder Tagebuch schreiben, was ich seit meiner Pennälerzeit nicht mehr getan habe. Damals war ich mir selbst interessant. Jetzt schreibe ich mir kleine Züge auf aus der Zeit, die ich sonst vergäße. Ich muß zum Schreiben meine Zuflucht nehmen, weil ich mit meinen alten Freunden immer noch weniger zusammenkomme. Und wenn wir zusammenkommen, sitzen wir uns stumm gegenüber. Unser Aussprachebedürfnis ist größer als je, aber wir können uns nicht mehr aussprechen. Keiner glaubt mehr, daß wir den Krieg gewinnen. Alle wissen, daß wir ihn verloren haben, und doch rückt keiner mit der Sprache heraus. Wir sind gereizt, sogar, wenn der andere dieselbe Meinung äußert, die wir im stillen selbst hegen; als wären wir abergläubisch, daß sie nicht ausgesprochen werden dürfe. Wir gehen gereizt und verstimmt auseinander, wenn wir es uns auch nicht einzugestehen wagen. Auch in Gesellschaft sind wir allein mit unseren Gedanken und Befürchtungen. Kein Wunder: es ist die seelische Stimmung einer belagerten Stadt, in der wir leben seit vier Jahren.

23. August 1918

Um 8 Uhr in der Bazeilleschule, um Lebensmittel fürs Büble zu holen. Man schickt mich nach Metzstraße 12, Säuglingsanstalt, um die Karte abstempeln zu lassen. Ich kann die Beamtin erst um 3/4 11 Uhr treffen. Inzwischen heim, um nachzusehen, ob wir die Reserve-Brotmarken-Abschnitte noch haben. Nein. Zur Dollin, Zwiebel und Beeren bestellt. Sie sagt, der Abschnitt gilt. In die Isaria-Drogerie, um mich vormerken zu lassen für Säuglingsnahrung und Haferflocken. Wieder zur Dollin, um Zwiebel und Beeren auch für soeben erhaltene Marken zu bestellen. Zu Seeberger: sie gibt mir aus Gnade, weil ich eine alte Kundschaft bin, 1/2 Pfund Brot. Zu Kufner, 2 Buttermarken abgeben, die ich soeben für den Säugling erhalten habe. So sieht ein Kriegsvormittag aus. Solche Kriegsvormittage habe ich Hunderte hinter mir.

14. September 1918

Auf die Gefahr hin, für einen schlechten Patrioten gehalten zu werden, muß ich sagen, daß es mir gegen den Strich geht, wenn die Leute dieses heilige Wort „deutsch" fortwährend eitel nennen. Nicht immer ist das Herz voll von dem, wovon der Mund übergeht. Es gibt eine vaterländische Maulfrömmheit, gegen die sich das unverdorbene Gefühl nicht minder sträubt als gegen Frömmelei in Glaubensdingen. Ich vermute, das ist auch der Grund, warum „Deutschland, Deutschland über alles" nie volkstümlich werden kann. Ich habe nachgezählt: wenn man die zwei letzten Zeilen jeder Strophe wiederholt, wie es die Melodie verlangt, so kommen die beiden Wörter „Deutschland" und „deutsch" in diesem kurzen Gedicht nicht weniger als einundzwanzigmal vor. Das ist ein Musterbeispiel für das aufdringliche Sich-selbst-Affichieren, mit dem wir vor dem Krieg unsern Nachbarn auf die Nerven gingen, das mit wirklich deutscher Art nichts zu tun hat. Man kann gut deutsch sein, aber deswegen braucht man nicht Wesen und Willen auf der Außenseite anzuschreiben, wie auf einem Sofakissen „Nur ein Viertelstündchen!"

So schön Richard Wagners Definition ist, „deutsch sein, heißt eine Sache um ihrer selbst willen treiben", schöner noch finde ich die Uhlandische: „der König Karl am Steuer saß, der hat kein Wort gesprochen." Übrigens kommt auch in Hans Sachsens Schlußansprache („Meistersinger") das Wort „deutsch" zu oft vor.

8. November 1918

Wir sind über Nacht ein „Freistaat" geworden und Bayern wird augenblicklich nicht von Ludwig III. regiert, sondern von Kurt Eisner, dem früheren literarischen Mitarbeiter der Münchner Post und Führer der Münchner Unabhängigen. Doch ich muß weiter ausholen. Zunächst war gestern nachmittag eine Massenversammlung auf der Theresienwiese angesagt. Sie scheint riesig besucht gewesen zu sein. Wenigstens, als ich aus meiner Englischstunde nach Hause ging, abends zwischen 1/2 6 und 6, wälzte sich ein unendlicher Zug, jedoch nicht in zugmäßiger Aufstellung, sondern das Zurückfluten einer gewaltigen Volksmenge, durch die Theatiner- und Weinstraße und durch die Residenz- und Dienerstraße. Auch die Maximilianstraße wimmelte von Leuten, die alle nach Haidhausen hinausströmten. Mama war mit meiner Schwester spazieren gegangen, und sie waren dabei in die Nähe des Friedensdenkmals gekommen, wo es ebenfalls von Menschen wimmelte. Ich kümmerte mich nicht weiter um diese Dinge, da ich sah, daß die Leute ruhig waren; die Straßen waren noch schlechter beleuchtet als gewöhnlich, so daß das Zurückfluten dieser schweigsamen Menge in der Finsternis etwas Unheimliches hatte. Als wir abends gegen 10 Uhr ins Bett gingen, hörten wir ferne Schüsse und ein Johlen. Wir vernahmen auch öfter den Ruf Republik.

9. November 1918

Heut früh sind die „Neuesten" wieder in ihrem regelmäßigen Umfang erschienen, ebenso die „Augsburger Abendzeitung". Die Revolution war offenbar von langer Hand geplant, nur die staatlichen und militärischen Behörden ließen sich allen Warnungen zum Trotz überrumpeln. Voraussetzung für die Revolution war die Vereinigung der in zwei Flügel gespaltenen Sozialdemokratie. Das Quartier des Arbeiter- und Soldatenrates ist der Mathäser. Das erste war, daß Bahnhof und Telegrafenamt besetzt wurden, sodann die Zeitungen. Die politische Umwälzung vollendete sich im Landtagsgebäude. Um 10 Uhr abends war es schon in der Gewalt der Revolutionäre; um Mitternacht tagte zum erstenmal geschlossen der Arbeiter- und Soldatenrat im Sitzungssaal der Kammer, wählte Kurt Eisner zum Präsidenten und verkündete die Republik, die Absetzung der Dynastie und der gesamten Regierung. Plünderungen kamen vor, besonders von Waffengeschäften, auch militärische Lager wurden geleert, aber, das muß man der Gerechtigkeit halber feststellen, gegen den Willen des Rates, der von Anfang an, wie es scheint, ehrlich bemüht war Ordnung zu halten und Gewalttaten zu verhindern. Militär durchzog mit geschultertem Gewehr die Stadt und verlangte zunächst von allen begegnenden Soldaten und Offizieren die Entfernung der schwarz-weiß-roten Kokarde.

Am Stachus sah Stemplinger, wie ein junger Strizzi einem

verwundeten Offizier, der den linken Arm in der Schlinge trug die Kokarde herunterreißen wollte. Ohne ein Wort zu sagen, gab ihm dieser eine saftige Watsche. Das Publikum brüllte Beifall.

Am Freitagmorgen war die ganze Umwälzung vollzogen. München war als Hauptstadt des Königreichs Bayern zu Bett gegangen, um als Hauptstadt des bayerischen „Volksstaats" zu erwachen. Telegraf, Telefon und Straßenbahn waren am Donnerstagabend stillgelegt worden. Am Freitag wurde der Betrieb wieder aufgenommen.

10. November 1918

Die Monarchie hat sich selbst furchtbar geschadet durch die zahllosen Skandalaffären in allen Dynastien. Der Kaiser kann sich besonders beim Fürsten Eulenburg bedanken. Übrigens habe ich gestern gehört, S. M. sei verstimmt und ungnädig gewesen, als an der holländischen Grenze kein Extrazug für ihn bereitstand.

Der König und der Kronprinz heißen in der „Münchener Post" Ludwig Wittelsbach und Rupprecht Wittelsbach, ohne „von". Genau wie in Shakespeares Coriolan, wo die römischen Gewerkschaftssekretäre, die Volkstribunen, den Coriolan auch bloß Marcius heißen, um ihn zu demütigen, und nicht mehr Coriolan.

Fragt sich, wie lange es der neuen Regierung gelingt, Ordnung zu halten, was sie augenscheinlich will. Denn die Elemente, durch die sie hochgehoben wurde, haben nicht so gewettet: sie stellten sich die Sache ganz anders vor: Kommunismus, Sozialisierung der Betriebe, sofortige Entlassung in die Heimat, sofortige Besserung der Lebenshaltung durch Beschlagnahme, d. h. durch Plünderung. Wenn die Radikalen arbeiten müssen wie vorher, wird ihnen das nicht sehr passen. Heut ist Polizeistunde bis 11 Uhr.

14. November

Als König Ludwig heut vor acht Tagen am Abend um 9 Uhr München mit einem Auto verließ, soll er gesagt haben: „Also das ist die angestammte Bayerntreue." Ich glaube, er tut den Bayern unrecht. Die Woge, die auch seinen Thron wegreißt, ist zu stark. Und er persönlich zu unbeliebt. Wäre er Prinzregent geblieben, bis König Otto gestorben wäre, hätte er sich nicht die Zivilliste erhöhen lassen noch am Nachmittag des nämlichen Tags, an dem die Lehreraufbesserung abgelehnt wurde, er hätte mehr Halt im Volk gehabt. Er hatte keine fürstlichen Eigenschaften. Er hätte ein Schlemmer sein dürfen, ein Schürzenjäger, ein Schuldenmacher, es hätte seinem Ruf als König nicht so geschadet, wie daß er als geizig verschrien war, ob mit Recht oder Unrecht, wer weiß es? Jedenfalls war er ein sparsamer Landwirt, und er hatte etwas Bürgerliches in seinem Auftreten. Das mag das Volk nicht. Es hat lieber einen glänzenden Schlingel oder einen Phantasten oder einen harmlosen Bummler, der sich mit den Fiakern gut stellt und ihren Gruß freundlich erwidert.

15. November

Vieles erinnert an die Zeit von 1789. Nächsten Sonntag soll großes Nationalfest sein im bisherigen Hoftheater, dem nunmehrigen Nationaltheater. Wie völlig empfindungslos die gegenwärtige Regierung gegen Imponderabilien ist, zeigt sich darin, daß sie wirklich die Stirn hat, jetzt ein Nationalfest zu feiern, zwischen dem schmachvollen Waffenstillstand und einem nicht minder schmachvollen Frieden, sofern nicht eine Revolution in Frankreich und England Wunder wirkt, woran ich nicht glaube. Kurt Eisner wird die Festrede halten und ist augenblicklich damit beschäftigt, dem Altniederländischen Dankgebet einen anderen Text unterzulegen, den er selbst gedichtet hat. Noch am Mittwochabend, nach seinem Konzert, wurde Bruno Walter zu ihm gerufen wegen dieser Sache. Walters Eindruck war: wie eine Erzählung von Gustav Meyrink; lauter Typen aus dem Prager Ghetto; Eisner ließ sich den Rhythmus des Altniederländischen Dankgebetes genau erklären, um seine Dichtung der Musik anpassen zu können. Robespierre beim Fest des höchsten Wesens! Noch dazu gerade zu dieser Melodie, wo jeder Hörer innerlich mitsingt „Wir treten zum Beten vor Gott den Gerechten!"

17. November

Eine Postkarte mit dem Bild von Eisner wird überall um 20 Pfennig feilgeboten und in Mengen verkauft. Er hat sich die Haare schneiden lassen, auch den Bart, Kreuzung zwischen Marx und Bethmann. Auch ich habe mir eine gekauft, um sie nach P. zu schicken, damit die Bauern dort sehen, wie der rote

Regent ausschaut. *Ich bummle viel in der Stadt herum und schreibe alles, was mir auffällt, auf meine Manschetten, in irgendeinem dunklen Hausgang geschwind die Stichworte, abends arbeite ich sie aus.* Aber noch viel mehr entgeht mir. Man kommt kaum nach.
Ich lese gerade die Schilderungen der Brüder *Goncourt* aus der Revolutionszeit. In Frankreich hatte doch alles, in Gutem und Schlimmen, unendlich mehr Zug und Schwung. Was bei uns gemacht wird, ist eine kümmerliche und philiströse Kopie. Die treibende Kraft aber ist hier und dort der kenntnislose Literat. Die Literaten haben die letzten Jahrzehnte hindurch nichts getan als aufgelöst und alles literarisch zerschwätzt: Politik, bildende Kunst, Musik, öffentliches Leben, sogar Religion. Unsere Existenz erhält durch die Revolution einen undeutschen Zug. In der französischen Republik ist alles doktrinär, literarisch, phrasenmäßig, in die Ohren klingend, oberflächlich: Leitartikel und Feuilleton. Damit soll das alte Regime nicht verteidigt werden. Es war kernfaul und fiel, weil es fallen mußte. Es wurde nicht gestürzt, sondern über Nacht umgeblasen. Es hatte jede Herrschaft über die Seelen verloren. Sobald man aufhörte es zu fürchten, war es erledigt. Wie heißt's doch bei Goethe? „Wären's Könige gewesen, sie stünden noch alle unversehrt!"

19. November

Ein neues Blatt taucht auf seit gestern: die „Süddeutsche Freiheit" oder, wie der Untertitel lautet, „Münchener Montags-Zeitung". Herausgeber ist derselbe Erich Mühsam, der früher den „Kain" herausgab. Die von Tapferkeit berstenden Mitarbeiter zeichnen unter lauter kühnen Pseudonymen: Harold, Timon, Tiberius, Vandale. Im Feuilleton eine blutrünstige Spekulation auf die Lüsternheit: „Die Beine der Marie-Leonore." Als einziges Inserat das eines Kunstverlags, der der Vertreter der Münchner Expressionisten ist, und vor dem Krieg, zum Teil noch während des Krieges, napoleonische Alkoven- und allerlei französische Sadisten- und Masochisten-Literatur in seiner Auslage hatte. Er vertrat schon vor dem Umsturz den Bolschewismus der Malerei und Graphik. Die Münchner Spießbürger drückten die Nase an seine Auslagen, die hochtrabend „Die neue Kunst", „Die neue Literatur" hießen, und bequemten sich aus Feigheit zu bewundern, wo sie aus Geschmacksunsicherheit nicht wagten abzulehnen. Im ganzen Blatt nur ein brauchbarer Aufsatz „Bayerns Beruf", der so verständig ist, daß er ebensogut in jeder bürgerlichen Zeitung vor dem Umsturz hätte stehen können. Als Titelblatt ein rohes Geschmier, wie ein Soldat einem Offizier die Achselklappen herunterreißt: „Die neue Kunst."

2. Dezember

Am Sonntag kam es auf der Wachparade vor der Feldherrnhalle zu erregten Szenen, weil ein Mann in einer Rede ans Volk Kurt Eisner rechtfertigen wollte. Man ließ ihn nicht sprechen, er flüchtete in die Residenzwache. Die Menge zog vors Ministerium des Äußern, um Eisner herauszuschreien und ihm zuzurufen, er solle zurücktreten. Aber sofort fuhr ein Militär-Auto vor. Maschinengewehre wurden auf die Menge gerichtet, die sich daraufhin schleunigst verlief; Soldaten besetzten den „Bayerischen Hof". Der Dilettantismus dieses Literaten hat bereits abgewirtschaftet. Er stützt sich nur noch auf die Maschinengewehre der Spartakus-Gruppe des Soldatenrats, der für nächsten Donnerstag einen Verlegenheits-Straßenumzug mit nachfolgender Einschüchterungsparade plant. Die Stellung Auers und Frauendorfers scheint andererseits nicht minder erschüttert als die Eisners. Die Verkehrsbeamten, die außer den Bauern immer das letzte und gewichtigste Wort sprechen, planen eine Art Ultimatum, in dem sie durchblicken lassen, daß sie den Dienst verweigern, wenn nicht, wie versprochen, die Nationalversammlung einberufen wird.

24. Dezember

Ist je in München so viel getanzt worden? Obwohl der Karneval erst am 6. beginnt, sind Tanzunterhaltungen bereits ausgeschrieben nicht nur in allen größeren Sälen in München, sondern auch in Pullach, in der Bahnhofwirtschaft Großhesselohe, Geiselgasteig, Solln, Grünwald, Moosach, Milbertshofen. Die „Neuesten Nachrichten" sprechen von einer nicht mehr „endemischen, sondern pandemischen Tanzseuche". Man kann die Sache auch anders sehen. Unmittelbar nach der Französischen Revolution wurde Paris von einem wütenden Tanztaumel ergriffen: einmal 644 Bälle an einem Abend, wie die Goncourts nach zeitgenössischen Berichten feststellen. Alles tanzte:

Söhne und Töchter der Enthaupteten, es gab sogar einen „Ball der Revolutionsopfer", an dem nur die teilnehmen durften, die nachweisen konnten, daß sie einen Verwandten ersten Grades auf dem Schafott verloren hatten.

18. Februar 1919

Ich trage fast nichts mehr ein. Die Strizzikratie, unter der wir leben, wird allmählich langweilig[1].

[1] Josef Hofmiller, Revolutionstagebuch 1918/19. Leipzig 1938, S. 11, 15–16, 20–21, 27–28, 33, 45, 55–56, 59, 65, 68–69, 70, 88–89, 126–127, 150. Hervorhebungen vom Verf.

WASLAW NIJINSKIJ

Vor der Umnachtung

St. Moritz 1919

Ich stehe vor einem Abgrund und bin in Gefahr, hinabzustürzen, aber ich habe keine Angst. Gott will nicht, daß ich stürze. Er hält mich.

Als ich einmal spazierenging, glaubte ich Blut im Schnee zu erkennen. Ich folgte den Spuren in dem Gefühl, daß eine noch lebende Person ermordet worden sei. Ich schlug eine andere Richtung ein und entdeckte andere blutige Spuren. Trotz der Furcht, die mich ergriff, folgte ich ihnen bis zum Rand eines Abgrunds und wurde mir dann klar, daß es nicht Blut, sondern Dünger war. Als ich dann im Schnee weiterging, konnte ich Spuren sehen, die von Schneeschuhen stammten, sie schienen genau neben den blutigen Spuren aufzuhören. Mir kam der Gedanke, daß man dort im Schnee irgend jemand vergraben haben könnte, nachdem man ihn überwältigt und getötet hatte. Da mich die Furcht von neuem überkam, kehrte ich wieder um und kam, immer laufend, auf demselben Weg zurück, wo ich spürte, daß Gott wissen wollte, ob ich vor ihm Furcht hatte oder nicht. Dann schrie ich mit lauter Stimme: „Nein, ich habe keine Furcht vor Gott: er ist das Leben und nicht der Tod.“ Alsdann ließ mich Gott bis zum Rande des Abgrunds weitergehen, wobei er mir sagte, daß ich ihn gekränkt hätte und ihn versöhnen müsse. Was für eine Angst fühlte ich! Ich glaubte, es sei der Teufel, der mich versuchte, wie er Christus versucht hatte. Er sagte: „Springe, und ich werde dir vertrauen.“ Das Entsetzen hielt mich einen Augenblick wie angenagelt, und dann fühlte ich mich gegen den Abgrund gestoßen. Ich näherte mich dem Rand, ich glitt ab . . . und mein Absturz wurde durch Zweige, die ich nicht sah, aufgehalten. Ich war wie erstarrt vor dem, was mir wie ein Wunder erschien. Also hatte Gott mich prüfen wollen! Er ließ es indessen nicht zu, daß ich mich aus den Zweigen befreite, an die ich mich noch lange klammerte, bis mich das Entsetzen überfiel, denn Gott hatte mich gewarnt, daß ich fallen würde, wenn ich sie losließe. Es gelang mir dann: „Kehre nach Hause zurück und sage deiner Frau, daß du den Verstand verloren hast." So geschah es, daß ich von der Hilfe unterrichtet wurde, die Gott mir gewähren wollte, und nach Hause zurückkehren konnte, um meiner Frau zu erzählen, was geschehen war.

Auf dem Rückweg sah ich die blutigen Spuren wieder, ohne daß ich noch an ihre Wirklichkeit geglaubt hätte. Gott hatte sie mir nur gezeigt, um mich zu seiner Erkenntnis zu erheben. Ich fühlte immer seine Gegenwart, und als ich das Haus wieder erreichte, befahl er mir, mich in den Schnee zu legen, wo er mich lange liegen ließ, nachdem ich ihm gehorcht hatte. Meine Hände erstarrten, schmerzten: ich zog sie aus dem Schnee, weil ich mir sagte, das Leiden könne nicht von Gott auferlegt sein. Er schien befriedigt, aber kaum war ich ein paar Schritte weitergegangen, als er mir befahl, zurückzukehren und mich neben einen Baum niederzulegen. Ich hielt mich zuerst an ihm fest und ließ mich dann gleiten, während Gott seinen Befehl wiederholte, mich in den Schnee zu legen. Eine ganze Weile blieb ich dort ausgestreckt liegen, unempfindlich gegen die Kälte, bis er mir befahl, mich zu erheben und nach Hause zurückzukehren. „Bleib stehen", sagte Er, als ich mich auf den Weg machte – und ich blieb stehen. Sofort wurden die blutigen Spuren wieder sichtbar. „Kehre zurück", sagte die Stimme. Als ich bereit war, mich wieder in Marsch zu setzen, hörte ich ihn ein letztes Mal rufen: „Halt!" und ich ging nicht weiter.

Alle Welt wird glauben, daß das, was ich erzählt habe, nur in meiner Einbildung existiert hat. Aber ich kann beschwören: ich schreibe nie etwas, was nicht der Wahrheit entspricht[1].

[1] Waslaw Nijinskij, Journal. Franz. Orig.ausg. Paris 1953. Zitiert nach der Übers. von Leonore Schlaich, u. d. T.: Der Clown Gottes, Stuttgart o. J. Abdruck mit freundl. Genehmigung des Verlages Ernst Klett.

Als Nijinskij sein autobiographie-ähnliches Tagebuch schrieb, litt er an fortschreitenden Schizophrenie-Anfällen. Unser Beispiel zeigt den typischen Ich-Verlust bei einem sogenannt genialen Schizophrenen im Erleben eines Furchtbaren, Unentrinnbaren, nicht zu Fassenden, sowie im Einwirken geheimnisvoller, in diesem Falle göttlicher Befehle. Der weltberühmte Tänzer unterzeichnete seinen Lebensbericht: „Gott und Nijinskij." Vgl. dazu auch die Beispiele aus dem

Tagebuch Ludwigs II. von Bayern. (Form und Fassung des „Journals“ erzeugten bei der Kritik Zweifel. Nicht die Authentizität dieser Aufzeichnungen wurde in Frage gestellt, wohl aber ihre Komposition, bzw. Stilisierung.)

KRONPRINZ WILHELM VON HOHENZOLLERN

Gegen den „Normalprinzen“

April 1919

Als dereinstiger Thronfolger geboren, bin ich in den besonderen Anschauungen erzogen worden, die nach dem Herkommen für einen preußischen Prinzen gelten sollen. Zweifel an der Eignung und Vortrefflichkeit dieser Grundsätze hat niemand in der Familie jemals gehegt, denn alle ihre männlichen Mitglieder waren in ihrer Jugend etwa den gleichen Weg gegangen.

So wenig ich nun den Wert gerade der altpreußischen Tradition verkenne, so glaube ich doch, daß die übliche, in enge, scharf gezogene Grenzen eingefriedete Prinzenerziehung, bei der sich die starre Etikette des Hofes mit der änglichsten Fürsorge des Elternhauses zu bindenden Instruktionen für Erzieher, Lehrer und Berater vereinigte, eher geeignet erscheint, ein bestimmtes, nicht sehr neuartiges, aber für repräsentative Aufgaben immer noch recht wirkungsvolles Produkt zu erzielen, als einen modernen, unbeirrt im Leben seiner Tage stehenden Menschen. Sie hätte auch mich, wenn ich mich ihr gefügt hätte, mit der Zeit in eine weltfremde, abgeschlossene und einsame Position geführt. In eine Position, an der mir als das Schlimmste nicht jene chinesische Mauer erscheint, die um sie errichtet ist, sondern die durch diese Methode anerzogene Unfähigkeit, die Mauer zu sehen. So hält er sich für frei und ist in seiner Gedankenwelt beschränkt.

Früh schon – und anfangs sicher allein im Triebe meiner Anlagen, später dann mit erwachendem Bewußtsein und mit reifer Erkenntnis – habe ich mich den Bestrebungen widersetzt, das, was an selbständigem Wesen in mir ist, im Sinne einer Erziehung zu einem preußischen „Normalprinzen“ zu nivellieren. Zwei grundverschiedene Auffassungen traten hier gegeneinander an. Die hergebrachte und während der Regierung Seiner Majestät besonders stark betonte Idee von der „Erhabenheit" der Herrscherstellung, die in dem Worte schon bildhaft ausgedrückte Auffassung, daß der Fürst, König, Kaiser hoch über der Schicht der Regierten stehen müsse – und die mir vorschwebende, daß er das Leben, wie es läuft und wie das Volk in allen seinen Schichten es zu tragen hat, aus eigener Anschauung kennen solle. – Es bleibt zu sagen, daß der Versuch, meinen Gedanken auch in der Tat getreu zu sein, mir manche Kämpfe und Unannehmlichkeiten eingetragen hat[1].

[1] Kronprinz Wilhelm von Hohenzollern, Erinnerungen. Stuttgart, Berlin 1954, S. 24–26.

HERMANN HESSE

Zehn Tagebücher

1920

Ach, zehn und mehr Tagebücher sollte ich zur Zeit führen! Drei, vier habe ich schon begonnen. Eines heißt „Tagebuch eines Wüstlings", eines „Urwald der Kindheit", eines „Traumbuch". Dazu müßte ein Malertagebuch kommen, ein Musiktagebuch, eines über den alten Kampf zwischen Lebenstrieb und Todessehnsucht, ein Tagebuch des Selbstmörders, vielleicht auch ein Tagebuch der Besinnungen, des Suchens nach Maßstäben: Anwendung des persönlich Gedachten auf Allgemeines, auf Natur, auf Politik, auf Geschichte, auf Sprache. Und dann noch andre drei oder vier Bücher müßte ich führen können, um eine Weile den Versuch der Polyphonie und der Bipolarität zu machen, um die Rundheit und Allseitigkeit der Seele irgendwie zu dokumentieren. Es geht nicht, schon das Kleinste ist zuviel, schon das Simpelste ist zu kompliziert, die Hand müßte zwanzig Finger und der Tag hundert Stunden haben. O indische Götter mit zehn und zwanzig Armen! Wie wahr seid Ihr!

Und mit allen diesen zehn Tagebüchern wäre ja doch nur erst notiert, nur erst die Mechanik des Schreibens erledigt! Noch nicht geschlafen und geträumt, noch nicht gemalt und musiziert, noch nicht Freundschaft, Liebe, Hunger, Geschlecht, Lebensfülle gelebt – nein, der Tag müßte tausend Stunden haben!

Man kann freilich Maß halten, man kann Technik und Ökonomie üben, kann beim Möglichen bleiben – aber jedes versuchte Maß ist gar so nah bei jenem Maß, mit dem die Schullehrer den Goethe messen – und ist es denn genug, ja ist es erlaubt, sich um Mögliches zu bemühen? Schon das kleinste Kunstwerkchen, eine Bleistiftskizze von sechs Strichen und ein Gedichtvers von vier Zeilen versucht frech und blind das Unmögliche, geht aufs Ganze, will das Chaos in die Nußschale schöpfen. Und wenn die Gnade dabei war, gelingt es.

Das ist unser Künstlerleid. Ein Werk gestalten, geduldig, fleißig, liebevoll, ein Gedicht, ein Bild, einen Roman – und daneben rollt die Welt, wird stündlich reicher, voller, vielfältiger –

und man soll nun an seinem dünnen Faden sitzen bleiben, sein Werk weiter spinnen, diesen einen, einzigen armen Faden, soll täglich und stündlich die Flut von Träumen, Ansichten, Erlebnissen, Einfällen unterdrücken oder einschmelzen, um weiter an der einen dünnen Melodie zu dichten, in der man doch, auch im besten Fall, kein Tausendstel des Gewollten einfängt! Furchtbar ist dieser Zwang zum Gestalten, furchtbar und herrlich, und wird von Mal zu Mal, von Versuch zu Versuch, von Werk zu Werk schwerer, verhängnisvoller, entsagungsreicher, wütender und glühender. Und dann das Ergebnis! Ich meine nicht den „Erfolg", das Urteil der andern, den Beifall des Bürgers, den Brief des Backfischs – diese Mißverständnisse sind komisch und lassen sich ertragen –, sondern das tatsächliche Ergebnis, das „Werk" selbst, so wie es schließlich vor dem Künstler steht und ihn ansieht – so klein, so spöttisch, so gar nichts! Es soll Künstler geben, die ihre Werke lieben, auch dann noch, wenn sie fertig sind. Ist das möglich?

Gefahr der Beichte vor sich selbst

1920

Wenn man die Dichtung als Bekenntnis auffaßt (und nur so kann ich sie zur Zeit und für mich selbst auffassen, so beschränkt die Auffasung sein mag), dann zeigt sich die Kunst als ein langer, vielfältiger, gewundener Weg, dessen Ziel es wäre, die Persönlichkeit, das Ich des Künstlers so vollkommen, so verästelt, so bis in alle Differenzierungen und Spaltungen hinein auszusprechen, so ganz und vollkommen auszusprechen, daß dies Ich am Ende gleichsam abgewickelt und erledigt, daß es ausgetobt und ausgebrannt wäre. Dann könnte das Höhere folgen, das Überpersönliche und Überzeitliche, die Kunst wäre überwunden, der Künstler wäre reif, ein Heiliger zu werden, oder doch ein Priester. Die Funktion der Kunst, soweit sie die Person des Künstlers selbst angeht, wäre dann genau dasselbe wie die Funktion der Beichte. Diesen Sinn hatten alle späteren Schriften Nietzsches, die Bekenntnisbücher Strindbergs.
Das Ende und Ziel des Künstlers wäre dann nicht die Kunst oder das Werk, sondern die Selbstaufhebung, die Preisgabe und Opferung des beschränkten, in Komplexen und Leiden

gefangenen Ich zugunsten der Seelenstille und Heiligkeit, das Ziel wäre die Entwicklung zum überpersönlichen, mit dem All konzentrischen Ich, zum Heiligen, der auf die Welt und Zeit nicht mehr persönlich reagiert, sondern in dessen Seelenzustand das Chaos der Welt zu Sinn und Musik wird, in dessen Atem Gott ein- und ausgeht.
Es ist nur die Frage, ob dieser Weg vom Künstler zum Heiligen, vom Bekennen und Beichten bis zum Ruhen in Gott wirklich ein Weg ist, ob er möglich sei, ob man ihn gehen, ob er zum Ziel führen könne. Ich weiß es nicht, und ich zweifle sehr daran, obwohl ich zur Zeit, und vielleicht für immer, selber eben diesen Weg gehe, gehen muß!
So wie ein Mensch sich in einer Psychoanalyse verlieren kann, indem er von der Wichtigkeit und Bedeutsamkeit aller Äußerungen seines Unbewußten fasziniert wird und bleibt, so kann der bekennende Künstler, indem er Stoß um Stoß sich selber auswirft, sich selber ausspricht, sich selber rastlos abwickelt und ausspeit, gerade immer tiefer in die Zusammenhänge seines beschränkten Ich hineingeraten, sich immer tiefer in die (an sich so unwichtigen) eigenen Probleme, die eigenen Leiden, die eigenen Komplexe verwickeln, und dies führt schließlich genau in die entgegengesetzte Richtung und macht den Künstler genau zum Gegenteil des Heiligen. Das Sichbefassen mit dem eignen Ich, das Beichten und Bloßlegen kann aus einem Mittel zum Selbstzweck werden, *aus einer Kur zur Krankheit.*
Ich wünsche mir (und wenn ich naiv genug wäre, würde ich sagen: ich gelobe mir) dies nie zu vergessen und beim Beichten stets den Sinn des Beichtens vor Augen zu behalten: *daß es Opferung sein soll, nicht Selbstgenuß*[1].

Lektüre von Gides Journal

14. Mai 1955

Allerlei geträumt, das teils mit meiner Lektüre der letzten Zeit, teils mit familiären Erinnerungen zusammenhängt, aufgeru-

[1] HERMANN HESSE, Aus einem Tagebuch des Jahres 1920. Zürich 1960, S. 14–17, 18–20. Hervorhebungen vom Verf. Abdruck mit freundl. Genehmigung des Suhrkamp Verlages.

fen durch mehrere Todesnachrichten aus dieser Sphäre, und alles auf jene prächtig-trügerische Traumbühne gestellt, in einen Raum, der nicht so sehr Raum ist als ein ständiges Wechseln von verschiedenen Dimensionen der Zeit, ein Vermischen von vielerlei Arten von Vergangenheit. Die wirkliche, erlebte Vergangenheit war dabei nicht nur umgedichtet und umgeschichtet, es war auch das Erlebte auf gleiche Ebene und in gleiche Beleuchtung gestellt wie Gelesenes. Was nun das Gelesene betrifft, so bestand es aus Bruchstücken, von André Gides Tagebüchern der dreißiger Jahre, die ich in letzter Zeit las und wo der große Kamerad sich in seiner hartnäckigen und gewissenhaften Art bald mit den Problemen der sozialen Moral, bald mit denen des Alterns herumschlägt, und wo leicht senile Betrachtungen mit solchen von jugendlichster Vitalität abwechseln. Außerdem war ich und bin ich – denn die Lektüre ist längst noch nicht beendet – mit einem Buch beschäftigt, einem ungewöhnlichen und aufregenden Buch, dem Roman „Heimat ohne Gnade" von Friedrich Forrer. Unter den vielen deutschen Romanen, die den ganzen Tisch in der Bibliothek und noch eine ganze Ecke am Boden meines Studierzimmers in Stapeln bedecken und irgendeine Reaktion von mir erwarten, ist mir da etwas erfreulich Kräftiges und Gekonntes begegnet, das ich vermutlich nicht so bald wieder vergessen werde. Aus Klängen dieses Romans, aus Notizen bei Gide und aus jüngst Erlebtem oder Erinnertem brachte ich im Traum ein vielfädiges Gespinst und beziehungsreiches, wenn auch sinnleeres Spiel zuwege, Lustspiel könnte ich sagen, aber es schimmerte durch die muntere Glasur immerhin viel von der Bedrohtheit des Weltzustandes und von den Spätproblemen des eigenen Lebens aus ungewissen Tiefen herauf wie dunkle Tangflora unter glatter Wasserfläche.

Händel und Bartók

15. Mai 1955

Ein Regensonntag, die nasse Kühle nach vielen Wochen großer Trockenheit angenehm ungewohnt, auch fürs Auge eine veränderte, umgekehrte Welt: vorher glasklare, genau gezeichnete Ferne und etwas staubige Nähe, jetzt aber eine feucht, grün und üppig wogende Nähe, die sich in konturlose wallende Hintergründe von Dampf und Wolken verliert. Bei wütenden Schmerzen keine Arbeits- oder Lesemöglichkeit. Dafür stand im Programm von Beromünster für den Vormittag etwas Lockendes: doppelchöriges Orchesterkonzert in C-Dur von Händel und Concerto für Orchester 1944 von Bartók. Ein Programm, das Carlo Ferromonte nicht gebilligt hätte und das auch mir etwas kraß zusammengestellt vorgekommen war, das sich aber beim Hören dann überraschend bewährte. Es waren zwei Welten und Zeiten da einander gegenübergestellt, zwei einander fremde, gegensätzliche Welten, Yin und Yang, Kosmos und Chaos, Ordnung und Zufall, jede von einem überlegenen, vollkräftigen Meister zur Darstellung gebracht. Händel – das war Symmetrie, Architektur, gebändigte Heiterkeit und gebändigte Klage, kristallen und logisch. Das war eine Welt, in der der Mensch als Gottes Ebenbild regierte, mit felsenfester Basis und genau bestimmter Mitte. Sie war schön, diese Welt, unsäglich schön, strahlend, gefüllt bis zum Rand mit freudiger Kraft, zentriert und geordnet wie ein farbig triumphierendes Rosettenfenster in einem Dom oder wie ein ins Rund der Lotosblüte eingebautes asiatisches Mandala. Und diese edle Welt wurde noch schöner, gewann noch an Wert und Beglückung, an kristallener Vorbildlichkeit dadurch, daß sie fern und vergangen, verlorengegangen und aus unserer anderen Zeit und Welt her mit der Sehnsucht beschworen war, die den verlorenen Paradiesen zukommt.

Dagegen diese andere Musik, die heutige, von Bartók! Statt Kosmos Chaos, statt Ordnung Wirrnis, statt Klarheit und Kontur zerflatternde Wogen klanglicher Sensationen, statt Aufbau und beherrschtem Ablauf Zufälligkeit der Proportionen und Verzicht auf Architektur. Und doch auch sie meisterhaft. Auch sie schön, herzbewegend, großartig, herrlich begnadet! War Händel schön wie ein Stern oder eine Rosette, so war der andere schön wie die Silberschrift, mit der der Sommerwind ins Gras phantastische Partituren zeichnet, war schön wie Schneeflockengewimmel und wie kurzlebige dramatische Spiele des abendlichen Lichtes auf den Flächen von Wüstendünen, und schön wie verwehte Geräusche, von denen man nicht weiß, ob sie Lachen oder Schluchzen seien, Geräusche, die man etwa, halb erst wach, am ersten Morgen in fremder Stadt, in fremdem Zimmer und Bett auf einer Reise vernimmt, die zu deuten man Verlangen, aber keine Zeit hat, denn eins geht mit rastlos schnellem Geriesel ins andere über. So rieselt, lacht, schluchzt, hustet, stöhnt, zürnt und spielt diese sinnlich reiche, farbige, schmerzlich schöne Musik dahin, ohne Logik, ohne Statik, ganz Augenblick, ganz schön hinsterbende Vergänglichkeit. Und sie ist darum noch schöner und wird dadurch noch unwiderstehlicher, daß sie eben die Musik unserer Zeit ist, daß sie unser Empfinden, unser Lebensgefühl, unsere Schwächen und Stärken ausspricht. Sie spricht uns und unsre fragwürdigen Lebensformen aus, und damit bejaht sie uns, sie kennt wie wir die Schönheit der Dissonanz und des Schmerzes, die reichen Skalen gebrochener Töne, die Erschütterung und Relativierung der Denkformen und Moralen, und nicht minder die Sehnsucht nach den Paradiesen der Ordnung und Geborgenheit der Logik und der Harmonie.

Tröstlich ist, daß allem Vermuten nach diese beiden Musikarten und Welten samt ihren Zwischenstufen in solchen Meisterwerken fortbestehen und immer wieder erinnerbar und beschwörbar bleiben werden und daß, sollte auch einer spätern Epoche der Schlüssel zu ihnen verlorengehen, dieser Schlüssel höchstwahrscheinlich wiedergefunden werden wird. Es werden noch viele Generationen sehnsuchtsvoll oder belustigt, bewundernd oder verwundert sich über die Brunnenschächte der Vergangenheit beugen und darüber staunen, daß alles Gewesene, wofern es von Meistern dargestellt worden ist, ewige Dauer hat[1].

[1] Hermann Hesse, Betrachtungen und Briefe. Berlin 1957, Bd. 7 S. 937 ff. Abdruck mit freundl. Genehmigung des Suhrkamp Verlages.

CHARLES DU BOS

Aufrichtigkeit und Metaphysik

Vallée du Lys. La Celle Saint-Cloud.
Freitag abend, 26. August 1921

Walter Pater bemerkt, daß Amiel fast stets die literarische Produktion im Auge hat, wenn er in seinem *Journal intime* das Wort *action* gebraucht. Die Beobachtung ist nicht nur exakt, sie enthält auch die tiefgründigste und wahrhaftigste Erklärung für die Sterilität Amiels. Ja, Amiel sah in der literarischen Produktion eine Aktion, und damit hatte er völlig recht. In der Tat beruht alle Produktion in geistigen Dingen auf dem fundamentalen Paradoxon, daß man um zu produzieren nicht *denken* muß, sondern *gedacht haben*, so daß der Akt, durch den sich der Gedanke manifestiert, in dem Augenblick, in dem er sich vollzieht, noch das Ende des Gedankens enthält, der ihn auslöst. Nun gibt es jedoch einen bestimmten Geistestyp, um es genau zu sagen den metaphysischen, den man niemals zu dem Zugeständnis zu bewegen vermöchte, daß es etwas von größerer Wichtigkeit geben könnte, als einen Gedanken weiterzuführen. Wenn diese Geister eine Aufrichtigkeit von der Art besitzen, wie sie Amiel eignete, werden sie einem nahezu immer entgegenhalten: „Noch nicht, es ist noch zu früh"; und sie begründen ihre Skrupel mit dem Argument, daß sie nicht das Recht zu haben meinten, sich über einen Teil zu äußern, da sie doch mit dem Ganzen noch nicht zu Rande gekommen seien. Der größte metaphysische Geist, den ich kenne, mein Freund Groethuysen, hält mir stets dies Argument entgegen, und das ist zweifellos der Grund, weshalb Novalis – sowohl größer als auch weiser denn Amiel –, da er mit dem Ganzen noch nicht zu Rande gekommen war, unterdessen sich die Form des Fragments zu eigen machte. Hierauf vor allem beruht Amiels Germanismus. Der große metaphysische Geist im Reinzustand ist unfähig, innezuhalten, und es entspricht seiner Logik, wenn er nicht innehält. Man darf überzeugt sein, daß er, wenn er ein System ausarbeitet, in eben diesem Augenblick weit weniger seinem metaphysischen Talent folgt als einem dunklen Machtwillen. Amiel nun verkörpert aufs genauste den Idealtyp des metaphysischen Geistes, weil ihm der Machtwille fehlt. Er ist der Mensch, dem sich das Problem in seiner schärfsten Ausprägung darstellt.

Montaigne und Pascal

Paris, Freitag 2. Juni 1922

Auf die Frage Pascal-Montaigne zurückkommend, sagte ich meinen Schülern: „Ich weiß nichts Eigenartigeres, als Pascals *Pensées* in der Ausgabe der Grands écrivains zu lesen und gleichzeitig die entsprechenden Stellen von Montaigne zu vergleichen, die in den Anmerkungen abgedruckt sind: es gibt sozusagen keinen einzigen Gedanken von Pascal, der nicht von einem Gedanken Montaignes abgeleitet wäre: in dieser Beziehung ist er nicht im mindesten schöpferisch, dies Wort in dem Sinne verstanden, den ihm unsere Zeitgenossen zu unterlegen belieben; strenggenommen findet man alle Grundgedanken schon bei Montaigne; gleichwohl genügt es, daß Pascal einen dieser Gedanken aufgreift, um daraus etwas völlig anderes zu machen. Das erklärt sich nicht allein aus seiner schriftstellerischen Begabung. Er sagt irgendwo: „Was ich bei Montaigne finde, finde ich nicht in ihm, sondern in mir", und selbst diesen Gedanken bezieht er von Montaigne. Ich kenne wahrhaftig keinen Schriftsteller vom Range Montaignes, der seinem eigenen Denken, so persönlich es auch sein mag, im Grunde gleichgültiger, unbeteiligter, gegenüberstünde. Es scheint, als habe Pascal bei der Begegnung mit Montaigne als erstes von Grund auf den Gedanken Montaignes noch einmal gedacht, im selben Sinne, in dem Montaigne ihn ausdrückte. Er holt ihn sozusagen aus jenem endlosen und köstlichen chemischen Bad hervor, in dem ihn Montaigne seinerseits, wie es scheint, mit Vergnügen ziehen läßt, und alsbald entlädt sich derselbe Gedanke in Pascals Formulierung mit der blitzenden Gewalt eines rauchenden Schwertes.

Nichts Schöneres in Pascal, als diese Allianz eines ungestümen Geistes mit einem Gemüt voller Demut. Wenn de Saci den Glanz preist, den er jedem Gedanken verleiht, so ist dieser

Glanz bei Pascal nicht nur unbeabsichtigt, sondern etwas in ihm haßt diesen Glanz. Er unterliegt einem Geist, der aus ihm hervorbricht, und gleichwohl würde er es niemals zulassen, daß dieser Geist nur um seiner selbst willen spiele. Er kennt kein anderes Ziel, als zu überzeugen, und selbst all seine so tiefgründigen Betrachtungen zur Kunst der Überredung entspringen niemals dem Machtwillen, sondern dem nieerlahmenden Drang, zu bekehren. Andere dahin zu führen, wohin er gelangt ist, auf daß sie sehen, was er erblickt, das allein ist sein Ziel. Ja, gewiß, das Wort Apologie paßt für die Pensées, seine Haltung ist die des leidenschaftlichsten und aufrichtigsten Apologeten."

Zum Tagebuch von Novalis

Paris, Samstag, 17. November 1923

Wenngleich die hier angeführten Bruchstücke deutlichmachen, daß Novalis *was most distinctly for me, it came to nothing, nor do I remember during my month in Berlin to have attacked him at all. The true starting point is to be found in a long and admirable conversation with Groethuysen*, rue de La Tour, gegen Ende 1907 *about the problem of Stimmung*[1] *in general where Groethuysen spoke to me for the first time of the methods of the Herrenhuter*, von Zinzendorf, und er mir sagte, daß das Erleben der *Stimmung*[1] sich am typischsten in dem Tagebuch[1] finde, das Novalis während der Monate nach Sophie von Kühns Tod führte. Was damals das Problem der *Stimmung*[1] an die erste Stelle der Fragen rückte, die mich beschäftigten – und zweifellos den Anstoß zu diesem Gespräch gab –, war – nachdem ich im September 1904 in einer Dresdener Buchhandlung *Das Jahr der Seele*[2] von Stefan George gekauft hatte – meine Versenkung in das Werk Georges und meine Lektüre der Interpretation der Haltung Georges gegenüber dem Begriff *Stimmung*[1] und seiner Umsetzung ins Gedicht, die in dem Aufsatz, den die *Zukunft*[2] veröffentlichte, entwickelt war (wie Groethuysen mir gesagt hatte, war dieser Aufsatz in einer *Philosophie der Kunst*[2] betitelten Sammlung

[1] das Wort deutsch im Original.
[2] der Titel deutsch im Original.

von Aufsätzen nachgedruckt worden). Im Frühjahr 1908 verschaffte mir Groethuysen die drei Bände der Meissnerschen Novalis-Ausgabe, später die vier Bände der ausgezeichneten Ausgabe von Minor; und für mich ist Novalis untrennbar mit dem Erwachen geistiger Aktivität verbunden (und nicht minder mit dem Beginn meines Tagebuchs), das jenes Jahr 1908 kennzeichnet, im Gegensatz zu der geistigen Untätigkeit, die, wie ich zu Z.s größter Belustigung nachträglich sagte, für das erste Jahr unserer Ehe charakteristisch gewesen war. Wir lasen nicht nur das Tagebuch gemeinsam, sondern ich entwickelte, vom Tagebuch ausgehend, den Plan zu einer Novelle (der erste Entwurf muß sich in einem Heft mit eigens dafür gemachten Notizen erhalten haben), die den Titel *Un Voeu* tragen sollte. Ich wollte darin einen Mann unserer Zeit zeigen, der nach dem Tod seiner Braut beschließt, sich einem Kult für sie zu weihen, der in seinem Selbstmord gipfeln soll, allmählich aber ins Leben zurückfindet: Sollte er sich nach dem Muster von Novalis ein zweites Mal verloben oder nicht? Die Frage blieb offen. Dieser Plan zu einer Novelle verband sich in meiner Vorstellung -- in einer für meine Natur so bezeichnenden Weise: *how gently amused I am by the Charlie of then!* – mit meinem Sinn für lichte Malerei, für die ganz zeitgenössischen Szenen voller Licht und Heiterkeit; und ich erinnere mich noch – *the funniest thing of all when one thinks of Novalis as a starting point* –, daß in meinem Arbeitszimmer ein kolorierter Stich von Bernard Boutet de Monvel hing mit der Unterschrift: *Beim Tennis* (Z. hatte mich damit überrascht, weil ich ihn bei Devambez bewundert hatte), und im Verlauf unserer Arbeit sagte ich zu Z., mit jener stets gleichbleibend ernsten Miene, jener, die A. auf drollige Art „unwiderstehlich" nennt: „Siehst du, in dieser Art Leben muß unsere Persönlichkeit in der Zeit festgehalten werden: aus dem Traum, der Selbstanalyse, allen mitternächtlichen Nebeln taucht der so natürliche Zauber eines besonnten Rasens empor, von Frauen in hellen Kleidern (ich legte großen Wert auf helle Kleider: ich mußte jenen weißen Wollstoff vor mir sehen oder jene Rohseide, die ich immer so geliebt habe), der ihr die Lösung aller Fragen bringen wird." Wohlgemerkt, die Novelle – *like everything in those days – came to naught:* muß ich hinzufügen, daß ich sie mir formal immer nur als intimes Tagebuch meines Helden dachte? Ich hatte gerade erst die Form des Tagebuchs für mich persönlich entdeckt, und mit welcher Leidenschaft (ich verdanke dies dem Abbé Mugnier: ihn in den *Introspections* nicht vergessen: ich meine, daß ich ihm die Anregung verdanke, die mich ans Werk gehen ließ), und überdies wäre ich zu unsicher gewesen – und ich wäre es heute nicht minder –, um mich einer anderen Form des Berichts als eben dieser zu bedienen. Aber wenn ich auch das Projekt der Novelle aufgab, so teilte doch glücklicherweise Novalis dieses Schicksal nicht, und während ich im Sommer–Herbst 1908 in der Zelle von Saint-Cloud meinen Aufsatz über den *Petit Jardin de dame Morel* von Demonts zustandebrachte – und mit welcher Mühe! –, fuhren wir fort, ihn zu lesen, und meine Ausgaben enthalten zahlreiche Notizzettel, auf denen Z. mit ihrer schönsten Handschrift unsere Bemerkungen festhielt.

Als wir Anfang September 1911 jene unvergleichliche Woche in Reinhardsbrunn in Thüringen verbrachten, hatte ich Novalis mitgenommen, und ich entsinne mich noch eines wunderbaren Tagesausklangs, wo bei den großen Weihern (nie habe ich anderswo Vergleichbares gefunden) Novalis, George und *Marius* unsere drei treuen Begleiter waren, und ich bezweifle sehr, daß ich sie jemals wieder unter so günstigen Umständen lesen werde. Und ich sagte zu Z., aus der Ferne das kleine pseudo-gotische Schloß wer weiß welches deutschen Herzogs gewahr werdend: „Dies hier ist wahrhaft Novalis' ideale Szenerie, und es scheint, als schweife und woge hier noch immer seine Seele." Damals kannte ich Diltheys Abhandlung in *Erlebnis und Dichtung*[1] noch nicht; und so hatte ich später die Freude, in ihrem Anfang ein Bild wiederzufinden, das bis ins kleinste dem unseren entsprach. Deshalb werde ich – das steht fest – die Einleitung meiner ersten Vorlesung mit dem Text von Dilthey und meiner Erinnerung an Reinhardsbrunn beginnen[2].

[1] der Titel deutsch im Original.

[2] Charles Du Bos, Journal 1921–1923. Paris 1946, S. 28–29, 93–94, 358–361. Übers. von Marguerite Schlüter (nur diese Stücke). Abdruck mit freundl. Genehmigung der Ed. Corrêa.

Technik des Memoiren-Schreibens

Weimar, 28. April 1932, Donnerstag

Zur Technik des Memoiren-Schreibens. Memoiren: Sinngebung der Zeit aus der Perspektive einer Persönlichkeit. Eben darum Perspektive, Rangordnung der Dinge und Geschehnisse im Hinblick auf die Persönlichkeit und ihr Drama, ihre wechselnden Situationen, ihre Tragik oder Tragikomik. Dadurch Überwindung der bloßen Chronik, der Rangordnung der Personen nach ihrer bloßen „Berühmtheit"; dafür Einordnung in die Situation und den dramatischen Aufbau des Ganzen; Organisierung des Stoffes. Jede Person, mag sie noch so „berühmt" sein, gilt nur so viel, wie in diesem Drama ihre Rolle gewesen ist; ihr Wert für das Werk resultiert nur aus der scharfen Umreißung ihrer Besonderheit (ihres „Charakters") und der Bedeutung dieses Charakters für den Fortgang des Dramas, nicht der Weltgeschichte; sie müßte ebenso interessant sein, wenn sie anonym aufträte.

Die große Mehrzahl der Memoiren, namentlich der Kriegs- und Nachkriegszeit, ist nur chronistisch, primitiv in Aufbau und Sinngebung; sie bemühen sich nicht um die organische Funktion der in ihnen auftretenden Personen im persönlichen Erleben des Verfassers. Weiße Raben sind Montaigne, Retz, St. Simon, Casanova, Goethe, Bismarck, dieser letztere, weil er alles und alle aus der Perspektive eines leidenschaftlichen Machthungers und politischen Wollens beleuchtet und umdichtet. Ehrliche und durchdachte Memoiren müßten immer tragisch wirken, Mitleid, Furcht und innere Befreiung auslösen.

Die Gefahr des Memoirenschreibers (und um so größer ist diese Gefahr, je reicher und bewegter das Leben des Schreibers gewesen ist) – die Gefahr ist die Übermacht und Zähigkeit des Stoffs, den der Verfasser zu kneten und durch seine Kunst zu bändigen hat. Meines Erachtens kann nur, wer dramatisch, und zwar leidenschaftlich dramatisch erlebt, gute Memoiren schreiben. Das ist auch der letzte Grund, warum die Memoiren des kalten Fisches Bülow trotz allen amüsanten anekdotenhaften

Aufputzes und boshaften Charakterskizzen nicht gut sind und letzten Endes nur ein Gefühl des Ekels hinterlassen, als ob man eisigen Schleim geschluckt hätte. St. Simon hatte seinen leidenschaftlichen Adelsstolz, Casanova seinen leidenschaftlichen Trieb zu Liebesabenteuern, Bismarck seinen leidenschaftlichen Machthunger; sie alle haben mit ihrer Leidenschaft den Stoff geknetet und zur Form gemacht. Bülow war flach und faul und ohne Leidenschaft (außer der greisenhaften des impotenten Hasses), und deshalb hat er trotz allen feuilletonistischen Talents versagt und nur ein (noch dazu verlogenes) Aktenstück zum Archiv der Historie zusammengeschrieben[1].

[1] Harry Graf Kessler, Tagebücher 1918–1937. Frankfurt a.M. 1961, S. 663–664. Abdruck mit freundl. Genehmigung des Insel-Verlags.

Hitler ist Reichskanzler

31. Januar 1933

Hitler ist Reichskanzler. Noch einmal ist das verhängnisvollste Bündnis zustandegekommen, das Gustav Freytag die größte deutsche Gefahr nennt: das Bündnis zwischen dem Adel und dem Pöbel. Im Funk müssen wir fast alle mit unserer Entlassung rechnen, obwohl es schon der reaktionäre Rundfunk war. Als die erste „Reform" des Rundfunks kam, mußte ich mich als toten Mann betrachten. Es kam gegen alle vernünftige Überlegung anders, kam so gut. Kann sich das nochmals wiederholen? Der Verstand kann nur unmittelbarste Gefahren sehen!

Pogrom und Heilsgeschichte

27. März 1933

Das stille Pogrom hat heut in der Legalisierung des Boykotts gegen jüdische Geschäfte, Richter, Anwälte, Ärzte, Künstler einen Höhepunkt erreicht. Was damit in jungen Juden an Haß gesät wird, muß furchtbar werden. Anbruch einer neuen Zeit? Zuckungen eines sterbenden Jahrtausends? Und oft berührt es mich stark, daß mein Leben in das sterbende Jahrtausend hineinwächst, mit ihm hingeht. Ja, es scheint mir ein Kernstück meiner Gedanken, meiner ganzen Geistes- und Seelenwelt zu sein, daß ich meine Zeit in diesem Sinne betrachten muß. –

Das Jüdische hat in meinem Leben zu weiten und tiefen Raum, als daß ich jetzt nicht in all dem Guten, das immer noch über meinem eigenen Leben reichlich bleibt, sehr leiden müßte. Denn mir ist, als gäbe die Heilsgeschichte der Juden der Weltgeschichte den Sinn. –

Die Stillen im Lande

22. April 1933

Um dieses Lebens mit Hanni willen brauche ich den Erfolg. Denn er allein schafft Geld. Um dieser Insel willen, um kommender Bücher willen brauche ich: gute Kritiken, repräsentative Aufträge, Fotoveröffentlichungen, Anschluß an alle Prominenz. Und wenn ich sehe, was um mich „Erfolg" ist, so spüre ich nichts als grenzenlose Verachtung für die Produzierenden, für die Kritiker, für das Publikum. Ich hasse diesen Erfolg, hasse die Kollegen, hasse die Presse, hasse das Publikum und habe eine fanatische Sehnsucht nach den „Stillen im Lande".

Erste Atempause

26. Mai 1933

Nun ist das Damoklesschwert der Denunziation vorüber. Der Intendant Arenhövel weiß, daß ich Sozialdemokrat war und eine jüdische Frau habe. – Seine Antwort: Nahe Freunde von ihm wären auch religiöse Sozialisten; das störe ihn gar nicht. Meine Ehe sei meine Sache. Aber um ihretwillen muß nun mein Vertrag hinausgeschoben werden und mein Name darf nur selten in den Programmen auftauchen. – Brauns Aktion für mich war: daß er Arenhövel mein letztes, Braun gewidmetes Gedicht und meinen Roman brachte. Eine schöne Verteidigung. Kann das schon die Entscheidung sein?

Neue Sorge

1. Juni 1933

Zum Intendanten Arenhövel bestellt, da nun auch noch eine Anfrage des Propagandaministeriums direkt eingelaufen ist, diesmal mit folgenden „Anklagen": Jüdische Familie, Redaktionsmitglied des „Vorwärts". Ich habe nun eine Denkschrift einzureichen. Arenhövel, der sehr freundlich war, sagte mir: „Die Entscheidung liegt ausschließlich beim Propagandaministerium. Von mir aus werde ich Sie als einen Mann herausstreichen, auf dessen Mitarbeit wir Wert legen."

Ach, mit etwas mehr Freude und Aussichten arbeiten dürfen. – Wie geht auch die Freude am Buch in all den politischen und familiären Fragen unter. –
Wenn man mich doch weiterarbeiten ließe!
Aber ich sollte wohl nie vergessen, daß mein Roman aus meiner tiefsten beruflichen Baisse stammte. Nicht selbst disponieren!

Pfingst-Klarheit

5. Juni 1933 (Pfingstfeiertag)

Ich werde im Funk von Braun und Arenhövel mühevoll durchgehalten, habe keine Aussichten, habe ein Einkommen, das nach der Meinung der Zuständigen in keiner Weise meiner Tätigkeit und meinen Leistungen entspricht. Ich muß anonym arbeiten. Hörfolgen, ganze Zyklen, die von A bis Z mein geistiges Eigentum sind, immer stärker meinen Stempel tragen, laufen unter dem Namen anderer – träger und unbegabter – Autoren!
Auch in der Regie muß ich anonym bleiben, muß alles in Kauf nehmen, nur weil ich religiöser Sozialist war, eine jüdische Frau habe.
Schicksal als Jude, Schicksal als Geist, Schicksal als Künstler (Schicksal in der Familie) – Demütigungen, Demütigungen. Gegen meine Liebe, gegen meinen Ehrgeiz wird wilder Sturm gelaufen, und das in einer Zeit, in der ich bis an die Ohren in Kunst stecke, Einfälle, Erfahrungen, Formen und Konstruktionsvermögen zur Verfügung habe. Deutlicher als durch meine unentwegte anonyme Beschäftigung kann mir gar nicht gezeigt werden, wie stark an sich jetzt Aufnahmefähigkeit für meine Arbeit da ist. Und nun so im Schatten zu stehen, abgearbeitet ,freudlos. Das alles muß ich klar sehen, denn ich hasse religiöse Schwärmerei.

Nach der Entlassung aus dem Funk

8. Juni 1933

Die er aus den Ländern zusammengebracht hat vom Aufgang, vom Niedergang, von Mitternacht und vom Meer, die sollen dem Herrn danken für seine Güte und für seine Wunder, die er an den Menschenkindern tut.

Psalm 107, 3. 8

Was tut man an Tagen nach solchen Katastrophen: man schläft länger, badet, ordnet seine Papiere, nimmt eine längst fällige Zahnbehandlung in Angriff, gesteht sich ein, daß man viele Gefahren, die vor einem liegen, zu erkennen vermag, hat ein Gefühl von Schmerz und Scham, möchte nicht reden, hält es dann wieder in der Stille nicht aus –. Der erste Abend, der erste Tag verbrauchen die Nerven so, wie es sonst Wochen tun.
Man wünscht sich, gleich wieder etwas schreiben zu können, was gar nichts mit alledem zu tun hat.
Nun helfe ich mir künstlerisch ganz primitiv, indem ich meine Kindheitserinnerungen, schon einmal in kritischer Zeit begonnen, neu plane; mehr noch nicht. Und nur deshalb, weil ich wieder „erzählend", d. h. ohne Studien schreiben möchte.

End-Katastrophe
(Neun Jahre später)

9. Dezember 1942

Wenn des Menschen Sohn kommen wird, meinst du,
daß er auch werde Glauben finden auf Erden?

Vormittags wurde Hanni zu Almquist auf die Schwedische Gesandtschaft bestellt, um alle ihre Personalien einzutragen.
Nachmittags war ich bei Eichmann vom Sicherheitsdienst, nachdem Ministerialrat Draeger am Vormittag alles vorbereitet hatte. Er glaubte, Eichmann werde die Genehmigung erteilen; er wolle die Sache rasch betreiben. Auch Eichmann fragte nach der sofortigen Ausreise. Das deutet auf neue, drohende Maßnahmen. Morgen soll ich endgültigen Bescheid bekommen. Es

muß noch festgestellt werden, ob sicherheitspolizeiliche Bedenken gegen Reni vorliegen.
E. „Ich habe noch nicht mein endgültiges Ja gesagt. Aber ich denke, die Sache wird klappen."
Unter Androhung sicherheitspolizeilicher Maßnahmen stehe ich nun unter strengem Schweigegebot über die nun folgenden Schritte im Falle der Ausreise.
Ich war nun in der Welt meiner Träume, es waren die Menschen, die Stimmen, die Räume –.
Dort, dort liegt die Macht.
Die Frage, ob Hanni im Lande bleibt, wurde gestellt. Ich: „Die Situation meiner Frau überblicke ich noch nicht."
E. „Eine gemeinsame Ausreise würde nämlich nicht gestattet."
Rätsel um Rätsel. Und das Ganze so unbegreiflich: ein Mann in meiner Lage bei Frick, beim Sicherheitsdienst –. Betrachtet man Hanni als Geisel für Reni? Würde man Hanni als meiner Frau verweigern, was man Renerle als meiner Stieftochter vielleicht zugesteht?
Morgen um drei bin ich wieder zur Sicherheitspolizei bestellt. Da ich am Telefon jetzt so wenig sagen kann, kam Hilde, die sehr teilnimmt, abends nach dem Dienst zu uns. Nun ist alles so nah, womit wir sie in der Adventszeit des vorigen Jahres schon so belasten mußten.
Diese stillen, stillen, dunklen, trüben Tage. So lind, so voller Trauer des Himmels.
„Wenn der Herr die Gefangenen Zions erlösen wird, so werden wir sein wie die Träumenden."
Noch ein Tag so qualvollen Wartens. Und doch geht alles so rasch. – Abends die arme Hilde bei uns zur Testamentsbesprechung.
Hannis armes Herz trauert noch immer um „Das ewige Haus". Brigitte – Katharina.

Selbsttod für die Familie

10. Dezember 1942

Nachmittags die Verhandlung auf dem Sicherheitsdienst. Wir sterben nun – ach, auch das steht bei Gott –

Wir gehen heute nacht gemeinsam in den Tod.
Über uns steht in den letzten Stunden das Bild des Segnenden Christus, der um uns ringt.
In dessen Anblick endet unser Leben[1].

[1] Jochen Klepper, Unter dem Schatten Deiner Flügel. Stuttgart 1956, S. 36, 45, 54, 60–61, 63, 65, 67–68, 1132–1133. Abdruck mit freundl. Genehmigung der Deutschen Verlags-Anstalt. Am 11. Dezember 1942 endete Jochen Klepper, gemeinsam mit seiner Frau und der zwanzigjährigen Tochter Reni, sein Leben. Hanni, Kleppers Frau Johanna, geb. Gerstel, war jüdischer Herkunft. Aus ihrer ersten Ehe mit dem ebenfalls jüdischen Anwalt Dr. Felix Stein brachte Hanni zwei Töchter mit, Brigitte und Renate (Reni). Die ältere Tochter Brigitte war kurz vor Kriegsausbruch ausgewandert. Die Bibelworte sind meist den Losungen der Brudergemeinde entnommen.

Altes Europa

25. Juli 1934

Wir sind zu Fuß von Montsoreau nach Candes gegangen. Das ist ein kleiner Spaziergang. Auf dem Weg wiederholte ich mir die Namen der Orte, deren Klang mich entzückt, vor allem Candes.

Während man unser Essen machte, besuchten wir die alte Kirche. Trotz ihres hohen Alters ist sie ganz weiß, dies schöne Weiß mit einem Ton ins Gelb, das mich an den Stoff erinnert, in den sich die Nonnen einiger kontemplativer Orden kleiden. Im Innern auch ganz weiß, und so viel Weiß dringt schließlich in die Seele ein; man fühlt sich wie im Licht gefangen. In solchen schönen Dorfkirchen wohnt noch ein wenig von der Liebe zum Göttlichen, von der Europa tausend Jahre hindurch gelebt hat.

Hinter der Kirche führt ein Weg erst zwischen Höfen, dann durch Felder, und man erreicht bald den Gipfel eines Hügels, wo man eine der schönsten Landschaften, die man sich vorstellen kann, entdeckt, Wald und Wasser, die sich fast ins Unendliche erstrecken. Hier fließen die Loire und die Vienne zusammen. Wolken, so groß wie Dörfer, ziehen über uns und werfen auf die Erde ihre beweglichen Schatten. Wir haben diese Landschaft betrachtet, die mein Herz höher schlagen ließ, weil ich sie wie ein ewiges Bild Frankreichs sah.

Zum eigenen Geburtstag

21. Februar 1933.

Ich habe mein dreiunddreißigstes Jahr begonnen, zweiunddreißig Mal bin ich durch Tag und Stunde meines Todes gegangen, wie man an der Tür eines Hauses, wo man einmal wohnte und das man nicht einmal mehr betrachtet, vorbeigeht. Aber ich habe mich an den Gedanken gewöhnt, zu verschwinden und mit mir alles, was ich auf der Welt liebe, verschwinden zu sehen; denn es scheint vernünftig zu glauben, daß wir uns dem Ende eines großen Zyklus nähern. Wie lange werden wir schlafen?

Man mußte bis 1900 warten, um das zu entdecken, was in Knossos von der Kultur Kretas übriggeblieben ist. Diese verschwundene Welt schlief seit dreitausend Jahren ... Eines Tages wird jemand in den Feldern spazierengehen und mit seiner Stockspitze eine Erdscholle umwenden, wie man es manchmal in der Einsamkeit auf dem Land tut, wenn der Geist Träumen nachhängt. Er wird gegen eine Metallspitze stoßen und sich sagen: „Sieh mal an, vielleicht ist hier etwas!" Und wenn er neugierig, gelehrt und reich ist, wird er den Boden umgraben lassen, und unter acht oder neun darübergebauten Städten kann er vielleicht Paris entdecken, wie Schliemann Troja entdeckte. Und wenn das Stück Metall ihn nicht interessiert, dann werden wir weiterschlafen.

Platens Tagebuch

Paris, 16. November 1932

Mit der Lektüre von Platens Tagebuch begonnen. Seiten von bewundernswerter Frische und Einfachheit. Er erklärt, er habe viel mehr Talent als Kind gehabt als später, nachdem er die literarischen Muster kennengelernt hatte. Er gibt eine Liste der Knaben, die er in der Kadettenanstalt geliebt hat. Diese Namen, die er gewiß mit Verzweiflung ausgesprochen hat, rühren uns immer noch auf der Seite dieses Buches.

Zu Rousseaus Bekenntnissen

Den Haag 20. August 1933

Mit Entzücken Rousseaus Bekenntnisse wieder gelesen. Diese herrliche Sprache sagt alles, was sie sagen will, mit den gewöhnlichsten Worten, von denen die Goncourt nichts hätten wissen wollen. Ich kenne kein Beispiel einer so unaffektierten Eleganz, aber was für eine Mühe muß diese Einfachheit gekostet haben[1]!

[1] Julien Green, Journal 1928–1934. Paris 1938, S.112–113, 124–125, 152, 227–228. Übers. von Helly Hohenemser (nur diese Stücke). Abdruck mit freundl. Genehmigung der Librairie Plon. Dt. Ausg. in Vorber. beim Verlag Jakob Hegner.

LEO TROTZKI

Tagebuch ohne Regel

Frankreich, 7. Februar 1935

Ein Tagebuch ist nicht die Literaturform, zu der ich mich hingezogen fühle: im Augenblick wäre mir eine Tageszeitung lieber. Doch es gibt keine . . . Das Abgeschnittensein von jeder politischen Aktivität zwingt mich, zu dem publizistischen Ersatz eines privaten Tagebuchs Zuflucht zu nehmen.

Als ich bei Kriegsbeginn in der Schweiz isoliert war, führte ich einige Wochen lang Tagebuch. Später, 1916 in Spanien, nach der Ausweisung aus Frankreich, tat ich es eine Zeitlang wieder. Ich glaube, daß das auch alles ist. Nun gilt es wieder, zum politischen Tagebuch Zuflucht zu nehmen. Auf wie lange? Vielleicht auf Monate. In jedem Falle nicht auf Jahre hinaus. In der einen oder in der anderen Richtung müssen die Ereignisse eine Entscheidung herbeiführen und damit dem Tagebuch ein Ende setzen. *Wenn ihm ein Ende nicht noch früher durch einen Schuß um die Ecke aus der Waffe eines Agenten Stalins, Hitlers oder ihrer französischen Freund-Feinde gesetzt werden wird.*

Lassalle hat einmal geschrieben, er hätte das, was er wußte, gern ungeschrieben gelassen, um nur wenigstens einen Teil dessen zu *verwirklichen*, was zu vollbringen er die Fähigkeit hatte. Ein solcher Wunsch wird jedem Revolutionär nur zu begreiflich sein. Doch muß die Gesamtlage so aufgefaßt werden, wie sie tatsächlich ist. Gerade deshalb, weil es mir beschieden war, an großen Ereignissen mitbestimmend teilzunehmen, verschließt mir die Vergangenheit jede Möglichkeit des Handelns. *Es bleibt nichts übrig, als die Ereignisse zu deuten* und zu versuchen, ihren weiteren Gang *vorauszusehen.* Diese Beschäftigung ist jedenfalls dazu angetan, mir tiefere Befriedigung zu verschaffen, als das bloß passive Lesen.

Hier trete ich mit dem Leben fast ausschließlich durch Zeitunglesen, teilweise auch durch Briefe, in Berührung. Kein Wunder, wenn mein Tagebuch seiner Form nach einer Presseübersicht ähnlich geraten wird. Allein, nicht die Gedankenwelt der Zeitungsleute als solche nimmt mein Interesse in Anspruch, sondern das Wirken tiefgründiger sozialer Kräfte, wie es im Hohlspiegel der Presse erscheint. Doch möchte ich mir selbstverständlich durch diese Form im voraus keine Schranken setzen. *Der – leider einzige – Vorzug eines Tagebuchs besteht ja gerade darin, daß es gestattet, sich an keinerlei literarische Verpflichtungen oder Regeln gebungen zu fühlen.*

Selbstmord

3. März 1940

Bei der Art meiner Krankheit (hoher und steigender Blutdruck) rechne ich mit einem plötzlichen Ende, sehr wahrscheinlich – das ist wiederum meine persönliche Ansicht – durch Hirnblutung. Dies ist das beste Ende, das ich mir wünschen kann. Es ist jedoch möglich, daß ich mich irre (ich möchte keine Fachbücher über dieses Thema lesen, und der Arzt wird mir selbstverständlich nicht die Wahrheit sagen). Sollte die Arterienverkalkung jedoch langwierig sein und ein langes Invalidentum bedingen (im Moment bin ich allerdings voller geistiger Energie, die sicher dem hohen Blutdruck zuzuschreiben ist und nicht lange dauert), dann behalte ich mir das Recht vor, die Zeit meines Todes selbst zu bestimmen. Der „Selbstmord" (wenn dieses Wort in meiner Lage angewandt werden kann) wird in keinem Falle Ausdruck von Verzweiflung oder Hoffnungslosigkeit sein. Natascha und ich haben mehr als einmal davon gesprochen, daß wir uns in einem körperlichen Zustand befinden könnten, der eine Abkürzung des Lebens, oder besser eine *Beschleunigung des Todes,* angebracht erscheinen läßt. Aber wie immer auch die Umstände meines Todes sein werden, ich werde sterben im unerschütterlichen Glauben an die Zukunft des Kommunismus. Dieser Glaube an den Menschen und an seine Zukunft gibt mir eben jetzt eine Widerstandskraft, die mir keine Religion geben könnte.

L. Tr.

Die Ermordung der Zarenfamilie

Frankreich, 9. April 1935

Die Frage, auf wessen Beschluß die Zarenfamilie hingerichtet worden war, war seinerzeit in den Spalten der antikommunistischen Presse Gegenstand sehr hitziger Diskussionen. Die Liberalen neigten dabei anscheinend zur Ansicht, der Ural-Vollzugsausschuß, von Moskau abgeschnitten, hätte selbständig gehandelt. Das ist falsch. Der Beschluß wurde in Moskau gefaßt. Die Sache spielte sich in einer sehr kritischen Zeitspanne des Bürgerkriegs ab, als ich mich fast ständig an der Front befand, und meine Erinnerungen an die Angelegenheit der Zarenfamilie sind lückenhaft. Ich will hier das berichten, woran ich mich erinnern kann.

Während eines meiner kurzen Aufenthalte in Moskau – ich glaube, es war einige Wochen vor der Hinrichtung der Romanows – ließ ich im Politbüro unter anderem die Bemerkung fallen, daß es angesichts der schlechten Lage im Ural ratsam wäre, den Zarenprozeß zu beschleunigen (Bem. des Übersetzers: das zunächst eingefügte ergänzende Wort „Gerichts" vor „Prozeß" hat Trotzki gestrichen). Ich schlug eine öffentliche Gerichtsverhandlung vor, die das Gesamtbild der Regierungszeit entrollen sollte (Agrar-, Arbeits-, Nationalitäten-, Kulturpolitik, die beiden Kriege usw.); der Verlauf dieser Gerichtsverhandlung sollte über den Rundfunk (? – das Fragezeichen ist über dem Wort „Rundfunk" angebracht) im ganzen Land verbreitet werden; in den einzelnen Wolosti (Bezirken) sollten die Verhandlungsberichte täglich verlesen und kommentiert werden. Lenin nahm dazu etwa in dem Sinne Stellung, daß er sagte, dies würde sicherlich sehr gut sein, wenn es bloß zu verwirklichen wäre. Aber . . . es könnte der Fall eintreten, daß keine Zeit mehr zu verlieren sein würde . . . Eine Diskussion ergab sich nicht, da ich, von anderen Dingen ganz in Anspruch genommen, auf dem von mir vorgebrachten Vorschlag nicht bestand. Auch waren wir im Politbüro, soweit ich mich erinnere, zu dritt oder zu viert: Lenin, ich, Swerdlow . . . Kamenew, wie es mir jetzt scheint, war nicht dabei. In jener Zeit war Lenin einer ziemlich düsteren Stimmung verfallen, sein Glaube daran, daß es gelingen würde, eine Armee auf die Beine zu stellen, war nicht sehr stark . . . Das nächste Mal kam ich nach Moskau als Jekaterinburg schon gefallen war. Im Gespräch mit Swerdlow stellte ich unter anderem die Frage: „Ja, und wo befindet sich der Zar?" – „Fertig", sagte er, „erschossen". – „Und wo ist die Familie?" – „Auch die Familie, zusammen mit ihm." – „Alle?" fragte ich, vermutlich mit einem Unterton der Verwunderung. – „Alle!" antwortete Swerdlow, „wundert Sie das?" Er wartete darauf, wie ich reagieren würde. Ich antwortete nicht. „Wer hat denn die Entscheidung getroffen?" fragte ich. „Wir hier. Iljitsch war der Meinung, daß man den Weißen *kein lebendes Symbol ihres Kampfes* belassen dürfe, insbesondere nicht unter den augenblicklichen schwierigen Umständen . . ."

Weitere Fragen habe ich nicht gestellt und legte die Sache ad acta. Im Grunde genommen war dieser Entschluß nicht nur zweckmäßig, sondern auch unumgänglich. Die Unerbittlichkeit der Abrechnung zeigte allen, daß wir entschlossen waren, einen gnadenlosen Kampf zu führen, ohne vor etwas zurückzuschrecken. Die Hinrichtung des Zaren und seiner Familie war notwendig, nicht nur um dem Feinde Angst einzuflößen, ihn in Schrecken zu versetzen und ihm die Hoffnung zu nehmen, sondern auch um die Menschen in den eigenen Reihen aufzurütteln und ihnen zu zeigen, daß es keinen Rückzug geben konnte, daß wir entweder dem totalen Sieg oder dem totalen Untergang entgegengingen. – In den Kreisen der Partei-Intellektuellen hat es wahrscheinlich Zweifel und Kopfschütteln gegeben. Doch die große Masse der Arbeiter und Soldaten befand sich auch nicht einen Augenblick lang im Zweifel: jede andere Entscheidung hätten sie überhaupt nicht verstanden und hätten sie auch nicht akzeptiert. Das hat Lenin sehr klar empfunden: die Fähigkeit, für die Massen und mit den Massen zu denken und zu fühlen, war ihm in höchstem Maße eigen und zwar besonders dann, wenn sich eine große politische Wende abzeichnete.

Als ich bereits im Ausland war, las ich in den Poslednije Nowosti die Beschreibung der Erschießung, der Verbrennung der Leichen usw. Ich habe keine Vorstellung davon, was hier Dichtung und was Wahrheit ist, da ich mich nie dafür interessiert habe, wie die Hinrichtung im einzelnen vollzogen wurde, und, offen gestanden, auch kein Verständnis für ein solches Interesse aufbringen kann[1].

[1] Leo Trotzki, Tagebuch im Exil. Dt. von Theodor F. Krause. Berlin-Köln 1960, S. 23–24, 205, 111–114. Hervorhebungen vom Verf. Abdruck mit freundl. Genehmigung des Verlags Kiepenheuer & Witsch. Das Tagebuch beginnt am 7. Februar 1935 und endet am 8. September des gleichen Jahres in Norwegen. Die Eintragung vom 3. März 1940 ist ein Nachtrag zu Trotzkis Testament. Am 20. August 1940 wurde er in seinem mexikanischen Exil durch einen Beauftragten Stalins ermordet.

Tages-Notizen von 1935–1953

Berlin (1935)

Kunst machen heißt weiter nichts, als sich eine Methode schaffen, um die Erfahrungen des *tiefen Menschen*
voran(zu)bringen
zum Ausdruck zu bringen
. . .

„die Wirklichkeit kehrt in die Bilder der Dichter zurück."
(Eduard 8)
(Antonius)
Die Wirklichkeit ist ein Schleier vor der Kunst

Am *Final*menschen ist nichts mehr zu erlösen, das war Wagner u Faust. Es ist niemand mehr da, der erlöst. Die Form nur erlöst ihn, die Gestaltung, die Ausdruckgebung seiner Finallage.

Die Tiefe kann sich irren
sie ist nicht überall dabei
Im Peripheren schwirren

Hannover, Oktober 1936

Wer Dichtung sagt, sagt Leid, lesen wir bei Balzac, weiches Wort, Wort ohne Hörner für diesen Stier. Werden wir deutlicher: Die Kunst lebt unter der Guillotine, u. was der Staat ihr gratis zuweist, das ist der Henker u ihr Blut.
doch etwas weist der Staat ihr gratis zu: es ist der Henker u ihr Blut.
– – –
Die deutsche Literatur des 19 Jhs oberhalb des Mundartlichen geht in einen Band – Nietzsche sah immer nur Goethe,
30 Seiten Lyrik, 270 Seiten Dramen.

4. Januar 1937

Zu kaufen:	2 Combinations	10.
	2 Bettlaken	10
	Hut	20
	2 Oberhemden	15
	3 Kragen	3
		58.
	Cafekanne	3,20
	Melitta	2 70
		6,00

was heute als Kausaltrieb gilt ist reine Schwindelei, was in der Biologie als Kausaltrieb gilt, ist wenn sie in jahrelangen Expeditionen u. vierwochenlangen Ausgrabungen ein paar Eckzähne aus verschiedenen Kalotten u. ein paar Schenkelbruchstücke aus diversen Horizonten bearbeitet haben, ergibt sich als Erkenntnis, daß vor 100 000 (Jahren) in Java neben d(em) Pithekant(ropus) noch ein anderer Hominide gewirkt habe. „Diese Egebnisse auf Java lassen uns voll Hoffnung in die Zukunft sehn". Uns auch!
O Kausaltrieb der Biologen! Eine interessante Schnüffelei!

Berlin, 9. November 1949

vergangene Jahre, ferne wie Chimu
steigen noch einmal auf aus diesen Blättern,
aus den Gestalten schwarze Lettern
mit zuviel Ich u wenig Du

–

4. Januar 1953

trübe.
Dieter mittags, I Theater mit Dieter
10 M
Abends Reichshof,
Flint

Keine Krisen, keine Krone
weder Innres noch Gestalt

Ein gepflegter Epigone
ohne Selbstgehalt

[quer an den Rand geschrieben]

Ob Rose ob Schnee ob Meere
wieviel blühte u verblich.
Es gibt nur 2 Dinge: die Leere
u das gezeichnete Ich.

8. Januar 1953

düster, Matsch 0°
Bank 834
Brief aus Genf
Abends mit I Flint.

Die Krieger halten vor den Bildern
die Generäle hören still ein Lied
u was für Lieder – alle schildern
Ein Herz, das es nach Hause zieht –

16. Januar 1953

trübe. Nachts Schneefall
Bank: 439
Keine gute Post
Kein Telefon
Kaum Patienten.
I. nachm. Kd. We u Grete
Ich „Melodie"
I. 11 zurück

Doch jetzt ist Schluß! Ich glühe
von Magma u von Kern,
von Vorquartär u Frühe
kulturkreisfern.
schaffen
u Flaschen kupfer
u selbst höhlenzeichnungsfern

18. Januar 1953

furchtbar trübe, 2° + Nebel
Nachm. Edith zu engl. Manuscripts.
...
Abends Reichshof, dort Steinberg u Bender (?)

Ich erlebe vor allem Flaschen
u abends etwas Funk
es sind die   die laschen
Stunden der Dämmerung

Du mußt dich doch bemühn errichten
zu Sinn
um Handlung u Weib u Kind
ich erfülle m Pflichten, gewiß
wo sie vorhand(en) sind

19. Januar 1953

sehr trübe. Regen.
...
Steuerbescheid
Übermuth † 15 I
I abends zu zahntechnischem Vortrag.
Ich: Insel

es wurde mir nichts erlassen
keine Not, trotz Tod kein Bett
ich mußte mit Trebern prassen
kein Sechser im Jackett

2. April 1953

Ich will keinen lautren, idealistischen Ruhm, ich will bloß einen anrüchigen, makabren. Außerhalb des gradlinigen erfolgreichen Exporteurgeweses mit Lieferfrist u Ordreschecks(.) Sie verstehn die Verse nicht. Ich schreibe: „ich lasse mich zerfallen u bleibe dem Ende nah" – das ist nicht beiläufig, sondern konkret: ich will lieber untergehn, als meine Beifälle zu missen(?)

21. August 1953

Es gibt aber auch Tage, an denen Sie nach der Labe u das Glas steht noch vor Ihnen zusammenzucken u sich sagen, das war also alles, der Durst gelöscht, aber das andere bleibt vorhanden, das andere, oder nichts bleibt vorhanden – Leere, Alleinsein, Falten es geht läuft nicht alles auf Durst hinaus u läßt sich so durchschlagend löschen(.) Gewiß, gewiß das gibt es, aber jedenfalls dieser sehr wichtige Durst fällt im Augenblick aus. Er war doch etwas, etwas Greifbares, Mitge-

hier ist ein Ansatz und dort eine Entgegnung – wo wäre das sonst etwa in dem Andern[1]?

schaffenes, eine wichtige Komponente der Existenz – aber das Andere?

das läßt sich nicht betäuben außer durch Getränke – ist nicht der Durst doch stärker?

Sie wissen welche Tiefen der Dunkelheit es gibt, plötzlich kommt eine Stimme daraus hervor, eine alte vergessene vielleicht einst so sehr geliebte Stimme sie kommt wie eine Flamme hervor, brennt Sie, schmerzt Sie u zu Ende.

2. September 1953

Trümmer wachsen zu, Städte blühen
wieder auf,
Wüsten werden bewässert, Meere schüttet man zu

u. alles dies für lange Dauer
für Sommer- u. für Wintertage
über Leben u Tod hinaus.

22. Oktober 1953

Kalt, hell.

Da sitzen sie, sie wollen alle an die Lust ran, sie wollen an das Geld u ich ich will nur an den Ausdruck ran, diese beiden wollten immer sich umschlingen

[1] Dieser Satz steht in der Notiz-Kladde etwas oberhalb der zusammenhängenden Eintragung, ohne daß ersichtlich wird, an welche Stelle er genau gehört.

diese dauernde Konzentration, diese visuelle, akustische Spannung, um einzudringen in das Objekt, diese in jedem Augenblick tragische übermenschliche Anstrengung zu beobachten, aufzunehmen, auszudrücken[1]

[1] Aus bisher unveröffentlichten Tagebuchnotizen GOTTFRIED BENNS, die uns Frau Dr. Ilse Benn freundlicherweise aus dem Nachlaß zugänglich machte. Benn hat kein Tagebuch im eigentlichen Sinne geführt, aber durch Jahrzehnte fortlaufend kalendarische Aufzeichnungen über Tagesereignisse gemacht. Darin finden sich auch Ansätze zu schriftstellerischen Entwürfen und erste Fassungen von Gedichten, teilweise mit mehreren Varianten, die hier unverändert mitgedruckt wurden, um den Eindruck der ganz persönlichen Notiz, des Fragmentarischen zu erhalten. Wo ein Wort nicht mit Sicherheit zu entziffern war, steht dahinter ein eingeklammertes Fragezeichen.

Ich und Universum

Algier, Januar 1936

Dieser Garten, dem Fenster gegenüber – ich sehe nur seine Mauern. Und diese paar Blätter, über die das Licht fließt. Weiter oben, das sind immer noch die Blätter. Und weiter oben, das ist die Sonne. Und von all diesem Frohlocken in der Luft, das man draußen fühlt, von all der Freude, die sich über die Welt ergießt, nehme ich nur die Schatten der Blätter wahr, die auf den weißen Vorhängen spielen. Auch fünf Sonnenstrahlen, die in dem Raum geduldig einen leichten Duft getrockneter Kräuter verbreiten. Ein Windhauch, und die Schatten auf dem Vorhang werden lebendig. Wie nun eine Wolke die Sonne zu- und wieder aufdeckt, und wie jetzt das strahlende Gelb der Vase mit den Mimosen aus dem Schatten auftaucht! Es genügt: dieses einzige, aufgehende Licht, und ich gehe unter in einer verwirrten und schwindelnden Freude.

Allein und angesichts des Schattens der Welt bin ich hier ein Gefangener der Höhle. Ein Nachmittag im Januar. Aber die Kälte bleibt oben in der Luft zurück. Überall ein Sonnenschleier, unter den Fingern würde er zerreißen, und doch wirkt er um alle Dinge ein ewiges Lächeln. Wer bin ich, und was könnte ich tun – wenn nicht teilnehmen am Spiel der Blätter und des Lichts. Dieser Sonnenstrahl sein, in dem meine Zigarette sich verzehrt, diese Lieblichkeit und diese verhaltene Leidenschaft, die die Luft atmet. Wenn ich versuche, mich zu erreichen, so ganz im Innern dieses Lichts. Und wenn ich trachte, diesen köstlichen Geschmack zu begreifen, der das Geheimnis der Welt preisgibt, ihn auszukosten, so bin es ich selbst, den ich auf dem Grund des Universums finde. Ich selbst, das heißt diese höchste Erregung, die mich vom Äußerlichen befreit. Sogleich werden mich andere Dinge und die Menschen zurücknehmen. Aber laßt mich diese Minute aus dem Stoff der Zeit schneiden, so wie andere eine Blume zwischen den Seiten lassen. Sie bergen dort einen Spaziergang, wo die Liebe sie gestreift hat. Und auch ich gehe spazieren, aber es ist ein Gott, der mich liebkost. Das Leben ist kurz, und es ist eine Sünde, die Zeit zu vergeuden. Ich vergeude meine Zeit den ganzen Tag über, und die anderen sagen, ich sei sehr rührig. Heute heißt es einmal Halt, und mein Herz geht davon, der Begegnung mit sich selbst entgegen.

Wenn mich noch eine Bangigkeit bedrückt, so ist es dieser unantastbare Augenblick, den ich durch meine Finger gleiten fühle wie die Perlen des Quecksilbers. Laßt sie doch, die sich von der Welt trennen wollen. Ich beklage mich nicht mehr, denn ich sehe zu, wie ich zum Leben erwache. Ich bin glücklich in dieser Welt, denn mein Reich ist von dieser Welt. Wolke, die vorüberzieht, und Augenblick, der verblaßt. Tod meines Selbst vor mir selbst. Das Buch öffnet sich auf einer Seite, die ich liebe. Wie fade ist sie heute in Gegenwart des Buches der Welt. Ist es wahr, daß ich gelitten habe, ist es nicht wahr, daß ich leide; und daß dieses Leiden mich berauscht, weil es diese Sonne ist und diese Schatten, diese Hitze und diese Kälte, die man sehr weit und hoch oben in der Luft fühlt. Frage ich mich, ob etwas stirbt, oder ob die Menschen leiden, da alles in diesem Fenster geschrieben steht, in das sich der Überfluß des Himmels ergießt. Ich kann und ich werde sogleich sagen, das, was zählt, ist, menschlich zu sein, schlicht. Nein, das, was zählt, ist, wahr zu sein, und alles schreibt sich dann darin ein, die Menschlichkeit und die Schlichtheit. Und wann bin ich wahrer, klarer, als wenn ich die Welt bin?

Augenblick köstlichen Schweigens. Die Menschen sind still geworden. Aber der Gesang der Welt erhebt sich, und ich selbst, auf dem Grunde der Höhle in Ketten gelegt, finde Erfüllung, bevor ich begehrt habe. Die Ewigkeit ist da, und ich erhoffte sie. Jetzt kann ich sprechen. Ich weiß nicht, was ich mehr wünschen könnte als diese beständige Gegenwart meiner selbst vor mir selbst. Nicht glücklich zu sein wünsche ich jetzt, sondern allein bewußt zu sein. Man glaubt sich von der Welt abgeschnitten, aber es genügt, daß ein Olivenbaum sich in goldenem Staub erhebt, es genügt dieser oder jener verführerische Strand in der Morgensonne, und man fühlt diesen Widerstand in sich dahinschmelzen. So auch ich. Ich werde mir der Möglichkeiten bewußt, für die ich verantwortlich bin. Jede Minute des Lebens trägt in sich das Gewicht des Wunders und das Antlitz ewiger Jugend.

Kein Ich-Kult

Mai

Alle Kontakte = Ich-Kult? Nein.
Kult des Ich setzt Liebhaberei oder Optimismus voraus. Beides Unsinn. Das eigene Leben nicht wählen, sondern erweitern.
Achtung: Kierkegaard, der Ursprung unserer Übel, das ist der Vergleich.
Sich bis zum Letzten verpflichten. Dann mit gleicher Kraft das Ja und das Nein annehmen.

Hoffnung

Der Gedanke eilt immer voraus. Er sieht zu weit, weiter als der Körper, der in der Gegenwart lebt.
Die Hoffnung auslöschen heißt, den Gedanken wieder an den Körper binden. Und der Körper muß verfaulen[1].

[1] Albert Camus, Carnets 1935–1942. Paris 1962, S. 20–23, 38, 128. Übers. von Gerda-Christa Kuck (nur diese Stücke). Abdruck mit freundl. Genehmigung des Rowohlt-Verlags.

Panzer – Caracho

Undatiert nach dem Polen-Überfall 1939

Polnische Kunde. Oskar, der Maschinen-Gefreite, von einem großen Panzerschiff, Schlosser, Rheinländer. Ist mit dem Bein in die Rudermaschine geraten, mächtige Hautabschürfung, die Sache will nicht zuwachsen trotz Dr. G.s Hautverlagerung. Sein kurzangebundenes Kinn, die vortretende gespannte Halssehne – eine auf Vorschlag des Schiffsarztes durchgeführte, mißlungene Operation. Er war in Gotenhafen, hörte dort Verschiedenes erzählen, zum Beispiel von Soldaten der Leibstandarte. Wenn ein Dorf hartnäckig Widerstand leistete, fuhren die Panzersoldaten mit ihren schweren Tanks gegen die Ecken der Häuser; die Lehmwände fielen zusammen, das Innere mit den kämpfenden Bewohnern, Männern, Frauen und Kindern, lag bloß. Sie konnten nicht mehr heraus und wurden in aller Ruhe niedergemäht. Wenn in der Nähe eines Dorfes ein Kamerad verstümmelt aufgefunden wurde, befolgten die Panzersoldaten unter anderem dieses Verfahren: die schweren Stahltrossen, die der Panzer mit sich führt, wurden rausgeholt, hinten festgemacht und dann um dreißig bis vierzig Dorfbewohner – alles durcheinander – herumgeschlungen. Darauf brausten die Panzer mit „Caracho" ab, mit ihrem Anhang; von dem blieb nach kurzer Strecke „nicht ein Fatz" übrig.

Oder: die Dorfbewohner mußten ein Loch graben – ein Granattrichter tat sich auf –, wurden dann hineingetrieben. Dazu kam dann eine geballte Ladung, abgezogen, hineingeworfen. (Auf diese Weise wurden auch ehemalige feindliche Stellungen, die bezogen werden sollten, von Toten gereinigt.)

Je n'aime pas les civils

Paris, Zweiter Weltkrieg

In ein Café geht er unglücklicherweise zweimal kurz hintereinander hinein. Einmal gelingt es ihm, einen jungen Soldaten in

ein Gespräch zu ziehen, mehrfach beteuernd, er sei selbst Soldat gewesen; er ist nahe daran, sein Soldbuch vorzuzeigen. Der junge Oberschütze ist gerade etwas trübsinnig. „Also jede Frau ist hier zu haben, jedes Alter. Da oben sitzt eine, in'nem schnieken Pelzmantel – ganz unnahbar –, da kommt so'n Zahlmeister vorbei, der kiekt nur so hin und schon stehtse uf und los mit-m. Da sind die deutschen Frauen doch anders – mehr Zurückhaltung und sauber. Aber los ist hier was, das muß man zugeben."
Draußen – er stellt sich zu den Halbwüchsigen und schließt sich mit einem großzügig wegräumenden „alors" zwei vorübergehenden Mädchensilhouetten an. Aber der Brückenschlag geht ins Nichts. Er bekommt keine Antwort. Die beiden drängen sich zwei entgegenkommenden Soldaten in den Weg. Er läuft nebenher, Laternenpfähle, fest wurzelnde Paare drängen ihn ab, er verliert seine Opfer in der Dunkelheit, findet sie wieder.
„Alors mademoiselle, qu'en pensez-vous?"
„. . . . ."
„Vous êtes pensive, méchante?"
„. . . . ."
„Vous n'avez pas le temps pour faire un peu . . ."
„Faire quoi?"
„Faire l'amour . . . Que pensez-vous?"
„. . . . ."
„Si vous voulez boire quelque chose – on pourra entrer là."
In dem grellen Licht fassen sie sich gegenseitig ins Auge. Sie sieht, daß er vor Erschöpfung fast durchsichtig ist und nasse Augen hat.
„Mais vous n'êtes pas Allemand, voyons . . ."
„Mais si, oui, je le suis, j'ai été soldat, mais on m'a réclamé . . ."
„Vous savez, je n'aime pas les civils."
Ein runder stumpfiger Mädchenkopf, mit niederer etwas trüber Stirn und mächtigem Mundmal. Jetzt macht die Freundin Anstalten, sich zu emanzipieren.

„Führer-Hauptquartier", 1943

Er hatte da ein Gedicht angefangen über den zwanzigsten Juli, das müßte man vielleicht wieder einmal hervorsuchen. Das Ereignis war darin ganz von außen gesehen, gleichsam von außerhalb des Sperrkreises. Der Landmann, der den Knall hört und einen Augenblick im Pflügen innehält, der Wachtposten, der seinen Rundgang unterbricht. Ein erschrockener Taubenschwarm flattert auf, alle haben einen Augenblick das Gefühl, daß das Herz der Welt aussetzt, daß die Erde eine einzige Sekunde lang in ihrer Drehung innehält. Dann aber verbreitet sich auf merkwürdige Weise das Gefühl, daß es noch einmal vorübergegangen ist: der Posten nimmt seinen Rundgang wieder auf, der Taubenschwarm fällt in einen Baumwipfel ein und so weiter. Die Schlußstrophe war dann eine Apostrophierung der Attentäter, der Übergang war noch nicht ganz da. Er schloß mit der Zeile: „So geht das nicht, ihr Herren, so geht das nicht!" aber der Wechsel der Tonart war zu schroff, das klang plötzlich fast nach Diseuse, nach Zarah Leander.

Er selber hatte ja damals beim Hören des Knalles nichts dergleichen empfunden, das mußte zugegeben werden. Hatte es überhaupt nur mit halbem Ohr gehört, es gab damals ja so viele Arten von Radau, Sprengungen der OT, Flakschießen; die Front war ja auch ziemlich nah. Am hellichten Mittag hatte er damals auf der Wiese beim Stabshelferinnenheim im Grase gekauert, neben dem Liegestuhl von Fräulein . . . , der Schreiberin, rein verrückt war er damals nach der, vollkommen verblendet; es wurde allgemein darüber gelächelt. Sie hatte einen schlimmen Fuß, der horizontal gehalten werden sollte, der Verband mußte jede Stunde erneuert werden. „Lassen Sie mich doch bitte, ich bin ja schließlich auch Doktor, zwar nicht med., also auch kein Schwein; kennen sie den Witz nicht?" Die netten braunen Beine, das zweiteilige Luftkostüm hatten es ihm antan, oben hatte sie nur einen auf dem Rücken geknoteten Schal um, die Raffzähne und der hinterhältige kaltherzige Charakter waren ihm damals weniger aufgefallen. Die Wäscheleinen ringsum hingen voll Strümpfe und Schlüpfer, und dazu kamen dann die Schnüre mit den Pilzschnitzeln zum Trocknen, die er ihr auffädeln helfen mußte. Es war gar nicht so einfach, unterhalten konnte man sich dabei wenig. Sie war etwas nervös wegen der Wespen und der russischen Aufklärer, deren feines Singen sie immer schon hörte, lange bevor die Flak anfing zu schießen; sehen konnte man nichts, der Himmel war nur blendendes flutendes Licht. Es hatte dann geheißen, ein Reh sei in ein Minenfeld geraten. Aber auf dem Weg zum Mittagessen war er dann auf den Volkswagen mit dem verwundeten Marinekapitän gestoßen, der als erster aus dem Bunker herausgetaumelt war, der Kraftfahrer hatte ihn gleich eingeladen, wollte ihn zum Oberstabsarzt bringen. Ein vornübergesunkenes wimmerndes Bündel, die Haare auf der einen Seite ganz abgesengt, das Blutrinnsal im Ohr. Nachher hatten sie ihm die zerfetzten blutigen Karten angeboten; auf so etwas müsse die Kriegsgeschichte doch größten Wert legen.

Der Führer-Bunker

Ich persönlich war einerseits ganz unbeschrieben, andererseits, vom Kriegstagebuch, zutiefst vertraut mit dem staatsmännischen und feldherrlichen Vermächtnis des Führers. Natürlich können Sie bei uns eintreten, wenn Sie nicht vor der Arbeit zurückschrecken. Gearbeitet wird hier natürlich, nichts als das, fanatisch, rücksichtslos. Einen Frisiersalon haben wir hier leider nicht, Kasinobetrieb so gut wie keinen, die Bestände des Oberfeldintendanten habe ich der Truppe zukommen lassen, das war eine meiner ersten Regierungshandlungen. Der einzige Luxus, den wir uns gestatten, ist Bohnenkaffee, alle noch im Reichsgebiet vorhandenen Vorräte wurden bei meiner Machtübernahme beschlagnahmt. Leider ist dieser Genuß mit intensiver Nachtarbeit verbunden, außerdem wird hier laufend ein Präparat verabreicht, das das Schlafbedürfnis auf ein Minimum reduziert. Aber Sie kamen ja, wenn ich mich richtig erinnere, immer mit einer bemerkenswert kurzen Nachtruhe aus . . . Tatsächlich, wenn ich über Mitternacht hinaus gearbeitet habe und noch ein Weilchen neben dem unsichtbaren Posten in der Barackentür stehe, oder nach der Lagebesprechung, wenn die Zeichner die knatternden Karten zusammenrollen und die Generalstäbler gähnend die Arme recken, oder beim Aufstieg auf den Watzmann im öden schattenlosen Geröll: plötzlich ist das unausweichliche Gefühl da, daß nur ich das sein kann, niemand anderes als ich. Nachher kommt es mir immer völlig verrückt vor. Es müßte auf eine völlig außergewöhnliche Art vor sich gehen, unter Umgehung aller Zwischeninstanzen. Eine Begegnung, ein kurzes betroffenes, beinah widerwilliges Aufblicken, er reibt sich die Stirn, nimmt sich einen Augenblick die Mütze ab, besieht sie von innen. „Also, da sind Sie, kommen Sie doch bitte gleich mit." Die Begleiter konnten es gar nicht hören, aber sie fallen schon achselzuckend zurück, versuchen gar nicht zu kämpfen, sprechen von Koffer und Abreise. Der Führerbunker, nichts Ausweis, nichts Durchsuchung. Tiefe Polstersessel, ein Strauß Gladiolen, das Bismarckbild mit den sprühenden Augenbrauen, den durchwachsenen Augenbällen, die Rute des Wolfshundes klopft den Teppich. „Also, ich schaffe es nicht mehr, bin am Rande. Sagen Sie mir, wie Sie es sich denken . . ."

Im Sonderzug des „Führers"

Im 5. Akt der Apokalypse

Der Zug, in dem wir sitzen, verdrängt die Luft ja auch noch wie vor einem Jahr, der Flakwagen hat sogar Stromlinienform, aber in Wirklichkeit sind seine Flanken eingefallen, der Bug eingedrückt. Vor den Gesichtern auf den Bahnsteigen möchte man am liebsten immer gleich das Rouleau runterlassen; zum Glück wissen die allermeisten ja nicht, was das für ein Zug ist. Heute nachmittag, wenn sie in Leipzig oder Halle halten, oder wohin die Fahrt diesmal geht, wird er an der Schreibmaschine sitzen, ohne ein einziges Mal aufzublicken. Aber manchmal juckt es ihn, den Leuten auf dem Bahnsteig draußen kurz ins Gesicht zu schauen, mit den Achseln zu zucken, sich womöglich an die Stirn, an den Hinterkopf zu tippen: Bitte meine Herrschaften, hier ist nichts mehr drin, wie ein Zauberkünstler, das Kunststück bleibt man dann allerdings schuldig. Das Gefälle ist jedenfalls nicht mehr da, vom Zuge auf den Bahnsteig hinunter. Eher ist es schon umgekehrt. Die auf dem Bahnsteig wissen womöglich schon mehr über die Lage, über die letzten

Luftangriffe und wie weit der Russe noch von der Reichsgrenze weg ist; jedenfalls von uns hier können sie nicht mehr viel erfahren. Unsere Meldungen sind zum größten Teil überholt, wir haben den Anschluß verpaßt und eine zunehmende Verspätung, auch wenn wir heute nacht noch planmäßig in Görlitz ankommen, das ist nur äußerlich. Wir geraten immer mehr in Rückstand, holen es nicht mehr ein, wenn wir auch einen Regierungsbezirk nach dem andern zum Operationsgebiet erklären und vorsorglich rückwärtige Stellungen bauen lassen, mit den Mitteln eines Volksaufgebots. Die Sprünge sind immer zu kurz, wir holen es nicht mehr ein. Wie eine zu spät alarmierte Feuerwehrkolonne rasen wir zu den einzelnen Brandherden, besprechen uns mit den örtlichen Branddirektoren, hetzen sie gegeneinander auf; wirklich helfen können wir ihnen nicht. Und dann weiter zum nächsten Brand, und bitte, die Oberbefehlshaber und die Chefs her und vielleicht ein Tausch, ein kleiner Wechsel im Oberbefehl, und wieder weiter, immer schneller. Der Kühlwagen fällt aus, der Nachrichtenwagen, wir arbeiten nur noch mit einem Tornisterfunkgerät, wachsende Friktion in der Befehlsübermittlung, Bulli hat Atemnot, Putzis Knochen ist weg, der Oberst arbeitet mit einer Sauerstoffmaske und Mimis Schütze zerreißt im Fahrtwind, die Wambke hat eine Vortragsnotiz auf den Fahrplan getippt, der Reichsbahnrat weiß auch nicht mehr, wo wir sind. Und was ist denn das für ein endloser Tunnel und was schwingen sie für grüne Lampen, wieviel Loks haben wir denn eigentlich davor, eine würde bestimmt genügt haben. Und eine komische Akustik hat dieser Tunnel, da spielt doch einer das Deutschlandlied auf einer Wurlitzer Orgel, wenigstens so ähnlich . . .[1]

[1] Felix Hartlaub, Das Gesamtwerk. Dichtungen. Tagebücher. Frankfurt a. M. 1959 (ungek. Sonderausg.), S. 49–50, 77–78, 164 bis 165, 180–181, 195–196. Abdruck mit freundl. Genehmigung des Verlages S. Fischer.

Nationale Selbstkritik

München, 13. Dezember 1939

Die Deutschen wollen auch ein Volk sein „wie die andern". Das aber gelingt ihnen nicht. Sie werden sehr viel schlechter als die andern. Sie werden der Abscheu der Welt. Der preußische Sauerteig hat die Nation völlig versaut. Seine Mission ist verfälscht.

9. April 1940

Was ist das Geheimnis der deutschen militärischen Kraft? Wer kann es sagen? Die Unfähigkeit zu Muße und Genuß? Die völlige Anpassung an diese „Welt"? Das Aussterben jeglichen metaphysischen Bedürfnisses, was die Stimmen aller offiziellen Deutschen so deutlich verraten? Gehört sie zu der providentiellen Berufung der Deutschen zum „Reich", die ihnen auch bleibt, wenn sie ihre Mission schmählich verraten haben?

13. April 1940

Schnee und Regen. Wie ist es mit dem „deutschen Herrgott", dem Gott „des steinernen Herzens"? Ist er doch ein Dämon, der seine Anbeter höhnt, indem er immer noch kein winziges Gräschen wachen läßt in diesem sonderbaren Frühling? Oder mahlen die langsamen Mühlen, mahlen schneller die Mühlen des wahren, ewigen, dreieinigen Gottes?

20. April 1940

Wie wenig Wahrheit braucht der Mensch zum Leben – und wieviel Lüge! Nescio, mi fili, quam multis mendaciis regitur mundus. (Ich weiß nicht, mein Sohn, mit wieviel Lügen die Welt regiert wird.)

Ihre Stimmen, mein Gott, ihre Stimmen! Immer neu überwältigt mich ihr Verrat. Am furchtbarsten ist ihre Ausgestorbenheit. Tönende Masken menschlicher Stimmen. Stinkender Leichnam einer Vox humana! Tod, Pest, Lüge in der Wüste einer stolzen Gottverlassenheit!

Seit der preußischen Hegemonie, die heute auf ihrem Gipfel ist, wurden die Deutschen immer mehr, ob sie wollten oder

nicht, auf die Devise festgelegt: oderint, dum metuant. (Mögen sie hassen, wenn sie nur fürchten!) Das nimmt ein bitteres Ende, die Furcht wird schwinden, der Haß aber bleiben.
Das Wissen der Welt geht nie ohne Stolz. Darum ist in seinem Mund so viel Verachtung, Hohn, Wegwerfung und Unfreundlichkeit. Und immer ohne Freude. Nicht, daß Wissen ohne Freude wäre, aber der Stolz vergällt sie.

24. bis 27. April 1940

Die Götter der Deutschen schminken sich, rollen die Augen und brüllen – kein Wunder, daß man sie Barbaren nennt.
Die Deutschen werden nicht durch Menschenkraft besiegt werden. Sie sind das stärkste und furchtbarste Volk der Erde. Sie werden von Gott selber besiegt werden, ach, wahrscheinlich ohne es zu merken.

2. Mai 1940

„Wenn die Hottentotten heute christlich würden, so könnten sie doch nicht die deutschen Dome erbauen", sagt Herr Rosenberg und hält das für ein Argument für die Rassenlehre und gegen das Christentum. Mein Gott! Diesen Abgrund des Idiotismus hat es in den Jahrtausenden abendländischen Lebens noch nicht gegeben. Jawohl, Herr Rosenberg – wir sind einig: die Hottentotten würden keine deutschen Dome bauen, auch keine französischen, die es auch gibt – gewiß nicht. Nicht einmal die Letten, Herr Rosenberg, könnten das: aber auch ein Hottentotte, ja sogar ein Lette könnte heilig und selig werden.

Irrationalismus und Liebe

Januar 1940

Die Welt in ihrem Sein ist für den menschlichen Verstand unübersichtlich. Wer das nicht sieht oder es leugnet, den kann, ja muß man unbeachtet stehn und am besten gehn lassen. Manche, die damit zur Not einverstanden sind, verlangen dann doch, daß das System eines Philosophen völlig übersichtlich sei, – das doch nur das geistige Bild und Abbild der Welt sein kann, die selber unübersichtlich ist. Indes haben sie auch nicht ganz unrecht: Übersichtlichkeit liegt als Forderung im Wesen des Geistes, und der Philosoph muß ihr gerecht werden. Aber seine Grenze als menschliche muß er erkennen und einhalten.

Es liegt viel Stolz in der Forderung des Kierkegaardschen Denkens, unter allen Umständen seiner Idee treu zu bleiben. Vielleicht ist diese Idee nur eine menschliche, – und was für eine Schwäche und Unwahrheit ist es dann! Vielleicht folgt er, wenn er unter Schmerz und Scham ihr untreu wird, gar einer Idee Gottes. Dann hat er Demut gelernt und in ihr den Sieg errungen.

Es gibt einen ehrenwerten Irrationalismus, der schließlich nichts anderes ist als die Kapitulation und die Ehrfurcht der menschlichen ratio vor der göttlichen. Es gibt aber auch einen ehrlosen – und die heutige deutsche Jugend neigt dazu –, der die Rationalität der Folgen einer schuldhaften Handlung und die Stimme des Gewissens durch das „Schicksal" verdecken und übertäuben will. Er ist sehr billig und reicht noch lange nicht an die sophokleische Tragik heran.

Prediget heute ja nur den dreieinigen Gott und lasset euch auf nichts anderes ein. Dadurch allein schon scheidet ihr die Geister und zwingt sie, daß sie sich selber scheiden. Saget es so oft wie nur möglich: der Vater, der Sohn und der Geist. Der Gott der Christen ist der trinitarische Gott. Sie (die Nationalsozialisten) nennen ihre Teufel oder Götzen auch Gott oder gar „den Allmächtigen". Aber sie nennen ihn nicht Christus, den sie hassen oder verachten, und sie nennen ihn nicht den „Geist". Wie sollten sie, da Er vom Vater und vom Sohne ausgeht?

Die Unsterblichkeit ist in der Liebe. Sie erst macht sie verständlich und auch wünschenswert. Ohne sie wäre sie schrecklich und grausam.

Einsamkeit. Ein Bild: . . . in dieser Nacht hatte er einen Traum. Ein Engel rief die Namen aller auf, deren eine Seele in Liebe gedachte. Das dauerte eine unendliche Zeit. Im Anfang ließ es ihn gleichgültig, es störte ihn, er gähnte, er lachte in Verachtung. Dann wurde er unruhig, ja er begann zu warten, ob nicht sein Name ertöne. Er wurde unsagbar traurig und begann zu weinen. Das dauerte eine unendliche Zeit. Sein Name wurde nicht gerufen, und die Stimme verstummte. Die plötzliche Stille war wie ein Donnerschlag, der ihn erweckte. Er fand sein Kissen naß, aber seine Augen waren heiß und trokken und brannten, als seien sie ausgeweint für immer.

Bedenkt man, wie schwer es sogar für einen Christen ist, auch nur in Gedanken Gott die Rache zu überlassen, so kann man sich vorstellen, wie es bald in Deutschland zugehen wird. Was wird der Sieger dieses Krieges tun? Überläßt er nicht Gott die Rache, ist damit Krieg und Sieg verloren.

Vielen Menschen fällt es schwer, zu glauben, daß Gott verzeihen kann. Die Propheten mußten gerade dieses immer wiederholen. David war ein Mann nach dem Herzen Gottes auch deshalb, weil er die Sündenvergebung Gottes schlicht als eine Tatsache hinnahm, ohne deshalb den Ernst der Sünde und die Notwendigkeit der Buße zu verkennen. Vom Intellekt als solchem ist die Sündenvergebung überhaupt nicht zu verstehen, vom Willen nur in einer politischen Absicht. Einzig von der Liebe ist sie zu begreifen.

Im Keller

9. Juni. Freitag. Vormittag gegen 10 Uhr (1944)

Im Keller. Sprengbombe. Zerstörung des Hauses und meiner Wohnung. Beispiellose Verwüstung. Manche gute Menschen, Helfer, Tröster durch ihr Sein und ihr Tun! Scholl! Manche Crapule. Vornehme Seelen. Und kleine Seelen. Gott ist barmherzig! Gott ist großartig! Gott ist genau, aber großartig. Es geschieht mir kein Unrecht[1].

[1] THEODOR HAECKER, Tag- und Nachtbücher. 1939–1945. München 1947, S. 30, 36–37, 39, 41, 62, 68–69, 72–73, 80, 301. Abdruck mit freundl. Genehmigung des Kösel-Verlags.

Krieg im Alltag

Montag, 13. Mai 1940

Ich gebe zu, eine gewisse Zufriedenheit, einen gewissen Abschluß eines Kapitels und den damit sich einstellenden Frieden zu empfinden darüber, heute meine Korrekturbogen abgeschickt zu haben. Ich gebe es zu – weil wir uns im dritten Tag „des größten Kampfes der Weltgeschichte" befinden. Er begann (hier) mit den Acht-Uhr-Nachrichten, die, als ich noch halb im Schlaf lag, die Invasion Hollands und Belgiens bekanntgaben. Der dritte Tag der Schlacht von Waterloo. Apfelblüten beschneien den Garten. Eine Bocciakugel ging im Teich verloren.

Churchill, der alle ermahnte, zusammenzustehen: „Ich habe nichts zu bieten als Blut und Schweiß und Tränen." Diese riesigen formlosen Gestalten bewegen sich weiter umher. Sie sind keine Substanzen; aber sie machen alles andere winzig. Duncan sah einen Luftkampf über Charleston – einen Silberstift und ein Rauchwölkchen. Percy hat die Verwundeten in ihren Stiefeln eintreffen sehen. Also kommt mein kleiner Augenblick des Friedens in einem gähnenden Hohlraum. Aber, obgleich L. sagt, er habe Benzin in der Garage zum Selbstmord, falls Hitler gewänne, wir machen weiter. Es sind die Riesenhaftigkeit und die Winzigkeit, die das ermöglichen. So intensiv sind meine Gefühle (über Roger); doch der Umkreis (der Krieg) scheint einen Reifen um sie zu legen. Nein, ich kann diese wunderliche Inkongruenz nicht erfassen, intensiv zu fühlen und gleichzeitig zu wissen, daß in diesem Gefühl keine Wichtigkeit ist. Oder ist da, wie ich manchmal glaube, mehr Wichtigkeit denn je?

Montag, 20. Mai

Die Idee war eindrucksvoller gemeint. Sie sprang vermutlich in einem der empfindsamen Augenblicke auf. Der Krieg ist wie eine lebensgefährliche Krankheit. Einen Tag lang ist man völlig davon besessen: dann geht die Gefühlsfähigkeit zur Neige; am nächsten Tag ist man entkörpert, schwebt in der Luft. Dann wird die Batterie wieder aufgeladen und abermals – was?

Nun, der Bombenschrecken. Nach London zu fahren, um bombardiert zu werden. Und die Katastrophe – wenn sie durchbrechen; der Kanal, so heißt es heute morgen, ist ihr Ziel. Gestern abend forderte Churchill uns auf, wenn wir bombardiert werden, uns zu sagen, daß wir wenigstens für diesmal das Feuer von den Soldaten auf uns abziehen. Desmond und Moore lesen in diesem Augenblick – d. h. sie sprechen miteinander – unter den Apfelbäumen. Ein schöner, windiger Vormittag.

Sonntag, 16. Januar 1941

Ein Kampf gegen Niedergeschlagenheit, Ablehnung (seitens Harpers, meiner Kurzgeschichte und Ellen Terry) heute überwunden (hoffe ich) durch Großreinemachen in der Küche; durch Absendung des Artikels (eines lahmen) an den N. S.; und dadurch, glaube ich, P. H. zwei Tage lang mittels Schreibens an dem Memoir zu unterbrechen. Dieses Wellental von Verzweiflung soll mich, das schwöre ich, nicht verschlingen. Die Einsamkeit ist groß. Das Leben in Rodmell ist sehr dünnes Bier. Das Haus ist feucht. Das Haus ist schlumpig. Aber es gibt keine andere Möglichkeit. Auch werden die Tage länger werden. Was ich brauche, ist der Auftrieb von einst. „Dein wahres Leben, wie das meine, liegt in Ideen", sagte Desmond einmal zu mir. Aber man darf nicht vergessen, daß man Ideen nicht heraufpumpen kann. Selbstbeobachtung fängt an, mir zuwider zu werden. Schlaf und Entspannung; Gedankenspinnen; Lesen; Kochen; Radeln; oh, und ein gutes, hartes, fast felsiges Buch – nämlich Herbert Fishers History of Europe. Das ist mein Rezept.

Eine Flaute im Krieg. Sechs Nächte ohne Luftangriffe. Aber Garvin sagt, daß der größte Kampf erst noch bevorstehe – in etwa drei Wochen –, und ein jedes von uns, Mann, Frau, Hund, Katze und Käfer, müsse seine Waffen umgürten, seine Zuversicht – und so weiter. Dies ist die kalte Stunde: bevor die Lichter aufflammen. Ein paar Schneeglöckchen im Garten. Ja, ich dachte mir: wir leben ohne eine Zukunft. Das ist's, was so wunderlich ist: die Nase an eine geschlossene Tür gedrückt. Und nun will ich, mit einer neuen Feder, an ... schreiben[1].

[1] Die Stimme des Menschen. Briefe und Aufzeichnungen aus der ganzen Welt. 1939–1945. München 1961, S. 85–86, 87–88.

„Auch" Selbstmorde . . .

New York, 29. Juni 1940

Und André Gide? In Paris wäre er seines Lebens nicht sicher. (Ob die Deutschen auch den südlichen Teil des Landes besetzen werden?) Und Julien Green? Und Cocteau? Es sind ihrer so viele, um die man sich jetzt ängstigt. Auch Selbstmorde wird es wieder geben. Erinnerung an Menno ter Braak, der sich eine Kugel vor den Kopf schoß, als die Nazis in Holland einfielen. Ein nobler und reiner Geist, höchst gesittet; den Triumph der Barbarei ertrug er nicht . . . Wie viele Franzosen mögen jetzt den gleichen Schritt erwägen oder schon zu ihm entschlossen sein?

Kafkas „Amerika"

Washington, 5. Juli 1940

Lektüre. Wieder sehr berührt von Kafkas „Amerika". Freilich wiegt es leichter als die beiden anderen großen Roman-Fragmente; aber gerade diese Leichtigkeit macht „Amerika" zu einem einzigartigen Phänomen innerhalb des Kafkaschen Oeuvre. Im „Schloß" und im „Prozeß", auch in der kleinen Prosa, mag es Stellen von makabrer Komik geben (ich muß über Kafka oft ebenso bittere Tränen lachen wie über Marcel Proust); aber das Komische wirkt doch immer nur wie die Maske, hinter der ein Antlitz von heillos-unheilbarer Tragik sich stolz und höhnisch verbirgt. Diese Verzweiflung, die sich nicht, wie etwa bei Kierkegaard, im Glauben erlösen darf, sondern die im furchtbarsten, definitiven „Krankheit zum Tode" ist – nur im „Amerika"-Fragment scheint Kafka von ihr befreit. Befreit? Ach, wohl nicht ganz! Aber in diesem Buch – sonst nirgends – ist doch der Wille zur Befreiung da. Ein Gefangener bricht aus, schweift unter fremden Himmeln, wagt sich in unbekannte Zonen vor. Das Land, das er entdeckt – oder erfindet er's? – ist reich an Schrecken; aber die Lüfte wehen leichter dort. Ich schaue durchs Fenster unseres Pullman-Wagens. Draußen ist's wüst und leer. Hätte Franz Kafka dies wirkliche Amerika gekannt, was wäre aus seinem grandios-grotesken Traum geworden? Aber vielleicht ist der Traum des Dichters wahrer, wirklicher als unsere Wirklichkeit. Der Traum lebt und zeugt. Aus dem Traum kommt Hoffnung. Hoffnung auf Amerika ...

„Amerika" ist Kafkas heiterstes Buch. Im Vorwort zu betonen.

Selbstmord – Epidemien

Brentwood, 12. Juli 1940

Jetzt gibt es Nachrichten aus Frankreich in überreichlicher Fülle, lauter Hilferufe, desperate Bitten um amerikanische Visen, „affidavits", Geld aus Nizza, Marseille, Vichy, Perpignan, Casablanca. Einige der Freunde haben schon Lissabon erreicht und sind also in vorläufiger Sicherheit. Andere sind endgültig geborgen, nämlich tot. Neue Selbstmord-Epidemie. Ernst Weiß gehört zu den Opfern. (Habe ich ihm je gesagt, wie sehr ich seinen letzten Roman „Der arme Verschwender" bewundere?) Auch Walter Hasenclever hat sich umgebracht, ein alter Freund den ich gern wiedergesehen hätte. Und Walter Benjamin, mir weniger sympathisch, wenngleich ich seine großen intellektuellen Gaben stets zu schätzen wußte. Wieviel Verluste! Wird die deutsche Literatur sich von diesem grausigen Aderlaß je erholen?

Hier werden Rettungsaktionen beraten und vorbereitet. In New York gibt es schon ein „Emergency Rescue Committee"; Mielein, E., die immer aktive, hilfsbereite Liesl Frank und andere sind dabei, hier eine Filiale zu organisieren. Amerikaner bieten ihre Hilfe an, darunter manche von erheblichem Prestige, wie Frank Kingdon (früher Präsident einer großen Universität, jetzt freier Schriftsteller und „lecturer"), Freda Kirchway (Herausgeberin der liberalen Wochenschrift „The Nation") und Georg Cukor, der Filmregisseur. Auch prominente Quäker und führende Persönlichkeiten der sehr progressiven, sehr humanen „Unitarian Church" stellen sich zur Verfügung. Große Geldsummen sind aufzutreiben. In unserem Hause (für den Sommer gemietet) soll nächstens eine „Money-raising party"

stattfinden, eine gesellige Zusammenkunft zum Zweck des Schnorrens, wie es hierzulande üblich ist.
Eine Liste besonders wichtiger und besonders gefährdeter Emigranten wird von uns (mit Hilfe von Bruno Frank und anderen) für das „Committee" zusammengestellt. Natürlich gehört auch Leopold Schwarzschild in diese Kategorie. Ich gebe ihm nie mehr die Hand (er ist ein Verleumder); aber in den Händen der Nazis möchte ich ihn doch nicht wissen.

Wie sollte man dann noch leben?

Brentwood, 15. Juli 1940

Am gleichen Tag, später. Als ob ich sie nicht kennte, die Stunde des Zweifels, der Entmutigung! Warum sollte ich es mir nicht eingestehen? Manchmal – ach, nicht gar so selten! – ängstigt mich die Frage, ob es in diesem Krieg denn wirklich um eine moralische Entscheidung geht. Die Tatsache, daß der Kampf überhaupt möglich oder unvermeidlich werden konnte, bedeutet vielleicht an sich schon ein so schmähliches Fiasko für beide Parteien, daß es nun, moralisch gesehen, kaum noch einen Unterschied macht, welche Partei gewinnt. Wäre dem so, wie sollte man dann noch leben?

Steht es geschrieben?

Brentwood, 18. August 1940

Steht es geschrieben, daß wir alle eines gewaltsamen und bitteren Todes sterben müssen? Mit Ricki fing es an . . .

Tod des Schwagers

New York, 26. September

Telegramm von Mielein über das grauenhafte Abenteuer der armen Monika. Sie war mit Lanyi auf dem Dampfer „City of Benares", der – unterwegs von England nach Kanada – vor einigen Tagen von einem deutschen Unterseeboot torpediert und versenkt wurde. Lanyi ist ertrunken; mit ihm Hunderte von englischen Kindern, die man in Sicherheit zu bringen gedachte. Monika lebt. Ist wieder in London – „safe so far" ...

Happy for a change?

New York, 4. November 1940

Sich einmal mit der Masse freuen zu dürfen? Gewöhnlich ist man doch der Außenseiter. Nicht diesmal! Wir schrien mit den anderen. „Aren't we happy?" Es war Dina Sheean, englische Gattin des amerikanischen Schriftstellers Vincent Sheean, die mich mit dieser lachenden Frage begrüßte. Zunächst verstand ich ihre Worte nicht bei all dem Lärm. Da wiederholte sie, über die Köpfe einiger johlender Negerjungen hinweg: „We are happy, for a change, aren't we?"

Wir sind zur Abwechslung einmal glücklich, nicht wahr?

Überfall auf die Sowjetunion

New York, 29. Juni 1941

Hitlers Überfall auf die Sowjetunion ist ein Ereignis von so enormer Tragweite, daß ich es kaum zu kommentieren wage, nicht einmal in diesen persönlichen Notizen, geschweige denn öffentlich. Aber dies will ich doch heute aufschreiben: daß in meiner ersten, instinktiven Reaktion auf die ungeheure Neuigkeit das Gefühl der Erleichterung überwiegt. Gewiß, man ist entsetzt, empört, erschüttert, auch besorgt. (Wie lange kann Rußland sich halten? Wird das Hakenkreuz bald von den Türmen des Kreml wehen, wie von der Prager Burg und den Pariser Palästen?) Aber man atmet doch auf. Die Luft ist reiner geworden. Der Stalin-Hitler-Pakt, eine der größten Perversitäten und Paradoxe der Weltgeschichte, gehört nun der Vergangenheit an: zusammen mit „München" und anderen blamablen Erinnerungen ...

Und die Zukunft ...?

Am gleichen Tag, später. Niemand weiß, was geschehen wird. Aber selbst angenommen, die Rote Armee wäre wirklich so

schwach, wie man hier allgemein zu glauben scheint, die Invasion der Sowjetunion wird Hitler immer noch teuer genug zu stehen kommen. Er hat einen Fehler gemacht, den entscheidenden. Es ist der Anfang vom Ende.
Ist er toll, dieser Hitler? Er hätte sich mit dem England Chamberlains gegen das kommunistische Rußland verbünden können oder mit dem kommunistischen Rußland gegen die angelsächsisch-kapitalistische Welt. Er aber greift beide an! Ja, er ist toll – Gott sei Dank!

Jedes ehrliche Zeugnis hat Gewicht

New York, 11. August 1941

Jedes ehrliche, genaue Zeugnis zählt und hat Gewicht. Warum sollte meines wertlos sein?
Jedes Menschenleben ist zugleich einzigartig und repräsentativ; in jedem persönlichen Schicksal, jedem individuellen Drama spiegelt und variiert sich das Drama einer Generation, einer Klasse, eines Volkes und einer Zeit.
Was für eine Geschichte ist es denn, die ich zu erzählen habe? Die Geschichte eines Intellektuellen zwischen zwei Weltkriegen, eines Mannes also, der die entscheidenden Lebensjahre in einem sozialen und geistigen Vakuum verbringen mußte; innig – aber erfolglos – darum bemüht, den Anschluß an irgendeine Gemeinschaft zu finden, sich irgendeiner Ordnung einzufügen; immer schweifend, immer ruhelos, beunruhigt, umgetrieben, immer auf der Suche . . .;
die Geschichte eines Deutschen, der zum Europäer, eines Europäers, der zum Weltbürger werden wollte;
die Geschichte eines Individualisten, dem vor der Anarchie fast ebensosehr graut wie vor der Standardisierung, der „Gleichschaltung", der „Vermassung";
die Geschichte eines Schriftstellers, dessen primäre Interessen in der ästhetisch-religiös-erotischen Sphäre liegen, der aber unter dem Druck der Verhältnisse zu einer politisch verantwortungsbewußten, sogar kämpferischen Position gelangt . . .
Meine Geschichte – möglichst ehrlich, möglichst genau ist sie aufzuschreiben, mit all ihren zeitbedingten, zeitcharakteristi-

schen Zügen, mit ihrer besonderen und aparten Problematik. (Der Schatten des väterlichen Ruhms auf meinem Weg . . . , ja, das gehört auch hinein.)
Ich hätte Lust, gleich mit der Arbeit anzufangen. Will mit Landshoff darüber sprechen. Vielleicht wird es etwas für den amerikanischen Verlag, den er hier mit Bermann Fischer aufgemacht hat?
Am gleichen Tag, später. Aufrichtig sein! Nicht mehr lügen! Den Mut zu sich selber haben! Warum sollte ich mich bemühen, irgend jemandem zu schmeicheln oder Eindruck zu machen? Ich bin allein. Ich bin frei. Ich besitze nichts; ich will keinen Besitz. Warum sollte ich diplomatisch sein? Auf wen sollte ich Rücksicht nehmen? Ich kümmere mich nicht um den Stand der Börse, nicht um die Sexual-Tabus bourgeoiser oder marxistischer Zeloten, nicht um die Phrasen irgendeines Nationalismus. Der Nationalismus, jeder Nationalismus gilt mir als die gefährlichste und dümmste Verirrung des modernen Menschen. Ich habe mich von meiner Nation getrennt, weil mir ihre aggressive Prahlerei zum Ekel wurde. Ich glaube an die unteilbare, universale Zivilisation, nach der das Jahrhundert verlangt.
Am gleichen Tag, noch später. Alleine? Frei? Ich bin's. Aber ist es ein Grund zum Frohlocken? Freiheit kann zur Verzweiflung führen.
Angst vor der Verzweiflung.

Gott?

New York, 3. September 1941

Je mehr ich an Gott denke, je inniger ich mich mit Ihm beschäftige, desto deutlicher wird mir die enorme Wichtigkeit, die metaphysische Relevanz unserer jetzig-hiesigen Probleme und Affären.

Stefan Zweigs Selbstmord

New York, 23. Februar 1942

Die Nachricht von Stefan Zweigs Selbstmord in Brasilien kam so völlig unerwartet, daß ich sie zunächst kaum glauben konnte. Bei Toller war man auf dergleichen vorbereitet; aber doch nicht bei ihm, der so lebensfroh, ja genießerisch, so verwöhnt vom Glück, so ausgeglichen, so vernünftig schien! Er hatte Ruhm, Geld, sehr viele Freunde, eine junge Frau – und warf alles fort . . . Warum? In seinem Abschiedsbrief ist vom Krieg die Rede. Der Krieg, Triumph der Barbarei, Durchbruch zerstörerischer Urinstinkte! Dem Humanisten graut. Ist dies noch seine Welt? Er erkennt sie nicht mehr. „Ich passe nicht in diese Zeit. Diese Zeit mißfällt mir . . ." Und greift zum Gift. Ruhm, Geld und Freunde läßt er hier zurück; die junge Frau aber wird mitgenommen.

Ist es so einfach? Ach, was wissen wir . . .

Heimkehr oder Exil?

New York, 13. März 1942

Heimkehr oder Exil? Falsche Problemstellung! Überholte Alternative! Die einzig aktuelle, einzig relevante Frage ist: Wird aus diesem Kriege eine Welt erstehen, in der Menschen meiner Art leben und wirken können? Menschen meiner Art, Kosmopoliten aus Instinkt und Notwendigkeit, geistige Mittler, Vorläufer und Wegbereiter einer universalen Zivilisation werden entweder überall zu Hause sein oder nirgends. In einer Welt des gesicherten Friedens und der internationalen Zusammenarbeit wird man uns brauchen; in einer Welt des Chauvinismus, der Dummheit, der Gewalt gäbe es keinen Platz, keine Funktion für uns. Wenn ich das Kommen einer solchen Welt für unvermeidlich hielte, ich folgte noch heute dem Beispiel des entmutigten Humanisten Stefan Zweig . . .

Aber warum sollte das Schlimmste immer unvermeidlich sein? Ich bin nicht ohne Hoffnung. (Hoffnung als Pflicht. Hoffnungslosigkeit als Schwäche.)

Seien wir auf der Hut

21. April 1942

Was würde der Sieg über das Nazi-Regime nützen, wenn die Sieger sich vom Nazi-Geist infizieren ließen? Im Kampf gegen die äußerste Brutalität mögen brutale Mittel statthaft oder selbst notwendig sein. Indessen geziemt es sich, daß wir solche Mittel nur mit schlechtem Gewissen verwenden und akzeptieren. Die Skrupellosigkeit des Feindes darf uns nicht skrupellos machen. Gefahr der Ansteckung! Seien wir auf der Hut!

Nur noch: Todeswunsch

New York, 24. Oktober bis 27. Oktober

24. Oktober. Furchtbare Traurigkeit – alles überschattend. Der Todeswunsch.
25. Oktober. Der Todeswunsch – sonst nichts.
26. Oktober. Der Todeswunsch . . . (Wie lang erträgt man das?)
27. Oktober. Der Todeswunsch.
Ich wünsche mir den Tod. Der Tod wäre mir sehr erwünscht. Ich möchte gerne sterben. Das Leben ist mir unangenehm. Ich mag nicht mehr leben. Es wäre mir äußerst lieb, nicht mehr leben zu müssen. Der Tod wäre mir entschieden angenehm. Ich wünsche mir den Tod[1].

[1] Klaus Mann, Entscheidung. 1940–1942. Aus einem Tagebuch (Der Wendepunkt. Ein Lebensbericht, Kap. 11). Frankfurt 1952, S. 426–427, 429, 429–430, 431–432, 433, 438, 441, 449–450, 452–454, 455, 461–462, 463, 465, 468. Abdruck mit freundl. Genehmigung Frau Erika Manns wie des Verlages S. Fischer.

Zur Eroberung des Volkes

29. Januar 1942

Ich gehe abends zu einem kurzen Besuch zu Maria und spreche mich ausführlich mit meiner Mutter aus, die mir ein Sprachrohr der Stimmung des Volkes ist. Sie kennt die Stimmung des Volkes besser als die meisten Experten der Volksstimmung, die sie von der hohen Warte wissenschaftlicher Erfahrungen aus beurteilen, während hier die Stimme des Volkes selbst spricht. Ich kann wieder sehr viel lernen; vor allem, daß das Volk meistens viel primitiver ist, als wir uns das vorstellen. Das Wesen der Propaganda ist deshalb unentwegt die Einfachheit und die Wiederholung. Nur wer die Probleme auf die einfachste Formel bringen kann und den Mut hat, sie auch gegen die Einsprüche der Intellektuellen ewig in dieser vereinfachten Form zu wiederholen, der wird auf die Dauer zu grundlegenden Erfolgen in der Beeinflussung der öffentlichen Meinung kommen.

Private Pläne

13. März 1942

Überhaupt hat Naumann sich schon sehr gut wieder in sein Aufgabengebiet eingearbeitet, und er ist mir jetzt eine unentbehrliche Stütze. Er hat sich sehr tatkräftig mit dem eventuellen Ankauf von Land in der Nähe von Berlin für mich beschäftigt. Ich möchte gern etwas Grund und Boden haben, der mir selbst gehört und den ich mir durch meine eigene Arbeit schaffe. Es ist allerdings augenblicklich sehr schwer, Land zu kaufen, weil niemand verkaufen will. Trotzdem aber werde ich dies Ziel weiter verfolgen. Vor allem ist es gut, wenn man für die Familie etwas Stabiles und Wertbeständiges besitzt, das man später einmal weitergeben kann.

Postsperre für Kriegsgefangene in der UdSSR

17. Dezember 1942

Zum ersten Male melden sich jetzt deutsche Gefangene aus russischer Gefangenschaft. Es sind etwa vier- bis sechshundert Postkarten aus russischen Gefangenenlagern im Reich angekommen, die ohne jede Propaganda sind. Trotzdem verfolgen die Bolschewiken offenbar mit dieser Taktik einen Propagandazweck. Sie sind zwar nicht der Genfer Konvention angeschlossen, aber sie wollen sich wohl jetzt als gesittete und zivilisierte Nation aufspielen und haben sicherlich die Absicht, durch zunächst unverfängliche Karten eine Verbindung dieser Gefangenen mit der Heimat herzustellen und dann die offene Propaganda nachfolgen zu lassen. Wir behandeln diese Frage außerordentlich delikat. Die Karten sind zwar den Angehörigen ausgeliefert worden, aber diese bekommen dazu auch ein erklärendes Begleitschreiben. In Zukunft sollen zwar die in solchen Karten enthaltenen Wünsche der Gefangenen von Reichs wegen erfüllt werden, aber die Karten selbst sollen nicht mehr den Angehörigen ausgeliefert werden. Man muß hier sehr vorsichtig verfahren, weil man sonst ein Einfallstor für die bolschewistische Propaganda in Deutschland eröffnet.

„Schlagartig"

2. März 1943

Wir schaffen nun die Juden endgültig aus Berlin hinaus. Sie sind am vergangenen Samstag schlagartig zusammengefaßt worden und werden nun in kürzester Frist nach dem Osten abgeschoben. Leider hat sich auch hier wieder herausgestellt, daß die besseren Kreise, insbesondere die Intellektuellen, unsere Judenpolitik nicht verstehen und sich zum Teil auf die Seite der Juden stellen. Infolgedessen ist unsere Aktion vorzeitig verraten worden, so daß uns eine ganze Menge von Juden durch die Hände gewischt sind. Aber wir werden ihrer doch noch habhaft werden. Jedenfalls werde ich nicht ruhen, bis die Reichshauptstadt wenigstens gänzlich judenfrei geworden ist.

Die Fahrt auf den Obersalzberg erweckt eine ganze Menge

wehmütiger Erinnerungen. Wie oft und in wie verschiedenartigen Stimmungen bin ich diesen Weg gefahren! Von dem großen Leben von ehedem ist nicht mehr viel zu entdecken. Der Sitz des Führers liegt wie im Dornröschenschlaf.
Nachmittags um 4 Uhr fahre ich zu Göring hinauf. Sein Haus liegt hoch oben auf dem Berg in fast winterlicher Ruhe. Göring selbst empfängt mich mit der größten Liebenswürdigkeit und kommt mir geradezu mit offenem Herzen entgegen. Er trägt eine etwas barocke Kleidung, die, wenn man ihn nicht kennte, ein bißchen komisch wirken würde. Aber er ist ja so, und man muß sich schon mit seinen Originalitäten abfinden; ja sie haben manchmal etwas direkt Sympathisches an sich.

„Kein Entrinnen mehr"

Göring ist sich vollkommen im klaren darüber, was uns allen drohen würde, wenn wir in diesem Kriege schwach würden. Er macht sich darüber gar keine Illusionen. Vor allem in der Judenfrage sind wir ja so festgelegt, daß es für uns gar kein Entrinnen mehr gibt. Und das ist auch gut so. Eine Bewegung und ein Volk, die die Brücken hinter sich abgebrochen haben, kämpfen erfahrungsgemäß viel vorbehaltloser als die, die noch eine Rückzugsmöglichkeit besitzen.
Ich mache Göring klar, daß es unbedingt notwendig ist, den Krieg nicht nur militärisch, sondern auch politisch zu führen, und komme in diesem Zusammenhang auf die Ostproklamation zu sprechen. Von deren Notwendigkeit ist Göring ebenso fest überzeugt wie ich. Allerdings glaubt er nicht, daß sie mit Rosenberg durchzusetzen ist.

Gegen Katholiken und Protestanten

25. September 1943

Vor allem mein Artikel über die italienische Frage ist sehr gut aufgenommen worden. Man versteht jetzt, warum ich zeitweilig schweigen mußte, und begrüßt jetzt sehr herzlich die rasche Wiederaufnahme meiner publizistischen Tätigkeit. In

einer ganzen Reihe von Briefen wird mir mitgeteilt, daß man meinen Wochenaufsatz sozusagen als den politischen Leitfaden der Woche auffaßt. –
Eine Reihe von Todesurteilen gegen katholische und protestantische Pfarrer sind gefällt worden. Sie haben sich in der hinterhältigsten Weise gegen die deutsche Wehrkraft vergangen. Ich beantrage beim Führer, daß diese Urteile mit Begründung veröffentlicht werden. Der Führer wird demnächst über diese Frage eine Entscheidung fällen. –
Mein neues Buch: „Der steile Aufstieg" wird von Schirmeister zusammengestellt. Eine Reihe von Artikeln und Reden aus dem vergangenen Jahr sind nicht brauchbar, weil dort falsche Prognosen gestellt worden sind. Ich will sie nicht verbessern, sondern einfach ausfallen lassen. Es liegt so viel Material vor, das unantastbar ist, daß es mehr als genug ist, um zu einem Buch auszureichen.
Ich fühle mich augenblicklich etwas krank. Ich habe mir auf der Reise ins Hauptquartier einen ausgewachsenen Schnupfen geholt. Ich muß mich deshalb zum Wochenende etwas schonen, damit ich in der kommenden Woche wieder ganz auf dem Damm bin.

Anti-Rosenberg

9. Dezember 1943

Wie schlecht wir im Osten Politik betreiben, kann man daran ersehen, daß der Führerbefehl zur Überleitung der Propaganda im Osten an uns von Rosenberg immer noch nicht durchgeführt worden ist. Rosenberg sucht ihn nach Strich und Faden zu sabotieren und zu torpedieren. Ich kann nicht verstehen, daß der Führer solche widerspenstigen Nichtskönner weiter im Amt beläßt. Wenn ich an seiner Stelle wäre, so würde ich hier sehr schnell Tabula rasa machen. Rosenberg hat uns nicht nur im Osten, sondern auch auf allgemein politischem Gebiet viel mehr geschadet als genützt; es wäre Zeit, daß man mit ihm Fraktur redete.

Lammers hat in meinem Auftrag dem Führer die Frage der Propagandaabteilung in Paris vorgetragen und den Versuch Ribbentrops geschildert, mir diese über das OKW aus der Hand zu winden. Der Führer ist über diese Darstellung sehr wütend gewesen und hat sich in den barschesten und beleidigendsten Ausdrücken gegen Ribbentrop gewandt. Die Darstellung, die Ribbentrop durch den Gesandten Ritter mir hat geben lassen, bezeichnet der Führer als absolut unwahr und verlogen[1].

[1] JOSEPH GOEBBELS, Tagebücher 1942/43. Hrsg. von LOUIS P. LOCHNER. Zürich 1948, S. 62, 119, 228, 237–238, 242, 451, 509.

Heil in mir selber

Paris, 5. März 1942

Ich sehe zu, wie diese großen Athleten – Deutschland, England, Japan, Rußland – furchtbare Schläge austauschen, und weiß dabei, wie auch das Endresultat ausfallen mag, daß für mich das Heil in mir selber ruht, nur von mir selber kommen kann.

Kein Opfer des Privatlebens

Paris, 18. März 1942

Man muß entweder seinen Frieden wählen oder sich entschließen, die ganze Wahrheit zu sagen, und so habe ich meine Wahl getroffen: ich werde die Wahrheit nur zum Teil sagen (was mir schon Ärger genug eintragen wird). Auf metaphysischem, sozialem und politischem Gebiet, auf dem Gebiet der Ideen und dem der Sitten sind die Wahrheiten, die ich zu sagen hätte – und die für jeden Vernunftbegabten evident sind (nur, wie schwer ist dieser Vernunftbegabte zu finden!) – der landläufigen, ja, ich möchte sagen, der allgemeinen Anschauung so zuwiderlaufend, sind so explosiv, kurz gesagt, daß mein Privatleben von den herabregnenden Splittern getroffen werden würde. Ich werde mein Privatleben nicht opfern. Ich hänge an ihm mehr als an meinem Werk.

Heißt das, feige sein? Nein, so im tiefsten bin ich überzeugt, daß die ausgesprochene Wahrheit von der Allgemeinheit nicht nur nicht aufgenommen werden, sondern lediglich Empörung bei ihr auslösen würde. Begeben wir uns nicht daran, eine Welt aufzuklären, die nicht aufgeklärt werden will. „So eine Wahrheit in deinem Munde ist, halte deinen Mund verschlossen.“ (Persisches Sprichwort) Man muß auf eigene Rechnung vernünftig sein. Ich fürchte sogar, daß wir uns in große Gefahr stürzen würden, wenn wir darauf ausgingen, die Menschen, die wir lieben, um jeden Preis aufzuklären.

Bitter ist nur der Gedanke an jene paar hundert freie Geister, die es in einer Nation gibt und die von mir denken werden: „Wie, ist das alles?“ Aber das muß man schlucken.

Trauriges Schicksal der Politiker

Grasse, Mai 1942

Trauriges Schicksal der Politiker. – Heute noch sind sie stolze Herren, nehmen Paraden ab, man präsentiert vor ihnen das Gewehr. Dann schlägt man die Zeitung auf und liest: „Herr X gehört nicht mehr der Regierung an." Und damit Schluß. Auf einmal sind sie nur noch Fußmatten, an denen jeder sich den Schmutz von den Schuhen abstreift. In einem solchen Augenblick ermißt man – wieder einmal! – das paradiesische Glück, das es bedeutet, nur durch seine Werke zu gelten, von niemandem abhängig zu sein, von niemandem entlassen werden zu können.

„Glücklich ist, wer nicht mit im Spiel ist."

Lust am Glück in Frankreich

Grasse, Juni 1942

Ich habe gesagt und geschrieben, heute sei eines der Stichworte des französischen Volkes seine Lust am Glück, und ich konnte zu meiner Freude nahezu denselben Gedanken, den ich für wichtig halte, gleichzeitig oder ein wenig später in einer Schrift von Benda lesen. Diese Lust hat das französische Volk von heute zu der Tugend oder dem Laster befähigt, „die größten Tragödien in bürgerlicher Gesinnung zu durchleben." (ein Satz, den ich in Service und in L'Equinoxe geschrieben habe).

Die Lust am Glück im heutigen Frankreich erklärt, weshalb man nicht auf den Krieg gerüstet war. Sie erklärt vielleicht den Attentismus, der in neun von zehn Fällen nichts anderes ist als euphorische Trägheit. Sie erklärt die optimistischen Prognosen im Hinblick auf das Schicksal von Paris und Frankreich, die lediglich Mittel waren, sich zu beruhigen, das heißt weiter glücklich zu sein. Sie droht, die Revolution, die auf die „nationale Erhebung" folgen wird, zu Fall zu bringen; wehe ihr, wenn nach Wiederherstellung friedlicher Verhältnisse die wiederkehrende Prosperität ihr an Schnelligkeit zuvorkommt[1].

[1] Henry de Montherlant. Tagebücher 1930–1944. Übers. von Karl August Horst. Köln, Berlin 1961, S. 278, 279–280, 286, 290–291. Abdruck mit freundl. Genehmigung des Verlags Kiepenheuer & Witsch.

CYRIL ANTHONY STRAUSS

Pascal hat recht

2. November 1942

Nach einem einzigartigem Erlebnis im südlichen Teil der libyschen Wüste, einer halbjährigen Spähtrupptätigkeit im Raum von Kufra, bin ich wieder einmal in Ruhestellung und mache Bestandaufnahme über Vergangenheit und Zukunft. Als ich vergangene Nacht dalag und beobachtete, wie sich der Schütze über den untergehenden Skorpion erhob, sann ich darüber nach, daß mir die Einsamkeit der Wüste Möglichkeiten zum Nachken gab, die nicht umsonst waren, und ich vertraue meinem Intellekt mehr denn je zuvor, nicht zuletzt, weil ich seine Schwächen und Grenzen jetzt klarer sehe; ich wünschte, ich könnte mich meines Charakters ebenso rühmen. Doch sagte nicht Goethe: „Es bildet ein Talent sich in der Stille, sich ein Charakter in dem Strom der Welt"; Anatole France hat die Versuchungen der Eremiten lächerlich gemacht, weil solche Versuchungen unter den entsprechenden Umständen eben natürlich sind. So wird mir das erste Wort nach einem weiteren halben Jahr zeigen, daß das Leben in der Einsamkeit (denn gleich und gleich gesellt sich gern, und die Sudanesen leisten niemandem Gesellschaft) in die Gewohnheit der Selbstbetrachtung hineinführt. Nicht übel, sofern man sich dabei beherrscht, und der große Pascal recht hat, der sagt: „Denke zu allererst über Dich selbst nach und vom Wissen über Dein Ich schreite weiter zu Deinem Schöpfer[1]."

[1] Die Stimme des Menschen. Briefe und Aufzeichnungen aus der ganzen Welt. 1939–1945. München 1961, S. 253.

DIETRICH BONHOEFFER

Verloren wäre die Zeit . .

Berlin, an der Wende zum Jahr 1943

Verloren wäre die Zeit, in der wir nicht als Menschen gelebt, Erfahrungen gemacht, gelernt, geschaffen, genossen und gelitten hätten. Verlorene Zeit ist unausgefüllte, leere Zeit. Das sind die vergangenen Jahre gewiß nicht gewesen. Vieles, Unermeßliches haben wir verloren, aber die Zeit war nicht verloren. Zwar sind gewonnene Erkenntnisse und Erfahrungen, deren man sich nachträglich bewußt wird, nur Abstraktionen vom Eigentlichen, vom gelebten Leben selbst. Aber wie Vergessenkönnen wohl eine Gnade ist, so gehört doch das Gedächtnis, das Wiederholen empfangener Lehren, zum verantwortlichen Leben . . .

Es gibt gewiß auch einen dummen, feigen Optimismus, der verpönt werden muß. Aber den Optimismus als Willen zur Zukunft soll niemand verächtlich machen, auch wenn er hundertmal irrt; es ist die Gesundheit des Lebens, die der Kranke nicht anstecken soll. Es gibt Menschen, die es für unernst, Christen, die es für unfromm halten, auf eine bessere irdische Zukunft zu hoffen, und sich auf sie vorzubereiten. Sie glauben an das Chaos, die Unordnung, die Katastrophe, als den Sinn frommer Weltflucht der Verantwortung für das Weiterleben, für den neuen Aufbau, für die kommenden Geschlechter. Mag sein, daß der Jüngste Tag morgen anbricht, dann wollen wir gern die Arbeit für eine bessere Zukunft aus der Hand legen, vorher aber nicht[1].

[1] Die Stimme des Menschen. Briefe und Aufzeichnungen aus der ganzen Welt. 1939–1945. München 1961, S. 380–381.

ANTOINE DE SAINT-EXUPÉRY

Herr General, es gibt nur ein Problem

La Marsa bei Tunis, Juli 1943

Ich bin traurig für meine Generation, die jeder menschlichen Substanz entleert ist. Die nur Bars, Mathematik und Rennwagen als Form des geistigen Lebens kennengelernt hat und gegenwärtig in eine ausgesprochene Herdenaktion eingespannt ist – eine Aktion, die keinerlei Farbe mehr hat.

Ach, Herr General, es gibt nur ein Problem, ein einziges in der Welt. Wie kann man den Menschen eine geistige Bedeutung, eine geistige Unruhe wiedergeben; etwas auf sie herniedertauen lassen, was einem Gregorianischen Gesang gleicht! Hätte ich den Glauben, stünde es fest, daß ich, sobald diese Zeit des „Notwendigen und undankbaren Job" vorüber ist, nur noch Solesmes ertragen könnte.

Sehn Sie, man kann nicht mehr leben von Eisschränken, von Politik, von Bilanzen und Kreuzworträtseln. Man kann es nicht mehr. Man kann nicht mehr leben ohne Poesie, ohne Farbe, ohne Liebe. Wenn man bloß ein Dorflied aus dem 15. Jahrhundert hört, ermißt man den ganzen Abstieg. Es bleibt nur die Stimme des Propagandaroboters (verzeihen Sie). Zwei Milliarden Menschen hören nur noch auf den Roboter, werden selber zu Robotern. Alle Erschütterungen der letzten dreißig Jahre haben lediglich zwei Ursachen: die Sackgassen, in die das Wirtschaftssystem des 19. Jahrhunderts führt, die geistige Verzweiflung . . . Die Menschen haben die Cartesianischen Werte ausprobiert: außerhalb der Naturwissenschaften hatten sie kaum Erfolg damit. Es gibt nur ein Problem, ein einziges: es gilt wieder zu entdecken, daß es noch ein Leben des Geistes gibt, das höher steht als das Leben der Vernunft und das allein den Menschen zu befriedigen vermag. Das übersteigt noch das Problem des religiösen Lebens, das nur eine seiner Erscheinungsformen ist – wenn auch das Leben des Geistes vielleicht notwendig zu den anderen hinführt. Und das Leben des Geistes beginnt dort, wo man ein „einziges" Wesen oberhalb der Stoffe anerkennt, aus denen es sich zusammensetzt. Die Liebe zum

Hause – diese Liebe, von der man in den Vereinigten Staaten nichts weiß – gehört schon zum Leben des Geistes. Und auch das Dorffest und der Totenkult (ich komme darauf, da hier nach meiner Ankunft zwei oder drei Fallschirmspringer den Tod fanden, aber man hat sie beiseitegeschafft: sie waren nicht mehr von Nutzen). Das gehört zur Epoche, nicht zu Amerika: der Mensch hat keinen Sinn mehr. Man muß unbedingt zu den Menschen sprechen . . .

Doch was wird aus den Vereinigten Staaten und aus uns, ja auch aus uns in dieser Epoche eines allgemeinen Funktionärtums? Der Epoche des Robotermenschen, des Termitenmenschen, des Menschen, der hin- und herpendelt zwischen der Fließbandarbeit nach dem Bedaux-System und Skatspielen? Des Menschen, der seiner ganzen Schöpfungskraft beraubt wurde und der nicht einmal mehr in seinem Dorf einen Tanz oder ein Lied hervorzubringen vermag. Des Menschen, den man mit Konfektionskultur, mit Standardkultur versorgt, so wie man das Rindvieh mit Heu versorgt. So sieht er aus, der Mensch von heute.

Es geht um den Sinn des Menschen, und es ist keinerlei Antwort angeboten; so habe ich den Eindruck, daß wir den schwärzesten Zeiten der Weltgeschichte entgegengehen[1]. –

[1] Die Stimme des Menschen. Briefe und Aufzeichnungen aus der ganzen Welt. 1939–1945. München 1961, S. 374–375.

Ende der Monarchie

Sorrent, 10. Oktober 1943

Nach neuen Nachrichten und Dokumenten, die ich einsehen konnte, bin ich davon überzeugt, daß der König und seine Lakaien an die Rettung der Monarchie denken, und zwar dank der Hilfe der meisten ehemaligen Faschisten, welche diesen Kreis beschützen wie sie können, damit er nicht belästigt werde und seine Vorrechte behalten könne. Die Monarchie will nichts anderes als eine monarchistische Treuekundgebung; damit würde sie alle akzeptieren, auch die Kommunisten. Ich glaube, daß dieses Spiel, welches die bedauernswerte Haltung des Königs unter dem Faschismus in Vergessenheit geraten lassen soll, keineswegs gelingen wird. Wir werden aufpassen und es verhindern. Ich habe die Monarchie als eine für Italien nützliche Staatsform stets geschätzt. Es ist nicht unsere Schuld, wenn die Monarchie der Savoyer jegliches Ansehen verloren hat, und so fühlen und sagen es alle.

Das Verhängnis Mussolini

2. Dezember 1943

Ich dachte heute früh darüber nach, daß fast niemand mehr von Mussolini spricht, und sei es auch nur um über ihn zu schimpfen. Das Gerücht, das gelegentlich aufkommt, er sei tot, beweist, daß er in aller Herzen längst gestorben ist. Auch in mir selbst steigt selten ein Zorn gegen ihn auf, wenn ich daran denke, wie er Italien ruiniert hat und wenn ich mir die Fäulnis vorstelle, die er in allen Zweigen des öffentlichen Lebens hinterlassen hat; und zwar sogar im Heer, in den Reihen der Carabinieri. Unter keinen Umständen kann ich mich dazu entschließen, etwas über ihn zu schreiben, und dies nicht nur heute, sondern auch später, d. h. wenn ich mir jetzt schon eine ruhigere und hoffnungsvollere Zeit vorstellen könnte. Doch sehe ich voraus, daß es einmal anders wird. Eines Tages werden meine geschichtsschreibenden Kollegen (ich kenne sie und ihre Gehirne gut) in diesem Mann großzügige und geniale Züge entdecken; sie werden ihn sogar verteidigen, für seine „Rettung" sorgen und für seine Rehabilitierung, wie sie es nennen. Vielleicht werden sie ihn sogar verherrlichen. Deswegen richte ich mich im Geiste an sie und an ihre zukünftige Welt, um sie zu warnen; sie sollten es unterlassen; sie sollten der Verführung widerstehen, paradoxe Thesen aufzustellen und geistvoll, „brillant" sein zu wollen. In Wahrheit verfügte Mussolini nämlich über eine nur kleine Intelligenz, und dieser Mangel entsprach ganz dem völligen Fehlen an moralischem Feingefühl; er war unwissend, von jener wesenhaften Unwissenheit, die dadurch gekennzeichnet ist, daß man die elementarsten Beziehungen des menschlichen und gesitteten Lebens nicht kennt und nicht begreift; Selbstkritik war ihm ebenso fremd wie Wachheit des Gewissens; als äußerst eitel stellt er sich dar, ohne jeden Geschmack in Wort und Geste, und so schwankte er stets zwischen Plumpheit und Ignoranz. Er, indes, sollte er sich einmal für die Schmach und Schande zu verantworten haben, mit denen er Italien durch seine Reden und durch seine Taten bedeckt hat, für alle seine Übergriffe und Verderbtheiten, er also könnte dann den Italienern antworten wie einst der elende Volkstribun von Florenz, von dem Giovanni Villani berichtet. Dieser nämlich antwortete seinen Gefährten im Exil, als sie ihm vorwarfen, sie in die Katastrophe von Montaperti getrieben zu haben: „Und ihr, warum habt ihr mir geglaubt?" – Das einzige Problem, das der Untersuchung und des Nachdenkens wert ist, das ist nicht er, Mussolini, der ein Nichts ist, sondern die Geschichte Italiens und Europas; in ihr hat der Verlauf der Ideen und Empfindungen dazu geführt, daß derartige Menschen auf den Gipfel des Heils gestellt werden konnten.

Unruhe für den Rest des Jahrhunderts

Salerno, 1. März 1944

Im Tiefsten unserer Seele glauben wir noch immer an die Wiederkehr der Welt vor dem Kriege von 1914, der Welt, in welcher wir Jahrzehnte lang lebten, einer Welt des Friedens, der

Arbeit, der nationalen und internationalen Kooperation. Und hier stoßen wir auch auf den Ursprung unserer unerbittlichen Sorge, denn diese Hoffnung wird immer schwächer, schlimmer noch, sie wird trübe und dunkel. Wir sollten nicht an die Möglichkeit der Auferstehung einer solchen alten und sogar noch verbesserten Welt denken. Was wir vor uns haben, ist eine endlose Folge von Erschütterungen, Umwandlungen und Ruinen durch Revolutionen und Kriege; sie werden ein halbes Jahrhundert und länger noch andauern. Es könnte sein, daß sich durch sie gar nichts Positives ergibt, ja daß sie zum finis Europae führen. Andere Aussichten haben wir nicht. Wir müssen uns an die Vorstellung eines unruhigen Lebens gewöhnen, aus dem wir uns nicht durch eine geregelte persönliche und gesellschaftliche Aktivität befreien können. Vertraut machen müssen wir uns mit einem Leben Tag für Tag, mit einer Lebensweise also, die uns Männern der Arbeit, die wohlvorbereitete Pläne verwirklichen möchten, höchst zuwider ist. Und auf diesem unter jedem Schritte schwankenden Boden müssen wir das Beste zu erreichen versuchen, um würdig zu leben, als Menschen, als denkende und handelnde, aber auch als rücksichtsvolle Menschen, welche liebenswert bleiben wollen. Stets werden wir bereit sein müssen, verzichten zu können ohne völlig seelenlos zu werden. Das alles ist leichter zu sagen als zu tun, doch bleibt uns nichts anderes übrig als es uns stets vorzunehmen, damit wir wenigstens in einer gewissen Weise unseren altem Adam ändern können. Wenn wir unser Herz stets mit dem aes triplex der Gleichgültigkeit abschirmen, wird es uns ganz gewiß nicht gelingen. Auf diese falsche Weise würden wir unser Gefühl der Desorientierung, der Hilflosigkeit, Unsicherheit, Unzufriedenheit und des Unbehagens nur verlängern und verstärken. Und dies alles würde uns schließlich dazu zwingen, nur noch den Tod als Freund gelten zu lassen[1].

[1] Benedetto Croce, Quando l'Italia era tagliata in due. Estratto di un Diario. Luglio 1943 – Giugno 1944. Bari 1948, S. 18, 37–38, 87–88. Übers. von G. R. Hocke (nur diese Stücke). Abdruck mit freundl. Genehmigung des Verlags Laterza und der Biblioteca Benedetto Croce.

HENRI PERRIN

Das Wunder der Taufe

Deutschland 1944

Wenn wir neue Wachleute zur Aufsicht bei der Arbeit bekommen, dann „probieren wir sie aus", sprechen mit ihnen, bitten sie um Feuer, um zu sehen, welche Aussichten wir bei ihnen haben. Zuweilen zeigen sie uns die kalte Schulter, wir stoßen gegen eine Mauer von Verachtung, wir sind für sie Sträflinge, Gesindel aus den Gefängnissen, und in ihren Augen lesen wir den Widerwillen des braven Bürgers gegen Diebe, Sadisten u. ähnliches Gelichter. Es ist hart, sich so verstoßen und geächtet zu fühlen, und wider Willen trägt man schwer an dieser Demütigung.

Und dennoch – jenseits dieser Belastungen und Erniedrigungen, unter denen das Fleisch leidet, fühle ich mich auf eine wunderbare Weise zutiefst frei. Ich fühle, wie in mir die geheimnisvolle Flamme einer unveräußerlichen und unverletzlichen Freiheit lebt. Man kann mich gefangenhalten, man kann mich morgen in ein Konzentrationslager bringen, man kann mich foltern, daß ich vor Schmerzen heule, aber man kann nicht in das Heiligtum eindringen, in dem mein Geist wacht und wo ich allein Herr bin. Man kann mich täuschen, betrügen, meine Willenskraft schwächen, meinen flackernden Gedanken Worte abnötigen, die als ein Widerruf gelten können, man kann mich töten – aber nie werden sie Macht über meinen Willen haben, er gehört ihnen nicht, er ist etwas zwischen Gott und mir, *und kein Mensch kann ihn antasten.*

Ob sie denn wirklich der Meinung sind, daß man einen Christen so leicht versklavt? Glauben sie etwa, daß man durch Ketten und Mauern und Wächter die Wirksamkeit eines Christen hemmen kann? Arme Menschen! Im Gegenteil – seit Monaten lebe ich in der wachsenden Gewißheit, daß ich zwischen den vier Wänden meiner Zelle mehr für unsere jungen Christengemeinden tue als auf unseren apostolischen Wochenendfahrten: „Selig seid ihr, wenn ihr Verfolgung leidet um meinetwillen . . ."

Nur etwas könnte das Feuer des Geistes, das in mir lebt, erstikken: nämlich die Sünde, die Verzweiflung. Aber dann wäre ich selbst es, der es mit eigenen Händen zum Verlöschen brächte, nur ich selbst würde mir meine Ketten schmieden. Solange ich meinem Gott treubleibe, bin ich der freieste Mensch der Welt, und niemand kann mich zum Sklaven machen.

Wenn unsere Feinde wüßten, daß sie die Freiheit der Christen nicht beeinträchtigen, sondern darüber hinaus oft noch ihre Wirksamkeit, fast hätte ich gesagt, ihre Schädlichkeit vervielfachen, sie würden sie sicher aus den Gefängnissen hinauswerfen. Nicht umsonst leben wir kraft eines andern Lebens, und nicht umsonst mündet unser Tun in eine andere Welt als die des Fleisches und der Sinne. *Es gibt wirklich eine übernatürliche, eine göttliche Welt, in der unser Leben eine ganz neue Dimension gewinnt. Und unsere Taufe öffnet uns ein neues Land, aus dem uns niemand vertreiben kann.* Man kann uns unsere irdische Heimat verschließen, die andere wird sich uns nur um so schöner und fruchtbarer auftun. Man kann unsern Leib versklaven, aber damit wird man um so mehr Menschen zu der wahren Freiheit verhelfen, die bis dahin noch der Befreiung durch Christus harrten. Man kann Christen verstümmeln, aber Christus wird dadurch zunehmen, sein mystischer Leib wird wachsen, *bis sein Reich das Ausmaß der Welt erreicht hat und auch unsere Feinde einschließt.*

Und meine Kameraden wundern sich, daß ich mich so tief, so erstaunlich frei fühle. Wenn sie wüßten, was ein Christ ist, würden sie sich eher wundern, daß ich noch so sehr unter der Versklavung meines Fleisches leide. Wenn sie wüßten, daß ich ein Glied Christi bin, würden sie ganz überrascht sein, daß ich noch an so viele Dinge versklavt bin, da doch Er gekommen ist, uns frei zu machen[1]!

[1] HENRI PERRIN, Tagebuch eines Arbeiterpriesters. Aufzeichnungen 1943–44. Übers. von RENÉ MICHEL u. IRMGARD WILD. München 1955, S. 293–295. Hervorhebungen vom Verf. Abdruck mit freundl. Genehmigung des Kösel-Verlags.

Rettet das Tagebuch

Oslo, Sonntag, 19. März 1944
(Im Gestapo-Gefängnis)

Auch ich möchte gerne ein tapferer Mann sein. Ich bin es nicht. Ich hätte mich von den wilden Tieren in der V. T.[1] in Stükke reißen lassen und schweigen, schweigen müssen. Das brachte ich nicht fertig. Angst und Schmerz brachen mich. Im Laufe einer Reihe von Verhören holten sie alle Geheimnisse aus mir heraus.

Ich schäme mich darüber dermaßen, daß ich keine Lust habe, nach dem Krieg überhaupt noch jemanden wiederzusehen. Häufig denke ich: das beste wäre ein Todesurteil. Damit gingen drei Wünsche von mir in Erfüllung: mein Hamlet-Wunsch würde erfüllt, Sühne für meine Feigheit, und ich bekäme vielleicht den Nachruf:

He was a gallant man.

Endet das alles mit dem Tode, dann wünschte ich, mein Tagebuch würde gerettet. Ich würde dann meinen Bruder Hans bitten, es zu „übersetzen" und das Original mit einer Abschrift Bella zu übergeben.

Jedes Wort und jeder Satz hier sind unter Einsatz meiner Fähigkeit, zu denken und zu fühlen, geschrieben worden. Ich habe versucht, aufrichtig zu sein – nichts auszuschmücken, um mir einen goldenen Buchstaben im Nachruf zu verdienen, und mich nicht selber anzuschwärzen, um das Lob der Scham zu bekommen. Ich schreibe unter dem Druck einer drohenden Gefahr, die größer ist, als ich sagen darf.

Vielleicht wird es manchem schwerfallen, meine Angst vor Leiden und Schmerzen zu verstehen, da ich doch allem Anschein nach darauf vorbereitet bin, sterben zu müssen. Die Erklärung ist einfach. Der Schmerz ist bewußt. Der Tod – ja, was ist der?

[1] Victoria-Terrasse, Hauptquartier des NS-Sicherheitsdienstes.

Freitag, 24. März

Ja – werden meine Freunde sagen –, es ist ja ganz deutlich, wohin es mit ihm führt. Geradewegs in den Nothafen der Religion ... Ein erledigter Mann ... Nennt mich so, nennt mich, wie ihr wollt ... Ich suche ... suche rastlos und verzweifelt nach einem Halt im Leben. Ich bin ein Mann, der um sein Leben kämpft. Ich habe das Recht der Notwehr. Ich gehe unter in Verzweiflung ... in Selbstverachtung ... im Selbstmord! Wenn mir nicht „in der Tiefe des Daseins" von irgendwoher eine hilfreiche Hand gereicht wird.

Dienstag, 28. März

Es zieht mich näher zu Gott – auf seinen Weg. Ich will darum bitten, in strenger Zucht zu bleiben, um nicht das Opfer einer oberflächlichen Gefängnis-Religiosität zu werden. Es ist ungeheuer viel, was ich lernen muß. Meine Eitelkeit, zum Beispiel, ist ein gefährlicher Feind jedweder Aufrichtigkeit.

Aber: meine Sehnsucht ist groß. Ich meine, einen Weg zu erkennen. Es ist der, der in den Worten „Bleibet in der Liebe" liegt.

Trotz allem bin ich meiner Einsamkeit froh. Ich kann hier ohne Scheu der Stimme meines Herzens folgen. Ich glaube, das war absolut notwendig für mich. Auch darin zeigt es sich, daß dies „der Weg zu Gott" ist. Ach! wenn er doch jetzt zum Ziele führte ...

Freitag, 31. März

Das intellektuelle Ich lehnt sich gegen die christliche Forderung in allen Punkten auf und widerspricht ihr, historisch, moralisch und logisch. Die religiöse Erfahrung läßt sich mit der Ausdrucksweise einer mechanistischen Psychologie umschreiben. Auf den „Notruf" hin kommt keine bestimmte Antwort. Dann sagt mein notleidendes Ich: Christus gibt zur Antwort: Kommt zu mir! Das intellektuelle Ich antwortet darauf: Schön, geh du zu Christus, aber sei dir klar darüber, was du damit tust. Du wechselst die Form der Neurose. Du gehst zur kollektiven Neurose über. Natürlich ist die leichter zu ertragen als die individuelle. Darin liegt ihre „Wahrheit". Glück zu!

3. April

In meinen trigonometrischen Integralen habe ich schon längst Ordnung geschaffen. Mein Gehirn ist in Ordnung. In allem andern aber ist es nicht von weit her. Ich starre auf dieselben Probleme wie früher und finde keine Lösung. Ich habe schon seit vielen Tagen nicht mehr ernstlich zu Gott gebetet. Mit einem eigentümlichen Schrecken sehe und fühle ich, daß die Sturmflut religiöser Kräfte in meiner Seele, welche durch den Terror in der V. T. entfesselt wurde, sich legt, sozusagen verdunstet und mich zurückläßt mit einem fragenden Jakob, wo bist du! Der ganze Aufwand also ein ziemlich oberflächlicher Mechanismus?

Sonnabend, 8. April

Es ist meine verzweifelte Seele, die immer einen archimedischen Punkt außerhalb ihrer selbst gesucht hat, um sich in den Himmel zu wippen. Vergebens!

Freitag, 14. April

Zur Zeit fällt mir das Schreiben schwer. In der Welt des Gebetes komme ich nicht vorwärts. Ich habe das „Verlangen", aber die Gegenkräfte sind wirksam und stark. Vielleicht ist es gar nicht das intellektuelle Veto, das für mich das Haupthindernis auf dem „Weg zu Gott" ist. Ich sehe immer mehr und tiefer ein, wie ungeheuer viel wirklicher Ernst mir fehlt. Mit Grauen und Entsetzen gewahre ich, wie sehr mein Leben an der Oberfläche verlaufen ist, wie durchädert mein Wesen von Humbug, Verflachung, Lüge, Maskerade, Exhibitionismus ist.

Narziß war in sein eigenes Spiegelbild verliebt. Genauso ist es bei mir. Die ganze Welt ist Nahrung für das Feuer, das zu Ehren meiner Eitelkeit brennt. Wie alle anderen Götter und Götzen fordert die alles.

Freitag, 19. Mai

Heute vor vier Wochen verließ ich die Einzelzelle nach 75 Tagen des Alleinseins. Diese 75 Tage werden für mich immer in einem eigentümlichen Licht dastehen. Es waren Tage einer intensiven Krisenstimmung. Nie werde ich die langen Tage vergessen können, da die Einsamkeit, die Angst, die Unruhe vor der Zukunft und die Sorgen um Frau und Freunde mich dazu trieben, es noch einmal mit der Weisheit der Väter zu versuchen. Mit einem traurigen Seufzer muß ich feststellen, daß der Versuch ein negatives Resultat ergab. Ich fand keinen Anhaltspunkt für den Glauben oder die Überzeugung, daß etwas Göttliches zu mir oder in mir sprach. Ich fand den Wunsch, daß es das geben möge, aber dieser Wunsch ist als Ausdruck des Selbsterhaltungstriebes und des Egoismus völlig erklärlich. Ich kann nichts anderes feststellen, als daß mein ganz ehrlicher Versuch mich auf den Standpunkt zurückgeführt hat, den ich zwanzig Jahre lang eingenommen habe: Es gibt keine Wahrheit außerhalb des Menschen selbst. Alles hat seinen Ursprung innerhalb des Menschen selber, und das gilt auch für alle Gedanken und Empfindungen von „Gott".

Donnerstag, 27. Juli

Mein „geistlicher Zustand" würde viele enttäuschen. Ich denke dabei vor allem an Vater und andere „Gläubige" in meiner Familie. Meinen Tagebuchblättern aus der Einzelzelle würden sie wohl ungefähr folgende „Argumente" entnehmen: Da sieht man's! Im Leiden und in der Angst – da fandest du den Weg zu Gottes Erlösung. Jetzt, da du glaubst, die Gefahr sei vorbei – jetzt machst du das Ganze zu Menschenwerk, zu Psychologie und „Zufälligkeit" und verleugnest den Gott, vor dem du damals mit flehentlichen Tränen die Knie gebeugt hast.

Für mich ist die Einzelzelle eine Erfahrung. Das war religiöse Entscheidung, endlich einmal! Sie lehrte mich vor allem anderen, daß „das Religiöse" ausschließlich emotionell ist. Es ist weder eine Sache des Denkens noch des Wollens. Es ist Gefühl – das vom Bedürfnis geschaffen wird. Erziehung und Tradition legen gewisse Glaubensformen fertig an, und diese werden aufgrund der emotionellen Werte, welche sie begleiten, aufgenommen. Ich möchte annehmen, daß etwas „Religiöses" sich auch in einem Individuum ohne religiöse Erziehung in einer Gemeinschaft ohne religiöse Erfahrungen abspielt. Wir sehen ja, daß die Geschichte Beispiele dafür erbringt.

Das Bedürfnis nach „Erlösung" wird von Angst und Leiden erzeugt und hat die rein irdische Erlösung vor Augen. In der Not, in der Gewalt des Feindes, taucht der Gedanke an eine „höhere Macht" als die des Feindes mit einer Kraft und Selbstverständlichkeit auf, die aus dem Selbsterhaltungstrieb und Verteidigungswillen abgeleitet sind. Diese naturgegebenen

Elemente der religiösen Mentalität werden in einem System der Theo-logie – der Weisheit von Gott oder Göttern –rationalisiert. Die Rationalisierung wird mit der ganzen Logik, über welche das Individuum oder die Gattung verfügen, durchgeführt. Sie repräsentieren eine Zeitlang die geistige Erfahrung der Gattung auf vollgültige Art und Weise. Was die orthodoxe christliche Theologie betrifft, ist diese Zeit schon lange vorbei. Sie konnte über das Gemüt der Menschen siegen, weil das Menschengeschlecht noch nicht den magischen Kreis des Wunschdenkens gesprengt hatte.

Jetzt aber ist er gesprengt. Rein verstandesmäßig wußte ich das schon früher. Jetzt aber ist die Sache auch als „Herzensanliegen" geklärt. Intellektuell und emotionell findet die Sache – die religiöse Frage – folgende „Lösung" oder Antwort: Wer sucht, findet sich selber. Er findet seine eigene Angst – seine Hilflosigkeit unter der Gewalt des Feindes und sein „himmelstrebendes" Verlangen nach Erlösung von Angst und Tod und Leiden. Der, der mich (ihn) von diesen „bösen Mächten" befreien kann, ist wahrhaftig „Gott". Derjenige, der diese Gedanken und Gefühle von mir mortifizieren kann, ist wahrhaftig auch „eine Großmacht".

Donnerstag,10. August

Warum beschäftige ich mich hier so weitläufig mit dieser abgenutzten Frage? Ich habe sehr gute Gründe dafür. Ich muß mit der Möglichkeit rechnen, daß mein Leben auf dem Spiel steht. Auf jeden Fall gehen mir viele bange Ahnungen durch den Sinn, wenn ich an die Unbarmherzigkeit des Gegners und die Raserei denke, welche die letzte Phase des Krieges prägt. Da muß auch ich „mein Haus bestellen". Aber wenn auch das Exekutionskommando auf mich wartet – ich kann mir kein „Credo" abzwingen. Ich versuchte das in äußerster Not in der Einzelzelle.

Es war vergebens!

Und bald nur noch: Schrei nach bloßem Brot

Freitag, 18. August

Wir bekamen zum Mittag eine Extraportion zur Verteilung unter uns und eine Portion Grütze. So etwas hat große Bedeutung für uns. Einen Roggenkloß und sechs Löffel Grütze extra – das schafft . . .

. . . einen großen Tag.

Sonnabend, den 19. August

Die Kabbala sagt: Die Summe ist bald gebildet. Drei und Sieben besiegen das Urteil und das Böse wider mich!!

Die Kost am Freitag:

Übliches Frühstück. Tran. Zu Mittag: Hafergrütze, einen Becher saure Milch. Vier kleine Kartoffeln. Von der Hafergrütze bekamen wir eine Portion extra – zur Verteilung untereinander, natürlich.

Übliches Abendbrot.

Alles in allem: ein flauer Tag; keiner der schlimmsten, aber einer dieser vielen, vielen Defizit-Tage.

Heute ist Sonnabend. Da pflegt es für gewöhnlich etwas extra zu geben. Wir wollen es abwarten . . .[1]

[1] PETTER MOEN. Der einsame Mensch. Tagebuch. Hrsg. von EDZARD SCHAPER. München 1950, S. 43, 49, 51, 53, 56, 59, 60, 65, 95–96, 105, 111–112. Abdruck mit freundl. Genehmigung der Nymphenburger Verlagshandlung.

ERASMUS VON JAKIMOW

In den Grenzen unserer eigenen Kapazität

Sv. Vid., Jugoslawien,
14. September 1944

Während hier alles zur Entscheidung drängt – während im Westen das Unglaubliche geschieht, daß eine ganze Menschheit ihr Mutterland Europa zertrümmern will –, sitze ich und schaue aufs Meer, über helleuchtende Höhen und intensiv blaue Inselberge, die aus dem Meer herauswachsen. Bei all diesen entsetzlichen Ereignissen kann ich immer nur sagen, daß meine Kümmernisse die gleichen sind wie am ersten Tage des Krieges – daß aber auch mein Optimismus der gleiche ist. Sonst wäre alles, was ich bisher erfahren habe, sinnlos. Das ist mir undenkbar. Wir werden uns in irgendeiner Form behaupten, freilich nur in den Grenzen unserer inneren Kapazität. Wir müssen uns ja gegen alle geistlosen Mächte behaupten, da es das innerste Leben eines jeden von uns betrifft ...

Im übrigen denke ich viel über Dinge nach, die schon hundertmal durch meinen Kopf gingen und die man immer wieder in andern Farbharmonien sieht, ausgehend vom Farbton des eigenen Zustandes. Das stets gleichbleibende Element ist die Sehnsucht nach einer Erfüllung, die es nicht gibt – und die es nicht geben darf, denn sie bedeutet Stillstand –, und durch die alles Schöne und alles Elend der Welt geboren wird. Daß durch diese Sehnsucht aber so viel Schönes entsteht, das zu sehen, sind wenige Menschen in der Lage. Hierin aber liegt die positive Kraft[1].

[1] Die Stimme des Menschen. Briefe und Aufzeichnungen aus der ganzen Welt. 1939–1945. München 1961, S. 427.

KNUT HAMSUN

Ich antwortete nicht

Im Krankenhaus 1945

Am 23. Juni wurde ich zum Untersuchungsrichter geholt.
Er kam mir gleich mit halbem Lächeln entgegen: Sie müssen doch mehr Geld haben, als sie angeben?
Ich war etwas verblüfft und sah den Mann an. Ich bin nie auf Geld versessen gewesen, sagte ich.
Na ja, aber –
Mein Vermögen ist das, was ich angegeben habe, ungefähr fünfundzwanzigtausend Kronen in barem Geld, zweihundert Aktien im Gyldendalverlag und der Hof Nörholm.
Jawohl, aber Ihre Autorenrechte?
Ja, wenn Sie mir darüber heute etwas sagen könnten, Herr Richter, wäre ich Ihnen sehr dankbar. Mit meinem Schicksal als Dichter scheint es jetzt nicht besonders auszusehen.
Ach Gott, wie ich ihn wohl enttäuschte. Und wie ich alle die anderen enttäuschte, die gehofft hatten, in meinem „großen Vermögen" schnüffeln zu können. Freilich, mein Vermögen ist groß genug, allzu groß. Ich habe kein Verlangen danach, es mit ins Grab zu nehmen.
Die Vernehmung war hübsch und brachte nichts Entscheidendes. Auf mehrere Fragen des Untersuchungsrichters antwortete ich ausweichend, um den wohlmeinenden Herrn nicht unnötig zu irritieren. Amtsrichter Stabel ist fanatisch, ja phantastisch in seinem Haß auf Deutschland, er glaubt fest wie das Senfkorn in der Bibel an das edle und reine Recht der Alliierten, die deutsche Nation zu zerstören und sie von der Erde zu vertilgen. Außer dem, was von der Vernehmung schon veröffentlicht worden ist, erwähne ich noch ein paar Kleinigkeiten.
Er fragte, was ich von dem nationalsozialistischen Kreis halte, in den ich hier in Grimstad gekommen sei.
Ich antwortete, daß bessere Leute als ich in diesem Kreis seien. Aber ich verschwieg, daß nicht weniger als vier Ärzte darin sind, um nur eine Kategorie zu nennen.
Es hörte sich an, als sei ich im großen und ganzen zu gut dafür, an dem nazistischen Komplott beteiligt zu sein.

Es sind auch Richter dabei, sagte ich.
Ja leider. Und wie stünde ich nun zu den Greueltaten der Deutschen in Norwegen, die jetzt an den Tag gekommen seien?
Da der Polizeichef mir verboten hätte, Zeitungen zu lesen, wüßich davon nichts.
Wußte ich nichts von den Morden, dem Terror, der Tortur?
Nein. Ich las nur kurz vor meiner Festnahme ein paar Andeutungen.
Ja, ein Halunke mit Namen Terboven, der seine Aufträge direkt von Hitler empfing, peinigte und schlachtete das norwegische Volk fünf Jahre lang. Aber Gott sei Dank, wir andern hielten aus. Finden Sie, daß die Deutschen ein Kulturvolk sind?
Ich antwortete nicht.
Er wiederholte seine Frage.
Ich sah ihn an und antwortete nicht.
Wäre ich Polizeichef, dann bekämen Sie alle Zeitungen zu lesen. Ihre Sache wird bis zum 22. September ausgesetzt.

Dauer des Nachruhms

Undatiert 1945

Doch das ist es nicht, worüber ich grübele, sondern dies: daß so wenige Dinge Dauer haben. Daß selbst Dynastien zerfallen. Daß sogar das Grandiose eines Tages stürzt. Es sollte nichts von Pessimismus in solchem Denken und Besinnen sein, nur ein Erkennen, wie wenig stillstehend, wie dynamisch das Leben ist. Alles rührt sich und ist springlebendig, auf und ab und nach allen Seiten, wenn das eine zusammenbricht, erhebt sich ein andres, spielt sich eine Weile gewaltig auf in der Welt und stirbt. In der Edda, im Haavamaal glauben sie an unschuldige Dauer des Nachruhms. Aber auf Madagaskar haben die Madagassen ein Sprichwort: Tesaka liebt nicht Dinge, die von langer Dauer sind!
Ach, die kakelnden Hühner auf Madagaskar, die kriegen's schon, wie sie es haben wollen!
So klug sind wir Menschen nicht, wir wollen die Illusion, daß wir dauern, nicht aufgeben. Gott und dem Schicksal ins Angesicht versuchen wir uns an Unsterblichkeit und Nachruhm heran-

zutrotzen, unsere eigene Torheit zu küssen und zu streicheln, ohne Form und Haltung zu Boden zu welken.
Ich sehe im Geist eine Zeichnung von Engström, die fünfzig Jahre zurückliegt: ein uraltes Paar sitzt auf einer Gartenbank und schnarcht leise. Es ist Herbst. Der Mann hat lange Bartstoppeln im Gesicht. Er hat die Hände um den Stab gelegt.
Sie flüstern mit zitternden Lippen folgendes Zwiegespräch: Ich erinnere mich an ein Mädchen, das hieß Emilie.
Aber Lieber, das war doch ich.
So, das warst du.

Kommen und Gehen

Altersheim 1946

Springst du ab und schleuderst deinen Hut zur Erde vor zwei Augen, die dir begegnen?
Gerade jetzt wirbelt ein neues hoffnungsvolles Geschlecht aus dem Untergrund herauf. Es ist so neu geboren, so unschuldig, ich lese davon, doch ich kenne keine Namen, es ist auch gleichgültig. Wandernde Lichter, alle miteinander, sie kommen, leuchten ein wenig und verschwinden, kommen und gehen, wie ich kam und ging[1].

[1] Knut Hamsun, Auf überwachsenen Pfaden. München 1950, S. 9–11, 25–27, 79. Abdruck mit freundl. Genehmigung des Paul-List-Verlages.

ERICH KÄSTNER

Der erste Stein

Mayrhofen, 8. Mai 1945

Jodl hat die bedingungslose Kapitulation unterzeichnet. In Reims. Der Rundfunk überträgt die Siegesfeiern und den Jubel, der draußen herrscht. Alle miteinander sind stolz darauf, was sie in fünf Kriegsjahren geleistet haben. Und sie haben Grund, sich zu rühmen. Aber sie werfen uns vor, daß es ihrer Anstrengungen bedurfte. Was sie getan hätten, sei unsere Aufgabe gewesen. Wir, die deutsche Minorität, hätten versagt. Das ist ein zweideutiger Vorwurf. Er enthält nur die halbe Wahrheit. Sie verschweigen die andere Hälfte. Sie ignorieren ihre Mitschuld. Was sie verschweigen, macht das, was sie aussprechen, zur Phrase, und wir sind im Laufe der Zeit gegen Phrasen sehr empfindlich geworden. Auch gegen liberale Phrasen. Auch gegen Phrasen aus Übersee. Die Sieger, die uns auf die Anklagebank verweisen, müssen sich neben uns setzen. Es ist noch Platz.

Wer hat denn, als längst der Henker bei uns öffentlich umging, mit Hitler paktiert? Das waren nicht wir. Wer hat denn Konkordate abgeschlossen? Handelsverträge unterzeichnet? Diplomaten zur Gratulationscour und Athleten zur Olympiade nach Berlin geschickt? Wer hat denn den Verbrechern die Hand gedrückt statt den Opfern? Wir nicht, meine Herren Pharisäer!

Sie nennen uns das „andere" Deutschland. Es soll ein Lob sein. Doch Sie loben uns nur, damit Sie uns desto besser tadeln können. Beliebt es Ihnen, vergessen zu haben, daß dieses andere Deutschland das von Hitler zuerst und am längsten besetzte und gequälte Land gewesen ist? Wissen Sie nicht, wie Macht und Ohnmacht im totalen Staat verteilt sind? Sie werfen uns vor, daß wir nicht zu Attentaten taugen? Daß noch die Trefflichsten unter uns dilettantische Einzelmörder unübertrefflicher Massenmörder waren? Sie haben recht. Doch das Recht, den ersten Stein gegen uns aufzuheben, das haben Sie nicht! Er gehört nicht in Ihre Hand. Sie wissen nicht, wohin damit? Er gehört, hinter Glas und katalogisiert, ins Historische Museum. Neben die fein säuberlich gemalte Zahl der Deutschen, die von Deutschen umgebracht worden sind.

Das Gesicht der Herrenrasse

Mayrhofen, 24. Mai 1945

Julius Streicher hat man bei Berchtesgaden eingefangen. Himmler hat sich, in englischer Haft, mit Zyankali vergiftet. Als man ihn festnahm, hatte er sich den Schnurrbart abrasiert und trug über einem Auge eine schwarze Klappe. Robert Ley hatte sich einen Bart wachsen lassen. Es geht zu wie im Maskenverleih-Institut. Oder wie in Gangsterfilmen. Der Würdelosigkeit sind keine Grenzen gesetzt. Die Katastrophe endet als Jux und Kintopp. Das Gesicht der Herrenrasse mit auswechselbarem Schnurrbart[1]!

[1] Erich Kästner, Notabene 45. Berlin 1961, S. 145–147, 165. Abdruck mit freundl. Genehmigung des Cecilie-Dressler-Verlages.

ERNST JÜNGER

Diaristische Labyrinth-Perspektive

(Einleitung zu einem „Sextett von Tagebüchern")

1

1949

In diesen Blättern wird das Tagebuch der sieben Matrosen erwähnt, die 1633 auf der kleinen Insel des heiligen Mauritius im nördlichen Eismeer überwinterten. Die holländische Grönlandgesellschaft hatte sie dort mit ihrem Einverständnis ausgesetzt, zum Studium des arktischen Winters und der polaren Astronomie. Im Sommer 1634, als die Walflotte wiederkehrte, fand man das Tagebuch und sieben Leichen vor.

Gleichzeitig mit dieser Episode spielten auf anderen Teilen des Planeten Akte der großen Auseinandersetzung über die Frage der Willensfreiheit, die Luther und Erasmus neu aufgeworfen hatten und die nach der theologischen auch der politisch-räumlichen Abgrenzung zudrängte. 1634 wurde Wallenstein in Eger ermordet, ein retardierendes Moment. Colignys Tod dagegen, 1572, erscheint uns als Vereinfachung, Beschleunigung der Entwicklung zu unserm Bild.

Wir urteilen so, weil wir im Einheitsstaat und seinen ausgeprägten Formen das Ziel erblicken, zu dem der Weltgeist in kunstvollen Zügen strebt. Daher erscheint uns der Triumph von Richelieu und Cromwell sinnvoll, während das Scheitern Wallensteins eine Ära von politischen Mächten zweiten und dritten Ranges einleitet.

Wer aber kennt die wahren Größen der Historie und die Rückseite der Medaillen, die das Bewußtsein prägt? Wer weiß, was Frankreich in der Bartholomäusnacht verloren hat und was der Unstern Wallensteins verhinderte? Doch das sind Spekulationen, die man an Kaminen ausspinnt oder zum Zeitvertreib während einer Nachtwache. Wir überschätzen die Bedeutung der politischen Figuren und der einzelnen Schachzüge.

Hundert Jahre ehe die Männer auf St. Mauritius, am Skorbut sterbend, ihr Tagebuch führten, entwarf Kopernikus die neue

Kosmographie. Mit Recht wird Wert darauf gelegt, daß solche Daten wichtiger als die der Staaten- und Kriegsgeschichte sind. Sie sind auch unvergleichlich gefährlicher. Um 1633 erschien der alte Galilei vor dem Ketzergericht. Das „E pur si muove", das man ihm zuschreibt, gehört zu unseren Schicksalssprüchen; man sieht, daß die Vernunft das letzte Wort behalten wird.
Inzwischen ist uns der Gedanke vertraut geworden, daß wir auf einer Kugel hausen, die mit Geschosses-Geschwindigkeit in Raumestiefen fliegt, kosmischen Wirbeln zu. Bei Rimbaud übersteigt die Fahrt bereits die Vorstellung. Und jeder antikopernikanische Geist wird bei Erwägung der Lage auf den Gedanken stoßen, daß es unendlich leichter ist, die Bewegung zu steigern als umzukehren zu ruhigerer Bahn. Hierauf beruht der Vorteil des Nihilisten gegenüber allen anderen. Hierauf beruht auch das ungemeine Wagnis der theologischen Aktionen, die sich anbahnen. Es gibt einen Grad der Geschwindigkeit, für den alle ruhenden Gegenstände ihrerseits bedrohlich werden und die Form von Geschossen annehmen. Im arabischen Märchen genügt die Nennung Allahs, um die fliegenden Dämonen zu verbrennen wie durch einen Stern.

2

Die sieben Matrosen sind bereits Gestalten der kopernikanischen Welt, zu deren Zügen auch die Sehnsucht nach den Polen zählt. Ihr Tagebuch ist neue Literatur, als deren Merkmal man ganz allgemein die Absetzung des Geistes vom Gegenstand, des Autors von der Welt bezeichnen kann. Das führt zu einer Fülle von Entdeckungen. Zu dieser Welt gehört die immer sorgfältigere Beobachtung, das starke Bewußtsein, die Einsamkeit und endlich auch der Schmerz.
Seit jenem ersten hat man viele solcher Tagebücher bei Toten gefunden und aus dem Nachlaß veröffentlicht. Auch Lebende gewähren Einblick in ihre Tagebücher; es liegt darin seit den Dîners chez Magny kein Wagnis mehr. Der Tagebuchcharakter wird vielmehr zu einem Kennzeichen der Literatur. Das hat unter mancherlei Gründen auch den oben erwähnten der Geschwindigkeit. Die Wahrnehmung, die Mannigfaltigkeit der Töne kann sich in einem Maße steigern, das die Form bedroht

und das in unserer Malerei getreulich festgehalten wird. Demgegenüber ist literarisch das Tagebuch das beste Medium. Auch bleibt es im totalen Staat das letzte mögliche Gespräch.
Selbst philosophisch kann die Lage in einer Weise bedrohlich werden, die das Opus dem Logbuch annähert und wie sie sich zum ersten Male andeutete im „Willen zur Macht". Das sind Notizen auf der Fahrt durch Meere, in denen der Sog des Mahlstroms fühlbar wird und Ungeheuer auftauchen. Wir sehen den Steuermann bei der Betrachtung der Instrumente, die allmählich glühend werden, den Kurs bedenken und sein Ziel. Er untersucht die Wege, die möglich sind, die äußersten Routen, auf denen die praktische Vernunft dann scheitern wird. Die geistige Erfassung der Katastrophe ist fürchterlicher als die realen Schrecken der Feuerwelt. Sie ist das Wagnis nur der kühnsten, lastbarsten Geister, die den Dimensionen, wenngleich nicht den Gewichten des Vorgangs gewachsen sind. So zu zerbrechen war das Schicksal Nietzsches, den zu steinigen heute zum guten Ton gehört. Nach dem Erdbeben schlägt man auf die Seismographen ein. Man kann jedoch die Barometer nicht für die Taifune büßen lassen, falls man nicht zu den Primitiven zählen will.
Poe, Melville, Hölderlin, Tocqueville, Dostojewskij, Burckhardt, Nietzsche, Rimbaud, Conrad wird man auf diesen Seiten häufig beschworen finden als Auguren der Mahlstromtiefen, in die wir abgesunken sind. Zu diesen Geistern zählen auch Léon Bloy und Kierkegaard. Die Katastrophe wurde in ihren Einzelheiten vorausgeschaut. Doch waren die Texte oft hieroglyphisch – so gibt es Werke, für die wir erst heute als Leser reif geworden sind. Sie gleichen Transparenten, deren Inschrift der Schein der Feuerwelt enthüllt.
Und wieder bewährte sich die Bibel als das Buch der Bücher, prophetisch auch für unsere Zeit; doch nicht nur prophetisch, sondern auch tröstend in höchstem Maße und insofern das Handbuch alles Wissens, das wiederum Unzählige durch die Schreckenswelt begleitete. Bei der Vertiefung wird manchem deutlich geworden sein, daß, wie neue Theologie an sich, so auch die Exegese im Sinne des 20. Jahrhunderts nötig geworden ist. Notizen zu einer solchen ziehen sich durch die Aufzeichnungen hindurch. Sie sind zum eigenen Gebrauch entwor-

fen, doch geben sie vielleicht auch diesem oder jenem einen Hinweis zur Methodik, zum eigenen Eindringen. Methodologische Anregung verdanke ich vor allem Léon Bloy, dessen Schriften gleichfalls häufig erwähnt werden und auf den die jungen Deutschen hinzuweisen ich nicht verfehlen möchte, obwohl ich stärksten Widerspruch voraussehe. Ich hatte den gleichen Widerwillen zu überwinden – man muß indessen heute die Wahrheit nehmen, wo man sie trifft. Sie fällt, dem Lichte gleich, nicht immer auf den angenehmen Ort. Überhaupt zieht sich ein literarischer Faden durch das Labyrinth der Tagebücher, beruhend auf dem Bedürfnis nach geistiger Dankbarkeit, das indessen auch für den Leser fruchtbar werden kann[1].

[1] Ernst Jünger Werke. Bd. 2, Tagebücher II. Strahlungen, T. 1. Stuttgart 1962, S. 11–14. Abdruck mit freundl. Genehmigung des Autors wie des Verlags Ernst Klett.

Eifersucht

1949

Wenn der Unselige, der mich gestern besucht hat, ein Mann, dessen Geliebte es mit einem andern versucht, wenn er ganz sicher sein könnte, daß die Gespräche eines andern, die Küsse eines andern, die zärtlichen Einfälle eines andern, die Umarmung eines andern niemals an die seinen heranreichen, wäre er nicht etwas gelassener? Eifersucht als Angst vor dem Vergleich.
Was hätte ich sagen können? Eine Trauer kann man teilen, eine Eifersucht nicht. Ich höre zu und denke: Was willst du eigentlich? Du erhebst Anspruch auf einen Sieg ohne Wettstreit, verzweifelt, daß es überhaupt zum Wettstreit kommt. Du redest von Treue, weißt aber genau, daß du nicht ihre Treue willst, sondern ihre Liebe. Du redest von Betrug, und dabei schreibt sie ganz offen, ganz ehrlich, daß sie mit Ihm verreist ist – Was, mein Freund, willst du eigentlich?
Man will geliebt sein.
Nur in der Eifersucht vergessen wir zuweilen, daß Liebe nicht zu fordern ist, daß auch unsere eigene Liebe oder was wir so nennen, aufhört, ernsthaft zu sein, sobald wir daraus einen Anspruch ableiten . . .
Wie ist es möglich, daß sich die Eifersucht, wie es denn öfter vorkommt, sogar auf Tote beziehen kann, die mindestens als leibliche Gestalt nicht wiederkommen können?
Nur aus Angst vor dem Vergleich.
Ferner weiß jeder, daß er für die Frau, der er in Eifersucht gegenübersteht, alles andere als gewinnend ist. Seine Eifersucht, offensichtliche Angst vor dem Vergleich, ist für sie nicht selten die erste Ermunterung, sich umzusehen, Vergleiche anzustellen. Sie wittert plötzlich seine Schwäche. Sie blüht geradezu unter seiner Eifersucht – mit Recht findet er sie schöner als je! – blüht in neuer unwillkürlicher Hoffnung, daß ihre Liebe (denn warum hätte er sonst solche Angst?) offenbar noch ganz andere Erfüllungen erfahren könnte . . .
Männer, die ihrer Kraft und Herrlichkeit sehr sicher sind, wirklich sicher, und Weiber, die ihres Zaubers sicher sind, so si-

cher, daß sie beispielsweise nicht jedem Erfolg ihres Zaubers nachgeben müssen, sieht man selten im Zustand der Eifersucht. Dabei fehlt es auch ihnen nicht an Anlaß! Aber sie haben keinen Grund zur Angst, und zwar kennen sie den Verlust, die brennende Wunde, die keiner Liebe erspart bleibt, doch kommen sie sich darum nicht lächerlich vor, nicht verhöhnt, nicht minderwertig. Sie tragen es, nehmen es nicht als Niederlage, sowenig wie das Sterben eine Niederlage ist, machen kein Geheul über Untreue, und die Frau, der sie eines Tages nicht mehr genügen, beschimpfen sie nicht als Hure, was sowieso meistens ein falsches, unpassendes Wort ist –
Der Raub der Sabinerinnen – welcher gesunde und einigermaßen aufrichtige Mensch, Mann oder Weib, ist nicht auf seiten der Räuber? Umsonst besinne ich mich auf ein Kunstwerk, das uns die armen Sabiner zeigte, um uns zu erschüttern.
Und die Tugend?
Sabiner, die sich auf die Tugend ihrer Sabinerinnen verlassen müssen, tun uns leid, selbst wenn die Tugend hält. Sie sind Inhaber ihrer Weiber, gesetzlich geschützt, von Staat und Kirche versichert gegen jeden Vergleich, und damit sollen sie nun glücklich sein: bis die Räuber über den Berg kommen, bis die Welt es hören wird, wie die Sabinerinnen jauchzen, wenn ihre Tugend endlich nichts dagegen vermag, daß sie in den Armen der Stärkeren liegen.
Oh, die Angst vor dem Jauchzen!
Die Sprache schon meint es nicht gut, wenn sie vom Gehörnten redet oder vom Hahnrei, ein besseres Wort hat sie nicht, und es ist kein Zufall, daß die Eifersucht, wie bitter sie auch in Wahrheit schmeckt, so viele Possen füllt. Immer droht ihr das Lächerliche. Sogar Kleist, der Tragiker, muß es in eine Komödie wenden, wenn er den Amphitryon zeigt, der immerhin von einem Zeus betrogen wird. Offenbar ist die Eifersucht, obschon sie Entsetzliches anzurichten vermag, nicht eine eigentlich tragische Leidenschaft, da ihr irgendwo das Anrecht fehlt, das letzte, das ihr die Größe gäbe –
Othello?
Was uns an Othello erschüttert, ist nicht seine Eifersucht als solche, sondern sein Irrtum: er mordet ein Weib, das ihn über

alles liebt, und wenn dieser Irrtum nicht wäre, wenn seine Eifersucht stimmte und seine Frau es wirklich mit dem venezianischen Offizier hätte, fiele seine ganze Raserei (ohne daß man ein Wort daran ändern müßte) unweigerlich ins Komische; er wäre ein Hahnrei, nichts weiter, lächerlich mitsamt seinem Mord.

Warum übrigens ein Mohr?

Othello oder Der Mohr von Venedig, heißt der ganze Titel. Othello ist in erster Linie nicht ein Eifersüchtiger, sondern ein Mohr, also ein Mensch aus verachteter Rasse. Sein persönlicher Erfolg, den er soeben errungen hat, ändert nichts an seinem verwundeten Selbstvertrauen. Man achtet ihn zwar: obschon er ein Mohr ist. Es bleibt das Obschon, das er spürt, es bleibt seine andere Haut. Er leidet an seinem Anderssein; hier wurzelt die Tragödie, scheint mir, und so entwickelt sie sich auch. Noch handelt es sich nicht um Eifersucht; aber hinter allem, wie ein Schatten, steht jenes Gefühl von Minderwert, und der Mohr ist ehrgeizig, wie wir es alle sein müssen in dem Grad, als wir Mohren sind. Der einzige, der dafür eine Nase hat und die Wunde wittert, ist der verwundete Jago, dessen erste Worte, soviel ich mich erinnere, Worte eines verletzten Ehrgeizes sind. Er wie kein andrer weiß, wie er den erfolgreichen Mohren vernichten kann: durch seine eigne Mohrenangst, seine Angst vor dem Minderwert. Mit diesem Gefühl muß Jago arbeiten, wenn er sich rächen will, und das will er ja. Das allgemeinste Gefühl von Minderwert, das wir alle kennen, ist die Eifersucht, und der Griff auf beide Tasten, den Shakespeare hier macht, ist ungeheuer. Er deutet das eine mit dem andern. Das besondere, scheinbar fremde Schicksal eines Mannes, der eine andere Haut oder eine andere Nase hat, wird uns erlebbar, indem es in einer verwandten Leidenschaft gipfelt, die uns bekannt ist; die Eifersucht wird beispielhaft für die allgemeinere Angst vor dem Minderwert, die Angst vor dem Vergleich, die Angst, daß man das schwarze Schaf sei –.

Wenn Othello kein Mohr wäre?

Man könnte es versuchen – um festzustellen, daß das Stück zusammenbricht, daß es seine wesentliche Metapher verliert; um einzusehen, daß der Eifersüchtige immer ein Mohr ist.

Café Odeon

Rußland hat ebenfalls die Atombombe.

Nochmals Eifersucht

Einmal habe ich die Eifersucht bis zum Rande erlebt, gräßlich, habe eine Waffe gekauft und im Wald, nach einem zehnstündigen Marsch, Probeschüsse veranstaltet. Bisher kannte ich nur das Schießen mit Gewehr und Haubitze; dagegen hatte die Handwaffe etwas Flinkes, Lustiges, Persönliches, etwas Sportliches. Im übrigen war es mir natürlich sehr ernst. Es war November, Vollmond. Nebel über den Feldern. Um Mitternacht, bevor die Wirtschaften geschlossen würden, betrank ich mich nochmals in einem Dorf, wanderte dann weiter, bis ich vor Erschöpfung erbrechen mußte. Das war im Morgengrauen. Etwas leichter war mir schon, leichter als in all den vergangenen Wochen, deren Abende ich oft als Wachposten verbracht hatte. Ich wusch mich an einem kalten Brunnen auf offenem Feld, das Lächerliche war mir sehr bewußt, dennoch war das Ganze, worüber man nach Jahren ein etwas billiges Lächeln hat, alles andere als eine Schnurre. Nüchtern in jedem Sinne, zu müde für jede Pose, entsicherte ich nochmals die erprobte Waffe, ging weiter auf der morgengrauen Straße, bis ich etwas Lebendiges erspähte, eine Krähe, die auf einem elektrischen Mast hockte. Ich schoß. Die Krähe, aufflatternd, verließ die Isolatoren, deren einen ich, nach dem Geklirr zu schließen, getroffen hatte, und landete nach einer kurzen Schleife, als ginge die Geschichte sie nichts an, gelassen auf einem kleinen kahlen Birnbaum, näher als zuvor. Ich schoß. Die Krähe, aufflatternd wie zuvor, taumelte auf den Acker. Also getroffen. Als ich hinzutrat, flatterte sie neuerdings mit wilden Schlägen, flog, als wäre nichts gewesen, mindestens hundert Meter, bis sie in die Weiden eines angrenzenden Sumpfes taumelte. Ich stapfte auch dorthin. Stacheldraht, Gräben, Umwege. Meine Schuhe waren Lehmklumpen, meine Hosen klatschnaß, bis ich das Biest, das immer wieder einmal auf dem Boden umherwirbelte, endlich hatte, so, daß ich meinen Fuß auf seinen verschmutzten Flügel setzen und ihm die dritte Patrone geben konnte, die letzte, die ich hatte. Auf der Landstraße erschien der erste Radfahrer, ein Arbeiter mit Rucksack. Damit war die Geschichte erledigt. Indem ich die tote Krähe, die, an den

Flügelspitzen ergriffen, eine überraschende Spannweite zeigte, ihrem Totsein überließ und auf die Straße zurückstapfte, erinnerte ich mich zwar sofort wieder an die Geschichte; aber sie erschien bereits in großer Ferne, nicht von heute, eine Erinnerung. Den Mann, dem sie plötzlich den Vorzug gegeben, habe ich nicht gekannt; ich wußte nur, daß er erheblich älter war ... Ein nächstes Mal, könnte ich mir denken, wird er erheblich jünger sein ... Jedenfalls wird er immer eine Eigenschaft haben, die wir ihm um nichts in der Welt streitig machen können, und es wird immer, wenn es soweit ist, ein satanischer Schmerz sein.

Wenn es soweit ist: wenn der Blick zweier Augen, der Glanz eines vertrauten Gesichtes, den du jahrelang auf dich bezogen hast, plötzlich einem andern gilt; genau so. Ihre Hand, die dem andern in die Haare greift, du kennst sie. Es ist nur ein Scherz, ein Spiel, aber du kennst es. Gemeinsames und Vertrautes, jenseits des Sagbaren, sind an dieser Hand, und plötzlich siehst du es von außen, ihr Spiel, fühlend, daß es für ihre Hand wohl keinen Unterschied macht, wessen Haar sie verzaust, und daß alles, was du als euer Letzteigenes empfunden hast, auch ohne dich geht; genau so. Obschon du es aus Erfahrung weißt, wie auswechselbar der Liebespartner ist, bestürzt es dich. Nicht allein, daß es nicht weitergeht, es bestürzt dich ein Verdacht, alles Gewesene betreffend, ein höhnisches Gefühl von Einsamkeit, so als wäre sie (du denkst sie auch schon ohne Namen) niemals bei dir gewesen, nur bei deinem Haar, bei deinem Geschlecht, das dich plötzlich ekelt, und als hätte sie dich, sooft sie deinen Namen nannte, jedesmal betrogen ...

Andererseits weißt du genau:

Auch sie ist nicht die einzigmöglich Partnerin deiner Liebe. Wäre sie nicht gewesen, hättest du deine Liebe an einer anderen erfahren. Im übrigen kennst du, was niemanden angeht, nur dich: deine Träume, die das Auswechselbare bis zum völlig Gesichtlosen treiben, und wenn du nicht ganz verlogen bist, kannst du dir nicht verhehlen, daß alles, was man gemeinsam erlebt und als ein Letzt-Gemeinsames empfunden hat, auch ohne sie gegangen wäre; genau so. Nämlich so, wie es dir überhaupt möglich ist, und vielleicht, siehe da, ist es gar nicht jenes Auswechselbare, was im Augenblick, da ihre

Hand in das andere Haar greift, einen so satanischen Stich gibt, im Gegenteil, es ist die Angst, daß es für ihre Hand vielleicht doch einen Unterschied macht. Keine Rede davon: Ihr seid nicht auswechselbar, du und er. Das Geschlecht, das allen gemeinsame, hat viele Provinzen, und du bist eine davon. Du kannst nicht über deine Grenzen hinaus, aber sie. Auch sie kann nicht über die ihren hinaus, gewiß, aber über deine; wie du über die ihren. Hast du nicht gewußt, daß wir alle begrenzt sind? Dieses Bewußtsein ist bitter schon im stillen, schon unter zwei Augen. Nun hast du das Gefühl wie jeder, dessen Grenzen überschritten werden und dadurch sozusagen gezeigt, das Gefühl, daß sie dich an den Pranger stellt. Daher bleibt es nicht bei der Trauer, hinzu kommt die Wut, die Wut der Scham, die den Eifersüchtigen oft gemein macht, rachsüchtig und dumm die Angst, minderwertig zu sein. Plötzlich, in der Tat, kannst du es selber nicht mehr glauben, daß sie dich wirklich geliebt habe. Sie hat dich aber wirklich geliebt. Dich! – aber du, wie gesagt, bist nicht alles, was in der Liebe möglich ist . . .
Auch er nicht!
Auch sie nicht!
Niemand!
Daran müssen wir uns schon gewöhnen, denke ich, um nicht lächerlich zu werden, nicht verlogen zu werden, um nicht die Liebe schlechthin zu erwürgen[1]–.

[1] MAX FRISCH, Tagebuch (1946–1949). Frankfurt am Main 1960, S. 421–428. Abdruck mit freundl. Genehmigung des Suhrkamp Verlags.

ERNST ROBERT CURTIUS

Alexandrien und Byzanz

Bonn, 1951

Alexandria ist eine symbolische Stadt der Spätantike, der heidnischen wie der christlichen. Es wurde von Alexanders General Ptolemaios im Nildelta gegründet. Durch das Museion, dessen Name in unseren Museen fortlebt, erhielt es eine einzigartige Forschungsstätte, dank deren es zum Mittelpunkt der hellenistischen Kultur wurde. Die ptolemäischen Könige zogen die berühmtesten Geister an ihren Hof, dort wirkte der große Dichter Kallimachos; der große Philolog Aristarch, auf dessen Ausgaben unsere Texte von Homer und anderen griechischen Klassikern zurückgehen; Eratosthenes, der Geograph, Astronom, Literarhistoriker und Dichter in einer Person war. In Alexandria war die ganze Hinterlassenschaft des klassischen Hellas greifbar.

Aber die alexandrinische Kultur war nicht nur rückblickend. Sie erzeugte eine moderne Dichtung, die sich der Antike mit Selbstbewußtsein gegenüberstellte. Kallimachos hat Homer abgelehnt und ihm eine feine, geschliffene dichterische Kleinkunst gegenübergestellt, die noch heute das Entzücken der Kenner bildet (Valery Larbaud hat sie gepriesen). Theokrit hat die Hirtendichtung begründet, die Virgil dann nach Rom verpflanzte. Die alexandrinische Symbiose von Philologie und Poesie schuf das neue Ideal des „gelehrten Dichters", das auf Rom (Catull) hinüberwirkte, aber auch noch im 19. und 20. Jahrhundert Gefolgschaft fand (Mallarmé, Eliot, Pound). Nicht genug damit. Auch das christlich gewordene Griechentum oder griechische Christentum hatte um 200 unserer Zeitrechnung seinen Brennpunkt in Alexandria. Die alexandrinische Katechetenschule ist das älteste geschichtlich faßbare Lehrinstitut der christlichen Kirche. Das Museion der Ptolemäer war ihr Vorbild. Klemens (gest. vor 215) und Origenes (gest. 253) sind ihre Leuchten. Sie begründeten eine christliche Philosophie, die auch das Erbe des heidnischen Griechentum zu würdigen wußte und heute wieder neues Verständnis findet.

So ist Alexandria eine der großen Symbolstädte unserer Tradition geworden wie Rom, Byzanz, Ravenna, Paris. Als solche erscheint es noch im Waste Land von T. S. Eliot. Es barg das ganze Erbe der Griechheit, ihre ganzen Erinnerungen und Möglichkeiten.
Hinter diesem ganzen Spät- und Neugriechentum steht natürlich als geschichtlicher Unterbau das Jahrtausend byzantinischer Geschichte, das man mit Konstantin beginnen läßt und das 1453 von den Türken abgeschlossen wurde. Es gibt wohl keinen Bereich europäischer Geschichte, der dem Bewußtsein des Gebildeten so fremd, so nebelhaft, so fern ist wie Byzanz. Es hatte für den französischen Symbolismus den Reiz des Exotischen und empfahl sich zugleich als Idealmodell morbider Dekadenz. Der Vers von Verlaine, in dem er sich mit dem verfallenden Ostrom verwandt erklärte (Je suis l'Empire à la fin de la décadence), fand um 1900 vielfaches Echo. Paul Adam (1862 – 1920) bemühte sich durch Jahrzehnte vergeblich (mit Recht vergeblich, denn er schrieb schlecht), die Käufer der gelben Romanbände für Byzanz zu gewinnen, die aber auch auf Irene und die Eunuchen (1907) nicht anbissen. Aber byzantinisches Dekor war auch – auf einem ganz anderen Niveau – für Stefan George und für Hofmannsthal (Der Kaiser und die Hexe) ein dichterisches Medium. Es gab um 1900 einen ästhetisierenden Byzantinismus. Nach dem Ersten Weltkrieg entdeckte dann Hugo Ball, Dadaist und Konvertit, das Byzantinische Christentum. Sein so betiteltes Buch würdigt u. a. den heiligen Symeon, den Begründer des Stylitentums, das Nikolai Lesskow in der herrlichen Erzählung *Der Gaukler Pamphalon* aus anderer Perspektive betrachtet hat.
Weit bedeutsamer als all dies scheint mir aber die Wiederkehr von Byzanz im Spätwerk von W. B. Yeats zu sein. Die Stadt wurde das Zentralsymbol für zwei seiner wichtigsten Gedichte: Fahrt nach Byzanz (Sailing to Byzantium, 1927) und Byzanz (Byzantium, 1933). In einem bezaubernden Jugendgedicht (1893) hatte Yeats den Aufbruch zur irischen Märcheninsel Innisfree verkündet: „Aufstehn will ich und wandern, wandern nach Innisfree": (I will arise and go now, and go to Innisfree). Ein Menschenalter später aber geht die Reise nach Osten: „Und darum befuhr ich die Meere und kam / Zur Hei-

ligen Stadt Byzanz." Im Byzanz Justinians, so glaubte der Dichter, waren religiöses, künstlerisches und praktisches Leben zur Einheit verschmolzen wie nie vorher und nie nachher. Byzanz war ihm auch ein Symbol Irlands. Es hatte sich von Rom emanzipiert, wie Irland vom englischen Imperialismus. Alles Römische trug für Yeats ein negatives Vorzeichen. Die römische Literatur war ihm Form ohne Gehalt. Die Römer hatten Milton „zerstört", aber auch das französische siebzehnte Jahrhundert. Vielleicht darf man annehmen, daß Byzanz für Yeats auch Symbol des Unbewußten war und der Sitz der göttlichen Weisheit (Hagia Sophia). Eine Interpretation der Byzanz-Gedichte hat kürzlich T. R. Henn gegeben (The Lonely Tower, London 1950).

Letzte Begegnung mit Gide

Im November 1950 verbrachte ich zehn Tage in Paris, um einem langweiligen Kongreß beizuwohnen. Ich benutzte die Gelegenheit, um Gide wiederzusehen. Er war 1947 zu einer Jugendtagung in München gewesen und hatte anschließend einen Tag in Bonn verbracht. Damals war er außerordentlich frisch. Er erklärte mir die Vorzüge eines in der Schweiz erstandenen Biro-Stiftes (in Deutschland dazumal noch unbekannt). Er bestand darauf, mir die Zigarette mit seinem Feuerzeug anzuzünden („c'est mon point d'honneur"). Wir sprachen von Virgil, von gemeinsamen Freunden. Die Ruinen von Köln wurden besichtigt, aus denen Sommerflor sproß (es war Anfang Juli).

Er erzählte von Valéry, der auf seinem letzten Krankenlager nur noch Voltaires *Esprit des Moeurs* gelesen habe. Als Gide ihn zum letztenmal besuchte, wünschte Valéry dem alten Freunde etwas besonders Wichtiges anzuvertrauen. Der todkranke Dichter sprach eine halbe Stunde lang. Aber Gide konnte nichts verstehen. Man wundert sich nicht darüber, wenn man Valéry gekannt hat. Auch in seinen besten Tagen war seine Sprechtechnik unvollkommen. Er, der in Prosa und Poesie die äußerste Präzision erstrebte und erreichte, hatte eine undeutliche Aussprache und eine schlechte Artikulation. Die Sätze überstürzten und vermischten sich. Das muß sich in der Krankheit noch verschlimmert haben. Unvergeßlich ist mir der tragische Ton, in dem Gide gestand, er habe die mündliche Abschiedsbotschaft seines Jugendfreundes nicht mehr verstanden. Dies lastete auf ihm. Und er wollte sich davon entlasten. Aber im übrigen war er der Gegenwart zugekehrt. Er war bezaubernd wie immer. Nicht nur das. Es ging ein Hauch der Größe von ihm aus. Er war ein grand old man geworden. Ein Jahr zuvor war sein Theseus erschienen, den ich für sein Meisterwerk halte.

Als ich Gide 1950 wiedersah (viermal in einer Woche), war er sehr gealtert. Zwar fand er noch die Kraft, den stundenlangen Proben der Caves du Vatican beizuwohnen. Aber er klagte über Müdigkeit, Schwächegefühl, Schlaflosigkeit. Zwar nahm er Schlafmittel – wie schon in den zwanziger Jahren –, aber mit schlechtem Gewissen: er fürchtete die Schädigung durch Barbitursäure; eine Besorgnis, die mir bei einem 81jährigen ziemlich gegenstandslos schien. Dieser chemische Stoff, auf dem die Wirkung des Veronals und vieler anderer Schlafmittel beruht, ist – das sei nebenbei bemerkt – durch T. S. Eliot in die Poesie eingeführt worden. In einem seiner berühmtesten Gedichte nennt er ihn – mit der Astrologie, der Handlesekunst und anderen verabscheuungswerten Formen des Aberglaubens – in einer „Zeitklage“ (so heißen im deutschen Mittelalter Gedichte, die der Zeit ihren Sündenspiegel vorhalten). Es möchte kleinlich erscheinen – mag es! –, wenn ich bedaure, daß in Eliots *Ausgewählten Gedichten* (Suhrkamp 1951) barbituric acids mit „alchimistischen Essenzen“ übersetzt ist. Diese Wiedergabe dürfte der Alchimie ebenso fernstehen wie der Chemie. Aber Philologen sind immer Pedanten, und sie sollen das ruhig auf sich nehmen.

Gide – um zu ihm zurückzukehren – huldigte lebenslänglich in medizinischen Dingen einem Puritanismus, den er in allem übrigen von sich abzustreifen wußte. Sein *Tagebuch* enthält viele Eintragungen über Rauchen oder Nichtrauchen. Sie grenzen mitunter an das Hypochondrische. Das Nikotin war für ihn ein Schreckgespenst wie die Barbitursäure. Vom Puritanismus seines Elternhauses hatte er nur die hygienische Komponente bewahrt, sie aber auch um so strikter. Als ich an seinem 81. Geburtstag mit ihm zu Abend aß (bei Mme Théo, dieser bezaubernden Frau, die vier oder fünf Jahre älter war als er und der wir die schönste Analyse von Gides Stil verdanken), war er von einer ganzen Apotheke umgeben. Flaschen und Fläschchen umstanden seinen Teller. Aus seinen Taschen zog er neue Präparate heraus. Sein getreuer Fahrer Gilbert hatte ihm schon vorher Spritzen verabreicht. Die pharmaceutische Chemie beherrschte das Gespräch während des Essens, das von einer Türkin gekocht war und aufgetragen wurde. Gide machte eine Anspielung auf das bezaubernde Klavierstück von Mozart, das „alla turca" als Vortragsbezeichnung vorschreibt.

Die meisten Stunden verbrachte ich aber allein mit Gide. Er saß in einem winzigen Zimmer an einem winzigen Tisch, der noch zudem von Büchern überladen war – die Riesenbände von Littrés Wörterbuch der französischen Sprache mußten immer in Greifweite sein; aber auch sehr viel anderes häufte sich bei dem Patriarchen der französischen Literatur auf. Er konnte sich keiner neuen Reizung versagen. Die Heizung bestand aus einem Gasöfchen, das zwischen Gides Stuhl und der Wand eingeklemmt war. Der Gummischlauch war altersschwach und brüchig; bildete also eine Lebensgefahr, die nur dadurch gebannt werden konnte, daß die Tür zur Schlafkammer und in dieser das Fenster geöffnet blieb. Gide verachtete jede Behaglichkeit. Er konnte sich an technischen Spielzeugen (das amerikanische gadget ist unübersetzbar) wie Biro und Feuerzeug freuen, aber er konnte auch asketisch wohnen und schlafen.

Was ihn damals hauptsächlich beschäftigte, war ein neuer literarischer Plan. Sein Tagebuch hatte er unwiderruflich abgeschlossen und diesen Abschluß durch eine facsimilierte Unterschrift bekräftigt. Wie aber, wenn er es ohne Daten, ohne Bindung an den Tag, fortsetzte? Er litt als Achtziger an „Anorexie", wie er mit einem medizinischen Fachausdruck sagte. Dies griechische Wort wird gewöhnlich mit „Appetitlosigkeit" übersetzt. Aber es umfaßt sinngemäß den Gesamtbereich des Vitalen. Es gibt zu denken, daß der Verfasser so vieler appetitreizenden Bücher (Die Nahrung der Erde ist ein bezeichnender Titel), der Künder der Lebensinbrunst und des Diesseitsrausches, in der letzten Daseinsphase der Anorexie seinen Tribut zahlen mußte. Nur ein Trieb war noch in ihm lebendig: der Schreibtrieb.

Es war ein Zeitvertreib – der sublimste. Es war zugleich die Ausübung einer Virtuosität, die immer noch steigerungsfähig schien. Nur eines gebrach ihr: ein fordernder Gegenstand. Gide sprach damals begeistert von dem Buch, an dem er arbeitete. Noch keines sei ihm so leicht von der Hand gegangen. Es würde „So sei es – kein Einsatz mehr" heißen (Ainsi soit-il ou Les jeux sont faits). Ein Doppeltitel, dessen erster Teil das biblische Amen! umschreibt, dessen zweiter der Sprache des Roulette-Spiels entnommen ist. Das Lebensspiel war ausgespielt, und so sollte es sein. Das Buch ist in diesen Tagen erschienen. Ich fürchte, es wird für die meisten Leser eine Enttäuschung sein. Diejenigen, die Gide gekannt haben, werden sich allerdings freuen, noch einmal seine Stimme zu hören. Dieses Echo der Freunde kann registriert werden. Aber es kann und wird das Urteil der Kritik nicht beeinflussen. Der Spieltrieb war von je in Gides Natur sehr ausgeprägt. Schon die frühen Bücher – Paludes oder Le voyage d'Urien – bezeugen das. Sie verdanken dem Spieltrieb ihre ironische Würze, aber auch eine bewußt gepflegte Komik. In den Verliesen des Vatikans ist sie bis ins Groteske gesteigert. Dahin gehört auch Gides Freude an Anekdoten, an Silbenrätseln und Ähnlichem. Es war ein jungenhafter Zug, der ihm bis ins höchste Alter anhaftete und sich womöglich noch steigerte. In diesem Nachlaßwerk ist etwas zuviel davon.

Es ist immer merkwürdig, wie ein bedeutender Mann sein Leben beschließt. „Am Ende des Lebens", sagt Goethe einmal, „gehen dem gefaßten Geist Gedanken auf, bisher undenkbare; sie sind wie selige Dämonen, die sich auf den Gipfeln der Vergangenheit glänzend niederlassen." Solche Erfahrungen hat Gide freilich nicht gekannt. Nachdem er sich vom Kommunismus losgesagt hatte, fand er kein überpersönliches Ziel mehr. Er täuschte sich darüber hinweg, indem er fortfuhr, sich zu erklären und sich zu enthüllen – bis zum Überdruß. Es ist traurig, das sagen zu müssen, aber es ist so. Mit der Zeit werden die allzuvergänglichen Seiten seines Werkes vergessen werden. Dann wird die große Prüfung kommen: wie besteht er vor der Nachwelt?

Seit dem ersten Weltkrieg ist die westliche Kultur vom Zweifel an sich selbst erfaßt. Noch jüngst hat Hendrik de Man (Vermassung und Kulturzerfall, Verlag A. Francke, Bern, 1951) den Gegenstand eindringlich beleuchtet. Zwischen 1918 und 1939 haben diese Sorgen nur einen verhältnismäßig engen Kreis der europäischen Bildungsschicht beschäftigt.
Seit 1945 sind sie in das breite Publikum gedrungen und gelten auch der Presse und der öffentlichen Erörterung als unbezweifelbarer Tatbestand. Dem seichten Fortschrittsoptimismus des neunzehnten stellt sich ein flacher Verfallspessimismus des zwanzigsten Jahrhunderts entgegen. Ein Klischee ist durch das andere ersetzt. Aber wenn ein Gedanke zum Gemeinplatz geworden ist, beginnt er schon seine Schlagkraft zu verlieren. Er hat die Linie des geringsten Widerstandes erreicht. Es ist heute gerichtsnotorisch, daß wir in einem „Zeitalter der Angst" leben. Nicht nur das. Es ist bequemer geworden, das neue Schlagwort nachzuplappern, als Besonnenheit und Kritik zu üben. Im Haushalt der Kultur gibt es Krisen und Depressionen wie im Wirtschaftsleben. Aber die Volkswirtschaft hat eine Krisenlehre entwickelt und den Konjunkturzyklus untersucht. Sollte Entsprechendes nicht auch für Kulturkrisen zu leisten sein? Die große Enquête von Tonybee, deren Abschluß wir bald erwarten dürfen, bemüht sich um Beantwortung dieser Frage.
Aber auch andere Anzeichen deuten darauf hin, daß die westliche Kultur sich wieder auf ihre Aktiva besinnt. Der Kongreß für kulturelle Freiheit, der im Mai dieses Jahres in Paris tagen soll, kann eine solche Selbstbesinnung fördern. Die Kulturpanik der Gegenwart trägt zweifellos die Züge einer Nervenkrise an sich (unbeschadet aller ernstzunehmenden Bedrohungen). Wer die Herrschaft über seine „Nerven" verliert, ist bereit, alles verloren zu geben, und weiß auch durchaus solide Werte nicht mehr einzuschätzen. Wir Deutsche sind dazu mehr geneigt als andere Völker. Hölderlin sagt einmal: „Gewinn und Verlust wäget ein sinniges Haupt". Aber diese solide Buchführung ist uns in geistigen Dingen seit Generationen abhanden gekommen. Die Umwertung aller Werte hat bei uns

manchmal die Formen eines sinnlosen Ausverkaufs angenommen. Es ist bezeichnend, daß Borchardt vor einem Vierteljahrhundert für eine lyrische Blütenlese den Titel *Ewiger Vorrat deutscher Poesie* (dritte Auflage 1951 bei Rütten und Loening) gewählt hat: als Hinweis auf unverlierbaren Bestand. Die Selbstpreisgabe der deutschen Bildung, deren erste Symptome mit dem „Jungen Deutschland" der 1830er Jahre einsetzten, ist das geistige Gegenstück zur Selbstpreisgabe des deutschen Bürgertums, die sich schließlich in der Barbarei des Hitler-Regimes überstürzte. Als Teilausdruck jener Bildungskatastrophe muß auch der Verfall der literarischen Kritik in Deutschland angesehen werden[1].

[1] Ernst Robert Curtius, Büchertagebuch. Bern 1960, S. 41–42, 43–44, 74–77, 59–60. Abdruck mit freundl. Genehmigung des Verlags A. Francke.

ALFRED KANTOROWICZ

Macht, Macht, Macht

Berlin, den 26. Mai 1952

Heute hat Adenauer für Westdeutschland den „Generalkriegsvertrag" (wie wir ihn nennen – drüben heißt er offiziell „Deutschlandvertrag") unterzeichnet. Das Unheil nimmt seinen Lauf. Sie werden rüsten, rüsten, rüsten, bis sie wieder einmal die stärkste europäische Militärmacht geworden sind, und wenn es soweit ist, dann werden sie eines Tages wieder marschieren. Hernach wird es keine „deutsche Frage" mehr geben, weil es keine Deutschen und kein Deutschland mehr geben wird. Sie hätten als Mittler zwischen Ost und West die Überlieferer zweitausendjähriger europäischer Kultur und Gesittung werden können. Statt dessen wählen sie Divisionen. Nicht deutscher Geist – der stand noch nie zuvor in der Geschichte so mißachtet am Rande wie gegenwärtig in beiden Teilen des unseligen Landes – sondern Macht, Macht, Macht. Unheilbar, unbelehrbar. Fiat justitia, sic pereat Germania.

Verbergen des Tagebuchs

27. Januar 1957

Das Resümee der vergangenen Wochen ist abschließend. „Kein Schriftsteller", so hieß es in den amtlichen Verlautbarungen, „ist deshalb verhaftet worden, weil er ein Schriftsteller ist." Nun, was nicht ist, kann noch werden. Die Rollkommandos sind am Werk. Die Schlägerkolonnen, die Spitzel, Denunzianten gehen um – qua „Volkswille". Wie einst im März 1933. Ungarn war für Ulbricht, was der Reichstagsbrand für Hitler war. Der Teufelskreis hat sich geschlossen, „Wahrlich, ich lebe in finsteren Zeiten . . ." und: „Schon die Sprache verriet mich dem Schlächter . . ."

In Frankreich, 1940, beim Anrücken der Nazikolonnen, vergrub ich die Tagebücher, in eine Ölhaut eingewickelt, im Garten der Waschfrau Manetti im Dörfchen Bormes. Nun ist es

wieder soweit. Die Tagebücher müssen weg. Ihr Inhalt, von den Schergen der Benjamin entziffert, würde nicht nur mich der Rachejustiz des Regimes ans Fallbeil liefern.
Es gelang mir, zwei der Tagebücher, deren Inhalt einige meiner Freunde besonders gefährdet hätte, zu einem Bekannten in West-Berlin zu bringen. Dabei machte ich die Erfahrung, wie stark der Druck und die latente Drohung des gereizten, um seine Selbsterhaltung besorgten und deshalb nach allen Seiten blindwütig um sich schlagenden Terrorregimes auch auf die Bürger West-Berlins zurückwirkte.
Mein Bekannter, ein Schauspieler, der vor 1933 in der Künstlerkolonie am Breitenbachplatz gewohnt und damals tapfer in unserem antifaschistischen Kampfbund mitgetan hatte, war sichtlich betroffen, als ich ihn bat, die beiden Hefte für eine Weile in Verwahrung zu nehmen. „Wissen Sie", sagte er, „ich muß ja oft durch die Zone fahren, und man hat auch noch Verbindungen mit drüben. Natürlich können Sie das Paket hierlassen (ich hatte mir in West-Berlin etwas Packpapier gekauft und die beiden Hefte darin verschnürt) – aber bitte erzählen Sie niemand, daß Sie die Schriftstücke bei mir deponiert haben. Sie wissen, was ich in der Nazizeit durchgestanden habe; ich will keine Scherereien mit den anderen." Doch hinderte er mich, die beiden Hefte wieder mitzunehmen. Ich habe ihm Dank abzustatten, daß er sie bewahrte, bis ich sie später bei ihm abholen konnte. Zu einem weiteren Versuch, Bekannte oder Freunde mit der geistigen Konterbande zu beunruhigen, fehlte mir von da an die Entschlußkraft. Dreißig Tagebuchhefte blieben zwischen und hinter meinen Büchern verstaut, bis ich sie am Tage der Flucht mit Hilfe einiger meiner Studenten in Aktenmappen vor dem Zugriff der Ulbrichtschen Gestapo nach West-Berlin zu retten vermochte[1].

[1] Alfred Kantorowicz, Deutsches Tagebuch. München 1961, Bd. 2 S. 274, 701–702. Abdruck mit freundl. Genehmigung des Kindler-Verlags.

WITOLD GOMBROWICZ

Viermal Ich

1953

Ich.	MONTAG
Ich.	DIENSTAG
Ich.	MITTWOCH
Ich.	DONNERSTAG

Der Mensch ist letzte Instanz

1954

Wenn ihr mein Tagebuch lest, welchen Eindruck empfindet ihr da? Nicht etwa den, daß ein Landbewohner aus dem Sandomirschen in eine rüttelnde, vibrierende Fabrik eingetreten ist und in ihr herumspaziert, als ginge er durch den eigenen Garten? Dies da ist der glühende Ofen, in welchem Existenzialismen fabriziert werden, hier bereitet Sartre aus glühendem Blei seine Verantwortlichkeits-Freiheit. Dort ist die Werkstätte der Poesie, wo tausend von siebentem Schweiße triefende Arbeiter im Sausen schwindelnder Bänder, Getriebe mit immer schärferem superelektromagnetischem Messer in immer härterem Material operieren, dort wieder sind bodenlose Kessel, in denen Ideologien, Weltanschauungen und Glauben kochen. Da ist die Schlucht des Katholizismus. Dort weiter der Hochofen des Marxismus, hier der Hammer der Psychoanalyse, dies da die artesischen Brunnen Hegels und die phänomenologischen Bearbeitungsmaschinen, weiter dort die galvanischen Säulen und hydraulischen Pressen des Surrealismus oder auch der Pragmatik. Und die Fabrik saust und saust im Gelärme und Gewirbel und produziert und produziert immer vollkommenere Instrumente, und diese Instrumente wiederum dienen zur Verbesserung und Beschleunigung der Produktion, also wird das alles immer mächtiger, gewaltiger, immer präziser. Aber ich schlendere zwischen diesen Maschinen und Erzeugnissen mit nachdenklicher Miene und übrigens ohne größeres Interesse, ganz, als ginge ich durch den Garten, dort bei mir auf dem Lande. Und von Zeit zu Zeit dieses oder jenes Erzeugnis

probierend (wie eine Birne oder eine Pflaume) sage ich: „Hm ... hm ... das ist mir irgendwie zu hart." Oder: „Dies ist für mein Maß, allzu üppig." Oder: „Zum Teufel damit, das ist unbequem, zu steif." Oder auch: „Ha, das wäre nicht schlecht, wenn es nicht so erhitzt wäre!"
Also werfen mir die Arbeiter unwillige, düstere Blicke zu. Da ist inmitten der Produzenten ein Konsument erschienen!
Ja! Scharf sein, vernünftig, reif, „Künstler" sein, „Denker", „Stilist" nur bis zu einem gewissen Grade und niemals es zu sehr sein und eben aus diesem „Nicht-zu-Sehr" eine Kraft erzeugen, die allen sehr, sehr, sehr intensiven Kräften gleich ist. Angesichts gigantischer Erscheinungen das eigene, menschliche Maß bewahren. In der Kultur nichts weiter sein als nur ein Landbewohner, als nur ein Pole, aber auch ein Landbewohner und ein Pole nicht zu sehr sein. Frei sein, aber auch in der Freiheit nicht übermäßig sein.
Darin liegt die ganze Schwierigkeit.
Denn wenn ich in die Kultur als reiner Barbar, absoluter Anarchist, als ausgezeichneter Primitiver oder als idealer Landbewohner eintreten würde, oder als klassischer Pole, so würdet ihr dazu alle sofort Beifall klatschen. Ihr würdet anerkennen, daß ich ein gar nicht übler Produzent des Primitiven in reinem Zustand sei.
Aber ich würde dann ein ebensolcher Fabrikant sein wie alle diese – diese, denen das Produkt wichtiger wird als sie selber. Alles, was rein ist in Hinsicht auf den Stil, ist ein Elaborat. Der wahre Kampf in der Kultur (von dem man so wenig hört) wird meiner Ansicht nach nicht zwischen feindlichen Wahrheiten, noch zwischen andersartigen Lebensstilen ausgetragen. Wenn ein Kommunist seine Weltanschauung einem Katholiken gegenüberstellt, so sind dies dennoch zwei Weltanschauungen. Und ebenso ist diese andere Antinomie nicht die allerwichtigste: Kultur – Wildheit, Wissen – Nichtwissen, Licht – Finsternis; gewiß, man könnte sagen, daß dies Erscheinungen sind, die im Zusammenspiel stehen, die einander ergänzen. Hingegen ist der wichtigste und der allerdrastischste und unheilbare Streit der, den in uns zwei unserer grundliegenden Bestrebungen führen: die eine, die nach Form, Gestalt, Definition begehrt, die zweite, die sich gegen die Ge-

stalt wehrt, keine Form will. Die Menschheit ist so beschaffen, daß sie sich selber immer umreißen muß und sich immer den eigenen Definitionen entziehen muß. Die Wirklichkeit ist nicht etwas, das sich restlos in eine Form einschließen ließe. Die Form ist nicht übereinstimmend mit dem Wesen des Lebens. Doch jeder Gedanke, der Unzulänglichkeit der Form umreißen möchte, wird ebenfalls zur Form und bestätigt dadurch einzig unser Streben nach Form.

Diese unsere ganze Dialektik also – die philosophische, ethische – entrollt sich auf dem Hintergrunde der Maßlosigkeit, deren Name Nichtfertiggestaltung ist, die weder Finsternis ist noch Licht, sondern eben ein Gemisch aus allem, ein Ferment, Unordnung, Unreinheit und Zufall. Der Gegner Sartres ist nicht der Priester. Der Milchmann ist es, der Apotheker, das Kind des Apothekers und die Frau des Tischlers, es sind die Einwohner der mittleren Sphäre, der Sphäre der Nichtfertiggestaltung und des Nichtfertigwertes, die immer etwas Unvorhergesehenes, Überraschendes sein wird. Und Sartre wird in sich selber den Gegner aus der gleichen Sphäre finden, den man „Nichtfertig-Sartre" nennen könnte. Und ihr Vernunftsgrund besteht darin, daß kein Gedanke, noch eine Form überhaupt imstande ist, das Dasein zu umschließen, und je umfassender er ist, um so lügnerischer ist er.

Überschätze ich mich? Wahrhaftig, ich zöge es vor, jemand anderem die undankbare und riskante Rolle eines Kommentators der eigenen, zweifelhaften Errungenschaften abzutreten, aber da liegt der Hase im Pfeffer, denn unter den Bedingungen, in denen ich mich befinde, wird dies niemand an meiner Stelle machen. Sogar nicht dieser mein unschätzbarer Anhänger Jelenski. Ich behaupte, viel auf meinem Hof getan zu haben, damit dieser Konflikt mit der Gestalt fühlbar werde.

In meinen Werken habe ich den auf dem Prokrustesbett der Form ausgespannten Menschen gezeigt, habe ich meine eigene Sprache gefunden, um seinen Hunger nach Form und seinen Unwillen gegen die Form klarzumachen, mit einer spezifischen Perspektive habe ich versucht, die Distanz an den Tag zu legen, die zwischen ihm und seiner Gestalt besteht. Ich habe auf eine wohl nicht langweilige, sondern eben komische oder menschliche, lebendige Art gezeigt, wie die Form zwischen uns entsteht, wie sie uns schafft. Ich habe diese Sphäre des „Zwischenmenschlichen" ans Licht gezogen, die für die Menschen entscheidend ist, und habe ihr die Merkmale schaffender Kraft gegeben. Ich habe mich in der Kunst vielleicht mehr als viele andere Autoren einer gewissen Betrachtung des Menschen genähert – des Menschen, dessen eigentliches Element nicht die Natur, sondern Menschen sind, des Menschen, der nicht nur in Menschen placiert, sondern mit ihnen geladen, inspiriert ist.

Ich habe mich bemüht, zu zeigen, daß die letzte Instanz für den Menschen der Mensch ist, nicht aber irgendwelcher absolute Wert, und habe versucht, zu diesem allerschwierigsten Königreich der in sich verliebten Unreife zu gelangen, wo unsere inoffizielle und sogar illegale Mythologie geschaffen wird. Ich habe die Macht regressiver, in der Menschlichkeit verborgener Kräfte verdeutlicht und die Poesie der Vergewaltigung, die vom Niederen am Erhabenen begangen wird.

Und zugleich habe ich dieses Gebiet des Erlebens mit meiner Grundlage – mit Polen – verbunden und habe mir erlaubt, der polnischen Intelligenz zuzuflüstern, daß ihre eigentliche Aufgabe nicht im Rivalisieren mit dem Westen, in dem Erschaffen der Form besteht, sondern darin, das Verhältnis des Menschen zur Form und, was darauf folgt, zur Kultur, als solches zu enthüllen. Daß wir wir darin die Stärkeren, die mehr Souveränen und Erfolgreicheren sein werden.

Und es ist mir wohl gelungen, an meinem eigenen Beispiel zu zeigen, daß das sich Bewußtmachen jenes „Nichtfertig" – der Nichtfertig-Gestaltung, Nichtfertig-Entwicklung, des Nichtfertig-Gereiftseins – nicht nur nicht schwächt, sondern stärkt. Daß es zum Keim neuer Lebenskraft und Entfaltung werden kann – ähnlich wie auf dem Boden der Kunst dieses andersartige (ich möchte sagen: unwillige, geringschätzige) Herantreten an die Form eine Erneuerung und Verbreiterung der Mittel des künstlerischen Ausdrucks sichern kann. Indem ich überall, wo es möglich ist, den Grundsatz proklamiere, daß der Mensch über seinen Werken steht, verschaffe ich eine Freiheit, wie sie heute unsere verkrampfte Seele so sehr benötigt.

Seid ihr Kenner wirklich so kurzsichtig, daß ich euch alles vor die Nase halten muß? Nichts seid ihr imstande zu verstehen?

Wenn ich inmitten dieser Gelehrten bin, könnte ich schwören, ich sei inmitten von Geflügelzeug. Hört auf, mich zu picken. Hört auf, mich zu hacken. Hört auf, zu gackern und zu quaken! Hört auf, euch mit dem Stolz eines Truthahns nicht genug wundern zu können, daß dieser Gedanke schon bekannt, daß jenes schon gesagt worden sei – ich habe keinerlei Kontrakt unterschrieben für die Lieferung von niemals gehörten Ideen. In mir haben sich gewisse Ideen, die in der Luft liegen, die wir atmen, zu einem speziellen und nicht wiederholbaren Gombrowiczschen Sinn verbunden – und ich bin dieser Sinn.

Donnerstag
(1956)

Das Haus, in dem ich wohne, ist geräumig. Es ist das der alte und würdige Wohnsitz eines hiesigen Estanziero (denn diese Estanzieros haben meistens je zwei Häuser: eines auf der Estanzia, ein zweites in Goya). Der Garten ist voller Mastodonten: Kaktusse.

Hier bin ich. Warum hier? Wenn mir jemand vor Jahren in Maloszyce gesagt hätte, daß ich in Goya sein werde . . . Wenn ich in Goya bin, so könnte ich mit gleichem Recht irgendwo sein – und alle Ortschaften der Welt beginnen langweilig auf mir zu lasten, indem sie verlangen, ich solle dort sein.

Ich spaziere auf der Plaza Sarmiento umher im bläulichen Abend. Ein für sie exotischer Ausländer. Und schließlich werde ich mir durch sie selber fremd: so führe ich mich selber in Goya umher wie eine mir unbekannte Person, lasse sie an einer Straßenecke halten, sich auf einen Stuhl in einem Café setzen, heiße sie Worte ohne Bedeutung mit einem zufälligen Gesprächspartner wechseln und lausche meiner Stimme.

Montag

Ich ging in den Club Sozial und trank Kaffee.
Ich sprach mit Genaro.
Mit Moto fuhr ich einen Jeep auf den Flugplatz.
Ich schrieb eine Erzählung.
Ich ging auf einen kleinen Platz am Flusse.
Ein Mädchen auf einem Fahrrad verlor ein Paket, das ich aufhob.

Ein Schmetterling.
Vier Orangen, auf einer Bank gegessen.
Sergio ist ins Kino gegangen.
Ein Affe auf einer Mauer und ein Papagei.
Alles das geschah wie auf dem Grunde einer tiefen Stille, auf dem Boden meines Hierseins in Goya, auf den Peripherien, an einer Stelle des Globus, die, man weiß nicht warum, zur meinen wurde. Dieses Stillwerden ... Goya, warum hast du mir nie geträumt, warum habe ich damals, früher, nie geahnt, daß du in meinen Vorbestimmungen liegst, an meinem Wege? Es gibt keine Antwort. Häuser. Ein Gäßchen, von scharfen Schatten zerschnitten. Ein Hund liegt da. Ein Fahrrad lehnt an einer Mauer[1].

[1] Das Tagebuch des Witold Gombrowicz. Übers. von Walter Tiel. Pfullingen 1961, S. 9, 157–161, 367–368. Abdruck mit freundl. Genehmigung des Verlags Günther Neske.

Alarm beim Mittagessen

Paris, 9. Februar 1953

Ich lese im *Combat*, daß Mrs. Clare Booth Luce zum Botschafter der Vereinigten Staaten in Rom ernannt werden soll. Nicht ohne Bangigkeit frage ich mich, ob das dieselbe katholische Dame ist, die Emmanuel Mounier und mich am Samstag, dem 12. November 1949, zum Mittagessen einlud, um unsere Ansicht über den Präventiveinsatz der Atombombe zu erkunden. Zwar hat sie uns nicht gesagt, daß sie ihn billige, doch sah sie sogleich unsere Bestürzung darüber, daß ein Christ diese Frage auch nur stellen konnte. Wenn der gute Mounier nicht dagewesen wäre und ich nicht befürchtet hätte, ihn zu beunruhigen, hätte ich die Ansicht einer halben Zustimmung geheuchelt, um zu sehen, wie weit die Dame gegangen wäre. Mounier und ich standen auf gespanntem Fuß, doch während jenes sinistren Mittagessens begriffen wir, wie nahe wir einander noch waren. Am selben Abend erhielt ich dies Briefchen von ihm:

„*12. November.* – Mein lieber Mauriac, morgen fliege ich nach Kopenhagen. Ehe ich reise, will ich Ihnen sagen: machen Sie etwas für den *Figaro (eine Zeile unleserlich)* aus dem, was wir heute mittag gehört haben. Sie müssen es tun. Ich bin sicher, daß Sie bereits dazu entschlossen sind. Wir wollen den notwendigen Aufschrei nicht dem Parteigeist überlassen. Entschuldigen Sie diesen gebieterischen Ton, der sich weder für mein Alter schickt, noch zur Art unserer Beziehung paßt. Aber wir beide haben heute mittag zu heftig dieselbe Erschütterung erlebt. Es war eine Art Sakrament, das wir miteinander teilten. Und was bedeuten danach die literarischen Fehden! In dieser Brüderlichkeit der Ihre. E. Mounier."

Ich will noch immer nicht glauben, daß das dieselbe Person sein soll, die in Rom die Katholiken der Vereinigten Staaten vertreten wird. Welch ein Zeichen, wenn es wahrhaftig sie ist, um die es sich handelt! Ach! Wir werden sterbend nicht mehr den Lobgesang des greisen Simeon anstimmen können: was wir am Abend unseres Lebens sehen werden, ist nicht das Heil Israels, wir werden nicht in Frieden einschlafen.

Mystik und Politik

Paris, 23. Juni 1953

Ich reiche meine Demission aus dem Rat des Ordens der Ehrenlegion ein. Empfing um 18 Uhr den Besuch des Presseattachés der Israelischen Gesandtschaft. Ich sagte ihm, nach meiner Meinung gehöre das zu unserer Berufung, um Israel und die Arabische Welt miteinander auszusöhnen. In Marokko schon einige Fortschritte auf dieser Ebene. Unsere Berufung ist es, nach der Einheit zu streben. Hier berühren sich Mystik und Politik. *Sich vereinen, um anzubeten,* ist dem *teile und herrsche* entgegengesetzt.

Fäulnis und Politik

Paris, 19. Dezember 1953

Es wird unserer Generation zukommen, in das Wörterbuch der Akademie diese neue Wortbildung aufzunehmen: „Fäulnis". Wir haben volles Anrecht auf dieses Wort, hat doch die Generation von Politikern, denen wir seit zehn Jahren ausgeliefert sind, jene Sache erfunden, für die es noch in keiner Sprache eine Bezeichnung gibt. In Marokko steht die Fäulnis in ihren Anfängen, in Indochina ist sie an ihrem Endpunkt angelangt, wo man sie mit einer seltsamen Blutung übersetzt, die nach dem Tode anhält, und die wir nicht stillen, obwohl wir heute nicht vorgeben können, wir vermöchten sie in Ermangelung eines Gesprächspartners nicht zu stillen . . .

Diese Äußerungen erscheinen Ihnen zu schroff? Sie sind es nicht genug, wenn sie Ihnen nicht einmal ein Schaudern abnötigen.

Die Sünden des Privatlebens können wiedergutgemacht und getilgt werden, nicht aber die des politischen Lebens. Die Geschichte vergibt nicht, weil sie niemals innehält, weil sie unaufhaltsam und in alle Richtungen die Folgen einer einmal begangenen Handlung entwickelt, zugleich aber auch die unseres

Ausweichens und unserer Weigerungen. Was meinen wir, wenn wir „Geschichte“ sagen? Nach Chateaubriand: „Gott schafft die Mächtigen in Übereinstimmung mit seinen verborgenen Absichten: er gibt ihnen die Gebrechen, die sie zugrunde richten, wann sie zugrunde gerichtet werden sollen.“ Die Ohnmacht, das ist das Gebrechen unserer Mächtigen.

Und auf daß sie nicht in den demokratischen Einrichtungen ihre Entschuldigung suchen: unter jedem Regime ist alles Widerstand, dem Widerstand entgegengesetzt wird. Ein Staatsmann, der diesen Namen verdient, wer seinen Absichten gegenüber den Leidenschaften eines Parlaments Geltung zu verschaffen weiß, so wie er, wäre er Diktator und absoluter Herrscher, seine eigenen Leidenschaften zum Schweigen zu bringen wüßte. So ist die Überzeugungskraft und die Befähigung zum Herrschen beschaffen, die keinem unserer kraftlosen Anführer zuteil geworden ist, von der man jedoch nicht aufhören darf zu hoffen, daß man sie eines Tages in einem neuen Manne entdecken wird.

Der engagierte Geist

Malaga, 1. April 1954

Für diesmal wäre ich gern in Paris: Marschall Juin, der Mann der Rechten, rebelliert gegen eine Regierung der Rechten: Auf politischer Ebene kann das nicht die Umgruppierung der Gegner der C.E.D. in seiner Umgebung bedeuten. Warten wir die Rückkehr ab, ehe wir darüber urteilen.

In Indochina ist der Schrecken auf seinem Gipfel angelangt. O ungerecht vergossenes Blut! Plötzlicher Ekel, Verlockung zu fliehen; diesem *Mischmasch von Irrtum und von Gewalt* entrinnen, als den Goethe die Politik definierte[1]. Anrecht auf die Ewigkeit, die in meinem Alter auf dieser Seite des Todes beginnt. Wie wir im Theater, wenn wir zu früh gekommen sind, der Vorhang sich noch nicht gehoben hat, gleichwohl die Geräusche dessen hören, was sich hinten begibt ... auf der Seite der Zeitlosigkeit. Schon sind wir in die Stimmung des Stückes

[1] Ursprünglich auf die Kirchengeschichte bezogen (Zahme Xenien, Abt. 9. A. d. Ü.).

versetzt, das noch nicht begonnen hat. Dem Greis ist es erlaubt, sein Herz und seine Gedanken von dem abzukehren, was das absolut Böse ist. Nach dem Gesetz der Politik ist der Krieg in Indochina, geistig gesehen, das absolut Böse. Ach! ich begreife, daß Charles Du Bos den Vers von Keats so sehr geliebt hat: *Die Seele ist sich selbst die Welt und hat genug mit sich zu schaffen.* Ja. Doch zu spät: ich bin engagiert, im wörtlichen Sinne dieser Wendung, verpflichtet wie ein Soldat, der sich verpflichtet hat, seine Dienstzeit abzuleisten. Wie sehr mich die politische Leidenschaft hinreißen oder irreleiten mag, bleibt es nichtsdestoweniger dabei, daß ich in die Probleme dieser Welt um jener höheren willen verstrickt bin.

De Gaulle

Paris, 8. April 1954

Konferenz de Gaulle. Es sind nun Jahre, daß ich den Mann nicht gesehen habe. Er ist kaum gealtert. Sobald er den Mund öffnet, ist es der gleiche selbstherrliche Ton. Seine Niederlagen kümmern ihn nicht. Er sieht Frankreich und Europa vereinfachend, aber nicht einseitig. Er öffnet vor uns den Krater, den die Wasserstoffbombe aufreißen wird, diesen Krater, in dem nichts Lebendes sich mehr erhalten wird, wie Bossuet es tun würde und im gleichen Ton, doch er macht damit eine Politik des gesunden Menschenverstandes. De Gaulle, Mann der Rechten, hat es als einziger verstanden, dieser sehr niederen Form des Antikommunismus zu widerstehen, die bei uns der Intelligenz die Redensarten von Schwachsinnigen liefert. Für ihn ist Rußland Rußland. Er entwirft vor unser aller Augen eine französische Politik gegenüber der Politik des Verzichts, die wir betreiben, seitdem er nicht mehr da ist.

Größe und Elend der Politik. De Gaulle versteht sich nur dazu bereit, ihre Größe zu vertreten. Das befestigt die Herrschaft der Commis. Die R. P. F. war in meinen Augen ein völliger Irrtum. Ich hatte geglaubt, ihre Niederlage würde das Ende des Mannes bezeichnen, der „la France" war. Nun, die R. P. F. hat genau das Schicksal gehabt, das ich erwartete, er jedoch, der Mann, überlebte, und noch heute, wenn er sagt: *„Ich war Frankreich!"*

wird diese Vergangenheit in unserem Innern zur Gegenwart. *Ich werde zum Arc de Triomphe gehen, ich werde allein sein, das Volk von Paris wird da sein, und es wird schweigen . . .* Kein Protest. Was beweist diese Versammlung? Sie atmet diesen frostigen Hauch, der von hoch oben kommt, von weither, aus der Zeit, da Frankreich die Grande Nation war. De Gaulle ist der letzte Franzose, der uns glauben macht, es sei sie noch immer. Er überzeugt uns davon am dunkelsten und schändlichsten Punkt unserer Geschichte. Noch gibt es Millionen Franzosen, die ihn nicht vergessen. Keinem fällt es ein, ihn zu fragen: „Haben Sie die Zustimmung der Regierung?" Es ist, als mache der General de Gaulle allein durch seine Gegenwart die Diktatur von Liliput für das bloße Auge unsichtbar.

Wer von uns hätte die Konferenz nicht mit der schmerzlichen Sehnsucht nach dem verlassen, was er hätte sein können, nach dem, was er nicht gewesen ist – und, heute weiß ich es, nach dem, was er nicht sein konnte, weil die Größe plant, die Niedrigkeit aber handelt. Die Freiheit, die wir über alles stellen, befestigt die Herrschaft derer, die Begierden und Geld haben, das heißt die Macht. Einer unserer Staatsmänner schilderte mir die Delegierten der marokkanischen Siedler, die im Vorzimmer eines Ministers dreiste Forderungen stellten und zankten . . .

Politik und Moral

Paris, 7. Mai 1954

Fall von Dien-Bien-Pu. Endlich scheinen die Gesichter ängstlich. Brief von J.: *„Meine Hoffnung und die vieler anderer junger Menschen, die die furchtbare Schwere der nächsten Tage begreifen, richtet sich auf die Worte, die Sie finden werden, um besser, als wir es vermöchten, unsere Angst auszudrücken, unsere Verachtung, unser Bedürfnis nach Unbarmherzigkeit, unser Verlangen, die Männer aus der Nation auszustoßen, die sie ins Verderben geführt haben . . ."*

Ja, aber diese Männer unterhandeln. Wo liegt das Interesse des Vaterlandes? Das Parlament steht vor der Gewissensfrage, diese Männer zu stürzen, während die Unterhandlungen in vollem Gange sind, oder zu warten, bis sie zum Abschluß gebracht sind. J. hält mir entgegen, daß er zu wissen glaube, es werde Ho Chi-Minh widerstreben, mit Bidault zu unterhandeln, der ihn betrogen hat und den er haßt. Diese Männer liegen schon am Boden. Allein die Umstände ketten sie noch an ihre Plätze und hindern ihren Fall. Maupassant erzählt die Geschichte vom Bürger, der des Nachts von seinem Diener geweckt wurde, der ihn zu ermorden versuchte. Er wurde seiner Herr und behielt ihn zu guter Letzt in seinen Diensten, da er mit ihm nicht unzufrieden war. Ich bezweifle sehr, daß Frankreich die Männer um Laniel auch nur einen Tag länger als nötig in seinen Diensten behalten wird.

Ein bitterer, ein vergifteter Gedanke, daß diese zugleich verbrecherische und unfähige Geschichte, diese Geschichte von zehn mit roter Tinte geschriebenen Jahren von Christen gemacht worden ist, von jenen, deren Zurmachtkommen unmittelbar nach der Befreiung mich mit Freude und Begeisterung erfüllte. Haben wir den Mut, es einzugestehen; im Abstand von zehn Jahren antwortet der Bankrott der christlichen Demokratie auf den Bankrott des integralen Nationalismus.

Meiner Ansicht nach haben die Christ-Demokraten, ans Ruder gelangt, ihre Berufung verraten, die von ihnen verlangt hätte, jene Wahrheit offenbar zu machen: die Politik kann sich den Gesetzen der Moral nicht entziehen. Als sie die Herren geworden waren, haben die Männer der M. R. P. diese Wahrheit verhöhnt, und in welch einem Augenblick! In der historischen Stunde, als es in ihrer Macht stand, sie leuchtend sichtbar zu machen, als, ich wage es zu sagen, die Geschichte Gott recht gab, da doch für Frankreich, in Indochina, in Marokko, in Tunis, die politische Wahrheit die Gerechtigkeit ist.

In eben dem Augenblick, wo es die Kurve zu nehmen gilt, sind die Zügel jenen Männern anvertraut, die eine maniakalische Lust zum Abgrund zieht, und das so sehr, daß sie ihn, wenn es keinen gibt, mit eigener Hand graben, um nur ja das Vergnügen zu haben, sich hinabzustürzen und uns mit ihnen. Sie haben das unglaubliche Talent, Unheil aus einer Situation entstehen zu lassen, die keines in sich barg. Seht sie an, die den Krieg in Marokko veranstalten: Welche Mühe haben sie sich gegeben, um unter der Bezeichnung Reserve eine

Armee aufzustellen, die schließlich doch wohl eine andere auf den Plan rufen wird!

Reflexionen über Benjamin Constant

Malaga, 15. April 1955

Benjamin Constant aber, der mir in jungen Jahren ganz entgegengesetzt war, kommt mir in dem Maße näher, in dem er älter wird. Seine Art, auf die Ereignisse zu reagieren, gleicht sich der meinen an, und das sogar im Anekdotischen.

So zum Beispiel in seiner Aufzeichnung aus Frankfurt vom 6. Juli 1811: „In Heidelberg gibt es zwanzig Gefängnisse, und alle sind sie voll. Da einige der Gefangenen zu entkommen versucht haben, fesselt man sie jetzt mit dem Körper an die Mauern, den Hals, die Arme und die Beine, und anstatt ihre Ketten mit Schlössern zu befestigen, schmiedet man sie am Körper selbst fest. Sie können sich nicht niederlegen und nicht schlafen, ohne auf ihren Ketten zu liegen. Für die Kerkermeister ist das bequem. Indessen kann man nicht sagen, daß kein Unterschied zwischen den Schuldigen und den Unschuldigen gemacht würde; denn da man nur jene aburteilt, die bekennen, und die Unschuldigen nicht bekennen können, hält man dieselben auf unbestimmte Zeit fest. Das ist nicht mehr der Krieg derer, die nicht haben, gegen diejenigen, die haben, sondern der Krieg derer, die haben, gegen diejenigen, die nicht haben, und nachdem die Revolution sie die Furcht gelehrt hat, sind sie in ihren Maßnahmen von großer Entschlossenheit. Welch schöner Augenblick für die menschliche Rasse!" Eineinhalb Jahrhunderte später wissen wir, daß die Geschichte aus einer ununterbrochenen Folge solch schöner Augenblicke besteht.

Man muß nicht glauben, daß zu der Zeit, als das geschrieben wurde, Betrachtungen dieser Art an der Tagesordnung gewesen wären. In der Sensibilität Benjamin Constants ist nichts mehr von der falschen Empfindsamkeit des Jahrhunderts, dem er entstammt, und es kündet sich in ihr auch nicht diejenige der Männer von 48 an. In diesem schwachen Lebemann, der so wenig Charakterfestigkeit besaß, lebt eine Menschlichkeit, die das Geheimnis seiner Schwäche ist.

Ich bin gewiß weit davon entfernt, selbst in der Vorstellung den politischen Ehrgeiz zu teilen, von dem er zu verschiedenen Zeiten seines Lebens besessen war. Nichtsdestoweniger begreife ich in meinem Innern bestimmte Gründe, die diesen Homme de lettre der Jahre um 1800, der seiner Natur nach ebensosehr wie ich zur Unbeweglichkeit neigte, in die Aktion drängten: „Die Schriftsteller", schreibt er, „haben ihre Wohnung in sich selbst. Sie sind wie die Spinne, die, sobald man sie nur in einem Winkel ungestört läßt, aus ihrem Innern den Stoff schafft, mit dem sie ihren Faden spinnt . . ."
Diese Literaturspinnen, ich frage mich, ob sie nicht alle möglichen Vorwände suchen, um sich dieser ungeheuren und verzehrenden Arbeit aus sich selbst und an sich selbst zu entziehen, ihr zu entgehen und zugleich ihrer Forderung nach Gerechtigkeit zu genügen; denn darauf kommt es an.

Reflexionen über Ernst Jünger

Valmante, 3. August 1957

„Nach dem Erdbeben schlägt man auf die Seismographen ein. Man kann jedoch die Barometer nicht für die Taifune büßen lassen, falls man nicht zu den Primitiven zählen will." Diese Notiz Ernst Jüngers im Vorwort zu seinem Tagebuch der Jahre 1942–1943 (er war in Paris als „Besatzer") bezeichnet sehr genau das durchschnittliche Niveau, auf dem 1957 die politische Intelligenz Frankreichs angelangt ist – sofern man sich sein Urteil nach einer gewissen Presse bildet.
Die Nazis konnten diesen Schriftsteller nur hassen, der sie so kannte. Vierzehn Jahre danach hassen sie noch immer jeden Schriftsteller, der sie kennt – denn die Nazis sind immer da.
Am 18. Oktober 1943[1] notiert Jünger, daß „*Kniébolo* (so nennt er Hitler) *ein europäisches Phänomen*" ist. Heute verstehen wir besser, daß Kniébolo ein menschliches Phänomen ist. *Sein Erscheinen, sein Aufstieg, sein Triumph haben allenthalben gleichzeitig ein wildes Tier entfesselt, das nicht mit ihm unter den Betontrümmern der Reichskanzlei begraben wurde. Frei*

[1] Das genaue Datum ist 18. Oktober 1944 (A. d. Ü.).

bewegt es sich jetzt in den Ruinenlandschaften der Parteien und Ideologien[1].

Das, was Ernst Jünger schon 1943 klar erkannte und zu schreiben wagte, ist diese unerträgliche Wahrheit, der man gleichwohl ins Auge sehen muß: für eine gewisse, weit verbreitete Gattung Mensch, der vielleicht jeder von uns verbunden ist, mag diese Bindung auch noch so lose sein, sind die Ideen nur Vorwände, hinter denen sich der Blutdurst verbirgt. Die Theoretiker des Rassismus haben dem Zerstörungstrieb eine Rechtfertigung geliefert: *„Merkwürdig"*, bemerkt Jünger, *„wenn solche Geister von der Wissenschaft, etwa von der Biologie sprechen. Sie wenden sie wie Menschen der Steinzeit an; es wird ihnen ein reines Mittel, andere zu töten, daraus. (...) Ist ihnen das gelungen, dann halten sie mit der geistigen Arbeit inne, gleichviel mit welchen Thesen sie emporgeklommen sind. Sie geben sich dann dem Genuß des Tötens hin ..."*

Und jetzt wollen wir es wagen, wir anderen Franzosen, unsere Gedanken auf das zu richten, was Jünger am 8. Februar 1942 in sein Tagebuch schrieb. Er hatte gerade Informationen über die Absichten Kniébolos erhalten, über seine Vernichtungspläne, die ihn erschreckten. Und er fügt hinzu: *„Auch muß man wissen, daß viele Franzosen solche Pläne billigen und Henkersdienste zu leisten begierig sind."* Ein hartes Wort, und wie es ertragen? Aber dieses Wort bewahrheitet sich seit vierzehn Jahren, Tag für Tag, vielleicht weniger durch Anschläge auf die Gerechtigkeit wie jenen, dessen Widerhall sich im letzten *Express* findet, wo der Brief von Mme. Henri Alleg abgedruckt ist, als durch die Zustimmung eines Teiles der Parteien, durch das Schweigen der Presse, die Erbitterung, die jene hervorrufen, die protestieren: *„Aber so schweigt doch, ihr Schwachköpfe!"* Das ist es, was wir rings um uns keifen hören.

Ich wiederhole noch einmal, daß dies finstere Antlitz der Geschichte immer da war, daß die Politik ihre Kloaken hat, sie immer gehabt hat, daß die Rattenfänger auch blutdürstig sind, daß uns jedoch ihr Blutdurst vor einem schlimmeren Blutdurst bewahrt: vor jenem der Ratten, daß die Weisheit nicht darin besteht, sich gegen gewisse Aspekte der menschlichen Natur

[1] Hervorhebung vom Verf.

zu empören, sondern gegen ihre Anwendung. Welche Zivilisation ist nicht nach diesem Gesetz begründet worden? Es ist wahr . . . Doch welche Zivilisation ist nicht schließlich zugrunde gegangen?

Gibt es einen neuen Weg?

Luzern, 1. September 1957

Die Geschichte wird Schicksal. Man muß zugeben, daß das, was sich über unseren Köpfen zwischen den beiden antagonistischen Reichen abspielt, zu unserer Auslöschung beiträgt. Unmittelbar nach dem Weltkrieg entdeckte Paul Valéry, daß alle Zivilisationen sterblich sind, und inzwischen wissen wir, wie die unsere zugrunde gehen wird.

Damals ahnten wir es nicht: weder die unvollkommenen Flugzeuge jener Epoche, noch die Dicke Bertha oder das Giftgas zwangen uns, an die totale Vernichtung dessen zu glauben, was das Abendland errichtet hat. Heute kennt ein zehnjähriger Junge das letzte Wort der Geschichte und weiß, daß es jeden Augenblick ausgesprochen werden kann: auf beiden Seiten ist man bereit.

Jede scheiternde Abrüstungsverhandlung verengt den Spielraum, der dem noch geblieben ist, wovon sich unsere Hoffnung nährt. Sie ist ein weiterer Schritt zur Vernichtung. Freilich läßt das Verhalten des Menschen von heute nichts davon erkennen: „In diesen Tagen vor der Sintflut, sagt Christus, aßen und tranken und heirateten die Menschen . . ."

Wie denn? bleibt uns keine Chance, innezuhalten, umzukehren? *Noch stehen Leben und Tod von Millionen Lebewesen im Belieben dieser Menschen, die Gott gleich geworden sind, wie ihnen von allem Anfang verheißen war, Erhaltung oder Zerstörung alles Gedachten und Geschriebenen wie alles dessen, was das Menschengeschlecht errichtet hat, seitdem vom Giebel des Tempels zu Olympia Apollon seinen wundervollen Arm ausstreckt*[1]. Doch wie lange wird es ihnen freistehen, nicht das auf die Welt loszulassen, was sie in ihrer geballten Faust halten wie ein Kind, das zum Bäcker geht, sein Hundertfranc-

[1] Hervorhebung vom Verf.

stück? Sie kennen weder den Tag noch die Stunde, wo plötzlich irgendein Ereignis sie zwingen wird, ihre Hand zu öffnen. Gleichwohl ist nichts entschieden. In bezug auf das Böse hängt alles vom Menschen ab. In bezug auf das Böse sind wir wie Götter. Die Vernichtung, die geweissagt ist, die in der Schrift geschrieben steht, ist das Ergebnis des menschlichen Forschens. Mit welcher Geduld hat es danach gestrebt! mit welcher Ausdauer! Begreifliche Begierde, solange die denkende Menschheit nicht wußte, daß die Materie beherrschen nicht allein die Macht, sondern die Notwendigkeit bedeuten würde, sie zu zersprengen. Heute wissen wir es.

Und doch gab es einen anderen Weg. Es gibt ihn noch, er ist immer da: Täglich wiederholt sich die Morgenröte. Als ich dieser Tage morgens von der Messe zurückkehrte, blieb ich unter den Zweigen eines Baumes stehen, regungslos, vom Regen durchfeuchtet glänzte jedes Blatt. Wie durch ein Wunder brummte kein Motor, weder auf der Straße, noch am Himmel. Dreißig Kilometer von Paris war für einen Augenblick lang alles wie am Anbeginn der Welt. Diese unendliche Güte, die sich vom Firmament auf den schlafenden Boas hinabsenkte, in jenem Augenblick hätte ein Kind sie mit der ausgestreckten Hand berühren können, und ich, der erwachsene Mann, brauchte nur die Augen zu schließen, um sie zu besitzen, sie zu umfangen. Und dann überflog der Hubschrauber, der aus Brüssel kam, mit seinem knarrenden Spektakel in geringer Höhe den Garten, und ein Vogel verstummte[1].

[1] François Mauriac, Bloc-Notes 1952–1957. Paris 1958, S. 13, 34, 56–57, 68–69, 71–72, 85–86, 172, 345–346, 355–356. Übers. von Marguerite Schlüter (nur diese Stücke). Abdruck mit freundl. Genehmigung des Verlags Flammarion.

LEO WEISMANTEL

Bomben-Inferno als Warnung

Moskau, 1957

Wir sind mit großen Hoffnungen hierhergekommen! – Aber wir fanden nicht nur, was wir erwartet hatten, sondern unendlich viel mehr, so daß wir von all dem überwältigt sind. – Überwältigt von jener Liebe des Empfangs durch das sowjetische Volk, – einer Liebe, der ich jetzt zum ersten Male in der Öffentlichkeit antworten will, indem ich ihr etwas erzähle, was ich bis heute nur wenigen Menschen erzählt habe, was aber in die Geschichte der beiden Völker gehört. Es sollte eine Zeit kommen, in der dies, was ich Ihnen jetzt erzähle, in allen Lesebüchern der Kinder der Welt zu lesen wäre. In den letzten Tagen des Jahres 1942 erhielt ich einen Brief von einem Mann, den ich nur dem Namen nach, aber in keiner Weise persönlich kannte. Ich kannte wohl seinen Namen, denn es handelte sich um einen Dichter, der im damaligen Deutschland sehr berühmt war. Ich war ihm aber nie im Leben persönlich begegnet. Wir hatten uns nie Briefe geschrieben.

Als ich deshalb auf dem Umschlag des Briefes, der jetzt zu mir gekommen war, seinen Namen las, verwunderte ich mich sehr. Wir dachten sehr verschieden über die Dinge der Welt. Wir standen in ganz verschiedenen Bereichen des Daseins. Er stand in einer Front, die mich ins Gefängnis warf und die mit Völkern, die ich nicht haßte, Kriege führte.

Dieser Mann, ein Offizier an der Front des zweiten Weltkriegs, schrieb mir also.

Ich öffnete den Brief und las voller Entsetzen:

„Aus der Tiefe rufe ich zur Dir!
Erbarmen! Erbarmen!
Es ist etwas Furchtbares geschehen!

Ich muß das einem Menschen sagen, – und wie ich nach einem Menschen suche, dem ich das sagen könnte, fällt mir Ihr Name ein. So schreibe ich Ihnen.

Erst in dieser vergangenen Nacht ist es geschehen: Ich war auf acht Tage zu einem Weihnachtsurlaub von der Front zu mei-

ner Familie zurückgekehrt, die in Bonn lebte. Ich hatte sie zwei Jahre nicht gesehen: meine Frau, meine beiden Töchter, zwei Mädchen im Alter von 16 und 18 Jahren, – und ich fand da auch ein russisches Mädchen, eine Kriegsgefangene als Dienstmädchen im Hause meiner Familie. Wenige Stunden nach meiner Rückkehr heulten die Sirenen: Fliegeralarm! Gleich darauf fielen die ersten Bomben. Wir stürzten in den Keller, – und da standen wir nun. Der Keller war in der Mitte mit einem Balken gestützt, und als ich sah, wie all dies war, sagte ich: „Wenn hier eine Bombe einschlägt, sind wir alle verloren. Wer hat denn dies so närrisch gemacht?" Ich sagte meiner Frau und meinen Töchtern, sie sollten sich an die Wände stellen, alle etwas verteilt, daß, wenn etwas passiert, es nicht gleich alle trifft, – dahin, – dorthin, – wies jedem seinen Platz zu, – und wählte selbst einen, – das russische Mädchen stellte sich neben eine meiner Töchter!
Man wußte nicht, was geschehen konnte!
Fünf Minuten später geschah es, – da schlug eine Bombe ein. Es wurde völlig Nacht. Das Haus brach in sich zusammen, – die Decke des Kellers stürzte nieder und verschüttete uns.
In diesem Krachen war kein menschlicher Schrei gehört worden. Es war stockfinstere Nacht!
Von der Decke waren zwei Balken niedergestürzt und hatten sich über Kreuz vor mich gelegt und mich an die Wand gepreßt. Hier stand ich eingezwängt und konnte keines meiner Glieder bewegen.
Aber jetzt hörte ich die Schreie meiner Frau. Sie mußte unter Schutt und Steinen liegen, und an der Art ihres Schreiens merkte ich – wie sie starb.
Jetzt hörte ich auch die Schreie meiner Töchter. – Auch sie waren verschüttet, – nur ihre Köpfe konnten aus dem Schutt hervorragen, – auch sie konnten kein Glied bewegen. Verschüttet war auch das russische Mädchen, – es lag dicht neben der jüngsten meiner Töchter, – es mußte eine Hand frei haben, denn ich hörte es meiner Tochter tröstende Worte sagen, und ich hörte, wie es sich bemühte, Schutt hinwegzuschieben.
O Gott! O Hilfe! Wer soll uns helfen! hörte ich meine Tochter schreien!
Geduld! – Geduld! hörte ich die Stimme des russischen Mäd-

chens sie trösten! O Gott hätten wir nur Licht! Kaum hatte ich es gedacht, schien der Himmel mich zu erhören, – ein Lichtschein kam von da oben! Ich sah die Verschütteten, – ich sah sie jetzt, – ich blickte mich um, woher das Licht komme, – da sah ich es, – dann durchfuhr mich ein Entsetzen: das Gebälk über uns brannte!

Da gellte ein gräßlicher Schrei in die Nacht, und jetzt sah ich, was war: dort oben im brennenden Gebälk hing ein Kanister mit Phosphor, der Phosphor tropfte nieder, Tropfen um Tropfen ins Gesicht meiner jüngsten Tochter. Der Wahnsinn schien nach mir zu greifen.

In diesem entsetzlichen Augenblick geschah ein Wunder! Kein Wunder des Erdenlebens, – ein Wunder der Welt der Unsterblichkeit!

Das russische Mädchen, das neben meiner so gequälten Tochter verschüttet lag, streckte ihre freie, nicht verschüttete Hand nach oben wie eine Schale, hielt die gehöhlte Hand über das Gesicht meiner Tochter und fing die niederfallenden Tropfen des brennenden Phosphors auf. Diese barmherzige Hand begann zu brennen und wehrte den Phosphor vom Antlitz der deutschen Feindin, die verloren neben ihr lag. –

Dann geschah das Letzte:

der Kanister, der über den beiden, dem Tod Verfallenen im brennenden Gebälk hing, stürzte auf beide nieder, – ich starrte in dies umheimliche Geschehen und sah, wie meine Tochter und dieses russische Mädchen ihre Köpfe, die sie allein noch bewegen konnten, einander zukehrten, als wollten sie sich küssen, – dann sah ich, wie sie gleich zwei Holzstatuen verbrannten."

Das, meine Freunde, schrieb mir der Offizier.

O meine Freunde! Mitten in diesem entsetzlichsten aller Kriege, in dem die Völker sich gegenseitig das Furchtbarste antaten, war eine Macht sichtbar geworden, die mitten im Treiben von Haß und Erbärmlichkeit gegenseitiger Vernichtung Zeugnis dafür ablegte, daß im Menschen etwas Großes, Erhabenes, Göttliches verborgen liegt, das in dieser Stunde sich geoffenbart hat!

Wollen wir doch alle in dieser Stunde uns im Geiste vor diesem russischen Mädchen verneigen, das uns gelehrt hat:

„Liebet Eure Feinde!
Tut Gutes, denen, die Euch hassen!"
Vermöchten wir mehr zu lieben als zu hassen, – wie wäre die Welt licht und rein[1].

[1] LEO WEISMANTEL, Tagebuch einer skandalösen Reise. Jugenheim 1959, S. 230–232. Der Text entstammt einer Rede, die LEO WEISMANTEL im Jahre 1957 auf den VI. „Weltfestspielen der Jugend und Studenten für Frieden und Freundschaft" in Moskau gehalten und in seinem Tagebuch aufgezeichnet hat. Abdruck mit freundl. Genehmigung des Weltkreis-Verlags.

GRAHAM GREENE

Kritik an Julien Greens „Journal"

Yonda (Kongo), 7. Februar 1959

Weil meine Schuhe nicht rechtzeitig geputzt waren, kam ich beinahe um die morgendliche halbe Stunde am Kongo. Wie leicht in fremder Umgebung eine Gewohnheit den Charakter eines magischen Zaubers annimmt. Gegen was? Melancholie vielleicht oder Langeweile.

Ich lese den letzten Band von Julien Greens Journal – *Le Bel Aujourd'hui* – mit wachsender Erbitterung. Es scheint mir nicht von etwas so Starkem wie geistigem Hochmut durchtränkt zu sein, sondern von geistiger Eitelkeit. Er spricht zuviel von Gott und den Heiligen. An einer Stelle spricht er von der Notwendigkeit, alles zu eliminieren, was Gott nicht wohlgefällig ist. Aber hat Gott Wohlgefallen an einer Folge frommer Platitüden über sein Wesen? Würde er sie nicht samt und sonders für eine blasphemische Zeile von Villon herschenken? Ich kann nicht umhin, mir den lieben Gott vorzustellen, wie er flüchtig dieses Buch betrachtet und es beiseite wirft, so wie ein Autor eine von vielen hochachtbaren und langweiligen Dissertationen eines Doktoranden über sein Werk beiseite wirft.

Missionare

Yonda, 9. Februar 1959

Mein Buch macht mir Kummer. Vielleicht sollte ich für die mise-en-scène auf meine Erinnerungen an Mosambolahun und Ganta in Liberia zurückgreifen und auf meine Ankunft an diesen Orten.

Die Ankunft von X muß bezeichnend sein, und vielleicht bedürfte es einer, wie L. sagen würde, „gefühlvolleren" Szenerie, als es diese hochorganisierte Gartenstadt ist. Auch die Personen meines priesterlichen Chors machen mir Kummer: Sie taugen für Europa, nicht aber für die Missionen. Weder habe ich jemals bei einem Missionsgeistlichen die Naivität gefunden, die ich für einige von ihnen brauche, noch die Härte gegenüber menschlichem Versagen, noch die Wißbegierde. Diese Männer sind zu beschäftigt, um sich Sorgen über ihre Beweggründe zu machen – sie befassen sich mit Zement, Erziehung, elektrischen Anlagen – nicht mit Motiven. Wie kann ich von dieser Unstimmigkeit wegkommen?

Traum

Bakuma (Kongo), 13. Februar 1959

Ich weiß nicht warum, doch kommt mir ein immer wiederkehrender Traum in den Sinn: mein Mund ist mit Pflanzen angefüllt, die ich mit vollen Händen herausziehe, und immer kommen mehr nach.

Ruhiger Tag

Brazzaville, 7. März

Ruhiger Tag. Am Abend fuhr ich mit einem Taxi zu einer Buchhandlung und kaufte den ersten Band der *vollständigen Goncourt-Tagebücher*. Allein in meinem Zimmer Whisky getrunken. Es war angenehm, eine Zeitlang ganz für sich zu sein[1].

[1] Graham Greene, In Search of a character. Two African Journals. London 1961, S. 32, 39, 53, 91. Übers. von Marguerite Schlüter (nur diese Stücke). Abdruck mit freundl. Genehmigung des Verlags Paul Zsolnay.

PAPST JOHANNES XXIII.

(Angelo Giuseppe Roncalli)

Christliche Bereitschaft
Rom, 26. November – 2. Dezember 1961

Dieses Krankenlager ist ein Altar. Der Altar will ein Opfer. Und so bin ich bereit. Vor mir steht das klare Bild meiner Seele, meiner Priesterschaft, des Konzils, der Universalkirche.

Mit Recht hat der Herr das Kreuz auf die Bekundungen unendlicher Barmherzigkeit gelegt, die er mir besonders während der letzten Monate erwiesen hat. Ich bin ruhig. Ich habe immer Gottes Willen erfüllen wollen, immer, immer. Ich bete für die Kirche, für die Kinder, für die Priester und Bischöfe, damit sie heilig sein mögen, für die ganze Welt.
Aus der Armut und Geringfügigkeit von Sotto il Monte[1] gekommen, habe ich mich stets bemüht, mich davon niemals zu entfernen. Welch große Gnade hat der Herr mir erwiesen: heilige Pfarrer, vorbildliche Eltern; eine starke christliche Tradition; eine zufriedene und ruhige Armut.

Ich will sterben, ohne zu wissen, ob ich etwas besitze oder nicht. Die Armut hat mich oft in Verlegenheit gebracht; besonders dann, wenn ich den Meinen, die sehr arm waren, oder irgendeinem Mitbruder nicht helfen konnte. Doch habe ich nie darüber geklagt. Meine Verehrung galt, als ich noch Kind war, zu Hause und in der Pfarrei, neben Saverio: Jesus im Sakrament, dem heiligen Herzen, dem wertvollen Blut, der heiligen Madonna, dem heiligen Joseph, den drei Francescos: d'Assisi, Xaverius und de Sales. Dann dem heiligen Karl, Gregorio Barbarigo, dem Schutzengel, den Toten.

[1] Angelo Giuseppe Roncalli wurde als Sohn einer bescheidenen Landarbeiterfamilie am 25. November 1881 in Sotto il Monte (Diözese Bergamo) geboren. Papst wurde er, mit dem Namen Johannes XXIII., am 28. Oktober 1958. Er starb am 3. Juni 1963 nach einer längeren Krankheit, die sich zur Zeit dieser Aufzeichnungen zum erstenmal in bedenklicher Weise manifestierte.

Das Konzil. Gott weiß, daß ich meine kleine Seele dieser großen Eingebung in aller Schlichtheit öffnete. Wird er mir erlauben, es zu beenden? Sei Er gebenedeit. Wird er es mir nicht gewähren? ... Vom Himmel, wohin mich, wie ich hoffe, ja, ich bin dessen sicher, die göttliche Barmherzigkeit ziehen wird, werde ich die glückliche Beendigung sehen.

Diese „Pacem in terris", welche Resonanz! Von mir ist in diesem Dokument vor allem das demütige Beispiel, als das ich mein armes Leben stets zu gestalten versuchte: De bono homine pacifico. (Imit. di Cr. lib. II, c. III).

Die Welt ist aufgewacht. Langsam, allmählich wird die ganz reine Lehre der Enzyklika, eine Lehre, die mit Freundlichkeit vorgetragen wurde, in die Gewissen dringen.

Nein, ich leide nicht unter dem, was über mich geschrieben und gesagt worden ist. Zu wenig ist es, verglichen mit den Ängsten Jesu, des Sohnes Gottes, während seines ganzen Lebens und am Kreuze.

Gelegentlich, während des Rosenkranzgebetes, füge ich meinen Zielen, die Ihr kennt, neue hinzu. Und ich bete für mein Bergamo, für die lieben Brüder in Bulgarien (o diese zehn Jahre); für die Türken und Griechen. Ich erinnere mich an die acht Jahre, die ich unter den Franzosen verbrachte, die mich stets gern hatten und die ich immer geliebt habe. Ich sehe Venedig vor mir, mein Venedig, das ich immer auf den Lippen und im Herzen habe. Und nun bin ich hier, neben St. Peter und beim Lateran. Während der ersten Tage dieses päpstlichen Dienstes wurde es mir nicht recht bewußt, was es heißt, Bischof von Rom und daher auch Hirt der Universalkirche zu sein. Dann aber, von Woche zu Woche, wurde alles hell und licht. Und ich habe mich wie zu Hause gefühlt, genau so, als hätte ich während meines ganzen Lebens nichts anderes getan.

Die Berührung mit der Menschenmenge, die Audienzen, welch ein Trost!

Ich kann an Reisen nach Lourdes und nach Assisi nicht denken, ohne Rührung zu empfinden. Und das liebe römische Volk? Ich werde es immer lieben und vom Himmel aus weiter beschützen.

Mein römisches Seminar, mit der heiligen Madonna della Fiducia; Propaganda Fide (o diese so glücklichen Jahre von 21 bis 25), die großen Mönchsorden (ich wäre so gerne nach Montecassino gegangen, aber wer weiß, wer weiß?); die zahllose Schar der Priester, Mönche, Schwestern, Missionare und Missionarinnen: das ist der Reichtum der Kirche.

Die Katholische Aktion. Eingeführt wurde ich in ihre Kreise durch Mons. Radini, meinen Bischof (der war gewiß würdig, Papst zu werden!); und diesen damaligen Belehrungen bin ich treugeblieben ... –
Die Kranken, die Gefangenen, die Armen, die Flüchtlinge ...

Ich habe in dem Buch gelesen, das ich mitten im Weltkrieg schrieb, im Jahre 1916. Die letzten Tage von Mons. Radini, seine letzte Beschwörung: Friede, Friede. Ich möchte, es werde dies auch mein letztes Papstgebet sein, das Gebet des demütigen Papstes Johannes[1].

[1] Bruchstücke aus einem umfangreichen Tagebuch, das Angelo Giuseppe Roncalli jahrelang führte. Veröffentlicht (bisher nur diese Stücke) vom Osservatore Romano (Nr. 129 vom 5. Juni 1963). Übers. von G. R. Hocke.

BIBLIOGRAPHIE

In diesem Literaturverzeichnis werden die Tagebücher, die in unserem darstellenden Teil im Vordergrund stehen, erneut angeführt. Eine Ausnahme bilden einige Texte aus dem 16. und 17. Jahrhundert, die nur dokumentarischen Wert beanspruchen können. Man findet sie in den Anmerkungen zu Kapitel II zitiert. Ergänzend bietet dies Verzeichnis zahlreiche andere Tagebücher, die weder in unserem darstellenden Teil noch in der Anthologie berücksichtigt wurden. Wir geben damit die Grundlage für eine erste ausführliche Bibliographie der europäischen Tagebuchliteratur, zumal wir zahlreiche Texte angeführt haben, die noch nicht übersetzt worden sind. Wir betonen auch hier, daß wir keine lückenlose Vollständigkeit anstreben konnten. Die systematische Erforschung der Tagebuchliteratur steckt auch in anderen europäischen Ländern noch in den Anfängen. Das gilt vor allem für Tagebücher, die nicht in den *europäischen Weltsprachen* verfaßt worden sind, aber auch für die Tagebuchliteratur Rußlands. Doch hoffen wir, Elemente für die uns noch fehlende enzyklopädische Übersicht gegeben zu haben. Die Bibliographien von Leleu und Ponsonby boten uns dabei wertvolle Stützen. Hinweise auf die wichtigste Sekundärliteratur findet man in unseren beiden einführenden Kapiteln. Einer erweiterten Übersicht wegen fassen wir sie am Ende der Tagebuchbibliographie zusammen. Zeitschriften- oder Zeitungsaufsätze wurden nur in einzelnen Fällen benutzt. Texte dieser Art, die in unserer Übersicht nicht erwähnt sind, findet man in den Anmerkungen des darstellenden Teils zitiert. Dasselbe gilt für Einleitungen und Einführungen zu Tagebuchausgaben.

I. Tagebücher

Alcott, Amos Bronson, The journals of Bronson Alcott. Selected and edited by O. Shepard. Boston 1938.

Alvaro, Corrado, Quasi una vita. Giornale d'uno scrittore. Mailand 1950.
Ultimo diario. Mailand 1959.

Amiel, Henri-Frédéric, Journal intime. Publié par L. Bopp. 3 Bde. Genf 1948 ff.
Journal intime (Bd. 1). Ed. nouv. précédée d'une introduction . . . par L. Bopp. Genf 1954. Blätter aus dem Tagebuch. Ausgew., übers. u. eingel. von E. Merian-Genast. Zürich 1944.

Andersen, Hans Christian, Dagbog fra hans sidste Slagelse - Aar, 1825–1826. Kopenhagen 1936.
Romerske dagboger. Kopenhagen 1947.
Das Märchen meines Lebens. Briefe, Tagebücher. Aus dem Dän. übertr. von T. Dohrenburg, hrsg. und m. e. Nachw. vers. von E. Nielsen. München 1961.

Andreas-Friedrich, Ruth, Schauplatz Berlin. Ein deutsches Tagebuch. München 1962.

Angellier, Auguste, Carnets (1865–1904). In: La personnalité d'Auguste Angellier. Bd. 1, par F. Delattre. Paris 1939.

Arbley, Madame d', Diaries and letters 1778–1840. Ed. by Ch. Barret. 6 Bde. London 1904 f.

Argenson, René Louis Marquis d', Journal et mémoires du Marquis d'Argenson. 9 Bde. Paris 1859–1867.

Arnim, Bettina von, Tagebuch von Goethes Briefwechsel mit einem Kind. Sämtliche Werke, hrsg. von W. Oehlke. Bd. 4, T. 3. Berlin 1920.

Aron, Marguerite, Le journal d'une Sévrienne. Paris 1912.

Baader, Franz von, Tagebücher aus den Jahren 1786–1793. Hrsg. von E. A. von Schoden. Sämtl. Werke Bd. 11. Lpz. 1850.
Seele und Welt. Jugendtagebücher 1786–1792. Eingel. u. hrsg. von D. Baumgardt. Berlin 1928.

Baginski, Olli, Traumbuch einer Mutter. Tagebuchaufzeichnungen. Entstanden in den Jahren 1944–1946. Bad Soden 1961.

Bainville, Jacques, Journal. Bd. 1 (1901–1918); Bd. 2 (1919–1926); Bd. 3 (1927–1935). Paris 1948–1950.
Journal inédit (1914). Paris 1953.

Ball Hugo, Dada-Tagebuch. 2. II. 1916 – 7. VI. 1917. In: Das war

Dada. Dichtungen u. Dokumente. Hrsg. von P. Schifferli. München 1963.

BANDHAUER, ZACHARIAS, Die Katastrophe von Magdeburg 1631. Auszug aus dem Tagebuch. M. e. krit.-hist. Übersicht von O. Klopp. Freiburg 1844.

BARBELLION, W. N. P. (Ps. für B. F. Cummings), Journal of a disappointed man. London 1919. Last diary. London 1920.

BARBEY D'AUREVILLY, JULES, Memoranda. (1856 u. 1858.) Paris 1883.

BARBIER, EDMOND, Journal historique et anecdotique du règne de Louis XV. (1718–1763.) 4 Bde. Paris 1847–1856.

BARJAVEL, RENÉ, Journal d'un homme simple. Paris 1951.

BARRÈS, MAURICE, Mes cahiers. 1896–1922. 13 Bde. Paris 1929–1950.

BASHKIRTSEFF, MARIE, Cahiers intimes inédits. (1873–1882.) 4 Bde. rec. par P. Borel. Paris 1925.

Journal de Marie Bashkirtseff. 2 Bde. Paris 1955.

Tagebuch. Tl. 1. 2. (2. Aufl.) Oppeln u. Leipzig 1901.

Tagebuchblätter und Briefwechsel mit Guy de Maupassant. Aus d. Frz. übers. von I. Virginia. (3. Aufl.) Berlin u. Leipzig 1906.

BAUDELAIRE, CHARLES, Jounaux intimes. Fusées. (1855–1862.) Mon coeur mis à nu. (1859–1866.) Ed. crit. par J. Crépet et G. Blin. Paris 1949.

Mein entblößtes Herz. Die beiden Tagebücher ... übers. u. eingel. von Friedhelm Kemp. München 1946.

BAZIN, RENÉ, Etappes de ma vie. (1884–1932.) Paris 1936.

BEAUVOIR, SIMONE DE, (Journal 1939–1940). In: La force de l'âge. Paris 1960.

In den besten Jahren. Hamburg 1961.

BECKMANN, MAX, Tagebücher 1940–1950. Zsgest. von Mathilde Q. Beckmann, hrsg. von E. Göpel. München 1955.

BEHL, KARL FRIEDR. WILHELM, Zwiesprache mit G. Hauptmann. Tagebuchblätter. München 1949.

BEHRING, EMIL VON, Tagebücher. In: H. Zeiss u. R. Bieling. Behring. Gestalt und Werk. Berlin 1940.

BELLAIGUE, CAMILLE, Notes spirituelles extraites de ses agendas. (1929–1930.) In: Etudes carmélitaines. 1936.

BENDA, JULIEN, Les cahiers d'un clerc. (1936–1949.) Paris 1950.

BENNETT, ARNOLD, Journal. Bd. 1, 1896–1910. Bd. 2, 1911–1921. London 1932. Bd. 3, 1921–1928. New York 1933. Bd. 4, 1929. London 1930.

BERENSON, BERNARD, Rumour and Reflection. 1941–1944. London 1952.

(Ital. Übers.:) Echi e riflessioni. Diario 1941–1944. Mailand 1950.
(Ausz. in dt. Übers. u. d. T.:) Gerüchte und Betrachtungen. In: Neue Rundschau 1954, H. 1, S. 67–101.

BERKELEY, GEORGE, Journal of a tour in Italy. (1717–1718.) The works of G. Berkeley Bd. 4. Oxford 1871.
Philosophisches Tagebuch. Übers., eingel. u. m. Anmerkungen vers. v. A. Hecht. Leipzig 1926.

BERNANOS, GEORGES, Les enfants humiliés. Journal 1939–1940. Paris 1949.

BERTRAND, HENRI GROTIEN, Cahiers de Sainte-Hélène. Journal du général Bertrand. Bd. 1, 1821. Bd. 2, 1816–1817. Paris 1949 u. 1951.

BIANCHI-BANDINELLI, RANUCCIO, Dal diario di un borghese (1921–1943), e altri scritti. Mailand 1948.

BINDING, RUDOLF G., Dies war das Maß. Die gesammelten Kriegsdichtungen und Tagebücher. Potsdam 1939.

BISMARCK, CHRISTOPH VON, Das Tagebuch des Chr. v. Bismarck (wörtl. handschr. Abschrift im Schloßarchiv zu Schönhausen). Abgedr. in der Thür.-sächs. Zs. Bd. 5, 1915.

BLOY, LÉON, Le mendiant ingrat. Suivi de mon journal 1894–1895. – 1896–1897. – 1898–1900. – Quatre ans de captivité à Cochons sur Marne. – L'invendable. – Le vieux de la montagne. – Le pélerin de l'absolu. – Au seuil de l'apocalypse. – La porte des humbles.
Oeuvres complètes Bd. 10–20. Paris 1948 f.
Vier Jahre Gefangenschaft in Cochons-sur-Marne. Tagebücher des Verfassers 1900–1904. Aus dem Frz. übertr. von P. A. Roesicke. Nürnberg 1951. Die heilsame Verfolgung. Tagebücher des Verfassers 1896–1900. Nürnberg 1958.
Der undankbare Bettler. Tagebücher des Verfassers 1892–1895. Nürnberg 1949.

BOCK, ALFRED, Tagebücher. Ausgew. von Werner Bock. Heidelberg, Darmstadt 1959 (Veröff. d. Dt. Akad. f. Spr. u. Dichtg. Darmst., 20).

BODMANN, EMANUEL VON, Vermischte Schriften. Aus den Tagebüchern. Die gesamten Werke Bd. 10. Hrsg. von K. Preisendanz. Stuttgart 1961.

BÖCKLIN, ANGELA, Tagebuchblätter von Böcklins Gattin Angela. Mit dem gesamten briefl. Nachl. hrsg. von F. Runkel. (Aufzeichnungen des Hrsg. nach mündlichen Angaben von A. Böcklin.) Berlin 1910.

BOISSERÉE, SULPIZ, (Autobiographische Aufzeichnungen, Tagebücher, Briefwechsel, hrsg. von Mathilde Boisserée.) Bd. 1. Stuttgart 1862.

BONHOEFFER, DIETRICH, Widerstand und Ergebung. Briefe und Aufzeichnungen aus der Haft. Hrsg. von E. Bethge. München 1951.

BOSWELL, JAMES, BOSWELLS London journal. 1762–1763. London 1950.
Journal of a tour to the Hebrides with S. Johnson 1773. Kingswood 1963.
The Ominous Years 1774–1776. The Yale Editions of the private papers of J. Boswell. Melbourne, London, Toronto 1963.
Londoner Tagebuch 1762–1763. Zürich u. Stuttgart 1953.

BOUSQUET, JOË, Traduit du silence. (1935–1936). Paris 1941.

BOYLESVE, RENÉ, Feuilles tombées. (Ecrits intimes.) Introd. de Charles Du Bos. Paris 1927.

BRANCATI, VITALIANO, Diario Romano. Mailand 1961.

BRANDIS, JOACHIM, J. B.'s des Jüngeren Diarium, ergänzt aus Tilos Brandis Annalen 1528–1609. Hrsg. von M. Buhlers. Hildesheim 1902.

BRAUN, OTTO, Aus nachgelassenen Schriften eines Frühvollendeten. Hrsg. von J. Vogelstein. Stuttgart u. Berlin 1920.

BROOKE, ALAN FRANCIS, Aus den Kriegstagebüchern des Feldmarschalls Lord Alanbrooke. In: Arthur Bryant, Sieg im Westen (1943–1946). Düsseldorf 1960.

BRULIG, BONAVENTURA, Beiagerung d. kayserlichen Stadt Wien 1683. Zusammen getragen worden durch den wohl-Ehrwürdigen und geistlichen Patrem Bernardum Brulig, O. S. Bened. zu Rayern Prufess. Mitget. von Beda Dudik im Arch. f. d. Kunde österr. Geschichtsquellen, Bd. 4, Wien 1850.

BUCHELL, AREND VAN, Diarium 1560–1599. Hrsg. von G. Brom u. L. A. van Layerand. Amsterdam 1907.

BURNEY, FRANCES, The early Diary of F. Burney with a Selection from her Correspondence and from the Journals of her Sisters Susan and Charlotte Burney 1768–1778. 2 Bde. London 1889.

BURROUGHS, The Heart of Burroughs' Journal. Boston u. New York 1928.

BUSCH, MORITZ, Tagebuchblätter. 3 Bde. Leipzig 1899.

BYRON, GEORGE G. N., The Letters and Journals of Lord Byron. With

Notices of his Life by Th. Moore. New ed. Bd. 2. London 1854.
Byron in seinen Briefen und Tagebüchern. Dargest. von C. Gigon. Zürich u. Stuttgart 1963.

CAMUS, ALBERT, Carnets. Paris 1962.
Tagebücher 1935–1947. Hamburg 1963.

CARREL, ALEXIS, Fragments de journal. 1938–1944. In: A. Carrel, Le voyage de Lourdes. Paris 1949.

CARROLL, LEWIS, The Diaries of Lewis Caroll. First ed. and suppl. by R. L. Green. 2 Bde. London 1953.

CARTWRIGHT, THOMAS, The Diary of Dr. Th. C., Bishop of Chester. Aug. 1686 – Okt. 1687. London 1843.

CASAUBONUS, ISAAK, Ephemerides (1597–1614). Cum praefatione et notis edente J. Russel. 2 Bde. Oxford 1850.

CASTELLI, ENRICO, Pensieri e giornate. Diario intimo 1941–1944. Padua 1963.

CATEZ, ELISABETH, Extraits de son journal intime. 1899–1900. In: Ecrits spirituels d'Elisabeth de la Trinité. Paris 1948.

CAVOUR, CAMILLO BENSO DI, Diario 1833–1843. Mailand, Rom 1941.

CHATEAUBRIAND, RENÉ DE, Journal de Jérusalem. Notes inédites. Paris 1951.

CHATEAUBRIANT, ALPHONSE DE, Lettre à la Chrétienté mourante, fragments de journal. 1930–1935. Paris 1951.
Cahiers. 1906–1951. Paris 1955.

CHEVALIER, MAURICE, Journal (1945–1947). In: Ma route et mes chansons. Bd. 3. Paris 1948.

CHODOWIECKI, DANIEL, Journal, gehalten auf einer Lustreyse von Berlin nach Dresden, Leipzig, Halle, Dessau Anno 1789. Mit e. Einf. von A. Wiecek. Berlin 1961.

CHRISTIAN DER JÜNGERE (II.), FÜRST ZU ANHALT, Tagebuch. Nach den Manuskripten der herzogl. Bibliothek zu Cöthen hrsg. von G. Krause. Leipzig 1858 und: in Auszügen mitgeteilt von H. Wäschke, in: Deutsche Geschichtsblätter, Bd. 16. Gotha 1915.

CHRISTIDIS, DIMETRIOS, Praktika fēs Athēnais diatribēs mas 15–27 Martioy 1826. Athen 1901.

CHRISTOMANOS, KONSTANTINOS, To biblio tēs aytokrateiras Elisabet. Athen 1908.

CIANO, GALEAZZO, 1937–1938. Diario. Bologna 1948.
Diario 1939–1943. Mailand 1946.

CIBURA, FRANZ, Kriegstagebuch des Arbeiters Franz Cibura. München 1934.

Claretie, Jules, Vingt-huit ans à la Comédie-Française, Journal 1911–1913. In: Revue des Deux-Mondes. 1949 u. 1951.

Clercq, Willem de, Willem de Clercq naar zijn dagboek 1811–1844. Haarlem 1873.

Clifford, Anne, The Diary of the Lady Anne Clifford. With an introd. note by V. Sackville-West. London 1923.

Clostermann, Pierre, Le grand cirque. (1942–1945.) Paris 1948.

Cobbet, William, Diaries. London 1893.

Colchester, Charles Abbot, The Diary and correspondence of Charles Abbot, Lord Colchester, speaker of the House of commons, 1802–1817. Ed by his son ... London 1861.

Coleridge, Samuel Taylor, The Notebooks of S. T. Coleridge; ed. by K. Cobum. Bd. 1: 1794–1804. London 1957.
The Notebook of S. T. Coleridge; ed. by K. Cobum. Bd. 2: 1804–1808. London 1962.

Colette, Sidonie Gabriele, Journal intermittent. (1915, 1923, 1934, 1941.) Paris 1949.
Journal à rebours. (1930–1938.) Paris 1941.

Collé, Charles, Journal historique, ou Mémoires critiques et littéraires ... depuis 1748 jusqu'en 1751–1772. 3 Bde. Paris 1805–1807.
Journal et mémoires de Charles Collé sur les hommes de lettre ... Nouv. éd. augm. 3 Bde. Paris 1868.

Collet, Camilla, and Collet, Peter Jonas, Dagbger og breve. Bd. 1–5. Oslo 1926–1933.

Colombo, Christoforo, Giornali di bordo (1492–1493). Mailand 1892. (Chr. Kolumbus) Bordbuch. Zürich u. Leipzig 1941.

Coningsby, Thomas, Journal of the Siege of Rouen 1591. London 1847.

Connolly, Cyril (Ps.: Palinurus), The unquiet grave. A world cycle. 2. Aufl. London 1958.
Das Grab ohne Frieden. Berlin, Frankfurt 1952.

Constant, Benjamin, Journaux intimes. (1804–1807, 1811–1816, u.a.) In: Oeuvres. Paris 1957.

Corot, Camille, Briefe aus Italien. Mit e. Anh. Briefe aus späterer Zeit und Aufzeichnungen über Kunst. Leipzig 1924.

Craig, Edward Gordon, Index to the story of my days. London 1957.

Croce, Benedetto, Quando l'Italia era tagliata in due. (1943–1944.) Bari 1948.

Cron, Hermann, Vgl. Gustav Goes.

CROY, CHARLES DE, Journal inédit du duc de Croy. 1718–1784. 2 Bde. Paris 1906.
Journal d'un voyage en Angleterre en 1766. In: Revue britannique. Jg. 71, Nr. 3. Paris 1895.

CRUSIUS, MARTIN, Diarium. Bd. 1: 1596–1597; Bd. 2: 1598–1599. Hrsg. von W. Göz u. E. Conrad. Tübingen 1927 u. 1931. Bd. 3: 1600–1605. Hrsg. von R. Stahlecker u. E. Staiger. Tübingen 1958.

CURIE, MARIE, Journal intime. (1956.) In: Eve Curie, Madame Curie. Paris 1938.

DAAE, LUDVIG, Politiske dagbker og minner. 1859–1871. In: Norske historiske forening. Oslo 1934 u. 1935.

DANGEAU, PHILIPPE DE COURCILLON, MARQUIS DE, Journal du Marquis de Dangeau. 1684–1715. 19. Bde. Paris 1854–1860.

DARWIN, CHARLES, Journal of Researches into the natural History and Geology of the countries visited ... London 1839.

DAUDET, ALPHONSE, La Doulou. 1887–1895. Paris 1930.

DEE, JOHN, The private diary of Dr. J. Dee. 1577–1600. London 1842.

DEHON, L., Diario del Concilio Vaticano. Città del Vaticano 1962.

DELACROIX, EUGÈNE, Journal. Bd. 1: 1822–1852; Bd. 2: 1853–1856; Bd. 3: 1857–1863. Nouv. éd. par A. JOUBIN. Paris 1950.

DELP (Pater), Im Angesicht des Todes. (Briefe, Tagebücher u. Meditationen.) Ffm. 1947.

DILTHEY, WILHELM, Der junge Dilthey. Ein Lebensbild in Briefen und Tagebüchern 1852–1870. Unveränd. Nachdr. d. Ausg. Leipzig u. Berlin 1933. Stuttgart 1960.

DOSTOJEWSKIJ, ANNA, Das Tagebuch der Gattin Dostojewskijs. Hrsg. von R. Fülöp-Miller u. Fr. Eckstein. München 1925.

DOSTOJEWSKIJ, FEDOR MICHAJLOWITSCH, Tagebuch eines Schriftstellers. Hrsg. u. übertr. von A. Eliasberg. Bd 1–4: 1873–1881. München 1921–1923.

DRIART, PIERRE, Cronique Parisienne 1522–1535. Veröff. in den Mémoires de la Société de l'histoire de Paris et de l'île de France, Bd. 22, 1895.

DRUMMOND, WILLIAM, Diary. (1657–1659.) Edinburgh 1941.

DU BOS, CHARLES, Extraits d'un journal 1908–1928. Paris 1931.
Journal. Bd. 1: 1921–1923; Bd. 2: 1924–1925; Bd. 3: 1926–1927; Bd. 4: 1928. Paris 1946–1950.
Pages inédites du journal (1921–1928). In: Résurrection, Nr. 13. Paris 1946, S. 7–31.

DÜRER, ALBRECHT, Tagebuch über meine niederländische Reise 1520–1521. Erstm. gedr. 1779 bei Christoph Gottlieb Murr im Journal zur Kunstgeschichte u. zur allgem. Litteratur, VII. – Krit. Ausg. von Hans Rupprich, Dürer. Schriftl. Nachlaß. Bd. 1, Berlin 1956.

Plessis, Jean Du, Notes intimes. In: La vie héroique de Jean Du Plessis de Grenédan. Paris 1924.

Dupouey, Mireille, Cahiers 1915–1919. Paris 1944.
Cahiers II. Paris 1945.

Roure, Henri du, Lettres, précédées d'un journal intime. Bd. 1 Paris 1920.

Ebner-Eschenbach, Marie von, Aus einem zeitlosen Tagebuch. Gesammelte Werke, hrsg. von E. Groß. Bd. 9. München 1961.

Echter von Mespelbrunn, O. Frh. v. Stotzingen, Gedenkblätter der Echter von Mespelbrunn u. der Grafen von Ingelheim, gen. Echter von Mespelbrunn. In: Archiv des hist. Vereins von Unterfranken u. Aschaffenburg. Bd. 50, 1908, S. 179–200.

Edison, Thomas Alva, Diary and sundry observation. New York 1940.

Edschmid, Kasimir, Tagebuch 1958–1960. München, Wien, Basel 1960.

Eduard VI., Journal of King Edward's Reign, written with his own hand. Edinburgh 1882 (Clarendon Historical Society's Reprints. New series no. 1).

Eeden, Frederik Willem van, Mijn dagboeck. 10. Bde. Amsterdam 1933.

Eichendorff, Josef von, Tagebücher. M. Vorw. u. Anm. von Wilh. Kosch.
Sämtliche Werke. Bd. 11. Regensburg 1933.

Eliot, George, (Ps. für Marian Evans) George Eliots Life as related in her letters and journals. Arrangend and edited by her husband J. W. Cross. 3 Bde. Edinburgh u. London 1885.

Emerson, Ralph-Waldo, Journals of R. W. Emerson. 10 Bde. Boston u. New York 1909–1914.

Engel, Eduard, 1914–1917. Ein Tagebuch. Mit Urkdn., Bildern. 6 Bde. Braunschweig 1915–1920.

Evelyn, John, The Diary of John Evelyn (1640–1706). Ed. by A. Dobson. 3 Bde. London 1906.
The Diary of John Evelyn. Now first printed in full. Ed. by E. S. de Beer. Oxford 1955.

Eyre, Adam, (Diary.) The Publications of the Surtees Society, Bd. 65. Durham 1877.

Fabre-Luce, Alfred, Journal intime 1937. Paris 1938.

Fabri, Felix, Evagatorium in terrae sanctae, Arabiae, Egypti peregrinationem. In: Bibliothek d. lit. Ver. in Stuttgart, Bd. 2–4. 1843–1849.

Faraday, Michael, Faraday's Diary, being the various philosophical notes of experimental investigation made by M. F. ... during the years 1820–1862. 8. Bde. London 1932–1936.

Farini, Domenico, Diario di fine secolo. Mailand 1962.

Faucon, Maurice, Journal. (1879–1893.) In: Reliquiae de M. Faucon, Bd. 1. Paris 1911.

Feraoun, Mouloud, Journal 1955–1962. M. e. Einl. von E. Robbès. Paris 1962.

Ferrarese, Diario, Diario ferrarese dall' anno 1409 fino al 1502 di autori incerti. Bologna 1928–1937.

Fersen, Hans Axel de, Comte de Fersen et Marie Antoinette. Correspondance et journal intime inédits, publiés par Alma Söderjhelm. Paris 1930.
Dagbok. 4 Bde. Stockholm 1925–1936.

Fichte, Johann Gottlieb, Philosophisches Journal u. a. Diarien. Erscheinen in der 25-bändigen neuen Ges. Ausg. der Bayerischen Akademie der Wissenschaften. München 1963 f.

Fiolle, Jean, Journal intime d'un chirurgien. (1938–1949.) Paris 1951.

Fischer, Karl, In Tschako und Stahlhelm. Kriegstagebuch eines rheinischen Jägers. Bonn 1930.

Flade, Friedrich, Tagebuch des feindlichen Einfalls der Schweden in das Markgrafentum Mähren während ihres Aufenthaltes in der Stadt Olmütz 1642–1650. Hrsg. von B. Dudik, O.S.B. In: Arch. f. österr. Gesch., Bd. 65. Wien 1884.

Flaiano, Ennio, Gli amici della notte. Diario della dolce vita romana. In: Europeo. Mailand 1962.

Forster, Georg, Tagebücher. Hrsg. von P. Zincke u. A. Leitzmann. Deutsche Literaturdenkmale d. 18. u. 19. Jhdts. 3. Folge Nr. 29. Berlin 1914.

Foucauld, Charles de, Nouveaux écrits spirituels. (1897–1899.) Paris 1950.
Aufzeichnungen und Briefe. Zsgest. von Jean-François Six. Freiburg 1962.

France, Anatole, Carnets intimes. 1907–1914. In: Léon Carias, Les carnets intimes d'Anatole France. Paris 1946.

Francois, Journal intime. (1935.) Publ. par. A. Valensin. Paris 1940.

Frank, Anne, Tagebuch. 14. Juni 1942 – 1. August 1944. Heidelberg 1950.

Friedrich III., Kaiser Friedrichs III. Tagebücher von 1848–1866. Hrsg. von H. O. Meisner. Leipzig 1929.
Kaiser Friedrichs Tagebücher über die Kriege 1866 und 1870/71. Berlin 1901.

Friedrich IV. von der Pfalz, Das Tagebuch und Ausgabenbuch. 1596–1599. Hrsg. von J. Wille. In: Zs. f. d. Gesch. d. Oberrheins, 33. 1880, S. 201–295.

Frisch, Max, Blätter aus dem Brotsack. Geschrieben im Grenzdienst. Zürich 1940.
Tagebuch mit Marion. Zürich 1947.
Tagebuch. 1946–1949. Frankfurt 1950.

Fromentin, Eugène, Correspondance et fragments inédits. Paris 1912.

Froude, Richard Hurrel, Remains of the late Rev. R. H. Froude. 4 Bde. London u. Derby 1838 u. 1839.

Galeazzi, Riccardo, Diario. (Über die Sterbenstage Pius' XII.) Rom 1958.

Gallieni, Joseph Simon, Les carnets de Gallieni, publiés par son fils G. Gallieni. (1914–1916.) Paris 1932.

Gallitzin, Amalie von, Briefwechsel und Tagebücher. Enth. bisher ungedr. Briefe d. Fürstin ... (Tagebücher Bd. 1). Münster 1874.
Briefwechsel und Tagebücher. Neue Folge. Tagebücher aus den Jahren 1783–1800 (Tagebücher Bd. 2). Münster 1876.

Garborg, Arne, Dagbok. 1905–1923. 6 Bde. Oslo 1924–1927.

Garcaeus, Joachim, Tägliche Aufzeichnungen des Pfarrherrn J. G. in Sorau u. Brandenburg aus d. Jahren 1617–1632 ... m. e. hist. Einl. u. erl. Anm. hrsg. von O. Tschirch. Brandenburg 1894.

Gass, Karl Eugen, Pisaner Tagebuch. Aufzeichnungen, Briefe. Aus dem Nachlaß eines Frühvollendeten. Hrsg. von P. E. Hübinger. Heidelberg, Darmstadt 1961.

Gauléjac, Paul de, Lisière de la joie. 1943–1944. Paris 1946.

Gellert, Christian Fürchtegott, Tagebuch aus dem Jahr 1761. Leipzig 1862.

Gentz, Friedrich von, Tagebücher. Aus dem Nachlaß Varnhagens von Ense. 4 Bde. Leipzig 1873 u. 1874.
(Nachträge) Tagebücher: Hrsg. von A. Fournier u. A. Winkler. Zürich, Leipzig, Wien 1920.

Gerlach, Leopold und Ludwig von, Aus den Jahren preußischer Not und Erneuerung. Tagebücher und Briefe der Gebrüder Gerlach und ihres Kreises 1805–1820. Hrsg. von H.-J. Schoeps. Berlin 1963.

Geuser, Marie-Antoinette de, Notes spirituelles. 1909–1917. Toulouse 1932.

Gibbon, Edward, Gibbon's Journey from Geneva to Rome: his Journal from 20 April to 2 October 1764. Ed. by G. A. Bonnard. London 1961.

Gide, André, Journal 1889–1939. Paris 1939.
Journal 1889–1939. Paris 1948 (Journal I).
Journal 1939–1949. Paris 1954 (Jounal II).
Tagebuch 1889–1939. Übertr. von M. Schaefer-Rümelin. Bd. 1: 1889–1913; Bd. 2: 1914–1923; Bd. 3: 1924–1939. Stuttgart 1950, 1951, 1954.

Gigli, Giacinto, (Memorie.) In: A. Ademello, Giacinto Gigli ed i suoi diarii del secolo XVII. Florenz 1877.
Diario Romano. 1608–1670. A cura di G. Ricciotti. Rom 1958.

Gilbert, Gustave Mark, Nuremberg Diary. New York 1947.
Nürnberger Tagebuch. Frankfurt 1962.

Gilliard, Edmond, Journal. (1930–1945.) Lausanne 1945.

Goebbels, Joseph, Das Tagebuch 1925/26. Mit weiteren Dokumenten, hrsg. von H. Heiber. Stuttgart 1960.
Tagebücher 1942/43. Hrsg. von L. P. Lochner. Zürich 1948.

Görres, Ida Friederike, Zwischen den Zeiten. Aus meinen Tagebüchern 1951–1959. Olten u. Freiburg 1960.

Goes, Gustav, und Hermann Cron, Mein Kriegstagebuch. Berlin 1936.

Goethe, Johann Wolfgang von, Tagebücher. (Sophien-Ausgabe) Werke, Abt. 3, Bd. 1–13. Weimar 1888–1903.
Tag- und Jahreshefte als Ergänzung meiner sonstigen Bekenntnisse, von 1749–1822. (Sophien-Ausgabe) Werke, Bd. 35 u. 36. Weimar 1892 u. 1893.
Goethes Tagebücher. Hrsg. v. P. Boerner. Mit Nachwort u. Register. (Gedenkausgabe, Erg.-Bd. 2) Zürich 1963.
Tagebücher. (Auswahl.) Hrsg. von H. Nette. Düsseldorf u. Köln 1957.

Gombrowicz, Witold, Das Tagebuch des Witold Gombrowicz. Übers. von W. Thiel. Pfullingen 1961.

Goncourt, Edmond und Jules de, Journal des Goncourt. Bd. 1:

1851–1861; Bd. 2: 1862–1865; Bd. 3: 1866–1870; Bd. 4: 1870–1871; Bd. 5: 1872–1877; Bd.6: 1878–1884; Bd. 7: 1885–1888; Bd. 8: 1889–1891; Bd. 9: 1892–1895. Paris 1887–1896.
Tagebuch der Brüder Concourt. Aus d. Frz. übertr. u. hrsg. von H. Uhde-Bernays. München 1947.
Tagebücher der Brüder Concourt. Politik, Literatur, Gesellschaft in Paris von 1851–1895. Ausgew. u. eingel. von P. Wiegler. Trier 1948.

GORDON, CHARLES GEORGE, General Gordon's private Diary of his Exploits in China ... London 1885.
The Journals of Major-Gen. C. G. Gordon at Kartoum, printed from the Original mss. Introduction and Notes by A. E. Hake. London 1885.
Briefe und Tagebuchblätter des Generals Ch. Gordon von Khartum. Ausgew. u. übertr. von M. Goos. Hamburg 1908.

GOT, EDMOND, Journal. Bd. 1: 1822–1858. Bd. 2: 1859–1893. Paris 1910.

GRASS, KARL, Sizilische Reise. Aus dem Tagebuch eines Landschaftsmalers. Stuttgart u. Tübingen 1815.

GRASSI, ERNESTO, Assenza di mondo. In: La diaristica filosofica. Archivio di filosofia Nr. 2. Padua 1959, S. 217–247.

GREEN, JULIEN, Journal. Bd. 1: 1928–1934; Bd. 2: 1935–1939; Bd. 3: 1940–1943; Bd. 4: 1943–1945; Bd. 5: 1946–1950. Paris 1938–1951.
Tagebücher 1928–1945. Übertr., eingel. u. m. Anm. vers. von H. Winter. (Auswahl.) Wien 1952.

GREEN, THOMAS, Extracts from the Diary of a Lover of Literature. Ipswich 1810.
Diary of a Lover of Literature. In: The Gentleman's Magazin. January 1834 – June 1843.

GREENE, GRAHAM, In Search of a character. Two African journals. London 1961.
Afrikanisches Tagebuch. Wien 1962.

GREGOROVIUS, FERDINAND, Römische Tagebücher. 1852–1874. M. e. Vorw. von Fr. Althaus. Stuttgart 1892.

GRILLPARZER, FRANZ, Tagebücher und literarische Skizzenhefte. (1808–1870.) Sämtliche Werke, hrsg. von A. Sauer. Abt. 2, Bd. 7 ff. Wien u. Leipzig 1914 ff.

GUASTALLA, PIERRE ANDRÉ, Journal 1940–1944. Paris 1951.

GUÉHENNO, JEAN, Journal d'une révolution. 1936–1938. Paris 1939.
Journal des annés noires. 1940–1944. Paris 1947.

Gündell, Erich von, General Erich von Gündell. Aus seinen Tagebüchern. Bearb. u. hrsg. von W. Obkircher. Hamburg 1939.

Guérin, Eugénie de, Journal. (1834–1841.) Paris 1934.

Guérin, Maurice de, Journal. (1832–1835.) Publié par G. S. Trébutien. Paris 1862.

Oeuvres complètes, I. Poèmes, Poésies. Le cahier vert. Paris 1947.

Guiard, Amédée, Carnet intime. (1905–1915.) Paris 1929.

Guitton, Jean, Journal de captivité. (1942–1943.) Paris 1943.

Journal metaphysique et théologique. In: La diaristica filosofica. Archivio di filosofia, Nr. 2. Padua 1959, S. 161–186.

Haecker, Theodor, Tag- und Nachtbücher 1939–1945. Mit e. Vorw. hrsg. von H. Wild. München 1947.

Haensel, Karl, Das Gericht vertagt sich. Aus dem Tagebuch eines Nürnberger Verteidigers. Hamburg 1950.

Hahn, Reynaldo, Journal d'un musicien. Paris 1950.

Halder, Franz, Kriegstagebuch 1939–1942. Bd. 1 u. 2. Stuttgart 1962 u. 1963.

Haller, Albrecht von, Tagebuch meiner Beobachtungen über Schriftsteller und über mich selbst. 2 Bde. Bern 1787.

Tagebuch der Studienreise nach London, Paris, Straßburg und Basel 1727–1728. Mit Anm. hrsg. von G. Hintzsche. Bern 1942.

Hamann, Johann Georg, Tagebuch eines Christen. (1758.) Sämtliche Werke, hrsg. von J. Nadler. Bd. 1. Wien 1949.

Hammarskjöld, Dag, Vaegmaerken. (Wegzeichen. Ein Tagebuch in Aphorismen und Gedichten, 1925–1961. Ersch. 1963 in Stockholm.)

Hamsun, Knut, Auf überwachsenen Pfaden. Ein Tagebuch. (1945.) München 1950.

Hanrion, Alexis, Journal spirituel. (1902–1919.) Toulouse 1928.

Harrach, Graf Ferdinand Bonaventura von, Mémoires et négociations secrètes contenant ce qui s'est passé de plus secret et de plus remarquable ... 2 Bde. La Haye 1720 u. 1735.

Harris, Clement, (Journals.) In: Pente Pigadia. Amsterdam 1962.

Hartlaub, Felix, Berliner Tagebuchblätter. Tagebuch aus dem Krieg. In: Das Gesamtwerk. Frankfurt 1955.

Hartung, Gangolf, Die chronikalischen Aufzeichnungen des Fuldaer Bürgers G. Hartung (1607–1666). Hrsg. von Th. Haas. Fulda 1910.

HASSELL, ULRICH VON, Vom anderen Deutschland. Aus den nachgelassenen Tagebüchern 1938–1944. Zürich, Freiburg 1947.

HAWTHORNE, NATHANIEL, American Note-books. New Haven 1932.
English Note-books. London 1941.
French and Italian Note-books. Boston 1876.

HAYDON, BENJAMIN ROBERT, Diary. Ed. by W. Bissel Pope. Bd. 1: 1808–1815; Bd. 2: 1816–1824. Cambridge (Mass.) 1960.

HEBBEL, FRIEDRICH, Tagebücher. Sämtliche Werke. Hist.-krit. Ausg. besorgt von R. M. Werner. 2. Abt. Bd. 1: 1835–1839; Bd. 2: 1840–1844; Bd. 3: 1845–1854; Bd. 4: 1854–1863. Berlin 1903.
Der Mensch und die Mächte. Die Tagebücher. Ausgew. u. eingel. von E. Vincent. Leipzig 1936.

HEINSE, WILHELM, Tagebücher 1780–1800. Sämtliche Werke. Hrsg. von K. Schüddekopf. Bd. 7. Leipzig 1909.

HELLENCOURT, HENRI D', Journal de bord. (1936–1939.) Paris 1941.

HENRIOT, EMILE, Journal de bord. Paris 1927.

HÉON-CANONNE, JEAN, Devant la mort. (1944–1945.) Paris 1951.

HERBERSTEIN, SIGMUND VON, Selbstbiographie (1486–1553). Hrsg. von Th. G. v. Krajan. In: Fontes rerum Austriacarum, I, 1. Wien 1855.

HERDER, JOHANN GOTTFRIED, Reisejournal v. J. 1769. Sämtliche Werke. Hrsg. von B. Suphan. Bd. 4. Berlin 1878.
Journal meiner Reise. Mit e. Nachw. von W. Ziesemer. Krefeld 1949.

HESSE, HERMANN, Krisis. Ein Stück Tagebuch. Berlin 1928.
Aus einem Tagebuch des Jahres 1920. Zürich 1960.

HESSE, MARIE, Ein Lebensbild in Briefen und Tagebüchern. Von Adele Gundert. Stuttgart 1934.

HEYKING, ELISABETH VON, Tagebücher aus vier Erdteilen. 1886/1904. Hrsg. von G. Litzmann. Leipzig 1926.

HEYM, GEORG, Tagebücher, Träume, Briefe. Hrsg. von K. L. Schneider. Dichtungen und Schriften, Bd. 3. Hamburg u. München 1960.

HEYWOOD, OLIVER, His Autobiography, Diaries, anecdote and event Books. Ed. by J. H. Turner. 4 Bde. Brighouse 1882–1885.

HILTBRUNNER, HERMANN, Alles Gelingen ist Gnade. Tagebücher. Zürich u. Stuttgart 1958.

HOFFMANN, E.T.A., Tagebücher. Ausgewählte Werke, Bd. 1. Zürich 1946.

Briefe und Tagebücher. Gesamtausgabe, hrsg. von W. Harich. Bd. 14 u. 15. Weimar 1924.

Hofmannsthal, Hugo von, Aufzeichnungen. Gesammelte Werke, Bd. 15. Frankfurt 1959.

Hofmiller, Josef, Revolutionstagebuch 1918/19. Aus den Tagen der Münchener Revolution. Schriften, Bd. 2. Leipzig 1938.

Hohenstein, Alexander, Wartheländisches Tagebuch. Aus den Jahren 1941/42. Stuttgart 1961.

Hohoff, Kurt, Woina –Woina. Russisches Tagebuch. Düsseldorf u. Köln 1951.

Holstein, Friedrich von, Tagebuchblätter. In: Die geheimen Papiere F. v. Holsteins. Dt. Ausg. von W. Frauendienst. Bd. 2. Göttingen (u. a.) 1957.

Hopkins, Gerard Manley, Gedichte, Schriften, Briefe. Hrsg. von W. Rinn. Übers. von U. Clemens in Zsarbt. m. Fr. Kemp. München 1954.

Hug-Hellmuth, Hermine von, (Hrsg.) Aus dem Tagebuch eines halbwüchsigen Mädchens. Hrsg. von Hug-Hellmuth (Quellenschriften zur seel. Entw. Nr. 1). Wien 1921.

Humboldt, Wilhelm von, Tagebücher. Gesammelte Schriften. Hrsg. von der Preuß. Ak. d. Wissensch. Bd. 14: 1788–1798 und Bd. 15: 1799–1835. Berlin 1916 u. 1918.

Huygens, Constantijn, Journalen. Utrecht 1876–1888.

Infessura, Stefano, Diario della città di Roma. Nuova edizione a cura di O. Tommasini. Rom 1890.

Römisches Tagebuch. Übers. u. eingel. von H. Hefele (Das Zeitalter der Renaissance. Serie I, Bd. 8). Jena 1913.

Ingres, Jean-Auguste-Dominique, Journal inédit. (Auszüge) In: Boyer d'Agen, Ingres d'après une correspondance inédite. Paris 1909.

Irving, Washington, The Journals of W. Irving (hitherto unpublished). Ed. by W. P. Trent and G. S. Hellman. 3 Bde. Boston 1919.

Jackson, George, Tagebücher. (Erste Auszüge) in: Die Tat. Zürich 15. Dez. 1962.

Jacobsen, Jens Peter, Dagbogsoptegnelser og Stroetanker. Kopenhagen 1927.

Jakimow, Erasmus von, Gefahr und Schau. Tagebuchblätter eines jungen Malers aus dem 2. Weltkrieg. Mit e. Lebensbild von A. Kirchner-Kruse. München 1957.

James, Henry, The Notebooks of H. James (1878–1911.) New York 1947.

JATHO, C. O., Tagebuch-Notizen. Frühjahr 1940. In: Rheinische Post, 7. März 1962.

JESUS, CAROLINA MARIA DE, Tagebuch der Armut. Aufzeichnungen einer brasilianischen Negerin. Aus dem Portug. übertr. von I. Gerold. Hamburg 1962.

JOHNSON, SAMUEL, Diaries, Prayers and Annals (Yale edition of the Works of S. J., Bd. 1). New Haven u. London 1958.

JOKOSTRA, PETER, Die Zeit hat keine Ufer. Südfranzösisches Tagebuch. München u. Eßlingen 1963.

JOUBERT, JOSEPH, Les carnets de J. Joubert. Bd. 1: 1774–1804. Bd. 2: 1805–1824. Paris 1938.

JOURNAL D'UN BOURGEOIS, Journal d'un bourgeois de Paris. 1405–1449. Erster Druck als Anh. zur 2. Aufl. von Juvénal des Ursins, archevêque de Reims, Histoire de Charles VI, roy de France. Zuletzt erschienen u. d. T. Journal d'un bourgeois de Paris sous Charles VI et Charles VII (1405–1449). Préf. et notes d'A. Mary. Paris 1929.

JOURNAL D'UN BOURGEOIS, Journal d'un bourgeois de Paris sous le règne de François premier (1515–1536) publié d'après un manuscrit inédit ... Paris 1854.
Nouv. éd. par V.-L. Bourilly. Paris 1910.

JOYCE, STANISLAUS, The Dublin Diary, ed. by G. H. Healey. London 1962.

JÜNGER, ERNST, In Stahlgewittern. Ein Kriegstagebuch. – Das Wäldchen 125. – Feuer und Blut. – Reisetagebücher. Ein Inselfrühling. Ein Tagebuch aus Rhodos. – Strahlungen. Aus den Tagebüchern 1939 und 1940. Das erste Pariser Tagebuch. Kaukasische Aufzeichnungen. – Das zweite Pariser Tagebuch. Kirchhorster Blätter. Jahre der Okkupation. Tagebuchwerk zum II. Weltkrieg. April 1945 – Dezember 1948.
Gesammelte Werke, Bd. 1–4. Stuttgart 1960 ff.

JUSTH, ZSIGMOND, Naplója. 1888–1889. Budapest 1941.

KAAS, LUDWIG, Tagebuch. 7.–20. April 1933. Aus dem Nachlaß von Prälat L. Kaas, hrsg. von R. Morsey. In: Stimmen der Zeit, Bd. 166. Freiburg 1960, S. 422–430.

KÄSTNER, ERICH, Notabene 45. Ein Tagebuch. (7. 2. – 2. 8. 1945.) Zürich 1961.

KAFKA, FRANZ, Tagebücher 1910–1923. Frankfurt 1951.
Erste Ausg. New York 1948 u. 1949.

KANTOROWICZ, ALFRED, Deutsches Tagebuch. 1945–1961. 2 Bde. München 1959.

Kardorff, Ursula von, Berliner Aufzeichnungen. Aus den Jahren 1942–1945. München 1962.

Karoris, Nikolaos, Emerologion Poliorkias Athēnōn, 29 Joynioy – 11 Aprilioy 1827. Athen 1901.

Kazinczy, Ferenc, Fogśgom naplója. 1794–1801. Budapest 1951.

Keller, Gottfried, Tagebücher. In: Jakob Bächtold, Gottfried Kellers Leben. Seine Briefe und Tagebücher. Bd. 1: 1819–1850; Bd. 2: 1850–1861. Berlin 1894.

Kessler, Harry Graf, Tagebücher 1918–1937. Frankfurt 1961.

Keyserling, Hermann Graf, Reisetagebuch eines Philosophen. 2 Bde. Darmstadt 1919.

Kiechel, Samuel, Reisetagebuch. Hrsg. von Dietrich Hassler. In: Bibliothek des lit. Vereins in Stuttgart, Bd. 86, 1866.

Gabriele v. Koenig-Warthausen, Die Reisen des Samuel Kiechel. In: Ulm u. Oberschwaben, Bd. 34. 1955, S. 66–75.

Kierkegaard, Sören, Dagbøger. 2 Bde. Kopenhagen 1960.

Die Tagebücher. Ausgew., neugeordnet u. übers. von H. Gerdes. Bd. 1. Düsseldorf u. Köln 1962.

Die Tagebücher. Ausgew. u. übers. von Th. Haecker. 2 Bde. Innsbruck 1923.

Religion der Tat – sein Werk in Auswahl. Hrsg. von E. Geismar. Leipzig 1930.

Buch des Richters. Seine Tagebücher 1833–1855 im Auszug aus dem Dän. von H. Gottsched. Jena u. Leipzig 1905.

Kisch, Egon Erwin, Schreib das auf, Kisch! Das Kriegstagebuch des Egon Erwin Kisch. Berlin 1930.

Kisfaludy, Sándor, Napló és franciaországi fogságom (1796). In: Kisfaludy Sándor minden munkái. VII. Kötet. Budapest 1893.

Klabund, Tagebuch im Gefängnis. Mit Einf., Nachw. u. Klabund-Schriftenverzeichnis von L. Spitzegger. Wien (u.a.) 1946.

Klee, Paul, Tagebücher (1898–1918). Hrsg. u. eingel. von F. Klee. Köln 1957.

Klepper, Jochen, Unter dem Schatten Deiner Flügel. Aus den Tagebüchern. Stuttgart 1956.

Klopstock, Friedrich Gottlieb, Tagebücher. Bisher unveröffentlicht. Im Archiv der Universität Kiel.

Kölcsey, Ferenc, Országgyülési napló. 1832–1833. In: Kölcsey Ferenc összes müvei. Budapest 1960.

Kollwitz, Käthe, Tagebuchblätter und Briefe. Berlin 1948.

Kolumbus, s. u. Colombo

Koren, Kristiane, Moer Korens. Dagbøger. 1808–1810. 1813–1815. Kristiania 1915.

Korte, Heino, Auf italienischen Straßen. Oldenburg 1952.

Kosterina, Nina, Tagebücher, in: Nowy Mir. 1962.
(It. Ausg.) Diario 1936–1941. Rom 1963.

Kraus, Franz Xaver, Tagebücher (1856–1901). Hrsg. von H. Schiel. Köln 1957.

Kreutzmacher, Ewald, Diarium über den Reichstag zu Augsburg 1547–1548. Hrsg. von P. Glück. In: Archiv des hist. Vereins f. Unterfranken, Bd. 46 u. 47. Würzburg 1904 u. 1905.

Krieger, Martin, Soldaten-Tagebuch. Aufzeichnungen des Schützen Karl Bremer. Plauen 1937.

Kroher, Emil, und Günter Olzog, Polis – Zeitgeschichtliches Tagebuch 1963. München 1963.

La Cour, Paul, Fragmente eines Tagebuchs. Aus dem Dän. übertr. von A. Leonhardt. Frankfurt 1953.

Lacretelle, Jacques de, Jacques de Lacretelle. Aparté. Colère. Journal de colère. Dix jours à Ermenonville. Paris 1927.

Landucci, Luca, Diario fiorentino dal 1450 al 1516, continuato da un anonimo fino al 1542. Florenz 1883.
Ein florentinisches Tagebuch 1450–1516. Nebst e. anonymen Forts. 1516–1542. Übers. u. eingel. u. erkl. von M. Herzfeld. 2 Bde. Jena 1912 u. 1913. (Das Zeitalter der Renaissance, Serie I, Bd. 5 u. 6.)

Langner, Ilse, Chinesisches Tagebuch. Erinnerung und Vision. Nürnberg 1960.
Japanisches Tagebuch. Erinnerung und Vision. Nürnberg 1961.

Larbaud, Valery, Journal 1912–1935. Préf, et notes de R. Mallet. Paris 1955.
Journal inédit I u. II. Oeuvres complètes. Bd. 9 u. 10. Intrd. de R. Mallet. Paris 1951.

Laud, William, Devotions, Diary, and History. The Works of the Most Reverend Father in God, W. Laud. Bd. 3. Oxford 1847–1860.

Lavater, Johann Caspar, Geheimes Tagebuch. (Tagebücher Bd. 1.) Unveränderte Fragmente aus dem Tagebuch. (Tagebücher Bd. 2.) Leipzig 1771 u. 1773.

Léautaud, Paul, Journal littéraire. (Vollst. Ausg. Bis jetzt:) 11 Bde. Paris 1954–1961.
Journal littéraire, fragment 1946. Paris 1948.

Notes retrouvées. (1927–1934.) Paris 1942.

LEHNDORFF, HANS GRAF VON, Ostpreußisches Tagebuch. Aufzeichnungen eines Arztes aus den Jahren 1945–1947. München 1961.

LEISEWITZ, JOHANN ANTON, Tagebücher nach den Handschriften hrsg. von H. Mack u. J. Lochner. 2 Bde. Weimar 1916 u. 1920.

LEHMANN, WILHELM, Bukolisches Tagebuch aus den Jahren 1927 bis 1930. Fulda 1948.

LENÉRU, MARIE, Journal. Bd. 1: 1893–1900; Bd. 2: 1901–1918. Paris 1922.

Journal, précédé du journal d'enfance. Paris 1945.

LENHART, FRANZ RUDOLF, Mein Kriegstagebuch. Erlebnisse im Weltkrieg. 1914–1918. Aussig 1933.

LEONARDO DA VINCI, Philosophische Tagebücher. Hamburg 1958.

LEOPARDI, GIACOMO, Lo Zibaldone. Mailand 1937.

Diario d'amore. Mailand 1939.

Diario segreto. In: Memorie della mia vita. Mailand 1942.

LESEUR, ELISABETH, Journal et Pensées de chaque jour. 1899–1906; 1911–1914. Paris 1917.

Journal d'enfant. (1877–1881.) Paris 1934.

L'ESTOILE, PIERRE DE, Journal de L'Estoile pour le règne de Henri III (1574–1589). Texte intégral présenté et annoté par L.-R. Lefèvre. Paris 1943. Journal pour le règne de Henri IV (1589–1600). Texte annoté par L.–R. Lefèvre. Paris 1949 u. 1950.

LÉVY, JACQUES, Les Faux monnayeurs d'André Gide et l'expérience religieuse. Suivi de fragments d'un Journal et de la Correspondance. Grenoble 1954.

Auf der Suche nach dem Menschen. Tagebuch, Briefwechsel u. e. Studie über Die Falschmünzer von André Gide. Übers. von E. Steinacker. Salzburg 1960.

LÉVY, PAUL, Journal d'un exilé. Paris 1949.

LEWALD, FANNY, Sommer und Winter am Genfersee. Ein Tagebuch (1867). Berlin 1869.

Römisches Tagebuch 1845/46. Hrsg. von H. Spiero. Leipzig u. Berlin 1927.

LICHTENBERG, GEORG CHRISTOPH, Aus Lichtenbergs Nachlaß. Aufsätze, Gedichte, Tageblätter, Briefe. Zur hundertsten Wiederkehr seines Todestages, hrsg. von A. Leitzmann. Weimar 1899.

Aus Lichtenbergs Tagebüchern. In: Zs. f. dt. Philologie, Bd. 67. Stuttgart 1942 u. 1943.

LIESCH, ENDERLIN, Rudolf Wegeli, Gedenkbüchlein des E. L. in Malans. In: Archiv für Kulturgeschichte, 9. Berlin u. Leipzig 1911, S. 73–86.

LISZT, FRANZ, Tagebücher. Unveröffentlicht. In den Archiven der südungarischen Stadt Szekszard.

LOCHNER, HANS, J. Kamann, Die Pilgerfahrten Nürnberger Bürger nach Jerusalem im 15. Jh., namentlich die Reiseberichte des Dr. med Hans Lochner (1435) und des Jörg Pfinzing. In: Mitteilungen des Vereins f. Gesch. d. Stadt Nürnberg, H. 2. 1880, S. 78–163.

LOERKE, OSKAR, Tagebücher 1903–1939. Hrsg. von H. Kasack. Heidelberg u. Darmstadt 1955.

Reisetagebücher. Riesengebirge, Harz, Algerien, Italien. Ausgew. u. hrsg. von H. Bergeholz. Heidelberg u. Darmstadt 1960.

LOEW, JACQUES, Journal d'une mission ouvrière. 1941–1959. Paris 1959.

Tagebuch einer Arbeitermission. Mainz 1960.

LOHE, DIETRICH VAN, Chronik 1529–1583. Hrsg. v. E. Dragendorf, in: Beiträge zur Geschichte d. Stadt Rostock, 17. 1929/30 (1931), S. 1–110.

LOTI, PIERRE, Journal intime. (1882–1885.) Paris 1923–1928.

IGNATIUS VON LOYOLA, Diario Espiritual. Obras completas de San Ignacio de Loyola. Madrid 1952.

Aus dem geistlichen Tagebuch des hl. Ignatius von Loyola. Nach d. span. Urtext übertr., eingel. u. m. Anm. vers. von A. Feder S. J. Regensburg 1922.

Geistliches Tagebuch. Freiburg 1961.

LOUYS, PIERRE, Journal intime 1882–1891. Paris 1929.

Journal inédit. 1887–1888. Paris 1926.

LUCIE CHRISTINE, Journal spirituel (1870–1910). Paris 1916. Geistliches Tagebuch (1870–1910). Hrsg. von P. A. Poulain S. J., übers. von R. Guardini. Mainz 1952. (1. Aufl. 1920.)

LUDWIG II. VON BAYERN, Tagebuch-Aufzeichnungen von Ludwig II., König von Bayern. Schaan-Liechtenstein 1925.

LUDWIG XVI., Journal de Louis XVI., publié pour la première fois d'après le manuscript autographe du Roi. Paris 1900.

LUNDBYE, J. TH., Dagbogsoptegnelser. Kopenhagen 1818.

LYAUTEY, HUBERT, Notes de jeunesse. (1875–1876.) In: P. Heidsieck, Rayonnement de Lyautey. Paris 1947.

LYONNET, PIERRE, Ecrits spirituels. (1445–1446.) Paris 1951.

MACHYN, HENRY, The Diary of H. Machyn, citizen and merchant taylor of London, from A. D. 1550 to A. D. 1563. London 1848 (Publications of the Camden Society, no. 42).

MACREADY, WILLIAM CHARLES, Macready's Reminiscences, and Selections from his Diaries and Letters. Ed. by F. Pollock. 2 Bde. London 1875.

MAIER, PETER, Diarium. In: Annalen d. hist. Vereins f. d. Niederrhein. H. 8. Köln 1860.

MAINE DE BIRAN, Journal. Bd. 1: 1792–1817; Bd. 2: 1817–1824. Paris 1927 u. 1931.

MALAQUAIS, JEAN, Journal de guerre. 1939–1940. New York 1943.

MANN, KLAUS, Der Wendepunkt. Ein Lebensbericht. (Darin das Kapitel) Entscheidung – Aus einem Tagebuch. Frankfurt 1953.

MANNING, HENRY EDWARD, Diary. In: E. S. Purcell, Life of Cardinal Manning. 2 Bde. New York u. London 1895 u. 1896.

MANSFIELD, KATHERINE, Journal. Ed. by J. M. Murry. (1. Aufl. 1927.) Def. Ed. London 1934.

MARBEAU, ARLETTE, Journal spirituel. 1939–1946. Paris 1951.

MARCEL, GABRIEL, Journal métaphysique. Bd. 1: 1914–1923; Bd. 2: 1928–1933. Paris 1927 u. 1935.

Fragments du journal métaphysique. In: La diaristica filosofica. Archivio di filosofia, Nr. 2. Padua 1959, S. 141–159.

MARMION, DOM COLUMBA, Notes intimes. (1887–1911.) In: Dom Raymond Thibaut, Dom Columba Marmion, abbé de Maredsous. Paris 1930.

MARTYN, HENRY, Journals and Letters. Ed. by S. Wilberforce. 2 Bde. London 1837.

MARWITZ, BERNHARD VON DER, Stirb und werde. Aus Briefen und Kriegstagebuchblättern. Hrsg. von H. v. Koenigswald. Breslau 1931.

MASTRO, PAOLO DELLO, Diario. 1422–1488. In: L. A. Muratori, Rerum italicarum scriptores. Nuova ediz. Bd. 3. Città di Castello 1900–1910.

MATTHIES, KURT, Ich hörte die Lerchen singen. Ein Tagebuch aus dem Osten 1941–1945. München 1962.

MAUGHAM, SOMERSET W., A Writer's Notebook. (1892–1944.) New York 1949.

MAURIAC, CLAUDE, Conversations avec André Gide. Extraits d'un journal. (1937–1939.) Paris 1951.

MAURIAC, FRANÇOIS, Bloc-Notes. 1952–1957. Paris 1958.
Journal I-III. Journal du temps de l'occupation. Le cahier noir. Oeuvres complètes. Bd. 11. Paris 1953.

MAURINA, ZENTA, Nord- und südliches Gelände. Schwedische Tagebücher 1946–1951. Memmingen 1962.

MAUROIS, ANDRÉ, Journal d'un voyage en Amérique. Paris 1939.
Journal, Etats-Unis 1946. Paris 1946.
Journal d'un tour en Amérique latine. 1947. Paris 1948.
Journal d'un tour en Suisse. Paris 1949–1950. Athen 1926.

MAYER, JOHANN-JAKOB, Emerologion b' poliorkias Messologgioy.

MELMS, WALTER, 1914–1918. Briefe und Tagebuchblätter eines Frontoffiziers. Radolfzell 1937.

MENDELSSOHN, FANNY, Tagebücher. In: Sebastian Hensel, Die Familie Mendelssohn 1729–1847. Nach Briefen und Tagebüchern. 3 Bde. Berlin 1879.

MESSERSCHMIDT, DANIEL GOTTLIEB, Forschungsreise durch Sibirien 1720–1727. Teil 1, Tagebuchaufzeichnungen 1721–1722. Berlin 1962.

METAXAS, GIOVANNIS, Tó prosópliko mou himerologio. Athen 1951.

MICHELET, JULES, Mon journal. 1820–1823. Paris 1888.
Journal. 1828–1848; 1849–1860. 2 Bde. Paris 1962.

MODERSOHN-BECKER, PAULA, Briefe und Tagebuchblätter. Hrsg. u. neu bearb. von S. D. Gallwitz. Berlin 1949.

MØLLER, PAUL MARTIN, Optegnelser paa Kinarejsen. Strøkanter fra kinareisen. Kopenhagen 1930.

MOEN, PETTER, Der einsame Mensch. Petter Moens Tagebuch, hrsg. u. übers. von E. Schaper. Zürich 1950.

MONTAIGNE, MICHEL DE, Journal de voyage en Italie par la Suisse et l'Allemagne en 1580 et 1581. Nouv. éd. établie sur le texte de l'édition originale posthume de 1774. Paris 1955.
Tagebuch einer Badereise. Stuttgart 1963.

MONTECUCCOLI, Raimondo, Diario. In: I Viaggi, opera inedita pubbl. da A. Gimorri. Modena 1924.

MONTHERLANT, HENRY DE, Carnets XXIX à XXXV (1935–1939). Carnets XLII et XLIII (1942–1943). In: La Table Ronde 1947 u. 1948.
Tagebücher 1930–1944. Übertr. von K. A. Horst. Köln 1961.

MOORE, THOMAS, Memoirs, Journal and Correspondence of Th.

Moore. (1818–1847.) Ed. by J. Russel. 8 Bde. London 1853–1856.

Morand, Paul, Journal d'un attaché d'Ambassade. Paris 1949.

Mouchotte, René, Les carnets de 1940–1943. Paris 1949.

Mounier, Emmanuel, Journal de prison. (1942.) In: Esprit. Paris, déc. 1950.

Mozart, Maria Anna, Nannerl Mozarts Tagebuchblätter und Eintragungen ihres Bruders Wolfgang Amadeus. Vorgel. u. bearb. i. Auftrag d. Intern. Stiftung Mozarteum von W. Hummel. Salzburg 1958.

Müller, Georg Alexander von, Regierte der Kaiser? Kriegstagebücher des Chefs des Marinekabinetts ... (1914–1918). M. e. Vorw. von S. v. Müller, hrsg. von W. Görlitz. Göttingen (u.a.) 1959.

Musil, Robert, Tagebücher, Aphorismen, Essays und Reden. (1898–1942.) Gesammelte Werke in Einzelausgaben, hrsg. von A. Frisé. Hamburg 1955.

Nansen, Odd, Fra dag til dag. Oslo 1947.

Von Tag zu Tag. Ein Tagebuch. Aus d. Norw. von I. Goebel. Hamburg 1949.

Nantiporto, Notaio del, Diarium Romae urbis ab anno 1481 ad 1492. In: L. A. Muratori, Rerum Italicarum Scriptores. Bd. 3. Città di Castelli. 1900–1910.

Nathan, G. J., The intimate Notebooks of G. J. Nathan. New York 1932.

Nebel, Gerhard, Bei den nördlichen Hesperiden. Tagebuch aus dem Jahr 1942. Wuppertal 1948.

Newcome, Henry, The Diary of the Rev. H. Newcome from Sept. 30, 1661, to Sept. 29, 1663. Manchester 1849.

Newman, John Henry, Memoranda. (1821–1847.) In: Letters and Correspondence of J. H. Newman during his life in the English church ... London u. New York 1890.

Briefe und Tagebuchaufzeichnungen aus der katholischen Zeit seines Lebens. Ausgew. Werke, hrsg. von M. Laros u. W. Becker. Bd. 2/3. (2. erg. u. verb. Aufl.) Mainz 1957.

Newton, Benjamin, The Diary of B. Newton, Rector of Wath, 1816–1818. Cambridge 1933.

Nietzsche, Friedrich, Tagebuch der Reise in den Bayerischen Wald. Werke und Briefe. Hist.-krit. Gesamtausg. Werke, Bd. 3. Hrsg. von H. J. Mette u. K. Schlechta. München 1935.

(Philologische Niederschriften und Notizen.) Schriften der Studenten- und Militärzeit. 1866–1868. ... Werke, Bd. 4. München 1937.

NIJINSKIJ, WASLAW, Journal de Nijinsky. Paris 1953.
Der Clown Gottes. Tagebuch des Tänzers Waslaw Nijinskijs. Stuttgart 1955.

NIKOLAUS II., Das Tagebuch des letzten Zaren von 1890 bis zum Fall. Nach den unveröff. russ. Handschriften hrsg. Mit e. Einl. von S. Melgunoff. Berlin 1923.

NISIN, ARTHUR, Un journal de Russie. Lausanne 1960.
Ein russisches Tagebuch. Übertr. aus d. Frz. von M. Hölzer. Frankfurt 1962.

NOVALIS, (Tagebücher.) Schriften. Hrsg. von J. Minor. Bd. 2. Jena 1907.
Briefe und Tagebücher. Briefe und Werke, hrsg. von E. Wasmuth. Bd. 1. Berlin 1943.

OGLANDER, JOHN, A Royalist's Notebook: commonplace book. Transcribed and ed. by F. Bamford. London 1936.

OPPENHEJM, RALPH, An der Grenze des Lebens. Theresienstädter Tagebuch. Übertr. aus d. Dän. Hamburg 1961.

ORTH, PHILIPP, Spazierreise nach Rom. In: Württ. Vjh. f. Landesgesch., N. F. 27, 1918, S. 61–82.

PACI, ENZO, Pagine da un Diario. In: La diaristica filosofica. Archivio di filosofia, Nr. 2. Padua 1959, S. 187–216.

PALÉOLOGUE, MAURICE, Journal, 1913. 1914. Paris 1947.
Journal de l'affaire Dreyfus. Paris 1955.
Am Zarenhof während des Weltkriegs. Tagebücher und Betrachtungen. M. e. Einl. von B. v. Siebert. München 1926.
Tagebuch der Affäre Dreyfuß. Übertr. von H. Lindemann. Stuttgart 1957.

PAPINI, GIOVANNI, Diario. Florenz 1962.
Il libro nero. Nuovo diario di Gog. Florenz 1951.

PASCAL, BLAISE, Pensées. Ed. intégrale. Paris 1948.
Über die Religion (Pensées). Übertr. von E. Wasmuth. (5. vollst. neu bearb. u. textlich erw. Aufl.) Heidelberg 1954.

PASSER, JUSTUS EBERHARD, Diarium und Berichte des Hessen-Darmstädtischen Gesandten J. E. Passer über die Vorgänge am kaiserlichen Hof und in Wien von 1680–1683.
Mitget. v. L. Baur. In: Arch. f. österr. Gesch., Bd. 37. Wien 1867.

PASTOR, LUDWIG FREIHERR VON, Tagebücher, Briefe, Erinnerungen. Hrsg. von W. Wühr. Heidelberg 1950.

PAVELS, CLAUS, Dagbogs-optegnelser 1815–1816. Christiania 1867. Dagbøger for Aarene 1817–1822. 2 Bde. Christiania 1892 u. 1903.

PAVESE, CESARE, Il Mestiere di vivere. Diario 1935–1950. Turin 1952. Das Handwerk des Lebens. (Tagebuch 1935–1950.) Hamburg 1956.

PEPYS, SAMUEL, The Diary of S. Pepys ... completely transcribed from the shorthand manuscript. (1659–1669.) 9 Bde. London u. New York 1893–1899.
The Diary of S. Pepys. Transcribed by M. Bright from the shorthand manuscript ... Ed. by H. B. Wheatley Bd. 1–3, 4–6, 7–8, Index. London 1952.
Das Geheimtagebuch des Sir S. Pepys 1660–1669. Im Auszug übertr. u. bearb. von M. Schwartzkopff-Winter. München 1931.

PERRIN, HENRI, Journal d'un Prêtre ouvrier en Allemagne. Paris 1945. Tagebuch eines Arbeiterpriesters. 1943/1944. Übers. von R. Michel u. I. Wild. München 1955.

PFINZING, JÖRG, (Vgl. Hans Lochner, in: J. Kamann, Die Pilgerfahrten)

PHILIPPE, CHARLES LOUIS, Journal de la vingtième anné. (1895.) In: Nouv. Rev. Française. 15. Février 1910, S. 218–236.

PLATEN, AUGUST VON, Ausgewählte Tagebücher. (1814–1834.) 2 Bde. Stuttgart 1896 u. 1900.

PLATTER, FELIX, Erinnerungsblätter. In: Thomas und Felix Platter, Zwei Lebensbilder aus der Zeit der Reformation und Renaissance, von ihnen selbst entworfen. Aus dem Schweizerdeutsch f. d. Ggwt. übertr. Gütersloh 1882.

POGWISCH, OTTILIE VON (Ottilie von Goethe), Tagebücher und Briefe von und an O. v. Goethe. Hrsg. u. eingel. von H. Bluhm. Bd. 1. Wien 1962.

PONTORMO, JACOPO DA, Diario. (1554–1556.) Florenz 1956.

POYET, PIERRE, Journal spirituel. (1910–1913.) In: A. Bessières, L'apôtre de Normale supérieure, Pierre Poyet. Paris 1935.

PRATOLINI, VASCO, Diario sentimentale. Mailand 1962.

PRIULI, GIROLAMO, Diari (1494–1512). In: L. A. Muratori, Rerum Italicarum Scriptores. Bd. 24. Città di Castello 1912.

PRUDHOMME, SULLY, Journal intime. 1862–1864; 1868–1869. Paris 1922.

PSICHARI, ERNEST, Journal intime. In: H. Psichari, Ernest Psichari mon frère. Paris 1933.

PÜCKLER-MUSKAU, HERMANN FÜRST VON, Jugendwanderungen. Aus

meinen Tagebüchern für mich und andere. Vom Verf. der Briefe eines Verstorbenen. Stuttgart 1836.

PURY, ROLAND DE, Journal de cellule (1943). Lausanne 1945.

RACHMANOWA, ALJA, Symphonie des Lebens. Bd. 1: Studenten, Liebe, Tscheka und Tod. Tagebuch einer russischen Studentin. Bd. 2: Ehen im roten Sturm. Tagebuch einer russischen Frau. Bd. 3: Milchfrau in Ottakring. Tagebuch einer russischen Frau. Salzburg 1935.

RAIMUND, FERDINAND, Der unbekannte Raimund. Gedichte, Tagebuchblätter, Szenen und Briefe. Hrsg. u. eingel. von G. Pichler. Wien 1962.

RAMUZ, C. F., Journal Bd. 1: 1896–1942; Bd. 2: 1942–1947. Lausanne 1943 u. 1949.

RAUSCH, JÜRGEN, In einer Stunde wie dieser. Tagebuch einer Flucht und Gefangenschaft. Stuttgart 1953.

RAUSCHENBUSCH, HILMAR ERNST, Mitteilungen aus dem Tagebuche von H. E. Rauschenbusch, weiland Pastor d. evgl.-luth. Gemeinde zu Elberfeld ... Hrsg. von A. S. Jaspis. Iserlohn 1852.

RAUSCHER, JOHANN MARTIN, Tagebuch des Tübinger Professors J. M. Rauscher. Im Auszug mitgeteilt von W. Götz, in Württ. Vjh. f. Landesgeschichte, N. F. Jg. 36, H. 1 u. 2, Stuttgart 1930.
(Im Auszug erhalten in den Papieren von J. U. Preggizer im Staatsarchiv Stuttgart.)

RÉGNIER, PAUL, Fragments de journal 1923–1947. In: La Table Ronde, nov. 1951 S. 30–48.

RENAN, ERNEST, Cahiers de jeunesse. (1845–1846.) Paris 1906.
Nouveaux cahiers de jeunesse. (1846.) Paris 1907.

RENARD, JULES, Journal inédit. Oeuvres complètes. Bd. 11–15. Paris 1925–1927.
Journal. Paris 1935.

REPINGTON, CHARLES, After the War: London, Paris, Rome ... A Diary. London 1922.

RESTIF DE LA BRETONNE, NICOLAS, Mes Inscriptions. Journal intime de 1780–1787. Paris 1889.

REVENTLOW, FRANZISKA GRÄFIN ZU, (Tagebücher 1897–1910.) Gesammelte Werke in 1 Bd. Hrsg. u. eingel. von E. Reventlow. München 1925.

REVERDY, PIERRE, Le livre de mon bord. (1930–1936.) Paris 1949.

RICHTER, LUDWIG, Lebenserinnerungen eines deutschen Malers. Selbstbiographie nebst Tagebuchniederschriften und

Briefen von L. Richter. Hrsg. von H. Richter. Frankfurt 1886.

RILKE, RAINER MARIA, Tagebücher aus der Frühzeit. Hrsg. von R. Sieber-Rilke u. C. Sieber. Leipzig 1942.

RINSER, LUISE, Gefängnis-Tagebuch. München 1946.

RIVIÈRE, JACQUES, Carnets de guerre. (1914.) Paris 1929.
Carnets de captivité. In: J. Rivière, A la trace de Dieu. Paris 1925.

ROBINSON, HENRY CRABB, Diary, Reminiscences and Correspondence. Selected and ed. by Th. Sadler. London 1869.

RODOKANAKIS, PLATON, Tó byssiní triantáphyllo. Athen 1912.

RÖDER, JAKOB, Kalendereinträge des Tuchscherers J. R. Bearb. u. hrsg. von Kerler, in: Archiv d. hist. Vereins f. Unterfranken, Bd. 41. Würzburg 1899.

ROLLAND, ROMAIN, Journal des années de guerre 1914–1919. Paris 1952.
Richard Strauss et Romain Rolland. Correspondance, fragments de journal (Cahiers Romain Rolland, 3). Paris 1951.

ROSE, GEORGE, The Diaries and Correspondence of the Right Hon. G. Rose: containing original letters of the most distinguished statesmen of his day. London 1860.

ROST, NICO, Goethe in Dachau. Tagebuchaufzeichnungen. Berlin 1948.

ROUGEMONT, DENIS DE, Journal d'un intellectuel en chômage. (1933–1935.) Paris 1937.
Journal d'Allemagne. 1935–1936. Paris 1938.
Journal des deux mondes. 1939–1946. Paris 1946.

ROY, JULES, Retour de l'enfer. 1944–1945. Paris 1951.

RUBINOWICZ, DAVID, Das Tagebuch des D. Rubinowicz. Frankfurt 1960.

SACK, GUSTAV, (Tagebücher.) In: Prosa, Briefe, Verse. (Hrsg. u. m. e.) Vorwort von D. Hoffmann. München, Wien 1962.

SADE, D.A.F. MARQUIS DE, Journal 1777–1790. (Verschollen.)

SAINT-CLAIR, ALAIN, Journal. 1941–1944. In: Simone Saint-Clair, Perceval. Paris 1947.

SAINTE-BEUVE, CHARLES AUGUSTIN, Mes poisons. Cahiers intimes inédits. 1840–1867. Paris 1947.

SAINT-EXUPÉRY, ANTOINE DE, Carnets. Paris 1953.
Carnets. Publiés par M. Quesnel et P. Chevrier. Paris 1955.
Carnets (dt.). Düsseldorf 1958.

SAINT-JEAN, ROBERT DE, Démocratie, beurre et canons. Journal de guerre d'un Français moyen. 1939–1940. New York 1941.

SAMAIN, ALBERT, Carnets intimes. (1887.) Paris 1939.

SAND, GEORGE, Journal intime. 1834–1840. Paris 1926.

SÁNDOR, PETÖFI, Lapok Petöfi Sándor uaplójából. 1848. In: Petöfi Sándor összes müvei. Budapest 1956.

SANMINIATELLI, BINO, Mi dico addio. Diario 1949–1958. Florenz 1959.
Il permesso di vivere. Diario 1959–1962. Mailand 1963.

SANUDO, MARINO, I Diarii. (1496–1533.) 58 Bde. Venedig 1879–1903.

SAPONARO, MICHELE, Diario. Mailand 1963.

SCHACK, ADOLF FRIEDRICH VON, (Tagebücher.) Ein halbes Jahrhundert. Erinnerungen und Aufzeichnungen. Stuttgart u. Leipzig 1888.

SCHELLENDORFF, PAUL BRONSART VON, Geheimes Kriegstagebuch 1870–1871. Bonn 1954.

SCHICKELE, RENÉ, Tagebücher. Werke, hrsg. von H. Kesten. Bd. 3. Köln u. Berlin 1953.

SCHMIDT, FRANZ, Meister Franntzn Schmidts Nachrichters inn Nürnberg all sein Richten. Hrsg. v. A. Keller. Leipzig 1913.

SCHNACK, FRIEDRICH, Ländliches Tagebuch. München 1949.

SCHNEIDER, REINHOLD, Winter in Wien. Aus meinen Notizbüchern 1957/58. Mit der Grabrede von W. Bergengrün. Freiburg 1958.

SCHOPENHAUER, ADELE, Tagebücher. 2 Bde. Leipzig 1909.

SCHRAMM, PERCY ERNST, Kriegstagebuch des Oberkommandos der Wehrmacht 1940–1945. Geführt von H. Greiner u. P. E. Schramm. 4 Bde. Bd. 4: 1. Januar 1944 – 22. Mai 1945. Eingel. u. hrsg. von P. E. Schramm. Frankfurt 1961.

SCHWOB, RENÉ, Moi, juif. (1926–1927.) Paris 1928.

SCOTT, WALTER, Journal. 1825–1832. 2 Bde. Edinburgh 1890.

SEIPP, BETTINA, Römisches Tagebuch. Innsbruck u. Wien 1950.

SEWALL, SAMUEL, Diary of S. Sewall. 1674–1728. Massachusetts Historical Society 5th series, V, VI, VII (1878–1882).

SHAFTESBURY, ANTHONY ASHLEY, (Journal.) In: Life and Work of the Seventh Earl of Shaftesbury. London 1887.

SHELLEY, MARY WOLLSTONECRAFT, In: Julian Marshall, Life and Letters of M. W. Shelley. London 1889.

SIEGERT, GERHARD, Kriegstagebuch eines Richtkanoniers. Leipzig 1929.

SIFFRE, MICHEL, Mitten in der Erde. (Vorabdruck) in: Europeo. Mailand 1962.

SIMONETTA, CICCO, Diario. Rom 1962.

SINKÒ, ERVIN, Roman eines Romans. Moskauer Tagebuch. Köln und Berlin 1962.

SLINGSBY, HENRY, The Diary of Sir H. Slingsby ... now first published entire from the ms. by D. Parsons. London 1836.

SOLGER, KARL WILH. FERD., (Tagebücher.) In: Nachgelassene Schriften und Briefwechsel. Hrsg. von L. Tieck u. F. v. Raumer. 2 Bde. Leipzig 1826.

SPITZEMBERG, HILDEGARD VON, Das Tagebuch der Baronin Hildegard Spitzemberg geb. Freiin v. Varnbüler. Aufzeichnungen aus der Hofgesellschaft des Hohenzollernreiches. Ausgew. u. hrsg. von R. Vierhaus. M. e. Vorwort von P. Rassow. Göttingen 1960.

STENDHAL, HENRI BEYLE DE, Journal. Bd. 1: 1801–1805; Bd. 2: 1805–1809; Bd. 3: 1809–1811; Bd. 4: 1811–1818. Paris 1935 u. 1936.

Bekenntnisse eines Ichmenschen. Gesammelte Werke, hrsg. von Oppeln-Bronikowski. Bd. 7. Berlin 1923.

STRATMANN, FRANZISKUS MARIA, In der Verbannung. Tagebuchblätter 1940–1947. Frankfurt 1962.

STRAUSS, CYRIL ANTHONY, A Soldier looks back. The Journals of C. A. Strauss. Ed. by D. Patmore. London 1951.

STREUVELS, STIJN (Ps. für FRANK LATEUR), In oorlogstijd. Amsterdam 1915.

SUDERMANN, HILDEBRAND, Aufzeichnungen des Kölner Bürgers H. Sudermann 1489–1504. Mitget. von H. Cardauns, in: Annalen d. hist. Ver. f. d. Niederrhein, H. 33. Köln 1879.

SVEVO, ITALO, (Diario.) In: Saggi e pagine sparse. Mailand 1954.

(Dt.) Übers. u. eingel. von A. Kesser. In: Merkur, H. 3. Stuttgart 1962.

Diario per la fidanzato. Mailand 1962.

SZÉCHENYI, ISTVÁN, Naplók. 1820–1860. In: Széchenyi István összes munkái. In: Fontes Historiae Hungariae tevi Recentioris. Budapest 1925.

THOMA, LUDWIG, Stadelheimer Tagebuch. München 1923.

THOREAU, HENRY DAVID, Journals 1837–1861. In: Writings of H. D. Thoreau. Bd. 7–20. Boston 1906.

TOLSTOI, LEO N., Tagebuch der Jugend (1846–1863). 3 Bde. München 1919.
Tagebuch. Autoris. vollst. Ausg. von L. Berndl. Bd. 1: 1895–1899; Bd. 2: 1900–1903. Jena 1923.
Geheimtagebuch. In: Alexander Goldenweiser, Leo Tolstoi. Gedanken und Erinnerungen. M. e. Anh. Tolstois Geheimtagebuch. Eingel. u. hrsg. von L. Berndl. Bern 1943.

TOLSTOI, SOPHIA, Dnevniki. 4 Bde. Moskau 1928–1936.

TOMMASEO, NICCOLÒ, Diario intimo (1821–1852). A cura di R. Ciampini. Turin 1938.

TROTZKI, LEO, Tagebuch im Exil. Mit e. Vorw. von C. Stern. Übers. nach d. handgeschriebenen russ. Original von Th. F. Krause. Köln u. Berlin 1958.

TUCHER, HANS, (Reisebericht, 1482 erschienen in Nürnberg.) Sigmund Feyerabend, Reiyssbuch dess Heyligen Lands. Frankfurt 1584.

TWAIN, MARC, Marc Twain's Notebook. Prepared for publication with comments by A. B. Paine. New York und London 1935.

UHLAND, LUDWIG, Tagbuch 1810–1820. Hrsg. von J. Hartmann. Stuttgart 1898.

VALLOT, A.; A. D'AQUIN und G. C. FAGON, Journal de la santé du roi Louis XIV. De l'année 1647 à l'année 1711. Paris 1862.

VAN DER MEER DE WALCHEREN, PIERRE, Journal d'un converti, 1907–1911. Introd. par L. Bloy. Paris 1917.

VARNHAGEN VON ENSE, K. A., Tagebücher. (1835–1848.) Bd. 1–6. Leipzig 1861 u. 1862. Bd. 7 u. 8. Zürich 1865. Bd. 9–14. Hamburg 1868–1870. Bd. 15 (Register). Vorw. von H. H. Houben. Berlin 1905.
Varnhagen v. Ense und Friedrich Fürst Schwarzenberg, Europäische Zeitenwende. Tagebücher 1835–1860. Ausgew., hrsg. u. eingel. von I. Schondorff. München 1960.

VELTHEIM-OSTRAU, HANS HASSO VON, Tagebücher aus Asien 1937–1939. Bali. Berlin 1943.
Tagebücher aus Asien. Bd. 1: Bombay, Kalkutta, Kashmir ... 1935–1939. (2. veränd. u. erw. Aufl.) Hamburg 1956.
Bd. 2: Der Atem Indiens. Ceylon und Südindien. Hamburg 1954.

Bd. 3: Götter und Menschen zwischen Indien und China. Hamburg 1958.

VERSORIS, NICOLAS, Livre de raison 1519–1530. Veröff. in: Mémoires de la Société de l'Historie de Paris et de l'Ile de France, Bd. XII, 1885.

VIGNY, ALFRED DE, Le journal d'un poète. (1824–1846.) Rec. et publ. par L. Ratisbonne. Paris 1882.

Le journal d'un poète. Oeuvres complètes. Bd. 7. Paris 1935.

VIKTORIA, KÖNIGIN VON ENGLAND, Letters. A Selection from Her Majesty's correspondence and journal. (3 Serien mit je 3 Bdn.) London 1907–1932.

(Dt. Auswahl) Queen Victoria. Ein Frauenleben unter der Krone. Eigenhändige Briefe und Tagebuchblätter 1834–1901. Berlin 1936.

Leaves from a Journal. April–August 1855. London 1961.

VITTORINI, ELIO, Diario in pubblico. Mailand 1957.

VOGÜÉ, EUGÈNE MELCHIOR DE, Journal du vicomte E.-M. de Vogüé. Paris, Saint-Pétersbourg 1877–1883. Publ. par F. de Vogüé. Paris 1932.

WAGNER, CHARLES, Journal. (1875–1918.) In: A. Wautier d'Aygalliers, Un homme, le pasteur Ch. Wagner. Paris 1927.

WAGNER, RICHARD, (Tagebücher aus Venedig 1858–1859.) Richard Wagner an Mathilde Wesendonk. Tagebuchblätter und Briefe 1853–1871. (5. Aufl.) Berlin 1904.

WAIBLINGER, WILHELM, Die Tagebücher 1821–1826. In Zsarbt. m. E. Breitmeyer hrsg. von H. Meyer (Veröff. d. dt. Schillergesellschaft, 22). Stuttgart 1956.

WALSINGHAM, FRANCIS, Journal of Sir F. Walsingham from 2 dec. 1570 to 20 april 1583 (The Camden Miscellany, vol. 6,3). London 1871.

WEDEKIND, FRANK, (Tagebücher. Unveröff. im Wedekind-Archiv der Stadt München.)

WEIL, SIMONE, Journal d'usine. (1934–1935.) In La condition ouvrière. Paris 1951.

WEINSBERG, HERMANN VON, (Tagebuchblätter.) In: Das Buch Weinsberg. Aus dem Leben eines Kölner Ratsherrn. Hrsg. u. ins Hochdt. übertr. von J. J. Hässlin. München 1961.

WEISENBORN, GÜNTHER, Memorial. (1933–1945.) München 1948.

WEISMANTEL, LEO, Tagebuch einer skandalösen Reise. Jugenheim 1959.

WERFEL, FRANZ, Aus dem Zufalls-Tagebuch. In: Fischer-Almanach. Frankfurt 1961.

WERNER, ZACHARIAS, Die Tagebücher des Dichters Z. Werner. Hrsg. u. erl. von O. Floeck. Stuttgart u. Tübingen 1939 (u. 1940).

WESLEY, JOHN, The Journal of the Rev. J. Wesley . . . enlarged from original ms. with notes from unpublished Diaries. (1735–1792.) Ed. by N. Curnock. 8 Bde. London 1909–1916.

WEST, ARTHUR GRAEME, The Diary of a dead Officer, being the posthumous papers of A. G. West. London 1919.

WETZEL, FRIEDRICH GOTTLOB, Die Nachtwachen des Bonaventura. Penig 1805.

Die Nachtwachen des Bonaventura. Nachw. von W. Pfeiffer-Belli. Coburg 1947.

WILHELM (KRONPRINZ), Wilhelm (früher Deutscher) Kronprinz, Erinnerungen. Aus den Aufzeichnungen, Dokumenten, Tagebüchern und Gesprächen. Hrsg. von K. Rosner Stuttgart 1922.

WINKLER, EUGEN GOTTLOB, (Aus einem Tagebuch.) In: Gesammelte Schriften. Bd. 2: Dichterische Arbeiten. Leipzig 1937.

WITTGENSTEIN, LUDWIG, Schriften. Tractatus logico-philosophicus Tagebücher 1914–1916. Logische Untersuchungen. Frankfurt 1960.

WOOLF, VIRGINIA, A Writer's Diary. Ed. by L. Woolf. London 1953.

WOOLMAN, JOHN, A Journal of the Life, gospel labours, and Christian experiences of J. W. . . . Dublin 1794.

Journal with other writings of J. Woolman. London u. New York 1910.

WORDSWORTH, DOROTHY, Journals of D. Wordsworth. Ed. by W. Knight. London u. New York 1897.

WOUTER JACOBSZ (GUALTHERUS JACOBS MASIUS), Dagboek van Broeder Wouter Jacobsz, Prior van Stein. Groningen 1959.

YORK VON WARTENBURG, PAUL, Italienisches Tagebuch. Hrsg. v. S. v. d. Schulenburg. Darmstadt 1927.

ZAY, JEAN, Souvenirs et solitude. (1940–1943.) Paris 1948.

ZECH, PAUL, Reisetagebücher aus Südamerika. (8 Bde.) Im Nachlaß von P. Zech, von Rudolf Zech in Berlin betreut.

ZIEGLER, HENRI DE, Journal d'un mois. 1945. Neuchâtel 1945.

ZÜLNHART, WOLF VON, Auszüge seiner Pilger- und Reisetagebücher. In: Deutsche Pilgerreisen nach dem Heiligen Land. Berlin 1880.

II. Sammelwerke und Sekundärliteratur

a) Anthologien und Bibliographien

Aitken, James, Englisch Diaries of the 16th, 17th and 18th centuries. London 1941.

English Diaries of the 19th century, 1800–1850. London 1944.

Bähr, Hans Walter, Die Stimme des Menschen. Briefe und Aufzeichnungen aus der ganzen Welt 1939–1945. Gesammelt u. hrsg. von H. W. Bähr. München 1961.

Chapelan, Maurice, Anthologie du journal intime, avec une introduction et des notices par M. Chapelan. Paris 1947.

Foerster, Wilhelm, Wir Kämpfer im Weltkrieg. Feldzugsbriefe und Kriegstagebücher von Frontkämpfern aus dem Material des Reichsarchivs. Bearb. u. hrsg. von W. Foerster. Berlin 1929.

Im Feuer vergangen. Tagebücher aus dem Ghetto. Übertr. aus dem Polnischen. München 1962.

Lion, Ferdinand, Europäische Tagebücher. Zürich (1948).

MacPike, Eugene F., English, scottish and irish Diaries, Journals, Commonplace-books, etc. 1550–1900. A bibliographical guide to selected material. o. O. 1941.

Matthews, William, American Diaries. An annoted bibliography of american diaries written prior to the year 1861. Berkeley 1945.

British Diaries. An annoted bibliography of british diaries written between 1442 and 1942. Berkeley 1950.

Canadian Diaries and Autobiographies. Berkeley 1950.

Ponsonby, Arthur, English Diaries. A Review of english diaries from 16th – 20th century. London 1923.

Remplein, Heinz, Kinderbiographien und Jugendtagebücher (Bibliographie). In: Die seelische Entwicklung des Menschen im Kindes- und Jugendalter. München u. Basel 1961, S. 661 f.

b) Historische Untersuchungen, Einzeldarstellungen, u. a.

ALABARDA, MARIA, André Gide et son journal. (Diss.) Groningen 1942.

BEYER-FRÖHLICH, MARIANNE, Die Entwicklung der deutschen Selbstzeugnisse. Leipzig 1930.

BUCHHOLZ, MAGDALENA, Die Anfänge der deutschen Tagebuchschreibung. (Diss.) Königsberg 1942.

BÜHLER, CHARLOTTE, Zwei Knabentagebücher. Mit e. Einl. über die Bedeutung des Tagebuchs für die Jugendpsychologie. Jena 1925.

CASTELLI, ENRICO, La diaristica filosofica. Archivio di filosofia. Nr. 2. Padua 1959.

ENGEL, EDUARD, Kaiser Friedrichs Tagebuch. Halle 1919.

GOUHIER, HENRI, Maine de Biran et son Journal métaphysique. In: La diaristica filosofica. Archivio di filosofia (Hrsg. von E. Castelli). Nr. 2. Padua 1959.

Le journal de Pascal. (A.a.O.)

GRÄSER, ALBERT, Das literarische Tagebuch. Studien über Elemente des Tagebuchs als Kunstform. (Diss.) Saarbrücken 1955.

GRENZMANN, WILHELM, Das Tagebuch als literarische Form. In: Wirkendes Wort. 1959, S. 84–93.

HAGER, GERTRUD, Grundform und Eigenart von Goethes Tagebüchern. In: Dvjs f. Literaturwissenschaft u. Geistesgeschichte. H. 3. 1951, S. 351–371.

HENNECKE, HANS, (Über die Tagebücher von Kafka, Musil, Gide, Connolly.) In: Kritik. Gesammelte Essays zur modernen Literatur. Gütersloh 1958, S. 202–230.

HENRIOT, EMILE, La manie du journal intime et le roman autobiographique. Monaco 1924.

HOCKE, GUSTAV RENÉ, Über das Tagebuchschreiben. In: Der Bücherwurm. H. 6. Leipzig 1939, S. 129–135.

KALFF, GERRIT, Het Dietsche dagboek. Groningen 1939.

KLAIBER, THEODOR, Die deutsche Selbstbiographie. Stuttgart 1921.

KURZROCK, RUPRECHT HEINRICH, Das Tagebuch als literarische Form. (Diss.) Berlin 1955.

LELEU, MICHÈLE, Les journaux intimes. Paris 1952.

LOMBARDI, FRANCO, La fuga del tempo e il diario. In: La diaristica filosofica. Archivio di filosofia. Nr. 2 (Hrsg. v. E. Castelli). Padua 1959.

MAHRHOLZ, WERNER, Deutsche Selbstbekenntnisse. Selbstbiographien von Mystik bis Pietismus. Berlin 1919.

MANN, KLAUS, André Gides Journal. In: Maß und Wert. Jg. 3, H. 2. Zürich 1940.
MEYER, RICHARD M., Zur Entwicklungsgeschichte des Tagebuchs. In: Gestalten und Probleme. Berlin 1905, S. 281–298.
MISCH, GEORG, Geschichte der Autobiographie. (3. Aufl.) 2 Bde. Frankfurt 1949 ff.
PRINI, PIETRO, Kierkegaard e la Filosofia come Giornale intimo. In: La diaristica filosofica. Archivio di filosofia. Nr. 2 (Hrsg. v. E. Castelli). Padua 1959.
ROSENBUSCH, AGNES, Die Tagebücher Friedrich Hebbels. Ein Versuch ihrer Deutung. Weimar 1935.
RYCHNER, MAX, Amiel. In: Welt im Wort. Literarische Aufsätze. Zürich 1949.
SCHMEISSER, WOLFGANG, Studien über das vorromantische und romantische Tagebuch. (Diss.) Freiburg 1952.

III. Verzeichnis der wichtigsten Literatur, die für den motivkundlichen Zusammenhang erwähnt beziehungsweise benutzt wurde

Adhémar, Hélène, Portraits français XIVe, XVe, XVIe siècles. Paris 1951.

Augustinus, (Des heiligen Augustinus) Bekenntnisse. Übertr. u. eingel. von H. Schiel. Freiburg 1956.

Bally, Gustav, Einführung in die Psychoanalyse S. Freuds. Mit Originaltexten Freuds. Unter Mitarbeit von A. Uchterhagen. Hamburg 1961.

Baudelaire, Charles, Oeuvres complètes. Paris 1958.
Les fleurs du mal. Ed. intégrale par E. Raynaud. Paris 1957.

Bazin, Germain, (Vorwort zum Katalog) Il Ritratto francese da Clouet a Degas. Rom 1962.

Berenson, Bernard, The Drawings of the Florentine Painters. London 1903.

Bergson, Henri, Essai sur les données immédiates de la conscience. Paris 1958.
Les deux sources de la morale et de la religion. Paris 1932.
Matière et mémoire. Paris 1929.

Bienek, Horst, Werkstattgespräch mit Max Frisch. In: Neue Zürcher Zeitung, 4. Nov. 1961.

Böll, Heinrich, Erzählungen, Hörspiele, Aufsätze. Köln 1961.

Borchert, Wolfgang, Wolfgang Borchert – In Selbstzeugnissen und Bilddokumenten. Dargest. von P. Rühmkorf. Hamburg 1961.

Brunschvicg, Léon, De la connaissance de soi. Paris 1931.

Buchan, John, Lord Tweedsmuir, Augustus. Berlin 1939.

Camus, Albert, Der Mensch in der Revolte. Essays. Übers. von J. Streller. Hamburg 1953.
Der Mythos von Sisyphos. Ein Versuch über das Absurde. Mit e. komm. Essay von L. Richter. Hamburg 1959.

Carlyle, Thomas, On Heroes, Hero-worship and the Heroic in History. London 1840.

Cassirer, Ernst, Der Raum- und Zeitbegriff des kritischen Idealismus und die Relativitätstheorie. In: Zur modernen Physik. Darmstadt 1957.

CHARDONNE, JACQUES, Eva ou Le journal interrompu. Oeuvres complètes. Bd. 3. Paris 1952.

CLAPP, FREDERIC MORTIMER, Jacopo da Pontormo. His Life and his Work. New Haven 1916.

CUMONT, FRANZ, Die Mysterien des Mithra. Ein Beitrag zur Religionsgeschichte der römischen Kaiserzeit. (2. Aufl.) Leipzig 1911.

CURTIUS, ERNST ROBERT, Kritische Essays zur europäischen Literatur. (2. erw. Aufl.) Bern 1954.

Europäische Literatur und lateinisches Mittelalter. Bern 1948.

Die französische Kultur. Stuttgart (u.a.) 1930.

Büchertagebuch. Bern 1960.

CURTIUS, LUDWIG, Torso. Verstreute und nachgelassene Schriften. Ausgew. u. hrsg. von J. Moras. Stuttgart 1957.

DESCARTES, RENÉ, Oeuvres et lettres de Descartes. Paris 1953.

DILTHEY, WILHELM, Weltanschauung und Analyse des Menschen seit Renaissance und Reformation. Leipzig u. Berlin 1914.

DUTOURD, JEAN, Le complexe de César. Paris 1946.

EMERSON, RALPH WALDO, Representative Men. Seven lectures. Compl. works, Bd. 4 (Centenary edition). London 1904.

ENZENSBERGER, HANS MAGNUS, Aporien der Avantgarde. In: Merkur. Jg. 16, H 5. Stuttgart 1962.

EUROPÄISCHE ALLEGORIE, Prado Nr. 1940. Hrsg. von Lode Seghers. München 1961.

FASOLA, GIUSTA NICCO, Pontormo e del cinquecento. Florenz 1947.

FORET, JOSEPH, L'Apocalypse. Katalog-Ausgabe. Paris 1961.

FRANZ, MARIE LOUISE VON, Die alchemistische Makrokosmos-Mikrokosmos-Idee im Lichte der Jungschen Psychologie. In: Symbolon. Jahrbuch für Symbolforschung. Hrsg. von J. Schwabe. Bd. 1. Basel u. Stuttgart 1960.

FRIEDRICH, HUGO, Die Struktur der modernen Lyrik. Hamburg 1956.

GALLITZIN, AMALIE VON, Briefe der Fürstin an den Philosophen Franz Hemsterhuys (Briefwechsel u. Tagebücher, T. 3). Münster 1876.

GEHLEN, ARNOLD, Der Mensch. Seine Natur und seine Stellung in der Welt. Bonn 1950.

Anthropologische Forschung. Hamburg 1961.

GOETHE, JOHANN WOLFGANG V., Maximen und Reflexionen. Werke. Vollst. Ausg. letzter Hand. Bd. 49. Stuttgart u. Tübingen 1833.

Werther. (Ebd.) Bd. 16. Stuttgart u. Tübingen 1828.

West-östlicher Divan. Werke. Bd. 6. Weimar 1888.

GORER, GEOFFREY, Marquis de Sade. Schicksal und Gedanke. Wiesbaden 1959.

GREGOROVIUS, FERDINAND, Geschichte der Stadt Rom im Mittelalter. 8 Bde. Stuttgart 1859–1872.

GRENET, PAUL, Teilhard de Chardin. Un évolutionniste chrétien. Paris 1961.

GRODDECK, GEORG, Das Buch vom Es. Wiesbaden 1961.

GRÜNHUT, LÁSZLÓ, Eros und Agape. Eine metaphysisch-religionspsychologische Untersuchung. Leipzig 1931.

GUAN- YING, LIU, Die ungewöhnlichen Naturerscheinungen in den T'ang-Annalen und ihre Deutung. In: Symbolon. Jahrbuch für Symbolforschung. Hrsg. von J. Schwabe. Bd. 2. Basel u. Stuttgart 1961.

GUARDINI, ROMANO, Christliches Bewußtsein. Versuche über Pascal. (3. Aufl.) München 1956.

GUSDORF, GEORGES, La découverte de soi. Paris 1948.

HABE, HANS, Ob tausend fallen. Roman. Stuttgart u. Hamburg 1947.

HAUER, I. W., Symbole und Erfahrung des Selbst in der indoarischen Mystik. In: Eranos-Jahrbuch 1934. Zürich 1935.

HEFELE, HERMANN, Das Zeitalter der Renaissance. Bd. 2. Jena 1910.

HEGEL, G. W. F., Ästhetik. Berlin 1955.

HEIDEGGER, MARTIN, Sein und Zeit. Tübingen 1962.

HEINRICH, WALTER, Über die traditionelle Methode. Salzburg 1954.

HERDER, JOHANN GOTTFRIED, Briefe zur Beförderung der Humanität. Nr. 38. Sämtliche Werke. Zur Philosophie und Geschichte, Teil 13. Stuttgart u. Tübingen 1829.
Denkwürdigkeiten. Sämtliche Werke. Zur schönen Literatur und Kunst, Teil 17. Stuttgart u. Tübingen 1830.

HESSE, HERMANN, Betrachtungen und Briefe. Ges. Schriften Bd. 7. Frankfurt 1957.

HOCKE, GUSTAV RENÉ, Heilsplan oder Vernichtungsplan? In: Deutsche Rundschau. Gelsenkirchen 1950, S. 213–218.
Lukrez in Frankreich. Köln 1938.
Magna Graecia. Herrenalb u. Berlin 1960.
Manierismus in der Literatur. Hamburg 1959.
Die Welt als Labyrinth. Hamburg 1957.
Der französische Geist. Dessau 1938.

HOFFMANN, WILHELM, Elisabeth Langgässer. Existentielles und dichterisches Welterlebnis. In: Literaturwissenschaftliches Jahrbuch. Bd. 2. 1961. Berlin 1962.

HUXLEY, ALDOUS, Themen und Variationen. München 1952.

JASPERS, KARL, Die Kraft der Hoffnung. In: Merkur. Jg. 17, H. 3. Köln 1963.
Der philosophische Glaube angesichts der Offenbarung. München 1962.

JONES, PERCY MANSELL, French Introspectives from Montaigne to A. Gide. Cambridge 1937.

JÜNGER, ERNST, Ernst Jünger. In Selbstzeugnissen und Bilddokumenten. Dargest. von K. O. Paetel. Hamburg 1962.

JUNG, CARL GUSTAV, Die kulturelle Bedeutung der komplexen Psychologie. Festschrift zum 60. Geburtstag von C. G. Jung. Berlin 1935.
Über die Archetypen des kollektiven Unbewußten. In: Eranos-Jahrbuch 1934. Zürich 1935.

KESSLER, HARRY GRAF, Gesichter und Zeiten. Erinnerungen. Frankfurt 1962.

KIERKEGAARD, SÖREN, Religion der Tat. Sein Werk in Auswahl. Hrsg. von E. Geismar. Leipzig 1930.
Der Augenblick. Aufsätze und Schriften des Letzten Streits. Düsseldorf u. Köln 1959.

KORVIN-KRASINSKI, CYRILL VON, Der Mensch als Mikrokosmos in der symbolischen Anthropologie des tibetischen Lamaismus. In: Symbolon. Jahrbuch für Symbolforschung. Hrsg. von J. Schwabe. Bd. 1. Basel u. Stuttgart 1960.

KRAFFT-EBING, RICHARD VON, Psychopatia Sexualis. Zürich 1937.

LA BRUYÈRE, JEAN DE, Les caractères ou les moeurs de ce siècle. Introd. par Claude Roy. Paris 1960.

LANSON, GUSTAVE, Histoire de la littérature française. Paris 1894.

LEO, FRIEDRICH, Die griechisch-römische Biographie und ihre literarische Form. Leipzig 1901.

LOYOLA, IGNATIUS VON, Geistliche Übungen. Hrsg. von E. R. von Frentz S. J. Freiburg 1951.

MAIER, HANSGEORG, Anmerkungen zum Wesen des Fragments. In: Die Literatur. Jg. 38. 1935/36.

MARC AUREL, Selbstbetrachtungen. Hrsg. von W. Theiler. Zürich 1951.

MAREK, KURT W., Provokatorische Notizen. Hamburg 1960.

MARX, KARL, und FRIEDRICH ENGELS, Die deutsche Ideologie. Stuttgart 1953.

MOMMSEN, THEODOR VON, Der Rechenschaftsbericht des Augustus. Sybels Hist. Zeitschrift. Neue Folge, 21, 1887.

MONTAIGNE, MICHEL DE, Essais. Paris 1950.

MUCHOW, HANS HEINRICH, Jugend und Zeitgeist. Hamburg 1962.

NOHL, HERMANN, Charakter und Schicksal. Frankfurt 1938.

OTTO, WALTER F., Die Wirklichkeit der Götter. Hamburg 1963.
Die Gestalt und das Sein. Düsseldorf 1955.

PASCAL, BLAISE, Pensées. Paris 1948. – Paris 1955.
Über die Religion. (Pensées.) Übertr. von E. Wasmuth. (5. erw. Aufl.) Heidelberg 1954.

PETERICH, ECKART, Die Theologie der Hellenen. Leipzig 1938.

PETRARCA, FRANCESCO, Prose. Mailand 1955.
Briefe. Auswahl von H. Nachod u. P. Stern. Berlin 1931.
De secreto conflictu curarum mearum. Dt., in: Hermann Hefele, Das Zeitalter der Renaissance, Bd. 2. Jena 1910.

PLATON, Sämtliche Werke in 2 Bänden. Dt. von Fr. Schleiermacher u. a. Wien 1925.

PLUTARCH, Vitae. Neu übertr., eingel. und erl. von K. Ziegler. Zürich u. Stuttgart 1954 ff.

POPPER, KARL RAIMUND, Die offene Gesellschaft und ihre Feinde. 2 Bde. Bern 1957 u. 1958.

PRAZ, MARIO, La carne, la morte e il diavolo, nella letteratura romantica. Mailand u. Rom 1930.

PRZYWARA, ERICH, Demut, Geduld, Liebe. Die drei christlichen Tugenden. Düsseldorf 1960.

RATHENAU, WALTER, Reflexionen. Leipzig 1922.

REHM, WALTER, Kierkegaard und der Verführer. München 1949.

RIESSLER-STORR, Paul Rießler u. Rupert Storr, Die Heilige Schrift des Alten und des Neuen Bundes. (Bibelausgabe und Kommentar.) Mainz 1958.

ROTHACKER, ERICH, Schichten der Persönlichkeit. Leipzig 1938.

ROUGEMONT, DENIS DE, Europa vom Mythos zur Wirklichkeit. München 1962.

ROUSSEAU, JEAN-JACQUES, Confessions. – Les réveries d'un promeneur solitaire. – Fragments philosophiques. Oeuvres complètes. Paris 1959.

RYCHNER, MAX, Welt im Wort. Literarische Aufsätze. Zürich 1949.

SAINTE-BEUVE, CHARLES AUGUSTIN, Causeries du lundi. (3. Aufl.) Paris (um 1871).

SALIN, EDGAR, Vom deutschen Verhältnis. Gespräch an der Zeitenwende. Burckhardt – Nietzsche. Hamburg 1959.

SAXL, FRITZ, Mithras. Typengeschichtliche Untersuchungen. Berlin 1931.

SCHEEBEN, MATTHIAS JOSEF, Die Mysterien des Christentums. Ausg. letzter Hand. Ges. Schriften, hrsg. von J. Höfer. Bd. 2. Freiburg 1941.

Scheler, Max, Der Mensch im Weltalter des Ausgleichs. (Politische Wissenschaften, H. 8.) Berlin 1929.

Ordo Amoris. Schriften aus dem Nachlaß. Bd. 1. Berlin 1933.

Über Scham und Schamgefühl. Schriften aus dem Nachlaß. Bd. 1. Berlin 1933.

Vom Ewigen im Menschen. 2 Bde. Leipzig 1923.

Die Stellung des Menschen im Kosmos. Darmstadt 1928.

Schelsky, Helmut, Soziologie der Sexualität. Hamburg 1955.

Schnabel, Ernst, Anne Frank. Spur eines Kindes. Frankfurt 1958.

Speer, Ernst, Die Liebesfähigkeit. München 1935.

Soleil, Felix, Les Heures Gothiques et la littérature pieuse aux 15e et 16e siècles. Paris 1882.

Stefan, Benno, Zeit und Qualität. In: Symbolon. Jahrbuch für Symbolforschung. Hrsg. von J. Schwabe. Bd. 2. Basel u. Stuttgart 1961.

Struve, Gleb, Geschichte der Sowjetliteratur. München 1957.

Sueton, Das Leben der Cäsaren. Übers. u. m. e. Essay „zum Verständnis des Werkes" hrsg. von A. Lambert. Hamburg 1960.

Symbolik der Religionen (Schriftenreihe). Hrsg. von F. Herrmann. Stuttgart 1958 ff.

Symbolon. Jahrbuch für Symbolforschung. Hrsg. von J. Schwabe. Basel u. Stuttgart 1960 ff.

Tellenbach, Hubert, Melancholie. Zur Problemgeschichte, Typologie, Pathogenese und Klinik. Berlin (u. a.) 1961.

Thomas von Kempen, Vier Bücher der Nachfolge Christi. Freiburg 1958.

Tillich, Paul, Kairos. Zur Geisteslage und Geisteswendung. Hrsg. von P. Tillich. Darmstadt 1926.

Tyciak, Julius, Das Herrenmysterium im byzantinischen Kirchenjahr. Freiburg 1961.

Überweg, Friedrich, Grundriß der Geschichte der Philosophie. 1. Teil: Die Philosophie des Altertums. Hrsg. von K. Praechter. Darmstadt 1958.

Und die Flamme soll euch nicht versengen. Letzte Briefe zum Tode Verurteilter aus dem europ. Widerstand. Hrsg. von P. Malevezzi u. G. Pirelli. Vorw. von Th. Mann. Zürich 1955.

Valéry, Paul, Im Umgang mit Corot. In: Merkur, 13. Jg., H. 4. Stuttgart 1959, S. 301–319.

Vasari, Giorgio, Le vite. Bd. 6. Florenz 1881.
Vorsokratiker, Die (Fragmente der). Dt. in Auswahl, mit Einl. von W. Nestle. Düsseldorf u. Köln 1956.
Wattenbach-Levison, Deutschlands Geschichtsquellen im Mittelalter. Weimar 1952.
Weinreich, Otto, Aion in Eleusis. In: Archiv für Religionswissenschaft. Bd. 19. Berlin 1916–1919.
Wellek, René, Geschichte der Literaturkritik Bd. 1. 1750–1830. Darmstadt (u.a.) 1959.
Wilde, Oscar, Bunbury. Werke. Bd. 2. Berlin 1930.
Wilpert, Gero von, Sachwörterbuch der Literatur. (2. Aufl.) Stuttgart 1959.
Ziegler, Leopold, Menschwerdung. Olten 1948.
Überlieferung. Leipzig 1936.
Zimmer, Heinrich, Maya. Der indische Mythos. Stuttgart u. Berlin 1936.
Zweig, Stefan, Marie Antoinette. Berlin 1949.

NAMENVERZEICHNIS

Aufgenommen wurden alle im analytischen Teil erwähnten bzw. zitierten Personen- und Verfassernamen

INHALT

Zweite Folge: Von der Französischen Revolution bis zur Dekadenz der Jahrhundertwende

Anhang